… DIE ZEIT

Literatur-Lexikon

Autoren und Begriffe in sechs Bänden

Mit dem Besten aus der ZEIT

Band 3
Autoren: **Kateb – Pope**

Verlag J. B. Metzler
Stuttgart · Weimar

Bibliografische Information der Deutschen Nationalbibliothek
Die Deutsche Nationalbibliothek verzeichnet diese Publikation in der Deutschen Nationalbibliografie; detaillierte bibliografische Daten sind im Internet über http://dnb.d-nb.de abrufbar.

Gedruckt auf chlorfrei gebleichtem, säurefreiem und alterungsbeständigem Papier

ISBN 978-3-476-02287-5

Dieses Werk einschließlich aller seiner Teile ist urheberrechtlich geschützt. Jede Verwertung außerhalb der engen Grenzen des Urheberrechtsgesetzes ist ohne Zustimmung des Verlages unzulässig und strafbar. Das gilt insbesondere für Vervielfältigungen, Übersetzungen, Mikroverfilmungen und die Einspeicherung und Verarbeitung in elektronischen Systemen.

© 2008 J. B. Metzler'sche Verlagsbuchhandlung und Carl Ernst Poeschel Verlag GmbH in Stuttgart
© 2008 Zeitverlag Gerd Bucerius GmbH & Co KG, Hamburg

www.metzlerverlag.de
info@metzlerverlag.de

Einbandgestaltung: Melanie Weiß – die Abbildungen zeigen Voltaire, Doris Lessing (© Interfoto), Thomas Mann (© Interfoto), James Baldwin, Arundhati Roy (© Interfoto)
Satz: Typomedia GmbH, Scharnhausen
Druck und Bindung: CPI - Ebner & Spiegel, Ulm
Printed in Germany

September 2008

Verlag J. B. Metzler Stuttgart · Weimar

Inhalt

Band 1
Autorinnen und Autoren
Abe Kōbō – Dos Passos S. 1–556
ZEIT-Aspekte S. 557–601

Band 2
Autorinnen und Autoren
Dostoevskij – Kästner S. 1–575
ZEIT-Aspekte S. 577–602

Band 3
Autorinnen und Autoren
Kateb – Pope S. 1–572
ZEIT-Aspekte S. 573–618

Band 4
Autorinnen und Autoren
Pound – Zwerenz S. 1–609
ZEIT-Aspekte S. 611–638
Mitarbeiterinnen und Mitarbeiter S. 639–649

Band 5
Abkürzungen / Benutzerhinweise S. VII
Begriffe und Definitionen
Abbreviatio – Kyklus S. 1–460

Band 6
Begriffe und Definitionen
Lai – Zynismus S. 1–452
Mitarbeiterinnen und Mitarbeiter S. 453
Quellen / Bildquellenverzeichnis S. 454

Kateb, Yacine

Geb. 6. 8. 1929 in Condé-Smendou bei Constantine/Algerien; gest. 28. 10. 1989 in Tronche bei Grenoble/Frankreich

Schon mit 17 Jahren veröffentlichte der algerische Autor Yacine Kateb sein erstes Buch. Anlass für den Lyrikband *Soliloques* (1946; Selbstgespräche) war eine dramatische Erfahrung, die K.s Selbstverständnis als Poet des Widerstands begründete: das Massaker von Sétif 1945, als eine Demonstration für die Unabhängigkeit Algeriens blutig unterbunden wurde.
Nach der Publikation des Bandes arbeitete K. als Journalist und veröffentlichte den Essay *Abdelkader et l'indépendance algérienne* (1948; Abdelkader und die algerische Unabhängigkeit), einen jugendlich überschwänglichen Text, der Emir Abdelkader gewidmet ist. Im selben Jahr verfasste K. das Gedicht *Nedjma ou le poème ou le couteau* (1948; Nedjma oder das Gedicht oder das Messer), in dem erstmals die Figur der Nedjma, einer mysteriösen Frau, erscheint. Reisen führten K. nach Belgien, Deutschland, Frankreich, Italien, Tunesien, Saudi-Arabien, in den Sudan und die UdSSR. 1952, während des Befreiungskriegs, musste er Algerien verlassen. In Paris schrieb er mit *Nedjma* (1956; *Nedschma*, 1958) sein berühmtestes Werk, einen Roman, der Algerien verklärt. *Nedjma* ist das erste Werk der maghrebinischen Literatur, das als Klassiker der Modernen gelten kann. K. nutzt verschiedene Erzählerstimmen und löst die Chronologie des Geschehens in mehrere fragmentierte Erzählstränge auf. In die Handlung, die das Leben in Algerien unter der französischen Kolonialherrschaft schildert, mischt K. Motive aus Legenden und dem Volksglauben. Die Figur der Nedjma ist eine nicht alternde Frau, die von vier Revolutionären geliebt wird, denen sie umso rätselhafter erscheint, je näher sie sich ihr glauben.
Elemente aus *Nedjma* finden sich in anderen Arbeiten K.s wieder. Den surrealistischen Stil nimmt er im ersten Theaterstück, *Le cadavre encerclé* (1958; Der eingekreiste Leichnam), wieder auf, einem Stück über Kolonisierung und Entfremdung. In K.s zweitem Roman *Le polygone étoilé* (1966; *Sternenvieleck*, 1994) finden sich Charaktere aus *Nedjma* wieder.
1962 kehrte K. nach Algerien zurück und begann, seine Theaterstücke auch in einem umgangssprachlichen Arabisch aufzuführen. Zugleich entfernte er sich in seinen Arbeiten für die Bühne von seinem lyrischen Stil zugunsten eines politischen Ausdrucks. Im Stück *L'homme aux sandales de caoutchouc* (1970; Der Mann mit den Gummisandalen) thematisiert K. unter dem Eindruck einer Vietnam-Reise 1967 den vietnamesischen Befreiungskrieg. In *Mohammed, prends ta valise* (1971; Mohammed, nimm deinen Koffer) setzt K. klassenkämpferisch die algerische mit der französischen Oberschicht gleich. In *La guerre de 2000 ans* (1974; Der 2000-jährige Krieg) wirft K. einen Blick auf die Geschichte Afrikas als Prozess der Unterwerfung von der arabischen Einwanderung bis hin zum Palästina-Konflikt. Zur 200-Jahr-Feier der Französischen Revolution verfasste K. sein letztes Stück *Le Bourgeois Sans-Culotte ou Le spectre du Parc Monceau* (1989; Der Bürger Sans-Culotte oder das Schreckgespenst im Park Monceau). Seine Theaterstücke und journalistischen Arbeiten erschienen postum in den Bänden *L'œuvre en fragments* (1999; Das Werk in Bruchstücken) und *Minuit passe de douze heures* (1999; Mitternacht verstreicht um zwölf Uhr).

Manfred Loimeier

Kavafis, Konstantinos

Geb. 29. 4. 1863 in Alexandria/Ägypten; gest. 29. 4. 1933 in Alexandria/Ägypten

»Kavafis ist meiner Meinung nach ein ultramoderner Dichter, ein Dichter kommender Generationen. Außer dem historischen, psychologischen und philosophischen Wert seiner Dichtung sind es folgende Elemente, deren Bedeutung erst von zukünftigen Generationen wirklich gewürdigt werden kann: die Nüchternheit seines geschliffenen Stils, der zuweilen lakonisch wird, sein ausgewogener Enthusiasmus, der geistige Emotionalität offenbart, seine treffenden Bilder, die Ergebnis einer aristokratischen Natürlichkeit sind, seine leichte Ironie.«

Mit diesen knappen, unbescheidenen Worten beschreibt Konstantinos Kavafis 1930 in einem Interview die Hauptmerkmale seines Werks. In der Tat zeichnen sich K.' Gedichte, die er selbst in historische, philosophische und erotische einteilte, durch makellose Präzision und raffinierte Schlichtheit aus. Geprägt von realistischer Kargheit und subtiler Ironie, sind sie weit entfernt von emotionalem Pathos und rhetorischer Emphase. Unberührt von den literarischen Diskursen und sprachlichen Auseinandersetzungen in Athen schuf K. im kosmopolitischen Ambiente Alexandrias ein Werk in einem individuellen Ton, das seiner Zeit weit voraus war. Es markiert den Eintritt der griechischen Literatur in die Moderne und fand Eingang in den Kanon der Weltliteratur.

K.' Lyrik ist kunstvoll konstruiert und reflektiert prägnant die Leidenschaften und vergeblichen Hoffnungen historischer oder fiktiver Figuren in einer konkreten Situation. Oft thematisiert er in seinen Gedichten den künstlerischen Schaffensprozess und vergleicht ihn mit der Arbeit eines Handwerkers, der sein vorgefundenes Material formt. K. assimiliert durch subversive intertextuelle Bezüge die übermächtige literarische Tradition, projiziert Szenen des Misstrauens, des Verrats und der Intrige in die Vergangenheit, pendelt in einem intellektuellen Rollen- und Maskenspiel zwischen Geschichte und Gegenwart und bildet somit ein poetisches Mosaik des menschlichen Abenteuers.

K. hat nahezu sein gesamtes Leben in Alexandria verbracht, wo er als siebtes Kind einer wohlhabenden Kaufmannsfamilie geboren wurde. Nach dem frühen Tod des Vaters ging die Familie 1872 nach England (Liverpool und London), wo K. eine englische Schulausbildung erhielt. 1879 kehrte sie nach Alexandria zurück und floh drei Jahre später vor dem militärischen Eingreifen der britischen Kolonialmacht nach Konstantinopel, dem Herkunftsort der Eltern. Dort kam K. mit der byzantinischen Tradition in Berührung. Außerdem verfasste er zu dieser Zeit die ersten Verse und sammelte erste homoerotische Erfahrungen. Nach der erneuten Rückkehr in die Heimatstadt verließ er sie, abgesehen von wenigen Reisen (darunter drei kurze Aufenthalte in Athen), nicht mehr. 1892 erhielt K. eine Anstellung im Ministerium für Wasserwirtschaft, die er 30 Jahre lang inne hatte. In seinem äußerlich ereignisarmen und unauffälligen Leben bewegte er sich zwischen Büro und Wohnung, widmete sich dem Studium antiker, byzantinischer und moderner Historiker und unternahm regelmäßig nächtliche Streifzüge durch verruchte Stadtviertel. Das vom Dichter autorisierte Werk besteht aus 154 Gedichten, die nach seinem Tod 1935 in einem Band erschienen. Abgesehen von wenigen Veröffentlichungen in literarischen Zeitschriften hatte K. zu Lebzeiten seine Gedichte – die er immer wieder sorgfältig überarbeitete – lediglich als Privatdrucke an Freunde und Verehrer weitergegeben. Mit dieser Art der Publikation erzeugte K. bewusst eine Aura der Exklusivität und des Geheimnisvollen. Sein Werk wird von verworfenen, nicht veröffentlichten und unvollendeten Gedichten sowie kleineren Prosaarbeiten und theoretischen Äußerungen ergänzt.

K. bezeichnete sich als einen Dichter-Historiker und hegte eine Vorliebe für Stoffe und Gestalten aus dem griechischen Altertum. Dabei richtete er sein Augenmerk nicht auf die klassische Antike, sondern vielmehr auf die hellenistische Zeit, als sich der griechische Einfluss durch die Verbreitung der griechischen Umgangssprache insbesondere kulturell äußerte. K. sieht sich in der Tradition eines territorial und ethnisch unabhängigen Kulturgriechentums und beschreibt in seiner Lyrik die Akkulturationsprozesse zwischen Griechen und anderen Völkern des Orients, zwischen Christen, Juden und Heiden. Alexandria sowie andere griechisch-römische Metropolen des östlichen Mittelmeerraumes bilden die Bühne für die Dramen seiner (meist männlichen) Akteure unterschiedlicher Provenienz. Oft vergegenwärtigt er historische Bagatellen und vergessene Nebenpersonen der Geschichte, um ein psychologisches Dilemma zu zeigen oder ironisch die Perfidie und Theatralik öffentlicher politischer Vorgänge zu enthüllen. In »Alexandrinische Könige« geht es um die Krönungszeremonie der drei Söhne Kleopatras. Nach detaillierter Beschreibung der prächtigen Kleidung Cäsarions heißt es: »Die Alexandriner strömten zum Fest / Gerieten in Begeisterung und jubelten / Auf griechisch, ägyptisch und einige auf hebräisch / Berauscht von dem herrlichen Schauspiel / Obwohl sie natürlich wußten, wie wertlos alles war / Und was für leere Worte diese Königstitel darstellten.«

Zahlreiche Gedichte von K. haben den Charakter einer Inschrift oder eines Grabepigramms. Andere wiederum sind fingierte Monologe oder Dialoge, in denen der Dichter in narrativer, dramatisierender Form die Bitterkeit darstellt, die aus dem Bewusstsein des Verlustes herrührt. In seinem längsten Gedicht »Myres. Alexandria des Jahres 340 n. Chr.« dient die Epoche des Übergangs vom Heidentum zum Christentum als Folie, um brüchige Beziehungen hybrider Charaktere in einer Zeit des Umbruchs zu illustrieren. Der schöne Jüngling Myres wird von seiner christlichen Familie und von seinem paganen Geliebten betrauert, der am Rande die strenge christliche Zeremonie beobachtet und sich an gemeinsame Erlebnisse erinnert: In nächtlichen Gelagen deklamierte der junge Christ griechische Verse und gab sich zügellosem Vergnügen hin. Am Ende spitzt sich die innere Krise des Außenstehenden zu, und er verlässt fluchtartig das Haus: »Und plötzlich kam über mich ein seltsames / Gefühl, ein unbestimmter Eindruck, / Daß Myres sich von mir entfernte. / Ich spürte, daß er als Christ mit den Seinen / Eins wurde und daß ich dort ein Fremder war, / Ein völlig Fremder. Auch kam ein Zweifel über mich, / Vielleicht hatte mich meine Leidenschaft getrogen, / Vielleicht bin ich ihm immer ein Fremder gewesen, / Ich stürzte aus ihrem schrecklichen Haus / Und flüchtete schnell, ehe ihre Christlichkeit / Meine Erinnerung an Myres wandeln konnte.«

Die Erinnerung spielt in den erotischen Gedichten eine herausragende Rolle. K. beschwört aus der zeitlichen Distanz hedonistische Augenblicke der Begierde sowie persönliche Obsessionen. Oft handelt es sich um Nachrufe auf jung verstorbene, zwielichtige Gestalten. Deren früher Tod neutralisiert gleichsam die Vergänglichkeit von Schönheit und die erniedrigende Erfahrung von Zeit. Der Dichter konserviert den makellosen Körper in seinem Gedächtnis und erfährt im Schreibprozess nochmalige Erfüllung. Es sind lakonische narrative Sequenzen, Momentaufnahmen der Lust und des Begehrens in einer urbanen Szenerie, die sich vom sentimentalen Überschwang konventioneller Liebeslyrik abheben. Die realistische Genauigkeit und die beinahe provozierende Schlichtheit machen ihre Sinnlichkeit und Modernität aus. K. entdeckt die Poesie eines Tabakladens, verrufener Kaschemmen oder trister Hotelzimmer. Er reduziert die Erinnerung an intensive erotische Begegnungen und Erlebnisse auf bestimmte Momente und verwandelt sie aus der Retrospektive in Poesie, wie z. B. in »Eine Nacht«: »Und dort, auf dem bescheidenen, gewöhnlichen Bett, / Habe ich den Körper der Liebe genossen, / Lippen, sinnlich und rosig vom Rausch, / Rosig von einem solchen Rausch, daß ich noch / Jetzt, nach so vielen Jahren, da ich in meinem / Einsamen Haus schreibe, wieder trunken davon werde.«

Werkausgabe: Das Gesamtwerk. Übers. u. hg. v. R. Elsie. Einführung M. Yourcenar. Zürich 1997.

Athanasios Anastasiadis/Sophia Voulgari

Kawabata Yasunari
Geb. 14. 6. 1899 in Ōsaka/Japan; gest. 16. 4. 1972 in Zushi

Kawabata Yasunari gilt als Autor, der mit seinem Prosaschaffen eine spezifisch japanische Ästhetik vertritt. In die japanische Literaturgeschichte ist er jedoch nicht nur als erster Literaturnobelpreisträger seines Landes, sondern auch als Experimentator und als Förderer junger Talente, beispielsweise Mishima Yukios, eingegangen.

Als Frühwaise wurde K. von seinem Großvater aufgezogen, der 1914 verstarb. Die frühe

Erfahrung von Verlust und Einsamkeit prägte K. nachhaltig. In seinem autobiographischen *Jūrokusai no nikki* (1927; *Tagebuch eines Sechzehnjährigen*, 1969), das laut Nachwort des Autors Tagebuchaufzeichnungen aus dem Jahr 1914 enthält, schlägt er den Grundton vieler seiner Werke an; sie sind mit einem Blick für sprechende Details, in moderner Sachlichkeit geschrieben und von einer nihilistischen Stimmung getragen. Doch verdankt der selbsternannte »Experte in Begräbnisdingen« seinen frühen Ruhm Erzählungen mit deutlich lyrischem Einschlag wie *Izu no odoriko* (1927; *Die Tänzerin von Izu*, 1968). Darin entdeckt ein namentlich nicht vorgestellter, zu Depressionen neigender Student während einer achttägigen Wanderung auf der Halbinsel Izu die Schönheit der Landschaft und fühlt sich zu einem jungen Mädchen hingezogen, das einer Truppe fahrender Schauspieler angehört. Die zarte, heimliche Zuneigung zu dem Mädchen, dessen Reinheit und Unschuld der Student bewundert, bewirkt bei ihm eine seelische Genesung. Die mehrfach verfilmte Erzählung gilt als Klassiker der Moderne.

Die erfolgreiche Erzählung hebt sich stark von anderen Werken dieser Schaffensphase ab, in der K. vehement für literarische Innovation eintrat und sich von europäischen Bewegungen wie dem Futurismus, Expressionismus, Dadaismus, von Psychoanalyse und der Technik des Bewusstseinsstroms anregen ließ. So gehörte er auch zu der Schule der sogenannten Neo-Perzeptionisten (Shinkankakuha), die in der zweiten Hälfte der 1920er Jahre mit neuen Formen wie freier Assoziation experimentierten. Zu den Werken aus dieser Phase zählt das Fragment *Suishō gensō* (1931; *Träume im Kristall*, 1974), das den Gedankenstrom einer Dame vor dem Schminktisch wiedergibt, durchsetzt von vielfältigen Assoziationen z. B. zur Bibel. K.s Kenntnis europäischer Werke von Dante bis Swedenborg und Walt Whitman scheint im Widerspruch zu seinem Image als traditionsverwurzeltem Autor zu stehen, als der er 1968 mit dem Nobelpreis für Literatur ausgezeichnet wurde. Doch ist es zweifellos die Neuartigkeit seiner stark visuell orientierten Stimmungsbilder und psychologischen Skizzen, die sein Schaffen auszeichnet.

Besondere Meisterschaft beweist K. in den sog. Handtellergeschichten, gut 100 kurzen Prosatexten von großer Suggestivität, die er vor allem zwischen 1923 und 1935 sowie von 1944 bis 1950 und von 1962 bis 1964 verfasste. Gegenstand der Stimmungsbilder oder komprimierten anekdotischen Sequenzen, autobiographischen oder märchenhaften Skizzen sind das Leben im Wechsel der Jahreszeiten, das fragile Gleichgewicht menschlicher Beziehungen, Naturschönheit und die stille Resignation angesichts der Flüchtigkeit der Erscheinungen. Oft bilden sie den Kern eines über Jahre hinweg entstehenden längeren Textes. Die berühmtesten größeren Erzählwerke, die als Romane klassifizierten Texte *Yukiguni* (1937, 1948; *Schneeland*, 1957), *Senbazuru* (1952; *Tausend Kraniche*, 1956) und *Yama no oto* (1952; *Ein Kirschbaum im Winter*, 1969) sind Zusammenstellungen zuvor getrennt publizierter Erzählungen, was ihren assoziativen und lockeren narrativen Duktus erklärt. Ihren Zusammenhang erhalten die Texte weniger durch eine stringente Handlungsführung als vielmehr durch die immer wieder aufgegriffene Grundthematik und die Entfaltung von Bildern und Visionen, was vielfach als leitmotivische, aber auch als der japanischen Kettendichtung verwandte Technik gedeutet wurde.

Die typische Hauptfigur der Werke K.s ist der dem Leben distanziert gegenüberstehende Mann, ein wohlsituierter Müßiggänger, der in Träumen wie in wirklichen Begegnungen seine Idealgestalt, das unschuldige, reine Mädchen sucht, dessen Reinheit auch dadurch nicht getrübt wird, dass es sich als Tänzerin oder Geisha in einer Welt des Lasters bewegt. Der Held bleibt jedoch merkwürdig kühl und ungerührt, ist unfähig zu echter Hingabe. Er bleibt letztlich Zuschauer seines eigenen Lebens, voller Sehnsucht zwar, aber einsam und unerfüllt. Ein Prototyp dieser Konstellation und seine wohl gelungenste Ausgestaltung finden sich in *Yukiguni*. Berühmt sind die den Übergang in eine archaische, vom Alltag abgehobene Welt markierenden Einleitungssätze des Romans: »Als der Zug aus dem langen

Grenztunnel herauskroch, lag das Schneeland vor ihm. Die Nacht wurde weiß bis auf den Grund. An der Signalstation hielt der Zug.« Der Protagonist Shimamura kehrt in jenes abgelegene Thermalbad zurück, wo er ein halbes Jahr zuvor der jungen Geisha Komako begegnet war. In der klaren, frischen Winterwelt fühlt er sich zur blassen Kühle des Mädchens Yōko, das mütterlich den kranken Bruder umsorgt, ebenso hingezogen wie zur leidenschaftlichen Komako, die in der Zuneigung zu ihm aufblüht. Der Protagonist genießt während seines mehrwöchigen Aufenthalts ihre Zuneigung, doch spürt er auch die Kälte seines Herzens und verharrt gleichsam unbewegt. Das Werk endet mit einem Feuer im Dorf. Shimamura, dessen Abschied bevorsteht, wird Zeuge, wie Yōko aus dem brennenden Obergeschoss eines Hauses springt und von Komako aufgefangen wird. Zutiefst berührt ihn das intensive ästhetische Augenblickserlebnis lodernder Flammen im Schnee in der klaren Nacht; das reale Geschehen ist dagegen von untergeordneter Bedeutung. Die ästhetische Einheit des Werks wird durch Imaginations- und Traumfolgen gestiftet, zeitliche und objektive Kausalität werden durch die Einheit einer lyrischen Sichtweise ersetzt, Naturphänomene und seelische Befindlichkeiten erscheinen ineinander verflochten, und die Gegenwart des erlebenden Subjekts ist ständig von Träumen, Erinnerungen und Assoziationen durchwebt, was zu einer ganz eigenen Färbung dieser Literatur beiträgt. Modern daran ist, dass das Reale nicht eindeutig der Ebene der Alltagswirklichkeit des Hier und Jetzt zuzuordnen ist, sondern eine in der Schwebe gehaltene, ganzheitliche Erfahrung vermittelt, die alle Bewusstseinsebenen einschließt.

Senbazuru enthält im Titel ein vielschichtiges Symbol: Auf der realen Ebene bilden Kraniche ein Muster auf dem seidenen Einschlagtuch, das die junge Yukiko anlässlich einer Teezeremonie bei sich trägt, doch sind sie auch ein traditionelles Symbol für langes Leben und heilen denjenigen, dem es gelingt, 1000 dieser Vögel aus Papier zu falten. Sie werden also auch mit Krankheit assoziiert, die K.

hier wie auch in anderen Werken als Schattenseite des Schönen nicht ausspart. Auch wenn der Autor die Vulgarisierung der Teezeremonie beschreibt, sind es doch die symbolischen Akte der Feier sowie die evokative Schönheit der Tee-Utensilien, die sich dem Leser am tiefsten einprägen. *Yama no oto* handelt von Shingo, einem Mann Anfang 60, der, im Kreis seiner Familie in Kamakura lebend, von Vorahnungen des Alterns und des Todes bedrängt wird. Zentrales Motiv ist das Dröhnen des Berges, das er als Vorankündigung seines Todes deutet und das ein intensives Nachdenken über sein Leben auslöst. Die Personen in dem Mehrgenerationenhaushalt, deren alltägliches Leben nachgezeichnet wird, gewinnen ungewöhnliche Individualität und Plastizität. Shingo ringt in regressiven Träumen und in der Zuneigung zu seiner Schwiegertochter um inneren Frieden, auch wenn letztlich offen bleibt, ob er sein Ziel erlangt. *Yama no oto* wurde unter anderem als indirekter Zeitroman gelesen, wobei man die Geschichte der auseinanderbrechenden Familie als Allegorie der Desorientierung Japans nach dem Krieg deutete.

Mit dem Alter beschäftigte sich K. auch in einem umstrittenen Spätwerk, dem Roman *Nemureru bijo* (1960/61; *Die schlafenden Schönen*, 1994), der Geschichte des alten Herrn Eguchi, der ein geheimes Etablissement aufsucht, in dem junge, in künstlichen Tiefschlaf versetzte Mädchen alten Männern für eine Nacht mit der Auflage angeboten werden, sich nicht an ihnen zu vergreifen. Jugend und jungfräuliche Schönheit erscheinen hier auf extreme Weise mit Alter, Verfall und Tod gekoppelt. In den fünf Nächten, die Eguchi mit jeweils unterschiedlichen nackten, schlafenden Frauen verbringt, wird deren Individualität durch seine Assoziationen und Erinnerungen erlebbar.

K.s umfangreiches Schaffen – die Gesamtausgabe seiner Werke umfasst 37 Bände – schließt auch Essays zur Literatur und zur japanischen Ästhetik ein, beispielsweise die Reden, die er anlässlich der Verleihung des Nobelpreises – *Utsukushii Nihon no watashi, sono josetsu* (1969; Das schöne Japan und ich. Eine

Vorrede) – und einer Einladung der Universität Hawaii – *Bi no sonzai to hakken* (1969; »Über das Vorhandensein und die Entdeckung von Schönheit«, 1975) – hielt. Daneben stehen zahlreiche Erzählungen und Romane, die K. im Auftrag von Zeitungen und Zeitschriften verfasste, darunter das experimentelle, noch stark vom Modernismus gefärbte Romanfragment mit kriminalistischen Zügen *Asakusa kurenaidan* (1930; *Die Rote Bande von Asakusa*, 1999) sowie die Romane *Koto* (1962; *Kyoto oder Die jungen Liebenden in der alten Kaiserstadt*, 1965) und *Utsukushisa to kanashimi to* (1965; *Schönheit und Trauer*, 1988), in denen sich der Übergang zur Unterhaltungsliteratur im plakativen, reiseführerartigen Herausstellen touristischer Reize ankündigt. Sein Freitod 1972 war unerwartet und bleibt rätselhaft. In der japanischen Literatur des 20. Jahrhunderts verkörpert K. den introvertierten Ästheten, dessen Werke in einer lyrischen Sprache von raffinierter Schlichtheit eine von Melancholie durchleuchtete Welt erstehen lassen.

Irmela Hijiya-Kirschnereit

Kazantzakis, Nikos

Geb. 18. 2. 1887 in Iraklion, Kreta; gest. 26. 10. 1957 in Freiburg i.Br.

Nikos Kazantzakis erlangte erst durch seine Romane in den 1950er Jahren Weltruhm, seine von Irr- und Umwegen gezeichnete geistige Odyssee nahm jedoch bereits zu Beginn des 20. Jahrhunderts ihren Lauf. Sein literarisches Debüt hatte er 1906 mit der ästhetizistischen Novelle *Ofis ke krino* (Schlange und Lilie) sowie dem symbolistischen Drama *Ximeroni* (Es wird Tag). Nach dem Jurastudium in Athen hörte K. Vorlesungen bei Henri Bergson in Paris und promovierte mit einer rechtsphilosophischen Schrift über Friedrich Nietzsche. In Griechenland war er in die damaligen Auseinandersetzungen um die Sprachfrage involviert – Anhänger der gesprochenen Volkssprache standen Verfechtern der dem Altgriechisch nachempfundenen offiziellen Hochsprache gegenüber. In den 1920er und 30er Jahren führte K. ein Nomadenleben und bereiste als Journalist zahlreiche Länder (u. a. England, Spanien, Deutschland, die Sowjetunion, China und Japan). Bevor er sich 1948 im südfranzösischen Antibes niederließ, lebte er meist zurückgezogen, in »samer Freiheit«, auf der Insel Ägina.

Sein umfangreiches Werk umfasst neben Reisetagebüchern und zahlreichen Briefen Übersetzungen (u. a. Homer, Dante, Goethe, Nietzsche), mehrere – zumeist historische – Dramen, Essays, ein Großepos und Gedichte sowie sieben Romane, die er in hohem Alter veröffentlichte. K. selbst betrachtete seine späte Prosa als Illustration der Gedanken, die er in *Askitiki* (1927; *Askese*, 1973) entwickelt hatte, einem philosophischen Traktat, das sich inhaltlich und im Sprachduktus an Nietzsches »Zarathustra« orientiert. Das 33 333 Siebzehnsilber umfassende Epos *Odyssia* (1938; *Odyssee*, 1973), an dem K. 1924 bis 1938 arbeitete, sah er als sein Hauptwerk an. In einer manierierten und eigenwilligen Volkssprache schildert er darin neue Abenteuer des erkenntnishungrigen Helden nach seiner Rückkehr zu Penelope.

K.' unruhiger Geist spiegelt sich in einem ideengeschichtlichen Synkretismus und in einer permanenten Suche nach Leitfiguren wider: Er zählte unter anderem Jesus und Buddha, Lenin und Tolstoj zu seinen Vorbildern. Viele seiner Romanhelden verkörpern den *élan vital* und tragen Züge des sogenannten Übermenschen im Sinne einer geistigen Unabhängigkeit des Individuums. Mit *Vios ke politia tou Alexi Zorba* (1947; *Alexis Sorbas*, 1955) kreierte K. eine Figur der Weltliteratur, die das dionysische Lebensgefühl repräsentiert und im Gegensatz zum apollinisch-intellektuellen Ich-Erzähler die landläufige Moral hinter sich gelassen hat.

Die Protagonisten K.' zeichnen sich oft durch heroischen Tatendrang aus, entweder im Zeichen des Patriotismus wie in *O Kapetan*

Michalis (1953; *Freiheit oder Tod*, 1954) oder der religiösen Aufopferung wie in *O Christos xanastavronete* (1954; *Griechische Passion*, 1951). In diesen Romanen entwirft K. ein breites erzählerisches Panorama mit einem skurrilen Figurenkabinett aus dem untergehenden osmanischen Reich. Während ein kretischer Aufstand gegen die Osmanen von 1893 den historischen Hintergrund von *O Kapetan Michalis* bildet, schildert *O Christos xanastavronete* vor dem Hintergrund der militärischen Auseinandersetzungen zwischen Griechenland und der Türkei vor 1922 exemplarisch das Schicksal von Flüchtlingen. Als Folie dient die Passionsgeschichte aus dem Neuen Testament, die K. mit sozialrevolutionären Aspekten bereichert. *O telefteos pirasmos* (1955; *Die letzte Versuchung*, 1984) ist eine fiktive Jesus-Biographie, die den Erlöser als eine irdische Figur mit all ihren Ängsten, Zweifeln und Begierden zeigt. Der Protagonist stellt sich am Kreuz ein Familienleben mit Maria Magdalena vor. Das Werk stieß auf erbitterten Widerstand sowohl der orthodoxen als auch der katholischen Kirche. *O ftochoulis tou theou* (1956; *Mein Franz von Assisi*, 1981) ist ein historischer Roman über den Heiligen Franziskus, dessen asketische Persönlichkeit K. imponierte. *I aderfofades* (1962; *Brudermörder*, 1981) handelt von den Schrecken des griechischen Bürgerkriegs und setzt sich zuweilen plakativ mit der Theodizee-Frage auseinander: Wie kann Gott solche Grausamkeiten unter Menschen zulassen?

Die postum erschienene Autobiographie *Anafora ston Greko* (1961; *Rechenschaft vor El Greco*, Bd. I. 1964, Bd. II 1967) changiert zwischen Dichtung und Wahrheit und schildert K.' abwechslungsvolles Leben bis zum Jahr 1938 (Veröffentlichung der *Odyssee*). Der rastlos suchende Schriftsteller zieht darin auch eine nüchterne poetologische Bilanz: »Der schöpferisch Tätige kämpft mit einem harten, unsichtbaren Stoff, der größer ist als er selbst; und der größte Sieger ist dann ein Besiegter; denn immer bleibt unser tiefstes Geheimnis, das einzige, was wert wäre gesagt zu werden, unausgesprochen.«

Athanasios Anastasiadis/Sophia Voulgari

Keats, John

Geb. 31. 10. 1795 in London; gest. 23. 2. 1821 in Rom

»He describes what he sees – I describe what I imagine. Mine is the hardest task.« So kennzeichnet John Keats in einem Brief vom September 1819 seine dichterische Arbeit im Gegensatz zu der seines erfolgreichen Zeitgenossen Lord Byron. Entsprechend gering ist der Umfang seines Werks. Nur drei schmale Bände und insgesamt 54 Gedichte konnte K. veröffentlichen; abgesehen von seinen literarischen Freunden nahm kaum jemand davon Notiz. Das Buch hätte auch in Timbuktu erscheinen können, meinte ein Freund nach dem Erscheinen von *Poems* (1817). Spätestens seit der viktorianischen Zeit hat sich diese Einschätzung jedoch grundlegend geändert, und K. wird heute von der Literaturkritik wohl überwiegend als der größte romantische Dichter in England angesehen. Auf jeden Fall ist er der am meisten Formbewusste unter den englischen Romantikern. Mit allen Kräften widmete er sich seiner Aufgabe als Dichter und erreichte durch energische Selbstdisziplin in den großen lyrischen Gedichten seiner reifen Periode mit einfachen sprachlichen Mitteln ein unvergleichliches Maß an Eindringlichkeit, formaler Geschlossenheit und poetischer Komplexität.

Sein Leben war sehr kurz, und seine besonderen Lebensumstände erscheinen für einen romantischen Dichter auf den ersten Blick wenig aussichtsreich. Er genoss weder eine akademische Bildung wie Byron, noch konnte er wie Wordsworth die prägende Nähe zu einer grandiosen Landschaft erleben. In London wurde er als ältestes von vier Kindern eines Mietstallbesitzers geboren. Früh (1804) verlor er durch einen Reitunfall seinen Vater und sechs Jahre später seine Mutter, die nach einer gescheiterten zweiten Ehe an Tuberkulose starb. Umso enger war K.' Verhältnis zu seinen

Geschwistern. Ab 1803 besuchte er eine kleine, äußerst fortschrittliche Internatsschule in Enfield, nördlich von London, wo er durch den Schulleiter und besonders dessen Sohn, den acht Jahre älteren Charles Cowden Clarke, entscheidende Förderung und Anregung erfuhr. Sie ermutigten ihn, ihre Bibliothek zu benutzen, und er wurde zum begeisterten Leser. Er hielt diese wichtige Verbindung auch später aufrecht, als er 1811 von seinem Vormund bei einem Arzt und Apotheker in dem Dorf Edmonton, unweit von Enfield, in die Lehre gegeben wurde und ab 1815 seine medizinische Ausbildung am Londoner Guy's Hospital fortsetzte. K. hatte stets den Ehrgeiz, ›der Welt etwas Gutes zu tun‹; doch er wurde schon bald mit seiner Arbeit als Wundarzt unzufrieden und beschloss, Ende 1816, sich lieber ganz der Dichtung zu widmen. Durch Cowden Clarke hatte er Leigh Hunt kennengelernt, der ihn mit anderen Literaten und Dichtern, darunter auch Percy Bysshe Shelley und William Hazlitt, sowie mit Verlegern und Künstlern bekannt machte. Im Mai erschien sein erstes Gedicht, »O Solitude«, in der Zeitschrift *The Examiner* und im folgenden Jahr der erste Gedichtband, *Poems*.

Trotz des geringen Echos gab K. nicht auf und schrieb, hauptsächlich auf der Isle of Wight, das epische Gedicht *Endymion* (1818; *Endymion*, 1897), welches nach seinem Erscheinen von der literarischen Kritik verheerend rezensiert wurde. Man lehnte den Dichter als Mitglied einer ›Cockney School of Poetry‹ ab. Im Sommer des gleichen Jahres unternahm er mit einem Freund eine Bergwandertour durch den Lake District und das schottische Hochland, seit Wordsworth und Scott die eminent poetischen Landschaften Großbritanniens. Mit einer schweren Halsentzündung, die dann chronisch wurde, kehrte er nach London zurück, wo er seinen Bruder Tom bis zu dessen Tod im Dezember pflegte. In dieser Zeit begann seine Liebe zu der schönen, ihm aber geistig nicht ebenbürtigen Fanny Brawne, die zu einer leidenschaftlichen, aber nicht sexuellen Beziehung wurde. Es kam zu einer heimlichen Verlobung, doch K. war überzeugt, er könne Fanny erst heiraten, wenn er sich als Dichter durchgesetzt hätte. Im Jahre 1819, seinem *annus mirabilis*, entstanden seine bedeutendsten Gedichte, darunter die großen Oden, die alle 1820 erschienen. Im Februar 1820 hatte K. einen Blutsturz, für den ausgebildeten Arzt ein untrügliches Zeichen, dass er unheilbar an Tuberkulose erkrankt war. Auf einer Reise nach Italien, die seine Gesundheit wiederherstellen sollte, starb er genau ein Jahr später in Rom und wurde auf dem protestantischen Friedhof beigesetzt. Shelley schrieb ihm noch im gleichen Jahr die Elegie *Adonais*, in der er den frühen Tod des Dichterfreundes als Folge der feindlichen Rezeption von *Endymion* erklärt.

Trotz seiner kurzen Schaffenszeit machte K. als Dichter eine beachtliche Entwicklung durch, die sich vielleicht am sinnfälligsten in seinen wichtigsten Vorbildern manifestiert: von Spenser und Hunt bewegte er sich hin zu Milton und Shakespeare. In den frühen Gedichten lässt sich die dichterische Vollendung meist wenig voraussahnen; sie wirken häufig vage und uneinheitlich und sind weithin durch schwärmerische und unkritische Verzückung gekennzeichnet. Allerdings zeigt das Naturgedicht »I Stood Tip-Toe« neben dem narkotischen Versenken in die Schönheiten der Natur auch eine bemerkenswerte Beachtung von sinnlich-konkreten, bisweilen üppigen Details. In »Sleep and Poetry« verleiht K. bereits seinem Gefühl der dichterischen Berufung emphatisch Ausdruck und zeichnet für sich einen Weg der Entwicklung als Dichter vor, der vom einfachen Naturleben zur menschlichen Involviertheit führt. Das dem Vorromantiker Thomas Chatterton gewidmete *Endymion*, welches die mythische Geschichte von dem jungen Schäfer erzählt, in der sich die Mondgöttin verliebt, wird von K. selbst im Vorwort als unreifes Jugendwerk bezeichnet; aber es enthält auch gelungene Passagen und lässt v. a. die für K. bestimmende Nähe zur antiken Welt, insbesondere zur griechischen Mythologie, erkennen. K. nennt das Gedicht in einem Brief »a test, a trial of my Powers of Imagination« (»eine Probe seiner Einbildungskraft«), und es ist unbestreitbar, dass er und seine Zeitgenossen längeren Dichtungen, wie *Lamia* (1820;

Lamia, 1897), *Isabella* (1820; *Isabella oder Der Basilienstock*, 1897), *The Eve of St. Agnes* (1820; *St. Agnes Vorabend*, 1897) und *Hyperion: A Fragment* (1820; *Hyperion*, 1897), einen höheren Wert beimaßen als heutige Leser und Kritiker, für die das kurze lyrische Gedicht im Mittelpunkt steht. Wenn »On First Looking into Chapman's Homer« (1816) trotz seiner frühen Entstehung viel geschlossener als die längeren Gedichte ist, so geht dies sicher entscheidend auf die Wirkung der Sonettform zurück, die K. nach Wordsworths Beispiel aufgriff. Auch hier vollzieht sich eine Begegnung mit der Antike, vermittelt durch den Shakespeare-Zeitgenossen George Chapman. Nachdem die elisabethanische Homer-Übersetzung im 18. Jahrhundert durch die elegantere Version Popes verdrängt war, konnte die kraftvolle ältere Fassung nun für K. wieder zu einer Entdeckung werden, vergleichbar derjenigen der Neuen Welt durch die spanischen Eroberer. Die Oden, die heute allgemein als K.' bedeutendste Werke angesehen werden, gehen hinsichtlich der Strophenform auf das Sonett zurück (eine Form, die K. in fast 70 Gedichten mit unterschiedlichen Reimschemata zugrunde legte). Inhaltlich kreisen sie hauptsächlich um die Themen Kunst, Dichtung, Natur, Schönheit und Vergänglichkeit sowie um den Gegensatz von Ideal und Wirklichkeit. »Ode to Psyche« thematisiert im Gewand der klassischen Antike eine Vision von Liebe und Natur. In »Ode to a Nightingale« erweckt der Gesang der Nachtigall, die als ideales Symbol die Bereiche Natur und Dichtung repräsentiert, im Dichter den Wunsch nach Auflösung des eigenen Ich und bewirkt in ihm ein visionäres Erlebnis der Entgrenzung, aus dem er am Ende ernüchtert in die Wirklichkeit zurückkehrt. Auch »Ode on a Grecian Urn«, K.' bekanntestes Gedicht, der ›Hamlet‹ in der englischen Poesie, behandelt das gleiche Grundthema der Diskrepanz von Ideal und erfahrbarer Wirklichkeit und ihre vorübergehende Aufhebung. Umstritten ist besonders die Bedeutung der beiden Schlusszeilen, in welcher Hinsicht Schönheit und Wahrheit als identisch gelten können. Mittelbar geht es ebenfalls in »Ode to Melancholy« um das Thema Schönheit, die mit ihrer unvermeidlichen Vergänglichkeit die wahre, für den Romantiker erstrebenswerte, Melancholie auslöst. »To Autumn«, zwar nicht im Titel als Ode gekennzeichnet, wird generell zu den großen Oden gerechnet und gilt vielen als K.' reifstes Gedicht. Indem es den Herbst als die Jahreszeit der beschaulichen Fruchtbarkeit preist, weist es einen deutlich ruhigeren und weniger leidenschaftlichen Grundtenor auf. In »La Belle Dame sans Merci«, zur gleichen Zeit wie die Oden entstanden, folgt K., konsequenter als die anderen Romantiker, dem Gattungsmuster der Volksballade. Zugleich behandelt er mit dem Ritter, der durch die Erfahrung und das Verfolgen des unerreichbaren Ideals, hier der idealen Schönheit der Feendame, zerstört wird, ein Thema, das ihm auch sonst am Herzen liegt.

Seine Briefe, die in keiner Weise zur Veröffentlichung vorgesehen waren, sind vornehmlich ein Zeugnis seiner von allen, die ihn kannten, gerühmten sympathischen Wesensart. Außerdem legt K. in der Korrespondenz mit seinen Bekannten, Freunden und Verwandten bei unterschiedlichen Anlässen dar, welche Überzeugungen ihn als Dichter bestimmen. Vor allem betont er, vielleicht noch emphatischer als andere Romantiker, die Bedeutung der Imagination als entscheidende Orientierungsinstanz: Verlässlich und wertvoll ist für K. nur, was die Imagination hervorbringt. Auf Gefühle, nicht auf Gedanken legt er, wie er an verschiedenen Stellen hervorhebt, hauptsächlich Wert. Den Dichter sieht er in erster Linie durch *negative capability* ausgezeichnet, d. h. durch die Fähigkeit, sich für Phänomene und Personen zu öffnen und sie auf sich wirken zu lassen; und er geht sogar so weit, dem »chamäleonhaften Dichter« eine eigene Persönlichkeit abzusprechen. Im Zusammenhang damit betont er die Notwendigkeit einer in ihrer Ausdrucksweise natürlichen und ungekünstelten Dichtung: »Poetry should be great and unobtrusive« (»Dichtung sollte groß und unaufdringlich sein«) – eine Forderung, die er selbst sicher in seinen besten Gedichten beispielhaft erfüllt.

Werkausgaben: Poetical Works. Hg. H.W. Garrod. London 1956. – Letters. Hg. H.E. Rollins. 2 Bde. Cambridge, MA 1958. – Complete Poems. Hg. J. Barnard. Harmondsworth 1973. – The Poems. Hg. F. J. Stillinger. London 1978.

Raimund Borgmeier

Keller, Gottfried

Geb. 19. 7. 1819 in Zürich; gest. 15. 7. 1890 in Zürich

Am Lebensende ist der Schweizer Autor ein berühmter deutscher Dichter. Als er den siebzigsten Geburtstag feiert, erreicht ihn aus Berlin eine Glückwunschadresse mit mehreren hundert Namen, darunter Helmuth Graf von Moltke, Heinrich von Treitschke, Herman Grimm und Theodor Fontane. Dazu K. nicht ohne Ironie: »Gerade, wie wenn ich ein vornehmer Herr wäre!«.

Nein, das ist er nicht und das wollte er auch nicht werden. Der Sohn eines frühverstorbenen Drechslermeisters wächst in bescheidenen Verhältnissen auf, bleibt der kleinen-Leute-Welt immer verbunden und hat doch unbescheidene Wünsche. Nachdem er wegen eines Jugendstreichs die Industrieschule verlassen muss, nimmt er Malunterricht, und ein anschließender Aufenthalt in der Kunststadt München von 1840 bis 1842 soll der künstlerischen Vervollkommnung dienen. Der Erfolg bleibt aus und die alte traumatische Furcht, ein »untätiges und verdorbenes Subjekt« zu werden, wächst damit. Die heimatliche Kantonalsregierung gewährt Stipendien, und die sparsame Mutter unterstützt ihren Sohn bis zu dessen 42. Lebensjahr. So kann K. in Heidelberg (1848/49) studieren, wo er u. a. die Bekanntschaft Ludwig Feuerbachs macht, dessen Materialismus von nun an für die eigene Weltanschauung prägend bleibt.

So kann er mehrere Jahre in Berlin verbringen (1850 bis 1855), dessen einflussreiche Salons der gesellschaftlich eher unbeholfene K. – er ist nach Varnhagen von Enses Urteil »für die Welt etwas verschroben, nicht ganz brauchbar zugerichtet« – aufsucht, dessen Literatencliquen er aber meidet. Das subjektive Ziel des Berlinaufenthalts, aufgrund häufiger Theaterbesuche eigene Entwürfe auszuführen, wird nicht erreicht. Dennoch kommt der Stipendiat nicht ohne Resultate zurück, denn in Berlin entstehen wichtige Prosaarbeiten, wie der erste Teil des Novellenzyklus *Die Leute von Seldwyla* (1856) und der autobiographische Roman *Der grüne Heinrich* (1854/55). Auch wenn der Heimgekehrte inzwischen eine gewisse lokale Reputation besitzt – schon seit den 1840er Jahren ist er mit Georg Herwegh und Ferdinand Freiligrath bekannt – jetzt verkehrt er mit Georg Semper und Friedrich Theodor Vischer, so kann er doch von seinen literarischen Arbeiten nicht leben. Depressionen bleiben nicht aus, zumal der kleingewachsene Mann trotz mehrfacher demütiger Versuche keine Lebensgefährtin findet und von der Mutter (bis zu ihrem Tod 1864) und der Schwester (bis 1888) versorgt wird. So führt er ein Junggesellenleben mit häufigen Wirtshausbesuchen und gelegentlicher Randale. Eine Neigung zum Bummelantentum ist unverkennbar. Wirkt aber schon Berlin mit seiner nüchtern-norddeutschen Atmosphäre nach eigenen Angaben als »Korrektionsanstalt«, so verlangt das hochdotierte Amt des Staatsschreibers (1861 bis 1876) – K.s überraschende Wahl erregt »allgemein ein staunendes Kopfschütteln« (*Eidgenössische Zeitung* vom 17. 9. 1861) – eine Selbstdisziplin, die der Schriftsteller später nutzen kann.

Die Rückkehr von Berlin nach Zürich kann nicht, wie bei Theodor Storm oder Wilhelm Raabe, als Flucht in eine provinzielle Idylle bewertet werden, weil das geographische Abseits ein politisches Mittendrin befördert: die Schweizer Demokratie erlaubt politisches Handeln und öffentliche Auseinandersetzungen, an denen K., auch publizistisch, teilnimmt. Die Schweizer Gesellschaft lässt noch einen revolutionären Geschichtsoptimismus zu, der auch das aufklärerische Citoyen-Ideal als einzulösendes umfasst. Deshalb lehnt der

Demokrat K. radikaldemokratische Bestrebungen des Proletariats ebenso als zerstörerische ab wie den bourgeoisen Klassenegoismus, der dazu drängt, »so gut wie überall nach Geld und Gewinn zu jagen« (Brief an L. Assing vom 21. 4. 1856) und dabei das Gemeinwohl vernachlässigt. Weltanschaulich-politisch steht K. so im Gegensatz zur restaurativen deutschen Entwicklung nach dem Scheitern der 48er Revolution, während er sich literarisch-künstlerisch, auch in zahlreichen Briefwechseln (u. a. mit Hermann Hettner, Paul Heyse, Theodor Storm), nach Deutschland orientiert und eine eigene Schweizer Nationalliteratur ablehnt. Unter diesen Umständen gerät die persönliche Vereinzelung nicht zur gesellschaftlichen Einsamkeit; K. sondert sich nicht desillusioniert wie Gustave Flaubert oder resigniert wie Theodor Storm von der bürgerlichen Gesellschaft ab, sondern er bestimmt sich als tätiger Bürger seines Gemeinwesens. Aus dieser demokratischen Bürgerlichkeit beziehen Prosa und Lyrik ihre anschauliche Lebensfreude, ihre Freude am Dinglich-Zuständlichen. Mit ihr wird auch ein Literaturverständnis deutlich, das in der Tradition der Klassik am Selbstzweck der Literatur festhält, oder, wie K. es gelegentlich ausdrückt, deren »Reichsunmittelbarkeit« betont und das ihr zugleich mit dem Ausspruch,»das Didaktische im Poetischen aufzulösen, wie Zucker oder Salz im Wasser« eine öffentliche Wirkung zuspricht.

Die soziale Bindung und gesellschaftliche Funktion der Literatur bedingt in der Lyrik die Neigung zum weltanschaulichen Bekenntnis und zum Vermeiden jeglicher formaler Artistik. K. benutzt überlieferte Strophen- und Versformen. Neben dem Lied bevorzugt er Sonette, Ghasele und Balladen. Die erste Sammlung *Gedichte* (1846) belegt, wie sehr der Autor mit seiner Naturlyrik und politischen Lyrik an den Vormärzaktivismus anknüpft, obgleich sich der Schweizer stärker als seine deutschen Vorbilder Anastasius Grün und Georg Herwegh auf die konkrete Wirklichkeit einlässt und sein rhetorisches Pathos dämpft. Die folgenden Gedichte lassen eine steigende Tendenz zu stärkerer Objektivierung der lyrischen Aussage erkennen (vgl. *Neuere Gedichte*, 1851). Besonders in der »Festlyrik«, jenen Gelegenheitsgedichten zu Schützen-, Sänger- und Kadettenfesten, löst die Sprachwerdung des Öffentlich-Gemeinsamen die subjektivierte lyrische Erlebnissprache aus. Auch wenn die Alterslyrik zum Erlebnis- und Stimmungsausdruck zurückkehrt, so bleibt doch eine Weltoffenheit als Konstante, die ihr Fundament in der Positivität der bürgerlichen Welt, in der Bejahung der politischen Freiheit und wirtschaftlichen Blüte hat.

Über die Schweiz hinaus wird K. allerdings, wenn auch verspätet, mit seiner Prosa bekannt. Die Gratulation zum 70. Geburtstag gilt insbesondere dem Novellisten, der sich von der ursprünglichen Programmatik, einer in die zeitgeschichtlichen Ereignisse eingreifenden Literatur, trennt und sich überschaubaren heimatlichen Stoffen zuwendet – ähnlich wie Theodor Storm oder Wilhelm Raabe, sich zugleich doch von beiden markant unterscheiden. So erhält in dem zweiteiligen Novellenzyklus *Die Leute von Seldwyla* (1865 u. 1874) das einzelne isolierte Geschehen der Novelle durch den in den Vorreden hergestellten Bezug zur gleichnamigen fiktiven Narrenstadt einen umfassenderen epischen Bezug. Der unabgeschlossene Rahmen verweist hier auf eine spezifisch schweizerische, gesellschaftlich-geschichtliche Kohärenz. Die zehn Geschichten über die gemütlichen, biedermeierlichen Seldwyler, die sich naiv, aber bisweilen auch selbstsüchtig durchwursteln, sind mit humorvoll-ironischer Distanz erzählt. K. legt unzulängliche Verhältnisse und Verhaltensweisen bloß und verleiht dem Geschehen bisweilen satirische, aber auch komisch-versöhnliche Züge. Dabei benutzt er, sich um Novellentheorie wenig kümmernd, Elemente des gesellschaftskritischen Realismus ebenso wie die des Märchens oder des Schwanks. Die fünf Erzählungen des Zyklus *Züricher Novellen* (1876/77) wollen als positives Pendant zu den *Leuten von Seldwyla* Züricher Bürgersinn darstellen. Ihren artistischen Höhepunkt erreicht K.s Novellistik mit dem *Sinngedicht* (1881), in dem der Rahmen, die Geschichte einer sich anbahnenden Liebe, selbst zur Novelle wird.

In *Der grüne Heinrich* (1. Fassung 1854/55; 2. Fassung 1879/80), dem bedeutendsten Entwicklungsroman des sogenannten bürgerlichen Realismus, erzählt K. eine »geistige Robinsonade«, in der »man zuschaut, wie sich ein Individuum alles neu erwerben, aneignen und einrichten muß« (Brief an Hermann Hettner vom 26. 6. 1854). Jene erzählerische Überschaubarkeit garantiert im Roman der autobiographische Bezug. In der zweiten objektivierten Fassung – nur die will der Autor gelten lassen – schildert der »Ich-Erzähler« das Scheitern des Künstlers Heinrich Lee, der als Oberamtmann schließlich eine selbstgenügsame, aber nützliche Existenz findet. Die Frage nach einem sinnerfüllten Leben erhält so eine bescheidene Antwort.

Werkausgaben: Sämtliche Werke. 7 Bde. Frankfurt a. M. 1985 ff.; Gesammelte Werke in drei Einzelbänden. München 1978 u. ö.

Georg Bollenbeck

Kemal, Orhan (eigtl. Mehmet Raşit Öğütçü)
Geb. 15. 9. 1914 in Ceyhan, Adana/ Türkei; gest. 2. 6. 1970 in Sofia

Ein entscheidendes Erlebnis für Orhan Kemal war die Begegnung mit Nâzım Hikmet im Winter 1940 im Gefängnis von Bursa. 1939 war K. zu einer Haftstrafe wegen »Propaganda für ausländische Staaten und Aufwiegelung zur Rebellion« verurteilt worden, war zuerst in Kayseri, später in Adana inhaftiert und wurde dann in Bursa von Hikmet zum Schreiben in einem realistischen, prägnanten Stil angeleitet – schmuck- und schnörkellos, ohne die Manierismen der Vergangenheit und aus der Sicht von Arbeitern, Arbeitslosen und Straßenmädchen, der Sicht also der »verlorenen Generation«.

K. gehörte selbst zu dieser Generation. 1931 musste er den Schulbesuch abbrechen, da sein Vater aus politischen Gründen gezwungen war, außer Landes zu gehen; knapp zwei Jahre verbrachte die Familie in Syrien und im Libanon; in Beirut wurde er als Lehrling in einer Druckerei untergebracht, nach der Rückkehr in die Türkei verdingte er sich in Adana von 1932 bis 1937 als Arbeiter, Weber und Schreiber in der Baumwollindustrie, heiratete 1937, wurde zum Militär eingezogen und gegen Ende des Militärdienstes verhaftet. In Kayseri begann er zu schreiben, und von 1939 an erschienen erste Gedichte und Kurzgeschichten, zunächst unter dem Namen Raşit Kemal, in verschiedenen Zeitschriften, etwa in *Varlık* (Die Existenz). 1945 wurde K. bei einer Leserumfrage von *Varlık* zum beliebtesten Autor von Kurzgeschichten gewählt. Nach seiner Entlassung aus fünfjähriger Haft leistete er die verbliebene Zeit seines Militärdienstes ab, sicherte den Unterhalt für sich und seine Familie wieder durch Gelegenheitsarbeiten unter anderem in Adana, lebte von 1950 an in Istanbul und beschloss, vom Schreiben zu leben.

1949 wurden sein erster Band mit Erzählungen, *Ekmek Kavgası* (Der Streit ums Brot), und sein erster Roman, *Baba Evi* (Vaterhaus), veröffentlicht; oft hat er Stoffe mehrfach verarbeitet, wie z. B. *Murtaza* (1952; *Murtaza oder das Pflichtbewußtsein des kleinen Mannes*, 1979). Die Geschichte erschien zuerst als Novelle, dann, 1969, um etliche Passagen erweitert, als Roman und kam, ebenfalls in den späten 1960er Jahren, als Theaterstück *Bekçi Murtaza* (Murtaza, der Aufseher) zur Aufführung. Thema ist der Übereifer eines Wärters in einer Fabrik, der sich bei seinen Vorgesetzten einschmeichelt und den Arbeiter/innen das Leben schwer macht – erzählt mit einem heiteren Schwung, allerdings bleibt einem das Lachen im Halse stecken: Als Murtaza eines Tages seine beiden Töchter, die er als Arbeiterinnen in der Fabrik untergebracht hat, schlafend an ihrem Arbeitsplatz ertappt, schlägt er eine der beiden krankenhausreif. Sie stirbt an der Verletzung.

Von 1949 bis zu K.s Tod wurden zehn Bände mit Erzählungen veröffentlicht; 1966 hätte die Kurzgeschichte »Grev« (Der Streik) ihm fast wieder eine Haftstrafe – wegen des Verdachts auf kommunistische Umtriebe – eingebracht, wenn er sich nicht erfolgreich gegen die Anschuldigung gewehrt hätte. Von insgesamt 27 Romanen ist vor allem *Bereketli*

Topraklar Üzerinde (1954, erweitert 1964; Auf gesegneter Erde) hervorzuheben; der Roman handelt von drei Wanderarbeitern, die vom Land in die Großstadt, nach Adana, kommen und an den Widersprüchen zwischen ihren überkommenen Werten und dem Takt der neuen Zeit mit seinen krassen Auswirkungen auf die Menschen scheitern. Mit dem Verfassen von Theaterstücken und Drehbüchern konnte K. sein Ziel, vom Schreiben zu leben, realisieren. Von 1967 an litt er an einer Herzkrankheit; er starb, als er sich auf Einladung des bulgarischen Schriftstellerverbands in Sofia aufhielt.

Monika Carbe

Kemal, Yaşar
(Kemal Sadık Gökçeli)
Geb. 6. 10.[?]1923 in Göğceli/Osmaniye, Adana/Türkei

Yaşar Kemal gilt als Chronist einer untergegangenen Epoche, seit er durch *İnce Memed* (1955; Memed mein Falke, 1955) berühmt wurde. In der Tradition der Volksdichter und -sänger Anatoliens hat er sich und seinem Lesepublikum auf der ganzen Welt – seine Bücher sind in 30 bis 40 Sprachen übersetzt – einen neuen Mythos erschaffen, einen Kosmos aus Bergen, Dörfern und Städten mit Räubern und Gendarmen, Landräten und Polizeispitzeln, Liebenden und Enttäuschten. Auch die Natur spielt mit, wird selbst zum Akteur, ob es sich um Bäume, Wiesen und Pflanzen, um wilde oder gezähmte Tiere handelt, um Berge, Täler oder Schluchten, ob um Regen und Wind, Stürme oder Gewitter – oder die alles versengende Sonne. K. stellt z. T. eine archaische Welt dar, ohne zu harmonisieren oder zu idealisieren, und in manchen seiner Romane und Erzählungen beschreibt er eindringlich, wie sich der Bruch durch Technisierung, neue Kommunikationsmittel, Flugzeuge, Düsenjäger und Waffen auf Menschen auswirkt, die in überkommenen sozialen Strukturen leben. Aus seinem Anspruch, als politischer Schriftsteller verändernd auf sein Land einzuwirken, hat er nie einen Hehl gemacht, und so sagte Günter Grass in seiner Laudatio zur Verleihung des Friedenspreises des Deutschen Buchhandels 1997, es gebe eine Verwandtschaft zwischen ihm und K. »[...] in unserer Neigung, der jeweils erlittenen Verluste mit Wörtern habhaft zu werden. Diese Obsession treibt uns an, der Zeit gegenläufig zu schreiben, und jene Geschichten zu erzählen, die nicht als Staatsakten geadelt worden sind, weil sie von Menschen handeln, die nie erhöht saßen und herrschten, denen aber allzeit Herrschaft widerfuhr.«

1915 flohen K.s Eltern, beide Kurden, aus dem Dorf Ernis (heute Günseli) am Van-See vor der russischen Besatzung ins Dorf Göğceli (Hemite) im Distrikt Adana in Südanatolien; als Kind erlitt K. Ende der 1920er Jahre einen Schock, als sein Vater beim Gebet in der Moschee erdolcht wurde, unmittelbar neben ihm. Als Heranwachsender war er von den Epen – und der Poesie – der wandernden Rezitatoren, die von Ort zu Ort zogen, fast berauscht. Bis er 1951 nach Istanbul ging, arbeitete er als Nachtwächter, Tagelöhner, Traktorfahrer, Fabrikarbeiter, Schuster und als Schreiber, der für Lese- und Schreibunkundige Briefe und Gesuche verfasste. Gleichzeitig sammelte er mündlich überlieferte Weisen und stellte daraus sein erstes Buch *Ağıtlar* (1943; Totenklagen) zusammen. In Istanbul erschienen seine Kurzgeschichten in der Literaturzeitschrift *Varlık* (Existenz) und engagierte, sozialkritische Reportagen in der Tageszeitung *Cumhuriyet*. Für *İnce Memed* erhielt er 1956 den Romanpreis von *Varlık*, und das Buch wurde zum Bestseller; drei Fortsetzungsbände folgten: *İnce Memed II* (1969; Die Disteln brennen, 1983), *İnce Memed III* (1984; Das Reich der vierzig Augen*, 1993) und *İnce Memed IV* (1987; *Der letzte Flug des Falken*, 2003); verfilmt wurde der Stoff von und mit Peter Ustinov 1984. Die Geschichte Memeds, eines kleinen, schmächtigen Hirtenjungen,

der vor dem Großgrundbesitzer Abdi Ağa in die Berge flieht, vom Gejagten zum Jäger, zum Räuber und Rächer der Unterdrückten wird, spielt im 20. Jahrhundert, in der Türkischen Republik, auch wenn es manchmal den Anschein hat, als herrschten noch Vorstellungen wie zur Zeit des Feudalismus im Osmanischen Reich.

Da K. nie müde wurde, Menschenrechtsverletzungen in seinem Land anzuprangern, wurde er mehrmals verhaftet und verbrachte zwei Jahre (1978–80) im schwedischen Exil.

Aus seinem epischen Gesamtwerk sind vor allem die Romane *Yer Demir Gök Bakır* (1963; *Eisenerde, Kupferhimmel*, 1986), *Binboğalar Efsanesi* (1971; *Das Lied der tausend Stiere*, 1979) und *Deniz Küstü* (1978; *Zorn des Meeres*, 1996) zu nennen, Letzterer ein Großstadtroman, in dem der Autor mit den Auswirkungen der Industrialisierung auf die Gesellschaft, mit der Umweltzerstörung, der Zerrüttung der menschlichen Beziehungen und insbesondere mit den Medien abrechnet. Der junge Zeynel, der einen Totschlag begangen hat, wird von der sensationslüsternen Presse Istanbuls gehetzt – und zum Phantom, das mit der Person des schmalbrüstigen und eher scheuen Jungen nichts mehr gemein hat. Istanbul wird zum Moloch, in dem die Umwertung der Werte alles ausgehebelt hat, was einst gegolten haben mochte; Verrat ist an die Stelle von gegenseitigem Vertrauen getreten, und die doppelbödige Moral der Ordnungshüter lässt Gendarmen gefährlicher als Kriminelle erscheinen. Der Roman hat resignative und z. T. surrealistische Züge; hier zieht K. alle Register des Absurden, um die Widersprüche einer Gesellschaft im Umbruch zu schildern. Dank der kongenialen Übersetzungen von Horst Wilfrid Brands, Helga Dağyeli-Bohne, Yıldırım Dağyeli und Cornelius Bischoff wird deutschsprachigen Leser/innen ein einprägsames Bild der literarischen Landschaft K.s vermittelt.

Monika Carbe

Kempowski, Walter
Geb. 29. 4. 1929 in Rostock; gest. 5. 10. 2007 in Rothenburg/Wümme

Unter seinem Schreibtisch ist im Boden ein Stein eingelassen, der aus dem Steinbruch des Zuchthauses Bautzen stammt. 1948 war K., Sohn eines Rostocker Reeders, wegen angeblicher Spionage gemeinsam mit seinem Bruder Robert zu 25 Jahren Zuchthaus verurteilt worden. Auch die Mutter musste wegen Mitwisserschaft für 6 Jahre nach Bautzen. Als K. 1956 amnestiert wird, beginnt er aus Erbitterung, nicht als politischer Häftling anerkannt zu sein, aus dem Schuldgefühl seiner Mutter gegenüber und auf soziale Kränkungen hin, den »Bautzen-Stoff« aufzuarbeiten: »Ich begann meinen Ärger zu sublimieren und mir die Einzelheiten meiner Haft ins Gedächtnis zu rufen, da die amtliche Anerkennung mir verweigert wurde, sie auf anderem Gebiet zu ertrotzen«. Nach einer Phase literarischer Produktion, in der er stark von Franz Kafka abhängig war, veröffentlicht K. nach langem Experimentieren 1969 *Im Block. Ein Haftbericht*. Nach und nach ordnet der Schriftsteller seine Vergangenheit, bringt Struktur in sie. Zeugenaussagen, Bilder, Erinnerungen, Kinoplakate, Zeitungsabschnitte, Aktennotizen, Verbalimpressionen etc. werden in Zettelkästen gesammelt und systematisiert. Die neun Romane, die aus diesem Material entstanden sind, bilden die Chronik des deutschen Bürgertums am Beispiel der Familie Kempowski, welche die Stadtgeschichte Rostocks und die deutsche Zeitgeschichte in sich vereint. Mit dem 1971 erscheinenden Band *Tadellöser & Wolff* (verfilmt von Eberhart Fechner), der die Kriegsphase von 1939 bis 1945 schildert, verschafft sich K. einen festen Platz in der zeitgenössischen Literatur. In pointillistischer Erzählmethode reiht der Protokollant unkommentiert und äußerst ironisch Redensarten, Zeugenaussagen, Fakten in der Art von Momentaufnahmen und Stereotypen aneinander. Das Collage-Prinzip durchzieht die gesamte Chronik, so sind z. B. *Aus großer Zeit* (1980) und *Ein Kapitel für sich* als Großcollagen gearbeitet. Die Geschehnisse von 1900 bis 1957 reichen von »Tadellöser & Wolff« bis »Miesnitzdörfer & Jenssen«, entlocken der naiven Mutter oft ein »Wie isses nun bloß möglich?« und dem überaus konservativem Vater ein »Klare Sache, und damit hopp!« K. erlebte seine Kindheit zwischen Harzausflug und Klavierstunden, Pimpfappell und Bombenalarm; »als andere schon lange an der Front standen oder im Gefängnis saßen, ging ich in Warnemünde baden. Unangenehm und störend war lediglich das Üben von Linksum und Rechtsum in der Hitlerjugend. Ich hätte in dieser Zeit lieber Platten gehört oder Bücher gelesen.« Bestandteil der Chronik sind auch die Befragungsbände *Haben sie Hitler gesehen?*, *Haben Sie davon gewußt?* und *Immer so durchgemogelt*.

Die starke emotionale Bindung an seine Eltern, insbesondere an seinen Vater, der als Reserveoffizier im Zweiten Weltkrieg fällt, äußert sich besonders in einem seiner Hörspiele (*Moin Vaddr läbt*, 1980). K. wird Flakhelfer und anschließend Druckereilehrling. Nach seiner Haftentlassung holt er das Abitur nach und studiert in Göttingen Geschichte, Germanistik und Pädagogik: »Viel Zeit verbrachte ich in den verschiedenen Antiquariaten. Bei Kerst kaufte ich mir von dem überschüssigen Nachhilfestundengeld Kafka und grüne Galsworthy-Romane, fünf Mark das Stück, diese riesige Familiensaga, von der man nicht genug kriegen kann, und Gottfried Keller, sechs Bände mit Wasserschaden für nur fünfundzwanzig Mark.« In Göttingen lernt er auch Hildegard Janssen, eine niedersächsische Pfarrerstochter, die ebenfalls den Lehrerberuf anstrebt, kennen. Die beiden heiraten und werden als Junglehrerehepaar 1965 an eine Zwergschule in Nartum bei Bremen versetzt. Von K.s pädagogischer Erfahrung profitieren seine Kinder- und Schulbücher, die in den 1970er Jahren entstehen (u. a. *Unser Herr Böckelmann*, 1979). Nach der Schließung der Landschule lehrt er zunächst an einer Mittelpunktschule in Zeven und nimmt dann 1979 eine Stelle als Lehrbeauftragter an der Universität Oldenburg an, lebt aber mit seiner Frau und den beiden Kindern weiterhin auf dem Land. Notizen aus seinem Tagebuch von 1983 finden zweifach Eingang in K.s Werk. In den *Hundstagen* (1988) verbringt der alternde Schriftsteller Alexander Sowtschick einen ungewollt turbulenten Sommer mit der jungen weiblichen Generation. Die Tagebuchaufzeichnungen bilden zum anderen das Fundament von *Sirius. Eine Art Tagebuch* (1990).

K. verarbeitet hier den ihn umgebenden Mikrokosmos, indem er die Ereignisse von 1983 durchsetzt mit Kommentaren aus dem Jahr 1990, Rückblenden in die Nachkriegszeit und in das Jahr 1973 sowie mit Dokumenten aus seinem Archiv und zahlreichen Zeichnungen und Fotografien. Erstmals schreibt K. auch über seine schriftstellerischen Techniken.

1992 erscheint *Mark und Bein*, eine »Episode« über ein Trio auf einer PR-Fahrt durch Ostpreußen, das sich auf dieser Reise mit der allgegenwärtigen Vergangenheit auseinandersetzen muss. In seinem »Haus Kreienhoop«, in dem K. regelmäßig Literaturseminare abhält, befinden sich auch sein Bildarchiv mit rd. 200000 Fotos und eine umfangreiche Sammlung von Biographien und Tagebüchern. »Inzwischen hat sich ganz von selbst ein Projekt ergeben, in das ein großer Teil der zeitgenössischen Berichte eingehen könnte: Das *Echolot. Ein kollektives Tagebuch von 1943–1949«*. 1993 erschienen die ersten vier Bände dieser langatmigen dokumentarischen Chronik, von der Literaturkritik euphorisch aufgenommen und innerhalb weniger Monate in vierter Auflage. Die vier Bände dokumentieren in den gängigen Formen privater Mitteilungen Innen und Außen der Deutschen im Dritten Reich und umfassen die Monate Januar und Februar 1943. »Damit werde ich mich wahrscheinlich den Rest meiner Tage beschäftigen«, meint ihr Sammler und Herausgeber.

Aber nicht nur das Projekt *Echolot* hat K. 1999 mit vier Bänden (*Das Echolot. Fuga furiosa. Ein kollektives Tagebuch. Winter 1945*) und 2002 mit dem Band *Das Echolot. Barbarossa 41. Ein kollektives Tagebuch* opulent fortgesetzt. Auch sonst war er überaus produktiv: In *Bloomsday '97* (1997) hat er sich als Dauerseher durchs deutsche Fernsehen gezappt und seinen Lesern dessen Ergebnisse zugemutet; in dem Roman *Heile Welt* (1998) hat er im fiktiven Gewand ein Kapitel seines Lebens erzählt, das in den sechs Bänden seiner *Deutschen Chronik* ausgespart blieb, die 1999 zusammen mit den drei Befragungsbänden noch einmal komplett auf den Markt gebracht wurde: die frühen 1960er Jahre nach dem Göttinger Studium, die er auf dem norddeutschen Land verbrachte. 2001 erschien unter dem Titel *Alkor* ein Tagebuch des »großen Gedächtnisjahres« 1989, das die Erinnerungsleistung von *Echolot* gleichsam privat begleitet. Mit *Letzte Grüße* hat er 2003 wieder einen selbstironischen Roman geschrieben, der sein alter ego, den Schriftsteller Alexander Sowtschick noch einmal auf eine Lesereise in die USA schickt: Zu ausführlich, zuweilen witzig wird da erzählt, wie Sowtschick erfahren muss, dass seine Bücher doch nicht so präsent sind, wie er gedacht und gehofft hat – K. weiß sich immer noch selbst am besten zu inszenieren.

Susanne Wimmer/Red.

Kerner, Johann Georg
Geb. 9. 4. 1770 in Ludwigsburg; gest. 7. 4. 1812 in Hamburg

Der »Revolutionsmann« K., der nach Georg Forsters begeisterten Worten »Freiheit wie ein Vulkan sprühte«, stammte aus einer streng monarchisch gesonnenen württembergischen Beamtenfamilie. Sein Vater stand im Dienst des Herzogs Karl Eugen, dessen despotische Regierungsmethoden bereits den jungen Friedrich Schiller zum Rebell werden ließen. Wie Schiller wurde auch K. Zögling der berühmt-berüchtigten Karlsschule in Stuttgart, der »Sklavenplantage«, wie sie Christian Friedrich Daniel Schubart nannte. Gegen den Willen des Vaters entschied sich K. für das Medizinstudium, in der stillen Hoffnung, als Schiffsarzt der Enge und Repression in Deutschland entfliehen zu können. Der Ausbruch der Französischen Revolution von 1789 sollte auch sein bis dahin streng reglementiertes Leben revolutionieren. Unter dem Eindruck der Ereignisse in Frankreich verließ er die Karlsschule und ging nach Straßburg, wo er – ähnlich wie Georg Büchner eine Generation später – seine medizinischen Studien fortsetzte und zugleich Mitglied im dortigen Jakobinerklub wurde. 1791 reiste er weiter nach Paris, um der Revolution ganz nahe zu sein.

Mit publizistischen Arbeiten schaltete er sich in die revolutionären Auseinandersetzungen ein und vermittelte Nachrichten aus dem revolutionären Frankreich nach Deutschland. Seine *Briefe aus Paris* (1797) und die sich inhaltlich daran anschließenden *Briefe, geschrieben auf einer Reise von Paris nach den Niederlanden* (1797/98), gehören zusammen mit den Reiseberichten Johann Georg Forsters und Andreas Georg Friedrich Rebmanns zu den besten Beispielen politischer Publizistik am Ende des 18. Jahrhunderts in Deutschland. K. arbeitete jedoch nicht nur publizistisch für die Revolution, er trat auch direkt in französische Dienste und wurde in die Widersprüche der revolutionären Entwicklung sehr handgreiflich und schmerzhaft verwickelt. Er geriet auf die Proskriptionslisten Robespierres, konnte jedoch fliehen, sein revolutionäres Selbstverständnis blieb ungebrochen. Nach dem Sturz der Jakobiner kehrte er nach Frankreich zurück und trat wieder in französische Dienste. Als Emissär der Regierung nach Deutschland geschickt, setzte er sich für eine Veränderung der politischen Verhältnisse in seinem Heimatland ein, geriet jedoch mit seinen politischen Ansichten und Absichten alsbald in Konflikt mit der offiziellen französischen Politik und mit den Bedingungen und Möglichkeiten in Deutschland.

Als Napoleon die Macht übernahm, quittierte K. den französischen Dienst und kehrte nach Deutschland zurück, wo er als Journalist und Schriftsteller in einer Zeit der allgemeinen Restauration und Resignation die Ideale der Revolution weiter zu verbreiten suchte, dabei aber sehr schnell an Grenzen stieß. Er musste erkennen, dass »die vereinzelte Kraft nur noch die Ehre des einzelnen retten« konnte. Als Armenarzt in Hamburg setzte er sich in den letzten Jahren seines Lebens alle Kräfte für diejenigen ein, denen er politisch nicht helfen konnte. Er starb in Ausübung seines Berufes als Opfer der Flecktyphusepidemie, die 1812 in Hamburgs Armenvierteln wütete.

Inge Stephan

Kerner, Justinus
Geb. 18. 9. 1786 in Ludwigsburg; gest. 21. 2. 1862 in Weinsberg

David Friedrich Strauß' Nachruf auf seinen ihm geistig so ungleichen Landsmann und Freund befasst sich eingehend mit der ungewöhnlichen Art von dessen Prominenz: »Der Reisende glaubte nicht in Schwaben gewesen zu sein«, schreibt der linkshegelianische Theologe und Bibelkritiker in Übereinstimmung mit anderen Zeugen für die liebenswürdige, »poetische Persönlichkeit« des Angesprochenen, »wenn er nicht das Kernersche Haus besuchte; hatte er es aber einmal besucht, so kam er womöglich wieder oder schickte andere, die er durch seine Schilderung begierig gemacht hatte; und so wurde dieses kleine Haus zu einem Wallfahrtsorte, einem Asyl, wo Empfängliche Anregung für Geist und Herz, Bekümmerte Trost, Lebensmüde Erquickung suchten und fanden... So wurde mancher Fremde, der im Wirtshause abgestiegen war, von Kerner in sein Haus geholt, von der gütigen Hausfrau darin festgehalten... Wirklich waren in seiner Nähe, in seiner Atmosphäre die Menschen besser, wenigstens erträglicher als oft anderwärts, und so vertrugen sich auch in seinem Hause Gegensätze, die sich sonst ausschlossen«.

K.s berühmtes Domizil unterhalb der Burgruine Weibertreu, das er drei Jahre nach seiner Ernennung zum Oberamtsarzt in Weinsberg 1822 bezieht, ist aber nicht nur Schauplatz dieser toleranten, klassenübergreifenden Gastlichkeit, an der Mitglieder von Fürstenhäusern ebenso teilhaben wie wandernde Handwerksburschen, Gelehrte ebenso wie Bauern, Anhänger der Restauration nicht minder als deren Gegner oder Flüchtlinge des gescheiterten Aufstands in Polen von 1830/31. Es gilt ferner, wie Karl Leberecht Immermann spottet, als »das Hauptquartier des Geisterreiches«, wo man »die besten dämonischen Umstände« vorfindet und bei K.s Therapien auf der Grundlage seiner »Vorliebe für die Erscheinungen des Nachtlebens der Natur, für Magnetismus und Pneumatologie« zugegen sein kann. Der Neunjährige war, wie sein *Bilderbuch aus meiner Knabenzeit* (1849) berichtet, in Maulbronn selbst durch eine »magnetische Manipulation« von einer nervösen Magenerkrankung geheilt worden. Schließlich ist K.s Haus auch ein Treffpunkt jenes in der literarischen Polemik der 1830er Jahre umstritten Freundeskreises, den er selbst freilich nicht als homogene schwäbische »Schule« missverstanden wissen will.

Schon in der Vorgeschichte dieser Gruppe kommt K. eine Schlüsselrolle zu. Über den Umweg zweier kaufmännischer Lehrjahre auf der herzoglichen Tuchfabrik Ludwigsburg nach dem Tod seines Vaters – der, wie beide Großväter, den Rang eines Oberamtmanns und Regierungsrats bekleidete –, nimmt er Ende 1804 in Tübingen das Studium der Medizin auf. Um ihn und Ludwig Uhland, der trotz späterer weltanschaulicher und politischer Differenzen zeitlebens sein engster Vertrauter bleibt, bildet sich ein Zirkel literarisch interessierter Kommilitonen. In K.s Bude liegen von Januar bis März 1807 die acht Folgen des handschriftlichen *Sonntagsblatts für gebildete Stände* auf, eines von der Rezeption romantischer Texte geprägten Gegenunternehmens der Freunde zu Johann Friedrich Cottas neugegründetem *Morgenblatt für gebildete Stände* mit seiner anfänglichen Ausrichtung an der Ästhetik eines rationalistischen Klassizismus.

Dem Vorbild des Volkslieds sowie der heimatlichen Sage und Geschichte sind seine im gleichen Jahr an (später auch im *Morgenblatt*) veröffentlichten, handwerklich oft nachlässigen Gedichte besonders verpflichtet, in denen ein schwermütiger Ton überwiegt. 1826 legt der bis ins Alter hinein produktive Lyriker eine erste Gesamtausgabe vor, die bis 1854 fünf Auflagen erlebt. Die frühen literarischen Auseinandersetzungen mit den »Plattisten«, Erfahrungen seines Studiums – als Praktikant hatte er kurz den »wahnsinnigen« Friedrich

Hölderlin beobachtet – sowie Erlebnisse eines längeren, vor allem der fachlichen Weiterbildung dienenden Aufenthalts in Norddeutschland und Wien im Anschluss an seine Promotion gehen in den Roman *Die Reiseschatten* (1811) ein, dessen durchgehaltene Ironie ebenso wie die Integration von lyrischen und dramatischen Partien auf wichtige Postulate der Frühromantik verweist. Mit zwei Untersuchungen über »die in Württemberg so häufig vorfallenden tödlichen Vergiftungen durch den Genuß geräucherter Würste« (1820 und 1822), von denen gerade die ärmere Bevölkerung betroffen ist, leistet K., der bis zu seiner Übersiedlung nach Weinsberg in einigen kleineren schwäbischen Orten tätig ist, einen bedeutsamen Beitrag zur zeitgenössischen medizinischen Forschung. Unter der Vielzahl seiner Schriften aus den folgenden Jahrzehnten, in denen er, gelegentlicher Selbstveräppelungen ungeachtet, den »Glauben an die Existenz von Geistern« bis zur Verstiegenheit vertritt, erregt seine Beschreibung des Falles der *Seherin von Prevorst* (1829) das größte Aufsehen.

Halb erblindet, beantragt K. 1850 seine Versetzung in den Ruhestand, wo er durch die Könige von Württemberg und Bayern mit Ehrenpensionen unterstützt wird. Mit Abscheu registriert er die »Dampfestollheit« einer Zeit der voranschreitenden Industrialisierung und (als Gegner der Revolution von 1848) den »wüsten Streit in der Politik«. Beide Entwicklungen bedeuten für ihn das Ende der Poesie.

Werkausgabe: Werke. 6 Teile in 4 Bänden. Hg. von Raimund Pissin. Berlin 1914, Reprint Hildesheim 1974.

Hans-Rüdiger Schwab

Kerouac, Jack (eigtl. Jean Louis Lebris de Kerouac)

Geb. 12. 3. 1922 in Lowell, Massachusetts; gest. 21. 10. 1969 in St. Petersburg, Florida

Mehr als zwei von Jack Kerouacs 18 publizierten Büchern gelesen zu haben, bedeutet für manche Kritiker, dem »Kerouacism« verfallen zu sein und sich folglich weniger für kultivierte Literatur als für literarische Kultfiguren zu interessieren. Auch Leslie Fiedlers Ansicht, dass der Mythos um K. bei Weitem aufregender als sämtliche seiner Texte sei, findet man nicht selten zwischen den Zeilen literaturgeschichtlicher Abrisse, welche K.s autobiographische Romane hauptsächlich als Dokumente der »Beat Generation« hervorheben und ihn selbst gleichsam als Chronisten und Betrachter einer aufregenden Künstlerszene verstehen, nicht als aufregenden Künstler, dessen Schriften genauerer Betrachtung würdig wären. Zum Teil mag dies daran liegen, dass sich die zeitgenössische Literaturkritik naturgemäß eher schwer damit tut, einen Romancier ernstzunehmen, der in der Mitte des 20. Jahrhunderts noch behauptet, seine besten Texte in einer Art *furor poeticus* zusammenzuimprovisieren – *The Subterraneans* (1958; *Bebop, Bars und weißes Pulver*, 1979), verkündete K., habe er »in three full moon nights« und *On the Road* (1957; *Unterwegs*, 1959) in einer dreiwöchigen manischen Schreibeuphorie auf einer Rolle Endlospapier verfasst. Als K. erklärte, die Überarbeitung spontan entstandener Texte verfälsche deren Wahrheitsgehalt und zerbräche deren Zauber, brachte ihm dies den Vorwurf ein, bloßes mechanisches ›Herunterschreiben‹ romantisieren zu wollen; Truman Capote bemerkte hämisch, K.s »spontaneous prose« sei nicht Schreiben, sondern Tippen. Nichtsdestoweniger ändern K.s Platitüden über die Magie der Spontaneität nichts an der Komplexität und Originalität vieler seiner Romane (die teilweise eben doch stark überarbeitet wurden) sowie an deren anhaltender Popularität: Die meisten seiner Schriften sind auch heute noch im Druck, *The Subterraneans* und *The Dharma Bums* (1958; *Gammler, Zen und hohe Berge*, 1963) durchliefen mehrere Auflagen, und *On the Road* gehört inzwischen zu den meistgelesenen Texten der 1950er Jahre. In der Tat darf *On the Road* als Klassiker des modernen Romans und zusammen mit Allen Ginsbergs *Howl* (1956) als Hauptwerk der »Beat Generation« gelten, die K. selbst in Abgrenzung zur »Lost Generation« Ernest Hemingways benannte, als er 1952 von John Clellon Holmes gebeten wurde, die Künstlerszene des New Yorker Times Square zu beschreiben. Der Reiz von *On the Road* liegt in K.s gekonnter Art, die mit ihm befreundeten Lebenskünstler und Schriftsteller (u. a. Neal Cassady, Allen Ginsberg und William Burroughs) zu glanzvollen und charismatischen Kunstfiguren zu stilisieren, deren Maximen und Alltagsweisheiten die durch die repressive McCarthy-Ära gezeichnete amerikanische Nachkriegskultur auf provokante Weise in Frage stellen. *On the Road* kombiniert Elemente des Pikaresken, des Bildungs- und Schlüsselromans, der »frontier«- und »road novel« und handelt von Sal Paradises (K.s erzählerischem Alter ego) Entdeckungsreisen quer durch die USA bis nach Mexiko, angeführt von dem enthusiastischen und lebensbejahenden Poeten, Autodieb und Vagabunden Dean Moriarty. Dabei trifft Paradise immer wieder auf vor Elan strotzende romantische Individualisten, die auf der Suche nach einem authentischen und hedonistischen Lebensstil sind, einem Lebensstil, vor dem es dem amerikanischen Bürgertum der Nachkriegszeit graute: Sexuelle Unbefangenheit, ausschweifender Alkohol- und Drogenkonsum und ein unbekümmerter Umgang mit dem Gesetz werden in *On the Road* mit einer Ungeniertheit beschrieben, die auf zeitgenössische Leser einen außerordentlichen Schockeffekt ausübte – der freilich in seiner Vehemenz heute etwas schwerer nachzuvollziehen sein dürfte. K.s dritter Roman, *The Subterraneans*, löst sich etwas mehr als *On the Road* von konventionellen Erzählformen und beschreibt in getrieben-nervösem Duktus das Scheitern der Liebe zwischen K. und dem farbigen Mädchen Mardou. Der Roman schockierte seine Leser durch eine für die 1950er Jahre ungewöhnliche sexuelle Detailgenauigkeit, würde heute aber wohl eher wegen der eklatanten »political incorrectness«, die den rassistischen und chauvinistischen Gesten von K.s Erzähler-Ich zugrunde liegt, ins Kreuzfeuer der Kritik geraten. K.s vierter und ebenfalls publikumswirksamer Roman, *The Dharma Bums*, beschäftigt sich eingehend mit dem für die »Beat Generation« zentralen Thema des Buddhismus, den K. selbst Zeit seines kurzen Lebens mit seinem Katholizismus zu versöhnen suchte. Als K.s ambitioniertestes Projekt gilt seine experimentelle Fortschreibung von *On the Road*, die unter dem Titel *Visions of Cody* in Auszügen 1960 und komplett erst postum 1972 erschien und zunehmend als ein Einflüsse von James Joyce und Marcel Proust aufweisendes stilistisches Meisterwerk wahrgenommen wird. Das umfangreiche Textkorpus, das K. in einer Rate von annähernd einem Roman pro Jahr publizierte, ist ein einzigartiges Dokument des Lebensgefühls eines antibürgerlichen Segments der amerikanischen Nachkriegsgeneration, dessen stilistische Feinheiten erst seit kurzem gewürdigt werden. K. trug sich mit Plänen, die aus juristischen Gründen verschlüsselten Namen und Ortsangaben seiner Schriften durch die realen zu ersetzen und sein Gesamtwerk als autobiographische Konfession mit dem Titel *The Legend of Duluoz* zu veröffentlichen. Bevor er seine Herausgeber von dieser wohl unprofitablen Idee überzeugen konnte, starb er 1969, wahrscheinlich an den Folgen seines Alkoholkonsums.

Günter Leypoldt

Kerr, Alfred
Geb. 25. 12. 1867 in Breslau; gest. 12. 10. 1948 in Hamburg

»Ist es Wirklichkeit? Ich sehe zurück auf mein Leben und merke, daß ich ein Kritiker war.« Mit diesen Worten eröffnet K. die *Einleitung* zu seinen *Gesammelten Schriften*, die der S. Fischer Verlag 1917 in fünf Bänden vorlegt: *Die Welt im Drama* zieht die Quersumme eines kämpferischen Lebens für das Theater, denn die kritische Beobachtung von Drama und Theater, der engagierte Einsatz für neue Talente wie die schonungslose Ablehnung vermeintlicher Begabungen auf den Brettern, die die Welt bedeuten, sind die Profession des Stars im Berliner Feuilleton.

Eine solche Karriere hatten sich die Eltern,

der Weinhändler Emanuel Kempner und seine Frau Helene für ihren Sohn Alfred (erst 1909 erhält dieser die ministerielle Erlaubnis, den Namen Kerr zu führen) nicht vorgestellt. Die Universitätslaufbahn, die nach dem erfolgreichen Studium der Philosophie und Germanistik sicher gewesen wäre, genügt dem Jungakademiker, der über Clemens Brentanos *Godwi* 1894 bei Erich Schmidt in Berlin promoviert wird, hingegen nicht. Ein einstiger Studienkollege, der Theaterdirektor Otto Brahm, unterstützt dessen Wunsch nach freier Schriftstellerei. Schon im Jahr darauf etabliert sich K. als Theaterkritiker; er schreibt für die *Nation*, die *Breslauer Zeitung*, die *Königsberger Allgemeine Zeitung* und ab 1901 für den *Tag*. Von 1919 bis zum 15. Februar 1933, dem Datum der überstürzten Flucht aus dem faschistischen Deutschland, ist er beim *Berliner Tageblatt*. Daneben entfaltet K. rege publizistische Aktivitäten in den verschiedensten Periodika – von S. Fischers *Neuer Deutscher Rundschau* bis zu Franz Pfemferts *Aktion*. Mit einer Vortragsreihe im Rahmen der *Berliner Funkstunde* nutzt K. darüber hinaus sehr konsequent das neue Medium Radio für kritische Kommentare zu Fragen aus Kunst und Politik.

K.s Verdienste um die Entwicklung des deutschen Theaters nach der Jahrhundertwende steht in engem Zusammenhang mit seinem Eintreten für den Naturalismus. Ein Theaterabend der »Freien Bühne« im Oktober 1889 ist der Auslöser: Die »Vorstellung hieß ›Vor Sonnenaufgang‹ und war von einem unbekannten Gerhart Hauptmann – mit bewußt hartem ›t‹. Eine Szene vor allem blitzt in mir auf (sie tat es in der Zwischenzeit öfter); selbst mein Ohr hielt die fast erschreckenden Geräusche fest. Der Held, junger Weltverbesserer, steht hier vor einem Geschäftsmann. Und der Dichter hatte beide so kennzeichnend gemalt, daß die Hörerschaft nicht umhin konnte, den wurstigen Durchschnittler mit gewitterstarkem Beifall zu belohnen. Das Haus raste. Ich sah nicht das losgelassene Banausentum: sondern die Gestaltung eines Dramatikers.« Hauptmann findet in K. einen engagierten Fürsprecher, der ihn wohlwollend-kritisch begleitet bis zu jenem bitteren Ende, da K., inzwischen ins Exil vertrieben, Hauptmann öffentlich die langjährige Freundschaft aufkündigt, als dieser zu Hitler schweigt. Unter dem Stichwort Realismus verabschieden die Jungen das Illusionstheater. Mit ihnen bricht sich eine theatralische Moderne Bahn, die folgenreich für die weitere Entwicklung des Theaters wird, die K. geist- und erkenntnisreich begleitet. Dabei versagt er sich jeder Kumpanei. Dauerhafte Förderung und scharfzüngige Ablehnung gründen stets auf künstlerisch-ästhetischen Maßstäben, die den wissenschaftlich wie den literarisch Gebildeten ausweisen. Wenn sich K. auch bestimmten Richtungen (Naturalismus, Impressionismus, Neue Sachlichkeit) der (Bühnen-)Kunst verschreibt, das Vermögen zur Analyse leidet darunter nicht. K. kämpft für den Reformer Otto Brahm und hält Distanz zu dem Schwärmer Max Reinhardt; er feiert das »republikanische« Theater des Leopold Jessner, bemüht sich um ein freundliches Urteil über Piscators »soziologische Dramaturgie« und verkennt Bertolt Brecht, den er für ein begabtes, aber überschätztes enfant terrible hält – und für einen Plagiator. Originalität, die sich der Einzigartigkeit eines Künstlers verdankt, ist die Richtschnur seines Urteils. Hier steht K. noch ganz in der Tradition des Geniegedankens; insofern ist es nur folgerichtig, dass er sich in seinen »Kernbeleuchtungen« vorrangig den einzelnen, den Großen im »Mimenreich«, den »Denkern« und »Gestalten« widmet.

Die expressive, expressionistisch zergliederte Sprache konterkariert dabei gleichsam die Strenge der gedanklichen Arbeit. K. will den Kritiker als »Nachschöpfer« verstanden wissen: »Der wahre criticus ist ein nicht unzurechnungsfähiger Dichter.« Und der Erste dieser neuen Gattung ist K. selber. Ohne jede Scheu erweitert er die Aristotelische *Poetik*: »Fortan ist zu sagen: Dichtung zerfällt in Epik, Lyrik, Dramatik und Kritik.« Solch Selbstbewusstsein macht Erstaunen. Es ist nicht nur Ausdruck der allseitigen Beachtung und Wertschätzung, die K. als Kritiker und Literat in der Berliner Metropole entgegengebracht wird, es speist sich zudem aus dem Programm der deutschen Romantik und ihrem Versuch, die Kritik zur Kunst, d. h. zur »Poesie der Poesie« zu erheben. Sprachgestaltung und Stilsicherheit kennzeichnen K.s Texte – seien es nun Theaterberichte, Reisebeschreibungen *(Newyork und London, O Spanien, Die Allgier trieb nach Algier, Eine Insel heißt Korsika)* oder politische Essays. In der Wortwahl lässt er sich zudem vom Berliner Idiom beeinflussen: Witz und Humor grundieren seine Schriften ebenso wie analytische Schärfe.

K. ist ein entschiedener Kämpfer für die erste deutsche Republik. Sein Rückfall in einen unerquicklichen Chauvinismus während des Ersten Weltkrieges (K. hatte unter dem Pseudonym »Gottlieb« Spott- und Hassgedichte veröffentlicht) ist ihm beständiger Anlass, die Stimme zu erheben und vor nationalistischen, gar faschistischen Tendenzen in Politik und Gesellschaft zu warnen. Um 1932 wirbt er mit einem Flugblatt für die SPD, in dem es heißt: »Schwindel ohne Leistung ... das ist die N. S. D. A. P. Erlogene Versprechungen als Köder ... das ist die N. S. D. A. P. Laßt euch von großsprecherischen Quacksalbern nicht dumm machen! Sie wollen nichts als die brutale Macht und eine Herrschaft blutigster Barbarei!« K.s Worte sind eine prophetische Mahnung an die Zeitgenossen: »Was Hitler, der Mann des gebrochenen Ehrenworts, auch dreist dagegen lügen mag – die Herrschaft der N. S. D. A. P. bedeutet Krieg! Letztes Elend! Deutschlands Zerfall!« Am eigenen Leib erfährt K. die grausame Bestätigung seiner Vorahnung. Der erklärte Republikaner und Jude muss nach Hitlers Machtantritt Berlin verlassen; Julia Kerr und die Kinder Michael und Judith folgen wenig später nach. Über Prag, Wien, Zürich und Paris übersiedelt die Familie 1936 nach London. Auch im Exil arbeitet K. unermüdlich an seinem Projekt politischer Aufklärung: Er schreibt für Exilzeitungen und -zeitschriften, spricht auf Kongressen (z. B. *Kongreß zur Verteidigung der Kultur*) und bei Gedenktagen (z. B. am 10. Mai 1934, dem ersten Jahrestag der Bücherverbrennung).

1934 erscheint in Brüssel *Die Diktatur des Hausknechts*, ein Jahr darauf *Walter Rathe*nau: Erinnerungen eines Freundes und 1938 der Gedichtband *Melodien*. Für die BBC liefert er politische Beiträge, formuliert Aufrufe und verschickt Grußadressen, um die aus Deutschland Vertriebenen zu einen und zu stärken. Als Präsident des Deutschen PEN Club London in den Jahren 1939 bis 1947 trachtet er mit der Autorität des alten großen Mannes, die Gemeinsamkeiten im antifaschistischen Lager zu bewahren. K.s im Exil verfassten Manuskripte, das Tagebuch *Ich kam nach England*, ein Opernlibretto *Der Chronoplan*, die Novelle *Der Dichter und die Meerschweinchen* liegen im Kerr-Archiv der Akademie der Künste und harren z. T. noch der Veröffentlichung. Nach der Niederwerfung des Nationalsozialismus meldet sich K. in der *Neuen Zeitung* wieder zu Wort; das deutsche Publikum dankt ihm seine frühe publizistische Rückkehr mit Hochachtung und Respekt. Die britische Besatzungsmacht bittet um K.s Unterstützung beim kulturellen Wiederaufbau und lädt ihn ein, nach Deutschland zu kommen. K. reist Ende September 1948, er fliegt zum ersten Mal in seinem Leben. Willy Haas begrüßt ihn auf dem Hamburger Flughafen. Die geplante Vortragsreise durch deutsche Städte kommt jedoch nicht zustande. Im Oktober erleidet er einen Schlaganfall, der ihn halbseitig lähmt. Am 12. Oktober 1948 begeht K. im British Military Hospital Selbstmord. Die letzten Worte, die er auf einen Zettel kritzelt, lauten: »Ich habe das Leben sehr geliebt, aber beendet, als es zur Qual wurde.«

War bislang die Beschäftigung mit K. in erster Linie den an der deutschen Theatergeschichte Interessierten vorbehalten, so scheint sich K.s Wirken als Kritiker und Literat inzwischen auch im heutigen Feuilleton niederzuschlagen. Nicht K.s Forderung nach einer eigenständigen Kunstgattung ›Kritik‹, nicht sein Eintreten für Theatererneuerer wie den Naturalisten Gerhart Hauptmann oder den Experimentator Erwin Piscator, auch nicht die stilistisch-methodische und für die Theatergeschichtsschreibung wichtige Widerspruch zwischen Herbert Jhering und K. sind dafür ausschlaggebend. Es ist, worauf Marcel Reich-Ranicki schon frühzeitig hingewiesen hat, dessen Sprachgewalt, die in der Nachschöpfung durch Wortschöpfung das Bewusstsein schärfen will für die Einzigartigkeit des Theaters. Im Konkurrenzkampf der immer aggressiver um Aufmerksamkeit buhlenden Medienkritik versucht Gerhard Stadelmaier sicher nicht zufällig, K. nachzueifern, indem er der sprachgestalterischen Sonderstellung K.s in der eigenen Theaterkritik seine Referenz erweist und damit die Tradition eines literarisch fundierten Kunsturteils fortführt.

Werkausgabe: Werke in Einzelbänden. 8 Bde. Hg. von Hermann Haarmann und Günther Rühle. Berlin 1989 ff.

Hermann Haarmann

Kertész, Imre
Geb. 9. 11. 1929 in Budapest

Imre Kertész war 46 Jahre alt, als nach 13 Jahren Arbeitszeit 1975 sein erstes und bedeutendstes Werk *Sorstalanság* (*Roman eines Schicksalslosen*, 1990, 1996) erschien, das lange Zeit ohne Resonanz blieb. Er war bereits mehr als 60 Jahre alt, als er Anfang der 1990er Jahre zunächst in seinem Heimatland Ungarn, dann auch im Ausland entdeckt und immer mehr beachtet wurde. In seinem 71. Lebensjahr, 2002, wurde er mit dem Nobelpreis für Literatur ausgezeichnet – ein besonderes schriftstellerisches Schicksal und eine Geschichte einzigartiger menschlicher und künstlerischer Beharrlichkeit und Konsequenz.

K. wurde in einer kleinbürgerlichen jüdischen Familie geboren. Als 15-Jähriger wurde er 1944 nach Auschwitz deportiert und von dort nach Buchenwald verschleppt, wo er 1945 befreit wurde. Er kehrte nach Budapest zurück und begann bald nach dem Abitur eine journalistische Tätigkeit, aus der er aber 1950 entlassen wurde. Während der Jahrzehnte der kommunistischen Diktatur zog er sich in eine innere Emigration zurück. Um sein Auskommen zu sichern, versuchte er sich anfangs als Librettist von Musikkomödien für Varietés und übersetzte später, in den 1980er Jahren, Werke deutschsprachiger Schriftsteller und Philosophen (Nietzsche, Freud, Hofmannsthal, Schnitzler, Roth, Canetti u. a.). Er litt durchgehend an großen Entbehrungen und war vom literarischen Leben in Ungarn vollkommen abgeschnitten. Um 1989/90, zur Zeit der politischen Wende, trat zugleich eine Wende in der Rezeption von K. ein, die auch seine Schaffenskraft belebte: Während er bis 1988 nur zwei Bücher veröffentlichte, erschienen zwischen 1988 und 1993 fünf weitere Werke.

Sorstalanság gilt als K.' Hauptwerk, für das ihm auch der Nobelpreis zuerkannt wurde. Der sogenannte Auschwitz- oder KZ-Roman unterscheidet sich grundlegend von seinen thematisch verwandten Vorgängern – durch sein poetisches Verfahren und seine philosophische Anschauung. Hauptfigur des Romans ist ein 15-jähriger Junge. Er erzählt in Ich-Form, wie er 1944 in Budapest als Jude unerwartet gefangengenommen, mit Leidensgefährten ins Konzentrationslager Auschwitz verschleppt und nach Buchenwald und Zeitz weitertransportiert wird, sein Leben im Lager trotz furchtbarer Qualen allmählich als »normal« annimmt, das Martyrium schwerkrank überlebt und schließlich heimkehrt. Die Handlung basiert im Wesentlichen auf den persönlichen Erlebnissen des Autors. Die pseudo-naive Erzählperspektive ist durchgehend die des Jungen, der keine Ahnung von den historisch-politischen Zusammenhängen hat und die ihm widerfahrenden Greuel arglos hinnimmt. Nach der Heimkehr hat er Schwierigkeiten zu erklären, wie er alles aushalten konnte. Als ein Journalist K. darüber befragt, antwortet er ihm: »Wenn man die eine Stufe hinter sich gebracht hat, sie hinter sich weiß, kommt bereits die nächste. Wenn man das alles weiß, hat man alles bereits begriffen. [...] Gäbe es jedoch diese Abfolge der Zeit nicht und würde sich das ganze Wissen gleich dort auf der Stelle über uns ergießen, so hielte es unser Kopf vielleicht gar nicht aus und auch unser Herz nicht.« Dieser Begreifensprozess wird im Roman dargestellt. Die immer bedrohlicher werdenden Stationen seines inneren und äußeren Weges versucht der Junge sich begreiflich zu machen und mit seinem eben gültigen Wissen zu vereinbaren.»Natürlich« lautet das Schlüsselwort des Romans: Letzten Endes ist alles natürlich, weil es sich ja tatsächlich vollzieht. Als ihn die überlebenden jüdischen Bekannten aus der Nachbarschaft fragen:»Aber was hätten wir tun können?!«, antwortet er:»Wenn es ein Schicksal gibt, dann ist Freiheit nicht möglich: wenn es aber [...] die Freiheit gibt, dann gibt es kein Schicksal, das heißt also [...] wir selbst sind das Schicksal.« Wenn das Judentum ein Schicksal ist, dann war keine Wahl möglich, dann musste man notwendig in Auschwitz enden. Für den Jungen bedeutet sein Judentum aber nichts, weder als religiöse noch als ethnische oder sprachliche Bindung; er hält es für einen sinnlosen Zufall, in seiner Umwelt als Jude zu gelten und deswegen das Schicksal der Juden zu teilen.

Sorstalanság ist ein Entwicklungsroman, der die Erziehung seines ahnungslosen Helden zum bewussten, sich selbst annehmenden Erwachsenen erzählt. Der Leser, der viel mehr über den Holocaust weiß als die Ich-Figur, erlebt diesen Weg des Erkennens aus ihrer naiven Perspektive. K. schuf auf diese Weise einen Erzähler, in dessen Bericht keine äußeren Standpunkte und damit verbundene mögliche Interpretationen zur Sprache kommen, dessen Naivität jedoch in der Rezeption notwendigerweise mit den geschichtlichen Kenntnissen des Lesers konfrontiert wird. Daher ist diese Erzählweise durchdrungen von einer makabren und grausamen Ironie, die ans Absurde grenzt. Das Unmenschliche, das unsagbar Schreckliche wird hier zum Natürlichen, weil Notwendigen. Diese Erzählweise steht für den unauflöslichen Widerspruch, der zwischen der Beschränktheit und Zufälligkeit der Einsichten des Überlebenden und dem Erfahrungshorizont der Zeit nach Auschwitz besteht. Der Roman stellt so die schmerzvolle und beunruhigende Unabschließbarkeit des Holocaust-Diskurses dar.

Nach einem Prosaband mit zwei längeren Erzählungen (1977) erschien erst 1988 K.' nächster Roman *A kudarc* (*Fiasko*, 1999). Das erste Drittel des ebenfalls autobiographisch motivierten Werks berichtet über die umständlichen und wenig versprechenden Vorbereitungen des»Alten«, einen Roman zu schreiben – eine Figur, die an den von der Umwelt isolierten, einsamen K. erinnert. Der Darstellung der Entstehungsgeschichte eines Romans, die selbst schon zum Roman gehört, folgt der ›eigentliche‹ Roman, dessen Hauptfigur Steinig ebenfalls der»Alte« ist, hier aber aus einer fiktionalen Perspektive. Steinigs»romanhafte« Lebensgeschichte in einer irrealen, kafkaesken Stadt – gewissermaßen als Traum des»Alten« zu verstehen – ist einerseits eine unheimliche Parabel auf den Kommunismus, andererseits die absurde Verklärung des Fiaskos zum einzig authentischen Schicksal in einem totalitären Zeitalter. *Kaddis a meg nem született gyermekért* (1990; *Kaddisch für ein ungeborenes Kind*, 1992) rundet K.' schriftstellerisches Ringen mit seiner Schicksalslosigkeit zu einer Trilogie ab. In metaphorischer Bezugnahme auf das jüdische Trauergebet, das Kaddisch, monologisiert hier wiederum ein Ich-Erzähler, der autobiographische Züge trägt: Er ist Schriftsteller und ein Überlebender des Holocaust. Der großangelegte, wirbelnde, litaneihafte Monolog verweist in seinem Motto auf die»Todesfuge« Paul Celans und in seiner manisch-präzisen Sprache auf Thomas Bernhard. Der Erzähler blickt als alter, einsamer Mann auf sein Leben als Überlebender zurück und begründet in einem unerbittlich-schockierenden, logischen Gedankengang, warum er zeitlebens kein Kind haben wollte. Der Verzicht auf ein Kind wird im Monolog zur Essenz einer radikalen Lebensnegation. Das Überleben überlebt der Erzähler nur, indem er sich selbst bewusst liquidiert. Die Problematik dieser Selbstliquidierung steht im Mittelpunkt von K.' Roman *Felszámolás* (2003; *Liquidation*, 2003), wo der Überlebende nur noch in seinen hinterlassenen Schriften und in den Erinnerungen seiner einstigen Umgebung erscheint.

Neben den vier Romanen publizierte K. in den 1990er Jahren die Erzählungen *Az angol lobogó* (1991; *Die englische Flagge*, 1999), in der ein Ich-Erzähler in langen, einander ironisch relativierenden und korrigierenden Satzperioden seine Lebensgeschichte in der Nachkriegszeit heraufbeschwört, die in einer symbolischen Episode der Revolution von 1956 gipfelt, und *Jegyzőkönyv* (1993; *Eine Geschichte*, 1994), die in verbittert-ironischem Ton von einer gescheiterten, mit der Demütigung des Autors endenden Bahnreise von Budapest nach Wien im Jahr 1991 berichtet – sie ist zusammen mit einem Text von Péter Esterházy erschienen (*Zwei Geschichten*, 1994). Einen wichtigen Teil des Werks von K. bilden seine Tagebuchaufzeichnungen und Essays, die ab 1992 in mehreren Bänden erschienen sind und größtenteils die Zeit nach dem Holocaust behandeln: *Gályanapló* (1992; *Galeerentagebuch*, 1993), *Valaki más* (1997; *Ich – ein anderer*, 1998), *A gondolatnyi csend, amíg a kivégzőosztag újratölt* (1998; *Eine Gedankenlänge Stille, während das Erschießungskommando neu lädt*, 1999) und *A száműzött nyelv* (2001; *Die exilierte Sprache*, 2004).

Miklós Györffy

Kesten, Hermann
Geb. 28. 1. 1900 in Nürnberg;
gest. 3. 5. 1996 in Riehen bei Basel/Schweiz

»Ich habe nie um der Kunst willen geschrieben, sondern nur der Wahrheit wegen, oder wegen der Gerechtigkeit«, gestand K. 1974 anlässlich der Verleihung des Büchner-Preises, und 1977, als man ihm den Nelly-Sachs-Preis überreichte, wurde er als »leidenschaftlicher Aufklärer« (Horst Krüger) in der Tradition Gotthold Ephraim Lessings und Voltaires bezeichnet. Der Doyen der deutschen Literaturszene der 1920er Jahre und des Exils, Sohn eines Kaufmanns jüdischer Herkunft, studierte Geschichte, Germanistik und Philosophie in Frankfurt a. M., verlor seine Dissertationsmanuskripte über Heinrich Mann und brach 1923 sein Studium ab. Nach ersten Beiträgen für die *Frankfurter Zeitung* und die *Jugend*, konnte er zwei Theaterstücke im Gustav Kiepenheuer Verlag unterbringen, zu dessen Cheflektor er dann rasch avancierte.

Mit seinem ersten Roman *Joseph sucht die Freiheit* (Potsdam 1927, Kleistpreis), dessen bittere Ironie und Trockenheit des Stils (Parataxe) die Familie als Hort menschlicher Defekte entlarvt, wurde er gleich zu einem Repräsentanten einer literarischen ›Neuen Sachlichkeit‹, die auch in seinen Erzählungen den Autor als kalten Beobachter feiert. Die Befreiung des Menschen von Dogmen und Ideologien ihrer Zeit und die damit verbundene Kritik der Institutionen Kirche, Staat und Religion wurde zum Hauptmotiv in K.s Romanen, der Moralist K. streitet ex negativo – er zeigt die gesellschaftlich-seelischen Deformationen – für eine Humanität. Zusammen mit den Romanen *Ein ausschweifender Mensch* (1929) und *Glückliche Menschen* (1931) hat man ein Sittenpanorama von der Kaiserzeit bis zur Weimarer Republik mit Balzacscher Personenfülle. *Der Scharlatan* (1933) rundet diesen scharfsichtigen Bilderbogen mit der Darstellung eines gescheiterten Intellektuellen, der rigoros eine NS-Karriere einschlägt, ab. Erotischen Szenerien werden in diesen Romanen in einem herb-realistischen Stil einige Freiheiten zugestanden. Das Moment der völligen Desillusionierung der Romanhelden, ihre Wanderschaft durch verschiedene gesellschaftliche Sphären und ihr Streben nach bürgerlichen Werten erinnert an Motive des spanischen Schelmenromans. K., seit 1927 in Berlin, dort mit Joseph Roth (dessen Werke er herausgab), Heinrich Mann, Ernst Toller, Erich Kästner u. v. a. befreundet, verließ 1933 Deutschland und übernahm die literarische Leitung der Deutschen Abteilung des Allert de Lange Verlags in Amsterdam. Bereits 1933 waren seine Werke in 22 Sprachen übersetzt. Seine Rolle als Entdecker, Förderer und Vermittler von Autoren, der er schon vor 33 durch die Herausgabe einiger Anthologien gerecht wurde, und bei der ihm die Bekanntschaft mit praktisch allen bedeutenden Schriftstellern der Zeit sehr zustatten kam, konnte er im Exil weiter ausbauen. 1939 wurde er nach einem Nizzaaufenthalt vorübergehend interniert und ging, wie schon längerfristig geplant, nach New York, wo seine Vermittlertätigkeit im Rahmen des »Emergency Rescue Commitee« nunmehr existentielle Züge annahm. Wie Feuchtwanger widmete sich K. im Exil zunächst historischen Stoffen. Die beiden erfolgreichen Romane *Ferdinand und Isabella* (1936) und *König Philipp II.* (1938) befassen sich mit Spaniens Aufstieg zur Weltmacht durch »List, Mord und Geduld« und nehmen in geschichtlicher Spiegelung Entwicklungen in Hitlerdeutschland vorweg. Zeitgeschichte als Familiengeschichte – damit knüpfte K. wieder an seine ersten Romane an – wird in *Die Kinder von Gernika* (1938) gestaltet: Ein Junge, der die Zerstörung überlebt hat, berichtet von den desolaten Familienverhältnissen, die allerdings fast die Schrecken des Bürgerkriegs relativieren. *Die Zwillinge von Nürnberg* (1947) zeigen im Stile eines zeitkritischen Realismus extreme politische Polarisierungen von 1918 bis 1945: Der eine wird Nazi-Funktionär, der andere zum Emigranten, die Nemesis kommt über beide. In *Die fremden Götter* (1949) prangert K. die dogmatischen Unversöhnlichkeiten zwischen Judentum und Christentum, verteilt auf die Rollen eines durch die Verfolgung wieder gläubig gewordenen Juden und dessen in einem Kloster erzogenen Tochter, an. 1949 erhielt K. die US-Staatsbürgerschaft und besuchte im gleichen Jahr erstmalig wieder Deutschland, danach lebte er abwechselnd in New York und Rom, seit 1977 in Basel. Erotische Motive als Ausdruck von Lebensbejahung und Selbstverwirklichung gewinnen in den späteren Romanen zunehmend an Bedeutung und zementieren das Verdikt vom Unterhaltungsschriftsteller K. Nach seiner *Casanova*-Biographie (1952) folgen in *Ein Sohn des Glücks* (1955) die Amouresken eines modernen Herzensbrechers. In *Die Zeit der Narren* (1966) kritisiert K., von den Nachkriegswirren ausgehend, die bundesrepublikanische Wohlstandsgesellschaft mit ihrer Selbstzufriedenheit und Fassadenhaftigkeit.

Der Essayist bzw. Feuilletonist, der sich gerne auf eine unterhaltsame »littérature engagée« im Sinne Heinrich Heines beruft, zeigt sich in *Meine Freunde die Poeten* (1953) und *Filialen des Parnaß* (1961) mit einer Fülle von Dichterportraits, Erinnerungen und literarhistorischen Urteilen, die freilich manchmal nur die Pole »modern/reaktionär« zu kennen scheinen. Eine amüsante Kulturgeschichte des Kaffeehauses als mythischer Topos literarischer Produktion »Wartesaal der Poesie« (K.) und ein Bekenntnis zum Kosmopolitismus lieferte er mit *Dichter im Café* (1959). Sein letzter Roman *Ein Mann von sechzig Jahren* (1972) entrollt in mehreren Ich-Monologen eine Geschichte von Liebe und Tod, statt des geplanten Doppelselbstmordes eines beruflich erfolgreichen Ehepaares erschießt sich der Liebhaber der Frau, als Romancier sein letztes Werk hinterlassend.

Werkausgabe: Ausgewählte Werke in 20 Einzelbänden. Frankfurt a. M. 1980 ff.

Oliver Riedel

Keun, Irmgard
Geb. 6. 2. 1905 in Berlin;
gest. 5. 5. 1982 in Köln

»Eine schreibende Frau mit Humor, sieh mal an! … Hier ist ein Talent.« So äußerte sich 1932 Kurt Tucholsky über K., in deren Werk sich in der Tat humoristisch-ironisches Erzählen mit (zeit-) kritischem Scharfblick verbindet. In all ihren Büchern stellt sie die eigene Gegenwart dar; der Bogen spannt sich von der Kaiserzeit (*Das Mädchen, mit dem die Kinder nicht verkehren durften,* 1936) bis in die Nachkriegsjahre (*Ferdinand, der Mann mit dem freundlichen Herzen,* 1950; *Wenn wir alle gut wären,* 1954). K. schildert aus der Unmittelbarkeit des eigenen Lebens ein Stück »deutsche Wirklichkeit«, wie Klaus Mann schon 1937 seine Rezension des Romans *Nach Mitternacht* (1937) überschrieb, der auf eindrückliche Weise das alltägliche Leben in Hitler-Deutschland, die banale Grausamkeit literarisch dokumentiert (1981 mit K. in einer Nebenrolle verfilmt). Nicht selten lassen sich Ähnlichkeiten ausmachen zwischen den – meist weiblichen – Ich-Erzählern und der Autorin: Es handelt sich oft um entwurzelte Personen, die trotz vordergründiger Naivität vielschichtig und schwer einzuordnen sind. Schon K.s Geburtsjahr bereitet Schwierigkeiten. Sie selbst gab es mit 1910 an, tatsächlich wurde sie – als Tochter einer eher großbürgerlichen Familie – bereits 1905 geboren. Sie entstammt einem Milieu, dem sie später durch ihre Lebensweise eine radikale Absage erteilen sollte. In Köln, wo die Familie seit 1918 lebte, besuchte K. nach kurzer Tätigkeit als Stenotypistin die Schauspielschule und hatte anschließend einige Engagements. Diese Erfahrungen schlagen sich u. a. in dem Roman *Das kunstseidene Mädchen* (1932) nieder. Alfred Döblin ermunterte sie zum Schreiben. 1931 veröffentlichte sie ihren ersten Roman, *Gilgi – eine von uns*, 1932, im Jahr ihrer Heirat mit dem 30 Jahre älteren Schriftsteller und Regisseur Johannes Tralow, den zweiten (*Das kunstseidene Mädchen*). Beide waren große Erfolge und machten K. mit einem Schlag zur populären Schriftstellerin.

Ihr Privatleben jedoch war weniger glücklich: Streitigkeiten mit ihren Eltern, Geldprobleme, Schwierigkeiten in ihrer Ehe (die 1937 geschieden wurde), eine sich abzeichnende Alkoholabhängigkeit. Mit der Machtübernahme der Nationalsozialisten war ihre literarische Karriere in Deutschland zu Ende, ihre Bücher wurden als »Asphaltliteratur mit antideutscher Tendenz« beschlagnahmt. Dieses Schicksal teilte K. mit vielen anderen Autoren, ungewöhnlich war ihre mutige Reaktion: Sie reichte beim Landgericht Berlin Klage auf Schadenersatz ein und musste sich daraufhin Verhören bei der Kölner Gestapo unterziehen. 1936 emigrierte sie und ging zunächst nach Belgien. Hier lernte sie Joseph Roth kennen, den »einzigen Mann, dessen Worte in meiner Seele Wurzeln geschlagen haben«, wie sie viele Jahre später dem Roth-Biographen David Bronsen anvertraute. Bis zur Trennung im Frühjahr 1938 reiste sie mit Roth u. a. nach Frankreich, Österreich, Polen und Galizien (Lemberg) und lernte so die Ruhelosigkeit und das Entwurzeltsein des Emigrantenlebens aus erster Hand kennen. Der Roman *Kind aller Länder* (1938) legt davon ein beredtes Zeugnis ab. Aus der Sicht der zehnjährigen Ich-Erzählerin Kully wird das Schicksal einer Emigrantenfamilie erzählt, eine Erzählperspektive, die es K. – geschützt durch die Naivität und Direktheit des Kindes – ermöglicht, Situation und Verhalten der Menschen schonungslos offenzulegen. Nach K.s eigenen Angaben war Roth Modell für die Figur des Vaters, eines charmanten, aber eher verantwortungslosen Schriftstellers, dessen Versuche, seine Familie vor dem finanziellen Ruin zu bewahren, immer phantastischere Formen annehmen.

Nach der Trennung von Roth reiste K. in die USA, wo sie Arnold Strauss, einen aus Deutschland emigrierten jüdischen Arzt besuchte, mit dem sie eine Beziehung verband, die – symptomatisch für ihr Leben – durch Unentschlossenheit charakterisiert war. Nachdem ihre wohl eher halbherzig betriebenen Versuche, ebenfalls in die USA auszuwandern, gescheitert waren, kehrte sie 1940 von den inzwischen besetzten Niederlanden mit gefälschten Papieren nach Deutschland zurück. Hier lebte sie unentdeckt bis zum Kriegsende, begünstigt durch falsche Pressemeldungen über ihren Selbstmord.

Die Nachkriegszeit, die für andere von den Nationalsozialisten verfolgte Schriftsteller Rehabilitierung brachte, verlief für K. enttäuschend; bis zu ihrer Wiederentdeckung Ende der 1970er Jahre lebte sie einsam und kaum beachtet im Raum Köln-Bonn. Sie veröffentlichte nur noch einen Roman (*Ferdinand, der Mann mit dem freundlichen Herzen*, 1950), der ebenso wie die Satiren *Wenn wir alle gut wären* (1954) die sich immer vehementer durchsetzende Spießbürgermentalität aufs Korn nimmt. Vor allem der Roman zeigt jedoch deutlich ein Nachlassen ihrer stilistischen Ausdruckskraft und wirkt wie ein schwacher Abklatsch ihrer früheren Werke. Der von ihr angekündigte Roman ihres Lebens wurde im Nachlass nicht gefunden. Der geplante Titel – *Kein Anschluß unter dieser Nummer* – ist jedenfalls bezeichnend für ihre letzten Lebensjahre, über die nur wenig bekannt ist: Geburt einer Tochter (1951), Leben in Armut, ständiger Kampf gegen den Alkohol, gelegentliche Feuilletons für den Düsseldorfer *Mittag* in den 1950er Jahren und schließlich der späte Erfolg, als der Claassen-Verlag von 1979 an Neuauflagen ihrer Romane veröffentlichte und die Stadt Ingolstadt ihr 1981, ein Jahr vor ihrem Tod, den Marieluise-Fleißer-Preis verlieh. K.s. Romane spiegeln vielfach eigene Erfahrungen, doch wichtiger als der autobiographische ist ihr zeitkritischer Aspekt. Es sind Romane, geschrieben aus der Sicht von Menschen, die am Rand der Gesellschaft stehen: Weil sie politisch anders denken als die Masse, weil sie in der Emigration leben müssen, weil sie den schnellen Gesinnungswandel der Nachkriegszeit nicht mitmachen können und wollen. Die Bindungslosigkeit und die Isolation drückt sich auch im Stil aus, zeigt sich im scheinbar vordergründigen, ungesteuerten Drauflosreden der Personen, das an die assoziative Technik des Films erinnert. Es entsteht so der Eindruck der Unmittelbarkeit – und auch der Eindruck von heiterer Leichtigkeit, einer Leichtigkeit, die ihr Leben oft entbehrte.

Marianne Meid

Keyserling, Eduard von
Geb. 14. 5. 1855 in Tels- Paddern (Kurland); gest. 28. 9. 1918 in München

Corinth hat ihn gemalt, und es gibt ein paar Photographien: Er sah sehr vornehm und sehr hässlich aus. Freunde (Max Halbe, Korfiz Holm) und Otto von Taube, ein Neffe, haben Erinnerungen und Anekdoten überliefert, die vom ironischen Witz K.s zeugen, davon, dass er Haltung bewahrte trotz schwerer und langer Krankheit, von seiner Selbstdiskretion. Vor allem weil der Nachlass, wie K. es verfügt hatte, nach seinem Tod vernichtet worden ist, findet man nur wenige genaue persönliche Daten und detaillierte Auskünfte. Nicht nur im Hinblick auf literaturgeschichtliche Popularität, sondern auch als Person und Figur ist K.»der wahrscheinlich unbekannteste große deutsche Erzähler des Jahrhunderts« (Jens Malte Fischer, 1974) und wird es bleiben, trotz wichtiger neuer Funde und der durch sie bestärkten Vermutung, dass die Recherchemöglichkeiten längst nicht erschöpft sind: 1990 wurde von Peter Sprengel *Die schwarze Flasche* (1902), ein bislang verloren geglaubter kabarettistischer Einakter, aus den Akten der ehemaligen Berliner Zensurbehörden publiziert, und 1991 hat Klaus Gräbner unter dem Titel *Sommergeschichten* einige bibliographisch bisher nicht erfasste kleine Erzählungen zusammengestellt, die zwischen 1907 und 1917 in der Wiener *Neuen Freien Presse* erschienen sind.

Als zehntes von schließlich zwölf Geschwistern ist Eduard von K. in einer pietistischgutsherrlichen Welt mit musischen Schlupfwinkeln aufgewachsen. 1874 begann er in Dorpat Jura, Philosophie und Kunstgeschichte zu studieren; drei Jahre später wurde er der Universität verwiesen,»wegen einer Lappalie – einer Inkorrektheit« (Otto von Taube, 1954), über die man bis heute nichts weiß. Fest steht allerdings die über den Lebensweg wohl entscheidende Folge: Die Standesgenossen seiner Heimat mieden ihn nun. Der kurländische Graf wurde zum Außenseiter. In Österreich hat er weiterstudiert; ab wann und wie lange, ist ungewiss. Aller Wahrscheinlichkeit nach kam es in Wien zu Kontakten mit sozialistischen und anarchistischen Kreisen; sein zweites Buch, *Die dritte Steige*, spielt dort und erzählt von einschlägigen Aktivitäten eines jungen Adligen. Erschienen ist dieser Großstadtroman 1892, fünf Jahre nach dem Erstling, dem stärker noch vom Naturalismus beeinflussten Kleinstadtroman *Fräulein Rosa Herz*, und zwei Jahre nachdem K. als Verwalter von Familiengütern in die Heimat zurückgekehrt war. Die verquere»Schriftstellerei« wird die gesellschaftliche Isolation noch verstärkt haben.

1895 zog K. mit zwei seiner älteren Schwestern nach München. Dort lebte und arbeitete er, abgesehen von einer mehrmonatigen Kunstreise durch Italien 1899/1900, fortan als Berufsschriftsteller. Nachdem er einige Jahre zu den Hauptfiguren der Schwabinger Bohème gezählt hatte, starb er, von den meisten Freunden vernachlässigt, seit dem Kriegsausbruch ohne Einkünfte aus der Heimat, an den Folgen einer Syphilisinfektion, die sich seit etwa 1897 als Rückenmarksleiden manifestiert hatte. 1908 war Erblindung hinzugekommen; seitdem hatte K. diktiert.

In den Münchner Jahren publizierte er einige Aufsätze zur Kunst, Essays, Rezensionen, Aphorismen, kleinere erzählerische Studien; bis 1905 schrieb er vier bald aufgeführte und gedruckte, kaum bühnenwirksame Dramen, die seither nicht wieder aufgelegt wurden. Vor allem entstanden die Romane, Novellen, Erzählungen, die seinen literarischen Rang ausmachen. Das erste dieser Werke erschien 1903: *Beate und Mareile*. *Eine Schloßgeschichte*, das letzte, posthum, 1919: *Feiertagskinder*. Roman. Fast alle diese Bücher erreichten zu K.s Lebzeiten Auflagen von jeweils etlichen tausend Exemplaren; in *Fischers Bibliothek zeitgenössischer Romane* kamen drei von ihnen auf mehrere Zehntausend: *Beate und Mareile*, 1909; *Am Südhang*, 1916; *Im stillen Winkel*, 1918. Der Höhepunkt von K.s Erfolg beim Publikum lag in den letzten beiden Kriegsjahren.

Die Titel der Erzählungen dieses Autors mit dem vornehmen Namen scheinen altmodische Geschichten aus einer noch heilen Welt zu versprechen: *Harmonie* (1905), *Bunte Herzen* (1908), *Abendliche Häuser* (1913) oder gar *Fürstinnen* (1917). Sie spielen in der Tat meist auf ländlichen, von sozialen oder politischen Konflikten fast gar nicht berührten Adelssitzen. Doch trivial sind diese »Schloßgeschichten« nicht, sie *handeln* vielmehr von trivialen Mustern, auf melancholische, verhalten ironische Weise, mit psychologischer Subtilität. Stets geht es darum, dass die jungen Hauptfiguren in der »von weißen ... Schleiern verhangenen Welt« der Schlösser (*Beate und Mareile*) nicht »leben« können. Aber los kommen sie trotzdem nicht. Von ihren Ausbruchsversuchen in andere Lebens- und Liebesgeschichten, die sie sich bunter, erfüllter, wie erzählte Geschichten vorstellen, kehren sie desillusioniert, »zerzaust wie die Hühner nach dem Regen« (*Abendliche Häuser*), zurück.

K.s Schreibweise lässt sich am ehesten als »impressionistisch« kennzeichnen: ein eminent sinnlicher, zugleich lakonischer, mitunter drastischer Impressionismus. Die weitgehende örtliche Beschränkung auf die »alten Schlösser« ermöglichte es, mit ganz eigener Prägnanz Themen aufzugreifen, die in der Literatur der Jahrhundertwende geläufig waren: ästhetische Inszenierung überhandnehmender Langeweile und Entfernung vom »Leben«, Maskenhaftigkeit des (sprechenden) Ich, Décadence, die Kluft zwischen erotisierter Anspannung und unterdrückter Sexualität, die allzu feinen »Nerven«. Das Alte ist am Ende. Alternativen gibt es nicht. Zumindest nicht für die in der Schlosswelt fixierten Figuren, aus deren Perspektiven, in kaum merklichen Übergängen von der einen zur anderen wechselnd, szenisch und in »erlebter Rede«, so behutsam und so streng erzählt wird, dass keine wegweisende Instanz auszumachen ist, es sei denn »das Leben«, aber: »Leben überhaupt is unjesund«, hat K., so Korfiz Holm, einmal gesagt. Er wird oft mit Fontane verglichen. Die Hinweise auf die Tradition des Gesellschaftsromans, vor allem auf K.s Kunst der Gesprächsführung, haben literarhistorischen Sinn und Zweck. Allerdings verharmlosen sie die bereits von den Zeitgenossen meist unterschätzte Modernität der *Schloßgeschichten*. K.s Erzählen ist unspektakulär, aber kühner, als gemeinhin angenommen wird.

Werkausgabe: Gesammelte Erzählungen in 4 Bänden. Hg. u. eingeleitet von Ernst Heilborn. Berlin 1922.

Andreas Lohr-Jasperneite

Khalifa, Sahar
Geb. 1941 in Nablus/Palästina

Sahar Khalifa ist eine der exponiertesten und engagiertesten palästinensischen Romanschriftstellerinnen. Obwohl insbesondere seit den 1970er und 80er Jahren Schriftstellerinnen in zunehmendem Maße die von Männern dominierte literarische Szene Palästinas bereichern, sind aus vielfältigen politischen und gesellschaftlichen Gründen ihre Stimmen selbst in ihrer eigenen Gesellschaft wenig bekannt. Nur wenige Autorinnen haben internationales Ansehen gewonnen, neben K. vor allem die Dichterin Fatwa Touqan und Lianeh Badr, Autorin von Kurzgeschichten und Romanen. Nach Mahmud Darwish ist K. die am häufigsten übersetzte palästinensische Schriftstellerin. Sie bezeichnet sich selbst als ›Dritte-Welt‹-Feministin und als Soziologin, deren Romane auf der genauen Kenntnis der Gesellschaft basieren. Nach Abschluss ihrer Promotion in den USA gründete sie 1988 das Women's Affairs Centre in Nablus mit Zweigstellen in Gaza und Jordanien (Amman). K. begann 1967 zu schreiben, kurz nach der Okkupation der Westbank und Gazas durch Israel.

Ausgehend von ihrer Überzeugung, dass feministisches Bewusstsein unerlässlicher Bestandteil politischen Bewusstseins ist, verknüpft sie in ihren Romanen zwei Hauptthemen miteinander: den palästinensischen nationalen und den feministischen Kampf um Befreiung. Ihre Sichtweise wird von der palästinensischen Gesellschaft nicht ohne weiteres geteilt, die an eine Literatur gewöhnt ist, die häufig den Kampf mit Israel und dem Imperialismus und das Dilemma der arabischen Welt in den Mittelpunkt stellt. Ihr wird vorgeworfen, westliches feministisches Gedankengut zu verbreiten, da sie nicht der Meinung folgt, mit der Lösung der nationalen Frage würde die Frauenfrage automatisch gelöst. Vor allem aus intellektuellen und Politikerkreisen wurde K. dafür kritisiert, dass sie Kritik an der eigenen Gesellschaft übt und zu Veränderungen in ihr aufruft, anstatt zuerst die ›äußeren Feinde‹ zu bekämpfen und die nationale Frage zu lösen. So greift sie soziale Probleme auf, die die Gesellschaft nach außen hin schwächen und behandelt in ihren Werken den Widerspruch zwischen dem schnellen ökonomischen und politischen Wandel der palästinensischen Gesellschaft und den starren Traditionen und Werten sowie zwischen alten und neuen Vorstellungen in Geschlechterfragen. Sie fordert eine Neubewertung gesellschaftlicher Werte, der gesellschaftlichen Struktur, des Familiensystems, des Bildungssystems und ihrer Auswirkung auf die Mitglieder der Gesellschaft von der Geburt bis zum Tod und spricht kontroverse und Tabuthemen (z. B. Prostitution) an.

Mit *Al-Sabbar* (1975; *Der Feigenkaktus*, 1990) gelangte K. zu internationaler literarischer Anerkennung. Ihr Roman *Bāb al-Sāha* von 1990 (*Das Tor*, 1994) spiegelt den Alltag und die Probleme von Frauen verschiedener Generationen unter den Bedingungen der Intifada. In ihrem Roman *Mudhakkirat Imra'a Gheir Waqi'iya* von 1986 (*Memoiren einer unrealistischen Frau*, 1992) verarbeitet sie eigene Erfahrungen in einer arrangierten traditionellen Ehe, aus der sie durch Scheidung ausbricht – erneut verbindet sie feministisches und politisches Bewusstsein miteinander. In ihrem Roman *Al-Mirath* (1997; *Das Erbe*, 2002) zeichnet sie ein treffendes Bild von der palästinensischen Gesellschaft nach der Unterzeichnung des Friedensabkommens mit Israel. In *Sūra wa-īqūna wa-'ahdqadīm* (2002; *Die Verheißung*, 2004) erzählt sie die Geschichte der unmöglichen Liebe des Moslems Ibrahim und der Christin Mariam vor dem Hintergrund von Krieg und Exil. Obwohl in Hocharabisch schreibend, ist K.s Sprache tief verwurzelt in Wortschatz und Idiomatik des palästinensischen Dialekts. Sie ist kaum übertroffen in ihrer Fähigkeit, Sprache und Geistesart städtischer Palästinenser wiederzugeben.

Kerstin Wilsch

Kharrat, Edwar al-
Geb. 16. 3. 1926 in Alexandria/Ägypten

Der koptische Christ Edwar al-Kharrat gehört seit den 1950er Jahren als Romancier, Erzähler, Essayist, Übersetzer und Literaturkritiker zu den einflussreichsten Persönlichkeiten der arabischen Literatur. 1948 wurde er wegen seiner Beteiligung an der nationalistischen Bewegung Ägyptens verhaftet und zu zwei Jahren Lagerhaft verurteilt. Sein erster Band mit Erzählungen, *Ḥīṭān ᶜālīya* (1959; Hohe Mauern), der seit den frühen 1940er Jahren entstandene Texte versammelt, konnte nur nach erheblichen Eingriffen der Zensur im Selbstverlag erscheinen. Von der ägyptischen Kritik wurde in den Erzählungen eine deutliche stilistische und poetologische Nähe zum französischen Nouveau roman ausgemacht. Es dauerte 13 Jahre, bis der zweite Band, *Sāʿāt al-kibriyā* (1972; Stunden des Stolzes) erschien, weitere acht Jahre vergingen bis zur Veröffentlichung des ersten Romans *Rāma wa-l-tinnīn* (1980; Rama und der Drache), einem der zentralen Texte der arabischen Moderne. In szenischen Bildern entfaltet der Roman die konfliktreiche und spannungsgeladene Liebe Mikhails, eines Kopten, zu der Muslimin Rama. In den Protagonisten spiegeln sich das Verhältnis von Kopten und Muslimen und die vielfältigen mythischen Traditionen von Ober- und Unterägypten.

Danach veröffentlichte K. über 40 Bücher, die sich einer Gattungszuordnung weitgehend entziehen. Seine Texte stehen an der Grenze zwischen Prosa und Poesie, Fiktion und Autobiographie, Essay und Erzählung. K. hat in einem gleichnamigen Essay für ein »Schreiben jenseits der Gattungen« plädiert. Als Literaturkritiker entwickelte er das Konzept der ›Neuen Sensibilität‹, unter dem er in erster Linie eine Überwindung des klassischen, mimetischen Realismus versteht. Die Abkehr vom Anspruch auf direktes politisches Engagement, das die arabische Literatur vor allem der 1950er und 60er Jahre bestimmt hatte, war hauptsächlich der traumatischen Erfahrung der verheerenden Niederlage gegen Israel im Junikrieg 1967 geschuldet. In der ›Neuen Sensibilität‹ kommt K. zufolge nicht zuletzt ein ideologiekritisches Moment zum Ausdruck, da sie das oft Deklamatorische der dezidiert politischen Literatur hinter sich lasse, um stattdessen die Freiheit der Kunst und die Offenheit des literarischen Werks zu betonen. Der politischen Wirksamkeit von Literatur erteilt K. also keine Absage, wohl aber den in seinen Augen zu kurz greifenden Mitteln der kritisierten Literaturströmungen. Zeit und Vergänglichkeit, das beschwörende Erinnern und die ägyptische Volkskultur sind die bestimmenden Themen zweier auch in deutscher Übersetzung vorliegenden Texte, *Turābuhā zaʿfarān* (1985; *Safranerde*, 1990) und *Ḥiǧārat Būbīllū* (1992; *Die Steine des Bobello*, 2000). In ihnen vermischt K. Legenden, Mythen und Visionen mit Erinnerungen, die, oft fragmentarisiert, weit in die Kindheit zurückreichen. Dabei werden die Erinnerungsarbeit und die Transformation des Erinnerten zu Texten selbst thematisiert, indem der Autor die Abhängigkeit der Erinnerung von der Zeit des Erinnerns deutlich macht. K.s Werke bewegen sich im Spannungsfeld zwischen dem existentiellen Erleben der Vergänglichkeit und dem menschlichen Vermögen, sich erinnernd – und schreibend – über den unumkehrbaren Ablauf der Lebenszeit scheinbar hinwegzusetzen.

Andreas Pflitsch

Khoury, Elias
Geb. 12. 7. 1948 in Beirut

Der libanesische Romancier Elias Khoury wuchs in einem christlich geprägten Beiruter Stadtteil auf, legte 1967 an einer Privatschule das Abitur ab und begann ein Geschichts- und Soziologiestudium an der Université Libanaise in Beirut. Bereits Ende der 1960er Jahre schloss er sich dem palästinensischen Widerstand in Jordanien an und absolvierte eine militärische Ausbildung in einem palästinensischen Lager in Syrien. Nach der gewaltsamen Vertreibung der palästinensischen Kämpfer aus Jordanien 1970 ging K. nach Paris, wo er 1973 sein Studium abschloss. Zurück in Beirut arbeitete er am dortigen PLO-Forschungszentrum und beteiligte sich am libanesischen Bürgerkrieg, der im April 1975 ausbrach. Nachdem er Ende 1976 schwer verletzt worden war und weil er das zunehmend brutale Vorgehen der Kämpfer nicht mehr vertreten konnte, beendete er seine Teilnahme am aktiven Kampf. 1979 verließ er das PLO-Forschungszentrum und wurde Leiter der Kulturredaktion der Tageszeitung *al-Safīr*; seit 1992 gibt er die wöchentliche Kulturbeilage der Tageszeitung *al-Nahār* heraus, daneben unterrichtete er an verschiedenen Universitäten im Libanon und in den USA.

Bekannt wurde K. mit *al-Ǧabal al-ṣaġīr* (1977; Der kleine Berg). Ursprünglich war der als Roman veröffentlichte Text als Sammlung von Porträts gedacht, in der er seine Erfahrungen aus dem Krieg verarbeitete. K. begegnet dem sich im Krieg offenbarenden Irrsinn schon in diesen Texten mit einem ›nichtswissenden‹ Erzähler, was zu Brüchen und einer charakteristischen Offenheit und Vieldeutigkeit führt, die sein gesamtes Werk auszeichnen. Am Anfang seines Romans al-Wuǧūh al-baiḍāʾ (1981; Die weißen Gesichter) steht der Tod von Khalil. Der Erzähler macht sich auf die Suche nach dessen wahrer Geschichte, doch diejenigen, die Khalil kannten, erzählen ihm ganz unterschiedliche, sich teilweise widersprechende Versionen. Jeder hat, so zeigt sich, seine eigene Wahrheit. Die Suche nach der einen Wahrheit – und nach dem Mörder – erweist sich als aussichtslos. Ähnlich angelegt ist der Roman Riḥlat Ġāndī al-ṣaġīr (1989; Die Reise des kleinen Gandhi) über den Titelhelden, einen Beiruter Schuhputzer, der während der israelischen Belagerung der Stadt 1982 erschossen wird. Die Rekonstruktion seines Lebens und Sterbens führt zu immer neuen Fragen, und zahlreiche Nebenhandlungen verwirren Erzähler und Leser gleichermaßen. Seit dem Ende des Bürgerkriegs 1990 hat K. immer wieder gegen die kollektive Verdrängung im Libanon angeschrieben und eine offene Aufarbeitung der Geschehnisse gefordert.

Der Roman Maǧmaʿ al-asrār (1994; Der geheimnisvolle Brief, 2000) beginnt einmal mehr mit einem Todesfall, der in der Folge eine ganze Reihe von Rätseln hervorruft. K.s Texte behandeln keine Wahrheiten, sondern Möglichkeiten. Auch in seinem großangelegten Roman über die Geschichte der Palästinenser, Bāb al-šams (1998; Das Sonnentor, 2004), behält er die Technik der sich gegenseitig beleuchtenden Handlungsstränge bei. In Rückblicken entsteht so ein Panorama des palästinensischen Schicksals, angefangen bei den Vertreibungen nach der israelischen Staatsgründung 1948 über das Leben in den Flüchtlingslagern und die Geschichte des bewaffneten Widerstands bis zur resignativen Stimmung der 1990er Jahre. Der Roman zeichnet sich nicht zuletzt durch eine selbstkritische Haltung aus, die an weiterhin wirksamen Tabus der palästinensischen und arabischen Selbstsicht rührt.

Andreas Pflitsch

Kielland, Alexander Lange
Geb. 18. 2. 1849 in Stavanger/Norwegen; gest. 6. 4. 1906 in Bergen

Alexander Kielland gilt als einer der »vier Großen« der norwegischen Literatur des späten 19. Jahrhunderts. Doch anders als die über lange Zeiträume entstandenen Œuvres Ibsens, Bjørnsons und Lies ist die Schaffensperiode K.s auf die 1880er Jahre beschränkt: Seinem Debüt *Novelletter* (1879; *Noveletten*, 1881) folgten neun Romane, zwei weitere Erzählbände und einige, nur zeitgenössisch beachtete Dramen, bevor er 1891 sein Wirken als Schriftsteller aufgab und zunächst Bürgermeister in Stavanger und später Amtmann in Møre wurde. Durch diese zeitliche Konzentration stellt sein Gesamtwerk einen literarhistorisch einheitlichen und zentralen Beitrag zur sogenannten Durchbruchsliteratur dar – eine von Georg Brandes programmatisch geforderte ›moderne‹, realitätsnahe und Probleme debattierende Literatur. Als einen in diesem Sinne »ehrlichen Anhänger der Nützlichkeitspoesie« hat sich der Schriftsteller selbst bezeichnet, doch daraus eine Etikettierung als zeit- und ortsgebundenem Tendenzschriftsteller abzuleiten, greift zu kurz.

Auch wenn sein Heimatort Stavanger, die Natur der Küste und das ihm vertraute Milieu des Handelsbürgertums eine große Rolle in seinen Texten spielen, darf die internationale Orientierung K.s nicht unterschätzt werden. Sein Debütwerk entstand während eines längeren Parisaufenthalts, er war beeindruckt von der aktuellen französischen und englischen Literatur und hat seinerseits vor allem deutsche Schriftsteller beeinflusst, nicht zuletzt Thomas Mann, der erklärtermaßen seine *Buddenbrooks* »nach Kiellandschem Muster« als einen Generationen- und Kaufmannsroman im Stil von *Garman & Worse* schrieb. Unter K.s eigenen vielfältigen Vorbildern waren

Søren Kierkegaard, Camilla Collett und John Stuart Mill wohl die entscheidenden, weil sie in ihren Werken ethische Forderungen, Gerechtigkeitssinn und eine gesellschaftskritische Perspektive verbinden, die auch K. verfolgte.

In seinen Romanen und Erzählungen entfaltet K. eine Vielzahl an Konflikten, die zwar auf Kontrasten aufbauen, sich aber selten in simplen Oppositionen erschöpfen, sondern in mehrfacher Überlagerung zwischen den Generationen und den Geschlechtern, zwischen unterschiedlichen Gesellschaftsschichten und Werthaltungen angesiedelt sind. Thematisch behandelt er die wirtschaftliche und soziale Entwicklung Norwegens im 19. Jahrhundert von der alten Patrizierkultur (*Garman & Worse*, 1880; *Garman & Worse*, 1881; *Skipper Worse*, 1882; *Schiffer Worse*, 1882) bis hin zur Krise des kapitalistischen Systems (*Fortuna*, 1884; *Fortuna*, 1886), die staatliche Bürokratie (*Arbeidsfolk*, 1881; *Arbeiter*, 1881), die autoritäre und lebensfremde Schulbildung (*Gift*, 1883; *Gift*, 1886), die konservative Politik und die Institution der Staatskirche (*Sne*, 1886; *Schnee*, 1889), aber auch machtbesessene und heuchlerische Tendenzen des Pietismus (*Sankt Hans Fest*, 1887; *Sonnenwendfeier*, 1887; *Skipper Worse*). Immer wieder macht er auch die Situation der Frauen, ihren Objektstatus und fehlende soziale Perspektiven zum Thema (v.a. in *Else. En julefortælling*, 1881; *Else. Eine Weihnachtsgeschichte*, 1882, und der Erzählung »Karen«, in: *To Novelletter fra Danmark*, 1882; *Zwei Novelletten aus Dänemark*, 1882; aber auch in den *Worse*-Romanen). So entsteht ein umfassendes Gesellschaftspanorama und Zeitbild, das dominante Diskurse und aktuelle Debatten über Emanzipation, Religion, Moral, Bildung und soziale Gerechtigkeit in fiktionaler Umsetzung reflektiert.

Diese literarische Perspektive auf das Zeitgeschehen entspricht in K.s besten Werken – den *Worse*-Romanen und den Erzählungen – weder einer bloßen realistischen Abbildung noch einer auktorial vorgebrachten Tendenz, sondern entsteht indirekt als Ergebnis erzählerischer Ambivalenzen und komplexer narrativer Muster, die Handlungsstränge und figurale Positionen als ein Netz von Parallelen und Kontrasten entwerfen und einander gegenüberstellen. Eine allwissende Erzählhaltung steht im Kontrast zu objektiv wiedergegebenen Dialogpassagen und gelegentlichen Wechseln in Figurenperspektiven – einem *style indirect libre*, der eine Ambivalenz zwischen Identifikation und Distanz vermittelt. Die Kurzform der *Novelletter* bevorzugt einen Beginn *in medias res* oder *in media verba*, mit einer Dialogzeile, die im Falle von *Skipper Worse* als Neuerung in der norwegischen Literatur auch einen Roman einleitet. Häufig wird eine indirekte Mitteilung durch Ironie, Symbolik oder allegorische Passagen, gelegentlich auch durch die deutlicher wertende Satire oder gar Karikatur erreicht. Als hervorstechendes künstlerisches Mittel kann der elegante Romanaufbau gelten, der insbesondere die *Worse*-Romane auszeichnet, die der Autor selbst als »Gruppenromane« bezeichnet hat. Nicht auf eine Hauptfigur ausgerichtet, sondern ein Sozialsystem beleuchtend, kann die Komposition einer Wertevielfalt Ausdruck geben, psychologische Porträts mit realistischen Gesellschaftsszenen und Milieustudien paaren und Heuchelei, soziales Strebertum und konservative Machtpolitik vorführen, aber auch Positionen des Neuen und Modernen mit Ambivalenzen belegen.

Werkausgabe: Gesammelte Werke. Leipzig 1905.

Annegret Heitmann

Kierkegaard, Søren
Geb. 5. 5. 1813 in Kopenhagen;
gest. 11. 11. 1855 ebd.

»Der einzelne«, so fokussiert Søren Kierkegaard seine Rolle als ›Korrektiv‹ angesichts einer zunehmend durch politische und ökonomische Massenbewegungen geprägten Kultur, »ist die Kategorie, durch welche in religiöser Hinsicht die Zeit, die Geschichte, das Geschlecht hindurch muß.« Die Überführung des neuzeitlichen Subjektivismus in das existentielle Bewusstsein des Einzelnen gehört zu den unumstrittensten Einsichten der K.-Rezeption von ihren Anfängen bis in die Gegenwart, und sie wird durch die Selbstaussage des

Autors in unmissverständlicher Weise bestätigt: »An die Kategorie ›der Einzelne‹ ist meine mögliche ethische Bedeutung unbedingt geknüpft.« Dass K. das Leben eines Einzelgängers, eines von seinen Zeitgenossen ebenso wie von späteren Generationen weitgehend unverstandenen Sonderlings und Außenseiters führte, ist nicht nur die Voraussetzung, sondern auch die Konsequenz seines bewussten Existierens als Einzelner. Leben, Dichten und Denken – dies bezeugt auch die enge Verklammerung der umfangreichen Tagebuchaufzeichnungen mit den ästhetisch-philosophischen Schriften – sind hier zu einer untrennbaren Einheit verschmolzen.

Eine brillante Dialektik ebenso wie die grenzenlose Erfindungskraft der Phantasie und die alles beherrschende Schwermut einer von Schuldgefühlen und Angst überschatteten Religiosität sind das »Erbe« des Vaters Michael Pedersen Kierkegaard, das der Sohn – einschließlich des ihm hinterlassenen Vermögens – mit kompromissloser Zielstrebigkeit in die Produktion eines schriftstellerischen Werkes investierte. Dessen Wesen und Kern besteht ungeachtet aller Widersprüchlichkeit und experimentellen Dynamik im Sprechen des Einzelnen zu den Einzelnen, weshalb sich der Autor, das Verhältnis der Autorität zur Masse meidend, in seinen reflektierenden Schriften fast ausnahmslos hinter verschiedenen Pseudonymen verbirgt. Dies gilt auch für sein eigentliches Debütwerk *Enten – Eller* (1843; *Entweder Oder*, 1885), eine Konfrontation der sinnlich-ästhetischen mit der ethischen Lebenshaltung, gekleidet in die Form einer fiktiven Manuskriptsammlung. Zwei Erscheinungsweisen der menschlichen Freiheit prallen hier aufeinander: Auf der einen Seite, in den Papieren eines unbekannten Ästheten (genannt »A«), die Freiheit des poetisch-romantischen Spiels mit der Wirklichkeit, die Kunst »Fangball zu spielen mit dem ganzen Dasein«, und auf der Gegenseite, in den Papieren des Gerichtsrats Wilhelm (»B«), die Freiheit der Selbstwerdung in der Selbstwahl. Hatte K. die bürgerliche Variante der Selbstwahl, die Lokalisierung und Beschränkung des Selbst in einem gesellschaftlichen Kontext des Allgemeinen, nach dem Bruch mit seiner Verlobten Regine Olsen bereits im Wesentlichen hinter sich gelassen, so sollte der tiefergreifende Gedanke, die Wahl des Selbst als des sich selbst Wählenden, seine richtungsweisende Bedeutung auch für die folgenden Veröffentlichungen bewahren.

Als Apologie einer sich über die Zwänge der gesellschaftlichen und rationalen Ordnung hinwegsetzenden Innerlichkeit kann das in *Frygt og Bæven* (1843; *Furcht und Zittern*, 1882) vorgelegte literarische Experiment der ›theologischen Suspension des Ethischen‹ betrachtet werden. Zwischen der existentiellen Singularität des Einzelnen und den normierenden Ansprüchen der menschlichen Gemeinschaft wird hier ein unaufhebbarer Widerspruch konstatiert. Nur in einer selbstverantworteten Bewegung der Entscheidung, dem rational weder zu begründenden noch zu rechtfertigenden ›Sprung‹ in den unmittelbaren Geltungsbereich eines Absoluten, wie es sich nach K. dem Glaubenden erschließt, vermag sich das Individuum gegenüber der Herrschaft des Allgemeinverbindlichen zu behaupten, ohne sich in die verzweifelte Selbstpreisgabe der sinnlich-ästhetischen Lebensform zu flüchten. Den Namen seines fiktiven Verfassers (Johannes de Silentio) einlösend, präsentiert sich *Frygt og Bæven* damit als ein poetisches Dokument der philosophischen Sprachlosigkeit. Seine beunruhigende Botschaft lautet: Weder der Glaube noch die immer am Rande des Dämonischen sich bewegende Selbstbestimmung des Einzelnen als Einzelnen lassen sich in ihrem innersten Wesen kommunizieren. Nicht anders verhält es sich mit der experimentellen Kategorie der ›Wiederholung‹, die K. auf der Suche nach Identität und erfüllter Daseinsmöglichkeit in *Gjentagelsen* (1843; *Die Wiederholung*, 1909), einer seiner dichterisch subtilsten Arbeiten, umspielt. Schärfer umrissen, doch keineswegs weniger rätselhaft ist der Angst-Begriff, den die im darauffolgenden Jahr unter dem Pseudonym Vigilius Haufniensis (= Wächter Kopenhagens) erscheinende Lehrschrift thematisiert (*Begrebet Angst*, 1844; *Der Begriff Angst*, 1890). Beschrieben wird hier die Freiheitsangst des Selbstseins, der »Schwindel am Abgrund der Möglichkeit«, in dessen psychologisch-ethischem Zwielicht sich der paradoxe Übergang von der Unschuld zur Sünde vollzieht. Unter Verwendung des authentischen Materials seiner unglücklichen Verlobungsgeschichte hat K. die rational unauflösbare Dialektik des Schuldigwerdens in »Skyldig? – Ikke Skyldig?« (»Schuldig? – Nicht schuldig?«) konkretisiert. Dieser letzte und wichtigste Teil des Schriftenkonvoluts *Stadier paa Livets Vej* (1845; *Stadien auf des Lebens Weg*, 1886) markiert den äußersten Punkt des literarischen Experimentierens mit der Möglichkeit einer ethischen Existenzform. Festgenagelt in der Reue, weist das Projekt der moralischen Selbstkonstitution über sich hinaus auf das dritte, das ›religiöse‹ Stadium der Existenz. Die der eigenen Verzweiflung in schweren inneren Kämpfen abgerungene Formel des nichtverzweifelten Selbstseins wird schließlich in *Sygdommen til Døden* (1849; *Die Krankheit zum Tode*, 1881) dargelegt: »Indem es sich zu sich selbst verhält und indem es selbst sein will, gründet sich das Selbst durchsichtig in der Macht, welche es gesetzt hat.« Auch hier noch spricht der Autor indirekt, verborgen hinter der Gestalt eines fiktiven Verfassers, doch deuten sowohl dessen Name (»Anticlimacus«) als auch der Untertitel des Werkes (»Eine christlich-psychologische Darlegung zur Erbauung und Erweckung«) darauf hin, dass hier gegenüber dem christlichen Glaubensinhalt eine Position bezogen wird, die sich abwendet von dem gedanklich experimentierenden Verfahren und namentlich von der ironisch-unverbindlichen Haltung des früheren Pseudonyms Johannes Climacus (*Philosophiske Smuler*, 1844; *Philosophische Brocken*, 1890; *Afsluttende uvidenskabelige Efterskrift*, 1846; *Abschließende unwissenschaftliche Nachschrift*, 1910). Beginnend mit *Indøvelse i Christendom* (1850; *Einübung im Christentum*, 1878) widmet K. die Veröffentlichungen seiner letzten Lebensjahre im Wesentlichen dem Kampf gegen das harmonisierende und persönlich unverbindliche Gewohnheitschristentum der modernen Volks- und Amtskirche.

Mit einer bis dahin unerreichten Schonungslosigkeit hat K., der die Subjektivität zugleich als Wahrheit und Unwahrheit betrachtete, die problematische Grundstruktur des modernen Individuums offengelegt. Als leidenschaftlicher Kritiker des in sich geschlossenen, objektivierbaren Wissens, das im allumfassenden System Hegels seinen Höhe- und Wendepunkt erreicht hatte, wurde er zum Anreger und Bezugspunkt verschiedener existenzphilosophischer sowie antimetaphysischer Denkrichtungen (Jaspers, Heidegger, Sartre, Adorno). Es zeigte sich jedoch, dass die Resistenz seines Werkes gegenüber der objektivierenden Vereinnahmung durch »Professoren und Dozenten« größer war als von ihm selbst befürchtet. Selbst im Rahmen der Dialektischen Theologie (Barth, Brunner, Bultmann, Gogarten) ging K.s Rolle über die eines Impulsgebers nicht hinaus. Das Wissen des ›dänischen Sokrates‹ ist ein einsames, widersprüchliches und prinzipiell unabgeschlossenes Wissen, das die Bildung einer Schule kategorisch ausschließt, da hier jeder Einzelne als Lehrer und Schüler auf sich selbst zurückgeworfen ist und sein Denken existierend zu verantworten hat. Dichter wie Henrik Ibsen, August Strindberg, Rainer Maria Rilke und Franz Kafka haben den persönlichen Ernst dieses unruhigen und immer lebendigen Denkens mit gutem Grund in den subjektiven Ausdrucksformen der beginnenden Moderne fortgeschrieben.

Werkausgaben: Gesammelte Werke. 31 Bde. Hg. E. Hirsch/H. Gerdes. Gütersloh 1979ff. – Gesammelte Werke. Die Tagebücher. 5 Bde. Hg. H. Gerdes. Düsseldorf/Köln 1962ff.

Ulrike-Christine Sander

Kinder, Hermann
Geb. 18. 6. 1944 in Torún (Polen)

»Auch der Kopf gehört zum Lesen« (*Nein, so wie es ist, ist es nicht gut genug*, 1980). Vor theoretischen Anstrengungen scheut sich K., der über den poetischen Realismus des 19. Jahrhunderts promovierte, nicht. Schon lange vor seinem Naturwissenschaftsroman *Ins Auge* (1987) begleitete den in Konstanz Literatur lehrenden Akademischen Oberrat der Vorwurf, »akademische Literatur« zu produzieren. Seinen Kritikern hält K. dagegen einen »verkümmerten Literaturbegriff« vor. Ihrer rigorosen Trennung zwischen »Denken und Empfinden« widersetzt er sich mit dem Experiment, Unterhaltung und Aufklärung miteinander zu verbinden. Sein Thema ist nicht der auf allgemeine Wahrheiten abonnierte objektive Realismus, sondern die subjektiven »Bilder im Kopf«. Seine Maxime: »Lebensnotwendig ist es, sich Bilder im Kopf zu machen und ebenso, diesen Bildern zu mißtrauen«. Hinter den ästhetischen Fragen stehen ethische. »Es geht ums gleiche: Wie soll, wie kann man leben?« (*Von den Bildern im Kopf*, 1983).

In die literarische Praxis umgesetzt, bedeutet das »Recht zu den Bildern im Kopf« und die »Pflicht des Zweifels gegen sie«, dass K. »Widersprüche, Sprünge, Wechsel, Störungen« in seine Texte einstreut, »die das bestätigende Miterleben unterbrechen und zum Aussteigen veranlassen, die nahelegen, anhand der schreibenden und lesenden Verfertigung der Bilder im Kopf über diese selbst nachzudenken«. Mit diesem Programm knüpft K. an Prämissen des »Modernen Romans« an und mutiert so zum »Autor der provokatorischen Leserirritation« (Klaus Modick), auch wenn dem Leser die Theorie nahezu unsichtbar bleibt. Im Debüt *Der Schleiftrog* (1977) kokettiert er sogar damit, keine künstlerischen Ambitionen zu verfolgen. »Sei Jahren«, notiert Romanheld Bruno, Kind der studentischen 68er Generation und K.s literarisches »alter ego«, »verfolge ich die Theorie der modernen Erzählungen, und da setze ich mich einfach hin und erinnere mich«.

Diese »bewußte Kunstlosigkeit« (Paul Michael Lützeler) ist eine der vielen Fallen des Fallenstellers K., denen selbst professionelle Archäologen des Kopfinnenwerks erliegen. K.s sowohl selbstkritisch-provokatorisches als auch selbstironisch-groteske Analyse der antiautoritären Generation im *Schleiftrog* spiegelt bereits K.s Auseinandersetzung mit Konstruktionsprinzipien der Moderne wider: Dazu zählt das Spiel mit dem Genre, das nebenbei die Konzeption der Produktion K.s erhellt, das Verhältnis von Phantasie und Realität zu thematisieren: in seiner ersten Fassung hatte der *Schleiftrog* den Untertitel »Einbildungsroman«; in der Druckfassung heißt er *Ein Bildungsroman*. Dazu gehören die Reflexionen des Ich-Erzählers über zeitgemäßes Erzählen, stilisierte Erinnerungssequenzen, Montagen, dokumentarische und kryptische Zitate. Trotz aller Artifizialität gilt der Roman aufgrund seiner atmosphärischen Dichte als »ein Stück bundesrepublikanischer Geschichtsschreibung« (Jörg Drews).

Die Folie der zerfallenden antiautoritären Bewegung bemüht K. erneut mit der Erzählung *Du musst nur die Laufrichtung ändern* (1978). Schon der Titel ist Literatur – ein Zitat aus Franz Kafkas *Kleiner Fabel* – und suggeriert Programm (so Ulrich Schmidt): K. greift mit der Schilderung der Autofahrt eines Studienrats von der Nordsee zum Bodensee ironisch das romantische Motiv der »Bewegung ohne Ende« auf, die allein das »Glück« gewährleisten könne: in der »angenehmen Täuschung«, »es gäbe ein Ziel«. Die trügerischen Aufbruchs- und Fluchtphantasien des Renault4-Fahrers bleiben allerdings in einer Art »linker Melancholie« stecken: die »Überführung der Wirklichkeit in die Poesie der GleichheitFreiheitBrüderlichkeit« darf (weiterhin) geträumt werden. Ein sprachlich aggressives Nebenwerk. Konsequenter tritt der Held des zweiten, »äußere Daseinsbedingungen und Kräfte« abrufenden Romans K.s *Vom Schweinemut der Zeit* (1980) auf. In dieser Satire auf den Universitätsbetrieb verführt der »Starrkrampf zwischen dem, was man ist, und was man nie sein wird«, einen arbeitslos gewordenen Kunsthistoriker zum Freitod. »Kunstmüller« handelt entgegen aller Erkenntnis, er weiß, »nicht der Wunsch, die Tat heilt Schwermut«. Der Roman konstatiert das Verschwinden aller Utopien in einer Wirklichkeit, die ohne Utopien unbewohnbar scheint. Ein mögliches Lernziel: Sich dieser Differenz zu stellen, trotz beschädigter Identität. Die bis dahin radikalste literarische Selbstreflexion legte K. mit dem Roman *Der helle Wahn* (1981) vor. Der Titel ist hier Metapher für eine vom Licht der Wahrheit erhellte Fiktionskunst, die die aus romantischer Zeit herrührende Forderung nach der Einheit von Poesie und Kritik erfüllt. Am Beispiel eines Autorentreffens wird die Mythologie des modernen Romans untersucht. Der »hoch manieristische Text« (Sibylle Cramer) wurde als kritische Replik auf die damaligen Moden von Erfahrungsliteratur und Poesiekult gelesen; er wendet sich emphatisch gegen den Dichter als »Hohepriester« und »Weltausleger« und bekennt sich zur »Tradition der Phantasiekritik und der anti-illusionistischen Prosa« (Klappentext). Zwischen diesem Roman, der das Image K.s als »akademischer Hirnwind« zementierte, und dem letzten großen Roman *Ins Auge* entstanden u. a. die Dokumentation *Bürgers Liebe* (1981), aus der das Stück *Bürgers Ehe. Ein deutsches Lustspiel aus der Zeit der Aufklärung* hervorging (UA 1988 in Esslingen), die groteske Erzählung *Der Mensch, ich Arsch* (1983), die an Kleist-Anekdoten erinnernde Kurzgeschichtensammlung *Liebe und Tod* (1983) sowie die Anthologie *Die klassische Sau*. Sie alle führen im Nachklang zu den gescheiterten politischen Hoffnungen der vergangenen Jahre »die Möglichkeiten und die Grenzen der ›Bilder im Kopf‹ am Paradigma der Liebe vor« (Ulrich Schmidt).

K.s Interesse sowohl im bis jetzt wichtigsten Werk *Ins Auge* als auch in dessen novellistischer Fortschreibung, dem Prosa-Triptychon *Die Böhmischen Schwestern* (1988), gilt dagegen aktuellen Entwicklungen unseres Zivilisationsprozesses. Dazwischen liegt die nach einem »Survival-Training« K.s in Shanghai verfasste Geschichte *Kina Kina* (1988). Beide Bücher thematisieren die Gefahren der Technobiologie – zum einen demonstriert am Beispiel des Augenarztes und Hirnphysiologen H. C. Hirschberg, der mittels einer Laseroperation das individuelle Sehvermögen und die damit verbundene subjektive Erlebnisfähigkeit an der menschlichen Linse aufheben, damit die »Bilder der Welt korrigieren und beherrschbar machen will«, zum anderen am Beispiel des Zell- und Genforschers Virchow und der siamesischen Zwillinge Rosa und Josefa, die K. zum »Ernstfall der Humanität« (Hans Mayer) werden und aus der er eine Kritik der Aufklärung ableitet. Der gute Mensch als dumpfes »Biomaterial«, der »Neue Mensch« vom Reißbrett – statt als Produkt fortschreitender Mündigkeit. So lautet die Schreckensvision – ungeachtet aller Tagträume aller Virchows »von einem glücklichen, gesunden, leidlosen Dasein«. – K.s Roman *Ins Auge*, der seinen Lesern Leistungsbereitschaft abfordert, ist zweifellos »ein Höhepunkt seines Schaffens« (Irmela Brender). Die Virtuosität, mit der er erzählt, die Unangestrengtheit, mit der er Geschichten und Geschichte in immer neuen Sprech- und Sehweisen arnoverschmitzt referiert, erreichen nur wenige heutige Schriftsteller – andere haben dafür mehr Leser. K.s Bücher sind zum größten Teil vergriffen: das Drama des intelligenten Schriftstellers.

»Was schlimm ist«, heißt es dazu in der Kriminalnovelle *Alma* (1994), die vordergründig eine Mord(s)geschichte erzählt, in Wirklichkeit aber das klassische Genre schnellstmöglich verlässt und in meisterhaften Phantasien über das Phantasieren deutsche Wirklichkeit freisetzt, »daß die Literatur nun den Bach abgeht; schlimmer: daß alle nun nach Einschaltquoten rufen; am schlimmsten: die deutsche Literatur«. Dennoch schreibt K. weiter, trotz seinem Brotberuf die dazu notwendige Zeit ab – als Essayist präsentiert sich der Literaturwissenschaftler K. in dem Band *Von gleicher Hand* (1994) –, trotz dem Literaturbetrieb mit sinnlich kalkulierter Prosa, die immer auch Anlässe für Erkenntnisse gibt, Respekt ab.

Auch die Erzählung *Um Leben und Tod* (1997), die Geschichte vom Tod der Mutter, ist »keine Unterhaltungsware, die den Geschmack des Massenpublikums treffen könnte, sondern das Werk eines skrupulösen Stilisten, dessen sprachfinderischer Einfallsreichtum zum Besten gehört, was unsere Gegenwartsliteratur zu bieten hat« (Otto A. Böhmer). Vorläufig letztes Glanzstück im Œuvre K.s ist die Erzählung *Himmelhohes Krähengeschrei* (2000), eine Wanderidylle des Schreckens: Mann und Frau begeben sich auf den Jakobsweg, um rasch ihr verlorenes Glück zu finden. Sie starten ihre Seelenreise am Bodensee, aber schon nach drei Tagen und weit vor Santiago de Compostela erschöpft sich ihr Versuch im Bilder- und Erinnerungswahn. Das Glück? Es ist – gemäß Ernst Bloch – immer woanders.

Siegmund Kopitzki

King, Stephen
Geb. 21. 9. 1947 in Portland, Maine

Als »King of Horror« bezeichnen ihn die einen, als zweitklassig und unoriginell wird er von anderen gescholten, die seine Bücher schnell der Trivialliteratur überantworten. Sein Werk, so hat Stephen King selbst lakonisch festgestellt, sei das »literarische Äquivalent zu einem Big Mac mit Pommes«. Auf die Frage, wann K. dieses »Horrorzeug« für den Massenkonsum endlich satt hätte und sein Talent sinnvoll einsetzen würde, hat er jedoch stets geantwortet, dass er aus den ernsthaftesten Gründen schreibe. Sein Anliegen sei, das Irrationale zu erzählen, das, was zunächst nicht in den Gesichtern der Menschen zu lesen sei, aber dennoch unter den Masken der Friedfertigkeit oder Banalität tief in ihnen rühre: Ängste, Selbstzweifel, Hass und Gewaltphantasien. Sie im fiktiven Raum der Literatur nuancenreich durchzuspielen, sei für ihn immer noch der ›gesündeste‹ Weg, mit der prekären Welt, in der er lebe, fertig zu werden. Seine Fangemeinde – bereit, sich mit jedem neuen Roman auf das (eigene) Unheimliche, Übernatürliche, Grausame, Gewaltvolle oder Groteske einzulassen – hat K. auf diesem Weg seit mehr als 25 Jahren begleitet. Inzwischen hat K. ein Millionenpublikum, und seine Werke sind in mehr als 35 Sprachen übersetzt.

Zu den Büchern, auf die sich K.s Ruhm als Meister des Horrors gründet, gehören Bestseller wie *The Shining* (1977; *Shining*, 1982), *Pet Sematary* (1983; *Friedhof der Kuscheltiere*, 1985), *It* (1986; *Es*, 1986) und *Misery* (1987; *Sie*, 1987), die alle (mehr oder weniger gut) verfilmt wurden, *The Stand* (1978, neu publiziert als *The Stand: The Complete & Uncut Edition*, 1990; *Das letzte Gefecht*, 1990), die *Dark Tower*-Fortsetzungen III und IV (1991 und 1997) sowie *Bag of Bones* (1998; *Sara*, 1998). Der berufliche Durchbruch gelingt K. 1974 mit *Carrie* (*Carrie*, 1977), der Geschichte eines malträtierten, weiblichen Teenagers mit telekinetischen Fähigkeiten, die sich an ihren Mitschülern rächt. Zu dieser Zeit lebt K. mit seiner Frau Tebitha, die ebenfalls Schriftstellerin ist, in einem Wohnwagen, in dem er an einem kleinen, schäbigen Tisch sein Erstlingswerk verfasst. Es gehört zum K.-Mythos, zu betonen, dass der Autor zu den Aufsteigern des amerikanischen Traums gehört, die es durch lautere Arbeit vom Hausmeister und Angestellten in einer Großwäscherei über eine Tätigkeit als Lehrer an der Hampden Academy High School (1971–73) zum international anerkannten Erfolgsschriftsteller gebracht haben.

K.s Talente sind vielfältig; seine Texte lassen sich nicht auf ein Genre festlegen. Er produziert nicht nur in Rekordzeit immer neue Romane, er schreibt auch Novellen und kürzere Erzählungen, die in den Sammlungen *Different Seasons* (1982; *Vier Jahreszeiten*, 1984) und *Hearts in Atlantis* (1999; *Atlantis*, 1999) erschienen sind, sowie Drehbücher wie z. B. *Silver Bullet* (1985) und *Storm of the Century* (1999; *Sturm des Jahrhunderts*, 1999). Zwischen 1977 und 1984 publiziert K. auch unter dem Pseudonym Richard Bachmann. Für sein Alter ego entwickelt er eine fiktive Autorenbiographie: Bachmann ist ein unsympathischer New Yorker, dem K. Frau und Kind zur Seite stellt und

Werke wie *The Long Walk* (1979; *Todesmarsch*, 1987) oder *Thinner* (1984; *Der Fluch*, 1985) schreiben lässt. 1985 ›stirbt‹ Bachmann an ›Schizosomia‹; erst Jahre später entdeckt die fiktive Witwe während ihres Umzugs im Keller ein altes Manuskript, das als *The Regulators* (1996; *Regulators*, 1996) ›postum‹ veröffentlicht wird. In diesen und anderen Texten gebiert K. Figuren, die früh um ihre Unschuld betrogen werden, gegen Kindheitstraumata sexueller Belästigung und psychischer Demütigungen ankämpfen, von Wahnvorstellungen verfolgt werden oder panische Angst vor der Dunkelheit haben. Manchen von ihnen scheint Schizophrenie ein ›natürlicher‹ Zustand zu sein. Der typische K.-Horror besteht in der Einsicht, dass unter dem Alltäglichen und bürgerlich Behüteten dunkle, unberechenbare Mächte lauern, die sich plötzlich materialisieren oder ins Bewusstsein dringen – in Form von Zwangshandlungen, Transgressionen oder schmerzvollen Erinnerungen. Im Rache- oder Gewaltakt werden sie ritualisiert bzw. ausagiert; immer treiben sie das Individuum zu extremen Handlungen, die nicht selten im Tod enden.

Erst allmählich gewinnt der Autor auch in der wissenschaftlichen Forschung, z. B. im Rahmen der Popular Culture Studies, an Bedeutung. Geschätzt wird er wegen der subversiven Funktion, die seinen Horrorgeschichten im Hinblick auf alles, was die bürgerliche Konsumgesellschaft auszeichnet – soziale Bindungen, Wissenschaftsglaube und Religion – zukommt. K.s Horrorgeschichten werden mal als Parodien auf Sigmund Freuds Theorie infantiler Regression und des Ödipus-Komplexes, mal als Allegorien auf den täglichen, z. T. von Ohnmachtsgefühlen begleiteten Kampf des Individuums gegen die gesellschaftlichen Mächte gelesen. Dieser Kampf, der zur psychischen Fragmentierung des Einzelnen beiträgt, wird – so die Argumentation – bei K. häufig in selbstreflexiver Weise entworfen, wie z. B. in *Shining*, wo der Protagonist und Autor, von Schreibhemmungen geplagt, stellvertretend für seinen Kampf mit der Gesellschaft vergeblich um Kontrolle und Fortgang seiner Geschichten ringt.

Brenda Hollweg

Kipling, Rudyard
Geb. 30. 12. 1865 in Bombay;
gest. 18. 1. 1936 in London

Nur wenigen Autoren waren zu Lebzeiten literarischer Erfolg und Popularität in einem Umfang beschieden wie Rudyard Kipling. Seine Bedeutung für die englische Literatur wurde in seiner Heimat mit der William Shakespeares oder Charles Dickens' verglichen und jenseits der Landesgrenzen mit dem ersten Literaturnobelpreis (1907) für einen englischsprachigen Autor gewürdigt. In der zweiten Lebenshälfte traten die Wertschätzungen zunehmend hinter Schmähungen K.s als Vulgärschriftsteller, Imperialist und Jingoist zurück, wodurch er im Alter nahezu in Vergessenheit geriet. Erhitzten sich die Kritiker anfangs an der ästhetischen Bilderstürmerei und ordneten K.s Schaffen aufgrund exotischer Sujetwahl, detailgetreuer Darstellung sowie der Verwendung von Umgangssprache und Dialekt dem in England verpönten Naturalismus zu, so nahmen die Auseinandersetzungen in der Folgezeit die Form eines ideologischen Kreuzzugs an, wodurch das Œuvre und die davon nicht ablösbare Person zum umstrittensten Fall der englischen Literaturgeschichte wurden. Die scharfe ideologische Kritik, die K. an die Seite von William Ernest Henley und John Davidson stellte, zielte auf die konservativ-autoritäre Grundhaltung und die pro-imperialistische Parteinahme für das Britische Empire ab. K.s moralisierend-didaktische, auf Disziplin, Ordnung und protestantische Arbeitsethik rekurrierende Initiationsgeschichten, seine bevorzugte Darstellung von Männerwelten sowie die Verherrlichung von Bünden Auserwählter waren Versuche, dem drohenden Niedergang britischer Weltmacht mit einem verbindlichen Wertekanon zu begegnen. Das breite Meinungsspektrum der darauf reagierenden Kiplingkritik mit Vertretern wie Andrew Lang, Max Beerbohm, G.K. Chesterton, T.S. Eliot, Boris Ford, George Orwell, Lionel Trilling und anderen reicht von Sympathie und Aufgeschlossenheit bis hin zur ultimativen Verdammung des Werks und hat über viele Jahre hinweg die um K. entstandene

Kontroverse selbst zum Forschungsgegenstand werden lassen. K.s literarische Leistungen, die insbesondere im Aufbruch der englandzentrierten viktorianischen Ästhetik, neuartigen Verbindungsmöglichkeiten von Hoch- und Massenkultur sowie sprachlichen und thematischen Erweiterungen des literarischen Inventars zu sehen sind, werden von einem bis in die Gegenwart fortgeschriebenen Negativbild überlagert, das oft vergessen macht, dass er der Autor einiger der populärsten Gedichte und Prosatexte des 20. Jahrhunderts ist, von denen manche bis zum heutigen Tag in ununterbrochener Folge veröffentlicht werden. Die von K.s Person ausgehende widersprüchliche Faszination, die ihn als Verkörperung der Ideale einer ganzen Epoche ausweist, hat seit der Standardbiographie von Charles E. Carrington (1955) zahlreiche weitere Darstellungen mit wechselnder Schwerpunktsetzung hervorgebracht. Die Extrempositionen zum Werk K.s sind inzwischen einem pluralistischen Forschungsinteresse gewichen, an dem v. a. Bereiche wie Postkolonialismus, Kultur- und Literaturgeschichte, Phantastik und Kinderliteratur teilhaben. K.s facettenreiches Werk, das auf modernistische Entwicklungen vorverweist, hat mehrere Lesergenerationen weit über England hinaus geprägt und Autoren wie H.G. Wells, T.S. Eliot, Jack London, Ernest Hemingway, Bertolt Brecht und Angus Wilson beeinflusst.

Als Sohn einer englischen Kolonialbeamtenfamilie in Bombay geboren, wuchs K. im Spannungsfeld von exotisch-kolonialen Kindheitserfahrungen und rigider *public school*-Ausbildung auf, zu der er eigens nach England geschickt wurde. Die Rückkehr auf den Subkontinent im Jahre 1882 markiert den Beginn seiner journalistischen Tätigkeit für anglo-indische Tageszeitungen in Lahore und Allahabad. Aus dieser biographisch-geographischen Doppelperspektive erwächst ein Großteil des Wirkungspotentials seiner frühen literarischen Texte. Am Anfang standen lyrische Versuche, die sich an der präraffaelitischen Dichtung, Robert Browning und Charles Algernon Swinburne orientierten, jedoch schon bald Gedichten und Kurzgeschichten mit genuin anglo-indischen Themen wichen. In der ersten Gedichtsammlung, *Departmental Ditties* (1886), und dem erzähltechnisch ausgefeilten Kurzgeschichtenband *Plain Tales from the Hills* (1888; *Schlichte Geschichten aus Indien*, 1913) gestaltete K. die Härten des Soldaten- und Beamtendienstes im klimatisch fordernden und kulturell fremden Land. Sein oral-situativer Erzählstil, der an zeitgenössische amerikanische Vorbilder erinnert, und die Erschaffung der narrativen Vermittlerfigur Mrs. Hauksbee zeigen die zunehmende Verschmelzung von literarischer und journalistischer Tätigkeit an. Die Parallelität von Lyrik und Prosatexten erscheint aufgrund thematischer Gemeinsamkeiten und formaler Kontrastierung als Erweiterung und Gegenbewegung zugleich und bildet ein nie aufgelöstes Spannungsverhältnis in K.s Schreiben. Mit der 1888 in der populären *Indian Railway Series* erfolgten Veröffentlichung zahlreicher Kurzgeschichten – *Soldiers Three*; *The Story of the Gadsbys: a Story without a Plot*; *In Black and White* (*In Schwarz und Weiss*, 1925); *Wee Willie Winkie and Other Child Stories*; *The Phantom Rickshaw and Other Tales* (*Die gespenstische Rikscha*, 1954); *Under the Deodars* – erreichte K. ein stetig wachsendes Lesepublikum und begründete seinen Ruf als Schriftsteller des Empire und Poet des Soldatenlebens, was auf eine Karriere im englischen Mutterland hoffen ließ. Der Abschied von Indien und der Eintritt in die literarischen Kreise Londons im Jahr 1889 veränderten K.s Ton und literarisches Selbstverständnis allmählich, obgleich er auch weiterhin von seinen indischen Erfahrungen zehrte, was sich in Kurzgeschichtensammlungen wie *Life's Handicap* (1891) und *Many Inventions* (1893; *Mancherlei neue Geschichten*, 1913) sowie im sehr erfolgreichen Gedichtband *Barrack-Room Ballads and Other Verses* (1892; *Indische Balladen*, 1917) niederschlug. Letzterer enthält so bekannte Texte wie »Mandalay«,

»The English Flag« und »The Ballad of East and West«, die sich in ihrer Eingängigkeit und im thematischen Anspruch in den zeitgenössischen imperialistischen Diskurs einfügten oder durch Verkürzungen von ihm vereinnahmt wurden. Zeitgleich unternahm K. mit dem autobiographisch durchsetzten Prosatext *The Light That Failed* (1891; *Das Licht erlosch*, 1925) seinen ersten, wenig erfolgreichen Romanversuch, dem *The Naulahka: A Story of East and West* (1892; *Naulahka, das Staatsglück*, 1900) folgte, eine an gängige Muster des Abenteuerromans anknüpfende literarische Koproduktion mit Wolcott Balestier, dem Bruder seiner Frau Caroline. 1892 siedelte K. mit seiner amerikanischen Frau in die USA nach Brattleboro/Vermont über und entwickelte dort seine anglo-indischen Sujets im Kontext einer idealistischen Empire-Konzeption und in philosophisch-kosmischen Dimensionen weiter. In den *Jungle Books* (1894/95) gestaltet er anhand der exotischen Jungenfigur Mowgli, einem Grenzgänger zwischen Natur- und Menschenwelt, seine Vorstellungen von sozialen und naturgegebenen Riten und Regeln, die über zeitgenössisches darwinistisches Denken hinausgehen und in der zentralen Idee eines allwaltenden ethisch-moralischen Gesetzes ihre Entsprechung finden. Mit dem Indien-Roman *Kim* (1901), in dem K. die Vielfalt der Ethnien zu erfassen und, unter Beibehaltung des kolonialen *status quo*, idealisierend einen Interessenausgleich zu gestalten versucht, gelangt die indische Thematik zum Abschluss.

Daneben ist K. zu jener Zeit um ein eigenständiges literarisches Amerikabild (*Captains Courageous*, 1897; *Fischerjungs*, 1957), um eine neuartige Gestaltung technologischer Themen (*The Day's Work*, 1898) und das Weiterschreiben seiner Jugend- und Initiationsgeschichten (*Stalky & Co.*, 1899; *Staaks und Genossen. Pennälerstreiche*, 1928) bemüht. Nach der aus familiären Gründen erfolgten Rückkehr nach England sah K. sich um die Jahrhundertwende auf dem Höhepunkt seiner Popularität, die aufgrund seines Engagements für die imperialistischen Zielstellungen des Burenkriegs allerdings bald zurückging. Die in den Jahren seines Sesshaftwerdens auf dem neuerworbenen Landgut *Bateman's* in Sussex veröffentlichten Gedichte (*The Five Nations*, 1903) und Kurzgeschichten – *Traffics and Discoveries*, 1904; *Actions and Reactions*, 1909 (*Spiel und Gegenspiel*, 1913) – zeichnen sich durch die Nutzung militärischer, technischer, medizinischer und psychologischer Sujets sowie durch sprachlich-erzähltechnisches Experimentieren aus. Das literarische Aufgreifen neuer Technologien wie Radio, Kino, Automobil und Flugwesen kontrastiert und korrespondiert mit Kindergeschichten – *Just So Stories for Little Children*, 1902 (*Das kommt davon!*, 1929); *Puck of Pook's Hill*, 1906 (*Puck vom Buchsberg*, 1925) – sowie historisierenden Gedichten und Prosatexten (*Rewards and Fairies*, 1910). Zusammen mit ideeller Ernüchterung und gesundheitlichem Leiden brachte der Tod von K.s einzigem Sohn im Ersten Weltkrieg eine Verfinsterung des literarischen Spätschaffens mit sich. In jener Phase entstehen weitere Sammelbände füllende Kurzgeschichten von großer thematischer Vielfalt – *A Diversity of Creatures* (1917), *Land and Sea Tales for Scouts and Guides* (1923), *Debits and Credits* (1926; *Bilanz*, 1927), *Thy Servant a Dog* (1930; *Wie spricht der Hund?*, 1931), *Limits and Renewals* (1932) – ebenso wie Kriegsreportagen, militärhistorische Studien, Übersetzungsarbeiten und Reiseberichte. Am Ende von K.s schaffensreichem Leben steht die unvollendete Autobiographie *Something of Myself* (*Erinnerungen*, 1938), die postum 1937 erschien.

Werkausgaben: Ausgewählte Werke. 10 Bde. Hg. H. Reisiger. Leipzig 1925. – The Complete Works in Prose and Verse. Sussex Edition. 35 Bde. London 1937–39. – The Letters. Hg. T. Pinney. Iowa City 1990f. – Werke. Hg. G. Haefs. Zürich 1994f.

Stefan Welz

Kipphardt, Heinar
Geb. 8. 3. 1922 in Heidersdorf/Oberschlesien; gest. 18. 11. 1982 in München.

K. wuchs in dem Industriedorf Gnadenfrei am Eulengebirge auf. Sein Vater wurde wegen seiner sozialdemokratischen Haltung 1933 verhaftet und erst 1938 aus dem Konzentrationslager Buchenwald entlassen. Als 18-Jähriger entschloss sich K., Medizin zu studieren, »um das nationalsozialistische Deutschland mit einem bürgerlichen Beruf verlassen zu können«. Er studierte mit Fachrichtung Psychiatrie in Bonn, Köln, Königsberg, Würzburg und Düsseldorf. Zur Wehrmacht eingezogen, erlebte er als Soldat den Rückzug aus der Sowjetunion. Nach Kriegsende schloss er sein Studium mit der Promotion in Düsseldorf ab, war dann Assistenzarzt in mehreren Kliniken, zuletzt an der Universitätsnervenklinik der Charité in Ostberlin. 1950 wurde er Chefdramaturg am »Deutschen Theater« unter dem Intendanten Wolfgang Langhoff. Über seinen Anfang schrieb er 1953: »Am Drama bestach mich die direkte Wirkung, die große Öffentlichkeit eben dieser Kunstgattung, das allabendliche, lebendige Weiterdichten einer Arbeit«. Im eigenen Alltag fand er den Stoff für seine erfolgreiche Satire auf die Literaturverhältnisse in der DDR: Drei Wochen nach dem 17. Juni uraufgeführt, war das Lustspiel *Shakespeare dringend gesucht* laut K. »ein Angriff auf eine Reihe von Borniertheiten, die in der damaligen Phase des sozialistischen Aufbaus verbreitet waren«. Die Satire scheint der selbstkritischen Haltung der SED entsprochen zu haben, denn sie erlebte in drei Spielzeiten 400 Vorstellungen und brachte ihrem Autor den Nationalpreis Dritter Klasse der DDR ein. Trotz seiner Kritik des westlichen Wirtschaftswunders in seinem nächsten Drama *Der staunenswerte Aufstieg des Alois Piontek* (1956) machten sich wachsende Spannungen zwischen dem streitbaren Dramaturgen und der Partei bemerkbar; deutlich wurde dies vor allem in seinen Beiträgen in Zeitschriften, wo er den Spielplan des »Deutschen Theaters« und die Inszenierungen gegen immer heftiger Kritik verteidigte. 1959 endete diese Phase von K.s Leben und Schaffen, als er den Vertrag kündigte und nach Düsseldorf übersiedelte, »weil ich nach den Auseinandersetzungen um den Spielplan keine Bedingung für meine Arbeit mehr sah«.

Nach zweijähriger Dramaturgentätigkeit am Düsseldorfer Schauspielhaus ließ sich K. in München nieder. Hier entstand 1962 das Schauspiel *Der Hund des Generals*, in dem er sich nicht nur mit heiklen Problemen der jüngsten deutschen Vergangenheit, sondern auch mit der eigenen Biographie auseinandersetzte. Der Fall eines militärischen Machtmissbrauchs im Zweiten Weltkrieg veranschaulicht die Unsicherheit bundesrepublikanischer Rechtsfindung gegenüber Verbrechen des Dritten Reichs und dient der Demaskierung der Legitimationsideologie. Die formalen Möglichkeiten eines Verhörs verweisen auf das Dokumentarstück *In der Sache J. Robert Oppenheimer* (1964), *Joel Brand* (1965) sowie auf das erst 1983 erschienene *Bruder Eichmann*. Die Bezeichnung »dokumentarisches Theater« hat sich trotz kritischer Vorbehalte durchgesetzt: K. betonte, dass seine intensive Beschäftigung mit Quellenmaterialien zu Stoffen der Zeitgeschichte den Anspruch erhob, unbequeme historische Ereignisse anhand von exakten wissenschaftlichen Studien zu durchleuchten, um die heutige Gesellschaft zu belehren und auf indirekte Weise zu verändern. Die Aufdeckung der historischen Wahrheit in der Verhörsituation soll den Zuschauer dazu bewegen, nicht so sehr die eigene Vergangenheit als ähnliche Prozesse in der Gegenwart zu verstehen. In der Nachbemerkung zum *Oppenheimer*, meistgespieltes Stück der Theatersaison 1964/65, notierte K. seine Absicht, »ein abgekürztes Bild des Verfahrens zu liefern, das szenisch darstellbar ist und das die Wahrheit nicht beschädigt«. Zusammen mit Rolf Hochhuth und Peter Weiss schuf K. mit seinen Dokumentarstücken eine für die 1960er Jahre charakteristische Form. 1970 wurde K. Dramaturg der Münchner Kammerspiele und förderte gesellschaftswirksames Theater, »das unsere Wirklichkeit reflektiert und Veränderungen begünstigt«. Nachdem er für ein Programmheft zu Wolf Biermanns *Der Dra Dra* Abbildungen führender westdeutscher Persönlichkeiten als kapitalistische Drachen (die im Spiel getötet werden) vorgesehen hatte, wurde sein Vertrag nicht verlängert. Dies markierte das Ende der zweiten Phase seines Schaffens; er zog sich nach Angelsbruck bei München zurück, und es wurde still um ihn.

Die Desillusionierung nach der Zeit der Hoffnung auf politische Veränderungen brachte K. zurück zu der Überzeugung: »Die politische Praxis des Schriftstellers ist sein Buch«. Der Film *Leben des schizophrenen Dichters Alexander März* sowie die Bearbeitung desselben Materials im Roman *März* (1976) und im Theaterstück *März ein Künstlerleben* (1980) enthalten K.s Ansichten über die tiefkranke Gesellschaft, womit er die »puritanisch-kapitalistische Leistungsgesellschaft« meint, dargestellt am Beispiel eines psychisch gestörten Menschen, der sich unter dem Druck der Verhältnisse aus der Gesellschaft zurückzieht. Authentisches Material, insbesondere die therapeutischen Fallstudien des Psychiaters Leo Navratil und die Gedichte des kranken Dichters Herbrich (eigentlich Ernst Herbeck), dessen Sammlung *Alexanders poetische Texte* 1977 erschien, wird mit fiktiven Momenten zusammengesetzt. Mit *Alexander März* stellt K. einen »Gegentypus zur normativen Leistungsgesellschaft« vor: Schizophrenie entpuppt sich paradoxerweise als die einzige »gesunde« Reaktion auf eine zutiefst kranke Gesellschaft. 1981 veröffentlicht K. knapp 160 Träume aus den Jahren 1978 bis 1981 in seinen *Traumprotokollen*. An sich selbst registriert er die durch gesellschaftliche Zwänge verursachten Deformationen, er notiert Trauminhalte kommentarlos, verweigert dem Leser jedes Interpretationsangebot, bietet sie als literarischen Rohstoff. Nach dem Jahrzehnt des dokumentarischen Theaters, des Engagements, fand K. in seiner letzten Phase zurück zu der früheren Faszination der Psychiatrie und gleichzeitig zu einer »Neuen Subjektivität«, die für die späten 1970er und frühen 80er Jahre in der Bundesrepublik charakteristisch sind. Trotz seines gelegentlich heftigen Nonkonformismus ging K. als Schriftsteller paradoxerweise konform mit den Entwicklungsphasen der Nachkriegsliteratur.

Werkausgabe: Gesammelte Werke. Hg. von Uwe Naumann unter Mitarbeit von Pia Kipphardt. 10 Bde. Reinbek bei Hamburg 1990.

Rhys W. Williams/Red.

Kirsch, Rainer
Geb. 17. 7. 1934 in Döbeln/Sachsen

K. erreichte zwar in Westdeutschland nie den Bekanntheitsgrad seiner seit 1977 in der Bundesrepublik lebenden Frau Sarah Kirsch, mit der er bis 1968 verheiratet war, in der DDR aber zählte er bis zum Schluss zu den wichtigsten Vertretern der Schriftstellergeneration, die als die ›mittlere‹ auf die Gründerväter Brecht, Becher, Seghers oder Huchel folgte; noch 1990 avancierte K. zum Präsidenten des DDR-Schriftstellerverbandes. Sein Werk ist umfangreich und umfasst die verschiedensten Genres: Lyrik und Lyrik-Übertragungen – K. ist einer der bedeutenden Nachdichter vor allem russischer Lyrik –, Dramen, Hörspiele, Essays, Kurzprosa, viele Kinderbücher, sogar Kantaten und dazu eine produktive Herausgebertätigkeit. *Gespräch mit dem Saurier* heißt sein erster 1965 zusammen mit seiner späteren Frau veröffentlichter Gedichtband, worin sich das 1962 geschriebene und dann heftig diskutierte Sonett »Meinen Freunden, den alten Genossen« mit dem vielsagenden Vers »Aber Glück ist schwer in diesem Land« findet. Zusammen mit Paul Celan u. a. legte er im gleichen Jahr die Nachdichtungen der Lyrik Jessenins (Jessenin: *Gedichte*) vor; ebenfalls gemeinsam mit Celan dichtete er 1975 auch Texte Ossip Mandelstams, den er besonders schätzt, nach (*Der Hufeisenfinder*).

Nach dem Studium der Geschichte und Philosophie in Halle, das er 1957 aus politischen Gründen abbrechen musste, arbeitete er zunächst in einer Druckerei, dann in einem Chemiewerk und schließlich als »Kulturarbeiter« in einer LPG. Danach nahm er wie so viele andere erfolgreiche Schriftsteller in der

DDR von 1963 bis 1965 das Literaturstudium in Leipzig am »Literaturinstitut Johannes R. Becher« auf; der damals als Dichter wie als Literaturtheoretiker hoch geschätzte Georg Maurer war sein Lehrer. 1975 wurde K. aufgrund der Auseinandersetzungen um seine Gegenwartskomödie *Heinrich Schlaghands Höllenfahrt* aus der SED ausgeschlossen. Seine Modellvorstellungen entwarf er in drei »sozialistischen Porträts« – *Kopien nach Originalen* – 1974 (geschrieben 1968/ 1970; 1983 erweitert als *4 Porträts aus der DDR*). Die breitere Anerkennung verschaffte er sich vor allem durch seine Kinderbücher und Kindergedichte (u. a. *Wenn ich mein Mützchen hab*, 1974, Kindergedichte; *Der lustige Musikant*, 1976, Kinderoper; die Märchenkantate *Der Soldat und das Feuerzeug*, *Vom Räuberchen, dem Rock und dem Ziegenbock*, 1978; *Reglindis*, 1979 – mit Schallplatte –; *Heute ist verkehrte Welt* und *Der Storch Langbein*).

1978 erschien der Auswahlband *Auszog das Fürchten zu lernen* in der Bundesrepublik und machte ihn auch hier bekannt als bedeutenden Gegenwartslyriker: »Damit wir später reden können, schweigen wir. / Wir lehren unsere Kinder schweigen, damit / Sie später reden können … Einmal, denken wir, muß doch die Zeit kommen«, heißt es im Brecht- Ton in dem für K.s Lyrik typischen, reflektierten Stil in dem Gedicht »Aufschub«. Immerhin erhält er 1983 den F. C.-Weiskopf-Preis der Akademie der Künste der DDR. Der zuerst 1988 erschienene und 1998 wieder aufgelegte Lyrikband *Kunst in Mark Brandenburg* versammelt beinahe tagebuchartig Gedichte von 1979 bis 1987. Bemerkenswert sind die virtuos gehandhabten ›klassischen‹ lyrischen Formen wie Distichon, Sonett, Terzine oder Elegie; der produktive Übersetzer und Nachdichter K. tritt ebenfalls wieder in Erscheinung (Petrarca, Shelley, Anna Achmatowa u. a.). Dass es der Lyriker K. seinen Lesern nicht leicht macht, zeigen die umfänglichen »Anmerkungen«. Eine der letzten Ausgaben der bedeutsamen DDR-Lyrik-Anthologie, *Poesiealbum* 271 (1990), ist vollständig K. gewidmet. Im gleichen Jahr erschien *Anna Katarina oder die Nacht am Moorbusch*; es ist das Jahr seiner Präsidentschaft des Schriftstellerverbandes der DDR. Die Ende der 1990er Jahre erschienenen »Kleinen Schriften« (unter dem postmodernen Titel *Die Talare der Gottesgelehrten*) erinnern noch einmal an den bedeutenden Essayisten K., der schon in *Das Wort und seine Strahlung* (1976) seine Stimme erhoben hatte. 1993 wird er Mitglied der Akademie der Künste Berlin-Brandenburg. Sein Wort, wonach »Dichter … auf anders nicht sagbare Weise gesellschaftlich wichtige Erfahrung« formulieren, könnte auch als eine Art Motto seines Schreibens gelten: »Den Schaden hat, wer sie wegwirft.«

Karl Hotz

Kirsch, Sarah
Geb. 16. 4. 1935 in Limlingerode/Harz

»Ich habe einfach so, aus freiem Impetus, zu schreiben angefangen, ich hatte bis dahin sehr wenig Gedichte gelesen, … meine Naivität war eigentlich mein Glück, denn ich meinte, das muß ja ganz leicht sein, das könnte ich viel besser!« Aus völlig »heiterm Himmel« kommt K.s Schreibimpuls aber doch nicht. Sie hat zu dieser Zeit – sie ist Mitte zwanzig – schon Kontakt zur »Arbeitsgemeinschaft junger Autoren« in Halle. Auch Rainer Kirsch, ihr Ehemann, und andere, später bekannte Dichter der DDR gehören zu dieser Gruppe. Hier beginnt K.s lyrische Sozialisation.

In ihrer Kindheit und Jugend interessiert sich Ingrid Bernstein – so der Mädchenname – für etwas ganz anderes: für die Natur. Sie wächst im Harz auf, ihr Vater hat anthroposophische Neigungen, mit der Mutter unternimmt sie lange Streifzüge durch die Wälder: »Meine Mutter kannte ungeheuer viele Pflanzen, sie konnte jedes Blümchen benennen.« Hinzu kommt eine prägende Lektüre: Adalbert Stifter. Nach der Schule beginnt K. eine Forstarbeiterlehre, studiert dann aber Biologie. »Daß ich in der Natur eigentlich immer nur die Literatur gesucht habe, das ist mir erst später eingefallen« – in der »Arbeitsgemeinschaft junger Autoren« und während des Studiums am Literaturinstitut in Leipzig (1963 bis 1965) vermutlich. 1965 veröffentlicht K. *Gespräch mit dem Saurier* zusammen mit Rainer Kirsch; *Landaufenthalt* (1967) ist der erste eigene Gedichtband. Die Natur als Hintergrund, als Spiegel menschlicher Beziehungen und gesellschaftlicher Zustände, manchmal auch als ungebrochene Idylle – das ist von Anfang an der wichtigste Themen- und Bild-Raum ihrer Gedichte. Einen zweiten Kristallisationspunkt bildet die Liebe und das Verhältnis zwischen den Geschlechtern. Ihn rückt K. in ihrem dritten Gedichtband *Zaubersprüche*, in den Erzählungen *Die ungeheuren bergehohen Wellen auf See* und in den Protokollen *Die Pantherfrau. Fünf unfrisierte Erzählungen aus dem Kassetten-Recorder* (alle 1973) in den Vordergrund. Ein Dichterkollege prägt in dieser Zeit das Schlagwort vom »Sarah-Sound«, das auf K.s spezifische Art des lyrischen Sprechens abhebt: die mehrdeutigen Satzstrukturen, die Atemlosigkeit, der die Satzzeichen zum Opfer fallen, Märchenbilder und mythische Rückgriffe, die manchmal als »Hang zu dunklem Raunen und Romantisieren« kritisiert werden.

K. kann sich in der DDR – und nicht nur dort – durchsetzen, trotz mancher Kritik an ihren angeblich privaten und pessimistischen Gedichten. Sie bekommt Preise und Stipendien, ihre Bücher haben hohe Auflagen und eine große Lesergemeinde. Bis sie 1976 – der vierte Gedichtband *Rückenwind* ist gerade erschienen – den Brief unterschreibt, in dem DDR-Künstler die Parteiführung bitten, die Ausweisung Wolf Biermanns zu überdenken. K. fällt in Ungnade, als sie die Unterschrift nicht zurückzieht; ihre Parteimitgliedschaft in der SED wird gestrichen, der Schriftstellerverband schließt sie aus. Das Leben in Berlin (Ost), wo sie seit 1968 wohnt, wird ihr unerträglich, sie kann nicht mehr arbeiten: »Ich war wie gelähmt«, meint sie rückblickend. 1977 wird ihr Ausreiseantrag genehmigt, sie »zieht um«, nach Westberlin. Den Versuchen, aus diesem ›Umzug‹ politisches Kapital zu schlagen, entzieht sich sich. 1978 lebt sie ein halbes Jahr in Rom (Stipendium der Villa Massimo), sie reist nach Frankreich, in die USA. »Jetzt besitze ich einen fröhlicheren Paß, ein rechtes Sesam-Öffne-Dich-Blättchen ohne die Angst, das seh ich nicht wieder«. *Drachensteigen* (1979) enthält die letzten Gedichte, die in der DDR geschrieben sind und die ersten aus Westberlin; *La Pagerie* (1980), poetische Prosa von einer Reise nach Südfrankreich; *Erdreich* (1982), der fünfte Gedichtband, Eindrücke aus den USA und aus Norddeutschland, der neuen Wahlheimat. »Meine Bücher bestehen eigentlich immer aus zwei Teilen: einem, der noch zum letzten, und einem Teil, der schon zum nächsten Buch gehört«. Mit *Katzenleben* (1984), dem sechsten Gedichtband, ist K. endgültig in einem norddeutschen Landleben angekommen. Aber trotz aller scheinbaren Idylle wird ihr Ton zusehends bitterer, die Stimmung verdüstert sich, die Landschaften werden menschenleer. Eine Tendenz, die sich in *Schneewärme* (1989) und *Erlkönigs Tochter* (1992) bis zur Untergangs- und Todesahnung verstärkt. Nur Unterwegs-Sein scheint Trost und Befreiung zu spenden – die Begegnung mit fremden Küsten, mit einer verwunschenen nördlichen Landschaft, mit Schafen, Katzen und Leuchttürmen. Der Titel des neunten Gedichtbandes *Bodenlos* (1996) verweist auf den Verlust jeder Sicherheit – selbst die Verankerung in der heimatlichen Landschaft scheint sich aufzulösen. Aber Bodenlosigkeit bedeutet auch Befreiung und Leichtigkeit. Ein Schweben in Raum und Zeit beginnt. »Ich fahre vorwärts ich denke / zurück weit entfernt / ist mein Herz von früher ...« In *Schwanenliebe* (2003) kehrt K. in die norddeutsche Landschaft zurück. Die knappen Gedichte, die manchmal an Aphorismen erinnern, protokollieren den Jahreszyklus der Natur – und den Wechsel der Gefühle, zwischen Trauer und Freude, Schmerz und Leichtigkeit, Liebe und Einsamkeit. Gleichzeitig ermahnt sich K. – und schlägt damit eine Brücke zu ihren Prosatexten: »Erinnere oh erinnere / Dich was du / Vergessen wolltest.«

Mit *Irrstern* (1986) veröffentlicht K. zum ersten Mal Prosa-Miniaturen. Damit erobert sie sich eine neue Ausdrucksform, die sie bis heute fortsetzt. Vom Ton ihrer Lyrik geprägt, tritt darin neben die Natur als Themen- und

Bild-Raum eine Auseinandersetzung mit dem vergangenen Leben in der DDR. *Allerlei-Rauh* (1988) schildert zwei Varianten des Landlebens: das gegenwärtige in der neuen Heimat in Schleswig-Holstein und die vergangenen Tage, die K. mit Künstlerfreunden in Mecklenburg verbrachte. *Schwingrasen* (1991) verarbeitet Erinnerungen an die Kindheit und die Liebe zu »Prinz Herzlos«, setzt sich mit Kriegspropaganda und dem Bankrott des Sozialismus auseinander und reflektiert immer wieder auf die Sprache. In *Das simple Leben* (1993) kontrastiert K. radikale Kritik am politischen Geschehen (Golfkrieg, Stasi-Enthüllungen) mit pointierten Beobachtungen ihres alltäglichen Lebens als Schriftstellerin und Bäuerin. *Tartarenhochzeit* (2003) schließlich greift auf den Sommer 1974 zurück, eine Zeit »verrückt zu werden«. In spöttisch-ironischen Vignetten skizziert K. die Beschränktheit der Kulturpolitik und der »Schriftverstellerbande«, die Brutalität des Eingemauert-Seins und der Stasi-Bespitzelung. Dagegen setzt sie poetische Bilder vom offenen Himmel über der Berliner Hochhauswohnung und dem phantasievollen Kind »Max«, Episoden einer »herzzertrümmernden Liebesgeschichte« und Passagen des altrussischen Igorliedes, das sie in dieser Zeit übersetzt. »Nichts besonderes, nur unvergesslich« – diese Formel aus *Allerlei-Rauh* stimmt auch noch im Jahre 2003.

Formal und inhaltlich anknüpfend an *La Pagerie*, veröffentlicht K. mit *Spreu* (1991) ein zweites Reisetagebuch, das merkwürdige Begebenheiten während ihrer Lese-Reisen schildert und zum ersten Mal kleine Aquarelle und Collagen der Dichterin enthält. Diese doppelte Ausdrucksform findet zehn Jahre später in *Islandhoch* (2002) eine Fortsetzung. Neben »Tagebruchstücke« von einer Islandreise, in denen das fremde Leben in einer fremden Natur unsentimental und neugierig erkundet wird, setzt K. farbenfrohe »Akwarelle«, die von Kraft und Lebenslust zeugen.

Dorothee Schmitz-Köster

Kiš, Danilo

Geb. 22. 2. 1935 in Subotica/Serbien; gest. 15. 10. 1989 in Paris

Danilo Kiš, Kind eines ungarischen Juden und einer Montenegrinerin, verbrachte seine ersten Lebensjahre in Novi Sad. Als 1939 in Ungarn antijüdische Gesetze erlassen wurden, wurde er serbisch-orthodox getauft, was ihm das Leben rettete. 1942, nach dem Massaker der ungarischen Faschisten an Juden und Serben, das der Vater durch einen Zufall überlebte, floh die Familie aus dem annektierten Novi Sad zu Verwandten des Vaters nach Ungarn. Der Vater wurde 1944 nach Auschwitz deportiert und kehrte nicht mehr zurück. Über das Rote Kreuz wurde die Familie 1947 nach Cetinje in Montenegro repatriiert, wo die Verwandten der Mutter lebten. Schon in seiner Gymnasialzeit übte sich K. im Schreiben und Übersetzen. In Belgrad studierte er vergleichende Literaturwissenschaft und schrieb für Literaturzeitschriften. Seine beiden ersten Romane erschienen 1962. Als Lektor für Serbokroatisch und jugoslawische Literatur arbeitete er in Straßburg, Bordeaux und Lille. 1979 verließ er Belgrad und zog nach Paris, wo er zehn Jahre später einem Krebsleiden erlag. Sein Werk umfasst 14 Bände: Romane, Erzählungen, Essays, Dramolette, Gedichte, außerdem Übersetzungen aus dem Französischen, Russischen und Ungarischen.

Mit seinem Familienzyklus, von K. selbst ironisch als ›Familienzirkus‹ bezeichnet, da »es sich dabei doch um unerbittliche Spiele« handelt, evoziert der Autor seine Kindheit, den verschwundenen Vater und die untergegangene Welt des mitteleuropäischen Judentums. Situiert ist die Familientrilogie in Pannonien, einem Territorium, das einst vom Pannonischen Meer bedeckt war, so dass sich das Geschehen auf dem Meeresgrund abspielt und die Gegenstände in den Romanen archäologische Funde sind, ausgegraben aus dem sandigen Grund, über die die versunkene Welt rekonstruiert wird. Obgleich die Shoah das Leben der Familie bestimmt, ist sie in den Hintergrund der Familientrilogie, mitunter zwischen die Zeilen verdrängt. Verfolgung und Grauen werden lediglich angedeutet und verfremdet dargestellt. Während das Personenregister von Buch zu Buch wechselt, ist die Figur des Vaters Eduard Sam, eines pensionierten Eisenbahninspektors, »als platonisches Ideal« der gemeinsame Nenner der Trilogie. Er wird aus ironischer Distanz dargestellt, als eine skurrile Gestalt, die den Ewigen Juden verkörpert und gleichzeitig Christuszüge trägt; er ist ein Kranker, ein Alkoholiker, ein Clown und ein Genie; ein Außenseiter, der von seiner Umwelt argwöhnisch beäugt wird.

Der erste Teil, *Rani jadi* (1969; *Frühe Leiden*, 1989), »ein Album mit Skizzen, farbigen«, handelt vom harten Leben in einem ungarischen Dorf, in dem die Familie nach dem Massaker von Novi Sad Zuflucht gefunden hat. Erzählt werden die Geschichten überwiegend aus der Perspektive des Sohnes Andreas Sam, eines phantasievollen und empfindsamen Jungen, der, obwohl er die großen Zusammenhänge nicht durchschaut, die Auswirkungen der Verfolgungspolitik erfährt. Im zweiten Teil, *Bašta, pepeo* (1965; *Garten, Asche*, 1968), einer »Kohlezeichnung auf Leinwand und auf einem Grund leuchtender Farben«, vermischen sich die Perspektiven von kindlichem und erwachsenem Ich-Erzähler. Der Roman beginnt in Novi Sad vor dem Massaker mit idyllischen und nostalgischen Bildern. Doch dann folgen mit dem sozialen Abstieg und der Verfolgung düsterere Bilder. »Gegen das Grauen der Existenz«, aber auch um das Pathos zu neutralisieren, verwendet K. die Ironie. So wird sogar der Gang des Vaters ins Ghetto ironisch gebrochen dargestellt. Während das Lyrische in den beiden ersten Teilen dominiert, nimmt das Epische in *Peščanik* (1972; *Sanduhr*, 1988) einen breiteren Raum ein. Das in »düsteren, dunklen, pastosen« Tönen dargebotene Geschehen spielt sich während einer Nacht im Bewusstsein des Vaters ab, der hier nur noch als E.S. erscheint. Ein authentischer Brief des Vaters, den K. an das Ende stellt, bildet den Kern des Romans. Er enthält in komprimierter Form den kompletten Text und ist gewissermaßen sein Inhaltsverzeichnis. In den 67 auf den Kern hinführenden Fragmenten werden die Themen, Motive und Positionen aus dem Brief wie in einer Symphonie immer wieder neu variiert und aus verschiedenen Perspektiven beleuchtet. Das Geschehen im Bewusstsein von E.S. läuft nicht chronologisch ab, sondern nach den Gesetzen der Assoziation. E.S. erinnert sich an Episoden aus dem Alltag, an Folterszenen bei der Zwangsarbeit, zählt ums Leben gekommene Bekannte auf, flicht Traktate über die Entdeckung der Schwerkraft oder die Kartoffel ein; und immer wieder erscheint fast leitmotivisch das aus dem Schädel gerissene Gehirn des Doktor Freud.

In *Grobnica za Borisa Davidoviča* (1976; *Ein Grabmal für Boris Dawidowitsch*, 2004) thematisiert K. den Terror unter Stalin. Die »sieben Kapitel ein und derselben Geschichte«, wie der Untertitel lautet, enthalten Lebensläufe von Opfern, die »in den Strudel der Geschichte« hineingeraten und einem undurchschaubaren Mechanismus ausgeliefert sind. Einige von ihnen haben diesen Mechanismus als Täter selbst in Gang gesetzt, aber jeden Einfluss darauf verloren und sind ihm schließlich zum Opfer gefallen. In den fiktiven Gestalten sind die Merkmale mehrerer authentischer Personen gebündelt, wie umgekehrt die Züge einer authentischen Person auf mehrere fiktive Gestalten verteilt sein können. Die Lebensläufe sind in dokumentarischer Prosa geschrieben. Der Erzähler schöpft sein Wissen aus Dokumenten, die er archiviert, sondiert und durch das Verfahren der Montage literarisiert. Die Verwendung von Dokumenten lieferte den Vorwand für eine Hetzkampagne gegen den Autor und sein Buch. Um die politischen Beweggründe zu verschleiern, wurde K. vorgeworfen, sein Buch sei ein Plagiat. Zu seiner Verteidigung schrieb K. die Streitschrift *Čas anatomije* (1978; *Anatomiestunde*, 1998), in der er die Affäre aus seiner Sicht darstellt, sein Verfahren erklärt und das Werk zweier an der Hetzkampagne maßgeblich beteiligter Autoren seziert. Darüber hinaus wendet er sich gegen den Nationalismus, den er schon damals als Gefahr erkannte. Die Folge war eine Anklage wegen Verleumdung, von der K. allerdings freigesprochen wurde. K.' Ideal ist ein Buch, das als Enzyklopädie gelesen werden kann, in der sich Einträge aus den verschiedensten Bereichen finden. Der Leser könnte ein solches Buch aber auch an jeder beliebigen Stelle aufschlagen und Analogien zwischen den einzelnen Einträgen herstellen.

Dieses Ideal erfüllt *Enciklopedija mrtvih* (1983; *Enzyklopädie der Toten*, 1986), ein Band mit neun Erzählungen, verbunden durch das Thema des Todes, aber auch durch Personen und Gegenstände, die in veränderter Form von Erzählung zu Erzählung wandern. Im Grunde erfüllen auch die früheren Bücher des Autors dieses Ideal, denn auch sie sind voll von »geheimnisvollen Bezügen«, die nicht nur die Texte K.' untereinander, sondern seine Werke auch mit denen anderer Autoren verbinden. Zwischen diesen Bezügen, zwischen den Zeilen und im Zwischenraum der Texte entsteht ein zusätzlicher Sinn, den der Leser durch eine assoziative Lektüre erschließen kann.

Katharina Wolf-Grießhaber

Kisch, Egon Erwin
Geb. 29. 4. 1885 in Prag;
gest. 31. 3. 1948 in Prag

Er war ein deutschsprachiger Schriftsteller jüdischer Abstammung und tschechischer Nationalität: K., ein ehrgeiziger Bonvivant, ein fröhlicher Klassenkämpfer, ein engagierter und raffinierter Journalist. Alfred Polgar widmete ihm sein Sammelbändchen *Kleine Zeit* 1919: »Egon Erwin Kisch, dem hochbegabten Freiheitskämpfer und tapferen Schriftsteller in herzlicher Zueignung!«. Hochbegabte Schriftsteller gab es einige und tapfere Freiheitskämpfer auch, K. aber charakterisierte, so Polgar, die Einheit aus Wort und Tat. K. entstammte einer angesehenen und wohlhabenden Prager Tuchhändlerfamilie. Ähnlich wie Erich Kästner verband ihn eine enge Liebe mit seiner Mutter, die sich aufgrund der Kompromisslosigkeit des Sohnes allerdings in erster Linie von seiten Ernestine Kischs zu bewähren hatte: Egon entwickelte sich als Privatschüler, als Klosterschüler und als Heranwachsender auf der »Nikolander«-Oberrealschule zum »Sorgenkind«: K. war ein schlechter Schüler, ein Haudegen in Couleur und verbrachte als Neunzehnjähriger einen Großteil seines Militärdienstes unter Arrest, nachdem er sowohl ein Studium an der Technischen Hochschule als auch an der Deutschen Universität in Prag nach kurzer Zeit abgebrochen hatte.

Auch eine private Journalistenschule in Berlin verließ er 1906 nach kurzer Zeit wieder und arbeitete bis 1913 als Lokalreporter der deutschtümelnden Prager Zeitung *Bohemia*. Frühen Gedichten (»Vom Blütenzweig der Jugend«) und Geschichten (»Der freche Franz«) folgten 1912 die ersten Reportagen des Lokalberichterstatters: *Aus Prager Gassen und Nächten*. Besonders die nächtlichen Gassen Prags, ihre Lokale und Freudenmädchen waren K. vertraut. Ob von Max Brod oder von Franz Werfel, stets wird der junge Journalist als frauenumschwärmter Bohémien, als versierter Tänzer und profunder Kenner der Prager Halb- und Unterwelt geschildert. Der schreibende Flaneur wandte sich mit der Begeisterung seiner expressionistisch dichtenden Zeitgenossen dem »Miljöh« der Großstadt zu, den »Außenseitern der Gesellschaft«, und somit dem von Kurt Tucholsky immer wieder geforderten »vertikalen Journalismus«. Bei aller liebevollen Verbundenheit hatte K. die Betuchtheit seines Elternhauses abgelegt und sich voller Vitalität dem »anderen« Prag zugewandt – stoffliche Vorlage für seinen einzigen Roman *Der Mädchenhirt* (1914).

Im Ersten Weltkrieg schwer verwundet, begann K. Partei zu ergreifen: zunächst in einer Doppelexistenz als Militärjournalist und illegal agierender Soldatenrat, später dann als Mitglied der »Förderation Revolutionärer Sozialisten ›Internationale‹«, im November 1918 vorübergehend als Kommandant der Roten Garde in Wien und ab Juni 1919 schließlich als Mitglied der Kommunistischen Partei Österreichs. Nach einem kurzen Aufenthalt in seiner Geburtsstadt zieht K. 1921 nach Berlin und wird dort Mitarbeiter politisch so unterschiedlicher Zeitungen wie dem *Berliner Börsen-Courier*, der *Weltbühne* oder der *Roten Fahne*. K. ist verletzbar und ehrgeizig: seine (von ihm provozierte) Feindschaft zu Karl Kraus oder dem Wiener Kaffeehausdichter Anton Kuh, vor allem aber die ebenso vehement wie multilateral gegen ihn geführte Pressekampagne bezüglich seines unentschlossenen politischen Vorgehens im Winter 1918/19 haben ihn hart getroffen. K. setzt in Berlin alles daran, als Journalist berühmt zu werden. Bekannt ist er bereits durch die sensationelle Veröffentlichung seiner Recherchen im *Fall des Generalstabchefs Redl* (1924 als Buch erschienen) – berühmt wurde K. durch seinen Sammelband *Der rasende Reporter* (1924). Wie er in einem Brief an seine Mutter betonte, hatte er alles getan, um dem Buch zum Erfolg zu verhelfen: Mit dem Titel hatte sich K. selbst eine Art Warenzeichen gegeben; im Vorwort war zudem eine Konzession des Kommunisten an die ›Neue Sachlichkeit‹ zu lesen: »Der Reporter hat keine Tendenz, hat nichts zu rechtfertigen und hat keinen Standpunkt.« Was ihn selbst betraf, so vertrat er inzwischen einen klaren Standpunkt, wenn auch niemals exakt denjenigen seiner Partei.

K.s Kunst bestand darin, die Wirklichkeit aus persönlichen Wahrheiten heraus dokumentarisch zu gestalten oder – wie es Joseph Roth formuliert hat: »Egon Erwin Kisch ist kein rasender Reporter; das ist ein Spitzname, den er sich nicht ohne Selbstironie gegeben hat; er ist ein gewissenhafter und gründlicher Berichterstatter. Was ihn aber zum vorzüglichen Schriftsteller macht und seine Berichterstattungen zu literarischen Werken, ist ... die Gnade des echten Schriftstellers, die darin besteht, daß man die Wirklichkeit beschreibt, ohne die Wahrheit zu verletzen; daß man trotz der dokumentarischen Wirklichkeit nicht versäumt, die Wahrheit zu sagen.« K., inzwischen weltbekannt, veröffentlichte noch zwei weitere, reißerisch betitelte Reportagesammlungen, mit denen er das Unterhaltungsbedürfnis seiner Leser befriedigen, aber zugleich auch den Blick für gesellschaftliche Randgruppen schärfen wollte: *Hetzjagd durch die Zeit* (1926) und *Wagnisse in aller Welt* (1927).

Entschieden trat K. nun für die Parteilichkeit des Schriftstellers ein. Gespräche in Alfred Döblins »Gruppe 1925« sowie im »Schutzverband Deutscher Schriftsteller« mögen hierzu beigetragen haben. Er setzt sich erfolgreich für Max Hoelz, kommunistisches Opfer der Klassenjustiz, ein und wird Mitbegründer des »Bundes Proletarisch-Revolutionärer Schriftsteller«. Nach *Zaren, Popen, Bolschewiken* (1927), *Paradies Amerika* (1930) und zwei Reportagebänden aus Asien muss K. auf der Höhe seines literarischen Erfolges 1933 Deutschland verlassen. Oft nur kurzzeitige Stationen seines Exils sind die Tschechoslowakei, Frankreich, Großbritannien, Spanien, Belgien, die Niederlande und Australien, wo er seine Teilnahme als Delegierter des »Weltkongresses gegen Faschismus und Krieg« auf sensationelle Weise gegen den Willen der australischen Behörden erzwingt (*Landung in Australien*, 1937). Während der Arbeit an diesem Buch wohnt K. mit seiner Vertrauten und späteren Frau Gisela Lyner nahe Ostende. Dort lebt 1936 auch Irmgard Keun, die später über K. schrieb: »Er sprühte und knisterte vor Lebendigkeit, Kampfeslust, Witz und Einfällen.« Diese Eigenschaften waren es auch, die K. ein Jahr später bei den Interbrigaden in Spanien so beliebt machten: In zahlreichen Erinnerungen an den Spanischen Bürgerkrieg finden sich Schilderungen des humorvoll-vitalen K., der, stets eine Zigarette im Mundwinkel, als unterhaltsamer Freizeitzauberer und uniformierter Zeitungskorrespondent am Bürgerkrieg teilnahm.

Nachdem der antifaschistische Widerstand in Europa zusammengebrochen war, zogen K. und seine aus behördlichen Gründen nun angetraute Lebensgefährtin Gisela nach Mexiko. Der populäre Reporter arbeitete dort an der Zeitschrift *Freies Deutschland* mit und veröffentlichte im Exilverlag »El Libro Libre« nach Jugenderinnerungen (*Marktplatz der Sensationen*, 1942) seinen letzten Reportageband: *Entdeckungen in Mexiko* (1945). Ein Jahr nach Kriegsende kehrte K. mit seiner Frau nach Prag zurück. Er starb im Alter von 62 Jahren an einem Herzschlag.

K. verhalf der Reportage als literarischer Form zu allgemeiner Anerkennung. Zum Teil mit rhetorischen Mitteln, bewussten Redundanzen und der Gegenüberstellung von scheinbar Widersprüchlichem, mit Wortspielen und Anspielungen, mit Ironie, bisweilen parodierend oder auch polemisierend, gestaltete K. Sachliches phantasievoll, betonte er als Schriftsteller den exotischen Reiz gerade des Alltäglichen und verblüffte durch die literarische Bearbeitung keinesfalls ›einfach‹ berichteter Wahrheiten. Auf den Autor selbst trifft zu, was er im *Rasenden Reporter* über Honoré de Balzac geschrieben hat: Er war »der größte Phantast der Realität«.

Werkausgaben: Gesammelte Werke in Einzelausgaben. 10 Bde. Berlin 1960 ff.; Briefe an Jarmila. Hg. von Klaus Haupt. Berlin 1998.

Michael Bauer

Kivi, Aleksis (eigtl. Alexis Stenvall)
Geb. 10. 10. 1834 in Nurmijärvi/Finnland; gest. 31. 12. 1872 in Tuusula

Aleksis Kivi war der erste Berufsschriftsteller Finnlands: Er hat nie einen anderen Beruf ausgeübt, obwohl er von seiner literarischen Tätigkeit nicht leben konnte. K. war nach der Aufhebung der Zensur für finnischsprachige belletristische Werke einer der ersten, die nicht das Schwedische – die Sprache der Oberschicht –, sondern die Volkssprache Finnisch für ihre Werke verwendeten, und fand daher praktisch kein zahlungskräftiges Publikum. In seiner kurzen Schaffensperiode (1860–71) verfasste er zwölf Theaterstücke, einige Erzählungen, einen Roman und einen Gedichtband. Trotz privater und öffentlicher Unterstützung lebte er in Armut, die nach der Ablehnung, auf die sein Roman stieß, bedrohliche Ausmaße annahm und einer der Auslöser seiner schweren psychischen Krise gewesen sein dürfte. Wenige Monate nach seiner Entlassung aus einer Nervenheilanstalt starb K. in geistiger Umnachtung.
Neben zwei Gedichten veröffentlichte K. 1860 – zu einer Zeit, da es noch keine finnischsprachige Bühne gab – sein erstes Schauspiel, die Tragödie *Kullervo* nach einem Motiv aus dem finnischen Nationalepos *Kalevala*.

Sein ›Handwerk‹ hatte er durch intensive Lektüre der Theaterstücke Shakespeares erlernt, der ihn neben Cervantes am stärksten beeinflusste. Nach einigen weiteren historisierenden Dramen siedelte K. seine Komödie *Nummisuutarit* (1864; *Die Heideschuster*, 1922) in der Gegenwart und im ländlichen Milieu Finnlands an. Das Stück wurde mit dem erstmals vergebenen Finnischen Staatspreis ausgezeichnet. In einem ähnlichen Milieu spielt auch der 1866 erschienene Einakter *Kihlaus* (*Die Verlobung*, 1953). Die Komödie *Olviretki Schleusingenissä* (*Bierfahrt nach Schleusingen*, 2000) aus dem Jahr 1866 dagegen spielt in Thüringen und basiert auf einer Zeitungsmeldung über ein ungewöhnliches Ereignis während des Deutschen Krieges im selben Jahr. Spätestens dieses Stück, in dem militärisches Zeremoniell verhöhnt und Bierseligkeit gepriesen wird, zeigt, wie weit K. sich vom idealistischen, volkserzieherischen Impetus der Fennomanie, der finnischen Nationalbewegung, entfernt hatte, der er sich gleichwohl zugehörig fühlte.

»So ändert sich die Welt, mein lieber Esko« – diese in Finnland zum geflügelten Wort gewordene Replik aus *Nummisuutarit* charakterisiert nicht nur die Situation des gesellschaftlichen Umbruchs, die K. in seinen Stücken darstellt, sondern auch seine eigene Position als Autor, der sich von vorgegebenen Sichtweisen und sprachlichen Konventionen löste. Noch pointierter als in seinen Bühnenstücken schildert er die Auseinandersetzung mit neuen gesellschaftlichen Anforderungen in seinem Hauptwerk *Seitsemän veljestä* (1870; *Die sieben Brüder*, mehrere dt. Übersetzungen, erstmals 1921), dem ersten finnischsprachigen Roman überhaupt. Er wurde von der Finnischen Literaturgesellschaft in einer Auflage von 500 Exemplaren gedruckt, von denen 144 verkauft waren, als die Gesellschaft das Werk aus dem Verkehr zog – eine Folge der vernichtenden Kritik, die vor allem durch die realistische

Schilderung und die Verwendung der Volkssprache in den Dialogen ausgelöst wurde. Erst lange nach dem Tod des Autors fand der Roman Anerkennung. Darin fliehen sieben Brüder vom südfinnischen Hof Jukola aus der Dorfgemeinschaft, deren Regeln sie sich nicht unterordnen wollen. Sie führen ein abenteuerliches Leben in der Einöde, das K. liebevoll und humoristisch schildert, philosophieren über Gott und die Welt und kehren schließlich gereift in ihr Heimatdorf zurück, nachdem sie erkannt haben, dass ein Leben außerhalb der Gesellschaft nicht (mehr) möglich ist und dass sie im Gegenteil versuchen müssen, ihren Platz als eigenständige Mitglieder dieser Gesellschaft zu finden. Indem K. statt eines einzelnen Helden eine Gruppe von sieben jungen Männern darstellt, denen er jeweils eigene Charakterzüge zuschreibt, wendet er sich deutlich vom romantisierenden Volksbegriff der Fennomanen ab.

Noch zu K.s Lebzeiten erschien der Gedichtband *Kanervala* (1866; Heideland); daneben veröffentlichte er einzelne Gedichte in verschiedenen Publikationen und auch innerhalb seines Romans. In seiner Lyrik bediente er sich weder des traditionellen Metrums der finnischen Volksdichtung, noch ahmte er europäische Vorbilder nach, vielmehr bemühte er sich um eine Annäherung an die Umgangssprache und war damit seiner Zeit weit voraus: Erst im 20. Jahrhundert wurden die rhythmische Schönheit und Ausdruckskraft seiner Gedichte erkannt.

Gabriele Schrey-Vasara

Klabund (d. i. Alfred Henschke)
Geb. 4. 11. 1890 in Crossen a. d. Oder; gest. 14. 8. 1928 in Davos

Als Gottfried Benn 1928 in der *Totenrede für Klabund* seinen früh verstorbenen Dichterfreund als den Inbegriff des sich selbst verzehrenden, genialischen Künstlers feierte, wusste er sich mit einer breiten literarischen Öffentlichkeit einig. Klabund (Wandlung), wie sich der Apothekersohn genannt hatte, war 1912 mit seinem Gedichtband *Morgenrot! Klabund! Die Tage dämmern!* berühmt geworden. Von Alfred Kerr entdeckt, hat K. als Kabarettist und Liedermacher in der Tradition von François Villon, Heinrich Heine und Frank Wedekind fast alle Spielarten des Chanson beherrscht. Er hat aggressiv-politische und dokumentarisch-sozialkritische Balladen geschrieben (*Gedichte*, 1926; *Das heiße Herz*, 1922; *Die Harfenjule*, 1927) und ist als Verfasser vielgelesener Unterhaltungsromane und literarischer Biographien wie *Pjotr* (1923), *Borgia* (1928), *Rasputin* (1929) und *Mohammed* (1917) bekannt geworden. K. veröffentlichte kleine spätexpressionistische Kunstromane wie *Bracke* (1918), *Franziskus* (1921) und zahlreiche Erzählungen (*Novellen von der Liebe*, 1930) neben literarhistorischen Arbeiten (*Geschichte der Weltliteratur in einer Stunde*, 1922), nicht zu vergessen seine kongeniale Vermittlung fernöstlicher Dichtung in zahlreichen Übersetzungen. Er hat mit seinen über siebzig Büchern, die in kaum mehr als zwanzig Jahren, getrieben von der tödlichen Erkrankung, entstanden sind, sein Publikum in Atem gehalten. Unter seinen Theaterstücken ist das für Elisabeth Bergner geschriebene *Der Kreidekreis* (1925) nicht zuletzt durch Brechts Stück bis heute lebendig.

Bereits seine ersten Vers-Veröffentlichungen rufen in seinem Geburtsort einen Kleinstadtskandal hervor; es zieht den jungen Literaten rasch nach Berlin, wo man ihn, wie später in München, als Kabarettisten (er trägt seine Chansons zur Gitarre vor) feiert; die reaktionäre Presse verunglimpft ihn wie Mitstreiter Kurt Tucholsky, Walter Mehring und Erich Kästner. Die seit seinem sechzehnten Lebensjahr immer stärker hervortretende Tuberkulose zwingt ihn zu häufigen und längeren Aufenthalten in südlichen Sanatorien (über deren Atmosphäre er vor Thomas Mann berichtet hat); die Krankenstationen markieren fortan seine Lebens- und Werkgeschichte: Arosa, Locarno, Davos, wo er, gerade 38 Jahre alt, seiner Krankheit erliegt. Das öffentliche Vergessen, das mit den Nationalsozialisten begann, die sein Werk auf den Index setzten, dauerte bis in unsere Tage fort; der einstmals so gefeierte und viel gelesene Erfolgsautor K. war im literarischen Gedächtnis der Nachkriegsgenerationen nicht mehr vorhanden.

Erst die seit 1998 erscheinende und inzwischen abgeschlossene Gesamtausgabe (mit über 4300 Seiten) könnte eine Renaissance des Werks bewirken. K. selbst war sich seines bleibenden Ruhms gewiss: »Ich bin und war und werde sein Klabund«, lautet sein Bekenntnis.

Sein Ehrengrab in Crossen (heute Krosno Odrzanskie) ist wie die anderen deutschen Gräber nach Kriegsende eingeebnet worden; heute ein »Jahrtausendpark«.

Heute gilt es, den politisch eingreifenden und vorausahnenden Warner, den mutigen Pazifisten, der sich gleichwohl von keiner Richtung vereinnahmen ließ, wiederzuentdecken, dem alles Ideologische ein Greuel war. So hat er nach anfänglicher Begeisterung für die deutschen Großmachtziele im Ersten Weltkrieg 1917 in einem offenen Brief Kaiser Wilhelm II. aufgefordert abzudanken, um den Völkerfrieden zu ermöglichen. Es gilt, K. als den Verfasser des erst 1946 veröffentlichten *Tagebuchs im Gefängnis* wiederzuentdecken, in dem er schildert, wie er 1919 nach der Zerschlagung der Münchner Räterepublik in bayrischen Gefängnissen als Schutzhäftling eingesessen und worin er ahnungsvoll die kommende Militärdiktatur prophezeit. K. muss aber auch als bedeutender Dokumentarist und betroffener Ankläger sozialer Verelendung in den Großstädten (*Berliner Weihnacht*, 1918; *Proleten*) und als Dichter des Kosmischen neu gelesen werden. Seine Sehnsucht nach Entgrenzung und nach dem Übergang in die Natur – »Ich liege auf dem Grunde alles Seins / Und bin mit Kiesel, Hecht und Muschel eins« – durchzieht auch die beiden kleinen Romane *Bracke* und *Franziskus*. »Bruder Bracke«, Vagabund, märkischer Eulenspiegel und Sonderling – das werkbiographische Grundmuster ist deutlich – geht in die Allnatur ein, Sphärenmusik begleitet seine »Reise«: »Die Sonne versank, und leise begann das Horn des Mondes im Abend zu tönen«. Wegweisend könnte die von K. in Lyrik wie Prosa geradezu inbrünstig beschworene Versöhnung zwischen Natur und Mensch werden, seine franziskanische Naturfrömmigkeit, die Kritik am westlichen Leben (»Der westliche Mensch ist außer sich«), nicht zuletzt sein der langen tödlichen Krankheit abgerungener Lebensmut. Neu zu lesen ist sein *Kunterbuntergang des Abendlandes* (1922), seine *Ballade des Vergessens* und seine vorgreifende Warnung, *Es werden Tage kommen*: »Eine Tanne / steht noch – vielleicht. / Das Gehörn einer Gemse / hängt am Abgrund«.

Werkausgabe: Werke in 8 Bänden. Hg. von Christian von Zimmermann. Berlin 1998–2003.

Karl Hotz

Kleist, Ewald Christian von
Geb. 7. 3. 1715 auf Gut Zeblin bei Köslin/ Pommern;
gest. 24. 8. 1759 in Frankfurt/Oder

Am Sonntag, dem 12. August 1759, wurde Preußens Friedrich II. von den Russen und Österreichern in der Schlacht von Kunersdorf vernichtend geschlagen. Mitgefochten hatte als Major der deutsche Dichter Ewald Christian von K., ein enger Freund Gotthold Ephraim Lessings. Dieser schreibt am 25. August an Johann Wilhelm Ludwig Gleim, K. sei verwundet, aber er lebe noch: »Er hat seinen Wunsch erreicht, er hat geschlagen und sich als ein braven Mann gezeigt.« Tage später erst wird K.s Tod zur Gewissheit. Zuerst an der rechten Hand verwundet, dann an der linken Arm geschossen, das rechte Bein zerschmettert, von Kosaken mehrfach bis auf die Haut ausgeplündert, wurde er schließlich von einem russischen Offizier erkannt und nach Frankfurt an der Oder gebracht. Er widersetzte sich einer Amputation seines Beines und verblutete in der Nacht vom 22. auf den 23. August. Lessing hatte wohl nicht Unrecht mit seiner Vermutung: »Er hat sterben wollen!«

K. entstammte einem alten pommerschen Adelsgeschlecht. Er besuchte das Jesuitenkollegium in Deutsch-Krone und das Gymnasium in Danzig; von 1731 bis 1735 studierte er in Königsberg Philosophie, Mathematik und Jura. Weniger Neigung zum Soldatenberuf als handfeste finanzielle Schwierigkeiten seines

Vaters veranlassten ihn zum Eintritt in dänische und 1740, nach dem Regierungsantritt Friedrichs II., in preußische Dienste. Am öden Kasernenleben hat er nie Geschmack gefunden; geistloses Reglement und sture Subordination haben die in ihm angelegte Schwermut und Hypochondrie sicherlich verstärkt. Hinzu kam Unglück in der Liebe; die Verbindung mit Wilhelmine von der Goltz, einer weitläufigen Verwandten, ging in die Brüche. Fortan riegelte K. sich gegenüber sämtlichen Frauenzimmern ab und pflegte einen schwärmerischen Freundschaftskult. Welch engen Bund Romantik und Lebensernst in K.s Psyche eingingen, zeigt seine Bekanntschaft mit dem anakreontischen Dichter Gleim. Als dieser K., der an einer im Duell empfangenen Wunde darniederlag, das Lied *Tod, kannst du dich auch verlieben?* vorlas, packte den darob so heftige Lachlust, dass seine Wunde erneut zu bluten anfing, was die Heilung erfreulicherweise beschleunigte.

In der eigenen lyrischen und epischen Produktion kompensierte K. die Eintönigkeit des Potsdamer Garnisonlebens. Drei Werke haben ihn den Zeitgenossen bekannt gemacht: das Hexametergedicht *Der Frühling* (1749), in dem er auf den Spuren des schottischen Dichters James Thomson (*The Seasons*, 1726–30, eine poetische Beschreibung der Jahreszeiten) einen empfindungsvollen, mit kritischen Reflexionen gespickten Gang durch die idyllische Natur beschreibt, das Rührung anpeilende Trauerspiel *Seneca* (1758), in dem der edle Stoiker seine tugendhafte Haltung mit dem Leben bezahlt, und das in Blankversen gedichtete Kleinepos *Cissides und Paches* (1759), in dem zwei junge Makedonier ihr Vaterland vor dem Ansturm der Feinde retten. Dieses Werk, im Kriegslager verfasst, deutete auf K.s eigenes Ende hin: Ehre oder Tod hieß die Devise seines späteren Lebens, und den Krieg hat er als eine Befreiung empfunden. »Wenn ich nur so glücklich bin, daß ich einmal recht ins Feuer komme, welches ich in diesem Kriege noch immer hoffe, so bin ich mit Allem zufrieden«, heißt es in einem Brief. Melancholie und Schwärmerei, Langeweile und Tatendrang, Todessehnsucht und Naturbegeisterung – alle diese nur scheinbar einander ausschließenden Motive finden sich in K.s Briefen und Dichtungen. Die treuen Freunde ehrten ihn auf verschiedene Weise: Der dichtende Domsekretär Gleim sammelte seine Briefe und Manuskripte, der berühmte Verleger Friedrich Nicolai verfasste ein »Ehrengedächtnis«, der klassizistische Lyriker Karl Wilhelm Ramler veranstaltete eine Werkausgabe, Lessing verlieh seinem Major von Tellheim Züge von K.s liebenswürdigem und zugleich sprödem Charakter – sicherlich das dauerndste aller Ehrenmale.

Werkausgabe: Sämtliche Werke. Hg. von Jürgen Stenzel. Stuttgart 1971.

Gunter E. Grimm

Kleist, Heinrich von
Geb. 10. oder 18. 10. 1777 in Frankfurt/Oder; gest. 21. 11. 1811 am Wannsee bei Potsdam

K.s ›tragisches Schicksal‹ ist häufig beschworen worden: Der frühe Tod der Eltern, schwierige Familienverhältnisse, die sogenannte ›Kant-Krise‹ (»Wenn alle Menschen statt der Augen grüne Gläser hätten, so würden sie urtheilen müssen, die Gegenstände, welche sie dadurch erblicken, sind grün«, erklärt er am 22. 3. 1801 seiner Verlobten Wilhelmine von Zenge zu dieser Erkenntniskrise), gescheiterte oder abgebrochene berufliche und private Pläne ließen sich leicht als Vorboten seines Selbstmords am 21. November 1811 an der Reichsstraße von Berlin nach Potsdam nahe des Kleinen Wannsees deuten, wenn nicht auch regelmäßig euphorisch betriebene Projekte und tatsächliche Erfolge zu verzeichnen wären.

Im Alter von 14 Jahren tritt er in das Potsdamer Vorzeigeregiment »Garde« ein, dessen Offiziere Kontakt mit dem Berliner Hof und dem preußischen König pflegten und mit dem er 1793 bis 1795 in den ›Ersten Koalitionskrieg‹ gegen das Napoleonische Frankreich zieht. Als Soldat lernt er Literatur und Philosophie der Aufklärung kennen und schätzen, steuert damit aber auf einen inneren Konflikt zu. 1799 entscheidet er sich, den »Stand zu verlassen, in welchem ich von zwei durchaus entgegengesetzten Prinzipien unaufhörlich gemartet wurde«, denn für eine aufgeklärte Gesinnung erscheint das preußische Militärwesen als »lebendiges Monument der Tyrannei«. Im steten Beharren auf seiner Autonomie (»Meine Vernunft will es so, u[nd] das ist genug«) plant er zunächst eine Karriere als Gelehrter und schließlich als Dichter, womit er im Rahmen der standestypischen Optionen bleibt, aber seine Familie aus einem alten preußischen Adelsgeschlecht mit zahlreichen Militärkarrieren enttäuscht. Bei all den wechselnden Projekten verfolgt er zumindest durchgängig den einen Plan, »zu so vielen Kränzen noch einen auf unsere Familie herabzuringen«. »Ohne Lebensplan leben, heißt vom Zufall erwarten, ob er uns so glücklich machen werde, wie wir es selbst nicht begreifen«, schreibt er 1799 in einem seiner unerträglich belehrenden frühen Briefe, hier an seine Halbschwester Ulrike von Kleist. Der Versuch aber, einen konkreten Lebensplan zu definieren, misslingt ihm bereits zu dieser Zeit: »Ein Lebensplan ist – –«.

Der Gedankenstrich als Ausdruck einer Sprachkrise, die seiner ›Kant-Krise‹ vorausging, wird ebenso zum ›Markenzeichen‹ K.s wie die erfolglosen Projekte: Seine vermeintliche Absicht vom Herbst 1801, im Gefolge eines Rousseauschen »Zurück zur Natur« als »Bauer« in der Schweiz zu leben, scheitert an der politischen Instabilität im Land; eine dauerhafte Anstellung beim preußischen Finanzdepartment (1805/06) für die Verwaltung der fränkischen Provinzen wird vereitelt, da Preußen diese Provinzen nach der Niederlage bei Jena und Auerstedt an Bayern abtreten muss; 1807 wird er bei einem Besuch im französisch besetzten Berlin für ein halbes Jahr unter Spionageverdacht inhaftiert; und erfolglos plant er 1807 die Gründung einer Buchhandlung mit Verlag. Und als er sich als Zeitschriften- und Zeitungsherausgeber versucht, gehen sowohl die Kulturzeitschrift *Phöbus* (1808/09) als auch die *Berliner Abendblätter* (1810/11), eine frühe Form der Tageszeitung, nicht zu-

letzt aufgrund von Fehlkalkulationen, konzeptionellen Widersprüchen oder politischen Repressionen bankrott, während die Zeitschrift *Germania* 1809 nicht über das Planungsstadium hinauskommt.

Manch andere ›Krise‹ scheint allerdings ›kalkulierter‹: Von seinem Studium an der Universität in Frankfurt an der Oder (1799/1800) will ihn die allzu starke Orientierung an einer gesellschaftlichen Nützlichkeit abgestoßen haben, in Paris (1801) sei ihm dagegen ein »wissenschaftlicher Mensch« im Vergleich mit einem »handelnden« allzu »ekelhaft« erschienen. Diese widersprüchlichen Begründungen dürften nicht nur Studienprobleme aufgrund seines Alters und einiger Bildungsdefizite kaschieren, sondern können auch als Vorwand gegenüber der Familie verstanden werden, um aus der Vorbereitung zu einem Brotberuf in ein Leben als Dichter zu wechseln, was bis zu einem gewissen Grad auch für seine Krankheitsphasen 1802, 1803 und 1806 gelten mag, die den durch Familie und Hof ausgeübten Anpassungs- und Karrieredruck verminderten.

Dass K. in Simulation und Dissimulation, Täuschungen und Finten beschlagen war, belegt nicht nur seine geheimnisvolle, aber offenbar erfolgreiche ›Würzburger Reise‹, sondern auch sein literarisches und publizistisches Œuvre. Auch bleibt manch eine ›Krise‹ die Quelle produktiver Neuanfänge: Die im Jahr seiner Volljährigkeit (1801) eintretende ›Kant-Krise‹ dient ihm nicht nur als Anlass für seine erste Paris-Reise, sondern markiert auch den Beginn seiner schriftstellerischen Tätigkeit, bei der er sich in der Tradition der dichtenden Familienmitglieder Ewald von Kleist (1715–59) und Franz Alexander von Kleist (1769–97) sehen konnte. Ab Ende 1801 arbeitete er am Trauerspiel *Die Familie Schroffenstein* und ab 1802 an seinem ›Schicksalsstück‹ *Robert Guiskard*. Während *Die Familie Schroffenstein* Ende 1802 bei Heinrich Geßner gedruckt und (wohl ohne K.s Wissen) 1804 in Graz uraufgeführt wurde, blieben nicht nur das Trauerspiel *Robert Guiskard*, sondern auch die 1803 begonnenen Lustspiele *Der zerbrochne Krug* und *Amphitryon* (›nach Molière‹) vorerst unvollendet. Bei seinem Schweizer Aufenthalt 1801/02 pflegte er Umgang mit dem populären Schriftsteller, Publizisten, Politiker und ehemaligen Studienkollegen Heinrich Zschokke, dem Buchhändler, Verleger und Schriftsteller Heinrich Geßner und dem Schriftsteller Ludwig Wieland, mit dem K. zudem Anfang 1803 in der Nähe von Weimar bei dessen Vater, dem berühmten Schriftsteller Christoph Martin Wieland, weilte. Dieser drängte ihn entschieden zur Fertigstellung des *Guiskard*, »auch wenn der ganze Kaukasus und Atlas auf Sie drückte«. Trotz (oder auch wegen) dieser prominenten Förderung und dem relativen Erfolg des Erstlings *Familie Schroffenstein*, das die gegen Goethe und Schlegel gerichtete Zeitschrift *Der Freimüthige* als »Wiege des Genies« bezeichnete, gerät K. offenbar in eine tatsächliche Krise: Das *Guiskard*-Stück sollte »unfehlbar ein Glied« in der »Reihe der menschlichen Erfindungen« werden (und damit seiner Rehabilitation bei der Familie und am Hof dienen), doch sei noch nicht die Zeit gekommen für den, »der sie einst ausspricht«. Er vernichtet das Manuskript (überliefert ist ein neu verfasstes und 1808 im *Phöbus* erschienenes Fragment) und will Ende 1803 bei der geplanten Eroberung Englands durch die napoleonischen Truppen den »schönen Tod der Schlachten« sterben; der Plan misslingt, er wird nach Preußen zurückbeordert, verzögert die Heimreise jedoch um gut ein halbes Jahr, das ebenso rätselhaft bleibt wie die ›Würzburger Reise‹ von 1800. In beiden Fällen existiert nicht viel mehr als Spekulationen über eine Krankheit oder Dienste als Spion bzw. Kurier.

Nach längeren beruflichen Unsicherheiten tritt er nach seiner Ankunft in Königsberg (1805) wieder als Schriftsteller hervor: *Der zerbrochne Krug* (gedruckt 1811) und *Amphitryon* (gedruckt 1807) werden fertiggestellt, er beginnt die Erzählungen *Michael Kohlhaas* und *Das Erdbeben in Chili* sowie das Trauerspiel *Penthesilea* (gedruckt 1808), das er ebenso wie dessen »Kehrseite«, das Schauspiel *Das Käthchen von Heilbronn* (Uraufführung und Erstdruck 1810), im Jahre 1807 abschließt. 1808/09 erscheint die Zeitschrift *Phöbus*, in die er neben Auszügen aus seinen Dramen und dem *Kohlhaas* eigene Epigramme, Fabeln und Gelegenheitsgedichte aufnimmt. In diese Zeit fällt auch seine ›Politisierung‹: Fertiggestellt werden die später als ›vaterländische Geschichtsdramen‹ verstandenen Werke *Prinz Friedrich von Homburg. Ein Schauspiel* und *Die Hermannsschlacht. Ein Drama*, das zunächst nur in Abschriften kursiert; er verfasst patriotische Lyrik und Prosa, projektiert erfolglos die patriotische Zeitschrift *Germania* und paktiert mit dem anti-napoleonischen Widerstand. In seine letzten beiden Lebensjahre (1810/11) fällt schließlich die Publikation seiner *Erzählungen* in zwei Bänden und der *Berliner Abendblätter*, also zwei ›niederen‹, populären Genres, denen K. eine neue Qualität verleiht.

Die gleichen Gründe, die eine nachhaltige Rezeption K.s im 19. Jahrhundert verhinderten, förderten eine solche seit der Jahrhundertwende in Moderne und Postmoderne: Neben dem Image als tragischer Außenseiter ist es vor allem seine kritische Haltung gegenüber den vorherrschenden Denk- und Literaturströmungen seiner Epoche, speziell seine anti-idealistische Position gegenüber Aufklärung, Weimarer Klassik und Frühromantik. Speziell die vielzitierten Dissonanzen zwischen Goethe und K. wirkten fatal: Sein heute bekanntestes und überaus populäres Lustspiel *Der zerbrochne Krug* fiel im März 1808 in Weimar durch und wurde sofort abgesetzt, wofür er Goethes Bearbeitung verantwortlich machen musste; auch ließ sich Goethe weder für die Mitarbeit am *Phöbus* gewinnen, noch konnte er sich mit der *Penthesilea* »befreunden«. Indem jedoch später beispielsweise die *Penthesilea* (bzw. der *Findling*) auf eine Abrechnung mit Goethes *Iphigenie* (bzw. *Werther*) reduziert oder auch die ›Kant-Krise‹ nur als fundamentale Erkenntniskrise gewertet wurde, blieb seine enge Verbundenheit mit einer Vielzahl von älteren und zeitgenössischen Traditionen ein ›blinder Fleck‹ des Kleist-

Bilds. Als Angehöriger eines alten preußischen Adelsgeschlechts blieb er verwurzelt in (inzwischen teils verbürgerlichten) höfischen Verhaltens- und Kommunikationsidealen wie der Moralistik und Konversationstheorie (*Familie Schroffenstein*, *Amphitryon*, *Der Findling*, *Die Hermannsschlacht*), alt-adligen Zeichensystemen wie der Heraldik (*Prinz Friedrich von Homburg*) oder vormodernen Konfliktlösungsstrategien wie dem Zweikampf oder Duell (*Der Zweikampf*, *Penthesilea*). Einerseits benutzt er solche Konzepte gegen idealistische Vorstellungen, andererseits treibt er sie auf die Spitze, bis sie in sich kollabieren.

Ähnlich produktiv wie kritisch setzt er sich mit aktuellen literarischen und politischen Strömungen auseinander: Positiv bezieht er sich zum Beispiel mit *Amphitryon* auf den auch am Weimarer Hoftheater gespielten Molière, mit *Käthchen von Heilbronn* (das ebenso »in die romantische Gattung schlägt« wie K.s ›Schauergeschichten‹) auf die Renaissance der Ritterstücke seit dem ›Sturm und Drang‹ und mit seinen Erzählungen auf die spätaufklärerische, anthropologische Variante frühneuzeitlicher Historien- und Novellentraditionen. So erklärt sich im *Kohlhaas* das Nebeneinander von Aberglaube (Zauberin) und scharfsinniger Darstellung widerstreitender Rechtssysteme (wie sie auch im *Zerbrochnen Krug*, der *Penthesilea* und in *Prinz Friedrich von Homburg* eine Rolle spielen) oder die Kollision von zeittypischen anthropologisierenden Menschendarstellungen mit mittelalterlich oder barock anmutenden Wunderzeichen, Prodigien und Gottesurteilen in *Das Erdbeben in Chili*, *Der Findling*, *Die heilige Cäcilie*, *Der Zweikampf* oder *Amphitryon*.

Ebenso wie er auch mit literarischen Mitteln zeitlebens auf eine Reform von Verwaltung und Militär in Preußen hinarbeitet, wird für ihn Literatur zum Objekt einer Überbietung vorhandener Muster mit geradezu wissenschaftlicher Akribie. Kontingenz ist für ihn nicht nur Zufall und Schicksal, sondern auch kalkulierbares Mittel sowohl für die Kriegsführung als auch für eine Literatur der ›unwahrscheinlichen Wahrhaftigkeiten‹, auch wenn sein Leben manch unberechenbare Züge trug. Seine Werke bieten systematische Darbietungen des ›Unaussprechlichen‹ in der drastischen Aufwertung von Pathos, Ekel und Gewalt, des Gestischen und Mimischen, der bedeutungsschwangeren Gedankenstriche und vieldeutigen Ausrufe (wie Alkmenes »Ach!« am Schluss des *Amphitryon*). Aber es wimmelt auch von obsessiven Versprachlichungen, so wenn in der *Familie Schroffenstein* und *Penthesilea* das ›Undarstellbare‹ durch Botenbericht und Mauerschau ausführlichst präsentiert wird oder sich der Dorfrichter Adam im *Zerbrochnen Krug* ausführlich selbst entlarvt. So darf auch K.s Interesse am analytischen Drama oder an der Kriminalgeschichte als Versuch einer ›Aufklärung‹ von Zufällen und Rätselhaftigkeiten des Lebens verstanden werden. Während der unzuverlässige Erzähler und die Erzählung eine letzte ›Aufklärung‹ verweigern, wird das ›Wie‹ des Verbergens und Enthüllens dem Leser oder Zuschauer im modernen wie traditionalistischen Sinn eines Machiavelli, Castiglione oder Gracián sprach- und erkenntniskritisch ›gestisch‹ vor Augen geführt.

Seine Werke folgen einer »gegensätzisch(en)« Schule, um den »Leuten zuweilen den Anblick böser Beispiele zu verschaffen«, jedoch weniger, um sie »von dem Laster abzuschrecken«, denn als Mittel der Gesellschafts- und ›Seelenerfahrungskunde‹. Auch wenn sich Spuren der persönlichen Krisen durchaus im Werk wiederfinden, geht es nicht darin auf; vor allem lässt sich die dauerhafte ›Krise‹ auch als Ausweis persönlicher Integrität auffassen, da die K. zumindest zu Lebzeiten vor Vereinnahmungen schützte. So taugen selbst die *Berliner Abendblätter* und *Die Hermannsschlacht* nicht so recht als Propaganda, da sie ihre Mittel ›medienkritisch‹ sichtbar machen. Im Todesjahr gerieten die *Abendblätter* in Konflikt mit der Zensur, was wesentlich zu ihrem Niedergang beitrug, und sein ›patriotisches Drama‹ fiel aufgrund der aktuellen Bezüge beim Berliner Hof in Ungnade. Mehr noch: Es zerschlug sich die wohl berechtigte Hoffnung auf eine Protektion durch Königin Luise wegen ihres plötzlichen Todes, sein Antrag auf Wiederanstellung im Militärdienst wurde nicht einmal beantwortet, finanziell war er zum wiederholten Male in größten Nöten, und schließlich kam es zum Bruch mit der Familie. Von neuen, musikalischen und Roman-Projekten sind dann nur noch Ankündigungen überliefert.

Dass er die Tötung der unheilbar kranken, in Berlin verheirateten Henriette Vogel und seinen Selbstmord dann »zufrieden und heiter« plant und seiner Halbschwester Ulrike einen Tod, »nur halb an Freude und aussprechlicher Heiterkeit, dem meinen gleich«, wünscht, passt nicht so recht zur vorhergehenden Aussage, dass ihm »auf Erden nicht zu helfen war«. Tatsächlich ist das Jahr 1811 nicht anders denn als reale Krise zu bezeichnen. Nichtsdestoweniger war es ihm angesichts des Todes wohl »fast, als müßt' er sich freuen« – sein letztes »als ob« in einer ganzen Reihe von Rätseln und Finten im wenig dokumentierten Leben und viel diskutierten Werk, das seine ungeheure Ausstrahlung erst am Anfang des 20. Jahrhunderts zu entfalten begann.

Werkausgaben: Sämtliche Werke und Briefe. Hg. von Helmut Sembdner. München 91993; Sämtliche Werke und Briefe. Hg. von Ilse-Marie Barth u. a. Frankfurt a. M. 1987–97; Sämtliche Werke. Brandenburger Ausgabe. Hg. von Roland Reuß und Peter Staengle. Basel/ Frankfurt a. M. 1988 ff.

Ingo Breuer

Klíma, Ivan
Geb. 14. 9. 1931 in Prag

Ivan Klíma gehört zu den wichtigsten Autoren der Exilverlage und zu den am meisten übersetzten tschechischen Schriftstellern. Sein Werk ist vielseitig – es umfasst Prosa, Dramen, Reportagen, Essays, Feuilletons und Kinderbücher, wobei die Romane und Erzählungen am bekanntesten sind. Seit seinem Debüt mit einer Sammlung von Reportagen aus der Ostslowakei (*Mezi třemi hranicemi*, 1960; Zwischen drei Grenzen) schuf K. mehr als 30 Einzelwerke, für die er mehrere Preise, unter anderem 1990 den zum ersten Mal in Prag verliehenen Egon-Hostovský-Preis und den George-Theiner-Preis, erhielt.

K.s Leben und Werk prägten besonders drei während des Zweiten Weltkriegs im Konzentrationslager Theresienstadt (Terezín) verbrachte Jahre. Mit seinem Bewusstsein für die moralische Verantwortung gegenüber denjenigen, die er – im Schüleralter – überlebt hat, suchte er nach Garantien dafür, dass sich etwas Ähnliches nicht wiederholen dürfte. Wie viele andere hat auch K. diese Garantien nach 1948 zunächst in den kommunistischen Idealen gesehen, die er jedoch mit der Zeit immer mehr anzweifelte. Nach dem Abitur 1951 und dem Studium der Tschechischen Literaturwissenschaft an der Karlsuniversität, das er 1956 abschloss, arbeitete K. als Redakteur für verschiedene namhafte Zeitschriften wie *Květy* (Blumen, 1956–59), *Český spisovatel* (Tschechischer Schriftsteller), *Literární noviny* (Literaturzeitung), *Literární listy* (Literaturblatt) und *Listy* (Blätter). Er engagierte sich aktiv in der politischen Reformbewegung der 1960er Jahre und war 1968 am Prager Frühling beteiligt. Auch nach dessen Niederschlagung durch die Warschauer-Pakt-Staaten wandte sich K. ausdrücklich gegen alle totalitären Regimes, und dies besonders vehement nach 1970, nachdem er von einer zweijährigen Gastprofessur an der Michigan University aus den USA zurückgekehrt war. Veröffentlichen konnte er in den 1970er Jahren nur im Ausland und im Untergrund.

Die 1960er Jahre bedeuteten für K. eine sehr fruchtbare literarische Schaffensphase, in der er sich als Erzähler etablierte. Nach dem bereits bemerkenswerten Roman *Hodina ticha* (1963; Stunde des Schweigens) war die Erzählsammlung *Milenci na jednu noc* (1964; Liebende für einen Tag – Liebende für eine Nacht, 1971) besonders erfolgreich. Sie besteht aus drei Varianten des erfolglosen Versuchs, Kontakt zum anderen Geschlecht aufzunehmen und den Traum der großen Liebe zu realisieren. Neben der Systemkritik findet sich darin K.s zweites Hauptthema, die Einsamkeit. Dabei erwächst eine Form der Einsamkeit aus dem Bewusstsein, dass jeder Versuch der Annäherung in sich den Keim der zukünftigen Trennung trägt, die andere Form entsteht dagegen aus der Unfähigkeit des Kontakts zu

Gott. Das Pendant zu diesem Buch bildet die Erzählsammlung *Milenci na jeden den* (1970; Liebende für einen Tag – Liebende für eine Nacht, 1971). Die meisten von K.s Werken der 1970er und 80er Jahre konnten immerhin im Ausland erscheinen, darunter der Erzählzyklus *Má veselá jitra* (1978; Meine fröhlichen Morgenstunden), in dem K. mit bitterer Stimmung, stilistischem Charme und mit Melodramatik, dabei insgesamt aber optimistisch, Episoden aus dem Dissidentenleben darbietet. Moralische Stärke machte er, zu jener Zeit vom Regime vollends an den Rand der Existenz gedrängt, zum Thema des Romans *Soudce z milosti* (1985; Richter aus Gnade). Darin soll der Richter Adam Kindl durch den Verrat der eigenen Überzeugung beweisen, dass er der »herrschaftlichen Gnade« würdig ist. Anhand dieser Figur gelang es K., die grundlegenden Brüche in der Geschichte des tschechischen Volkes zu evozieren. Nach der »samtenen Revolution« war K. schnell rehabilitiert, ältere wie auch neuere Werke konnten wieder offiziell erscheinen. Auf die tschechische Bühne kehrte er nach dem politischen Umbruch ebenfalls 1990 zurück, und zwar mit dem 1968 geschriebenen Einakter *Cukrárna Myriam*.

Zu den weiteren, nun in der Heimat erstmals publizierten Werken K.s gehören unter anderem *Milostné léto* (1972; Ein Liebessommer, 1973), *Moje zlatá řemesla* (1990; Meine goldenen Handwerke) und *Moje první lásky* (1981; Meine ersten Lieben). K.s gesellschaftspolitisch engagierter Blick hat auch noch in dem 1993 erschienenen Roman *Čekání na tmu, čekání na světlo* (Warten auf die Dunkelheit, Warten auf Licht, 1995) nicht an Schärfe verloren. Darin beschreibt er die Generation, die ihre Kindheit unter dem sozialistischen Regime verbracht hat, als völlig ermüdet vom Warten auf neue Zeiten und als deshalb unfähig, richtig zu reagieren, wenn sich die ersehnte Möglichkeit einer Änderung bietet.

Seit dem Beginn seiner Beschäftigung mit Literatur durchziehen zwei besondere Konstanten K.s Werk: die Affinität zu Karel Čapek und die zu Franz Kafka. Erstere zeigt sich besonders in der Erzählsammlung *Bezvadný den* (1960; Ein hervorragender Tag), in der essayistischen Arbeit *Karel Čapek* (1962, überarb. 1965) und in der 2001 erschienenen umfassenden Darstellung *Velký věk chce mít též velké mordy: život a dílo Karla Čapka* (2001; Ein großes Zeitalter möchte auch große Morde haben. Leben und Werk von Karel Čapek). Die Affinität zu Kafka spiegelt sich etwa in dem Theaterstück *Zámek* (1964; Das Schloß, 1965) und in *Amerika* (1974) wider, einer zusammen mit Pavel Kohout gestalteten dramatischen Adaption des gleichnamigen Romans von Kafka.

Susanna Vykoupil

Klingemann, Ernst August Friedrich
Geb. 31. 8. 1777 in Braunschweig; gest. 24. 1. 1831 in Braunschweig

Als 1804 die *Nachtwachen von Bonaventura* im Verlag für Unterhaltungsliteratur Dienemann anonym erscheinen, beginnt noch im gleichen Jahr ein Rätselraten um die Autorschaft, das mit Jean Pauls Mutmaßung einer Verfasserschaft Friedrich Schellings anhob und bis zu Jost Schillemeits nicht unumstrittenem, aber doch konsensfähigem Vorschlag (1973) reicht, K. als Urheber anzunehmen. Zwischenzeitlich waren andere Namen wie E. T. A. Hoffmann, Caroline Schlegel, Clemens Brentano, J. W. von Goethe, Jean Paul, Johann B. Erhard, Jens Baggesen oder Karl Friedrich Gottlob Wetzel diskutiert worden. Die in der Forschung anhaltend erörterte Verfasserfrage hat dazu beigetragen, dem arabesken Roman, Bekenntnissen eines Ausgegrenzten, selber eine Sonderrolle in der Literaturgeschichte zu sichern. Diese hätte er aber auch allein seiner Themen – Nihilismus, Kehrseite der Vernunft, Entgrenzungen des Subjekts, Destruktionen der Ideen, satirische Zeitkritik – und seiner formalen Besonderheiten wegen – 16 lose durch die Figur des Nachtwächters Kreuzgang verbundene Einzelabschnitte, diskontinuierliche Erzählweise mit Rückblenden und Erinnerungen – verdient. Anderseits hat eben diese Fokussierung auf die *Nachtwachen* zu einer Verengung der Betrachtung geführt, bei der die literarische Entwicklung und die Biographie Ks. weitgehend ausgeblendet wurden.

K., der Sohn eines niederen Beamten, besucht zunächst das Katharineum und ab 1795 zur Vorbereitung auf die Universität das Karolinum in Braunschweig, ehe er 1797 als Student der Rechtswissenschaften, später der Philosophie und schönen Künste nach Jena wechselt. Johann Gottlieb Fichte, Friedrich Wilhelm Joseph von Schelling und August Wilhelm von Schlegel gehören dabei nicht nur zu seinen akademischen Lehrern: Im Hause der Schlegels wird er bald als Verfasser von Ritterromanen (*Die Asseburg*, 1796/97), des 1797 auf Anraten Goethes von der Weimarer Bühne in Rudolstadt aufgeführten Trauerspiels *Die Maske* und als Enkel von Joachim Heinrich Campe begrüßt und, was bis heute noch nicht angemessen erkannt wurde, als einer der ihren betrachtet. Auch K. versteht sich als Teil des Projekts der Jenaer Romantik: Friedrich Schlegels *Lob des Müßiggangs* und ein Zitat aus Schillers Spieltheorie stellt er seinem Künstlerroman *Romano* (1800) als Motto voran. Hier, wie auch im *Albano* (1802), einem Nachfolgeroman zu Ludwig Tiecks *Franz Sternbalds Wanderungen*, verhandelt er die Entwicklung des Individuums als Zusammenspiel von Liebe, sexueller Lustwandelei, Reisen und künstlerischer Selbstverwirklichung.

Unter dem Einfluss des Jenaer Kreises wendet sich K. dann der Literaturkritik zu. Seine Rezensionen, vor allem für die *Zeitung für die elegante Welt*, sind gefürchtet und nicht selten selbstgerecht, vor allem die Auseinandersetzungen mit Garlieb Merkel und August Friedrich von Kotzebue. Zusammen mit Clemens Brentano und August Winckelmann gibt er 1800 die Zeitschrift *Memnon* heraus, die Kritik und Kunstreligion zusammenführen sollte – die aber über den ersten Band (1800) nicht hinauskommt. Auch in der von ihm theoretisch neu entworfenen dramatischen Gattung des »Karaktergemäldes« sucht K. die Nähe zum frühromantischen Kreis. Er wählt in *Selbstgfuehl* (1800) eine zwischen Drama und Roman liegende universalpoetisch konzipierte Form, die er als »modern« bezeichnet, weil sie auf einem »rein subjectiven Prinzipe beruhet«. K. gestaltet darin den unauflösbaren Konflikt zwischen Staats- und Privatpflichten und bejaht den Freitod als radikale Individuation.

Obgleich K. literarische Konzepte und Themen der Frühromantiker mitträgt (Fragment, Arabeske, philosophische Kunstreflexion, Kindheit, Begeisterung für die altdeutsche Kunst, Bewunderung von Goethes *Wilhelm Meister*), versteht er sich nicht als oppositionell gegen die Weimarar Klassizisten. Vielmehr bezeugt seine Wertschätzung für Schiller, dem er seine erste theatergeschichtliche Abhandlung widmete (*Ueber Schillers Tragödie: Die Jungfrau von Orleans*, 1802) und dessen Stücke er regelmäßig besprach, eine bemerkenswerte Eigenständigkeit.

K. verlässt Jena 1800 ohne Studienabschluss, kehrt nach Braunschweig zurück und arbeitet zunächst bis Ende 1812 bei seinem Vater als Registrator und Kopist beim Obersanitätskollegium. Indessen schreibt er bereits Dramen für die Magdeburger Wandertruppe und arbeitet ab 1810 eng mit der Waltherschen Theatergesellschaft zusammen, deren Leitung er gemeinsam mit der Schauspielerin Sophie Walther 1813 übernimmt. Fünf Jahre später überführt der seit dem durchschlagenden Erfolg des Dramas *Columbus* (1808/09) zu den renommiertesten Bühnenautoren gehörende K. das Privatunternehmen mit Hilfe der Regierung und durch Aktienausgabe an die Stadtbürger in eine stehende Nationalbühne. Sie wird in den folgenden Jahren eine der ersten und angesehensten Bühnen. K. entfaltet dabei eine rege reformerische Tätigkeit, die er auf Theaterreisen (1817, 1819, 1825/26; Reisetagebücher unter dem Titel »Kunst und Natur« 1819–1828) vermittelt und zudem mit theoretischen und praktischen Schriften begleitet: mit Empfehlungen für die Spielleitung (*Was für Grundsätze müssen eine Theaterdirektion bey der Auswahl der aufzuführenden Stücke leiten?*, 1802), Erwägungen zur Verbesserung der Bühnenverwaltung (*Gesetzliche Ordnungen für das Nationaltheater in Braunschweig*, 1818), der Schauspielkunst (*Abhandlung über den verschiedenen Styl in den thea-*

tralischen Darstellungen, 1802) und des Publikumsgeschmacks (*Kritik des Parterre*, 1822).

Er begreift das Theater allerdings nicht, wie sein Vorbild Schiller, als moralische Anstalt, da die Moral durch eine Anbindung an die politische und soziale Wirklichkeit die Kunstanschauung zweckentfremde. Für ihn ist Theater vielmehr Stätte der »reinsten Freude«, sofern diese dem Schönen verpflichtet ist. K. fühlt sich so mit dem Prädikat des »uninteressierten Wohlgefallens« Kant verpflichtet.

Der Dramatiker K. wird zu einem der erfolgreichsten Schriftsteller seiner Zeit und zum zentralen Vertreter des romantischen Dramas, dessen ganze Bandbreite vom Ritterstück, über die literarischen Satiren (*Freimüthigkeiten, Schill oder das Declamatorium von Krähwinkel*, 1812) bis hin zu Bearbeitungen romantischer Gewährsschriftsteller (Shakespeare, Cervantes u. a.) und historischer Stoffe (Martin Luther, Cromwell) er abdeckt. K. adaptiert zudem Werke deutscher Kollegen, etwa von Friedrich de la Motte Fouqué (*Der Falkenstein*) oder Johann Karl August Musäus, lässt seine Stücke in den romantischen Kulissen des Nordens (*Das Kreuz im Norden*, 1817) oder des Mittelalters (*Heinrich der Löwe*, 1808, *Das Vehmgericht*, 1820) spielen und bearbeitet Stoffe wie die Nibelungen, Faust (1811), Ahasver (1827), die Entstehung der deutschen Nation (*Deutsche Treue* 1816 nach dem gleichnamigen Gedicht Schillers), die Entdeckung Amerikas (*Columbus, Ferdinand Cortez*) und kommentiert politische Zeitgeschichte (*Zum ewigen Frieden!*, 1814), auch im Gewande der Geschichte (Adaption des *Cid* u. d. T.: *Rodrigo und Chimene*, 1817).

Nach der vom ›Diamantenherzog‹ Karl von Braunschweig 1823 veranlassten Umgestaltung der Schaubühne in ein Hoftheater, in dem nun ein Oberstallmeister die künstlerischen Entscheidungen trifft, und infolge zunehmender Differenzen wird K. Ende 1829 entlassen. Zuvor hat er am 19. 1. 1829 seinen größten Triumph mit der ersten, vielbeachteten Inszenierung des ersten Teils von Goethes *Faust* gefeiert, einen Stoff, bei dem ihn das »Gothische, Geheimnisvolle und Schauerliche« interessiert hat. Die ihm angetragene Professur am Collegium Carolinum hat er nie angenommen. Nach den 1830er Unruhen und dem Regierungsantritt von Herzog Wilhelm wird K. wieder mit der Generaldirektion des Hoftheaters betraut, die er aber, schwer erkrankt, nicht mehr ausführen kann.

Werkausgaben: Dramatische Werke. Bd. 1–8. Wien 1818–1821; Faust: ein Trauerspiel in fünf Acten. Nachwort N. Oellers und S. Schottelius. Leipzig/Altenburg 1815, Neudruck Wildberg 1996.

Claude D. Conter

Klinger, Friedrich Maximilian
Geb. 17. 2. 1752 in Frankfurt a. M.;
gest. 9. 3. 1831 in Dorpat

»Ich habe, was und wie ich bin, aus mir gemacht, meinen Charakter und mein Inneres nach Kräften und Anlagen entwickelt, und da ich dieses so ernstlich tat, so kam das, was man Glück und Aufkommen in der Welt nennt, von selbst.« Seine Karriere als »Weltmann und Dichter« ist K. jedoch nicht in die Wiege gelegt. Er ist der Sohn eines armen Frankfurter Stadtartilleristen. Nach dem frühen Tod des Vaters (1760) ernährt die Mutter die Kinder durch Nähen und Waschen. Durch Vermittlung von Gönnern erhält der Sohn freien Unterricht am Gymnasium. Von 1774 bis 1776 studiert er in Gießen Jura, Theologie und Literatur. In dieser Zeit beginnt er, Dramen zu veröffentlichen. Schreiben ist für K. Forum und Medium einer Flucht aus drückender Enge, eines Aufstiegs durch Anerkennung in der literarischen Öffentlichkeit, deren aufklärerischen Konsens über das Theater er zugleich aufkündigt. Darin sieht er sich durch die Freundschaft mit dem jungen Johann Wolfgang Goethe bestärkt, mit dem er auch die Begeisterung für William Shakespeare, den Kultautor der Sturm-und-Drang-Generation, teilt. In den eigenen Texten radikalisiert er die vermeintliche »Regellosigkeit« Shakespeares und seine intensive Darstellung von Leidenschaften und Gefühlsumbrüchen. Die Dramen schildern Leidenschaften, die bis zur Zerstörung des Ichs reichen, unbedingtes Geltungsverlangen, zugleich Sucht nach Liebe und Empfindsamkeit, gewaltsames Handeln, lähmende Melancholie und selbstzerstörerische Reflexion. Die dargestellten Widersprüche sind Widersprüche des Autors, der einen Platz innerhalb der Ordnungen anstreben muss, die er in seinen Dramen bestreitet. Alle genannten Elemente finden sich in den *Zwillingen* (1776), mit denen K. einen Preis der Ackermannschen Theatertruppe gewinnt (Aufführung in Hamburg durch Friedrich Ludwig Schröder). Sie schildern die Rache eines zurückgesetzten Erstgeborenen an seinem scheinbar erfolgreicheren Bruder. Nicht zufällig empfindet der ebenfalls aus ärmlichen Verhältnissen stammende Karl Philipp Moritz eine tiefe Sympathie mit der Hauptfigur: »Ihm fielen dabei alle die Kränkungen ein, denen er von seiner frühesten Kindheit an, fast so lange er denken konnte, beständig ausgesetzt gewesen war« *(Anton Reiser)*.

Ein Besuch K.s in Weimar führt 1776 zur Distanzierung Goethes, der zum Geheimen Rat aufsteigt – eine schmerzliche Erfahrung, die K. radikal seine eigene unsichere Stellung in der Gesellschaft vor Augen führt. Zwei Jahre lang ist K. dann Theaterdichter und Schauspieler bei der Seylerschen Truppe (u. a. Aufführung von *Sturm und Drang* in Leipzig 1776). Später gelingt K., der nach Goethe über »Festigkeit« und »Beharrlichkeit« verfügt, trotz seines »brausenden Eifers gegen den Zwang des Hofes« (so die *Allgemeine deutsche Bibliothek*) eine beispiellose Karriere in Russland. Sie übertrumpft sogar den Aufstieg Goethes und findet zunächst in der Militärhierarchie statt: »Als Soldat studier ich mein Metier. Wart auf den entscheidenden Tag, wo ich alles werden kann, wenn ich Kopf gezeigt habe, zeige Herz und Mut und brav bin«. Diese Karriere bedeutet den endgültigen Abschied von der Sturm-und-Drang-Position. K. wird 1780 Gardeoffizier und Vorleser beim Großfürsten Paul in Petersburg, Ausbilder, schließlich Direktor des ersten Kadettenkorps und Pagenkorps (ab 1785, bzw. 1801). Schließlich wechselt er in die Hauptschulverwaltung beim Ministerium für Volksbildung, wird Kurator des Schulbezirks und der Universität Dorpat (ab 1802). K.s Aufstieg fällt in die Zeit, als Katharina II. und Alexander I. scheinbar die Autokratie aus aufklärerischem Geist reformieren wollen. 1816 muss K. im Zuge der Restauration sein Kuratoramt, 1820 alle übrigen Ämter zurückgeben.

In einem Zyklus von Romanen, welche die »Räder der politischen Maschine entblößen« sollen, verarbeitet er sein Festhalten an den Prinzipien einer radikalen Aufklärung bei gleichzeitiger, als notwendig erkannter Anpassung an die engen Grenzen selbständigen Handelns als Beamter in einem streng autokratisch-hierarchischen Gesellschaftssystem. In dem Dialogroman *Der Weltmann und der Dichter* (1798) schreibt K. über die Unmöglichkeit, seiner Position eine Beurteilung gleich welcher Art zukommen zu lassen. Beide Gegenspieler, der erfolgreiche, gelegentlich zur Anpassung bereite Minister und der kritisch-moralisierende Dichter müssen am Ende die Lebensform des anderen anerkennen, obwohl ihre Prinzipien einander ausschließen. Folgerichtig verbietet der »Weltmann« K. als Direktor des Kadettenkorps seinen Schülern die Romane des »Dichters«, insbesondere des antikirchlichen und -feudalistischen *Raphael de Aquillas* (1793) über Kirche und Staat im Spanien Philipps II. und Philipps III.

Für den Schüler von Jean Jacques Rousseau stellt das feudalabsolutistische System den Höhepunkt einer geschichtlichen Fehlentwicklung dar, welche die ursprüngliche Gleichheit aller Menschen zerstört habe. An Stoffen unterschiedlicher Zeiten und Länder erörtert er dementsprechend die Herrschaft von Selbstsucht, Machtgier und Jagd nach Geld, der gerade auch die Klasse der ›Bessergeborenen‹ unterliege. K. sieht hierbei auch deutlich, wie sich innerhalb der feudalen Gesellschaftsordnung Elemente bürgerlichen Profitstrebens durchsetzen, ohne das System als solches zu gefährden. Die *Geschichte Giafars des Barmeciden* (1792/94) demonstriert, wie auch reformwillige Herrscher – hier Harun al Raschid – scheitern müssen, weil sie zur Aufrechterhaltung des Systems auf Korruption und Willkür angewiesen sind. Das Beharren des Großwezirs Giafar auf »Tugend« und sittlicher Autonomie gefährdet dagegen die auf absolutem Gehorsam basierende Alleinherrschaft. K. versucht hier zu belegen, wie Immanuel Kants kategorischer Imperativ, gegen die »Erfahrung« gehalten, zwangsläufig zur »giftigsten Satyre gegen die Menschen« werde. Die Französische Revolution beinhaltet für K. aus der Distanz Russlands keine ernsthafte politische Alternative – zumal wegen des mit ihr verbundenen Terrors. Die unaufhebbaren Widersprüche der eigenen Existenz formuliert K. zuletzt in der dreibändigen Sammlung von Aphorismen, Kurzessays, -dialogen und literarischen Kritiken, *Betrachtungen und Gedanken über verschiedene Gegenstände der Welt und der Literatur* (1803–1810).

Als russischer Beamter hält sich K. streng an den Grundsatz, das »öffentliche Gute« nur auf die Weise »zu befördern …, die der Staat … vorzuschreiben für nötig gefunden hat« – eine Einstellung, die ihm nicht selten Kritik von seiten der Intelligenz einbringt. 1820 gibt er mit der Übersiedlung nach Petersburg endgültig den Wunsch auf, nach Deutschland zurückzukehren. Der deutschen klassisch-romantischen Literatur steht er als Aufklärer äußerst kritisch gegenüber, weil sie den Bezug auf die politisch-soziale Realität der Gegenwart aufgebe. Allerdings scheitern auch die Helden K.s mit ihrer abstrakten kritischen Moral an dieser Realität, über deren Geschichte eine »eiserne«, mit gutem Willen nicht zu brechende »Notwendigkeit« gebiete.

Werkausgabe: Klingers Werke. Historisch-kritische Gesamtausgabe. Hg. von Sander L. Gilman u. a. 24 Bde. Tübingen 1978 ff.

Hans-Gerd Winter

Kloos, Willem
Geb. 15. 5. 1859 in Amsterdam; gest. 31. 3. 1938 in Den Haag

»Liebend nicht geliebt zu werden, macht mich singen.« So hat der 17-jährige Schneidersohn Willem Kloos sich in seinen ersten Dichtversuchen selbst beschrieben und damit unbewusst ein vorausschauendes Licht auf sein Leben als Schriftsteller, Theoretiker und Kritiker geworfen. Mit seiner unerbittlichen Kritik an der zeitgenössischen niederländischen Literatur, seiner enthusiastischen Parteinahme für die Lyrik der englischen Romantik (Keats, Shelley) und seiner charismatischen Wirkung auf junge Künstler und Intellektuelle hat K. die Literatur in den Niederlanden in den 1880er Jahren an den europäischen Sensitivismus und Symbolismus herangeführt und die Erneuerungsbewegung der »Tachtigers« (Achtziger) auch organisatorisch um seine Person zentriert.

Unter dem Pseudonym Q.N. debütierte K. als Literaturkritiker 1879 in der von Carel Vosmaer herausgegebenen Zeitschrift *De Nederlandsche Spectator*. Gemeinsam mit Vosmaer gab er 1882 die nachgelassenen Gedichte seines jung verstorbenen Freundes Jacques Perk (*Gedichten van Jacques Perk*) heraus. Sein Vorwort dazu gilt als poetologisches Manifest der »Beweging van Tachtig«. Mit Berufung auf den englischen Romantiker Leigh Hunt (»poetry is imaginative passion«) erklärt K. darin die »scheppende verbeelding« (schaffende Vorstellung) und die »zelfverbeelding van de ziel« (Selbstdarstellung der Seele) zu Grundprinzipien der Lyrik. Statt das wirkliche Leben darzustellen oder zu reflektieren, komme es im Gedicht darauf an, für den Geist oder das Wesen des Lebens subjektive Stimmungsbilder zu finden und diese in sprachliche Symbole zu übersetzen. Unter Empfindungslyrik versteht K. aber kein intuitives Schreiben, sondern eine ausgefeilte Kompositionstechnik, bei der klassische Stilmittel wie Reim, Alliteration und Metrum dazu genutzt werden, den Gegenstand des Textes in ästhetische Reize wie Bilder, Klänge und Melodien aufzulösen.

Als Schriftsteller debütierte K. mit dem – unvollendeten – Versepos *Rhodopis*, das 1880 in der Monatsschrift *Nederland* erschien, nachdem die meinungsführende Kulturzeitschrift *De Gids* (Der Führer) es abgelehnt hatte. Rhodopis ist eine

Kunstfigur, die die Geschichte entsprechend der hellenistischen Auffassung als eine Folge von Aufstieg, Blüte und Niedergang im Zeitraffer von drei Minuten durchlebt: Zuerst ist Rhodopis nichts, dann fühlt er sich wie ein Gott, schließlich erwacht er aus einem Traum und erkennt, dass sein Leben aus Leid und Verdruss besteht. Fortan sehnt er sich in den früheren Traumzustand zurück. Mit der Schlusswendung, die K. der klassizistischen Erzählung gibt, umschreibt er sein eigenes Selbstverständnis als Dichter. Unter dem Einfluss des deutschen Idealismus und der Lebensphilosophie (Kant, Schelling, Schopenhauer) stilisiert K. das poetische Ich zur Instanz der »Ikheid« (Ichheit), die sich selbst in einen traum- oder tranceähnlichen Zustand versetzt und in ihm den Zustand der Welt auf imaginäre Weise durchleidet. Wenngleich K. eine weltanschaulich begründete Literatur ablehnte und darauf bestand, dass sich die neue Poesie autonom aus der Sprache heraus entwickeln müsse, trägt sein Bild vom Dichter deutlich messianische und mystagogische Züge: »In der Tiefe meiner Gedanken bin ich ein Gott.«

1884 brach K. das 1879 begonnene Studium der klassischen Literatur nach dem Vorexamen ab. 1885 rekrutierte er aus den Mitgliedern der literarischen Vereinigung Flanor (1881–86) die Redakteure der Kulturzeitschrift *De Nieuwe Gids* (1885–1943), mit der sich die junge niederländische Moderne programmatisch von der naturalistischen und theosophischen Kunstauffassung des *Gids* absetzte. Unter der Rubrik *Kronieken* veröffentlichte K. Beiträge zur Literaturgeschichte, in denen er gegen die provinzielle »predikantenpoëzie« (Predigerpoesie) von »huispoëten« (Hauspoeten) und »dominee-dichters« (Pastorendichtern) wie Beets, Bilderdijk, Jonckbloet, Schaepman und ten Kate polemisierte.

Zwischen 1885 und 1888 hatte K. auch als Lyriker seine produktivste Phase. Die Sonette, die er unter der Rubrik *Verzen* im *Nieuwe Gids* veröffentlichte, sind melancholische Klagelieder, die mit ihren vollmundigen, weichen Tönen und ihrer verhalten modulierten Melodie stilbildend auf jüngere »Tachtigers« wie vor allem Albert Verwey und Hermann Gorter gewirkt haben. Schon daran, dass K. den *Nieuwe Gids* in den Anfangsjahren gemeinsam mit Frederik van Eeden, Frank van der Goes, Willem Paap und Albert Verwey, ab 1893 dann aber allein herausgab, lässt sich ablesen, dass er seine Faszinationskraft mit den Jahren einbüßte und auch intellektuell an Einfluss verlor. K. war ein unsteter, fordernder und aufbrausender Charakter, der es nicht ertrug, dass seine Protegés selbständig wurden, und sie deshalb mit *Schimpfsonetten* – *Scheldsonette* (1894), *Het boek van Kind en God. Een passiespel* (1888) – und juristischen Händeln ›bestrafte‹. Darüber hinaus stand der alkoholkranke K. sich mit Schreibblockaden, Geldproblemen und depressiven Schüben selber im Weg. Nach einem Selbstmordversuch wurde er 1895 in die psychiatrische Klinik Utrecht eingewiesen. Zwar wurde er nach einem Jahr als geheilt entlassen, und es gelang ihm nach der Heirat mit der Romanschriftstellerin Jeanne Reyneke van Stuwe im Jahr 1900, sich im bürgerlichen Leben zu etablieren, doch waren sein geistiger Elan und seine schöpferische Energie gebrochen.

1894 erschienen K.' frühe Gedichte mit großem Erfolg zum ersten Mal in Buchform (*Verzen*). Auch sein Anfang der 1880er Jahre entstandenes Versepos *Okeanos* wurde erst 1909 unter dem Titel *Honderd verzen en Okeanos* verlegt. Darüber hinaus veröffentlichte K. 1909 eine Studie über die niederländische Literatur des 18. Jahrhunderts (*Een daad van eenvoudige rechtvaardigheid*; Ein Tag von einfacher Gerechtigkeit) und kam im gleichen Jahr noch einmal auf Jacques Perk zurück (*Perk en zijn beteekenis in de historie der Nederlandsche Literatuur*, 1909). Drei Jahre vor seinem Tod wurde K. 1935 von der Universität Amsterdam die Ehrendoktorwürde verliehen.

Barbara Lersch-Schumacher

Klopstock, Friedrich Gottlieb
Geb. 2. 7. 1724 in Quedlinburg;
gest. 14. 3. 1803 in Hamburg

Als K. am 22. März 1803 in Hamburg beigesetzt wurde, war ein Repräsentant deutscher Dichtung, ja deutscher Kultur gestorben, dem Zehntausende hanseatischer Bürger die letzte Ehre gaben. Und doch, der Sänger des großen religiösen Epos *Der Messias*, seit 1770 in der Hansestadt ansässig und eines ihrer Ruhmesblätter, glich schon damals eher einem Monument aus vergangenen Zeiten. Gotthold Ephraim Lessings polemische Mahnung von 1753, man solle K. – wie die Dichter überhaupt – nicht so sehr loben, sondern lesen, hatte seither noch an Dringlichkeit gewonnen. Die Zeiten waren längst über K.s Dichtungen und theoretische Schriften hinweggegangen. Eine Art versteinerter Ehrfurcht umgab sein ehemals bahnbrechendes Lyrikwerk, seine biblischen und patriotischen Dramen, seine geistlichen Lieder und gewitzten Epigramme, seine dichtungstheoretischen Schriften, Übersetzungen und Sprachforschungen, seine grammatischen und historiographischen Unternehmen. Ehrwürdig, aber unzeitgemäß war der alte Sänger der Religion und des Vaterlandes geworden; nur wenig schien man in seinen Gedanken und Werken von der neusten Zeit wiederzufinden. Offenbar hatte der alte Poet einen lebendigen Bezug zur Realität längst verloren. K.s Leben und Werk verkörpern das Dilemma der aufklärerischen Utopie im Deutschland des »bürgerlichen« 18. Jahrhunderts; sie umspannen Aufschwung, Widersprüchlichkeit und Wirkungsverlust einer intellektuellen Bewegung, die aus dem Schoß der alten feudalen Welt heraus eine neue Ära der menschlichen »Glückseligkeit« entwerfen und verwirklichen wollte.

Aufstieg und Niedergang, die Anstrengung gegen eine widerständige Realität waren wichtige biographische Erfahrungen schon des ganz jungen Mannes. K.s Vater, aus einem thüringischen Handelshaus stammend und bis 1732 als Stiftsadvokat in Quedlinburgischen Diensten tätig, hatte sich für einige Jahre auf ein riskantes Wirtschaftsunternehmen eingelassen, das schließlich scheiterte und den nahezu ruinierten Juristen in seine alte Amtstätigkeit zurückzwang. Friedrich Gottlieb, das älteste von siebzehn Kindern, hatte unter diesem Niedergang nicht wenig zu leiden. Zunächst noch von einem Hauslehrer unterwiesen, besuchte er seit 1736 das Quedlinburger Gymnasium. Erst durch Vermittlung eines reichen Verwandten gelang es, dem begabten Schüler einen Freiplatz an der Fürstenschule Pforta zu verschaffen. Der junge K. erhält hier bis 1745 eine gründliche humanistische Bildung, treibt fleißige Bibelexegesen und studiert die griechischen und lateinischen Dichter und Historiker. Dass ihn schon zu dieser Zeit eigene poetische Versuche in der deutschen und in den alten Sprachen beschäftigen, zeigt sich in seiner »Abschiedsrede« von Schulpforta. Der junge K. ruft die Deutschen zu größerem kulturellen und dichterischen Selbstbewusstsein auf. Er fordert ein großes nationales Epos, das es mit den Werken der Ausländer, auch mit ihren Klassikern, aufnehmen soll.

So ist es kaum verwunderlich, dass der wenig bemittelte Student der Theologie schon 1745 in Jena und seit Juni 1746 in Leipzig vor allem auf poetische Pläne sinnt. Im Kreis der »Bremer Beiträger«, der Herausgeber der *Neuen Beiträge zum Vergnügen des Verstandes und des Witzes*, erwachsen ihm Anregungen genug. Dieser Leipziger Freundschaftsbund ist ganz auf eine Dichtung eingeschworen, die sich nicht länger dem Geschmack adliger oder großbürgerlicher Gönner beugen, sondern eine selbstbewusste und autonome moralische Richterfunktion in der Gesellschaft übernehmen soll. Der Poet sei ein »Schöpfer«, kein bloßer »Nachahmer« der Natur und vor allem kein Versesschmied nach scheinbar ewig geltenden Kunstregeln. Statt sich auf die höfische oder stadtpatrizische Indienstnahme einzulassen, beschwören die »Bremer Beiträger« ihr solidarisches Lebensprinzip der »Freundschaft« oder der »Familiarität«, wie K. später formuliert hat. Gegenüber dem »Falschheitsvollen Hof« liegt in der »Freundschaft« ein Garant für Mitmenschlichkeit, Aufrichtigkeit, Gleichberechtigung und gegenseitige Achtung. Auch der junge K. macht in diesem Kreis eine kritische Sozialisation durch. Später wird er immer wieder den Gegensatz von Menschlichkeit und gelehrtem »Verdienst« auf der einen und arroganter, kalter Machtsphäre des Hofes auf der anderen Seite hervorheben.

Schon im Herbst 1745 hatte der junge Dichter begonnen, die ersten drei Gesänge seines *Messias* in einer Prosafassung zu Papier zu bringen; 1748 druckten die *Neuen Beiträge* eine erste Versfassung dieser wortmächtigen Eingangsgesänge ab. Gleichsam über Nacht wird aus dem stud. theol. K. der hochgelobte Dichter des Heilands; ein literarischer Wurf, der die Lebensbahn des jungen Mannes auf Anhieb verändern sollte. K. will nun endgültig Schriftsteller werden und gibt sein theologisches Studium auf. Bescheiden genug muss er beginnen: als Hofmeister in Langensalza. Bis in den Sommer 1750 hält es ihn hier, dann aber lockt der frühe Ruhm in die Welt hinaus. Der berühmte Schweizer Gelehrte und Schriftsteller Johann Jakob Bodmer macht dem Dichter das Angebot, in seinem Züricher Haus den begonnenen *Messias* zu vollenden. K. nimmt an, aber der Aufenthalt endet in bösem Streit, weil Bodmer einen weltentrückten Dichter, nicht aber einen Mädchenfreund und lebensfrohen Gesellen erwartet hatte.

Dennoch war bedeutend, was K. in der Schweiz an Lebenserfahrungen gewinnen konnte. Vor dieser Zeit sei er nur »auf Schulen« gewesen, schrieb er später einmal. Doch schon seit den Leipziger Zeiten war er sich vor allem der gesellschaftlich-politischen Aufgaben eines Dichters wohl bewusst. Er hat die »Beherrscher der Nazionen« seither immer in ein kritisches Licht gerückt, auch wenn sie, wie in der Schweiz, als »Aristokraten in den Republiken« die Macht in Händen hielten. Nur wenige Monate hatte der junge Dichter in der »republikanischen« Schweiz zugebracht, da erreichte ihn ein Angebot des dänischen Ministers Graf von Bernstorff, an den Hof nach Kopenhagen zu kommen und dort bei einer Jahrespension von 400 Talern ein achtbares Auskommen zu finden. 26 Jahre ist K. zu dieser Zeit alt, ein ganzes Dichterleben liegt noch vor ihm. Soll er es einem wenn auch vielgepriesenen Hof weihen? Was würden die Freunde sagen, die sich seit langem Gedanken darüber gemacht hatten, wie sie ihm eine unabhängige Existenz verschaffen und die Zwänge einer höfischen Indienstnahme ersparen könnten? Der berühmte Hamburger Dichter Friedrich von Hagedorn beschwört K. damals, sich in Dänemark auf keinen Fall eine Besoldung geben zu lassen: der *Messias* könne unmöglich unter den Bedingungen eines Hofamtes vollendet werden.

Aber die Befürchtungen der Freunde waren unbegründet. Schon in den Berufungsverhandlungen trat der junge Dichter ungewöhnlich selbstbewusst auf. Er betrachtete sich als einen Repräsentanten der bürgerlichen »Gelehrtenrepublik« Deutschlands, der von vornherein jede höfische oder repräsentative Unterordnung seiner Person verweigern zu müssen glaubte. Tatsächlich ist K. in den folgenden nahezu zwanzig Jahren seines Dänemarkaufenthalts nur »titulär« als »Hofraad« eingestuft worden und hat sich weitgehende persönliche und öffentliche Freiräume sichern können. Zumal im Kreise von Freunden wie Johann Andreas Cramer, Heinrich Wilhelm von Gerstenberg, Helferich Peter Sturz, den Grafen Stolberg, Johann Bernhard Basedow und dänischer Gelehrter hat der Dichter des *Messias* erheblichen kulturpolitischen Einfluss nehmen können. Der *Nordische Aufseher*, eine politisch engagierte Moralische Wochenschrift, war das Sprachrohr dieses humanistisch gebildeten Zirkels von »Patrioten«, die unablässig für die moralische Unterweisung und literarische Kultivierung der sozialen Führungsgruppen in der dänischen Hauptstadt arbeiteten und gegenüber der fürstlichen Obrigkeit die Rechte einer unabhängigen Öffentlichkeit wahrnehmen. Belobigt wurden im *Nordischen Aufseher* zwar die verfassungsrechtliche Limitierung der königlichen Gewalt in Dänemark und der humane Reformgeist bei ihren Spitzenbeamten, bekämpft und kritisiert dagegen die Neigung vor allem der großbürgerlichen Kreise, auf den Hof und die Nobilitierung zu schielen und jede bürgerliche »Anständigkeit« vermissen zu lassen. »Religion«, »Tugend« und »Patriotismus«, jene vielgerühmten Attribute einer moralisch geläuterten, libertären Lebensform, hat auch K. damals zu seinem Programm erhoben.

Überhaupt konnte er am Funktionieren des dänischen Absolutismus entscheidende Erfahrungen und Einsichten darüber gewinnen, wie eine nationale Integration der Gelehrten und Schriftsteller in Deutschland geschaffen werden könnte, die sich der Kulturlosigkeit und Machtanmaßung der feudalabsolutistischen Kleinstaaten entgegenzustellen vermochte. Die Organisation einer unabhängigen Öffentlichkeit schien dazu das wichtigste Mittel; sie war ja zugleich jene Lebensform, die es K. im Umkreis des dänischen Hofes gestattete, eine »freie« und damit repräsentative Existenz als »bürgerlicher« Schriftsteller zu führen. Verschiedentlich hat K. in Dänemark darüber nachgedacht, wie eine nationale »Societät« der deutschen Gelehrten praktisch zu realisieren sei. Im Jahre 1768 dediziert er Kaiser Joseph II. sein patriotisches Drama *Hermanns Schlacht*, da ihm zu Ohren gekommen ist, am Wiener Hof stehe die Errichtung einer großen Akademie der Künste und der Wissenschaften bevor. Aber das Vorhaben scheitert kläglich am Desinteresse des Monarchen. Der Patriot K., der seit einigen Jahren schon Stoffe und Motive aus der Geschichte und Mythologie der (alten) Deutschen in seinen Dichtungen propagiert hat, muss sich mit jener großen, freiheitsrechtlich verklärten Vergangenheit bescheiden.

Die Zeiten werden Ende der 1760er Jahre für K. etwas bewegter. Sein Freund und Gönner Bernstorff verliert alle politischen Ämter in Kopenhagen und geht nach Hamburg, wohin ihm der Dichter folgt. Nicht zufällig fällt seine Wahl auf die freie Reichs- und Handelsstadt. K. fühlt sich als »Republikaner«, als »Patriot«, als Wortführer derjenigen, die ihre kritische geistige Kraft in den Dienst des »Civismus« und der »Glückseligkeit« von Gesellschaft und Staat stellen wollen. Gerade als »bardischer« Dichter, dessen »Genie« sich aus den naturrechtlichen Urgründen der vaterländischen Geschichte speist, will K. die »heilige Dichtkunst« nie »durch höfisches Lob entweihn«, will er für »der Vernunft Recht vor dem Schwertrecht« das Wort ergreifen.

Kein Wunder, dass sich die hitzigen Dichterjünglinge des Sturm und Drang und des »Göttinger Hain« begeistert auf die Seite dieses selbstbewussten »patriotischen« Sängers stellten. Der nahezu fünfzigjährige Dichter als Idol, ja als Busenfreund von politisch aufbegehrenden Jünglingen, das hatte es in Deutschland noch nicht gegeben. Oft genug sind K. und die ihm folgenden »Genies« wegen ihrer radikalen Fürstenschelte und ihrer als »regellos« und »verstiegen« empfundenen Dichtungen an den Pranger der Öffentlichkeit gestellt worden. Die Fraktion der älteren Aufklärer war geradezu entsetzt, als K.s *Deutsche Gelehrtenrepublik* erschien: ein in die Fiktion nationalhistorischer »Landtage« verwobener Organisationsplan für die bürgerliche Intelligenz im deutschen Reich, den der Dichter 1774 im Selbstverlag herausgegeben hatte. Als ein Skandal wurden die Verhöhnung der unpatriotischen und biederen Stubengelehrsamkeit, die witzige bis scharfe Kritik am Mittelmaß und an der Eitelkeit des Öffentlichkeitsbetriebes sowie an der fürstlichen Ignoranz empfunden. Weit über 3000 Subskribenten des Buches bewiesen dennoch, wie sehr der Name des Dichters für eine kulturell geachtete Instanz zu stehen vermochte.

Der Markgraf Karl Friedrich von Baden hatte eben diese Autorität im Sinn, als er den gerühmten Sänger in Karlsruhe zum Hofrat befördern ließ, um sich seines kulturpolitischen Sachverstandes und seiner Anwesenheit zu erfreuen. Doch dieses Reiseunternehmen K.s, das ihn natürlich auch zu Johann Wolfgang Goethe nach Frankfurt a. M., vorher schon im Triumphzug zum »Hain« nach Göttingen geführt hatte, endete nach wenigen Monaten (März 1775) mit der unwiderruflichen Heimkehr des Dichters nach Hamburg. Im folgenden Jahr zieht K. auf Lebenszeit zu Johanna Elisabeth von Winthem, der Nichte seiner in Dänemark 1758 verstorbenen Frau

Meta; 15 Jahre später vermählt er sich mit der entfernt verwandten Dame.

In Hamburg kann K. insgesamt ein geruhsames Leben führen; die dänische und die badische Pension bilden einen soliden finanziellen Grundstock. Der Dichter und Wissenschaftler aber bleibt rastlos tätig. Allerdings macht nicht mehr der »bardische«, im altdeutschen Gewand daherkommende Poet von sich reden, obwohl er seine patriotischen Dramen *Hermann und die Fürsten* (1784) und *Hermanns Tod* (1787) noch vollendet, sondern der Abschluss des *Messias*, Studien über Sprache, Grammatik und Dichtung der Deutschen sowie die Publikation seines ausgefeilten Lyrikwerks treten in den Vordergrund.

Einen Höhepunkt erlebt K.s lyrische Dichtung zur Zeit der Französischen Revolution. Schon früh hatte er in seinen kunstvoll versifizierten bis freirhythmischen Oden, Elegien und Hymnen politische Interessen und Forderungen artikuliert, gegen fürstliche Anmaßungen, Kabinettskriege, Leibeigenschaft und Soldatenhandel und für den amerikanischen Unabhängigkeitskampf oder für den Tyrannenmord das Wort ergriffen. Im Beginn der Französischen Revolution wollte er nun eine »neue/labende, selbst nicht geträumte Sonne« erblicken und feierte des »Jahrhunderts edelste That«: »Ach du warest es nicht, mein Vaterland, das der Freyheit/Gipfel erstieg, Beispiel strahlte den Völkern umher«. Doch dieses innige Bedauern K.s schlug während der jakobinischen Terrorzeit in bittere Enttäuschung und aggressive Anklage um. Die Hinrichtung der Königsfamilie in Paris, die bluttriefende Wohlfahrtsdiktatur und der vermeintlich von den Jakobinern allein angezettelte Krieg erschreckten den »empfindsamen Revolutionär« aufs tiefste. K.s Beurteilung der revolutionären Ereignisse entsprach der seines »liberalen« Hamburger Freundeskreises. Als christlich inspirierter Denker sah er in der Aufklärung einen langwierigen Diskussions- und Überzeugungsvorgang, der die kollektive Sensibilisierung und Kultivierung der Menschen zur Folge haben würde. K. wollte den friedlichen Austausch von Fürsten und Untertanen, die gütliche politische Reform. Und nur wo blutige Tyrannis herrschte oder sich ein Volk umbruchartig entschloss, »Republik« zu werden, schien ihm ein politisches Aufbegehren rechtens zu sein. Ein gewaltsames praktisches Erzwingen der »Freiheit« konnte es damit freilich immer noch nicht geben, war doch gerade sie eine »göttliche« Verheißung. Nur »weise Menschlichkeit« galt ihm als das Mittel einer emanzipatorischen geschichtlichen Praxis in der säkularen Welt. Der *Messias*-Dichter war und blieb davon überzeugt, dass die »Freyheit von Handlungen« und die Kraft des »Immerwirkenden« in der Geschichte der Menschen ineinandergreifen und mit Gewissheit »zu der Schöpfung letztem Zweck, der Seligkeit Aller« führen werden.

So aufmerksam der historische und politische Denker K. zeitlebens auch gewesen sein mochte, seine aufklärerische Utopie und sein ideeller Patriotismus gründeten in jener beharrlich festgehaltenen Theodizee. Wie diese, so war auch seine Dichtungsauffassung früh schon entwickelt und wollte sich – bei aller bahnbrechenden Bedeutung für das Entstehen einer autonomen Bürgerkultur um die Mitte des 18. Jahrhunderts – selbstbewusst gegen die weitere historisch-intellektuelle Entwicklung behaupten. Als empfindsamer Dichter der Liebe, der Freundschaft, der Natur und des Allerheiligsten, als patriotischer Dramatiker und Historiograph, als Dichtungstheoretiker, Sprach- und Grammatikforscher, ja als Repräsentant eines neuen, »freien« Schriftstellertypus hat K. zeitlebens einem christlich-empfindsam getönten Rationalismus angehangen. Mit der »göttlichen« erwartete er, immer wieder verstört aber letztlich unverdrossen, auch die »menschliche, edle Verheißung« auf Erden. Dieser wollte er als Dichter und als Wissenschaftler, als tätiger Propagandist eine historisch angemessene geistige Wirkungskraft verleihen; er wollte »Wahrheit ... und Geschichte« zusammenführen, damit die Welt dereinst endlich die Gestalt der moralischen Idee annehmen möge.

Dem gealterten Dichter erschien die Wirklichkeit seiner Zeit immer mehr als ein transitorisches Reich, als eine Vor-Zukunft. »Ich will mich der Siegenden freuen/die mein Aug' entdeckt in der immer ändernden Zukunft«, hat er 1798 geschrieben. Am Ende hielt K. seine Lebensarbeit für geleistet, sein Vermächtnis für ganz und gar ausformuliert. In den Augen der Mit- und Nachwelt gerann dieses große Werk aber schon bald zum Monument einer ehrwürdigen Vergangenheit.

Werkausgabe: Werke und Briefe (Hamburger Ausgabe). Hg. von Elisabeth Höpker-Herberg u. a. Berlin/New York 1974 ff.

Harro Zimmermann/Red.

Kluge, Alexander
Geb. 14. 2. 1932 in Halberstadt

»Die Form des Einschlags einer Sprengbombe ist einprägsam. Sie enthält eine Verkürzung. Ich war dabei, als am 8. April 1945 in 10 Meter Entfernung so etwas einschlug.« Man kann mit Sicherheit annehmen, dass dieses Erlebnis den 13-Jährigen – wie viele seiner Altersgenossen – nachhaltig geprägt hat, für ihn ein unüberwindbares Trauma darstellte. Am Thema Krieg hält K. zeitlebens fest, es zieht sich durch alle seine Filme, Bücher und theoretischen Texte. Von Stalingrad, dem Trauma aller Deutschen, sagt K., er werde nicht aufhören, darüber zu arbeiten. Möglich, dass einer, der erfahren hat, dass er nur zufällig noch am Leben ist, daraus besonders starke Kraft zieht, um seinen eigenen Motiven zu folgen.

K., Sohn eines Arztes, lebt nach der Scheidung seiner Eltern bei seiner Mutter in Berlin. Er studiert Jura, Geschichte und Kirchenmusik in Marburg, Freiburg und Frankfurt a. M., promoviert in Rechtswissenschaft, volontiert dann aber 1958/59 bei dem Filmregisseur Fritz Lang, der *Das indische Grabmal* dreht. Er sieht Jean Luc Godards *A bout de souffle* (dt.: *Außer Atem*, mit Jean Paul Belmondo und Jean Seberg, 1959) und will daraufhin selbst Filme drehen. Die deutsche Kinolandschaft wird vom amerikanischen Konfektionsfilm und von deutschen Schnulzen beherrscht. Gegen diese Realität beginnt Anfang der 1960er Jahre die Protestbewegung des »Neuen deutschen Films«. 1985 läuft in den Kinos K.s 27. Film. K. steht jetzt nicht nur als vielfach preisgekrönter Autorenfilmer da (z. B.: *Abschied von gestern*, 1966; *Die Artisten in der Zirkuskuppel: ratlos*, 1967; *Gelegenheitsarbeit einer Sklavin*, 1973; *In Gefahr und größter Not bringt der Mittelweg den Tod*, 1974); es wäre auch alles, was den neuen deutschen Film institutionell absichert (Kooperation der Autoren und Produzenten, Filmförderungsgesetz, Rahmenabkommen Film/Fernsehen, Einrichtung des Instituts für Filmgestaltung in Ulm, wo K. lehrte), ohne die unermüdliche Lobbyistentätigkeit und Überzeugungsarbeit K.s so nicht zustandegekommen. Seit 1983 befinden sich die Regisseure im Grabenkrieg mit der CDU/CSU-FDP-Regierung, die dabei ist, dem Kommerz im Film wieder freie Bahn zu verschaffen. Wie Godard in *Prénom Carmen* (1983), reflektiert K. in *Der Angriff der Gegenwart auf die übrige Zeit* (1985) die »Utopie Film« als historisches Phänomen des 20. Jahrhunderts, das in der »Kolonialisierung« des Bewusstseins durch die Industrie der sog. Neuen Medien untergeht. Dies legt K. auch in dem von ihm herausgegebenen Buch *Utopie Film* (1983) dar. »Das alles hat den Charakter einer Baustelle. Es ist grundsätzlich imperfekt«, schreibt K. über die realistische Methode im Film. »Baustelle« ist aber auch seine eigene Arbeit. Eigensinnig und ohne Rücksicht auf Markt und Moden produziert K. von Anfang an in eigenen Formen, so dass der etwas antiquiert wirkende Begriff Lebenswerks naheliegt; damit ist aber nicht ein herausragendes, abgeschlossenes Opus gemeint, sondern die lebenslange, kontinuierliche Arbeit, die ihren Motiven treu bleibt. In diesem Sinne sind Film, Literatur und Philosophie K.s eine Einheit. So ist z. B. die Schlussgeschichte des Films *Die Macht der Gefühle* (1983) nach Motiven aus K.s erstem literarischen Band *Lebensläufe* (1962) gedreht; die Textbücher werden zu Text-Bilder-Büchern (*Schlachtbeschreibung*, 1964, 1978 und 1983); den Filmbüchern (z. B.: *Die Patriotin*, 1979) werden theoretische Passagen und Geschichten beigegeben, so dass man »600 Stunden« Film bräuchte, »um dieses Buch zu verfilmen«. Sogar die 1300 Seiten starke, zusammen mit dem Sozialwissenschaftler Oskar

Negt verfasste philosophische Band *Geschichte und Eigensinn* (1981) ist ein Montagewerk, enthält Hunderte von Bildern und Geschichten. Darin geht es um die »politische Ökonomie der Arbeitsvermögen«, also um die Unterseite der Ökonomie des Kapitals, die Marx zwar bemerkt und benannt, aber nicht beschrieben hat. Die Linie dieser Theoriebildung wurde 1992 von Negt und K. fortgesetzt mit dem Band *Maßverhältnisse des Politischen*. In 15 Essays entwickeln die Autoren nun umgekehrt die Ökonomie der nichtprofessionell betriebenen Politik nicht als eines besonderen abgegrenzten Sachbereiches oder spezieller Stoffe, sondern als eines »Intensitätsgrades der Gefühle«, den jeder Stoff des menschlichen Lebens annehmen kann.

Genau genommen geht es K. überhaupt nicht um Bücher oder Filme, sondern um die Herstellung von Öffentlichkeit. Für ihn zählen nicht Buchstaben- oder Bilderwelten, sondern der Austausch von Erfahrungen, den die herrschende, d. h. von bestimmten politischen und wirtschaftlichen Interessen gesteuerte Öffentlichkeit verhindert. Die Art, wie er sich ausdrückt, entsteht aus dieser Notlage und ist ständig auf der Suche nach Auswegen. Der deutlich sichtbare Bruch, den K. dabei mit allen konventionellen Ausdrucksformen (also auch literarischen) wie kaum ein anderer zeitgenössischer deutscher Autor vollzieht, hat seinen Grund gerade darin, dass er an den Wurzeln der filmischen, literarischen und philosophischen Tradition festhält: der Vermittlung authentischer Erfahrung.

Wenn K. der »Erfinder der dokumentarischen Methode« genannt wird, wenn man darauf hinweist, dass er alle Formen der öffentlichen Rede, der Expertenjargons, der Zeitungsnotiz, des Gerichtsprotokolls, der Verwaltungsrichtlinien, Tabellen, Abbildungen, allen nur greifbaren Ausdrucksmüll benutzt, wenn man mit Recht sagt, dass sein Stoffhunger unersättlich ist, wenn man also das »Objektive« dieses Autors hervorhebt, dann muss man gleichzeitig hinzufügen, dass diese außerordentlichen Materialmengen von radikaler Subjektivität zusammengehalten und organi-

siert werden. Das Subjektive liegt in dem Schnitt, der Montage, der Assoziation, mit einem Wort: in der Form. »Es gibt nichts Objektives ohne die Gefühle, Handlungen, Wünsche, d. h. Augen und Sinne von Menschen, die handeln.« Die »Form«, in der K. seine Geschichten erzählt, »ist ein Gefühl«. Gefühl ist Bewegung, und die eigenen Gefühle passen heute weder in die literarisch überlieferten noch in die öffentlich herrschenden Ausdrucksformen. Was K.s Geschichten so neu und unvergleichlich erscheinen lässt, ist dann nichts Besonderes, sondern etwas, das in allen Menschen steckt, wenn sie ihre Motive und Gefühle ernst nehmen und gegen die Enteignung ihrer Ausdrucksformen protestieren. Es sind genuine Formen von Erfahrung.

Darum geht es K. auch bei seiner Arbeit im Fernsehen. Nachdem die Regierung Kohl dem deutschen Autoren-Film die Existenzgrundlagen geraubt hatte (Änderung des Filmförderungsgesetzes nach Maßgabe von kommerziellem Erfolg 1983), gelang es K. 1988 in Kooperation u. a. mit dem *Spiegel*, der *Süddeutschen Zeitung*, der *Neuen Zürcher Zeitung*, dem *Stern* und dem *Deutschen Bühnen-Verband* (zusammengeschlossen als *DCTP, Development Company for Television Programmes*) im Fernsehen, ein Fenster für das Autorenprinzip offenzuhalten (*Prime Time* und *10 vor 11* auf *RTL*, *News and Stories* auf *Sat 1*, Sonntag- und Montagnacht). Seit 2001 betreibt *DCTP* den »Metropolensender« *XXP* (über Kabel in Norddeutschland und Rheinland-Pfalz). Allein die Vielfalt der Themen, Interviewpartner aus Literatur, Kunst, Film, Oper, Naturwissenschaft, Philosophie, Geisteswissenschaften, Theater (z. B. Heiner Müller, Enzensberger, Schleef, Schlingesief, Grünbein, Castorf, Harfouch, Rois, Wenders, Schroeter, Herzog, Oe, Oshima, Godard, Angelopoulos, Luhmann, Negt, Corti, P. Boulez, Konwitschny, Gorbatschow, Falin, Pearle) zeigt, an welcher Erfahrungsauszehrung das auf abstrakte ›Prominenz‹ und zunehmend mit sich selbst beschäftigte ›Leitmedium‹ unserer Zeit leidet. K. geht es dabei nicht darum, mit dem Massenfernsehen zu konkurrieren, sondern um eine Art Minderheitenschutz von

Fühlen und Denken gegen die erdrückende Übermacht von Sentimentalität und Unterhaltungsdiktatur. Man kann, was K. hier, immer im Kampf mit politischer und kommerzieller Macht der Privatsender, gelungen ist, durchaus mit den Mühen der Klassiker (Schiller, Goethe, Lessing) um ein deutsches Nationaltheater (dem Leitmedium des 18. und 19. Jahrhunderts) vergleichen. Für seine Kulturmagazine erhielt K. 2001 zusammen mit Günter Gaus und Gerd Ruge den Hans-Joachim-Friedrichs Preis.

Im Jahr 2000 hatte nach 12 Jahren TV-Arbeit (ca. 1000 Stunden Original-Sendung) der literarische Autor K. ein beeindruckendes Comeback. Die *Chronik der Gefühle* (Bremer Literaturpreis 2002, Lessing-Preis Wolfenbüttel 2002) enthält auf ca. 1000 Seiten das bisherige literarische Werk (2. Band) und 1000 Seiten neuer Geschichten. Darin ist von Altersmilde keine Spur, vielmehr erscheinen der eigene Ton, die Montage (von Reihen von Erzählungen, aber auch bis hinunter in die Mikrostruktur der Sprache), der Kurzdialog, der poetische Angriff auf das Phantom der Wirklichkeit in erweiterter und radikalisierter Form. Die in 12 Kapitel gegliederten Erzählungsfolgen (z. B. *Verfallserscheinungen der Macht, Heidegger auf der Krim, Verwilderte Selbstbehauptung, Der lange Marsch des Urvertrauens*) stellen eine völlig neue Form des Erzählens dar, weder Kurzgeschichte noch Roman. Man kann jedes Kapitel als Roman (100–450 Seiten) und darin jede Geschichte als ein Unterkapitel lesen, wenn man bereit ist, als dessen ›Held‹ Kräfte unterhalb oder oberhalb von Personen zu akzeptieren (z. B. das ›Urvertrauen‹, die sich in der Katastrophe von Stalingrad bündelnden historischen Kräfte, das Eigentum).

Nur ein Jahr später veröffentlichte K. einen neuen Band (1000 Seiten) mit Erzählungen: *Die Lücke, die der Teufel läßt*, für den er im selben Jahr den Büchner-Preis erhielt. Der Titel bezieht sich auf den seit Mitte der 1990er Jahre im Osten wie im Westen erstarkenden Fundamentalismus. Wenn Habermas, der Philosoph der »kommunikativen Vernunft«, in seiner Friedenspreis-Rede im Oktober 2001 eine Erweiterung des Begriffs der Aufklärung fordert, der das Religiöse als das, worüber Kommunikation verweigert wird, neu reflektieren müsse, dann kann man K.s neues Buch als eine erste literarische Anstrengung in dieser Perspektive lesen. Es geht darin um die Menetekel unserer Zeit (Tschernobyl, den 11. September 2001, die Kriege), um den Fundamentalismus, der auch in der westlichen Aufklärung versteckt ist, vor allem aber um die »Lücken«, die man finden muss, wenn sich die Horizonte zuziehen. Es finden sich in diesem neuen Buch aber auch die schönsten Geschichten über Liebe. Das in diesen beiden Werken vorliegende vorläufige literarische Gesamtwerk K.s zeichnet ihn als realitäts- und welthaltigsten deutschen Gegenwartsautor aus.

Rainer Stollmann

Knigge, Adolph Freiherr von

Geb. 16. 10. 1752 auf Gut Bredenbek bei Hannover; gest. 6. 5. 1796 in Bremen

Als Verfasser des Buches *Über den Umgang mit Menschen* (1788) ist K. zu fragwürdigem Ruhm gekommen. Das, was als Beitrag zum bürgerlichen Emanzipationskampf gemeint war, geriet in seiner Wirkung zum banalen Etikette-Buch. Die zahlreichen Neuauflagen des Buches drängten die politischen und sozialen Absichten des Verfassers immer stärker zurück und verkehrten sie schließlich in ihr Gegenteil.

Als politischer Autor war K. in Deutschland schon zu seinen Lebzeiten unerwünscht. Zunächst deutete nichts darauf hin, dass K. einer der gefürchteten »Revolutionsprediger« werden sollte. Aus einem alten (jedoch verarmten) adeligen Geschlecht stammend, erhielt er die übliche standesgemäße Ausbildung: Er studierte Jura in Göttingen (1769 bis 1772). Zu seinen Lehrern zählten die später berühmt gewordenen Brüder Johann Adolf und Johann August Schlegel. Durch den frühen Tod der Eltern verlor er den ererbten Familienbesitz und war gezwungen, sich seinen Lebensunterhalt selbst zu erarbeiten. Nach seinem Studium nahm er die Stelle des Hofjunkers und Assessors bei der Kriegs- und Domänenkammer Kassel an; 1777 gelangte er dann auf Goethes Empfehlung als weimarischer Kammerherr nach Hanau, später nach Frankfurt a. M. Auch wenn er zeitlebens um die Einsetzung in seinen alten Besitz kämpfte, so wandte er sich doch früh und entschieden von seiner Klasse ab und verstand sich, ironisch auf den Freiherrn anspielend, als »freier Herr Knigge«. Bereits als 20-Jähriger hatte er sich den Freimaurern angeschlossen, einige Jahre später trat er dem radikalaufklärerischen Illuminatenorden bei (1780 bis 1784). Als Rezensent der *Allgemeinen Deutschen Bibliothek* versuchte er, seine literarischen Neigungen mit seinen politischen Interessen zu vermitteln und eine Existenz als »freier Autor« aufzubauen. Neben Dramen (*Theaterstücke*, 1779/ 80; *Dramaturgische Blätter*, 1788/89) verfasste er eine Vielzahl von unterhaltsamen aufklärerischen Romanen. Der Ausbruch der Revolution in Frankreich veränderte seine literarische Praxis. Es entstanden die bissigen politischen Satiren *Benjamin Noldmann's Geschichte der Aufklärung in Abyssinien* (1791), *Des seligen Herrn Etatsraths Samuel Conrad von Schaafskopf hinterlassene Papiere* (1792) und *Josephs von Wurmbrand politisches Glaubensbekenntniß* (1792), die zu wütenden Attacken der Reaktion führten und K.s letzte Lebensjahre verbitterten, ihn jedoch in seinem politischen Engagement nicht beugen konnten. Im Gegensatz zu seinen politischen Gegnern schätzte er die Wirksamkeit seiner Schriften eher gering ein: »Noch nie haben Bücherschreiber große Weltbegebenheiten bewirkt, sondern die veränderte Ordnung der Dinge wirkt im Gegenteil auf den Geist der Bücherschreiber«.

Werkausgabe: Sämtliche Werke (Nachdruck der Ausgabe 1781–1796). Hg. von Paul Raabe. 20 Bde. Nendeln 1978.

Inge Stephan

Kochanowski, Jan

Geb. 1530 in Sycyna bei Radom/Polen; gest. 22. 8. 1584 in Lublin

Jan Kochanowski ist der erste polnischer Dichter, der ins Deutsche übersetzt wurde. Er war bis zu Beginn des 19. Jahrhunderts »unbestritten der bedeutendste slawische Dichter« (Czesław Miłosz), seine literarischen Vorbilder waren griechische und römische Lyriker.

Odprawa posłów greckich (1578; *Die Abfertigung der griechischen Gesandten*, 1929) – das früheste dramatische Werk in polnischer Sprache – ist inhaltlich angelehnt an die Handlung des dritten Gesangs des homerischen Epos *Ilias*. Streng nach dem Vorbild der griechischen Tragödie werden die drei Einheiten des Orts, der Zeit und der Handlung bei K. gewahrt. *Psałterz Dawidow* (1579; *Davidpsalter*) ist der erste veröffentlichte Lyrikband des Renaissancedichters K. Als Vorlage benutzte er sicherlich einen althebräischen Text und die Vulgata. Viele der von ihm übersetzten Psalmen wurden vertont und in katholischen und protestantischen Kirchen Polens gesungen.

Der lyrische Zyklus *Treny* (1580; *Klagelieder*, 1884) enthält Elegien über den Verlust seiner Tochter Urszula, die im Alter von zweieinhalb Jahren verstarb. Sie sollten dazu beitragen, den Tod der geliebten Tochter zu überwinden. Mit den Klageliedern versuchte K. als erster in der polnischen Literatur, Trauer und den Schmerz mit ästhetischen Mitteln und philosophischen Reflexionen zu verarbeiten. Die Grundaussage der Elegien lautet: »Das Menschliche menschlich ertragen.« Eine deutsch-polnische Ausgabe der Texte erschien in Krakau unter dem Titel *Treny. Thraenen* (2000). Der Band *Fraszki* (1584; eine dt. Auswahl erschien 1652) beinhaltet Anekdoten, Grabinschriften, Epigramme, Spott- und Gelegenheitsgedichte sowie Skizzen aus dem Hofleben, Beobachtungen über das Verhalten weltlicher und geistlicher Würdenträger, Reiseeindrücke und Reflexionen über die Umwelt. Die *Fraszki* bilden eine Art Tagebuch, in dem der Autor sich aber nur schwer zu erkennen gibt.

K., Verfasser vieler Werke religiösen, politischen, mythologischen und humoristischen Inhalts, hat sich außerordentlich große Verdienste um die Entwicklung des Polnischen zur Poesiesprache erworben. Zuweilen wird er mit Pierre de Ronsard (1524–85) verglichen, der die französische Lyrik wesentlich bestimmt hat. K. war ein leidenschaftlicher Dichter seiner Zeit, was sich in seiner ehrfurchtsvollen Liebe zur Antike und seiner Bewunderung der italienischen und französischen Lyrik zeigt. Durch seine Werke zieht sich die humanistische Weltanschauung vom Menschen als einem selbständigen und unabhängigen Wesen. Postum, 1586, wurden seine zahlreichen Lieder veröffentlicht. Sie enthalten Liebesgeschichten, Naturbeschreibungen und Szenen eines ländlich-idyllischen Lebens.

Georg Mrugalla

Koeppen, Wolfgang

Geb. 23. 6. 1906 in Greifswald; gest. 15. 3. 1996 in München

Die nüchterne Trennung von Dichtung und biographischer »Wahrheit« war nie Sache des Autors K. Als der Fünfundachtzigjährige das Geheimnis um die Autorschaft des 1948 unter dem Namen des Opfers erschienenen Ich-Berichts eines Münchner Juden lüftete – *Jakob Littners Aufzeichnungen aus einem Erdloch* (1992) –, gelang diesem frühen, erschütternden Nachkriegswerk noch einmal ein kleine literarische Sensation (auch die Akklamation der Kritiker, die es an die Spitze der SWF-Bestenliste wählten). Der im Trümmer-München hungernde, mit seiner jungen Frau in einem Bohème-Zirkel lebende K. hatte dies Stück sensibler Trauerarbeit für ein paar Care-Pakete aus Übersee geleistet und sich damit selbst etwas von der Seele geschrieben. Der nach New York ausgewanderte Littner hatte den Kleinverleger Kluger und K. ausfindig gemacht, damit das wie durch ein Wunder gelungene Überleben mit der Polin Janina in einem Erdloch nahe dem Ghetto von Zbaraz (nach der Flucht aus München über Prag, Krakau und Lemberg) einen Zeugen fand. Die verfälschende Literarisierung findet, nach Vergleich mit dem 2002 veröffentlichten Littner-Manuskript, *Mein Weg durch die Nacht*, bei Ruth Klüger und Jörg Döring eher ablehnende Resonanz: sie ziehen den authentischen Text dem modisch-existentiellen Koeppen-Ton vor. K. hatte das Manuskript mit dem Titelanklang an Dostojewskis *Aufzeichnungen aus einem Erdloch* chiffriert. Auf den Überlebensbericht des Unbekannten hatte 1948 bereits Bruno E. Werner, Autor der *Galeere*, in der *Neuen Zeitung* aufmerksam gemacht. Die dennoch anrührenden Bilder K.s enthalten zusammen mit den Trümmerzeit-Erzählungen die Werkstufe auf dem Weg zur einsamen Meisterschaft seines Hauptwerks im frühen Nachkriegsdeutschland. Der Nachlass enthält Fragmente zum Roman *In den Staub mit allen Feinden Brandenburgs* und Ansätzen zu jenem ambivalenten autobiographischen NS-Zeit-Roman, der K. lebenslang beschäftigte, mit einer Aufarbeitung der eigenen Biographie nach seiner Rückkehr aus dem holländischen Exil ins Dritte Reich (von 1938 bis 1945). Auffallend sind die großen Perioden des Verstummens, dazwischen fallen schubweise seine Schreibphasen: 1934 und 1935 erscheinen zwei vielversprechende Erstlinge, *Eine unglückliche Liebe* und *Die Mauer schwankt*; im ersten Teil übt K. geschickt verhüllt, weil er den Ort des Geschehens in den Balkan verlagert, Kritik am NS-Staat: schließlich schrieb K. das verlorengegangene Roman-Manuskript der »Jawang-Gesellschaft« über holländische Fremdenlegionäre in Java, angeregt durch ein Gedicht von Arthur Rimbaud und seine Erfahrungen in einem Bohème-Kreis in Holland, um den Kriminal-Autor Jan Apon, der K. von der unglücklichen Liebe zur Schauspielerin Sybille Schloss ablenkte. Was an diesem Thema mit seiner javanischen Exotik ausweichend und auf eine preziöse Art – in Kreisen einer holländischen *jeunesse dorée* der Aussteiger – anarchisch angelegt war, erklärt K. heute aus seinem früh angelegten Außenseitertum, das ein Zusammengehen mit europäischen Exil-Gruppen ebenso erschwerte, wie die Angst des sensiblen Sprachkünstlers und James Joyce-

Bewunderers vor Trennung von der Muttersprache. Als Leopold Schwarzschilds Pariser Emigrantenblatt *Das Neue Tagebuch* K. in der Rubrik »Abseits von der Reichskulturkammer« genannt hatte und es ihm in Holland zu gefährlich wurde, kehrte er 1938 schwarz über die Grenze zurück, mit einer Abmeldung von Rheinfeld (Holstein), wo er durch Zufall noch eingetragen stand, ins ihm nicht geheure Berlin. Herbert Ihering, Gönner aus der Berliner *Börsen-Courier*-Zeit von 1931 bis 1934, und Erich Engel brachten K. beim deutschen Film unter, wo er sich bis 1944 mit Drehbüchern über Wasser hielt. In einem Tennis-Hotel in Feldafing, inmitten einer vor Bomben ins nicht geheure Party-Leben am Starnberger See flüchtenden Münchner Gesellschaft, zu der Lothar Günther Buchheim und Annali von Alvensleben gehörten, erlebte er das Kriegsende und lernte seine spätere Frau kennen, die Anwaltstochter Marion Ulrich. Nach Jakob Littners *Aufzeichnungen*, diesem in seiner fragmentarischen Knappheit und seinen Erzählbrüchen bereits zum Hauptwerk überleitenden Ich-Bericht, ließ sich K. durch den Verleger Henry Goverts zum nächsten Roman überreden. Er begann die Trilogie gegen die Restaurationsbewegung der frühen 1950er Jahre und gegen die verlogene Mentalität sich wieder etablierender nationalsozialistischer Stützen und Mitläufer (*Tauben im Gras*, 1951; *Das Treibhaus*, 1953; *Der Tod in Rom*, 1954). Die Romane, in denen K. seismographisch dem faschistischen Nachhall in der jungen, wieder aufrüstenden Bundesrepublik nachspürte, wurden nur von wenigen Lesern verstanden. Der Büchner-Preis (1962) folgte erst dem schöpferischen Ausatmen in Reiseliteratur mit politisch weniger brisanten Themen. Nach zwanzigjähriger Pause folgte die von Melancholie überschattete Erzählung *Jugend* (1976), die autobiographisch gefärbt ist.

In einer poetisch verfremdeten Prosa werden die bunten Stichwörter der frühen Biographie zu einem Porträt des nirgends heimisch werdenden Außenseiters (Greifswald, Ortelsburg, Hamburg, Würzburg, Berlin) zusammengefügt: »Gymnasium in Ostpreußen, Distanz von der Herkunft, unregelmäßiges Studium, bildungsbeflissen, aber kein Ziel, Zeit der Arbeitslosigkeit (in der ich Außenseiter blieb), Schiffskoch (zwei Fahrten), 14 Tage Platzanweiser im Kino, Eisbereiter in St. Pauli, Dramaturg und Regievolontär an guten Theatern, loses Verhältnis zu Piscators dramaturgischem Kollektiv (unbefriedigend, aber schon Berlin), früher Journalismus, gleich in Berlin, links, Gast im Romanischen Café, Anstellung am *Börsen-Courier*.«

Margarete Mitscherlich hat sich einfühlsam dem hier deutlich werdenden frühen Verlust von Primärbindungen (an die Familie des unehelich Geborenen, Heimat, Bürgertum und Schule) bis zum sturen Einzelgängertum angenommen und die Folgen einer durch das Dritte Reich verstellten Verwirklichung nachgezeichnet. Der Druck, das Lebenswerk vollenden und die große Begabung ein letztes Mal einlösen zu sollen, war für K. am Ende allem Anschein nach zu groß, auch wenn nach 1968 das Verständnis für seine Art der Trauerarbeit gewachsen ist. Es fehlte die Erfahrung des Widerstands in einer Exil-Gruppe, nach 1945 die Bindung an die Gruppe 47, die K. durchaus mit Sympathie betrachtete. Karl Korn hat in einer frühen, einsichtigen Kritik zu *Tauben im Gras* die Formel für K.s gesamte Trilogie gefunden: Sie sei K.s »Klage darum, daß wir drauf und dran sind, den Gewinn der geistigen und seelischen Erschütterungen von 1945 und alles dessen, was davor und danach liegt, zu vertun im Taumel einer fragwürdigen Restauration«. Hier lag für den jeder Gruppen- und Programmbindung »kraß und fremd« gegenüberstehenden Autor der historische Moment des eigenen Engagements. Auch wenn die Bundesrepublik den Weg von K.s schlimmsten Befürchtungen nicht gegangen ist, hat er doch über der eigenen geringen Leserresonanz den Glauben verloren, »daß man mit Schreiben, mit Kritik, Satire irgend etwas ändern könnte« (1971). Das Leben im deutschen Süden bedeutete doch einen gewissen Neuanfang nach 1945; dort fand er zur ironischen Distanz: »Der Staat Preußen, aus dem ich kam und dessen Schlachtenruhm das Schulkind gequält hatte mit Daten des Sieges und des Todes, war an einer ihm von einem österreichischen Schlawiner aufgezwungenen, doch Preußen nicht seelenfremden Hybris erstickt und zerlegt worden, Bayern, ein in Jahrhunderten gepflegtes, wie es sich sah, Gott gefälliges Reich im wesentlichen erhalten, standhaft davongekommen, wie wir alle, die wir im Sommer 1945 lebten. Ich blieb in München« (1982).

Werkausgaben: Gesammelte Werke in 6 Bänden. Hg. von Dagmar von Briel und H.-U. Treichel. Frankfurt a. M. 1986; Auf dem Phantasieroß. Prosa aus dem Nachlaß. Hg. von Alfred Estermann. Frankfurt a. M. 2000.

Volker Wehdeking

Kohout, Pavel
Geb. 20. 7. 1928 Prag

Über Pavel Kohout wurde vor allem in den 1960er bis 90er Jahren nicht nur viel diskutiert, er war vielmehr literarisch auch so produktiv, dass er zum international meistgespielten tschechischen Schriftsteller wurde. Seine Dramen hatten bis 1988 im westlichen Europa 450 Premieren und ca. 11.000 Vorstellungen. Er schrieb außerdem Gedichte, Prosa, Drehbücher und führte Regie.

In den Jahren nach dem Zweiten Weltkrieg regimekonform, studierte er 1947 bis 1952 an der Philosophischen Fakultät der Karlsuniversität in Prag und arbeitete gleichzeitig 1947 bis 1949 beim tschechoslowakischen Rundfunk. 1949 bis 1950 wirkte er als Kulturattaché in Moskau, 1950 bis 1952 als Chefredakteur der Wochenschrift *Dikobraz* und 1953 bis 1955 bei der Zeitschrift *Československý voják* (Tschechoslowakischer Soldat). Danach wurde er 1955 bis 1957 Redakteur beim tschechoslowakischen Fernsehen und ab 1957 Berufsschriftsteller. K. begann seine literarische Laufbahn mit politischen Gedichten und Liebesgedichten: *Verše a písně* (1952; Verse und Lieder). Sein Durchbruch als Dramatiker gelang ihm 1955 mit dem Stück *Zářijové noci* (Septembernächte). Auch das Folgestück *Taková láska* (1958; *So eine Liebe*, 1958) wurde ein internationaler Erfolg. Der parteikonforme Verseschmied wandelte sich in dieser Zeit zum Reformsozialisten und trat mit weiteren vielbeachteten Hörspielen und Dramen hervor. In der zweiten Hälfte der 1960er Jahre vertrat er die nonkonformistische Strömung in der tschechischen Literatur, 1968 war er der führende Protagonist des »Prager Frühlings«. Seit Anfang der 1970er Jahre wurde er politisch verfolgt und gehörte zu den Wortführern der Charta 77. Nachdem ihm und seiner Frau Jelena 1979 von den tschechoslowakischen Behörden verwehrt wurde, von einem Aufenthalt aus Österreich in die Heimat zurückzukehren, nahm er 1980 die österreichische Staatsbürgerschaft an. 1989 wurde er Berater Václav Havels. K. lebt heute in Wien und Prag; Prag bezeichnet er als seine Urheimat, von Wien sagt er, die Stadt sei ihm von der Zwangsheimat zur Wahlheimat geworden. Neben zahlreichen Auszeichnungen erhielt er im Jahr 2002 das Bundesverdienstkreuz.

Bekannt wurde K. mit seinen dramatischen Arbeiten, von denen einige seit den 1960er Jahren nach berühmten Romanvorlagen entstanden und weltweit aufgeführt wurden, so z. B. *Cesta kolem světa za 80 dní* (1962; *Reise um die Erde in 80 Tagen*, 1969) nach Jules Verne, *Josef Švejk aneb Tak nám zabili Ferdinanda a jiné citáty z Osudů dobrého vojáka Švejk* (1963–64; *Die Abenteuer des braven Soldaten Schwejk*, 1967) nach Jaroslav Hašek und weitere Stücke nach Karel Čapek, Romain Rolland, Dostoevskij, Orwell und Shakespeare. Elemente des absurden Dramas – ähnlich wie bei Václav Havel und Ivan Klíma – machen den besonderen Reiz der Stücke *August, August, August* (1967; *August, August, August*, 1969) und *Tři aktovky se společným jmenovatelem Život v tichém domě* (1990; *Drei Einakter. Das Leben im stillen Haus*, 1971) aus. Sie sind nicht mehr als Adaption einer klassischen Vorlage konzipiert – bei Letzterem spielt nur der Titel auf Jan Nerudas Idee an, mehrere Menschen und ihre Schicksale in einem Mehrfamilienhaus vorzustellen (in *Povídky malostranské*, 1878; Kleinseitner Erzählungen, 1955). Die drei Einakter *Válka ve třetím poschodí* (1970; Krieg im dritten Stock), *Pech pod střechou* (1971; Pech unterm Dach) und *Požár v suterénu* (1971; Brand im Souterrain) stellen nach den Worten K.s die Bewegungen der Zeit so dar, dass sie die Menschen in absurde Situationen versetzen, dabei allerdings mit realistischen Details und normaler Psychologie arbeiten. Damit soll das entstehende Paradox kurz, aber intensiv das Wesen der jeweiligen zeitlichen Tendenzen beleuchten.

Im Unterschied zur radikalen Absurdität der westlichen Avantgarde – wie bei Beckett, Ionesco, Pinter und Dürrenmatt – standen im tschechischen absurden Drama (auch bei Václav Havel) eher parodistische, groteske und satirische Elemente im Vordergrund. Mit diesen Verfahren sollten die destruktiven Mechanismen von Machtausübung und Bürokratie aufgezeigt werden, die zur Dekomposition menschlicher Werte führen. Um das Ausgeliefertsein des Einzelnen dem Staatsapparat gegenüber geht es in den Einaktern. Entsprechend konnten K.s Werke erst nach 1989 offiziell erscheinen. Eine Reihe seiner Stücke wurde in den 1970er Jahren in Prager Wohnungen aufgeführt, aufgezeichnet und im Ausland gesendet. Als Prosaautor präsentierte sich K. mit *Z deníku kontrarevolucionáře* (1969; Aus dem Tagebuch eines Konterrevolutionärs, 1969), *Bílá kniha o cause Adam Juráček* (1970; Weißbuch in Sachen Adam Juráček, 1996), *Nápady svaté Kláry* (1982; Die Einfälle der heiligen Klara, 1980), *Kde je zakopán pes* (1990; Wo der Hund begraben liegt, 1987) sowie mit dem Roman *Katyně* (1978; Die Henkerin, 1989). Zur Jahrtausendwende erschien sein Roman *Ta douhá vlna za kýlem* (2000; Die lange Welle hinterm Kiel, 2000).

Susanna Vykoupil

Koidula, Lydia (eigtl. Lydia Emilie Florentine Jannsen)

Geb. 24. 12. 1843 in Vändra/Estland; gest. 11. 8. 1886 in Kronstadt/Russland

Lydia Koidula, die Verkörperung estnischer Klassik schlechthin, wurde 1843 als erstes Kind des Literaten, Kunstförderers und Begründers der estnischen Journalistik, Johann Voldemar Jannsen (1819–1890) geboren. Sie besteht 1862 an der Universität Tartu das sogenannte Große Examen, das sie berechtigt, als Hauslehrerin zu arbeiten. 1863 zieht die Familie nach Tartu, wo Jannsen den *Eesti Postimees* (Estnischer Postillon) herausgibt. K. ist mit dieser Zeitung, insbesondere dem literarischen Teil, intensiv befasst und interessiert sich stark für die gesellschaftlichen Belange ihres Landes, das sich gerade in der Periode des nationalen Erwachens befindet. Persönliche Kontakte sowie Briefwechsel mit wichtigen Vertretern dieser nationalen Bewegung prägen die Auffassungen und den künstlerischen Weg K.s. Seit etwa 1865 gehört sie zu den wichtigen Persönlichkeiten im künstlerischen, insbesondere literarischen Leben Estlands. Eine Wende in ihrem Leben tritt durch die Heirat mit dem lettischen Arzt Eduard Michelson (1845–1907) ein, denn  sie folgt ihrem Mann nach Kronstadt, wo er eine Stellung als Militärarzt angenommen hat. K. versucht zwar, die räumliche Distanz durch weiterhin intensive Kontakte mit den ihr vertrauten künstlerischen Kreisen zu überbrücken, aber seither ist sie – und das bis zu ihrem Tode – von einer tiefen Sehnsucht nach ihrer Heimat geprägt, die sich besonders in der Lyrik der Kronstadter Zeit niederschlägt, den Natur-, Liebes- und Sinngedichten. Bei ihrem Mann, der in Sprache und Sitte zu einem Deutschen geworden ist und dem das literarische Schaffen seiner Frau mangels Estnischkenntnis unzugänglich bleibt, findet K. in dieser Hinsicht keinerlei Unterstützung. Außerdem ist sie inzwischen Mutter von drei Kindern.

Der wichtigste und umfangreichste Teil des literarischen Schaffens K.s besteht aus Lyrik (Gedichte, Lieder, Balladen, Kinderlieder), die sie jedoch nicht mehr gesammelt herausgeben konnte. Zu ihren Lebzeiten erschienen lediglich zwei dünne Bände – *Waino-Lilled* (1866; Wiesenblumen) und *Emmajöe Öpik* (1867; Die Nachtigall vom Embach), die nur 79 Lieder enthielten. Mehr als 200 ihrer insgesamt 311 Gedichte erschienen vereinzelt in periodischen Schriften oder blieben unveröffentlicht. In den *Wiesenblumen* dominiert noch ein verklärter, dem deutschen Biedermeier entlehnter lyrisch-empfindsamer Ton, in ihrem zweiten Gedichtband klingt Nationalbewusstsein auf: Abbild der Gefühle und Gedanken eines Volkes, das sich nach jahrhundertelanger ›Zweitrangigkeit‹ seiner selbst bewusst wird. Hierin ist K. von der deutschen Romantik beeinflusst. Die Lyrik K.s ist in 16 Sprachen übersetzt worden, ein Großteil ihrer Gedichte wurde vertont und gehört quasi zum Volksliedgut. Auch der Text der estnischen Nationalhymne stammt von K.

Das Prosaschaffen von K.s – etwa 85 Geschichten – entstand vorwiegend aus der journalistischen Tätigkeit und erschien im *Eesti Postimees*; es enthielt einen Großteil Übersetzungen und Adaptionen aus dem Deutschen. 1868 erschienen drei das zeitgenössische estnische Dorfleben thematisierende Prosastücke, die damals in ihrer Progressivität, ihrer Problematik um Freiheit und Gerechtigkeit zu den besten zählten. Mit der Erzählung *Perúamaa viimne Inka* (1865; Der letzte Inka von Peru) beginnt sie eine Reihe, die den Kampf gegen Unterdrückung in aller Welt beschreibt und Ähnlichkeiten zu Estland feststellt. Bahnbrechende Bedeutung kommt K. in der Dramatik zu. Sie verfolgte die Entwicklung des finnischen und lettischen Theaters und erkannte die Bedeutung des Volkstheaters auch für ihr Land. Ihr Schauspiel *Saaremaa onupoeg* (Der Vetter von Saaremaa), das im Juni 1870 aufgeführt wurde, gilt als der Beginn des estnischen Theaters. Auch wirkte K. bei der Durchführung des ersten estnischen Sängerfestes mit (1869), das den Anfang einer ungebrochenen Tradition markierte und seine wichtige Rolle bei der Bewahrung estnischer Nationalkultur bis heute nicht eingebüßt hat. In immer neuen und überarbeiteten Auflagen (zuletzt 1962) erschien ihr umfangreicher Briefwechsel, der zum Verständnis des Zeitgeschehens unumgänglich ist.

Irja Dittmann-Grönholm

Kolář, Jiří
Geb. 24. 9. 1914 in Protivín, Böhmen; gest. 11. 8. 2002 in Prag

Jiří Kolář ist einer der großen Tschechen der experimentellen Poesie und bildenden Kunst des 20. Jahrhunderts, ein Erfinder neuer optischer Welten. Über diese überragenden Leistungen hinaus schuf er Übersetzungen französischer und englischer Dichtung, Kinderbücher, Theaterstücke und Essays.

K. ist in Südböhmen als Sohn eines Bäckers und einer Näherin geboren und verbrachte eine von sozialen Nöten geprägte Kindheit und Jugend in Kladno. Er arbeitete als Bäckergehilfe und erlernte 1932 den Tischlerberuf. Vorübergehend schlug er sich auch in ungelernten Berufen, z. B. als Kellner und Kanalarbeiter, durch. Nach dem Krieg leitete er den örtlichen Jugendverband in Kladno und begab sich kurz darauf als Verlagsredakteur nach Prag. 1950 arbeitslos geworden, arbeitete er fortan als Übersetzer und freier Schriftsteller. Mit der Neuartigkeit seiner Sprache in seinem ersten Gedicht schockierte er die Prager Gesellschaft. Anhänger und Gleichgesinnte fand er aber bei einer Gruppe von modernen Künstlern, mit denen er die »Gruppe 42« (1945–48) gründete. Das erklärte Ziel der Gruppe war es, den Zusammenhang zwischen moderner Kunst und moderner Welt darzustellen, die moderne Zivilisation zum Teil der modernen Poesie zu machen und so auch diese Poesie zum Teil der modernen Zivilisation.

In dieser Zeit begann K.s Publikationstätigkeit mit dem Gedichtband *Křestný list* (1941; Geburtsschein). Nach seiner zweiten Sammlung *Sedm kantát* (1945; Sieben Kantaten), die die Atmosphäre der Mai-Revolution einfängt, zeigten sich in seiner Poesie thematisch, formal und in der Bildlichkeit eigene Züge, die vor allem der Ablehnung des traditionellen Verständnisses von Poesie entsprangen. Thema von K.s Dichtung wurde die Monumentalität des Alltags in seinen vielseitigen Perspektiven, die auch die unschönen Seiten des Lebens in der modernen städtischen Hochhäuserwüste einbezog. Das Thema der Stadt mit ihrem Alltag und ihren auf den ersten Blick unpoetischen Winkeln hatte bis dahin noch keinen Eingang in die tschechische Dichtung gefunden. K. überzeugte als einer der begabtesten Dichter mit explizit antikommunistischer Lyrik, z. B. mit *Ódy a variace* (1946; Oden und Variationen), und dem Tagebuch *Dny v roce* (1948; Tage im Jahr) und durfte nach 1948 zunächst kaum etwas publizieren, so dass er auf Übersetzungen ausweichen musste. Für die Schublade und für Freunde produzierte er unermüdlich weiter neue Texte. So entstand um 1950 seine ausdrucksvollste Sammlung *Prometheova játra* (Die Leber des Prometheus), die in Tschechien erst 40 Jahre später offiziell publiziert wurde. 1953 wurde das Manuskript bei einer Hausdurchsuchung entdeckt, K. wurde verhaftet, jedoch nach Stalins und Gottwalds Tod und der folgenden Labilität des Regimes nach neun Monaten wieder freigelassen. 1957 erschien sein Buch *Mistr Sun o básnickém umění* (Mr. Sun über die Dichtkunst), eine Sammlung von Meditationen über die moderne Poesie. In der ersten Hälfte der 1960er Jahre zeichnete sich ein zweifacher Wandel in K.s Schaffen ab: Einerseits wandte er sich nun dem lyrischen Drama zu und widmete sich nach kurzer Zeit der Beschäftigung mit der »konkreten« und »visuellen« Poesie (*Básně ticha*, 1940; Gedichte der Stille) der Collage, deren verschiedene Techniken er weiterentwickelte (Chiasmage, Muchlage, Prolage, Rollage etc.). Für K. wurde das Wort als graphisches Zeichen zum Teil eines künstlerisch verstandenen Ganzen. Andererseits beschäftigte er sich nun zunehmend mit der bildenden Kunst. Seine herausragende Stellung im Prag der 1960er Jahre zeigte sich besonders in einem berühmt gewordenen Ritual: Ein immer reservierter Tisch in dem bekannten Prager Café Slavia war Treffpunkt für K. und seine literarischen Freunde und Gleichgesinnte (u. a. auch Václav Havel).

K. setzte seine künstlerische sowie literarische Gattungsgrenzen überschreitende Poesie mit den Gedichtsammlungen *Vršovický Ezop* (1966; Der Vršovice-Äsop) und *Návod k upotřebení* (1969; Gebrauchsanweisung) fort. 1970 erlitt er einen Schlaganfall, und es dauerte ein Jahr, bis er seine rechte Hand wieder bewegen konnte. Da er nach der Zerschlagung des Prager Frühlings 1968 die Charta 77 unterschrieben hatte, wurde er – wie so viele – 1981 während eines Studienaufenthalts in Frankreich ausgebürgert und blieb in Paris. Er erhielt 1984 die französische Staatsbürgerschaft und konnte in einem ihm zur Verfügung gestellten Atelier und einer Galerie weiter künstlerisch wirken. Er hielt dabei Kontakt zu Prag – v. a. zur jungen Künstlerszene – und finanzierte zahlreiche künstlerische Projekte. Nach der »samtenen Revolution« rief Václav Havel K. nach Prag zurück und sorgte dafür, dass er sein dortiges Atelier sowie seine Sammlung tschechischer Kunst zurückerhielt. Seine letzten Lebensjahre waren von Krankheiten und Schlaganfällen gekennzeichnet. Heute ist K. vollständig rehabilitiert, und eine Gesamtausgabe seiner Werke liegt vor. Noch 2002, dem Jahr seines Todes, wurde sein letzter Band *Záznamy* (Notizen) verlegt.

Susanna Vykoupil

Kolb, Annette
Geb. 2. 2. 1870 in München;
gest. 3. 12. 1967 in München

Die K. »ist eine Edelziege von vornehmem Pedigree. Ihr Fell ist seidig und hat einen Schimmer ins Romantisch-Blaue«; so sagte Franz Blei in seinem literarischen *Bestiarium* 1920 von ihr, die er seit 1906 gefördert, deren Aufsätzchen, Übersetzungen und Bücher er zum Druck gebracht und der er für den ersten Roman *Das Exemplar* 1913 den Fontane-Preis zuerkannt hatte.

Mit zwei Schwestern wuchs sie in München auf und lebte hier jahrzehntelang. Von der französischen Mutter, einer im Paris Napoleons III. gefeierten Pianistin, hatte sie ihr musikalisches Talent und brillierte selbst auf dem Klavier, was zur Unterhaltung auch notwendig war, denn Mutter und Töchter pflegten »Salon zu halten«; wenigstens fünfsprachig soll es hier zugegangen und aus- und eingegangen sein, was es so an Elite in München gab, wohnhaft oder bloß besuchsweise: Literaten, Künstler, Unternehmer, Diplomaten. Der Vater – königlich-bayerischer Gartenbaudirektor – der den Salon ganz den Damen überließ, trug als Abwesender insofern zum Niveau bei, als es von ihm hieß, er sei ein Sohn Maximilians II. und damit Halbbruder König Ludwigs II. Dieses und vieles andere Autobiographische ist in K.s überwiegend schmalen Feuilleton-Büchern und Romanen auf das Selbstverständlichste allgegenwärtig, ja es ist das eigentliche und einzige zugleich Material wie Form gebende Element.

Und eben dies war den Zeitgenossen – wie René Schickele, Joseph Roth, Hugo von Hofmannsthal, Rainer Maria Rilke, Thomas Mann – ihr Charakteristikum und Qualitätsmerkmal, dass frei von Vorbildern und Einflüssen alles ausschließlich vom persönlichen Konto komme; »unentehrte und mit der zartesten Berechnung wirkende und vollbringende Kräfte wie sie aus einer Seele kommen, die sich besitzt« – mit diesen Worten rühmte ein Anonymus aus ihrem literarischen Freundeskreis um Franz Blei und Robert Musil 1912 den Roman *Das Exemplar*, der es nicht nötig habe, »sich an Mord zu entzünden«. Wie *Das Exemplar* sind auch *Daphne Herbst* (1928) und *Die Schaukel* (1934), ihre zwei weiteren Romane, unsentimental-romantische Liebesgeschichten, deren stofflicher Reiz in der vollständigen Beherrschung einer autobiographisch bestimmten und begrenzten – halbadelig-bürgerlich absterbenden – Welt besteht, die der rückwärts gewandte Blick in charmantem, doch unpretentiös-reinem Stil noch einmal vergegenwärtigt; »feinsinnig« nannten das hilflose Kritiker nicht selten.

Eine zukunftweisende Qualität gewinnt die autobiographische Basis dagegen in Feuilletons und Essays (u. a. *Wege und Umwege*, 1914; *Kleine Fanfare* 1930), Betonte Junggesellin ihr Leben lang und wohl aus Überzeugung, ist sie schon vor dem Ersten Weltkrieg nicht Suffragette, dazu ist sie viel zu sehr Lady und immer mit Hütchen, aber markante Vertreterin jener, die sich Vorstellungen von der »künftigen Frau« machen – und damit auch den »künftigen Mann« entwerfen müssen –, deren Existenz nicht mehr einzig darauf gründet, dass sie vom Mann als Geliebte, Ehefrau und Mutter seiner Kinder alimentiert wird. Und aus zwei Nationen stammend, bewusst »auf beide vereidet«, aus mehreren Sprachen und Kulturen Nahrung ziehend, schreibt sie mitten im Ersten Weltkrieg, der ihre Hoffnung auf ein geistiges Europäertum im Kriegstaumel zu vernichten droht, *Briefe einer Deutsch-Französin* und Pazifistin für eine Verständigung zwischen den Völkern –, ein gerade jetzt, wie sie selbst weiß, besonders »unmögliches Unterfangen« und darum nur noch möglich in einer nach Zürich exilierten Zeitschrift, in René Schickeles *Weißen Blättern*.

Mit dieser Einstellung – um ihren Hoffnungsträger der 1920er Jahre, von dem sie eine Einigung Europas erwartete, kreist der *Versuch über Briand* (1929) – ist der Konflikt mit den Nazis vorprogrammiert. Dass »die innerlich Geringen nicht zur Führung gelangen dürfen«, war schon ein Leitmotiv des Romans *Daphne Herbst* gewesen; sie wiederholt diese Überzeugung in ihrem *Beschwerdebuch* (1932), das mit der in Paris gehaltenen Rede *Le Briandisme en Allemagne* schließt, in welcher sie nochmals eine deutsch-französische Annäherung zu beschwören versucht. Aus ihrem Abscheu vor Hitler kann sie keinen Hehl machen: Er ist für sie ein »Nero im Jägerhemd«, überdies mit »niederträchtigem Deutsch«. So muss sie 1933 sofort emigrieren: nach Frankreich, Spanien, Portugal, dann in die USA (über die sie freilich schon 1940 ironisch in *Glückliche Reise* berichtet und nochmals 1960: *Memento*). Sobald als möglich ist sie zurück in Europa: Seit 1945 lebte sie in München und Paris.

Auch die biographischen Arbeiten, aus K.s steter Nähe zur Musik erwachsen, die politische Grenzen so viel leichter überwindet, – *Mozart* (1938), *Schubert* (1941), *König Ludwig II. und Richard Wagner* (1947) – sind Begleiterscheinungen ihres so lange unzeitgemäßen unerbittlichen Europäertums. Nach dem Zweiten Weltkrieg wurde sie damit allmählich zeitgemäß, konnte in Adenauers und De Gaulles Zusammengehen ihre Hoffnungen sich realisieren sehen und, endlich staatskonform, deshalb zahlreiche Auszeichnungen erhalten.

Ludwig Dietz

Kolbe, Uwe
Geb. 17. 10. 1957 in Berlin (DDR)

Mit einem erleichterten Blick, manchmal auch im Zorn, schaut K. in seinem Essay-Band *Renegatentermine. 30 Versuche, die eigene Erfahrung zu behaupten* (1998) auf das Leben hinter der Mauer zurück, als Lyriker darin Durs Grünbein und Lutz Rathenow nahe. Nach Erscheinen seiner ersten Lyrikbände nach dem Debüt mit *Hineingeboren. Gedichte 1975–1979* (1980/82, mit einem Nachwort des Förderers Franz Fühmann), die ihm Repression und jahrelanges faktisches Publikationsverbot brachten, besuchte er auf Lesereisen West-Berlin (1982) und die Schweiz (1985), wo er Hermann Hesses Domizil in Montagnola aufsuchte und es angesichts von italienischem Seeufer, Palmen und »sonnigblauem Dunst« unter »schneebedeckten Gipfeln« in Lugano aus ihm herausbrach: »Ich will Ihnen den Originalsound nicht vorenthalten ...: Ihr Schweine! Ihr wolltet, daß ich das nie im Leben sehe!« (1996/98). Seine Träume, »nicht vom Wohlstand oder vom Kommunismus«, sondern von einer »Hippiegemeinde in den Rockies«, zielten aber nach eigenem Bekunden nicht so sehr auf den Gestus eines »altgewordenen Blumenkindes« als vielmehr auf die Hedonismus-Feindlichkeit seiner Mit-Poeten am Prenzlauer Berg mit ihrem »sozialistischen Gegenentwurf zum Sozialismus« (*Renegatentermine*).

Die Kindheit K.s, oft mit den Eltern, Binnenschiffern auf Elbe und Oder, an Bord verbracht, geht in magischer Verschlüsselung in viele Bilder seiner späteren Lyrik ein, zuletzt in *Vineta. Gedichte* (1998) und bereits in den Titel, aber auch die Metaphorik des späteren Gedichtbands *Die Farben des Wassers* (2001). Seit dem siebten Lebensjahr ist K. beständig in Berlin, wo er von 1964 bis 1976 Schulen am Prenzlauer Berg und in Pankow besucht und Abitur macht. Nach Wehrdienst und Gelegenheitsarbeiten kommt er durch Frank-Wolf Matthies zum Mentor vieler nicht systemkonformer, junger Poeten seit der Biermann-Ausbürgerung, Franz Fühmann, der ihm das Forum der Zeitschrift *Sinn und Form* vermittelt. Seine Übersetzung von vier Garcia-Lorca-Dramen in den folgenden Jahren der Repression (1982 bis 1987) und seine Gründung und Mitherausgabe der Untergrundzeitschrift *Mikado* in diesen Jahren sind weitere Schritte zur inneren Distanz und Selbstvergewisserung; er erhält den Übersetzerpreis des ostdeutschen Henschelverlags und nach dem Hölderlin-Förderpreis in Bad Homburg (1987) ein Villa-Massimo-Stipendium in Rom (1991). 1990 wird er Suhrkamp-Autor nach mehreren Poet-in-Residence-Einladungen nach Amsterdam, Worpswede und Austin (University of Texas, 1989). Es folgen Einladungen nach Wien (1994) und Essen (94/95). Nach Hamburger Jahren (1988–93) lebt er wieder in Berlin und teilt heute sein Leben zwischen Charlottenburg und Tübingen, wo er seit 1997 für sieben Jahre das Studio Literatur und Theater der Universität leitet. Er ist verheiratet mit Kathrin Siptroth und hat drei Söhne.

Spätestens seit *Tübinger Spaziergang* (1988, mit anderer Lyrik zuerst in Frankfurt a. M. erschienen) wird aber deutlich, dass K. die ›Ostmoderne‹ des Prenzlauer Bergs weniger angingg als das intertextuelle Spielen mit den Vorbildern deutscher Klassik und Romantik: Hölderlin, Heine, Mörike und Brentano. In subtiler Dialektik Spuren von Brecht, Benn und Celan folgend, orientiert er sich ebenso an den französischen Symbolisten wie den Beat-Lyrikern, unter ihnen besonders Allen Ginsberg, der dem jüngeren Deutschen sogar 1987 in seine *Collected Poems* die Widmung »For Uwe Kolbe & Friends« schreibt, bevor er ihm

1993 beim Konzert von »Orplid und Co. e. V.« persönlich begegnet. Im (bereits in den Kanon der zum Mentalitätswandel im Berlin-Gedicht seit 1989 eingegangenen) zentralen Titelgedicht »Vineta« sind es neben Heines sagenhafter, versunkener Stadt (»sie liegt weit im Osten Europas, ... in dem Schweigen kommt das Geläut nicht weit«) Walt Whitmans Langzeilenverse, die spürbaren Einfluss bei der Gestaltung der kollektiven Erinnerung an die Jahre vor der Maueröffnung am Prenzlauer Berg haben, jenes in beschwörenden Iterativen erinnerte »Überschreiten, Überwinden, Überspringen« als »Grenzüberschreitung« und Utopie im raunenden »Weißt du noch, damals, als es das Schweigen der Macht war/ ... Das Schweigen oder sein Bruder, der, oder seine Schwester./ Damals, als das Schweigen der Macht uns etwas weis machte.« Der bewegende Abschied von Allen Ginsberg schließt auch die Kritik der Konsumgesellschaft ein: »Deine Stimme geht jetzt langsam/ in das Hintergrundrauschen ein, ... kurz vor Anno Domini 2000. Du weißt ja, wie's heute aussieht./ Ziemlich brutale Freiheit. Ziemlich schwer auszuhalten ohne dich« (*Vineta*, »Für Allen Ginsberg, gestorben am 5. April 1997«). Immer wieder kehrt er zu Hölderlin zurück, so auch im Gedicht »Advocatus diaboli«, wo er, nach dem Eindruck des Nina-Grosse-Films *Hölderlin* (der den Jakobiner, unter Freunden mit »Hölder« angeredet, als unverstandenen Renegaten unter den adeligen Gönnern zeigt), das Vorbild, im Tübinger Turm dahinlebend, mit der Chiffre »Holterdivoltaire« verrätselt: »Dagegen sprechen wollt er,/ ungebrochen, heitrer, bunter,/ Nur weil der Dichtertrieb, fast ab-/gestorben, ihn noch juckte,/ wie Katzen die Kacke der Flöhe« (*Die Farben des Wassers*, 1999/2001). Der Hölderlin-Preis der Stadt Tübingen wurde ihm 1993 zu Recht verliehen.

Volker Wehdeking

Kolbenhoff, Walter
(d. i. Walter Hoffmann)
Geb. 20. 5. 1908 in Berlin;
gest. 29. 1. 1993 in Germering

»Man sprach von Walter Kolbenhoff, wenn man die Gruppe 47 erwähnte.« Als Hans Werner Richter, Mentor dieser bedeutenden Schriftstellergruppe, 1986 den Satz formulierte, traf er schon lange nicht mehr zu, obwohl man noch immer die Gruppe 47 erwähnte. K. war aufgrund seiner noch aus den amerikanischen Kriegsgefangenenlagern datierenden frühen Bekanntschaft mit Alfred Andersch und Hans Werner Richter zunächst eine wichtige Integrationsfigur für die publizistisch-literarischen Kräfte gewesen, die ab 1946 als Stimme der sogenannten ›Jungen Generation‹ in der Presse (*Der Ruf*) und in der Literatur gegenüber der Inneren Emigration und dem Exil hervortraten. Er hat diese Jahre später in seinem Erinnerungsbuch *Schellingstraße 48. Erfahrungen mit Deutschland* (1984) sehr lebendig geschildert. Zum Zeitpunkt der Gründung der Gruppe 47 war K. der einzige, der sich als Schriftsteller bereits einen Namen gemacht hatte. Er war deswegen auch Teilnehmer am zweiten gesamtdeutschen Schriftstellerkongress 1948 in Frankfurt. Bis zum Ende der 1940er Jahre blieb er mit seiner Ästhetik des »operativen Verismus« (Volker Wehdeking) und politischen Engagements eines der führenden Gruppenmitglieder, geriet dann aber gegenüber dem aufkommenden »Magischen Realismus« ins Abseits. K.s anschließendes fast völliges Verschwinden aus dem literarhistorischen Gedächtnis ist bemerkenswert, weil es nicht einer missglückten Rückkehr aus dem Exil oder der Inneren Emigration (wie z. B. bei Oskar Maria Graf oder Irmgard Keun) zugerechnet werden kann.

K. war »rot geboren« (H. W. Richter), d. h. er kam aus sozialdemokratischem Elternhaus in Berlin und blieb seiner Herkunft von unten stets eingedenk. Als Siebzehnjähriger brach er 1925 aus und vagabundierte eine Zeitlang durch Europa, Nordafrika und den Vorderen Orient, kehrte jedoch 1929 nach Berlin zurück, um seinen Weg als autodidaktischer, politisch engagierter proletarischer Geistesarbeiter zu nehmen. Als Mitglied der KPD schrieb K. Reportagen und autobiographische Prosa für Blätter des Münzenberg-Konzerns und das Zentralorgan *Die Rote Fahne*; zugleich war er aktiv im *Bund Proletarisch-Revolutionärer Schriftsteller* (BPRS) sowie in der Parteiarbeit. Nach dem Reichstagsbrand am 28. 2. 1933 floh er, enttäuscht von der Politik der Partei, eigenmächtig über Amsterdam nach Dänemark. 1942 kehrte er zurück, indem er der Wehrpflicht Folge leistete – möglicherweise im Auftrag der KP. Diese hatte ihn allerdings schon 1933 ausgeschlossen, weil Wilhelm Reich, dessen Buch *Die Massenpsychologie des Faschismus* gerade erschien, ihn in Kopenhagen ermuntert hatte, seine Reiseerfahrungen und politische Enttäuschung aufzuschreiben. So entstand noch 1933 K.s erster Roman mit dem ironischen Titel *Untermenschen*, der zugleich einer der ersten Texte war, die illegal nach Deutschland eingeschleust wurden. Es ist ein Roman, in dem der Erzähler einerseits am Führungsanspruch der kommunistischen Partei zweifelt, obwohl er sich starkes Handeln von oben wünscht. Zugleich aber solidarisiert er sich auch mit den Opfern der kapitalistischen Ausbeutung, ohne doch überzeugt zu sein, dass deren Subversion organisiertes Klassenbewusstsein ersetzen kann. K. hat dieses Thema in seinen späteren Romanen in Auseinandersetzung mit dem jeweiligen Gegenwart (Kriegszeit, Nachkriegszeit, Zeit um 1968) immer wieder behandelt. Es sind die Romane: *Von unserem Fleisch und Blut*, der – noch in Gefangenschaft geschrieben – 1946 den in New York verliehenen Preis für den besten Kriegsgefangenen-Roman erhielt, *Heimkehr in die Fremde* (1949) und *Das Wochenende. Ein Report* (1970). Der innere Zusammenhang dieser Romane ist bislang in der Forschung nur skizziert worden. Auch sind sie mit ähnlichen Zeitromanen wie z. B. von Hans Fallada, Hans Werner Richter, Heinrich Böll, Wolfgang Koeppen und Uwe Timm nur bedingt vergleichbar. K. schreibt – immer wieder ausgehend von jugendlichen proletarischen Hauptgestalten wie z. B. dem Vagabunden, dem Hitlerjungen, dem Kriegsheimkehrer und dem Arbeiter in der Studentenbewegung – über das »Problem des Identitätsverlustes der Arbeiterklasse« (Harro Zimmermann) im Widerstand gegen Faschismus und kapitalistische Vereinnahmung in der Wohlstandsgesellschaft. Mag sein, dass dieses große Thema mit den K. zur Verfügung stehenden ästhetischen Mitteln eines an Maxim Gorki, John Steinbeck, William Faulkner und Martin Andersen Nexø orientierten Realismus nicht ausreichend bewältigt werden konnte, wie es auf andere Weise dann Peter Weiss versucht hat. K. hat das mit seinem resignierenden Verstummen, dem Rückzug aus der Gruppe 47 und der Hinwendung zu literarischen und publizistischen Gelegenheitsarbeiten seit der Mitte der 1950er Jahre, auch krankheitsbedingt und trotz gelegentlicher Ausnahmen, schließlich selbst demonstriert.

Peter Stein

Kolmar, Gertrud
(d. i. Gertrud Chodziesner)
Geb. 10. 12. 1894 in Berlin;
1943 nach Auschwitz deportiert

K. wird als Älteste von vier Kindern einer großbürgerlichen jüdischen Familie – der Vater ist ein bekannter Strafverteidiger – in Berlin geboren. Während des Ersten Weltkriegs arbeitet sie als Dolmetscherin (neben englisch und französisch spricht sie auch russisch und hebräisch), in den 1920er Jahren als Erzieherin autistischer Kinder. Seit 1928 lebt sie sehr zurückgezogen im Haus der Eltern, pflegt die Mutter, die 1930 stirbt. In den ersten Jahren des NS-Regimes emigrieren ihre Geschwister. Nach dem Zwangsverkauf des Familienbesitzes lebt K. mit ihrem Vater seit 1939 in einem der zahlreichen Berliner ›Judenhäuser‹. 1941 wird sie zur Zwangsarbeit in einem Rüstungsbetrieb verpflichtet und Anfang 1943 im Rahmen der sogenannten ›Fabrikaktion‹ nach Auschwitz deportiert, wo sie umkommt. Das genaue Datum ihres Todes ist unbekannt.

Aus K.s Werk (ihr Pseudonym Kolmar ist der deutsche Name der polnischen Stadt

Chodziesen, woher die Familie ihres Vaters stammte), dessen größter Teil zu ihren Lebzeiten ungedruckt blieb, spricht in Thematik und Metaphorik ein starkes jüdisches Selbstbewusstsein. Dies gilt nicht nur für die Lyrik – die bildhaft-expressive Sprache und die biblisch-mythischen Motive legen Vergleiche zur Lyrik Else Lasker-Schülers nahe –, sondern auch für die fiktionale (die Erzählungen *Susanna* und *Eine jüdische Mutter*) und nichtfiktionale (ein Essay über Robespierre, Briefe an die in die Schweiz emigrierte Schwester Hilde aus den Jahren 1938–1943) Prosa. Nur drei Gedichtbände (*Gedichte*, 1917; *Preußische Wappen*, 1934; *Die Frau und die Tiere*, 1938) erschienen zu ihren Lebzeiten, weitere Lyrik, Prosa und der Briefwechsel wurden seit den 1950er Jahren aus dem Nachlass publiziert. Die Rettung und Bewahrung ihres Nachlasses ist Hilde Benjamin zu verdanken, der späteren DDR-Justizministerin. Deren im KZ ermordeter Mann, der Arzt Georg Benjamin, ein Bruder Walter Benjamins, war ein Cousin K.s. Die erste Gesamtdarstellung ihres Lebens und Werks durch Johanna Woltmann erschien erst 1995, eine textkritische Ausgabe des lyrischen Werks ist erst 2003 erschienen. Mithin handelt es sich um keine »vergessene«, sondern um eine in ihrem sprachmächtigen Ausdruck erst noch zu entdeckende Dichterin.

K.s Schreiben ist von Anfang an durch eine »lebenspraktische Funktion« (Silvia Schlenstedt) bestimmt, zunächst in einem individuell-privaten Sinn – zur Bewältigung der schwierigen Liebesbeziehung zu einem Offizier –, aber auch in existenziellem Sinn durch die Erfahrung der Ausgrenzung und Entrechtung während des NS-Regimes.

Ein grundlegendes Gefühl des Fremdseins, das zum Beispiel die weiblichen Ichs des Zyklus *Weibliches Bildnis* charakterisiert (*Die Dichterin, Die Landstreicherin, Die Jüdin, Die Fremde, Die Fahrende* usw.), findet seinen mythisch-historischen Ort im leidenschaftlichen Bekenntnis der Zugehörigkeit zum jüdischen Volk wie im dichterischen Selbstbildnis der »mit Türmen gegürteten« Jüdin. K.s Gedichtzyklus *Das Wort der Stummen*, im Herbst 1933 entstanden, versammelt alle wesentlichen Themen, Motive und Haltungen der Gedichte des letzten Lebensjahrzehnts: unerfüllte Mutterschaft, Identifikation mit Pflanze und Tier, biblische, mythische und historische Sujets. Vor allem jedoch stellt er eines der unmittelbarsten Zeugnisse über die nazistischen Verfolgungen dar. Gedichte wie »Der ewige Jude« oder »Wir Juden« zeugen von der »im dritten, christlich-deutschen Reich« brutal aktualisierten Leidensgeschichte der Juden. Wie nirgendwo sonst bezieht sich K. hier direkt und offen auf Zeitereignisse und will für die Opfer des Nazi-Terrors, zu denen sie gehört, Klänge finden, die »rasen, wie eine Sturmglocke aufschreit um Mitternacht«. Dennoch – und dies zeigt besonders K.s Auseinandersetzung mit der Geschichte der Französischen Revolution in mehreren Gedichten bzw. Gedichtzyklen und dem Robespierre-Essay – reduziert sich Historie für K. nicht auf die Geschichte endlosen Leidens. Selbst in der Situation des ohnmächtigen Opfers sucht K. nach Möglichkeiten geschichtsverändernden Handelns, nach Beispielen des Aufbegehrens, des rückhaltlosen Kämpfens, die sie in Figuren wie Judith, Moses oder den Jakobinern gestaltet. Auch das für ihr lyrisches Werk grundlegende Motiv der Verwandlung sowie die außerordentlich reiche und präzise Gestaltung von Tieren und Pflanzen sind zugleich widerständige Sprachhandlungen und märchenhafte Fluchten. 1941 schreibt K. in einem Brief an ihre Schwester Hilde, zu ihrer »Kraft zum Dulden« gehöre »etwas durchaus Aktives«: der Glaube, »daß der Mensch, wenn auch nicht immer und nicht überall, ein äußerst widriges Geschick aus seinem eigenen Wesen heraus zu wandeln vermag, mit ihm ringen kann, wie Jakob mit dem Engel kämpfte«.

Werkausgaben: Das lyrische Werk. Hg. von Regina Nörtemann. 3 Bde. Göttingen 2003; Weibliches Bildnis. Sämtliche Gedichte. München 1987.

Sonja Hilzinger

Koni, Ibrahim al-
Geb. 1948 bei Gadames/Libyen

Die Wüste ist das alles bestimmende Thema des umfangreichen Werks Ibrahim al-Konis, der damit eine der wenigen Ausnahmen der sonst eher städtisch geprägten modernen arabischen Literatur darstellt. Der Autor ist Angehöriger der Tuareg, einem Berbervolk, das in einem sich über Marokko, Algerien, Mauretanien, Mali, Niger und Libyen erstreckenden Teil der Sahara lebt. Die arabische Sprache, in der K. schreibt, ist nicht seine Muttersprache. Als 20-Jähriger ging er nach Moskau, um am Gor'kij-Institut Literaturwissenschaft zu studieren. Die Weltliteratur erschloss er sich über die russische Sprache. Nach dem Studium arbeitete er zwei Jahrzehnte am libyschen Kulturinstitut in Moskau und in Warschau. Seit 1993 lebt er in der Schweiz.

In seinen Erzählungen, Romanen, Essays und Aphorismen schildert K. die Lebenswelt der Tuareg mit ihrer ganz eigenen Mischung aus arabisch-islamischer, animistisch-schwarzafrikanischer und nomadisch-magischer Kultur und Religion. Das Ringen der verschiedenen Traditionen und Wertesysteme um Einfluss, wie es sich nicht zuletzt in Mythen, Legenden und Sagen erhalten hat, hat K. in seinem Hauptwerk *al-Maǧūs* (1990/91; *Die Magier*, 2001), dem monumentalen Epos seines Volkes, in einer poetischen Sprache nachempfunden. Eine Liebesgeschichte bildet den Rahmen für ein in Rückblenden episodisch erzähltes Panorama, in dem sich von den Orden der islamischen Mystik über Seher, die Rinderknochen nach der Zukunft befragen, bis zum in den Stammesriten überlieferten Ehrenkodex das kollektive Gedächtnis der Tuareg manifestiert. Dabei kommt besonders die existentielle Abhängigkeit der in der Wüste lebenden Menschen von der Natur zum Ausdruck. Winde, die Brunnen verwehen, oder Berge, die von Dschinnen bevölkert sind, stellen sich als die eigentlichen Protagonisten dar, die das Geschehen vorantreiben. Mehr noch gilt das für die Tiere, insbesondere für Gazellen und Mufflons, die, beispielsweise in dem Roman *Nazīf al-ḥaǧar* (1990; *Blutender Stein*, 1995), bisweilen plastischer geschildert werden als die menschlichen Figuren, die immer auch allegorisch besetzt sind. Die natürliche Ordnung und die Balance zwischen dem Bewahrenden, Sesshaften und dem Verändernden, Nomadischen, wird durch Fremde zerstört, die die Gazellen jagen.

In *al-Tibr* (1990; *Goldstaub*, 1997) gibt ein Mann seine Familie für sein Kamel auf. Alles in der Natur ist symbolhaft und mythisch aufgeladen, die Grenzen zwischen Realität und Mythos, Geschichte und Legende sind bis zur Unkenntlichkeit verwischt. Bei aller ursprünglichen Exotik kommt in K.s Werk jedoch keinerlei Wüstenromantik zum Ausdruck, da die Härte des entbehrungsreichen Lebens unter der brütenden Sonne überdeutlich gezeichnet wird. ʿUšb al-lail (1997; *Nachtkraut*, 1999) erzählt die Geschichte eines Außenseiters, der sich in eine Phantasiewelt flüchtet und sich, berauscht durch die titelgebende Droge, über alle gesellschaftlichen Normen und moralischen Skrupel hinwegsetzt. K. beschreibt eine im Untergang begriffene Welt, bedroht vor allem durch die Moderne und ihre Technik, die als zerstörerisches, menschenfeindliches Grundübel dargestellt wird. Archaische Traditionen treffen sich in seinem Werk mit zeitgenössischem ökologischem Bewusstsein.

Andreas Pflitsch

Kōno Taeko
Geb. 30. 4. 1926 in Ōsaka/Japan

Kōno Taeko geht der Ruf voraus, eine schwierige Autorin zu sein. Sie begann ihre Laufbahn als Schriftstellerin recht spät; erst zögerlich fand sie bei der Kritik und einer breiteren Leserschaft Beachtung und Anerkennung. Als Kind kränkelte K., wurde ab 1942 jedoch wie alle Schüler immer häufiger zum Arbeitsdienst eingezogen und erlebte den Krieg und das Kriegsende im Sommer 1945 sehr bewusst. Schon mit 13 Jahren lernte K. die Literatur von Tanizaki Jun'ichirō und von Izumi Kyōka kennen, deren dämonischen Ästhetizismus sie besonders schätzte. Weitere prägende Eindrücke brachte die Lektüre der Romane der Brontë-Schwestern zu Beginn ihres Studiums an einer Frauenuniversität. Ab 1951 publizierte sie literarische Skizzen, fand jedoch erst Anfang der 1960er Jahre Anerkennung. Der Durchbruch gelang ihr mit der Erzählung »Yōjigari« (1961; »Knabenjagd«, 1988), für die sie 1961 einen Preis erhielt. 1963 wurde ihr der Akutagawa-Preis für die Erzählung »Kani« (1963, »Krabben«, 1988) zugesprochen. Auch für ihr essayistisches Werk und ihre Romane, deren erster 1970 erschien, wurde sie vielfach ausgezeichnet. 1985 unternahm K. ihre erste Auslandsreise. Seit 1963 ist sie mit dem Maler Ichikawa Yasushi verheiratet; sie lebt in Tōkyō und New York.

K. schildert in ihren Erzählungen und Romanen verstörende Figuren und Verhältnisse. Ihre weiblichen Hauptfiguren verweigern sich konventionellen Rollenerwartungen; sie sind unverheiratet und kinderlos und oft mit unsensibel-grobschlächtigen Männern liiert, mit denen sie eine Vorliebe für sadomasochistische Praktiken teilen. Grausame Bestrafungen und brutale Züchtigungen sind auch der Gegenstand von Träumen. Der mit scharfer Beobachtungsgabe gezeichnete Alltag der Figuren erscheint dennoch nicht in düsterem Licht, denn die Protagonistinnen verschaffen sich trotz oftmals bedrückender Lebensverhältnisse bescheidene Genüsse und Lustgewinne, sei es ein heißes Bad im Badehaus oder die Begegnung mit einem kleinen Knaben (in »Yōjigari«). Das Innovative an K.s Erzählungen der 1960er Jahre liegt in der kühnen, tabubrechenden Thematik, die eine vielschichtige weibliche Psychologie der Obsession, Liebe und Abneigung gestaltet. Die komplexe Verquickung von Gewöhnlichem und Ungewöhnlichem, Banalem und Ungeheuerlichem wühlt auf. Die Autorin bewegt sich mit ihren Erzähltexten an der vordersten Front eines explorativen Schreibens. Ihre Literatur überschreitet mit Themen wie Kindesmord, Sadomasochismus, physischer Entstellung und brutaler Gewalt den Rahmen dessen, was bis dahin auch im Bereich der von Männern verfassten Literatur als akzeptabel galt.

In dem 1970 erschienenen Roman *Kaiten tobira* (Die Drehtür) wird der Selbsthass der Protagonistin, die Konzentration auf Körperempfindungen, aber auch die Ironisierung der Weiblichkeit augenfällig in den verwickelten Beziehungen mehrerer Paare. Die unterschiedlichen Mann-Frau-Beziehungen stellen eine Art Versuchsanordnung dar, mit der K. die Ich-Findung der Frau beleuchtet. In ihrem Antiroman *Chi to kaigara* (1975; Blut und Muschelschalen) treibt sie die Auflösung der Fabel noch weiter. Die hysterisch-paranoide Protagonistin, deren hasserfüllte Sicht auf die Gesellschaft die Leser/innen nur aus der Innensicht erleben, steht für Provokation, Subversivität und eine negative Semiotik – ein Werk, das die gesellschaftlichen Suchbewegungen der 1970 Jahre zu reflektieren scheint.

In ihren Erzählungen und Romanen setzt sich K. auch mit der japanischen Geschichte auseinander, besonders meisterhaft in der Erzählung »Tetsu no uo« (1976; »Der Eisenfisch«, 1988), in der eine anonyme Frau in Ich-Form von einem Besuch im Gedenkmuseum beim Yasukuni-Schrein in Tōkyō berichtet, der den Kriegstoten gewidmet ist. Der Mann ihrer Freundin kam seinerzeit in einem Selbstmordkommando in einem Unterwassertorpedo um. Nun lässt sich die Frau nachts in dem Gebäude einschließen, um sich in den »Eisenfisch«, ein ausgestelltes Torpedo, zu zwängen und nachzuempfinden, was der Mann während der Suizid-Mission gefühlt haben mag. Die Sprödigkeit der Erzählung steht in demonstrativem Kontrast zum emotionsbehafteten Stoff. Die Kriegszeit ist für K. eine Epoche gesteigerter Intensität in allen Lebensbereichen. So spielt auch eines ihrer Hauptwerke, *Miiratori ryōkitan* (1990; *Riskante Begierden*, 1993) zwischen 1941 und 1945. Der Roman erzählt vor dem Hintergrund des sich zuspitzenden Kriegsgeschehens die Geschichte einer »sonderbaren Ehe« zwischen einem 38-jährigen Arzt und seiner halb so alten Braut. Die unerfahrene Hinako wird von ihrem Mann zum Werkzeug seiner Lust erzogen. So entwickelt sich die innige Harmonie des Paares ironischerweise parallel zur Eskalation des

Krieges. Die Erfüllung der Liebe gipfelt in ihrer Aufhebung und Selbstauslöschung. Die japanische Kritik bewunderte die detailreiche Nachzeichnung des Kriegsalltags und die phantasiereiche Verknüpfung von Zeitgeschehen und Fiktion. *Miiratori ryōkitan* enthält zugleich Anspielungen und Bezüge auf literarische Traditionen und den von K. bewunderten Tanizaki Jun'ichirō. Der 1999 erschienene Roman *Gojitsu no hanashi* (Was danach geschah) wurde von einer Passage in Brantômes *Das Leben der galanten Damen* (1665–66) angeregt. Wieder geht es um eine sadomasochistische Beziehung, um Kastration als »Liebesbeweis«, auch wenn der Schauplatz die Toskana im 17. Jahrhundert ist. Das Werk wird als Entlarvung von gesellschaftlichen Institutionen und Geschlechterrollen wie auch der Liebesromanzen-Ideologie gedeutet.

K. ist es gelungen, trotz ihrer sperrigen, provokanten und schwer verständlichen Erzählwerke im literarischen Establishment höchste Anerkennung zu finden. Eine aufwendig gestaltete Werkausgabe in zehn Bänden, die Mitte der 1990er Jahre erschien, unterstreicht dies ebenso wie K.s Mitgliedschaft in zahlreichen Gremien und Jurys. Ihre literarische Sprache, detailgenau und von bohrender visueller Intensität, stellt sie in den Dienst einer Erkundung des Menschen und seiner psychosexuellen Energien – Literatur soll K.s Überzeugung nach Freude am Dasein vermitteln.

Irmela Hijiya-Kirschnereit

Konrad von Würzburg
In der zweiten Hälfte des 13. Jahrhunderts

Er war der erste nichtadlige Dichter der deutschen Literaturgeschichte, dessen Leben sich auf Grund von Zeugnissen etwas genauer abzeichnet. In seinen Werken nennt er sich »von Wirzeburc Cuonrât« oder »Cuonze von Wirzeburc«. Im *Hausbuch* des Würzburger Protonotars Michael de Leone (Mitte 14. Jahrhundert) wird er zitiert als »meister Cuonrat geborn von Wirzeburg«, womit K.s Beiname als Herkunftsname gesichert ist. Sein dichterisches Schaffen wird wohl erstmals 1257/58 fassbar mit der ersten mittelhochdeutschen Wappendichtung *Turnier von Nantes*, die er als Preisgedicht auf den von deutschen Parteigängern 1257 zum deutschen König gewählten Richard von Cornwall gestaltete. Der weitere Lebensweg, durch Gönnerbezeichnungen markiert, führt K. in die beiden oberrheinischen Bischofsstädte Straßburg und Basel. Der Auftraggeber der Verserzählung *Heinrich von Kempten* ist der aus einem elsässischen Freiherrengeschlecht stammende Straßburger Dompropst Berthold von Tiersberg (urkundlich zwischen 1261 und 1277). In Basel schreibt K. (wohl von 1270 ab) die *Silvesterlegende* für den Domherrn Liutold von Roeteln, die *Alexiuslegende* für die Patrizier Johannes von Bermeswil und Heinrich Isenlin, den *Pantaleon* für Johannes von Arguel, den Roman *Partonopier und Meliur* für den »miles« (Ritter) Peter Schaler. Im Jahr 1295 ist ein Haus »quondam magistri Cuonradi de Wirzeburg« (eines gewissen Meisters Konrad von Würzburg) in der heutigen Augustinergasse in Basel verzeichnet. K. war verheiratet mit einer Berchta und hatte zwei Töchter, Gerina und Agnes. Sein Tod wird in den Kolmarer Annalen 1287 (vermutlich zwischen dem 8. und 22. Oktober) angezeigt: »Obiit Cuonradus de Wirciburch, in Theothonico multorum bonorum dictaminum compilator« (Verfasser vieler guten Dichtungen in deutsch). Begraben wurde er in der Maria-Magdalena-Kapelle des Basler Münsters. In den lateinischen Quellen wird er als »magister«, in den deutschen Handschriften als »meister« aufgeführt; dies deutet auf ein Studium hin. K. wird im Mittelalter vor allem als Lyriker gerühmt, so von den zeitgenössischen Spruchdichtern Hermann der Damen und Rumelant von Sachsen. Sein Tod wird beklagt von Frauenlob und Boppe; auch Hugo von Trimberg preist im *Renner* den Lyriker K., ebenso Lupold Hornburg und Heinrich von Mügeln (beide Mitte 14. Jahrhundert) und schließlich Cyriacus Spangenberg um 1600. Die Meistersinger zählten ihn zu ihren Zwölf Alten Meistern.

Erhalten sind von K. ein religiöser und ein Minne-Leich, 23 Minne- und Tagelieder und 51 Spruchstrophen, lyrische Werke, in denen er sich als kunstreicher Formvirtuose erweist (zwei seiner Lieder bestehen z. B. nur aus Schlagreimen). Seine heute als bedeutsamer eingeschätzten epischen Werke zeichnen sich durch einen eleganten, flüssigen Stil aus: Nicht von ungefähr beruft sich K. auf Gottfried von Straßburg als einzigem der klassischen Epiker. Im geblümten Stil versucht er sich nur einmal in dem epischen Marienpreis *Die goldene Schmiede*. Kein anderer mhd. Epiker des 13. Jh.s hinterließ ein so umfangreiches Werk wie K. v. W.: Dazu gehören neben den oben erwähnten drei höfischen Verslegenden einige Versnovellen, von denen ihm die Forschung allerdings nur drei belassen hat, darunter *Der Welt Lohn*, eine Erzählung um den Dichter Wirnt von Grafenberg, welcher mit der allegorischen Figur der doppelseitigen Frau Welt konfrontiert wird. Die anderen Verserzählungen (wie *Die halbe Birn* u. a.) wurden ihm ihrer Obszönität wegen »abgesprochen«. Weiter liegen drei Versromane vor: *Engelhard*, die Gestaltung einer Freundschaftssage, *Partonopier und Meliur*, ein Ritterroman, dessen Kern eine an das antike Märchen von Amor und Psyche erinnernde Feensage bildet, und schließlich als umfangreichstes Werk der bei 40000 Versen unvollendet gebliebene *Trojanerkrieg*. K. ragt aus der deutschen Literatur der zweiten Hälfte des 13. Jahrhunderts nicht nur durch Form und Umfang seiner Werke hervor, sondern auch durch seine poetologischen und dichtungstheoretischen Ausführungen in Prologen (insbes. im *Partonopier* und im *Trojanerkrieg*) und dem Gedicht *Klage der Kunst*.

Werkausgaben: Engelhard. Hg. von Paul Gereke. 3. neubearb. Aufl. von Ingo Reiffenstein. Tübingen 1982 (ATB 17); Konrads von Würzburg Partonopier und Meliur. Hg. von Karl Bartsch. Wien 1871, Neudruck Berlin 1970; Der Trojanische Krieg von Konrad von Würzburg. Hg. von Adelbert von Keller. Stuttgart 1858, Nachdruck Amsterdam 1965; Kleinere Dichtungen Konrads von Würzburg. Hg. von Edward Schröder. 3 Bde. Berlin Bd. 1 u. 2 ³1959, Bd. 3 ³1967; Die Legenden. 3 Bde. Hg. von Paul Gereke. Bd. 1/2 Halle 1925/26, Bd. 3. 2. Aufl. bes. v. Winfried Woesler. Tübingen 1974 (ATB 19–21).

Günther Schweikle/Red.

Konwicki, Tadeusz
Geb. 22. 6. 1926 in Nowa Wilejka bei Wilna (Vilnius)/heute Litauen

Der polnische Schriftsteller, Filmregisseur und Drehbuchautor Tadeusz Konwicki wird von der Literaturkritik als »das Gewissen der Gesellschaft sowie ihr Zerrspiegel« bezeichnet. Er gehört zu jenen Schriftstellern, die die Nachkriegsliteratur Polens nachhaltig geprägt haben.

Nach einer kurzen, von der Theorie des sozialistischen Realismus geprägten Schaffensperiode, in der die Reportageband *Przy budowie* (1950; *Die neue Strecke*, 1951) erschien, veröffentlichte K. den Roman *Rojsty* (1956; Sümpfe), dessen Intention die »Entheroisierung des Partisanenkampfs« ist. Die Romane *Z oblężonego miasta* (1956; Aus einer belagerten Stadt), *Dziura w niebie* (1959; Ein Loch im Himmel), *Zwierzoczłekoupiór* (1969; Das Tiermenschmonster), *Kronika wypadków miłosnych* (1974; *Chronik der Liebesunfälle*, 1978) und *Bohiń* (1987) zählen zu dem sogenannten »Wilnaer Zyklus«. Sie enthalten Charakteristika von Menschen und Beschreibungen der litauischen Natur, besonders des Wilnaer Gebiets, wo Konwicki seine Kindheit und Jugend verbrachte.

Das kommunistische System in Polen wird in *Wniebowstąpienie* (1967; *Auf der Spitze des Kulturpalastes,* 1973), *Nic albo nic* (1971; *Angst hat große Augen*, 1973), *Kompleks polski* (1977; Der polnische Komplex), *Mała apokalipsa* (1979; *Die polnische Apokalipse*, 1982) und in *Rzeka podziemna, podziemne ptaki* (1984; Der Untergrundfluss, die Untergrundvögel) dargestellt, »wie ein kaputter und völlig verstimmter Mechanismus, der sich trotzdem immer noch bewegt« (Stanisław Bereś). Die politischen Grotesken zeigen den Zerfall der Gesellschaft und den mit ihr einhergehenden Verfall der verbindlichen Bedeutung sprachlicher Zuschreibungen. *Sennik współczesny* (1963; *Modernes Tagebuch*, 1964), *Wniebowstąpienie* und *Nic albo nic* beschreiben dabei vordergründig Erinnerungen an die Greueltaten des Nazi- und des stalinistischen Regimes. Einen pseudoautobiographischen Hintergrund weisen *Kalendarz i klepsydra* (1976; Kalender und Sanduhr), *Wschody i zachody księżyca* (1982; Des Mondes Auf- und Untergänge), *Nowy Świat i okolice* (1986; Neue Welt und Umgebung), *Zorze wieczorne* (1991; Abendröten) und *Pamflet na siebie* (1995; Pamphlet gegen mich selbst) auf. Sie beinhalten Tagebuchaufzeichnungen, essayistische Abhandlungen und Kommentare zu literarischen Werken und gesellschaftlichen Ereignissen, oft ohne logischen Zusammenhang. In *Pamflet na siebie* unterzieht der Autor sein gesamtes literarisches Schaffen einer kritischen Überprüfung.

K.s Protagonisten stellen Charaktere dar, die ihre Heimat verloren haben und mit ihr die ethnische und kulturelle Identität sowie das Gefühl des Vertrauens und der Sicherheit. Sie sind Heimatlose, die in der neuen Welt keine Wurzeln schlagen können und deren Individualität verkümmert; Misstrauen bestimmt ihre zwischenmenschlichen Beziehungen. In einer grotesk-absurden Umwelt leben sie desorientiert und leiden an Resignation, Schuldgefühlen oder Aggressivität. Die dargestellte Welt besteht aus alptraumhaften Erinnerungen, die in konkrete historische Ereignisse und gesellschaftspolitische Veränderungen übergehen können. Assoziationen vermengen sich mit Imaginationen, und die Begegnungen von historischen Personen und literarischen Figuren – in einer realitätsbezogenen Welt – lassen die Wirklichkeit surrealistisch-grotesk erscheinen.

Georg Mrugalla

Köppen, Edlef
Geb. 1. 3. 1893 in Genthin;
gest. 21. 2. 1939 in Gießen

Das Ende des Ersten Weltkrieges erlebte K. in einer Irrenanstalt, in die er wegen Befehlsverweigerung eingeliefert worden war. Der 1893 Geborene hatte einen für seine Generation typischen Weg als kriegsfreiwilliger Student – mit Eisernem Kreuz und Leutnantspatent – zurückgelegt, bevor er sich zu einer pazifistischen Gesinnung durchrang.

Bereits während des Kriegs erschienen seine ersten literarischen Arbeiten, Gedichte gegen den Krieg, die in die Zeitschrift *Die Aktion* aufgenommen wurden. Nach dem Krieg, aus dem K. mit einer Lungenverletzung zurückkehrte, erschienen in den 1920er Jahren weitere Gedichte in *Die Horen* und *Die Dichtung*. Er veröffentlichte aber auch zahlreiche Aufsätze und Rezensionen (in: *Die neue Bücherschau; Die literarische Welt*), eine Übersetzung und einige Erzählungen. K. wurde 1921 Lektor bei dem Verlag Kiepenheuer & Witsch in Potsdam und 1925 Mitarbeiter der literarischen Abteilung der »Funkstunde Berlin«, 1932 deren Leiter. In dieser Tätigkeit hat er sich, wie Fritz Homeyer sich 1961 erinnerte, eine ganze Generation von Dichtern und Schriftstellern verpflichtet:»Bei seiner beratenden Verlagstätigkeit, im Rundfunk und im Film freigebig und unaufhörlich anderen aus dem Reichtum seines Wesens und seiner Ideen schenkend, verschwenderisch bis zur Selbstaufgabe, blieb ihm kaum Zeit zu eigener Produktion.«

Zu einem ganz großen Werk reichte die Zeit aber doch. 1930 erschien im Horen-Verlag *Heeresbericht*, ein Werk, das man nach seiner Neuentdeckung und Neuauflage 1976 als literarisch interessantesten Versuch bewerten kann, den Ersten Weltkrieg als Bildungsweg darzustellen, der zum Pazifismus führen müsste. K.s Rundfunkerfahrungen haben dabei wohl in einer dialektischen Montagetechnik geschult, die das Werk in die Nähe Alfred Döblins *Berlin Alexanderplatz*, Karl Kraus' *Die letzten Tage der Menschheit* rückt, aber auch an Erwin Piscators und Kurt Schwitters' Zitat- und Montagetechniken erinnert. In *Heeresbericht* reihen sich Tagebuchaufzeichnungen, Zeitungsnotizen, Briefe aus der Heimat, Professorenproklamationen, Kriegspredigten, und Zensuredikte aneinander, gegliedert durch jene entstellenden offiziellen Mitteilungen der Obersten Heeresleitung, die dem Roman seinen Namen geben. Die Frontperspektive der stark autobiographisch geprägten Figur Adolf Reisigers wird somit ergänzt durch und kontrastiert mit den Kriegsvorgängen in der Heimat und im Führungsstab. Es wird dadurch deutlich, wie in einer gesteuerten Öffentlichkeit ein falsches Bild vom Krieg und von den tatsächlichen Kräfteverhältnissen erzeugt wird. Reisiger macht einen, auch für den Leser, beispielhaften Lernprozeß gegen das anerzogene Pflichtgefühl durch, bis er den Krieg zum »größten Verbrechen, das ich kenne«, erklärt.

Im Vergleich zu anderen Kriegsromanen der Zeit wurde das Buch kein Erfolg: es wurden keine 10 000 Exemplare verkauft; 1935 verboten es die Nationalsozialisten. Prophetisch wirkt heute die zeitgenössische Rezension des Journalisten, Schriftstellers und Filmdramaturgen Axel Eggebrecht, der im *Tagebuch* den ausbleibenden Verkaufserfolg kommentierte: »Wie wenig Hoffnung kann man für die nächste Zukunft einer Menschheit haben, für die ein solches Buch zu spät kommt, nicht mehr Mode ist, ein wenig beachteter Nachzügler. Allerdings dürfte es später einmal seine große Konjunktur erleben. Nach dem nächsten Weltkrieg nämlich. Erstaunt und erschüttert wird man da lesen, wieviel wir wußten – und wie wenig wir davon wissen wollten.« 1933 wird K. vom Rundfunk entlassen, weil er nach seiner »bisherigen politischen Betätigung nicht die Gewähr dafür« bot, »jederzeit rückhaltlos für den nationalen Staat« einzutreten. Ein weiteres Buch, *Vier Mauern und ein Dach*, erschien noch 1934, dann wurde K. mit einem totalen Veröffentlichungsverbot belegt. Unter dem Pseudonym Joachim Felde konnte er dank der Unterstützung einiger Berliner Tageszeitungen noch Kurzgeschichten und Rezensionen publizieren, 1937 fand er für kurze Zeit eine Stelle bei einer Filmfirma. Zwei Jahre später starb er an den Spätfolgen seiner Verschüttung im Ersten Weltkrieg – sein Manuskript über den Nationalsozialismus blieb unvollendet.

Wolfgang Natter

Kopfkissenbuch
↗ Sei Shōnagon

Koran
Frühes 7. Jahrhundert

Der *Koran* ist das heilige Buch des Islam. Er enthält in arabischer Sprache und in 114, im Wesentlichen der absteigenden Länge nach geordneten Abschnitten (Suren) die Offenbarungen Gottes an den Propheten Mohammed (geb. um 570, gest. 632). Nach islamischer Auffassung war Mohammed illiterat, erhielt aber dennoch in der ersten Offenbarungssituation vom Engel Gabriel den Befehl »Lies!« bzw. »Trag vor!« (arab. »iqraʾ!«). Das »Vortragen« ist ein Schlüssel für das Verständnis des *Korans* als Text, da der Name »Koran« selbst genau diesen Vortrag bezeichnet. »Koran« (arab. »qurʾān«) kann sowohl den Vortrag eines Textabschnittes an Mohammed durch einen Engel oder auch durch Mohammed an die Menschen als auch den vorgetragenen Text und schließlich die Gesamtheit der vorzutragenden Texte, also den *Koran* als Buch, bezeichnen.

Die im *Koran* gesammelten Offenbarungen stammen aus einem Zeitraum von ca. 20 Jahren und teilen sich in zwei Hauptphasen: die mekkanische und die medinensische. Diese Einteilung folgt dem Lebensweg Mohammeds, der im Jahr 622 von Mekka nach Medina (beide im heutigen Saudi-Arabien) auswanderte. Jede Sure wird in ihrer Überschrift einer der beiden Phasen zugeordnet, es gibt also mekkanische und medinensische Suren; innerhalb dieser beiden Gruppen kann man aufgrund stilistischer und inhaltlicher Kriterien zu noch genaueren Unterteilungen gelangen.

Die mekkanischen Suren zeichnen sich durch kurze, prägnante Botschaften in metaphernreicher und äußerst poetischer Sprache aus. Es sind insbesondere diese mekkanischen Suren, um derentwillen dem *Koran* die Eigenschaft der sprachlichen Unnachahmlichkeit, des »Sprachwunders«, zugeschrieben wurde: Nach islamischer Auffassung kann niemand die sprachliche Vollkommenheit des *Korans* erreichen. Dadurch wird der *Koran* insbesondere gegenüber der zeitgenössischen arabischen Dichtung scharf abgegrenzt. Inhaltlich stehen in den mekkanischen Suren endzeitliche Prophezeiungen und die Warnung vor dem Jüngsten Gericht im Vordergrund. Weltende, Paradies und Hölle werden bildhaft ausgemalt. Sogenannte Straflegenden, von denen einige auch aus dem *Alten Testament* bekannt sind (z. B. Lot, Pharao, Noah), dienen dazu, den Prophezeiungen besonderen Nachdruck zu verleihen. Die heiligen Bücher von Judentum (*Tora, Psalter*) und Christentum (*Evangelium*) werden ausdrücklich als Offenbarungsschriften anerkannt. Die mekkanischen Suren sind als liturgische Texte zu verstehen, die im Gottesdienst der jungen islamischen Gemeinde von Bedeutung waren.

Die medinensischen Suren, die die bei Weitem größere Textmenge umfassen (Suren 2–5; 8–9; 13, 22, 24, 33, 47–49; 55; 57–66; 76, 98–99; 110), betonen dagegen eher juristische Aspekte der richtigen Lebensführung. Hier finden sich gesetzliche Bestimmungen, z. B. über Eheschließung, Scheidung, Erbangelegenheiten, aber auch die sog. »ḥadd«-Strafen und die soziale Ordnung insgesamt. Ihrem Inhalt entsprechend sind die medinensischen Suren erheblich länger, in ihrer Komposition komplexer und weniger poetisch als die mekkanischen.

Viele Suren des *Korans* sind in Reimprosa (arab. »saǧʿ«) gehalten. Dieser typische altarabische Prosastil, aus vorkoranischer Zeit vor allem von Schwurformeln bekannt, erleichtert formelhafte Wendungen und den Gebrauch von Synonymen. Die Satzklauseln (Kolon, Kola) sind durch einen gemeinsamen Endreim zusammengefasst, der jeweils ein Versende markiert und meist nach wenigen Versen wechselt. Der koranische Reim kann bis zu drei Silben umfassen und bewirkt eine leichte Rhythmisierung des Versendes, jedoch ohne die strenge metrische Bindung eines Gedichts. Ein Sonderfall sind die sog. Klauselverse. Sie enthalten meist Prädikate Gottes und werden insbesondere an den Versenden medinensischer Suren an lange Prosapartien angefügt.

Die Koranverse sind von sehr unterschiedlicher Länge, von wenigen Wörtern bis zu mehreren Sätzen; die Suren des *Korans* umfassen zwischen 3 und 286 Verse. Der *Koran* ist zugleich der früheste umfangreiche arabische Prosatext überhaupt.

Nach islamischer Auffassung war der *Koran* zu Lebzeiten des Propheten Mohammed noch nicht als ganzes verschriftlicht. Er wurde hauptsächlich memoriert und im Gedächtnis bewahrt; schriftliche Koranfragmente – genannt werden Beschreibstoffe wie Knochen, Palmzweige oder Tonscherben – dienten lediglich als Gedächtnisstütze. Dieses Primat der mündlichen Überlieferung ist prinzipiell immer noch gültig. Auch heute noch ist das Memorieren des gesamten *Korans* eine wichtige religiöse Übung. Jede neue Koranausgabe benötigt vor der Drucklegung die Genehmigung durch ein autorisiertes Gremium, das den Text mit einer im Gedächtnis bewahrten, mündlich überlieferten Fassung abgleicht.

Bald nach dem Tod Mohammeds gab es Bestrebungen, eine einheitliche und vollständige schriftliche Koranausgabe herzustellen. Unter dem dritten Kalifen ʿUthmān (reg. 644–656) wurde die Redaktion des *Korans* abgeschlossen. Der ʿuthmānische Kodex verdrängte alle anderen Texte und gilt bis heute als verbindlich. Jedoch haben sich, von ihm ausgehend, sieben verschiedene Lesarten als »kanonisch« etabliert, die auch zu unterschiedlicher Deutung bestimmter Koranstellen führen können und bei der heutigen Koranrezitation noch immer eine Rolle spielen.

Die ältesten erhaltenen Koranfragmente zeigen noch keine voll ausdifferenzierte Schrift, sondern sind primär als Memorierhilfen zu verstehen. Im Laufe der Zeit entwickelte sich die Herstellung von *Koranen* zu einer eigenen Kunstrichtung. Großformatige, kalligraphische Prachthandschriften des *Korans* zählten seit dem 8. Jahrhundert zu den wichtigsten Erzeugnissen der islamischen Kunst. Da der Buchdruck in der islamischen Welt in großem Umfang erst ab dem 19. Jahrhundert aufkam, ist der *Koran* in arabischer Sprache bemerkenswerterweise zuerst in Europa gedruckt worden. Die älteste (sehr fehlerhafte)

Ausgabe wurde ca. 1537/38 in Venedig hergestellt. Bereits mehrere Jahrhunderte zuvor erschienen Übersetzungen des *Korans* in europäische Sprachen, die erste bedeutende war eine lateinische Übersetzung von Robert von Ketton (1142/43; gedruckt Basel 1543). Aus den zahlreichen deutschen Übersetzungen ragt noch heute die des Dichters und Orientalisten Friedrich Rückert (1788–66) heraus. Annemarie Schimmel schrieb darüber: »Rückert spürte mit dichterischem Instinkt die poetische Kraft und Schönheit weiter Partien des Textes und suchte sie so wiederzugeben, daß der Originalcharakter – sei er stärker poetisch oder prosaisch – gewahrt blieb.«

Ausgaben: Der Koran. Übers., Kommentar und Konkordanz R. Paret. Stuttgart 1966 [Philologische exakte Prosaübers.]. – Der Koran in der Übers. von Friedrich Rückert. Hg. H. Bobzin. Würzburg 1995 [Literarische anspruchsvolle poetische Übers.; nicht vollständig]. – KoranLeseBuch. Wichtige Texte neu übersetzt und kommentiert von H. Bobzin. Freiburg i.Br. 2005 [Auswahl].

Hartmut Bobzin/Claudia Ott

Körner, Theodor

Geb. 23. 9. 1791 in Dresden; gest. 26. 8. 1813 bei Gadebusch/ Mecklenburg

»Deutschland steht auf; ... – Ja, liebster Vater, ich will Soldat werden, will das hier gewonnene glückliche und sorgenfreie Leben mit Freuden hinwerfen, um, sei's auch mit meinem Blute, mir ein Vaterland zu erkämpfen.« In der Tat setzt der Sohn des kunstsinnigen Appellationsrats Christian Gottfried Körner durch diesen Entschluss vom 10. März 1813 viel aufs Spiel. Innerhalb kürzester Zeit war der vormalige Student der Naturwissenschaften an der sächsischen Bergakademie Freiberg sowie der Philosophie und Geschichte an der Universität Leipzig, wo er aufgrund seiner Teilnahme an Prügeleien zwischen den »Landsmannschaften« relegiert wurde, nach einem Intermezzo als Hörer in Berlin, mit 20 Jahren zum gefeierten Theaterdichter Wiens aufgestiegen. In rascher Folge legte er eine Reihe von Dramen vor, deren Qualität indes, trotz freundlicher Worte Johann Wolfgang Goethes (der, ebenso wie K.s Vorbild Friedrich Schiller, seinem Vater freundschaftlich verbunden ist) sichtbar unter den Umständen ihrer Entstehung leidet: Einige werden in wenigen Tagen, die Oper *Das Fischermädchen* (1811) gar nur »in sieben Stunden zusammengeschrieben«. Sorgfältiger gearbeitet ist das historische Trauerspiel *Zriny* (1812), welches in Analogie zur Lage Deutschlands unter Napoleonischer Herrschaft exemplarisch den opferbereiten Patriotismus verklärt.

Anfangs nur »zum Kugelgießen kommandiert«, wird K. schließlich Leutnant und Adjutant des Majors von Lützow, zu dessen populärer Partisanentruppe er sich meldet und von der er schreibt: »Es ist kein Unterschied der Geburt, des Standes, des Landes: wir sind alle freie Männer«; ihre Farben, schwarz-rot-gold, werden schon im Vormärz zum Symbol der demokratisch-nationalstaatlichen Bewegung. Bereits Mitte Juni 1813 schwer verletzt, kommt K. knapp zehn Wochen später bei einem nächtlichen Angriff in der Nähe von Schwerin ums Leben. Seine während der Soldatenzeit entstandenen Lieder, patriotische und kriegerische Appelle von suggestivem Pathos, erscheinen 1814 postum unter dem Titel *Leier und Schwert*. Mit dem darin thematisierten Rollenwechsel zum Kämpfer wird er für die akademische Intelligenz seiner Generation eine Identifikationsfigur.

Während des späten 19. Jahrhunderts und besonders im Umfeld der beiden Weltkriege dient der zum Mythos gewordene »Heldentod« des jungen Dichters der Propaganda eines militanten Nationalismus, was die Rezeptionsgeschichte seines Werkes seither schwer belastet. Allen begründeten Vorbehalten der »heroischen« Wortwahl gegenüber bleibt freilich daran zu erinnern, dass K. sein Engagement mit »der glühendsten Begeisterung für die gute Sache des Volkes« – ausdrücklich nicht dem Interesse der »Kronen« – legitimiert, mit dessen Recht, seine »Freiheit« gegen die »fremde Tyrannei« zu verteidigen.

Werkausgabe: Sämtliche Werke. 2 Teile. Hg. von Max Fuchs. Berlin 1911.

Hans-Rüdiger Schwab

Kosztolányi, Dezső
Geb. 29. 3. 1885 in Szabadka (heute Subotica/Serbien); gest. 3. 11. 1936 in Budapest

Der ungarische Lyriker, Erzähler und Publizist Dezső Kosztolányi gehörte zu den bedeutendsten Vertretern der ersten *Nyugat*- (Westen-)Generation, die nach der epochemachenden literarischen Zeitschrift der ungarischen Moderne (1908–41) benannt wurde. K. hatte eine genialische literarische Begabung, die ihn als einen der ersten in der ungarischen Literatur, in der die politische und soziale Sendung des Dichters traditionsgemäß stark ausgeprägt war, zur tiefen Erkenntnis der sprachlichen Determination des literarischen Werks führte. Er lehnte das Lebensideal des *Homo moralis* ab, weil in seiner Zeit im Namen der Moral so viele unmoralische Verbrechen begangen worden seien, und führte stattdessen – die Missbilligung vieler Berufskollegen auslösend – als verlockende und beispielhafte Alternative den *Homo aestheticus* vor. Als virtuoser Sprachkünstler und rastloser Bohemien fasste er das Leben als Spiel auf, die Leichtigkeit und Ironie verbargen jedoch besonders in seinen späteren Lebensjahren quälende Ängste und schwere Leiden.

Seine lyrischen Anfänge (z. B. die seinerzeit enorm populären *A szegény kisgyermek panaszai*, 1910; Klagen eines armen Kindes) stehen im Zeichen eines impressionistisch gefärbten Symbolismus. In den wohl auch von Francis Jammes inspirierten Gedichten findet K. zum wichtigsten Merkmal seiner Persönlichkeit, zum kindlichen Prinzip, das ihn bis zu seinem Tod begleitete. Ein anderes frühes Vorbild K.s war Rainer Maria Rilke. Zu den Charakterzügen des viele Sprachen beherrschenden und hochgebildeten Dichters gehörte überhaupt eine leidenschaftliche Neugier, die die kleinen Dinge des Lebens ebenso in ihren Bannkreis zog wie die universalen Fragen des Seins und die Werke der Weltliteratur: Schon 1913 publizierte K. einen Band mit lyrischen Übertragungen *Modern költők* (Moderne Dichter), der einen Meilenstein in der ungarischen Rezeption moderner Dichtung darstellt. Die erschütternde späte Lyrik der 1930er Jahre des todkranken K. steht im Zeichen der Todesangst und der »Rechenschaft« (so der Titel eines Sonettenzyklus).

Noch in den 1920er Jahren verschob sich der Schwerpunkt des Werks auf die Prosa. Der deutschen Ausgabe seines ersten, pseudohistorischen Romans *Nero, a véres költő* (1922; *Der blutige Dichter*, 1924) wurde der Brief Thomas Manns an K. über das »überraschende« Werk vorangestellt, das »das Zeichen persönlicher Gewagtheit an der Stirne trägt, aus kühner Einsamkeit stammt und unseren Sinn mit einer Menschlichkeit, die wehe tut, so wahr ist sie, berührt«. *Pacsirta* (1924; *Lerche*, 1928, 1976) erzählt von einem älteren Ehepaar, das von seiner altjungferlichen Tochter und vom Pflichtgefühl ihr gegenüber tyrannisiert wird. Während einer kurzen Abwesenheit der Tochter scheinen die Eltern zu ihrer einstigen glücklichen Lebensform zurückzufinden, die Befreiung enthüllt sich aber als beschämender Ausbruch des unterdrückten Unterbewussten. In *Aranysárkány* (1925; *Der goldene Drachen*, 1999) wird der verwitwete, altmodische und idealistische Lehrer Novák, den seine Schüler verprügeln und dessen einzige Tochter sie verführen und entführen, in den Tod getrieben. Schauplatz beider Romane ist eine Provinzstadt. *Édes Anna* (1929; *Anna Édes*, 1976) spielt nach dem Fall der Kommune von 1919 in Budapest. Die Hauptfigur ist eine Dienstmagd aus einem Dorf, die nach allmählichem Abstumpfen und dem Verlust ihrer Naivität durch die Demütigungen, die sie erleidet, ihre Herrschaft ermordet. 1933 erschien *Esti Kornél* (*Ein Held unserer Zeit. Die Bekenntnisse des Kornél Esti*, 2004), ein romanhafter Zyklus von Novellen, die die Abenteuer eines Budapester Dichters und Journalisten, eines literarischen Doppelgängers von K., ironisch entfremdet erzählen. Neben *Esti Kornél* publiziert K. noch zahlreiche weitere Erzählungsbände, die auch ins Deutsche übersetzt wurden (z. B. *Der*

Kuß, 1981; *Schachmatt*, 1986; *Der kleptomanische Übersetzer und andere Geschichten*, 1988). Die nüchterne, wohlproportionierte Struktur, die sachliche, präzise Charakterdarstellung und die dramatische Gestimmtheit der Prosawerke K.s sind mit der zeitgenössischen europäischen Erzählliteratur, z. B. der Neuen Sachlichkeit, nah verwandt.

Miklós Györffy

Kotzebue, August von
Geb. 3. 5. 1761 in Weimar;
gest. 23. 3. 1819 in Mannheim

Selten in der Literaturgeschichte hat ein Autor so viel Anerkennung und Abneigung zugleich auf sich gezogen wie K. Er war mit Abstand der populärste deutsche Bühnenschriftsteller seiner Zeit. In den letzten Direktionsjahren August Wilhelm Ifflands am Berliner Nationaltheater, von 1809 bis 1813, wurden nur zwei Werke von Johann Wolfgang Goethe und eines von Friedrich Schiller aufgeführt; dagegen beherrschte K. mit 34 Stücken souverän den Spielplan. Auch seine Beamtenkarriere verlief erfolgreich. Schon als Zwanzigjähriger tritt er nach seinem Studium der Rechte als Sekretär in den russischen Staatsdienst, 1785 wird er geadelt. Von 1797 bis 1799 ist er als Bühnendichter in Wien tätig, dann kehrt er nach Russland zurück. Dort wird er wegen einer Denunziation 1800 verhaftet und in die Verbannung geschickt. Doch bereits nach vier Monaten lässt der Zar Paul K. aus Sibirien zurückholen und befördert ihn in allen Ehren zum Theaterdirektor am Petersburger Hof. In den Jahren 1802 bis 1806 findet man ihn wieder als Schriftsteller, Journalist und Bühnenautor in Deutschland, zuerst in Weimar, dann in Berlin. Durch seine mit Garlieb Merkel herausgegebene Zeitschrift *Der Freimütige* macht er sich sowohl den Kreis um Goethe als auch die Romantiker zu Feinden. Aber selbst in Weimar werden seine sentimentalen, technisch perfekten und mit Effekten reich ausgestatteten Stücke viel gespielt. Zurück in Russland, arbeitet er als Herausgeber der antinapoleonischen Zeitschriften *Die Biene* (1808–1810) und *Die Grille* (1811–1812). Nach einem beruflichen Aufstieg zum russischen Generalkonsul und Staatsrat für auswärtige Angelegenheiten kehrt K. 1817 als persönlicher Berichterstatter des Zaren Alexander I. nach Deutschland zurück. »Mit Attrappen Leben vortäuschen« (Martin Greiner) – niemand hat dieses Handwerk besser verstanden als K. Er schrieb über zweihundert Theaterstücke – ein Rekord sogar für seine Zeit. Fast ausnahmslos gehören sie zum Genre des Familienrührstücks, stets werden die Konflikte in einem Happy-End aufgelöst. Gelegentliche Ausflüge in die Satire wie *Die Deutschen Kleinstädter* (1803) ändern nichts an diesem Grundmuster, das K. seit seinem ersten großen Bühnenerfolg *Menschenhaß und Reue* (1789) immer wieder abwandelte. Unter melodramatischen Umständen, die er sonst selbst so schätzte, fiel K. im März 1819 einem Attentat zum Opfer. Bescheinigte ihm Goethe »eine gewisse Nullität«, so sah der Attentäter, der Student Carl Ludwig Sand, in K. einen Vaterlandsverräter und russischen Spion. Die Ermordung K.s löste die Karlsbader Polizeistaatsbeschlüsse und eine Jahrzehnte dauernde Periode scharfer Zensur aus.

Werkausgabe: Theater. Mit biographischen Nachrichten. 40 Bde. Wien/Leipzig 1840/41.

Dietrich Kreidt

Kourouma, Ahmadou
Geb. 1927 in Togobala/Elfenbeinküste;
gest. 11. 12. 2003 in Lyon

Ahmadou Kourouma erwarb sich erst spät anhaltende Anerkennung als Literat, obzwar schon sein erster Roman *Les soleils des indépendances* (1968; *Der letzte Fürst*, 1978) ein erhebliches Echo ausgelöst hatte. Kennzeichnend für das Werk des Autors aus Elfenbeinküste, der als Versicherungsmathematiker in Frankreich, Algerien, Kamerun, Togo und Elfenbeinküste tätig war, ist die Verknüpfung der französischen Sprache mit Ausdrücken, Redewendungen und grammatischen Konstruktionen aus afrikanischen Landessprachen, vor allem dem Malinke. Auch umgangssprachliche Formulierungen sowie Dialekte, Jugendsprache und Soziolekte färben das Französisch, das K. als Literatursprache verwendet.

Während der kunstfertige Umgang des Schriftstellers mit einem afrikanisierten Französisch zuletzt vielfach ausgezeichnet wurde, fand K. für sein erstes Buch nur schwer einen Verleger. *Les soleils des indépendances* umreißt bereits das Themenfeld, das K. in seinen wenigen folgenden Romanen bearbeitete. Es geht darin um das Versagen der afrikanischen Eliten, und zwar sowohl der traditionellen Autoritäten als auch der neokolonialen Führungsschicht angesichts und innerhalb eines neuen staatlichen Systems. K. wendet sich damit gegen die Idyllisierung einer zumeist konstruierten Traditionalität und zeigt auf ironische Weise das Fortbestehen überkommener Hierarchien in den Strukturen einer wenig verwurzelten Demokratie auf. Er liefert so eine einleuchtende Erklärung für die irrationale Durchdringung der Politik afrikanischer Machthaber mit antiquierten Vorstellungen autoritärer Herrschaft. Es überrascht daher nicht, dass K.s Bücher, die unter anderem die Bürgerkriege im westlichen Afrika persiflierten, mit renommierten Literaturpreisen wie dem Grand Prix Littéraire de l'Afrique Noire (1990), dem Prix Tropiques (1998), dem Prix Renaudot (2000) und dem Prix Goncourt des Lycéens (2000) ausgezeichnet wurden.

Les soleils des indépendances stellt sich als Abgesang auf den Despotismus sowohl des afrikanischen Feudalismus als auch der postkolonialen Regimes dar. Die Hauptfigur Fama, der Nachkomme eines Fürstengeschlechts, stirbt verbittert darüber, dass ihm – von einer korrumpierten Regierung – nicht mehr die ihm angeblich gebührende Anerkennung entgegengebracht wird. Bezeichnenderweise findet sich nur die Ehefrau Famas im neuen Alltag zurecht. Diesem Werk ließ K. mehr als 20 Jahre später sein zweites Buch folgen, den historischen Roman *Monnè, outrage et défis* (1990; Erniedrigung, Beleidigung und Misstrauen). Er ist der Versuch einer Dekolonisierung der Geschichtsschreibung, in dem K. der Kolonialgeschichte der französischen Eroberer in Westafrika den Blick der betroffenen Opfer entgegenstellt. Die Handlung des Romans erstreckt sich über 100 Jahre und führt bis zur Unabhängigkeit der vormaligen französischen Kolonien im westlichen Afrika. Einerseits schildert K. das Vordringen der Kolonialarmee Frankreichs, andererseits die vergeblichen Bemühungen afrikanischer Regenten, den Widerstand zu bündeln und zu führen. Fehlende Einheit, falsch verstandener Ehrgeiz, Selbstbetrug und isoliertes Machtstreben verhindern, dem vordringenden Heer – aus afrikanischen Söldnern – Einhalt zu gebieten. Damit benennt K. als Ursache der Niederlage gegen die Kolonisatoren aus Europa auch ein morbide gewordenes Herrschaftssystem in Afrika.

Es dauerte weitere acht Jahre, bis K., inzwischen pensioniert, seinen dritten Roman *En attendant le vote des bêtes sauvages* (1998; Die Nächte des großen Jägers, 2000) vorlegte. Im Stil eines afrikanischen Erzählreigens beschreibt er den Werdegang seiner Hauptfigur von einem Jäger zu einem gefürchteten Diktator, der sich die verschiedenen afrikanischen Despoten zum Vorbild für sein grausames Streben nach Machterhalt nimmt. *En attendant le vote des bêtes sauvages* ist ein satirisches Heldenepos, in dem sich Zauberei und Hexerei mit den Prinzipien moderner Staatsführung vermengen. Den amüsierten Tonfall behält K. auch in seiner Bürgerkriegspersiflage *Allah n'est pas obligé* (2000; Allah muss nicht gerecht sein, 2002) bei, in der am Beispiel eines umherziehenden Jungen, der zum Kindersoldaten wird, die unübersichtliche Lage in der Krisenregion westafrikanischer Küstenstaaten vor Augen geführt wird. *Quand on refuse on dit non* (2004; Wenn man sich widersetzt, sagt man nein) setzt die Geschichte des Jungen fort – ebenfalls in dem vergnüglichen Tonfall einer Posse, als handele es sich um die Schilderung von Jugendstreichen. Dieser letzte, postum veröffentlichte Roman wurde von K., der vor einem Bürgerkrieg in Elfenbeinküste nach Frankreich exiliert war, nicht mehr abgeschlossen und ist deshalb nur im Zusammenhang mit dem vorangegangenen Buch *Allah n'est pas obligé* erwähnenswert.

Manfred Loimeier

Kracauer, Siegfried
Geb. 8. 2. 1889 in Frankfurt a. M.;
gest. 26. 11. 1966 in New York

Biographen begegnete K. mit Misstrauen. »Meine Art der Existenz«, schrieb er in einem späten Brief an Theodor W. Adorno, »würde buchstäblich aufs Spiel gesetzt, wenn die Daten aufgeschreckt würden und mich von außen her überfielen.« Festlegungen wehrte er als heteronom ab, um das Eigenste zu bewahren: eine ungeschützte Offenheit für die Phänomene, deren Bedingung die Freiheit von konventionellen Bindungen war, ein Raum der »Exterritorialität«. Das »alteingewurzelte Bedürfnis, exterritorial zu leben«, mag seinem Ursprung nach Reaktion auf jenes Außenseitertum gewesen sein, in das K. als Jude hineingeboren wurde. Doch hat er die Position des Außenseiters nicht nur erlitten, sondern mit zunehmender Konsequenz vertreten und theoretisch fruchtbar werden lassen in der geschärften Aufmerksamkeit für Vorgänge an der gesellschaftlichen Peripherie, für soziale Randgruppen und Randzonen bürgerlicher Kultur, für flüchtige und unscheinbare Erfahrungen, die durch die Maschen der Systeme fallen oder sich der begrifflichen Festlegung entziehen. Nach dem Studium der Architektur, Philosophie und Soziologie wurde K. 1921 Mitarbeiter der renommierten *Frankfurter Zeitung*. Bis 1930 Feuilleton-Redakteur in Frankfurt a. M., dann Leiter des Kulturressorts in Berlin, fand er als Journalist zu seiner schriftstellerischen Identität. Diese prägt sich nicht in einer bestimmten Form, einem einzelnen Thema oder einer starren theoretischen Position aus, sondern in der unablässigen Anstrengung um ein erfahrendes Denken, das die Phänomene der alltäglichen Lebenswelt in ihrer Besonderheit angemessener zu erfassen vermag als ein im herkömmlichen Sinn theoretisches. An den Erscheinungen der »Oberfläche« spürte K. der Dialektik der Aufklärung nach. Er entdeckte den Film als Medium der »Zerstreuungskultur« und mit ihm jene Öffentlichkeit des verarmten Mittelstandes, auf den die Kulturindustrie der 1920er Jahre zugeschnitten war (*Die Angestellten*, 1930). Über akademische Fächergrenzen setzte er sich ebenso hinweg wie über die schroffe Trennung von Theorie und Literatur. Seine beiden Romane *Ginster* (1928) und *Georg* (1934; 1973 erstveröffentlicht), deren äußere Handlung der Lebensgeschichte K.s zwischen 1914 und 1933 nachgezeichnet ist, reflektieren – in ironischer Umkehr des Schemas des traditionellen Bildungsromans – den Zerfall bürgerlicher Individualität vor dem Hintergrund der gesellschaftlichen Krisen und Eruptionen des Ersten Weltkriegs und der Weimarer Republik. Seine zahlreichen kurzen Prosatexte (Glossen, Miniaturen, Fallgeschichten sowie vor allem Städtebilder) erkunden exemplarische Erfahrungsbereiche der Moderne. Im Blick des Oberflächenphänomenologen werden Konfigurationen alltäglicher Wirklichkeit, Straßenzüge, Häuserfronten, Innenräume, zu materialen »Hieroglyphen«, zu »Sinnbildern«, deren metaphorische Entzifferung den historischen Gehalt der Epoche am topographischen Fragment freisetzt.

Schon in der Weimarer Zeit zeigte K. eine betonte Abwehrhaltung gegen jeden Versuch der Vereinnahmung durch eine politische Gruppierung. Er bestand darauf, als Einzelner zu sprechen. Im Exil, dessen erste Station 1933 Paris wurde, verschärfte sich diese Abwehr. K. konzentrierte sich auf die schriftstellerische Arbeit – zunächst vor allem auf die »Gesellschaftsbiographie« *Jacques Offenbach und das Paris seiner Zeit* (1937) –, hielt Distanz zur antifaschistischen Opposition. Sein Einzelgängertum hat er mit einem jahrelangen, zermürbenden Kampf um die Einreise in die USA teuer bezahlt: Für den, der zwischen allen Stühlen saß, wollte sich keine institutionelle Lücke öffnen. Erst in buchstäblich letzter Minute, im April 1941, konnte K. sich nach New York retten.

Den Riss in der Lebensgeschichte, den die

Exilierung bedeutete, hat K. nicht zu kitten versucht, sondern bewusst gelebt. Er arbeitete als wissenschaftlicher Mitarbeiter im Museum of Modern Art und als Dozent an der Columbia University. Er nahm die amerikanische Staatsbürgerschaft an, ohne je in den USA wirklich heimisch zu werden. Er lernte mit Zähigkeit Englisch – bereits 1947 erschien die Filmgeschichte *From Caligari to Hitler* –, aber er wurde mit der fremden Sprache nie ganz vertraut. Er blieb seinen frühesten theoretischen Absichten treu, doch fand er weder in den USA noch im Nachkriegsdeutschland ein breiteres Publikum für seine Schriften. Unter solchen Bedingungen entstanden die monumentale *Theory of Film* (1960) und die geschichtsphilosophischen Meditationen *History – The Last Things Before the Last* (postum 1969), die nicht nur ihrer Entstehungszeit wegen als Alterswerke zu bezeichnen sind. K. versichert sich in ihnen des Beabsichtigten und Geleisteten, indem er noch einmal das lockere Gefüge der Lebenswelt skizziert – und zugleich die besondere Blickweise, der sie sich öffnet. Die Erfahrungen des Phänomenologen, dessen Nähe zu den Dingen stets die verfremdende Distanz zur gesellschaftlichen Umwelt voraussetzte, verschmelzen sich ihm mit denen eines mehr als 30-jährigen Exils. »Die wahre Existenzweise des Exilierten ist die eines Fremden.« Für den Außenseiter, der zuletzt nur in der »Exterritorialität« leben konnte, mag dieser Satz auch in der Umkehrung gegolten haben.

Werkausgabe: Schriften. Hg. von Karsten Witte. 8 Bde. Frankfurt a. M. 1971 ff.

Inka Mülder

Kracht, Christian
Geb. 1966 in Gstaad/Schweiz

Der in den USA, Kanada und Südfrankreich aufgewachsene und (nach Stationen in Kalkutta und Hamburg) in Bangkok und Berlin lebende K. zählt zu den umstrittensten, aber zweifellos wichtigsten Anstoßgebern und Protagonisten der deutschsprachigen ›Pop-Literatur‹ der 1990er Jahre. Anteil daran haben indes nicht nur seine höchst kontrovers bewerteten Erzähltexte und zahlreichen Reiseberichte, sondern nicht zuletzt die öffentliche Person K.: Der finanziell unabhängige Sohn eines ehemaligen Generalbevollmächtigten des Springer-Verlags provoziert durch dandyhaft-narzisstische Selbstdarstellung, verdingte sich (mit Benjamin v. Stuckrad-Barre) als Model für die Bekleidungskette Peek & Cloppenburg und setzt sich über die Grenzen zwischen Literatur, Populärkultur und Konsum mit derselben Unbekümmertheit hinweg, mit der seine Texte die medien- und kulturkritischen Maßstäbe ›anspruchsvoller‹ Gegenwartsliteratur außer Kraft setzen.

K. debütierte literarisch 1995 mit dem Roman *Faserland*. Er erzählt von einer Reise durch das westliche Deutschland der 1990er Jahre, die den Ich-Erzähler vom nördlichsten Punkt (einer Fischbude auf Sylt) über diverse, meist in wenig lustvollen Rauscherfahrungen endende Parties bis zum südlichsten Punkt, einer Millionärsvilla am Bodensee, und von dort in die Schweiz führt. Im beiläufig-unambitionierten Erzählgestus eines hedonistischen ›Party-Boys‹ manifestiert sich eine ästhetisch-soziale Wahrnehmung der Wirklichkeit, die sich vor allem an den ›feinen Unterschieden‹ fetischisierter, ausdrücklich benannter Markenartikel orientiert und dennoch durch ein melancholisch grundiertes Verlangen nach dem ›Anderen‹ jenseits von Pseudokommunikationen und sozial-ästhetischen Indizes gebrochen wird; auch das Romanende verweist mit der vergeblichen Suche nach dem Grab Thomas Manns und dem literarisch-mythologischen Zitat (die Kahnfahrt auf dem Zürcher See, der Lethe) allegorisch auf einen transzendenten Fluchtpunkt jenseits der Oberfläche, die K.s Erzählen ausmisst.

Mit seinen Verstößen gegen Kategorien der politisch-moralischen ›Korrektheit‹ – elitäres Sozialbewusstsein, pauschalisierende Diskreditierung der politischen ›Linken‹, Nazi-Vergleiche – wurde K.s zunächst in den Zeitschriften *Tempo* und *Der Spiegel* enthusiastisch besprochener und vorabgedruckter Roman zum Gegenstand heftiger Kritik, welche die schon dreißig Jahre zuvor gegen Rolf Dieter Brinkmann und Hubert Fichte erhobenen Vorwürfe – Konsumismus, Affirmation, Oberflächlichkeit – wiederholte. Dennoch wurde sein Erzählen aufgrund von idiomatischem Erzählstil, der präzisen Registrierung sozialer Codes sowie einer nicht auktorial-moralisierenden Perspektive häufig mit Bezugsgrößen wie J. D. Salinger und Bret Easton Ellis in Verbindung gebracht. Nicht zuletzt verwirklicht K.s Erzählen ein Programm, das Leslie Fiedlers Plädoyer »Cross the border, close the gap« der literarischen Postmoderne 1968 aufgegeben hat.

Auch K.s Erzählsammlung *Mesopotamia. Ernste Geschichten am Ende des Jahrtausends* (1999), die Texte von Joachim Bessing, Alexander von Schönburg, Andreas Neumeister, Elke Naters, Uwe Kopf u. a. sowie eine Fotosequenz von Rainald Goetz versammelt, beruht auf einer Poetik der aufmerksamen, detaillierten Gegenwartsbeschreibung; wie K.s eigene Texte vom Romandebüt an umkreisen sie meist das Motiv der Reise als Anlass einer durchmusternden Inventarisierung von Diskursen, Verhaltensweisen, von Konsum- und Medienwirklichkeit. Reiseerfahrungen dokumentiert auch der mit Eckhart Nickel verfasste Band *Ferien für immer. Die angenehmsten Orte der Welt* (1998), eine Sammlung von 66 über alle Kontinente verteilten, oft abseitigen und sarkastischen Skizzen aus einer touristisch längst eroberten und beschriebenen Welt, die die Erwartung von ›Geheimtips‹ oder Hintergrundberichten meist enttäuschen. Auch in den Asien-Reiseberichten der Jahre 1992 bis 1999, die K. zuerst in der Wochenzeitung *Welt am Sonntag* publizierte und in der Sammlung *Der gelbe Bleibstift* (2000) gesammelt hat, handelt es sich nicht um Begegnungen mit einer authentischen Fremde, sondern um Beschreibungen, deren provokanter westlicher Subjektivismus jeden naiven ›Orientalismus‹ denkbar weit hinter sich lässt.

Das Image des »Schnösels« und Dandys der literarischen Szene, das K.s erster Roman kultiviert hatte, schien der 1999 unter K.s Mitwirkung erschienene Band *Tristesse Royale* nur zu bekräftigen, der das literarisch überformte Protokoll eines im Berliner Luxushotel Adlon geführten Gesprächs des »popkulturellen Quintetts« Benjamin v. Stuckrad-Barre, Joachim Bessing, Eckhart Nickel, Alexander v. Schönburg und K. wiedergibt. Das »Sittenbild unserer Generation« dokumentiert einen äußerlich elitären Ästhetizismus, der freilich auch mit seinem Gegenteil, mit Krieg und Gewalt kokettiert. – Gilt *Faserland* als literarische Initiation einer neuen deutschsprachigen Popliteratur, so markiert der Roman *1979* (2001) tendenziell deren Ende. Den Schauplatz der Romanhandlung bildet eine bourgeois-dekadente Gesellschaft unmittelbar vor dem Jahr der islamischen Revolution im Iran; der intellektuell schlichte Ich-Erzähler reist nach dem erbärmlichen Tod seines Lebensgefährten nach Tibet, wo er auf Knien einen heiligen Berg umpilgert und vom chinesischen Militär in ein Umerziehungslager gesteckt wird. Die extrem entwürdigenden Bedingungen einer aufs elementar Existenzielle reduzierten Menschlichkeit widerrufen den Ästhetizismus radikaler, als K.s Erzählungen es bis dahin angedeutet haben; der Roman endigt mit dem Selbstbekenntnis des Ich-Erzählers: »Ich war ein guter Gefangener. ... Ich habe mich gebessert. Ich habe nie Menschenfleisch gegessen.« Von der terroristischen Bedrohungslage nach den Anschlägen vom 11. September 2001 her gelesen erscheint der Roman als »Auslöschungsphantasie« eines ›dekadenten‹, amerikadominierten Westens (Hubert Spiegel, *Die Zeit*). Die Entwicklung des von vornherein »ganz ohne Vergangenheit« existierenden Erzählers erweist sich indes als zirkulär, so dass auch dieser Roman sich einer Hermeneutik der ›Tiefe‹ verweigert. – Dieser Verzicht auf ironisch-hintergründige Tiefenstruktur, auf die Selbstproblematisierung des Erzählens und ›kritische‹ Perspektive in K.s Erzähltexten dokumentiert jedoch, anders als die Mehrzahl der Kritiker ihnen nachgesagt hat, keine politisch-moralische Indifferenz, die sich »um überhaupt nichts mehr scher[t]« (Matthias Politycki), sondern den Versuch, der Gegenwart durch narrative Verdopplung und Wiederholung die Beobachtung ihrer selbst zu ermöglichen: »Genau, das sind Klischees, das ist die

Oberfläche. Und die auszuloten, darum geht es.«

Christoph Deupmann

Krall, Hanna
Geb. 20. 5. 1937 in Warschau

»Schränke und Juden – vielleicht eines der wichtigsten Symbole in unserem Jahrhundert. Ein Jude im Schrank. […] Ein Mensch in einem Schrank. […] Mitten im 20. Jh., mitten in Europa.« Dieses paradoxe Bild, das ein Leitmotiv für die Auslöschung jüdischer Existenz in Hanna Kralls Werk darstellt, kennzeichnet die Biographie der Autorin. Als Kind jüdischer Eltern überlebte K. im besetzten Polen nur durch die Hilfe polnischer Familien, die ihr ein sicheres Versteck boten. Auch wenn sie es ablehnt, im Schreiben einen Prozess der Selbstfindung zu sehen, ist ihr Schreiben durch das Gefühl der Fremdheit in einer Welt geprägt, die ihr Judentum als andersartig versteht. Mit der Distanzierung vom eigenen Innenleben korrespondiert ihre Hinwendung zur Außenwelt. K. studiert Publizistik in Warschau und ist seit 1957 als Reporterin tätig. Bei der Arbeit lernt K. den Kardiologen Marek Edelman kennen, den letzten überlebenden Führer des Warschauer Ghettoaufstandes von 1943. Aus dem Bericht von Edelman entsteht eine collagenartige Reportage, die die Ebenen von Vergangenheit und Gegenwart verschmelzen lässt. Sie erscheint 1977 unter dem Titel *Zdążyć przed panem bogiem* (*Dem Herrgott zuvorkommen*, 1979) und verschafft der Autorin weltweites Ansehen. Willy Brandt spricht in seinem Vorwort zur deutschen Ausgabe von einem »Buch vom Leben, für das Leben«.

Die Verhängung des Kriegsrechts in Polen (1981) beendet K.s Zeitungsarbeit. Sie schreibt den Roman *Sublokatorka* (1985; *Die Untermieterin*, 1986), der das Überleben im besetzten Polen aus der Perspektive zweier Mädchen zeigt, einer Polin und einer Jüdin, die bei deren Familie Unterschlupf findet. Die Auseinandersetzung mit der Vernichtung, die von den Deutschen, und der Erniedrigung, die von den Polen ausging, bestimmt die Welterfahrung der in Licht- und Schattendasein aufgespaltenen Heldin. Nach der Veröffentlichung des Romans, der ihr den »Untergrund-Preis« der Solidarność einbringt, widmet sich K. der literarischen Reportage. Wiederum bewegt sie sich synchron auf zwei Zeitebenen: Die Gegenwart wird als Widerschein der Vergangenheit betrachtet, das untergegangene Judentum aus der Sicht derer zum Leben erweckt, die sich seiner erinnern. Demnach sind die vornehmlichen Tätigkeiten K.s Spurensuche und Zeugnisablegen. Sie macht Zeitzeugen ausfindig, bereist Städte mit ehemals großem jüdischen Bevölkerungsanteil, deren Häuser nun aber von Polen bewohnt sind, die sich oft gegen die Erinnerung wehren oder diese nicht besitzen. Ihre Spurensuche führt die Autorin durch Polen, aber auch – nach der Aufhebung des Kriegsrechts – ins Ausland. Die Erträge dieser Reisen, authentische Berichte, finden in zahlreichen Sammelbänden ihren Niederschlag, die K. bedeutende Auszeichnungen einbringen.

Aufgabe ihrer schriftstellerischen Tätigkeit ist für K. das Erinnern: »Ich erzähle und rufe in Erinnerung und suche Erinnerungen. Die Deutschen müssen in Erinnerung behalten, was sie selbst, die Polen, was sie gemacht haben. Ich hole eine Welt hervor, die es nicht mehr gibt und nicht mehr geben wird, es ist die jüdische Welt, die in Polen existierte.« Die Autorin setzt den Opfern ›literarische Grabsteine‹ und gibt den Überlebenden die Möglichkeit, im Erzählen die eigene Existenz zu begründen. Dabei bleibt sie in der Wiedergabe der Berichte distanziert. Ihr ist bewusst, dass die erzählte Realität in ihrer Unfassbarkeit wie Fiktion erscheinen muss. Immer wieder betont sie, dass sie recherchiere und komponiere, nie aber erfinde, und dass das Ausmaß des Grauens nach einer stilistischen Einfachheit verlange, die sie allerdings für die »schwierigste Form schlechthin« hält. So beschreibt sie in der Erzählung »Phantomschmerz« in dem Band *Taniec na cudzym weselu* (1993; *Tanz auf fremder Hochzeit*, 1993) eine Massenerschießung von Juden. Im Tagesjournalismus ist K. nicht mehr tätig. Sie arbeitet aber immer wieder mit jungen Kollegen zusammen, um sie im ›Zuhören‹ zu unterrichten.

Birgit Harreß

Kramer, Theodor
Geb. 1. 1. 1897 in Niederhollabrunn; gest. 3. 4. 1958 in Wien

Seine Widersprüchlichkeit war es, die seine Mitmenschen an ihm faszinierte: Volksdichter und Kaffeehausliterat, Kriegsinvalide und Hypochonder, raunzerischer Eigenbrötler und geselliger Zecher, engagierter Sozialist und träger Lebemensch, dessen einziges Charakteristikum für Elias Canetti in maßloser Fresssucht bestand. Anders urteilte Thomas Mann über den genusssüchtigen Melancholiker aus dem österreichischen Dörfchen Niederhollabrunn, nordöstlich von Wien. Er hielt K. »für einen der größten Dichter der jungen Generation«, einen Lyriker, »dessen künftiger Platz im kulturellen Leben Europas, soweit er in Freiheit leben kann, sowohl durch die außergewöhnliche Qualität seines Werkes als auch durch seine intellektuellen Fähigkeiten gesichert ist.« K. schrieb, so auch der Titel eines seiner Gedichte, »Für die, die ohne Stimme sind …«. Programmatisch heißt sein vierter Gedichtband *Mit der Ziehharmonika* (1936): »Nicht fürs Süße, nur fürs Scharfe / und fürs Bittre bin ich da; / schlag, ihr Leute, nicht die Harfe, / spiel die Ziehharmonika …« – der arbeitende Mensch, das Lumpenproletariat, Verachtete und Ausgestoßene, ihr Alltag, ihr Leid und ihre Freuden waren der Stoff für K.s Verse.

Ob auf dem Dorf als Sohn des jüdischen Gemeindearztes oder später, im Alter von zehn Jahren, als Landkind auf einer »bösartigen Realschule« in Wien, K. wusste, was es bedeutet, nicht dazuzugehören. Nachdem er in der Großstadt auf Drängen der Eltern Schule und Handelsakademie mit mäßigem Erfolg absolviert hatte, wurde K. zum Militär eingezogen. Als er 1918 aus dem Kriegsdienst entlassen wurde, war er ein Invalide von 21 Jahren. Für K. begann ein unstetes Leben zwischen Vitalität und Depression, Schaffenskraft und Kränkelei. Nach kurzzeitigem Studium arbeitete er in verschiedenen Berufen in häufig wechselnden Anstellungen, in den 1920er Jahren, unterbrochen durch ausgedehnte Wanderungen durch sein Niederösterreich und das Burgenland, als Buchhändler und Verlagsvertreter. Die »Stadtlandschaft« Wiens war K. längst ebenso vertraut wie die ländliche Heimat, obwohl diese für sein außergewöhnlich umfangreiches Werk thematisch vorherrschend blieb.

Vier Jahre nachdem sich für K. mit seinem Erstlingswerk *Die Gaunerzinke* (1928) literarischer Erfolg abzuzeichnen begonnen hatte, schränkte die Machtübernahme der Nationalsozialisten K.s Publikationsmöglichkeiten im deutschen Sprachraum stark ein. Nach dem Einmarsch deutscher Truppen in Österreich sah sich der jüdischer Dichter und Obmann der »Vereinigung sozialistischer Schriftsteller« gezwungen, seine Heimat zu verlassen: Der Erste Weltkrieg hatte K. zum Invaliden gemacht, die Wirtschaftskrisen der 1920er Jahre ließen ihn zum dichtenden Vaganten werden, der Nationalsozialismus zwang ihn ins Exil. K. arbeitete daraufhin mehrere Jahre als Bibliothekar am »County Technical College« in Guildford/Surrey. Er war in Österreich vergessen, als er wenige Monate vor seinem Tode nach Wien zurückkehrte. 1984 besann man sich des Vergessenen: Im Wiener Europa Verlag begann die Veröffentlichung seines Gesamtwerkes.

K. verband die Naturlyrik des 19. Jahrhunderts mit der sozialen Thematik der literarischen Moderne, den egozentrischen Weltschmerz zeitgenössischer Einzelgänger, wie etwa Jakob Haringers, mit der nur im ersten Moment sachlich wirkenden Form lyrischer Milieustudien und Naturabbildungen. K. nimmt eine Sonderstellung innerhalb der deutschsprachigen Literatur ein: Er ist, wie

Erich Fried hervorhob, »ein sehr seltenes ›Gebilde‹, ein sozialistischer Heimatdichter«.

Werkausgabe: Gesammelte Gedichte. Hg. von Erwin Chvojka. 3 Bde. Wien 1984–1987.

Michael Bauer

Kraus, Karl
Geb. 28. 4. 1874 in Jicin/Böhmen; gest. 12. 6. 1936 in Wien

Als ihm 1933 »zu Hitler nichts einfiel«, hörten die zahlreichen Kritiker in diesem Wort nicht die bittere satirische Abfertigung, erkannten nicht den Sinn dieses Verdikts vor seinem ganzen Werk: dass nämlich die Sprache nicht mehr imstande sei, den nationalsozialistischen Ungeist und seine Folgen für Deutschland in sich zu fassen. Und kaum einer von ihnen wusste oder ahnte, dass K. damals an der *Dritten Walpurgisnacht* schrieb und nicht dem Umfang, wohl aber der Gestalt nach den Schrecken der Nazizeit visionär vorwegnahm.

Dieser Sohn eines Papierfabrikanten aus Böhmen, der in Wien aufwuchs und sich erst von seiner jüdischen Abkunft lossagen wollte, aber nach dem Ersten Weltkrieg auch aus der Katholischen Kirche wieder austrat, hatte im Elternhaus eine eher amusische Erziehung genossen. Gelernt hatte er nach dem Abitur 1892 nichts oder vielmehr nichts Attestables; etwas Jura studiert, was ihm vielleicht bei seinen späteren Prozessen zugute kam, etwas Germanistik und Philosophie, was ihm kaum genützt haben dürfte. Der Versuch einer Karriere als Schauspieler scheiterte trotz unbestreitbaren Talents, und so entschied er sich für eine Laufbahn als Journalist.

K. gründete 1899 die Zeitschrift *Die Fackel* und avancierte mit ihrer immer stärker anwachsenden Verbreitung zu einer geistigen und moralischen Instanz ersten Ranges. Seine Herausgeberschaft war jedoch keinesfalls aus einem Misserfolg geboren, wie es seine Feinde später glauben machen wollten – hatte man ihm doch unmittelbar zuvor die Feuilleton-Redaktion der Wiener *Neuen Freien Presse* angetragen, deren Mitarbeiter er bis dahin gewesen ist und die er später erbittert als ein Exempel für ihre Art des selbstgefälligen, bildungsbürgerlichen Journalismus verfolgte. K. zeichnet bei der *Fackel* nur als Herausgeber, tatsächlich aber ist die seit dem 1. April 1899 bis Februar 1936 mit nur zwei längeren Pausen (bei Kriegsausbruch 1914 und 1933) erscheinende Zeitschrift sein Hauptwerk: Fast alle Beiträge nämlich stammen von ihm selbst; 37 Jahrgänge mit 922 Nummern in 415 Heften – oder rund 18 000 Seiten. Nur in der ersten Zeit (bis 1911) hat er gelegentlich fremde Beiträge angenommen und Mitarbeiter gelten lassen. Seine erklärte Absicht, die er mit der *Fackel* verfolgte, war die »Trockenlegung des Phrasensumpfes«: der Kampf gegen die liberale Mitte der bürgerlichen Gesellschaft, ihre Unkultur und vor allem ihre Presse.

Einige seiner Beiträge, denen er überaktuelle Bedeutung beimaß, hat K. in Auswahlbände übernommen. Wie er schon in den Fahnenkorrekturen der *Fackel* Versionen oft mehrfach umarbeitete, so sind die Buchfassungen nunmehr gänzlich erneuert oder doch wenigstens gründlich redigiert, kaum je aber mit der alten Vorlage identisch. Dahinter steht das sein ganzes Werk kennzeichnende Bemühen um eine dem Gedanken optimal angemessene äußere Form – gleichviel, ob es sich um eine einzelne Formulierung, um Seiten- oder Zeilenumbruch oder um ein einziges Komma handelte, welches ihn mitunter Stunden der Überlegung und seitenlange Ausführungen kosten konnte.

Gleich zu Beginn seiner Laufbahn, als er beabsichtigte, dem literarischen Kartell um den Schriftsteller und Kritiker Hermann Bahr und dessen korrupten Machenschaften Einhalt zu gebieten, verlor er unter dem Hohngeschrei seiner Gegner den Prozess, den Bahr gegen ihn anstrengte. Es lohnt, den Bericht darüber in den Erinnerungen der Alma Mahler-Werfel zu lesen: Wie hilflos und beinahe komisch er vor Gericht, als die Zeugen umgefallen waren, durch Verlesen einer Novelle Bahrs diesen »entlarven« wollte.

Die meisten seiner Schlachten aber hat er nicht vor Gericht geschlagen, sondern in der *Fackel* – und dort und vor der Geschichte denn auch gewonnen: Gegen die Päpste der politischen Publizistik und Theaterkritik Maximilian Harden (1907/08) und Alfred Kerr (1928/29). Jenem, der nicht vor der Privatsphäre seiner Gegner einhielt, demonstrierte K. neben solcher Niederträchtigkeit auch durch Analyse seiner Sprache die Zweideutigkeit und Pseudo-Ästhetisierung seines Journalismus. Im Fall Kerr konfrontierte K. dessen Nachkriegspazifismus mit seinem früheren Opportunismus: durch bloßen Abdruck der kriegshetzerischen Gedichte Kerrs, von denen dieser sich nie distanziert hatte, freilich auch seiner nichtöffentlichen Äußerungen.

Seinen Krieg gegen die »Preßbuben« führte K. in alle Richtungen; ob nun gegen die Journalisten der bürgerlichen *Neuen Freien Presse*, gegen des Zeitungsverlegers Imre Bekessys Revolverblätter oder gegen Siegfried Jacobsohns linksstehende *Weltbühne*, ob gegen den Berliner Literaturprofessor Richard M. Meyer, den Theaterintendanten Paul Schlenther oder den Schriftsteller Stephan Großmann, den Literaturhistoriker Albert Sörgel, den Dichter Otto Ernst und viele andere, deren Namen heute kaum mehr den Spezialisten erinnerlich sind. Freilich war er oft ungerecht, und so manches Mal mag er auch sehr geirrt haben. Nie aber gemessen an den eigenen Maßstäben, die er besonders auch an seine eigene Sprache anlegte. Denn immer prangerte er zuerst die sprachlichen Untaten seiner Gegner an, die nach seiner Auffassung nur als eine andere Gestalt ihrer moralischen Verfehlungen oder verbrecherischen Handlungen erscheinen.

Doch nicht nur durch Satire und Polemik, die ihn berühmt machten, hat er sich literarisch hervorgetan – auch als Verfasser von Aphorismen (zuerst in der *Fackel*, dann gesammelt als *Sprüche und Widersprüche*, 1909; *Pro domo et mundo*, 1912 und *Nachts*, 1919). Als Lyriker sodann (9 Bände *Worte in Versen*, 1916–1930) beansprucht er einen Platz auf dem Parnass. Als Dramatiker ferner: die heute fast vergessene satirische »Operette« *Literatur oder Man wird doch da sehn* (1921) etwa, vor allem aber *Die letzten Tage der Menschheit* (1922), jenes gewaltige Weltkriegspanorama. Als Übersetzer und Erneuerer schließlich hat er Sonette und einige Dramen von William Shakespeare nachgedichtet und Johann Nepomuk Nestroy und Jacques Offenbach neu bearbeitet. In seinen exakt 700 Vorlesungen bemühte er sich, neben den eigenen auch fremde Werke, zumeist Gedichte und Dramatisches, zu neuem Leben zu erwecken.

K. besaß einen untrüglichen Sinn für literarische Qualität; mit Loyalität unterstützte er die Dichter Peter Altenberg, Frank Wedekind, Detlev von Liliencron und Else Lasker-Schüler. Er griff jedoch auch mit einem unerbittlichen Hass alle emporgekommene Mittelmäßigkeit, alle Gesinnungslumperei an. Das mag erklären (wenn es auch nicht entschuldigt), mit welcher Unnachsichtigkeit, ja Intoleranz er seine Gegner attackierte und selbst vor Intrigen manchmal nicht zurückschreckte.

Doch sein Kampf beschränkte sich nicht auf die Sprache. Einige Male hat er auch versucht, aktiv in die Politik einzugreifen. So fuhr er z. B. 1915 nach Rom, um den Kriegseintritt Italiens zu verhindern. Nach den Arbeiterunruhen 1927 forderte er den Polizeipräsidenten Wiens, Johann Schober, mit Plakaten zum Rücktritt auf. Seinen Polemiken haftet natürlich viel Partikulares an (schließlich war die *Fackel* eine Zeitschrift) – das lenkt gleichwohl bei genauerer Lektüre nicht ab von dem, worum es ihm eigentlich zu tun war: dass Reinheit der Sprache eine Lauterkeit der Gesinnung, Wahrheit und Wahrhaftigkeit zugleich nicht bloß repräsentiere, sondern sie selber sei. Georg Christoph Lichtenbergs Idee von einer *Physiognomik des Stils* – in K. wird sie zu einer mit nachgerade religiösem Eifer verkörperten Lehre. Mit dieser Lehre hat er sich identifiziert: Er empfand sich selbst als den Wertmaßstab seines Zeitalters.

Werkausgaben: Schriften. Hg. von Christian Wagenknecht. 20 Bde. Frankfurt a. M. 1986 ff.;

Werke. Hg. von Heinrich Fischer. 14 Bde und 2 Supplementbände. München 1952–70.
Ulrich Joost/Red.

Kristof, Agota
Geb. 30. 10. 1935 in Csikvánd/Ungarn

Agota Kristofs Texte faszinieren und schockieren, rühren an die Grenzen des Ertragbaren. Als die seit 1956 in der französischen Schweiz lebende Autorin ihren ersten Roman *Le grand cahier* (1986; *Das große Heft*, 1987) veröffentlichte, sprach die Kritik von der »kantigen Wucht« eines Buches wie Stein, von einer »Literatur unter Schock.«. Was als Ästhetik der Leere und des Schreckens beschrieben wurde, ist ein tabuloses, gnadenlos hartes Schreiben über Kindheit, Sexualität, Perversion, Unterdrückung, Verfolgung, Krieg und Tod. In kurzen einfachen Sätzen wird, unter Aussparung jeglicher Beschreibung von Gefühlen, in einem extrem nüchternen Stil erzählt. *Le grand cahier* ist das Tagebuch von Zwillingsbrüdern, die getrennt von den Eltern ohne liebevolle Zuwendung aufwachsen und hart arbeiten. Durch selbstauferlegte Übungen härten sie sich gegen Gefühle ab, entwickeln Verhaltensnormen, die sich am Gesetz der Notwendigkeit des Überlebens orientieren. Berichtet wird, wie sich die Zwillinge schlagen, wie sie erpressen, töten, helfen oder bestrafen. Am Ende steht die Trennung der Zwillinge, die Flucht des einen über die Grenze. K. wird mit diesem Roman weltbekannt.

K.s Poetik entspricht ihren persönlichen Erfahrungen als Exilantin: Die junge Frau flüchtet mit ihrem Säugling und ihrem Mann aus Ungarn, kommt in ein Land, dessen Sprache sie nicht versteht, und arbeitet, um den Lebensunterhalt zu sichern, mehrere Jahre in einer Fabrik. Dort entstehen 1956 bis 1966 Gedichte, die sie später übersetzt und veröffentlicht. Noch in ungarischer Sprache geschrieben, verdichten sie Empfindungen der Isolation, Entwurzelung und Orientierungslosigkeit. Dem monotonen Alltag entspricht der Rhythmus der Gedichte, die im gleichbleibenden Klang der Maschinen entstanden: »Leben Kinder wachsen machen sich auf warum nirgendshin zurück auf Straßen unfertig Tod« (»Egyedül«, 1987; »Einzelne«). K. lernt langsam die französische Sprache und beginnt in ihr zu schreiben, zunächst Stücke für Theater und Rundfunk mit gesellschaftspolitischen Stoffen, die anfangs von Laien aufgeführt werden.

Das makaber-zynische Moment in einigen Stücken verrät den desillusionierten Blick K.s auf die von Beziehungen des Kaufens und Verkaufens bestimmte kapitalistische Welt, auf ihre Leere und »tödliche Einsamkeit« (*L'heure grise*, 1988; *Die graue Stunde*, 1989) sowie auf ihre fortschreitende Industrialisierung, die den Menschen gleichsam zum Störfaktor degradiert (*L'épidémie*, 1993; *Die Epidemie*, 1994). In diesen und anderen politisch angelegten Stücken (*John et Joe*, 1972; *John und Joe*, 1987; *L'expiation*, 1983; *Die Sühne*, 1991; *Un rat qui passe*, 1993; *Eine Ratte huscht vorbei*, 1987) gibt sich die Autorin als Moralistin zu erkennen. Einige Stücke K.s lassen sich als Absage an Totalitarismus lesen, an Ideologien, die sich das Individuum gefügig machen. In der Dramatik entwickelt K. die ihr eigene Erzählweise: Die knappen Dialoge wechseln zügig, doch die dramaturgische Struktur ist komplizierter. In den Stücken ist das innere Erleben der Figuren szenisch dargestellt: Träume, Erinnerungen und Visionen werden auf der Bühne vorgeführt, durch Kulissenwechsel, Maskierung oder Rollentausch die Grenzen zwischen Realität und Imagination verwischt.

Die französische Sprache bleibt für K. eine Feindsprache; sie tötet die Erinnerungen, die sich ihr in der Muttersprache eingeprägt haben: Erinnerungen an die Kindheit, an Orte, an denen sie glücklich war. Schreiben ist für K. Leben, und nur mit dem Schreiben kann sie überleben. Für die Autorin, die schon mit vier Jahren lesen konnte und Freude am Ersinnen von Gruselgeschichten hatte, ist das Schreiben eine Obsession. Vom Schreiben handeln auch ihre Texte, genauso wie von der Suche nach Identität. Am deutlichsten wird dies in ihrem Romanwerk. *La preuve* (1988; *Der Beweis*, 1989) und *Le troisième mensonge* (1991; *Die dritte Lüge*, 1993) lassen sich zusammen mit dem ersten Roman als Trilogie lesen. In diesen Romanen ist das Zwillingspaar die literarische Übersetzung einer doppelten Identität, die sich für die Autorin im Exil konkretisiert. Die Geschichte der Zwillingsbrüder Lucas und Claus, die Flucht des einen, das Leben des Zurückbleibenden in einer von Unterdrückung geprägten Gesellschaft und die Rückkehr des Geflohenen, all dies endet mit einer überraschenden Entdeckung: Die Handschriften im Tagebuch, das beide führen, sind identisch, Claus und Lucas sind eine Person. Das Anagramm steht für das gespiegelte Leben des Weggegangenen im Dagebliebenen. *Le troisième mensonge* erzählt auch von den Trugbildern der Erinnerung und von der Unmöglichkeit einer Rückkehr. Lucas/Claus findet sich, als er heimkehrt, in einer Fremde wieder, ebenso wie K., als sie nach dem Fall des Eisernen Vorhangs Ungarn besucht. Niemand erkennt den Heimkehrer. Die Rückkehr kommt zu spät, stört die oberflächliche Ordnung, reißt alte Wunden auf. Zentrales Thema der Trilogie ist das Schreiben als Möglichkeit, Leiden zu mildern und zu überleben. Schreiben hat aber auch Grenzen; Claus gesteht: »Ich versuche wahre Geschichten zu schreiben, aber ab einem bestimmten Moment wird die Geschichte unerträglich, eben weil sie wahr ist, und dann muß ich sie ändern.« Die wahre Lebensgeschichte kann nicht geschrieben werden, denn, »kein Buch, auch wenn es noch so traurig ist, kann so traurig sein wie ein Leben«.

Auch der Roman *Hier* (1995; *Gestern*, 1996) nimmt die Thematik der Exilerfahrung auf: »Gestern war alles schöner.« Ein Gedicht und poetische Prosatexte, die z. T. surrealistisch anmuten und Überarbeitungen von K.s frühen Gedichten aus dem ungarischen Internat darstellen, unterbrechen hier die nüchterne Erzählung. K. schreibt nicht mehr nur unbarmherzig hart, scheint versöhnlicher. Aber der Schmerz über den Verlust des Gestern durchdringt den Roman, und die Autorin trägt ihn in der für sie typischen Weise vor: ohne Pathos und lakonisch. *Hier* ist die Geschichte eines Flüchtlings, für den sich alle Sehnsüchte an der Vergangenheit orientieren. Doch alle Versuche, die Vergangenheit in die Gegenwart hinüberzuretten, scheitern. Das Bild von einem verwilderten Grab, das den Namen des Flüchtlings und die gegenwärtige Jahreszahl trägt, steht einprägsam für die morbide Tristesse dieses Romans und für eine tiefe existentielle Depression, für das Herausfallen des Menschen aus der Zeit, wenn es für ihn nur Vergangenheit und keine Gegenwart gibt.

Fast zehn Jahre hat K. nicht mehr publiziert, 2004 erschien dann *L'analphabète* (*Die Analphabetin*, 2005), eine autobiographische Erzählung, die den gleichen Themen und dem gleichen minimalistischen Konzept folgt wie die Romane. Wie kaum eine andere Autorin vermag K. mit wenigen Worten große Wirkungen zu erzielen. In über 30 Sprachen übersetzt, ist sie eine der bekanntesten französisch schreibenden Autorinnen der Gegenwart. Sie wurde mehrfach geehrt und erhielt 2005 in der Schweiz den Schillerpreis für ihr Gesamtwerk.

Dorothee Röseberg

Krleža, Miroslav
Geb. 7. 7. 1893 in Zagreb/Kroatien; gest. 29. 12. 1981 in Zagreb/Kroatien

Spätestens 1952 offenbart Miroslav Krleža in seiner Rede auf dem Schriftstellerkongress in Ljubljana seine künstlerische Überzeugung: Die Literatur habe nicht, wie vom Sozialistischen Realismus gefordert, die Aufgabe, dem Leser eine ideale Welt vorzuführen, sondern sie müsse die realen Probleme in einer künstlerischen Weise frei behandeln, um einen Beitrag zum Aufbau einer humanen Gesellschaft leisten zu können. Der seit seiner Jugend marxistisch-linksorientierte Künstler wendet sich mit dieser provokativen Äußerung klar gegen den Stalinismus und jede Form politischer Bevormundung und Degradierung des Menschen, wie er sie selbst als kritischer Intellektueller der k.u.k. Monarchie bis zum Ustascha-Regime erlebt hat. Im Streben, sich vom kroatischen Literaturkanon zu lösen, hat K.

ein umfangreiches Werk geschaffen, das von Lyrik und Theaterstücken über Essays bis zu Prosa reicht und Elemente aller zeitgenössischen Stilrichtungen enthält, weshalb er keiner bestimmten Strömung zuzuordnen ist. Trotz seiner Weltoffenheit und außerordentlichen Bildung bleiben K.s Werke seiner Herkunft, dem kroatischen Bürgertum, verhaftet und zeugen vom Drang, sich von dieser provinziellen, der k.u.k. Monarchie nachtrauernden Gesellschaft zu lösen, deren Entwicklung nicht nur durch Fremdherrschaft eingeschränkt war, sondern die sich selbst durch ihre Bindung an Volksmythen und Aberglauben in geistige Ketten gelegt hatte. Schon seine ersten Gedichte (ab 1914) widersetzen sich dieser Enge, indem sie voller Enthusiasmus die Freiheit des Menschen besingen. Während sie mit ungewöhnlichen Rhythmen und bizarren Assoziationen die Normen der Poesie aufbrechen, lösen die zur selben Zeit entstehenden artifiziellen Dramen, in denen biblische und weltliche Mythen entmystifiziert und soziale Ungerechtigkeiten aufgedeckt werden, durch chaotische Handlungsgefüge und krasse Bühneneffekte die klassische Form des Dramas auf. Mit seinen politischen Dramen, darunter *Vučjak* (1923; *Die Wolfsschlucht*, 1977), und der Kriegslyrik, worin K. überwiegend mit expressionistischen und dadaistischen Mitteln seine Erlebnisse aus dem Ersten Weltkrieg verarbeitet, spätestens aber 1919 mit Erscheinen der Zeitschrift *Plamen* (Die Flamme), dem später zensierten Sprachrohr der kroatischen Avantgarde, avanciert er zum bedeutendsten Vertreter der kroatischen Moderne.

Den ersten Höhepunkt seiner Prosa bilden die mythopoetischen Antikriegsnovellen *Hrvatski Bog Mars* (1922; *Der kroatische Gott Mars*, 1965), die in absurd-grotesken Bildern die Tragödie der kroatischen Soldaten darstellen, der seit jeher fremden Mächten als bloßes Werkzeug dient. Eine noch breitere, bis heute während Popularität erlangt K. durch einen naturalistischen Dramenzyklus, zu dessen bekanntestem Stück *Gospoda Glembajevi* (1928, Urauff. 1929; *Die Glembays*, 1963) elf Novellen entstanden sind. Wie in den anderen Dramen verzichtet K. auch in *Gospoda Glembajevi*, wo erstmals eine Künstlerfigur im Zentrum des Geschehens steht, auf äußere Dynamik, um den Fokus auf den sittlichen Verfall des kroatischen Bürgertums zu richten. Auch in dem lyrisch gestimmten, an Rilke erinnernden Roman *Povratak Filipa Latinovicza* (1932; *Die Rückkehr des Filip Latinovicz*, 1961, 1970 in Belgrad als Theaterstück aufgeführt) ist der Protagonist ein Künstler, der diese provinzielle Welt in teils impressionistischen, teils expressionistischen Bildern als den wahren Morast der pannonischen Tiefebene beschreibt, der sich hinter einer glatten bürgerlichen Fassade verbirgt.

K.s Glanzstück ist der Gedichtband *Balade Petrice Kerempuha* (1936; Die Balladen des Petrica Kerempuh, eine Auswahl erschien 1972 in dt. Sprache). Auf Basis eines derben kroatischen Dialekts legt K. dem kroatischen Eulenspiegel Kerempuh ein neues hochstilisiertes, mit einer Vielzahl von Lehnwörtern durchsetztes Idiom in den Mund, mit dem dieser eine Chronik der leidvollen Geschichte Kroatiens entwirft und dabei die trotzdem beständige Lebenslust und -kraft des Menschen hervorhebt. Wie Chroniken erscheinen auch die Romane *Na rubu pameti* (1938; *Ohne mich*, 1962), *Banket u Blitvi* (3 Bde. 1938ff.; *Bankett in Blittwien*, 1964) und *Zastave* (5 Bde. 1962ff.; *Flaggen*; 1967 von Mario Fanelli verfilmt), in denen K., wie schon in den zahlreichen, seit den 1920er Jahren erscheinenden Essays, mit satirisch-ironischer Haltung auf kulturelle, historische und politische Probleme Europas und des Balkans im 20. Jahrhundert eingeht.

K., der in Titos Jugoslawien durch seine vielseitigen Tätigkeiten im Kulturbereich (er ist u.a. Herausgeber von Zeitschriften und Enzyklopädien und Vorsitzender wichtiger Kulturorgane) der kulturpolitischen Elite angehört, beschließt sein Werk mit Memoiren und Tagebüchern.

Dajana Bajković

Kroetz, Franz Xaver
Geb. 25. 2. 1946 in München

»Vater: Beamter / Mutter: Hausfrau / geb. 25. Februar 1946 in München / 1946–1951 Simbach am Inn / ab 1951 München: / 4 Klassen Volksschule / 5 Klassen Oberschule (durchgefallen) / 2 Jahre Schauspielschule München (Abschluß durchgefallen) / 1 Jahr Max-Reinhardt-Seminar Wien (3., 4. Semester) / (dann durchgeflogen) / 2 Jahre Abendmittelschule (Mittlere Reife) / Bühnengenossenschaftsprüfung Schauspiel (bestanden) / etwa 1966 / Anfang 1967 Kellertheater, kleine Engagements / dann bis heute Gelegenheitsarbeiter (mindestens 12 Berufe vom Irrenwärter bis zum Lagermeister und Bananenschneider) / Gammeln (von Mutter und Freundin gelebt) / »echt« schreiben seit 4 Jahren 15 Stücke, Einakter, 2 Romane etc. / zwischendurch: 2 Jahre Bauerntheater (spielen, Stück geschrieben, inszeniert, Künstlerische Geburtsstätte).« – So verkündet K. im Programmheft einer *Stallerhof*-Inszenierung 1972/1973. Drei Jahre später wurde er, der nach dem Willen seines Vaters den Beruf des Steuerberaters hätte ergreifen sollen, zu einem der meistgespielten deutschen Dramatiker der Gegenwart, Ende der 1970er Jahre ist er mit seinen rund 4 Dutzend Bühnenstücken *der* meistgespielte. Schon als Zwanzigjähriger schreibt er Stücke am laufenden Band, die er allerdings fast ausnahmslos nicht an die Öffentlichkeit bringt. Seine praktischen Erfahrungen holt er sich nach endlich bestandener Schauspielprüfung an kleinen Münchner Kellertheatern und am Tegernseer Bauerntheater.

Die politische Stimmung seit Mitte der 1960er Jahre trug einiges zu K.' Erfolg bei. Im Bestreben, auch das Theater zu politisieren, gelangten die Stücke Ödön von Horvaths und Marieluise Fleißers erneut auf die Bühne. K. beschäftigte sich mit beiden Autoren, fand sich in Themen und Mitteln seiner ersten Stücke (*Wildwechsel*, 1968) bestätigt und ließ sich von ihnen in seinen folgenden Aufführungen anregen.

Die Kritiker bezeichneten ihn als »Pornoautor« (nach seinem Eintritt in die DKP im März 1972 kam noch der »Kommunist« dazu) und legten seinen Schauspielen das Raster der Darstellung von »Randgruppen«, »Sprachlosigkeit« und »sexuellen Abnormitäten« auf, wodurch die Neugierde der Öffentlichkeit noch mehr gesteigert wurde. »Ich will doch in meinen Stücken nichts anderes zeigen als die seelische Abstumpfung und Vereinsamung, in die ein Mensch durch die bestehende Gesellschaftsordnung getrieben werden kann.«

K. untersucht die Lebensbedingungen und ihre Auswirkungen in der kapitalistischen Konsumgesellschaft der Bundesrepublik. Er dringt dabei bis in die intimsten Bereiche des Menschen vor und kommt zu dem Ergebnis, dass diese Gesellschaft den Einzelnen brutal unterdrückt und versklavt. Um eine unmittelbarere Wirkung der Charaktere zu erzeugen, demonstriert K. seine Überlegungen am Beispiel seiner ihm unmittelbar vertrauten Umwelt. Alle Figuren in seinen Stücken sprechen bayrischen Dialekt.

Seine frühen Stücke handeln in einem engen, überschaubaren Rahmen. Darin widmet er sich einzig den sozial Schwachen, die sich wegen ihrer mangelnden Ausbildung in Beruf, Familie und mit dem Partner nicht auseinandersetzen können. K. kennzeichnet diese Figuren mit Eigenschaften wie leichtgläubig, voller Vorurteile und mangelhaft im Ausdrucksvermögen bis hin zur Sprachlosigkeit. Sie haben sich in ihren Problemen so festgefahren, dass sie sich nicht mehr sprachlich ausdrücken können. Diese Ausweglosigkeit führt in die Apathie oder in das Verbrechen. Da ist z. B. die geistig behinderte und noch blutjunge Beppi, die von dem alten Knecht des *Stallerhof* (1971) ein Kind bekommt. Bei den Eltern stößt sie auf Unverständnis, denn das Kind ist gegen die »Ehre«: »Das weiß ich, meine Tochter, wo noch ein Kind is, das zruckbliebn is, hat net schwanger zu sein, von einem alten Taugenichts. Wie man da dastehn tut, vor die andern. Nein.« Als das Kind nach der Geburt in ein Heim soll, bringt es Beppi aus Verzweiflung um (*Geisterbahn*, 1971).

Nach der späten Beschäftigung mit Bertolt Brecht versuchte K. sich auch in der »großen Form«. In seinen beiden Hebbel-Bearbeitungen, *Maria Magdalena* (1972) und *Agnes Bernauer* (1976), bringt er neben den Heimarbeitern auch den Unternehmer ein. Die beiden von der Theorie her geschriebenen Stücke, waren jedoch kein Erfolg. K. bekannte, dass er seine Stücke aus der eigenen Anschauung, aus der Realität heraus entwickeln müsse, denn: »Realismus heißt für mich nämlich ›aus erster Hand kommend‹.« Hat K. in seinen frühen Stücken nur ausgestellt und aufgezeigt, so erweitert er schon in seiner Experimentierphase 1972/73 um kommentierende Eingriffe, setzt sogar illusionsbrechende Mittel ein. In *Dolomitenstadt Lienz* (1972), einer »Posse mit Gesang«, spielen drei Häftlinge Karten und Schach und unterhalten sich dabei völlig bewusst über ihre Situation. Mit ihren Phantasien und Träumen lässt K. erstmals die Zukunft eine Rolle spielen. Langsam vergrößert er sein Figurenrepertoire auch auf den »durchschnittlichen« Bürger und lässt seine Charaktere eine Entwicklung durchmachen, an deren Ende die Bereitschaft steht, ihr Verhalten zumindest im persönlichen Bereich zu verändern, um künftige Katastrophen zu vermeiden (*Das Nest*, 1974).

K., nach eigenen Aussagen ein Schriftsteller, der »auch« Politik macht, tritt im Mai 1980 aus der DKP aus. In seinen neuen Stücken gewinnt er mehr Abstand von seinen Figuren, wagt es, auch surreale Szenen einzubringen. Er beschäftigt sich mit den Auswirkungen der Technisierung auf den Alltag des Menschen. In seinem zweiteiligen Roman *Der Mondscheinknecht* (1981, 1983) schildert K. das bäuerliche Leben vom Beginn des 20. Jahrhunderts bis in die Gegenwart. Dieses Dasein unterliegt unerbittlichen traditionellen Gesetzen: »De Rasse is de Rasse. Des is as wichtigste. Bei Mensch und Viech. Und du bisd a guada Schlog, weist a Kreizberger bist, merkda des … Es Lem is Zucht« – so der Vater des Erzählers. Der aufgrund einer Kinderlähmung behinderte Anton Kreuzberger beschreibt in seinen Aufzeichnungen ein Außenseiterleben unter ständigen Demütigungen, das einzig wegen seiner Arbeit anerkannt wird. »Und weil schreiben sich wehren heißt, und Dichtung Widerstand ist, und Fantasie eine Waffe,

schreibt er weiter, so lange, bis er begreift, wo sein Ich den Anfang hat: immer dort, wo er sich gewehrt hat.« Die Stärke des Romans liegt eindeutig in den kraftvollen, lebensnahen Bildern der Bauernexistenz. Der Fortsetzungsteil, in dem sich K. dem Stadtleben des Behinderten zuwendet, verblasst allerdings dagegen.

Die widersprüchlichsten Reaktionen, sowohl beim Publikum als auch bei den Theaterkritikern, hat eines seiner bekanntesten Stücke, *Bauernsterben* (1985), hervorgerufen. Das Stück wurde begeistert bejubelt, aber auch erbittert ausgepfiffen und angegriffen; die CSU-Fraktion forderte im Stadtrat die Absetzung der Aufführung vom Programm der Münchner Kammerspiele. Zwei Bilder durchziehen *Bauernsterben* vom Anfang bis zum Ende: Heimat und – neu bei K. – Christus. Die beiden erwachsenen Kinder der Bauernfamilie Reithmaringer verlassen den Hof, um in der Stadt, in München, ihr Glück zu suchen. Mit der Christusfigur als Symbol für Heimat, als Schutzengel und ständigem Begleiter, ziehen sie in den tristen Rohbau eines Einzimmer-Appartments. Doch die Stadt »nimmt sie nicht an«, sie scheitern kläglich an den Voraussetzungen, die für das Konsumleben erfüllt werden müssen. Um zu überleben, setzen die beiden ein, was sie haben: Er verdingt sich als Blutspender – bis die Bühne im Blut schwimmt –, sie geht auf den Strich, lässt sich von ihrem perversen Freier das Haar abschneiden, das dieser durch ihren Kot zieht. In ihrem Elend suchen die beiden, »Heimat« in die Stadt zu bringen: Der Bruder kauft ein Farbposter, auf dem ein Wildbach und Natur abgebildet sind, und karrt Erde in die Wohnung, Christus wird zu einem erlösenden Gesprächspartner. Letztendlich kehren sie heim, doch die Eltern sind bereits gestorben und auch der Bruder erreicht die »Heimat« nicht lebend. Die Schwester erweist dem Christus einen »letzten Liebesdienst«: sie nagelt ihn ans Kreuz, »macht Ordnung«, denn auch er muss »heim«. K., auf den Aspekt der Religion im Theater befragt: »Ich glaube, daß ich eigentlich ein christlicher Autor bin, was ja nun auch ganz erklärlich ist, denn es sind nicht nur die Traditionen, es ist auch die Erziehung. Diese Verbindung ist die,

die auch in allen meinen Stücken vorherrscht.«

Nach *Bauernsterben* gehen die Theater auf Distanz zu seinem Werk. K. bemüht sich darauf bei den Medien. Als »Baby Schimmerlos« in der Fernsehserie *Kir Royal* (1986) avanciert er kurzfristig zum Publikumsliebling. »Meine verschiedenen Versuche, woanders Fuß zu fassen, bei Fernsehen oder Presse, zeugen nicht von Geilheit auf maßlose Karriere, sondern von innerer Unsicherheit.« Im November 1989 hält K. das politische Klima im vereinten Deutschland nicht mehr aus, er reist mit seiner Frau Marie Theres Schell und Tochter Josefine nach Brasilien und Peru. Es entsteht, nach seinem Nicaragua-Tagebuch von 1985, sein zweites veröffentlichtes Tagebuch, die *Brasilien-Peru-Aufzeichnungen* (1991). Zentrale Themen sind die Auswirkungen des Zusammenbruchs des Osten und die Vergänglichkeit seines eigenen Dichtens und Seins: Verfall, Krankheit und Tod beherrschen seine Gedankenwelt, daneben »das Gefühl, daß ich nie wieder einen wirklich guten Satz schreiben werde.«

Im Grunde konnte der Dramatiker K. in den 1990er Jahren nicht mehr reüssieren. Eine Neuinszenierung seines Stücks *Bauerntheater* (1991) hatte mäßigen, die Szenenfolge *Ich bin das Volk* (1994) gar keinen Erfolg mehr. Und auch Peymanns Inszenierung von *Das Ende der Paarung* im Jahr 2000, das die Selbstmorde der Grünenpolitiker Petra Kelly und Gert Bastian auf die Bühne brachte, hatte nicht mehr die Kraft der frühen Stücke. K. versuchte sich dann auch verschiedene Male und mit unterschiedlichem Erfolg als Regisseur. Auch sein Gedichtband *Heimat Welt* (1996) vermochte nicht zu überzeugen – zu wenig gestaltet, zu eilig ›hingeschrieben‹ wirkten diese Texte: »Ich will stacheldraht / für meine sätze und / sicherheitsverwahrung / für meine gedanken // man muß alles / ausprobieren / auch den tod // meine freiheit / heißt gewalt / denn ich bin / ein dichter« (*Klammheimliche Sympathie*). Eben das bezweifelten die meisten Kritiker.

Susanne Wimmer/Red.

Krolow, Karl
Geb. 11. 3. 1915 in Hannover; gest. 21. 6. 1999 in Darmstadt

1944 wollte K. den kurz zuvor erschienenen Gedichtband *Der grüne Gott* von Wilhelm Lehmann rezensieren. Es wäre eine der wenigen öffentlichen Reaktionen auf diese bald richtungsweisenden Verse gewesen, die nicht ins Konzept einer Blut-und-Boden-Literatur passten. Die Zeitschrift *Das Innere Reich* konnte indessen zu diesem Zeitpunkt nicht mehr gedruckt werden. K.s Absicht zeigt jedoch seine Ausgangsposition schon vor 1945, die sich auch mit dem einschneidenden Ereignis der sogenannten »Stunde Null« nicht veränderte; er ist kein Schriftsteller der Stunde Null, auch wenn er jetzt erst hervortritt. Er schließt an das neue deutsche Naturgedicht an, für das Oskar Loerke, Wilhelm Lehmann, Elisabeth Langgässer, Peter Huchel u. a. schon grundlegende Muster geschaffen hatten und das in der Tradition des Naturgedichts von der Klassik bis zum Expressionismus steht, d. h. auch wesentliche Errungenschaften des von der nationalsozialistischen Literaturpolitik als »entartet« verfemten Expressionismus aufgenommen und für eine bruchlose Weiterführung gerettet hatte.

K. hatte seit 1935 in Göttingen und Breslau Germanistik, Romanistik, Kunstgeschichte und Philosophie studiert und sich von 1942 an auf ein Leben als freier Schriftsteller eingelassen. Die Romanistik erschloss ihm die Poesie der französischen und spanischen Moderne, die in ihren zeitgenössischen Vertretern auf ihn und – auch durch seine Übersetzungen – auf eine ganze Generation jüngerer Schriftsteller entschiedenen Einfluss gewann. Das Studium der Germanistik sicherte die Grundlagen für K.s stets das eigene sprachliche Handeln reflektierende Äußerungen; hierzu gehören schon früh Rezensionen, nach 1945 zahlreiche literaturkritische und poetologische Essays, darunter Vorlesungen als Gastdozent für Poetik an der Universität Frankfurt a. M. (1960/61) und eine große Darstellung der *Lyrik in der Bundesrepublik Deutschland seit 1945* (in *Kindlers Literaturgeschichte der Gegenwart*,

1973). Und doch ist dieser umfangreichste Teil seines Werks nur von begleitender Natur. Trotz allem Streben nach Objektivität sind diese Äußerungen zugleich persönliche, gelegentlich privateste Ortsbestimmungen des Lyrikers K. Nur diese kritische Selbstbeobachtung ermöglichte Kontinuität und Wandel über vierzig Jahre hinweg: dass dieses lyrische Werk repräsentativ für die westdeutsche Lyrik werden und bleiben konnte, indem es vielfältige Entwicklungen integrierte, ohne seine Eigenart zu verlieren.

Seit der Verleihung des Büchner-Preises 1956 durch die von Wilhelm Lehmann mitbegründete »Deutsche Akademie für Sprache und Dichtung« lebt K. in Darmstadt (und hat inzwischen noch viele Ehrungen und Preise bekommen). 1952 hatte er sich mit dem Gedichtband *Die Zeichen der Welt* durchgesetzt und seinen Ruhm mit *Wind und Zeit* (1954) und *Tage und Nächte* (1956) gefestigt. Noch herrschen hier die konventionellen Formen (eine liedhafte Strophe mit festem Metrum und Reim) vor, aber die mythologische Überhöhung, die bei der Langgässer das Verständnis erschwert, oder die »Menschenleere« Lehmanns sowie eine auf Naturdetails eingeschränkte Metaphorik – ironisiert als »Gedichte mit umgehängter Botanisiertrommel« (Klaus Jeziorkowski) – ist vermieden und durch surreale Elemente erweitert. Tatsächlich hat K. damit die Phase seiner eigentlichen naturmagischen Lyrik abgeschlossen und sprengt dessen formale und thematische Enge längst auf (*Huldigung an die Vernunft* (1950); *Gedichte von der Liebe in unserer Zeit* (1950). So spricht K. schon in der Büchner-Preis-Rede von der »Karnevalistik der Worte«, vom »lyrischen Konfettiwerfen«, das freilich durch die »Grazie des Intellekts« zu mildern sei und durch »alle die Understatements, die ... das kurze Achselzucken beigeben«. Und unter dem Einfluss der Franzosen (Guillaume Apollinaires u. a.) und Spanier (Rafael Albertis, Jorge Guilléns u. a.) wird vollends der »kleine Himmel über dem deutschen Gedicht aufgerissen«. Die Versbände *Fremde Körper* (1959), *Unsichtbare Hände. Gedichte 1959–1962* (1962), *Landschaften für mich* (1966), *Alltägliche Gedichte* (1968), *Der Einfachheit halber* (1977) oder die neugeordneten *Gesammelten Gedichte* (Bd. 1 1965, Bd. 2 1975, Bd. 3. 1985) erweisen, wie sich K. nach und nach den verschiedensten fremden Einflüssen ausgesetzt hat, um dem raschen Abnutzungsprozess der poetischen Sprache entgegenzuwirken. In den späten Bänden (*Schönen Dank und vorüber*, 1984; *Als es soweit war*, 1988) wird der Gedanke an den Tod eindringlich zum Thema. Durchweg hat seine Offenheit – ob gegenüber Surrealismus, Dadaismus, Lakonismus, Konkreter Poesie oder ausländischer Lyrik auch kleinster Literaturen – K. zu sensiblen und eigentümlichen Lösungen geführt, so dass ein schon 1962 durch Hugo Friedrich gefälltes Urteil, diese Lyrik sei »eine bedeutende dichterische Diagnose der modernen Seele«, sich bis heute immer von neuem bestätigt hat.

Werkausgabe: Gesammelte Gedichte. 3 Bde. Frankfurt a. M. 1965 ff.

Ludwig Dietz

Kronauer, Brigitte
Geb. 29. 12. 1940 in Essen

Als »Wonnen der Gewöhnlichkeit« hat Reinhart Baumgart in seiner Laudatio zur Verleihung des Heinrich-Böll-Preises 1989 das Schreiben K.s gefeiert. Im Unterschied zu den meisten Schriftstellerinnen ihrer Generation hat K. ihr ausschließlich aus Prosa bestehendes Werk nicht (auto-)biographisch unterfüttert und sich auch für keine ideologische oder literarische Richtung vereinnahmen lassen. Konzentriert und unerbittlich ist ihr Schreiben Spracharbeit: den Alltag in Sprachbildern, Erzählmustern und Geschichten zu fassen, die stets auf ihrem fiktiven, lustvoll-verstörenden Spielcharakter beharren.

K. hat nach einem Lehramtsstudium ab 1963 erst in Aachen, dann bis 1971 in Göttingen unterrichtet, ehe sie sich 1974 als freie Schriftstellerin in Hamburg niederließ, wo sie heute noch lebt. Bereits mit den Kurz- und Kürzestgeschichten ihrer ersten Buchveröffentlichungen (*Der unvermeidliche Gang der*

Dinge, 1974; *Die Revolution der Nachahmung*, 1975; *Vom Umgang mit der Natur*, 1977) hat sie sich den herrschenden Trends der damals aktuellen, politisch engagierten Literatur entzogen. Sie verarbeitet in diesen Texten insbesondere Einflüsse des französischen Nouveau roman sowie der Konkreten Poesie, wie sie vor allem Helmut Heißenbüttel vertreten hat. Hier entwickelt sie erstmals ihre Technik, die vorsprachliche Wirklichkeit – Nathalie Sarrautes »Tropismen« – in Form eines Sprachmosaiks auszukonstruieren. Der erste Roman, *Frau Mühlenbeck im Gehäus* (1980), bringt die erzählerische Verflüssigung der asketischen, kollektiven Rundumwahrnehmung ihrer schriftstellerischen Anfänge. Im Sprachmuster entfaltet sich nun zugleich das Lebensmuster, die Lebenspolyphonie der beiden im Zentrum stehenden Ich-Erzählerinnen (eine Form, die K. in *Die Frau in den Kissen* wiederaufgreifen wird). Der mit K. befreundete Schriftsteller und Kritiker Klaus Sandler nannte *Frau Mühlenbeck* einen »idealen Roman, der keine Handlung, nur Wahrnehmung braucht und die Beobachtung, wie sich Wahrnehmungen durch das Urteil verschieben, vom Selbstverständlichen zum Unerträglichen, vom Alltag in die Krise«.

Auch K.s zweiter Roman *Rita Münster* (1983) ist von derselben unablässigen Beobachtung und Körpersprache, von der Wahrnehmungssensibilität an den Schnittflächen der Realität sowie vom perspektivischen Pathos der exklamatorischen Rede geprägt. Sein Schluss mündet erstmals in das Auflodern und Herunterbrennen eines Höhenerlebnisses: »Ich sehe, ... bis ich nichts mehr sehe.« Zentral wurde der Tonfall der Verausgabung, der Gestus der Erleuchtung dann in K.s drittem Roman *Berittener Bogenschütze* (1986). Die Liebesgeschichte um den Anglistikdozenten Matthias Roth, in der die Intensität der Wünsche und das Verfehlen ihrer Erfüllung einander bedingen, ist der Fluchtpunkt, an dem K.s schmerzhafte Schrift – gleichsam der abgesandte Pfeil, auf den der Titel des Romans anspielt – von der Furie des Verschwindens ergriffen wird und ins leere Herz der Dinge trifft. Das Ziel ihres Schreibens, das in diesem

Roman zugleich eine Huldigung an den romantischen Pessimisten Joseph Conrad darstellt, gilt jetzt einem zeugenden Blitz, der sich vom Körper und damit von jeder Peinlichkeit losgelöst hat.

Unter dem Bann der Ekstase des Ästhetischen steht auch der 1990 erschienene Roman *Die Frau in den Kissen*, K.s bislang wohl bedeutendstes Erzählwerk. Die hohe, erlesene, manchmal schon das Sprachbarock zelebrierende Kunstfertigkeit und eine zentrifugal zerstäubende Wirklichkeit bedingen sich im Weltentwurf dieses Romans gegenseitig. Wieder ist es eine Welt im Kopf, eine Welt im Kleinen, eine Welt der implodierenden Stille – die minutiöse Einkreisung dessen, was jenseits der Worte, jenseits der Beschreibung ist. Wieder begegnen wir den Ingredienzen der vorausgegangenen Bücher: der Beschwörung inbrünstig ersehnter Perspektiven, den Abglanzbildern und wütenden Wirklichkeit, dem Ansturm scharf aufzuckender Details. Wieder finden wir die Virtuosität der formalen Strukturierung: die Zurufe des ordnenden Erzählens, die Dehnung oder Beschleunigung der Schnappschüsse und Einstellungen des literarischen Kamera-Auges, die paratktische Reihung im Kleinen wie im Großen der gefräßig sich ausbreitenden Textsequenzen. Und wieder bewundern wir die souverän eingesetzten erzählerischen Strategien: den zupackenden Blick, die scharfzüngige Rede und die aggressive Ruhe. Wir werden zu Komplizen eines Erzählens, aus dessen sprunghaftem Mosaik sich die einzelnen Bilder, die Gedanken-, Erinnerungs- und Empfindungsbruchstücke, reliefartig anheben. *Die Frau in den Kissen* ist, wie alle Werke K.s, kein realistischer Roman – und doch randvoll von den Gegenständen und Menschen dieser Welt, überquellend an erlittener, erschriebener und erträumter Wirklichkeit: der Wirklichkeit in der Schrift. In ihm spiegelt sich jene störende, unzuverlässige

Umständlichkeit im Umgang mit der Epoche, die K. einmal als den subversiven Impetus und damit die eigentliche Zeitzeugenschaft von Literatur bezeichnet hat: »Poetisches Schreiben ist Handeln!«

In ihren jüngsten Büchern – den Erzählbänden *Schnurrer* (1992) und *Hin- und herbrausende Züge* (1993) sowie in den beiden bislang letzten Romanen *Das Taschentuch* (1994) und *Teufelsbrück* (2000) – wendet K. sich zunehmend vom hohen Ton ihrer Romane der 1980er Jahre ab und einem heiter-ironischen, ja satirischen Ton zu. Der Sonderling Karl Rüdiger Schnurrer, der Apotheker Willi Wings in *Das Taschentuch* sowie Maria Frauenlob, die verwitwete Ich-Erzählerin in *Teufelsbrück*, sind Anti-Helden des Alltags, deren Geschichte allerdings auf eine ganz und gar nicht alltägliche, sondern leise und poetisch-bedrohliche Art erzählt wird.

Uwe Schweikert

Kross, Jaan
Geb. 19. 2. 1920 in Tallinn/Estland; gest. 27. 12. 2007 in Tallinn/Estland

Aufgrund der Annexion Estlands durch die Sowjetunion und einer sich anschließenden achtjährigen Inhaftierung bzw. Verbannung (1946–54) debütierte Jaan Kross erst in der zweiten Hälfte der 1950er Jahre als Lyriker. Obwohl seine zwischen 1958 und 1969 erschienenen fünf Gedichtbände der estnischen Lyrik entscheidende Impulse gaben und dem freien Vers in Estland zum Durchbruch verhalfen, erzielte K. die größte Wirkung mit seiner Prosa. Sein Werk ist mit über 30 nationalen und internationalen Literaturpreisen ausgezeichnet und in mehr als 30 Sprachen übersetzt worden. Er ist wiederholt für den Literaturnobelpreis nominiert worden.

Charakteristisch für die historische Prosa von K. ist die zentrale Stellung von meist authentischen Personen aus der estnischen Geschichte, die sich häufig an der Schnittstelle zwischen den Gesellschaftsschichten und damit auch zwischen den Nationalitäten befinden. Ausführlich behandelte Kernbegriffe sind dabei Macht, Loyalität und Wahrheit. Oft geht es um den Konflikt zwischen Anpassung und Unterwerfung, zwischen kompromissloser Selbstbehauptung und selbstbewusstem Kompromiss. K. arbeitet viel mit inneren Monologen und schreibt in einer reichhaltigen, barocken Sprache.

Während seine ersten Novellen Momentaufnahmen aus verschiedenen Epochen der Vergangenheit sind, ist sein Hauptwerk *Kolme katku vahel* (4 Bde., 1970–80; *Das Leben des Balthasar Rüssow*, 1986) ein monumentales Geschichtsgemälde der zweiten Hälfte des 16. Jahrhunderts, als das estnische Gebiet sich nach dem Zerfall des Ordensstaates in der Zerreißprobe »zwischen den drei Plagen« (so die wörtliche Übersetzung des Titels) Schweden, Russland und Polen befand. In dieser Zeit macht sich der Tallinner Pfarrer Balthasar Rüssow (historisch belegt, ca. 1536–1600) an die Abfassung einer Chronik über sein Land, wie sie 1578 tatsächlich auf niederdeutsch erschienen ist. K. verbindet in diesem Roman die konkrete historische Situation in seiner Heimat mit der Frage der Wahrheit und anderen ethischen Problemstellungen.

Auch in seinem erfolgreichsten Roman *Keisri hull* (1978; *Der Verrückte des Zaren*, 1988) ist der Konflikt zwischen Machtbaden und Aufbegehrenden zentral. Der gleichfalls historisch belegte deutsche Adlige Timotheus von Bock (1787–1836) ist als Vertrauter des Zaren wegen seiner Aufrichtigkeit in Ungnade gefallen und eingekerkert worden. Jahre später wird er für verrückt erklärt und darf auf seinem Gut leben. Hier spielt die Handlung, die im Abbruch der geplanten Flucht kulminiert, da sie Anpassung und Unterordnung bedeutet hätte, während einzig der Wille, als Störenfried im Lande zu bleiben, einen kompromisslosen Protest darstellt. In weiteren historischen Romanen wie z. B. *Rakvere romaan* (1982; *Die Frauen von Wesenberg oder der Aufstand der Bürger*, 1997) oder *Professor Martensi äraşõit* (1984; *Professor Martens' Abreise*, 1992) behandelt der Autor eine vergleichbare historische Thematik, wobei er nicht zeigen will, »wie es gewesen« ist, sondern »wie es hätte sein können«. Seit Ende der 1980er Jahre beschäftigt sich K. mit den letzten Jahren der Republik Estland, der Stalinzeit und der Tauwetterperiode unter Chruschtschow. In mehreren Romanen und zahlreichen Novellen gelingt ihm eine differenzierte Darstellung menschlicher Einzelschicksale in spezifischen Problemsituationen.

Cornelius Hasselblatt

Krüss, James
(Ps. Markus Polder, Felix Ritter)
Geb. 31. 5. 1926 auf Helgoland; gest. 2. 8. 1997 auf Gran Canaria

»Auf kleinen Inseln mit wenig Auslauf bildet sich selbst das magerste Talent zur Phantasie bis an seine äußersten Grenzen aus.« Damit erklärt K., der Kindheit und Jugend bis zu seinem 16. Lebensjahr auf der Insel Helgoland verbrachte, warum er zu einem der – auch international – erfolgreichsten deutschen Kinderbuchautoren nach dem Zweiten Weltkrieg avancieren konnte. Er musste sich intensiver als andere Kinder mit dem »ältesten Spielzeug des Geistes« beschäftigen, mit Lall- und Laut-, Sprach- und Buchstabenspielen, die er später in Gedichten und Geschichten zum »heißgeliebten schönen Unsinn, dem Nonsense« ausgestaltet. Auch mit den sozialen und ästhetischen Funktionen von Sprache setzt sich K. immer wieder auseinander, bildhaft in Dichtungen für Kinder sowie theoretisch in einigen sprachwissenschaftlichen Aufsätzen. In der Kindheit aufgenommene Bilder, vom Großvater, einem Hummerfischer, gehörte Geschichten und dadurch angeregte Phantasien dienen K. als wichtigste Stoffgrundlage. In seinen zentralen Werken geben vor allem Inseln und Küstenlandschaften den Hintergrund ab, vor dem Fischer, Leuchtturmwärter, Wassermänner und Möwen agieren und erzählen: *Der Leuchtturm auf den Hummerklippen* (1956), *Mein Urgroßvater und ich* (1967), *Mein Urgroßvater, die Helden und ich* (1967). Als »Meister der Rahmenerzählung« (Malte Dahrendorf) lässt K. reale Gestalten – den Erzähler und seinen Urgroßvater – oder phantastische Wesen aufeinandertreffen und sich gegenseitig kurze Geschichten oder Märchen, Balladen, Nonsenseverse, linguistische oder moralische Reflexionen vortragen. Dabei ist es für K. als Erzähler »vollkommen gleichgültig, ob die Geschichte passiert ist oder nicht. Bei Geschichten kommt es nicht darauf an, daß sie wahr, sondern schön sind ... Die besten Geschichten sind die, welche schön und lehrreich zugleich sind.« In seinen »Gedanken zur Kinderliteratur«, gesammelt unter dem Titel *Naivität und Kunstverstand* (1969), fordert K., dass jugendliche Leser genauso ernst zu nehmen sind wie erwachsene, dass Kinderbuchautoren einer besonderen »Pflicht zur Phantasie« nachzukommen haben und dass die künstlerische Qualität wichtiger als die didaktische sein muss.

K. hat selbst nach dem Krieg ein Lehrerstudium absolviert, dann aber – angeregt und gefördert von Erich Kästner – für Kinder zu schreiben begonnen. Durch die Phantasiefreudigkeit seiner Kinderromane und -hörspiele, seiner Bilderbücher und Reime gewinnt die westdeutsche Kinderliteratur in den 1950er Jahren eine neue Qualität. Mit ungebrochener Naivität (»höhere Kindlichkeit«) sucht K. den Kindern bei der Erschließung ihrer Umwelt Hilfestellung zu geben, gesellschaftliche Beziehungen zu verdeutlichen und Kritikfähigkeit zu entwickeln. Eine überzeugende Einheit von Aufklärung und Phantastik gelingt K. erstmals in *Die glücklichen Inseln hinter dem Winde* (1958), einer in Handlung entworfenen, mit Nonsense und Situationskomik unterlegten Utopie, in der Mensch und Tier in Vernunft, Gleichheit, Frieden und Freundschaft miteinander leben, die K. als Gegenbild zur realen politischen Situation der Zeit – mit Wettrüsten und Kaltem Krieg – verstanden wissen will.

Ernsthafter konzipiert, doch gleichzeitig das Abenteuer betonend, ist K.' Hauptwerk, der parabelhafte Roman *Timm Thaler oder das verkaufte Lachen* (1962): Ein Junge verkauft sein Lachen an den Teufel, doch der damit gewonnene Reichtum bringt ihm kein Glück. K. knüpft damit an überlieferte Bilder der deutschen Romantik (Chamissos *Schlemihl*) an, um die Inhumanität der kapitalistischen, von Geld und Macht bestimmten Welt zu vermitteln. Die wichtigsten Bücher von K. erscheinen »von Anfang an auch in der DDR, manche sogar dort zuerst«. Seit 1951 hat K. erfolgreich Hör-, Sing- und Puppenspiele für Kinder verfasst, u. a. die Wagner-Travestie *Der Sängerkrieg der Heidehasen* (1958), daneben hat er für das Fernsehen Unterhaltungsserien geschrieben, z. B. *Jenny und Jonny* (ab 1971). Die Verfilmung seines *Timm Thaler*-Romans (1979/80) gehört auch nach dem Tod von K. weiter zu den beliebtesten Kinderserien des ZDF. Ab 1979 arbeitet K. an einer autobiographischen Romantrilogie, die 1988 mit dem Band *Der Harmlos – Frühe Jahre* beginnt, aber nicht mehr vollendet wird. Wenngleich K. in späteren Werken seltener das politische und moralische Engagement seiner frühen Arbeiten erreicht, so kann er doch durch sein mit zahlreichen Preisen ausgezeichnetes Gesamtwerk (u. a. mehrmals Deutscher Jugendbuchpreis) deutlich machen, »daß Phantasie und soziales Verhalten sehr viel miteinander zu tun haben, ja einander bedingen« (Malte Dahrendorf).

Horst Heidtmann

Kuhlmann, Quirinus
Geb. 25. 2. 1651 in Breslau; gest. 4. 10. 1689 in Moskau

»Man hat ihn aber zuvorher im gefängniß auff das allergrausamste gepeiniget ... Worauff sie ihn in etwas wieder genesen lassen / und hernach auff einen grossen platz der stadt geführt / da sie ihn in einem dazu gemachten häußlein ... lebendig verbrant«, so fasst Gottfried Arnold in seiner *Kirchen- und Ketzer-Historie* (1699–1700) die Berichte von K.s Hinrichtung am 4. Oktober 1689 in Moskau zusammen. Es war das schreckliche Ende eines Dichters, eines Märtyrers für eine höchst zweifelhafte Sache, für ein chiliastisches Programm, das seinen Ursprung in der Begegnung mit dem Werk Jacob Böhmes hatte: »ein B gebahr mich; ein B widergebahr mich.« K., Sohn eines Breslauer Kaufmanns, trat schon während seiner Schulzeit am Breslauer Magdalenengymnasium mit Veröffentlichungen hervor (*Unsterbliche Sterblichkeit / das ist / Hundert Spielersinnliche Grabeschriften*, 1668), und auch als er anschließend in Jena Rechtswissenschaften studierte, zeigte er starke poetische (und historische) Interessen, die sich in mehreren Werken, z. B. der Sonettsammlung *Himmlische Libes-küsse* (1671) und dem *Lehrreichen Geschicht-Herold* (1672), niederschlugen. In Vorlesungen war er selten zu sehen: »Er achtet Nichts als was unter Seinem Nahmen leuchtet, und aus seiner Stirn entsprossen«, schrieb ein Kommilitone. Im Herbst 1673 reiste er nach Leiden, brach aber sein Studium unvermittelt wieder ab: Die Lektüre der Werke Böhmes gab seinem Leben und Schaffen eine neue Richtung (die Lesefrüchte dieser Begegnung mit dem Mystiker erschienen 1674 als *Neubegeisterter Böhme*). K. bewegte sich fortan in den religiösen Randgruppen Hollands und Englands, unter den Böhme-Anhängern und anderen Sektierern, fand Mäzene, die seine Projekte finanzierten, etwa die ergebnislose Reise in die Türkei, um den Sultan zu bekehren (1678 bis 1679). Als das Geld versiegte, machte er statt einer wirklichen Reise nach Jerusalem eine »Geistreise«. Auch Frauen spielten eine – für K. nicht immer glückliche – Rolle; er war dreimal verheiratet.

Der *Kühlpsalter* (1684–1686, erste Teilveröffentlichung 1677) deutet dieses bizarre Leben auf weise Weise. Das Werk ist als heiliges Buch konzipiert, als dritter Teil der Bibel nach Altem und Neuen Testament; der Verfasser versteht sich als Prophet. Er begründet hier und in einer Reihe von Begleitschriften seine Berufung und seine Auserwähltheit mit Denkfiguren, die er Böhme und den chiliastischen Bewegungen seiner Zeit entnimmt; er sieht sich als schon von Böhme erwarteten Jüngling, der den Antichrist stürzen und zum Tausendjährigen Reich überleiten werde. Die zugleich autobiographische und heilsgeschichtliche Dichtung entspringt trotz des expressiven und ekstatischen Stils einiger Gedichte strengen formalen und rationalen Kalkül und zeigt in ihren auffälligen Sprachmanipulationen manieristische Züge.

Als K. mit seiner Russlandreise 1689 den letzten Versuch machte, für seine »Kühlmonarchie« zu werben, wurde er in Moskau auf Betreiben der dortigen deutschen lutherischen Geistlichkeit verhaftet und schließlich wegen Ketzerei, Verschwörung und Gotteslästerung zum Tode verurteilt. So unangemessen dies angesichts seiner wenig praktikablen Vorstellungen von einem politisch und konfessionell geeinten Europa erscheinen mag, so wenig lässt sich bezweifeln, dass in seiner Kühlmonarchie, der Vereinigung der wahren Gläubigen im Kühlreich der Jesueliter, kein Platz für die herrschenden Mächte vorgesehen war. Sein Hauptwerk endet in einer »sentenz über alle Kaiser, Könige und Fürsten der 70 Nationen« mit den Worten: »Auf, Kaiser, Könige! Gebt her Kron, hutt und Zepter!«

Werkausgabe: Der Kühlpsalter. Hg. von Robert L. Beare. 2 Bde. Tübingen 1971.

Volker Meid

Kühn, Dieter
Geb. 1. 2. 1935 in Köln

»Im bisherigen Buchentwurf herrscht die Ich-Perspektive eines Autors vor, der den Leser am Auswählen und Auswerten von Material teilnehmen läßt; auch kann ihm der Leser beim Schreiben zuschauen, sozusagen über die Schulter.« Was der Erzähler in *Die Präsidentin* (1973) als Ziel seines Schreibens charakterisiert, gilt eigentlich für alle Prosaschriften K.s. Seit seiner Dissertation über Robert Musils *Mann ohne Eigenschaften* mit dem sprechenden Titel *Analogie und Variation* (1965) erprobt K. ein literarisches Verfahren, das den Leser in die Pflicht nehmen will, indem es einen dialogischen, offenen und experimentellen Gestus wählt und auf eine erzählerische Abfolge, auf eine »harmonische« Entfaltung verzichtet. Vor allem seine Schriften, die sich um die Lebensgeschichte historischer Personen bemühen, demonstrieren vorsichtige Annäherungen an Wirklichkeiten, die als gemeinsamer Erkenntnisvorgang und Aufklärungsversuch von Autor und Leser inszeniert werden. K.s erster großer Erfolg *N* (1970) – eine biographische Skizze von Napoleon – führt eine Art konjunktivisches Schreiben vor, wie es auch Musil kennt, wo der Autor sich jedem vorschnellen Sinnzusammenhang verweigert und den Blick von einer biographischen Zielgerichtetheit zur Möglichkeitsform in der Geschichte lenkt. An Napoleons Lebenslauf werden die Zufälle und das Sprunghafte einer Entwicklung in den Blick gerückt; es wird gezeigt, wie allmählich ein Mann mit Eigenschaften entsteht. Dieser biographischen Neugier verdanken Werke wie *Josephine* (1976), *Bettines letzte Liebschaften* (1986) und *Beethoven und der schwarze Geiger* (1991) ihr Entstehen. Spätestens seit *Ich Wolkenstein* (1977) hat K. bewiesen, wie fruchtbar diese Darstellungsweise auch als wissenschaftliches Verfahren sein kann, um die vielfältigen Möglichkeiten, die in historischen Prozessen stecken, in den Blick zu rücken. Der Mittelalterforschung haben K.s Werke jedenfalls belebende Impulse gegeben: Mit *Der Parzival des Wolfram von Eschenbach* (1986), *Neidhart aus dem Reuental* (1988) und *Tristan und Isolde des Gottfried von Straßburg* (1991) hat K. nicht nur eine Brücke zwischen Kunst und Wissenschaft geschlagen, sondern sich auch als Übersetzer mittelhochdeutscher Texte Renommee verschafft. Über diesen historischen Arbeiten darf nicht vergessen werden, dass K. auch auf anderen Feldern ein überaus produktiver Autor ist, denn seit den 1960er Jahren schreibt er Hörspiele, Roman, Theaterstücke, ideologiekritische Essays, literaturwissenschaftliche Aufsätze und Rundfunkessays. Mit Romanen wie *Stanislaw der Schweiger* (1975) oder *Die Kammer des schwarzen Lichts* (1984) hat K. zudem gezeigt, dass er auch ohne historische Anregungen ein fabulierfreudiger Erzähler sein kann.

Helmut Scheuer

Kunčinas, Jurgis
Geb. 13.1.1947 in Alytus/Litauen;
gest. 13.12.2002 in Vilnius

Obwohl Jurgis Kunčinas einer der produktivsten Schriftsteller und Übersetzer Litauens war, ist über ihn nicht viel bekannt. Die mehr als 20 Bücher, darunter sechs Romane und noch einmal so viele Übersetzungen deutschsprachiger Autoren, unter ihnen Dürrenmatt, Borchert, Böll, Musil, Grass, Walser und Nossack, entstanden in einem relativ kurzen Zeitraum: Innerhalb seiner letzten zehn Lebensjahre hat K. es geschafft, sich einen festen Platz in der litauischen Literaturgeschichte zu sichern. Bereits 1993 verleiht man ihm für seinen Roman *Tūla* (1993; Tūla) den Preis des litauischen Schriftstellerverbandes. Aber erst danach entstehen die Romane, mit denen er auch international bekannter wurde: *Blanchisserie, arba Žvėrynas-Užupis* (1997; Blanchisserie oder Von Mäusen, Moder und Literatursalons, 2004), *Kilnojamosios Röntgeno stotys* (1998; Mobile Röntgenstationen, 2004), *Kasdien į karą* (2000; Täglich in den Krieg) und *Bilė ir kiti* (2002; Bilė und die anderen). Weniger bekannt sind seine facettenreichen Erzählungen, die unter anderem in den Bänden *Baltųjų sūrių naktis* (1995; Die Nacht der weißen Käse), *Didžiosios žiurkės šešėlis* (1996; Die kleine Schwester der großen Ratte), *Laba diena, pone Enrike!* (1996; Guten Tag, Frau Enrikė!), *Ašutai iš gyvenimo švarko* (1998; Pferdehaare aus dem Jackett des Lebens) und *Niekieno namai: Alytaus novelės* (2000; Niemandes Häuser: Alytus-Novellen) erschienen.

K. begann in Vilnius ein Germanistikstudium, wurde aber 1968 relegiert, weil er sich weigerte, am Wehrkundeunterricht teilzunehmen. Später wurde er in eine Nervenheilanstalt zwangsverwiesen. In der Sowjetzeit erschienen von K. ausschließlich Gedichte: unter anderem in seinen Sammlungen *Takas per girią* (1977; Eine Spur durch den Wald), *Atidėtas rugsėjis* (1984; Zurückgegebener September), *Liepų ratas* (1988; Lindenrad) und *Namai be žiburių* (1991; Häuser ohne Licht). Seit 1983 arbeitete er als Schriftsteller, zuletzt war er Zeitungsredakteur.

K. macht es den Leser/innen nicht leicht. *Blanchisserie* z. B. ist ein surrealer Anti-Roman, der von der Eröffnung eines Literatursalons in einem alten Haus im Vilniusser Stadtteil Užupis handelt. Neben satirischen Schlägen gegen Erscheinungen des modernen Lebens und neben skatologischen, sexuellen und alkoholischen Elementen werden, wie eine Figur verrät, in jeder Episode des Romans »Liebe, Wein und Tod« zusammengeführt, damit »einfache Lieder« entstünden »wie bei allen ewigen Poeten«. Der Erzähler ist ein nicht mehr unbeschwerter Anakreon, der sich auf eine Fahrt durch das Zentrum von Vilnius begeben muss, die in eine Odyssee durch verschiedene Zeiten und Räume mündet. K. schafft ein Opus magnum, aus dem die Kunstfertigkeit von James Joyce und Vasilij Aksënov sprechen.

Im autobiographischen Roman *Kilnojamosios Röntgeno stotys* setzt ein Student alles daran, mit einer vorgetäuschten Krankheit der Einberufung in die Rote Armee zu entgehen, die im Begriff ist, die Tschechoslowakei zu ›befreien‹. Allerdings stürzt er sich renitent-naiv in allerlei Liebeleien, so dass seine Absicht scheitert. Das Bild vom Röntgenbus, der zur Durchleuchtung aller Körper und Seelen in Sowjetlitauen umherfährt, charakterisiert den Staat jener Zeit, gegen den der Einzelne machtlos ist. Im Rückblick kann der Erzähler jedoch zufrieden sein: Im Gegensatz zu denen, die sich anpassten und denen es damals gut ging, hat er später kein hartes Schicksal erlitten.

Stephan Kessler

Kundera, Milan
Geb. 1.4.1929 in Brünn/ČSR

Der tschechische, in Frankreich lebende Romancier Milan Kundera trat zunächst mit Gedichten, Dramen und Übersetzungen an die Öffentlichkeit, fand dann große Beachtung mit seinen Essays und Romanen, die zeitkritische Probleme des Sozialismus, der Emigration und des »modernen Weltschmerzes« behandelten, z. B. *Majitelé klíčů* (1962; Die

Schlüsselbesitzer, 1964), *Směšné lásky* (1963; *Das Buch der lächerlichen Liebe*, 1969), *Žert* (1967; *Der Scherz*, 1968), *Život je jinde* (1973; *Das Leben ist anderswo*, 1974). Viele seiner Werke wurden mit Literaturpreisen ausgezeichnet.

K. wurde als Sohn des Musikologen Ludvík Kundera, dem Cousin des Dichters und Übersetzers Ludvík Kundera geboren. 1948 machte er in Brünn Abitur und studierte zunächst an der Philosophischen Fakultät der Karlsuniversität, wechselte bald zum Studium der musikalischen Komposition und schrieb sich schließlich an der Filmfakultät AMU ein. In den Jahren 1948 bis 1950 war er Mitglied der Kommunistischen Partei, wurde jedoch zusammen mit dem gleichgesinnten Schriftsteller Jan Trefulka wegen »antiparteilicher Tätigkeit« ausgeschlossen und musste sein Studium für zwei Jahre unterbrechen. Nach Studienabschluss arbeitete er von 1958 bis 1970 an der Karlsuniversität als Dozent für Weltliteratur. 1956 wurde K.s Parteimitgliedschaft erneuert; da er sich aber in der Reformbewegung engagierte, schloss man ihn 1970 erneut aus, und er wurde Dissident. 1975 nahm er eine Gastprofessur an der Universität im französischen Rennes an. Die Ausreise sowie sein 1978 entstandener Roman *Kniha smíchu a zapomnění* (*Das Buch vom Lachen und Vergessen*, 1980), in dem K. mit seiner kommunistischen Vergangenheit abrechnet, führten 1979 zum Entzug der tschechischen Staatsbürgerschaft. K. blieb in Frankreich, erhielt 1981 die französische Staatsangehörigkeit und lebt mit seiner Frau Věra Hrabanková in Paris. Nach Tschechien kehrte er nach 1989 nur sporadisch zurück. Seit 1991 ist K. Mitglied des Lektorenkollegiums des Verlags Gallimard in Paris.

Grundlegend für das Verständnis seines literarischen Werks ist seine in den 1960er Jahren begeisterte Haltung zur aufkeimenden Liberalisierung des politischen und kulturellen Lebens in der Tschechoslowakei. Vor allem nach dem IV. Tschechischen Schriftstellerkongress im Jahr 1967 schloss er sich der nach kultureller Freiheit strebenden Bewegung an und wurde zu ihrer Gallionsfigur. K.s Leitthemen, wie die Mystifikation (nach K. die »Art und Weise, wie man die Welt nicht ernst nehmen soll«), der Scherz, das Spiel, die Unmöglichkeit des Don Juanismus in der modernen Welt und die Ungewissheit der Identität durchziehen bereits seine in den frühen 1960er Jahren erschienenen Werke, etwa den Roman *Žert* und die dreibändige Prosasammlung *Směšné lásky* (1963, 1965, 1968). Ihr Schauplatz ist aus dieser Perspektive heraus die kommunistische Tschechoslowakei; ihre Gestalten sind aber nicht als »Figuren aus Fleisch und Blut« gedacht, sondern als Träger von Motiven, Bildern und Gedanken. Die Musik bildet dabei motivisch und strukturell eine weitere Konstante.

K.s bekanntestes und erfolgreichstes Werk ist *Nesnesitelná lehkost bytí* (1985; *Die unerträgliche Leichtigkeit des Seins*, 1984), dessen Verfilmung auf breite Resonanz stieß. In dem Roman sind mehrere Erzähllinien, jeweils motivisch abgewandelt, miteinander verflochten; sie werden von den Kommentaren des Erzählers begleitet, der über den Geschehnissen steht. Im Vordergrund der Handlung, die in der Tschechoslowakei während der 1960er Jahre und der Zeit der sogenannten »Normalisierung« (in den 1970er Jahren) sowie in Westeuropa spielt, stehen zwei Paare. Der tschechische Chirurg Tomáš verkörpert die Leichtigkeit und sucht ständig neue erotische Abenteuer, seine Frau Teresa steht für die Schwere und für die hingebungsvolle Liebe. Die tschechische Künstlerin Sabina und ihr schweizerischer Geliebter Franz bilden das zweite Paar. Eines der Hauptmotive des Romans ist der Kitsch. Kitsch ist – wie das totalitäre Regime – willkürlich und eindeutig. Sabina flieht vor ihm aus der Tschechoslowakei, findet im Westen aber eine neue Leere vor und verfällt selbst in Kitschvorstellungen über den Osten. In Franz wiederum werden die Mythen der westlichen Linksintellektuellen belächelt.

In der Tschechischen Republik wurden die nachfolgenden Romane K.s, die er seit den 1990er Jahren auf französisch schrieb, bisher kaum verlegt. 1993 erschien dort z. B. der Roman *L'immortalité* (1990; *Die Unsterblichkeit*, 1990; *Nesmrtelnost*). *La lenteur* (1994; *Die Langsamkeit*, 1995), *L'identité* (1994; *Die Identität*, 1996) und der Roman *L'ignorance* (2000; *Die Unwissenheit*, 2001; *Nevědomost*, 2003) bilden den sogenannten »französischen Zyklus«, mit dem K. immer tiefer in die französische Kultur eintaucht. Der letztgenannte Roman thematisiert die Einzelschicksale dreier befreundeter tschechischer Emigranten nach ihrer »Odyssee« mit zahlreichen Analogien zu Homers Epos. Ihre Gefühle und unerfüllten Erwartungen bei der Rückkehr in die »Heimat« nach dem Jahr 1989 oszillieren zwischen Heimweh, Nostalgie und Verstörung.

Susanna Vykoupil

Kunert, Günter
Geb. 6. 3. 1929 in Berlin

K. zählt zweifellos zu den literarisch vielseitigsten, schöpferisch produktivsten, aber trotzdem sprachlich virtuosen, inhaltlich einfallsreichen und intellektuell anspruchsvollen Autoren der Nachkriegskriegszeit, die auch nach der deutschen Wiedervereinigung im Osten wie im Westen gelesen und gewürdigt werden. Sein schriftstellerisches und essayistisches Werk umfasst annähernd 100 selbständige Veröffentlichungen (Gedichte, Kurzprosa, Reiseskizzen, literaturkritische Reflexionen und einen Roman), daneben Hörspiele, Drehbücher, Libretti, Liedtexte (zur Musik von Kurt Schwaen), Reportagen und Rezensionen, Spiel- und Kinderfilme und das Theaterstück *Futuronauten* (UA: Hannover 1981).

Während des Dritten Reiches fiel K., dessen Vater mit einer Jüdin verheiratet war, sich jedoch trotz staatlicher Repressionen nicht scheiden ließ, unter die faschistischen Rassengesetze und wurde für »wehrunwürdig« erklärt; eine Zeitlang arbeitete er in einer Tuchwarenhandlung. Nach dem Zusammenbruch des NS-Regimes studierte er von 1945 bis 1947 fünf Semester an der Hochschule für Angewandte Kunst in Berlin-Weißensee: sein zeichnerisches Talent fand Niederschlag in zahlreichen Illustrationen eigener Bücher. 1947 erschien bereit sein erstes Gedicht *(Ein Zug rollt vorüber)* in einer Berliner Tageszeitung, seither lebte K. (bis 1979) als freier Schriftsteller in Ostberlin. In der Folgezeit schrieb er regelmäßig satirisch-ironische und grotesk-komische Prosaskizzen in den Wochenmagazinen *Frischer Wind* und *Eulenspiegel*, immer wieder aber auch Gedichte für den *Ulenspiegel*. Ein erster Lyrikband mit dem programmatischen Titel *Wegschilder und Mauerinschriften* (1950) eröffnet die lange Reihe weiterer Gedichtsammlungen, in denen K. die Menschen auffordert, der Fortschrittsideologie nicht blind zu folgen, seinen Standort in der gesellschaftlichen Wirklichkeit kontinuierlich zu reflektieren, in geschichtlichen Dimensionen zu denken und den eigenen Wahrnehmungshorizont zu erweitern. Die thematische Akzentuierung in K.s Lyrik ist ebenso vielschichtig wie seine Gestaltung formenreich: von lakonischen Vierzeilern, Sonetten, mehrstrophigen Balladen, Assoziationslyrik zu Bildern *(Zu Radierungen von Goya)* und Dichtern, über pointierte Kritik an Staat, Gesellschaft, Partei und Kleinbürgerattitüden bis hin zu Naturlyrik und Utopieentwürfen, melancholischer Selbstreflexion und ironisch-aggressiver Situationsvergegenwärtigung. Strenger Reim und freier Rhythmus schließen sich nicht aus; Gestaltungsprinzipien sind Paradoxie und Antithetik, jeweils funktionalisiert auf das Darstellungsziel.

Im Jahr 1962 erhält K. den Heinrich-Mann-Preis: Die Gedichtbände *Unter diesem Himmel*, *Tagwerke* und *Das kreuzbrave Liederbuch* waren bis dahin erschienen. Wegen drei in der *Weltbühne* und in der Rostocker *Ostsee-Zeitung* vorabgedruckter Gedichte, in denen ein Angriff auf die DDR-Gesellschaft gesehen wurde, entwickelt sich eine heftige Diskussion: Der Gedichtband *Der ungebetene Gast* erscheint nicht in seiner ursprünglichen Gestalt 1963, sondern verändert erst 1965. 1963 publiziert der Carl Hanser Verlag eine Lyrik-Auswahl *(Erinnerung an einen Planeten)*, 1964 folgt der Prosaband *Tagträume*; beide Bücher erschließen für K. auch ein Lesepublikum im

Westen. Hier erscheint 1967 der erste (und bislang einzige) Roman *Im Namen der Hüte*: In der DDR liegt dieses Buch erst 1976 in einer kleinen Auflage vor. Im sozialistischen Ausland erscheinen seit 1949 regelmäßig Übersetzungen seiner Prosastücke und Gedichte in Anthologien, Zeitschriften und Zeitungen, seit Anfang der 1960er Jahre auch im westlichen Europa. 1972/73 war K. Gastprofessor an der University of Texas (Austin) und hielt Vorlesungen über die DDR-Lyrik; 1973 wurde sein literarisches Werk mit dem Johannes-R.-Becher-Preis ausgezeichnet. Becher und Brecht hatten das Talent des jungen Lyrikers K. frühzeitig erkannt und den Autor gefördert. Eine weitere Auslandsreise führte K. als Writer in Residence an die University of Warwick (1975). Die England-Impressionen verarbeitete K. in seinem *Englischen Tagebuch* (1978) und in seinem Gedichtzyklus *Englische Gedichte*, die Amerika-Erlebnisse in seinen gesellschaftskritischen wie scharfsinnigen Prosastudien *Der andere Planet* (1974). Beide Werke haben K. als vorzüglichen Reiseschriftsteller ausgewiesen; seither pflegt er dieses Genre in eindrucksvollen Berichten für *Merian* und *Geo*. Als belesener Zeitgenosse und Literaturkritiker seiner Zeit profiliert sich K. in seinen Essays *Warum schreiben?*, in denen er sich mit Traditionen und Tendenzen literarischer Produktion auseinandersetzt. In seinen Hörspielen (Sammeltitel *Ein anderer K.*, 1977) beschäftigt er sich mit Albrecht Dürer, Heinrich Heine und Heinrich von Kleist; dies ist als Versuch zu sehen, das eigene Werk in ein Traditionskontinuum einzubinden.

K.s Mitunterzeichnung der Petition gegen die Ausbürgerung Wolf Biermanns (1976) zieht 1977 seinen Ausschluss aus der SED nach sich. Im Herbst 1979 verlässt er – zunächst mit einem befristeten Visum – die DDR und zieht nach Itzehoe, später nach Kaisbortel bei Schenefeld. Der Autor unternimmt zahlreiche (Bildungs-)Reisen, widmet sich Fragen der Kunst und Architektur, der Kulturgeschichte und der Vergangenheitsbewältigung. 1981 wirkte er als Gastdozent für Poetik an der Frankfurter Goethe-Universität (*Vor der Sintflut*, 1985), im Herbst 1985 las er Poetik an der Universität Augsburg.

K., nicht nur Dichter im traditionellen Sinn, auch Nachdichter, Publizist und Essayist, erhält am 13. 12. 1985 den Heinrich-Heine-Preis der Stadt Düsseldorf. Seine denkwürdige Rede schließt mit den Worten: »Heines Epoche ist vorüber. Und die der Dichtkunst, um diese altertümliche Benennung ein letztes Mal zu verwenden, vermutlich ebenfalls. Aber es handelt sich um einen langen, zögernden, langsamen Abschied – uns zum fragwürdigen Trost gesagt.«

K. hat indessen nicht aufgehört, den Geist seiner Zeit und seiner Zeitgenossen zu diagnostizieren und seine Erkenntnisse niederzuschreiben: als Feuilletons in den Zeitungen, als Rezensionen, als Essays, Gedichte und Hörspiele. Mit den Lyrikbänden *Berlin beizeiten* (1987), *Druckpunkt* (1988) und *Fremd daheim* (1990) setzt er seine poetischen Erkundungen fort: führt uns nach Berlin, aber mehr noch zum Denken über unsere Zeitlichkeit. In der Tradition Montaignes steht seine Essay-Sammlung *Die letzten Indianer Europas* (1991); im selben Jahr erhält er den Ernst-Robert-Curtius-Preis. Seine Analysen und Kommentare zu den literarischen und politischen Ereignissen im Vollzug der »Wende« fasst er unter dem Titel *Der Sturz vom Sockel* (1992) zusammen. Als Meister der kurzen Prosaform zeigt sich K. in gewissen Abständen immer wieder: *Im toten Winkel* (1992) heißt sein ›Hausbuch‹, aus dem Berührungslust und versuchte Nähe zu Johann Peter Hebels *Schatzkästlein des rheinischen Hausfreundes* von 1811 sprechen.

Unermüdlich und ideenreich schreibt sich K. auch durch das letzte Jahrzehnt des 20. und in das beginnende 21. Jahrhundert hinein: Mit den Gedichtbänden *Mein Golem* (1996) und *Nachtvorstellung* (1999) legt er in bewährter Form das treffende Wort auf die poetische Waagschale und betreibt Weltgeschichte auf engstem Sprachraum. Er verlässt dieses Terrain mit dem selbst illustrierten Band *Kopfzeichen vom Verratgeber* (2002): zu 42 skurril-surrealistischen Hinterglasbildern entstehen witzig-tiefsinnige Wort-Spiel-Texte, Synthesen aus Lyrik und Prosa. Mit seiner Autobiographie *Erwachsenenspiele* (1997) gibt K. ein eindrucksvolles Zeugnis der Erlebnisse während seiner Kindheit unter dem Nationalsozialismus und seiner Schriftsteller-Laufbahn unter der DDR-Herrschaft. Nicht minder spannend lesen sich seine tagtäglichen Notate zu Träumen, Lektüren, Autorschaft und Zeitgeschehen: eine Auswahl aus dem mehrere tausend Aufzeichnungen dieser Art umfassenden Korpus heißt verschlüsselt *Die Botschaft des Hotelzimmers an den Gast* (hg. von Hubert Witt, 2004).

In welchem Maße K. der griechischen und römischen Mythologie verpflichtet ist (wie es viele Autoren der ehemaligen DDR waren), dokumentiert die kommentierte Anthologie *Kunerts Antike* (hg. von Bernd Seidensticker und Antje Wessels, 2004), eine Hommage an den Autor zu seinem 75. Geburtstag.

Nicolai Riedel

Kunze, Reiner
Geb. 16. 8. 1933 in Oelsnitz/Erzgebirge

»Schriftsteller K.« weigert sich »an(zu)treten / Kopf bei fuß«. Sein größtenteils schon in der Bundesrepublik entstandener Gedichtband *auf eigene hoffnung* (1981) führt im neuen gesellschaftlichen Umfeld konsequent das Thema fort, mit dem er seit Ende der 1950er Jahre bei den Kulturfunktionären der DDR Anstoß erregte: die, mit einem Titel Johannes R. Bechers, aus dem K. erste Anregungen dieser Art bezieht, *Verteidigung der Poesie* gegen jede doktrinäre Fremdbestimmung. Allen Versuchen, die Kunst im »sinn« politischer Parteien oder anderer Interessengruppen zu funktionalisieren, setzt er ein Motto des Erasmus von Rotterdam entgegen: »Von niemandem vereinnahmbar«. Diesen beispielhaften Anwalt einer unabhängigen, skeptischen Vernunft zählt K., neben Albert Camus, dessen Bewusstsein humaner Verantwortlichkeit auch angesichts einer »absurden« Welt er teilt, und Sebastian Castello, dem »Begründer des modernen Toleranzgedankens«, zu seinen bevorzugten »Wahlahnen«. Das »kompromißlose« Bestehen auf dem Freiraum der Kunst, »nicht einstimmen/(zu) müssen«, welches zugleich ein Bekenntnis zu der Unverfügbarkeit des Einzelnen den Ansprüchen der Macht gegenüber beinhaltet, ist durch seine eigenen Erfahrungen mit ideologischen Konformitätszwängen beglaubigt.

Seine Eltern haben ihm bereits die Lehrstelle bei einem Schuhmacher ausgesucht, als K. »nach Kriegsende« die Chance erhält, eine der im Zuge der Beseitigung traditioneller Bildungsprivilegien neu eingerichteten »Aufbauklassen für Arbeiterkinder auf den Oberschulen« zu besuchen. Mit 16 Jahren tritt er in die SED ein, von der er im Rahmen eines antifaschistischen gesellschaftlichen Neubeginns die weitere »Beseitigung der sozialen Unterschiede« erhofft. Von 1951 bis 1955 studiert K. in Leipzig Journalistik und Philosophie, legt aber »unter anderem« auch in Literatur-, Musik- und Kunstgeschichte das Examen ab. Während der anschließenden vierjährigen Tätigkeit als wissenschaftlicher Assistent beginnt für ihn »die große politische Desillusionierung«, der, »als Ergebnis« ideologischer Angriffe, »ein psychischer Zusammenbruch« folgt. »Kurz vor der Promotion« verlässt er die Universität und arbeitet ein Jahr »als Hilfsschlosser im Schwermaschinenbau«. Danach wird er freier Schriftsteller.

Für »eine zum Teil peinlich-billige Illustration« vorgegebener Ideen hält K. rückblickend seine bis dahin veröffentlichten Gedichte. »Literarisch verantwortbar« erscheint ihm erst der 1963 nur in der Bundesrepublik erschienene Band *Widmungen*. Auf die Entwicklung seiner Ästhetik des »poetischen Bildes« und der lakonischen »Genauigkeit« übt die – durch die Korrespondenz mit seiner späteren Frau seit 1960 vermittelte – Bekanntschaft mit der »modernen tschechischen Poesie« und ihren wichtigsten Repräsentanten, als deren Übersetzer er nun hervortritt, einen »bestimmenden« Einfluss aus. Auch nach der Rückkehr in die DDR 1962, nach Greiz im Vogtland, bleibt ihm die Tschechoslowakei »geistiges Asyl«. Als K. einen Tag nach der gewaltsamen Beendigung des dortigen reformsozialistischen Experiments durch die Truppen des Warschauer Paktes aus Protest die SED verlässt, wachsen sich seine bisherigen Veröffentlichungsschwierigkeiten zum »totalen« Boykott aus.

Nachdem die Gedichtbände *Sensible Wege* (1969) und *Zimmerlautstärke* (1972) (wie auch das Kinderbuch *Der Löwe Leopold*, 1970) lediglich bei westdeutschen Verlagen erschienen waren, wird 1973, nicht zuletzt aufgrund von K.s wachsendem internationalem Ruhm, in der DDR überraschend ein schnell vergriffener Querschnitt durch sein lyrisches Œuvre vorgelegt *(Brief mit blauem Siegel)*. Mit dem Erscheinen der vornehmlich die alltäglichen staatlichen Repressionen auf die Jugend thematisierenden Prosaminiaturen *Die wunderbaren Jahre* (1976) im Westen ist der Bruch jedoch endgültig. K. wird aus dem Schriftstellerverband ausgeschlossen. Erst nach einem schikanösen Nervenkrieg der Behörden gegen die Familie wird im April 1977 seinem Antrag auf Ausreise in die Bundesrepublik stattgegeben, wo er sich in Obernzell-Erlau bei Passau niederlässt.

Vielfach ausgezeichnet, daneben seit der anfechtbaren Verfilmung der *Wunderbaren Jahre* (1979, bei der er selbst Regie führt), wo die Ausschnitthaftigkeit der Texte zugunsten einer linearen Handlung aufgelöst wird, gelegentlich pauschal der »Anpassung« verdächtigt, bleibt K. auch in seiner neuen Heimat kritischer Nonkonformist und »Einzelgänger«. Beispielhaft verdeutlicht dies seine Distanz zu den hektischen Marktgesetzen des »Literaturbetriebs«, von dem er sich nicht nur räumlich fernhält, weil sich hier die von ihm beklagte Reduktion von Menschen auf ihren Warencharakter widerspiegelt.

Der von ihm beobachteten Tendenz, »daß immer mehr Bereiche des Lebens ideologisiert werden, daß die Ideologisierung des menschlichen Lebens so zunimmt, daß man nur noch das anzunehmen bereit ist, was der eigenen Ideologie entspricht«, wirkt die immanente Poetik seiner Gedichte entgegen, für deren Entstehungsprozess er sich viel Zeit nimmt (*eines jeden einziges leben*, 1986; *ein tag auf dieser erde*, 1998; Sammelausgabe, 2001). Zentral ist für K. deren autonomes Potential an Sinnlichkeit: »Wenn ich ein Gedicht zerlege, um einen Gedanken – die vermeintliche ›Botschaft‹ – zu finden, dann verfehle ich die Botschaft des *Gedichts*.« Durch Verknappung auf engstem Raum ist er bestrebt, ein Höchstmaß an Ausdrucksgehalt zu erreichen. Verstärkt rücken dabei existenzielle Fragen in den Vordergrund.

Zumal wo dieser Bereich berührt wird, stellt K. sich auch dem Politischen, wovon nicht nur seine Interviews Zeugnis geben (*Wo Freiheit ist*, 1994).»... als Schuldloser..., der sich verantwortlich fühlt«, begleitet er 1984 Bundeskanzler Helmut Kohl nach Israel. Acht Jahre später zählt er zu jenen Autoren, die durch Lesungen in Heimen für Asylbewerber ein Zeichen der Solidarität gegen ausländerfeindliche Anschläge setzen. Im Tiefsten von humaner Besorgnis grundiert ist nicht minder sein Widerspruch gegen die von oben verordnete Rechtschreibreform mit ihrer Sprachdesensibilisierung (*Die Aura der Wörter*, 2001).

Die politische Wende in der DDR bietet K. Anlass zur persönlichen Rückschau. Großes Aufsehen erregt 1990 die von ihm herausgegebene Dokumentation seiner Stasi-Akten (*Deckname »Lyrik«*), aus denen das Ausmaß des gegen ihn ausgeübten Psychoterrors erhellt. Den Zusammenbruch des kommunistischen Regime in Europa hat auch die Lebensabschnitts-Bilanz zur Voraussetzung, für welche er die Form des »Tagebuchs eines Jahres« wählt (*Am Sonnenhang*, 1993).

Neben der Auswahl von Nachdichtungen (*Wo wir zu Hause das Salz haben*, 2003) steht zuletzt eine ungewöhnliche Publikation des weltweit beachteten Autors. Ausdrücklich als »Gegen-Buch gegen das Ton-Angeben des Hässlichen, des Ekelhaften, des Brutalen«, will er *Der Kuß der Koi* (2002) verstanden wissen, Betrachtungen zu Fotos japanischer Karpfen. In ihrer naturwüchsigen Disposition scheint K. etwas verborgen, worauf es ihm selbst zuletzt wesentlich ankommt: »Friedfertigkeit mit einem Schimmer Zärtlichkeit.«

Hans-Rüdiger Schwab

Der Kürenberger
Im 12. Jahrhundert

Der K. gilt als der erste namentlich bekannte deutschsprachige Lyriker. Sein Œuvre überliefern zwei Handschriften, die beide als Kompilation mittelhochdeutscher Lyrik konzipiert wurden. Die zu Anfang des 14. Jahrhunderts in der Umgebung Zürichs entstandene Manessische Handschrift versammelt unter dem Namen »Der von Kúrenberg« insgesamt 15 Strophen in zwei unterschiedlichen Tönen. Eine um 1300 im bayerisch-österreichischen Raum geschriebene, heute nur noch bruchstückhaft erhaltene Handschrift führt unter der Überschrift »Der herre von Chvrenberch« 9 Strophen an; ob diese Handschrift ursprünglich noch weitere Strophen desselben Autors enthielt, lässt sich wegen ihres fragmentarischen Charakters nicht mehr feststellen. Alle 9 Strophen des Budapester Fragments kennt ebenfalls die Manessische Handschrift. Abgesehen von dialektalen Unterschieden stimmt der Wortlaut im doppelt überlieferten Textbestand vielfach überein; in einigen Versen finden sich allerdings bemerkenswerte Varianten, die die Budapester Fassung als ältere Überlieferungsschicht erweisen.

Über den Autor dieser Strophen (oder waren es mehrere?) ist nichts bekannt. Das redende Wappen, eine Handmühle (mhd. kürn = Mühlstein, Mühle), das dem K.-Corpus in der Manessischen Handschrift und im Budapester Fragment zusammen mit einem Autorbild jeweils vorangeht, ist – ebenso wie die Autorbilder selbst – offensichtlich ein Phantasieprodukt. Es lässt sich keinem der im süddeutsch-österreichischen Raum beheimateten Geschlechter dieses Namens zuweisen. Fraglich erscheint auch, ob das Faktum, dass die hierarchisch gliedernde Heidelberger Handschrift den K. unter die Sänger aus hochadeligem Geschlecht aufnimmt, als Indiz für die hohe Abstammung des Autors gelten kann. Unter Umständen sollte auf diese Weise lediglich dessen besondere Bedeutung als früher Vertreter des Minnesangs herausgestellt werden. Selbst bei dem Namen, unter dem das K.-Corpus in beiden Handschriften firmiert, handelt es sich vielleicht um ein autoreferentielles Zitat, um eine Rückprojektion aus den Texten selbst. Denn beide Textcorpora kennen eine Strophe, in der zu lesen ist, dass jemand »in Kürenberges wîse« (Heidelberg) bzw. »in Chvrenbergere wise« (Budapest) [wörtl.: in der Melodie des K.s bzw. der K.] singe. Die entsprechende Verszeile könnte für den Kompilator einer nicht erhaltenen Vorlage, auf die die beiden miteinander verwandten, aber nicht direkt voneinander abhängigen Handschriften aus Heidelberg und Budapest zurückgehen, der Anlass gewesen sein, das Textcorpus eines ihm ansonsten unbekannten Autors dem dort erwähnten Sänger zuzuschreiben.

Ähnlich wie ein mittelalterlicher Kompilator, der aus den Texten einen Autornamen abgeleitet haben mag, bleibt auch der neuzeitliche Interpret des K.-Corpus für alle Aussagen über den Autor allein auf die Texte selbst angewiesen. Aufgrund stilistischer Merkmale, v.a. wegen formaler Analogien zwischen der K.-Strophe und der Langzeilen-Strophe des *Nibelungenlieds*, geht man davon aus, dass das K.-Corpus ebenso wie das *Nibelungenlied* im donauländischen Raum entstanden ist. Letzte Sicherheit besteht hier freilich nicht. Auch die zeitliche Einordnung bleibt schwierig. Die unter K.s Namen überlieferte Textgruppe besteht aus in sich geschlossenen Einzelstrophen, die in einigen Fällen jedoch thematisch aufeinander bezogen und zu zweistrophigen Liedern zusammengestellt werden können. In einigen dieser Lieder wird jeweils eine Strophe einer weiblichen und einer männlichen Sprecherinstanz zugeordnet, die auf solche Art übereinander, nicht miteinander reden (sog. Wechsel). Serielle Einstrophigkeit und das Vorkommen des Wechsels gelten ebenso als typische Kennzeichen der Frühe wie der parataktische Satzbau oder der Zeilenstil, die sich im K.-Corpus beobachten lassen. Auch die Hohe-Minne-Thematik, die oft selbstquälerische Introspektion eines männlichen Rollen-Ich, das über die Gründe räsoniert, aus denen die Geliebte unerreichbar ist und bleiben wird, sucht man dort vergeblich. Aus all diesen Gründen gilt der Autor jenes Corpus als exemplarischer Vertreter einer frühen deutschen Liebeslyrik, die dem ›klassischen‹ Minnesang als vorausliegend vorgestellt wird. Ausgehend von der relativen Chronologie des ›klassischen‹ Sangs, dessen Beginn etwa um 1170/80 angesetzt wird, datiert man das K.-Corpus auf 1150/60 bis 1170.

Gerade angesichts dieser frühen Datierung weisen die K.-Strophen ein erstaunlich ausdifferenziertes Rollenspektrum auf. Meist erscheint darin die Frau in der Rolle des schwächeren der beiden Partner. Sie ist es, die sehnsuchtsvoll an den abwesenden und voller Schmerz an den nicht erreichbaren oder verlorenen Geliebten denkt; in manchen Strophen spricht sie ihr Begehren auch mehr oder weniger verhüllt aus. Nur in wenigen Fällen wird dagegen der Mann als ein die Liebe der Frau erwidernder Partner dargestellt oder sogar als ein um die Frau Werbender. In einigen Strophen verhindert die Gesellschaft, repräsentiert durch die *merker* und die *lügenaere*, ein Zusammenkommen der Liebenden. Die erzählerische Grundkonstellation der mittelalterlichen Liebeslyrik, die um die Pole Mann – Frau – Gesellschaft kreist, ist damit bereits im K.-Corpus, mit dem der deutsche Minnesang einsetzt, existent und wird dort auf unterschiedliche Weise durchgespielt. Nicht geklärt ist, woher der Autor die Anregungen zu seinen ambitionierten und raffinierten Texten bezogen haben mag. Zwar wird die früher favorisierte These, dass darin volkstümliche Motive verarbeitet und veredelt worden seien, nicht mehr vertreten. Umstritten ist aber nach wie vor, ob sich im K.-Corpus, vielleicht parodistisch gebrochen, Reflexe der in der Romania bereits seit dem frühen 12. Jahrhundert produzierten und rezipierten Liebeslyrik finden oder ob die Strophen unabhängig von romanischen Vorlagen entstanden.

Werkausgaben: Des Minnesangs Frühling. Bearb. von Hugo Moser, Helmut Tervooren. 38., erneut revidierte Auflage. Mit einem Anhang: Das Budapester und Kremsmünsterer Fragment. Stuttgart 1988, S. 24–27, S. 464–465; Schweikle, Günther: Mittelhochdeutsche Minnelyrik. Bd. I. Frühe Minnelyrik. Stuttgart/Weimar 1993, S. 118–123, S. 361–374.

Bernd Bastert

Kurz, Hermann

Geb. 30. 11. 1813 in Reutlingen; gest. 10. 10. 1873 in Tübingen

Die Tradition der selbstbewussten ehemaligen Freien Reichsstadt Reutlingen prägte ihn. Sein Leben verbrachte er fast ausschließlich in Württemberg. Seine weitesten Reiseziele waren Straßburg, München oder Frankfurt a. M. Seine Sozialisation schien eine typisch schwäbisch-theologische zu werden: Lateinschule, Landexamen, Seminar Maulbronn von 1827 bis 1831, Konkursprüfung, Tübinger Stift von 1831 bis 1835, Vikariat (1835/ 36) und dann die Pfarrstelle.

Das beschränkte Glück und die »fuchsfalsche Gemütlichkeit« der Heimat hat er nicht gewollt, den Erfolg als freier Schriftsteller hat er weder im Lande noch außerhalb finden können. Als unangepasstes »Blaues Genie« ist er vom Stift verwiesen worden. Unter dem selbst zugelegten Namen »Hans Unstern« hat er ein bescheidenes und ärmliches Leben geführt. Die »frühe Verschollenheit« (Paul Heyse) seiner Werke hat sich bis auf unsere Tage erhalten.

Seine Tübinger Lehrer Ludwig Uhland, David Friedrich Strauß, Friedrich Theodor Vischer und Ferdinand Christian Baur haben seinen Abfall von der Theologie und seine spätere Existenz als Journalist, Literaturhistoriker, Übersetzer und Schriftsteller vorbereitet. Nach Abbruch der Theologenlaufbahn verbrachte er die ersten »grausamen Jahre« zwischen 1836 und 1845 in Stuttgart.

Nach ausgedehnten Studien entstand dort der historische Roman um Heinrich Roller, Friedrich Schiller und Herzog Carl Eugen. Die Beschreibung der schwäbischen Oligarchie und herzoglichen Willkür schien dem Verleger Johann Friedrich Cotta noch immer so brisant, dass er die Zusage zum Druck widerrief. Damit begann die »Leidensgeschichte des Romans« (Hermann Fischer) unter dem vom Franckh-Verlag gewünschten, schlechteren Titel *Schillers Heimatjahre* (1843). K. wurde nicht nur um sein Honorar gebracht, es dauerte auch vierzehn Jahre, bis die zweite, durchgesehene Auflage erscheinen konnte.

1844 wird K. zusammen mit Berthold Auerbach Redakteur eines liberalen Familienblattes in Karlsruhe. Er kommt dort in Berührung mit dem badischen Liberalismus, mit Friedrich Daniel Bassermann, Karl Mathy und dem Landsmann Ludwig Pfau. Sein Interesse verlagerte sich von literarhistorischen und philosophischen Themen zu politischen. »Wer heute keine Partei ergreift, von dem heißt es: Pfui über dich Buben hinter dem Ofen.« Mit diesen Worten gegen den verehrten Eduard Mörike soll er beider Freundschaft 1848 für längere Zeit unterbrochen haben. Im selben Jahr änderte er demonstrativ die »zopfige« Schreibweise seines Familiennamens von »Kurtz« in »Kurz«.

Nach Stuttgart war er eigentlich zurückgekehrt, um den *Sonnenwirt* fertigzustellen. Die politischen Ereignisse zwangen ihn jedoch wieder in die »Fron der Freiheit« (Isolde Kurz). Er wurde Redakteur am demokratischen *Beobachter*. Er kommentierte Prozesse gegen 48er, schrieb Polemiken, berichtete über Revolutionen und Emigrantenschicksale, setzte sich für die Gleichbehandlung der Juden ein, handelte sich eine Verurteilung, die »Ehre der königlichen Staatsregierung beleidigt zu haben« und acht Wochen Haft auf dem Hohenasperg ein.

Durch seine Freundschaft mit dem Arbeiterführer und Metallarbeiter August Hochberger, durch seine Heirat mit der emanzipierten radikalen Sozialistin Marie von Brunnow entwickelte K. Verständnis für die soziale Frage und lernte Sozialisten wie Edouard Vaillant kennen. Auch nach dem Scheitern der Hoffnungen aus den Jahren 1848/49, auch nach dem Rückzug von der politischen Redakteursarbeit 1854 blieb K. ein oppositioneller großdeutscher Demokrat.

1854 erschien sein wichtigstes Werk, *Der Sonnenwirt. Eine schwäbische Volksgeschichte*. Aufgrund amtlicher Protokolle, Quellen und Akten rekonstruierte K. das Schicksal des Friedrich Schwan, des »Sonnenwirtles«. Schiller hatte ihn als »Verbrecher aus verlorener Ehre« geschildert. K. schildert ihn als »Verbrecher aus verlorener gesellschaftlicher Stellung«. In aufklärerischem Sinn wurde der *Sonnenwirt* zum »Thesaurus schwäbischer Sitte und Art« (Hermann Fischer). Feudale Unterdrückung und dörfliche Enge werden mit psychologischem Interesse beschrieben. Wie in den *Heimatjahren*, nun aber ohne romantische Anleihen, gilt K.' Sympathie der Gegengesellschaft von Vaganten, Räubern und Zigeunern. Dass K. seinen faszinierenden Heimatroman durch ein 38. Referatkapitel formal zerstört, ist seinem entmystifizierenden Realismus geschuldet.

Weder sein Roman noch seine Novellen dieser Zeit haben Erfolg. K. verbittert zunehmend, eine nervöse Erkrankung isoliert ihn. Heyse beschrieb ihn als jemanden, der weiß, »daß er am Ende doch von Niemand erwartet wird«. K. leistete als Übersetzer beträchtliche Arbeit. Er übersetzte u. a. George Moore, Lord Byron, William Shakespeare, Miguel de Cervantes, Alphonse de Brédenbec de Chateaubriand, Ludovico Ariosto und den *Tristan* des Gottfried von Straßburg. Seine *Denk- und Glaubwürdigkeiten* sowie seine Novellen sind von kulturgeschichtlichem und literarischem Reiz. Hervorzuheben sind *Das Wirtshaus gegenüber*, eine Tübinger Szenen-Geschichte, und *Die beiden Tubus*, ein literarisches Denkmal schwäbischer Theologensozialisation. Immerhin erhielt er einen Ehrensold der Schillerstiftung und wurde 1863 zweiter Unterbibliothekar an der Universitätsbibliothek Tübingen. Der wendigere Paul Heyse bewegt K. zur gemeinsamen Herausgabe des *Deutschen Novellenschatzes* (1871–75, 21 Bde.), der zum ersten buchhändlerischen Erfolg K.' wurde. K., der spröde, aufrechte Epiker und Novellist aus Schwaben, starb mit 60 Jahren in Tübingen, nach der Sitte des Landes hoch gelobt, wenig gelesen und schlecht entlohnt.

Werkausgabe: Sämtliche Werke in zwölf Teilen. Hg. von Hermann Fischer. Leipzig 1904.

Michael Kienzle

Kurz, Isolde
Geb. 21. 12. 1853 in Stuttgart; gest. 5. 4. 1944 in Tübingen

»Ich kann nicht sagen, was ich bin, ich kann nur sagen, wie ich wurde.« Dieser Satz leitet eine autobiographische Skizze von K. ein, könnte aber ebenso gut über ihren Erinnerungen stehen, *Aus meinem Jugendland* oder der *Pilgerfahrt nach dem Unerreichbaren*. Nicht nur ihr eigenes, sondern auch das Leben der ihr Nahestehenden nachzuzeichnen, war ihr wichtig: Zuallererst hat sie den Eltern literarische Denkmale gesetzt, dem Schriftsteller-Vater (*Hermann Kurz. Ein Beitrag zu seiner Lebensgeschichte*, 1906) und der Mutter, Marie geb. von Brunnow, einer überzeugten Demokratin, die ihren Adelstitel aufgab und sich während der 48er Revolution engagierte (*Meine Mutter*, 1926). Die nach Edgar zweitgeborene Tochter erhielt den Namen Isolde – »von der Mutter unter die Sterne der Poesie gegriffen« und Clara Maria »vom Vater für den Fall, daß sich die Romantik mit der Realität nicht vertrüge«. Von Stuttgart zog die Familie nach Oberesslingen, dann – um die Söhne, Erwin, Alfred und Balde (eigentlich Garibaldi) gewachsen, nach Kirchheim und 1863 nach Tübingen. Isolde wurde nicht in die Schule geschickt, weil »die Eltern nicht viel Gutes von den damaligen Mädchenschulen erwarteten«, sondern von der Mutter unterrichtet: Schillers Balladen, sozialistisches Schrifttum und die Literatur der klassischen Antike war Lehrstoff, wobei die frühe Bekanntschaft mit Geschichte und Mythos der antiken Götter und Heroen ihre Sehnsucht nach dem Süden weckte. Geprägt durch eine unkonventionelle antireligiöse Erziehung stieß sie in Tübingen auf Misstrauen, zudem tat sie nichts lieber als reiten und schwimmen, was von der schwäbischen Umgebung als provozierend empfunden wurde und sogar die Behörden auf den Plan rief. Ihre daraus resultierende heftige Abneigung gegenüber dem schwäbischen Spießertum hat K. zur landflüchtigen Frau und Kleinstadt-Borniertheit zu einer ihrer literarischen Topoi neben Traum, Liebe und Tod werden lassen. Seit dem 12. Lebensjahr arbeitete sie an Übersetzungen (italienisch, französisch, russisch) für Zeitschriften und dem vom Vater edierten Novellenschatz. Nach dem Tod ihres Vaters ging sie 1876 nach München zu ihrem Bruder Erwin, lebte von Sprachunterricht und Übersetzungen, aber schon 1877 erfolgte der Umzug zu Edgar nach Florenz. Sie blieb für drei Jahrzehnte in Italien, wo sie sich nicht nur intensiv mit der Renaissance beschäftigte, sondern dort den Abglanz der Antike auch in der Gegenwart wiederzufinden glaubte, im »zwecklos Schönen«, in der »großen Linie, der herrschenden Form«.

Schon früh hatte sie Stücke verfasst (und wieder vernichtet), Märchen für den kranken Bruder Balde erdacht und 1888 einen Gedichtband veröffentlicht. Die *Florentiner Novellen* (1890), die in der Renaissance spielen, wurden gleich ein großer Erfolg. Es folgten die gegenwartsnäheren *Italienische Erzählungen* (1895), Aphorismen (*Im Zeichen des Steinbocks*) und die *Florentinischen Erinnerungen* (1910) in denen sie u. a. der Brüder Edgar und Alfred gedenkt, die Freunde Adolf Hildebrand und Arnold Böcklin würdigt, aber auch Hommagen an Licht und Landschaft Italiens formuliert. Nach 1905 lebte sie mit der Mutter, die sie bis zu deren Tod 1911 pflegte, abwechselnd in München und ihrem Sommerhaus in Forte dei Marmi. Im Volksmund hieß sie dort – sicher auch in Anspielung auf ihren Schönheitssinn, die Betonung des Ästhetischen – die »Poetessa«.

In ihrem Lebensentwurf war K. durchaus eine Ausnahmeerscheinung: hatte sie sich doch, da sie nicht nach »Geborgenheit und landläufigem Glück« verlangte, gegen eine Heirat entschieden. Sie fürchtete »die Dienstbarkeit, die Eros für die Frau mit bringt«, denn »den emanzipierten Mann, der die Frau als seine ihm ebenbürtige Partnerin akzeptiert, gibt es noch nicht«.

In einem Epos *Die Kinder der Lilith* (1908) zeichnet sie Lilith als von Gott geschaffene, begeisternde, fordernde erste Frau und wahre Partnerin Adams, der freilich »die seelenlose Puppe« aus seiner Rippe, die ihn anhimmelnde Eva, übrigens ein Geschöpf des Teufels, vorzieht. Doch zwischen vorsichtigen feministischen Ansätzen und Chiffren für die Sensibilisierung weiblicher Wahrnehmung einerseits, der Ignoranz gegenüber der zeitgenössischen Frauenbewegung und ihrer Idealisierung eines konservativen, von Verzicht geprägten Frauenbildes andererseits (*Vanadis. Der Schicksalsweg einer Frau*, 1931), klaffen tiefe Widersprüche.

1911 kehrte ein Jugendfreund, Ernst Mohl, aus Russland zurück und stand ihr bis zu seinem Tod 1929 als Lebensgefährte zur Seite; sie beschrieb ihn später als *Ein Genie der Liebe*. 1912 unternahmen sie gemeinsam eine Reise nach Griechenland (*Wandertage in Hellas*, 1913), eine zweite führte sie 1933 nach Kleinasien, wo sie »Troja, das früheste Wunschziel, so spät noch« besuchte. K. war zwar zeitlebens eher unpolitisch, hatte aber 1916 mit *Schwert aus der Scheide* ein nationales Gedicht verfasst und ließ sich, obwohl sicher weder Kriegstreiberin noch antisemitisch, in der Hoffnung auf eine Rettung der deutschen Kultur, anfänglich auch von den Nazis blenden. 1913 erhielt sie (anlässlich des 100. Geburtstages ihres Vaters) den Ehrendoktor der Universität Tübingen. In Tübingen verbrachte sie ihr letztes Lebensjahr und liegt dort begraben.

Wenn K. in Vergessenheit geraten ist, dann weil sie mit ihrem Werk in kein Schema passt, nicht als Heimatdichterin, nicht mit Frauenthemen oder als Klassik-Epigonin rezipierbar ist, vielleicht auch wegen ihrer Kritik an der christlichen Religion, ihrer Vorliebe für Träume und entrückte Seelenzustände. Als Außenseiterin fernab literarischer Stränge lohnt sie eine Beschäftigung, sind ihre Texte noch von feinem Humor, leiser Ironie durchzogen und bei allem Formwillen überaus anschaulich, denn ihr Vorbild und »große Sehnsucht war das Leben mit all seinem Reichtum«.

Werkausgabe: Gesammelte Werke. 6 Bde. München 1925.

Irene Ferchl

Kuśniewicz, Andrzej
Geb. 30. 11. 1904 in Kowenice bei Sambor/Ostgalizien;
gest. 15. 5. 1993 in Warschau

Andrzej Kuśniewicz gehört zu den herausragenden Schriftstellern Polens des 20. Jahrhunderts, deren literarisches Schaffen sich durch thematische und stilistische Vielschichtigkeit auszeichnet. Debütiert hat er als Lyriker, bevor er sich der Prosa widmete. Sein erster Roman *Korupcja* (1961; Korruption) spielt im Frankreich der 1940er Jahre im Milieu einer polnischen Geheimdienstgruppe. Der zweite Roman *Eroica* (1963; Eroica) schildert die Lebensgeschichte des von den Alliierten 1944 inhaftierten SS-Offiziers von Valentin. Der Roman gehört zu den literarischen Werken, die ein tiefpsychologisches Charakterprofil von Nazi-Anhängern entwerfen. Dargestellt ist ebenfalls der geistig-kulturelle Kontext, unter dem sich die weltanschauliche Sicht des Protagonisten gebildet hat. Die Romane *Król Obojga Sycylii* (1970; König beider Sizilien, 1981) und *Lekcja martwego języka* (1977; Lektion einer toten Sprache, 1987), die während des Ersten Weltkriegs spielen, berichten über das Ende des Habsburgerreiches und dessen kulturelle Atmosphäre am Übergang des 19. zum 20. Jahrhundert – eine Welt, die sich durch Pessimismus und Untergangsstimmung auszeichnete. In dem Roman *Trzecie Królewstwo* (1975; Das dritte Königreich) ist die Studentenbewegung Ende der 1960er und Anfang der 1970er Jahre als Generationskonflikt in der Bundesrepublik thematisiert.

K.' Romane zählen aber vorrangig zur sogenannten »Grenzliteratur«, einer Literatur, die die ethnische und kulturelle Vielfalt eines Landstrichs beschreibt. In *W drodze do Koryntu* (1964; Unterwegs nach Korinth), *Strefy* (1971; Zonen), *Mieszaniny obyczajowe* (1985; Sittenvermischungen) und *Nawrócenie* (1987; Umkehr) beschreibt K. seine Heimat Ostgalizien, ein Gebiet der ehemaligen Österreich-Ungarn Monarchie, in dem die Kulturen, Konfessionen und Sprachen von Polen, Russen, Ukrainern, Juden, Armeniern und Deutschen miteinander verschmolzen. Der erste Teil des

Romans *Strefe* »Znaki zodiaku« (*Tierkreiszeichen*, 1992) zeigt Menschen und Landschaften sowie nationale und soziale Strukturen wie auch wachsende Konflikte zwischen den unterschiedlichen Nationen im Polen der Zwischenkriegszeit.

K.' Texte beinhalten essayistische Passagen mit zahlreichen kulturellen Bezügen und Hinweisen auf Werke der Literatur, Musik und bildenden Kunst sowie Anspielungen auf Ereignisse aus der polnischen und österreichisch-ungarischen Geschichte des Fin de siècle, der Zwischenkriegszeit und späterer Jahrzehnte. Die geschichtlichen Ereignisse werden sowohl aus polnischer als auch deutscher Perspektive thematisiert. Motive des dekadenten Weltgefühls und seiner Lebensfremdheit, der Erotik und der Sinnlichkeit, der Begierde und des Sadismus sowie autoreflexive Bemerkungen und autobiographische Bezüge sind in die erzählte Welt eingebettet, in der sich Trugbilder, Reales und Illusionen mischen. Eine logisch-schlüssige Interpretation der so dargestellten Welt ist kaum möglich. Erdachtes und Überliefertes ist mit historischen Fakten, geographischen Realien und kulturellen Gegebenheiten verbunden. Die Lektüre der Romane setzt deshalb gute Geschichtskenntnisse voraus. K.' Romane, die die »Gegenwart einer Vergangenheit« darstellen, wurden von der polnischen Literaturkritik ausführlich und kontrovers diskutiert.

Georg Mrugalla

L

La Fontaine, Jean de
Geb. 8. 7. 1621 in Château-Thierry, Aisne/Frankreich;
gest. 13. 4. 1695 in Paris

Jean de La Fontaines Nachruhm beruht in erster Linie auf seinen Fabeln, die in Frankreich zum literarischen Allgemeingut zählen. Unzählige Schülergenerationen mussten einzelne der kurzen Verstexte, die zumeist einen Beispielkonflikt mit einer abschließenden Lektion verbinden, bereits in der Grundschule auswendig lernen, wodurch sich erklären lässt, dass berühmte Verse und Halbverse aus den Fabeln über die Jahrhunderte im Französischen zu Sprichwörtern geworden sind.

L.F. beginnt erst mit knapp 40 Jahren mit seiner schriftstellerischen Tätigkeit: Nach dem Noviziat entscheidet er sich 1642 gegen das Ordensleben, studiert Jura und gerät während dieser Zeit in oberflächlichen Kontakt zu Dichterkreisen in Paris. 1647 wird er von seiner Familie verheiratet und erwirbt daraufhin das Amt eines Verwalters (Maître des Eaux et des Forêts) in seiner Heimatregion. Die Aufgabe lässt ihm viel Zeit für die Lektüre antiker Autoren, aber auch für die Auseinandersetzung mit der französischen und italienischen Literatur des Mittelalters und der Renaissance. Dieses Textcorpus bildet fortan die Basis einer bisweilen eklektizistischen literarischen Praxis. L.F.s erste lyrische Versuche (v.a. Oden und Balladen) sind an François de Malherbe orientiert, in der von Ovid-Texten inspirierten Idylle *Adonis* (1657) lehnt er sich hingegen an das Formideal der »préciosité« an. Nach und nach gibt er das Landleben auf und wird in Paris zum Günstling bedeutender Persönlichkeiten: Der Finanzminister Ludwigs XIV., Nicolas Fouquet, fördert L.F., der in dem allegorischen Fragment *Songe de Vaux* (1665) die prächtigen Gartenanlagen des Château Vaux le Vicomte rühmt. Nach der Verhaftung Fouquets werden unter anderem Madame de Montespan und die Marquise de Sablière zu Mäzeninnen L.F.s, der 1669 die an Apuleius angelehnte mythologische Erzählung *Les amours de Psyché et de Cupidon* (*Amor und Psyche*, 1966) vorlegt. L.F. wird 1683 vor allem aufgrund seiner *Contes et nouvelles en vers* (1665–96; *Sämtliche Novellen in Versen*, 1981) sowie der *Fables choisies mises en vers* (1668–94; *Die Fabeln*, 1964) in die Académie française gewählt.

Die Stoffe für seine 64 Verserzählungen entnimmt L.F. größtenteils den Novellen Ludovico Ariosts und Giovanni Boccaccios, aber auch französische Vorbilder wie Marguerite de Navarre und François Rabelais spielen eine Rolle. So geht es häufig um die Untreue der Frauen, die Gutgläubigkeit junger Mädchen oder um die Missgeschicke von Nonnen und Priestern. Dabei ergibt sich eine subtile Spannung zwischen dem gesellschaftlich und ästhetisch verordneten Postulat der moralischen Strenge (»bienséance«) und einer Fabulierkunst, die der Frivolität nicht abgeneigt scheint und bisweilen gar antiklerikale Züge annimmt. Formal erscheinen die Erzählungen stets in den traditionellen Versmaßen, insbesondere als Acht- oder Zehnsilbler.

Die Fabeln verteilen sich auf zwölf Bücher. 1668 erscheinen die ersten sechs Bücher, deren Texte häufig noch als Übertragungen antiker (Äsop, Phaedrus) und humanistischer Fabeldichter angelegt sind. Bereits in diesen Fabeln entwickelt L.F. jedoch eine virtuose Verssprache, die etwa durch heterometrische Strukturen von den poetologischen Vorgaben der französischen Klassik abweicht, aber gerade dadurch an ästhetischem Reiz gewinnt. Auf diese Weise wird das von Horaz erstmals programmatisch formulierte Zusammenspiel von Belehren und Unterhalten (»prodesse aut delectare«), das Molière bereits als Richtschnur für die Komödie begriffen hatte, auch in der Fabel in eine poetische Praxis überführt: In den eingängigen Versen wird die Frage nach der menschlichen Natur gestellt. Die Welt der Fabeltiere erscheint dabei als Spiegelbild der Gesellschaft. Liebe und Hass, Konformismus und Revolte, Freundschaft und Scheinheiligkeit sind häufige Themen, wobei jedes Tier meist eine Eigenschaft in archetypischer Weise verkörpert und dadurch mit einem anderen Tier in Konflikt gerät. In den späteren Fabeln nimmt die Bedeutung der Gesellschaftssatire zu, wobei L.F. seine Fabeln häufig epigrammatisch zuspitzt, jedoch eine eindeutige Festlegung auf konkrete politische oder gesellschaftliche Ereignisse stets diplomatisch vermeidet. Mit einer derartigen Darstellung menschlicher Handlungsmuster erklärt sich die überzeitliche Faszination der Tiergeschichten, die sich unter anderem durch die zahlreichen, bisweilen kongenial illustrierten Ausgaben belegen lässt.

Werkausgabe: Die Fabeln. Hg. J. Grimm. Stuttgart 1991.

Florian Henke

La Roche, Sophie von

Getauft 6. 12. 1730 in Kaufbeuren/Allgäu; gest. 18. 2. 1807 in Offenbach

»Ich wollte nun einmal ein papiernes Mädchen erziehen, weil ich meine eigenen nicht mehr hatte, und da half mir meine Einbildungskraft aus der Verlegenheit und schuf den Plan zu Sophiens Geschichte«, schrieb L. im Rückblick über ihren ersten Roman, *Geschichte des Fräuleins von Sternheim* (1771), mit dessen Veröffentlichung sie zur berühmtesten deutschen Schriftstellerin in der zweiten Hälfte des 18. Jahrhunderts wurde. Begeisterte Leser identifizierten die Autorin sogar mit der Hauptfigur ihres Romans, einer »schönen Seele«, einem neuen Frauentyp: sie mache »bei jeder Gelegenheit die Güte ihres Herzens tätig«, wie J. G. Jacobi die »Sophie« im Sinne seiner Zeitgenossen treffend charakterisierte.

Sophie Gutermann wuchs in Augsburg auf; ihre Mutter vermittelte eine pietistische Erziehung und die »weiblichen Fertigkeiten«, ihr Vater war ein gelehrter Arzt, der sie in die Welt der Bücher und des Wissens einführte. Ihre Begegnung (und zweite Verlobung) mit ihrem Biberacher Vetter Christoph Martin Wieland bedeutete auch die Begegnung mit der schönen Literatur, die aber erst viel später ihr Lebensinhalt werden sollte. Die 1753 geschlossene Konvenienzehe mit dem Verwaltungsbeamten und Staatsmann Frank von La Roche verlief harmonisch und zufriedenstellend. Sie ermöglichte der bürgerlichen Sophie eine gesellschaftliche Stellung im Kreise des Grafen Stadion am Hofe des Erzbischofs von Mainz (1753–61), dann auf dessen Landgut Warthausen bei Biberach und später glänzende Jahre am Hof des Kurfürsten von Trier mit Sitz in Koblenz-Ehrenbreitstein (1771–80), wo führende Literaten der Zeit (Goethe, die Jacobis, Merck, Wieland) sie besuchten.

Bei ihrem Erstlingsroman *Die Geschichte des Fräuleins von Sternheim* fungierte der im benachbarten Biberach lebende Wieland als Berater und als Herausgeber; in seiner Vorrede entschuldigte Wieland behutsam die Autorschaft einer Frau und versuchte, sie gegen die gestrengen Literaturkritiker in Schutz zu nehmen mit dem nachdrücklichen Verweis auf das »liebenswürdige Geschöpf« der Heldin: »Gutes will sie tun; und Gutes wird sie tun.« Damit waren aber auch die engen Grenzen für weibliche Autorschaft und Fiktion gezogen und die ›Frauenliteratur‹ – Frauen schreiben für Frauen – geboren. Die Autorin hatte jedoch das Schema des traditionellen Liebesromans entscheidend durchbrochen, indem sie zwar den Erwartungen der bürgerlichen Gesellschaft entsprechend tugendhafte, empfindsame Frau imaginierte, diese aber sich gegen die Gesellschaft selbst behaupten, eigenwillig (und zunächst falsch) handeln lässt. Die Heldin Sophie von Sternheim entzieht sich der Bevormundung durch Männer und findet in der Tätigkeit für sozial schwächere Frauen eine Lebensaufgabe, bevor sie in einer idealen, partnerschaftlichen (nicht patriarchalischen) Ehe in die patriarchale Gesellschaft zurückkehrt.

Aktive Betätigung und Reisen, eigenes Empfinden und eigene Entscheidung als Frau, das waren neue Themen im Familien- und Liebesroman des 18. Jahrhunderts, in dem Frauen nur als Objekte männlicher Wünsche, Bedürfnisse und Ängste – etwa in Gellerts *Schwedischer Gräfin* oder Rousseaus *Nouvelle Héloise* – konzipiert wurden. – Von Richardsons auch in Deutschland viel gelesenen Romanen hatte L. die Briefform zu einer vielschichtigen Verflechtung der Erzählperspektiven weiterentwickelt, indem sie mehrere Briefschreiber, tagebuchartige Passagen und den Bericht der als Herausgeberin fungierenden Freundin benutzt und zueinander in Beziehung setzt. Noch wichtiger war ihre psychologisch einfühlsame Darstellung der Charaktere, besonders der gefühlvollen Sophie. Die Autorin schrieb aus der Perspektive einer Frau und schuf eine empfindsame Seele. Diese »Menschenseele«, ein »ganzes Ideal von einem Frauenzimmer, sanft, zärtlich, wohltätig, stolz und tugendhaft, und betrogen« (so Caroline Flachsland an Herder) beeindruckte die Zeitgenossen; auch der junge Goethe hatte diesen Roman der »Mama La Roche« (und deren in Frankfurt jung verheiratete Tochter Maximiliane Brentano) beim Schreiben des *Werther* (1774) vor Augen.

Auch die weiteren Werke L.s erfreuten sich anhaltender Beliebtheit beim weiblichen Publikum. *Rosaliens Briefe* (1780–81) und *Miß Lony und der schöne Bund* (1789) wurden als Frauenromane, aus denen Frauen Gutes für ihr Leben lernen können, gelesen. Sentimentale Frauengestalten und das Tugendgebot, dem diese (groß-) bürgerlichen Frauen unterworfen sind, stehen hier neben modernen Themen wie Freundschaft, Erziehung, Hof- und Landleben, Krankheit und Armut. Mit ihrer Zeitschrift *Pomona. Für Teutschlands Töchter* (1783–84) schuf L. die erste Frauenzeitschrift in Deutschland, die von einer Frau und noch dazu nach ihren eigenen Vorstellungen herausgegeben wurde, während die moralischen Wochenschriften und auch später die Flut der Damenkalender von männlichen Literaten redigiert und größtenteils auch beliefert wurden. Die Zeitschrift brachte Aufsätze zu allgemeinbildenden Gegenständen (u. a. Geschichte, Dichtkunst, Medizin), Reiseberichte, Beiträge anderer Autorinnen (u. a. Elisa v. d. Reck. Caroline v. Wolzogen), Frauenthemen (Mode, Tanz, »moralische Schönheit«) und einen direkten Dialog mit den Leserinnen. Diese teils authentischen, teils fingierten Briefe und Antworten gaben der Zeitschrift eine persönliche Note, wenn L. bereitwillig Fragen über ihr Leben und ihre Interessen beantwortete (*Das Bild meiner Arbeit und Sorgen*). In den *Briefen an Lina* beriet sie ein junges Mädchen über ihre Aufgaben und Pflichten im Hause, gab Ratschläge zur eigenen Bildung und praktische Anleitungen zur Lebensführung, sowie Hinweise auf karitative Betätigung. Hier schon wird das Leitbild der (idealen) bürgerlichen Frau des 19. Jahrhunderts entwickelt; Emanzipation oder Autonomie der Frau kommen jedoch noch nicht ins Blickfeld.

Nach der Entlassung Frank von La Roches 1780 und dem Umzug nach Speyer und 1786 nach Offenbach konnte L. mehrere große Reisen unternehmen, in die Schweiz, nach Paris, nach Holland und England, was noch sehr ungewöhnlich für eine bürgerliche Frau war. Von diesen Reisen brachte sie neuen Stoff zu mehreren Reisebeschreibungen und Tagebüchern mit. Sie war eine gute Beobachterin von Menschen, Gegenständen und Verhältnissen, wie ihre Eindrücke vom vorrevolutionären Paris (im *Journal einer Reise durch Frankreich*, 1787) oder von ihrem Besuch bei der englischen Autorin Fanny Burney (*Tagebuch einer Reise durch Holland und England*, 1788) zeigen.

Im letzten Jahrzehnt ihres Lebens, das durch die Wirren der Revolutionskriege, Sorgen um die erwachsenen Kinder und den eigenen Lebensunterhalt überschattet war, hielt L. Rückschau in mehreren Erinnerungswerken. Noch einmal fungierte Wieland als Herausgeber für ihr letztes Werk *Melusinens Sommer-*

abende (1806). In einer Zeit der strengen Geschlechtertrennung und der eindeutigen Herrschaft männlicher Gesichtspunkte und Interessen in der deutschen Literatur fand ihr Werk kaum Interesse bei den großen Dichtern, denn in das Weimarer Literaturprogramm passte die alte Frau weder als Geliebte noch als Muse. Erst ihre Enkelin Bettine von Arnim, die nach dem frühen Tod ihrer Mutter einige Jahre bei ihr in Offenbach verbracht hatte, fand warme Worte für die phantasievolle, liebenswerte Großmutter und knüpfte an ihr Werk an.

Barbara Becker-Cantarino

La Rochefoucauld, François VI, duc de, prince de Marcillac
Geb. 15. 9. 1613 in Paris; gest. 17. 3. 1680 in Paris

Der Herzog von La Rochefoucauld ist der bedeutendste französische Moralist: ein Schriftsteller, der keineswegs sittliche Werte propagiert, sondern illusionslos menschliche Verhaltensweisen auf deren verborgene Beweggründe hinterfragt und den Menschen als von seinen Affekten fremdbestimmt darstellt. L. R.s anthropologischer Pessimismus resultiert aus politischer Enttäuschung sowie aus persönlicher Verbitterung. Mit ritterlich-heroischen Vorstellungen aufgewachsen, erlebt er im aufkommenden Absolutismus das Scheitern der Fronde und in der Folge den Verlust der öffentlichen Funktionen des alten Schwertadels, dem er selbst angehört. Während seiner politischen Intrigen und galanten Abenteuer erkennt er in einer Reihe desillusionierender Erfahrungen den Wankelmut, Egoismus und Undank der Menschen, ehe er sich, bei Hofe in Ungnade gefallen und körperlich wie seelisch gezeichnet, vom öffentlichen Leben zurückziehen muss. Erst in dieser Phase wendet sich L. R. der Literatur zu. Ab 1658 verkehrt er in Pariser Salons, unter anderem bei der religiösen Marquise de Sablé, wo er auf jansenistisches Gedankengut trifft, das in Anlehnung an die augustinische Moraltheologie die grundsätzliche Ichbezogenheit des gottfernen Menschen erklärt und seine persönlichen Erfahrungen zu bestätigen scheint.

L. R. verfasst Lebenserinnerungen, ein Selbstporträt und die nicht für die Veröffentlichung bestimmten *Réflexions diverses* (postum 1731) ab. Bei seinem Hauptwerk, den *Réflexions, ou Sentences et maximes morales* (1665; *Maximen und Reflexionen*, 1987), handelt es sich nicht um moralische Leitsätze im Sinne der traditionellen ›maxima sententia‹, sondern um prägnant geschliffene Aphorismen, die aus einem intellektuellen Zeitvertreib der Salongesellschaft hervorgegangen sind. Indem L. R. diese gemeinschaftlich begonnenen Mikrotexte immer stärker pointiert, verleiht er ihnen sein persönliches Gepräge. Nach dem Erscheinen eines apokryphen Drucks in Holland veranlasst er 1665 anonym die erste eigene Maximenedition, die er bis zur 5. Auflage 1678 mit insgesamt 504 Maximen noch entscheidend überarbeitet.

Zwar ähnelt die darin zum Ausdruck kommende Anthropologie derjenigen des augustinischen Menschen nach dem Sündenfall, doch da L. R. im Verlauf seiner Textüberarbeitungen alle eindeutig christlichen Gedanken eliminiert hat, erwähnt die Ausgabe letzter Hand weder die Erbsünde noch eine mögliche göttliche Gnade und verkürzt, was im Jansenismus Teil eines Heilsgeschehens ist, auf die illusionslose Beschreibung eines Dauerzustands. Bereits das Motto der Ausgabe von 1678 lässt den resignativen Charakter des Werks erkennen: »Unsere Tugenden sind meist nur verkleidete Laster.« Nach diesem Schema der ›abwertenden Identifikation‹ entlarvt L. R.s Enthüllungspsychologie in zahlreichen Variationen menschliche Tugend als tatsächliche Schwäche, indem sie die ihr zugrundeliegende Triebkraft aufdeckt – meist die Eigenliebe (die ›amour-propre‹, in der Augustinus‹ ›amor sui‹ anklingt). Das Fehlen eines formalen Prinzips in der Maximenanordnung verstärkt das Bild des Menschen als eines Spielballs seiner Affekte und des Zufalls.

Mit seinen Maximen hat L. R. den Aphorismus in die Moralistik eingeführt und in der Verwendung rhetorischer Stilmittel wie Paradox, Antithese oder Parallelismus eine Gestaltungskraft bewiesen, die von seinen Nachahmern unerreicht bleibt.

Wilhelm Graeber

Laclos, Choderlos de
↗ Choderlos de Laclos

Lagerkvist, Pär Fabian
Geb. 23. 5. 1891 in Växjö/Schweden; gest. 11. 7. 1974 in Stockholm

»Angst, Angst ist mein Erbteil« – mit dieser Zeile beginnt das Titelgedicht der Sammlung *Ångest* (1916; Angst), mit der Pär Lagerkvist der literarische Durchbruch in Schweden gelang. In ihr drückt sich sein Begriff der Humanität im Kern aus: Nicht die Antworten auf die großen Fragen nach Gott, nach dem Sinn des Lebens und dem Ursprung des Bösen, sondern die Unumgehbarkeit der Fragen und die daraus resultierende existentielle Angst machen »das Erbteil«, die Menschlichkeit des Menschen aus. Deshalb nimmt L. zeitlebens Abstand von gesicherten Positionen, ganz gleich, ob es sich um die menschenverachtende Selbstsicherheit der faschistischen Ideologien handelt oder um die von Liebe und Vertrauen geprägte Glaubensgewissheit seines pietistischen Elternhauses, das er in dem Roman *Gäst hos verkligheten* (1925; *Gast bei der Wirklichkeit*, 1952) schildert.

Auf einer Reise nach Paris im Jahr 1913 lernt er die neuesten Entwicklungen in der Malerei kennen und sieht in ihnen eine Erneuerung der Künste insgesamt vorgebildet. In seinem anschließend geschriebenen Manifest *Ordkonst och bildkonst* (Wortkunst und Bildkunst) fordert er eine Literatur, die wie der Kubismus auf eine rein künstlerische Wirkung abzielt. Breite Milieuschilderung und psychologische Analyse, wie sie in der vom Realismus dominierten schwedischen Literatur üblich waren, verwirft er zugunsten einer architektonischen Gestaltung des Stoffes. Die klare Erzählweise primitiver und archaischer Texte, etwa der Bibel und der altisländischen Sagas, sei vorbildlich. Das formale Programm von *Ordkonst och bildkonst* behält L. seine gesamte Produktion hindurch bei, nicht jedoch die Anklänge an eine Position des *l'art pour l'art*, die sich vereinzelt bei ihm finden. Durch eine einfache Sprache mit geringem Wortschatz und unkomplizierter Syntax erzeugt er einen holzschnittartigen Stil, wobei die Handlung immer als Kulisse für einen seelischen Zustand erkennbar bleibt. Diese Art der expressionistischen Stilisierung ist in seinen dramatischen Arbeiten am stärksten ausgeprägt. In *Himlens Hemlighet* (1919; *Das Geheimnis des Himmels*, 1957) z. B. zeigt die Bühne das obere Drittel eines riesigen Globus, auf dem sich nahezu allegorische Figuren unsicher bewegen. Am Ende springt die verzweifelte Hauptfigur vom Globus in das Nichts.

Als einer der ersten skandinavischen Schriftsteller ist sich L. der Gefahren Hitler-Deutschlands bewusst. In den 1930ern und 40ern tritt er mit seinen Werken für einen »kämpferischen Humanismus« ein. In der Reiseschilderung *Den knutna näven* (1934; *Die geballte Faust*) etwa wird ihm die Akropolis zur geballten Faust der westlichen Kultur, die sich gegen die faschistische Barbarei erhebt. Im Drama *Bödeln* (1934; *Der Henker*, 1946) symbolisiert der Henker Gewalt und Grausamkeit. Zunächst sitzt er in einer mittelalterlichen Schenke, die sich dann in ein zeitgenössisches Jazzlokal im nationalsozialistischen Berlin verwandelt. Wird er im Mittelalter gefürchtet, ehrt ihn die Gegenwart als Vorbild und versucht ihn noch zu übertreffen. Auch – aber nicht nur – im Zusammenhang mit dem Faschismus ist der meisterhafte Roman *Dvärgen* (1944; *Der Zwerg*, 1946) zu sehen. Formal handelt es sich um die Memoiren eines Hofzwergs an einem Renaissancefürstenhof, der bei der Durchführung von Intrigen, Terror und Krieg die rechte Hand des macchiavelistischen Fürsten war, nun aber, in Friedenszeiten, von seinem Herrn in den Kerker geworfen wird. Dort wartet er auf einen neuen Einsatz. Da der Zwerg Lebensverachtung und Destruktionswillen schlechthin verkörpert, wird der Roman zu einer Parabel über das Böse, das nie endgültig verschwindet, sondern nur auf einen neuen Ausbruch wartet.

Die Romane der Nachkriegszeit, die L.s internationalen Ruhm begründen, gleichen »kunstreich verschlungenen Fugen über ein zentrales Thema« (Otto Oberholzer). Am deutlichsten zeigt sich dies in der Bauart der vierteiligen Serie, die von *Sibyllan* (1956; *Die Sibylle*, 1957) bis *Det heliga Landet* (1965; *Das Heilige Land*, 1965) reicht, in der jeweils eine Nebenfigur im Fokus des folgenden Buchs steht. Der Roman *Barabbas* (1950), L.s größter Publikumserfolg und 1951 Anlass für die Verleihung des Nobelpreises, ist kennzeichnend für L.s zwiespältige Behandlung der religiösen Thematik. Die Titelfigur, der Mörder Barabbas, ist den Evangelien entlehnt. Er wird freigelassen, Jesus, der Schuldlose, gekreuzigt. War dies ein Akt der Stellvertretung? Nach Jahren des Zweifels wird auch Barabbas gekreuzigt. »Als er den Tod, vor dem er immer so Angst gehabt hatte, kommen fühlte, sagte er in das Dunkel hinaus, wie wenn er zum ihm spräche: Dir übergebe ich meine Seele. Und dann hörte er auf zu atmen.« Diese letzten Sätze des Romans lassen alles offen: Übergibt Barabbas seine Seele Gott, dem Tod oder dem ungewissen Dunkel? Deutlicher wird L. nicht.

Joachim Schiedermair

Lagerlöf, Selma Ottilia Lovisa

Geb. 20. 11. 1858 in Mårbacka, Värmland/Schweden; gest. 16. 3. 1940 in Mårbacka

In über vierzig Sprachen übersetzt, ist Selma Lagerlöf eine der bedeutendsten Persönlichkeiten der schwedischen Literaturgeschichte. Ihre Popularität ist ungebrochen, ihre Bewertung in der Literaturwissenschaft von jeher umstritten: Von den einen als ›Märchentante‹ abgetan, rühmen die anderen ihre ›epische Urkraft‹. Mit der Nachlasseröffnung 1990 setzt eine Renaissance ein, die eine Neueinschätzung der Autorin ermöglicht. Die moderne L.-Forschung rückt strukturelle Perspektiven, die Mythenforschung und psychoanalytische Ansätze in den Vordergrund. – Für den Werdegang L.s ist die glückliche, doch nicht unproblematische Kindheit auf dem Familiengut Mårbacka in Värmland von zentraler Bedeutung. Ein Hüftleiden weist ihr schon früh die Rolle der Beobachtenden zu, die sie in der autobiographischen *Mårbacka*-Trilogie (1922–32; dt. 1923–84) rückblickend als Berufung literarisiert.

Aus der Distanz entwickelt die junge L. eine tiefe Verbundenheit mit der Heimatregion, zugleich aber löst sie sich aus der ererbten Abhängigkeit einer Gutstochter im 19. Jh. 1881 zieht L. nach Stockholm, um sich am Höheren Lehrerinnenseminar auszubilden. In der Hauptstadt schließt sie Bekanntschaft mit den Zirkeln des Modernen Durchbruchs und der schwedischen Frauenbewegung um Ellen Key (1849–1926), deren reformpädagogischen und pazifistischen Ideale sie prägen. Aus der Ferne erlebt L. den Alkoholtod des Vaters und den Verfall des Gutes, das 1889 verkauft wird. Der traumatische Verlust des Elternhauses, den L. als Identitätsverlust erfährt, wird zum Motor ihrer Verfasserschaft und verbindet sie mit einer jungen Generation von Autoren, die angesichts der sozialen Verunsicherung der Jahrhundertwende nach neuen Ausdrucksformen strebt. L. findet ihre Form bereits im Erstlingswerk *Gösta Berling* (1891; dt. 1896) mit der Verknüpfung von Rationalismus und Mystizismus. Der Roman markiert den Beginn des schwedischen *nittiotal* (Fin de siècle), das sich dezidiert antinaturalistisch gibt. L. betont programmatisch die Bedeutung von Phantasie und Ästhetik, sie sucht die literarische Provinz, die ursprüngliche Natur, die mythische Vergangenheit. *Gösta Berling* gewinnt seine Ausdrucksstärke durch die formale und ideologische Geschlossenheit, die für das Gesamtwerk charakteristisch ist. Der an die *oral history* anknüpfenden ›naiv-autoritativen‹, typisierenden und dramatischen Erzählform entspricht inhaltlich L.s deterministisches Verständnis einer letztlich stabilen Weltordnung, in der jedoch, im Glauben an die Evolution, der Einzelne die Freiheit und Pflicht der Entscheidung hat. Im Zentrum der Dichtung steht die Sinnsuche des an sich und der Welt verzweifelnden Individuums, die sich in einem modellhaften Dreischritt vollzieht: Schuld – Buße – Versöhnung. Die Versöhnung, die eine Grundkonstante des Zusammenlebens ist, wird möglich durch die ›erlösende Kraft weiblicher Liebe‹. In einer dualistischen Weltsicht setzt L. dem zersetzenden männlichen Prinzip das verbindende weibliche Prinzip entgegen, das als Metapher für Leben, Natur und Harmonie das Postulat einer Reform der Menschheit artikuliert.

Nach dem Erfolg des Debütromans bleibt L. bis ins hohe Alter produktiv, ab 1897 arbeitet sie als freie Autorin in Falun. Unter dem Eindruck einer Italienreise, die sie mit der Schriftstellerin Sophie Elkan (1853–1921) unternimmt, entsteht der Roman *Die Wunder des Antichrist* (1897; dt. 1899), der eine Synthese von Katholizismus und Sozialismus versucht. Eine zweite Reise nach Palästina inspiriert L. zu dem zweibändigen Auswandererepos *Jerusalem* (1901/02; dt. 1902) und den *Christuslegenden* (1904; dt. 1904). Währenddessen übernimmt L. den Auftrag, ein landeskundliches Lesebuch für die schwedischen Volksschulen zu schreiben. Indem sie den Lehrstoff als phantastische Erzählung präsentiert, verbindet sie den didaktischen Anspruch auf Faktizität mit dem literarischen Anspruch auf Phantasie. Die *Wunderbare Reise des kleinen Nils Holgersson mit den Wildgänsen* (1906/07; dt. 1907/08) zählt neben *Gösta Berling* zu den Klassikern der Weltliteratur und ist eines der meist übersetzten schwedischen Bücher. Von L.s späteren Werken sind der Roman *Der Kaiser von Portugallien* (1914; dt. 1936) sowie die *Löwensköld*-Trilogie (1925–28; dt. 1925–29) zu nennen, die sich durch eindringlich psychologisierende Charakterdarstellungen auszeichnen.

L. genießt zu Lebzeiten großes Ansehen. 1904 wird sie als erste Autorin mit der Goldenen Medaille der Schwedischen Akademie geehrt, deren erstes weibliches Mitglied sie 1914 wird. Sie erhält 1909 als erste Frau den Nobelpreis für Literatur. Die Universitäten in Uppsala (1907) und Kiel (1932) verleihen ihr die Ehrendoktorwürde. Die Auszeichnungen ermöglichen es L., 1909 das Gut Mårbacka zurückzukaufen, wo sie bis zu ihrem Tod lebt. L. prägt das Bild der schwedischen Literatur vom Fin de siècle bis zu den 30er Jahren des 20. Jahrhunderts. Ihr Erbe wird weitergetragen von Autorinnen wie Astrid Lindgren (geb. 1907) und Kerstin Ekman (geb. 1933).

Werkausgabe: Gesammelte Werke. 5 Bde. München 1980.

Angelika Nix

Landolfi, Tommaso
Geb. 9. 8. 1908 in Pico Farnese/Italien; gest. 8. 7. 1979 in Rom

In seiner autobiographischen Schrift *Des mois* (1967; Monate) unterschied Tommaso Landolfi zwischen den als »stolze Beherrscher des weißen Blatt Papiers« sich gerierenden »affirmativen Schriftstellern« und jenen am Sinn ihres Schreibens kontinuierlich »Zweifel hegenden« Autoren, zu denen er sich selbst zählte. Diese Zweifel artikulieren sich als tiefverwurzeltes Misstrauen gegenüber dem Medium Sprache – über das er gleichwohl »mit Kompetenz und sicherer Hand verfügte« (Italo Calvino) –, vor allem aber gegenüber der Institution Literatur und der sie regierenden Kritikerzunft, die der scheue Autor in der Realität mied und in seinen Texten lächerlich machte (»Dialogo dei massimi sistemi«, 1937; »Dialog über die höchsten Systeme«, 1966).

L.s existentielle Skepsis, die gemeinhin biographisch mit dem frühen Tod der Mutter (1910) erklärt wird, bildet die epistemologische Voraussetzung eines Schreibens, das nicht nur die Rolle des Dichters beständig problematisiert, sondern auch den Glauben an eine homogene Wirklichkeitskonzeption obsolet werden lässt, was die Integration phantastischer Elemente sowie die Dominanz halluzinatorischer Zustände – Traum, Krankheit, Wahnsinn – im Werk erklärt. L.s fast manische Erkundung von Grenzbereichen gesellschaftlichen Lebens – Tod, Schmerz, Sexualität, Perversion etc. – zeitigte ein dichtes Netz rekurrenter Themen und Motive: Regression, Inzest, Nekrophilie (*Racconto d'autunno*, 1947; *Herbsterzählung*, 1990), Sadomasochismus (»Maria Giuseppa«, 1937; »Maria Giuseppa«, 1966) und Blasphemie (»Le due zittelle«, 1938/46; »Die beiden Jungfern«, 1966) verdichten sich zu einer nahezu obsessiven Sexualmetaphorik, die jedoch auch ironisch gebrochen wird, wie die mit Elementen des Surrealismus und der Freudschen Psychoanalyse spielende Erzählung »Il mar delle blatte« (1939; »Das Meer der Schaben«, 1987) eindrucksvoll belegt. Wenn die Bevorzugung nächtlicher Themen den Autor zunächst in der schauerromantischen Tradition à la E.T.A. Hoffmann und Edgar Allan Poe situiert, so erweisen sich L.s Erzählungen bei genauerer Betrachtung jedoch als raffinierte Montagen berühmter Prätexte.

Bereits die frühe Erzählung *La pietra lunare. Scene della vita di provincia* (1939; *Der Mondstein*, 1989) ruft die klassischen Topoi und Elemente der phantastischen Tradition (werwolfartige Wesen, Geister, Metamorphosen) auf und stellt Bezüge zur romantischen Literatur (Novalis) wie zu Goethes *Faust II* her. Als ironische Replik auf Ariosts Flügelpferd Ippogrifo (*Orlando Furioso*) erscheint das auf einer Umlaufbahn zwischen Erde und Mond festgebannte uterine Raumschiff *Cancroregina* aus der gleichnamigen Erzählung (1950; *Die Krebskönigin oder: Eine seltsame Reise zum Mond*, 1986), die die gesamte Tradition dichterischer Mondreisen von Lukian bis Cyrano de Bergerac aufruft, jedoch eher als Symbol der künstlerischen Stagnation denn des dichterischen Höhenflugs. L.s virtuoses intertextuelles Spiel mit klassischen Werken der Phantastik deutet voraus auf die Phantastik-Konzeption eines Italo Calvino, der eine wichtige Auswahl der Erzählungen L.s besorgte.

L., der mit den bedeutendsten Literaturpreisen Italiens ausgezeichnet wurde, verfasste neben den bekannteren Erzählungen eine historische Tragödie (*Landolfo VI di Benevento*, 1959), einen pirandellesken *Faust '67* (1969), zwei Gedichtsammlungen sowie drei autobiographische Schriften. Der leidenschaftliche Spieler, der sein Studium der russischen Sprache und Literatur an der Universität von Florenz im Jahr 1932 mit einer Arbeit über Anna Achmatova abschloss, sicherte sich seinen Lebensunterhalt durch hochgelobte Übersetzungen aus dem Russischen (Gogol', Puškin, Dostoevskij) und dem Deutschen (Hofmannsthals *Rosenkavalier*).

Irmgard Scharold

Langgässer, Elisabeth
Geb. 25. 2. 1899 in Alzey/Rheinhessen;
gest. 25. 7. 1950 in Karlsruhe

Sie wurde als Tochter eines Architekten geboren, besuchte die höhere Schule in Darmstadt und war etwa zehn Jahre lang Lehrerin an verschiedenen Schulen in Hessen. 1929 zog sie nach Berlin, wo sie bis 1930 als Dozentin an der sozialen Frauenschule tätig war. Ab 1930 hatte sie als freie Schriftstellerin in Berlin Kontakt zum Kreis um die Literaturzeitschrift *Die Kolonne* und gab 1933 zusammen mit Ina Seidel den Band *Frauengedichte der Gegenwart* heraus. 1935 heiratete sie den katholischen Philosophen Dr. Wilhelm Hoffmann (der später ihren Nachlass betreute). Sie wurde 1936 als »Halbjüdin« aus der Reichsschrifttumskammer ausgeschlossen und erhielt Schreibverbot. Obwohl man bereits 1936 bei ihr multiple Sklerose diagnostiziert hatte, wurde sie Ende 1944 in einer Fabrik dienstverpflichtet. 1948 verließ sie mit ihrer Familie Berlin und lebte bis zu ihrem Tod in Rheinzabern; sie wurde in Darmstadt beerdigt. 1950 erhielt sie als postume Auszeichnung den Georg-Büchner-Preis.

L.s drei Gedichtzyklen zeigen die jeweilige Phase ihres dichterischen Schaffens und ihrer geistigen Entwicklung an. Ihr Lyrikband *Der Wendekreis des Lammes. Ein Hymnus der Erlösung* (1924) markiert die erste von drei Phasen, in der sie noch keine Prosa schrieb. Der erste Zyklus zu den Sonn- und Feiertagen des Kirchenjahres wird von Wilhelm Hoffmann als »Ausdruck unmittelbarer Christlichkeit« bezeichnet. Die zweite Phase *Tierkreisgedichte* (1935) wendet sich der antiken Naturwelt oder dem Mythos zu. Am Beginn dieser Phase steht der für das Gesamtverständnis wichtige Roman *Proserpina* (1932). Er gestaltet den Mythos, die Urgeschichte des ewigen Frauenschicksals, das in der Dreigestalt von Proserpina, dem Mädchen, Demeter, der Mutter, und Hekate verkörpert wird. Das Frauenschicksal wird zum Gleichnis von Entstehung und Vergänglichkeit, von Leben und Tod. In diesem Mythos ist der Mann der Herrscher der Unterwelt, nicht der Erlöser. Die Mythe vom Frauenschicksal findet in den *Tierkreisgedichten* ihren lyrischen Ausdruck. Darin drückt L. ihre Vorstellung von der gefallenen Natur der Antike aus. Auch die Erzählungen der 1930er Jahre, *Triptychon des Teufels. Ein Buch von dem Haß, dem Börsenspiel und der Unzucht* (1932), dienen der detaillierten Darstellung des Sündhaften, das sie als elementare Urtriebe der Natur (Sexualität, Gewalt) versteht. Der Einfluss von Georges Bernanos und die radikale Katholizität des französischen »Renouveau catholique« ist von der Kritik konstatiert worden. Die dritte Phase wird bestimmt durch den Zyklus *Der Laubmann und die Rose. Ein Jahreskreis* (1947). Hier ist die Christlichkeit nicht mehr, wie in den 1920er Jahren, unreflektierter Besitz, sondern gefärbt durch das Wissen um die Gleichzeitigkeit von gefallener und erlöster Natur. Wie L. selbst in einer Briefstelle formuliert: »Der Laubmann ist ein Gebilde, dem Sie in süddeutschen Schnitzereien begegnen können: ein Menschengesicht, das aus Blütenteilen, Früchten und Blättern zusammengesetzt ist, hier aber, in diesen Versen mehr als das: die nach Erlösung seufzende gefallene (wie der theologische Ausdruck heißt) Natur. Ihm gegenüber steht die Rose … Sie ist – dem Zwang des Weiterzeugens und Fruchttragens entzogen – reines Dasein geworden, Hauch, Duft, Logos. Diese ›Rosa mystica‹ ist Maria.« L.s Hauptwerk, der Roman *Das unauslöschliche Siegel* (1946), ist eine anspielungsreiche Erlösungsparabel um einen konvertierten Juden, der durch die Stationen einer sündhaften Welt geschickt wird und die in die Wirklichkeit der Welt einbrechende Gnade der Erlösung erlebt. Dieses Schema der Rückkehr in die Erlösung nach den Erlebnissen der satanischen, sündhaften Natur und Welt findet sich auch in ihrem letzten Roman, der *Märkischen Argonautenfahrt* (1950). Die dichterische Intensität der Aussage und eine bildkräftige Sprache kennzeichnen L.s Werk; sie verzichtet auf realistische Charakterisierung der Helden und auf Fabel im üblichen Sinn, denn der Grundkonflikt in ihrer Prosa ist der Kampf im Menschen zwischen Göttlichem und Satanischem. Auch ihr Werk ist ein Versuch, die Problematik einer erlebten Geschichte zu deuten, sie bietet aber als Lösung einzig und allein die Erlösung an.

Werkausgabe: Gesammelte Werke. 5 Bde. Hamburg 1959–1964.

Rhys W. Williams/Red.

Lao She (eigtl. Shu Qingchun)
Geb. 2. 3. 1899 in Peking;
gest. 24. 8. 1966 in Peking

Lao She ist im deutschsprachigen Raum durch mehrere Übersetzungen, insbesondere der Romane *Luotuo Xiangzi* (1936; *Rikschakuli*, 1947, 1982) und *Maochengji* (1933; *Die Stadt der Katzen*, 1985), sowie durch die Aufführung eines seiner Theaterstücke, *Chaguan* (1957; *Das Teehaus*, 1958), bekannt. Zu Recht gilt er als hervorragender Beobachter der gesellschaftlichen Umstände in Peking zu einer Zeit, da die Hauptstadt der letzten chinesischen Dynastie ihre Vormachtstellung verlor und sich an republikanische Verhältnisse zu gewöhnen hatte. *Luotuo Xiangzi* ist eine traurig-ironische Darstellung der Wünsche und Träume der Menschen, die in die kaiserliche Hauptstadt gekommen sind, um der Armut zu entfliehen. Der Protagonist versucht in unermüdlicher Arbeit und unter Aufwendung unterschiedlicher Anpassungsstrategien, sich den Wunsch zu erfüllen, eines Tages selbst eine Rikscha besitzen zu können. In der Verfolgung dieses Wunsches geht er durch viele Höhen und Tiefen, um letztlich doch arm und einsam zu sterben. In *Maochengji* versucht sich L. in der Form des phantastischen Romans. Im Gewand der Utopie setzt er sich mit der Dekadenz der chinesischen Gesellschaft der 1930er Jahre auseinander und vermag dem Leser die Wehrlosigkeit Chinas gegenüber fremden Mächten wie gegenüber dem eigenen, von Innen her zu verantwortenden Verfall vor Augen zu führen. Die Satire ist in lose aneinandergereihte Kapitel gefasst, deren Struktur sich durch die Form der Veröffentlichung als Fortsetzungsroman erklären lässt und dem Leser heute fremd erscheint. Dennoch hat der Roman das Mark des chinesischen Selbstverständnisses offenbar so genau getroffen, dass er in den ersten 35 Jahren nach Gründung der VR China nicht erscheinen konnte. *Chaguan*, in der kurzen Zeit der Hundert Blumen im Jahr 1957 entstanden, skizziert die Lage in Peking zu drei wichtigen Zeitpunkten in der neueren chinesischen Geschichte: Mit dem Jahr 1898 wird der letzte Reformversuch der Qing-Dynastie, mit dem Jahr 1911 die erste Revolution des 20. Jahrhunderts und mit der Zeit nach 1945 das Bürgerkriegschaos zum Hintergrund für eine Diskussion über das Verhältnis der Pekinger zur Politik und zum Leben. Das Teehaus wird zum Mikrokosmos einer sich rapide wandelnden und doch irgendwie immer gleichen Gesellschaft. »Hier wird nicht über Politik gesprochen«, lautet ein Spruch an der Wand – ein ironischer Kommentar, der der chinesischen Literaturkritik wiederholt Anlass zu negativen Bemerkungen über L.s Theaterstück geboten hat.

L. ist von mandschurischer Abstammung. Sein Vater, ein Wachoffizier der kaiserlichen Armee, verstarb während des Boxer-Aufstands (1900) und hinterließ eine familiäre Situation, die von Armut und – nach Abdankung der Qing-Dynastie im Jahr 1912 – Marginalisierung geprägt war. L.s Ausbruch aus dieser Situation gelingt über die Kontaktaufnahme mit dem Ausland. Im Jahr 1924 macht er sich auf den Weg nach London und unterrichtet dort fünf Jahre lang an der noch heute berühmten School of Oriental and African Studies (SOAS). Er nutzt diese Zeit, um sich intensiv mit der realistischen englischen Literatur auseinanderzusetzen und beginnt unter deren Einfluss zu schreiben. Innerhalb von drei Jahren schreibt er drei Romane (*Lao Zhang de zhexue*, 1926; Die Philosophie des Lao Zhang; *Zhao Ziye*, 1927; *Er ma*, 1929; Die beiden Mas). Von Anfang an tritt er als Meister der satirischen Beschreibung hervor, der sich jenseits der kritischen Distanz mit den kleinen Leuten in Peking so gut auskennt, dass er ihre Sprache, Gedanken und Gefühle mit einem hohen Maß an Empathie in seine Texte einzuarbeiten vermag. Die enge Verbundenheit mit seiner Heimatstadt geht in der Literatur L.s eine besonders gelungene Verbindung mit den im Wesentlichen aus dem englischen Sprachraum kommenden Einflüssen ein. Dabei spielt eine herausragende Rolle, dass die moderne chinesische Schriftsprache auf dem Peking-Dialekt beruht, L. also in der Sprache schreibt, in der er denkt und spricht. Die von anderen Schriftstellern seiner Zeit als Problem empfundene Verbindung zwischen gesprochener und geschriebener Sprache ist bei L. selbstverständliche Grundlage seiner literarischen Gesellschaftsbilder.

So sehr er in Peking beheimatet ist, die mandschurische Abstammung und damit die Verbindung zum Untergang der letzten, mandschurischen Dynastie in China hat auch ihre Spuren in L.s Werk hinterlassen. Der Leser bemerkt dies zunächst nur an dem schwer nachvollziehbaren Unterschied zwischen den satirisch und den eher propagandistisch angelegten Elementen seines Werks. Schon in der Zeit des Krieges gegen Japan (1937–45) wird dies deutlich. Gerade weil die Mandschuren als Kollaborateure der Besatzer bekannt und verschrien sind, engagiert sich L. in besonderem Maße im anti-japanischen Widerstand und sucht damit auch nach Anerkennung bei den Kreisen der angesehenen chinesischen Intellektuellen seiner Zeit. Neben politischen Ämtern, die sein Engagement unterstreichen, tritt er durch Theaterstücke hervor, die deutlich eine propagandistische Funktion erfüllen. Nach einem Aufenthalt in den USA (1946–49) kehrt L. auf Einladung der neu etablierten kommunistischen Regierung nach Peking zurück, nimmt verschiedene Ämter in den höchsten Rängen der Kulturbürokratie an und stellt sich der Regierung als Advokat der Einheit des Vielvölkerstaates zur Verfügung. Er wird auf Reisen in die Gebiete der nationalen Minderheiten geschickt und schreibt nach der Rückkehr entsprechende Berichte. In den 1960er Jahren nimmt er sich erstmals offen seiner eigenen Ethnie an und schreibt die Novelle *Zheng hongqi xia* (Genau unter dem roten Banner; unvollendet, postum veröffentlicht und in ein Theaterstück umgeschrieben), in der es ihm darum geht, das Bild von den Mandschuren als erfolglos herrschender Elite der letzten chinesischen Dynastie geradezurücken und sie zugleich vom Makel der Kollaboration mit den japanischen Besatzern zu befreien. Unter Bezug auf die Geschichte seines Vaters verarbeitet L. auch in diesem Roman seine intime Kenntnis der Sitten und Gebräuche aller Ränge der mandschurischen Gesellschaft in Peking und knüpft dabei an die frühen Romane und deren Stärken an. Dass die Farbe Rot im Titel der Novelle als Bezug auf das Bannersystem der Mandschuren auftaucht, zugleich aber auch die Assoziation zu den roten Bannern der Mao-Zeit zulässt, zeigt, dass L. auch als privilegiertes Mitglied der sozialistischen Gesellschaft seine ironische Distanz nicht völlig aufgegeben hat.

L.s Hoffnung auf Integration in das neue China findet im Jahr 1966 ein jähes Ende. Als einer der wenigen Autoren, die sich bereits vor der kommunistischen Machtergreifung einen Namen gemacht und auch nach 1949 weiter geschrieben haben, gerät er in den ersten Monaten der Kulturrevolution ins Kreuzfeuer der Kritik. Am 24. August 1966 nimmt er sich das Leben. Bevor er sich in einem See ertränkte, hatte er seinen Mantel mit dem Ausweis an einen Baum gehängt. Mit ins Wasser nahm er dem Vernehmen nach eine eigenhändige Abschrift aus den gesammelten Werken Mao Zedongs.

Susanne Weigelin-Schwiedrzik

Larkin, Philip
Geb. 9. 8. 1922 in Coventry;
gest. 2. 12. 1985 in Hull

Dass Philip Larkin nach Auskunft seiner Biographen in der ersten Lebenshälfte ein schwerer Stotterer war, ginge niemanden etwas an, wenn seine literarische Karriere und sein Arbeitsstil nicht durchaus vergleichbare Eigenheiten aufwiesen. Stotternd nämlich betritt er die Bühne, nimmt mit *Jill* (1946) und *A Girl in Winter* (1947; *Ein Mädchen im Winter*, 1948) zwei Anläufe, um sich wie sein Studienfreund Kingsley Amis als Romancier zu etablieren, verhaspelt sich aber beim dritten Versuch hoffnungslos. Mit dem Manuskript muss er auch den Traum vom Wegerzählen seiner Sprachlosigkeit und dem Entkommen in jenes »wonderful 500-words-a-day on-the-Riviera life that beckons us all like an *ignis fatuus*« begraben; stattdessen entscheidet er sich für die lautlose Kärrnerarbeit des Bibliotheksdienstes, der ihn über die Stationen Leicester und Belfast 1955 als Leiter der Universitätsbibliothek im nordenglischen Hull ankommen lässt, seinem Fast-Zuhause für die folgenden 30 Jahre, das er in »Here« fast liebevoll beschrieben hat.

Gedichte bringt der zeitlebens beruflich eingespannte L. nach Feierabend zu Papier, aber auch hier ist der Zungenschlag zunächst der eines anderen. In *The North Ship* (1945) bevormundet ihn William Butler Yeats, danach hört man Thomas Hardy, bevor sich 1955 mit *The Less Deceived* das scheinbar umgangssprachliche und antipoetische ›Larkinese‹ zu Wort meldet, dem sein Autor eine in der englischen Lyrik der zweiten Hälfte des 20. Jahrhunderts beispiellose Breitenwirkung – von den *Collected Poems* (1988) werden binnen Tagesfrist zehntausend Exemplare abgesetzt – zu verdanken hat. Trotzdem bleibt L. mundfaul, veröffentlicht in großen Zeitabständen noch zwei Sammlungen – *The Whitsun Weddings* (1964) und *High Windows* (1974) – und bringt es damit auf eine durchschnittliche Jahresproduktion von nicht einmal zehn Gedichten. Das liegt daran, dass das kreative Stottern keineswegs ausgestanden ist, nachdem er sein

Medium entdeckt hat. Die Arbeitskladden und ihre exemplarischen Transkriptionen in Arnold T. Tolleys *Larkin at Work* (1997) führen vielmehr ein agonales Schreiben vor, das am Anfang des Schaffensprozesses vielleicht gerade über die korrekte Anfangszeile eines späteren Zwei-, Dreiseitentextes verfügt, bevor es ›auswandert‹, und über Tage oder Wochen immer wieder neu an- und einsetzen muss wie ein Kind, das mitten im Satz über seine Konsonanten stolpert. Die Bleistiftspuren bezeugen damit den marathonösen Durchhaltewillen des Autors sowie sein stilsicheres Gespür für die richtige Wendung, denn Rückkorrekturen gibt es so gut wie keine. Und deshalb steckt in dem typisch larkinesken Understatement: »Once I have said that the poems were written in or near Hull, Yorkshire, with a succession of Royal Sovereign 2B pencils [...] there seems little to add« in der Tat eine erschöpfende Auskunft.

L. arbeitet nicht nur geographisch an der Peripherie; er schreibt als Außenseiter, der Gemeinsamkeiten mit dem *movement* wiederholt in Abrede gestellt hat, auch gegen zentrale Überzeugungen seiner Zeitgenossen an, weshalb sein Dichtungsbegriff als dezidiert antimodernistisch, anti-elitär und anti-akademisch zu gelten hat. In seinen eigenen Worten wächst sich das zum Vorwurf eines Jahrhundert-Irrtums aus: »In this century English poetry went off on a loop-line that took it away from the general reader. Several factors caused this. One was the aberration of modernism, that blighted all the arts.« Aus dieser drastischen Diagnose folgt eine literarische Praxis des Anders- und Bessermachens, die zu denken geben muss. Denn L.s Gedichte sind zugänglich, ohne ihre Leserfreundlichkeit mit Komplexitätseinbußen zu bezahlen; sie bedienen sich traditioneller Techniken wie des Reims und haben doch nichts Artifizielles oder gar Manieriertes. Vielmehr glaubt man sich in dramatischen Monologen wie »Toads«, »Church Going« oder »Aubade«, in Momentaufnahmen wie »The Building«, »At Grass« oder »Mr Bleaney« mitten in der Alltagswelt zu befinden, deren Bewohner denn auch kein Blatt vor den Mund nehmen. Gleichwohl er-

weist sich bei genauerem Hinsehen selbst ein aus lauter Roheiten zusammengesetztes Gedicht wie »The Card-Players« oder das obszöne »Sunny Prestatyn« als so subtiles und ästhetisch feinnerviges Gebilde, dass der Anti-Akademiker L. die Interpreten mit seinen erklärten ›Volkstümlichkeiten‹ in hellen Scharen angezogen hat. Die bissigen Karikaturen der Zunft, die er etwa in »Posterity« und »Naturally the Foundation will Bear Your Expenses« ablieferte, haben dieser Attraktivität genausowenig Abbruch tun können wie die allenfalls hier und da von schwarzem Humor abgepufferte Trostlosigkeit der Larkinschen Weltsicht, die vielleicht in der lyrischen Parabel »Next, Please« am direktesten zum Ausdruck kommt. In Anspielung auf die glücksverheißende Redensart »When my ship comes home ...« lässt der Autor hier eine ganze Armada solcher Wunscherfüllungsgaleonen aufkreuzen und – vorbeisegeln. Am Ende müssen sich die erwartungsfrohen Zuschauer ausnahmslos eingestehen: »Only one ship is seeking us, a black- / Sailed unfamiliar, towing at her back / A huge and birdless silence. In her wake / No waters breed or break.«

Der wie immer lakonische Kommentar L.s zur existenziellen Unversöhnlichkeit seines Werks lautet: »Deprivation is for me what daffodils were for Wordsworth.« Und im Schutze dieses Pessimismus, dessen Unheilsgewissheit enttäuschungsresistent macht und die Sensibilität vor emotionalen Zerreißproben schützt, kommt ein eingefleischter Junggeselle – jazzbegeistert, trinkfest und alles andere als prüde – durchaus komfortabel in die Jahre, entfaltet sich aber auch unaufhaltsam ein literarisches Doppelleben, das man – mit einem weiteren Gedichttitel L.s – nur als »Success Story« beschreiben kann. Denn mit quantitativem Minimaleinsatz – drei Gedichtbänden und einer Sammlung von Gelegenheitsarbeiten (*Required Writing*, 1983) – fährt L. den maximalen Ertrag ein. Sein Briefkopf weist schließlich sieben Ehrendoktorate und diverse andere Auszeichnungen auf, in der literarischen Szene genießt er den Status einen nationalen Ikone wie vor ihm allenfalls T.S. Eliot, und noch im August 1984 wird dem schon krebskranken

Dichter das Amt des *Poet Laureate* angetragen, auf das er zugunsten von Ted Hughes mit der schonungslosen Begründung verzichtet: »Poetry [...] left me about seven years ago, since when I have written virtually nothing. Naturally this is a disappointment, but I would sooner write no poems than bad poems.«

So steht am Anfang dieser Biographie die Geburt der Poesie aus dem Sprachfehler und an ihrem Ende die Integrität des Verstummens, eine beredte Geste der Schadensabwendung angesichts dessen, was sich dazwischen ereignet hat. Die Interpreten allerdings sind im Begriff, ihre Schonfrist aufzukündigen und damit die bösen Ahnungen des ›Hermit of Hull‹ zu bestätigen, der einmal notierte: »The reviews [...] have been far too favourable; very soon somebody will cut me down to size.« Die inzwischen veröffentlichte Korrespondenz und die Biographie von Andrew Motion haben diesen Stimmungsumschwung ungewollterweise ausgelöst. Sie lassen nämlich keinen Zweifel daran, dass es um die *political correctness* des Thatcher-Bewunderers und ›Sexisten‹ L. schlecht bestellt ist, so schlecht sogar, dass der eine oder andere Kritiker vor sittlicher Empörung schier ins Stottern geraten möchte.

Werkausgaben: Required Writing: Miscellaneous Pieces, 1955–1982. London 1983. – Collected Poems. Hg. A. Thwaite. London 1988. – Selected Letters. Hg. A. Thwaite. London 1992. – Gedichte. Stuttgart 1988.

Ulrich Horstmann

Lasker-Schüler, Else
Geb. 11. 2. 1869 in Wuppertal-Elberfeld; gest. 22. 1. 1945 in Jerusalem

»Else Lasker-Schüler ist die jüdische Dichterin. Von großem Wurf ... Ihr Dichtgeist ist schwarzer Diamant, der in ihrer Stirn schneidet und wehe tut. Sehr wehe. Der schwarze Schwan Israels, eine Sappho, der die Welt entzwei gegangen ist. Strahlt kindlich, ist urfinster. In ihres Haares Nacht wandert Winterschnee«. Die Metaphorik dieser Charakteristik ihres Freundes und Vorbildes Peter Hille aus dem Jahre 1904 zeichnet prophetisch Lebenslauf und Schaffensweg der damals 35-jährigen Frau vor, die in ihrem ersten Gedichtband *Styx* (1902) Liebe und Tod, Einsamkeit und Verlassenheit aus dem Geist der Neuromantik thematisiert hatte.

Prägende Lebenserfahrungen lagen hinter ihr: die in einem behüteten Elternhaus in Elberfeld als jüngste im Kreise von fünf Geschwistern einer gutbürgerlichen Familie aufgewachsene L.-S. hatte ihren Lieblingsbruder Paul (1882), ihre innig geliebte Mutter Jeannette geb. Kissing (1890) und später ihren Vater Aron Schüler (1897) verloren. Ihr Tod bedeutete die Vertreibung aus dem Paradies der Kindheit und hinterließ die lebenslange Sehnsucht nach der zum Mythos verwandelten Heimat ihrer Väter. Die Heirat mit dem Arzt Dr. Jonathan Berthold Lasker, Bruder des berühmten Schachmeisters Emanuel Lasker, am 15. Januar 1894 und die wenigen Ehejahre in Berlin endeten mit Entfremdung, belasteten sie zeitlebens mit Schuldgefühlen, weckten aber in der zierlichen, schönen L.-S. – »ein schwarzer Diamant« – ihre schriftstellerischen und künstlerischen Neigungen. Die »Aussteigerin« fand um die Jahrhundertwende Anschluss an den Kreis der »Neuen Gemeinschaft« der Brüder Hart in Berlin-Schlachtensee; sie lernte die Schriftsteller dieser Lebensreformbewegung kennen, so Gustav Landauer, Martin Buber, Erich Mühsam, Ludwig Jacobowsky, schloss sich schwärmerisch Peter Hille an, den sie später (*Das Peter Hille Buch*, 1906) als »Petrus den Felsen« wie einen Heiligen verklärte.

Vor allem lernte die junge Autorin in dieser Atmosphäre den Komponisten und Klaviervirtuosen Georg Lewin kennen, den sie – eine Erfinderin poetischer Namensformen – künftig Herwarth Walden nannte und 1903 kurz nach ihrer Scheidung heiratete. Diese Verbindung eines von der modernen Kunst besessenen Organisationstalents mit einer phantasiebegabten, ihre Umwelt, ihre Freunde und Zeitgenossen in ihr poetisches Spiel verwebenden Dichterin war ein Glücksfall für die Aufbruchstimmung im vorexpressionistischen

Jahrzehnt: in dem von Walden 1904 gegründeten Verein für Kunst in Berlin, in dessen Verlag L.-S.s zweiter Gedichtband *Der siebente Tag* (1905) erschien, lasen Richard Dehmel und Karl Kraus, Paul Scheerbart und Peter Altenberg, Max Brod und Paul Leppin und viele andere. Die Autoren, die L.-S. in Porträtgedichten besang und mit unbestechlicher Treffsicherheit in poetischen Prosaskizzen charakterisierte (*Gesichte*, 1913), wurden Vorreiter der 1910 aufkeimenden neuen künstlerisch-literarischen Bewegung des Expressionismus: sie waren die ersten Mitarbeiter der 1910 von Herwarth Walden begründeten Zeitschrift *Der Sturm*, deren Name von L.-S. stammte und die das berühmteste Organ der modernen Kunst und der expressionistischen Dichtung wurde. Durch ihre eigenen Beiträge und durch ihr auffälliges, extravagantes Auftreten in den Berliner Cafés wurde L.-S. in der Vorkriegszeit zu einer Schlüsselfigur der sonst ganz männlichen Bewegung des Expressionismus.

Durch die Trennung von Herwarth Walden (1912) wieder auf sich allein gestellt, lebte sie als mittellose und heimatlose Schriftstellerin in Berlin und wurde in Künstler- und Literatenkreisen eine ebenso angesehene und bewunderte wie in ihrer Unberechenbarkeit gefürchtete Persönlichkeit, die durch ihren unverschlüsselten Briefroman *Mein Herz* (1912) dem Berliner Frühexpressionismus ein Denkmal setzte. Die jüngeren Dichter gingen in ihre schwärmerischen, leidenschaftlichen Liebesgedichte ein, so Gottfried Benn, Georg Trakl, Paul Zech, Hans Ehrenbaum-Degele und andere. Mit rührender Anhänglichkeit hatte sie durch eine Reise nach Russland 1913 vergeblich versucht, ihren gefangengehaltenen todkranken Freund, den Anarchisten Johannes Holzmann (Senna Hoy) zu retten. Ihr ihm gewidmeter Gedichtzyklus wurde ein Epitaph.

Mit sicherem Instinkt erkannte L.-S. auch das künstlerische Genie Franz Marcs, des »Blauen Reiters«, den sie in ihrer »Kaiserschichte« unter dem Titel *Der Malik* (1919) verewigte. Der Roman erschien zuerst in Fortsetzungen 1916/17 in der *Neuen Jugend*, die der junge Herzfeld herausgab, den L.-S. Wieland Herzfelde nannte. Ihr Romantitel gab dem Malik-Verlag, einem bedeutenden sozialistischen Verlag der Weimarer Republik, den Namen. Mit dem Erscheinen der zehnbändigen Gesamtausgabe ihrer Werke bei Paul Cassirer in Berlin 1919–1920 stand L.-S. im Zenit ihres zeitgenössischen Ruhmes. In überarbeiteten und veränderten Fassungen veröffentlichte sie ihre vom Stil der Jahrhundertwende geprägten, durch eine sinnliche Bildersprache und kühne Wortschöpfungen auch dem expressionistischen Sprachstil zuzuordnenden Gedichte (*Styx*, 1902; *Der siebente Tag*, 1905; *Meine Wunder*, 1911; *Hebräische Balladen*, 1913), teils einprägsame Liebesgedichte (z. B. das berühmte *Ein alter Tibetteppich*) und lyrische Denkmäler für Freunde, Zeitgenossen und Weggefährten, teils weltverlorene Gesänge (z. B. *Weltende*), teils Verse mit jüdischer und orientalischer Thematik.

Ihre stark autobiographisch durchsetzten Prosabücher, in denen sie sich als Meisterin der Verwandlungskünste erwies und als Tino von Bagdad, Prinz Jussuf, Prinz von Theben oder als Joseph von Ägypten auftrat, stattete L.-S. mit eigenen Zeichnungen und Aquarellen aus, die eine starke illustrative Begabung zeigen. Besonders ihre Gedichtauswahl *Theben* (1923 bei Alfred Flechtheim), der sie handkolorierte Lithographien beifügte, ist das reizvolle Zeugnis einer künstlerischen Doppelbegabung, deren grenzenlose Phantasie mit ihrem eigenen Leben, ihrem Herkommen und ihrer Zeit spielte. »Ich kann ihre Gedichte nicht leiden«, schrieb Franz Kafka 1913, »ich fühle bei ihnen nichts als Langeweile über ihre Leere und Widerwillen wegen des künstlichen Aufwandes. Auch ihre Prosa ist mir lästig aus den gleichen Gründen, es arbeitet darin das wahllos zuckende Gehirn einer sich überspannenden Großstädterin«. Diese der Eigenwilligkeit und Eigenständigkeit L.-S.s sicherlich nicht gerecht werdende Kritik zeigt den Zwiespalt, in den ihre Freunde im Umgang mit der subjektiven

Einzelgängerin, die man eine lyrische Anarchistin nennen könnte, gerieten. Leben und Werk sind bei der »jüdischen Dichterin« in der Tat aufs engste verknüpft, was sich in den Zeiten als tragisch erwies, in denen sie, wie in den Jahren der Weimarer Republik, keinen eigentlichen Freundeskreis mehr um sich scharen konnte. In einer durchaus erfrischenden, höchst subjektiven Abrechnung, *Ich räume auf!* (1925), hatte sie mit ihren Verlegern gebrochen, so dass sie ohne diese hart zu kämpfen hatte, zumal der Tod ihres einzigen Sohnes Paul ihr Leben verdüsterte.

Das Erscheinen des Sammelbandes *Konzert* (1932) bei Ernst Rowohlt und die gleichzeitige Verleihung des Kleistpreises für ihr Gesamtwerk schienen eine Wende zu bringen, erwiesen sich aber als bitterer Abgesang.

Ihr weiteres ruheloses, ahasverisches Schicksal, das sie im April 1933 in die Schweiz, 1934 zum erstenmal in ihr *Hebräerland* (Titel ihres Reisebuchs von 1937) und 1939 endgültig nach Palästina führte, wo sie, von den wenigen aus Deutschland entkommenen jüdischen Schriftstellern scheu verehrt, am 22. Januar 1945 in der Hadassah in Jerusalem als arme, alte Frau 76-jährig verstarb, verdient nicht nur Mitleid, sondern auch Respekt vor einem erschütternden Alterswerk. Den frühen Gedichtbänden stellte sie 1943 ihr letztes Buch, *Mein blaues Klavier*, gegenüber, eine Sammlung später Verse einer »Verscheuchten«. Das erfolglose Drama *Die Wupper* (1909) fand in einem postum veröffentlichten Weltdrama *Ichundich* (1970) ein Gegenstück: jüdisches Schicksal und Heimatlosigkeit, Liebe und Enttäuschung, Weltangst und Zuversicht kamen in der Doppelgestalt des Ich und in ihrer subjektiven Sprachgestaltung noch einmal zum Ausdruck. Sie haben L.-S. zu einer der charaktervollsten und farbigsten Gestalten der deutschen Dichtung des 20. Jahrhunderts gemacht. Ihr Ruhm ist heute wieder so groß wie in ihrer besten Lebenszeit. »Der schwarze Schwan Israels« wird in dem Land ihrer Väter heute so verehrt wie die »Sappho, der die Welt entzwei gegangen ist« in dem Land ihrer Kindheit und ihrer Sprache, deren Machthabern sie entflohen war.

Werkausgabe: Gesammelte Werke in 3 Bänden. Bd. I und II. Hg. von Friedhelm Kemp. München 1959/1962, Bd. III. Hg. von Werner Kraft. München 1961.

Paul Raabe/Red.

Lavant, Christine (d. i. Christine Habernig, geb. Thonhauser)
Geb. 4. 7. 1915 in Großedling im Lavanttal/Kärnten;
gest. 7. 6. 1973 in St. Stefan

»... träumte mir, daß ich in einem Abort eingeschlossen wurde, mit nichts darin als einem Eimer voll Glut und einem eisernen Rechen. Voll Angst, wohin ich meinen empfindlichen Leib betten sollte und wie lange ich noch Luft schöpfen könnte«, schreibt L. 1960 an die befreundete Dichterin Hilde Domin. Selten ist die Spannung zwischen gequältem Geschöpf und göttlichem Du so unausweichlich, produktiv und doch paradox gestaltet wie im Werk der aus Kärnten stammenden Dichterin L. Mit zorniger Sprachgeste stellt sie einer »Hiobin« gleich (Kerstin Hensel) in ihrer Lyrik (*Die Bettlerschale*, 1956; *Spindel im Mond*, 1959; *Der Pfauenschrei*, 1962) die Frage nach dem Sinn des Leidens, wohl wissend, dass das Ich »gottverloren / vor deinen vernagelten Ohren, vor deinem verriegelten Mund« auf sich selbst zurückgeworfen ist. Diese Erkenntnis mündet jedoch nicht in Verzweiflung und Passivität. Zornig fordernd stellt sich das Ich dem göttlichen Du entgegen: »Wo ist mein Anteil, Herr, am Licht? ... Verschaffe mir mein Heimweglicht«. Bezeichnet ihn ketzerisch als »Werwolf« und »echten Quäler«, der als Schöpfer »Pfuschwerk« geleistet hat und von der »Gottesstadt« faselt, »die viele sich erfasten«. Nicht, um ihm abzuschwören, sondern um den Riss aufzutun, der spätestens seit Georg Büchners Lenz-Figur die äußere Zerrissenheit des Daseins als eine im Inneren des Ich markiert. »Die erste Veränderung, die das Ich erfahren hat«, konstatiert die ebenfalls aus Kärnten stammende Ingeborg Bachmann, »ist, daß es sich nicht mehr in der Geschichte aufhält, sondern daß sich neuerdings die Geschichte im Ich aufhält«. Der geradezu intime Tonfall, der L.s lyrische Anrede prägt, überrascht, auch in welch präzisen Sprachstrukturen sich die Du-Anklage zu präsentieren weiß: »Du hast mich aus aller Freude geholt. / Aber ich werde dennoch genau, ganz genau, nur so lange darunter leiden, als es mir selbst gefällig ist, Herr.«? In diesen Zeilen vergewissert sich das sprechende Ich seiner selbst. L.s Gedichte deshalb als religiöse »Lästergebete« (Ludwig von Ficker), gar spirituelle Dichtung zu begreifen oder sie als kärntnerische Naturlyrik zu entschärfen, bedeutet ihren Platz in der Moderne zu verkennen.

Das in ihnen artikulierte Leiden entspringt direkt und konkret der eigenen physischen und seelischen Versehrtheit, welche die im Lavanttal geborene Dichterin – ihr Pseudonym bezieht sich darauf – von Kindheit an in eine extreme Außenseiterposition treibt. Aufgrund größter materieller Not erfährt sie als Kind und Jugendliche mehrfach schwerste Erkrankungen, die das Seh- und Hörvermögen stark einschränken, ein chronisches Lungenleiden hervorrufen – eine Skrofulose hinterlässt Narben am ganzen Körper. Schreiben wird für L. ein »Ausweg aus sich selbst«. Die Erzählung »Das Kind« – ihr literarisches Prosadebüt von 1948 (neu ediert 2000 nach der Fassung der Handschrift) – vollzieht aus der Perspektive eines kranken Mädchens diesen Vorgang des Fremdwerdens in der Welt. In Mull eingebunden, um die nässenden Wunden zu heilen, vermag es sich kaum zu bewegen und am Spitalalltag teilzunehmen. Ganz auf sich verwiesen, regiert die Furcht, die das Spiel der Kinder und selbst das Essen zur Strafe werden lässt, da es so fremd erscheint, »allein aus einer Schüssel essen zu müssen und gar keine Angst mehr zu haben, dass man zu wenig bekommt«. Zwischen kalten, weißen Wänden und Glastüren – die keine richtigen Türen sind, denn sie »gehören zu dem Gang, der wie sie Ewigkeit ist« – gefangen, sucht sie Zuflucht in einem imaginierten Kosmos, der von Märchengestalten und Engeln, aber auch von Teufeln bevölkert ist. Die kindlichen Gedanken kreisen um die Todsünde, um Fragen der Schuld und die Strafe Gottes und zweifeln daran, ob Gott das

mit der Todsünde wohl richtig verstanden habe.

Mit der Furcht vor himmlischer Abrechnung geht auch die Protagonistin Minka in *Maria Katharina* umher, ein zusammen mit den Erzählungen *Nell, Rosa Berchtold* und *Der Knabe* in den 1950er Jahren entstandener Text. Als Waise erfährt Minka auf der untersten Stufe der Hierarchie, dass Ordnung, Treue und Demut die notwendigen Eigenschaften der »dienenden Menschen« sind. Sowohl in der unbarmherzigen Gottesstrenge des Klosters als auch unter gottlosen, gewalttätigen Verwandten hat sie keinen Raum zu beanspruchen, so dass ihr kindliches Antlitz aus permanenter Angst vor einer bis in den Magen dringenden Kälte zu Stein wird, »darin der Mund eine offene Höhle ist und die Augen allein unhörbar aufschreien«. L.s Prosatexte, die – gegenüber der mit Preisen bedachten Lyrik (1954 und 1964 Georg-Trakl-Preis, 1970 Großer Staatspreis für Literatur) – verhalten, oft kritisch aufgenommen werden, erweisen sich als eindringliche Psychogramme mit einer kraftvollen Bildersprache, die an Gemälde Edvard Munchs erinnern. Auch in L.s *Aufzeichnungen aus einem Irrenhaus* prägen diese stummen Schreie der Fremdlinge und von der menschlichen Gemeinschaft Ausgesonderten die Schärfe und Präzision der Sprache. Bereits 1946 geschrieben, galt dieser Text bis zur Veröffentlichung 2001 als verloren und fand sich im Nachlass Nora Purtscher-Wydenbrucks, die 1959 eine Übersetzung ins Englische veranlasste. *Aufzeichnungen aus einem Irrenhaus* ist die literarische Studie eines sechswöchigen Anstaltsaufenthaltes, den die Ich-Erzählerin nach einem Suizidversuch erwünscht. Aus der Perspektive des »vorübergehenden Gastes«, der die »letzte Grenze noch nicht überschritten« hat, analysiert L. die Mechanismen des Alltags dieser »Hunderterlei verschiedenen Wahnsinnsarten«, der auch hinter diesen Mauern von der göttlichen Ordnung, der Hierarchie des Personals sowie dem finanziellen Vermögen sog. Zahlpatientinnen regiert wird. Indem die Ich-Erzählerin versucht, die »seltsamen Gedankengänge der Kranken«, ihre fremde Welt zu begreifen, läuft sie Gefahr, jene unsichtbare Grenze zu verletzen, die innerhalb der Gesellschaft zwischen Gesunden und Kranken, Außen und Innen gezogen ist.

In diesem Sinne ist L. eine moderne Grenzgängerin, ihre Texte verweisen radikal auf das Leiden der geschundenen Kreatur, deren – zumeist weibliche – Körperoberfläche von gewaltvollen Einschreibungen zwar vernarbt, doch jederzeit neuer Verwundung ausgeliefert ist.»Alles ist grauslich auf der ganzen Welt«, denkt das Kind in der Erzählung *Maria Katharina*. Aus dieser inneren Zerrissenheit, die der hoffnungslosen Suche nach Glauben und Geborgenheit entspringt, resultiert eine Wortgewalt, die sich in Metaphern und Chiffren manifestiert, aber auch zur Auflösung von Körperlichkeiten führt. In den Gedichten fällt eine Dissoziation des sprechenden Ich auf, indem die Sinnzentren Mund, Auge und Herz in gegenseitiger Spiegelung die Aussage erweitern, Körper und Sprache einem Prozess der Wandlung unterzogen werden. Die Anrufung des fast erblindeten und ertaubten Ich an die wärmende Kraft und erkenntniskritische Metapher der Sonne bewirkt somit im Gedicht »Hilf mir, Sonne, denn ich bin fast blind!« (aus *Spindel im Mond*) ein Erblinden des Herzens – als radikales Bild lebensbedrohender Isoliertheit und des nahenden Todes.

Spiegelungen und Verwandlungen, mitunter auch magische Verzauberung gehören zur Technik L.s, um jene Kraft der Bilderschrift zu erzeugen, die im Kontrast zum vertrauten Wort- und Bildreservoir (überwiegend aus der Naturwelt) auf die Mitteilung des Unsagbaren zielt. L.s »Spindel« steht nicht still, die Worte »drehen und verdrehen sich, ziehen sich zusammen und reißen« (Kerstin Hensel). Wortschöpfungen, die aus einer solchen unermüdlichen Körperarbeit entstehen, charakterisiert die Dichterin als »Krämpfe«. Es sind klanggewaltige und erschütternde Dokumente eines erbitterten Lebenskampfes, der bis auf den Grund des Schmerzes und der Erkenntnis geht, dort, wo das »Erdblut« vom »Scheitel zu den Zehen« rinnt.

Carola Opitz-Wiemers

Lawrence, D[avid] H[erbert]

Geb. 11. 9. 1885 in Eastwood, Nottinghamshire;
gest. 2. 3. 1930 in Vence/Frankreich

Unter dem Eindruck der Schriften von F. R. Leavis und seines engagierten Plädoyers, D. H. Lawrences Erzählwerk als die Vollendung der *great tradition* des englischen Romans im 20. Jahrhundert anzusehen, gilt dieser spätestens seit den 1950er Jahren national wie international als herausragender Repräsentant der britischen Literatur der klassischen Moderne. Gleichwohl ist L., dessen umfangreiches Œuvre neben den narrativen Fiktionen in den Gattungen Roman, Novelle und Kurzgeschichte, die seinen Ruhm begründen, auch Gedichtsammlungen, Dramen, Reiseberichte und spekulative philosophisch-theoretische Schriften umfasst, nicht zuletzt wegen der sein Gesamtwerk bestimmenden eigenwilligen philosophischen Anthropologie eines vitalistisch-lebensphilosophischen Existenzialismus, die in der Nachfolge Nietzsches eine (pseudo-)radikale Umwertung aller Werte und die Inversion traditioneller abendländischer Werthierarchien propagiert, bis heute umstritten geblieben. Die Auseinandersetzungen um die politisch-moralischen Ambivalenzen seines Primitivismus und um seine oft als pornographisch verurteilte Diskursivierung einer befreiten Sexualität und damit um das Verhältnis von ›Sex und Diskurs‹ (Michel Foucault) ragen dabei heraus. Ebenso zentral sind die Auseinandersetzungen um den naturhaften Essentialismus seiner Geschlechtsmetaphysik des *star-equilibrium* (unter den Vorzeichen von Differenz, Komplementarität, Mangel und sexuellem Begehren), die im feministischen Kontext als eine radikalisierte phallogozentrische Neuinszenierung von seit Jahrhunderten fixierten Geschlechtsrollenstereotypen erscheint. In jüngster Zeit stehen v. a. die Auseinandersetzungen um das Verhältnis seiner lebensphilosophischen Privatmythologie leiblich-endlich inkarnierter Individualität zur poststrukturalistischen *différance*-Konzeption im Spannungsfeld von Vorläufertum und Antagonismus im Mittelpunkt literaturwissenschaftlicher Debatten.

Als viertes von fünf Kindern eines Grubenarbeiters und seiner bildungsbeflissenen, leistungs- und aufstiegsorientierten Frau aus der bürgerlichen Mittelschicht wuchs L. unter ärmlichen Verhältnissen in der vom Bergarbeitermilieu geprägten Kleinstadt Eastwood auf, besuchte in Nottingham die High School und absolvierte später auf der Basis eines Stipendiums am dortigen University College ein Lehrerstudium, bevor er von 1908–12 in Croyden als Lehrer tätig war, ein Beruf, den er danach aufgab, um sich ganz auf die Schriftstellerei zu konzentrieren und damit für sich und seine spätere Frau Frieda, geb. von Richthofen, den Lebensunterhalt zu verdienen. Zwei intensiv erfahrene, tiefgreifende Polaritäten seiner Jugendzeit werden für seinen weiteren Werdegang strukturbildend: Es sind zum einen die unüberbrückbaren klasseninduzierten Mentalitätsgegensätze seiner Eltern, die, nur gelegentlich durch die grenzüberschreitende Kraft ihres erotischen Begehrens füreinander abgemildert, zu dauerhaften innerfamiliären Konflikten führten. Sie stürzten L. in Loyalitätskonflikte zwischen seiner überstarken, ödipalen Bindung an die besitzergreifende Liebe seiner Mutter und seine geheime, verschobene und verdrängte Faszination für die dunkel-unbewusste maskuline Energie seines Vaters. In selbsttherapeutischer Funktion hat er diese Konflikte in seinem autobiographisch geprägten Bildungsroman *Sons and Lovers* (1913; *Söhne und Liebhaber*, 1925) anhand des Werdegangs von Paul Morel literarisch verarbeitet. Später hat er sie in vielen Fiktionen der 1920er Jahre imaginativ auf das erotische Faszinosum projiziert, das sozial inferiore, kulturelle Alterität repräsentierende phallisch-maskuline Männerfiguren auf gesellschaftlich höherstehende Protagonistinnen ausüben, wobei deren Entscheidung gegen die soziale Akzeptanz und für die Außenseiter, wie die von Lady Chatterley für ihren Wildhüter Oliver Mellors in *Lady Chatterley's Lover* (1928; *Lady Chatterley*, 1930), von den Texten als Affirmation des Lebens und regressiver Akt weiblicher Selbstfindung positiv gewertet werden. Da sich in den komplexen Konfigurationen dieser Personenkonstellation klassen- und geschlechtsspezifische Aspekte tiefenstrukturell überlagern und *class*- und *gender*-Hierarchien interferieren, wird das Symbolisierungspotential und damit die Wirkungsmacht verständlich, die diese prototypische Konstellation auf L.s Fiktionen, aber in seiner Nachfolge auch auf andere Autoren wie z. B. John Osborne oder David Storey ausübte. Ebenso strukturbildend wurde im Sinne einer Gleichzeitigkeit des Ungleichzeitigen das in Nottinghamshire topographisch konkret erfahrene kontrast- und konfliktreiche Nebeneinander einer modernen, kapitalistisch-industriellen Zivilisation (Ort des Vaters) mit den idyllisch-traditionalen Lebensweisen und Zeitrhythmen eines ländlich-agrarischen England (Herkunftsort seiner einflussreichen platonischen Jugendliebe Jessie Chambers), das L. etwa im dritten Teil seines Generationenromans *The Rainbow* (1915; *Der Regenbogen*, 1922) anhand des beständigen Oszillierens der Heldin Ursula Brangwen zwischen regressiven Natursehnsüchten und progressiven Emanzipationswünschen in der modernen städtischen Arbeitswelt literarisch eingefangen hat. Es wird zudem durch die tiefenstrukturelle Opposition von Zivilisationskritik und Lebensaffirmation auch für sein Gesamtwerk konstitutiv, wobei sich eine radikal-fundamentalistisch ansetzende Kritik an den rationalistisch-mechanistischen Allmachtsphantasien des modernen Bewusstseinssubjekts mit einer Orientierung an der ›pantheistischen‹ Weisheit organischer Naturprozesse und eines leiblich inkarnierten Unbewussten verknüpft.

In besonderem Maße schlägt sich dieser Zusammenhang in *Women in Love* (1920; *Liebende Frauen*, 1927) nieder, seinem intellektuell anspruchsvollsten und in der Ausgestaltung der für ihn typischen Erzählverfahren, wie der Überlagerung von Erzähler- und Figurenrede in den vielen Passagen erlebter Rede, einer komplexen Natursymbolik und der Versprachlichung tiefenpsychologischer Befindlich-

keiten der Figuren, elaboriertesten Roman. Entstehungsgeschichtlich wie thematisch-motivisch bildet er mit *The Rainbow* eine Einheit und ergänzt dessen diachrone Perspektive einer historischen Rekonstruktion der tiefenstrukturellen Codierungen des Zivilisationsprozesses anhand individueller Erlebenszustände und Verarbeitungsmuster repräsentativer Figuren um die synchron-strukturanalytische Diagnose des zivilisatorischen Verblendungszusammenhangs in der Gegenwart und dem Ausloten kreativ-alternativer Sinnoptionen. In der Konzentration auf die beiden kontrastiv angelegten Entwicklungsverläufe der Liebesbeziehungen zwischen Gudrun Brangwen und Gerald Crich (negativ) und Ursula Brangwen und Rupert Birkin (positiv), deren individueller Mikrokosmos erzählerisch auf die Prägekräfte des soziokulturellen Makrokosmos hin durchsichtig gemacht wird, verbindet *Women in Love* die kritische Negation der todgeweihten Dekadenz des einen Paares mit der Affirmation individueller Kreativität und alternativer Lebensformen des anderen Paares.

Präformieren schon biographisch bezogte Adoleszenzkonflikte wesentliche Motive und Strukturen seines Erzählwerks, so treffen die engen Wechselbeziehungen von Leben und Werk bei L. erst recht für den Einfluss der leidenschaftlichen Liebesbeziehung zu seiner Frau Frieda zu, die er 1912 als dreifache Mutter und Ehefrau seines Universitätsprofessors kennenlernte und die ihn von da an auf allen wechselvollen Stationen seines unsteten Wanderlebens bis zu seinem frühzeitigen Tod aufgrund eines langwierigen Lungenleidens begleitete, aber auch für den Einfluss seiner Reisen und längeren Auslandsaufenthalte, die ihn u. a. in die Schweiz, nach Italien, Australien, die USA und Mexiko führten: Weder die narrativen Explorationen des Mysteriums sexueller Erfüllung und die tiefenhermeneutischen Erkundungen des unbewusst-dynamischen Überwältigungsgeschehens erotischen Begehrens noch die vielfältigen Variationen der internationalen Thematik in seinen Fiktionen, wie etwa England-Italien in *The Lost Girl* (1920; *Das verlorene Mädchen*, 1939) oder Europa-Mexiko in *The Plumed Serpent* (1926; *Die gefiederte Schlange*, 1932), sind ohne den engen Bezug zum biographischen Erfahrungssubstrat angemessen erfassbar. Eingedenk seines Diktums »Never trust the artist, trust the tale« und angesichts einer fragwürdigen Dominanz biographischer Deutungsverfahren in der kritischen L.-Rezeption gilt es freilich mindestens ebensosehr zu betonen, dass erst die kreativ-imaginative Transformation autobiographischer Erfahrungsimpulse in die Spezifika seiner *art-speech* und ihre konstruktive Integration zu dem umfassenden weltanschaulichen Anschauungssystem einer alternativen philosophischen Anthropologie, mit der L. in therapeutischer Absicht Antworten auf ein als krank und dekadent diagnostiziertes Verhängnis der modernen Zivilisation zu geben versucht, seinen literarischen Rang als Romancier und seine kulturkritische Signifikanz als Dichter-Philosoph begründen. So lassen erst die vertiefenden Ausdeutungen der interkulturellen Begegnungen mit fremden Völkern, Kulturen und Religionen im Horizont seiner »spirit of place«-Vorstellungen und die zivilisationskritische Funktionalisierung der fremden Alterität als Symbolisierung ›natürlicher‹ Kulturen und eines fremd gewordenen Eigenen die Erfahrungen der Fremde literarisch fruchtbar werden, initiieren die internationalen Fiktionen und Reiseberichte wie *Twilight in Italy* (1916) oder *Mornings in Mexico* (1927) den konstruktiven Dialog von Eigen- und Fremdbildern und eröffnen L. trotz seines Bekenntnisses »I am English. And my Englishness is my very vision« die Position einer kritischen Distanz zu den Wertparadigmen seines eigenen englischen und abendländischen Kultursystems. Auch zeigt sich, wie insbesondere seine theoretischen Spekulationen in *Psychoanalysis and the Unconscious* (1921) oder *Fantasia of the Unconscious* (1922) nahelegen, dass nicht die Sexualität als transzendentales Signifikat seiner eigenwilligen philosophischen Anthropologie fungiert, wobei L. normativ zwischen den Manifestationen eigentlicher Sexualität als dem naturhaften Überwältigungsgeschehen des erotischen Begehrens und den Verfallsformen voyeuristischer Augenlust eines narzisstischen *sex in the head* unterscheidet. Vielmehr bildet ein vitalistisch-organizistisch gedeutetes Lebenssubstrat das Sinnzentrum, das in der Gestalt des vom reflexiven Bewusstsein uneinholbaren *true unconscious* dem jeweils leiblich inkarnierten individualisierten Selbst- und Weltverhältnis als sinnhafte Dynamik der Lebensstruktur zugrunde liegt. In dieser bio-zentrischen Interpretation individueller Existenz werden die Manifestationen eigentlicher Sexualität zu Metaphern für einen durch Mangel und Differenz bestimmten Lebensprozess, die dem Einzelnen in unmittelbar eigenleiblicher Selbstaffektion seine unlösbare Verwurzelung in endlichen Natur- und Lebensprozessen offenbaren und sein narzisstisches Verlangen nach autonomer Einheit, Ganzheit und Allmacht korrigieren. Einer kranken Zivilisation, die durch das blinde Bemächtigungsstreben eines sich im Zusammenspiel von »mind, will and idea« autonom dünkenden reflexiv-rationalen Bewusstseinssubjekts angetrieben wird, das seine symbiotische Verwurzelung in der lebendigen Natur glaubt verdrängen zu können, um über die rational beherrschte und unterworfene innere wie äußere Natur sich zum Herrscher seines eigenen Schicksals aufzuschwingen, setzt L. somit eine alternative Anthropologie der *life-affirmation* entgegen. Sie konzipiert nicht nur wegweisend die Würde individueller Existenz als die komplexe Balance eines sich selbstreferentiell aussteuernden und verantwortenden organisch-psychischen Systems, sondern lässt auch die Rückgewinnung des Zugangs zur ›Stimme‹ des eigenen *true unconscious* und der expressiv-kreativen Eigenleiberfahrung zur Bedingung der Möglichkeit werden, die Spaltungen und Entzweiungen von Körper und Geist, Natur und Kultur, sinnlicher Erfahrung und abstraktem Denken in der modernen Zivilisation zu überwinden und zur Potentialität eines »spontaneous-creative fullness of being« zurückzufinden.

Werkausgabe: The Cambridge Edition of the Letters and Works of D.H. Lawrence. Hg. J.T. Boulton. Cambridge 1979ff.

Meinhard Winkgens

Laxness, Halldór Kiljan (eigtl. Halldór Guðjónsson)

Geb. 23. 4. 1902 in Reykjavík; gest. 8. 2. 1998 in Reykjavík

Umfangreich und vielfältig ist das Œuvre von Halldór Laxness. Äußerungen zur Literatur, Reflexionen über die schriftstellerische Tätigkeit, Reden und Zeitungsbeiträge zu gesellschaftlichen Problemen seiner Zeit füllen eine stattliche Anzahl von Bänden. Hinzu kommen acht Schauspiele, ein Gedichtband und einige Bände Erzählungen. Bekannt und berühmt außerhalb Islands aber ist allein der Verfasser von Romanen, für die ihm 1955 der Nobelpreis verliehen wurde. Die erste Prosaarbeit, die die Bezeichnung Roman verdient, erschien gegen Ende der 1920er Jahre. Voraus gingen *Barn náttúrunnar* (1919; Naturkind) und *Undir Helgahnúk* (1924; Am heiligen Berg), beides Schreibversuche eines jungen Autors. Fragmentarisch blieb *Heiman ég fór* (1952; Von daheim ging ich fort): »ein Selbstporträt aus der Jugend«, so L. im Vorwort. Dies gilt auch für das während seiner Zeit im Kloster St. Maurice de Clervaux (Luxemburg) geschriebene Tagebuch *Dagar hjá munkum* (1987; Tage bei den Mönchen), in dem er von seinem Weg zur katholischen Kirche und seiner Taufe am 6. 1. 1923 berichtet, bei der er den Namen Kiljan wählte, den er später ablegte, um ihn einige Jahre vor seinem Tod wieder anzunehmen. Im Sommer 1925 schrieb L. in Taormina auf Sizilien *Vefarinn mikli frá Kasmír* (1927; Der große Weber von Kaschmir, 1988). Die männliche Hauptfigur und Alter ego des Autors, Steinn Ellidi, durchwandert die weltanschaulich und künstlerisch sich so revolutionär gebärdenden ›Ismen‹ im Europa der Jahre nach dem Ersten Weltkrieg. In seinem leidenschaftlichen Ringen um die Wahrheit findet der ruhelose Sucher sie schließlich in einem Kloster in Rom. Der Roman ist ein Produkt der europäischen Moderne; in

seiner radikalen Absage an die isländische Literaturtradition markiert er den Beginn der modernen isländischen Prosa.

Mit der Essaysammlung *Alþýðubókin* (1929; Das Volksbuch) setzt eine neue Phase im Schaffen von L. ein. Erfahrungen und Erlebnisse auf der heimatlichen Insel und in den Großstädten der USA, wo er sich 1927 bis 1929 aufhielt, führten L. zum Sozialismus. Die im Ausland verbrachten »Lehr- und Wanderjahre« ließen ihn aber auch Wert und Würde seines Volkes, das er häufig kritisiert hatte, erkennen. »Heldenepen« über den Fisch und das Schaf nannte L. zwei in den frühen 1930er Jahren veröffentlichte Romane. In ihnen steht nicht länger das Ego im Zentrum, sie handeln vielmehr von Frauen und Männern in den kleinen Küstenorten und in den ärmlichen Wohnstätten abgelegener Bergtäler. Die Hinwendung zur isländischen Wirklichkeit zeitigte Konsequenzen für die Erzählweise und den Stil des Autors: An die Stelle des Ich-besessenen Erzählers und der expressionistisch-surrealistischen Diktion trat der gesellschaftskritische Chronist und eine realistische Prosa, die all jene Stilelemente aufweist, die L.' Romane bis zur Mitte der 1950er Jahre auszeichnet: direkte, nüchterne Beschreibung, Humor, Ironie, Sinn für das Bizarre und Phantastische – doch nicht auf Kosten der Schwachen und Benachteiligten, ihnen gehört die Sympathie des Erzählers.

Die Romane *Þú vinviður hreini* (1931; *Du Weinstock, du reiner*) und *Fuglinn í fjörunni* (1932; *Vogel am Strand*) fasste L. bei der zweiten Auflage unter dem Namen der weiblichen Hauptfigur zusammen: *Salka Valka* (1951; *Salka Valka*, 1951). Sie steht im Mittelpunkt der Ereignisse in einem Fischerdorf, dessen Wohl und Weh abhängig ist vom Fisch, diesem »wunderlichen und launenhaften Geschöpf«. Salkas Liebe zu Arnaldur, dem Propagandisten angelernter marxistischer Phrasen, endet tragisch – geht er doch nach Amerika, um dort seiner Utopie nachzujagen. Die resolute und zupackende Sekretärin des Fischereiverbandes hingegen bleibt, sie ist »das Sinnbild der Wirklichkeit, des Lebens selbst, wie es ist«. *Sjálfstætt fólk* (Bd. I, 1934, Bd. II, 1935; *Sein eigener Herr*, 1968) trägt den Untertitel »Ein Heldenroman«. Die Geschichte von dem Kleinbauern Bjartur und den Seinen, »vier Generationen von den dreißig, die tausend Jahre lang Leben und Tod in diesem Land aufrecht erhalten haben«, handelt vom Streben des Menschen nach Freiheit und Lebensglück, von seiner Sehnsucht nach Liebe, von seiner Erbärmlichkeit und Hilflosigkeit.

Von einem Volksdichter, einer besonderen Spezies von Dichtern, die es in Island seit Jahrhunderten gegeben hat, handelt eine Prosaarbeit, die von 1937 bis 1940 in vier Teilen erschien und die anlässlich der zweiten Auflage den Gesamttitel *Heimsljós* (1951; *Weltlicht*, 1955) erhielt. *Heimsljós* ist ein stolzes und hohes Lied auf den armen Dichter aus dem Volk und den Geist der Dichtung, »der diese arme Insel im Westen des Meeres zu einer großen Nation [...] gemacht hat«. L.' erfolgreichstes und am meisten gelesenes Buch ist *Íslandsklukkan* (1943–46; *Islandglocke*, 1951, *Die Islandglocke*, 1993), eine Art Nationalepos; eine dramatisierte Fassung wurde zum meistaufgeführten Stück der nationalen Theaterszene. *Íslandsklukkan* erzählt von einem sich über Jahrzehnte hinziehenden undurchsichtigen Kriminalfall, von einer tragischen Liebe und von dämonischer Bücherbesessenheit. In der leidvollsten Zeit der isländischen Geschichte, in der zweiten Hälfte des 17. und den frühen Jahren des 18. Jahrhunderts, spielen die Ereignisse, die z. T. auf historischen Fakten beruhen. Die Lebensfäden der drei Hauptfiguren sind aufs engste miteinander und mit dem Geschick des Landes verwoben. Der Zinsbauer Jon Hreggvidsson verkörpert das ausgeplünderte, misshandelte einfache Volk, der gelehrte Büchersammler Arnas Arnaeus verzichtet auf seine Liebe und setzt sein ganzes Leben dafür ein, um den einzigen Schatz des Landes, die mittelalterlichen Handschriften der Insel, für die Nachwelt zu retten, und Snaefridur, die »lichte Maid«, wird für ihre Landsleute Sinnbild eines zukünftigen freien Islands.

In die Jahre nach dem Zweiten Weltkrieg führt L. die Leser/innen in *Atómstöðin* (1948; *Atomstation*, 1955). Die satirische Überzeichnung politischer Vorgänge in Island den frühen Jahren des Kalten Krieges machen den Roman zu einem literarischen Bravourstück, aber auch zu einem Stück Tendenzliteratur. Das Bizarre und Turbulente, das der Autor auf der kleinen Insel geschehen lässt, ist ein Sinnbild für den chaotischen Zustand der Welt: »Die Welt ist eine einzige Atomstation.« In den 1940er Jahren beschäftigte sich L. intensiv mit den mittelalterlichen Sagas. Er gab einige Sagas in modernisierter Sprache heraus – sie sind für ihn keine historischen Dokumente, sondern der »vollkommenste Spiegel jenes Jahrhunderts, in dem sie aufgezeichnet wurden«. Als Teil seiner Bemühungen um eine Aktualisierung der Sagas ist auch *Gerpla* (1952; *Gerpla*, 1977, *Die glücklichen Krieger*, 1991) zu betrachten. Die »Heldensaga«, so der Untertitel, ist eine bitterböse Satire auf die Mächtigen und Krieger der Wikingerzeit. L. stellt nicht nur die Wertvorstellungen vom Heldentum auf den Prüfstand, ihm geht es in der Figur des Skalden auch um die Problematik der dichterischen Existenz. Der Roman ist aber mehr als nur eine Wikinger-Persiflage, er ist auch ein Anti-Kriegsbuch.

Politische Ereignisse in den 1950er Jahren – Chruschtschows Enthüllungen über den Terror des stalinistischen Regimes und der Einmarsch sowjetischer Truppen in Ungarn (1956) – führten L. zu der bitteren Erkenntnis, dass er viele Jahre unkritisch der kommunistischen Ideologie gefolgt war. Offen legt er in *Skáldatími* (1963; *Zeit zu schreiben*, 1976) Rechenschaft über sein Denken von den 1920er bis in die 1950er Jahre ab. Der Erkenntnisprozess dieser Jahre zeitigte Folgen für seine schriftstellerische Tätigkeit. Gesellschaftliche Probleme treten in den späteren Romanen zurück, zum zentralen Thema wird die Suche nach dem Sinn des Lebens. Auch der Stil ändert sich: L. treibt die Straffung und Verknappung, bereits in *Atómstöðin* zu beobachten, weiter voran. Die Worte werden weniger; gelassen, leicht, ironisch und satirisch erzählt er seine Geschichten.

Brekkukotsannáll (1957; *Das Fischkonzert*, 1961) handelt von geglückter und missglückter Lebensführung. Das einfache und bescheidene Dasein auf Brekkukot und die Wertvorstellungen, die das Leben dort prägten, verbinden sich in der Erinnerung des Erzählers zu einer Art Paradies. Eben dieses Wort findet sich im Titel des folgenden Romans *Paradísarheimt* (1960; *Das wiedergefundene Paradies*, 1971), der wiederum vom Streben nach Glück und Zufriedenheit und von der Suche nach der Wahrheit handelt: Steinar, die Hauptfigur, findet das gelobte Land nicht bei den Mormonen im Salzseetal, am Schluss steht er vielmehr wieder vor seinem verfallenen Hof in Island, von dem er zu der Suche aufbrach. In *Kristnihald undir Jökli* (1968; *Seelsorge am Gletscher*, 1974, *Am Gletscher*, 1989) berichtet ein junger Theologe von Ereignissen am Fuß des Snaefellsgletschers: von Pastor Jon, dessen Christsein sich im Mitleiden mit den Geschöpfen der Natur erfüllt, und von dessen Frau, die am Romanende im Nebel verschwindet und den Berichterstatter allein zurücklässt – das rätselhafte Schlussbild eines zwischen tiefgründigen Fragestellungen und puren Phantastereien changierenden Werks. *Innansveitarkronika* (1970; *Kirchspielchronik*, 1976) erzählt vom Abbruch und Wiederaufbau der Kirche in L.' Heimatgemeinde. Erinnerungen an seine Kindheit und Jugend bestimmen die letzten Arbeiten von *Í túnina heima* (1975; *Auf der Hauswiese*, 1978) bis *Grikklandsárið* (1980; *Das Griechenlandjahr*).

Werkausgabe: 12 Bde. Hg. H. Seelow. Göttingen 1988ff. [Nachdr. 2002].

Wilhelm Friese

le Carré, John
[David John Moore Cornwell]
Geb. 19. 9. 1931 in Poole, Dorset

John le Carré ist der wohl bekannteste Verfasser realistischer internationaler Spionageromane. L. stützt sich auf eigene Erfahrungen mit der Arbeit für den britischen Geheimdienst, die er während des Studiums in der Schweiz und im diplomatischen Dienst (1959–64) sammeln konnte. Historischer Kontext der meisten Romane sind die polarisierte Welt des Kalten Krieges und die spektakulären Spionageenthüllungen in England. Literarisch stellt sich L. mit seiner kritischen Haltung und seinem Interesse an ethischen Problemen in die Gattungstradition von Joseph Conrad und Graham Greene und gegen die patriotisch heroisierende Richtung von John Buchan und Ian Fleming. Bereits die ersten beiden Romane *Call for the Dead* (1961; *Schatten von Gestern*, 1963) und *A Murder of Quality* (1962; *Ein Mord erster Klasse*, 1966), deren Protagonist George Smiley als Gegenfigur zu Flemings James Bond konzipiert ist, entwickeln die typische Grundkonstellation in L.s Werk, den Antagonismus zwischen Individuum und anonymer Institution. Den Durchbruch zu internationalem Ruhm erzielte er mit *The Spy Who Came In from the Cold* (1963; *Der Spion, der aus der Kälte kam*, 1964), der wie andere Romane auch verfilmt wurde. Smiley ist ebenfalls der Protagonist in L.s Hauptwerk, der *Quest for Karla*-Trilogie – *Tinker, Tailor, Soldier, Spy* (1974; *Dame, König, As, Spion*, 1974), *The Honourable Schoolboy* (1977; *Eine Art Held*, 1977) und *Smiley's People* (1980; *Agent in eigener Sache*, 1980). Die in der Trilogie erzählte Geschichte der Enttarnung eines sowjetischen ›Maulwurfs‹ und des erzwungenen Überlaufens von Smileys Gegner ›Karla‹ schildert einen Prozess der zunehmenden Unterminierung moralischer Unterschiede zwischen den feindlichen Systemen und der wachsenden Einsicht in die amoralische Verselbständigung der Apparate und deren korrumpierende Auswirkung auf die Individuen.

Seit den 1980er Jahren, besonders nach dem Ende des Kalten Krieges, wendet sich L. neuen Themen zu, wie dem isrealisch-palästinensischen Konflikt in *The Little Drummer Girl* (1983; *Die Libelle*, 1983), der psychischen Zerstörung des Individuums durch Rollenspiel in *A Perfect Spy* (1986; *Ein blendender Spion*, 1986), dem abgekapselten Eigenleben der Geheimdienste nach Fortfall der Konfrontation in *The Russia House* (1989; *Das Rußlandhaus*, 1989), dem Kaukasus-Krieg in *Our Game* (1995; *Unser Spiel*, 1995), den politischen Auseinandersetzungen in Zentralamerika in *The Tailor of Panama* (1996; *Der Schneider von Panama*, 1997) und den internationalen Finanzmanipulationen in *Single & Single* (1999; *Single & Single*, 1999). Die Entwicklung der Spionage-Romane – einschließlich *The Constant Gardner* (2001; *Der ewige Gärtner*, 2001) – stellt auch in erzähltheoretischer Hinsicht eine konsequente Steigerung der Komplexität dar: die sich verschärfende Problematisierung – sowohl auf der Ebene der Geschichten als auch auf der des Romans als Ganzes – der Möglichkeit, die Welt mit Hilfe des Erzählens zu verstehen, zu ordnen und zu kontrollieren.

Peter Hühn

Le Clézio, Jean Marie Gustave
Geb. 13. 4. 1940 in Nizza

Zivilisationskritik und Zivilisationsflucht bestimmen das Werk Jean Marie Gustave Le Clézios, dessen spektakulärer Einstieg in die vom Nouveau roman beherrschte literarische Szene Frankreichs im Jahr 1963 mit dem renommierten Prix Renaudot honoriert wurde, nachdem der Debütroman *Le procès-verbal* (1963; *Das Protokoll*, 1965) um nur eine Stimme den Prix Goncourt verfehlt hatte. Zwei Phasen kennzeichnen das etwa drei Dutzend Romane, Erzählungen, Essays und Reiseberichte umfassende Œuvre: Während bis zur Mitte der 1970er Jahre Konsumkritik und Protest dominieren, stehen die nachfolgenden Texte ganz im Zeichen des »ailleurs«, L. C.s Chiffre eines weder geographisch noch kulturell fixierbaren ›Anderswo‹ von beinah mythischem Zuschnitt. Suchten die vom Reflex der Flucht beherrschten frühen Romane, wie *Le procès-verbal* und *Le livre des fuites* (1969; *Das Buch der Fluchten*), dieses »ailleurs« noch an den Rändern der Gesellschaft zu verorten, so sind die späteren Romane von der Sehnsucht nach einer Lebensform bestimmt, in der der Mensch in Harmonie mit sich selbst und seiner Umwelt leben könnte. Ausgelöst wurde diese Wende seit 1969 durch wiederholte Aufenthalte des Autors bei den Embera- und Waunana-Indianern in Panama. Der Essayband *Haï* (1971; Haï. Die Wege der Schöpfung) legt von diesen Begegnungen mit der indianischen Kultur eindrucksvoll Zeugnis ab. Der Roman *Voyages de l'autre côté* (1975; Reisen auf die andere Seite) sucht die Lehren der Indianer auf einer literarischen Ebene einzulösen. Zwar sind die ›Reisen auf die andere Seite‹ noch immer als Ausbrüche aus einer von Konsumterror und Fremdbestimmung beherrschten Gesellschaft intendiert, gegenüber der Orientierungslosigkeit der früheren Texte gewinnen diese Reisen jedoch eine deutlich positivere Qualität.

Die Flucht hat sich zur Suche gewandelt, die Züge einer mythischen Queste trägt. Der von den Protagonisten der frühen Werke leidvoll erfahrene Identitätsverlust – exemplarisch sei Adam Pollo (*Le procès-verbal*) genannt, der völlig apathisch in einer Irrenanstalt endet – wandelt sich nun zu mystischer ›Eigenschaftslosigkeit‹, L. C.s Zauberformel für diese Umwertung lautet: »l'extase matérielle«. Damit ist eine von der Philosophie der Vorsokratiker inspirierte Form der mystischen Erfahrung umrissen, die den Ruf L. C.s als »neuer Mystiker« begründete und deren Konzeption er in dem gleichnamigen Essayband *Extases matérielles* (1967; Materielle Ekstasen) theoretisch niederlegte. Im Zentrum dieser Konzeption steht die völlige Umkehrung der für westliches Denken charakteristischen Hypostasierung des Intellekts und die Anerkennung der Materie als ursprüngliches Prinzip sowie der Materialität des (eigenen) Körpers als einziger Realität. Die Demut vor dem Körperlich-Stofflichen und der Wunsch, den Zugang zu diesem Potential freizulegen, motiviert seine Bücher, von denen jedes mindestens ein solches Transgressionserlebnis enthält. Die als ›unio mystica‹ mit den Elementen – Erde, Licht, Meer, Wind – konzipierte »extase matérielle« will den Weg zu jener Unschuld freilegen, wie sie zivilisatorisch unverformten Kreaturen augenscheinlich noch zu eigen ist.

Entsprechend dominieren in den Büchern L. C.s neben den zivilisationsmüden Ausreißern meist Angehörige nichteuropäischer Völker, bevorzugt Frauen und Kinder (*Mondo et autres histoires*, 1978; Mondo, 1988). Die fremdländische Frau avanciert zur Repräsentantin von Ursprünglichkeit und Reinheit, was ihr – bei aller erotischen Ausstrahlung – oftmals göttliche Züge verleiht. Fast immer scheinen diese Frauenfiguren – Naja Naja (*Voyages de l'autre côté*), Lalla (*Désert* 1980; Wüste, 1989), Ouma (*Le chercheur d'or*, 1985; Der Goldsucher, 1987), Oya (*Onitsha* 1991; Onitsha, 1993) und Suryavati (*La quarantaine*, 1995; Ein Ort fernab der Welt, 2000) – mit einem höheren Prinzip in Verbindung zu stehen. Vor dem Hintergrund der Archetypenlehre C. G. Jungs verkörpern sie den Anima-Aspekt des Mannes. Es ist ihre Aufgabe, die Protagonisten in die Geheimnisse der Natur einzuweihen und sie wieder mit ihrem eigentlichen Selbst in Verbindung zu bringen. Das Thema der Reise, das L. C. bevorzugt im Paradigma der archetypischen Meerfahrt ausgestaltet, erweist sich als adäquate erzählerische Struktur, allerdings lässt die märchen- und mythentypische strukturelle Invarianz seiner Texte bisweilen den Eindruck entstehen, der Autor würde immer nur die eine einzige große Geschichte erzählen. Auch in sprachlicher Hinsicht hinterließ die ethnologische Wende ihre Spuren: Zeichneten sich die sperrigen Romane *La guerre* (1970; Der Krieg, 1972) und *Les géants* (1973; Die Giganten), die den Höhepunkt von L. C.s Konsumismus-Kritik darstellen, noch durch formale Experimente aus, so überraschen die späteren Texte durch die ›kalkulierte‹ Naivität ihrer Sprache.

Seit dem Erfolgsroman *Désert* öffnen sich L. C.s Texte auch der historischen Dimension. *Désert* verschränkt das Schicksal des aus dem Stamm der Tuareg stammenden Mädchens Lalla, das in Frankreich als Fotomodell Karriere macht, mit dem Widerstand der nordafrikanischen Stämme gegen die französischen Kolonisatoren in den Jahren 1909/ 1910. *Le chercheur d'or* verbindet die Gold- und Selbstsuche des Protagonisten Alexis mit der Erfahrung des Ersten Weltkriegs. In *Révolutions* (2003) führt die Rekonstruktion der Familiengeschichte des Protagonisten Jean Marro – L. C.s Alter ego und somit wie der Autor Zeitzeuge von Algerienkrieg und Studentenrevolte – zurück bis zur Französischen Revolution. Die Dominanz des Themas der Suche begründet der Autor, dessen Familie von der Insel Mauritius stammt und der schon als Kind zeitweise in Nigeria lebte, wo sein Vater als Arzt tätig war (*L'africain*, 2004; Der Afrikaner), mit dem Hinweis auf seine eigene Familiengeschichte: Das Exil und die Suche nach dem Land seiner Herkunft hätten ihn von Kindheit an geprägt.

Irmgard Scharold

Le Fort, Gertrud von
Geb. 11. 10. 1876 in Minden; gest. 1. 11. 1971 in Oberstdorf

»In Hildesheim kam ich … mit 14 Jahren endlich in eine richtige Schule.« Bis zu diesem Zeitpunkt war die einer alten Familie protestantischer Emigranten aus Norditalien und Savoyen entstammende preußische Offizierstochter, auch aufgrund einiger Ortswechsel, »privatim unterrichtet« worden. Ihre »Entwicklung« verläuft in jeder Hinsicht »sehr langsam« und ungewöhnlich. Zwischen dem 32. und 41. Lebensjahr hospitiert sie mit Unterbrechungen an den Universitäten Heidelberg, Marburg und Berlin hauptsächlich in den theologischen, philosophischen und historischen Fakultäten, wobei sie gelegentlich »die einzige weibliche Hörerin« ist. Eine offizielle Immatrikulation ist nicht möglich, da sie kein Abitur besitzt.

Ihre Heidelberger Studienzeit bezeichnet Le F. rückblickend als »die wichtigste und entscheidendste Etappe meines Lebens«, insofern ihr hier eine weit zurückreichende Bezogenheit auf die »Vereinigung der getrennten (christlichen) Bekenntnisse« bewusst wird. Mit ihrer Konversion in Rom, dem Ziel mehrerer Reisen, zieht sie 1926 aus dieser Einsicht die Konsequenz, die sie jedoch ausdrücklich nicht als Zeichen der konfessionellen Konfrontation, sondern als deren mögliche Überwindung in der »Einheit des Glaubens« verstanden wissen will.

Zwei Jahre zuvor war mit den *Hymnen an die Kirche* ihr über die Grenzen des deutschen Sprachraums hinaus aufsehenerregendes Debüt von literarischem Rang erfolgt. Den vorausgegangenen »jugendlich unreifen« Versuchen in Vers und Prosa misst sie selbst keinen großen Wert bei. Mit der Verlagerung ihres Schaffens auf die Epik wird die spätexpressionistisch-ekstatische Stillage von einem historischen Realismus abgelöst – wichtige Ausnahmen sind die beiden Teile des Gegenwartsromans *Das Schweißtuch der Veronika* (*Der römische Brunnen*, 1928, und *Der Kranz der Engel*, 1946) –, welcher seinen Höhepunkt in der Novelle *Die Letzte am Schafott* (1931) findet, einer frühen Gestaltung existentieller Weltangst, die zugleich auf die Modernität jener um die Transparenz »ewiger Ordnungen« bemühten Kunst verweist. So begreift Le F. auch »das Historische nie als eine Flucht aus der eigenen Zeit, sondern als den Abstand, von dem aus man die eigene Zeit schärfer erkennt«.

Mit ihren Romanen und Erzählungen, deren letzte im 92. Lebensjahr erscheint, profiliert sich Le F. (die von 1922 bis 1939 in Baierbrunn bei München ansässig ist, bevor sie sich zwei Jahre später definitiv in Oberstdorf, ihrem Kurort, zu bleiben entschließt), als eine führende Repräsentantin der sogenannten »christlichen Literatur«, die, bei allen grundsätzlichen Vorbehalten gegenüber dieser »doch etwas gequälten Unterscheidung«, für sie »eine volle rückhaltlose Abwendung von allem Moralismus und Pharisäertum« sowie die »unwiderstehliche Neigung« beinhaltet, sich gegen alle bürgerlichen Sicherheitsbedürfnisse »der Fragwürdigen, der Angefochtenen, ja der tragisch Gescheiterten anzunehmen«. Obschon dieser Prämissen wegen Spannungen zu ihrem Publikum nicht ausbleiben, ist gerade Le F.s Beitrag zur literarischen Bildung des seit der zweiten Hälfte des 19. Jahrhunderts im kulturellen Ghetto verharrenden deutschen Katholizismus sozialgeschichtlich von hohem Belang.

Andererseits macht dessen Religiosität ihr Werk der nationalsozialistischen Literaturgeschichtsschreibung verdächtig, die Le F. seit

1938, dem Erscheinungsjahr des nicht nur als ökumenischer, sondern auch als Appell gegen die Gewalt lesbaren Romans *Die Magdeburgische Hochzeit*, übergeht. Zumal ihre *Hymnen an Deutschland* (1931) hatten sie vorher freilich als Verfechterin eines dem mittelalterlichen Vorbild verpflichteten, vordemokratischen Reichsdenkens ausgewiesen.

Nach dem Zweiten Weltkrieg registriert die hochdekorierte Dichterin mit Sorge den »tiefen Umbruch auf allen Gebieten«. Ihre Kritik richtet sich insbesondere gegen die gesellschaftlich verfestigte Macht einer aggressiven, »einseitigen und übersteigerten Männlichkeit«, der sie in ihren Frauengestalten modellhaft die Utopie humaner Veränderung durch die Fähigkeit zu Liebe und Verzeihen sowie zu einer »rebellischen ... Gewaltlosigkeit« (Ulla Hahn) entgegensetzt. Le F.s Bild der »mütterlich« opferbereiten *Ewigen Frau* (so der Titel eines Essaybandes von 1934) ist gewiss nicht identisch mit dem modernen Emanzipationspostulat, weist aber gleichwohl bedeutsam in die Zukunft. Die Frau unterscheidet sich bei ihr vom Mann gerade durch ihren Verzicht auf jedes Herrschaftsgebaren; sie ist die »Beschützerin des Lebens«, nicht nur der durch den »modernen Krieg« bedrohten Menschheit – ihre Erzählung *Am Tor des Himmels* (1954) reflektiert dessen naturwissenschaftliche Genese –, sondern auch von »Tier und Pflanze«, die ebenso gefährdet sind. Da der Mensch für Le F. nicht »das Recht« hat, selbst der vorgeblichen Verteidigung von »Glaube« oder »Freiheit« wegen, »das zwangsweise Massensterben« zu verordnen und »die Schöpfung Gottes zu vernichten«, engagiert sie sich noch im hohen Alter zugunsten des »Komitees gegen Atomrüstung« der späten 1950er Jahre.

Hans-Rüdiger Schwab

Lec, Stanisław Jerzy
Geb. 6. 3. 1909 in Lemberg/heute Ukraine; gest. 7. 5. 1966 in Warschau

Der polnische Dichter, Aphoristiker, Satiriker und Übersetzer deutscher Literatur Stanisław Jerzy Lec ist aufgewachsen in einer multiethnischen Kulturtradition. Seine ersten Gedichte veröffentlichte er in den 1920er Jahren, die unter der Wirkung von avantgardistischen poetischen Strömungen standen. Weltberühmt wurde er mit seinen Aphorismen, einer literarischen Kurzform, die oft aus einem einzigen schlagkräftigen und geistreich formulierten Satz besteht. Charakteristisch für den Aphorismus sind wortspielerische Elemente, wie die Verknüpfung von zwei gleichlautenden aber bedeutungsunterschiedlichen Wörtern, die Deformierung von idiomatischen Redewendungen, Anführung von Vergleichen, Widersprüchen oder Gegensätzen. »Als Denkspruch bisweilen überspitzt, auf überraschende Wirkung bedacht«, will der Aphorismus »den Leser verblüffen, seine Kritik herausfordern« (*Metzler Literatur Lexikon*). Die Intention all dieser Kunstgriffe ist das Übermitteln von Botschaften, Erkenntnissen, Lebensweisheiten, Urteilen oder Gedanken. L.s Aphorismen werden auf internationalen Kongressen zitiert, als Motto wissenschaftlicher Abhandlungen vorangestellt und in renommierten in- und ausländischen Printmedien veröffentlicht, etwa in der deutschen Wochenzeitung *Die Zeit*. In Buchform erschienen sie unter anderem als *Myśli nieuczesane* (1957; *Unfrisierte Gedanken*, 1960), *Myśli nieuczesane nowe* (1964; *Neue unfrisierte Gedanken*, 1964).

L., der einige Jahre in Wien verbrachte, knüpft mit seinen Aphorismen an die westeuropäische Tradition dieser literarischen Kunstform an, besonders aber an die Wiener Schule, deren Hauptvertreter Karl Kraus ist. L.s Aphorismen zeichnen sich durch ihren schwarzen Humor (»›Kopf hoch‹, sagte der Henker, und warf ihm die Schlinge um den Hals«) sowie durch politische und gesellschaftskritische Aspekte (»Wo alle einstimmig singen, ist der Text ohne Bedeutung«) aus. Sie beinhalten Antinomie und sprachliche Paradoxa, erinnern an

Scherzgedichte, die, rhetorisch überspitzt, zum Nachdenken anregen (»Die Engstirnigkeit wird immer breiter«). Verspottet hat L. insbesondere die Ende der 1940 Jahre in Polen staatlich verordnete Literaturtheorie des »Sozialistischen Realismus«. Durch das Aufbrechen der Zauberformel aus der arabischen Märchensammlung *Tausendundeine Nacht* »Sesam öffne dich – ich möchte hinaus«, wird die Reisebeschränkung in den sozialistischen Staaten lächerlich gemacht. L. ironisiert auch die menschlichen ethisch-sittlichen Unzulänglichkeiten, relativiert psychologische Positionen und ästhetische Standpunkte und reflektiert etwa die Verbreitung von unwahren Presseinformationen (»Zeitungsenten legen zuweilen goldene Eier«).

Der polnische Philosoph Leszek Kołakowski bewertet L.s Texte als »bittere, witzige, gelegentlich erbarmungslose Epigramme und Aphorismen, in denen er meisterhaft die mit Pathos, amtlichem Gestammel und den leeren Worten der Politik aufgeblasenen Luftblasen zum Platzen brachte«. Für ihren Übersetzer Karl Dedecius sind L.s Aphorismen »Kardiogramme, Fingerabdrücke und Lichtblicke. Unterdrückte Schreie und laut gewordenes Schweigen«.

Georg Mrugalla

Lehmann, Wilhelm
Geb. 4. 5. 1882 in Puerto Cabello (Venezuela);
gest. 17. 11. 1968 in Eckernförde

Sie seien »am Weichenstellwerk ihrer Zeit tätig«, so begründete Alfred Döblin die Verleihung des Kleist-Preises 1923 an Robert Musil und L. Dieser hatte damals noch keine Gedichte veröffentlicht und erhielt den Preis für sein erzählendes Werk, vor allem die Romane *Der Bilderstürmer* (1917), *Die Schmetterlingspuppe* (1918) und *Weingott* (1921), mit dem er seit 1915 Aufsehen erregt hatte. Schon hier ist L.s Thema »das immer geschehende Jüngste Gericht« der Natur, des »Grünen Gottes«, wie Oskar Loerke 1934 formulierte, und in der Selbstinterpretation der ersten beiden Romane, »der Untergang eines Naturverräters und die Verzweiflung über Naturverlust«. Mit dem Jahr 1923 ist aber auch schon der Endpunkt einer frühen Wirkung erreicht; das Leserpublikum beachtete L. seitdem fast nicht mehr, und die Romane, die dennoch entstanden, konnten – wie *Der Überläufer* (1925) und *Der Provinzlärm* (1929) – erst lange nach 1945 veröffentlicht werden, nachdem sich L. als Lyriker durchgesetzt hatte. Die *Mühen des Anfangs* (so der Titel einer *Biographischen Aufzeichnung*, 1952) hatte L. zu diesem Zeitpunkt allerdings hinter sich. Dazu gehört die kleinbürgerliche Familie, die der Vater verlassen hat und die nun ganz von der Mutter beherrscht wird, das Brotstudium der Philologie mit Doktordiplom und Staatsexamen (1908) und die Suche nach einer eigenen dichterischen Sprache, denn »außerhalb der Kunst vermochte ich keinen Sinn im Leben zu erfinden« (*Biographische Notiz*, 1932); aber auch die frühe und scheiternde Ehe mit einer um vieles älteren Frau. 1912 wurde er Lehrer an der vielbeachteten Freien Schulgemeinde Wickersdorf in Thüringen, einem Landschulheim, das im Widerspruch zu den schulischen Drillanstalten der wilhelminischen Zeit, getragen von der Jugendbewegung aus einer freien, experimentellen Pädagogik konzipiert war. In die Auseinandersetzungen zwischen ihren Gründern und zeitweiligen Leitern (Gustav Wyneken und Martin Luserke) wurde auch L. hineingezogen; sie hinterließen unübersehbare Spuren im frühen Erzählwerk. Dem Krieg, den er verabscheute, konnte er sich zunächst als unabkömmlich entziehen. 1917 einberufen und an die Westfront versetzt, blieb er »als gemeiner Soldat von keinem Entsetzen verschont« und geriet in Gefangenschaft; Tagebuchblätter dieser Zeit wurden in den Roman *Weingott* integriert. Nach seiner Rückkehr nahm L. eine Stelle an einem Landschulheim in Holzminden an, wechselte jedoch 1923, um mehr zum Schreiben zu kommen, an die staatliche Schule in Eckernförde, wo er bis zu seiner Pensionierung unterrichtete.

Einen gleichgesinnten Freund fand L. in Oskar Loerke, dem Lektor seines ersten Verlegers, Samuel Fischer. Wie L. mit seiner Prosa, kam Loerke mit seinen Gedichten vom Expressionismus her, und beide trafen sich in der Bemühung, die expressionistischen Errungenschaften um Formen und Inhalte einer neuen Sachlichkeit zu erweitern. Sie bestätigten und ermutigten sich auf diesem Weg, auch in der immer schwierigeren Zeit des Nationalsozialismus. Noch ehe L., über fünfzigjährig, seinen ersten Gedichtband *Antwort des Schweigens* (1935) veröffentlichte, hatte Loerke für ihn die bald berühmte Formel vom »Grünen Gott« gefunden. Mit diesem ersten, gleichnamigen Gedichtband (1942) stand L.s Rang als Lyriker fest. Doch konnte er – in kleinen Auflagen gedruckt und außerhalb des von der nationalsozialistischen Literaturpolitik gesteckten Rahmens – erst nach 1945, dann allerdings in einem nur Gottfried Benn und Bertolt Brecht vergleichbaren Maß, »Schule« machen.

So gilt L. – inzwischen waren vier weitere Lyrikbändchen erschienen, die er 1957 in *Meine Gedichtbücher* vereinigte – als der eigentliche Begründer des naturmagischen Gedichts, in welchem die Fülle des Konkreten sich in botanischer und zoologischer Genauigkeit äußert und sich mit einer neuen Mythisierung der Natur verbindet. »Das unbeachtetste Unkraut wird hier zur funkelnden Mythe«, hatte schon 1918 ein Rezensent der *Schmetterlingspuppe* erkannt. Der Kritik, dass der Mensch hier zu verschwinden drohe, setzt L. in einem seiner poetologischen Essays, in dem er auf Brecht anspielt, entgegen: dass »ein Gespräch über Bäume nicht das Wissen um böse Zustände und Taten ausschließt«, vielmehr helfe, »den verloren gegangenen Menschen wieder zu holen«.

Werkausgabe: Gesammelte Werke in 8 Bänden. Hg. in Verbindung mit der Akademie der Wissenschaften und der Literatur in Mainz und dem Deutschen Literaturarchiv in Marbach a. N. von Agathe Weigel-Lehmann, Hans D. Schafer und Bernhard Zeller. Stuttgart 1982 ff.

Ludwig Dietz

Leino, Eino (eigtl. Armas Einar Leopold Lönnbohm)
Geb. 6. 7. 1878 in Paltamo/Finnland; gest. 10. 1. 1926 in Tuusula

Als jüngster Sohn einer kinderreichen Beamtenfamilie wuchs Eino Leino in finanziell bescheidenen Verhältnissen, aber in einer geistig anregenden, an politischen und literarischen Fragen interessierten Umgebung auf. Als er mit zehn Jahren erste Gedichte verfasste, wurde er von seinem älteren Bruder, dem angehenden Literaturkritiker und Schriftsteller Kasimir Leino, ermutigt und unterstützt; so erschienen zunächst einzelne Gedichte in Zeitungen. L., der sich bereits als Schüler eine erstaunlich vielseitige Kenntnis der Weltliteratur angeeignet hatte, machte mit 17 Jahren das Abitur und schrieb sich 1895 an der Universität Helsinki ein, brach das Studium jedoch bald ab und widmete sich ausschließlich dem Schreiben und Übersetzen (u. a. Dantes *Divina Commedia*, Gedichte und Dramen von Goethe), der Publizistik und Theaterarbeit sowie dem Reisen. Im Helsinki des frühen 20. Jahrhunderts war der Dichter mit breitkrempigem Hut und Spazierstöckchen der Inbegriff des Bohemiens. L. war zweimal verheiratet, floh aber jeweils nach kurzer Zeit aus der Ehe, deren geordnete Bürgerlichkeit er als bedrohlich empfand. Eine langjährige Liebesbeziehung verband ihn mit der Dichterin L. Onerva, von der die wichtigste Leino-Biographie stammt.

Das umfangreiche Gesamtwerk des »europäischsten Dichters Finnlands« (Teivas Oksala) umfasst 16 Romane, 25 Schauspiele, unzählige publizistische Arbeiten (Theater- und Literaturkritiken, Reiseschilderungen, Causerien u. a.) und Essays sowie 28 Gedichtbände. Zudem gab L. 1898 bis 1899 mit seinem Bruder Kasimir die Kulturzeitschrift *Nykyaika* (Die Gegenwart) heraus, die ihr Erscheinen jedoch nach einem Jahr einstellen musste, da ihr liberales Programm und ihre Zielsetzung, das finnische Publikum über die neuesten Strömungen in der europäischen Literatur zu informieren, keinen ausreichenden Anklang fanden. In vielen Romanen analysiert L. gesellschaftliche, ästhetische und ideologische

Fragen seiner Zeit, häufig exemplifiziert in den Protagonisten bzw. Titelgestalten, z. B. in *Tuomas Vitikka* (1906), *Jaana Rönty* (1907) und *Olli Suurpää* (1908); in dieser Trilogie stellt L. unterschiedliche Auswirkungen politischer Unterdrückung und sozialer Ungerechtigkeit dar.

Der Roman *Pankkiherroja* (1914; Bankherren) kritisiert die rücksichtslose Gewinnsucht der Finanzelite in Helsinki. Kosmopolitischer in ihren Schauplätzen, zugleich aber individualistischer oder ›privater‹ in ihrer Fragestellung ist die »Sklaventetralogie« (1911–13), deren Teilbände *Työn orja* (Sklave der Arbeit), *Rahan orja* (Sklave des Geldes), *Naisen orja* (Sklave der Frauen) und *Onnen orja* (Sklave des Glücks) in Berlin, Paris, Kopenhagen und Rom spielen und parallel zum äußeren Lebensweg die geistige und psychische Entwicklung des finnischen Wirtschaftswissenschaftlers Johannes Tamminen schildern. Mit dem Ortswechsel verbinden sich jeweils die Loslösung aus einem Lebenskreis und die Überwindung der dazugehörigen Einstellungen, der jedoch sogleich die Einbindung in eine neue Weltanschauung folgt. Mit dieser relativistischen Haltung war L. der finnischen Literatur seiner Zeit weit voraus. Die Romane konzentrieren sich ganz auf die Entwicklung des Protagonisten, während die Schauplätze weitgehend Staffage bleiben. Wie lebhaft und impressionistisch L. in anderem Kontext großstädtisches Leben beschreiben konnte, hat er in seinen Reiseschilderungen, etwa aus Berlin, bewiesen. In zwei allegorischen Tierromanen, *Mesikämmen* (1914; Honigtatze) und *Musti* (1916; Der Hund Musti), erörtert L. Fragen, die sein ganzes Werk durchziehen: Entfremdung, das Streben nach Freiheit und die Suche nach Glück.

L. hatte großes Interesse am Theater, besuchte auf seinen Auslandsreisen zahlreiche Aufführungen und polemisierte in der Zeitung *Päivälehti*, dem Organ der jungfinnischen Bewegung, gegen Kaarlo Bergbom, den Intendanten des finnischen Nationaltheaters, dem er Fehler bei der Entwicklung der finnischen Bühnenkunst vorwarf. Sein erstes Theaterstück *Tuonelan joutsen* (1898; Der Schwan von Tuonela) war zugleich das erste symbolistische Schauspiel in finnischer Sprache. In vielen späteren Stücken verarbeitete L. Stoffe aus dem finnischen Nationalepos *Kalevala* und aus der antiken Mythologie. 1912 gründete er in Helsinki eine Freilichtbühne, die hauptsächlich seine eigenen Stücke zur Aufführung brachte, an der er aber bereits nach einer Spielzeit das Interesse verlor.

Der Nachwelt ist L. vor allem als Lyriker bekannt, nicht zuletzt auch durch die zahlreichen Vertonungen seiner Gedichte. Wie viele finnische Künstler der Jahrhundertwende war er vom Karelianismus – der nationalromantischen Suche nach Spuren einer heroischen Vorzeit im archaischen Karelien – beeinflusst, der bei ihm allerdings durch die intensive Beschäftigung mit der klassischen und modernen europäischen Literatur und durch ein bewusstes Streben nach Überwindung engen nationalen Denkens modifiziert wurde. Im Anschluss an eine Reise nach Ostkarelien entstand 1903 der erste Teil der Sammlung *Helkavirsiä* (Finnische Balladen. Helkalieder, 1943, in Auszügen), in der L. die mythische Welt der finnischen Volksdichtung mit den Ideen des Symbolismus und den Lehren Nietzsches verknüpft. Die meisten Gedichte dieser Sammlung sind nach ihrer Hauptgestalt betitelt und einerseits an eine weit zurückliegende Zeit gebunden, behandeln jedoch andererseits universale Themen wie den Kampf um Freiheit und die Suche nach Wahrheit. L. verwendet in seinen Balladen sehr konkrete Bilder; in der sprachlichen Gestaltung greift er auf das sogenannte Kalevala-Metrum der alten Volksdichtung zurück. Der zweite Teil der Sammlung *Helkavirsiä* erschien erst 1916 und knüpft in Stoffwahl und sprachlicher Form an den ersten Teil an, erweitert aber den Blickwinkel vom Individuum auf den gesamten Kosmos. Neben diesen langen epischen Balladen schrieb L. auch lyrische Gedichte, die teilweise, besonders im Frühwerk, den Einfluss Heinrich Heines erkennen lassen.

Mit dem finnischen Bürgerkrieg, in dem L. auf der Seite der »Weißen« stand, ohne sich ganz mit ihrer Ideologie und Vorgehensweise identifizieren zu können, kam sein Schaffen allmählich zu einem Ende. Einen letzten Höhepunkt bilden die 1919 erschienenen Gedichtbände *Bellerophon* und *Juhana Herttuan ja Catharina Jagellonican lauluja* (Lieder des Herzogs Johan und der Catharina Jagellonica), in denen L. einerseits Schicksal und Aufgabe des Künstlers ergründet, andererseits – beflügelt von seiner letzten, skandalträchtigen Beziehung zu der Schriftstellerin und Diplomatengattin Aino Kallas – in sinnlichen Versen eine Liebesgeschichte aus der Renaissance erzählt. Danach veröffentlichte L. noch einzelne Essays und Gedichtsammlungen, fand jedoch kaum mehr Anerkennung und hatte zunehmend mit psychischen Schwierigkeiten zu kämpfen, die ihn wiederholt in Heilanstalten zwangen. Die Worte, mit denen der junge L. sich selbst charakterisiert hatte, erhalten so letztlich einen tragischen Beiklang: »Ich bin ein Phantasiemensch, der keine klaren Umrisse besitzt.«

Gabriele Schrey-Vasara

Leiris, Michel
Geb. 20. 4. 1901 in Paris,
gest. 30. 9. 1990 in Saint-Hilaire, Essonne

Michel Leiris war Schriftsteller und Ethnologe, beschäftigte sich mit Literatur und Sprache, Architektur und Psychologie, forschte über Religionen, Riten, Masken und Kulte in afrikanischen Kulturen, schrieb über Maler, Malerei und Musik und über den Stierkampf. Er hinterließ ein mehrere hundert Titel umfassendes Werk. Als Zeitzeuge des vergangenen Jahrhunderts wurde er als der Montaigne des 20. Jahrhunderts bezeichnet, und als solcher mischte er sich ein. So gehörte er zu den Unterzeichnern des *Appel des 121* und zu den Unterstützern der 68er-Revolution in Paris. Sein Leben war bestimmt vom Kampf gegen Rassismus, Faschismus und Kolonialismus.

Leiris studierte an der Sorbonne und an der École Pratique des Hautes Études; er lernte Max Jacob (1921) und André Masson (1924) kennen, bewunderte Apollinaire und wandte sich dem Surrealismus zu. Aus dieser Zeit stammen Gedichte (*Simulacre*, 1925; »Trugbilder«, 1984), Erzählungen (*Le point cardinale*, 1927; »Der große Himmelspunkt«, 1984; *Grande fuite de neige*, 1934; »Große Schneeflucht«, 1982) und der Roman *Aurora* (*Aurora*, 1979), der 1946 veröffentlicht wurde. 1926 heiratete er Louise Kahnweiler und bekam Kontakt zu Daniel Henry Kahnweiler, einem Kunsthändler und Galleristen, der Künstler wie Derain, Picasso, Braque, Gris, Léger und Masson förderte. 1929 arbeitete L. zum ersten Mal an einer Zeitung mit (*Documents*) – eine Tätigkeit, die er im Laufe seines Lebens immer wieder ausüben sollte: *Minotaure* (1934), *La Batônoire* (1935–36). 1945 gehörte er mit Jean-Paul Sartre zu den Begründern von *Les Temps modernes*, er war Aimé Césaires Wunschautor für *Présence africaine* (1948–55), schrieb für *Critique* (1953), *Cahiers d'études africaines* (1960–90) und *Gradhiva* (1986–90). Zu Beginn der 1930er Jahre war er als Literat nicht mehr unbekannt, er hatte Griechenland und Ägypten bereist und war kurze Zeit Mitglied der PC gewesen, als er – ohne erlernten Beruf und ohne festes Einkommen – in eine tiefe persönliche Krise geriet und sich einer Psychoanalyse unterzog. In dieser Situation nahm er 1931 das Angebot des Ethnologen Marcel Griaule an, eine wissenschaftliche Expedition von Dakar nach Djibouti zur Erforschung der Riten und Denksysteme der Dogon als Sekretär und Archivar zu begleiten. Während der Expedition erlernte er die Arbeitsweise der Ethnologie. Er kam zurück mit einem persönlichen, inoffiziellen Tagebuch, *L'Afrique fantôme* (1934; *Phantom Afrika*, 1980), in dem er ein inoffizielles Bild der Ethnologie und der Ethnologen zeichnet. Er äußert seine Zweifel am Vorgehen der europäischen Forscher, beschreibt, hinterfragt und exponiert deren Handlungen. Er spricht von seinen eigenen Unsicherheiten, berichtet von Missverständnissen und Fehleinschätzungen, hinterfragt die eigenen Wahrnehmungen und beschreibt Vorkommnisse und Gefühle, von deren Existenz Ethnologen wissen, die von ihnen aber weder in den Forschungstagebüchern noch in den Forschungsberichten erwähnt werden. Der Kultur und den Kulturgegenständen der Afrikaner begegnet L. unvoreingenommen und vorurteilsfrei. Nach der Veröffentlichung dieser Tagebücher fühlten sich die europäischen Ethnologen bloßgestellt. L. wurden Unwissenschaftlichkeit und – bei hoher Intelligenz – niedrige Beweggründe unterstellt.

Nach seiner Rückkehr aus Afrika arbeitete L. am 1937 zusammen mit Georges Bataille und Roger Caillois gegründeten C.N.R.S. (Centre national de la recherche scientifique) und am Musée de l'Homme über ethnologische Themen, so über *La langue secrète des Dogons de Sanga* (1948; *Die Dogon de Sanga*) und über *La possession et les aspects théatraux chez les Ethiopiens de Gondar* (1958; Die Besessenheit und das Theatralische bei den Äthiopiern von Gondar), und nahm weiterhin Stellung zu Fragen des Rassismus und der Arbeit von Ethnologen (»L'ethnographe devant le colonialisme«, 1950; »Ethnographie und Kolonialismus«, 1977; *Race et civilisation*, 1951; »Rasse und Zivilisation«, 1977; *Contacts de civilistion en Martinique et en Gouadeloupe*, 1955; Kulturkontakte auf Martinique und Guadeloupe). Parallel zur wissenschaftlichen Arbeit beschäftigte L. sich – fast wie ein »Sonntagsschreiber«, wie er nicht ohne Bitterkeit feststellte – mit Themen wie der Oper und dem Stierkampf, schrieb über Dichter und Maler und begann, in Fortsetzung seines Afrikatagebuches, mit dem autobiographischen Schreiben. So wie die erste Begegnung mit dem Jazz in den 1920er Jahren L.' Interesse an Fragen der afrikanischen Kulturen geweckt hatte, so stehen Psychologie und Psychoanalyse am Anfang seiner Beschäftigung mit dem eigenen Ich. Mit *L'âge d'homme* (1939; *Mannesalter*, 1963) und den vier Bänden von *La règle du jeu* (*Die Spielregel*) – *Biffures* (1948; *Streichungen*, 1982), *Fourbis* (1955; *Krempel*, 1985), *Fibrilles* (1966; *Fibrillen*, 1991) und *Frêle bruit* (1976; *Wehlaut*, 1999) – hat er das autobiographische Schreiben neu definiert, indem er die Methoden der Textanalyse und der Verhaltensanalyse aus der Psychologie übernommen und auf politische Ereignisse angewendet hat, was zu seiner Zeit neu war, heute aber selbstverständlich ist. 1971 schied L. aus dem Musée de l'Homme aus, er starb 1990 in Saint-Hilaire, Essonne.

Rita Wöbcke

Lem, Stanisław

Geb. 12. 9. 1921 in Lemberg/heute Ukraine; gest. 27. 3. 2006 in Krakau

Der international angesehene Science-fiction-Autor Stanisław Lem zählt – neben Tadeusz Różewicz und Witold Gombrowicz – zu den meistübersetzten polnischen Autoren der Nachkriegszeit. In seinen phantastisch-wissenschaftlichen Texten, deren Sprache durch viele Neologismen geprägt ist, verknüpft der »dialektische Weise aus Krakau« (Franz Rottensteiner) philosophisches und naturwissenschaftliches Wissen mit literarischer Imagination. Seine Romane und Erzählungen stellen bizarre Wirklichkeiten dar, die sich durch eigenartige Naturgesetze und pseudowissenschaftliche Erfindungen sowie durch Begegnungen des Menschen mit untergegangenen fremdplanetarischen Zivilisationen, künstlichen Lebewesen und denkenden Maschinen auszeichnen. *Astronauci* (1951; *Der Planet des Todes*, 1954) und *Eden* (1959; *Eden*, 1960) sind utopisch-technische Abenteuerromane, die Reisen von Erdbewohnern zu den Planeten Venus und Eden beschreiben.

Die Protagonisten in L.s Science-fiction-Texten sind wunderliche und unheroische Weltraumfahrer, die in verwickelte Situationen geraten und diese mit unkonventionellen Entscheidungen meistern. Die Erzählungsbände *Sezam i inne opowiadania* (1954; Sesam und andere Erzählungen) und *Dzienniki gwiazdowe* (1957; *Sterntagebücher*, 1973) enthalten die Abenteuer des kauzigen Weltraumfahrers Ijon Tichy, in den Erzählungen *Opowieści o pilocie Pirxie* (1968; *Test*, 1968)

stellt Pirx einen verschrobenen Kosmonauten dar. *Cyberiada* (1965; *Kyberiade*, 1983) beschreibt die Reisen der Konstrukteure und Erfinder Trurl und Klapaucius. *Solaris* (1961; *Solaris*, 1972), ein Roman über außerirdische Wesen, vereint Reflexionen über den Sinn des menschlichen Daseins mit einer Erörterung der moralischen Verantwortung des Menschen im Weltall. In dem Kriminalroman *Katar* (1976; *Der Schnupfen*, 1977) erscheint die Ordnung als das Ergebnis einer Kette von komplizierten Zufällen. Der Roman *Fiasko* (1987; *Fiasko*, 1991), der die Wahrscheinlichkeit der Selbstzerstörung der Erde durch ehrgeizige Forschungsprogramme thematisiert, ist eine Anspielung auf die vom amerikanischen Präsidenten Ronald Reagan 1985 verkündete Strategische Verteidigungsinitiative (SDI).

Zu L.s literarischer Produktion gehört nicht nur Science-fiction. Der 1989 erschienene Erzählungsband *Irrläufer* (Originaltitel) enthält Militär- und Spionagegeschichten, die L. in den Jahren 1946 und 1947 unter dem Eindruck des Atombombenabwurfs auf Hiroshima verfasste. *Doskonała próżnia* (1971; *Die vollkommene Leere*, 1973) ist eine Sammlung von Rezensionen über nicht existierende Bücher. *Bajki robotów* (1964; *Robotermärchen*, 1969) enthält märchenhafte Satiren und Humoresken. Außerdem zählen zu L.s Schaffen autobiographische Essays sowie zahlreiche theoretische Abhandlungen zur Kybernetik, Literaturtheorie und Futurologie, wie *Summa technologiae* (1964; *Summa technologiae*, 1976), eine philosophisch-moralische Abhandlung über die Entwicklung der Wissenschaft. Hinzu kommen viele Fernseh- und Hörspiele, die sich im deutschsprachigen Raum, ähnlich den Romanen und Erzählungen, großer Beliebtheit erfreuen. Nach dem gesellschaftspolitischen Umbruch 1989 wandte sich L. von der Science-fiction ab und widmete sich der Essayistik und dem Feuilleton zu – 2000 erschien *Okamgnienie* (*Riskante Konzepte*, 2001).

Werkausgabe: Werke in Einzelausgaben. Frankfurt a. M. 1976ff.

Georg Mrugalla

Lenau, Nikolaus (d. i. Niembsch, Edler von Strehlenau)
Geb. 13. 8. 1802 in Csatád;
gest. 22. 8. 1850 in Oberdöbling/Wien

Als der 30-Jährige im Mai 1832 euphorisch in die ›Neue Welt‹ aufbricht, versteht er dies als Flucht vor einer »Tyrannei«, die nicht nur den politischen Freiheitswillen, sondern auch das schöpferische Geistesleben im ersten Aufkeimen erstickt. In Amerika aber findet er in den 14 Monaten seines Aufenthalts, von dem er sich neben einem (verklärten) Farmerleben einen verheißungsvollen Neuanfang als Dichter versprochen hat, nichts anderes als eine Kultur von »Krämerseelen«, die seinem Schaffen nur vertraute Motive aus dem spätromantischen Bilderkanon des alten Europa aufdrängt. Es ist bezeichnend, dass sich die Amerika-Erfahrung erst nach seiner Rückkehr dichterisch niederschlägt – und zwar in einem sozialkritischen Engagement, das den Hass gegen die weißen Eroberer des Indianerlandes in mühsam gebundene Verse presst.

Schon seine Kindheit war geprägt von Aufbrüchen und Reisen, denen die glückverheißende Ankunft eigentlich erst in den späten, poetisch stimulierten Erinnerungsbild gelang (v. a. der Jugendjahre in Tokaj). Aus dem überbehüteten Dasein bei der Mutter und den Zwängen einer am Offiziersstand orientierten Erziehung und Überwachung durch die Großeltern (in Stockerau bei Wien) findet L. für sich keine identitätssichernde Rolle im Selbstverständnis der restaurativen Gesellschaft Österreich-Ungarns. Seine bürgerlichen Studien und Existenzentwürfe bleiben Episode, alibihaft begleiten sie seine Jagd nach einer Einheit von Kunst und Leben, die um so konsequenter dieses zerstört, je gewaltsamer sie jener die Last aufbürdet, das den Menschen vorenthaltene Glück heraufzubeschwören. Die Melancholie dessen, der insgeheim um die Unwiederbringlichkeit des in den »Alten« aufscheinenden Ideals weiß, erfährt im Schmerz des Aufbruchs und Abschieds das je neu erregende Moment der Rebellion. Durch den Tod seiner Mutter (1829) und die damit verbundene Erbschaft wird L. finanziell unabhängig.

1831 findet L. im Kreis der »schwäbischen Romantik« eine ambivalente dichterische Heimat. Gustav Schwab vermittelt ihm die Aufnahme beim Verleger Cotta in Stuttgart, wo er zum exotischen Mittelpunkt der Salons wird und ebenso treuer Gastfreundschaft und Sympathie begegnet wie bei Justinus Kerner in Weinsberg. Doch erleben die Mitglieder dieses biedermeierlich abgerückten Zirkels, die in der Poesie oft nur stille Verklärung neben dem Leben suchten, den unsteten Gast mit den »seelenvollen, unergründlichen Augen« nicht nur als ausdrucksstarken Rezitator eigener Gedichte: Irritation und Dissonanz stören nicht selten die sonst so gemächliche Welt, wenn L. den kompromisslosen Anspruch des Ästhetischen gegenüber dem Trivialen zugunsten eines gesteigerten Lebens einklagt, dem Sinnlichkeit in »gutbürgerlichen« Schranken ein seelisches Gefängnis bedeutet.

Seine seit 1833 alle Rücksichten vernachlässigende Leidenschaft zu der verheirateten Sophie von Löwenthal in Wien hat damals nur Befremden ausgelöst. Ein Leben im »Eilwagen« zwischen der Donaumetropole und Stuttgart beginnt: Reisen als poetisches Stimulans und existentielle Äußerungsform innerer Rastlosigkeit und euphorischen Drängens. In dieser Zeit (von 1833 bis 1842) entstehen auch die drei großen epischen »Gedichte«: *Faust* (1836), *Savonarola* (1837) und *Die Albigenser* (1842). Die lyrische Übersteigerung des sinnlichen Erlebens- und Entgrenzungsdranges in der Gestalt Fausts und die Stilisierung Savonarolas zum selbstzerstörerischen Asketen, dem der Stachel der Sinnlichkeit zum Instrument des eigenen Martyriums wird, wecken die Vorstellung von der spezifischen Erscheinung eines an sich selbst zerbrechenden Ich-Bewusstseins, so wie sich in dem blutrünstigen Ketzerkreuzzug gegen die Albigenser auf grausigste Weise L.s fatalistisches Bild einer nur noch »trümmerhaft« auftretenden Menschheitsgeschichte darstellt.

Der körperliche und seelische Zusammenbruch im September 1844, dem nach mehreren Selbstmordversuchen ein sechsjähriges Dahindämmern in geschlossenen Heilanstalten folgt, setzt L.s Arbeit an seinem *Don Juan*-Projekt ein jähes Ende, als hätten hier Leben und Kunst in einer letzten gemeinsamen Anstrengung das existentielle und poetische Merkmal der Moderne in der Realität inszeniert: Das Fragmentarische als letzte Konsequenz aus einer unheilvollen Verschwisterung von Melancholie und Rebellion.

Werkausgabe: Werke und Briefe. Historisch-kritische Gesamtausgabe. Hg. von Helmut Brandt u. a. Wien 1989 ff.

Gerhard Gönner

Lenz, Hermann
Geb. 26. 2. 1913 in Stuttgart;
gest. 12. 5. 1998 in München

Ein Foto von einer Straße aus der Zeit vor den Weltkriegen – und sei eine noch so finstere oder belanglose Gegend abgebildet – löst ein »realistisches Märchengefühl« aus: Trauer, Heimeligkeit, zugleich das konkrete Wissen, das die Zirkel der »oral history« und der Alltagsgeschichtsschreibung füllt. So nämlich hat es wirklich einmal ausgesehen. Dieses Märchen war einmal. Dieses Gefühl, dieses Wissen sind das wichtigste Thema L.', das Zentrum seines Werks. L. wurde ein Jahr vor dem Ausbruch des Ersten Weltkriegs, vor dem Beginn des ersten der großen Modernisierungsschübe geboren, in denen das 19. Jahrhundert, die traditionelle bürgerliche Welt, unterging. L. ist ein Chronist all dessen, was diesen Modernisierungsschüben, zu denen der Technikkult, der Amerikanismus der 1920er und 30er Jahre, der Faschismus ebenso gehören wie das »Wirtschaftswunder« oder die kulturrevolutionäre Reformära am Ausgang der 1960er Jahre, zum Opfer fiel. Das Der Geschichte Verworfene scheint klein, unwichtig, die Beschäftigung damit müßig – L.' Figuren, seine Geschichten, die nicht nur in den späten, offen autobiographischen Romanen immer tagebuchartig-persönlich wirken, markieren einen Gegenpol zu jeder Art gesellschaftlichen Eingreifens, zu jeder Art von Heroismus. »Erich erzählte von seinem Leben in der Buchhandlung und sagte, wenn er dort nichts tue als sitzen, ab und an einen Büchertitel auf eine Karteikarte kritzele oder Rechnungen schreibe, habe er das Gefühl, als würde sein Kopf weit und nähme auch Vergangenes herein und kläre es. Weit abseits zu sein, das lasse er sich gern gefallen« – in dieser Haltung überlebt eine Figur in *Der Kutscher und der Wappenmaler* (1972) die Nazizeit, und in dieser Haltung, kann man sich vorstellen, hat auch der Autor selbst sein Leben bestanden.

Studium in Heidelberg und München (Kunstgeschichte, Archäologie, Germanistik) während des Nationalsozialismus, 1940 Soldat im Krieg gegen die Sowjetunion, Kriegsgefangener in den USA, 1946 Rückkehr in das unzerstörte Stuttgarter Elternhaus – diese Zeit und der Beschluss, »abseits zu bleiben und etwas fertigzubringen nur mit Papier und einem alten Federhalter, in dem wie vor zwanzig Jahren eine Stahlfeder steckte«, wird beschrieben in dem autobiographisch angelegten Romanzyklus *Verlassene Zimmer* (1966), *Andere Tage* (1968), *Neue Zeit* (1975), *Tagebuch vom Überleben und Leben* (1978), *Ein Fremdling* (1983), *Der Wanderer* (1986) und *Seltsamer Abschied* (1988). Als einen »poetischen Geschichtsunterricht ... voller Anmut, voller Würde« bezeichnete Peter Handke, den den Autor in den 1970er Jahren »entdeckte«, dieses autobiographische Romanprojekt. L. schreibt viel, wird wenig beachtet, verdient sein Geld als Kulturfunktionär. Seit 1951 ist er Sekretär des Verbandes deutscher Schriftsteller in Baden-Württemberg. L. hatte schon in seiner Studentenzeit (gefördert von Georg von der Vring) Gedichte und kleinere Erzählungen veröffentlicht. Jetzt entstehen surreal-phantastische Erzählungen: *Das doppelte Gesicht* (1949), *Spiegelhütte* (1962) und Romane, die in einer (durchaus nicht nur idealisierten) österreichischen und süddeutschen Vergangenheit etwas auffinden wollen, was vom Furor des Wiederaufbaus, der ja auch eine Zerstörung war (»Kollektivität als blinde Wut des Machens«, schrieb Theodor W. Adorno) und vom Wachstumsfetischismus der 1950er und 60er Jahre noch unangetastet blieb: *Die Augen eines Dieners* (1964), *Der Kutscher und der*

Wappenmaler (1972), *Dame und Scharfrichter* (1973).

L.' Hauptwerk bilden die drei Romane, die er 1980 unter dem Titel *Der innere Bezirk* zusammenfasste und abschloss. Die Geschichte Margots von Sy und ihres Vaters kontrastiert die Umwälzungen in den 1930er Jahren mit der Geschichte eines »Bezirks«, in dem allein die Gesetze der individuellen Erfahrung und des persönlichen Wachstums gelten. Die stoische Maxime: »Sieh nach innen« des römischen Kaisers und Philosophen Mark Aurel umreißt in diesen Büchern einen Widerstandsraum, in dem die Emotionen und Sehnsüchte Zuflucht finden, die von einem »Fortschritt«, der in Wirklichkeit eine Katastrophe ist, ausgetrieben werden sollen. Diesen Bezirk, diesen Garten des Anachronistisch-Menschlichen, dieses Museum des Gefühls hat L. gepflegt – es scheint, dass hier das Zentrum seines unspektakulären Lebens liegt. Solche Priorität ist – wohl notwendig – erkauft mit einer Gleichgültigkeit gegen alle »Geltung«, gegen den »Erfolg«, der bei L. spät kam, Mitte der 1970er Jahre, 1978 bekam er den Büchner-Preis, in dieser Zeit erst wechselte er zum Suhrkamp-Verlag.

Kutscher und Leibdiener: solche Berufe haben seine Helden, in diesen sozialen Milieus entfalten sie ihre seismographische, zum Äußersten verfeinerte Sinnlichkeit. Und ist nicht L. selber, der Journalist, Verbandssekretär, kaum beachtete Schriftsteller lange Zeit ganz ähnlich in einer Art Subalternität verborgen gewesen? War er nicht, abgesehen vielleicht von Arno Schmidt, von allen bedeutenden bundesdeutschen Nachkriegsschriftstellern der am wenigsten Geehrte, »Erfolgreiche«? 1975 ist L. von Stuttgart nach München gezogen. Unterdessen verlagerte sich das wirtschaftliche Schwergewicht der Republik in den Mittleren Neckarraum, holte das »Wachstum« das Gewachsene auch in einer Gegend ein, die lange noch »Provinz« hatte bleiben dürfen. Die Stuttgarter Altstadt erstrahlt inzwischen im Neonglanz der Yuppie-Cafés und spiegelt sich in der Marmorverkleidung bombastischer »Schwaben-Centers«. Margot von Sy könnte hier keine Dachkammer mehr mieten, die nicht schon längst zum »Loft« ausgebaut wäre. »Sie lächelte und das Vergangene glitt wieder her.«

Stephan Wackwitz/Red.

Lenz, Jakob Michael Reinhold
Geb. 12. 1. 1751 in Seßwegen (Livland); gest. 23. oder 24. 5. 1792 in Moskau

»Wir werden geboren – unsere Eltern geben uns Brot und Kleid – unsere Lehrer drücken in unser Hirn Worte, Sprachen, Wissenschaften ... es entsteht eine Lücke in der Republik wo wir hineinpassen – unsere Freunde, Verwandte, Gönner ... stoßen uns glücklich hinein – wir drehen uns eine Zeitlang in diesem Platz herum wie die andern Räder und stoßen und treiben – bis wir, wenn's noch so ordentlich geht abgestumpft sind und zuletzt wieder einem neuen Rade Platz machen müssen – das ist ... unsere Biographie.« L. fragt: »Heißt das gelebt? heißt das seine Existenz gefühlt, seine selbständige Existenz, den Funken von Gott?« Damit ist die zentrale Erfahrung benannt, die L. in seinen Werken ausdrückt. So lässt er in der Komödie *Der Hofmeister oder die Vorteile der Privaterziehung* (1774) einen jungen Hofmeister mit dem sprechenden Namen Läuffer die Anpassung an die Gesellschaft durch eine Selbstkastration vollziehen, nachdem er vorher trotz fast perfekt antrainierter Selbstverleugnung die Tochter des Hauses »versehentlich« geschwängert hat. L. deckt schonungslos die sozialen Widersprüche auf, welche die Institution des Hofmeisters als des bürgerlichen Erziehers adliger Kinder prägen und gestaltet diese Tätigkeit als Sinnbild für die abhängige und unterwürfige Rolle des Intellektuellen in der zeitgenössischen Ständegesellschaft. Für Bertolt Brecht ist diese Komödie ein »Standardwerk«, in dem die »deutsche Misere«, das Fehlen erfolgreicher Revolutionen, dargestellt sei. Brecht schätzt L. als »realistischen« und »poetischen« Dichter, weil er zum einen die tiefgreifenden gesellschaftlichen Widersprüche, insbesondere den Ständegegensatz und die unterdrückte Aufsässigkeit der Bürger komisch und tragisch gestaltet, zum andern weil er aufgrund der Dominanz der »Umstände« über die Personen seine Dramen antiaristotelisch ausrichtet. Mit dem Verzicht auf die drei Einheiten (Handlung, Zeit, Ort) und der Tendenz zu einer »offenen« Dramenform entwickelt L. selbständig Anregungen weiter, die er von Volkstheater, Puppenspiel und vor allem von William Shakespeare bekommen hat, den er auch zum Teil übersetzt.

L. wird als Sohn eines Pastors geboren, geht in Dorpat zur Schule und studiert in Königsberg unter anderem beim jungen Immanuel Kant. 1771 geht er als Begleiter von zwei Adligen nach Straßburg. Damit missachtet er den ausdrücklichen Willen des Vaters, der für ihn eine Hofmeister- und Pfarrerlaufbahn vorgesehen hat. Diesen Ungehorsam verzeiht ihm der Vater nie.

In Straßburg wird L. zum Sturm-und-Drang-Dichter. Jean-Jacques Rousseau und Johann Gottfried Herder beeindrucken ihn stark. In rascher Folge entstehen die wichtigsten Werke: Gedichte, Plautus-Bearbeitungen, die gesellschaftskritischen Dramen *Der Hofmeister*, *Die Soldaten* (1776), *Der neue Menoza* (1776), die wichtigste gattungstheoretische Schrift *Anmerkungen übers Theater* (1774), die Erzählung *Zerbin oder die neuere Philosophie* (1776), die autobiographischen Schriften *Tagebuch* (1775, gedruckt 1877) und *Moralische Bekehrung* (1775, gedruckt 1889). Die Begegnung mit dem »Bruder Goethe« prägt L. tief. Unglückliche Lieben, unter anderem zu Friederike Brion, der verlassenen Freundin Johann Wolfgang Goethes, fesseln seine Phantasie. Der Alltag ist hingegen ausgefüllt durch die Pflichten als Bursche der beiden Adligen, die Offiziere in einem französischen Regiment werden. Am Ende der Straßburger Zeit muss L. nach Kündigung dieser Stelle »wie ein Postgaul« hinter dem Geld hinterherlaufen und ernährt sich durch Stundengeben.

L. wird zunehmend in der literarischen Öffentlichkeit als eine zentrale Figur des Sturm- und-Drang-Kreises beachtet. In Straßburg beteiligt er sich 1775 maßgeblich an der Gründung der »Deutschen Gesellschaft«, deren Sekretär er wird. In ihr liest er aus seinen Werken und setzt er sich für den Gebrauch der deutschen Sprache und gegen eine unselbständige Übernahme der französischen Kultur ein. Trotz der Erfolge prägt die Erfahrung mangelnder Freiheit sein Leben und Selbstverständnis von Anfang an. So erstrebt er mehr als andere Schriftsteller seiner Zeit praktische Wirkungen in der Gesellschaft und ist von ihnen weiter als andere entfernt, da er in seiner produktiven Phantasie die Unheilbarkeit der gesellschaftlichen Widersprüche ausformuliert, zugleich aber auch eine subjektive Querstellung zum ›Vernünftigen‹ und Sozialen, die ihn zwangsläufig zum Außenseiter macht. Ein Beispiel ist *Der Hofmeister*, in dem Lenz über den geheimen Rat für öffentliche Schulen plädiert, andererseits aber in der Dorfschule Wenzeslaus' den beklagenswerten Zustand des öffentlichen Schulwesens vorführt. Entgegen seinem Drang nach Taten kann er keines seiner zahlreichen, von Johann Wolfgang von Goethe als »phantastisch« eingestuften Reformprojekte verwirklichen. So will L. die fürstlichen stehenden Heere durch eine Aufhebung des Eheverbots für Soldaten reformieren. Damit verbindet er die Einführung eines Volksheeres und setzt – ganz realistisch – als Voraussetzung einer solchen Reform das Ende der fürstlichen Ausplünderung der Untertanen an (*Über die Soldatenehen*, 1775/76, gedruckt 1914). Bezeichnenderweise wird diese »Reform« in den französischen Revolutionsheeren realisiert.

1776 folgt L. Goethe nach Weimar. Dort erlebt er vorübergehend die Erfüllung seiner Wünsche nach Geselligkeit und Anerkennung. Sein zunächst nur belachtes exzentrisches Gebaren, seine Unfähigkeit, Regeln und Etikette einzuhalten, machen aber auf Dauer seine Stellung am Hof unhaltbar. Er flieht in die Einsiedelei nach Berka. Nach seiner Rückkehr führt eine »Eselei«, eine in ihrem Inhalt von allen Beteiligten geheimgehaltene Beleidigung Goethes zu seiner von diesem bewirkten Ausweisung aus Weimar am 29. 11. 1776. Was immer der Anlass für diesen radikalen Bruch gewesen ist, Goethe und L. entwickeln sich zu diesem Zeitpunkt menschlich und literarisch in unterschiedliche Richtungen. Goethe grenzt die *Werther*-Stimmung aus, die L. in seinem Verhalten und in dem zum größeren Teil in Berka entstandenen Briefroman *Der Waldbruder* kultiviert. L. bleibt den subjektivistischen und gesellschaftskritischen Positionen des Sturm und Drang verbunden, während Goethe die Chance nutzt, als Bürger am Weimarer Hof eine reformorientierte Verwaltungstätigkeit zu beginnen.

»Ausgestoßen aus dem Himmel als ein Landläufer, Rebell, Pasquillant«, irrt L., aus der Bahn geworfen, bei südwestdeutschen und Schweizer Freunden herum. Am Wendepunkt seines Lebens treten die Symptome seiner ›Krankheit‹ zutage, welche die Zeitgenossen als »Manie« und »Melancholie« diagnostizieren. Die Symptome äußern sich besonders deutlich während eines Aufenthaltes bei dem Pfarrer Johann Friedrich Oberlin in Waldbach (Elsass), dessen Tagebuchaufzeichnungen Georg Büchner als Vorlage für seine *Lenz*-Erzählungen benutzen wird. Für Oberlin wie für den Vater, zu dem der Sohn 1779 als Gescheiterter zurückkehrt, sind seine Wahnvorstellungen und Selbstmordversuche Folge eines verfehlten Lebens, gezeichnet durch Verschwendung und Nichtstun. Später scheitern Bemühungen um feste Anstellungen in Riga, Petersburg und Moskau. Immerhin gelingt es L., sich der reformorientierten Moskauer Freimaurerbewegung anzuschließen. Bis zuletzt entwirft er – jetzt auf Russland bezogen – gesellschaftsreformerische Projekte und setzt zugleich seine Freunde durch »poetische Ideen«, »Gutherzigkeit« und »Geduld« in »Erstaunen«. 1792 findet man Lenz tot auf einer Moskauer Straße. Für Goethe ist er in *Dichtung und Wahrheit* nur ein »vorübergehendes Meteor«; die Zeitgenossen haben ihn weitgehend vergessen. Doch nach Büchner wird L. zuerst im Naturalismus aufgrund der Bezüge seines Werkes zur Moderne zunehmend anerkannt und gewürdigt – vor allem nach Brechts Bearbeitung des *Hofmeisters* (1949).

Werkausgaben: Werke in 12 Bänden. Faksimiles der Erstausgaben seiner zu Lebzeiten selbständig erschienenen Texte. Hg. von Christoph Weiß. St. Ingbert 2001; Werke und Briefe in 3 Bänden. Hg. und mit einem Essay von Sigrid Damm. Leipzig/ München 1987.

Hans-Gerd Winter

Lenz, Siegfried
Geb. 17. 3. 1926 in Lyck/Masuren

Nicht erst seit seinem unerwarteten Bestseller *Deutschstunde* (1968) wird L. vorgeworfen, seine Vermarktung in den Medien und die Breitenwirkung seiner Werke beweise, dass sein Schreiben im Grunde auf das rückhaltlose Einverständnis, auf eine »Komplizenschaft mit dem Leser« hin angelegt sei. Seine Aufarbeitung der deutschen Vergangenheit in den Romanen, Erzählungen, Geschichten und Hörspielen trage zu sehr die Spuren des Persönlichen und sei gleichzeitig so allgemein, ja neutral gehalten, dass er damit der Neigung seiner Leser entgegenkomme, die unliebsame nationalsozialistische Vergangenheit zu verdrängen. Diesem Entgegenkommen entspreche auch die traditionelle, kaum einmal ästhetische Experimente wagende Stilhaltung, die eingängige Natur-, Landschafts- und Personendarstellung seiner Eigenbrödler und Sonderlinge, vor allem aber die autobiographisch-lebensgeschichtliche Tendenz, die »menschliche Botschaft«, von der sowohl die »zeitlos-archaischen«, der Existenzphilosophie der 1950er Jahre und Ernest Hemingways stoisch-skeptizistischer Weltsicht verpflichteten Kurzgeschichten und Romane wie die großen Romane der 1960er und 1970er Jahre getragen sind. Abgesehen von der fragwürdigen Gleichsetzung des Leserverhaltens mit der Absicht des Schreibenden übersieht eine solche Charakterisierung, wie nachhaltig L. jeweils aus dem Zeitkontext heraus, in ihn eingreifend und ihn übersteigend, geschrieben hat; zunächst in einer ersten Phase der unmittelbaren Verarbeitung des Kriegs und der Nachkriegszeit: *Es waren Habichte in der Luft* von 1951. L. thematisiert in diesem Roman Flucht und Entkommen, Widerstand und Entzug als Schlüsselerlebnis des siebzehnjährigen Notabiturienten, der zur Marine eingezogen wird und sich kurz vor Kriegsende in den Wäldern Dänemarks versteckt, die drohende standrechtliche Erschießung stets vor Augen. Es folgen der Roman *Duell mit dem Schatten* (1953), ein Band mit Erzählungen (*So zärtlich war Suleyken*, 1955), das Hörspiel *Das schönste Fest der Welt* (1956) und der Roman *Der Mann im Strom* (1957), in dem L. vom Scheitern eines älteren Mannes im Dschungel des Konkurrenzkampfes erzählt. Das tragische Scheitern eines Sportlers stellt er in dem Roman *Brot und Spiele* (1959) dar, dann erscheinen Erzählungen und »Geschichten aus dieser Zeit« (*Jäger des Spotts*, 1958).

In der »Spurensicherung« und der literarischen Erinnerungsarbeit entdeckt L. einen zweiten Antrieb zum Schreiben, um die verlorene Heimat Masuren in der Literatur zu vergegenwärtigen – ihre Landschaft, ihre Seen, die Wälder, den Menschenschlag und die Sprache –, sei es in der Form der heiter-anekdotischen, schwankhaften Erzählung (*So zärtlich war Suleyken*, 1955; *So war das mit dem Zirkus*, 1971) oder der bedeutsamen Dokumentation Masurens im *Heimatmuseum* von 1978. Das stark ausgeprägte Zeit- und Gegenwartsbewusstsein von L., das sich u. a. in der Parteinahme für die bei Kriegsende zu Millionen aus ihrer Heimat Vertriebenen (*Verlorenes Land – Gewonnene Nachbarschaft*, 1971) und seinem Engagement für die Ostpolitik Willy Brandts ausgedrückt hat, rührt von der journalistischen Vergangenheit des jungen L. her, der sein nach Kriegsende aufgenommenes Studium der Philosophie, der Anglistik und der Literaturwissenschaft abbricht, um Feuilletonredakteur bei der Zeitung *Die Welt* in Hamburg zu werden. Seit diesem Zeitpunkt hat er planmäßig zu schreiben begonnen und bereits 1951 den Sprung in die Existenz als freier Schriftsteller gewagt. Hamburg und der Norden bleiben über Jahrzehnte Lebensraum und Sphäre seiner Wirkung; heute lebt L. mit seiner Frau im dänischen Jütland.

Die zweite Werkphase des mit zahlreichen kleineren und größeren Literaturpreisen ausgezeichneten Autors (u. a. René-Schickele-Preis 1952; Literaturpreis der Stadt Bremen 1961; Gerhart-Hauptmann-Preis der »Freien Volksbühne« Westberlin 1970) setzt mit dem Hörspiel bzw. Drama *Zeit der Schuldlosen* (1961, später wie viele andere Werke verfilmt) ein; es folgen der Roman *Stadtgespräch* (1963), dann die Erzählungen *Der Spielverderber* (1965). Inzwischen hat sich L., obgleich kein Parteimitglied, für den Bundestagswahlkampf der SPD engagiert. Die Schriftstellerexistenz empfindet er zunehmend als Instanz öffentlicher politischer Verantwortung, als soziales Gewissen, ohne dass er als geborener Erzähler und Geschichtenerfinder in ein Moralisieren verfiele, vielmehr spielt er in epischer Breite alle Varianten des Denkbaren und Möglichen durch, um seine Leser wachzurütteln. »Und wenn Daniel sich gestellt hätte?«, lautet der Einleitungssatz des *Stadtgesprächs*.

Der überraschende Erfolg des im bedeutsamen Jahr 1968 – die außerparlamentarische Opposition erlebte ihren Höhepunkt, der »Tod der Literatur« wurde proklamiert – erschienenen Romans *Deutschstunde* ist in der Fähigkeit von L. begründet, anknüpfend an die großen Zeitromane des 19. Jahrhunderts, Theodor Fontanes und Wilhelm Raabes vor allem, gesellschaftliche und politische Strömungen und Entwicklungen aufzunehmen und sie erzählerisch als Lebensschicksale verstehbar zu machen. Siggi Jepsen, der Held der *Deutschstunde*, leistet seine Strafarbeit über »die Freuden der Pflicht« eigentlich für alle Deutschen – eine Lizenzausgabe erschien 1974 in der DDR. Das Erscheinen des Buchs fiel nicht zufällig auch in eine Periode erstarkender neonazistischer Umtriebe. Während sich Siggi Jepsen mit seiner Strafarbeit von der Vaterwelt ablöst, ist L. dabei zu erkunden, warum die oft gepriesene »deutsche Seele« so anfällig für den Faschismus ist. L. schließt damit an die großen Erziehungs- und Bildungsromane des 19. Jahrhunderts an, an das, was deutsche Wirklichkeit, deutsche Tradition, falsch verstandene Loyalität, deutschen Wachtraum stets ausgemacht hat. Die *Deutschstunde* ist aber auch ein Zeitroman: Die autoritär geführte Anstalt, in der Siggi Jepsen einsitzt, ist eine Chiffre der restaurativen späten Adenauer-Ära.

Der Auseinandersetzung mit dem fatalen Pflichtbegriff in der *Deutschstunde* folgt 1973 der Roman *Das Vorbild*, in dem sich L. mit dem Vorbildlichen, Leidbildhaften, dem lebensgeschichtlich Bedeutsamen, auf mehrere Figuren facettenartig verteilt, befasst. Während Siggi Jepsen die »Heimatkunde« seines Großvaters noch verspottet, wird dieses Thema der Heimat, ihres Verlustes und ihrer Wiederfindung – freilich keiner realhistorischen Heimat – im 1978 erschienenen Roman *Heimatmuseum* in epischer Breite gestaltet. Mit dem *Heimatmuseum* ist, so scheint es, dem genuinen Erzähler L. sein zweites Meisterwerk, nach der *Deutschstunde,* gelungen; reich an unvergesslichen Landschaftsbildern der Heimat Masuren, Einzelschicksalen, einverwoben in Zeit und Raum, sonderlingshaften Figuren und historischen Rückblenden. *Der Verlust* (1981) wendet sich hingegen ganz dem Privat-Subjektiven, dem Einzelschicksal zu: Sprachverlust als Verlust der menschlichen Beziehungen, als Weltverlust. Der novellenartig angelegte Roman widerruft im Sinne des Geist humaner Verantwortung den Emanzipationsprozess der Frau – Nora mit Namen! – sie bleibt bei dem Freund, der die Sprache verloren hat und gewinnt damit eine neue Identität. Der Roman *Exerzierplatz* (1985), wiederum erzählt aus der Perspektive eines Außenseiters und Sonderlings, beschreibt den Weg einer Verwandlung: Aus dem ehemaligen Exerzierplatz wird eine Baumschule, es öffnet sich ein Weg aus der Fatalität der Geschichte heraus in eine konkrete, realisierbare Utopie. Eher in das Erzählmuster des Trivialromans führt der Roman *Die Klangprobe* (1990); gemeint ist die »Tauglichkeitsprüfung« des Steinmetz und Bildhauers Bode am Material, am Stein. Leitmotivisch umspannt und gliedert den Roman die »gelungenste Figur des Meisters«, der »Wächter«, Entwicklungs- und Knotenpunkt der erzählerischen Fäden. Ganz nach dem Muster seines Erzählens wird die im Alltäglichen angesiedelte und von einer mitunter etwas aufgesetzt wirkenden Symbolik des Steins und seiner Bearbeitung durchzogene

Geschichte aus dem Blickwinkel des Sohnes Jan Bode, eines Kaufhausdetektivs, vorgetragen. Auch wenn L. in den 1990er Jahren nicht mehr im Zentrum des ›postmodernen‹ Literaturbetriebs steht, bleibt sein Rang in der deutschen Gegenwartsliteratur unbestritten – ebenbürtig seinen Generationsgenossen M. Walser, G. Grass und früher H. Böll. Die Romane der letzten Jahre, u. a. *Die Auflehnung* (1994) oder besonders *Arnes Nachlaß* (1999) – der 14-jährige Außenseiter Arne schafft es nicht, sich zu integrieren –, greifen typische Themen des Autors auf. Sein neuester Roman *Fundbüro* (2003) ist durchzogen von feiner Ironie; die Motivik des ›Findens‹ und ›Wiederfindens‹ bestimmt den Roman um den 24-jährigen Henry Neff im Fundbüro eines Hauptbahnhofs. Die Essay-Bände *Über den Schmerz* oder zuletzt *Mutmaßungen über die Zukunft der Literatur* erinnern an den bedeutenden Essayisten L., der nach vielen Preisen und Auszeichnungen in einem über fünfzigjährigen äußerst produktiven Schriftstellerleben 1999 den Goethe-Preis der Stadt Frankfurt erhält. Was L. einmal über die Literatur gesagt hat, dass sie nämlich »das kollektive Gedächtnis der Menschen darstell(e)« (*Über das Gedächtnis*), das gilt exemplarisch für sein schriftstellerisches Gesamtwerk und seine Lebensleistung: er ist und bleibt so etwas wie das lebende Gedächtnis der Nation in der so bewegten und zerklüfteten Nachkriegs- und Gegenwartsgeschichte und ist nach wie vor einer der meist gelesenen Autoren der Gegenwart und jüngsten Vergangenheit.

Karl Hotz

Leonhard, Rudolf
Geb. 27. 10. 1889 in Lissa (heute Leszno), Provinz Posen; gest. 19. 12. 1953 in Berlin

Im französischen Exil, zur Zeit der Naziherrschaft, hat L. unter vier verschiedenen Pseudonymen publiziert und politisch gearbeitet: Als Robert Lanzer (= Landser) veröffentlichte er 1944 ein an die deutschen Soldaten gerichtetes Bändchen *Deutschland muß leben …!* Raoul Lombat war sein »nom de guerre« in der französischen Résistance. Roger Lehardon und Robert Lewandowski waren weitere Decknamen, unter denen er schrieb. Das biographische Detail kann als signifikant für den Lebenslauf als ganzen verstanden werden: L. hat viele, verschiedenartige Leben gelebt und geträumt (»Gedichteträumer« nannte er sich einmal), schwankend zwischen Zukunftshoffnung und Verzweiflung. Am Anfang, 1915, steht der Aufruf »Wir wollen selbst die neue Welt errichten!«, am Ende, zurückgekehrt nach Deutschland, in die DDR, das schwarze Fazit: »Es regnet Steine.« L. hatte als Anwaltssohn eine behütete, ereignisarme Kindheit in der Provinz verbracht und dann Philologie und Jura in Berlin und Göttingen studiert. Erste praktische Erfahrungen als Jurist empfand er als abstumpfend und niederdrückend. Bei Kriegsausbruch 1914 meldete er sich als Freiwilliger, wandelte sich jedoch binnen Monaten zum Pazifisten. Er selbst hat ein Gespräch mit Walter Hasenclever, Ernst Rowohlt und Martin Buber in der Silvesternacht 1914/15 im Weimarer Hotel »Elephant« als zukunftsentscheidend bezeichnet. Die meiste Zeit des Krieges hat er, nach einem Verfahren vor dem Kriegsgericht, in Lazaretten und Irrenanstalten verbracht. Auf ein schmales Heft *Kriegsgedichte* (*Über den Schlachten*, 1914) folgte 1919 der Band *Chaos*, der alle Zyklen zum Kriegserlebnis, pro und contra, sammelt und L. als emphatischen Hasser des Krieges zeigt. Als solchen – und als Spartakussympathisanten, der er mittlerweile geworden war – stellte ihn dann auch Kurt Pinthus' berühmte Anthologie *Menschheitsdämmerung* (1919) vor. L. war zum messianischen Expressionisten geworden, der von der kommenden Revolution vorwiegend als einer geistig-seelischen sprach, aber doch auch an der Novemberrevolution 1918 und der Niederschlagung des Kapp-Putsches 1920 aktiv teilnahm. Bleibendes Verdienst hat er sich mit seinen *Polnischen Gedichten* (1918) erworben, einem damals singulären Plädoyer für das Selbstbestimmungsrecht des polnischen Volkes.

In den 1920er Jahren lebte L. als ungemein

produktiver Autor (Gedichte, Dramen, Hörspiele) und Verlagslektor der »Schmiede« (als Herausgeber der Reihe *Außenseiter der Gesellschaft*) in Berlin. Enttäuscht von der politischen Entwicklung und vom literarischen Betrieb in Berlin, ging er 1927 auf Einladung Hasenclevers nach Paris. 1932 erschien ein bemerkenswertes Buch: *Das Wort. Versuch eines sinnlichen Wörterbuchs der deutschen Sprache*, in dem L. die Wörter aus ihrer phonetischen Gestalt »klanglogisch« deutete. James Joyce war begeistert von diesem Experiment und forderte L. mit Erfolg auf, an der deutschen Übertragung seines »work in progress« mitzuarbeiten. – Nach 1933 war L. einer der energischsten Aktivisten des antifaschistischen Exils und fungierte u. a. als Vorsitzender des »Schutzverbandes Deutscher Schriftsteller« (SDS) im Ausland, als Sekretär des »Vorläufigen Ausschusses zur Vorbereitung einer deutschen Volksfront« und als Mitherausgeber der »Deutschen Freiheitsbibliothek«. 1938 erschienen seine gegen die Naziherrschaft agitierenden *Gedichte* als Tarnschrift. Zwischen Oktober 1939 und 1945 war L., ständig von der Auslieferung an die Deutschen bedroht, in Lagern interniert (Le Vernet, Les Milles) oder in der Illegalität. Nach gelungener Flucht aus dem Auslieferungslager Les Castres am 22. 9. 1943 lebte er versteckt in Marseille und beteiligte sich am Kampf der Résistance. Unter den Mitexilierten verbreitete sich das Gerücht von seinem Tod; 1944 hielt Alfred Kantorowicz in New York eine Totenrede auf ihn. Von 1944 bis 1950 lebte L., zeitweise schwer krank, wieder in Paris. Erst 1950 kehrte er, der 1947 am 1. Deutschen Schriftstellerkongress in Berlin teilgenommen hatte, in die DDR zurück. Man dankte es ihm nicht und beachtete ihn kaum. Dem Ministerpräsidenten Otto Grotewohl gestand L. im Spätherbst 1953, dass er am liebsten wieder in die Emigration ginge. Heute sind seine geschiedene Frau Susanne L. (eine sog. Renegatin) und vor allem sein Sohn Wolfgang (Yale University) bekannter als er selbst, einer der wichtigsten expressionistischen und antinazistischen Lyriker.

Werkausgaben: Ausgewählte Werke. 4 Bde. Hg. von Maximilian Scheer. Berlin 1961–1970; In derselben Nacht. Das Traumbuch des Exils. Hg. von Steffen Mensching. Berlin 2001; Der Tod des Don Quijote. Geschichten aus dem spanischen Bürgerkriege. Assenheim 1985 (= beides nicht in den Ausgewählten Werken).

Wolfgang Emmerich

Leopardi, Giacomo
Geb. 29. 6. 1798 in Recanti, Marken/Italien; gest. 14. 6. 1837 in Neapel

Die Wirren der napoleonischen Ära sowie die politische, wirtschaftliche und gesellschaftliche Transformationskrise in der Zeit zwischen ausklingender Aufklärung und beginnender Romantik ziehen in Italien auch eine Neuorientierung der Literatur nach sich, als deren Exponenten Alessandro Manzoni und Giacomo Leopardi gelten müssen. Während Manzoni mit dem historischen Roman das Paradigma eines literarischen Realismus schafft und darüber christlich-nationale Werte transportiert, sprengt L.s tiefer Skeptizismus den Rahmen einer christlich geprägten Romantik und antizipiert durch ein damit einhergehendes Sprachbewusstsein bereits Grundbefindlichkeiten der literarischen Moderne.

L. wächst als erstes Kind einer streng konservativen adeligen Familie in der mittelitalienischen Kleinstadt Recanti auf. Zeit seines Lebens beklagt er sich über das borniete Milieu seiner Heimatstadt und versucht, diesem zu entkommen. Anfangs kümmern sich sein Vater und verschiedene, zumeist geistliche Hauslehrer um seine Bildung. Bald jedoch wird der eifrige und begabte Schüler zum Autodidakten, der in der Bibliothek des Vaters eigenständig sein Latein perfektioniert und sich zudem Griechisch, Hebräisch sowie mehrere moderne Fremdsprachen aneignet. In dieser Zeit entstehen bemerkenswerte Übersetzungen aus dem Griechischen und Lateinischen, die bereits die sprachliche Sensibilität L.s

erahnen lassen, jedoch noch nicht den Rahmen klassischer Gelehrsamkeit sprengen. Dennoch müssen diese frühen Stilübungen in mehrerer Hinsicht als prägend bezeichnet werden: Einerseits erwirbt L. durch sie ein philologisches Rüstzeug und eine Textkenntnis, die die Grundlage für die Entwicklung seiner eigenen poetologischen Position bilden, andererseits stellen sie aber auch eine Last dar, von der er sich nach und nach befreien muss, um das klassizistische Gebot der Imitation zu überwinden und zu einer modernen, auf der Innerlichkeit des Dichters beruhenden Dichtungspraxis zu gelangen.

Um 1816 kommt es dabei zu dem, was L. seine »Konversion« nennt: Erstmals entdeckt er in den Texten das Schöne, macht es zur leitenden Kategorie seines Schaffens und gelangt somit von der Philologie zur Poesie. Auf diese Weise entstehen die ersten Kanzonen, die zumeist von Patriotismus und literarischer Bildung getragen sind, wie etwa »All'Italia« (»An Italien«), in dem das Schicksal eines zerrissenen Italiens beklagt wird. Die Erinnerung an die vergangene Größe gipfelt in der Hoffnung auf ein wiedergeborenes Italien. Parallel dazu schreibt L. die ersten Idyllen, die nach Einzelveröffentlichungen in Zeitschriften sehr viel später von ihm zusammen mit den Kanzonen zu der Sammlung *Canti* (1831/35; *Gesänge*, 1886) geordnet werden. Um den Sinn der Gattungsbezeichnung Idylle zu verstehen, muss man auf die etymologische Bedeutung zurückgreifen: Idylle bezeichnet im Griechischen ein kleines Bild, und als solches versteht L. Gedichte wie »L'infinito« (»Das Unendliche«), »La sera del dì di festa« (»Der Abend nach dem Fest«) und »Alla luna« (»An den Mond«). Während L. in den Kanzonen noch ein Gegenüber von Ideen überzeugen und erziehen wollte, spielen derartige Zielsetzungen in den Idyllen, die als Gegenbilder zu der von ihm als hoffnungslos empfundenen provinziellen Enge erscheinen, keine Rolle mehr. Hier geht es nur noch um die Selbstreflexivität des lyrischen Ichs, wobei der Natur eine besondere Bedeutung zukommt. Aus der Spannung zwischen einem vertrauten Außenraum und der inneren Sehnsucht nach Entgrenzung entsteht das Gefühl einer kosmischen Harmonie, die in freien Elfsilblern zu poetischer Prägnanz gelangt. Besonders sinnfällig wird dies in »L'infinito«, einem der berühmtesten Gedichte L.s: Das lyrische Ich schildert einen verlassenen Hügel, auf den es sich zurückzieht. Die visuelle Wahrnehmung der Landschaft wird jedoch durch eine Hecke so behindert, dass sich ihm kein Landschaftspanorama darbietet. Ausgehend von der nur fragmentarisch wahrgenommenen Landschaft entspinnt sich eine ganz in die Innerlichkeit des Subjektes verlegte Reflexion. Doch nicht nur in der Lyrik wird das Ich zum Fluchtpunkt des Schreibens: 1817 beginnt L. sein philosophisches Tagebuch, das er als Sammelsurium bezeichnet, *Zibaldone* (1898–1900; *Gedanken aus dem Zibaldone*, 1943), und das erst Ende des 19. Jahrhunderts gedruckt wird. Es handelt sich dabei um das eindrucksvolle Tableau einer nicht zur Ruhe kommenden Gedankenbewegung. Philosophische, ästhetische und persönliche Reflexion durchdringen einander, wobei – ohne dass die Aufzeichnungen einer expliziten Argumentationsstruktur folgen – eine rousseauistische Theorie des Verfalls als Zentrum der Textsammlung erkennbar wird, die auch in den Prosastücken und Dialogen der *Operette morali* (1827/34; *Dialoge und andere Lehrstücke*, 1978) durchscheint. Ende der 1820er Jahre versucht sich L. trotz der finanziellen Abhängigkeit von seiner Familie zu lösen, arbeitet an der Edition der *Canti* und reist über Florenz und Pisa nach Neapel, wo er 1837 an den Folgen mehrerer chronischer Krankheiten stirbt.

Werkausgabe: Gesänge, Dialoge und andere Lehrstücke, Zibaldone. Nachwort K. Stierle. Düsseldorf/Zürich 1998.

Florian Henke

Lermontow, Michail

Geb. 15. 10. 1814 in Moskau;
gest. 27. 7. 1841 in Pjatigorsk

Michail Lermontov hatte väterlicherseits schottische Vorfahren, die Mutter stammte aus einer russischen Adelsfamilie, starb jedoch früh, so dass er bei seiner Großmutter in ländlicher Umgebung aufwuchs. Nach Schulzeit und abgebrochenem Studium in Moskau ging er als Offizier nach St. Petersburg. Sein Leben nahm eine entscheidende Wende im Jahr 1837, als er durch ein Gedicht auf den Duelltod Aleksandr Puškins schlagartig berühmt wurde. Die Veröffentlichung brachte ihm zwar eine Strafversetzung in den Kaukasus ein, sicherte aber zugleich das Interesse der Öffentlichkeit an seiner Dichtung und seiner Person. Ein Jahr später konnte er nach Petersburg zurückkehren und fand nun allgemeine Anerkennung auch ihm Umkreis des Hofes. Wegen der Teilnahme an einem Duell versetzte man ihn 1840 wiederum in den Kaukasus. Im Jahr darauf wurde er dann bei einem Duell getötet.

L. hat sich in allen drei Hauptgattungen und einer Vielzahl von literarischen Formen betätigt. Gedichte schrieb er schon im Knabenalter, und 1830 hatte er ein erstes Drama abgeschlossen. Er begann einige Prosawerke, darunter die Romane »Vadim« (1832–34; »Vadim«) und »Knjaginja Ligovskaja« (1836; »Die Fürstin Ligovskaja«), die beide Fragmente blieben. 1835 schrieb er das Drama »Maskarad« (»Die Maskarade«), 1838/39 beendete er die Versepen »Mcyri« (»Der Novize«) und »Demon« (»Der Dämon«), die 1840 mit einer kleinen Gedichtauswahl (26 Texte) in dem Buch *Stichotvorenija M. Lermontova* (Gedichte M. Lermonotovs) veröffentlicht wurden. 1840 erschien auch sein einziger abgeschlossener Roman *Geroj našego vremeni* (*Ein Held unserer Zeit*, 1845).

Unter seinen Versdichtungen finden sich einige originelle Balladen, darunter eine kaukasische Variante der Lorelei (»Tamara«, 1841) sowie Adaptionen russischer Volksdichtung, deren Stil er in erstaunlich authentischer Weise nachzuahmen versteht. In »Smert' poèta« geht L. – ohne den Namen Puškins ausdrücklich zu nennen – mit der nach seiner Auffassung für dessen Tod verantwortlichen Gesellschaft ins Gericht. Seine Anklage verbindet sich mit einem tragischen Dichterverständnis, das im Bild des Dornenkranzes Ausdruck findet, der sich unter dem Lorbeerkranz, dem Attribut

des gefeierten Dichters, verbirgt. Das Gedicht »Prorok« (1841; »Der Prophet«), das an Puškins gleichnamiges Gedicht (1826) anknüpft, variiert dieses Bild, indem es den zum Propheten berufenen Dichter zeigt, der seinen Verkündigungsauftrag verfehlt, dessen Leiden sinnlos ist, da seine Botschaft von denen, an die sie sich richtet, nicht gehört wird. Der Dichter-Prophet wird von der Welt verachtet, nicht zuletzt deswegen, weil er seinen Mitmenschen ihre Laster vorgehalten hat. Die Legitimation des Dichters durch Gott wird zweifelhaft, denn Gott kommt in L.s Gedicht nur noch als derjenige vor, der die Gabe verleiht, danach aber verstummt. Die Verserzählung »Demon« nannte L. im Untertitel eine »orientalische Legende«. Die Titelgestalt ist ein gefallener Engel, den Gott dazu verdammt hat, als Geist des Bösen eine ruhelose, einsame Existenz zu führen. So schwebt er über den Bergen des Kaukasus, bis der Anblick der schönen Tamara in ihm die Hoffnung auf Erlösung keimen lässt. Es gelingt ihm tatsächlich, durch ein wortgewaltiges Reue- und Liebesbekenntnis Tamara zu rühren, aber der Kuss, den er ihr abringt, tötet sie. Er bleibt allein und ohne Hoffnung zurück, während ein Engel ihre Seele in den Himmel holt. Die exotische Situierung und der legendenhafte Stoff dürfen nicht darüber hinwegtäuschen, dass L. hier auch die Befindlichkeit seiner eigenen Generation gestaltet hat. Der Dämon ist ein im romantischen Sinne ambivalenter Charakter, er repräsentiert nicht nur das Böse, sondern er ist auch ein Ausgestoßener und Leidender – Züge, die sich auch beim »Helden unserer Zeit« wiederfinden.

Ob *Geroj našego vremeni* als »Roman« bezeichnet werden kann, ist durchaus nicht unumstritten, da er – abgesehen vom geringen Umfang – eine für die Gattung untypische Erzählstruktur aufweist. Es handelt sich um fünf weitgehend selbständige Erzählungen, die zwar durch Figuren bzw. Erzähler miteinander verkettet sind, hinsichtlich der Handlung aber abgeschlossene Teile bilden. Eine komplexe Rahmenstruktur bewirkt, dass das Geschehen mehrfach vermittelt erscheint und durch diese Indirektheit und die wechselnde Perspektivierung die Ereignisse undeutlich oder uneindeutig erscheinen. Die erste Erzählung »Bėla« hat als Erzähler einen Reisenden, der im Kaukasus dem Stabshauptmann Maksim Maksimyč begegnet. Dieser wiederum berichtet dem Erzähler von Pečorin, dem mit dem Titel des Romans apostrophierten »Helden unserer Zeit«. Was er berichtet, ist eine einige Zeit zurückliegende Episode, deren Augenzeuge der Stabshauptmann war, der hier in die Funktion des Binnenerzählers tritt. Die zweite Erzählung verbleibt in der Gegenwart des reisenden Erzählers und stellt nun Maksim Maksimyč und sein Verhältnis zu Pečorin in den Vordergrund. In diesem Teil findet auch die einzige Begegnung des reisenden Erzählers mit Pečorin statt. Der Erzähler erhält hier die Aufzeichnungen Pečorins, die dieser zuvor Maksim Maksimyč übergeben hat. In einem Herausgebervorwort wird anschließend die Auswahl der Texte erläutert und deren Inhalt zum Titel des Romanzen in Beziehung gesetzt. Damit lassen sich die beiden ersten Erzählungen als Rahmenhandlung zu dem Folgenden lesen.

Die Erzählungen des »Žurnal Pečorina« (Tagebuch Pečorins) sind in sich wiederum unterschiedlich geartet. Die erste, »Taman'«, trägt im Titel den Namen eines Hafenstädtchens am Schwarzen Meer und schildert in einer Rückschau ein abenteuerliches Erlebnis mit einer Schmugglerbande. Die umfangreichste der fünf Erzählungen, »Knjažnja Mėri« (Prinzessin Mary), besteht aus datierten Tagebuchaufzeichnungen Pečorins. Bisweilen liegen die Ereignisse und die Aufzeichnungen, wie zu erwarten, recht eng beieinander, aber oft weiten sich Eintragungen zu einem Tag auch zu längeren, zusammenhängenden Erzählungen aus. Die letzte Erzählung, »Der Fatalist« ist hingegen wieder eine Ich-Erzählung in der Art von »Taman'«, d.h. eine rückblickende Darstellung eines abgeschlossenen Geschehens.

Als Roman lässt sich dieses recht komplizierte Gebilde nur dann auffassen, wenn man erstens davon ausgeht, dass es in jedem der fünf Teile vor allem um Pečorin geht, auch wenn andere Figuren oder Ereignisse im Zentrum zu stehen scheinen, und zweitens, wenn man von einem romantischen Romankonzept ausgeht: d.h., der Roman konstruiert keine ganzheitliche Welt, sondern er liefert nur Fragmente oder Facetten zu einem Bild, das letztlich unvollständig und rätselhaft bleibt. Bėla in der gleichnamigen ersten Erzählung ist eine tscherkessische Fürstentochter, in die sich Pečorin verliebt hat, die er entführt und deren Zuneigung er allmählich gewinnt. Schon bald aber wird er dieser seltsamen Zweisamkeit überdrüssig und vernachlässigt Bėla. Schließlich wird sie von einem Rivalen erneut entführt und bei der Flucht tödlich verletzt; sie stirbt in Pečorins Armen, der dies ohne große innere Regung hinzunehmen scheint. Die beiden retrospektiv erzählten Teile von »Pečorins Tagebuch« scheinen auf den ersten Blick weniger vom Charakter Pečorins preiszugeben. In »Taman'« schildert er, wie er nur mit knapper Not der Ermordung durch die Schmuggler entkommt, die von ihm verraten zu werden fürchten. »Der Fatalist« handelt von einer Wette zwischen Pečorin und dem serbischen Offizier Vulič über die Frage, ob eine höhere Instanz (Schicksal) über den Menschen bestimmt. Vuličs Meinung wird in fataler Weise doppelt bestätigt: Zuerst versagt die Pistole, die er zur Probe auf sich selbst richtet, doch findet er in derselben Nacht – wie es Pečorin voraussah – den Tod; er wird von einem Betrunkenen erschlagen.

Innerhalb der Aufzeichnungen Pečorins bildet »Knjažnja Mėri« den mittleren und zugleich umfangreichsten Teil des Romans – er umfasst gut die Hälfte des Gesamttextes. Das Besondere dieses Tagebuchs ist, dass es zugleich unmittelbares Erleben wiedergibt und aus distanzierter Sicht kommentiert. Schauplatz ist Pjatigorsk, ein Kurort am Fuße des Großen Kaukasus. Die Handlung lässt sich in drei Komplexe unterteilen: Im ersten geht es um eine Verführungsgeschichte, die an die um Bėla erinnert, deren Opfer jedoch nur getäuscht und gekränkt wird, aber sonst unversehrt bleibt. Der zweite handelt von dem Versuch Pečorins, eine frühere Liebesbeziehung zu einer inzwischen verheirateten Frau wiederzubeleben. Als Folge des ersten Verführungsversuchs kommt es schließlich zu einem Duell mit einem Rivalen, der dabei – obwohl er das Duell zur Farce machen will – getötet wird. Schon die zeitgenössische Literaturkritik hat damit begonnen, den Charakter Pečorins aus den gesellschaftlich-politischen Zusammenhängen der Zeit erklären zu wollen, die allerdings im Roman selbst kaum thematisiert werden. Was gezeigt wird, sind lediglich die Konventionen der gehobenen Gesellschaft, die einen nach Freiheit drängenden Geist wie Pečorin provozieren müssen – worauf er seinerseits mit Provokation antwortet. Die Kehrseite seines Freiheitsdrangs und seines Individualismus ist die Unfähigkeit zu zwischenmenschlichen Bindungen. Die manchmal aufscheinenden Gefühlsimpulse werden von seiner kalt berechnenden Vernunft wieder eliminiert. Diese inneren Widersprüche machen ihn zu einem Außenseiter, der trotz seiner moralischen Verfehlungen ähnlich tragische Züge aufweist wie der Dämon in der Verserzählung »Demon«. In der Lord Byron verwandten Haltung stolzer Einsamkeit und rebellischer Ablehnung der Gesellschaft zeigt sich L. als typischer Romantiker, seine psychologische Darstellungstechnik hingegen macht ihn zum Vorläufer des Realismus.

Werkausgabe: Ausgewählte Werke. 2 Bde. Hg. R. Opitz. Frankfurt a. M. 1989.

Frank Göbler

Leskov, Nikolaj
Geb. 16. 2. 1831 in Gorochovo, bei Orel/Russland; gest. 5. 3. 1895 in St. Petersburg

In der Familie eines Beamten geboren, wurde Nikolaj Leskov schon mit sechs Jahren zum Waisen und wuchs bei der sehr religiösen Großmutter auf. Diese nahm ihren Enkel zu mehreren großen Wallfahrten und Klosterreisen mit, wodurch der junge L. die religiöse Kultur Russlands sehr früh und intensiv kennenlernte. Er besuchte das Gymnasium in Orel, beendete es aber nicht, vielmehr nahm er 16-jährig in Orel eine Stelle als Gerichtsschreiber an. Aufmerksam und fleißig machte er in der Verwaltung Karriere und wurde nach Kiev an den Rechnungshof versetzt. Dort quittierte er nach sieben Jahren den Staatsdienst und begann, für die englische Handelsfirma Scott & Wilkins zu arbeiten, für die er vier Jahre kreuz und quer durch Russland reiste. Des Reisens überdrüssig versuchte L. als 29-Jähriger (1860), sich eine neue berufliche Zukunft auf seinem literarischem Talent aufzubauen: Er schrieb regelmäßig Artikel für St. Petersburger Zeitungen und knüpfte Kontakte zur literarischen Szene (u. a. im Moskauer Salon der Gräfin Salias des Tournemire). Mit Erfolg: Er wurde Korrespondent von *Russkaja reč'* (Russische Rede) und ließ sich 1861 in St. Petersburg nieder. Als im Mai 1862 in der Stadt Brände ausbrachen, forderte er in einem Artikel eine rasche und sachliche Aufklärung der Hintergründe. Dadurch fühlten sich die Radikalen provoziert, denen die Polizei die Brände anlastete. Es kam zu einem öffentlich ausgetragenen Streit, in dem L. die liberale Presse beschimpfte, während diese ihn einer besonderen Nähe zu den Hardlinern der Innenpolitik verdächtigte. Verbittert nahm L. eine Stelle als Korrespondent der *Severnaja pčela* an, für die er in den Folgejahren aus Litauen, Weißrussland, Böhmen und Frankreich berichtete. In Paris schrieb er die erste Erzählung »Ovcebyk« (1863; »Der Schafochs«, 1926), die in *Otečestvennye zapiski* erschien.

In den Folgejahren beteiligte er sich an der literarischen Polemik um den Nihilismus mit Romanen wie *Nekuda* (1864; Ohne Ausweg), die von der linken Kritik verrissen wurden. Später wandte er sich stärker der Beschreibung des ländlichen Lebens zu. Im Zentrum der Novelle *Ledi Makbet Mcenskogo uezda* (1865; *Lady Macbeth aus dem Landkreis*

Mzensk, 1921) steht eine junge Frau, die in einen streng geführten Kaufmannshaushalt verheiratet wird, sich aus Leichtsinn mit einem Diener einlässt und aus Liebe zu ihm ihren Mann, ihren Schwiegervater und schließlich auch ihren Sohn ermordet. Auf dem Weg ins Straflager muss sie feststellen, dass ihr Liebhaber ihr bei der ersten Gelegenheit untreu wird.

Die Figuren sind im bewussten Gegensatz zu Ivan Turgenevs grüblerischen Helden völlig unintellektuell gestaltet und allein von Begierden und Leidenschaften getrieben. Der Roman *Soborjane* (1872; *Die Klerisei*, 1919) beschreibt das Leben dreier Geistlicher, die an einer Kathedralkirche in der Provinz ihren Dienst versehen. Dabei präsentiert der Text ein ganzes Panorama von Provinzbewohnern: Beamte bis in den Rang eines Gouverneurs, Gutsbesitzer, Städter (mit einer Gruppe lokaler Revoluzzer), Handwerker und viele sehr einfache Leute, denen die Geistlichen in ihren ärmlichen Lebensumständen nahestehen.

Als besonders typisch für L.sche Texte gelten die längeren Passagen, in denen er aus der Wahrnehmung und in der Sprache eines nicht besonders gebildeten, aber lebenserfahrenen Menschen erzählt. Technisch ist dies meist dadurch motiviert, dass ein in eine Rahmenhandlung einführender Erzähler in einer Situation der zufälligen Begegnung, etwa in einer Herberge, seine Lebensgeschichte erzählt. Zu den Geschichten von Sonderlingen, von abenteuerlichen Schicksalen und langen Lebensreisen gehören die bekannten Erzählungen »Očarovannyj strannik« (1873; »Der verzauberte Pilger«, 1925) und »Zapečatlennyj angel« (1873; »Der versiegelte Engel«, 1922). Das Erzählen ist nicht einfach nur zum gesprochenen Russisch hin stilisiert, es ist vielmehr auch sozial markiert, angereichert mit Redewendungen, Regionalismen und komischen sprachlichen Missverständnissen. In anderen Texten dient die Sprache eher dazu, einzelne zentrale Figuren zu charakterisieren, wie in »Voitel'nica« (1866; »Die Kampfnatur«, 1925) oder in »Skaz o tul'skom kosom levše i o stal'noj bloche« (1881; »Der stählerne Floh«, 1921), in dem das Verhältnis Russlands zu Westeuropa mit freundlicher Ironie angesprochen ist – hier ist der Erzähler seinem Stoff allerdings sprachlich nicht gewachsen. L. erwarb sich mit solchen Texten den Ruf, das eigentliche, das ländliche Russland auch sprachlich in die Literatur eingeführt zu haben. Politisch blieb L. angefeindet, er hatte aber eine große Leserschaft und fand deshalb in Zeitschriften und bei Buchverlegern immer Möglichkeiten zur Publikation. Er starb 64-jährig in St. Petersburg.

Werkausgaben: Gesammelte Werke. Hg. E. Müller. München 1926. – Gesammelte Werke in Einzelbänden. Hg. E. Dieckmann. Berlin, DDR 1986.

Norbert Franz

Lessing, Doris [May]
Geb. 22. 10. 1919 in Kermanshah/Persien

Doris Lessing, als Tochter britischer Eltern in Persien geboren, wo der Vater als Bankangestellter arbeitete, wuchs auf einer Farm im südafrikanischen Rhodesien (dem heutigen Simbabwe) auf, wohin die Familie 1924 auswanderte. L. verließ mit 14 Jahren die Schule und arbeitete als Kindermädchen und Sekretärin, bildete sich aber durch intensive und breitgefächerte Lektüre weiter. Von ihrem ersten Mann Frank Wisdom, den sie mit 19 Jahren heiratete und mit dem sie zwei Kinder hatte, ließ sie sich nach vier Jahren Ehe scheiden. Im Lauf ihrer Aktivitäten in den kommunistischen Kreisen Südafrikas lernte sie ihren zweiten Ehemann, den Deutschen Gottfried Lessing, kennen, doch auch diese Ehe, aus der ein Sohn hervorging, wurde nach vier Jahren geschieden. 1949 verließ L. Afrika und zog mit ihrem jüngsten Sohn nach London (ihre Anpassungsschwierigkeiten an England schildert sie dem Essayband *In Pursuit of the English*, 1960); zu diesem Zeitpunkt hatte sie bereits das Manuskript ihres ersten Romans, *The Grass is Singing* (1950; *Afrikanische Tragödie*, 1953), fertiggestellt, der – von der Kritik hochgelobt – sie mit einem Schlag bekanntmachte. Die Romanpentalogie *Children of Violence* (1952–69; *Kinder der Gewalt*, 1981–84) festigte ihr literarisches Renommee ebenso wie der Roman *The Golden Notebook* (1962; *Das goldene Notizbuch*, 1978), ihr wohl bekanntestes Werk.

Das Frühwerk L.s setzt sich in traditioneller Erzählmanier mit den Konflikten zwischen der schwarzen und der weißen Bevölkerung Afrikas auseinander und trägt unverkennbar autobiographische Züge: So zeichnen die ersten drei Bände der *Children of Violence*-Reihe die Kindheit der Protagonistin Martha Quest in Afrika, ihre gescheiterten Liebesbeziehungen sowie ihre Hinwendung zum Kommunismus nach. Im Gegensatz dazu stellt *The Golden Notebook* ein formales Experiment dar, das die Entwicklung der Hauptfigur Anna Wulf und ihren Kampf gegen einen drohenden psychischen Zusammenbruch in einem komplexen Aufbauschema zur Anschauung bringt. In einem nachträglich geschriebenen Vorwort zu *The Golden Notebook* betont Lessing ihre primär formal-stilistischen Absichten (»my major aim was to shape a book which would make its own comment, a wordless statement: to talk through the way it was shaped«) und widerspricht jenen Auslegungen, die den Roman zu einer ›Trompete für die Frauenbewegung‹ erklärten (»this novel was not a trumpet for Women's Liberation«). Im zweiten Band ihrer Autobiographie, *Walking in the Shade* (1997; *Schritte im Schatten*, 1997), weist sie autobiographische Deutungen des *Golden Notebook* zugunsten der Bedeutung der formalen Gestaltung zurück. Eine komplexe formale Struktur weist auch der von L. als »inner-space fiction« (›Innenraum-Fiktion‹) bezeichnete Roman *Briefing for a Descent into Hell* (1971; *Anweisung für einen Abstieg zur Hölle*, 1981) auf, dessen Protagonist eine Vision harmonischer Ganzheit und Integration erlebt, bei der Umsetzung dieser Vision jedoch scheitert. L.s Auseinandersetzung mit ganzheitlichen Lebenskonzepten ist nicht zuletzt auf ihr Interesse an der Mystik des Islam (Sufismus) zurückzuführen, mit der sie sich seit den 1960er Jahren beschäftigt.

Mit dem fünften Roman der *Children of Violence*-Reihe, *The Four-Gated City* (1969; *Die viertorige Stadt*, 1984), überschreitet L.  erstmals die Grenzen des ›realistischen‹ Romans, indem sie Ausbruch und Folgen eines nuklearen Dritten Weltkriegs schildert. Damit stellt dieser Text einen Vorläufer der Romanpentalogie *Canopus in Argos: Archives* (1979–83; *Canopus im Argos: Archive*, 1983–85) dar, deren erster Band, *Shikasta* (1979; *Shikasta*, 1983), Motive aus *The Four-Gated City* aufnimmt. In dieser Reihe (deren fünf Bände jeweils in sich abgeschlossen sind und auch formal eine individuelle Durchgestaltung aufweisen) entwirft L. eine Kosmologie um das galaktische Reich Canopus. Ihre von der Kritik eher negativ aufgenommene Hinwendung zum *space fiction*-Genre verteidigte L., indem sie wiederholt auf die Bedeutung des Vorstellungsvermögens für den literarischen Schaffensprozess hinweist; so z. B. im Vorwort zum dritten Band der *Canopus*-Reihe, *The Sirian Experiments* (1981; *Die sirianischen Versuche*, 1985): »Why is it that writers, who by definition operate by the use of their imagination, are given so little credit for it? We ›make things up‹. This is our trade.« Für einen Eklat sorgte L. mit der Bekanntgabe, die unter dem Namen ›Jane Somers‹ erschienenen Romane *The Diary of a Good Neighbour* (1983; *Das Tagebuch der Jane Somers*, 1984) und *If the Old Could …* (1984; *Die Liebesgeschichte der Jane Somers*, 1985), die von mehreren Verlagen – darunter L.s Stammverlag Cape – abgelehnt worden waren, stammten in Wirklichkeit aus ihrer Feder. L.s Erklärung, sie habe auf diese Weise auf die Schwierigkeiten junger Autoren hinweisen wollen, im literarischen Establishment Fuß zu fassen, provozierte die Entrüstung von Verlegern und Kritikern. Um die Jahrtausendwende belegen L.s Romane *Mara and Dann* (1999; *Mara und Dann*, 2001) und *Ben in the World* (2000; *Ben, in der Welt*, 2000) das anhaltende Interesse der Autorin an phantastisch-utopischen Literaturformen.

Neben mehr als 20 Romanen und zahlreichen Kurzgeschichten schrieb L. Dramen, Gedichte, den von Charlie Adlard illustrierten Comic *Playing the Game* (1995), nichtfiktionale Texte – darunter *African Laughter* (1992; *Rückkehr nach Afrika*, 1992), wo sie vier Besuche in Simbabwe, dem Land ihrer Kindheit, schildert –, autobiographische Bände sowie die Libretti zu Opern von Philip Glass, die auf Romanen aus der *Canopus in Argos*-Reihe basieren. Immer wieder protestiert L., deren Romane oft auf den Begriff ›Ideenroman‹ reduziert und deren literarische Fähigkeiten häufig unterschätzt werden, gegen die Einordnung ihrer Texte in klar abgegrenzte Kategorien und gegen die Vereinnahmung ihrer Person und ihrer Texte durch ideologische Interessen. Auch äußert sie sich wiederholt kritisch gegenüber dem universitären Lehrbetrieb und dem Umstand, dass literarische Texte gegenüber der ›Sekundärliteratur‹ oft ins Hintertreffen geraten, so z. B. im Vorwort zu *The Golden Notebook*: »It is possible for literary students to spend more time reading criticism and criticism of criticism than they spend reading poetry, novels, biography, stories. A great many people regard this state of affairs as quite normal, and not sad and ridiculous.« 2007 erhielt L. den Nobelpreis für Literatur.

Britta Bücher

Lessing, Gotthold Ephraim
Geb. 22. 1. 1729 in Kamenz;
gest. 15. 2. 1781 in Braunschweig

Eine von dem Dramatiker Heiner Müller geschaffene Theaterfigur stellt sich mit der folgenden Sentenz dem Publikum vor: »Mein Name ist Gotthold Ephraim Lessing. Ich bin 47 Jahre alt. Ich habe ein/zwei Dutzend Puppen mit Sägemehl gestopft, das mein Blut war, einen Traum vom Theater in Deutschland geträumt und öffentlich über Dinge nachgedacht, die mich nicht interessierten.« Diese Absage an eine pathetisch-inhaltsleere Klassikerverehrung ist nur scheinbar provokant. In Wirklichkeit bleibt auch sie in den Vorstellungen befangen, die von jeher das Bild bestimmt haben, das man von der Person und dem Werk L.s entworfen hat. Da ist zunächst das Stereotyp vom unpoetischen Dichter, dessen keineswegs gemütvolle Stücke einer »dramatischen Algebra« gehorchen, die man nur »frierend bewundern« kann (Friedrich Schlegel); da ist ferner der Traum vom Theater und seiner nationalpädagogischen Aufgabe, zu deren Erfüllung nur das Publikum fehlte, wie L. am Ende seiner *Hamburgischen Dramaturgie* (1767–1769) resigniert feststellen muss; und da ist schließlich der Kritiker und bisweilen unversöhnliche Polemiker L., der mehr an der Form und der öffentlichen Wirkung seiner aufklärerischen Schriften als an den Inhalten oder der Wahrheit der jeweiligen Streitsache interessiert war. Man hat die Zeitumstände bedauert, unter denen der Autor gelitten hat, und gleichzeitig die konsequente Haltung bewundert, mit der er, trotz vieler misslingender Pläne und unverschuldeten Unglücks als einer der ersten im »bürgerlichen« Zeitalter das Leben eines freien Schriftstellers führte. Diese Freiheit verdankte er vor allem seiner universalen Bildung.

Bereits im Kindesalter wird L. von seinem Vater, einem theologisch ehrgeizigen lutherischen Pfarrer, durch Privatunterricht auf seine schulische und universitäre Laufbahn vorbereitet, die selbstverständlich zum Predigeramt führen sollte. Die an den Kurfürsten von Sachsen gerichtete Bitte des Vaters, seinen Sohn als »Alumnus mit einer freyen Kost-Stelle« in die Fürstenschule St. Afra in Meißen aufzunehmen, wird 1737 gewährt. Der Schüler übertrifft die in ihn gesetzten Erwartungen. Nach der hervorragend bestandenen Aufnahmeprüfung (1741) und ersten Konflikten mit der Schulordnung (»ein guter Knabe, aber etwas moquant«) fügt sich L. schnell in das »klostermäßig« geregelte Leben der Eliteschule. Der umfangreiche Lehrplan berücksichtigt vor allem die alten Sprachen; Latein, Griechisch, Hebräisch; mit zeitgenössischer, gar deutscher Literatur oder Zeitschriften können sich die Schüler nur in den wenigen Nebenstunden oder privaten Kolloquien beschäftigen. Erste schriftstellerische Versuche entstehen jedoch schon während der Meißener Zeit. Als L. 1746 aufgrund seiner guten Leistungen vorzeitig entlassen wird, hat er im Gepäck nach Leipzig, wo er sich zum Theologiestudium immatrikuliert, den Entwurf zu dem Lustspiel *Der junge Gelehrte*, das 1748 von der Neuberschen Theatertruppe mit großem Erfolg aufgeführt wird. Unter einem Vorwand zitieren ihn die besorgten Eltern nach Hause, da sie mit Recht vermuten, dass er im Umgang mit einem als ›Freigeist‹ verrufenen Verwandten, Christlob Mylius, sein Studium vernachlässigt habe. L. wechselt das Studienfach, ändert aber kaum seine Lebensweise, die enger mit dem Theater als der Universität verknüpft ist. Es entstehen eine Reihe von Stücken, die sich äußerlich an die sächsische Typenkomödie anlehnen, die Publikumserwartung aber produktiv durchbrechen, indem sie Vorurteilshaltungen nicht bestätigen, sondern als solche entlarven (*Der Freygeist/ Die Juden*, 1749). Um seinen Leipziger Gläubigern zu entgehen, zieht L. noch 1748 nach Berlin, wo er sich als Redakteur verschiedener Zeitschriften eine Existenzgrundlage schafft. »Ich lernte einsehen«, heißt es in einem Brief an die Mutter, »die Bücher würden mich wohl gelehrt, aber nimmermehr zu einem Menschen machen.« Das Studium hat er zwar dennoch mit einer philosophischen Magisterarbeit in Wittenberg abgeschlossen (1752), aber erst nachdem er sich einen Namen als Rezensent wissenschaftlicher und literarischer Neuerscheinungen erworben hatte, dessen Einfluss stetig wachsen sollte: »Sagt Er, die Schrift sey gut, so druckt sie jedermann« (Johann Wilhelm Ludwig Gleim, 1751). Die Wirkung seiner Kritik beruhte auf ihrer dialogischen Form. Der Leser wird direkt angesprochen und in die Entwicklung des Gedankenganges einbezogen – zwangsläufig auch das Opfer der Polemik, wie der Pfarrer Samuel Gotthold Lange, dessen Horaz-Übersetzung L. kritisiert hatte, um die Entgegnung Langes mit einem *Vade Mecum* (1754) zu beantworten, das in seiner Unmittelbarkeit neue Maßstäbe für das sonst eher moderate Streitgespräch unter Gelehrten setzt: »Ein Glas frisches Brunnenwasser, die Wallung Ihres kochenden Geblüts ein wenig niederzuschlagen, wird Ihnen sehr dienlich seyn, ehe wir zur ersten Unterabtheilung schreiten. Noch eines Herr Pastor! Nun lassen Sie uns anfangen.«

Neben der Rezensionstätigkeit widmet sich L. weiterhin dem Theater. Er schreibt ein Fragment gebliebenes politisches Trauerspiel über den Berner Bürgeraufstand (*Samuel Henzi*, 1749) und gibt zusammen mit Christlob Mylius die *Beyträge zur Historie und Aufnahme des Theaters* heraus, die er ab 1754 als *Theatralische Bibliothek* allein fortsetzt. Eine Sammlung seiner Arbeiten erscheint zwischen 1753 und 1755 unter dem Titel *Schrifften*, darunter auch die »Rettungen« historisch verkannter Autoren. Ihre Rehabilitierung bildet das Gegenstück zur aktuellen Streitschrift. Während L. hier eindeutig Stellung nimmt, hält er zu den zeitgenössischen »Literaturparteien« auffällige Distanz. Gleichwohl beteiligt er sich an der poetologischen Diskussion, am erfolgreichsten mit seinem 1755 uraufgeführten »bürgerlichen Trauerspiel« *Miss Sara Sampson*, das die von Johann Christoph Gottsched gezogenen Gattungsgrenzen bewusst ignoriert. Die empfindsame Familientragödie verfehlte nicht ihre Wirkung auf das identifikationsbereite Publikum: »die Zuschauer haben drey und eine halbe Stunde zugehört, stille gesessen wie Statüen, und geweint«. Nicht zufällig entwirft L. zur selben Zeit eine Theorie der Affekterregung und ihrer moralischen Wirkung im Briefwechsel mit seinen Freunden Moses Mendelssohn und Friedrich Nicolai (1756/57). Die Tragödie »soll unsre Fähigkeit, Mitleid zu fühlen, erweitern«. Denn der »mitleidigste Mensch ist der beste Mensch, zu allen gesellschaftlichen Tugenden, zu allen Arten der Großmuth der aufgelegteste«.

In der Lebenspraxis ließ sich dieser aufklärerische Optimismus freilich seltener bestätigen als auf dem Theater. Noch während des Briefwechsels muss L. einen Prozess gegen einen jungen Leipziger Kaufmann anstrengen, den er auf einer mehrjährigen Bildungsreise durch Europa begleiten sollte, die bei Ausbruch des Siebenjährigen Krieges unterbrochen worden war; seine Entschädigungsforderungen sind erst Jahre später anerkannt worden. Der Krieg vereitelt zwar L.s Reisepläne (»Dank sey dem Könige von Preußen!«), verschafft ihm aber, paradox genug, zum ersten Mal eine feste Anstellung. Er gibt die Mitarbeit an den bei Friedrich Nicolai verlegten und vielbeachteten *Briefe(n) die Neueste Litteratur betreffend* (von 1759 bis 1765) auf und geht, völlig überraschend für seine Berliner Freunde, 1760 als Regimentssekretär nach Breslau. Patriotische Gefühle haben bei diesem Entschluss keine Rolle gespielt. Erst kurz zuvor hatte L. in seinem – lange unverstanden gebliebenen – Trauerspiel *Philotas* (1759) die Inhumanität des Krieges und den blinden Heroismus seiner »Helden« verurteilt. Die fluchtartige Abreise, über die sich L. selbst »jeden Tag wenigstens eine Viertelstunde« wundert, bedeutet keinen Bruch mit seinem bisherigen Leben als Schriftsteller. Die Breslauer Amtsgeschäfte lassen genügend Zeit für private Studien, und das Offiziersmilieu gibt ihm willkommene Gelegenheit, seine Spielleidenschaft zu befriedigen. Es entstehen Vorarbeiten zum *Laokoon* (1766) und nebenbei Milieustudien zu *Minna von Barnhelm oder das Soldatenglück* (1767), einer Komödie »von spezifisch temporärem Gehalt« (Johann Wolfgang Goethe), in der ebensooft von Liebe und Ehre wie von Geld die Rede ist und in die L.s Erfahrungen mit abgedankten Offizieren, Kriegskontributionen und dem preußischen Polizeiwesen in einer nicht nur die Zensurbehörden in Aufregung versetzenden Wirklichkeitsnähe eingegangen sind: das Berliner Publikum ist begeistert, während das Stück in Hamburg nur mäßigen Erfolg hat. L. ist zu dieser Zeit bereits als Berater und »Dramaturg« des neugegründeten »Nationaltheaters« in der Hansestadt, einem Unternehmen, das nach weniger als einem Jahr an dem mangelnden Publikumsinteresse scheitert: »Über den gutherzigen Einfall, den Deutschen ein Nationaltheater zu verschaffen, da wir Deutsche noch keine Nation sind!« (*Hamburgische Dramaturgie*, 101– 104 St.) Als auch ein von L. mitgetragenes Verlagsunternehmen nicht den erwarteten Erfolg hat und die Schulden des nun wieder ›freien‹ Schriftstellers wachsen, nimmt er eine ihm vom Braunschweiger Hof angebotene Bibliothekarsstelle in Wolfenbüttel an. Sein Gehalt ist jedoch so gering, dass die Heirat mit Eva König, einer Hamburger Kaufmannswitwe, mit der er sich 1771 verlobt, zunächst aufgeschoben werden muss. L. leidet unter der Einsamkeit in Wolfenbüttel, die er mit Reisen nach Dresden und Wien unterbricht, wo er auch neue Stellenangebote prüft. Zum Hofleben hält er Abstand. An Eva König schreibt er zum Jahreswechsel 1772/73, er sei »bey Hofe gewesen, und habe mit andern gethan, was zwar nichts hilft, wenn man es thut, aber doch wohl schaden kann, wenn man es beständig unterläßt: ich habe Bücklinge gemacht, und das Maul bewegt.«

Dass sein Trauerspiel *Emilia Galotti* (1772) wenige Monate zuvor im Rahmen eines höfischen Festes ohne Skandal uraufgeführt werden konnte, ist heute nur schwer vorstellbar. Der Missbrauch fürstlicher Macht wird ebenso deutlich kritisiert wie die Ohnmacht des Bürgers geschildert, der seine Tochter tötet, um sie vor »der Schande« eines Mätressenschicksals zu bewahren; der heroische Schluss steht dabei jedoch im Widerspruch zu L.s eigener Forderung nach »Wahrscheinlichkeit der Umstände« und Charaktere *(Hamburgische Dramaturgie)*, die dem Zuschauer eine Identifikation mit der Hauptfigur im Sinne der Mitleidstheorie erlauben sollen. Entfernt sich L. hier bereits von seinen poetologischen Grundsätzen, gilt dies in noch weit stärkerem Maß von seinem letzten Stück, dem »dramatischen Gedicht« *Nathan der Weise* (1779), das als didaktisches Parabelspiel keinen festen Gattungsnormen mehr unterliegt. Es verdankt seine Entstehung den theologischen Auseinandersetzungen, die L.s letzte Wolfenbütteler Jahre bestimmen. Von rein theologischem Interesse scheint auch das erste Manuskript zu sein, das L. aus der umfangreichen Sammlung der Bibliothek zusammen mit einem Kommentar veröffentlicht (*Berengarius Turonensis*, 1770), ein »bisher völlig unerkannt gebliebenes« Dokument zum Abendmahlsstreit des 11. Jahrhunderts, mit dem der Herausgeber sich bei den lutherischen Theologen in »einen lieblichen Geruch von Rechtgläubigkeit« zu setzen weiß. Der Herzog erteilt ihm daraufhin Zensurfreiheit für die Publikation weiterer Beiträge *Zur Geschichte der Litteratur. Aus den Schätzen der Herzoglichen Bibliothek zu Wolfenbüttel* (1773–81), deren dritter Teil dann allerdings eine Abhandlung enthält, die L. weder in den »Schätzen« der Bibliothek entdeckt noch aus Gründen orthodoxer Rechtgläubigkeit in die *Beyträge* aufgenommen hat. Es handelt sich um einen Abschnitt aus der *Apologie oder Schutzschrift für die vernünftigen Verehrer Gottes* von Hermann Samuel Reimarus, einer radikal-deistischen und bibelkritischen Schrift, die L. von den mit ihm befreundeten Kindern des Hamburger Philologen nach dessen Tod erhalten hat.

Das erste daraus veröffentlichte *Fragment eines Ungenannten* (1774) bleibt zunächst unbeachtet. Durch eine längere Abwesenheit L.s von Wolfenbüttel wird die Veröffentlichung weiterer »Fragmente« unterbrochen. L. muss den jungen Prinz Leopold von Braunschweig auf einer mehrmonatigen Italienreise begleiten. Erst nach dieser erneuten Trennung von Eva König kann die Hochzeit im Oktober 1776 stattfinden. Im Dezember 1777 wird ein Sohn geboren, der »nur vierundzwanzig Stunden« lebt; am 10. Januar 1778 stirbt auch die Mutter. L. schreibt an einen Freund: »Lieber Eschenburg, meine Frau ist tot: und diese Erfahrung habe ich nun auch gemacht. Ich freue mich, daß mir viel dergleichen Erfahrungen nicht mehr übrig sein können zu machen; und bin ganz leicht.« Im Jahr zuvor waren fünf weitere Texte aus dem Reimarus-Nachlass erschienen. Die Kritik der Theologen ließ nun nicht länger auf sich warten, und L. wurde als der Herausgeber jener »gotteslästerlichen Schriften« zur Verantwortung gezogen. In rascher Folge entstehen seine Verteidigungsschreiben und Repliken auf eine immer direkter werdende Kritik, die vor allem von dem Hamburger Hauptpastor Johann Melchior Goeze ausging. In ihrer Brillanz und sprachlichen Ausdruckskraft markieren diese polemischen Streitschriften (*Über den Beweis des Geistes und der Kraft,* 1777; *Eine Duplik,* 1778; *Eine Parabel. Nebst einer kleinen Bitte; Axiomata; Anti-Goeze 1–11,* 1778) einen Höhepunkt der Aufklärung in Deutschland. Da der Disput öffentlich ausgetragen wird und noch dazu in deutscher Sprache statt im exklusiven Gelehrtenlatein, beendet ein herzogliches Publikationsverbot die Kontroverse und enthüllt damit erst ihre politische Brisanz.

In dieser Situation erinnert sich L. an einen älteren Dramenentwurf, den er auszuarbeiten beginnt und dem Publikum, vor dem er im Fragmentenstreit zum Schweigen verurteilt ist, zur Subskription anbietet. »Es wird nichts weniger«, heißt es in einem Brief an den Bruder Karl, »als ein satirisches Stück, um den Kampfplatz mit Hohngelächter zu verlassen. Es wird ein so rührendes Stück, als ich nur immer gemacht habe falls ich nicht etwa die ganze Streitigkeit aufgeben wollte. Aber dazu habe ich noch ganz und gar keine Lust.« 1779 erscheint *Nathan der Weise.* So wie in diesem Stück der Unterschied von Vernunft und Offenbarung, von »Geist« und »Buchstabe« der Religion, von Toleranz, Humanität und ethischem Handeln poetisch gestaltet und in der Ringparabel zusammengefasst wird, dominiert L.s deistisch inspirierter Theodizee-Gedanke auch die anderen Schriften des Spätwerks (*Ernst und Falk. Gespräche für Freymäurer,* 1778; *Die Erziehung des Menschengeschlechts,* 1780). An seinen Bruder Karl schreibt L. im April 1779: »Es kann wohl seyn, daß mein Nathan im Ganzen wenig Wirkung thun würde, wenn er auf das Theater käme, welches wohl nie geschehen wird.«

Inzwischen gehört der *Nathan* zum Lektürekanon der Schulen und zum festen Inventar der Theaterspielpläne, wobei der skeptischen Voraussage L.s indessen nur zum Teil widerspricht. Mehr denn je verdankt das Lehrstück religiöser Emanzipation seine Aktualität dem traurigen Umstand einer nicht bewältigten Vergangenheit, an die man zwar ungern, aber aus bestimmten Anlässen mit einiger Gewohnheit und entsprechend abnehmender Wirkung erinnert. Das aufklärerische Drama wird zum Argument, mitunter zum Alibi eines oberflächlichen Philosemitismus, der, unter

Berufung auf eine vermeintlich unversehrte Tradition deutsch-jüdischer Symbiose, der Auseinandersetzung mit den historischen Gründen der nationalsozialistischen Rassenideologie und dem Fortbestehen eines antijüdischen Ressentiments ausweicht. Dabei ist gerade die Wirkungsgeschichte L.s unlösbar mit den Assimilationsbestrebungen der deutschen Juden im 19. Jahrhundert und ihrem spätestens seit der Reichsgründung deutlich werdenden Scheitern verknüpft. Entsprechend schwer hatten es das deutsche Publikum und die Literaturvermittler mit dem Aufklärer L. als dem Autor des *Nathan*. Man hat andere Teile des Werkes in den Vordergrund gerückt und sich ein Bild vom nationalen »Kämpfer« L. zurechtgedeutet, das sich jedoch bis heute nicht zum Porträt eines »Klassikers« runden lassen wollte.

Werkausgaben: Werke. 8 Bde. Hg. von Herbert G. Göpfert. München 1978; Sämtliche Schriften. Hg. von Karl Lachmann. 3. Aufl. besorgt durch Franz Muncker. 23 Bde. Stuttgart/Leipzig 1886–1924, Neudruck Berlin 1968.

Friedrich Vollhardt

Levi, Carlo
Geb. 29. 11. 1902 in Turin; gest. 4. 1. 1975 in Rom

Carlo Levi stammt aus einer wohlhabenden jüdischen Familie. Er studiert Medizin, wendet sich nach dem Studium aber der bildenden Kunst zu und macht sich als Maler einen Namen: Einige seiner Werke werden 1924 auf der Biennale von Venedig ausgestellt. Schon als Medizinstudent politisch engagiert, wird er 1934 als Faschismusgegner festgenommen und 1935 in das Dorf Agliano in Lukanien, der heutigen Basilikata, einer rückständigen und abgelegenen Region in Süditalien, verbannt. Im Frühjahr 1936 wird er anlässlich der Proklamation von Viktor Emanuel III. zum Kaiser von Äthiopien amnestiert. Seine Erlebnisse im Exil schreibt L. 1944 aus einem gewissen zeitlichen Abstand heraus nieder; aus diesen autobiographischen Rückerinnerungen entsteht sein bekanntester Roman *Cristo si è fermato a Eboli* (1945; *Christus kam nur bis Eboli*, 1947), der ihm weltweiten Ruhm einbringt.

Gagliano heißt der Verbannungsort in der literarischen Fiktion; die Ankunft des Ich-Erzählers dort gerät zu einem nachträglichen Eintreffen des Heilbringers Christus, der, nach einer Redensart der Dorfbewohner, die den Titel des Romans bildet, nur bis ins benachbarte Eboli, nicht aber bis nach Gagliano gelangte. Denn schnell spricht sich herum, dass der Fremde Arzt ist, und umgehend wird er zu einem Malariakranken gerufen. Er kann ihn nicht heilen, aber trotzdem genießt er während seines Aufenthaltes großes Ansehen unter der Bauern – während er die Intellektuellen des Dorfes in Beunruhigung versetzt. L. nutzt seine Zeit im Exil, um die Sitten und Gebräuche des archaischen, armen Lebens der Dorfbewohner zu beobachten – Studien, die, neben bemerkenswert realistischen Landschaftsschilderungen, in *Cristo si è fermato a Eboli* einfließen. Der Roman zählt zu den programmatischen Erzähltexten des Neorealismus, der, als Fortführung des »verismo«, der italienischen Spielart des Naturalismus, zeitgeschichtliche Phänomene ebenso realistisch wie kritisch aufarbeitet, auf die Dekadenz der bürgerlichen Gesellschaft aufmerksam macht und den italienischen Nord-Süd-Konflikt ins Licht der Öffentlichkeit rückt. *Cristo si è fermato a Eboli* wird 1979 von Francesco Rosi erfolgreich verfilmt.

Nach dem Zweiten Weltkrieg ist L. aktiv in der Politik tätig; zweimal wird er von der Linken als Unabhängiger in den Senat gewählt. Er unternimmt in jener Zeit auch zahlreiche Reisen, die er in mehreren Büchern verarbeitet. Eine anlässlich der russischen Veröffentlichung von *Cristo si è fermato a Eboli* unternommene Reise in die Sowjetunion findet ihren subjektiv-literarischen Nachhall in *Il futuro a un cuore antico. Viaggio nell' Unione*

Sovietica (1956; *Die Zukunft hat ein altes Herz. Reise in die Sowjetunion*). Ein kritisches, vorurteilsbehaftetes Deutschlandbild schlägt sich in *La doppia notte dei tigli* (1959; *Ich kam mit ein wenig Angst*, 1975) nieder. Unter L.s Reiseberichten ragen zwei heraus: In *Le parole sono pietre* (1955; *Die Worte sind Steine*, 1960) berichtet der Autor von drei zwischen 1951 und 1955 als Zeitungskorrespondent unternommenen Sizilienreisen. Mit diesem Werk erzielt L. einen weiteren Erfolg, der aber nicht an jenen seines Bestsellers *Cristo si è fermato a Eboli* heranreicht. In dem zweiten Reisebericht, der eine gewisse Beachtung erfährt, *Tutto il miele è finito* (1964; *Aller Honig geht zu Ende. Tagebuch aus Sardinien*, 1965), schildert der Autor erneut archaisches Leben.

L. stirbt in Rom, beigesetzt wird er jedoch in dem Dorf, das prägend für sein Leben war: in dem Ort seiner Verbannung, Agliano.

Sabine Witt

Levi, Primo
Geb. 31. 7. 1919 in Turin; gest. 11. 4. 1987 in Turin

»Ich glaube«, schreibt Primo Levi am Ende seines autobiographischen Berichts über das Überleben im Vernichtungslager Auschwitz *Se questo è un uomo* (1958; *Ist das ein Mensch?*, 1961), »in den Schrecken des Dritten Reichs ein einzigartiges, exemplarisches, symbolisches Geschehen zu erkennen, dessen Bedeutung allerdings noch nicht erhellt wurde: die Vorankündigung einer noch größeren Katastrophe, die über der ganzen Menschheit schwebt und nur dann abgewendet werden kann, wenn wir alle es fertig bringen, Vergangenes zu begreifen, Drohendes zu bannen.« Um Drohendes zu bannen, wollte L. Vergangenes begreifen, und er hat es für eine moralische ebenso wie literarische Pflicht gehalten, zu berichten, zu beschreiben, zu erzählen, was ihm widerfahren ist. Dabei musste er feststellen, dass, »unsere Sprache keine Worte hat, diese Schmach zu äußern, dies Vernichten eines Menschen«. Und doch war gerade er es, der für das Unsagbare eine Sprache und einen Stil fand und je sachlicher, desto eindringlicher über jenes »Vernichten eines Menschen« zu schreiben vermochte, an das ihn die Erinnerung nie verlassen hat.

Die Erinnerung hätte ihn umgebracht, kommentierte denn auch Natalia Ginzburg L.s Selbstmord. L.s letztem Buch *I sommersi e i salvati* (1986; *Die Untergegangenen und die Geretteten*, 1990), in dem er Essays über die Gefangenschaft im Lager und die Welt danach gesammelt hatte, ist als Motto eine Strophe aus Coleridges »The Rime of the Ancient Mariner« vorangestellt, in der die Qual der Erinnerung als impliziter Erzählimpuls beschworen wird. Tatsächlich war für L. das auf dem linken Arm tätowierte Mal – die Nummer 174517, unter der er in Auschwitz registriert wurde – eine Verpflichtung, sich der Qual der Erinnerung auszusetzen und Zeugnis abzulegen. Aber vor allem wollte er verstehen. »Verstehen, wie das passieren konnte«, sagte L. in dem letzten Interview kurz vor seinem Selbstmord, »ist für mich ein Lebensziel. Aber in einem tiefen Sinn, weil ich mehr verstehen will: Ich bin Chemiker, ich will die Welt um mich herum verstehen«.

Die Chemie hatte L. das Leben gerettet, denn als »Fachhäftling« in einem Labor des von dem Chemiekonzern IG-Farben betriebenen Nebenlagers Auschwitz-Monowitz konnte er überleben. Nach der Rückkehr arbeitete er bis zu seiner Pensionierung in der chemischen Industrie in Turin. Die Chemie war ihm Lebens- und Weltanschauung und sie gab einen Rahmen, innerhalb dessen er die Welt interpretierte und sie erzählend zu begreifen versuchte. So heißt der Band mit autobiographischen Erzählungen über die ersten Experimente, das Studium, die Stimmung in Italien während des Faschismus und die Arbeit nach dem Krieg *Il sistema periodico* (1975; *Das periodische System*, 1987), und die einzelnen Kapitel sind nach den Elementen betitelt. Die Wissenschaft, ihre mögliche Gefährlichkeit und ihre Anwendbarkeit, Leben und Arbeit in der Industriegroßstadt sind L.s Themen in zahlreichen Erzählungen: Die Titel und die stilistische Kühle verweisen auf die Naturwissenschaft, aber es sind die existentielle Verunsicherung und die Vereinsamung des modernen Menschen, die darin artikuliert werden. Es gehört zu L.s Besonderheiten als Schriftsteller, dass er Literatur und Wissenschaft miteinander verflochten und dass er Literatur als eine moralische Instanz auch für die Wissenschaft angesehen hat.

In dem Essay »Ex chimico« (»Chemiker i. R.«) aus dem Band *L'altrui mestiere* (1985; *Anderer Leute Berufe*, 2004) erklärt L. die Beziehung zwischen seinen beiden Berufen als Dichter und Chemiker: So wie der Chemiker die Materie umwandelt, wandelt der Dichter Erfahrung um, und so wie in der Chemie Rohstoffe zu wertvollen Substanzen umgearbeitet werden, so werden in der Dichtung individuelle Erlebnisse in allgemeine Erfahrungen, reale Ereignisse in fiktive Geschehnisse umgearbeitet. So hatte L. die lange Rückkehr nach der Befreiung aus dem Lager durch das vom Krieg verwüstete Europa nach Turin, die er in *La tregua* (1963; *Atempause*, 1964) rekonstruiert hatte, in seinem Roman *Se non ora quando?* (1982; *Wann, wenn nicht jetzt?*, 1986) zum Teil der Handlung gemacht. Mendel, der Held des Romans, ist ein nachdenklicher Handwerker und philosophischer Freiheitskämpfer, der das Leid der Juden symbolisch für das menschliche Leiden betrachtet und deshalb die Versündigung an den Juden als Versündigung an der Menschheit insgesamt versteht. Diese Verbindung zwischen der Gewaltraserei des Nationalsozialismus und der alltäglichen Gewalttätigkeit gegen Mensch und Natur thematisierte L. in seinen letzten Essays. Mit geradezu wissenschaftlicher Rationalität und großer psychologischer Subtilität zeichnete er die untergründigen Wechselbeziehungen zwischen Opfern und Tätern nach und machte das Überleben als unheilbare psychische Störung aus.

Stefana Sabin

Lewald, Fanny
Geb. 24. 3. 1811 in Königsberg;
gest. 5. 8. 1889 in Dresden

»Sieht man der Frage der Frauen-Emanzipation fest in das Auge, so zerfällt sie in verschiedene Abteilungen. Es handelt sich erstens um die gleichmäßigen Bildungsmittel für die Frauen wie für die Männer, zweitens um die Freiheit, die angeborene Begabung und das durch Unterricht und Bildung erworbene Können und Wissen, gleich den Männern, zu eigenem Vorteil und zum Besten der Gesamtheit zu verwerten, und endlich um das Recht, gleich den Männern bei der Gesetzgebung innerhalb des Staates, dessen Genossen die Frauen sind, einen Einfluss und eine Mitwirkung zu haben.« Indem L. so argumentierte, zeigte sie sich also als eine frühe Feministin, eine Autorin, die sich konsequent für die Befreiung der Frauen eingesetzt hat? Gertrud Bäumer kommt zu der Einschätzung, »daß ihre *Osterbriefe* (1863) und *Für und Wider die Frauen* (1870) das Beste sind, was in der ersten Generation der Frauenbewegung zur Sache gesagt ist«. Auch heute, nachdem L., die zu ihrer Zeit eine der meistgelesenen und wohl auch international bekannten Autorinnen war, dann aber in ›Vergessenheit‹ geriet, ›wiederentdeckt‹ wurde, lassen sich solch positive Einschätzungen finden. Gisela Brinker-Gabler bezeichnet L. als »konsequente Vorkämpferin der Frauenemanzipation« und wertet die Lewaldsche Lebensgeschichte als den »beispielhaften Weg einer bürgerlichen Frau aus Unterdrückung und Unselbständigkeit *ins Freie*«. Diese euphorischen Einschätzungen bedürfen einer Korrektur, blieb doch L. zeitlebens den patriarchalisch-bürgerlichen Vorstellungen verhaftet, wenn sie beispielsweise die Erwerbstätigkeit verheirateter Frauen als »ein Übel« betrachtet und davon ausgeht, »daß alle Mädchen es für das größte Glück erachten, einen geliebten Mann und gesunde Kinder zu haben«. Die Begrenztheit ihres Emanzipationsansatzes wird auch an der Beurteilung von Louise Aston deutlich, die durch ihr kurzgeschnittenes Haar und durch öffentliches Zigarrenrauchen für Aufsehen gesorgt hatte, diese ist für L. eine »nicht eben fördersame Vorkämpferin der Frauen-Emanzipation«. Vor- oder Leitbild können die L.schen Emanzipationsvorstellungen heute folglich nicht mehr sein, der exemplarische Charakter ihres Werks und ihrer Biographie liegt nun aber gerade darin, die Widersprüchlichkeit, die Zerrissenheit, aber auch die Anpassungsleistungen und die Zwiespältigkeit des Frauen-Emanzipationskonzeptes einer bürgerlichen Frau des 19. Jahrhunderts zu dokumentieren:» L.s Erinnerungsbuch ›Meine Lebensgeschichte‹ in dem sie ihre Mädchenjahre in Königsberg und ihre Anfänge als Schriftstellerin beschreibt, gehört zu den wichtigen Dokumenten über die Lebensverhältnisse bürgerlicher Frauen im 19. Jahrhundert. Es waren vor allem ihre darin beschriebenen Erfahrungen, die aus ihr später eine Anwältin für Frauenrechte machten« (Gisela Brinkler-Gabler). Dies sechsbändige Werk erschien erstmals 1861/62, geschrieben hat sie daran seit 1858.

L. wurde als älteste Tochter einer Kaufmannsfamilie in Königsberg geboren. Doppelt benachteiligt, wie sie bald lernen sollte, denn sie war jüdischer Herkunft und ein Mädchen. Diese doppelte Diskriminierung wurde von ihr in ihrem zweiten Roman *Jenny* aufgegriffen. Ihr Elternhaus war allerdings weniger durch die Religion bestimmt, mehr durch die preußisch-patriarchalische Haltung des Vaters. »Der Herr will es! Der Vater hat es gesagt! Das waren Aussprüche, welche für das ganze Haus die Unumstößlichkeit eines Gottesurteils hatten.« Der Vater widmete jedoch seiner ältesten Tochter viel Aufmerksamkeit, indem er sie in ihrem Bildungsdrang unterstützte. Seine Erziehung war rationalistisch, für ›weibliche‹ Schwächen war kein Platz. Wohingegen ihre Mutter ihr beständig, mit Blick auf ihre ›Bestimmung‹ als Ehefrau und Mutter, vorhielt, »daß nichts widerwärtiger und unbrauchbarer sei, als ein gelehrtes Frauenzimmer«. L. verehrte ihren Vater bis ins hohe Alter. Die Tatsache, dass er (und ihre Brüder, später der Ehemann) ihre Bücher vor Erscheinen lasen und dann die Erlaubnis zur Veröffentlichung gaben, erschien ihr nicht als Zensur. Im Gegenteil, nach dem Tod ihres Vaters überlegte sie selbst, ob ihre Äußerungen wohl sein Wohlgefallen finden würden – Selbstzensur! Auch in der Schule war ihr Wissensdrang auffällig, wurde aber sofort eingeschränkt; »Dein Kopf hätt' auch besser auf ›nem Jungen gesessen«, so der Schulrat. Bildung, ganz im Sinne der Aufklärung verstanden, blieb für sie ein Leben lang jedoch der Ansatz für die Emanzipation der Frau. Eine Bildung freilich, die das Ziel haben soll, »einem vernünftigen Mann die passende Gefährtin« zu sein, und damit »der ganzen bürgerlichen Gesellschaft zu Gute« kommen soll. Damit ist dieses Bildungsideal weit davon entfernt, Frauen die Möglichkeit zu einem selbstbestimmten Leben zu geben.

Nach der Schulzeit erlebt sie den Wartestand der Bürgerstochter auf einen passenden Mann als quälend, sie hat das Gefühl, »überflüssig und unnütz« zu sein. Ihren Eltern widersetzt sie sich, da sie nicht bereit ist, einen ungeliebten Mann zu heiraten. In dieser Zeit entwickelt sie ihre Vorstellungen von der Ehe, die herrschende Konvenienzehe lehnt sie entschieden ab: »Mir sei die Dirne, die sich für Geld verkaufe, wenn sie nichts gelernt habe und ihre Familie arm sei, nicht halb so verächtlich wie ein Mädchen, das genug gelernt habe, um sich zu ernähren, und sich für Haus und Hof verkaufe«. Sie plädiert für die Liebesheirat und befürwortet die Ehescheidung, Themen, die sie in den Romanen *Clementine* (1843) und *Eine Lebensfrage* (1845) bearbeitet.

Das Schreiben – der Anstoß kommt von einem Mann, auch die Erlaubnis vom Vater ist zwingende Voraussetzung – erlebt L. als persönliche Befreiung, als die Möglichkeit, endlich etwas Wichtiges zu tun. Dabei wird das Schreiben, so Regula Venske, »für L. zu einem Medium, in dem Aufbegehren *und* Anpassung stattfindet, in dem sie Freiräume entwickelt *und* zurücknimmt, Ausbruchsphantasien *und* Emanzipationsgedanken formuliert und diszipliniert«. Entsprechend dieser Erfahrungen fordert sie in ihren politischen Schriften und in ihren Romanen *Adele* (1855) und *Die Erlöserin* (1873) das Recht der Frauen auf Erwerb und auf eine adäquate Ausbildung. Sie lässt aber auch keinen Zweifel daran, dass der eigentliche Beruf der Frau es sei, Mutter und Ehefrau zu sein.

Da sie durch das Schreiben ihren eigenen Lebensunterhalt verdienen kann, nimmt sie als 34-Jährige eine eigene Wohnung – mit Erlaubnis des Vaters. Auf ihrer ersten Italienreise (1845) lernt sie ihren späteren Ehemann, Adolf Stahr, kennen, damals noch verheiratet und Vater von fünf Kindern – die Ehe mit L. kam erst 1855 zustande.

Emanzipation der Frau ist für L. wesentlich auf den Mann bezogen, Bildung und Erwerbstätigkeit sind diesem anzugleichen, bis zur Ehe. Die Möglichkeit eines selbstbestimmten – auch sinnlichen – Lebens, losgelöst von herrschenden bürgerlichen Normen sieht ihr Konzept nicht vor, die traditionelle Rollenverteilung und auch die Vormachtstellung des Mannes in Gesellschaft und Staat werden nicht angetastet.

Kristine Tromsdorf

Lezama Lima, José

Geb. 19. 12. 1910 in Havanna/Kuba; gest. 9. 8. 1976 in Havanna

»Verweigere nicht die Gefahr, sondern versuche immer das Schwierigste.« Diesen Rat erhält der heranwachsende José Cemí, die Hauptfigur des Romans *Paradiso* (1966; *Paradiso*, 1984), von seiner Mutter Rialta. Als Motto mag der Satz ebenso für das Leben wie für das literarische Schaffen eines Autors gelten, der mehrere literarische Zeitschriften und Lyrikanthologien herausbrachte, als Übersetzer tätig war und der Nachwelt mit verschiedenen Gedichtsammlungen, zahlreichen Essays, Erzählungen sowie zwei Romanen ein umfangreiches literarisches Œuvre hinterlässt. José Lezama Lima, dessen Vater früh verstarb, verbringt, von wenigen Ausnahmen abgesehen, sein ganzes Leben in Havanna, wo er mit seiner Mutter ein Haus in der Nähe des einstigen Prachtboulevards Prado bewohnt. Er studiert Jura und bekleidet danach zunehmend bedeutendere Posten innerhalb der staatlichen Kulturadministration, bis er sich, von der Revolution enttäuscht, zu Beginn der 1970er Jahre weitgehend aus dem öffentlichen Leben zurückzieht.

Bereits L. L.s erstes, mit 22 Jahren verfasstes Gedicht *Muerte de Narciso* (1937; *Tod des Narziß*, 2004), erregt Aufsehen. Der in sein Spiegelbild verliebte und deshalb die Liebe der Nymphe Echo verschmähende Jüngling Narziss wird darin zum Ikarus ohne Flügel, nicht ins Meer herabstürzt und dort wie sein mythologisches Vorbild ertrinkt, sondern sich am Ende in einer horizontalen Bewegung über das Meer davonmacht. Zwischen diesem ersten Gedicht und der letzten, postum veröffentlichten Lyriksammlung *Fragmentos a su imán* (1977; *Splitter um einen Magneten*) erscheinen zahlreiche weitere Bände: *Enemigo rumor* (1941), *Aventuras sigilosas* (1945), *La fijeza* (1949) und *Dador* (1960) sowie die *Poesía completa* (1970; dt. Auswahl: *Fragmente der Nacht*, 1994). Wie in *Muerte de Narciso* verliert sich das lyrische Ich auch in *Fragmentos a su imán* zwar nicht im Meer, dafür aber in den Wellenbewegungen einer mit Wucht heranbrandenden poetischen Sprache.

Unter den Literaturzeitschriften, an denen L. L. mitarbeitet und die er zum Teil auch herausgibt, ist vor allem *Orígenes* zu nennen. Die Zeitschrift bietet den führenden Intellektuellen Kubas zwischen 1944 und 1956 eine Plattform, um über Kunst, Literatur und Philosophie zu diskutieren. L.L. hat ferner eine Vielzahl kunstkritischer wie kulturtheoretischer Essays verfasst; die bedeutendsten finden sich in den beiden Sammlungen *La expresión americana* (1957; *Die amerikanische Ausdruckswelt*, 1992) und *Las eras imaginarias* (1971). In *La expresión americana* postuliert L. L. die Eigenständigkeit der lateinamerikanischen Kultur, indem er auf eine durchgängige Assimilierungspraxis verweist, die fortwährend eigene, d. h. vom präkolumbischen wie europäischen Ursprung unabhängige Sinnzusammenhänge stiftet. In »Las imágenes posibles« (in: *Obras Completas*, 1977) zeigt sich, der bereits in der Lyrik implizit geforderten Vorrangstellung der Poesie theoretisch am eindringlichsten reflektiert. Darin fokussiert der Autor den Dreh- und Angelpunkt seiner

Poetologie, in der nicht der Mensch, sondern das Bild den Anfang aller dichterischen Kreativität bildet. Hauptsächliches Werkzeug dieses letztlich autopoetischen Prozesses ist die Metapher, die in der Zusammenführung zweier Bilder über Ähnlichkeitsbeziehungen immer wieder neue Identitäten erzeugt, ohne dabei Differenzen notwendig einzuebnen.

Dies zeigt sich neben den Erzählungen (*Relatos*, 1987; Auswahl in: *Spiel der Enthauptungen*, 1991) vor allem an den Romanen, zu denen neben *Paradiso* das Fragment *Oppiano Licario* (1977; *Inferno. Oppiano Licario*, 2004) gehört. Diese aufgrund der Vielzahl ihrer alle Zeiten und Kulturen übergreifenden Anspielungen und der metaphernreichen Sprache oft als hermetisch bezeichneten Texte sind neben der Lyrik eine Fundgrube für das Verständnis des poetischen Systems L. L.s. So trägt *Paradiso* zwar zunächst noch die Züge eines traditionellen Familien-, Bildungs- oder auch Künstlerromans, weil darin zum einen die Lebensgeschichte des jungen José Cemí, seiner Familie und seiner Freunde und zum anderen sein Weg zum Dichter erzählt wird, doch steht in zahlreichen Episoden bereits eine barock anmutende Sprache im Vordergrund, die das Erzählte durch den Gestus des Erzählens überlagert, so dass feste Bezugsgrößen und dargestellte Wertmaßstäbe bald nicht mehr ohne weiteres aufzuspüren sind. Dieser Umstand lässt sich beispielhaft an der Fülle der sexuellen Abenteuer und Episoden erläutern, die für viele Kritiker und Leser bis heute das eigentliche Skandalon, aber auch die Faszination des Romans ausmachen. Verschiedene Formen von Homo- und Heterosexualität werden – nicht unkomisch – in einer Vielzahl von Episoden erzählerisch so gestaltet und in dialogischen Sequenzen auf eine Weise diskutiert, dass die Ereignisse an sich so weit in den Hintergrund treten, dass auch solche Episoden unter dem Primat der Sinnlichkeit erscheinen, die Erotik und Sexualität primär gar nicht thematisieren. Der spanische Romancier Juan Goytisolo spricht im Hinblick auf *Paradiso* daher von einem erotisierten Diskurs.

Ähnliches gilt für den postum erschienenen Roman *Oppiano Licario*. Hier wechselt zwar der Fokus in mehrfacher Hinsicht: die Handlung spielt nicht länger auf Kuba, sondern in der Alten Welt, in Europa und Nordafrika, und im Zentrum des sich oft in lang anhaltenden Dialogen über die Kunst erschöpfenden Textes steht nicht mehr José Cemí, sondern Fronesis. Der Fortgang der Handlung jedoch speist sich nach wie vor aus den sexuell-erotischen Verwicklungen der Protagonisten bzw. aus deren Versuchen, eben diese Verwicklungen zu vermeiden. Deutlicher noch als in *Paradiso* kommt es dabei in *Oppiano Licario* zu einer Fluchtbewegung der Figuren, wie sie bereits im frühen Gedicht *Muerte de Narciso* angelegt ist. So wenig die Figuren ein Lebensziel dadurch erreichen, dass sie einen Beruf ergreifen oder eine Familie gründen, so wenig findet ihr Begehren seinen Abschluss in einer festen Geschlechtsidentität. Schließlich kommt so zum Vorschein, was – auch stilistisch – bereits in L. L.s Lyrik angelegt ist und sich in seinen programmatischen Essays zeigt: das Konzept einer durch Eros bewegten Welt als Bild, in der das Subjekt der Erkenntnis zwar nicht umkommt, im Meer der heranbrausenden Zeichen wohl aber an Souveränität verliert. Ohne direkte Nachahmer für seine komplexen Textexperimente zu finden, ist die Wirkung L. L.s auf nachfolgende Schriftstellergenerationen Kubas, unter anderem auf Autoren wie Reinaldo Arenas und Severo Sarduy, zu Recht unbestritten.

Jörg Köbke

Lichnowsky, Mechtilde

Geb. 8. 3. 1879 auf Schloss Schönburg/Rottal in Niederbayern;
gest. 4. 6. 1958 in London

Die als Komtesse von Arco-Zinneberg geborene L. erscheint, trotz bayerischer Herkunft, meistens im Zusammenhang mit der österreichischen Literatur – falls sie nicht sogar für eine Österreicherin gehalten wird. In väterlicher Linie war sie mit der Kaiserin Maria Theresia verwandt, ihre Urgroßmutter war deren Enkelin. Schloss Grätz, einer der Wohnsitze der Familie Lichnowsky, der sie durch ihre Heirat mit dem Fürsten Max von Lichnowsky angehörte, lag in Österreichisch-Schlesien, damals österreichisches Kronland, heute Tschechien. Ursache für ihre Zurechnung zur österreichischen Literatur der Moderne ist allerdings mehr noch ihre Freundschaft mit Karl Kraus, mit dem sie zeitweilig eng zusammenarbeitete.

Zwischen L. und Kraus sah es am Anfang überhaupt nicht nach einer Freundschaft aus: Nicht die Kraft gegenseitiger Anziehung wirkte, sondern, zumindest auf seiten von Kraus, erhebliche Abstoßung. Die Dichterin debütierte 1915 in Berlin mit ihrem dramatischen Erstling *Ein Spiel vom Tod*, einem symbolistisch-expressionistischen Mysterienspiel, das den Einfluss Hofmannsthals bezeugt. Kraus deutete es als den Versuch einer Hochadligen, sich in der »mechanischen Wunderwelt des Theaters« zu etablieren, wo der »Hochadel auf den Privatbällen des zum Diktator aufgedunsenen Theaterhändlers die Komparserie stellt« (als »Theaterhändler« karikierte Kraus Max Reinhardt). In diesem Milieu, das ein »Generalanzeiger des Weltuntergangs« sei, höhnte er, »grast die Fürstin neben dem Literaten«. Eine doppelte Schmähung: als Anspielung auf das Grasfressen Nebukadnezars gemäß dem biblischen Buch Daniel 4,29 f. sowie als Vorwurf, die Dramatikerin nutze ihre Herkunft aus der Aristokratie, um sich in der Bühnen-»Wunderwelt« unbillige Vorteile zu verschaffen. Der Impuls, dennoch die Verbindung herzustellen, ging ganz von der Autorin aus, sie ertrotzte sich die Freundschaft förmlich, die dann sehr tief, sehr innig wurde. Sie blieb kein Ereignis nur in der Privatsphäre zweier Menschen, sondern führte sie beide darüber hinaus in der künstlerischen Arbeit am Nestroy-Projekt zusammen, das die produktive Neubelebung der dichterischen Welt des Dramatikers bezweckte; hier schuf die tonkünstlerisch begabte L. neue Kompositionen. Die Freundschaft inspirierte beide auch zu besonderen literarisch-künstlerischen Produktionen, motivierte L. zum eigenen sprachkritischen Werk und veranlasste Kraus endlich zu einer Würdigung dieser Autorin, wie er keine andere gewürdigt hat: »Eine Frau, die mehr Geist hat als sämtliche deutschen Schriftsteller zusammen.«

Nach 1933 geriet sie in scharfen Konflikt mit der NS-Diktatur in Deutschland und erlebte die Brutalität des Regimes, den Hochmut sowie die Untertanengesinnung vieler Deutscher. In zweiter Ehe mit einem Engländer verheiratet, konnte sie ihren Plan der Auswanderung nach Großbritannien doch erst nach dem Ende des Zweiten Weltkriegs verwirklichen, weil sie während der Dauer des ›Dritten Reichs‹ unter politischem Hausarrest stand. Nach der Übersiedlung auf die Insel lebte sie in einer Art selbstgewähltem Exil, im Kontakt mit deutschen Autoren der Emigration.

Den Schwerpunkt ihres literarischen Schaffens bilden erzählende und andere Prosaschriften. Sie reichen von der Liebesnovelle bis zum umfangreichen Roman. Eine erste Gruppe ihrer Veröffentlichungen, meist Romane, hat stark autobiographische Tönung: *Kindheit* (1934), *Delaïde* (1935), *Der Lauf der Asdur* (1936). Hier thematisiert die Autorin den Rollenzwang, der den Frauen in der Jugend und im Erwachsenenleben auferlegt wird, so weit, dass sie in den Wahnsinn getrieben werden wie die Protagonistin Delaïde; darüber hinaus problematisiert sie radikal die einengende Mädchenerziehung, die vor hundert Jahren hier und da die Grenze zur Folter überschritt, und überhaupt die emotionalen, Familien- und Ehekonflikte. Familie als Form des Zusammenlebens sei, sagt sie einmal, eine Erfindung des »Satans«! In der Nähe dieser Romane stehen die in L.s Todesjahr 1958 erschienenen autobiographischen Aufzeichnungen: *Heute und vorgestern*. – Im frühesten, zugleich umfangreichsten ihrer Romane: *Geburt* (1921) trug sie ein differenziertes, allerdings problematisches Porträt von Karl Kraus ein, der hier unter dem Namen Matthias Lanner figuriert.

Neben diesen Erzähltexten bildet die Prosa essayistischen Charakters eine zweite Gruppe: *An der Leine* (1950), trotz der Gattungsbezeichnung »Roman« eine Schilderung von Erlebnissen mit Tieren; die Polemik gegen die

Verherrlichung des ›Experten‹: *Der Kampf mit dem Fachmann* (1924); und nicht zuletzt ihre sprachkritische Schrift *Worte über Wörter* (1949). Diese trägt die Dedikation: »In Freundschaft dem damals lebenden Karl Kraus gewidmet und heute dem unsterblichen.« Man könnte sie sich unter ein Motto gestellt denken, das im Text selber formuliert wird: »nichts ist schöner und lehrreicher, als Forschungsreisen in die Sprache«. Die Verfasserin verspricht, sich von der Grammatik (der Schule) zu emanzipieren, um künftig drei Instanzen gelten zu lassen: das eigene Sprachgefühl, die Logik der Sprache und die Schönheit. Sprachkritik habe eine bejahende Aufgabe sowie eine verneinende. Die »Bejahung des Sprachkünstlers« biete »gewiß dem Liebhaber der Sprache eines der reizvollsten Themen und Probleme«. Doch »erscheint die wohlbegründete Verneinung des Sprach-Unkünstlers als die wichtigere und notwendigere Tat«.

Der Blick auf das sprachkritische Werk der Autorin zeigt, dass L. mit dieser Forderung ihre eigene Aufgabe benannte, eine Aufgabe vergleichbar derjenigen, der sich Kraus auf den vielen Seiten der *Fackel* gewidmet hat.

Werkausgabe: Pfäfflin, Friedrich/Dambacher, Eva (Hg.): »Verehrte Fürstin«. Karl Kraus und Mechtilde Lichnowsky. Briefe und Dokumente: 1916–1958. Göttingen 2002.

Heidi Beutin

Lichtenberg, Georg Christoph
Geb. 1. 7. 1742 in Ober-Ramstadt bei Darmstadt; gest. 24. 2. 1799 in Göttingen

Der Sohn des nachmaligen Landessuperintendenten seiner Heimat und Enkel eines erweckten Pietisten sollte eigentlich nach dem Willen seines hessischen Landesherrn Ludwig IX. von Darmstadt an der Universität Gießen unterrichten – und wurde in Göttingen Professor. Er wollte nach zwei zusammen fast zweijährigen Englandaufenthalten für immer in London bleiben – und verließ Göttingen danach nur noch dreimal für je knapp eine Woche. Er wünschte sich, als Privatier in Gotha bei seinem Bruder Lebensabend und letzte Ruhestätte zu finden – und musste doch wiederum Göttingen vorziehen. Im Mai 1763 war er zum Studium an die ganz auf England hin orientierte Aufklärungsuniversität Göttingen gekommen. Nach dem damals üblichen »triennium academicum«, in dem er sich wacker mit Philosophie, Physik, Mathematik, ja sogar Baukunst und Fortifikation herumschlug und seine Fertigkeit im Englischen und im Zeichnen verbesserte, ernährte er sich von 1766 bis 1770 als »Hofmeister« reicher englischer Studenten, teilte also das Schicksal so vieler stellungsloser »Kandidaten« seines Zeitalters. Mit mehr Glück als die meisten von ihnen, denn diese Verbindung nach England fand den Gefallen des Universitätskurators und ermöglichte so seine Karriere: 1770 wurde er zum »Professor Philosophiae Extraordinarius« ernannt, 1775 zum »Ordinarius« und lehrte in Göttingen bis zu seinem Tode reine und angewandte Mathematik, Astronomie, physikalische Geographie, unterrichtete zuerst auch in Privatstunden englische Sprache. Vor allem aber seine Collegia über Experimentalphysik, in dieser Gestalt damals vielleicht einmalig, machten ihn weit über die Grenzen Kurhannovers und Deutschlands berühmt. Nicht bloß wegen der Anschaulichkeit seiner Versuche, in denen er aufs engste Forschung und Lehre vereinigte und z. B. mit Hilfe eines Drachens die Luftelektrizität demonstrierte oder im Kleinen die Ballonaufstiege seiner Zeitgenossen durch mit Wasserstoff gefüllte Schweinsblasen und gar deren Explosivität durch den elektrischen Funken in Fernzündung vorführte. Sondern auch wegen der Art seines Unterrichts, für die ihm Alexander von Humboldt 1790 dankbar schrieb: »Wahrheit an sich ist kostbar, kostbarer aber noch die Fertigkeit, sie zu finden.«

In der Provinzstadt Göttingen, fern den kulturellen und politischen Zentren, hat er seine kleineren Entdeckungen gemacht und ist öfter dicht an großen entlanggestreift, hat mit seinen elektrostatischen Entladungen als erster das Phänomen demonstriert, auf dem heute das Xerokopierverfahren beruht, und bei dieser Gelegenheit zur Schlichtung des Streits über die Frage, ob die Elektrizität aus einer oder zwei Materien bestehe, das von Franklin vorgeschlagene plus und minus als Benennung mit den Zeichen »+« und »–« durchgesetzt.

22 Jahre lang hat er als seinen »Mietzins«, wie er das nannte, den *Göttinger Taschen Calender* redigiert, den er größtenteils auch selber schrieb: Damit propagierte er angewandte Aufklärung und verfasste Perlen deutscher Prosa obendrein. 4 1/2 Jahre hindurch gab er zusammen mit seinem Freund Georg Forster das *Göttingische Magazin der Wissenschaften und Litteratur* heraus. Viermal bearbeitete er, immer aufs Neue korrigierend und ergänzend, das Physiklehrbuch seines früh verstorbenen Kollegen und Studienfreundes Erxleben, das bis ins erste Jahrzehnt des 19. Jahrhunderts das Grundlehrbuch an allen deutschen Universitäten gewesen ist. Und damit hatte der Antisystematiker die willkommene Entschuldigung, das geplante und von ihm geforderte eigene Kompendium nicht zu schreiben.

Wie er überhaupt zu Lebzeiten mehr geplant als vollendet hat: Zweimal mindestens nahm er Anlauf zu einem großen satirischen Roman gegen Missstände seines Zeitalters. Eine Autobiographie war vorgesehen, eine Auseinandersetzung mit der Theorie des Regens, mit dem archimedeischen Problem und der Wahrscheinlichkeitsrechnung und manches mehr, wovon wir nur die Titel kennen.

»Mit der Feder in der Hand« konnte er dennoch selbstbewusst von sich sagen, »habe ich mit gutem Erfolge Schanzen erstiegen, von denen andere, mit Schwert und Bannstrahl bewaffnet, zurückgeschlagen worden sind.« So bekriegte er mit durchgehaltener Ironie im *Timorus* (1773) den Zürcher Pfarrer Johann Kaspar Lavater, als der den Berliner Aufklärer Moses Mendelssohn aufforderte, vom jüdischen zum christlichen Glauben überzutreten. 1776 mischte er sich in die damals heftig geführte Diskussion über den Büchernachdruck ein mit dem witzigen *Episteln an Tobias Göbhard.* 1777/78 griff er dann Lavaters Theorie einer »Physiognomik« an – und nicht bloß, weil er, wohl infolge einer Rachitis in seiner Kindheit, sich als kleines, verbuckeltes Männchen von dessen Heilslehre ausgeschlossen wusste. Denn die sah eine Entwicklung, dann aber auch Einteilung der Menschheit vor, deren Ziel zwar der schönste aller Menschen, der Gottessohn Christus, deren Beginn aber der Primat bildete. Ein letztes Mal, 1781/82, geißelte er Johann Heinrich Voßens ungehobeltes und borniertes Verhalten, als dieser seine Vorstellung der Transkription des griechischen Eta als »ä« durchsetzen wollte. Diese Satiren und Polemiken, die ihn unter seinen Zeitgenossen berühmt und gefürchtet gemacht haben, sind heute zwar außerhalb der Literaturgeschichten nahezu vergessen, ebenso wie seine *Ausführliche Erklärung der Hogarthischen Kupferstiche* (1794/99, Fragment), die im 19. Jahrhundert wahrscheinlich doppelt so hohe Auflagen erzielte wie seine sämtlichen übrigen Werke zusammen. Aber mit den 1600 von ihm überlieferten Briefen (geschrieben hat er wohl 6–8000, seine Korrespondenz reichte über ganz Europa) hat er sich einen Platz unter den Klassikern der deutschen Briefliteratur errungen.

Und nahezu drei Jahrzehnte hindurch zeichnete er sich regelmäßig in seinen *Sudelbüchern* Gelegenheitsnotizen auf. Sie wurden gleich nach seinem Tode in einer Auswahl bekannt gemacht, vollständig (sie sind zu etwa 60 Prozent im Original überliefert) jedoch erst im 20. Jahrhundert veröffentlicht; heute kennen wir anderthalb Tausend Druckseiten davon. Dieses Sammelsurium aus Exzerpten, witzigen Formulierungen, nachdenklichen Einfällen und selbstanweisenden Betrachtungen aus allen Bereichen des Lebens und Geistes, diese »Pfennigs Wahrheiten«, wie er selbst sie nannte, zeigen ihn zunächst als einen der schärfsten Beobachter und originellsten Köpfe seiner Zeit, als Philosophen auch, weil er die eigene Art zu denken demonstriert und lehrt, »Wahrheit zu finden«, und lassen ihn zumal erscheinen als einen Meister der Sprache und als Begründer des deutschen Aphorismus. In ihnen endlich artikuliert sich einer, der philosophisch mit Christian Wolff begann, die Engländer studierte und Immanuel Kant in sein Denken integrierte, ohne ihm doch sklavisch anzuhängen; der poetisch in der Lehre Gottscheds unterrichtet wurde, dann aber Gotthold Ephraim Lessing sich zum Ideal nahm; dessen ästhetisches Bedürfnis zuerst von Christian Fürchtegott Gellert befriedigt werden konnte, bis er Henry Fielding und Laurence Sterne kennenlernte und am Ende gar Jean Paul begierig las. In diesen Entwicklungen aber zeigt sich auch jemand, der von fast jedem Zeitalter ›für sich‹ reklamiert werden konnte, ja zum ersten Autor des 20. Jahrhunderts hat man ihn bereits ernannt – und damit muss es nicht sein Bewenden haben.

Werkausgaben: Briefwechsel. Hg. von Ulrich Joost und Albrecht Schöne. München 1983 ff.; Schriften und Briefe. Hg. von Wolfgang Promies. 4 Bde und 2 Kommentarbde. München 1967–1992.

Ulrich Joost/Red.

Lichtenstein, Alfred
Geb. 23. 8. 1889 in Berlin; gest. 25. 9. 1914 in Vermandovillers/Somme

Ihr bevorzugtes Genre war das Gedicht, ihre Lieblingslandschaft die Großstadt. Die deutschen Expressionisten zogen singend in den Krieg und starben jung. Das literarische Werk und der frühe Tod von L. sind exemplarisch für die Lyrik des deutschen Expressionismus und seiner Dichter. »Die Sonne fällt zum Horizont hinab. / Bald wirft man mich ins milde Massengrab. / Am Himmel brennt das brave Abendrot. / Vielleicht bin ich in dreizehn Tagen tot.«

L. fiel im Alter von dreiundzwanzig Jahren wenige Wochen nach Kriegsbeginn an der Somme, unweit von Reims. Trotz einer fünf Jahre später von seinem Freund Kurt Lubasch herausgegebenen ersten Werkausgabe blieben die Grotesken des Berliner Fabrikantensohnes bis Anfang der 1960er Jahre vergessen. Seit ihrer Wiederentdeckung durch Klaus Kanzog gehört sein Gedicht »Die Dämmerung« zum vielzitierten Kanon expressionistischer Lyrik. Knapp ein Dutzend Buchtitel, Gedichtüberschriften und Verszeilen stehen stellvertretend für ein kurzes, doch durchgeformtes und dichtes Kapitel der deutschen Literaturgeschichte; zu ihnen gehören »Weltende« von Jakob van Hoddis, »Die Straßen komme ich entlang geweht« von Ernst Blass, Paul Boldts »Junge Pferde! Junge Pferde!«, »Und schöne Raubtierflecken …« von Ernst Wilhelm Lotz sowie Friedrich Wilhelm Wagners »Jungfrau platzen männertoll«. Die Zeit vor dem Ersten Weltkrieg drängte eine Generation großstädtischer Bürgersöhne zu grotesker Gestaltung in Vers und Prosa, allen voran Salomo Friedlaender, der sich Mynona nannte, doch keineswegs anonym bleiben wollte. L. gelang der literarische Durchbruch mit seinem Gedicht »Die Dämmerung«, das zwei Monate nach van Hoddis' »Weltende« und einen Monat nach »Die Jungfrau« von Ernst Blass in Herwath Waldens *Sturm* veröffentlicht worden war. »An einem Fenster klebt ein fetter Mann. / Ein Jüngling will ein weiches Weib besuchen. / Ein grauer Clown zieht sich die Stiefel an. / Ein Kinderwagen schreit und Hunde fluchen.«

Im Gegensatz zu seinem von der Forschung als »ichdissoziiert« eingestuften Dichterkollegen Hans Davidsohn/van Hoddis wechselte L. von Café zu Café zwischen Ichbessenheit und Selbstzweifel: die Welt als Panoptikum, Vorstadtkabarett und Irrenanstalt, als erotisches Varieté und weltstädtischer Kintopp mit Helden, Schönheiten und Abgründen. Sowohl thematisch als auch in ihrer Verflechtung von grotesker Form und apokalyptischer Vision erinnern L.s Verse an die Zeichnungen des Malerdichters Ludwig Meidner. Die Großstadt, ihre Straßen und Cafés offenbaren mondänes Flair und die verzerrte Idylle eines »Sonntagnachmittags«: »Auf faulen Straßen lagern Häuserrudel, / Um deren Buckel graue Sonne hellt. / Ein parfümierter, halbverrückter Pudel / Wirft wüste Augen in die große Welt.«

L., ein frühes Opfer deutscher Kriegslüsternheit, hatte eineinhalb Jahre vor Beginn des Ersten Weltkrieges und auf den Tag genau zwanzig Jahre vor der Berufung Adolf Hitlers zum Reichskanzler seine »Prophezeiung« niedergeschrieben: »Einmal kommt – ich habe Zeichen – / Sterbesturm aus fernem Norden. / Überall stinkt es nach Leichen. / Es beginnt das große Morden.« Als das zweite »große Morden« begann, war sein Werk wieder vergessen. Dies, obwohl L. die gesellschaftlichen Widersprüche des Wilhelminischen Kaiserreichs, weit mehr als van Hoddis, im Gedicht thematisiert hatte. Neu ist in seinen Versen die motivische Legierung von Dekadenz und Apokalypse, von grotesker Naturlyrik und panischem Stimmungsgedicht – die Welt als große Mausefalle. L., ein Meister und großer Freund von Alliteration und Anapher, ordnete seine teils reimenden, teils freirhythmischen Gedichte, von denen rund einhundertdreißig veröffentlicht sind, in einer »Selbstkritik« vier Gruppen zu: »Die ersten achtzig Gedichte sind lyrisch. Im landläufigen Sinn. Sie unterscheiden sich wenig von Gartenlaubenpoesie. Der Inhalt ist die Not der Liebe, des Todes, der allgemeinen Sehnsucht.« Diese »Frühen Gedichte«, zum Teil noch auf dem Gymnasium entstanden und Mitschüler ironisierend, sind nur bedingt das, was er selbst abwertend als »lyrisch« bezeichnet hat. Kaum ein Vers erinnert an Gartenlaubenpoesie, ganz im Gegenteil: »Ich! Bekenntnisse einer schönen Seele« zählt zu den Wegbereitern des deutschsprachigen Chansons, des Kabaretts der 1920er Jahre, ebenso »Der Bureaukrat« mit der Strophe: »Er war Pedant beim Militär, / Im Leben und in Lieben. / Er hat ein dürres Eheweib / Und Kinder hat er sieben.«

Es folgt die Gruppe »phantastischer, halb spielerischer Gebilde«. Sie sind trotz der vom Dichter selbst angeführten »Freude an reiner Artistik« mit wenigen Ausnahmen eher von geringer Kunstfertigkeit. Wedekinds Bühnenblut fließt durch Altenbergsche Kaffeehäuser. Im Mittelpunkt einer weiteren Versfolge steht »Die Dämmerung«. L. wollte in diesen Gedichten »die Unterschiede der Zeit und des Raumes« zugunsten der »Idee des Gedichtes« beseitigen; sur-reale Sprachbilder sollten »die Reflexe der Dinge unmittelbar – ohne überflüssige Reflexionen« aufnehmen.

Die letzte der vier vom Autor selbst unterschiedenen Gedichtzyklen bilden die Verse des von der Natur wie vom Leben gleichermaßen benachteiligten Kuno Kohn. Er diente seinem Verfasser als Kunstfigur und Pseudonym. Kohn, für den unter anderem der bucklige Richard aus dem Berliner Café des Westens Pate gestanden hat, ist das lyrische Ich der meisten von L.s literarischen Travestien deutscher Natur- und Stimmungslyrik, zugleich aber auch eine Figur seiner Skizzen und Geschichten.

Die Prosa von L. steht unter dem Einfluss Mynonas, Paul Scheerbarts und Carl Einsteins. Ihre grotesken Helden sind Mieze Meier, Lisel Liblichlein, Konrad Krause und Kuno Kohn, schon im Namen ein groteskes Fabelwesen aus deutschem Raubritter jüdischer Herkunft. Auf die Ablehnung seiner Lyrik durch Georg Heym, Jakob van Hoddis, Ernst Blass und Kurt Hiller reagierte L. in seinen Geschichten wie Klaus Kanzog nachgewiesen hat, mit den parodierenden Gestalten eines Gottschalk Schulz, Max Mechenmal, Spinoza Spaß und eines Dr. Bryller. Spielerische Formenvielfalt, bewusste Wiederholung von Themen und Motiven, wilde Assoziationen und polternde Alliterationen in den Namen großstädtischer Helden von durchweg melancholisch-exzentrischer Weltsicht und meist sehr trauriger Gestalt sind charakteristisch für L.s Prosa. Noch zu Lebzeiten führte das Skizzenhafte seiner Geschichten zum Vorwurf mangelnder dichterischer Disziplin; obwohl spielerische Assoziation und der Verzicht auf lineares Erzählen Konzept waren, fand L. zu Recht zunächst als Lyriker Eingang in die Literaturgeschichte.

Erste Gedichte schrieb er als Schüler des Luisenstädtischen Gymnasiums in Berlin (1899– 1909). Eineinhalb Jahre nachdem sich der Jurastudent in Berlin immatrikuliert hatte, erschien im September 1910 in Herwarth Waldens *Sturm* mit »Mieze Meier« ein erster Prosatext. Nach mehreren erfolgreichen Lesungen bei Autorenabenden der »Aktion« promovierte L. in Erlangen mit einer Arbeit über Urheberrechte an Bühnenwerken. Seine Militärzeit bei einem bayerischen Regiment mündete in die Mobilmachung zum Ersten Weltkrieg. Seinem gebeugt durchs Leben gehenden

Kuno Kohn legte L. ein autobiographisches Bekenntnis in den Mund: »Das Gefühl der vollkommenen Hilflosigkeit, das dich überfallen hat, habe ich häufig. Der einzige Trost ist: traurig sein. Wenn die Traurigkeit in Verzweiflung ausartet, soll man grotesk werden. Man soll spaßeshalber weiterleben. Soll versuchen, in der Erkenntnis, daß das Dasein aus lauter brutalen hundsgemeinen Scherzen besteht, Erhebung zu finden.« Sowohl die Gedichte als auch die Prosa L.s greifen Themen der Zeit auf, wie sie sich der Bohème zwischen Prag, Wien, München und Berlin stellten: Großstadtleben, Kaffeehäuser und Kneipen, Prostitution, Drogen, Wahn und Freitod. Besondere Bedeutung kommt bei L. der Vision des Krieges zu, seiner Angst wie seinem Wunsch nach »Eisenklauen«, die eine menschlichere Ordnung als die des Deutschen Kaiserreiches schaffen sollten. Die Großstadt wird als bedrohlicher, doch einzig denkbarer Lebensbereich dargestellt, dem allerdings sehnsuchtsvoll-phantastische Landschaften gegenübergestellt werden. Das bei L. häufig wiederkehrende Lamento eines nächtlichen Heimkehrers, der durch die Straßen von Berlin läuft, wurde bislang ohne die mitschwingende Selbstironie und Bohèmekoketterie interpretiert. Es gehört zu L.s Grotesken, das Tragische komisch, das Komische tragisch darzustellen, das Alltägliche monströs und die Monster des Alltags gewöhnlich.

Werkausgaben: Dichtungen. Hg. von Klaus Kanzog und Hartmut Vollmer. Zürich 1989; Gesammelte Prosa. Kritisch hg. von Klaus Kanzog. Zürich 1966; Gesammelte Gedichte. Kritisch hg. von Klaus Kanzog. Zürich 1962.

Michael Bauer

Lidman, Sara
Geb. 30. 12. 1923 in Missenträsk/Schweden;
gest. 15. 6. 2004 in Umea/Schweden

Im Laufe ihrer jahrzehntelangen schriftstellerischen Tätigkeit fiel Sara Lidman mehrmals die Rolle einer Schlüsselfigur für bestimmte Entwicklungen innerhalb der schwedischen Literatur zu: in den 1950er Jahren führte sie mit ihren frühen Norrlandromanen den Neuprovinzialismus zu seinem Höhepunkt, in den 1960ern profilierte sie sich innerhalb der Dokumentarliteratur und in den 1980er und 90er Jahren verhalf sie der breitangelegten sozialhistorischen Erzählung zu neuem Ansehen. – L. stammt aus Norrland, einer unzugänglichen, sumpfigen Wildmark in Nordschweden, deren pietistisch gefärbtes dörfliches Milieu oft den kulturellen Hintergrund für ihre Romane bildet. Die Authentizität der frühen Romane beruht neben der intimen Kenntnis der Lebensbedingungen an der äußersten Peripherie des Königreichs auf der innovativen Verwendung des Dialekts. Bereits der Debütroman *Tjärdalen* (1953; *Der Teermeiler*, 1974) überraschte durch den Klang ihrer eigenwilligen, poetischen Kunstprosa. Dieser Roman schildert mit der Intensität eines Schicksalsdramas, wie die moralische Ordnung einer bäuerlichen Dorfgemeinschaft durch den Konflikt des Kollektivs mit einem Außenseiter in Frage gestellt wird. Im Motiv des Menschen, der nicht den Vorstellungen der Norm entspricht, klingt das Zentralmotiv der frühen Romane an. Immer sind es die Unangepassten, denen das Interesse und die Solidarität der Autorin gelten. Von einem Gespür für mögliche Konfliktherde innerhalb eines von der Außenwelt abgeschnittenen Gemeinschaftslebens zeugen auch die folgenden Romane: *Hjortronlandet* (1955; *Im Land der gelben Brombeeren*, 1959), *Regnspiran* (1958; *Der Mauersegler*, 1958) und *Bära mistel* (1960; Mistelträger).

Am Anfang der 60er Jahre, als sich das Interesse der Weltöffentlichkeit verstärkt der Dritten Welt zuwandte, vollzog L. mit zwei Afrikaromanen einen Wandel ihres Schaffens vom Regionalismus zum Internationalismus. Danach wechselte sie zur politischen Reportage und Journalistik über, wobei sie sich zunehmend in der Öffentlichkeit engagierte. Als »moralisches Gewissen der Nation« führte sie in den 1960er Jahren die antiamerikanischen Vietnamdemonstrationen an. Vom Standpunkt eines humanen Sozialismus aus kämpfte sie jahrelang gegen Ausbeutung, Naturzerstörung und soziale Ungerechtigkeit in der Dritten Welt wie auch im eigenen Land. Ihre Dokumentation über die Erzbergwerke von Kiruna, *Gruva* (1968; Die Grube), löste in Schweden eine heftige Diskussion mit nachfolgendem Streik aus. 1977 kehrte L. nach Missenträsk zurück, wo sie eine umfangreiche Romanserie über die Kolonisation der Region Västerbotten begann. Ihr »Eisenbahnepos« beschreibt, wie die verkehrstechnisch bedingte wirtschaftliche und soziale Umstrukturierung der Gegend das Ende einer Ära markiert, deren moralorientiertes Denken durch das moralfreie System des ökonomischen Fortschritts konfliktreich abgelöst wird. Die mit verschiedenen Preisen ausgezeichnete sechsbändige Romanserie gilt als das Hauptwerk der Dichterin. Sie umfasst die Bände *Din tjänare hör* (1977; Dein Diener hört), *Vredens barn* (1979; Kinder des Zorns), *Nabots sten* (1981; Nabots Stein), *Den underbare mannen* (1985; Der wunderbare Mann), *Järnkrona* (1985; Die Eisenkrone), *Lifsens rot* (1996; Wurzel des Lebens).

Ortrun Rehm

Liksom, Rosa (eigtl. Anni Ylävaara)
Geb. 7. 1. 1958 in Ylitornio/Finnland

Die Tochter eines Rentierzüchters zog mit 17 Jahren aus Lappland nach Helsinki, wo sie in der Hausbesetzerszene aktiv war, sich mit Aushilfsjobs über Wasser hielt und Anthropologie studierte. Nach mehrjährigem Auslandsaufenthalt (u. a. in Kopenhagen, Paris und Moskau) kehrte sie 1987 wieder nach Helsinki zurück.

Nachdem sie 1984 erste Kurzgeschichten in der Anthologie *Kalenteri 84* (Kalender 84) veröffentlicht hatte, wurde L. 1985 mit ihrem eigentlichen Erstling, der Prosasammlung *Yhden yön pysäkki* (Haltestelle einer Nacht), schlagartig bekannt und wegen ihrer ›rotzigen‹ Erzählweise und der ungeschönten Darstellung gesellschaftlicher Außenseiter als weiblicher Charles Bukowski bezeichnet. In den Kurzgeschichten des Bandes lässt sie ihre Protagonisten in deren je eigenem Jargon zu Wort kommen und über ihr Leben im urbanen Underground von Helsinki, an internationalen Schauplätzen oder in abgelegenen Dörfern Lapplands erzählen. Im Gegensatz dazu sind die Erzählungen der Sammlung *Unohdettu vartti* (1986; *Verlorene Augenblicke*, 1992) in Schriftfinnisch gehalten, das nur in Dialogen und inneren Monologen durch Slang oder Umgangssprache ersetzt wird. Der Grundtenor dieser Geschichten über Heranwachsende und junge Frauen und Männer – gesellschaftliche Außenseiter auch sie – ist durch eine Art apathische Melancholie geprägt. *Tyhjän tien paratiisit* (1989; *Schwarze Paradiese*, 1991) versammelt Short- und Short-Short-Stories, die erneut Momentaufnahmen aus dem Leben kaputter Großstadttypen und stumpfsinniger Menschen aus der in hoffnungsloser Lethargie versunkenen bäuerlichen Welt präsentieren. L. geht es nicht darum, soziale oder psychologische Ursachen der Misere aufzuzeigen oder Zukunftsvisionen zu entwickeln; ihre Figuren agieren im Hier und Jetzt, in einem verstörenden Vakuum.

1996 veröffentlichte L., die neben ihren literarischen Arbeiten auch Kurzfilme und Werke bildender Kunst vorlegte, ihren ersten Roman *Kreisland* (*Crazeland*, 1999), die alles andere als realistische, aber vor einem realhistorischen Hintergrund angesiedelte Lebensgeschichte der Lapplanderin Impi Agafiina. Wie in den 1987 unter dem Titel *Väliasema Gagarin* (Zwischenstation Gagarin) erschienenen Erzählungen spielen hier mythische oder magische Elemente und absurde Ereignisketten eine wesentliche Rolle. In den 1920er Jahren als Tochter mitteloser Eltern und unter überaus ungewöhnlichen Umständen geboren – nach 16tägigen Wehen kommt sie mit himmelblauer Haut und einer Krone auf dem Kopf zur Welt –, entwickelt Impi Agafiina bald magische Fähigkeiten. Beim Ausbruch des finnisch-sowjetischen Winterkriegs verwandelt sie sich in einen Mann und leitet militärische Operationen; nach der Niederlage Finnlands begibt sie sich in die Sowjetunion, um den ehemaligen Gegner kennenzulernen, steigt in leitende Positionen auf, kehrt dem Sozialismus jedoch nach einigen Jahren enttäuscht den Rücken und zieht in die USA, wo sie die von Vernunft, Fortschritt und Entwicklung getragene Gesellschaft, nach der sie sucht, freilich ebenfalls nicht findet. So kehrt sie schließlich in ihre nordfinnische Heimat zurück, wo sie an der Seite des Lappländers Juho Gabriel ein anspruchsloses Leben in Ruhe und Zufriedenheit lebt.

Der Kreis, den die Protagonistin im Roman vollendet, wird in der Prosasammlung *Perhe* (2000; Familie), zumindest von einzelnen Gestalten, nicht geschlossen; hier werden vielmehr extreme Pole beleuchtet, wobei auf die Familie – auf zwischenmenschliche Beziehungen generell – ein besonders grelles, kaltes Licht fällt. L. erzählt von verlorenen, auf schnelle Triebbefriedigung fixierten, beziehungsunfähigen Menschen, aus deren Zusammenleben nichts anderes entstehen kann als die Hölle auf Erden – und setzt als Kontrapunkt den Einsiedler Ilmari. So etwas wie Unversehrtheit und Glück scheint nur im völligen Rückzug auf sich selbst und in der Verschmelzung mit der Natur möglich: »Wie unrecht die Träume gehabt hatten, wie vollkommen das Leben selbst war, das im Griff der Sonne frostklirrende Dorf, die weißen Rauchmonumente am Himmel, die Schönheit und das damit verbundene Leid, zu dem er verurteilt war.«

Der ganz in nordfinnischem Dialekt gehaltene Roman *Reitari* (2002; Reitari) ist ein Künstlerporträt: L. schildert darin mit großem Einfühlungsvermögen das Leben des zwischen maßlosem Schaffensdrang, überschäumender Lebensfreude und grundtiefer Verzweiflung schwankenden lappländischen Malers Reidar Särestöniemi (1925–81).

Gabriele Schrey-Vasara

Liliencron, Detlev von
Geb. 3. 6. 1844 in Kiel; gest. 22. 7. 1909 in Alt-Rahlstedt bei Hamburg

»Damals war Liliencron mein Gott, / ich schrieb ihm eine Ansichtskarte«, erzählt Gottfried Benn in einem seiner letzten Gedichte über eine Reise zu Anfang des 20. Jahrhunderts. L. war der lyrische ›Gott‹ auch schon der »Modernen«, der »Jüngstdeutschen« um 1890 gewesen. Im Werk des zwanzig Jahre älteren aristokratischen Royalisten sahen die Revolutionäre verwirklicht, was sie in Drama und Roman anstrebten. Die Familie L.s war 1673 zu Reichsfreiherrn geadelt worden. Der Großvater hatte die Linie des Dichters um das Familienvermögen gebracht: Eine Leibeigene erzwang 1800 durch ihren Kniefall vor dem dänischen König – dem Landesherrn Schleswig-Holsteins – die Eheschließung, wodurch die Nachkommen von der ungeteilten Erbschaftsfolge ausgeschlossen waren. Auf diesen »schlechten, wilden, wüsten« Vorfahren, »der wie wahnsinnig hinter den Weibern her war«, führte L. seine »wilde Weiberlust« bis ins Alter zurück. Die fast lebenslange finanzielle Misere Friedrich Adolf Axel v. L.s – »Detlev« war sein »prénom de plume« – begann mit seinem Eintritt 1863 ins Preußische Heer. Vor den Kriegen von 1866 und 1870/71, an denen er mit Auszeichnung teilnahm, häufte er Schulden auf. Adlige Großzügigkeit und Nonchalance in Gelddingen verstrickten ihn in Kleinlichkeiten und Peinlichkeiten im bürgerlichen Sinne. 1875 musste er als Premierleutnant wegen seiner Schulden den über alles geliebten Dienst quittieren und wanderte – wie sein Vorbild, der adlige Lyriker Nikolaus Lenau – in die USA aus. Nach wechselnden Tätigkeiten als Sprach- und Klavierlehrer, Bereiter, Anstreicher und Barpianist kehrte er im Februar 1877 nach Deutschland zurück. Ihm wurde eine kleine Pension gewährt, er durfte wieder Uniform tragen und wurde später Charakterhauptmann. Als Gesangslehrer gescheitert, strebte er, seit 1878 mit Helene Freiin von Bodenhausen verheiratet, den Staatsdienst an. Nach Verwendungen als Verwaltungschef von 1882 bis 1885 in Pellworm und Kellinghusen scheiterte er erneut wegen seiner alten Schulden bei Handwerkern, Gastwirten, Vermietern; er quittierte auch den öffentlichen Dienst, wurde geschieden, leistete den Offenbarungseid, seine gesamte Habe wurde gepfändet – die kleine Bibliothek und seinen Schreibtisch behielt er als Leihgaben treuer Freunde. 1883 war sein erster Gedichtband erschienen. Seine Dichtungen entstanden in den folgenden Jahren im größten Elend, auch unter realem Hunger: Kleinste Honorare, geringe Unterstützungen der Schillerstiftung wurden dem Briefträger von den Gläubigern fast aus den Händen gerissen. Unterhaltszahlungen an die zweite Ehefrau – die 1887 mit Auguste Brandt geschlossene Ehe wurde 1892 geschieden – schmälerten die Pension. Die Not wurde so groß, dass 1897 führende Persönlichkeiten des Kulturlebens zu einer öffentlichen Sammlung für L. aufriefen. Mit der dritten Ehefrau Anna Michael konnte er nur zusammenziehen, weil ein Freundeskreis um Elisabeth Förster-Nietzsche die Miete zahlte. 1901 gab L. seinen Namen für eine »Brettlbühne«, ein literarisches Kabarett, her – und musste auf Gastspielreisen durch die Provinz tingeln. Ab 1903 erhielt er ein Gnadengehalt des Kaisers, die Rettung brachten die zahlreichen Ehrengaben in Form von Geldgeschenken zum 60. Geburtstag, bei dem L. gefeiert wurde wie nie zuvor oder später ein deutscher Dichter aus demselben Anlass. Kurz nach seinem 65. Geburtstag und der Ehrenpromotion durch die Philosophische Fakultät der Universität Kiel starb er an einer Lungenentzündung. Seine Romane und Dramen waren nie erfolgreich; die von Thomas Mann als »erste Offenbarung des ›Realismus‹« gefeierten Novellen sind uns durch die vorherrschenden Kriegsthemen ferngerückt, von *Poggfred* (1896), »diesem göttlichen Feuilleton von einem Epos, diesem leichtesten, glücklichsten, kecksten, freiherrlichsten Gebilde der modernen Literatur« (Thomas Mann), trennen uns heute die Schwierigkeiten mit der Gattung »subjektives Epos« – geblieben sind die Gedichte des neben Friedrich Nietzsche und Conrad Ferdinand Meyer größten Lyrikers zwischen Spätromantik und Moderne.

Werkausgabe: Sämtliche Werke. Hg. von Richard Dehmel. 15 Bde. Berlin 1904–08.

Volker Neuhaus

Lindgren, Astrid Anna Emilia
Geb. 14. 11. 1907 in Näs bei Vimmerby/Schweden; gest. 28. 1. 2002 in Stockholm

Vor allem die burlesken Figuren Pippi und Karlsson verschaffen Astrid Lindgren weltweite Anerkennung neben ihren idyllischen Kindheitsschilderungen sowie Übersetzungen in über 70 Sprachen. L. begann in den 1930er Jahren zu schreiben; im Krieg engagierte sie sich im geheimen Briefüberwachungsdienst. Ihrer Tochter erzählte sie, so der Entstehungsmythos, die Geschichten über Pippi, die sie 1945 doch noch erfolgreich bei Rabén & Sjögren einreichen konnte. Nachdem der Damm gebrochen war, eroberte sich L. durch ihre in den 1950er Jahre erschienenen Klassiker, wie die Kriminalromane um *Kalle Blomkvist* (1946–1953; *Kalle Blomquist*, 1950–1954), durch die Trilogie um *Karlsson på taket* (1955–1968; *Karlsson vom Dach*, 1956–1969) und der Trilogie über *Bullerby* (1947–1952; *Bullerbü* 1954–1956) ihre Stellung als zentrale Autorin der schwedischen Kinderliteratur. Zudem nahm sie von 1946–1970 als Kinderbuchlektorin bei Rabén & Sjögren eine Schlüsselposition ein. Von ihren frühen, eher traditionellen Mädchenbüchern wie *Britt-Mari lättar sitt hjärta* (1944; *Britt-Mari erleichtert ihr Herz*, 1954), die erstaunlicherweise parallel mit den Pippi-Büchern (1949–1951, 1945–1948) entstanden, distanzierte sich L. später phasenweise. L. erhielt mehrere Ehrendoktorwürden und internationale Auszeichnungen, 1956 den Deutschen Jugendliteraturpreis, 1978 den Friedenspreis des Deutschen Buchhandels und war Mitbegründerin von »Samfundet de Nio«, einer Initiative gegen die Exklusivität der schwedischen (Nobelpreis-)Akademie. 1994 erhielt sie den Alternativen Nobelpreis, mit dem ihr Engagement gegen Gewalt, für Tierschutz und Frieden gewürdigt wurde.

In Interviews und in der Autobiographie *Samuel August från Sevedstorp och Hanna i*

Hult (1973; *Das entschwundene Land*, 1977) beschrieb sie, den Wunschgedanken ihres Publikums durchaus entsprechend, ihre Kindheit auf einem Bauernhof in Südschweden als ausgesprochen glückliche Bullerby-Kindheit. Doch auch in einer alltäglichen, friedvollen Umwelt proben phantastische Gestalten wie Pippi und Karlsson als eigenwillige Einzelgänger mit übernatürlichen Kräften und verbaler Kompetenz den Aufruhr gegen Autoritäten und Konventionen. Gerade aus dem Kontrast Pippis zu den braven Kindern Tommy und Annika oder Respektspersonen speist sich ihre Wirkung, während die Nonsenselemente auf britische Klassiker wie *Alice in Wonderland* oder *Winnie-the-Pooh* verweisen. Die Erziehungsdebatten, die L.s Texte ähnlich wie vorher die programmatischen Schriften Ellen Keys auslösten, sind bis heute nicht abgeebbt. L. wurde als Vertreterin der antiautoritären Erziehung vereinnahmt und später dafür kritisiert, dass die Ventilfunktion ihrer Werke die gesellschaftlichen Verhältnisse konserviere. Pippi bleibt eine der ersten starken, ungebundenen Mädchenfiguren, mit der sich auch Jungen identifizieren können; das Werk hat die Kinderliteraturen Nord- und Mitteleuropas nachhaltig beeinflusst, so auch Christine Nöstlinger.

Ihre herausragenden lyrischen Märchenromane, von denen *Mio, min Mio* (1954; *Mio, mein Mio*, 1955) als erster eine Doppelbelichtung aus realistischer Rahmenhandlung und Phantasiewelt enthielt, gelten als Meisterwerke psychologischer Konfliktbearbeitung. Ähnlich wie Selma Lagerlöf greift L. auf stark symbolische, dualistische Schwarz-weiß-Bilder für innere Prozesse zurück. Die existentielle Angst des einsamen, in emotionaler Kälte aufwachsenden Kindes wird in märchenhaften Formeln und archaischen universellen Bildern aufgearbeitet. Das Engagement der Erzählerin für machtlose Kinder ist unverkennbar. In *Bröderna Lejonhjärta* (1973; *Die Brüder Löwenherz*, 1974) siegt die Liebe zwischen zwei Brüdern sowohl über die Diktatur Tengils im Phantasieland Nangijala als auch über den Tod bzw. den Freitod. Allusionen und der Sprachrhythmus stellen Verbindungen zu Edith Södergran und zu altisländischen Sagas her, während ethische Fragen wie die der Rechtfertigung von Gewalt für ein hohes Ziel, etwa im Widerstand gegen totalitäre Systeme, eher implizit abgehandelt werden. In der Ausgestaltung der Phantasiewelten lassen L.s Texte eine Verwandtschaft zu denen von Edith Nesbit und C.S. Lewis erkennen. In den 1960er Jahren erschien der idyllische Schäreninselroman *Vi på Saltkråkan* (1964; *Ferien auf Saltkrokan*, 1965), für viele Sinnbild des Sommers, sowie Bücher mit ländlichem Lausbubencharakter, so die burleskkomischen småländischen Bauernschilderungen über *Emil in Lönneberga* (1964–1970; *Michel*, 1963–1970), der sich mit seinen zahlreichen Streichen dennoch, ähnlich wie Pippi, für ethische Werte und gegen Engstirnigkeit einsetzt. Ein weibliches Pendant dieser Figur ist *Madicken* (1960–1976; *Madita*, 1961–1976), die die Grenzen des Alltags überschreitet, indem sie wie Travers' *Mary Poppins* mit dem Regenschirm vom Hausdach springt.

Kinder als eigenständige, gleichberechtigte und tatkräftige Personen, die einen Anspruch auf die Aufmerksamkeit und Zuwendung von Erwachsenen haben, stehen bei L. im Mittelpunkt. *Ronja Rövardotter* (1981; *Ronja Räubertochter*, 1981), der letzte große Roman L.s, stellt zahlreiche literarische Verbindungen her, neben den Phantasiewelten Tove Janssons und Irmelin Sandman Lilius' zu Shakespeares *Romeo and Juliet*, den psychologischen Naturschilderungen aus den Romanen der Brontës sowie dem Räuberroman als Genre. Die Vielseitigkeit der Werke L.s zwischen Idylle und Phantasie, zwischen Bilderbuch und komplexen psychologischen Romanen spiegelt sich auch in den zahlreichen Umsetzungen für Theater und Radio, in preisgekrönten Filmen und in den neuen Medien.

Astrid Surmatz

Linhartová, Věra
Geb. 22. 3. 1938 in Brünn/ČSR

Věra Linhartová nahm in den 1960er Jahren einen bedeutenden Platz in der tschechischen Literatur ein. Ihre experimentelle Prosa, die sie ab 1957 in Zeitschriften veröffentlichte, richtete sich gegen das simplifizierende Welt- und Menschenbild des Sozialistischen Realismus, der bis zur Liberalisierung der Kulturpolitik im Jahre 1963 vom Staat als verbindliche Schaffensmethode vorgeschrieben war. Zwischen 1964 und 1968 gab sie fünf Bände Prosatexte heraus, die zum Großteil ins Deutsche übersetzt wurden, z. B. *Prostor k rozlišení* (1964; Geschichten ohne Zusammenhang, 1965). – L. wuchs in Brünn auf. Sie studierte dort 1955 bis 1960 Kunstgeschichte und extern Ästhetik an der Prager Karlsuniversität. 1962 bis 1966 arbeitete sie in der »Südböhmischen Aleš-Galerie« auf Schloss Hluboká bei České Budějovice. Ab 1966 gehörte sie als freiberufliche Schriftstellerin einem Kreis undogmatischer Autoren (Jiří Gruša, Václav Havel, Petr Kabeš u. a.) um die Literaturzeitschrift *Tvář* (Antlitz) an. Nach der Niederschlagung des Prager Frühlings emigrierte sie 1968 nach Paris. Dort absolvierte sie 1978 bis 1985 ein Studium der Japanistik. Ab 1990 war sie im Museum orientalischer Kunst »Guimet« beschäftigt, wo sie sich v. a. mit japanischer und chinesischer Malerei befasst. Sie publizierte zahlreiche Arbeiten über bildende Kunst und ist auch Lyrikerin und Hörspielautorin. Seit 1969 schreibt sie auf französisch.

L.s Hauptthema sind die beschränkten Erkenntnismöglichkeiten des Menschen und Zweifel an der Kommunikationsfähigkeit der Sprache. Ihre Texte entziehen sich einer eindeutigen Zuordnung, traditionelle narrative Strukturen werden zerstört. Besonders in *Přestořeč* (1966; Dennochrede) beweist L. die Unmöglichkeit, die Wirklichkeit erzählerisch wiederzugeben. In *Dům daleko* (1968; Haus weit, 1970) erreichte sie die Grenzen der Mitteilbarkeit.

L. wurde mit Franz Kafka und dem tschechischen philosophischen Erzähler Richard Weiner (1884–1937) verglichen, mit dem sie sich theoretisch befasste. Auch Parallelen zum Nouveau roman sind festzustellen. Sie ist eine höchst intellektuelle Autorin, die Erkenntnisse der modernen Ästhetik und Linguistik literarisch umsetzte und in ihrem Werk einen intertextuellen Diskurs mit Autoren der Weltliteratur entwickelte. Als ihre Vorläuferin in der tschechischen Literatur gilt Milada Součková (1899–1983), die seit der kommunistischen Machtübernahme (1948) in den USA lebte und mit Werken wie *Škola povídek* (1943; Schule des Erzählens) oder dem Roman *Bel canto* (1944) den tschechischen Prosakanon erneuert hatte. In L.s Tradition stehen die in Italien lebende Brünnerin Sylvie Richterová (geb. 1945) und Daniela Hodrová (geb. 1946), deren phantastische Prag-Trilogie *Trýznivé město* (1991/92; Stadt der Trauer) zum Teil in deutscher Übersetzung vorliegt (*Das Wolschaner Reich*, 1992, *Im Reich der Lüfte*, 1994). Das Werk beider Autorinnen zeigt den Einfluss ihrer theoretischen Arbeit als Literaturwissenschaftlerinnen.

Christa Rothmeier

Linna, Väinö
Geb. 20. 12. 1920 in Urjala/Finnland; gest. 21. 4. 1992 in Tampere

Da er aus einer kinderreichen Arbeiterfamilie stammte, konnte Väinö Linna nur sechs Jahre die Volksschule besuchen und bildete sich neben seiner Arbeit als Monteur autodidaktisch weiter. Den sogenannten Fortsetzungskrieg zwischen Finnland und der Sowjetunion (1941–44) erlebte er als Frontsoldat mit; nach dem Waffenstillstand begann er neben der Tätigkeit in einer Textilfabrik zu schreiben.

1947 erschien sein autobiographisch gefärbter erster Roman *Päämäärä* (Das Ziel) über einen jungen Arbeiter, der Schriftsteller werden will. Das Werk war nur mäßig erfolgreich, verschaffte L. jedoch Zutritt zu einer Autorenwerkstatt, die seine weitere Entwicklung wesentlich förderte. Der zweite Roman *Musta rakkaus* (1948; Schwarze Liebe), eine

Dreiecksgeschichte mit tödlichem Ausgang, erzielte ansehnliche Verkaufszahlen und trug L. ein Künstlerstipendium ein, das es ihm ermöglichte, sich erstmals ganz auf das Schreiben zu konzentrieren. Die Arbeit an dem geplanten – nie vollendeten – Roman »Messias« stürzte ihn jedoch in eine emotionale Krise, die ihn veranlasste, in seinem weiteren Schaffen auf psychologisch vertiefte Darstellungen eines einzelnen Protagonisten zu verzichten und sich stattdessen auf die Geschicke einer klar umrissenen Gruppe von Menschen zu konzentrieren. Bereits während des Krieges hatte L. einen dokumentarischen Roman über seine Erlebnisse geschrieben, dafür aber keinen Verlag gefunden; nun griff er das Thema wieder auf. Das Manuskript mit dem Arbeitstitel *Sotaromaani* (Kriegsroman) wurde im Verlag überarbeitet und – wie seit der Publikation der ursprünglichen Fassung im Jahr 2000 bekannt ist – durch zahlreiche politisch motivierte Streichungen ›geglättet‹. Dennoch löste das Werk, das 1954 unter dem Titel *Tuntematon sotilas* (*Kreuze in Karelien*, 1955, *Der unbekannte Soldat*, 1971) erschien, eine heftige Debatte aus. L. verarbeitet darin seine eigenen Kriegserfahrungen und schildert das Frontleben aus der Sicht einer Gruppe einfacher Soldaten, denen er ›aufs Maul schaut‹: In den Dialogen erscheint die ganze Bandbreite der finnischen Dialekte; die Äußerungen der Männer werden authentisch wiedergegeben, mitsamt Flüchen und derben Ausdrücken. Von vielen zeitgenössischen Lesern wurde dies, ebenso wie die Kritik an der politischen und militärischen Führung, als Verunglimpfung empfunden. Dennoch wirkte das Buch als Katalysator für die Auseinandersetzung mit der traumatischen Erfahrung des Krieges und der Niederlage. Es erreichte eine Gesamtauflage von 500.000 Exemplaren und wurde mehrfach verfilmt. Paradoxerweise wurde das als Antikriegsroman konzipierte Werk mit wachsendem zeitlichem Abstand zu den Ereignissen, die es beschreibt, auch zum Pfeiler einer neuen Heroisierung der finnischen Soldaten vor der Negativfolie unfähiger Vorgesetzter.

1959 bis 1962 erschien die Trilogie *Täällä Pohjantähden alla* (Hier unter dem Polarstern), in der L. anhand des Schicksals dreier Generationen der Kätnerfamilie Koskela die Geschichte Finnlands zwischen 1884 und 1950 darstellt. «Am Anfang waren der Sumpf, eine Hacke – und Jussi«, so beginnt diese irdische ›Schöpfungsgeschichte‹: Dem Knecht Jussi Koskela ist es gelungen, ein zum Pfarrgut gehörendes Stück Sumpfland zu pachten, das er rodet und gemeinsam mit seiner Frau bewirtschaftet. Den Hintergrund der Familiensaga bilden die historischen Ereignisse in Finnland: die Russifizierungsbestrebungen, das Aufkommen der sozialistischen Ideologie und die Parlamentsreform im ersten, der finnische Bürgerkrieg im zweiten, der innenpolitische Rechtsruck, der finnisch-sowjetische Krieg und schließlich der Weg zur modernen demokratischen Gesellschaft im dritten Band. Immer wieder tangieren die politischen Ereignisse das Leben der Koskelas. So wird auch in ihrem Heimatdorf eine Rote Garde gegründet, der sich Jussis Söhne anschließen; nur einer von ihnen, Akseli, überlebt den Bürgerkrieg und das Gefangenenlager. Drei Söhne Akselis fallen im Krieg gegen die Sowjetunion. Jussis Enkel Juhani wird schließlich Eigentümer des gepachteten Ackers, der früher in der Familie als »Pfarrers Land« firmierte, nun jedoch »Vaters Land« oder – spaßhaft, aber bezeichnend – »Vaterland« genannt wird. Mit dieser ›Geschichte von unten‹ griff L. Themen auf, die in der akademischen Geschichtsschreibung bis dahin vernachlässigt, wenn nicht gar tabuisiert worden waren. Insbesondere gilt dies für die Darstellung des finnischen Bürgerkriegs aus der Sicht der unterlegenen »Roten«.

L.s Erzählhaltung ist traditionell; seine Bedeutung liegt vor allem darin, dass er tabuisierte Themen zur Sprache brachte und damit einerseits dem kollektiven Gedächtnis Gehör verschaffte, andererseits zur Auseinandersetzung mit traumatischen Erfahrungen und zur kritischen Überprüfung des ›offiziellen‹ Geschichtsbildes beitrug.

Gabriele Schrey-Vasara

Liscow, Christian Ludwig
Geb. 26. 4. 1701 in Wittenburg; gest. 30. 10. 1760 in Berg/Eilenburg

Christoph Martin Wieland rief im Jahre 1756 laut nach einem neuen L., nach einem Mann, der die »übermütigen, kleinen Geister so lange mit der Satyre« züchtige, »bis sie das Schreiben auf ewig verschwören, und sich entschließen, in aller Stille sich selbst zu überleben.« Tatsächlich lebte L. 1756 noch, doch sein Wirken war schon zu Lebzeiten in Vergessenheit geraten. Das von Wieland den kleinen Geistern zugedachte Schicksal hatte ihren Zuchtmeister, den herbeigerufenen Satiriker, selbst getroffen. So kam es zu der von Johann Wolfgang Goethe in *Dichtung und Wahrheit* (1812) verewigten Legende, L. sei nach kurzem Wirken gestorben, »verschollen als ein unruhiger, unregelmäßiger Jüngling«, und zum Vorwurf der Banalität: er habe eben »das Alberne albern gefunden« – eine natürliche, aber nicht weiter förderliche Sache. In die Annalen der Literaturgeschichte ist L. als der Vertreter der Personalsatire eingegangen, als der erste deutsche Satiriker, der seinen Vernichtungswillen nicht nur an fiktiven Typen, wie sein Zeitgenosse Gottlieb Wilhelm Rabener, der Repräsentant der allgemeinen Satire, sondern ungehemmt an lebenden Opfern ausließ. In der durch Moraldoktrinen und Humanitätsideale reglementierten deutschen Literatur des 19. Jahrhunderts war deshalb für L. kein Platz mehr: Er geriet zunehmend in Misskredit als halbmoralischer Unmensch, »als unverträglicher, boshafter Narr« (Friedrich Ebeling).

Nach einem Theologiestudium wurde L. zunächst Hauslehrer in Lübeck, dann Privatsekretär eines hamburgischen Geheimrats und schließlich Sekretär des sächsischen Premiers Heinrich Graf von Brühl. Wegen allzu offenherziger Äußerungen eingekerkert und aus dem Dienst entlassen, verbrachte er sein letztes Lebensjahrzehnt geruhsam auf dem glücklich erheirateten Gut Berg bei Eilenburg.

L.s umstrittene Bedeutung beruht auf seinen wenigen satirischen Feldzügen, die er in den Jahren 1732 bis 1736 unternahm. Anfangs in fremdem Auftrag, wurde das Polemisieren und die Lust am Erledigen hilfloser Gegner zu seiner zweiten Natur. Denn der Rostocker Naturrechtler Manzel, der in fremden Wissenschaften dilettierende Lübecker Theologe Heinrich Jakob Sivers, oder der Hallenser Rhetorikprofessor Johann Ernst Philippi waren keine ernstzunehmenden Gegner, die zu besiegen eine geistige Tat gewesen wäre. Insofern hat L. auch die größten Schwierigkeiten, sein lustvoll rüdes Vorgehen zu legitimieren, und in dieser Rechtfertigung versammeln sich bereits alle Argumente für und gegen den Typus der persönlichen Satire. Zwar verbrämt er seine unter dem Deckmantel der Anonymität vorgenommene Strafaktion als moralisch. Der Satiriker mache die Toren lächerlich, er verabreiche recht eigentlich Medizin: »Eine Satyre ist eine Arzeney, weil sie die Besserung der Thoren zum Endzweck hat; und sie hört es nicht auf zu seyn, wenn sie gleich, als ein Gift, den Thoren tödtlich ist. Denn in dem Tode, welchen sie verursacht, bestehet eben die Besserung der Thoren. Dieser Tod gereicht ihnen zum Leben. Sie sollen der Thorheit absterben und klug werden.« Selbstverständlich handelt es sich hier um eine Alibi-Argumentation, und L. selbst hat daneben die Vernichtung des Gegners und die Lust an der »Zeugung geistlicher Kinder« als eigentlichen Zweck betont. Denn zu welchen Folgen das öffentliche, aber anonyme Vorgehen L.s führte, belegt der tragische Fall Philippis. L.s »ohne den geringsten Skrupel« verfasste Satire *Briontes der Jüngere, oder Lobrede auf den Hochedelgebornen und Hochgelahrten Herrn D. Johann Ernst Philippi … gehalten in der Gesellschaft der kleinen Geister* (1732) schlägt bereits den ironischen Duktus an, den er auch in den folgenden, immer radikaleren Satiren beibehält (*Unparteiische Untersuchung,* 1733). Im Gutachten *Eines berühmten Medici glaubwürdiger Bericht* (1734) bescheinigt er dem von einer Wirtshausschlägerei ohnehin stark lädierten Philippi den Tod und widerlegt dessen öffentlichen Einspruch mit »schlagenden« Gründen (*Bescheidene Beantwortung der Einwürfe,* 1735). Sicherlich haben L.s Schriften zum gesellschaftlichen Abstieg Philippis beigetragen – der unglückliche Professor endete in der Irrenanstalt.

L.s scheinbar so moralisches, angeblich im Namen der »Königin Vernunft« geübtes Richteramt ist gerade in moralischer Hinsicht sehr anfechtbar. Seine polemischen Satiren – mit Ausnahme der letzten Schrift *Die Vortrefflichkeit und Notwendigkeit der elenden Skribenten, gründlich erwiesen,* (1734) – stehen hart an der Grenze zum juristisch einklagbaren Pasquill. Auch wenn er mit diesen Schriften tatsächlich zur Herstellung vernunftbegründeter Öffentlichkeit beitrug, so geschah es doch um einen hohen menschlichen Preis: Das Prinzip der Vernunft siegte zwar, aber auf Kosten der Humanität. L. als Vorläufer Lessings zu bezeichnen, mag etwas hoch gegriffen sein. Immerhin, beiden eignet eine gewisse Unbedenklichkeit in der Wahl der Mittel, wenn es darum ging, die eigene ›Wahrheit‹ durchzusetzen. Jedenfalls war L. sich der Grenzen seines Tuns bewusst: »Ich weiß wohl, daß ich keine Riesen erleget; sondern nur mit Zwergen gekämpfet habe: und nichts in der Welt ist so geschickt, mich demühtig zu machen, als der Sieg, den ich über dieselben erhalten habe.«

Gunter E. Grimm

Lispector, Clarice
Geb. 10. 12. 1920 in Tschetschelnik/ Ukraine;
gest. 9. 12. 1977 in Rio de Janeiro

»Ich wurde geboren, um zu schreiben. [...] Jedes meiner Bücher ist eine mühevolle und glückliche Premiere. Diese Fähigkeit, mich ganz zu erneuern, während die Zeit verstreicht, das nenne ich leben und schreiben.« Die Lispectors, russische Juden, emigrieren zwei Monate nach der Geburt Clarices, ihrer dritten Tochter, in den Nordosten Brasiliens. Mit sieben schreibt Clarice Lispector ihre ersten Erzählungen. Zwei Jahre später verliert sie die Mutter. Die Familie zieht 1934 von Recife nach Rio de Janeiro. Nach dem Gymnasium beginnt L. mit sechzehn zu arbeiten. Vom ersten Gehalt kauft sie sich ein Werk von Katherine Mansfield, zu der sie später oft in Beziehung gesetzt wird. Sie schreibt sich 1941 in der Rechtsfakultät ein, arbeitet als Journalistin für eine Nachrichtenagentur und in der Redaktion der Zeitung *A Noite.* 1943 heiratet sie den Studienkollegen und späteren Diplomaten Maury Gurgel Valente. Von 1944 bis 1959 begleitet sie ihren Mann nach Europa und in die Vereinigten Staaten. 1949 und 1953 werden ihre beiden Söhne geboren. Der ständig wechselnden Aufenthalte und Verpflichtungen müde trennt sie sich 1959 von ihrem Mann und kehrt nach Rio de Janeiro zurück, wo sie bis zu ihrem Tod lebt. Ihr Leben ist alles andere als ganz gewöhnlich. Schon zu Lebzeiten ist sie für viele eine rätselhafte Figur von eigenwilliger Schönheit.

Auf ihren ersten Roman, *Perto do coração selvagem* (1943; *Nahe dem wilden Herzen,* 1981), reagiert die Kritik überrascht und begeistert. Antônio Cândido, einer der anerkanntesten Literaturwissenschaftler Brasiliens, spricht 1943 von einem »wahrhaften Schock« bei der Lektüre des Romans, der so anders sei, geschrieben von einer bis dahin völlig unbekannten Autorin, auf deren Bedeutung er nachdrücklich hinweist. Zu einer Zeit, als der sozialkritische Nordostroman noch in realistischer Erzählmanier die Welt beschreibt, ist die Stimme von L. etwas völlig Neues. Ihre Sprache geht den feinsten Verästelungen von Innenwelten nach. Im Mittelpunkt steht Joana, als Kind, als Heranwachsende, als verheiratete Frau. Ganz in ihre Gedanken und Empfindungen vertieft erscheint sie ihrer Umgebung fremd, ja unheimlich, sie habe einen »Hang zum Bösen«, wie sie selbst feststellt. Ihrem Mann, einem jungen, aufstrebenden Juristen, erscheint sie in ihrer spröden Unnahbarkeit erst reizvoll, dann immer fremder, bis er sich von ihr trennt. Joana bleibt allein, unbeirrt in ihrer eigenen Welt, frei von dem Anspruch anderer auf sie. L. veröffentlicht weitere Romane, mehrere Bände mit Erzählungen und arbeitet für verschiedene Zeitungen.

In den 1960er Jahren festigt sich ihr Ruf als außergewöhnlichste Autorin ihres Landes. 1964 erscheint die erste Übersetzung ins Deutsche mit dem Roman *A maçã no escuro* (1961; *Der Apfel im Dunkeln*), 1966 gefolgt von den Erzählungen *Laços de família* (1960; *Die Nachahmung der Rose*). L. erhält mehrere Preise für ihr Werk. Zu Lebzeiten erscheinen drei Kinderbücher, postum ein weiteres und vier andere Titel, darunter 1984 der umfangreiche Band *A descoberta do mundo* (Die Entdeckung der Welt), der Zeitungskolumnen von 1967–1973 aus der Zeitung *Jornal do Brasil* enthält. 1977 veröffentlicht sie ihren letzten Roman, *A hora da estrela (Die Sternstunde*, 1985), die Geschichte des unscheinbaren Mädchens Macabea aus dem Nordosten. Der von der Autorin eingeführte Erzähler sagt, Macabea habe das gehabt, was man ein Innenleben nennt, sie habe es nur nicht gewusst. Das Buch sei »eine stumme Fotografie«. Der Roman wurde Jahre später von Suzana Amaral beeindruckend verfilmt und auf den Berliner Filmfestspielen ausgezeichnet. Das Werk L.s ist ausführlich gewürdigt und vielfach interpretiert worden, so von der Freundin Olga Borelli und von Hélène Cixous, die entscheidend für die Verbreitung von L. in Frankreich war. Sicher ist es eine unzulässige Vereinfachung, L. nur unter dem Vorzeichen des Feminismus zu sehen, wie es dort vor allem der Fall war. Ihr Werk ist in mehrere Sprachen übersetzt und hat zu immer neuen Lesarten herausgefordert. Im letzten Interview antwortete sie auf die Frage, worin sie die Aufgabe des Schriftstellers heute sehe, »zu schweigen«. Nach ihrem Tod schrieb der Lyriker Carlos Drummond de Andrade »Clarice/ kam aus einem Geheimnis,/ ging fort in ein anderes«.

Ray-Güde Martin

Llamazares, Julio
Geb. 28. 3. 1955 in Vegamián, León/ Spanien

»Die Erinnerung ist ein Grubengewirr in unserem Gehirn. Ein tiefer, unergründlicher, finsterer Schacht voller Schatten und Seitenstollen, ein Schacht, so tief wie man im Traum fallen kann, tut sich vor uns auf, je weiter wir in ihn vordringen. Während ich durch jenen dunklen Schacht kroch, ging in meiner Erinnerung ein Licht an ...« Diese Sätze aus Julio Llamazares' Roman *Escenas de cine mudo* (1994; *Stummfilmszenen*, 1998) umreißen das poetologische Programm der Romane und Erzählungen, aber auch der Reisebeschreibungen des spanischen Autors: Es geht ihm darum, verschüttete Erinnerungen ans Tageslicht zu befördern, und zwar sowohl kollektive als auch individuelle. Und es geht ihm um die Um- und Irrwege, auf denen die Erinnerungen aufleuchten und gegenwärtig werden. L. ist das Spannungsverhältnis zwischen Rekonstruiertem und Konstruiertem bewusst, das ›Erinnerung‹ ausmacht, und so sind seine Texte immer auch eine Reflexion über den Prozess des Erinnerns und dessen literarische, fiktionale Verarbeitung.

Bereits in den Gedichtbänden *La lentitud de los bueyes* (1979; Die Langsamkeit der Rinder) und *Memoria de la nieve* (1982; Gedächtnis des Schnees) spielen Erinnerung und Vergessen eine zentrale Rolle. Vor allem die nostalgische Erinnerung ist negativ besetzt, da sie selbstzerstörerische Züge trägt und eine wirkliche Kontemplation verhindert. Gleichzeitig wird das Vergessen zum Korrektiv. In seinem ersten Roman *Luna de lobos* (1985; *Wolfsmond*, 1991) lebt die Geschichte jener republikanischen Milizionäre des Spanischen Bürgerkriegs wieder auf, die nach der Niederlage gegen die Faschisten als Guerilleros in die Berge geflüchtet waren und dort zu überleben versuchten. Der Roman schildert das entbehrungsreiche Leben einer kleinen Gruppe im kantabrischen Gebirge nach dem Zusammenbruch der republikanischen Front in Asturien. Während sie anfangs noch auf ein Wiederaufflammen eines breiten Widerstandes gegen das Franco-Regime hoffen, müssen die Guerilleros nach und nach erkennen, dass sie isoliert sind und auf verlorenem Posten stehen. Die Darstellung lebt von der Spannung zwischen der Erinnerung an den Bürgerkrieg und der Resignation sowie der beständigen Flucht vor den Unbilden der Natur. Der Erzähler muss sich am Ende entscheiden, ob er den aussichtslos gewordenen Kampf fortsetzen (und damit an seine Erinnerung gebunden bleiben) oder die Flucht ins Exil wählen will.

L.' zweiter Roman *La lluvia amarilla* (1988; *Der gelbe Regen*, 1991) erzählt die Geschichte eines Dorfes in den Pyrenäen aus der Sicht des letzten Bewohners, der blieb, nachdem die anderen das Dorf auf der Suche nach einem erträglicheren Leben verlassen hatten und nachdem seine Frau sich erhängt hatte. In seinen Erinnerungen lässt der Erzähler das Dorfleben wiedererstehen, während der gelbe Regen der Herbstblätter und der Schnee das zähe Verrinnen der Zeit und den nahenden Tod ankündigen. *Escenas de cine mudo* erzählt anhand von Erinnerung evozierenden, aber diese auch einfrierenden Familienfotos eine Kindheitsgeschichte in einem Minenort im armen spanischen Norden. Der Titel des autobiographische Züge tragenden Romans spielt auf die Filmplakate an, mit deren Hilfe der Junge sich die für ihn verbotenen Kinofilme zusammenphantasiert. Der Roman reflektiert auf unprätentiöse Weise das Funktionieren und die Bruchstückhaftigkeit von Erinnerung sowie die Entstehung von (literarischer wie filmischer) Fiktion. Im 2005 erschienenen Roman *El cielo de Madrid* (Der Himmel von Madrid) beschreibt L. erstmals das Leben in der Metropole, fern der Provinz, die den Hintergrund für die früheren Romane bildet. Er stellt die Suche einer Gruppe von Künstlern nach Erfolg und Glück in der Großstadt vor dem Hintergrund der politischen und kulturellen Veränderungen im postfranquistischen Spanien dar. Die in *En mitad de ninguna parte* (1995; Inmitten des Nirgends) zusammengefassten Erzählungen schließen thematisch an die Romane an, fügen diesen allerdings eine weitere Facette hinzu: einen bisweilen schwarzen Humor und Sarkasmus bei der Beschreibung der Tücken des Alltags und der Tragik menschlicher Schicksale.

Mit L. hat die Literatur des Regionalismus, der im Gegensatz zur meist großstädtisch geprägten spanischen Gegenwartsliteratur das Leben in der Provinz beschreibt, neuen Auftrieb erhalten. Im Unterschied zum älteren Regionalismus oder Kostumbrismus aber lässt L.' Prosa keinen Raum für die nostalgische Verklärung des Landlebens. Vielmehr stellt L. die von der (nicht erst mit dem Tode Francos einsetzenden) Modernisierung vergessenen Menschen, Regionen und kulturellen Alltagspraktiken mit all ihrem Reichtum wie mit der Armut, der Migration, der Verlassenheit dar. Seine Romane und Erzählungen, aber auch seine zahlreichen Reisebeschreibungen aus der Provinz holen die vergessenen, an den Rand gedrängten Menschen in den entvölkerten Provinzen Spaniens wieder ins Bewusstsein der Gesellschaft zurück.

Friedhelm Schmidt-Welle

Lobo Antunes, António
Geb. 1942 in Lissabon

Der neben dem Nobelpreisträger José Saramago bedeutendste portugiesische Romanschriftsteller António Lobo Antunes wurde als Spross einer großbürgerlichen Familie geboren; er wuchs als ältester von sechs Söhnen in dem Lissabonner Vorort Benfica auf. Mit seiner Abstammung von einem brasilianischen Großvater und einer deutschen Großmutter erklärt L.A. seine Ablehnung jeglicher Form von Rassismus und fügt hinzu, dass ihm Patriotismus fremd geblieben und Nationalismus unverständlich sei. Von seinem Vater, einem gebildeten und belesenen Neurologen, erhielt er zahlreiche geistige Anregungen. Früh erwachte in ihm der Wunsch, Schriftsteller zu werden. Auf Rat seines Vaters studierte er indessen kein geisteswissenschaftliches Fach, sondern Medizin. Die 27 Monate seines Militärdienstes leistete er 1971 bis 1973 in Angola ab. Die dort erfahrenen Schrecken des Kolonialkrieges verarbeitete er in einem Teil seiner Romane. Nach der Rückkehr nach Portugal spezialisierte er sich auf Psychiatrie und arbeitete bis 1985 in einem Lissabonner Krankenhaus. Danach widmete er sich ausschließlich seiner schriftstellerischen Tätigkeit.

Radikal brach der anspruchsvolle Autor mit der überkommenen Romanform und versuchte, eine ganz neue Art des Erzählens zu erfinden, bei der verschiedene Stimmen einen polyphonen Chor ergeben und unterschiedliche Zeitebenen sich übereinanderschieben.

Auf seinen ersten Roman *Memória de elefante* (1979; *Elefantengedächtnis*, 2004) folgte noch im selben Jahr *Os cus de Judas* (1979; *Der Judaskuß*, 1987), mit dem ihm der literarische Durchbruch gelang. Wie diese beiden schöpft auch der dritte Roman *Conhecimento do inferno* (1980; *Einblick in die Hölle*, 2003) aus den Erfahrungen des schmutzigen Krieges in Afrika, während L.A. in der folgenden Tetralogie *Explicação dos pássaros* (1981; *Die Vögel kommen zurück*, 1989), *Fado Alexandrino* (1983; *Fado Alexandrino*, 2002), *Auto dos danados* (1985; *Reigen der Verdammten*, 1989) und *As naus* (1988; *Die Rückkehr der Karavellen*, 2000) die Geschichte Portugals von den Entdeckungsseefahrten bis zur Nelkenrevolution von 1974 kritisch-ironisch Revue passieren lässt.

Darauf folgte eine Trilogie: *Tratado das paixões da alma* (1990; *Die Leidenschaften der Seele*, 1994), *A ordem natural das coisas* (1992; *Die natürliche Ordnung der Dinge*, 1996) und *A morte de Carlos Gardel* (1994; *Der Tod des Carlos Gardel*, 2000). In diesem »Zyklus von Benfica« sucht der Autor die Stätten seiner Kindheit und Jugend wieder auf – in dem Stadtviertel, in dem er aufgewachsen sei, habe er im kleinen das Material für sein Porträt der portugiesischen Gesellschaft vorgefunden –; das Ergebnis ist jedoch alles andere als eine Präsentation idyllischer Erinnerungen. Geprägt sind diese Romane vom Tod der Mythen der Kindheit und dem Verlust der gefühlsmäßigen Verbundenheit mit der Vergangenheit, von misslingenden Begegnungen, Unverträglichkeiten und der Zerstörung der Beziehungen in der Gegenwart. Die Personen sind gleichsam in einer sie umgebenden Leere gefangen.

Mit *Manual dos inquisidores* (1996; *Das Handbuch der Inquisitoren*, 1997) beginnt ein dreibändiger Zyklus über die Gewalt. Im ersten Roman stimmen 19 verschiedene Erzähler einen dissonanten Chor der Selbstrechtfertigung und Täuschung ihres Gegenübers an; doch die politische Entwicklung sorgt dafür, dass das Landgut, auf dem dies geschieht, von einem Zentrum der Macht zu einem belanglosen Ort wird und die einstigen Machthaber und deren Speichellecker zu dahinvegetierenden Greisen verkommen. In *O esplendor de Portugal* (1997; *Portugals strahlende Größe*, 1998) erinnern sich vier Mitglieder einer aus Afrika geflohenen Familie an ihr früheres Leben, an die Flucht und die trostlose Existenz im Mutterland. Das ironische Zitat aus der Nationalhymne im Titel des Buches wirft ein Schlaglicht auf die seelischen Verwüstungen, die die Jahrzehnte der Diktatur hinterlassen haben.

In *Exortação aos crocodilos* (1999; *Anweisungen an die Krokodile*, 1999) behandelt L.A. das Thema des Terrorismus, das er bereits in *Tratado das paixões da alma* aufgegriffen hatte, aus einem anderen Blickwinkel: aus dem von vier mit Terroristen verheirateten Frauen, die Portugals linke Kräfte mit Gewalt bekämpfen und auch vor dem Mord an einem Minister nicht zurückscheuen. Den Roman mit dem auf ein Gedicht von Dylan Thomas anspielenden Titel *Não entres tão depressa nessa noite escura* (2000; *Geh nicht so schnell in diese dunkle Nacht*, 2001) hat L.A. seiner ersten Ehefrau Zé gewidmet, deren Sterben er begleitet hat. Darin erinnert sich (oder erfindet sie das nur?) Maria Clara, das Aschenputtel der Familie, an den Abstieg einer portugiesischen Dynastie – vom Leben als Großgrundbesitzer in Mosambik bis die triste Gegenwart. Der Leser hört überwiegend ihre Stimme, aber nicht nur sie. Noch radikaler als in seinen früheren Romanen hat L.A. sich hinter der Montage verschiedener Stimmen unsichtbar gemacht, die – teilweise einander widersprechend – die Vergangenheit wie die Gegenwart beschwören und damit eine seltsame Gleichzeitigkeit des Ungleichzeitigen schaffen. Noch schwieriger zu fassen ist der Inhalt des Romans *Que farei quando tudo arde* (2001; *Was werd ich tun, wenn alles brennt*, 2003), in dem der Sohn einen Lachanfall bekommt, als er seinen Vater im Sarg liegen sieht – denn dessen vornehmkorrekte Kleidung will so gar nicht zu dem Transvestiten passen, der im Nachtleben Lissabons glänzte und seinen Sohn zu einem gefährlichen Lebensstil verführte.

Darüber hinaus hat L.A. weitere Romane – *Apontar com o dedo o centro da terra* (2002; Mit dem Finger auf den Erdmittelpunkt zeigen), *Boa tarde as coisas aqui em baixo* (2003; Guten Abend, ihr Dinge hier unten) und *Eu hei-de amar uma pedra* (2004; Einen Stein werd ich lieben, 2006) – sowie *Crónicas* (1995, 1996, 1998 und 2002, ursprünglich für Zeitungen geschriebene Betrachtungen; einige dt. in *Sonette an Christus*, 1999) und das Kinderbuch *A História do hidroavião* (1994; Die Geschichte vom Wasserflugzeug) veröffentlicht. Er hat zahlreiche Literaturpreise für sein Gesamtwerk erhalten: den Prémio Rosalia de Castro des Galizischen PEN-Clubs 1998, den Österreichischen Staatspreis für europäische Literatur 2000, den Premio Internacional der Unión Latina 2003, den Premio Ovidius 2003 des Rumänischen Schriftstellerverbandes und den Jerusalem-Preis 2004. Im Jahr 2000 wurde er zum Chevalier des arts et des lettres ernannt. Zudem wurden einzelne seiner Werke ausgezeichnet: Zweimal empfing L.A. den Großen Romanpreis des Portugiesischen Schriftstellerverbandes (1985 für *Auto dos danados* und 2000 für *Exortação aos crocodilos*). Der letztgenannte Roman wurde außerdem mit dem Prémio Dom Dinis der Stiftung Casa de Mateus bedacht. *A morte de Carlos Gardel* wurde 1994 mit dem Prix France-Culture ausgezeichnet, 1995 erhielt L.A. den Preis für das beste ausländische Buch in Frankreich für *Manual dos inquisidores*.

Kurt Scharf

Loen, Johann Michael von
Geb. 11. 12. 1694 Frankfurt am Main; gest. 24. 7. 1776 Lingen/Ems

»Ich gehöre unter die Zahl der Empfindlichen; ich wollte ich wäre es nicht; allein ich bin nun einmal so. Ich will mich suchen zu verbessern ... Ich hasse von Natur allen Zwang und wünschte von ganzem Herzen, daß alle unnöthige und peinliche Ceremonien, durch ein allgemeines Reichsgesetz abgeschaft würden. Ich ehre die Menschen nach ihren Verdiensten und nicht nach ihrer Geburt. Der Hochmuth der Grosen ist mir unerträglich. Ich betrachte die Höfe, wie das Fegfeuer der Redlichkeit, und halte die Vorzüge des Adels für eine Wahnsinnigkeit in der menschlichen Gesellschaft.« Der diese Selbstcharakteristik unter dem Titel »Abbildung des Verfassers in seiner Jugend« wohl vor oder in seiner Studienzeit schrieb (und sie später in den 1. Band seiner *Kleinen Schriften*, 1749–1752, aufnahm), charakterisiert damit früh seine zeitlebens durchgehaltene, unbestechliche kritisch-aufklärerische und ebenso pietistisch-frühempfindsame Haltung gegenüber der adligen Gesellschaft seiner Zeit, die sowohl den Gang seines Lebens beeinflusste als auch sein schriftstellerisches Schaffen im Wesentlichen mitgestaltete.

Bürgerlichkeit, Adel, reformierte Geisteshaltung und Bildungshunger kennzeichnen Familie und Erziehung L.s: Väterlicherseits entstammte er einer reformierten, geadelten Kaufmannsfamilie, die im ersten Viertel des 17. Jahrhunderts aus Holland nach Frankfurt gekommen war; seine Mutter, Marie Passavant, kam aus einer aus der Schweiz eingewanderten, ebenfalls reformierten Familie. Mit seinen beiden älteren Brüdern wurde er nach dem Tod der Mutter 1697 zunächst von Vater und Großvater erzogen; nach der öffentlichen Schule in Frankfurt schickte man ihn, standesgemäß, ins Landinternat Birstein bei Gelnhausen, wo er neben Latein und Französisch auch Italienisch und die Anfangsgründe des Griechischen lernte. 1711 immatrikulierte er sich in Marburg für das Studium der Rechte, 1713 durfte er in das pietistische Halle wechseln, wo er unter andcrem Naturrecht (bei Christian Thomasius), Völkerrecht und Geschichte hörte und sich nebenbei in Musik, den Schönen Künsten, Sport und Reiten übte.

Nach einem halben Jahr am Wetzlarer Reichskammergericht absolvierte L. (von 1716–1724) ausgedehnte Bildungsreisen durch halb Europa: Zunächst durch Süd- und Mitteldeutschland, dann Norddeutschland und Holland, 1717/18 lernte er in Berlin den preußischen, in Dresden den sächsischen Hof intensiv kennen – und begleitete dies literarisch:

Seine *Kleinen Schriften* bewahren seine Hofschilderungen als wertvolle kulturgeschichtliche Dokumente auf. Nach Reisen nach Paris und in die Schweiz, nochmals in die Niederlande, nach Böhmen, Schlesien und wiederholt in die preußische und sächsische Residenz, schließlich nach Oberitalien ließ L. sich 1724 in Frankfurt am Main nieder. Schon 1718 hatte er von seinem Großvater mütterlicherseits ein ansehnliches Vermögen geerbt, zu dem 1729 noch der reiche Grundbesitz seines älteren Bruders hinzukam. L. heiratete 1729 Katharina Sibylla Lindheimer – und wurde damit zum Schwager des Frankfurter Schultheißen Textor. Als dessen Tochter Katharina Elisabeth 1748 den Kaiserlichen Rat Johann Caspar Goethe heiratete, stellte L. das vom Bruder geerbte Meriansche Landhaus am Main für die Festlichkeit zur Verfügung.

Als Vertreter eines vom Gelderwerb befreiten vermögenden Patriziats konnte sich L. ganz der kultivierten Geselligkeit, der schriftstellerischen Tätigkeit als Dichter und Essayist und auch der Pflege seiner reichhaltigen Bibliothek widmen: Die Tatsache, dass in seinem Bücherbestand neben allen Frühwerken Goethes eine Vielzahl an Wertheriaden und die Sturm-und-Drang-Literatur versammelt war, zeigt, dass er bis zu seinem Lebensende intensiven Anteil an der literarischen Entwicklung Deutschlands genommen hat.

Sein literarisches Schaffen ist umfangreich: Insgesamt vierzig (teils mehrbändige) Einzelpublikationen in deutscher, französischer und lateinischer Sprache wurden zeit seines Lebens veröffentlicht. In seinen Essays nahm L. vielfältigen Anteil an praktisch allen Angelegenheiten von öffentlicher Bedeutung: Architektur, Malerei, Musik, Rhetorik, Poetik und deutsche Orthographie, philosophische, theologische und politische Fragestellungen, Ökonomie im Staats- wie im Haushaltswesen u.v.a.m. In seinen »Moralischen Schildereien, nach dem Leben gezeichnet« (*Kleine Schriften*) orientiert er sich explizit, wie er im Vorwort ausführt, am Vorbild französischer Moralisten wie La Bruyère und Fénelon, vermittelt also die spezifisch französische literarische Form des moralisierenden Essays nach Deutschland. – L.s Hof- und Reisebeschreibungen nehmen zum Teil literarische Tendenzen vorweg: Seine »Beschreibung der Alpen-Gebürge« (*Kleine Schriften*, Bd. 4) thematisiert noch vor Albrecht von Hallers »Alpen« die Ästhetik des Erhabenen.

Goethe geht im 2. Buch von *Dichtung und Wahrheit* ausführlicher auf seinen Großonkel ein: »Bekannt mit der Hof- und Staatswelt, und eines erneuten Adels sich erfreuend, erlangte er dadurch einen Namen, daß er in die verschiedenen Regungen, welche in Kirche und Staat zum Vorschein kamen, einzugreifen den Mut hatte.« In diesem Zusammenhang hebt Goethe zwei große Werke L.s hervor: Den großen Roman *Der redliche Mann am Hofe oder die Begebenheiten des Grafen von Rivera* (1740) (dessen Titel Goethe verdreht) und das Hauptwerk *Die einzig wahre Religion* (1750). Der halb im Stil des barocken Staatsromans, halb als galanter Roman ausgeführte *Redliche Mann am Hofe* führt am Beispiel des Grafen von Rivera den schließlichen Sieg bürgerlicher Tugenden über höfische Intrigen, Machenschaften und adlige Unmoral vor: Die glücklich endende Liebesgeschichte des Grafen fällt zusammen mit der seines Königs: eine Doppelhochzeit schließt den Roman ab. In verschiedenen eingebetteten Lebensläufen von Nebenfiguren werden, ganz im Stil des Aufklärungsromans (etwa bei Schnabel) negative und positive Handlungsmodelle durchgeführt; L. gelingt es, die vielfältigen Gegenstände seiner essayistischen Tätigkeit in fiktionale Modelle umzuwandeln. Von hier aus ist der Roman als Fürsten- und Tugendspiegel lesbar.

L.s zweites großes Werk, so Goethe, »sollte … desto gefährlicher für ihn werden. Er schrieb: ›Die einzig wahre Religion‹, ein Buch, das die Absicht hatte, Toleranz, besondern zwischen Lutheranern und Calvinisten, zu befördern. Hierüber kam er mit den Theologen in Streit« – und zwar so sehr, dass ihm der Aufenthalt in Frankfurt verleidet wurde: L. nahm, im Alter von 58 Jahren, das Angebot Friedrichs des Großen an, das Amt eines preußischen Regierungspräsidenten in Lingen an der Ems zu übernehmen. L. wurde im Siebenjährigen Krieg von den Franzosen gefangengesetzt und vier Jahre arretiert, nahm dann die Regierungstätigkeit nochmals auf und schied 1765 aus dem Amt. Eine Staroperation, die der Arzt und Schriftsteller Jung-Stilling vornahm, misslang; fast erblindet starb L. im Alter von 82 Jahren.

Werkausgabe: Der redliche Mann am Hofe, oder die Begebenheiten des Grafen von Rivera. Frankfurt a. M. 1740, Faksimile-Nachdruck Stuttgart 1966.

Benedikt Jeßing

Loerke, Oskar
Geb. 13. 3. 1884 in Jungen/Weichsel; gest. 24. 2. 1941 in Berlin-Frohnau

Der Sohn eines Ziegelei- und Hofbesitzers aus der Weichselniederung reiste und wanderte gern, es waren L.s extensivste Erfahrungen, mit der Welt, vor allem mit der Natur in Kontakt und Dialog zu kommen. Seine weiteste Reise führte ihn nach Nordafrika, dank eines Reisestipendiums des »Norddeutschen Lloyd«, und in Verbindung mit dem 1913 verliehenen Kleist-Preis erhielt. Seinen Niederschlag fand solche Welterfahrung in ausführlichen Beobachtungen und Reflexionen der Tagebücher (*Tagebücher 1903–1939*, 1955; *Reisetagebücher*, 1960), aber auch im literarischen Werk (*Wanderschaft*, 1911; *Gedichte*, 1916, unter dem Titel *Pansmusik* 1929; *Die heimliche Stadt*, 1921). L.s Gedichte, auch die Erzählungen, kreisen um das Thema einer überpersönlichen, raum- und zeitübergreifenden Ordnung der natürlichen Dinge, von welcher der Mensch ausgeschlossen ist, solange er ihr nur immer als ichzentriertes Subjekt gegenübertritt. L.s Dichtung zeichnet Weisen von Erfahrung und Anschauung nach, die diese Grenzen überschreitbar werden lassen. Frühe expressionistische Spracheinflüsse werden schnell abgebaut, L.s Bild- und Sprachwelt ist diszipliniert bis hin zum angestrengten Rigorismus, misstrauisch gegen gefühliges Erleben: »Ich hatte mein Erleben heimzuleiten in die Form seiner Existenz durch Sprache.« Seine Werke waren keine großen Publikumserfolge, doch wurden sie rasch mit ihren Neuerungen von Perspektive und Bildwahl als Vorbild wirksam und von anderen Lyrikern übernommen (Wilhelm Lehmann, Elisabeth Langgässer, Günter Eich, Karl Krolow). Die Anforderungen des Berufs, später die politischen Zeitumstände, zum Ende hin zunehmende Kränklichkeit schränkten seine Reisen mehr und mehr ein, banden ihn an Berlin. Nach seiner Tätigkeit als Dramaturg am Theaterverlag (seit 1914) war L. ein Vierteljahrhundert, von 1917 bis zu seinem Tode, als Lektor für den S. Fischer-Verlag in Berlin beschäftigt, entdeckte und förderte Autoren, rezensierte Bücher im *Berliner Börsen-Courir* (gesammelt in *Der Bücherkarren*, 1965). Er wurde als Lyriker, Essayist und Kritiker gleichermaßen zur respektierten Autorität, pflegte wenige, aber intensive Freundschaften (z. B. zu Wilhelm Lehmann). Im Jahr 1926 wurde er zum Senator der »Preußischen Akademie der Künste« bestellt, 1928 zum ständigen Sekretär in deren »Sektion für Dichtkunst«. Ein erfolgreiches Leben, das 1933 mit der Machtübernahme durch die Nationalsozialisten einen tiefgreifenden Bruch erfuhr. Er musste den Posten in der Akademie räumen, seine Verlagsarbeit war gefährdet, der gewohnte Tätigkeitsbereich eingeschränkt. Selber alles andere als ein Widerständler, wurde er in eine »Innere Emigration« gezwungen, die seine auf geistige Kommunikation angelegte Existenz auf langsam tödliche Weise in Isolation und Verzweiflung trieb. Die *Tagebücher* geben hierüber beredte Auskunft. Mehr denn je war er auf das »Lese-Gespräch« mit Büchern angewiesen, wurden – so die Titel von Essaysammlungen – aus *Zeitgenossen aus vielen Zeiten* (1925) nahe *Hausfreunde* (1939). Mit den Lyrikbänden *Der längste Tag* (1926), *Atem der Erde* (1930) und *Der Silberdistelwald* (1934) hatte L. den Weg für die Naturlyrik der 1930er Jahre vorgezeichnet und wirksam bestimmt. Das lyrische Gesamtwerk, das einen über 25 Jahre hin geplanten, »mathematisch-musikalischen« Zusammenhang darstellen, sollte 1936 mit *Der Wald der Welt* abgeschlossen sein (siehe *Meine sieben Gedichtbücher*, in: *Neue Rundschau*, 1936). Späteres erschien nur noch als Privatdruck; erst Hermann Kasack edierte 1949 unter dem Titel *Die Abschiedshand* diese *Gedichte aus dem Nachlaß*. Kompositorische Strenge im Formalen, Musikalität, präzise Verbindung von Gedankenlyrik mit intensiver Bildlichkeit und ein mythengesättigtes Umschreiben der »Grundmächte des Daseins« prägen L.s Naturlyrik, die bei Zeitgenossen, mehr aber noch bei der Generation von Naturlyrikern der Nachkriegszeit respektvolle Wertschätzung gefunden hat. Respekt galt vor allem dem Autor, der lange die Spannung zwischen einem Lyrikentwurf kosmisch weit gedachter, geistiger Existenz und der Repression der konkreten Wirklichkeit schreibend auszuhalten vermochte, bis ein Herzleiden sein zuletzt von tiefer Resignation erfülltes Leben beendete.

Horst Ohde

Loest, Erich
Geb. 24. 2. 1926 in Mittweida/Sachsen

Mit dem Helden seines letzten noch in der DDR aufgelegten Buchs verbindet den Autor eine Reihe von Gemeinsamkeiten, die wichtige Stationen des eigenen Werdegangs markieren: »Wir sind Landsleute«, begründet L. seine besondere Nähe zu Karl May, in dessen Lebensgeschichte der Roman *Swallow, mein wackerer Mustang* (1980) das vielschichtige Spannungsverhältnis von literarischer Fiktion und Realität transparent macht: »Er war 7 Jahre im Gefängnis, ich auch. Er hat Kolportageromane geschrieben, ich mit meinen Krimis auch. Er hat Zeit seines Lebens etwas entwickelt, was ich auch entwickeln mußte im Knast: Sich hinauszuträumen aus dem engen Leben oder das Leben im Traum zu sich hereinzuholen.«

Der »Knast« – das ist die »Strafvollzugsanstalt Bautzen II«, wo L. bis zum 25. September 1964 einsitzt. Mit dem Morgen der Entlassung endet sein autobiographischer Rechenschaftsbericht *Durch die Erde ein Riß* (1981). L.s *Lebenslauf* – so der Untertitel – protokolliert radikal aufrichtig exemplarische politische »Irrtümer« seiner Generation: Der Sohn eines »bürgerlich-nationalen« Eisenwarenhändlers aus der sächsischen Kleinstadt Mittweida wächst »konform« in die Ära der nationalsozialistischen Herrschaft hinein. Mit zehn Jahren wird er Hitlerjunge, später Jungvolkführer und schließlich Soldat, der als »Werwolf« bis in die letzten Tage vor der Kapitulation gegen die Alliierten kämpft.

Nach dem Zusammenbruch – L. ist zuerst in der Landwirtschaft und Industrie tätig, danach als Journalist bei der *Leipziger Volkszeitung* –, wiederholen sich die Mechanismen eines »blinden Glaubens« unter verändertem Vorzeichen. Seit 1947 SED-Mitglied, wird er, ohne Gelegenheit zum »argwöhnischen Nachdenken«, »von einem ideologischen Kampf in den anderen umgesetzt, umgehetzt«. »Wider Willen« ist er drei Jahre später »freier Schriftsteller«. Den Tadel der »Standpunktlosigkeit« seines ersten Romans (*Jungen, die übrigblieben*, 1950) kompensiert er durch eine strikte Befolgung der ästhetischen Vorgaben des »Sozialistischen Realismus«. Da L. zu einer Treueversicherung an die Partei bereit ist, beläßt man es schließlich bei einer »Rüge« für seine Kritik an der offiziellen Reaktion auf die Ereignisse des 17. Juni 1953. Der nächste Konflikt mit der Autorität hat ungleich schwerwiegendere Folgen. Wegen seiner Teilnahme an den vom XX. Parteitag der KPdSU ausgelösten Reformdebatten unter den Intellektuellen über die notwendige »Demokratisierung der Partei und des Staates« wird er im November 1957 festgenommen und nach einjähriger Untersuchungshaft »als angeblicher Konterrevolutionär verurteilt«.

Nach der Entlassung aus dem Gefängnis 1964 – wie Karl May zu »einer Unperson« geworden – verdient L., wieder in Leipzig, »nötiges Geld« als sehr erfolgreicher »Krimischreiber unter Pseudonym«, bevor er sich, ermutigt durch den scheinbaren kulturpolitischen »Frühling« der ersten Honecker-Jahre, in »konfliktreichen, herzhaften Geschichten und Romanen« nach dem Vorbild Hans Falladas »milieugerecht« mit der nationalsozialistischen Vergangenheit und dem Alltag in der DDR zu befassen beginnt (u. a. *Ich war Dr. Ley*, 1966; *Schattenboxen*, 1973). Seine Darstellung eines Durchschnittsbürgers im Roman *Es geht* seinen Gang oder Mühen in unserer Ebene (1978), der sich dem gesellschaftlichen »Leistungsdruck« entzieht, da er (wie L.) nach unangenehmen »Zusammenstößen mit der Macht« selbst keine Macht mehr ausüben will, bricht ein »Tabu« der DDR-Literatur. Die Neuauflage des erst nach vielen Kämpfen erschienenen, dann rasch vergriffenen Buchs wird von den Behörden verzögert und beschränkt.

Ein Jahr später gibt L. endgültig seinen Vorsatz auf, »unauffällig zu leben, sich aus politischen Querelen herauszuhalten«. Als Mitunterzeichner einer Petition gegen die Diffamierung Stefan Heyms verlässt er den Schriftstellerverband der DDR, dessen Leipziger Bezirksvorsitzender er Anfang der 1950er Jahre war und aus dem er zweimal ausgeschlossen wurde. Im März 1981 siedelt er – vorerst mit einem Dreijahresvisum, das er nicht mehr verlängert – in die Bundesrepublik über, wo er zunächst in Osnabrück und von 1987 an in Bad Godesberg lebt. Im gleichen Jahr leuchtet sein Roman *Froschkonzert* am Beispiel einer Kleinstadt ironisch westdeutsche Verhältnisse aus.

Nach dem politischen Umbruch in der DDR wird L. Bürger von Leipzig. 1998 verlegt er endgültig seinen Wohnort dorthin. Auch die meisten seiner Arbeiten spielen in dieser Stadt. Programmatisch bekennt er sich schon mit den Romanen *Völkerschlachtdenkmal* (1984) und *Zwiebelmuster* (1985) zu »Leipzig als (schriftstellerischer) Lebensaufgabe«. Vorläufig letzter Band dieser Reihe ist *Reichsgericht* (2001), wo sich das Thema der Frühgeschichte des Naziterrors mit dem der unterschiedlichen deutschen Entwicklung in Ost und West verbindet, ihr Höhepunkt *Nikolaikirche* (1995), ein großes Gesellschaftspanorama über die Wendezeit mit dem Konflikt zwischen Staatsmacht und Kirche, Sicherheitskräften und Bürgerbewegung. *Fallhöhe*, als erstes Buch in L.s neu gegründetem Familienverlag wenige Wochen vor dem Mauerfall 1989 erschienen, handelt von Enttäuschungen in beiden Teilen des Landes. Drei Jahre später zielt der Titel *Katerfrühstück* witzig auf die Ernüchterungen nach dem Abklingen des Einheitsrausches. Ergänzt werden diese Romane, in denen sich der u. a. mit dem Großen Bundesverdienstkreuz (1999) ausgezeichnete Autor als ebenso kritischer wie unterhaltsamer Historiograph des deutschen 20. Jahrhunderts profiliert, durch die »naturtrübe« Erzählung *Gute Genossen* (1999), eine Schilderung verflossener DDR-Befindlichkeiten unter satirischem Vorzeichen.

Schon 1984 hatte L. am Beispiel von *Es geht seinen Gang* über Schikanen berichtet, denen er im SED-Staat ausgesetzt war (*Der vierte Zensor*). Weitere biographische Abrechnungsbücher sind *Der Zorn des Schafes* (1990) und *Die Stasi war mein Eckermann oder: mein Leben mit der Wanze* (1991). Daneben stehen zahlreiche zeit- und kulturkritische Betrachtungen (*Zwiebeln für den Landesvater*, 1994; *Als wir in den Westen kamen*, 1997, *Träumereien eines Grenzgängers*, 2001) sowie Reisefeuilletons (*Saison in Key West*, 1986).

Hans-Rüdiger Schwab

Logau, Friedrich von

Geb. 24. 2. 1605 in Brockut bei Nimptsch/Schlesien; gest. 25. 8. 1655 in Liegnitz

»Bald werden wir einen von unsern besten alten Dichtern wieder unter uns aufleben sehen«: Mit diesen Worten kündigte Gotthold Ephraim Lessing im 36. Literaturbrief (*Briefe, die Neueste Litteratur betreffend*, 26. 4. 1759) die gemeinsam mit Karl Wilhelm Ramler herausgegebene Auswahl aus L.s *Sinngedichten* an, die wenig später erschien und den bedeutenden Epigrammatiker wieder der literarischen Öffentlichkeit zugänglich machte. L. ist einer der Autoren, die nur mit einem Werk in die Literaturgeschichte eingegangen sind, nicht, weil sie keine anderen Texte vergessen worden wären, sondern weil er, wie Lessing schreibt, in der Tat wenig mehr als ein »Epigrammatist« war. Geboren wurde er auf dem Familiengut im schlesischen Herzogtum Brieg. Sein ungewöhnlich langer Schulbesuch in Brieg von 1614 bis 1625 erklärt sich aus den Kriegswirren, die immer wieder Unterbrechungen verursachten. Von 1625 bis 1631 studierte er Jura an der Universität Altdorf, übernahm dann das verschuldete und verwüstete Familiengut und trat – gewiss auch aus finanziellen Erwägungen – in den Dienst des Brieger Hofes. 1644 wurde er zum Rat ernannt, zehn Jahre später wechselte er im Zug einer Erbteilung nach Liegnitz über.

Ein Jahr zuvor war sein Hauptwerk unter einem Pseudonym erschienen, *Salomons von Golaw Deutscher Sinn-Getichte Drey Tausend*, dem nur einige Gelegenheitsgedichte und – schon 1638 – eine erste kleine Epigrammsammlung vorausgegangen waren. »Kein Deutscher hat noch nie / (ließ ich mich recht berichten) Gevöllt ein gantzes Buch / mit lauter Sinn-Getichten«, schreibt er und begegnet möglichen Einwänden gegen »Meng und Uberfluß« der Epigramme mit einem Hinweis auf die unendliche Zahl der Zeugnisse von Gottes Wirken und menschlicher Handlungen: »Geh zehle mir die Stern und Menschliches Beginnen!« So spiegelt sich in der Vielzahl der Epigramme – es sind genau 3560 – die Fülle der Erscheinungen, die »Menge Menschlichen Fürhabens«. Doch das Spiegelbild zeigt eine Welt, die in Unordnung geraten, »verkehrt« ist: »Die Welt ist umgewand«, heißt es an einer Stelle.

Die Maßstäbe für seine kritisch-satirische Auseinandersetzung mit der zeitgenössischen Wirklichkeit nimmt L. aus einer idealisierten Vergangenheit, einer statischen, hierarchisch gegliederten Welt, in der noch die »alten deutschen Tugenden« wie Treue, Redlichkeit und Frömmigkeit herrschten, in der man noch nichts von der neuen »politischen« Moral wusste. Vor dem Hintergrund der (verklärten) altständischen Gesellschaft beurteilt er Ereignisse, Institutionen und menschliches Verhalten der Gegenwart, wendet er sich gegen Neuerungen und verteidigt das Überkommene, tritt er für religiöse Toleranz ein. Der Klage über das »Hofe-Leben« und die Anmaßung der Städte und Bürger stellt der Hofmann die Sehnsucht nach dem Landleben gegenüber und greift zur alten Gattung des Landlobs, um ein neustoisch geprägtes Gegenbild zur lasterhaften Welt des Hofes und der Stadt zu entwerfen. »Neuerung gefährlich«, lautet die Überschrift eines Epigramms, das L.s konservatives Weltbild illustriert: »Das böse wol gestellt laß stehen wie es steht / Es ist noch ungewiß wie neues abegeht.«

Werkausgabe: Sämtliche Sinngedichte. Hg. von Gustav Eitner. Tübingen 1872, Nachdruck Hildesheim/New York 1974.

Volker Meid

Lohenstein, Daniel Casper von
Geb. 25. 1. 1635 in Nimptsch/Schlesien; gest. 28. 4. 1683 in Breslau

Die Kunst des »Schleßischen Marin«, schrieb Johann Jakob Bodmer 1734 über Christian Hoffmann von Hoffmannswaldau, »steckte Teutschland an«, »der hochgefärbte Schein Nahm bald das junge Volck von leichten Sinnen ein«. Zu den Angesteckten gehörte nicht zuletzt L., bei dem die entschiedenste Steigerung des »barocken« Bildstils erkennbar wird, so dass er – mehr als jeder andere Dichter des ausgehenden 17. Jahrhunderts – der Folgezeit als exemplarischer Vertreter von »Schwulst« und »Unnatur« galt. Die Zeitgenossen dachten anders darüber und urteilten, dass er die deutsche Poesie durch »viel neues« bereichert habe und »absonderlich in sententien / gleichnissen / und hohen erfindungen sich (als) höchstglücklich erwiesen« habe (Benjamin Neukirch, 1695).

Daniel Casper – den erblichen Adelstitel mit dem Prädikat »von Lohenstein« erhielt sein Vater, Ratsherr in Nimptsch und kaiserlicher Zoll- und Steuereinnehmer, erst 1670 – besuchte das Magdalenengymnasium im vom Krieg verschonten Breslau von 1642 bis 1651, studierte dann von 1651 bis 1655 Jura in Leipzig und Tübingen und ließ sich nach einer Bildungsreise in die Schweiz und die Niederlande 1657 als Anwalt in Breslau nieder. Hier entstanden seine nach den jeweiligen Schauplätzen so genannten afrikanischen bzw. römischen Trauerspiele: *Cleopatra* (1661, 2. Fassung 1680) und *Sophonisbe* (1. Aufführung 1669, Druck 1680) bzw. *Agrippina* (1665) und

Epicharis (1665). Vorausgegangen war das erste türkische Trauerspiel *Ibrahim Bassa* (1653), ein Stück aus seiner Schulzeit, und ein weiteres Türkendrama, *Ibrahim Sultan* (1673), beschließt die Reihe der dramatischen Arbeiten. Anders als in den Märtyrerdramen von Andreas Gryphius geht es hier nicht mehr um die Entscheidung zwischen Zeit und Ewigkeit, Diesseits und Jenseits, sondern die Konflikte sind durchaus innerweltlich (ohne dass aber die Transzendenz ganz ausgeschaltet wäre). Die Antithese von Vernunft und Leidenschaften bestimmt das menschliche Handeln; Sieger im politischen Machtkampf bleibt der, der seine Affekte beherrschen kann. Zugleich suggerieren die emblematischen »Reyen« einen unabänderlichen Geschichtsverlauf, den ein nicht näher bestimmtes »Verhängnis« regiert, eine Konstruktion, die zu einem Preis der Herrschaft des Hauses Habsburg als Ziel der Weltgeschichte benutzt wird.

Nach einer kurzen Tätigkeit als Regierungsrat des Fürstentums Oels (1668 bis 1670) trat L. – inzwischen Gutsbesitzer und seit 1657 verheiratet – 1670 in den Dienst der Stadt Breslau, zunächst als Syndikus, ab 1675 als Obersyndikus, und führte in seiner Funktion als Rechtsberater des Rates der Stadt erfolgreiche diplomatische Verhandlungen in Wien. Er konnte das Wiener Kabinett von der Loyalität der überwiegend protestantischen Stadt überzeugen und verhindern, dass sie mit einer Garnison belegt wurde.

Die »Nebenstunden« sind literarischen Projekten gewidmet, die – sieht man von der Lyrik ab (*Blumen*, 1680) – seine politischen und historischen Interessen deutlich machen. 1672 erscheint seine Übersetzung von Baltasar Graciáns *El Político D. Fernando el Católico* (*Staats-Kluger Catholischer Ferdinand*), ein absolutistischer Fürstenspiegel, doch das große Werk seines letzten Jahrzehnts ist der *Arminius*-Roman, der 1689 – 90 postum gedruckt und von Kritikern wie Christian Thomasius mit höchstem Lob bedacht wurde: die Geschichte Hermanns des Cheruskers als eine Art gigantischem weltgeschichtlichem Schlüsselroman, der Ereignisse und Personen neuerer Zeit in verdeckter Form einbezieht und als Kommentar zur aktuellen politischen Lage und als Warnung vor den Folgen der »deutschen Zwietracht« begriffen werden will. Kurz vor Vollendung des riesigen Werkes – es wurde von Christian Wagner, einem Leipziger Prediger, zu Ende geführt – starb L. »durch einen unvermuteten Schlag-Fluß«.

Werkausgabe: Türkische Trauerspiele, Römische Trauerspiele, Afrikanische Trauerspiele. Hg. von Klaus Günther Just. 3 Bde. Stuttgart 1953–57.

Volker Meid

Lomonosov, Michail
Geb. 19. 11. 1711 in Mišaninskaja, Gouvernement Archangelsk/Russland; gest. 15. 4. 1765 in St. Petersburg

Der Dichter und Gelehrte Michail Lomonosov ragt durch seine Universalität aus der russischen Geistesgeschichte des 18. Jahrhunderts heraus. Er war Sohn eines freien Bauern und Fischers aus der Nähe von Archangelsk. Zunächst vornehmlich an geistlichen Texten geschult, nahm er 1730 ein Studium an der Moskauer Geistlichen Akademie auf. Die St. Petersburger Akademie sandte ihn 1736 zum weiteren Studium nach Deutschland, wo unter anderem der Philosoph und Naturwissenschaftler Christian Wolff zu seinen Lehrern gehörte. 1739 schrieb er ein verstheoretisches Traktat »Pis'mo o pravilach rossijskogo stichotvorstva« (»Brief über die Regeln der russischen Verskunst«), mit dem er – in Anlehnung an deutsche Poetik und Verslehre (Opitz und Gottsched) – dem syllabotonischen Verssystem, das Vasilij Trediakovskij eingeführt hatte, zum Durchbruch verhalf und neben den zweisilbigen Metren auch die dreisilbigen in die russische Dichtung einführte. Neben Philosophie, Poetik und Rhetorik interessierten L. Naturwissenschaft und Technik. Die Naturwissenschaften standen nach seiner Rückkehr nach Russland zunächst im Zentrum seiner eigentlichen Berufstätigkeit, ab 1742 lehrte er Physik, ab 1745 war er Professor für Chemie an der Petersburger Akademie.

Besonders folgenreich waren seine Ansätze im Bereich der Sprache. In verschiedenen Traktaten der 1740er und 50er Jahre schuf er die Grundlagen der modernen russischen Literatursprache, auch wenn die Trennung von ›hohem‹, ›mittlerem‹ und ›niederem‹ Stil mit entsprechender funktionaler Zuordnung zu bestimmten Gattungen und Anlässen schon Ende des 18. Jahrhunderts überwunden war.  Als wichtigster Dramatiker des russischen Klassizismus neben Aleksandr Sumarokov hat L. einige Tragödien vorgelegt. »Tamira i Selim« (1750; »Tamira und Selim«) hat mit der Schlacht auf dem Schnepfenfeld (1380) einen historischen Hintergrund, der in L.s Stück jedoch blass bleibt angesichts einer abstrakten Problematik, die dem Denken des 18. Jahrhunderts entspringt. Es werden Konflikte wie die zwischen Pflicht und Neigung, Liebe und Staatsräson, Freiheit und Gehorsam verhandelt und zu einer durchaus untragischen Lösung geführt. Der Schwerpunkt seines dichterischen Schaffens liegt in der feierlichen Ode.

Neben Beispielen der Panegyrik in der Art der »Oda na den' vosšestvija na prestol imperatricy Elizavety Petrovny« (1747; »Ode auf den Jahrestag der Thronbesteigung der Zarin Elisabeth«) sind besonders seine religiösen Gedichte hervorzuheben. Dazu gehören etwa Psalmenübertragungen sowie seine zwei bekanntesten Oden »Utrennee razmyšlenie o Božiem veličestve« (1743; »Morgenbetrachtung über die Größe Gottes«) und »Večernee razmyšlenie o Božiem veličestve pri slučae velikogo severnogo sijanija« (1743; »Abendbetrachtung über die Größe Gottes aus Anlass des großen Nordlichts«). Sie sind nicht nur identisch in Strophen- und Versform, sondern auch inhaltlich eng miteinander verbunden. Als aufgeklärter Rationalist und Naturwissenschaftler sieht L. in Gott den Schöpfer und Beherrscher der Natur, dessen »Allweisheit« sich im Erkennen der Naturgesetze erschließt. L.s Optimismus hinsichtlich des menschlichen Erkenntnisvermögens verbindet sich mit dem Bemühen, Naturwissenschaft und Religion, Wissen und Glauben in Einklang zu bringen. Es bedarf geradezu des forschenden Befragens der Schöpfung, um Gott als den Baumeister einer wohlgeordneten Welt zu erfahren.

Frank Göbler

London, Jack [John Griffith]
Geb. 12. 1. 1876 in San Francisco, Kalifornien; gest. 22. 11. 1916 in Glen Ellen, Kalifornien

Jack Londons Ruf beruht zu einem hohen Grade auf der Faszination der von ihm geschaffenen öffentlichen Persona als Rebell und Abenteurer. Die große Zahl biographischer Studien sowie seine langandauernde Vernachlässigung durch die Literaturwissenschaft belegen dies. Erst im Zuge des zunehmend kulturwissenschaftlichen Interesses wird L.s Werk als Audruck der Spannungen und diskursiven Widersprüche seiner Zeit gesehen, die es auf exemplarische Weise zu versöhnen sucht. Das spannungsreiche Nebeneinander von Individualismus und Gemeinschaftssinn in L.s Werk ist ein »amerikanisches Dilemma« (Dale H. Ross), das um 1900 im Konflikt zwischen Arbeiterklasse und Unternehmern seine historische Ausprägung findet. Sozialdarwinistische Gesellschaftsentwürfe konkurrieren mit sozialistischen Idealen, die von einer an Bedeutung gewinnenden Arbeiterbewegung vertreten werden. Diese widersprüchlichen Ideologien prägen L.s frühe Sozialisation. Er wächst in ärmlichen Verhältnissen auf und muss bereits im Alter von 16 Jahren seinen Beitrag zum Familieneinkommen leisten. Übertriebener Stolz auf die angelsächsische Herkunft, spiritistische Sitzungen sowie ›männliche‹ Abenteuer und Flucht in den Alkohol sind die Kompensationsstrategien, mit denen L.s Mutter und Vater der schwierigen ökonomischen Situation begegnen. Vor allem Letzteres wird auch für L. zu einem Mittel männlicher Selbstvergewisserung. In seinem 1913 erschienenen autobiographischen Werk *John Barleycorn* (*König Alkohol*, 1926) schildert L. die zerstörerischen Auswirkungen seines exzessiven Alkoholgenusses, der unter anderem zu seinem frühen Tod führt. In jungen Jahren ist er jedoch entschlossen, seinem sozialen Umfeld zu entfliehen. Ironischerweise verdankt L. seinen sozialen Aufstieg seinem Engagement in der Arbeiterbewegung, in deren Umfeld er seine ersten öffentlichen Auftritte hat.

Der literarische Durchbruch gelingt L. mit seinen in Alaska angesiedelten Kurzgeschichten, die den Nerv des Publikums treffen. Alaska eröffnet 1897 nicht nur ihm eine Möglichkeit, zu Erfolg zu gelangen und seinem Selbstbild gerecht zu werden, sondern auch der amerikanischen Öffentlichkeit, für die Alaska vorübergehend das Wiedererstehen der zu diesem Zeitpunkt historisch überholten »Frontier« bedeutet. Der Historiker Frederick Jackson Turner hatte 1892 mit dem Mythos der Grenzlinie zwischen Zivilisation und Wildnis eine der weitreichendsten identitätsstiftenden Fiktionen Amerikas begründet. L.s Geschichten aus dem Klondike illustrieren Turners Vorstellung einer aus dem Kampf mit der Natur und einer vorübergehenden Phase der Gesetzlosigkeit hervorgehenden moralischen Erneuerung und verhandeln gleichzeitig aktuelle Fragen der Zeit. Die erste, 1899 zur Veröffentlichung angenommene Kurzgeschichte »To the Man on Trail« ist in dieser Hinsicht programmatisch. Die Überwindung konventioneller Moral- und Rechtsvorstellungen wird anhand des Protagonisten Malemute Kid – nicht zufällig ein begnadeter Geschichtenerzähler – deutlich, der die Tat eines Betrügers im Sinne einer das Gesetz übersteigenden Moral rechtfertigt. Die ›neue‹ Identität integriert nicht nur die Nationalitäten der verschiedenen Einwanderergruppen, sondern auch das weibliche Prinzip, das metaphorisch mit dem Indianischen gleichgesetzt wird und auf einer primitiveren Entwicklungsstufe angesiedelt ist als der mit der Natur versöhnte weiße Mann, dessen Überlegenheit sich in seiner aktiven Gestaltung des Gesetzes manifestiert. Die ›neue‹ Moral entsteht vor dem Hintergrund eines ›unbeschriebenen‹ und von konventioneller Moral befreiten Raums, wie er etwa in der Erzählung »The White Silence« (in *The Son of the Wolf*, 1900; *Der Sohn des Wolfs*, 1927) entworfen wird. Als »weißes Schweigen« gefasst, stellt diese Moral in der Art, in der sie antagonistische Prinzipien zu einer Synthese vereint, traditionelle Vorstellungen von Männlichkeit und rassistische Ideologien auf paradoxe Weise in Frage, indem sie diese zugleich auch affirmiert.

Das Thema der ›Überzivilisierung‹ durchzieht auch die folgenden Werke L.s. *The Call of the Wild* (1903; *Wenn die Natur ruft*, 1907) stellt in der Figur des Wolfshundes Buck eine aus der Lektüre Nietzsches hervorgegangene allegorische Verkörperung des ›Übermenschen‹ dar, der in der amerikanischen Wildnis zu urwüchsiger Kraft und Stärke zurückfindet, nachdem er seine der Zivilisation geschuldete Bequemlichkeit und Selbstzufriedenheit überwunden hat. In der Wahl des Wolfes als Alter ego-Gestalt – L. selbst zeichnete Briefe an seine Frau und enge Freunde mit »Wolf« und gab seiner Villa den Namen »Wolf House« – sind die widersprüchlichen Sehnsüchte L.s nach Individualität und Gemeinschaft symbolisch verkörpert. In einer weiteren Tiergeschichte, *White Fang* (1906; *Wolfsblut*, 1912), kehrt er die Entwicklung aus *The Call of the Wild* um und stellt einen Zivilisierungsprozess dar, bei dem gerade die naturgegebenen Eigenschaften des Wolfes seinen Erfolg in der zivilisierten Gesellschaft garantieren. Die Übertragung dieses Grundkonflikts auf den menschlichen Bereich führt in *The Sea Wolf* (1904; *Der Seewolf*, 1926) zu einer komplexeren und spannungsreicheren Darstellung. Kapitän Wolf Larsen, der seinen Männern sowie den beiden Gegenspielern Humphrey Van Weyden und

Maud Brewster, die er im Verlauf einer Reise als Schiffbrüchige an Bord nimmt, körperlich und geistig überlegen ist, beherrscht sein Schiff mit einer Unnachgiebigkeit und Härte, die Ausdruck seines Größenwahns sind, die jedoch auch als Versuche interpretiert werden können, seine emotionalen Defizite und Unsicherheiten zu kompensieren. L. brachte später seine Verwunderung darüber zum Ausdruck, dass seine Intention, das Konzept des Übermenschen einer radikalen Kritik zu unterziehen, von den meisten Lesern nicht erkannt wurde. Ähnlich missverstanden fühlte sich L. auch bei seinem autobiographischen Künstlerroman *Martin Eden* (1908; *Martin Eden*, 1927). Ausgangspunkt dieses Werkes ist die Beziehung zwischen der Titelfigur, einem ungebildeten Matrosen, und der bürgerlichen Ruth Morse, für Martin Eden Sinnbild geistiger und moralischer Vollkommenheit. Er tut alles, um sich die für den Schriftstellerberuf notwendige Bildung anzueignen und Ruth für sich zu gewinnen, während diese das sinnliche Verlangen, das Martin in ihr weckt, unter Kontrolle zu halten versucht. Sie verweigert sich ihm so lange, bis sein künstlerischer Durchbruch erfolgt ist, woraufhin sein Interesse an ihr jedoch erloschen ist. Er erkennt, dass sein Zivilisierungsprozess ihn von sich selbst entfremdet und seiner ursprünglichen Energie und Lebenskraft beraubt hat, so dass er aus Verzweiflung über die Unumkehrbarkeit dieses Prozesses Selbstmord auf See begeht. An *Martin Eden* wird das künstlerische Problem L.s offenbar: Der werdende Künstler ist, um seine Werke überhaupt veröffentlicht zu sehen, so sehr bemüht, sich die literarischen Konventionen anzueignen, dass er nicht mehr länger in der Lage ist, seine Lebenserfahrung unmittelbar zum Ausdruck zu bringen. Anhand der Künstlerfigur Martin Eden reflektiert L. die gesellschaftliche Konstruiertheit seines eigenen Lebenslaufs. In der Wahl des Selbstmords als Ausweg aus dem Dilemma ›schreibt‹ Martin Eden ein bewusst romantisches Ende seiner Lebensgeschichte, das ihm die Illusion eines zumindest im Tod selbstbestimmten und ihn mit seiner Herkunft versöhnenden Endes erlaubt. L. selbst gab das mangelnde politische Engagement seines Protagonisten als Ursache für dessen Scheitern an.

In die Entstehungszeit seiner bedeutendsten Werke fällt gleichzeitig L.s aktivstes politisches Engagement. Seine in diesem Zeitraum veröffentlichten politischen Schriften weisen in ihrem Kern allerdings dieselbe ideologische Ambivalenz auf, die auch seine literarischen Texte kennzeichnen. *The People of the Abyss* (1903; *Menschen der Tiefe*, 1928), eine soziologische Studie des Londoner East End, sowie der utopisch-dystopische Roman *The Iron Heel* (1908; *Die eiserne Ferse*, 1927) sind von chauvinistischem und sozialdarwinistischem Gedankengut durchzogen, das mit der explizit sozialistischen Aussage in Widerspruch steht. In gewisser Weise markiert der Roman *Martin Eden* einen Wendepunkt in L.s Laufbahn. Immer mehr unter dem Zwang stehend, seine kostspieligen Unternehmungen (u. a. den Bau des bombastischen Wolf House, das allerdings kurz nach der Fertigstellung bis auf die Grundmauern abbrennt) zu finanzieren, beeindrucken seine Werke mehr durch ihre Quantität als durch literarische Qualität. Seine in der Südsee angesiedelten Texte haben jedoch in jüngerer Zeit wegen der in ihnen zum Ausdruck kommenden Rassenproblematik ebenso neue Interpreten gefunden wie die kurz vor seinem Tode entstandenen Kurzgeschichten, die die zu dieser Zeit in den USA Aufmerksamkeit erregende Archetypenlehre C.G. Jungs illustrieren.

Werkausgabe: The Complete Short Stories of Jack London. Hg. E. Labor u. a. 3 Bde. Stanford, CA, 1993.

Jutta Zimmermann

Lönnrot, Elias
Geb. 9. 4. 1802 in Sammatti/Finnland; gest. 19. 3. 1884 in Sammatti

Als Schriftsteller, Übersetzer und Lexikograph sowie als Sammler und Herausgeber finnischer Volksüberlieferung trug Elias Lönnrot wesentlich zur Entwicklung und Erneuerung der finnischen Schriftsprache und zur Herausbildung des finnischen Nationalbewusstseins bei. Der Sohn eines Dorfschneiders aus Südfinnland studierte in Turku und Helsinki zunächst Geschichte, dann Medizin. Er promovierte 1832 mit einer Dissertation über die magische Medizin der Finnen und übernahm im folgenden Jahr das Amt des Kreisarztes im nordfinnischen Kajaani, das er bis 1852 innehatte. 1853 bis 1862 war er Professor für finnische Sprache und Literatur an der Universität Helsinki. 1828 bis 1844 sammelte L. auf ausgedehnten Reisen durch den finnischen und russischen Teil Kareliens gewaltige Mengen alter finnischer Volksdichtungen und anderer Überlieferungen, wobei ihm zugute kam, dass die Volkssprache Finnisch seine Muttersprache war, während die überwiegende Mehrheit der damaligen Gebildeten, selbst wenn sie Anhänger der erwachenden finnischen Nationalbewegung waren, aus dem schwedischsprachigen Bevölkerungsteil stammte. Als Gründer und Herausgeber der ersten finnischsprachigen Zeitschrift Finnlands – Mehiläinen (Die Biene) erschien in den Jahren 1836 bis 1837 und 1839 bis 1840 – sowie als Übersetzer und Verfasser von Gesundheitsratgebern war L. einer der Pioniere der Volksbildung, die später zu einem zentralen Anliegen der finnischen Nationalbewegung wurde.

Das Vorbild der homerischen Epen und die romantische Idee des ›Urepos‹ eines Volkes sowie der Vortrag der karelischen Liedsänger, die verschiedene Liedeinheiten zu einem Zyklus verknüpften, gaben L. den Anstoß, die durch ein einheitliches Versmaß (den vierhebigen, auftaktlosen Trochäus), Alliteration und Parallelismus verbundenen, an sich aber separaten Kurzepen, die er gesammelt hatte, zu einem geschlossenen Werk zusammenzufügen und damit das Nationalepos zu rekonstruieren, dessen Fragmente sie seiner Überzeugung nach waren. 1835 erschien die erste, 1849 die wesentlich erweiterte zweite Fassung des *Kalevala* mit 22 795 Versen in 50 Gesängen. L. selbst verfasste nur rund ein Prozent des Gesamtwerks; seine Leistung bestand in der Komposition des ursprünglichen Materials nach seiner eigenen, aus dem Geist der Spätromantik schöpfenden Konzeption, die darauf abzielte, ein möglichst vielseitiges Bild der heidnischen Frühzeit Finnlands zu schaffen. Das Epos schildert nach einem einleitenden Bericht über die Entstehung der Welt den Kampf zwischen den Reichen Kalevala und Pohjola (Nordland), in dem die Helden von Kalevala letztlich dank des »urzeitalten Zauberwissers« Väinämöinen siegreich bleiben. Als vermeintliches Denkmal einer heroischen Vergangenheit der Finnen, aber auch als Beweis für den Reichtum und die Ausdruckskraft ihrer Sprache war das Epos von zentraler Bedeutung für die junge finnische Nationalbewegung und weckte auch im Ausland großes Interesse; die erste der zahlreichen deutschen *Kalevala*-Übersetzungen erschien bereits 1852. Für Schriftsteller, bildende Künstler und Komponisten bildete das *Kalevala* vor allem in der Epoche der Nationalromantik am Ende des 19. Jahrhunderts eine der wichtigsten Inspirationsquellen.

Auf ein ähnlich starkes Interesse stieß auch die Volkslyriksammlung *Kanteletar* (dt. in Auswahl 1882 und 1997), die L. 1840/41 in drei Bänden veröffentlichte. Auch hier entnahm er verschiedenen volkstümlichen Varianten die Bestandteile, die ihm wertvoll erschienen, und fügte sie zu einem neuen Ganzen zusammen. Die Sammlung enthält Hochzeits-, Hirten- und Kinderlieder (Bd. 1), Liebes- und Arbeitslieder, Wiegenlieder, Kriegs- und Jagdlieder sowie Sängerlieder, die den Vortrag der Lieder thematisieren (Bd. 2), und Balladen (Bd. 3). Sie ist ebenfalls im sogenannten Kalevala-Metrum gehalten und geprägt durch einen melancholischen Grundton, der freilich von Lebensfreude und Humor durchsetzt ist, und durch eine Fülle von Naturbildern.

L.s Vorbild regte viele Autoren dazu an, ebenfalls Volksdichtung zu sammeln. Aus älteren Aufzeichnungen und eigenem Material stellte L. unter anderem Sammlungen finnischer Rätsel (1833) und Sprichwörter (1842) zusammen, außerdem gab er 1880 die Sammlung *Suomen kansan muinaisia loitsurunoja* (Alte Zaubersprüche des finnischen Volkes) heraus. Als Autor, Universitätslehrer und Übersetzer sowie durch sein großes Finnisch-Schwedisches Wörterbuch trug er maßgeblich zur Entwicklung der damals noch nicht standardisierten finnischen Schriftsprache bei, indem er einerseits die seit der Bibelübersetzung Michael Agricolas von den westfinnischen Dialekten dominierte Sprachform um Elemente aus den ostfinnischen Dialekten bereicherte und andererseits durch zahlreiche Neologismen die Voraussetzungen für einen modernen Sprachgebrauch schuf.

Gabriele Schrey-Vasara

Löns, Hermann

Geb. 29. 8. 1866 in Culm/Westpreußen; als Kriegsfreiwilliger gefallen bei Loivre 26. 9. 1914

»Es gibt keine internationale Kunst; alles mögliche kann international sein, nur Kunst nicht, denn Kunst ist in ihrer primitivsten Form wie in ihrer höchsten Verfeinerung immer etwas Nationales, sogar das Nationalste des Volkes, und wenn sie auch bei einem hochzivilisierten Volke einzelner Menschen, der Künstler, privat-persönliches Werk zu sein scheint, ist das nur scheinbar der Fall: der Künstler ist das Werkzeug, mit dem sein Volk Kunstwerke schafft.« Kein Zweifel, L. verdankte seinen literarischen Ruhm nicht zuletzt seiner in einigen der erfolgreichsten Werke deutlich zur Schau gestellten völkischnationalen Einstellung.

L., dessen Vorfahren seit Jahrhunderten als z. T. sehr gebildete und literarisch aktive Apotheker, Lehrer, Organisten und Küster tätig waren (L. dagegen hätte sich gern als Bauernnachkömmling gesehen), wuchs in einem Lehrerhaushalt in Westpreußen und Pommern unter neun Geschwistern auf. Er entwickelte schon früh Interesse an Natur und Naturwissenschaften und beschäftigte sich beinahe sein ganzes Leben lang intensiv mit beschreibender Regionalbiologie, u. a. mit Schnecken (deren eine, Planorbis drostei, er nach A. Droste-Hülshoff benannte) und Holzläusen. Nach dem Umzug der Familie ins westfälische Münster 1884 vertiefte L. seine Kenntnisse von Flora und Fauna. Nach dem Schulabschluss studierte er erfolglos in Münster und Greifswald auf Druck des Vaters Medizin und kehrte nach einem kurzen Aufenthalt in Göttingen 1889 nach Münster zurück, wo er sich nach dem Bruch mit dem Vater bis zum Herbst 1891 durchschlug. Nach kurzer journalistischer Tätigkeit in Kaiserslautern und Gera, die auch durch seine Trunksucht ein Ende fand (die ihm neben belegten Depressionen zeitlebens zu schaffen machte), wandte sich das Blatt für ihn 1893 überraschend: Er wurde als Journalist in Hannover durch seine Zeitungsglossen im Bürgertum schlagartig bekannt und blieb bis heute in und um Hannover als Journalist und Schriftsteller eine schon sprichwörtliche Berühmtheit.

L.' Ruhm beruht aber weniger auf seinen (teilweise beachtlichen) journalistischen und naturwissenschaftlichen Leistungen als vielmehr auf seinen fünf Romanen, die ab 1909 erschienen (*Der letzte Hansbur*, 1909; *Der Wehrwolf*, 1910; *Dahinten in der Heide*, 1910; *Das zweite Gesicht* 1912; und *Die Häuser von Ohlenhof*, 1917), von denen insbesondere *Der Wehrwolf*, eine in den Dreißigjährigen Krieg verlegte präfaschistische Gewaltorgie mit implizitem Gegenwartsbezug zur angeblich allgegenwärtigen Bedrohung Deutschlands, ihn zu einem der meistgelesenen deutschen Schriftsteller der ersten Jahrhunderthälfte machte.

Auch seine anderen Romane tragen z. T. starke Züge von Fremdenfeindlichkeit und verherrlichen als das Paradigma des Deutschtums die Heidelandschaft um Celle und Lüneburg und ihre an die Scholle gebundenen Bewohner, die nach L. ganz einem eigenen, für andere kaum nachvollziehbaren Pflichtenkodex ihrer überschaubaren Gemeinschaft leben. Diese Werke kreisen um das im »Stamm« oder der Familie liegende überindividuelle Schicksal, das sich letztlich und für den einzelnen oft zwangsläufig im Bauerntum mit hier und da noch erkennbaren heidnischen Wurzeln erfüllt. Diese Werke transportieren eine antizivilisatorische, nationalistische und teilweise rassistische Heimatideologie, die sich gegen alles Moderne stemmt: »Unsere Parteipolitik, unsere Kunst, unser Feuilleton, lieber Mann, es ist wie der Asphalt; es sieht glatt und sauber aus, und besieht man es in der Sonne, dann klebt es und stinkt. Ich danke ergebenst! Ich will das werden, was meine Ahnen waren: ein Bauer und von dem ganzen Stadtkrempel mit seiner Talmikultur keinen Schwanzzipfel mehr sehen.« Das *zweite Gesicht*, mit einer bisherigen Auflage von über einer Million Exemplaren ähnlich erfolgreich wie der *Wehrwolf*, behandelt auf einem ähnlichen ideologischen Hintergrund mit autobiographischen Einschlägen eine Mann-Frau-Beziehung, in der sich L.' oftmals nicht unproblematisches Verhältnis zum anderen Geschlecht niederschlägt. Die ihm bis heute nachgesagten Dutzende unehelicher Kinder, die er in der Heide hinterlassen haben soll, sind Fiktion.

L.' heutige Bedeutung liegt eher auf einem anderen Gebiet, das sich ursprünglich auch aus seiner journalistischen Arbeit entwickelte: der Jagd- und Tiergeschichte, in der er aus seiner intimen Naturkenntnis und intensiven Jagdleidenschaft heraus zum Teil äußerst einfühlsam und kenntnisreich, wenn auch stark vermenschlichend, plastische, exakt beobachtete Naturschilderungen liefert. Natur hat hier für ihn einen typischen Stellenwert als Schauplatz des erbarmungslosen Existenzkampfes ebenso wie als idyllischer Gegensatz zur Großstadt erhalten, fungiert aber auch als ein Ort, der in einzelnen Tierschicksalen der (Selbst-)Versicherung eines allgemein Humanen dient (*Mümmelmann*, 1909). L. steht in diesen Geschichten der realen Natur als einer ohne den Menschen eigenständigen, voll entwickelten Lebensform wertkonservativ gegenüber und zeigt störende Eingriffe durch den Menschen auf, kultiviert aber auch die Rolle des Bauern und Jägers als Naturschützer. L., der kleineren Formen sichtlich am besten beherrschte, hat hier in seinem unprätentiösen, der (plattdeutschen) Umgangssprache bewusst angenäherten Idiom, das manchmal unter gewollter Witzigkeit und lächerlichen Neologismen leidet, wesentliches zur Gattung der Natur- und vor allem Jagdgeschichte in der deutschen Literatur beigetragen. Er war als einer der wesentlichen Förderer der Naturschutzbewegung auch an der Einrichtung von Naturschutzgebieten beteiligt (Lönsheide bei Wilsede) und kann in dieser Hinsicht nicht nur aufgrund seiner Schriften eine gewisse Vorreiterrolle beanspruchen.

Wurde L. zu seinen späten Lebzeiten und bis zum Zweiten Weltkrieg außer durch seine populären Romane und die Naturschilderungen auch durch volksliedhafte Lyrik (vor allem in der Wandervogelbewegung) sehr populär, ist seine Wirkung seit dem Zweiten Weltkrieg weitgehend auf Niedersachsen beschränkt: er gilt als *der* Heide- und hannöversche Heimatschriftsteller schlechthin und hat außer in der Jägerschaft kaum überregionale Bedeutung und Leserschaft mehr. Sein Lebenswandel, sein jugendliches Geplänkel mit der Sozialdemokratie und politische Querelen um die Rückführung seiner in den 1930er Jahren auf einem französischen Acker aufgefundenen Gebeine verhinderten eine Rolle als Säulenheiliger des Faschismus, seine regionale thematische und sprachliche Bezogenheit steht einer über das Hannöversche hinausgehenden Beliebtheit entgegen. Die Literaturwissenschaft hat sich kaum ernsthaft mit L. beschäftigt, die Welle an oft skurriler Sekundärliteratur aus dem Bekanntenkreis, die sich post mortem an seinen Verkaufserfolg anzuhängen suchte, ist lange abgeebbt – lediglich einige seiner Tiergeschichten und Heideschilderungen dürften dauerhaft überleben.

Werkausgabe: Gesamtausgabe. Hg. von Wilhelm Deimann. 5 Bde. Hamburg 1960.

Harald Borges

Loriot
(d. i. Bernhard Victor »Vicco« Christoph-Carl von Bülow)
Geb. 12. 11. 1923 in Brandenburg/Havel

Komisch ist, was scheitert. So gesehen, hat L. seine Karriere menschlichem Versagen zu verdanken. Er habe, sagt L. rückblickend, immer nur beobachtet. Vor allem habe er nie aufgehört, »sich über alles zu wundern«. Das Ergebnis ist hinlänglich bekannt. Es ist in mancher Hinsicht deutsches Volksgut geworden. Wenn die Wiege der Anfang allen Schicksals ist, dann dürfte es bei L. auch für ihre geographische Lage gelten. L. wird am 12. November 1923 in Brandenburg an der Havel geboren. Das ist Preußen. Und L. wird sich stets als Preuße fühlen, auf eine Weise, die die Nähe zu Tugenden sucht, die seit Jahrzehnten als altmodisch gelten und Präzision, Bewusstsein für die Form und Disziplin heißen. – L. kommt als Sohn einer Offiziersfamilie zur Welt. Als Bernhard Victor Christoph-Carl von Bülow wächst er bei der Großmutter auf. »Vicco« (wie die Familie ihn nennt) geht zur Schule in Berlin und macht später Notabitur in Stuttgart (1941). Aus Traditionsbewusstsein folgt die Offizierslaufbahn, die den nicht einmal Volljährigen bis an die Ostfront bringt (Jahrzehnte später wird er im *FAZ*-Fragebogen den »Walkürenritt« als die von ihm am meisten bewunderte militärische Handlung in der Geschichte bezeichnen). 1946 arbeitet er kurzzeitig als Holzfäller im Niedersächsischen. – L. studiert von 1947 bis 1949 an der Landeskunstschule Hamburg. Für die materielle Ausstattung der jungen Ehe (1951) mit der Modezeichnerin Rose-Marie Schlumbom reicht es danach kaum. L. arbeitet als Werbegrafiker, bietet Zeitungshäusern Karikaturen an, deren Charakteristikum ein Schlag ins Absurde ist: Hunde, die sich Menschen halten, zum Beispiel. In seinen Arbeiten nennt er sich inzwischen L. Als Chiffre fungiert der Wappenvogel seiner Familie, der Pirol, frz. »le loriot«. Schließlich ist es der *Stern*, der L.s Karikaturen druckt. Leser protestieren gegen L.s Humor. Die Reihe wird eingestellt.

Einige Zeit bleibt die Zeichnerei mit beigefügten kleinen Texten ein dürftiges Brot. Das gilt auch für L.s Idee, seine Cartoons gebunden zu publizieren. »Echt hübsch. Aber kein Buch!« ist Ernst Rowohlts Absage an L. Kein deutscher Verlag zeigt Interesse. *Auf den Hund gekommen – 44 lieblose Zeichnungen von Loriot* erscheint 1954 im Schweizer Diogenes Verlag – und wird ein Erfolg.

Das Unternehmen Loriot (*Unentbehrlicher Ratgeber für das Benehmen in feiner Gesellschaft*, 1955; *Der gute Ton*, 1957; *Für den Fall*, 1960 usw.) prosperiert. Als Begriff setzt sich sein Name durch, als das Fernsehen L. Raum gibt. Der Erfolg Mitte der 1970er Jahre ist durchschlagend. L. wird Drehbuchautor, Regisseur und Schauspieler. Seine Szenen bedienen sich in Form und Mechanik einerseits schlichter Komödienstrukturen (Versehen, Verwechslung, Missverständnis), andererseits setzen sie auf die Folie bekannter Formen, um oft lediglich minimal davon abzuweichen. Dass es »fast so« sein könnte – so L. – mache die Komik aus. Dieses »fast« sind Menschen, die ihre Sache gut machen wollen. Es sind Menschen, deren Wille zur Ordnung erst das Chaos ermöglicht. L. hat eine Szene geschrieben, die nahezu sprachlos – und wohl näher an Jacques Tati als an Buster Keaton – davon erzählt. Sie zeigt einen Wartenden in einem ihm fremden Zimmer. Der Ordnungssinn des Wartenden, dem ein schief hängendes Bild ins Auge fällt, führt zu Korrekturversuchen. All diese Versuche haben Zerstörung und Unordnung zur Folge. Als der Wartende auf dem Gipfel der Verwüstung überrascht wird, ist sein Kommentar von verlegener Selbstgerechtigkeit: »Das Bild hängt schief.«

L. erfindet die Dramaturgie der Panne nicht, aber er kultiviert sie. Die Widersacher seiner Heldenleben sind banal. Selten wirken die in L.s Werk dominierenden Probleme fantastisch konstruiert. Vielmehr ist das szenische »objet trouvé« des Alltags (L.: »Außenseiter interessieren mich nicht.«) ihr Nährboden. Der Kampf mit einer Kohlroulade, mit einer Parkuhr oder einer Ehefrau sind die Prüfsteine der Lebensfähigkeit. Auch gilt die – unmögliche – gerechte Aufteilung einer Süßspeise unter Campingplatzbekannten bei L. als Daseins-Determinante (»Der Kosakenzipfel«).

Und was vom Mann letztlich bleibt, hat L. im Trickfilm »Herren im Bad« auf einen Machtkampf vor der Kachelung einer Hotel-Badewanne reduziert. Zwei nackte Herren tragen ihn auf dem Rücken einer Plastikente dialogisch aus. Sie tun es in Kanzleideutsch. Sie sind nackt. Sie heißen Herr Dr. Kloebener und Herr Müller-Lüdenscheidt. Womit auch ein

Problem L.s benannt wäre: Was lächerlich ist, wird nicht ernstgenommen. Kritiker haben L. einen »harmlosen Vergnügungsspender« genannt. Getroffen fühlte sich L. von einer Analyse Wolfgang Hildesheimers, der L.s Welt »in Ordnung« nannte und ergänzte »der Humor (ist) domestiziert, lieb, golden, schwarz wird er nicht«. Den Vorwurf, Satire nicht nur über, sondern auch für Spießer gemacht zu haben, musste sich L. gefallen lassen. Wer ihn gegen solche Kritik in Schutz nahm, verwies auf jene Abgründe, die das Werk preisgab: Im Gedicht »Advent« kleidete L. den Mord einer Förstersfrau an ihrem Mann in den Paarreim kindlicher Aufsageverse: »Schnell hat sie ihn bis auf die Knochen/nach Waidmannssitte aufgebrochen./Voll Sorgfalt legt sie Glied auf Glied,/ was der Gemahl bisher vermied,/behält ein Teil Filet zurück/als festtägliches Bratenstück/ und packt darauf – es geht auf vier/die Reste in Geschenkpapier«.

Die Sprachbehandlung in L.s szenischem Werk ironisiert (etwa beim Matratzenkauf) Fachvokabular. Sie arbeitet stark mit rhythmisch geprägten Wiederholungen und Aufzählungen. Dazu pflegt sie behutsame Dadaismen, wozu L. Werbeslogans, Katalogdeutsch, TV-Rituale und Bildungsbürgerliches aufgreift und als Waffe gegen die Sujets selbst einsetzt. L. distanziert sich mit Beginn der 1980er Jahre vom Fernsehen, erzielte Achtungserfolge als Opernregisseur (»Martha«, 1985/86; »Freischütz«, 1988), widmete sich der ironisch gebrochenen Redekultur und Opern-Essays. Kassenschlager wurden seine zwei Kinofilme (»Ödipussi«, 1988; »Pappa ante portas«, 1991). L. selbst hat seine »dramatischen Werke« für das Theater bearbeitet. Er zählte in den frühen 1990er Jahren zu den meistgespielten lebenden deutschsprachigen Autoren. Eine Einordnung seiner Arbeiten auf dem Feld der Gegenwartsdramatik ist bislang nicht abschließend erfolgt. Nach Heinrich von Kleist dürfte indes kein Autor dem Ausruf »Ach!« (alternierend: »Ach so!«/»Ach nein!«/»Ach was!«) so üppigen Bedeutungshorizont verliehen haben wie L.

L. ist Liebhaber von Möpsen und Richard Wagner, Mitglied des PEN, Träger zahlreicher Medienpreise, des Karl-Valentin-Ordens und des Großen Verdienstordens mit Stern der Bundesrepublik Deutschland. Bei der Wahl des größten Deutschen (ZDF, 2003) erreichte L. direkt hinter Karl May den 54. Platz. Inwiefern dies für ihn Bedeutung hat, ist nicht überliefert. L. sicher zugeschrieben wird aber der Satz: »Ich glaube, daß wir unwiderruflich verloren sind.«

Lars L. von der Gönna

Loti, Pierre
(eigtl. Louis-Marie-Julien Viaud)

Geb. 14. 1. 1850 in Rochefort, Charente-Maritime/Frankreich; gest. 16. 6. 1923 in Hendaye, Pyrénées Atlantiques

In Pierre Loti gehen drei unterschiedliche Begabungen und Neigungen eine ungewöhnliche, fruchtbare Symbiose ein, nämlich die des Seefahrers, des Abenteurers und des Schriftstellers. Aus einer protestantischen Seefahrerfamilie stammend, entscheidet sich L. schon 1866 für den Seemannsberuf. Bereits ab 1869 befindet er sich auf großer Fahrt auf den Weltmeeren. Eine seiner ersten Reisen führt ihn nach Algerien, wo er die Kultur des Islam kennenlernt. Bald darauf besucht er Tahiti und entdeckt dort die Welt des Exotischen. Beides, Islam und Exotisches, werden die Quellen eines Großteils seines schriftstellerischen Werkes. Unter den islamischen Ländern ist es in erster Linie die Türkei, das damalige Osmanische Reich, das ihn in seinen Bann zieht und von der ersten Reise 1876 an nicht mehr loslässt. So ist denn auch sein erster Roman, *Aziyadé* (1879; *Aziyadeh*, 1886), Frucht seiner Liebe zu einer Türkin und der Begeisterung für dieses Land, das er im Laufe seines Lebens mehrfach besucht und mit dessen Kultur er sich so weit identifiziert, dass es zu seiner zweiten Heimat wird. Zur Identifikation gehört für L. in der Türkei wie an anderen Orten auch das Tragen der Landestracht, wie Photographien belegen, die ihn nicht nur in seiner Marineuniform zeigen.

Sein Leben als Marineoffizier und ab 1889

als Fregattenkapitän führt ihn vornehmlich in orientalische sowie ostasiatische Länder. Entsprechend ergiebig ist seine schriftstellerische Produktivität. Denn die zahllosen Eindrücke von Landschaften, Kulturen und Gesellschaften fließen alle in seine Schriften ein, seien es Reiseberichte oder Romane, die damit einen autobiographischen Hintergrund erhalten. Beispielhaft für L.s stimmungsvolle Schilderungen ist eine Trilogie, die nach einer Reise 1894 in den Vorderen Orient entsteht: *Le désert* (1894; *Die Wüste*, 1896), *Galilée* (1894; *Galiläa*, 1897) und *Jérusalem* (1894; *Jerusalem*, 1895). Hier beschwört Loti in romantisch-nostalgischer Weise die Vergangenheit in der Erkenntnis, dass alles unwiederbringlich dem Verfall und der Entweihung preisgegeben ist. Konsequent erkennt er, dass der aufkommende Tourismus die Vernichtung und das Verschwinden von Kulturen vorantreibt. Auch der Fortbestand des Osmanischen Reiches, dessen Ende sich bereits abzeichnet, liegt ihm am Herzen. So appelliert er in dem Reisebericht *Turquie agonisante* (1913; *Die sterbende Türkei*, 1913) an Frankreich, sich für das osmanische Interesse am europäischen Teil der Türkei einzusetzen. In seinem Roman *Les désenchantées* (1906; *Die Entzauberten*, 1908) äußert er sich allerdings kritisch über die Lage der türkischen Frauen und gibt sich hier emanzipatorisch.

Einige Romane L.s sind nicht dem islamischen oder exotischen Bereich zuzuordnen; sie spielen in Frankreich bzw. im europäischen Raum, darunter *Pêcheurs d'Islande* (1886; *Islandfischer*, 1888). Dieser Roman gehört im deutschsprachigen Raum zu seinen bekanntesten und schildert vor dem Hintergrund des gefahrvollen Fischfangs in isländischen Gewässern die Liebe eines bretonischen Fischers zu einer sozial höherstehenden Frau. L.s schriftstellerische Verdienste werden 1891 mit der Aufnahme in die Académie française gewürdigt.

Horst Brandt

Lowry, [Clarence] Malcolm
Geb. 28. 7. 1909 in Wallasey, Cheshire; gest. 27. 6. 1957 in Ripe, Sussex

Die Kanadier halten ihn für ihren größten Schriftsteller und widmen ihm ein Periodikum, *Malcolm Lowry Newsletter* (1977ff.), seit 1984 *Malcolm Lowry Review*; sein englischer Biograph Gordon Bowker nennt ihn »den bedeutendsten Romanautor, den Cambridge je hervorgebracht hat«. Keiner seiner Romane spielt in England, wo er aufwuchs und unter mysteriösen Umständen starb; Hauptschauplatz seiner Werke ist ein Land, in dem er gerade zwei Jahre seines Lebens verbrachte: Mexiko. Ist er, wie viele meinen, ein tragisch-genialer Ein-Buch-Autor, der nach *Under the Volcano* (1947; *Unter dem Vulkan*, 1951) kein Werk mehr abschließen konnte? Oder ist er nicht gerade in dem Fragmentarischen, das erst nach seinem Tod veröffentlicht wurde und das den größeren Teil seines Schaffens umfasst, der bis in die Gegenwart verkannte, aber, so Bowker,»wichtigste experimentelle Autor unserer Zeit«, der den Kunstbegriff radikal erweiterte und in jedem Menschen einen Dichter sah. Damit begründete er die autobiographische Schreibweise seines Werkes, das er als Kontinuum ansah und zunächst als Trilogie, mit *Under the Volcano* als – einzig vollendetem – Mittelstück einer trunkenen Göttlichen Komödie, dann als Septett plante unter dem Titel *The Voyage That Never Ends*. Obwohl die Namen seiner Hauptfiguren wechseln, sind sie allesamt verstrickt in eine dunkle Schuld und ebenso in den schriftstellerischen Prozess, worin sich auch L. verwoben sah, als sei er selber Fiktion, und die Werke, an denen er oft zeitgleich arbeitete, schrieben ihn selbst.

Zeit seines Lebens war L., der vierte und letzte Sohn eines erfolgreichen Liverpooler Kaufmannes, getrieben von Versagensängsten. Flucht ist sein zentrales Motiv; rastlos sind er und seine Helden unterwegs, wenngleich sich in den fernen, exotischen Ländern v. a. Sprachräume und Seelenlandschaften eröffnen. Nur in der»Bruderschaft des Alkohols«, in der uterusähnlichen Höhle der Cantina, fühlte sich L. für trügerische Augenblicke geborgen. Die katastrophale Persönlichkeitskonstellation wird mit einem hohen Grad an Bewusstheit unnachsichtig und mitunter ironisch analysiert, weshalb manche Rezensenten das Werk L.s, v. a. *Under the Volcano* und die meisterhafte Psychiatrie-Erzählung *Lunar Caustic* (1963; *Die letzte Adresse*, 1977), als einen der Trunkenheit abgetrotzten Triumph des Geistes feiern; natürlich ist es mehr. Wie Joyce, mit dem er gewisse Erzähltechniken teilt, war L. ein Mythomane, stets auf der Suche nach Koinzidenzien und geheimnisvollen Zusammenhängen. Am Allerseelentag des Jahres 1936 kamen L. und seine erste Frau, Jan Gabriel, die er drei Jahre zuvor geheiratet hatte, weil sie denselben Namen trug wie die Heldin seines vom väterlichen Freund Conrad Aiken inspirierten Jugend- und Seeromans *Ultramarin* (1933; *Ultramarin*, 1982), nach Mexiko. Die karnevalesken Festlichkeiten zum Tag der Toten vermittelten einen prägenden Eindruck von einem Land, welches drei Kulturen in heiter-melancholischer Gegensätzlichkeit vereint. In Cuernavaca, wohin einst auch der unglückliche Habsburger-Kaiser Maximilian mit seiner Frau geflohen war, mietete das Paar einen Bungalow. L. erkannte, dass diese Landschaft eine großartige Thematik widerspiegelte: die »Stadt des ewigen Frühlings«, der Garten Eden, Schauplatz einer großen, aber schließlich zerstörten Liebe, überragt von der Schönheit der Vulkane Popocatépetl und Ixtaccíuhatl, die vor Urzeiten eine Einheit gebildet hatten. Bei seiner Beschäftigung mit der Vergangenheit des Landes stieß L. auf einen gespenstischen Reigen von Betrug und Grausamkeit, dem er bei einem Raubüberfall wiederbegegnete, einem Ereignis, das eine Erzählung initiierte, die sich dann über zehn Fassungen zu *Under the Vulcano* ausweitete. Die Hilflosigkeit der Kreatur gegenüber der barbarischen Gewalt beleuchtete für L. schlagartig die geistige und politische Situation der 1930er und 40er Jahre. In einer erstaunlich nüchternen Ursachenlehre analysiert er nicht nur das Verhängnis seines Alter ego, des Ex-Konsuls Firmin, sondern, wie er seinem Verleger Jonathan Cape am 2. 1. 1946 in einer einzigartigen Selbstinterpretation seines Romans schrieb, die »allumfassende Trunkenheit der Welt, während des Krieges, [...] zu allen Zeiten«. *Under the Volcano* ist ein Buch der Täuschungen. Seine innere Struktur ähnelt einem Rad, das sich unaufhaltsam auf einen Abgrund zubewegt. Der narrative Zirkel ist offen für ein breites Spektrum von Deutungen. »No se puede vivir sin amar«, schreibt der Konsul mit Goldfarbe an eine Hauswand und weitet derart seine elende Trinkerexistenz zur kosmischen Parabel.

Diese vollendet L. mit Hilfe seiner zweiten Frau Margerie Bonner im Jahre 1946 und fernab von den zwiespältigen Errungenschaften der Zivilisation in einer Holzhütte vor den Toren Vancouvers. Hier entstehen ferner der unvollendete Roman *October Ferry to Gabriola* (1970; *Oktoberfähre nach Gabriola*, 1981) und Erzählungen, die postum unter dem Titel *Hear Us O Lord from Heaven Thy Dwelling Place* (1961; *Hör uns, o Herr, der Du im Himmel wohnst*, 1963) erschienen. Gemeinsam ist den Texten der tagebuchähnliche Bewusstseinsstrom, der die existentielle Entfremdung des Menschen und die Macht destruktiver Kräfte reflektiert, eine Thematik, die auch die parallel zum Erzählwerk entstandenen über 500 Gedichte durchzieht. Noch einmal zog es L. nach Mexiko. An den Schauplätzen seiner Dichtung sah er sich jedoch neuerlich von dieser eingeholt. Dem drohenden Selbstverlust entging er, indem er wieder darüber schrieb. In dem 1968 erschienenen Fragment *Dark as the Grave Wherein My Friend is Laid* (*Dunkel wie die Gruft, in der mein Freund begraben liegt*, 1985) versucht L., die Vergangenheit gleichsam ins Grab zu senken und – wenigstens auf dem Papier – der Zukunft ins Auge zu blicken. In *La Mordida* (1996) schildert er die neuerliche Vertreibung aus Mexiko, die seitens der Behörden erfolgte, weil der weltfremde Engländer sich weigerte, die üblichen Bestechungsgelder (spanisch *mordida*) zu bezahlen. Zehn Jahre später wies sich L. selber aus dem Leben. Den tödlichen Trank aus Gin und Tabletten erklärte ein gnädiger Leichenbeschauer zum ›Missgeschick‹ und sicherte damit dem unheiligen Trinker ein christliches Begräbnis auf dem Dorffriedhof von Ripe. L., der seine Arbeiten mit unzähligen Referenzen an andere Texte, Filme, Sprachen, Klänge und Musikwerke collagierte, regte selbst viele Künstler an – Lyriker, Maler, Hörspiel- und Theaterautoren, etwa Michael Mercer (*Goodnight Disgrace*, 1985) oder Albert Ostermaier (*Zuckersüß & Leichenbitter*, 1998) sowie John Huston, der *Under the Volcano* 1984 verfilmte.

Werkausgaben: The Collected Poetry. Hg. K. Scherf. Vancouver 1992. – Sursum Corda: The Collected Letters. Hg. S.E. Grace. Bd. 1, London 1995; Bd. 2, Toronto 1997.

Heribert Hoven

Lu Xun (eigtl. Zhou Shuren)

Geb. 25. 9. 1881 in Shaoxing, Provinz Zheijang/China;
gest. 19. 10. 1936 in Shanghai

Lu Xun gilt in China und weit darüber hinaus als der wichtigste unter den Autoren, die die moderne chinesische Literatur erschaffen haben. Dabei ist er ein Vertreter der kleinen Form, bevorzugt die Kurzgeschichte, den kritischen Essay, Prosagedichte und Lyrik im alten Stil. Nie hat er einen Roman geschrieben und dennoch im Umgang mit Sprache und Form ein Beispiel gesetzt, das bis heute unerreicht geblieben ist. Im deutschen Sprachraum gehört L. zu den bekanntesten Autoren aus China. Schon in den 1950er Jahren kamen Übersetzungen in West- und Ostdeutschland heraus, die, stark von der offiziellen Interpretation seiner Werke durch Mao Zedong und die Kommunistische Partei geprägt, L. als einen Dichter der Revolution, einen Freund der unterdrückten Massen und einen scharfen Kritiker der Tradition vorführten. In diesem Sinne spielte die Auseinandersetzung mit L. während der Studentenbewegung eine nicht unerhebliche Rolle, auch wenn sich Hans Magnus Enzensberger und Hans Christoph Buch von der Rezeption des revolutionären Dichters bald lösten und in ihm einen Grübler, Zauderer und Zögerer erkannten. Inzwischen liegt eine Übersetzung in zehn Bänden vor, die sich dieser Wende in der Interpretation anschließt und damit auch den neuesten Stand der Auseinandersetzung mit L. in China widerspiegelt.

L. kam 1881 in Shaoxing, dem Geburtsort vieler berühmter chinesischer Gelehrter, in der Provinz Zhejiang zur Welt. Seine Familie befand sich am Ende der Qing-Dynastie in Auflösung, und so suchte sich der junge L. einen anderen Weg in die kulturelle Elite des Landes. Zunächst ging er (1898) nach Nanking auf eine Mittelschule nach westlichem Vorbild, dann (1902) nach Japan, um dort an der lebhaften Rezeption westlichen Gedankenguts teilnehmen zu können. Er studierte Medizin, weil er etwas Nützliches erlernen wollte, doch merkte er bald, daß die Betätigung als Arzt keine grundlegende Veränderung der Verhältnisse in China herbeizuführen vermochte. Als wichtiger erachtete er, mittels der Literatur das Denken der Menschen zu verändern und sie auf diese Weise für eine Auseinandersetzung mit dem Westen zu rüsten. Zusammen mit Gleichgesinnten gründete er noch in Japan eine literarische Zeitschrift – ein erfolgloses Unternehmen, weshalb er seine literarischen Bemühungen einstellte.

Als er 1909 nach China zurückkehrte, arbeitete er zunächst als Lehrer und als Beamter im Erziehungsministerium. Er forschte zur chinesischen Literaturgeschichte, vertiefte sich in buddhistische Schriften und begann, europäische Literatur zu übersetzen. Besonders interessierten ihn dabei die Literaturen der kleinen Länder Europas, aber auch die russische Literatur hatte es ihm angetan. Als Freunde ihn für die sich seit 1915 entfaltende neue Kulturbewegung gewinnen wollten, lehnte er zunächst ab – längst glaubte er nicht mehr daran, die Menschen verbessern zu können. Im Gegenteil, er fürchtete sie mit seiner Melancholie anzustecken, würden sie sich der Auswegslosigkeit ihrer Situation erst einmal bewußt. Trotzdem – so sein eigener Bericht – verfaßte er seine erste Kurzgeschichte »Kuangren riji« (1918; »Das Tagebuch eines Verrückten«), ein Vexierspiel, in dem die Wahrnehmung des Protagonisten, der die Außenwelt als kannibalisch fürchtet, zugleich Symptom des Wahnsinns und der Weitsichtigkeit ist. Die kurzen, kleingliedrigen Sätze der als Tagebuch präsentierten Geschichte, die noch stark von der klassischen chinesischen Schriftsprache und dem Dialekt seiner Heimat geprägt ist, sind von einer Vieldeutigkeit, deren Komplexität zur einseitigen Interpretation geradezu einlädt. »Aufruf zum Kampf« wird denn auch sein erster Band mit Erzählungen, *Nahan* (1923), oft genannt, andere übersetzen »Aufschrei« oder »Applaus« – das alles steckt in dem Wort »Nahan«, das L. selbst gewählt und zum Leitmotiv diese Bandes gemacht hat. Auch die im Westen wohl bekannteste Erzählung »A Q zhengzhuan« (1921; »Die Wahre Geschichte des A Q«) ist darin enthalten, die Geschichte des Herrn Jedermann, der immer das Beste will und trotzdem geschlagen, geprügelt, zum Schluss hingerichtet wird. Seit dem Erscheinen von L.s Erzählung nennt man in China die Fähigkeit, die größte Niederlage in einen Sieg umzuinterpretieren, »Ahquismus«. L., heißt es, habe mit A Q einen Protagonisten geschaffen, der alle negativen Charakteristika der Chinesen in sich trage. Doch so sehr L. ihn verspottete, er schrieb doch voller Sympathie und Verständnis für ihn. Diese Ambiguität durchzieht alle Erzählungen L.s und kennzeichnet auch den Titel seines zweiten Bandes *Panghuang* (1926; Zaudern). Nicht als revolutionäre Avantgarde stellt L. sich und seine Protagonisten hier vor, sondern als hin und her gerissen zwischen der Einsicht in die Notwendigkeit der Veränderung und der Verbundenheit mit dem Alten. Angesichts einer in Europa bereits entfalteten Moderne, kann der Autor seine Vorbehalte gegen die Übernahme westlicher Modelle in China nicht zurückhalten.

Bis 1927 hat L. neben zwei Erzählbänden zahlreiche Essays veröffentlicht. Als Professor in Peking stand er mitten im Aufruhr der Zeit. Er musste schließlich Peking verlassen und zog in den Süden. Dort erschienen seine Prosagedichte *Ye cao* (1927; »Die wilden Gräser«), in denen von Träumen und Erinnerungen die Rede ist. Erlauben seine vom Symbolismus durchdrungenen Erzählungen noch eine Lesart im Sinne des Realismus, so verweigern sich diese Gedichte einem solchen Zugang. Es sind mehrfach verschlüsselte Texte, die – wie L. einmal selbst sagte – seine gesamte Philosophie enthalten, Elemente von Buddhismus und Taoismus genauso wie eine Auseinandersetzung mit Friedrich Nietzsche. Mit Nietzsche hatte L. sich bereits vom Beginn seines literarischen Schaffens an befasst. Mit *Ye cao* zog er einen Schlussstrich unter diese Auseinandersetzung. Die Idee des Übermenschen, die ihn zum literarischen Schaffen ermutigt und motiviert hatte, erschien ihm zu groß. Er legte sie beiseite und damit auch das Genre der Kurzgeschichte.

In Shanghai, dem damaligen Wirtschafts- und Kulturzentrum Chinas, schloss er sich der linken Bewegung an, mischte sich in die alltäglichen politischen Auseinandersetzungen ein und bekämpfte die Regierung mit seinen scharfzüngigen Essays und bissigen Kommentaren. Die Kommunistische Partei wie die Liga der linken Schriftsteller warben um ihn, doch so sehr er von vielen verehrt und gelesen wurde, blieb er doch immer ein Einzelgänger. Zwar interessierte er sich für den Marxismus, der Führung durch die Kommunistische Partei wollte er sich aber nicht unterstellen. Im Gegensatz zu vielen Intellektuellen seiner Zeit, die der Integration in die linke Bewegung ihre Eigenständigkeit opferten, wahrte er die Distanz. Sein Eigensinn und seine Eitelkeit waren stärker als der Wunsch nach Überwindung des ihn immerfort quälenden Gefühls der Einsamkeit und Nutzlosigkeit. Zusammen mit seiner Literatur schuf er dabei ein Bild von sich selbst, das den Linken den Glauben an den Revolutionär und den Liebhabern seiner Literatur den Glauben an das Schöne ermöglichte. Als er im Oktober 1936 an Tuberkulose starb, war er schon zur Ikone geworden. Tausende säumten die Straßen, als sein Sarg durch die Shanghaier Innenstadt getragen wurde. Die Intellektuellen unterschiedlicher Richtungen glaubten, ihn zu ihrem jeweiligen Helden machen zu können, doch blieb die Ahnung, dass L.s ironischer Blick auf seine Zeit nicht einfach politisch vereinnahmt werden könne. Dementsprechend soll Mao Zedong später einmal auf die Frage, was mit L. geschehen wäre, wenn dieser über das Jahr 1949 hinaus gelebt hätte, in erstaunlicher Klarsicht geantwortet haben, dass er entweder geschwiegen hätte oder im Gefängnis gelandet wäre.

Werkausgabe: Werke in sechs Bänden. Zürich 2001.

Susanne Weigelin-Schwiedrzik

Lubis, Mochtar
Geb. 7. 3. 1922 in Padang, Westsumatra/ Indonesien; gest. 2. 7. 2004 in Jakarta

Nach seiner Ausbildung an einer Wirtschaftsfachschule in Westsumatra arbeitete Mochtar Lubis zunächst als Lehrer auf der Insel Nias, wurde aber wegen der Verbreitung nationalistischen Gedankenguts bereits im ersten Jahr entlassen. In Jakarta war er anschließend zunächst im Pharmaziebereich, dann bei einer niederländisch-indischen Bank tätig. Nach dem Einmarsch der Japaner 1942 war er Mitglied einer Arbeitsgruppe, die englischsprachige Radiosendungen abzuhören hatte. Nach der Erlangung der Unabhängigkeit Indonesiens arbeitete L. als Journalist. Ende 1949 wurde er Leiter der Zeitung *Indonesia Raya*, 1950 ging er als Kriegsberichterstatter nach Korea; danach entstanden erste literarische Arbeiten. Wegen »subversiver Berichterstattung« wurde L. im Dezember 1956 verhaftet; bis 1961 stand er unter Hausarrest. Kurz darauf nahm er an der Generalversammlung des International Press Institute in Tel Aviv teil, wo er die Restriktionen anprangerte, denen die Presse in Indonesien ausgesetzt war; bei seiner Rückkehr wurde er wieder festgenommen und bis 1966 inhaftiert. Nach dem Sturz Sukarnos und seiner Rehabilitation 1968 rief L. die 1959 eingestellte *Indonesia Raya* wieder ins Leben, die fortan maßgeblich zur Aufklärung politischer und wirtschaftlicher Machenschaften im Land beitrug, bis sie 1974 entgültig verboten wurde. 1975 kam L. für zwei Monate erneut in Haft. Später war er unter anderem Präsident der Press Foundation of Asia und Mitglied der Akademi Jakarta.

L. ist den jüngeren Vertretern der »Angkatan '45«, der indonesischen Schriftstellergeneration von 1945, zuzurechnen und einer der produktivsten Nachkriegsautoren des Inselstaates. Sein erster Roman *Tidak Asa Esok* (1950; Es gibt kein Morgen) spielt vor dem Hintergrund der politischen Ereignisse von 1947 bis 1949, als die Niederlande Indonesien erneut zu annektieren versuchten, während zugleich ein kommunistischer Putschversuch die junge Republik bedrohte. Der Protagonist Johan tritt darin für die Unabhängigkeit des Landes ein; er stirbt bei dem Versuch, wehrlose Dorfbewohner vor den angreifenden Holländern zu schützen. Zugleich wird im Dorf ein Kind geboren – Symbol für die schwer erkämpfte Souveränität Indonesiens. In *Jalan Tak Ada Ujung* (1952; *Straße ohne Ende*, 1996) bestimmt das Symbol der endlosen Straße die gesamte Handlung: Sie steht für den nie endenden Kampf für Freiheit und Gerechtigkeit. Wieder verbindet L. ein fiktives Geschehen mit dem Unabhängigkeitskampf. Anders aber als in *Tidak Asa Esok* vermeidet er hier den journalistischen Dokumentarstil und verzichtet fast durchgehend Retrospektiven. Der Roman, der als eines der besten Werke der »Angkatan '45« bezeichnet wurde, wirkt dadurch kompakter. Die Schilderung von Not und Elend der Menschen in Krieg und Revolution ist hier noch glaubwürdiger, weil L. sich auf psychologische Aspekte konzentriert. Im Mittelpunkt stehen dabei die Angst und deren Überwindung, die den Lehrer und ängstlichen Revolutionär Isa schließlich nach seiner Verhaftung zu der Überzeugung führen, dass er die Revolution anders als viele scheinbar furchtlosen Kämpfer auch unter Folterungen nicht verraten werde.

In den ersten Jahren der Haft bzw. des Hausarrests entstand *Senja di Jakarta* (*Dämmerung in Jakarta*, 1990). Der außer Landes geschaffte Roman erschien 1963 zunächst in englischer Übersetzung, 1964 dann im Original in Malaysia; in Indonesien konnte er erst 1970 veröffentlicht werden. Das auch im Westen bekannteste Werk L.' handelt von den ideologischen Auseinandersetzungen, die in den ersten Jahren der Unabhängigkeit Indonesiens und zu Beginn von Sukarnos Konzept der »Gelenkten Demokratie« geführt wurden. Durch eine Erzähltechnik, die einer filmischen Montage ähnelt, versucht L. so etwas wie die Kollektivseele des damaligen Jakarta zu erfassen; in den Romanfiguren spiegeln sich zudem maßgebliche Persönlichkeiten der Zeit. Niemals zuvor deckte in Indonesien ein Roman die politischen und gesellschaftlichen Probleme so schonungslos auf. *Senja di Jakarta* offenbart die enttäuschten Erwartungen der Nation, die so euphorisch in die Unabhängigkeit aufgebrochen war. L. stellt sich auf die Seite der Armen und Benachteiligten, für die eine Befreiung von der kolonialen Fremdherrschaft nicht spürbar wird und die sich stattdessen Partei- und Staatsführern beugen müssen, denen der eigene Vorteil über das Wohl des Volkes geht.

Noch während des Hausarrests durfte der sozialkritische Roman *Tanah Gersang* (1964; Verdorrtes Land) erscheinen, die Geschichte des von Erlebnissen der Revolutionszeit traumatisierten Jugendlichen Joni, der sich zum Räuber und Mörder entwickelt und sich erst durch eine Liebesbeziehung von der Kriminalität lossagen kann – zu spät freilich. Obgleich in den frühen 1960er Jahren fast abgeschlossen, erschien der im Urwald Sumatras spielende Roman *Harimau! Harimau!* (*Tiger! Tiger!*, 1992) erst 1975. Die Bedrohung einer Gruppe von Harzsammlern durch einen Tiger führt darin zur Demaskierung der angeblich tugend- und heldenhaften Männer. Die sukzessive Tötung eines Teils der Harzsammler durch den Tiger erscheint als Sühne für ihre jeweils zuvor in Todesangst gebeichteten Untaten. Als sich die Übriggebliebenen, die nun ihrerseits den Tiger jagen wollen, gegenseitig selbst zu zerfleischen beginnen, gibt der älteste von ihnen sterbend dem jüngsten den Rat, zuerst den Tiger in sich selbst zu töten. Die Verteilung der Rollen der Männer ist in enger Anlehnung an die gesellschaftliche Wirklichkeit Indonesiens gestaltet. L.' Kritik richtet sich gegen die korrupte Führungselite, seine Hoffnung gilt der Jugend des Landes. *Maut dan Cinta* (1977; Liebe und Tod) ist ein spannend erzählter Agentenroman, der von Krieg, Heldentum, Liebe und Verrat handelt. Indem er darin einen der Korruption und des Verrats an der Revolution überführten Protagonisten seine Verfehlungen bereuen lässt, fordert L. die Politiker Indonesiens auf, nicht persönliche Interessen über die der Allgemeinheit zu stellen.

Neben den Romanen veröffentlichte L. zahlreiche Kurzgeschichten, Kinderbücher, Reiseberichte und Sachbücher, etwa über Theorie und Praxis des Journalismus sowie über die Technik des Schreibens.

Diethelm Hofstra/Red.

Lucebert (d.i. Lubertus Jacobus Swaanswijk)
Geb. 15. 9. 1924 in Amsterdam; gest. 10. 5. 1994 in Alkmaar

Aufgrund seiner Doppelbegabung als Maler und Lyriker gilt Lucebert als eine herausragende Figur der niederländischen Kunstszene in der zweiten Hälfte des 20. Jahrhunderts. Das selbstgewählte Pseudonym bedeutet sinngemäß ›Lichtbringer‹ und enthält eine Hommage an Bertolt Brecht, der den jungen engagierten Lyriker 1955/56 zu einem Studienaufenthalt an die Ostberliner Akademie der Künste holte. Schon vorher hatte L. sich der Künstlergruppe COBRA (1948–51) angeschlossen, zu deren Mitgliedern die Maler Asger Jorn, Pierre Alechinsky, Constant (Nieuwenhuys), Corneille (van Beverloo) und Carel Appel gehörten und deren Name sich aus den Anfangsbuchstaben der Städte Kopenhagen, Brüssel und Amsterdam zusammensetzte. Anknüpfend an Surrealismus, Konstruktivismus und Dada vertrat COBRA eine Sonderart des abstrakten Expressionismus, der es darum ging, den experimentellen Umgang mit Form und Material mit einer authentischen Kunstaussage zu verknüpfen. Aus diesem Grund malten die COBRA-Künstler nicht rein abstrakt, sondern verarbeiteten in ihren Bildern auch figürliche Elemente, die sich oft an Kinderzeichnungen oder ethnische Malereien anlehnten. Das gilt auch für L.s Bilder und Zeichnungen, die in der Kunstkritik als ›figurativ-expressionistisch‹ bezeichnet werden und meist spontan auf die Leinwand gebrachte, dämonische Mischwesen aus Mensch und Tier darstellen. Literarisch profilierte sich L. als Protagonist der »Vijftigers« (Fünfziger), einer lockeren Gruppierung niederländischer Autoren, deren Name an das Erneuerungsprogramm der »Tachtigers« (Achtziger) vom Ende des 19. Jahrhunderts erinnert und die in den 1950er Jahren den Anschluss an die internationale Avantgarde suchte. Mit ihrer phantasievollen und provokanten Poesie stellten sich die »Vijftigers« gegen den konventionellen Geist, der ihrer Meinung nach in den Niederlanden der Nachkriegszeit herrschte. Gelegentlich unterstrichen sie ihren rebellischen Zungenschlag mit spektakulären Aktionen in der Öffentlichkeit. So nahm L., nachdem ein Kritiker ihn als »Keizer der Vijftigers« bezeichnet hatte, den Poesiepreis der Stadt Amsterdam 1954 als Kaiser verkleidet in Empfang. Sein literarisches Debüt hatte der Sohn eines Anstreichers mit 24 Jahren als Mitglied der Experimentele Groep um Gerrit Kouwenaar, Jan Elburg und Bert Schierbeek in der Zeitschrift *Reflex* gegeben: In einem polemisch formulierten Gedicht gegen den niederländischen Kolonialismus, »Minnebrief aan onze gemartelde bruid Indonesia«, brachte er eine Grundüberzeugung zum Ausdruck, der er auch in seinen späteren Arbeiten verpflichtet blieb. Obwohl L. die Sprache als Material betrachtete und mit ihren sinnlichen Erscheinungsformen (Lauten, Rhythmen, Metaphern) spielte, verfolgte er mit seinen Texten keinen ästhetischen Selbstzweck, sondern ein engagiertes gesellschaftskritisches Programm. Und auch wenn seine Gedichte die Grenze zum Unverständlichen häufig überschritten, verstand er sie als konstruktive Beiträge zur Rettung einer reinen, unverfälschten Sprache: »Der Dichter«, so L. 1986, »macht den Versuch, die Schönheit [...] zu retten und für die Zukunft zu bewahren.« Dabei folgte er einem Verständnis von Sprache, das den Ausdruck über die Bedeutung setzt und sieht in ihrem zweckhaften Gebrauch ein Sakrileg an ihrer ursprünglichen idealen Gestalt. Nach den wilden und appellativen Gedichten, die L. in den 1950er Jahren in einer Folge von Sammelbänden veröffentlichte (*Triangel in de jungel*, 1951; *Apokrief*, 1952; *De Amsterdamse school*, 1952; *Van de afgrond en de luchtmens*, 1953; Vom Abgrund und dem Luftmenschen; *Amulet*, 1957 und *Val voor vliegengod*, 1959; Kniefall vor dem Fliegengott), zog er sich für mehr als 20 Jahre aus dem Literaturbetrieb zurück. Er selbst begründete sein Schweigen später mit einer durch den technologischen Fortschrittswahn der 1970er und 80er Jahre ausgelösten Sprachkrise. Mit dem Gedichtband *Oogsten in de dwaaltuin* (Ernten im Irrgarten) begann er 1981 eine neue Schaffensphase. In den Gedichtzyklen *Paradijs* (1981), *De moerasruiter uit het paradijs* (1982; Der Schlammritter aus dem Paradies), *Troost de hysterische robot* (1989), *Na de helft van het leven* (1994) und *Van de maltentige losbol* (1994; *Der gestrenge Luftikus*, 1994) machte L. die Kulturkrise der Zeit und die Angst der Menschen vor Umweltkatastrophen und einem neuen Weltkrieg zum Thema. Seine späten Gedichte sind deutlich stiller und verhaltener als sein Frühwerk. Ihre Bilder sind düsterer, ihr Ton pessimistischer und ihre Tendenz gelegentlich bitter und resignativ. Das liegt auch daran, dass L. in seinen Gedichten nun auch persönliche Erfahrungen wie seine Leukämieerkrankung thematisiert, an der er 1994 starb. Sein lyrisches Werk wurde mit zahlreichen Preisen ausgezeichnet, darunter dem Constantijn Huygens-Preis (1965), dem P.C. Hooft-Preis (1967), dem Niederländisch/Belgischen Literaturpreis (1983) und dem Jacobus van Looy-Preis (1990). Die Gedichte, in denen L. gelegentlich auch die deutsche Sprache persifliert, wurden in Auswahlbänden ins Deutsche übersetzt.

Barbara Lersch-Schumacher

Ludwig, Otto
Geb. 12. 2. 1813 in Eisfeld/Werra;
gest. 25. 2. 1865 in Dresden

Dichter zu sein, hieß zu L.s Lebzeiten, als Dramatiker etwas zu gelten: »Nach der Seite hin einen guten Wurf, und man ist durch. Alles andre wird doch nur wie Larifari betrachtet« (Theodor Fontane, 16. 2. 1853 an F. Witte). Mehr als zwei Jahrzehnte literaturkritischer und schriftstellerischer Arbeit setzte L. an diesen großen Wurf. Doch als Autor der einst erfolgreichen Schicksals- und Familientragödie *Der Erbförster* (gedr. 1853) führt er heute nur eine Randexistenz auf den deutschen Bühnen – im Gegensatz zu Georg Büchner, Friedrich Hebbel und Richard Wagner, die wie L. im Jahr der Völkerschlacht bei Leipzig geboren wurden. Die missliche Erfahrung fehlender Kraft im Konkurrenzkampf des Literaturmarktes, der Schlagschatten der großen Vorgänger und das selbstkritische Bewusstsein eines Nachgeborenen prägen L.s Entwicklung zu einem »Dichter der zweiten Reihe.« Im bildungsbürgerlichen Elternhaus der thüringischen Kleinstadt Eisfeld, sein Vater war Stadtsyndikus und herzoglich-sächsischer Hofrat, wächst der Junge mit Büchern auf, liest vor allem William Shakespeare, die deutschen Klassiker und Romantiker. Im Alter von 12 Jahren verliert er den Vater, 1831 stirbt die Mutter. Der Besuch der höheren Schule wird zugunsten einer Kaufmannslehre ausgesetzt und 1833 endgültig abgebrochen. L. entscheidet sich zwischen den widerstreitenden Neigungen zur Musik und Literatur: Als Autodidakt will er sich zum Komponisten ausbilden. Seine finanziellen Verhältnisse bessern sich durch ein Stipendium des Herzogs von Meiningen. Mit 26 Jahren verlässt der angehende Musiker erstmals den Umkreis seiner Heimatstadt, um in Leipzig bei Felix Mendelssohn-Bartholdy zu studieren. Ohne in der sächsischen Metropole Fuß gefasst zu haben, kehrt L. 1840 nach Eisfeld zurück und gibt das Musikstudium auf. Er will über einsiedlerische Literaturstudien und dramatische Versuche in die Fußstapfen der großen Theaterautoren treten. Um der »Willkür des falschen Idealismus«, nach der Art Friedrich Schillers, zu entfliehen, schult sich L. vor allem an Shakespeare, entwirft Drama um Drama, greift vorzugsweise zu historischen Stoffen und bearbeitet, wie Friedrich Hebbel, die Geschichte der Agnes Bernauer.

Er lebt anspruchslos vom ererbten Vermögen und verdient sich ein Zubrot mit kleineren Erzählungen und Novellen (zuerst *Das Hausgesinde* 1840). Von 1842 bis 1844 wohnt L. in Leipzig und Dresden; die Freundschaft mit Eduard Devrient, dem Dramaturgen und Regisseur am Dresdner Hoftheater, erschließt ihm die Theaterpraxis. Doch erneut zieht sich L. mit wenigen Unterbrechungen in eine Einsiedelei zurück, in die Schleifmühle bei Meißen (1844 bis 1849). Dort wird 1849 *Der Erbförster* abgeschlossen. Die Uraufführung am 9. 1. 1850 in Dresden bringt L. die ersehnte öffentliche Anerkennung als Dichter; freundschaftliche Verbindungen zu Gustav Freytag, Julian Schmidt und Berthold Auerbach festigen sich. Mit 39 Jahren kann der Autor nach achtjähriger Verlobungszeit heiraten, um in Dresden eine Familie zu gründen. Doch weiterhin bleiben die Einkünfte des freien Schriftstellers kümmerlich, zumal sich L. in die skrupulöse Arbeit an mehreren Fassungen seines *Makkabäer*-Dramas verwickelt. Es wird 1853 ohne den ersehnten Erfolg uraufgeführt. Nun erhält aus finanziellen Gründen die Arbeit an Erzählprosa für Zeitschriften und Feuilletons mehr Gewicht, ohne dass die ehrgeizigen Dramenpläne aufgegeben wären. Das Kleinstadt-Milieu der thüringischen Heimat bildet den Hintergrund für L.s Erzählungen *Die Heiterethei* (1855/56) und ihr »Widerspiel« *Aus dem Regen in die Traufe* (1857); 1856 erscheint die Dachdecker-Geschichte *Zwischen Himmel und Erde*. Die psychologische Motivation dieses »kleinbürgerlichen Familiendramas« reicht bis in die Bereiche der Psychopathologie. Damit bringt L. neue, die Zeitgenossen irritierende Perspektiven in das Themenspektrum des »poetischen Realismus«. Dieser programmatische Begriff findet sich in L.s *Shakespeare-Studien*, die postum (1871) veröffentlicht wurden. Seit 1860 hatte sich der Gesundheitszustand des stets kränkelnden Nervenleidenden erheblich verschlechtert; nach seinem Tode erhält zunächst seine Frau, dann seine Tochter Cordelia eine lebenslängliche Unterstützung durch die Deutsche Schillerstiftung, deren erster »Pensionär« der finanziell so erfolglose Schriftsteller 1859 geworden war.

L.s Versuche, die »Dichtkunst« durch Ergründen ihrer »Gesetze« und intensives Studium der »Technik« ihrer großen Werke beherrschen zu lernen, weisen voraus auf den »wissenschaftlichen« Anspruch im Literaturprogramm des Naturalismus, insbesondere auf Arno Holz. Während heute in der Literaturwissenschaft die 1891 veröffentlichten *Roman-Studien*, vor allem zu Walter Scott und Charles Dickens, geschätzt werden, pries Hugo von Hofmannsthal L.s Arbeiten zu Shakespeare und dem Drama: »da kann man wirklich fundamentale Sachen lernen« (26. 6. 1892 an Richard Beer-Hofmann).

Werkausgabe: Sämtliche Werke. Historisch-kritische Ausgabe. Hg. von Paul Merker. 6 Bde. München 1912–1922.

Jörg Schönert

Luik, Viivi
Geb. 6. 11. 1946 in Tänassilma, Landkreis Viljandi/Estland

Die Lyrikerin, Prosaistin und Kinderbuchautorin Viivi Luik wurde 1946 als Tochter eines Elektromonteurs in einem kleinen Dorf Mittelestlands geboren. Sie arbeitete als Bibliothekarin und Archivarin in Tallinn und ist seit 1967 freie Schriftstellerin, seit 1970 Mitglied des Estnischen Schriftstellerverbandes, und seit 1986 trägt sie den vom Staat verliehenen Titel »verdiente Schriftstellerin«. Sie ist mit dem Schriftsteller Jaak Jõerüüt verheiratet, der 1991 als estnischer Botschafter nach Finnland berufen wurde. – L. debütierte 1964 mit Gedichten in der führenden estnischen Literaturzeitschrift *Looming* (Das Schaffen). Ihr erster Gedichtband *Pilvede Püha* (Das Fest der Wolken) erschien 1965 in der Buchkassettenausgabe *Junge Autoren 1964*, in der die jeweils neueste und interessanteste Lyrik des Landes vorgestellt wird. Die in dieser und in den Folgeausgaben debütierenden Autor/innen werden heute als ›Kassettengeneration‹ bezeichnet, es sind die bis Ende der 1980er Jahre führenden Autor/innen des Landes, z. B. Jaan Kaplinski, Paul-Eerik Rummo, Mati Unt, Arvo Valton u. a. Dominiert in dieser ersten Veröffentlichung noch die unmittelbare Beziehung der Autorin zur Natur, so wird diese in der nächsten, *Taevaste tuul* (1966; Wind der Himmel), durch eine stilisierte, beinahe japanisch anmutende Miniatur- und Bildhaftigkeit und Symbolik erweitert. In *Lauludemüüja* (1968; Liederverkäufer) verdeutlicht L. die Kompliziertheit sozialer Prozesse und setzt diese Thematik mit *Hääl* (1968; Stimme) und *Ole kus oled* (1971; Bleib wo du bist) fort, wobei ihre Sprache immer bildhafter wird; die Projektion des Erlebten wird durch Innenansichten, assoziative Logik und selbstschaffene Symbolik bereichert. Diese neue Periode beginnt mit dem Gedichtband *Pildi sisse minek* (1973; Ins Bild gehen) und erreicht mit *Põliskevad* (1975; Urfrühling) ihren Höhepunkt, für den sie die Juhan-Smuul-Prämie erhält. Im Band *Maapäälsed asjad* (1978; Die Dinge auf dieser Welt) spielen Alltag und Stadtmilieu eine größere Rolle als zuvor, und der Gedichtband *Rängast rõõmust* (Aus großer Freude), der ihr 1982 wiederum die Smuul-Prämie einbringt, zählt zu den bedeutendsten gesellschaftskritischen Werken Sowjetestlands der 1970er und 80er Jahre. Ein ausgeprägtes Zeitgefühl, das sich in Illusionslosigkeit, aber ethisch hohem Anspruch an den Menschen ausdrückt und ihm dadurch Lebensperspektiven verleiht, liegt ihren späteren Gedichten zugrunde. L.s Gedichte, ebenso wie ihre Prosawerke werden in zahlreiche Sprachen übersetzt.

Als Prosaistin debütierte L. 1974, der Durchbruch gelang ihr 1985 mit dem Roman *Seitsmes rahukevad* (1991; Der siebte Friedensfrühling), der sämtliche Auszeichnungen des Landes erhielt. In diesem Roman wird das bis dato als tabu geltende spannungsreiche politische Geschehen Estlands aus dem Blickwinkel eines Kindes in einer außergewöhnlich lyrischen Sprache beschrieben. Ihr zweiter Roman, *Ajaloo ilu* (*Die Schönheit der Geschichte*, 1995), erschien 1991: eine Liebesgeschichte, die sich in Estland und Lettland vor dem Hintergrund des sowjetischen Einmarsches im August 1968 in Prag abspielt. Auch für ihre Kinderbücher wurde sie ausgezeichnet. – Von 1991 bis 1995 lebte L. in Helsinki, 1996 war sie als DAAD-Stipendiatin für ein Jahr in Berlin, seit 1997 lebt sie wieder in Tallinn.

Irja Dittmann-Grönholm

Lukian
Geb. um 120 n. Chr. in Samosata am Euphrat; gest. nach 180 n. Chr.

»Einer unserer Zeitgenossen namens Lukianos […] fabrizierte ein Buch, in das er dunkle Reden niedergeschrieben hatte, hinter denen sich überhaupt kein Sinn verbarg, und schrieb es dem Heraklit zu. Er übergab es anderen, und die brachten es zu einem Philosophen, dessen Wort etwas galt. […] Jener Unglückliche merkte nicht, daß sie sich nur über ihn lustig machen wollten. So machte er sich daran, Deutungen zu jenen Reden beizubringen, wobei er sich selbst äußerst scharfsinnig vorkam, und so blamierte er sich. Lukianos hatte auch […] Ausdrücke fabriziert, hinter denen kein Sinn steckte, und einigen Grammatikern zugesandt, worauf diese sie deuteten und kommentierten und sich damit blamierten« (Galen zu Hipp. Epid. II 6, 29; Übers. nach Strohmaier). – Dies ist das einzige zeitgenössische Zeugnis L.s, das nicht aus seinem eigenen Werk stammt; es zeigt uns jemand, der sich über die Bildungsprätentionen anderer Leute nicht nur gern lustig macht, sondern intellektuell auch offensichtlich dazu in der Lage ist. Diese Fähigkeit und diese Neigung waren allerdings wohl auch einer der Gründe dafür, dass das Bildungsestablishment seiner Zeit L. soweit wie nur irgend möglich zu ignorieren versuchte und die zitierte (nur in einer arabischen Übersetzung einer ansonsten verlorenen Schrift erhaltene) Galen-Stelle alleinsteht. Alles weitere zu L.s Leben muss aus seinen Selbstzeugnissen gewonnen werden, die freilich weder besonders häufig sind noch widerspruchsfrei erscheinen; auch neigt ihr Autor zu Selbststilisierungen.

L. wuchs in Samosata am Euphrat ganz an der Ostgrenze des Römischen Reiches auf; wahrscheinlich war Griechisch gar nicht seine Mutter-, sondern erst seine zweite Sprache. Als syrischer Emporkömmling innerhalb der griechischen Bildungswelt hat er jedenfalls in dem Pamphlet *Der Pseudokritiker* äußerst gereizt auf Versuche reagiert, seine Beherrschung der attizistischen Rhetorik in Frage zu stellen. Nach seiner eigenen Erzählung in der autobiographisch angelegten, aber sehr stark literarisch stilisierten Schrift *Der Traum* war er zunächst für eine Steinmetzlehre vorgesehen, erwies sich dazu jedoch als ungeeignet und konnte dann immerhin seiner eigentlichen Neigung nachgehen, dem Studium der griechischen Rhetorik, die damals die wichtigste Voraussetzung eines höheren Bildungsganges (und entsprechender literarischer Berufe) war. So ließ er sich in einem der damaligen Zentren der Redekunst, wahrscheinlich Ephesos oder Smyrna, zum ›Sophisten‹ (so nannte man damals die professionellen Redekünstler und -lehrer, und nach ihnen die ganze Zeit ›Zweite Sophistik‹) ausbilden und scheint anschließend eine Reihe von Jahren als wandernder Sophist verbracht zu haben und dabei auch in den Westen des Reiches (nach Italien und Südgallien) gelangt zu sein. Seine Abkehr von der typischen Laufbahn damaliger Redekünstler begann wahrscheinlich, nachdem er sich – für offenbar längere Zeit – in Athen niedergelassen hatte, einem der damals wichtigsten Zentren für griechische Philosophie, und Philosophisches spielt fortan (wenn auch meist in karikierter Form) in L.s Werk eine wichtige Rolle. In Athen hat er die literarischen Formen ausgebildet, die ihn gegenüber den rhetorischen Vorlieben der Zeit (die als kulturelles Nonplusultra die sorgfältig ausgearbeitete oder auch improvisierte Deklamation ansah, die Themen aus der klassischen griechischen Geschichte oder fiktive Rechtsfälle behandelte) zur Randfigur werden ließen, zugleich aber seinen Nachruhm begründeten:

den geschliffenen, längeren oder kürzeren Dialog und die mit großer Imaginationskraft fabulierende Erzählung. In fortgeschrittenem Alter scheint er für gewisse Zeit eine Stellung in der römischen Provinzialbürokratie in Ägypten angenommen zu haben, ist aber danach zu einer freieren rhetorischen und schriftstellerischen Tätigkeit möglicherweise noch einmal zurückgekehrt.

L. hat ein umfangreiches und vielseitiges Œuvre hinterlassen, das sich leider nur in den wenigsten Fällen genauer datieren lässt; in diesem Œuvre gehen der Rückgriff auf traditionelle literarische Formen (die dabei zum Teil miteinander kombiniert werden) und die Reaktion auf interessante, teilweise skurrile Phänomene der eigenen Zeit immer wieder originelle Verbindungen ein. In seinen ›Vorreden in eigener Sache‹ mit dem Titel *Zeuxis* und *Ein Prometheus der Worte* nimmt L. nicht ohne Stolz für sich in Anspruch, die witzige griechische Komödie und den ernsten philosophischen Dialog miteinander verbunden zu haben, und er weiß seine eigene literarische Sonderstellung auch in fiktionalen Werken geschickt zu präsentieren: Im *Doppelt Verklagten* (Kap. 33) fügt er der gerade genannten Kombination noch die menippeische Satire hinzu, und der dramatische Dialog *Der Fischer oder: Die Wiederauflebenden* macht ebenfalls L.s witzige Darstellung der Philosophen mithilfe von Dialog und menippeischer Satire selbst zum Thema.

Vorgeführt werden uns solche originellen ›literarischen Zwitter‹ vor allem in L.s berühmtester Schriftengruppe, seinen menippeischen Satiren, in denen er offenbar primär erzählende Werke des kynischen Satirikers Menipp von Gadara (3. Jh. v. Chr.) in eine neue dialogische Form gebracht hat. Typische Motive dieser Schriften sind phantastische Reisen, witzig-karikierende Zeichnung der traditionellen griechischen Götter, Spott gegen hochnäsige Menschen verschiedenster Art (Reiche, Herrscher, aber auch Philosophen). Im *Icaromenippus* fliegt L.s Menipp hinauf in den Götterhimmel, in der *Necyomanteia* steigt er zu den Toten in die Unterwelt hinab, um traditionelle Mythen, aber auch philosophische Spekulationen ad absurdum zu führen; ähnlicher Natur sind *Die Niederfahrt* (Totengericht), *Charon* (der Totenfährmann resigniert angesichts der blinden Illusionen der Menschen), *Zeus als tragischer Held* (die Götter kommen angesichts epikureischer Angriffe auf ihre Existenz mit einem blauen Auge davon), *Der Götterrat*, *Das Gastmahl* (die hehren Philosophen und ihre allzu menschlichen Laster). Bereits in den Satiren Menipps gingen viele dieser Motive auf skurrile Einfälle der attischen Alten Komödie zurück; dass L. auch selbst direkt auf diese zurückgegriffen hat, zeigt besonders gut sein *Timon*, der sich um die Gestalt des seit Jahrhunderten berühmten Menschenhassers rankt.

Neben Komödie und menippeischer Satire hat sich L. vor allem die platonische Dialogform für seine Zwecke angeeignet und in den sog. *Lykinos-Dialogen* meisterhaft verwendet: Ein nahezu perfekt nachgebildeter platonischer Dialog ist der *Hermotimus*, in dem L.s Alter ego Lykinos einen alternden Stoiker-Schüler am Ende zur Ablehnung aller dogmatisch-spintisierenden Philosophenschulen zugunsten eines aktiv-lebensnahen Skeptizismus bewegt; in *Das Schiff oder die Wünsche* weist der gleiche Lykinos während eines Spaziergangs vom Piraeus nach Athen seinen Begleitern witzig-erbarmungslos nach, wie albern und nichtig ihre Wunschvorstellungen sind und dass sie viel besser daran täten, sich der irdischen Realität zu stellen; der *Anacharsis* endet als Auseinandersetzung zwischen dem naiv-gewitzten Skythen Anacharsis (der Züge eines *ingenu* hat) und dem großen athenischen Staatsmann Solon über Sinn und Unsinn der griechischen Sports in der Aporie. *Die Widerlegung des Zeus* verbindet den platonischen Dialog mit menippeischer Thematik: Hier behält ein kleiner Kyniker (›Kyniskos‹), der die stoischen Schicksalsvorstellungen ad absurdum führt, gegen einen diese verzweifelt verteidigenden Göttervater argumentativ die Oberhand.

Ein weiterer charakteristischer Bestandteil von L.s Werk sind mehrere Serien von ›Klein-Dialogen‹: Aus der attischen Neuen Komödie hat L. vor allem in seinen *Hetärengesprächen* geschöpft, in denen diese ›Berufsgruppe‹ und ihre ›Kunden‹ teils spöttisch, teils aber auch einfühlsam geschildert wird. Die *Göttergespräche* und die *Meergöttergespräche* nehmen die oft allzumenschlichen Schwächen der traditionellen griechischen Götter aufs Korn. Das bedeutendste Nachleben innerhalb dieses Werkteils hatten die *Totengespräche*, in denen mehr oder weniger berühmte Tote (Philosophen, Herrscher, homerische Helden, aber auch Reiche und Erbschleicher) miteinander sprechen und der Tenor immer wieder die Vergänglichkeit und damit Nichtigkeit menschlicher Prätentionen ist, eine kynische Thematik wie in den menippeischen Satiren, aus denen L. die Form des Totengesprächs wahrscheinlich entwickelt hat.

L.s großes Erzähltalent zeigen seine Kränze von Grusel- (*Die Lügenfreunde*) und Freundschaftsgeschichten (*Toxaris*); Parodie, Satire und Lust am phantastischen Fabulieren verbinden sich in seiner vielleicht bedeutendsten Schöpfung, den *Wahren Geschichten*: Hier wird erfolgreich versucht, die Gattung des mit unwahrscheinlichen Abenteuern vollgestopften Reise-Romans (Iambulos, Antonius Diogenes) und die überhitzte Phantasie mancher Geschichtsschreiber (Ktesias) noch zu überbieten. Schließlich macht L. aber auch vor Erscheinungen der eigenen Zeit, die er als skurril oder jedenfalls tadelnswert empfindet, nicht halt (vgl. die eingangs zitierte Galen-Stelle): Auswüchse der zeitgenössischen Historiographie macht er in *Wie man Geschichte schreiben soll*, Exzesse der Rhetorik und ihres Attizismus im *Rednerlehrer*, im *Lexiphanes* und – auf besonders leichte und witzige Weise – im *Gericht der Vokale* zur Zielscheibe; von ihm als Scharlatane empfundene Gestalten, den Begründer eines neuen und in L.s Augen betrügerischen Orakels, Alexander von Abonuteichos, und den kynischen Straßenphilosophen Peregrinos (der zuvor chamäleonhaft mehrere Identitäten wechselte und u. a. auch einmal Christ war) stellt er in den gleichnamigen Schriften bloß.

Zu seinen Lebzeiten nahezu totgeschwiegen, erfreute sich L. seit der Spätantike, in Byzanz und der Neuzeit einer zahlreichen Leserschaft, und vor allem seine *Totengespräche* fanden häufige Nachahmung. Sein erster großer Bewunderer und Nachahmer im westlichen Europa war Erasmus von Rotterdam (vgl. seine *Colloquia familiaria* und das *Lob der Torheit*), der auch eine Reihe von lukianischen Schriften ins Lateinische übersetzt hat. Die *Wahren Geschichten* mit ihrem Thema der phantastischen Reise haben vom 16. bis zum 18. Jh. bedeutende Nachfolge in Rabelais (*Pantagruel*, 1532, dazu die Fortsetzung im *Quart Livre* von 1552 und *Cinquième Livre*, postum 1564), Cyrano de Bergerac (*Histoire comique des états et empires de la lune et du soleil*, 1648–50), Jonathan Swift (*Gulliver's Travels*) und dem Dänen Ludvig Holberg (*Nicolai Klimii iter subterraneum*, 1741) gefunden, die *Totengespräche* v. a. bei französischen Autoren des späteren 17. und ganzen 18. Jh.s (Boileau, Fénelon, Fontenelle, Voltaire), aber auch bei Henry Fielding, der sich daneben noch von einer ganzen Reihe anderer lukianischer Werke hat inspirieren lassen (Christopher Robinson), und Christoph Martin Wieland (*Gespräche im Elysium*, 1780), von dem auch die bis heute bedeutendste deutsche Übersetzung des lukianischen Œuvres stammt. Zwar gilt L. seit dem 19. Jh. nicht mehr als aufklärerischer Kämpfer gegen Aberglauben und Borniertheit; aber den Anspruch, ein Meister gebildeter und sprachlich ungemein anmutiger Unterhaltung zu sein, wird er auch in Zukunft behalten.

Ausgabe: Lügengeschichten und Dialoge. Frankfurt a. M. ⁴1987 [Übers. Ch. M. Wieland].

Heinz-Günther Nesselrath

Lukrez
Geb. um 96 v. Chr.;
gest. um 53 v. Chr.

Lukrez hat es als Aufgabe angesehen, seinen Landsleuten die Lehre Epikurs im Gewand der Dichtung nahezubringen. Die Poesie soll dabei als Honig dienen, den bitteren Saft des Wermuts der Philosophie schmackhaft zu machen. Das Leben des Dichters fällt in eine Zeit, in der Kriege und Bürgerunruhen an der Tagesordnung waren. Man denke nur an den

Bundesgenossenkrieg, an den pontischen König Mithridates VI., der die Römer 25 Jahre in Atem gehalten hatte, an die blutigen Auseinandersetzungen zwischen Marius und Sulla (mit ihren Proskriptionen), an den Sklavenaufstand unter Spartacus und an die Catilinarische Verschwörung. Es war Sitte geworden, politische Differenzen mit dem Schwert auszutragen und bewaffnete Banden mit Mord und Totschlag durch die Straßen Roms ziehen zu lassen. Angewidert von diesem Treiben, hielt sich L. – getreu der Maxime Epikurs: »Lebe im Verborgenen« – von Staatsgeschäften fern: »Süß ist es auch, die gewaltigen Kämpfe des Krieges zu beobachten [...] ohne eigene Gefahr.« Am süßesten aber sei es, auf den Höhen der Philosophie zu wohnen und auf die anderen herabzublicken, wie sie sich um Reichtum und Macht im Staate stritten. Dazu passt, dass für uns die ganze Persönlichkeit des Dichters in ein tiefes Dunkel gehüllt ist. Die antike Angabe, L. habe als Opfer eines Liebestranks seinen Verstand verloren, sein Gedicht in Pausen des Wahnsinns verfasst und schließlich Selbstmord begangen, ist nichts anderes als schlechte christliche Polemik. Zuverlässiger scheint dagegen die Nachricht zu sein, dass nach dem vorzeitigen Tod des Dichters M. Tullius Cicero die Herausgabe des Werks besorgt hat.

In den Mittelpunkt seines Gedichts *De rerum natura* (*Über die Natur der Dinge*) hat L. die Physik gestellt, die jedoch letztlich (wie schon bei Epikur) auf ethischen Ertrag ausgerichtet ist. Ihr Wert liegt darin, dass sie den Menschen durch korrekte Naturbetrachtung von Götterfurcht und Todesangst, den beiden Grundübeln in dieser Welt, befreit und ihn so zum inneren Frieden führt. L.' Kampf gegen die Religion zeigt eine Übersteigerung, die den Schriften des Meisters fremd ist und sich vielleicht mit dem dämonenfürchtigen Wesen der Römer zu dieser Zeit erklären lässt. Der Dichter unterscheidet nicht zwischen Glauben und Aberglauben, sondern zeichnet die *religio* als unheilvolle Macht schlechthin, die »mit schrecklicher Fratze auf die Menschen eindringt« und »schon öfter verbrecherische und gottlose Taten hervorgebracht hat« (z. B. die Opferung der Iphigenie in Aulis). Überschwenglich triumphiert in diesem Zusammenhang L., dass es Epikur gelungen ist, »die Religion niederzuwerfen und mit Füßen zu treten«.

Der Religion wird die wahre Einsicht gegenübergestellt, dass die Natur ausnahmslos ihrer eigenen Kausalität, d. h. den Gesetzen der Materie folgt. »Nichts entsteht jemals aus dem Nichts durch göttliche Fügung«, und »nichts löst sich in das Nichts auf«; denn die Natur bildet das Neue immer aus dem Alten. Die Materie existiert in Form kleiner (unsichtbarer) Partikel, die fest, ewig und unteilbar sind. Daneben gibt es nur noch das zur Bewegung der Atome notwendige Leere. Alles, was ist, ist aus diesen beiden verbunden oder ein Vorgang an ihnen. Die Atome haben Gewicht. Daraus resultiert, dass sie sich, sogar in den Atomverbindungen, in permanenter Bewegung befinden. Im luftleeren Raum des Alls fallen die Atome senkrecht nach unten, und zwar gleich schnell. Irgendwann und irgendwo werden aber einzelne Atome ein wenig zur Seite getrieben. Geschähe diese »Abweichung« (*clinamen, declinatio*) von den geraden Fallinien nicht, fänden keine Kollisionen statt, durch die die kosmogonischen Prozesse eintreten, und die Natur hätte nichts geschaffen. Den Menschen befähigt das *clinamen*, die Kausalkette der seelischen Atombewegungen zu durchbrechen, d. h. sein Verhalten selbst zu bestimmen. Aus der Mannigfaltigkeit der Welt schließt L., dass auch die Atome von verschiedener Gestalt sein müssen. Die verschiedenen Atomformen rufen die verschiedenen Wirkungen in den Sinneswahrnehmungen hervor. Die Atome selbst sind farb-, geruch-, geschmack- und empfindungslos, denn diese (sekundären) Qualitäten sind vergänglich und passen nicht zur Ewigkeit der Atome, nur in den Atomaggregaten der Körper werden sie existent. Die Götter haben an dem allen keinen Anteil. Sie genießen vielmehr fern von uns im tiefen Frieden ihr unsterbliches Wesen, »ohne sich durch frommen Dienst gewinnen oder durch Zorn leiten zu lassen«.

Eng mit der Götterfurcht ist die Furcht vor dem Tod verknüpft, »die das menschliche Leben zerrüttet [...] und kein Vergnügen klar und rein gestattet«. Aus ihr erwächst auch eine unbegrenzte Gier nach Reichtum, Ehre und Macht. Wer diesem Verlangen nachgibt, kann sich eine Privation dieser Dinge nicht vorstellen, ohne dabei an den Tod zu denken. »Schimpfliche Geringachtung und bittere Armut scheinen mit einem süßen und gefestigten Leben unvereinbar zu sein und gewissermaßen schon vor den Toren des Todes zu weilen.« Die Seele ist atomistisch zu begreifen und als ein Teil des Körpers aufzufassen. Sie überlebt beim Tod den Körper nicht. Frohlockend stellt der Dichter fest: »Der Tod geht uns nichts an«, weil mit seinem Eintritt kein Subjekt mehr da sei, das fähig sei, zu empfinden. Die Liebe sieht L. grundsätzlich als ein negatives Phänomen an. Es liegt in ihrem Wesen, stets unbefriedigt zu bleiben. Sie beruht auf einer Illusion – der Illusion des Besitzes. Deshalb empfiehlt der Dichter, die Leidenschaft von der Liebe zu trennen und die *eine* Liebe durch eine *Vielzahl* von Lieben (*Venus vulgivaga*) zu heilen. Oberstes Ziel ist die vollkommene Lust, die Epikur Lust in der Ruhe nennt. Sie entsteht aus der Befreiung von seelischer Angst und körperlichem Schmerz. »Erkennt man denn nicht, daß die Natur nichts anderes erheischt als, bei Freisein von körperlicher Unlust, im Besitz geistiger Lustempfindung zu sein, gelöst von Sorge und Furcht? Wir sehen also, daß für die körperliche Natur nur weniges, eben das zur Beseitigung der Unlust Dienende, erforderlich ist.«

L. nimmt aber nicht nur als Philosoph, sondern auch als Dichter eine herausragende Stellung ein. Das zeigt vor allem der sorgsam strukturierte Aufbau seines Werkes, der das Prinzip der Symmetrie mit dem der Steigerung vereint. Die beiden Außenbücher sind thematisch aufeinander bezogen; die Prooemien, namentlich die Evokationen Epikurs sind in steigender Folge angeordnet. Neben den Prooemien verleihen weitere feste wiederkehrende Bauelemente dem Gedicht planvolle Ausgewogenheit: Die *propositio* führt jeweils in die Thematik eines Buches oder eines längeren Abschnitts ein, Binnenprooemien kündigen inhaltliche Einschnitte an, Exkurse und eingeschaltete Diatriben lockern die wissenschaftlichen Argumentationen auf. Der Einsatz rhetorischer Mittel dient stets dem Bemühen um Klarheit, so wie auch die Gleichnisse und Beispiele nicht vorrangig dem Schmuck, sondern der Anschaulichkeit und Überzeugungskraft dienen. Dem Ziel der Lehre ist auch die sprachliche Gestalt untergeordnet. Lukrez prägt zahlreiche Lehnübersetzungen und führt, ganz im Sinne hellenistischen Kunstwollens, viele Neuerungen, auch Gräzismen, ins Lateinische ein. Andererseits ist er der archaischen Epik verpflichtet, und er bedient sich ihrer Diktion aus Traditionsgefühl und sicher auch, um seiner Dichtung einen erhabenen Charakter zu verleihen. Die didaktisch eingesetzten Wiederholungen unterstreichen bei allem epischen Duktus in den pathetisch eingefärbten Partien doch stets die Zugehörigkeit zur Gattung des Lehrgedichts. So hat Lukrez in jeder Hinsicht prägend auf die nachfolgende Literatur und namentlich auf Vergil gewirkt.

Ausgabe: De rerum naturae. Hg. K. Müller. Zürich 1975.

Klaus-Dieter Zacher, ergänzt von Christiane Reitz

Luther, Martin
Geb. 10. 11. 1483 in Eisleben; gest. 18. 2. 1546 in Eisleben

Im Jahr 1521 trat ein 38-jähriger Mönch in Worms vor den Kaiser und die Reichsstände. Als Wortführer in eigener Sache verteidigte er seine Wirksamkeit und seine Schriften, dazu die Gewissensfreiheit, ohne – wie es von ihm verlangt wurde – zu widerrufen. Ein Akt öffentlichen Widerstands, der in der deutschen Geschichte seinesgleichen sucht. Bernt Engelmann bewertete als gleichrangige Parallele nur noch die Ablehnung der Kriegskredite im Reichstag durch Karl Liebknecht (Dezember 1914). Indem L. vor den Spitzen des Reichs für alle Christenmenschen Religionsfreiheit in Anspruch nahm, setzte er ein durch die Jahrhunderte unvergessenes Bild des Streiters gegen das Glaubensmonopol der Kirche. Nicht dass fortan jeder hätte glauben mögen, was er wollte, aber einem jeden stand nun die Freiheit zu, das, was er glaubte, gegenüber jeglicher Obrigkeit, ob geistlicher oder weltlicher Art, zu behaupten. Hiermit wollte er dem Nutzen keines anderen so sehr dienen wie dem des »gemeinen Mannes«. Dessen Wohl und Wehe stellte er höher als alles, die eigenen literarischen Leistungen eingeschlossen: »Wollte Gott, ich hätte mein Lebenlang einem einzigen einfachen Mann mit all meinem Können dabei geholfen, besser zu werden, ich wäre damit zufrieden, dankte Gott und würde hiernach willig all meine Schriften verloren geben.« Sein ganzes reformatorisches Werk unternahm er vornehmlich dem gemeinen Mann zuliebe.

Worin bestand es? Ein Bischof, Johannes von Meißen, tat 1508 den Ausspruch: »Wann er die Bibel lese, so finde er viel ein ander Christentum, Religion und Leben darin, als man heutiges Tages führete.« Die Reformation kann als der tatkräftige Versuch beschrieben werden, die aufgezeigte Kluft zu schließen und das Christentum, Lehre und Leben der Christenheit, in den alten, in der Bibel geschilderten Zustand zurückzuversetzen. Es war eine große Veränderung innerhalb der Kirche und, da diese nicht abgetrennt von der Welt existierte, auch außerhalb ihrer, im weltlichen Zusammenleben der Menschen, in Familie und Gesellschaft. Neben dem reformatorischen Werk, das er als theologisches verstand, erwuchs ihm eine zweite, eine praktische Aufgabe, da er im Verlauf seiner öffentlichen Wirksamkeit zu einer Instanz geworden war, an die man appellierte, Fürsten und andere Herren, immer wieder aber auch die einfachen Leute. In einem Brief an Anton Unruhe (1538) schilderte er es so: »Danke Euch, mein lieber Richter Anton, daß Ihr der Margareta Dorst behilflich gewesen und die adeligen Hansen nicht der armen Frau Gut und Blut hinnehmen lasset. Ihr wißt, Doktor Martinus ist nicht Theologus und Verfechter

des Glaubens allein, sondern auch Beistand des Rechts armer Leute, die von allen Orten und Enden zu ihm fliehen, Hilfe und Fürbittschriften an Obrigkeiten von ihm zu erlangen, daß er genug damit zu tun hätte, wenn ihm sonst keine Arbeit mehr auf der Schulter drückte.«

L. selbst entstammte einer Familie einfacher, nicht unbedingt armer Leute. Die Vorfahren waren Bauern; der Vater, Hans L., wurde nach einer Zeit auf dem Land Bergmann, verstand sogar, Anteile an Schächten und Hütten zu erwerben. L. studierte an der humanistisch beeinflussten Universität Erfurt von 1501 bis 1505 und trat 1505 ins dortige Augustinerkloster ein. Diesen Schritt bezeichnete er selbst später als unerlaubt, da er damit dem Willen des Vater entgegen handelte. 1512 übernahm er den Lehrstuhl »Lectura in Biblia« (Bibelauslegung) an der Universität Wittenberg (im damaligen Kursachsen). Hier verfasste er seine 95 Thesen gegen den Missbrauch des Sündenablasses, der meist gegen Bezahlung erfolgte. Ob ihre Plakatierung an der Schlosskirche Faktum ist oder Legende: die Veröffentlichung im Herbst 1517 läutete die Reformation ein. L.s Kritik berührte dabei durchaus nicht, wie es heute scheint, eine Beiläufigkeit, sondern eine den Zeitgenossen als fundamental geltende Einrichtung. Befand doch z. B. der gelehrte Sebastian Brant in seiner Satire *Das Narrenschiff* (1494, Kap. *Vom Antichrist*), der christliche Glaube beruhe auf drei Dingen (in dieser Reihenfolge): dem Ablass, den biblischen Schriften, der Glaubenslehre. Was L. auslöste, war in den Augen des Kaisers und der überwiegenden Zahl der Reichsstände »Aufruhr«, eine Gesetzwidrigkeit großen Stils. So attestierte es ihm das »Wormser Edikt« (1521). Was er lehrte, spiegelte sich in diesem wider: Er habe »vieler Ketzer höchstinstanzlich verdammte Ketzereien in eine stinkende Pfütze zusammen gesammelt und selbst etliche neu erdacht«; das ist ein Verweis darauf, dass L. Elemente der antirömischen Opposition, die das ganze Mittelalter hindurch bestand, aufgenommen, aktualisiert und erneut gegen den, wie die Unzufriedenen es sahen, Hauptherd des Übels, Rom, gelenkt hatte. Aus den vorangegangenen Jahrhunderten fanden Gedanken der mittelalterlichen Mystik, Impulse der Reformationen von John Wiclif und Johannes Hus sowie Entdeckungen der Humanisten (Lorenzo Valla, Erasmus von Rotterdam, Ulrich von Hutten) Eingang in die reformatorische Lehre, dazu die *Gravamina der deutschen Nation*, d. h. die Summe der Beschwerden der Deutschen gegen die Kurie zu Rom. So nahm L. einen historischen Augenblick lang das Gesamtinteresse der nationalen Oppositionsbewegung gegen die katholische Hierarchie und ihre weltlichen Parteigänger wahr, Fürsprecher einer überwältigenden Majorität. Nicht länger jedoch als bis 1525. Das Bauernkriegsjahr brachte ihn nicht nur in Gegensatz zu einem Teil der Bevölkerung, den er bisher zu den Hauptstützen der Reformation gezählt hatte, den Bauern, sondern auch gegen den berühmten Wortführer des Humanismus diesseits der Alpen: Erasmus von Rotterdam. Die Bauern gingen ihm zu weit, wenn sie sich vermittels Gewalt aus den bestehenden Abhängigkeitsverhältnissen befreien wollten. Das war in L.s Sicht ein Bruch der bestehenden Rechtsordnung. Erasmus, auf der anderen Seite, ging ihm nicht weit genug, hielt er doch an der Autorität des Papstes und der alten Kirche fest, auch wenn er mit L. deren Reformbedürftigkeit anerkannte. Die Auseinandersetzung mit Erasmus betraf zunächst eine – aus heutigem Blickwinkel kaum zentral erscheinende – theologisch-philosophische Frage, die Willensfreiheit (dazu L.s Schrift: *De servo arbitrio*, 1525; *Vom unfreien Willen*), die L. aller theologischen Tiefgründigkeit zum Trotz doch immer auch im Licht der Nöte des gemeinen Mannes sah: »Auch mir ist bekannt, und ich räume es ein, daß du einen freien Willen habest, die Kühe zu melken, ein Haus zu bauen usw. Aber nicht länger als wie du in Sicherheit und Freiheit des Leibes lebst, ungefährdet und ohne in einer Notlage zu stecken. Da bildest du dir leicht ein, du habest einen freien Willen, der etwas kann. Wenn aber die Not vor der Tür steht, daß weder zu essen noch zu trinken, weder Lebensmittelvorrat noch Geld mehr da ist, wo bleibt hier dein freier Wille? Er verliert sich und kann nicht bestehen, wenns drauf ankommt.« Die Fragestellung erlaubte beiden Kontrahenten, in ihrem Zwist energisch die Hauptgesichtspunkte der Reformation zu erörtern, ihre Dringlichkeit hervorhebend (L.) oder ihre Gefährlichkeit (Erasmus).

Nur ein herausragendes Mittel, so wusste L., stand ihm zur Verfügung, um den Erfolg seines reformatorischen Werks zu sichern: die öffentliche Verbreitung schriftlicher und mündlicher Äußerungen. Eine wesentliche Vorbedingung fand er zwar vor: den Buchdruck. Doch eine zweite musste er erst schaffen: die grundsätzliche Festlegung seiner Rolle als Schriftsteller. Ein Autor durfte seine Autorität nicht mehr länger aus der Übereinstimmung mit der römisch-katholischen Dogmatik und den Vorstehern der Institution Papstkirche herleiten. Davon losgelöst, war sie stattdessen an einen kanonischen Text zu binden, die Bibel, musste sie hineinverlegt werden in den Akt ihrer Exegese und Verbreitung ihrer Lehren durch Publikation und Predigt. Hierbei entsprach der neubestimmten Schriftsteller-Autorität eine ebenfalls neue Möglichkeit für den Leser und Hörer, welches Standes oder Ranges auch immer, besonders wieder des gemeinen Mannes, die vom Autor neuen Typs produzierten Äußerungen, niedergelegt in Schrift und Predigt, zu rezipieren. Dies erforderte auf der Seite des Autors eine veränderte Kommunikationsstrategie samt den entsprechenden lexisch-grammatischen Mitteln: Übergang zur deutschen Sprache, Eingriffe in den Wortschatz, Umgestaltung vorhandener und Etablierung neuer Genres (u. a. des Gemeindelieds; von seinen Schöpfungen am bekanntesten: *Ein feste Burg*).

Die »Revolutionsregierung« zu Wittenberg, wie der Romantiker Novalis den Protestantismus des 16. Jahrhunderts später abfällig kennzeichnete, wäre unter den publizistischen sowie politisch-militärischen Gegenschlägen der alten Mächte zusammengebrochen ohne die Stützung durch die revolutionierte Öffentlichkeit, jene von der Reformation auf eine neue Basis gehobene Kommunikation von Autor und Publikum, Prediger und Gemeinde. Zur Umprägung vorgefundener deutscher

Sprache zu einem Verständigungsmittel, das nicht bloß der Massenbeeinflussung von oben diente, kommt die eigene Sprachverwendung L.s hinzu. Friedrich Schlegel, nach Abflauen seiner Begeisterung für die Französische Revolution, tadelte sie als »revolutionäre Beredsamkeit« (die im Gegensatz zu ihm der Kritiker der Romantik, Heinrich Heine, rühmte, wenn er den Vergleich L.s mit Danton zog). Die rhetorische Meisterschaft kann man besonders den literarischen Originalschöpfungen L.s nachsagen, darunter den programmatischen und den Kampfschriften (z. B.: *An den christlichen Adel deutscher Nation*, 1520), die eine ungeheure Resonanz erzeugten und L. zu einem der erfolgreichsten Autoren der älteren Jahrhunderte machten.

Seine größte künstlerische Leistung jedoch war die Bibelübersetzung; begonnen 1521 auf der Wartburg, vollendet 1534 (bis zu L.s Tod: 253 stets verbesserte Neuauflagen, die letzte von L. selbst besorgte Gesamtausgabe 1545). Der sprachschöpferischen Bedeutung nach ist mit ihr nur das Werk der Kunstperiode in Deutschland, eingeschlossen die Shakespeare-Übersetzung der Romantik, vergleichbar. Die Bibelübersetzung L.s, wie überhaupt das gesamte theologisch-schriftstellerische Lebenswerk des Reformators, prägten bis heute die Geschichte der deutschen Sprache und Literatur in ihrer Fortentwicklung.

Werkausgaben: Werke. Weimar 1883 ff. (Weimarer Ausgabe); Martin Luther – der Mystiker: Ausgewählte Texte. Hg. von Gerhard Wehr. München 1999.

Wolfgang Beutin

M

Maalouf, Amin
Geb. 25. 2. 1949 in Beirut

Der libanesische Romancier und Essayist Amin Maalouf zählt zu den weltweit populärsten arabischen Autoren. Anfang der 1970er Jahre arbeitete er in Beirut als Journalist für die libanesische Tageszeitung *al-Nahār*, nach seiner Übersiedelung nach Paris, wo er seit 1976 lebt, u. a. für die Monatszeitschrift *Jeune Afrique*. Für seinen Roman *Le rocher de Tanios* (1993; *Der Felsen von Tanios*, 1994) erhielt er als erster Libanese den Prix Goncourt.

Sein Debüt *Les croisades vues par les arabes* (1983; *Der Heilige Krieg der Barbaren*, 1996), eine Mischung aus historischer Quellenarbeit und fiktiven, erzählerischen Elementen, das der Autor selbst im Vorwort als »»wahren Roman‹ der Kreuzzüge« bezeichnet, gilt als Standardwerk zur Geschichte der Kreuzzüge. Mit *Léon l'africain* (1986; *Leo Africanus*, 1988) folgte die fiktionalisierte Biographie eines im 16. Jahrhundert von Piraten entführten Mekkapilgers aus dem Maghreb, der als Johann Leo von Medici Sklave von Papst Leo X. wurde und eine epochemachende *Descriptio Africae* verfasste. Hauptthema aller Romane M.s sind die historischen Grenzüberschreitungen und die Verflechtungen der Kulturen in der Levante vor dem Zeitalter des Nationalismus mit seinen identitätspolitischen Engführungen. In seinem 1999 mit dem Charles-Veillon-Preis ausgezeichneten Essay *Les identités meurtrières* (1998; *Mörderische Identitäten*, 2000) hat er sich mit dem allen Fundamentalismen zugrunde liegenden Essentialismus auseinandergesetzt und sich deutlich gegen den politischen Missbrauch von kulturellen Unterschieden gewandt.

Die ineinander verschlungenen Handlungsstränge von *Samarcande* (1988; *Samarkand*, 1990) verbinden einen abendländischen und einen morgenländischen Mythos miteinander: Der Untergang der Titanic 1912 wird mit der Entstehung der *Robāʿiyāt*, der Vierzeiler des persischen Dichters und Astronomen Omar Chajjām (ʿOmar Hajjām) aus dem 11. Jahrhundert, verzahnt. Auch in *Les jardins de lumière* (1991; *Der Mann aus Mesopotamien*, 1992) über den im 3. Jahrhundert wirkenden Religionsstifter Mani, den ›Propheten des Lichts‹, steht das Verbindende zwischen Orient und Okzident, in diesem Fall zwischen den Partherkönigen Ktesiphons und den römischen Kaisern, im Mittelpunkt.

Zeitlich näher an der Gegenwart spielt *Les échelles du Levant* (1996; *Die Häfen der Levante*, 1997). Der im Libanon lebende Türke Ossyan Ketabdar und die aus Graz stammende Jüdin Clara lernen sich während der deutschen Besatzung in Paris kennen und beteiligen sich gemeinsam an der Résistance. Nach dem Krieg treffen sie sich im Libanon wieder, heiraten und leben abwechselnd in Beirut und in Haifa – bis sich mit der Staatsgründung Israels und dem ersten arabisch-israelischen Krieg 1948 alles ändert und die Region durch unüberwindbare Grenzen geteilt wird. In *Le périple de Baldassare* (2000; *Die Reisen des Herrn Baldassare*, 2001) wird die Geschichte eines libanesischen Kuriositätenhändlers erzählt, der sich, als Nachfahre genuesischer Kaufleute, am Vorabend des mit Schrecken erwarteten ›Jahres der Apokalypse‹ 1666 auf die Suche nach einem geheimnisvollen Buch begibt. Seine Reise führt ihn über Smyrna, Konstantinopel und Lissabon bis nach London. M. entfaltet in diesem Roman das Panorama eines vielschichtigen, offenen mediterranen Kulturraums, der jüdisch-christlich-islamisch geprägt ist und von Händlern und Gelehrten gleichermaßen durchreist wird.

Andreas Pflitsch

Maʿarrī, Abū l-ʿAlāʾ al-
Geb. 973 in Maʿarrat an-Nuʿmān/ Nordsyrien;
gest. 1058 in Maʿarrat an-Nuʿmān.

Abū l-ʿAlāʾ al-Maʿarrī ist einer der bekanntesten und eigenständigsten arabischen Dichter und Prosaautoren überhaupt. Säkular bestimmte moderne arabische Schriftsteller beeinflusste er bis in die Mitte des 20. Jahrhunderts. Er entstammte einer angesehenen Familie seines Geburtsorts, in der das Richteramt seit drei Generationen erblich war. Als Vierjähriger erkrankte er an Pocken und erblindete. Ausgestattet mit einem brillanten Gedächtnis, studierte er im stark durch mündlichen Vortrag geprägten Lehrbetrieb der Zeit zunächst bei seinem Vater, dann bei verschiedenen Gelehrten in seinem Geburtsort und der nahegelegenen Stadt Aleppo. Um 1008, drei Jahre nach dem für ihn sehr schmerzvollen Tod seines Vaters, reiste er, möglicherweise über andere syrische Städte, um deren Bibliotheken kennenzulernen, nach Bagdad. Dort interessierten ihn die großen Bibliotheken, Begegnungen mit Gelehrten und die intellektuellen Zirkel mehr als das Hofleben.

Hauptsächlich aus finanziellen Gründen – er lehnte es ab, im Stil der Zeit Lobgedichte auf einflussreiche höfische Persönlichkeiten zu verfassen, die ihn gut entlohnt hätten – und aus Sehnsucht nach seiner Mutter kehrte er nach anderthalb Jahren aus der Metropole des Abbasidenreichs in seinen Heimatort zurück, um ihn nie wieder zu verlassen, »gefangen in seinem Haus und seiner Blindheit«, wie er sagte. Doch soll al-M. von damals bekannten Persönlichkeiten zu Disputationen aufgesucht worden sein; zudem hatte er namhafte Schüler. Unter seinen vielen, größtenteils aufgrund der Kreuzzüge verlorenen Werken sind heute seine Gedichtsammlungen (Diwane) *Saqṭ az-Zand* (Der Funken des Feuerholzes) und *Luzūm mā lā yalzam* (Die Notwendigkeit des nicht Notwendigen) am bekanntesten. Beide zeichnen sich durch einen sehr kunstvollen poetischen Stil in einer Zeit aus, da Dichter sich durch immer kompliziertere Bilder und Metaphern, durch hintergründige Wort- und Klangspiele überboten. Jahrhundertelang bestand ohnehin für arabische Poeten der Formzwang *eines* durchgehenden Reims auf *einen* Buchstaben und *eines*, meist schwierigen, Metrums für jedes Gedicht. Im zweiten, nach der Rückkehr aus Bagdad entstandenen Diwan erlegte sich al-M. noch strengere Regeln auf als notwendig: durchgehende Reime auf zwei Buchstaben mit identischer Vokalisierung (die im arabischen Schriftbild, bis auf Langvokale und Diphthonge, nicht erscheinen) – deswegen auch der Titel. Inhaltlich herrscht ein philosophisch-pessimistischer, asketischer Grundton vor, der Kritik an Vertretern der Religion wegen ihres oft heuchlerischen Auftretens, Kritik am Geist der Zeit, Zweifel am Sinn des Lebens und insbesondere – gegen die soziale Norm – die Forderung nach dem Verzicht auf Kinder, aber auch Frauenfeindlichkeit einschließt. Dies brachte al-M. später gelegentlich den Vorwurf der Ketzerei ein. Der zweite Diwan enthält auch Lobgedichte auf Bagdader Bibliothekare und Trauergedichte auf die geliebte Mutter. Nahezu einzigartig in der klassischen arabischen Literatur sind zwei andere, stilistisch kunst- und inhaltlich geistvolle Werke: *Risālat aṣ-Ṣāhil wa-s-Sāhiǧ* (Das Sendschreiben des Wieherers und des Dröhners) und, 15 Jahre später, *Risālat al-Ġufrān* (Das Sendschreiben der Vergebung).

Beide sind szenische Darstellungen in Reimprosa und Poesie. Von Ersterem wurde erst vor relativ kurzer Zeit eine Handschrift in Marokko gefunden und dann in Kairo ediert. Hier debattieren ein Maulesel mit verbundenen Augen, der an einem Brunnen festgebunden ist – wohl eine Selbstironisierung des blinden Autors – und ein soeben aus der Ferne eingetroffenes Reitpferd verschlüsselt über die politischen Verhältnisse im zeitgenössischen Nordsyrien, aber auch über grammatische, philologische und andere Fragen. Ein Fuchs und weitere Tiere kommen als Gesprächspartner hinzu, nachdem eine Taube, wohl als Symbol der Frau, für ungeeignet befunden wurde. Gewidmet ist das ironisch-satirische Werk dem fatimidischen Gouverneur Nordsyriens. Im *Risālat al-Ġufrān* lässt al-M. einen Autor, Ibn al-Qāriḥ, durch Himmel und Hölle reisen und dort mehreren bekannten Persönlichkeiten der arabischen Kultur- und Literaturgeschichte begegnen, die über sich und ihre Verdienste sprechen. Das gibt al-M. Gelegenheit nicht nur zu Literatur- und Kulturkritik, sondern zu phantastischen, an koranischen und volkstümlichen Legenden orientierten fiktiven Jenseitsszenen und zu mehr oder weniger offener Zeit- und Religionskritik. Ob Dantes *Divina Commedia* durch dieses Werk angeregt wurde oder eher durch islamische Legendenliteratur über die im *Koran* (Sure 17,1) angedeutete Himmelfahrt des Propheten Muḥammad, ist zwischen Romanisten und Arabisten umstritten.

Werkausgabe: Die Himmelsreise. Paradies und Hölle [Auswahl]. Übers. G. Schoeler. München 2002.

Wiebke Walther

Machado y Ruiz, Antonio
Geb.: 26. 7. 1875 in Sevilla;
gest.: 22. 2. 1939 in Collioure/Frankreich

Der andalusische Schriftsteller Antonio Machado y Ruiz zählt zu den weithin überragenden Dichtern Spaniens im 20. Jahrhundert. Gemeinsam mit seinem Bruder Manuel verfasste M. Komödien und Dramen und übersetzte Werke von Dichtern der französischen Romantik. Auf seinen Reisen nach Paris, zwischen 1899 und 1911, machte er unter anderem die ihn bleibend beeindruckende Bekanntschaft von Oscar Wilde, Rubén Darío, Jean Moreas und Henri Bergson. Dabei lernte er die kunsttheoretischen Reflexionen der literarischen Moderne kennen, insbesondere die des französischen Symbolismus, der ihn in seinem Frühwerk nachhaltig beeinflusste. Er unternahm darüber hinaus zahlreiche Reisen durch Spanien und entwickelte dabei eine große Wertschätzung für Land und Menschen, die für die Intensität der oftmals reduzierten Sprache seines späteren Werkes von entscheidender Bedeutung wurde. M. gehörte der Bewegung der »Generation von 1898« an, zu der etwa auch Miguel de Unamuno und José Ortega y Gasset zählten. Gemeinsam verband sie das Interesse an der Philosophie Arthur Schopenhauers und Friedrich Nietzsches sowie ein – wenn auch unterschiedlich ausfallendes – politisches Engagement. So schloss sich etwa M. 1931 der »Vereinigung zum Dienst für die Republik« an und musste infolge des Putsches von General Franco fliehen. Er starb, kaum im französischen Exil angekommen, an der Côte Vermeille, nur wenige Kilometer hinter der spanischen Grenze.

Die Texte seines ersten Gedichtbandes *Soledades* (1903; z. T. in: *Gedichte der Spanier*, 1948) zeigen sowohl eine offenkundige Nähe zur symbolistischen Dichtung als auch zur französischen Romantik. Die Innenschau der *Soledades* konzentriert sich auf das mit der Einsamkeit verbundene Bedeutungsfeld einer melancholischen Geisteshaltung: Vergänglichkeit, Tod, die Unmöglichkeit, die eigene Existenz zu transzendieren, und somit die kreisförmige Struktur, die das Subjekt immer wieder auf sich selbst zurückwirft und es immer wieder in den Anfang seines Werdens zurückversetzt. Auf der Ebene der Konzeption folgte M. zunächst der Aufforderung Paul Verlaines, dass Dichtung »de la musique avant toute chose« zu sein habe, was M. etwa durch Alliterationen und das durch sie entstehende musikalische Band seiner Verse zum Ausdruck brachte. Die durchgreifende Überarbeitung und Erweiterung seines Erstlings, *Soledades. Galerías. Otros poemas* (1907; vollst. *Soledades. Einsamkeiten*, ²1996), beweist zwar M.s Abkehr von der Sprach- und Dichtungskonzeption der Mo-

derne, dennoch lassen sich zentrale Themen seiner späteren Dichtung in konziser Weise ausmachen: die Einsamkeit als Ort der Reflexion und Kontemplation über die Beschränktheit des Subjekts sowie dessen Verhaftetsein innerhalb seiner irdischen Begrenztheit; der Traum, der den Raum zum Visionären eröffnet; die Erinnerung als Retrospektion und Verortung von Mensch und Welt in der gescheiterten und trostlosen Gegenwart; die Zeit und die Liebe – beide Sujets als Generalthemen einer Vorstellung von einer immanenten Transzendenz der eigenen Subjektivität, das Andere und den Anderen und damit eine Überschreitung und -zeichnung der bedingten Präsenz zu streifen. Die Erfahrung der Liebe ermöglicht das Heraustreten aus sich selbst im und durch den Anderen, durch dessen ›An-Erkennung‹ es möglich wird, sich selbst zu verwandeln. Diese Exposition des Ichs gerät für M. zur einzigen Möglichkeit, eine reine Objektivität zumindest zu erahnen. Die Dichtung selbst bedeutet ihm einen Appell an die Sprache und ihr Vermögen, »Wort in der Zeit« zu sein, das sich von der platonistischen Gewissheit bloßer Ideen abhebt.

Sein Hauptwerk, die Dichtungen von *Campos de Castilla* (1912; vollst. *Campos de Castilla. Kastilische Landschaften*, 2001), stellt in karger und bitterer Sprache die Landschaft und Geschichte Kastiliens vor: Die Gedichte sind Zeugnis einer sich dreifach überlagernden hymnischen Überhöhung der Region: als Vergegenständlichung der Seele Spaniens – mit einer der portugiesischen »saudade« vergleichbaren Konnotation –, als »Sinnbild menschlicher Existenz« und »als Ort poetischer Selbstbegegnung« (Ute Stempel). In seinem Spätwerk *Abel Martín. Cancionero de Juan de Mairena* (1936; *Juan de Mairena*, 1956) reflektiert M. unter dem Heteronym Abel Martín die eigene Dichtung und befragt den wesenhaften, ethischen Standort des Dichters Antonio Machado y Ruíz.

Werkausgaben: Soledades. Einsamkeiten. 1899–1907. Span./dt. Hg. F. Vogelsang. Zürich ²1996. – Campos de Castilla. Kastilische Landschaften. 1907–1917. Span./dt. Hg. F. Vogelsang. Zürich 2001. – Juan de Mairena. Sprüche, Scherze, Randbemerkungen und Erinnerungen eines zweifelhaften Schulmeisters. Span./dt. Hg. F. Vogelsang. Zürich 2005.

Sebastian Hartwig

Machfus, Nagib
Geb. 11. 12. 1911 in Kairo; gest. 30. 8. 2006 in Kairo

Der ägyptische Romancier und Erzähler Nagib Machfus erhielt 1988 als erster arabischer Autor den Nobelpreis für Literatur. Als kritischer Chronist seines Landes hinterließ der im britisch besetzten Ägypten geborene Sohn eines einfachen Regierungsbeamten ein großangelegtes Sittengemälde der durch Umbrüche und Wandel geprägten ägyptischen Zeitgeschichte. In den späten 1930er Jahren begann er, historische Romane zu schreiben, die, wie ʿAbaṯ al-aqdār (1939; *Cheops*, 2005), der damaligen Mode des Pharaonismus folgten. Durch den Rückgriff auf die Zeit vor der Islamisierung wollte man eine eigenständige ägyptische nationale Identität begründen. Schon bald aber wandte sich M. vom historischen Roman ab und dem realistischen Gesellschaftsroman zu. Mit *Zuqāq al-Midaqq* (1947; *Die Midaq-Gasse*, 1985), vor allem aber mit der Anfang der 1950er Jahre entstandenen Kairo-Trilogie (Bd. 1: *Baina l-qaṣrain*, 1956; *Zwischen den Palästen*, 1992; Bd. 2: *Qaṣr al-šauq*, 1957; *Palast der Sehnsucht*, 1993; Bd. 3: *al-Sukkariyya*, 1957; *Zuckergässchen*, 1994), die Aufstieg und Niedergang einer mittelständischen Kaufmannsfamilie über drei Generationen verfolgt, begründete er seinen Ruhm in der arabischen Welt. Sein unpathetisch-nüchterner Realismus wurde für eine ganze Generation arabischer Autoren stilbildend.

Mit dem Staatsstreich der Freien Offiziere um Gamal Abdel Nasser 1952 waren radikale gesellschaftliche Umwälzungen verbunden, auf die M. zunächst mit Schweigen reagierte. »Als die alte Gesellschaft gegangen war«, äußerte er in einem Interview, »war auch in mir jeglicher Wunsch verschwunden, sie zu kritisieren.« Nach einer Schaffenspause legte er mit *Aulād ḥāratinā* (1959; *Die Kinder unseres Viertels*, 1990) eine bis heute wegen angeblicher Blasphemie in Ägypten höchst umstrittene Parabel auf die drei abrahamitischen Religionen vor, die er selbst wiederholt als eines seiner wichtigsten Werke bezeichnet hat. In den 1960er Jahren setzte sich M. mit den Auswüchsen der allzu rasanten gesellschaftlichen Entwicklungen unter Nasser auseinander. Die Romane dieser Zeit, wie *al-Liṣṣ wa-l-kilāb* (1961; *Der Dieb und die Hunde*, 1979) oder *Ṯarṯara fauq al-Nīl* (1966; *Das Hausboot am Nil*, 1982), sind deutlich prägnanter und temporeicher als die breitangelegten Gesellschaftspanoramen der 1940er und 50er Jahre. Die nicht zuletzt durch Verfilmungen populär gewordenen Romane schildern eindringlich das Schicksal derjenigen, die am durch Verlust von Traditionen und Glaubensgewissheiten entstandenen Sinnvakuum leiden und die Orientierung verlieren. Die vernichtende Niederlage der arabischen Staaten im Junikrieg 1967 gegen Israel bedeutete für die ganze arabische Welt eine schmachvolle Ernüchterung und das Ende des Fortschritts- und Modernisierungsglauben des Nasserismus. Der postkoloniale revolutionäre Optimismus, dessen gesellschaftliche Tragfähigkeit M. bereits in den vorangegangenen Jahren in Zweifel gezogen hatte, war damit endgültig Geschichte. Anwar al-Sadat, der Nasser nach dessen Tod 1970 als Staatspräsident folgte, läutete in den 1970er Jahren mit seiner wirtschaftlichen Öffnungspolitik eine radikale Wende ein. Erniedrigte und Beleidigte bevölkern M.' Romane dieser Zeit, da sich gesellschaftliche Unzufriedenheit bemerkbar machte und einzig die regelmäßig wiederkehrenden Verhaftungswellen die linke wie die islamistische Opposition mühsam in Schach zu halten in der Lage waren. Der satirische Roman *Ḥaḍrat al-muḥtaram* (1975; *Ehrenwerter Herr*, 1998) erzählt die Geschichte eines aus ärmlichen Verhältnissen stammenden Ehrgeizlings, der mit viel List in einer korrupten Bürokratie Karriere zu machen versucht. In dem kurzen Roman *Yaum qutila alzaʿīm* (1985; *Der letzte Tag des Präsidenten*, 2001) skizziert M. anhand einer kleinbürgerlichen Familie die Auswirkungen der abrupten Hinwendung zum ungebremsten Kapitalismus Sadats, der 1981 einem Attentat der Muslimbrüder zum Opfer fiel. Die gerade erst in der Bürgerlichkeit heimisch gewordene Mittelschicht kommt durch die Wirtschaftsliberalisierung unter die Räder.

In seinem Spätwerk setzt sich M. zunehmend mit der arabisch-islamischen Literaturtradition auseinander. Schon in *Malḥamat al-ḥarāfīš* (1977; *Das Lied der Bettler*, 1995) hatte er sich formal, stilistisch und inhaltlich an die mystische Tradition des Islam angelehnt. Diese Hinwendung zum kulturellen und religiösen Erbe ist aber keinesfalls als Atavismus zu verstehen. *Layālī alf laila* (1982; *Die Nacht der Tausend Nächte*, 1998), eine in der 1002. Nacht einsetzende Fortschreibung der *Erzählungen aus Tausendundeiner Nacht*, oder *Riḥlat Ibn Faṭṭūma* (1983; *Die Reise des Ibn Fattuma*, 2004), dessen Titel auf Ibn Battuta, den berühmten arabischen Reisenden aus dem 14. Jahrhundert anspielt, sind vielmehr weitere Beispiele für eine kreative Anverwandlung der Tradition, die nichts mit der Rückwärtsgewandtheit des Islamismus oder mit dem Programm konservativer Kulturnationalisten zu tun hat.

Mit *al-ʿĀʾiš fī al-ḥaqīqa* (1985; *Echnaton*, 1999) knüpft M. an seine literarischen Anfänge an und wendet sich wieder der pharaonischen Zeit zu. Er entwickelt in seinem Spätwerk ein enges und unverkrampftes Verhältnis zur Religion und vertritt dabei einen Liberalismus, der nicht als Gegensatz zum Islam begriffen wird, sondern diesem entwächst. M. steht für einen wandelbaren, dynamischen, sich seiner Geschichte darum aber keineswegs weniger bewussten Islam, der ohne feindseligen Abgrenzungsreflex auskommt. Von einer Zerrissenheit zwischen den Kulturen kann bei ihm kaum die Rede sein. Das gilt nicht zuletzt für seine Haltung gegenüber der westlichen Literaturtradition. Die zwiespältige, zwischen kritikloser Bewunderung und kompletter Ablehnung changierende Haltung, die viele arabische Autoren seiner Generation gegenüber dem Westen einnehmen, ist ihm fremd. Dass er selbst sich an aus der europäischen Romanliteratur übernommenen erzählerischen Verfahren orientierte, war für ihn eine Selbstverständlichkeit und kein Grund für die das ganze

20. Jahrhundert durchziehenden ideologischen Grabenkämpfe um die vermeintliche Unvereinbarkeit von westlicher Moderne und arabischer Tradition. Das Werk des Autors, der nie im Ausland lebte und der nur ungern reiste, zeichnet sich durch eine Weltoffenheit aus, gegen die die kulturelle Hybridität mancher postmoderner und postkolonialer Literaten verblasst.

Mit *Asdaʾ al-sīra al-ḏātīya* (1994; *Echo meines Lebens*, 1997) legte M. eine Art Autobiographie aus Aphorismen, Parabeln und Allegorien vor. Der Text zeichnet dabei nicht einen Lebenslauf nach, sondern zerfällt in Meditationen und die Beschwörung von Augenblicken in der Tradition der sufischen Literatur. Als wacher Beobachter der rasanten Entwicklungen Ägyptens beschönigte M. die Schattenseiten von Verwestlichung und Modernisierung nicht, andererseits führte ihn die Beschreibung der im Untergang begriffenen Welt auch nicht zu ihrer nostalgischen Verklärung. Selbst die Milieuschilderungen der traditionellen Viertel Kairos rutschen trotz deutlich spürbarer Sympathie des Autors für deren Bewohner nie ins Pittoreske ab.

Andreas Pflitsch

Machiavelli, Niccolò
Geb. 3. 5. 1469 in Florenz;
gest. 21. 6. 1527 in Florenz

Die Laufbahn des Florentiner Politikers, Staatstheoretikers und Dichters Niccolò Machiavelli begann 1498 nach der Hinrichtung Savonarolas, als er bei der Neuordnung der Machtverhältnisse zum Sekretär der zweiten Kanzlei seiner Heimatstadt ernannt und mit der Organisation des Heereswesens sowie mit diplomatischen Missionen betraut wurde. Die Rückkehr der Medici nach Florenz bedeutete für M. 1512 den Verlust seines Amtes und eine Verbannung aus der Heimat, die acht Jahre andauerte. In dieser Zeit verfasste er seine politisch-historischen und literarischen Schriften: Neben dem *Principe* (postum 1532; *Der Fürst*, 1714) sind dies vor allem die *Discorsi sopra la prima deca di Tito Livio* (postum 1531; *Discorsi. Gedanken über Politik und Staatsführung*, 1922) und die Komödie *Mandragola* (1518; *Mandragola*, 1805). Zu seinen weiteren Schriften zählen die *Istorie fiorentine* (1531/32; *Geschichte von Florenz*, 1976) und die Biographie *Vita di Castruccio Castracani da Lucca* (1520; *Das Leben des Castruccio Castracani aus Lucca*, 1998). Nach dem Tod Lorenzos II. wurde M. politisch teilweise rehabilitiert und mit untergeordneten, vor allem diplomatischen Aufgaben betraut; mit der erneuten Vertreibung der Medici 1527 verlor er jedoch alle Ämter und starb im selben Jahr einsam und verarmt.

Unter M.s nichtpolitischen Schriften ragt *Mandragola* heraus. Die 1518 uraufgeführte fünfaktige Prosakomödie variiert das vor allem in der Novellistik verbreitete Motiv des betrogenen Ehemannes und weist ein »unmoralisches« Ende auf, denn der junge Callimaco erschleicht sich eine Liebesnacht mit der schönen und tugendhaften Lucrezia. Der Schmarotzer Ligurio spinnt eine derart kunstvolle Intrige zugunsten Callimacos, dass schließlich alle beteiligten Personen zu Lucrezias Verführung beitragen, sogar ihre Mutter, ihr Beichtvater und ihr ältlicher Gatte Nicia. Wie in vielen zeitgenössischen Schwanknovellen triumphieren auch in diesem Lustspiel Schlauheit und Jugend über die Tugend und über die bestehende Ordnung. *Mandragola* war bereits bei den Zeitgenossen ein großer Erfolg und gilt heute als eines der besten Theaterstücke der italienischen Renaissance.

Der Name M.s ist jedoch untrennbar verbunden mit seinem Hauptwerk *Il principe*. Dessen eindeutige Auslegung als Theorie einer zynischen Machtpolitik, die seit jeher die Leser polarisiert, beruht jedoch auf einem Missverständnis. Tatsächlich hat M. sein Traktat vor dem politischen Hintergrund eines instabilen Italien abgefasst, das Schauplatz für Machtkämpfe fremder Nationen war, und seine

Schrift im Aufruf an einen Befreier kulminieren lassen, der mit starker Hand das zerstrittene und zu Teilen fremdbeherrschte Vaterland einen sollte. Im *Principe* lehnt sich M. mit den lateinischen Kapiteltiteln formal an die Fürstenspiegelliteratur an, doch unterhöhlt er diese Gattung durch seinen Verzicht auf ethische Handlungsanweisungen an den Fürsten. Stattdessen analysiert er Politik nüchtern als einen Mechanismus, der nach eigenen Gesetzen funktioniert und jeden zum Scheitern verurteilt, der sich von moralischen Grundsätzen leiten lässt. »Daher muß ein Fürst, wenn er sich an der Macht halten will, lernen, schlecht zu sein und davon je nach Notwendigkeit Gebrauch zu machen« (15. Kap.). Zu den Regeln der Regierungskunst zählt eine genaue Kenntnis der Struktur und Machtverhältnisse bestehender Staaten, damit der Fürst dieses Wissen für sich politisch nutzen könne, er müsse zudem über eine illusionslose Kenntnis der allein auf Egoismus abgestellten menschlichen Natur verfügen, und darüber hinaus solle er aus der Geschichte die Taten und Wirkungen von Herrschern als Exempel benutzen. Als Triebkräfte der Geschichte sieht M. die unberechenbare Macht der Fortuna, die er mit einem reißenden Strom vergleicht, und die »virtù«, jene Tatkraft und Energie politischen Handelns, über die nur wenige Personen in der Geschichte verfügten und mit deren Hilfe sich ein Staatsmann die launische Fortuna zu unterwerfen vermag. Von einem künftigen Retter Italiens, an den er im letzten Kapitel appelliert, erhofft sich M. deshalb eine Verkörperung des »virtù«-Prinzips, wie er es in Moses, Cyrus und Theseus realisiert sah. Zwar diskreditierte der *Principe* seinen Autor als Fürsprecher politischen Zweckdenkens, denn als notwendiges Mittel des Machtgewinns und Machterhalts sah er auch den Einsatz von Gewalt gerechtfertigt – mit seinem ›pragmatischen Realismus‹ begründete M. jedoch eine politische Traktatliteratur, die im Verzicht auf ethische Empfehlungen einen zuvor nicht gekannten Blick auf die Mechanismen von Staat und Macht eröffnete.

Werkausgabe: Gesammelte Schriften in fünf Bänden. Hg. H. Floerke. München 1925.

Wilhelm Graeber

Maeterlinck, Maurice
Geb. 29. 8. 1862 in Gent/Belgien;
gest. 6. 5. 1949 in Nizza

»Das Theater, das einmal sein wird, wird ihn zum Stammvater haben«, schreibt Rainer Maria Rilke 1900 mit sicherem Gespür über den belgischen Dramatiker, Essayisten und Lyriker. Auch wenn heute vieles am Werk Maurice Maeterlincks als typisch für die Zeit um 1900 und historisch überholt gelten muss und die große Wertschätzung, die ihm zu Lebzeiten zuteil wurde, einem weitreichenden Vergessen Platz gemacht hat, kann er zu Recht als einer der wichtigsten Impulsgeber für die Entwicklung einer modernen, nicht-aristotelischen Dramatik gelten. Innovativ haben insbesondere die seiner symbolistischen Phase zuzurechnenden Stücke und dramaturgischen Reflexionen der 1890er Jahre gewirkt. Mit dem programmatischen Abbau von Handlung und Charakter – Grundkonstituenten des klassischen Dramas – und der Aufwertung des Schweigens gegenüber dem Wort antizipieren sie bereits die Theaterformen eines Samuel Beckett oder Harold Pinter.

Der französischschreibende Flame entstammt dem wohlhabenden Genter Bürgertum, das das Französische vor allem aus Gründen sozialer Distinktion pflegte. Nach dem Jesuitenkolleg studiert er zunächst Rechtswissenschaft und lässt sich zum Anwalt ausbilden. Doch schon während der Kollegzeit wendet er sich der Literatur zu und entdeckt zusammen mit seinen Mitschülern und späteren Schriftstellerkollegen Charles Van Lerberghe und Grégoire Le Roy die Dichtungen Charles Baudelaires, Paul Verlaines und der Parnassiens. Seine eigenen symbolistisch-metaphysischen Tendenzen erhalten 1886 bei einem Parisaufenthalt besonders durch die Begegnung mit Auguste Villiers de l'Isle-Adam eine entscheidende Bekräftigung. Die 1889 publizierte Gedichtsammlung *Serres chaudes* (*Gedichte*,

1906), in der die üppig wuchernde Welt eines Gewächshauses die Bilder zur Evokation diffuser Seelenzustände liefert, zeigt M. bereits ganz auf der Höhe des symbolistischen Programms. Noch die Surrealisten bewundern die Kühnheit dieser lyrischen Bildfolgen.

1889 erscheint auch sein erstes Drama, *La princesse Maleine* (*Prinzess Maleine*, 1892), das ihn dank einer enthusiastischen Besprechung Octave Mirbeaus im *Figaro* über Nacht bekannt macht und ihm den Ruf eines ›belgischen Shakespeare‹ einträgt. Literaturgeschichtlich bedeutsamer sind allerdings einige kurze Einakter der folgenden Jahre: *L'intruse* (1890; *Der ungebetene Gast*, 1892), *Les aveugles* (1890; *Die Blinden*, 1897) sowie, aus einer vier Jahre später erschienenen Reihe von »drames pour marionnettes«, das Stück *Intérieur* (1894; *Daheim*, 1899). Die Situation des Menschen im Kosmos bildet den erklärten Gegenstand dieser Stücke. Die dramatische Handlung ist in ihnen tendenziell auf ein bloßes Warten reduziert, die Protagonisten ihrer Individualität fast gänzlich entkleidet, unfähig zum Handeln, bloße Marionetten eines anonymen Schicksals. Das in der Essaysammlung *Le trésor des humbles* (1896; *Der Schatz der Armen*, 1898) formulierte Ideal eines »théâtre statique« und eines »tragique quotidien« abseits der herkömmlichen Haupt- und Staatsaktionen scheint hier weitgehend realisiert. Einem breiteren Publikum bis heute bekannt ist – nicht zuletzt durch die Vertonung Claude Debussys – das tragische Liebesdrama *Pelléas et Mélisande* (1892; *Pelleas und Melisande*, 1897). Die nach der Jahrhundertwende entstehenden Stücke, z. B. *Monna Vanna* (1902; *Monna Vanna*, 1903) und *L'oiseau bleu* (1909; *Der blaue Vogel*, 1910), bleiben zu dem strengen Ideal eines statischen Theaters auf Abstand und kehren zu konventionelleren und bewegteren Formen zurück. Anstelle des Pessimismus der frühen Schaffensphase findet sich in ihnen eine freundlichere Weltsicht.

Den zu Lebzeiten gewaltigen Publikumserfolg verdankt M. auch seinen zahlreichen Essaybänden – darunter *La sagesse et la destinée* (1898; *Weisheit und Schicksal*, 1899) und *Le temple enseveli* (1902; *Der begrabene Tempel*, 1902) – sowie seinen naturkundlichen Studien wie *La vie des abeilles* (1901; *Das Leben der Bienen*, 1901) und *L'intelligence des fleurs* (1907; *Die Intelligenz der Blumen*, 1907). 1911 wird ihm der Nobelpreis verliehen. 1932 erhebt ihn der belgische König in den Adelsstand. 1947 wird er zum Präsidenten des Internationalen PEN-Clubs gewählt.

Werkausgaben: Die frühen Stücke. 2 Bde. Hg. S. Gross. München 1983. – Prosa und kritische Schriften. Hg. S. Gross. Bad Wörishofen 1983.

Winfried Eckel

Mahābhārata

Das *Mahābhārata* ist in seinem Kern ein Bericht vom großen Krieg der Heldenstämme Bharatas (Indien). Vorläufer waren Heldengedichte, die sich im Verlaufe von mehreren Jahrhunderten (4. Jh. v. Chr. – 4. Jh. n. Chr.) zu dem Heldenepos und zu einem gewaltigen Werk mit weit über 80.000 Doppelversen in Sanskrit entwickelten. Als mythischer Verfasser gilt der Weise Vyāsa, der Spross – wie das M. selbst berichtet – einer Affäre zwischen einem Fischermädchen und einem Weisen, der zu großem literarischen Ruhm gelangt. Seinen Ursprung hat das M. im nördlichen Indien, doch ist es im Laufe der Zeit in verschiedenen Regionen des Subkontinents rezipiert worden und hat dabei Anpassungen an die jeweilige Kultur und Sprache erfahren. Der Aufbau des Textes entspricht dem Muster altindischer Erzählkunst: In eine Rahmenhandlung sind viele einzelne Episoden eingefügt, z. B. die Liebesgeschichte von Nala und Damayantī, aber auch philosophische, religiöse und didaktische Stücke, unter anderem die *Bhagavadgītā*. Die 18 Kapitel des Textes folgen der Haupthandlung: dem großen Krieg zwischen zwei verwandten Geschlechtern, den Kauravas und den Pāṇḍavas. Sein Hauptthema sind Welt und Werte der Krieger- und Herrscherschichten, und in seinem historischen Kern geht es möglicherweise auf Ereignisse zur Zeit der Einwanderung und Etablierung arischer Stämme in Nordindien zurück.

Der Konflikt entzündet sich an der Frage nach der legitimen Herrschaft. Pāṇḍu, der König der Kurus, stirbt und hinterlässt fünf unmündige Söhne (u. a. Yudhiṣṭhira und Arjuna), die seine beiden Frauen mit Göttern gezeugt haben. Sein blinder Bruder Dhṛtarāṣṭra, der neue König, nimmt die Pāṇḍavas auf und erzieht sie gemeinsam mit seinen eigenen hundert Söhnen. Schon bald erwächst Rivalität zwischen den Cousins: Die Kauravas beanspruchen das gesamte Erbe, die Pāṇḍavas sind gewillt zu teilen. Die Pāṇḍavas erweisen sich als überlegen im Waffenhandwerk. Die Kauravas mit Duryodhana als dem Ältesten genießen zwar die Protektion ihres königlichen Vaters, dennoch versuchen sie mit allerlei Listen bis hin zu Mordanschlägen die Pāṇḍavas vom Thron in Hāstinapura fernzuhalten. Die Rivalität steigert sich, als es den Pāṇḍavas gelingt, die schöne Draupadī als ihre gemeinsame Gattin zu gewinnen. Obschon Yudhiṣṭhira aufgrund seiner edlen Gesinnung zum König auserkoren ist, treiben die Kauravas durch ein betrügerisches Würfelspiel die Pāṇḍavas für 12 Jahre ins Exil.

Ein dramatischer Höhepunkt des Werkes ist die Szene, in der Duryodhana versucht, vor dem versammelten Hof Draupadī durch Entkleidung zu demütigen. Der Konflikt ist nur noch durch einen Krieg und die Vernichtung einer der Familien zu lösen. Dieser Krieg, an dem auf beiden Seiten viele Verbündete teilnehmen, wird in all seiner Brutalität und seinem Leid geschildert, wenn auch der Heldenmut und die Ehre der Krieger im Zentrum stehen. Die Frage nach der Legitimität des Krieges und der erkämpften Herrschaft wird in einem Zwiegespräch zwischen Arjuna und Kṛṣṇa, König der Yādavas und Wagenlenker, erörtert (*Bhagavadgītā*). Die Pāṇḍavas gewinnen den Krieg, doch fast alle Verwandten, Lehrer und Freunde sind gefallen. Nach einer kurzen Zeit der Herrschaft verlassen die Pāṇḍavas mit Draupadī Hof, Reich und Welt und gehen in den Heldenhimmel ein.

Das M. gibt einen Einblick in die Vielzahl von sozialen, kulturellen und moralischen Konzepten der frühen Geschichte Indiens. Diese werden lebendig durch die Schilderung von individuellen Konflikten, Schwächen, Niederlagen, Freuden und Gefühlen der Menschen dieser Zeit. Yudhiṣṭhira, der tugendhafte und rechtschaffene König, empfindet angesichts der Unmoral der Politik und der Brutalität des Krieges das Königtum als Last. Karṇa, Stiefbruder der Pāṇḍavas, findet sich durch sein Schicksal als verleugneter Sohn auf der Seite der Kauravas wieder und steht so zwischen Freundes- und Verwandtenliebe. Bhīṣma, Stiefbruder des Vyāsa und erfahrener Ratgeber am Hof von Hāstinapura, hat zugunsten seines verliebten Vaters auf das eigene Liebesleben verzichtet. Interessant sind die vielen starken Frauenfiguren, allen voran Draupadī. Willensstark, mutig und klug, ist oft sie es, die ihre fünf Ehemänner aufrichtet und zum Handeln treibt. Auch andere Frauen haben mit ihrer Charakterstärke und ihrem kämpferischen Geist nichts mit der Betonung von Duldsamkeit und Sanftheit im späteren orthodoxen Frauenideal gemein. Bei allen menschlichen Konflikten geht es immer um das rechte Handeln (Dharma), das flexibel aus der Situation heraus zu erkennen ist und noch keinen starren Dogmen folgt. Nach Zeiten brahmanischer Orthodoxie und britischem Puritanismus wendet sich die heutige Forschung in Indien verstärkt dieser Vielfalt von Lebenskonzepten im M. zu. Seine Lebendigkeit hat das M. in den vielen verschiedenen mündlichen Traditionen bis heute bewahrt. 1988 bis 1990 wurde es in einer Fernsehserie vor etwa 200 Millionen Zuschauern gezeigt.

Ausgabe: Mahābhārata. Indiens großes Epos. Hg. B. Roy. München 1961 [zusammenfassende Nacherzählung].

Melitta Waligora

Mailer, Norman

Geb. 31. 1. 1923 in Long Branch, New Jersey; gest. 10. 11. 2007 in New York

Norman Mailer ist das *enfant terrible* und zweifellos einer der wichtigsten Autoren der amerikanischen Nachkriegsliteratur. Als Schriftsteller, Moralist, Kulturkritiker, politischer Aktivist und gekonnter Selbstdarsteller hat M. unentwegt die zweite Hälfte des »American Century« (Henry Luce) mit analytischem Scharfsinn kommentiert. M. ist vielleicht der erste amerikanische Autor, der im Zeitalter der Massenmedien zum Popstar avancierte: Person und Werk sind kaum voneinander zu trennen. Vor allem in den 1960er Jahren erschien M. ebenso regelmäßig im Frühstücksfernsehen und in den Talkshows wie sein jeweils neuestes Buch in den Regalen der Buchläden. Brillante Bücher, schlechte Bücher und provozierende Meinungsäußerungen haben ebenso wie sein publicity-trächtiges Privatleben immer wieder dafür gesorgt, dass M. im Zentrum der öffentlichen Aufmerksamkeit stand. Sein exzentrisches Verhalten, eine nicht enden wollende Serie von geschiedenen Ehen und seine Nähe zu den Großen in Politik, Sport und Unterhaltung brachten unaufhörlich Schlagzeilen. Seine Romane, Reportagen und Essays ließen ihn zu einem der einflussreichsten Zeitkritiker der Nachkriegsdekaden, insbesondere der 1950er und 60er Jahre werden.

Das Werk von M. ist in der US-amerikanischen Nachkriegsliteratur der wohl ambitionierteste Versuch, die Vielgestaltigkeit der gesellschaftlichen Verhältnisse panoramaartig zu ergründen. Kein anderer Autor dieser Epoche hat die amerikanische Wirklichkeit seit dem Ende des Zweiten Weltkriegs mit vergleichbarer Beharrlichkeit und Konsequenz zum Gegenstand seines Werks gemacht. M.s Neugier ist schier unerschöpflich und schließt neben dem historisch Bedeutsamen auch die spektakulären Inszenierungen der Populär- und Alltagskultur ein. Das Spektrum seiner Interessen reicht von Kriegen (Zweiter Weltkrieg, Vietnam) bis zum Sport, von den Präsidentschaftswahlkämpfen der 1960er Jahre bis zu Marilyn Monroe, von den politischen Verwicklungen des CIA bis zur medialen Selbstinszenierung des für seine Hinrichtung kämpfenden Mörders Gary Gilmore, von den ideologischen Phobien des McCarthyismus über die Raumfahrt bis hin zu den variantenreichen Ausprägungen der Gegenkultur der 68er-Generation.

Mit seinem ersten Roman, *The Naked and the Dead* (1948; *Die Nackten und die Toten*, 1950), wird der 26 Jahre junge M. zum ›shooting star‹ der amerikanischen Nachkriegsliteratur. M.s teils auf eigener Erfahrung basierende literarische Verarbeitung des Zweiten Weltkriegs in der Pazifikregion verbindet naturalistische Kriegsdarstellung mit aktueller Zeitkritik. Ästhetisch und weltanschaulich beeinflusst durch Theodore Dreiser und John Dos Passos, entwirft M. eindringliche Bilder der Barbarei des Krieges, geht dabei aber entschieden über eine ethisch-moralisch begründete Anti-Kriegshaltung hinaus. Die moderne Armee ist in dem Roman Symptom und Ausdruck für allgemeine Tendenzen in der Entwicklung westlicher Gesellschaften, die in der Sicht M.s politisch totalitär und kulturell konformistisch zu werden drohen. So beschreibt M. die Funktionsweise der Armee als die einer technokratischen Maschinerie, die Individualität und nonkonformes Denken kategorisch bekämpft. Die Vermassung, nivellierende Konformität und existentielle Angst des modernen Menschen sind zentrale Anliegen M.s, die sein literarisches Werk weit über seinen ersten Roman hinaus prägen werden.

Seit Mitte der 1950er Jahre wendet sich M. intensiv den nichtfiktionalen Gattungen, vor allem dem Essay und der Reportage, zu. Im Januar 1956 beginnt er mit einer Reihe von Kolumnen für die einflussreiche New Yorker Wochenzeitung *The Village Voice*. In diesen wöchentlichen Kolumnen entwickelt M. die für ihn typischen Verfahren der Selbstinszenierung und Leseransprache, die es ihm später ermöglichen sollten, Berichterstattung über gesellschaftlich relevante Themen mit subjektiver Selbstreflexion verbinden zu können. Wichtigster Text aus dieser Zeit ist der Essay »The White Negro« (in: *Advertisement for Myself*, 1957; *Reklame für mich selber*, 1963), in dem es M. gelingt, sowohl die Kulturkritik der »Beat Generation« zu artikulieren als auch die Protesthaltungen der »counterculture« der 60er Jahre zu antizipieren. In »The White Negro« stößt M. auf seiner Suche nach jenen Kräften der amerikanischen Nachkriegsgesellschaft, die kulturelle und politische Rebellion initiieren könnten, auf die Figur des »hipster«. Angesichts allgegenwärtiger Lebensgefahr, ausgehend von modernen Vernichtungsmaschinerien wie Konzentrationslagern und Atombomben ebenso wie von totalitaristischem Konformitätsdruck des Staates, entwickelt der »hipster« eine existentialistische Lebenshaltung in radikaler Abkehr von den Diktaten der Gesellschaft. Modelle für die alternative Lebenspraxis des »hipster« sind die marginalisierte Kultur der Afro-Amerikaner (Jazz etc.) sowie die noch weitgehend pathologisierte Jugendkultur, deren Dilemma in Robert M. Lindners *Rebel without a Cause* (1955) beschrieben ist. Mit »The White Negro« entwirft M. eine eindringliche Vision des Dissens und des Beharrens auf Individualisierung, die das Denken der »counterculture« entscheidend prägen sollte.

In den politischen und kulturellen Auseinandersetzungen der 1960er Jahre wird M. dann auch zur prominenten öffentlichen Figur. Er bezieht vielfach Stellung als Autor, politischer Aktivist, öffentlicher Redner und Zeitkritiker, und er beteiligt sich an Protestaktionen. Die Texte, die aus dieser Zeit hervorgehen, sind zu einem großen Teil dokumentarischer Natur. M. gilt als einer der wichtigsten Vertreter des »New Journalism«, einer höchst produktiven literarischen Strömung dieser Jahre, die dokumentarische Berichterstattung mit fiktionalen Stilmitteln und subjektiver Perspektivierung zu verbinden sucht. Kritiker wie Dwight McDonald und Marcus Cunliffe sind der Ansicht, dass M. erst in diesem Genre zu seiner eigentlichen literarischen Stärke gefunden habe. Mit *The Armies of the Night: History as a Novel. The Novel as History* (1968; *Heere aus der Nacht: Geschichte als Roman. Der Roman als Geschichte*, 1968) schreibt M. einen der herausragenden Texte des »New Journalism«. *The Armies of the Night* ist zunächst der Bericht des teilhabenden Beobachters M. an Protestaktionen gegen den Vietnamkrieg im Oktober 1967 in Washington, DC Darüber hinaus allerdings bietet der Text ein komplex verarbeitetes, imaginativ aufgeladenes Stück Zeitgeschichte und gilt inzwischen zu Recht als zeitgenössischer Klassiker.

M. gelingt in *The Armies of the Night* die dialektische Verschränkung von Berichterstattung und subjektivem Bewusstsein. Intersubjektiv erfahrbare Wirklichkeit bleibt dabei nicht auf die Ebene referentieller Faktizität beschränkt, sondern wird über die gesteigerte Wahrnehmung des aufmerksamen Beobachters in Sinnangebote übersetzt, welche die Wirklichkeit transformieren und visionär fortschreiben. *The Armies of the Night* ist zugleich radikale Kritik an amerikanischen Verhältnissen und affirmatives Bekenntnis zu amerikanischen Möglichkeiten. M. versteht sich als »keeper of the dream« ebenso wie als unermüdlicher Mahner und Kritiker.

In den politischen Auseinandersetzungen der 1960er Jahre lässt sich M. keiner Seite eindeutig zuordnen. Als bekennender »Left Conservative« teilt er grundsätzlich die Ziele der Studentenbewegung, der Friedensbewegung und der »counterculture«, distanziert sich allerdings immer wieder von politischem Dogmatismus, simplizistischen Zukunftsentwürfen und moralistischem Rigorismus. So entsteht in dieser Zeit eine Reihe von weiteren Texten, die M.s Ruf als einem der führenden Zeitkritiker der USA unterstreichen. Stilistisch brillant und unabhängig im Urteil kommentiert er die Wahlparteitage der beiden großen amerikanischen Parteien in *Miami and the Siege of Chicago* (1968; *Nixon in Miami und die Belagerung von Chicago*, 1969). *Of a Fire on the Moon* (1970; *Auf dem Mond ein Feuer*, 1971) behandelt den Raumflug von Apollo 11 mit der ersten Landung auf dem Mond und erkundet darüber hinaus grundsätzliche Fragen des technologischen Fortschritts, der politischen Moral sowie die Inszenierung von Ereignishaftigkeit und Bedeutsamkeit im Zeitalter der Medien. In *The Fight* (1975; *Der Kampf*, 1976) begleitet M. den legendär gewordenen Boxkampf zwischen Muhammad Ali und George Foreman in Zaire und erörtert dabei Schnittfelder von Sport, Politik und Rassenkonflikt.

Seit den 1970er Jahren ist es deutlich ruhiger um M. geworden, obwohl seine Produktivität als Autor kaum nachgelassen hat. M. sagt von sich selbst, dass er seit Watergate zunehmende Distanz und Unverständnis für gesellschaftliche und politische Entwicklungen in den USA an sich feststellen musste. Erst Ende der 70er Jahre kann M. mit *The Executioner's Song* (1979; *Gnadenlos. Das Lied vom Henker*, 1979) wieder an frühere Erfolge anknüpfen. *The Executioner's Song* ist das Ergebnis eines neuartigen, kollaborativen Dokumentarismus, der Autorschaft, Recherche und Text unter radikal veränderten medialen Bedingungen neu zu bestimmen versucht. Das Buch behandelt die Geschichte des verurteilten Mörders Gary Gilmore, der seinerzeit die weltweite Aufmerksamkeit der Sensationsmedien auf sich lenkte, weil er den Vollzug seiner eigenen Hinrichtung entgegen aller juristischen Praxis durchsetzte. In Zusammenarbeit mit dem Medien-Entrepreneur Lawrence Schiller rekonstruiert M. den Fall sowie die Biographie Gilmores und analysiert vor allem den Voyeurismus der medialen Inszenierung dieser Geschichte. Das Buch, das er schließlich vorlegt, ist eine mehr als 1000 Seiten umfassende Collage von Stimmen und Dokumenten. Wenn am Ende des Buches irgendetwas gesellschaftlich Relevantes als dokumentiert gelten kann, dann ist es eine tumbe Hysterie, entfacht im Wechselspiel zwischen Öffentlichkeit und populären Medien, die jedes Gespür für Relevanz und für die Grenzen zwischen öffentlicher und privater Sphäre verloren haben.

In Anlehnung an sein Idol Ernest Hemingway war es M.s erklärtes Ziel, den großen amerikanischen Roman des 20. Jahrhunderts schreiben zu wollen. Dass ihm dieses nicht gelungen ist, ist wohl eher der anmaßenden Zielvorgabe zuzuschreiben als einem Mangel an Einsatz und Begabung. Trotz der offensichtlichen Unebenheiten in seinem Werk gehört M. zweifellos zu den wichtigsten amerikanischen Schriftstellern der zweiten Hälfte des 20. Jahrhunderts. Sein besonderes Verdienst ist es, dass er immer wieder mit Neugier, Offenheit und stilistischer Variabilität die gesellschaftlich-politischen Verhältnisse zu seinem Thema gemacht hat. Seine letzten Romane bestätigen diese Einschätzung. *Harlot's Ghost* (1991; *Gespenster*, 1991) behandelt vor dem Hintergrund des Kalten Krieges die Gefährdungen von Demokratie und individueller Freiheit durch die Überwachungsnetze des modernen Staates. Mit *Oswald's Tale* (1995; *Oswalds Geschichte*, 1995) liefert er bisher unbekanntes Material zur Geschichte des mutmaßlichen Kennedy-Attentäters Lee Harvey Oswald. In der ihm eigenen Mischung von Mut und Überheblichkeit, von messianischem Überzeugungseifer und Skepsis, von einem gewissen Hang zu sentimentalem Heroismus und kritischer Vernunft hat M. mehr als jeder andere Schriftsteller seiner Generation die Rolle des Autors als öffentlicher Instanz ausgefüllt.

Horst Tonn

Majakovskij, Vladimir
Geb. 19. 7. 1893 in Bagdadi/Georgien; gest. 14. 4. 1930 in Moskau

Vladimir Majakovskij, der neben David Burljuk und Velimir Chlebnikov zu den Begründern des literarischen Kubofuturismus in Russland gehört, avanciert in der Sowjetepoche vom unbequemen Aufrührer zum Klassiker der russischen Literatur. Während der Schulzeit in Georgien und Russland beschäftigte sich M. zunächst intensiv mit Malerei. Als Dichter debütierte er 1913 mit den Versen »A vy mogli by ...« (»Tja, könnten Sie ...?«, 1956), die in sich Bilder der Wechselseitigkeit von Malerei und Dichtung vereinen, im Sammelband *Poščěina obščestvennomu vkusu* (1912 [1913]; *Eine Ohrfeige dem öffentlichen Geschmack*, 1988), dem Manifest des russischen Kubofuturismus. Das künstlerische Schaffen beschreibt M. hier als einen provokatorischen Akt, als einen entschlossenen Aufschwung, der die überkommenen Grenzen der Kunst überwindet und die gesamte »Landkarte« in leuchtendes Sonnengelb färbt. Zu einer »Flöte aus Wasserleitungsrohren«, einem ›Werkzeug‹ zur Erzeugung von Musik, werden der Gegenstand, die Sache, das Ereignis, der Eindruck. Insgesamt ist das Gedicht von einem Dynamismus in der Gangart bestimmt, die

Handlung weist Züge der Ausschließlichkeit auf (»Tja, könnten *Sie* ...?«).

Das Gedicht »Ne vyderžal« (1913; »Ich hielt es nicht aus«) vermittelt ein aktives Unbehagen, eine kriegerische Auflehnung gegen die zeitgenössische Literatur, das Heimatland, ja die Weltbeschaffenheit überhaupt. Die Armseligkeit der Gegenwart wird kontrastiert mit der Größe der eigenen Persönlichkeit in »Adišče goroda« (»Großhölle Stadt«, 1985) von 1913.

Das Erlebnis eines stürmisch dahinbrausenden Zuges, bestehend aus einem Amalgam aus bild- und worthaltigen Stoffen, vermittelt das Gedicht »Ja« (1913; »Ich«, 1985) aus demselben Jahr. Der lyrische Sprecher wird mit einem Gottesnarren (»jurodivyj«) gleichgesetzt, der die Stadt anklagt und die Hinrichtung des Kommenden sowohl betrauert als auch verspottet – metaphorisch analogisiert im Bild der Straßenkreuzung als ›Kreuzigung‹.

Das Thema des tragischen und komischen Jüngsten Gerichts in den Poemen der 1910er Jahre »Vojna i mir« (»Krieg und Welt«), »Flejta-pozvonočnik« (»Wirbelsäulenflöte«) und »Oblako v štanach« (»Wolke in Hosen«, 1949) wird in einer Kreisbewegung beschworen, einem grotesken Wirbel von Himmel und Hölle, die wie abgestorbene Bruchstücke der Welt in Sphären um das Ich, die Seele des lyrischen Sprechers, kreisen. Dieses Ich erweist sich als das einzig lebendige Element im Zentrum der toten Materie, als Instrument mit der Stärke der Posaune des Erzengels, der mit einem alles zermalmenden Tritt einherschreitet (»archangel-tjaželostup«, Marina Cvetaeva). Die dem Dichter verliehene Fähigkeit zur Transformation erlaubt es ihm im Drama *Misterija-buff* (1918; *Mysterium buffo*, 1960), die Leiche Weltall zu »galvanisieren«. Dort, wie schon in der Tragödie *Vladimir Majakovskij* (1914; *Vladimir Majakovskij*, 1980), erscheint die Seele des Dichters als Kraft der Liebe, die die Masken des Zorns und der Zärtlichkeit, der Leidenschaft, des Leidens, der Wollust, der Hinterhältigkeit, der Niedergeschlagenheit und der Gefühlsaufwallung zerschlägt. In den Gedichten und Poemen der 1910er Jahre verfestigt sich die Form des »Treppenbaus«, des stufenförmigen Aufbaus in der graphischen Gestaltung der lyrischen Texte, und die Suche nach neuen Reimformen führt M. zum zusammengesetzten Reim.

Die Revolution von 1917 begrüßt der Dichter mit den Worten: »Moja revoljucija sam prišel v Smol'nyj.« (»Meine Revolution ist von sich aus in den Smol'nyj eingezogen.«) Seit dieser Zeit hat der ›revolutionäre Marsch‹ die Kraft der Liebe in den Werken M.s ersetzt. Velimir Chlebnikov bewertet diese Wandlung als Verrat. Es entstehen die Poeme »Vladimir Il'ič Lenin« (1924; dt. 1940), »Chorošo« (1927; »Gut und schön«, 1940) und »Vo ves' golos« (1930; »Mit aller Stimmkraft«, 1953), die Agitationsgedichte und die Komödien *Banja* (1929; *Das Schwitzbad*, 1960) und *Klop* (1928; *Die Wanze*, 1959). Aus diesen Werken spricht das Pathos der Revolution sowie die satirische Darstellung der NĖP-Zeit. Die Herausgabe der Zeitschrift *Lef* und seine Rolle als »Agitator, Ausrufer und Anführer«, die M. sich selbst innerhalb der »siegreichen Klasse« zuschreibt, entsprechen seinem Status als Klassiker der Sowjetliteratur, der Huldigung als »bester und talentiertester Dichter der Epoche« (Stalin).

Vor dem Tod M.s im Jahre 1930 entsteht das Gedichtfragment »Ja znaju silu slov ja znaju slov nabat« (»Ich weiß um Sprachkraft, kenne Wort-Alarm«, 1985), in dem noch einmal die Stimme des »Zarathustra mit schreienden Lippen« ertönt, wie der Dichter sich selbst einst bezeichnet hatte.

Werkausgabe: Werke. 5 Bde. Hg. L. Kossuth. Frankfurt a. M. 1980.

Viktor Kravec

Malamud, Bernard

Geb. 26. 4. 1914 in Brooklyn, New York;
gest. 18. 3. 1986 in New York

1986 verließ mit Bernard Malamud einer der drei Romanciers die literarische Bühne, die – oft als »Bellowmalamudroth« apostrophiert – jene »Jewish Renaissance« repräsentierten, deren Autoren sich just zu dem Zeitpunkt mit ihrem kulturellen Erbe auseinandersetzten, als es infolge der gesellschaftlichen Integration der amerikanischen Juden verlorenzugehen drohte. Als Sohn eingewanderter russischer Juden, die in einem rund um die Uhr geöffneten Lebensmittelladen in Brooklyn ihr karges Dasein fristeten, kannte M. die Sorgen und Nöte derer, für welche der amerikanische Traum sich nicht erfüllte; als Schüler und später auch als Lehrer an einer Harlemer Schule erlebte er die besonderen Spannungen zwischen Juden und Schwarzen in New York, und als jemand, der mit seiner aus Italien stammenden Frau längere Zeit in deren Heimat weilte, erfuhr er dort die geschichtsmächtige Alte Welt. Die osteuropäische jiddische Erzähltradition, die sich mit Namen wie Scholem Alechem, Schalom Asch und Yishaq Leib Perez verbindet, lieferte ihm die Typen des »schlemiel«, »shlimozel«, »schnook« und »luftmensch«, und die Unsicherheit und Bedrohung charakterisierte »shtetl«-Sensibilität trug zu der sein Werk prägenden Vorstellung von der Welt als Grab und Gefängnis bei. Aber wenn sich in M.s Texten auch Wörter wie »landsleit«, »chuzpah« und »gesheft« oder ›jinglische‹ Neubildungen wie »upstairske« und »holdupnik« ebenso finden wie jiddische Syntax, ironische Untertreibung und galgenhumoriger Wortwitz, so mahnen sein Eingeständnis, dass er Alechem und Perez nur in Übersetzungen kenne, und seine Feststellung, er betrachte den Judaismus als »another source of humanism« doch zur Vorsicht gegenüber vorschnellen Zuordnungen.

M.s Œuvre umfasst sieben thematisch und erzähltechnisch weitgefächerte Romane, von denen *The Fixer* (1966; *Der Fixer*, 1968) sowohl den National Book Award als auch den Pulitzer Preis gewann; vier Short-Story-Sammlungen, von denen *The Magic Barrel* (1958; *Das Zauberfaß*, 1962) mit dem National Book Award ausgezeichnet wurde; und zwei Bände aus dem Nachlass mit dem unvollendeten Roman *The People* und ungesammelten Stories einerseits und Reden, Interviews und Skizzen andererseits. Die Baseballthematik in *The Natural* (1952; *Der Unbeugsame*, 1984), die Umkehrung der »from rags to riches«-Formel in *The Assistant* (1957; *Der Gehilfe*, 1960), das Genre des Universitätsromans in *A New Life* (1961; *Ein neues Leben*, 1964), die Variationen auf das James'sche »international theme« in den italienischen Stories und die von Verweisen auf den edenischen Westen und die »open frontier« begleiteten Lebensreisen seiner Helden zu neuem Leben stellen M. in genuin amerikanische Literaturtraditionen. Sein intellektuelles Vergnügen an hintergründigen Anspielungen, seine Mythisierung des Alltagsgeschehens à la James Joyce und Thomas Mann, seine auf Jessie L. Westons *From Ritual to Romance* und Joseph Campbells Monomythos verweisenden Motive des Wüsten Landes und der Gralssuche und seine Bezüge von Frank Alpine in *The Assistant* zu Fedor Dostoevskijs Raskolnikoff, von Levin in *A New Life* zu dessen Namensvetter in Lev Tolstojs *Anna Karenina* oder von Isabella del Dongo in der Story »The Lady of the Lake« zu Stendhals *Chartreuse de Parme* erweisen ihn als souveränen Kenner der Weltliteratur. Zuvörderst aber ist er, demzufolge der Schriftsteller die Menschlichkeit zu erhalten und die Zivilisation vor der Selbstzerstörung zu bewahren hat, ein Moralist und Humanist, der bekannte: »My work, all of it, is an idea of dedication to the human.« Insofern wird das gängige Etikett des »Jewish-American novelist« der Breite seines Werks nicht gerecht, und seine oft missverstandene Aussage »All men are Jews […] although few men know it« bestätigt, dass es ihm nicht um die Probleme einer ethnisch-religiösen Gruppe, sondern um das Leiden aller Menschen und ihre Suche nach einem besseren Leben geht.

M.s brillanter und erfolgreich verfilmter Erstlingsroman, *The Natural*, verknüpft Elemente der amerikanischen Baseballfolklore mit dem Mythos der Gralssuche. Der arme Waisenjunge Roy Hobbs steigt mit seinem Schwert Excalibur, dem selbstgeschnitzten Schläger, vom unbekannten »rookie« zum Rekorde brechenden Baseballstar auf, und es scheint, als könne er den leidenden Fischerkönig, seinen von Fußpilz gequälten Trainer Pop Fisher, erlösen, dessen unfähiges Team auf einem ausgedörrten Platz herumirrt, bis Roys Zauberschlag den erhofften Regen freisetzt. Doch Roy scheitert auf der Jagd nach seinem Gral, dem »league pennant«, kurz vor dem Ziel in einer Szene, die den White Sox-Skandal aufruft. Die neurotische Harriet Bird, die den unreifen Roy mit einer silbernen Kugel verwundet und seine Laufbahn für Jahre unterbricht, ist die den Gralssucher verfluchende Kundrie la surziere, die hilfreich-mütterliche Iris Lemon wird zu seiner »lady of the lake«, und sie und andere erstellen einen dichten mythischen Subtext hinter einer spannenden Sportgeschichte. M.s zweiter Roman, *The Assistant*, inzwischen in viele Sprachen übersetzt und als moderner Klassiker etabliert, erzählt die autobiographisch gefärbte Geschichte vom armen aber gutherzigen Krämer Morris Bober, seiner nach Höherem strebenden Tochter Helen und seinem kriminellen Gehilfen Frank Alpine. Die für M. typische Jahreszeitensymbolik und die zentrale Motivik von Tod und Wiedergeburt sowie Franks Auseinandersetzung mit Franz von Assisis Lobpreis der Armut und die Parallelen zwischen seiner qualvollen Gebrochenheit und Raskolnikoffs Ringen mit seinen Dämonen machen diesen Roman zu einer repräsentativen Studie menschlichen Lernens durch Leiden. Und in der berühmten Definition eines Juden als eines für andere mitleidenden Menschen durch den an Martin Buber erinnernden Morris Bober sowie in der bewegenden Gestaltung des zentralen Meister-Lehrlings-Verhältnisses artikuliert sich M.s trotziger Humanismus aufs deutlichste.

Während er in *A New Life* seine Erfahrungen am Corvallis College zu einem künstlerisch überzeugenden Universitätsroman verarbeitet, variiert M. in dem zweifach preisgekrönten und erfolgreich verfilmten Roman *The Fixer* den berüchtigten Mendel Beiliss-Fall. Sein leidender Held, Yakov Bok, der Spinozas Philosophie wichtiger findet als seinen armseligen Alltagsberuf, trennt sich von seiner Frau Raisl (ein Anagramm für Israel), verlässt illegal das »shtetl«, gibt sich als Russe aus und verrät so sein Judentum. Wegen eines angeblichen Ritualmordes angeklagt, verbringt er qualvolle Leidensjahre in den Gefängnissen seiner antisemitischen Folterer, doch als er endlich Raisls Sohn Chaim (= Leben) adoptiert und die Rolle des Sündenbocks annimmt, die sein Name suggeriert, schafft er in einem visionären Schlusskapitel neues Leben im Wüsten Land eines zerfallenden Zarenreiches. Mit *The Tenants* (1971; *Die Mieter*, 1973) kehrt M. dann nach New York zurück und erkundet das vorurteilsbeladene Verhältnis zwischen Juden und Schwarzen am Beispiel zweier Schriftsteller, eines intellektuellen jüdischen ›Meisters‹ und seines autodidaktischen schwarzen ›Lehrlings‹, die – wie Robinson und Freitag auf ihrer Insel – in einem zum Abbruch bestimmten Mietshaus leben und sich schließlich in einem apokalyptischen Schlusskapitel wechselseitig hassvoll vernichten. In diesem deutlich metafiktionalen Text werden schon jene pessimistischen Töne hörbar, die dann, in der Studie eines mittelalterlichen Biographen auf der Suche nach Liebe in *Dubin's Lives* (1979; *Die Leben des William Dubin*, 1980) noch einmal unterdrückt, in M.s letztem vollendeten Roman in den Vordergrund treten. Als Postapokalypse erkundet *God's Grace* (1982) in einem metafiktional gebrochenen Text am Beispiel des rätselhaften Opfertodes von Calvin Cohn als des einzigen Überlebenden einer thermonuklearen Katastrophe die reduzierten Zukunftsmöglichkeiten einer selbstzerstörerischen Menschheit und stellt in verzweifeltem Aufbegehren das Geschichtenerzählen als die letzte noch verbliebene Sinnstiftungsmöglichkeit gegen das drohende Ende.

Vielleicht noch wichtiger als seine Romane sind M.s 54 Erzählungen, die sich vier thematischen Gruppen zuordnen lassen. In seinen naturalistischen Kurzgeschichten, die in einer zeitlosen und von einer ewigen Wirtschaftskrise heimgesuchten Lower East Side spielen, versuchen leidende Krämer, ihre grabesähnlichen Läden vor dem unausweichlichen Bankrott zu retten; beklagt ein zwangsgeräumter alter Mann inmitten seiner kargen Möbel auf einer verschneiten Straße sein freudloses Dasein; verrichtet der unterbezahlte Gehilfe eines Schuhmachers klaglos seine Dienste; und kann ein plötzlich erfolgreicher Bäcker sein spätes Glück nicht mit einem alten Freund teilen. Viele dieser Geschichten beziehen ihren tieferen Sinn aus biblischen Analogien, und so gleicht des Schuhmachers zweimal siebenjähriger Dienst dem Leiden Jakobs bei Laban, entpuppt sich das plötzlich erfolgreiche Brot des Bäckers als das ›Tränenbrot‹ des 80. Psalms, und variieren andere Figuren die Gestalt des leidenden Hiob. Aber selbst im Elend dieser winterlichen Welt erwächst trotzige Hoffnung aus *rachmones*, dem Teilen des Leids durch Mitleid, wie es sich im doppeldeutigen Titel von »Take Pity« als das Geben und Annehmen von *caritas* definiert. Eine zweite Gruppe umfasst phantastische Fabeln voll allegorischen Tiefsinns, in denen unwirkliche Geschehnisse verweisende Bedeutung gewinnen. So muss die Hiobsgestalt eines leidgeprüften Schneiders in einer Harlemer Bar einen abgerissenen Schwarzen als Engel Gottes anerkennen, um durch die Kraft seines dergestalt bewiesenen Glaubens geheilt zu werden; so dokumentiert der sinnlose Tod eines ahasverischen Vogels das mangelnde Verständnis der Außenseiter untereinander; und so beweist ein sterbender Vater durch seinen Kampf für den kranken Sohn gegen einen personifizierten Tod die Macht der Vaterliebe. Auch M.s bekannteste Erzählung, »The Magic Barrel«, gehört zu diesen Parabeln, und wenn sich am Ende der zum Rabbiner bestimmte Leo Finkle mit der Prostituierten Stella unter einer Straßenlaterne trifft und deren Vater, der nach Weißfisch stinkende Heiratsvermittler Pinye Salzman, hinter einer Ecke das Kaddish anstimmt und Chagallsche Geigen sich am Himmel bewegen, dann erstarrt das Geschehen zu einem vieldeutigen Schlusstableau. Die Fragen, ob Leo wie der biblische Hosea eine Prostituierte zu Gott führen könne, ob die Maria

Magdalena-Figur Stella schuldig oder in einem tieferen Sinne unschuldig sei, und ob Salzman für sich selbst, seine ›verlorene‹ Tochter oder den künftigen Rabbiner bete, bleiben unbeantwortet – die Deutung der sich zur Allegorie verdichtenden Karikatur hat der Leser zu leisten. Eine dritte Gruppe wird durch den gemeinsamen Handlungsort Italien bestimmt, und diese Geschichten konfrontieren als Variationen des »international theme« den jüdischen Amerikaner auf schmerzhafte Weise mit seiner europäischen Vergangenheit. Die vierte Gruppe schließlich umfasst die Künstlergeschichten und reicht von der frühen Erzählung »The Girl of My Dreams« bis zur Titelgeschichte von *Rembrandt's Hat* (1973; *Rembrandts Hut*, 1977). Die Welt Italiens und die Figur des um sein Werk ringenden Künstlers vereinen sich dann in den sechs Erzählungen über einen scheiternden Maler im pikaresken Zyklus *Pictures of Fidelman* (1969; *Bilder einer Ausstellung*, 1975), in denen es laut M. um »the artist manqué, the man who finds himself in art« geht, um einen Schlemihl, der schließlich den Schritt vom Möchtegernkünstler zum Kunsthandwerker vollzieht und geläutert zu einem ironisch reduzierten ›neuen Leben‹ nach Amerika zurückkehrt. Die erste dieser Stories, »The Last Mohican«, in welcher der sich seines Erbes kaum bewusste amerikanische Jude in der Konfrontation mit dem leidgeprüften europäischen »luftmensch« Shimon Susskind einen für M.s Antihelden typischen »triumphant insight« gewinnt, zählt zu den Juwelen der amerikanischen Short-Story-Literatur.

Die umfangreiche Kritik hat M. als Romantiker, Symbolist, Phantastiker und Karikaturist etikettiert, seine Romane als Versionen des pastoralen Erzählens, Varianten der Quest-Romanze oder Kontrafakturen auf den Erfolgsmythos gelesen und in seinen Erzählungen den Einfluss von Alechem und Perez ebenso entdeckt wie den von Sherwood Anderson und James Joyce. Am umstrittensten sind noch immer die jiddischen Anteile, und während die einen M. in die osteuropäische Erzähltradition des »shtetl« stellen, lesen die anderen ihn als einen amerikanischen Autor, der durch seine »fundamental non-Jewishness« geprägt sei. Jede dieser Zuordnungen trifft für einzelne Aspekte zu, aber der unverwechselbare Ton von M.s Erzählen erwächst eben gerade daraus, dass er alle diese Elemente zu verbinden vermag und dass seine Werke ihre Eigenart aus der Mischung von realistisch-naturalistischem Erzählen mit lyrisch-symbolischer Darstellung und aus der Verschmelzung von Alltäglichem mit Außergewöhnlichem, von Trivialem mit Transzendentem und von gesellschaftskritischen Details mit allegorischen Bezügen gewinnen.

Werkausgabe: The Complete Stories. New York 1997.

Peter Freese

Malaparte, Curzio
Geb. 9. 6. 1898 in Prato/Italien;
gest. 19. 7. 1957 in Rom

Curzio Malaparte, der Nachwelt eher aufgrund seiner schillernden, exzentrischen Persönlichkeit und seiner »manière de vivre« als durch sein schriftstellerisches Schaffen in Erinnerung geblieben, erfährt in jüngster Zeit ein auch literarisches Comeback: Nachdem bereits 1995 anlässlich des 50. Jahrestages der Beendigung des Zweiten Weltkriegs einige seiner Bücher neu herausgegeben wurden, erschienen 2005 in Deutschland, 60 Jahre nach Kriegsende, mehrere Studien zu Malaparte, und sein bekanntester Roman *Kaputt* (1944; *Kaputt*, 1951) wurde neu aufgelegt. Denn kaum ein anderer Autor hat die Schrecken des Krieges und der Nachkriegszeit in Italien so eindringlich geschildert, das Neapelbild im In- und Ausland so nachhaltig geprägt wie das Enfant terrible der italienischen Literatur: M., Schriftsteller, Journalist, skandalumwitterter Individualist und Opportunist.

Geboren als Sohn eines deutschen Vaters und einer italienischen Mutter, heißt er eigentlich Kurt Erich Suckert, wird als Kind jedoch schon »Curzio« gerufen. Der spätere Meister der literarischen Selbstinszenierung betreibt Letztere auch im Leben, indem er seinen Namen in Anlehnung an Napoléon Bonaparte in Malaparte ändert. Mit 17 schließt er sich als Freiwilliger den Garibaldinern an, ab 1919 ist er an der italienischen Botschaft in Warschau tätig und beginnt seine journalistische Karriere als Mitarbeiter der Zeitung *Il Mondo*. Früh verkehrt er in höchsten politischen Kreisen und schließt sich 1921 der faschistischen Bewegung an. Davon legt *Don Caméleo* Zeugnis ab, einer seiner frühen Romane, der zunächst 1926 bis 1927 in Fortsetzungen in der Literaturbeilage des *Giornale di Genova* erscheint, wobei jedoch noch nicht der gesamte Text zur Veröffentlichung gelangt. Denn Mussolini, den M. in seiner Satire mit einem Chamäleon gleichsetzt, untersagt die weitere Publikation nach dem Erscheinen des zwölften Kapitels. Zu diesem Zeitpunkt ist Mussolini dem Schriftsteller in seiner politischen Haltung zu gemäßigt; nach dem Krieg jedoch, als M. sich den Kommunisten zuwendet, wird er *Don Caméleo* geschickt verändern, um den Roman 1946 als antifaschistisch erscheinen zu lassen.

M. gründet mehrere Zeitschriften und arbeitet in verschiedenen Verlagen und bei Zeitungen wie *Il Mattino*, Neapel, und *La Stampa*, Turin. 1931 erscheint in Paris sein *Technique du coup d'État* (*Tecnica del colpo di stato*, 1948; *Der Staatsstreich*, 1932, *Technik des Staatsstreichs*, 1968), weswegen er bei seiner Rückkehr nach Rom 1933 verhaftet und zu einer fünfjährigen Verbannung nach Lipari verurteilt wird. Er kommt jedoch ein Jahr später frei, veröffentlicht mehrere Erzählbände und nimmt seine Mitarbeit beim *Corriere della sera* auf, für den er ab 1939 als Kriegsberichterstatter arbeitet. Die traumatischen Kriegserlebnisse verarbeitet er in seinem bekanntesten Roman *Kaputt*: Das Ich erinnert sich hier fragmentarisch-collageartig mehr oder minder grausamer Begebenheiten an verschiedenen Kriegsfronten. Die erzählerische Besonderheit von *Kaputt* ist die außergewöhnliche Gestaltung des Ich-Erzählers: Er trägt den Namen Malaparte, und zusätzlich lassen sich viele Elemente aus der Biographie des Autors finden – ein Spiel mit Autor und Erzähler, mit Sein und Schein, mit Realität und Fiktion. Nicht nur biographische, auch historische Tatsachen werden übernommen, literarisch umgestaltet und verfremdet.

1944 übernimmt M. in Neapel die Stellung eines Verbindungsoffiziers zwischen den Alliierten und den Italienern. Die Erlebnisse dieser Zeit finden ihren literarischen Widerhall in seinem zweiten bekannten Roman *La pelle* (1949; zunächst auf frz. 1949: *La peau*; *Die Haut* 1950), der nach seinem Erscheinen wegen seines krassen und überzeichneten Realismus, mit dem der Autor Leben und Leiden in Neapel schildert, einen Skandal hervorruft. Der schon in *Kaputt* auffällige Fragmentarismus ist auch in *La pelle* an häufigen analeptischen Einschüben auszumachen. Der Ich-Erzähler hat nun den Höhepunkt seiner Entwicklung erreicht: M. versucht hier, mehr noch als zuvor in *Kaputt*, durch eine Gleichsetzung des Autors mit dem Erzähler sein eigenes Leben zu verfremden, ja zu glorifizieren.

1957 wird M., durch seine Dekadenz- und Erneuerungsgedanken inzwischen in die Nähe der italienischen Kommunisten gerückt, von Mao Zedong nach China eingeladen. Dort erkrankt er schwer und stirbt einige Monate später in Rom. Sein berühmtes, ab 1938 gebautes und von ihm selbst entworfenes Haus auf Capri vermacht er dem chinesischen Staat. Bereits auf dem Totenbett liegend, tritt er zum Katholizismus über – und erhält von Palmiro Togliatti das ihm bisher verweigerte Parteibuch der Kommunistischen Partei Italiens.

Sabine Witt

Mallarmé, Stéphane
Geb. 18. 3. 1842 in Paris; gest. 9. 9. 1898 in Valvins

Mit seinem schmalen, hauptsächlich Lyrik und Prosa umfassenden Werk gilt Stéphane Mallarmé heute als einer der wichtigsten Vertreter des französischen Symbolismus und erscheint zugleich weithin als Galionsfigur der Moderne. Wie kein anderer Autor vor ihm befreit er, theoretisch wie praktisch, die Sprache der Poesie von der Verpflichtung zur mimetischen Repräsentation eines Vorgegebenen und betont stattdessen deren das Divinationsvermögen des Lesers stimulierendes Suggestionspotential, das vor allem in den Beziehungen der Wörter untereinander bestehen soll. Das Gedicht erscheint ihm als ein radikal selbstbezügliches Gebilde beweglicher Elemente ohne ontologisches Fundament. So wie der Bezug auf einen vorausgesetzten greifbaren Gegenstand abgebaut werden soll, so auch der Rückverweis auf den Autor, der hinter den zwischen den Wörtern hin- und herlaufenden Reflexen weitestgehend verschwinden soll. Jede Form von Bekenntnisdichtung wird damit programmatisch ausgeschlossen. Der nihilistischen Radikalität seines Dichtens und Denkens verdankt M. bis in die Gegenwart einen zentralen Platz in den Überlegungen so prominenter literarischer oder philosophischer Autoren wie Paul Valéry, Jean-Paul Sartre, Maurice Blanchot, Paul Celan, Octavio Paz, Yves Bonnefoy, Jacques Derrida und Julia Kristeva.

Der Sohn eines Katasterbeamten verbringt ein äußerlich eher ereignisarmes Leben. Er verliert seine Mutter mit fünf, seinen Vater mit 21 Jahren und heiratet 1863, im Todesjahr des Vaters, die sieben Jahre ältere Deutsche Marie Gerhard. Seinen Lebensunterhalt bestreitet er in erster Linie als Englischlehrer an Gymnasien in Tournon, Besançon, Avignon und schließlich (ab 1871) Paris. Die ersten gedruckten Gedichte zeigen den Einfluss insbesondere Charles Baudelaires und erscheinen seit 1862 in diversen Zeitschriften, allein zehn 1866 im *Parnasse contemporain*. 1864 beginnt die Arbeit an dem den Autor noch an seinem Lebensende beschäftigenden dramatischen Gedicht »Hérodiade« (»Herodias«), von dem 1871 im *Parnasse* eine einzelne Szene veröffentlicht wird – Dokument und zugleich Infragestellung des M.schen Ästhetizismus. Die ebenfalls in den 1860er Jahren begonnene Ekloge »L'après-midi d'un faune« (1876; »Der Nachmittag eines Fauns«), die Claude Debussy später zur Komposition eines berühmt gewordenen »Prélude« veranlasst, führt aufgrund ihrer sprachlichen Kühnheiten schließlich zum Bruch mit den klassizistischen Parnassiens. Generell zeichnen sich M.s ambitionierte

spätere Dichtungen (u. a. »Prose pour des esseintes«, 1885; »Ses purs ongles«, 1887; »À la nue accablante«, 1894) durch eine zunehmende Dunkelheit und Vieldeutigkeit, durch die Auflösung eindeutiger syntaktischer Bezüge und eine innere Fragmentierung ihrer Bilderwelt aus. Einen äußersten Vorstoß in diese Richtung stellt M.s letztes Gedicht dar, »Un coup de dés« (»Ein Würfelwurf«), das in der vom Autor gewünschten typographischen Präsentation auf 11 Doppelseiten erst 1914 postum erscheint. Nach Art einer musikalischen Partitur ist der aus Wörtern unterschiedlicher Schriftform und -größe gebildete Textkörper hier großflächig über das leere Papier versprengt und zu mannigfache Sinnzusammenhänge ermöglichenden Figuren geordnet. Die heterogenen Bilder des Textes gelten dem Vorwort als »subdivisions prismatiques« der zentralen Idee.

In den 1880er und 90er Jahren tritt M. verstärkt auch als Kunstkritiker und -programmatiker in Erscheinung. Er entwickelt seine Ansichten in geselliger Runde an den berühmten ›mardis‹ in seiner Privatwohnung in der Rue de Rome, wo sich die führenden Köpfe der antinaturalistischen Strömungen der Zeit treffen (darunter Paul Verlaine, Joris-Karl Huysmans, André Gide, Stefan George, Oscar Wilde, Valéry, Édouard Manet, Paul Gauguin, Debussy), aber auch in einer Reihe theoretischer Essays (»poèmes critiques«), deren wichtigste er 1897 in der Sammlung *Divagations* zusammenfasst. Neben Fragen der Dichtung und ihrer Theorie geht es hier auch um die benachbarten Künste Musik und Ballett, Pantomime und Theater, die nicht zuletzt im Hinblick auf ein totalisierendes Konzept der Poesie als einer die Qualitäten der anderen Künste in sich vereinigenden Über- oder Gesamtkunst M.s Interesse finden. Die Überlegungen zielen dabei über den Bereich des Ästhetischen im engeren Sinn weit hinaus auf eine Grundlegung der Gesellschaft mit Hilfe einer kultisch gewordenen Poesie. Vor allem die unter der Überschrift »Offices« versammelten Texte träumen von einer neuen ›poetischen‹ Religion, ohne die das Gemeinwesen nicht möglich sei, einer »religion d'état«. Die aus dem Nachlass herausgegebenen Notizen zu M.s unvollendetem »Livre«-Projekt sind diesem hochfliegenden Poesiekonzept verpflichtet. Dass der Traum von der gemeinschaftsstiftenden Funktion der Poesie freilich nur der Traum eines aus allen öffentlichen Belangen ausgeschlossenen Dichters ist, wird von M. deutlich reflektiert.

Werkausgaben: Gedichte. Frz./dt. Hg. G. Goebel. Gerlingen 1993. – Kritische Schriften. Frz./dt. Hg. G. Goebel/B. Rommel. Gerlingen 1998.

Winfried Eckel

Malouf, David [George Joseph]
Geb. 20. 3. 1934 in Brisbane/Australien

David Malouf, Sohn libanesischer und englischer Eltern, studierte und unterrichtete in den 1950er Jahren an der University of Queensland in Brisbane und ging in den 1960er Jahren für längere Zeit nach England, wo er als Gymnasiallehrer tätig war. Wieder in Australien, war er Anglistik-Dozent an der Universität Sydney (1968–77). Seitdem lebt er abwechselnd in Australien und der Toskana. Für sein literarisches Werk erhielt er zahlreiche Preise und Ehrungen.

In seinem Debütroman *Johnno* (1975) schildert M. unter Verarbeitung autobiographischer Erfahrungen den Werdegang des Erzählers »Dante«, eines 30-jährigen Mannes, der als Schüler und Student mit dem verlogenen und rauflustigen wie romantischen und eindrucksvollen Johnno befreundet war. Dantes triste Alltagsexistenz in Brisbane und als Lehrer in Nordengland kontrastiert mit Johnnos Leben an exotischen Orten (dem Kongo, Paris, Athen, dem Hinterland Australiens). Der Erzähler kann weder das rätselhafte Lebensziel Johnnos noch seinen Zerfall bis zum Selbstmord verstehen, begreift schließlich aber doch, dass er auf der Suche nach alternativen Identitäten und der Vielfalt menschlicher Möglichkeiten war. Grundsätzlich interessiert sich M. für die Möglichkeit einer anderen Realität. Er lässt seine Figuren ihr Schicksal im detaillierten Hier und Jetzt erfahren, stattet sie aber mit einer Empfindsamkeit dafür aus, dass dies allein durch die eigene Subjektivität mit Leben erfüllt wird. Diese Anverwandlung der alltäglichen Außenwelt erfolgt kraft der menschlichen Phantasie in der Sprache, dem Denken und Handeln. In dem Roman *Harland's Half Acre* (1984; *Verspieltes Land*, 1989) verwirklicht er die Landschaften seines Lebens in Form eines ›halben Ackers‹ von Gemälden; in *Fly Away Peter* (1982) fixiert Jim Saddler das Wesen einer Sumpfgegend in seinen Beschreibungen. In der autobiographischen Skizzensammlung *12 Edmonstone Street* (1985), die über das Verhältnis zwischen kulturgeographischer Zugehörigkeit und Selbstwahrnehmung reflektiert, werden die Lebensrhythmen von M.s Eltern und Verwandten durch kunstvoll angeordnete Pflegerituale bestimmt. Die Zufallsordnung dieser Welt bildet ein Hauptthema in M.s Erzählwerk: Dazu gehören nicht zuletzt die Zufälligkeiten der Migrantenschicksale. Wo Wahlmöglichkeiten bestehen, spielen Willkür wie Zwanghaftigkeit eine Rolle. In der Novellensammlung *Child's Play, with Eustace and the Prowler* (1982) wählen Figuren Opfer aus, die zugleich an ihrer Opferrolle mitwirken. Der poetisch-meditative Roman *An Imaginary Life* (1978; *Das Wolfskind*, 1987) befasst sich mit dem an die Peripherie des Römischen Reichs verbannten Dichter Ovid. Aus seiner Welt kultivierter Urbanität herausgerissen, wird Ovid in der Gestalt eines verwilderten, stummen Kindes aus einer Barbarenregion mit unzivilisierter Primitivität konfrontiert. Seiner lateinischen Sprache beraubt, bringt der als Dichter verstummte Ovid dem Kind eine neue Sprache – Gotisch – bei. Dadurch schafft er selber einen Neubeginn und trägt seinen Teil zu einer neuen Phase der Weltgeschichte bei. Die Konstellation zeigt eine deutliche Parallele zur ›antipodischen‹ Tradition Australiens.

M.s Interesse für Ovid wird zugleich von seiner eigenen Dichtkunst genährt. Sein lyrisches Werk ist in folgenden Sammlungen erschienen: *Four Poets* (1962), *Bicycle and Other Poems* (1970; Neuauflage 1979 als *The Year of the Foxes and Other Poems*), *Neighbours in a Thicket* (1974), *Poems 1975–76* (1976), *Selected Poems* (1980), *Wild Lemons* (1980), *First Things Last* (1980) und *Poems 1959–89* (1992). Für M.s Dichtkunst sind die gleichen Merkmale charakteristisch wie für seine Romane und Kurzgeschichten: ein distanziert-urbaner Duktus, eine eindringliche, konkrete Bildlichkeit, die Demonstration des in der Gegenwart fortwirkenden Vergangenen, die Rolle der Sprache als Vermittlungsinstanz zwischen Wandel und Kontinuität, Individuum und Weltganzem. – In seinen Kurzgeschichten steuert M. motivisch und methodisch einen Mittelkurs zwischen seinen Gedichten und seinen Romanen. Von seinen in *Antipodes* (1985; *Südlicher Himmel*, 1999), *Untold Tales* (1999) und *Dream Stuff* (2000) zusammengestellten Erzählungen besitzen die Texte in *Antipodes* die größte thematische Kohärenz. Die Geschichten sind ›antipodisch‹, insofern sie sich zwischen den Welten Europas und Australiens bewegen, um zunächst Generationen und Kulturen aufeinanderprallen zu lassen, dann aber Möglichkeiten der Überwindung solcher Gegensätze anzudeuten: Während die weißen Australier europäisches Erbe auf den fünften Kontinent verpflanzen, sehen sie zwangsläufig Europa von den Antipoden aus mit ganz anderen Augen. Die daraus resultierenden oszillierenden Wechselbeziehungen erlauben Australiern ein neues Identitätspotential. – Wenn historische Determinanten hier ihre Rolle spielen, trifft dies noch mehr für die jüngeren Romane M.s zu. Der mehrfach preisgekrönte Roman *The Great World* (1990; *Die große Welt*, 1991) dreht sich um das Schicksal von zwei Soldaten, die während des Zweiten Weltkriegs in einem japanischen Gefangenenlager interniert sind, ihren Werdegang, ihre Konflikte, ihr Verhältnis zu Australien und seinen Mythen. Darüber hinaus wird ein Panorama von 70 Jahren australischer Geschichte entworfen, das Fragen historischer Wahrheit aufwirft. *Remembering Babylon* (1993; *Jenseits von Babylon*, 1996) schildert das Leben eines weißen Jungen, der im 19. Jahrhundert unter die Aborigines gerät und von ihnen aufgezogen wird, danach in die ›Zivilisation‹ der weithin feindseligen europäischen Siedlergemeinschaft gelangt und lernen muss, mit seinem zwiespältigen Bewusstsein zurechtzukommen. Schauplatz von *The Conversations at Curlow Creek* (1996; *Die Nachtwache am Curlow Creek*, 1997) ist ein *Outback*-Gefängnis während einer Nacht im Jahre 1827, in der ein Sträfling vor seiner Hinrichtung wegen der Teilnahme an einem Aufstand verhört wird. Die Gesprächspartner, die die Vergangenheit aufrollen, sind beide Iren, der Offizier jedoch hat ein privilegiertes Leben genossen, während der Sträfling nur Elend gekannt hat. Fragen der Freiheit/Unterdrückung, des Guten/Bösen in einer ungerechten Welt bleiben letztlich ungeklärt, als der Sträfling entkommt und der Offizier verschwindet, wohl um als *bushranger* neu anzufangen. Der legendenumwobenen Geschichte Australiens entsprechend durchsetzt M. seinen Roman mit intertextuellen Anspielungen: Dazu gehört der legendäre Ludwig Leichhardt, der schon Patrick Whites *Voss* (1957) inspirierte, aber auch die sprachliche Textur, die etwa an Volksballaden erinnert (die Haupthandlung knüpft lose an der Historienballade »The Wild Colonial Boy« an). Wie viele zeitgenössische Romanciers Australiens bringt M. die Vergangenheit der Kolonialgeschichte ans Licht. – Neben seinem narrativen und lyrischen Werk hat M. auch ein Theaterstück (*Blood Relations*, 1988) und Opernlibretti verfasst sowie Anthologien herausgegeben. Seine subtilen, kenntnisreichen Ansichten zur Literatur finden sich in *New Currents in Australian Writing* (1978) und *A Spirit of Play: The Making of Australian Consciousness* (1998).

Gordon Collier

Malraux, André
Geb. 3. 11. 1901 in Paris;
gest. 23. 11. 1976 in Créteil bei Paris

Als Antiquar und aufstrebender Dichter gehörte André Malraux in den zwanziger Jahren des 20. Jahrhunderts zur Pariser Kulturszene. Nach ausgedehnten Reisen und einem längeren Aufenthalt in Asien veröffentlichte er die Studie *La tentation de l'Occident* (1926; *Lockung des Okzidents*, 1966), in der er – in thematischer Anlehnung an Oswald Spenglers *Niedergang des Okzidents* – eine düstere Vision des Westens entwarf. Auch in den Abenteuerromanen, die in den folgenden Jahren entstanden, *Les conquérants* (1928; *Die Eroberer*, 1929), *La voie royale* (1930; *Der Königsweg*, 1963), *La condition humaine* (1933; *So lebt der Mensch*, 1934) schöpfte M. aus den Erfahrungen seines politischen Engagements in Asien (er nahm an der kommunistischen Revolution in China teil) und versetzte eine spannungsgeladene Handlung mit reflexiven Passagen, um anhand mehrerer Episoden aus der chinesischen Revolution die Bedeutung der Geschichte für den Einzelnen und die Befindlichkeit des Menschen in einer vom Bewusstsein des Todes bestimmten Existenz zu beschreiben.

Sowohl in seinen Romanen und Essays als auch in seinem bedeutendsten, jedenfalls anspruchsvollsten literarisch-philosophischen Werk *Antimémoires* (1967; *Anti-Memoiren*, 1968) thematisierte Malraux die existentielle Verzweiflung des modernen Menschen angesichts der begrenzten Zeit, die er zum Leben hat. Entsprechend tritt er in den Anti-Memoiren auf: »Der Mann, den man hier begegnen wird, ist derjenige, der sich der Frage nach der Bedeutung des Todes für die Welt angenommen hat.« Für M. wie für Jean-Paul Sartre steht der Mensch allein vor dem Nichts, wie Albert Camus sieht M. im gemeinschaftlichen revolutionären Handeln die Möglichkeit, dem Leben einen Sinn zu geben. In der Erkenntnis, dass auch solches Handeln für das Individuum sinnlos bleibe, liegt der tragische Humanismus M.: Denn kein revolutionäres Handeln kann den Tod transzendieren.

Dennoch war M. ein handelnder Intellektueller. Er kämpfte im Spanischen Bürgerkrieg für die Republik und also gegen die franquistischen Truppen und im französischen Untergrund gegen die deutsche Besatzung während des Zweiten Weltkriegs. Nach der Befreiung Frankreichs und dem Ende des Zweiten Weltkriegs stellte er seine rhetorische Energie in den Dienst der politischen Realität und war entscheidend an der Gründung der gaullistischen Partei Rassemblement du Peuple Français beteiligt. Schließlich trat er 1959 der Regierung De Gaulles bei und war bis 1969 Kulturminister. Sein politisches Profil war stets von seinem wissenschaftlichen und schriftstellerischen Ansehen, seine intellektuelle Haltung stets von politischem Handlungswillen geprägt. Wie kein anderer verstand es M., Kultur und Politik miteinander zu vereinbaren, war er eine schillernde Gestalt des öffentlichen Lebens in Frankreich: konservativer Politiker und liberaler Kunstvermittler, Kulturminister und Kulturtheoretiker.

Dass Kultur kein kohärentes, schon gar nicht chronologisch rekonstruierbares Narrativ kenne, sondern eine bruchstückhafte und vielstimmige Erzählung sei, und dass die Bedeutung der Tradition nicht in der Fortführung bestehe, sondern in der kreativen Zerstörung durch Erneuerung, sind die Leitgedanken seiner Kulturtheorie. Dass das künstlerische Schaffen, dass die Kunst das sei, was der Mensch dem Tod entgegensetzt, ist der Leitgedanke seiner Kulturphilosophie. »Das Problem, das sich uns heute stellt«, erklärte M. in einem Vortrag über »den Menschen und die künstlerische Produktion« an der Sorbonne 1946, »ist zu wissen, ob in diesem alten Europa der Mensch tot ist.« Der Tod ist für M. eine philosophische Herausforderung, der sich der Mensch ästhetisch stellt. Kunst ist nicht zuletzt Auflehnung gegen den Tod – nicht Religion, sondern »anti-destin«, Gegen-Schicksal. So ist Kunst der immer neue und sich immer erneuernde Versuch, sich gegen das Schicksal zu wenden und eine ursprüngliche Sinngebung der menschlichen Existenz in der Welt darzustellen.

M.' Hauptwerk ist eine kunstphilosophische Studie: *Les voix du silence* (1951; *Stimmen der Stille*, 1956). Der Titel bezieht seine poetische Suggestivkraft aus der oxymoronen Konstruktion: Stille ist Lautlosigkeit, während Stimme Laut bedeutet. Kunst sei also mehrstimmig und zugleich lautlos, eine sprechende Stille. Dagegen sind die Titel der vier Teile vergleichsweise pragmatisch und weisen schlicht auf das behandelte Thema hin: »Le musée imaginaire« (»Das imaginäre Museum«) steht für die Gesamtheit der Kunst, die im idealen Museum gezeigt werden kann; »Les métamorphoses d'Apollon« (»Die Verwandlungen des Apollon«) steht metaphorisch für die Kontinuität der sakralen Kunst; »La création artistique« (»Die künstlerische Gestaltung«) behandelt die Emanzipation der Kunst seit der Renaissance und ihre Autonomie; »La monnaie de l'absolu« (»Das Lösegeld des Absoluten«) ist eine kulturphilosophische Deutung der modernen Kunst.

Zum Universum der Kunst deklarierte M. eine Erfindung des europäischen 19. Jahrhunderts: das Kunstmuseum. Die Institution des Kunstmuseums hat die Werke von ihrer Funktion als Gebrauchs- oder Kultgegenstände befreit und aus ihrem geschichtlichen Kontext herausgelöst: Ein Porträt, das im Museum hängt, ist kein Abbild mehr, sondern nur ein Bild – nicht mehr nach ihrem lebensweltlichen Bezug werden die Werke beurteilt, sondern nur noch nach ihrer ästhetischen Aussagekraft. Das imaginäre Museum enthält die ganze Kunst der Menschheit und erlaubt so, einen universalen Begriff der Kunst zu formulieren, der auf der Kenntnis aller Stile aller Epochen beruht, keiner besonderen Ideologie mehr verpflichtet und für die gesamte Geschichte der Kunst offen ist. Oft missverstanden, wurde M.' Begriff des imaginären Museums zum Schlagwort für phantasievolle oder bloß unrealistische museale Unternehmungen – als kunstphilosophischer und -psychologischer Versuch, künstlerische Motivation und künstlerisches Schaffen umfassend zu beschreiben und zu vergleichen, ist *Le musée imaginaire* ein kanonisches Werk des 20. Jahrhunderts.

Nicht eine geradlinige Kunst- oder Kulturgeschichte leitet M.' Vorhaben, sondern die Bemühung, verschiedene Stile verschiedener Epochen aufeinander zu beziehen und so besser zu verstehen. Im imaginären Museum erkennt man zum erstenmal, dass jede Kunstrichtung aus der vorherigen entstanden ist, die imitiert, aufgenommen und dann zerstört wurde; jede neue Kunstrichtung ist eine Interpretation einer vergangenen und verändert als solche deren Verständnis. So ist denn auch der Grundbegriff in M.' Kunsttheorie »métamorphose«, Verwandlung. Auch in den Studien, die in *La métamorphose des Dieux* (1976; *Die Metamorphose der Götter*, 1978) gesammelt wurden, führt er durch Vergleiche über Zeiten und Stile hinweg die Beschreibung der Kunst als einen sich aus sich selbst stets regenerierenden, universellen und zeitlosen Diskurs fort, der auch ein Versuch ist, die bedrohenden, unheimlichen Ängste auf ein menschlich erträgliches Maß zurückzuführen. Diese progressive Humanisierung bewirkt die Zersetzung der Ewigkeitswerte und den Verlust des Absoluten in der Moderne, während die Reproduzierbarkeit den Verlust des Auratischen bewirkt – auch deshalb ist das Museum ein sakraler Ort, weil es von der Realität getrennt und vom Tod nicht beeinträchtigt ist.

Für M. wie für Friedrich Nietzsche ist die Kunst die »eigentliche metaphysische Tätigkeit« des Menschen, weil sie den Menschen über die Begrenztheit seiner eigenen Existenz hinwegtröstet und ihm Unsterblichkeit vorspiegelt. Dennoch sah M., wie Theodor W. Adorno, in der Kunst keine Ersatzwelt, in der Erlösung möglich wäre, sondern eine andere Realität. »Die Welt der Kunst«, weiß M., »ist keine idealisierte, sondern eine grundsätzlich andere Welt.« Aber anders als Adorno, der die Kunst als inhärenten Reflex der sozialen Wirklichkeit ansah, wollte Malraux die Aussagekraft eines Werks unabhängig von seinem sozial-historischen Kontext betrachten und im *l'art pour l'art* der Moderne die Befreiung zur rein ästhetischen Bewertung erkennen.

Weil aber M. Kunst als Kultur versteht, ist künstlerisches Schaffen, dieser »sehr alte Wille zu einer autonomen Weltgestaltung«, nicht zu trennen von der Geschichte, und das imaginäre Museum ist nicht zuletzt auch ein Museum der Geschichte der Menschheit. M.' Philosophie der Kunst ist insofern auch eine Philosophie der Geschichte, als er weder Kunst noch Geschichte auf einem ungerissenen Erzählfaden ordnen will, sondern ein gebrochenes, mäanderndes Narrativ voraussetzt und Tradition als ständige Wandlung, als Verwandlung begreift. Aber die Zeit der Kunst ist nicht die Dauer der Geschichte, denn »Geschichte versucht, das Schicksal in Bewusstsein zu verwandeln, und Kunst, es in Freiheit zu verwandeln«. Weil Freiheit immer Freiheit vom Tod ist, ist Kunst ein Auflehnen gegen den Tod, Gegen-Schicksal eben. Gegen die unabwendbare Sterblichkeit des Menschen setzte M. das imaginäre Museum als Beweis für die Unsterblichkeit der Menschheit.

Stefana Sabin

Mandel'štam, Osip

Geb. 15. 1. 1891 in Warschau;
gest. 27. 12. 1938 in einem Transitlager bei Wladiwostok

Osip Mandel'štam, im 20. Jahrhundert »Rußlands größter Dichter« (Iosif Brodskij), ist als Lyriker, Prosaschriftsteller und Essayist eine der zentralen Gestalten der klassischen Moderne. Der Vater kam aus einem Schtetl in der Gegend von Kaunas, hatte in Berlin studiert und betrieb einen Lederhandel. Die Mutter entstammte einer jüdischen Intellektuellenfamilie aus Wilna. Die Familie wohnte bis 1897 in Pawlowsk bei St. Petersburg, dann in der Hauptstadt selbst, wo M. von 1899 bis 1907 die liberal ausgerichtete Tenischew-Schule besuchte. Ende 1907 bis Mai 1908 studierte er an der Faculté des Lettres der Pariser Sorbonne und besuchte dort u. a. die Vorlesungen des Philosophen Henri Bergson. Er reiste in die Schweiz und nach Italien und ver-

brachte das Wintersemester 1909/10 in Heidelberg. Dort hörte er Vorlesungen und Übungen v.a. zur französischen Literatur des Mittelalters. Nach kurzen Aufenthalten in der Schweiz, in Italien, Finnland und Berlin ließ sich M. im Mai 1911 nach methodistisch-episkopalem Ritus taufen, um unter Umgehung der Dreiprozentquote für Juden sein Studium an der Petersburger Universität fortführen zu können.

Schon früh begriff sich M. als Dichter – bereits 1907 wurden zwei seiner Texte in der Schülerzeitung der Tenischew-Schule abgedruckt. Der eigentliche Beginn einer intensiven literarischen Tätigkeit fällt in die Pariser Zeit. M. begeisterte sich für die französischen *poètes maudits* und das Schaffen des russischen Symbolisten Valerij Brjusov. Seit 1909 verkehrte er in Petersburger Literatenkreisen. Er schloss u. a. Bekanntschaft mit Vjačeslav Ivanov und Aleksandr Blok und debütierte 1910 mit einer Auswahl von Gedichten in der Literaturzeitschrift *Apollon*. Nach der endgültigen Rückkehr aus Westeuropa trat er 1911 der von Nikolaj Gumilev und Sergej Gorodeckij begründeten »Dichterzunft« bei. Hier lernte er Anna Achmatova kennen, die für ihn bis ans Lebensende wichtige Bezugsperson und poetische Dialogpartnerin blieb.

Der Subjektivismus der frühen Gedichte mit ihrem Kontrast zwischen einem wachsam empfindenden Ich und einer amorph-nebelhaften Welt verrät noch den Einfluss der symbolistischen Dichtung der Jahrhundertwende. Zugleich zeigt sich in diesen Texten eine Hinwendung zum Dinghaften und Konkreten, zur fasziniert aufgenommenen urbanen Alltagswelt St. Petersburgs, dieses »Laboratoriums der Moderne« (Karl Schlögel). Hier ist von Tennis und Fußball die Rede, vom »Kinematograph« und von »Automobilen«, die als »Libellen und Stahlkäfer« über die Uferstraße der Newa »dahinfliegen«. Die Abkehr vom mystizistischen Symbolismus wurde zum Programm der 1912 aus der »Dichterzunft« hervorgegangenen Gruppierung des »Akmeismus«, deren Mitglied M. wurde. Sein um 1913 entstandenes, 1919 veröffentlichtes Manifest »Utro Akmeizma« (»Der Morgen des Akmeismus«) formulierte eine Poetik der Klarheit und Präzision, die insbesondere in einem »Geist des Bauens« Ausdruck finden sollte. Die architektonische Thematik ist zentral für das frühe Schaffen: *Kamen'* (1913, erw. 1915; *Der Stein. Frühe Gedichte 1908-1915*, 1988) lautet der Titel des ersten Gedichtbands.

In Essays wie »Slovo i kul'tura« (1921; »Das Wort und die Kultur«) und »O prirode slova« (1922; »Über die Natur des Wortes«) gibt M. seiner Poetik eine neoklassizistische Ausprägung: Homer, Ovid und Catull, Aleksandr Puškin u. a. sind seine Gewährsleute für einen immer lebendigen Dialog mit dem kulturellen Gedächtnis. Nadežda Mandel'štam, die Ehefrau des Dichters, durch deren *Vospominanija* (1970; *Das Jahrhundert der Wölfe. Eine Autobiographie*, 1971) Leben und Werk M.s einem größeren Publikum bekannt wurden, berichtete, ihr Mann habe auf die Frage nach der inhaltlichen Bestimmung des Akmeismus geantwortet:»Sehnsucht nach Weltkultur«.

Die Jahre des Bürgerkriegs (1917–22) verbrachte M. unter wechselnder Herrschaft in Petrograd, Moskau, Kiew, auf der Halbinsel Krim und in Georgien. Er erlebte Terror und Gewaltexzesse von Seiten der Roten wie der Weißen. Von »Sehnsucht nach Weltkultur« zeugen auch die vor dem Hintergrund von Bürgerkrieg und revolutionärer Gewalt entstandenen Texte des Bandes *Tristia* (1922; *Tristia. Gedichte 1916–1925*, 1993; 1923 in anderer Zusammenstellung als *Vtoraja kniga*; *Zweites Buch*). Hier artikuliert sich das Bewusstsein der Zeitenwende, deren Ambivalenz M. schon 1918 in den düster-apokalyptischen Bildern des Gedichts »Sumerki svobody« (»Die Dämmerung der Freiheit«) thematisiert hatte. Er begriff die Auseinandersetzung mit seiner Zeit als höchste Aufgabe des Dichters. Bei allem Anspielungsreichtum verweist die komplexe Bildlichkeit seiner Texte durch die kulturphilosophischen und mythologischen Schichten hindurch stets auf ein persönliches Durchleben des geschichtlichen Moments.

Die Gedichte der Jahre 1921 bis 1925, unter ihnen einige von M.s wichtigsten Werken wie »Grifel'naja oda« (»Die Griffelode«) »Vek«

(»Das Jahrhundert«), »1 janvarja 1924« (»1. Januar 1924«), fanden gemeinsam mit Texten aus *Kamen'* und *Tristia* Eingang in den Band *Stichotvorenija* (1928; Gedichte) – sein letzter Gedichtband zu Lebzeiten. Aus Abscheu vor der Politik der sowjetischen Machtorgane und vor einer Literatur, die, so formulierte M. in *Četvertaja proza* (entst. 1929/30, 1966; *Vierte Prosa*, in: *Das Rauschen der Zeit*, 1985), nur noch aus »im voraus genehmigten Sachen« bestand, ging er mehr und mehr den Weg in ein inneres Exil. »Nein, niemals war ich jemandes Zeitgenosse«, lautet der Titelvers eines Gedichts von 1924.

Von 1925 an schrieb M. abgesehen von einigen Kinderversen fünf Jahre lang keine Gedichte. Er befasste sich mit Auftragsarbeiten, v.a. Übersetzungen, und wandte sich der Prosa zu. Die autobiographische Erzählung *Šum vremeni* (1925; *Das Rauschen der Zeit*, 1985) liefert in sinnlich-assoziativen Kindheitserinnerungen ein Panoptikum der vorrevolutionären Jahre in Petersburg. In dem Experimentalroman *Egipetskaja marka* (1928; *Die ägyptische Briefmarke*, 1965) zeigt sich M. als Meister modernistischer Erzählkunst. Gesammelte literaturkritische und kulturphilosophische Arbeiten erschienen in *O poèzii* (1928; *Über die Poesie*, in: *Über den Gesprächspartner. Gesammelte Essays 1913–1924*, 1991). Die aufgrund seiner unabhängigen Haltung gegenüber dem Literaturapparat ohnehin schwierige Lage M.s verschärfte sich 1928/29 durch einen Urheberrechtsstreit, der ihn in Schriftstellerkreisen weitgehend isolierte. Die M.s lebten in ständiger materieller Not und waren auf Zuwendungen von Freunden und Kollegen angewiesen. Durch Protektion des Parteifunktionärs Nikolaj Bucharin konnte M. 1930 eine Armenienreise antreten. Eigentlich beauftragt, den Fortgang des Fünfjahresplans zu dokumentieren, fand er unter dem Eindruck der Reise zur Lyrik zurück und verfasste einen zwölfteiligen Armenien-Zyklus. Seit 1931 lebten die M.s wieder in Moskau. Einige Gedichte aus dieser Zeit und Reiseeindrücke unter dem Titel *Putešestvie v Armeniju* (*Die Reise nach Armenien*, 1983) wurden 1931 bis 1933 in Zeitschriften publiziert. Das essayistische Hauptwerk *Razgovor o Dante* (entst. 1933, 1966; *Gespräch über Dante*, 1984), in dem M. in produktiver Auseinandersetzung mit der *Divina Commedia* die Grundlagen seiner eigenen Poetik und Philologie formulierte, erschien in Russland erst 1967.

Im November 1933 verfasste M. ein Epigramm auf Stalin, das er mehrfach im privaten Kreis vortrug. Die bitterbösen Verse zeichnen den Diktator als »Seelenverderber und Bauernschlächter« mit »Kakerlakenschnauzbart« und Fingern »wie Maden so fett«. Wegen dieses Textes wurde M. im Mai 1934 verhaftet und zu drei Jahren Verbannung verurteilt. Verbannungsort war zunächst Tscherdyn im Ural. Nach einem Suizidversuch erhielt M. noch im Juni desselben Jahres das Recht, den Ort seiner Verschickung selbst zu bestimmen, und entschied sich für das südrussische Woronesch. Die dort entstandenen Gedichte, gesammelt in drei »Woronescher Heften«, bilden einen letzten Höhepunkt im Schaffen M.s. In den Vordergrund rückt das Thema der Selbstaufopferung des Dichters, das er in dem »kosmischen Oratorium« (Roman Timenčik) der »Stichi o neizvestnom soldate« (»Verse vom unbekannten Soldaten«) zu einer apokalyptischen Vision künftiger Kriege und Massenvernichtungen ausweitete. Auf eine Aussöhnung mit Stalin hoffend, verfasste er 1937 als eine Art Gnadengesuch seine »Ode« an Stalin: bis heute sein umstrittenstes Werk und zugleich ein einzigartiges Dokument der Tragödie der russischen Intelligenz in der Stalinzeit. Nach der Rückkehr aus der Verbannung wurde M. im Mai 1938 erneut verhaftet und wegen »antisowjetischer Tätigkeit« zu fünf Jahren Lagerhaft verurteilt. Wenige Monate später starb er in einem Lager bei Wladiwostok.

Seine Witwe rettete die größtenteils unpublizierten Gedichte der 1930er Jahre vor der Vernichtung. Zum ersten Mal wurden sie 1964 in den USA veröffentlicht. 1973 konnte in der Sowjetunion eine – allerdings durch Zensureingriffe entstellte – Auswahl von M.s Gedichten erscheinen. Erst die Perestroika ermöglichte eine breite Forschung und umfassende Veröffentlichung seines Werks in Russland. In Deutschland legte Paul Celan bereits 1959 einen Band mit M.-Übersetzungen vor. Der Übersetzer, Lyriker und Essayist Ralph Dutli hat mit seiner zehnbändigen Gesamtausgabe den deutschsprachigen Leser/innen die Werke M.s in größtmöglicher Vollständigkeit und überragender übersetzerischer Qualität zugänglich gemacht.

Werkausgabe: Das Gesamtwerk. 10 Bde. Hg. R. Dutli. Zürich 1985–2000.

Jens Herlth

Mándy, Iván
Geb. 23. 12. 1918 in Budapest; gest. 6. 10. 1996 in Budapest

»Als Schüler träumte ich von einer Fußballerkarriere. Es stellte sich bald heraus, daß ich überhaupt kein Talent für den runden Ball hatte. Ich begann zu schreiben. Ich war etwa 16 oder 17 Jahre alt, als ich während eines Spiels etwas bemerkte. Ein alter Vagabund überquerte den Platz, setzte sich auf eine Bank und schlief ein. Das wurde meine erste Novelle. Damit stieß ich auf das Grundthema, oder eher: Das Grundthema fand mich. Seitdem kommen meine Helden daher, winken ab und schlafen ein.«

Wie James Joyce, Franz Kafka oder William Faulkner ihre jeweilige Umgebung Dublin, Prag und Oxford/Mississippi in fiktive literarische Welten von universeller Geltung verwandelten, so schuf Iván Mándy seine unvergleichliche Erzählwelt aus den Details einer Epoche Budapests, das vom Zweiten Weltkrieg und von der kommunistischen Machtergreifung in Ungarn drastisch in zwei unvereinbare Geschichtsperioden gespalten wurde. M. gehörte zu den Schriftstellern, die mit bürgerlichem Ethos und künstlerischer Konsequenz in der imaginären Welt ihrer Werke eine Einheit zwischen den beiden historischen Extremen darzustellen versuchten.

M.s Vater, ein leichtsinniger und versponnener Journalist, schleppte nach der frühen Trennung von seiner Frau den Sohn überallhin mit sich: in die Hotels, in denen er abstieg, in die Redaktionen, in denen er seine Schriften unterbrachte, in die Kaffeehäuser, Theater und Kinos, wo er die Abende und Nächte verbrachte. M. selbst war später fasziniert vom »Tiefwasser« dieses Halbweltlebens, unterbrach früh seine Studien und versuchte sich als Autor. Von 1945 bis Mitte der 1990 Jahre erschienen seine Erzählungen regelmäßig in Zeitschriften und Sammelbänden, abgesehen von den 1950er Jahren, in denen er als »bürgerliches Relikt« und »unverbesserlicher Pessimist« nicht publizieren durfte. Auch wurde M. die Monotonie seiner Werke vorgeworfen; diese jedoch war seine spezifische Stärke. Die Welt seiner Erzählungen ist tatsächlich begrenzt, dafür aber umso unerschöpflicher. Sie besteht aus den schäbigen Mietshäusern, öden Plätzen, muffigen Kinos und asylartigen Cafés bestimmter Bezirke von Budapest und ist bevölkert von kleinen Leuten und zweifelhaften Existenzen, alles Heruntergekommene und Hilfsbedürftige. M. verbrachte sein ganzes Leben an diesen Schauplätzen, er kannte ihre charakteristischen Bewohner genau, erlebte aber ihre Welt, als ob er sie träumte. Sie kam ihm vertraut und heimisch und zugleich beängstigend und fremd, ja absurd vor. Die Grenzen von Wirklichkeit und Einbildung, Bewusstsein und Traum, Vergangenheit und Gegenwart, Mensch und Gegenstand verwischen sich in M.s Texten. Alles bröckelt und zerfällt, verliert seinen Sinn und sein Ziel.

Dafür fand M. in der Gattung der Novelle die adäquate Form. Zwar schrieb er zunächst autobiographisch inspirierte Romane, die Kindheitserinnerungen aus dem Großstadtmilieu impressionistisch verarbeiten, doch sind auch sie im Grunde lose geknüpfte Folgen von Novellen: *Francia kulcs* (1948; Der Franzose), *A huszonegyedik utca* (1948; Die einundzwanzigste Straße). In den 1950er Jahren zum Schweigen verurteilt, beschrieb M. den Zustand des Zurückgesetztseins, den bedrückenden Alltag in Furcht und Elend, die Welt der »an den Rand des Spielfelds« gedrängten Intellektuellen und Schriftsteller in *Fabulya feleségei* (1959; Die Frauen des Fabulya, 1966). Im lyrisch-surrealistischen Roman *A pálya szélén* (1963; Am Rand des Spielfelds, 1971) schuf er durch Bilder und Szenen der vorstädtischen Fußballtradition eine poetisch-groteske Parabel des ins Mythische erhöhten Kampfes von Gut und Böse. Von den 1960er Jahren an herrscht im Werk M.s endgültig die Novelle (und das Hörspiel) vor, oft zu Zyklen angeordnet, so unter anderem in *Az ördög konyhája* (1965; Die Küche des Teufels), *Séta a ház körül* (1966; Spaziergang um das Haus herum), *Régi idők mozija* (1967; Kino alter Zeiten, 1975), *Mi az, öreg?* (1972; Was gibt's, Alter, 1975), *Fél hat felé* (1974; Gegen halb sechs) und *Tájak, az én tájaim* (1981; Landschaften, meine Landschaften). Neben den beiden vollständig übersetzten Zyklen liegen Auswahlbände in deutscher Übersetzung vor: *Erzählungen* (1966, 1975).

Miklós Györffy

Mankell, Henning
Geb. 3. 2. 1948 in Stockholm

Henning Mankell zählt zu den vielseitigsten und erfolgreichsten Schriftstellern der schwedischen Gegenwartsliteratur. Sein umfangreiches Werk umfasst Romane, Kinder- und Jugendbücher, Theaterstücke, Drehbücher sowie Bühnenfassungen von Erzählungen anderer Autoren, unter anderem von Lev Tolstoj, Mark Twain und Torgny Lindgren. Das Ziel, Schriftsteller zu werden, stand M. schon früh vor Augen, dennoch widmete er sich zunächst dem Theater. Er verließ die Schule als Gymnasiast, verbrachte einige Zeit in Paris und auch zur See und trat mit 17 Jahren in die Theaterschule in Skara ein. 1968 übernahm er eine Regieassistenz am Riksteater in Stockholm und arbeitete in den folgenden Jahren als Regisseur und Intendant an verschiedenen Bühnen in Schweden. Seine ersten Berufsjahre fielen in die Zeit der Ernüchterung linker Kreise über die Politik der sozialdemokratischen Regierung. Viele Literaten und Künstler begannen sich damals öffentlich in die politischen Debatten einzumischen, um gegen eine gesellschaftliche Fehlentwicklung Alarm zu schlagen. Dieses Klima des politisch-sozialen Engagements mit all seinem Aufklärungsoptimismus hat M. nachhaltig geprägt. Damals fand er zu einem Standpunkt, der ihn als Schriftsteller ebenso inspirierte wie provozierte und an dem er über die Jahre hin festhielt. Noch Jahrzehnte später äußerte er: »Ich habe niemals an der Richtigkeit der sozialistischen Grundidee der Solidarität gezweifelt. Ich bin ein Linker und werde es bleiben, so lange ich lebe.«

Die Ursachen für die gesellschaftliche und wirtschaftliche Misere Schwedens, von welcher ein großer Teil seiner Romane handelt, sieht M. im Scheitern des Wohlfahrtsstaats, in dem er spätestens seit den 1950er Jahren nur noch eine Illusion sehen kann. Der Mangel an Solidarität in der Vielzahl seiner Aspekte wird zu einem wiederkehrenden Thema, das M. bereits in seinem ersten, 1973 veröffentlichten Roman problematisiert. Am Beispiel eines verunglückten Sprengmeisters wird darin die Geschichte der schwedischen Arbeiterbewegung behandelt, um zu zeigen, wie bereits die zweite Generation die Seiten zu wechseln beginnt, weil sie sich den ursprünglichen Ideen der Bewegung entfremdet fühlt. 1972 hatte M. zum ersten Mal Afrika besucht, das ihm zur zweiten Heimat werden sollte. Die Konfrontation mit den Folgen des europäischen Kolonialismus sowie die Einsicht in die desolaten Praktiken der westlichen Industrienationen und ihrer Konsequenzen für den Kontinent lösten in ihm starke Reaktionen aus. M. verarbeitete seine Eindrücke in seinem zweiten Roman, der als Jugendbuch 1974 erschien. Wenn seine gesamte literarische und künstlerische Produktion auch durchwegs im Zeichen der Solidarität mit den Verlierern der Gesellschaft steht, so ist es seit jener Reise sein besonderes Ziel, die Leiden der schwarzen Bevölkerung in Afrika publik zu machen. Die geographischen Gegensätze Schweden und Afrika werden so zu Kristallisationspunkten, um die das gesellschaftskritische Schaffen des mit vielen in-

und ausländischen Preisen ausgezeichneten Erzählers fortan kreist. Seitdem M. 1986 die Leitung der 70köpfigen Gruppe des professionellen Teatro Avenida in Maputo in Mosambik übernahm, lebt er als Regisseur und Autor auch ständig »mit einem Fuß im Sand, mit dem anderen im Schnee«.

Seinen internationalen Ruhm verdankt M. der sog. Wallander-Serie (1991–99; dt. 1993–2002), einer neunbändigen Reihe spannender Kriminalromane, in deren Mittelpunkt die Ermittlungen des Kriminalkommissars Kurt Wallander stehen. M.s Absicht mit diesen Romanen war, mit Hilfe der meist auf tatsächlichen Vorfällen beruhenden Verbrechen den radikalen Wandel zu thematisieren, der sich in Schweden in diesem Jahrzehnt vollzog. Wallander, die sehr menschlich gezeichnete Identifikationsfigur der Serie, ist über das Vordringen der Kriminalität in alle Schichten und Winkel des Landes und die Zunahme an grausamer Gewalt zutiefst beunruhigt. Er teilt die Angst der Bürger vor einer Zukunft, in der die polizeilichen und juristischen Behörden mit der Bekämpfung der Gesetzlosigkeit gänzlich überfordert sein werden. Als leidenschaftlicher Einzelkämpfer löst er seine Fälle zwar nicht immer mit Eleganz, dafür oft genug unter Einsatz seines Lebens. Die Titel der Romane, von denen einige auch verfilmt wurden, lauten: *Mördare utan ansikte* (1991; *Mörder ohne Gesicht*, 1993), *Hundarna i Riga* (1992; *Die Hunde von Riga*, 1993), *Den vita lejoninnan* (1993; *Die weiße Löwin*, 1995), *Mannen som log* (1994; *Der Mann, der lächelte*, 2001), *Villospår* (1995; *Die falsche Fährte*, 1999), *Den femte kvinnan* (1996; *Die fünfte Frau*, 1998), *Steget efter* (1997; *Mittsommermord*, 2000), *Brandvägg* (1998; *Die Brandmauer*, 2001) und *Pyramiden* (1999; *Wallanders erster Fall*, 2002).

Ortrun Rehm

Mann, Erika
Geb. 9. 11. 1905 in München;
gest. 27. 8. 1969 in Zürich

Die Autorin musste erst wiederentdeckt werden; als profilierte Nebenfigur im Mannschen Familienroman war sie stets präsent: die älteste Tochter Thomas Manns und enge Vertraute des Bruders Klaus. Hans Sahl nannte sie Thomas Manns »politisches Gewissen«: Ihrem Drängen ist es zu verdanken, dass Thomas Mann seine in den ersten Exil-Jahren geübte Zurückhaltung aufgab und entschieden gegen das Nazi-Regime öffentlich Stellung bezog. Sie war sich ihres Einflusses auf den Vater bewusst – »Uns ist bei unserer Jugend eine große Verantwortung aufgeladen in Gestalt unseres unmündigen Vaters«, schrieb sie ihrem Bruder Klaus im August 1933 –, riskierte in diesem Fall aber einen handfesten Familienkrach. Nach 1948 machte Thomas Mann sie zu seiner »Sekretärin, Biographin, Nachlaßhüterin, Tochter-Adjutantin«, eine Aufgabe, die sie bis zum Ende ihres Lebens ausfüllte. Zudem war sie eine engagierte Streiterin für das Werk ihres Bruders: Sie besorgte die Edition der Bücher von Klaus Mann, kämpfte gegen das Verbot seines *Mephisto*-Romans. Darüber geriet die Schriftstellerin M., die neben journalistischen Arbeiten Sachbücher, Theaterstücke, Reiseführer und Kinderbücher publizierte, in Vergessenheit. »Die tänzerische Generation« überschrieb W. E. Süskind 1925 einen M. gewidmeten Aufsatz und kennzeichnete damit das Lebensgefühl einer Jugend, deren Existenzform die literarische Bohème war. Man trieb sich in zwielichtigen Etablissements herum, experimentierte mit Drogen, kultivierte Ästhetizismus und Dekadenz. Zu dem Kreis um die Mann-Geschwister gehörten neben Süskind Erich Ebermayer und Annemarie Schwarzenbach, Pamela Wedekind und Ricki Hallgarten. M. war Schauspielerin, engagiert an Bühnen in Frankfurt und München, auch in dem Film »Mädchen in Uniform« spielte sie, doch mit Leidenschaft bei der Sache war sie, als ein Theaterskandal in Szene gesetzt wurde: Klaus Manns Stücke *Anja und Esther* und *Revue zu Vieren*, 1925 bzw. 1926 uraufgeführt, waren weniger ein Ereignis für das Feuilleton als für die Klatschspalte, wirkten doch außerdem noch die Dichterkinder Pamela Wedekind und Thea Sternheim mit (und Gustaf Gründgens, kurzzeitig mit M. verheiratet, führte Regie). Ihre 1931 entstandene Komödie *Plagiat*, eine Satire auf den Theaterbetrieb, blieb unaufgeführt; das Manuskript galt lange als verschollen und wurde erst 1996 aufgefunden. Mit Klaus unternahm sie eine Weltreise; der gemeinsam verfasste Reisebericht *Rundherum* (1929) fasziniert noch heute dank des jugendlichen Charmes und der Chuzpe, mit der sie, ebenso unbekümmert wie schamlos, als die »Mann-Twins« des Nobelpreisträgers sich die Reisekosten zusammenschnorrten. Die literarische Produktion war ein Nebenprodukt, um das Abenteuer des Bohème-Lebens zu finanzieren: das Weihnachtsmärchen *Jans Wunderhündchen* (mit Ricki Hallgarten, uraufgeführt 1931), das Kinderbuch *Stoffel fliegt übers Meer* (1932) oder *Das Buch von der Riviera* (für die Reihe »Was nicht im Baedeker steht«, mit Klaus Mann, 1931). M.s Glossen, Plaudereien, Schmonzetten, kleine Feuilleton-Texte, en passant aufs Papier geworfen, sind ohne literarischen Ehrgeiz verfasst. »Seit kurzem gibt es einen neuen Typ Schriftstellerin«, schrieb sie in einem Beitrag für das Berliner Boulevardblatt *Tempo* 1931, »der mir für den Augenblick der aussichtsreichste scheint: Die Frau, die Reportage macht, in Aufsätzen, Theaterstücken, Romanen. Sie bekennt nicht, sie schreibt sich nicht die Seele aus dem Leib, ihr eigenes Schicksal steht still beiseite, die Frau berichtet, anstatt zu beichten.«

I of all people (Ausgerechnet ich) wählte sie als Titel für ihre Autobiographie, 1943 begonnen und fragmentarisch geblieben. Es sollte ein Bericht werden über ihre Erfahrungen und Aktivitäten seit Hitlers Machtergreifung, einem Datum, das M. ins Exil zwang und ihrem bislang richtungslosen Leben Sinn und Ziel verlieh. Zu Jahresbeginn 1933 hatte sie gemeinsam mit Therese Giehse in München das politisch-literarische Kabarett »Die Pfeffermühle« gegründet, das im selben Jahr in die Schweiz emigrierte und über 1000 Vorstellungen gab, dessen Erfolg sich aber nicht in die USA exportieren ließ: Die Eröffnungsvorstellung der »Peppermill« in New York Ende 1936 wurde ein Debakel und bedeutete das Ende des Unternehmens. In den folgenden Jahren des Exils hielt sie Hunderte von Lectures über das Leben in Deutschland und die Verbrechen des Regimes; auf Vortragstourneen quer durch die Staaten versuchte sie, die amerikanische Bevölkerung aufzuklären und wachzurütteln. Mit dem Sachbuch *School for Barbarians. Education under the Nazis* (1938; im selben Jahr erschien in Amsterdam die deutsche Ausgabe *Zehn Millionen Kinder. Die Erziehung der Jugend im Dritten Reich*) gelang ihr ein Bestseller. Der sorgfältig recherchierte und gut dokumentierte Bericht wird angereichert mit persönlichen Eindrücken und Schilderungen aus dem familiären Alltag, die M. aus Interviews mit Flüchtlingen gewonnen hatte. Das Buch fand seine Leser, weil M. nicht bloß ein Schreckensgemälde zeichnete, sondern das Grotesk-Absurde z. B. in nationalsozialistischen Fibeltexten sich selbst denunzieren ließ. Das Buch habe zwar, notierte Thomas Mann in seinem Geleitwort, einen »abscheulichen Gegenstand«, aber »die Anmut seines Zornes und seiner Trauer, sein intelligenter Sinn für Komik, der milde Spott, in dem seine Verachtung sich kleidet, sind danach angetan, unser Entsetzen in Heiterkeit aufzulösen«. *Escape to Life* (1939), gemeinsam mit Klaus Mann verfasst, ist eine Reise durch die deutsche Emigration in den USA: Porträtiert werden in persönlichen Begegnungen u. a. Albert Einstein, Fritz Lang, Stefan Zweig, Ernst Lubitsch und Erich Maria Remarque. Zwei weitere Bücher *The Other Gemany* (1940), wieder eine Gemeinschaftsarbeit mit dem Bruder, und *The Lights Go Down* (1940), der Alltag einer süddeutschen Kleinstadt im Dritten Reich, folgten; das Kinderbuch *A Gang of Ten* (1942, dt. *Zehn jagen Mr. X*) stellte sich in den Dienst der antifaschistischen Propaganda: Eine Kinderbande spürt Hitlers Fünfte Kolonne auf. Mit Kriegsbeginn arbeitete M. als politische Journalistin, u. a. wirkte sie an den Deutschland-Sendungen der BBC mit und war ab 1943 Kriegsberichterstatterin, der Ninth US-Army zugeteilt.

Nach dem Krieg trat sie in den Dienst des Vaters, managte den Literaturkonzern Thomas Mann. Für die Verfilmung seiner Werke in den 1950er Jahren übertrug der Vater ihr die »Oberaufsicht«: M. arbeitete an den Drehbüchern mit, hatte Mitspracherecht bei der Besetzung, war bei den Dreharbeiten anwesend und griff sofort ein, wenn sie glaubte, dass die literarische Vorlage verfälscht werde. Von einigen Kinderbüchern abgesehen, verfolgte sie keine eigenen literarischen Pläne mehr. Nach dem Tod Thomas Manns veröffentlichte sie *Das letzte Jahr. Bericht über meinen Vater* (1956) und wurde immer mehr seine »Statthalterin auf Erden« (Hans Sahl): Streitlustig und prozessfreudig bekämpfte die Nachlassverwalterin alles, was ihrem Bild von Thomas Mann widersprach. Unbestreitbar ihre Verdienste um das Werk, doch ebenso fragwürdig die Editionspraxis: Auslassungen in den Briefen der dreibändigen Ausgabe 1961–1965 wurden nicht gekennzeichnet; auch hatte sie keinerlei Hemmungen, in fremde Texte redigierend einzugreifen, z. B. ihr nicht mehr opportun erscheinende Passagen in Klaus Manns Roman *Vulkan* zu streichen. Bei aller Ironie war Verbitterung nicht zu überhören, wenn sie am Ende ihres Lebens über sich sagte: »Ich bin nur noch ein bleicher Nachlaßschatten.«

Werkausgaben: Mein Vater, der Zauberer. Hg. von Irmela von der Lühe und Uwe Naumann. Reinbek bei Hamburg 1996; Blitze überm Ozean. Aufsätze, Reden, Reportagen. Hg. von Irmela von der Lühe und Uwe Naumann. Reinbek bei Hamburg 2000.

Michael Töteberg

Mann, Heinrich
Geb. 27. 3. 1871 in Lübeck;
gest. 12. 3. 1950 in Santa Monica/ Kalifornien

»Heinrich Mann ist wie sein Bruder Thomas deutscher Abstammung. Es wäre verfehlt, ihn und seine Werke in die Rubrik ›jüdischer Zersetzungsliteratur‹ zu stecken. Es ist auch nicht angebracht, ihn mit moralischer Entrüstung einfach abzutun. Heinrich Mann ist nicht Geschmeiß wie so und so viele der vergangenen Größen, sondern ein Gegner. Es hat keinen Wert, Heinrich Mann zu erniedrigen, er muß im Kampf um unser politisches, gesellschaftliches und geistiges Leben widerlegt und geschlagen werden.« Dieses Urteil widerfuhr dem Dichter im *Literaturblatt der Berliner Börsenzeitung* vom 25. Juni 1933. Unter dem Titel *Kritische Gänge* wurde hier mit denjenigen abgerechnet, deren Bücher am 10. Mai 1933 verbrannt worden waren und deren Namen bereits auf den Ausbürgerungslisten standen. Vorausgegangen war dieser »verdienten Ehre« (Klaus Mann) M.s Entfernung aus der Sektion Dichtkunst der Preußischen Akademie der Künste am 15. 2. 1933. Seine Unterschrift unter den »Dringenden Appell« für den Aufbau einer einheitlichen Abwehrfront von SPD und KPD lieferte dem Kultusministerium den geeigneten Vorwand, diesem wahren »Antideutschen« die Niederlegung seiner Funktion als Vorsitzender der Abteilung Dichtkunst nahezulegen. Mit ihm trat Käthe Kollwitz aus der Akademie der Künste aus. Von mehreren Seiten gewarnt, emigrierte M. am 21. Februar 1933 zunächst nach Toulon, später nach Nizza.

Seinem selbst von erbittertsten Feinden anerkannten Rang als Gegner des nationalsozialistischen Regimes wurde er gerecht, als er noch im Jahre 1933, im »Einweihungsjahr des Tausendjährigen Reiches«, die Essaysammlung *Der Haß* publizierte, die parallel im Pariser Gallimard-Verlag und im Amsterdamer Querido-Verlag erschien. Die französische Tradition des *J'accuse!* von Emile Zola, einer Streitschrift von 1898, mit der dieser in die damals schwebende Dreyfus-Affäre eingriff, verband sich hier mit einer psychologischen Analyse der Protagonisten des Regimes: des gewissenlosen Abenteurers Hitler, der »Bestie mit Mystik« Göring, des »verkrachten Literaten« Goebbels. M. setzte in der Tradition seiner Essaybände *Geist und Tat* (1911) und *Zola* (1915) die Verteidigung der Kultur dagegen. Die Emigration wurde ihm so zur »Stimme des stumm gewordenen Volkes«, zum Abbild des »besseren Deutschland«. Der Sammlung der antifaschistischen Intellektuellen und der Stärkung ihres Widerstands war M.s Arbeitskraft in den ersten Jahren der Emigration von 1933 bis 1938 gewidmet: Er war Präsident des »Komitees zur Schaffung einer deutschen Bibliothek der verbrannten Bücher«, die als »Deutsche Freiheitsbibliothek« bereits am 10. Mai 1934 in Paris eingeweiht wurde; er initiierte die erste Vorbereitungstagung für die Volksfront im Pariser Hotel Lutetia am 2. Februar 1936, an der 118 Vertreter verschiedenster Oppositionsgruppen teilnahmen. In unzähligen Essays, Zeitschriftenbeiträgen, Tarn- und Flugschriften, in Rundfunkaufrufen und Anthologien plädierte er für einen streitbaren Humanismus, der ihn bisweilen der KPD und der Sowjetunion näherbrachte. M. – so hebt Brecht hervor – »sah die deutsche Kultur nicht nur dadurch bedroht, daß die Nazis die Bibliotheken besetzten, sondern auch dadurch, daß sie die Gewerkschaftshäuser besetzten ... Er geht aus von der Kultur, aber die Kultiviertheit bekommt einen kriegerischen Charakter.« Exponent einer solchen kämpferischen Kultur ist Henri IV., der Protagonist des zweibändigen Epos *Die Jugend des Königs Henri Quatre* und *Die Vollendung des Königs Henri Quatre*. Der zweite Teil erschien zwischen 1937 und 1939 in der Exilzeitschrift *Internationale Literatur* und entfachte eine heftige Debatte zwischen Arnold Zweig, Lion Feuchtwanger, Thomas Mann und Georg Lukács über die Funktion des historischen Romans im Exil. Das »wahre Gleichnis« vom »guten König« ist aber nicht nur Quintessenz von M.s dichterischem Schaffen – »Der historische Roman gehört in gewissen Fällen zum letzten, das einer machen lernt«, schreibt er im kommentierenden Aufsatz *Gestaltung und Lehre* (1939) – sondern auch Zukunftsperspektive in der »Zeit der Schrecken« und Erinnerung an M.s geistige Verwurzelung in Frankreich. Bereits 1927 hatte er bei einem Besuch von Henris Schloss in Pau bemerkt: »Wunderbare Ermutigung, leibhaftig zu sehen; der menschliche Reichtum kann machtvoll sein. Ein Mächtiger kann auch lieben, wie dieser König seine Menschen.«

Weit hinter die Exiljahre zurück verweist Henri in seiner Sinnlichkeit wie in seinem Machtstreben auf die Anfänge M.s: auf Künstler- und Tyrannengestalten, auf einen das Philistertum der Heimatstadt Lübeck verachtenden Ästhetizismus. So wollte er weder die väterliche Getreidefirma übernehmen noch die in Dresden begonnene Buchhändlerlehre fortsetzen. Tod des Vaters und Umzug der Familie nach München (1891) ermöglichten Heinrich wie Thomas Mann eine von Zügen des Fin de siècle geprägte Junggesellenexistenz »im Besitz einer bescheidenen Rente und einer Fülle von melancholischem Humor, Beobachtungsgabe, Gefühl und Phantasie« (Klaus Mann). Eines der bezeichnendsten Produkte von M.s ständig  zwischen Italien und der Münchner Bohème schwankendem Reiseleben ist die Trilogie *Die Göttinnen* (1903), die er seinem Verleger folgendermaßen ankündigt: »Es sind die Abenteuer einer großen Dame aus Dalmatien. Im ersten Teil glüht sie vor Freiheitssehnen, im zweiten vor Kunstempfinden, im dritten vor Brunst ... Wenn alles gelingt, wird der erste Teil exotisch bunt, der zweite kunsttrunken, der dritte obszön und bitter.« Gleichzeitig verschärfen sich auch M.s auf Deutschland gerichtete kritische Impulse: der 1900 veröffentlichte satirische Roman *Im Schlaraffenland* setzt sich mit seiner aggressiven Schilderung des modernen Kapitalismus in Berlin in schroffen Gegensatz zu Heimatkunst und Gründerzeit. Einen Gegenpol zum wilhelminischen Macht- und Obrigkeitsstaat bildet die nicht zufällig in Italien angesiedelte Gesellschaftsutopie *Die kleine Stadt* (1910). Die Satire weitet sich zur politischen Kampfansage aus, als M. 1915 in seinem Essay über Zola Chauvinismus und Militarismus anprangert und damit Thomas Manns Verdikt des »Zivilisationsliteraten« auf sich zieht. »Das politisch-weltanschauliche Zerwürfnis erreichte bald einen solchen Grad von emotioneller Bitterkeit, daß jeder persönliche Kontakt unmöglich wurde. Die beiden Brüder sahen einander nicht während des ganzen Krieges« (Klaus Mann).

Kritik an der Scheinmoral des Kleinbürgertums übt M. im *Professor Unrat* (1905), mit dessen Verfilmung unter dem Titel *Der blaue Engel* (1930) er international bekannt wird. Der Repräsentant des wilhelminischen Bürgertums, der tyrannische und machtbesessene Professor Unrat, ›entgleist‹ durch seine Liebe zur »Künstlerin Fröhlich« und muss dadurch seinen gesellschaftlichen Untergang erleben. Den sieben Romanen der Vorkriegszeit folgt in den »goldenen zwanziger Jahren« eine Phase der Selbstbesinnung, in der M. zunächst publizistisch, dann auch wieder literarisch auf den immer offener zutagetretenden Zusammenhang von Großkapital und Politik reagiert: Diederich Heßling, der Protagonist des *Untertan* (1914), avanciert in dem Roman *Die Armen* (1917) zum Großkapitalisten, der in der »Villa Höhe« residiert, eine klare Anspielung auf Krupps »Villa Hügel«. Zu grotesken, ja spröden Formen wie der Parabel *Kobes* (1923) kehrt M. auch in der zweiten Phase seiner Emigration wieder zurück: dem im *Henri IV.* verkörperten persönlichen und politischen Aufschwung bis 1938 folgte mit dem deutschen Einmarsch nach Frankreich 1940 die Flucht über die Pyrenäen in die USA, die Beschäftigung als scriptwriter bei der Filmgesellschaft Metro-Goldwyn-Mayer, deren Ertrag gering war und deren Produkte nie verwendet wurden. Nelly Kroeger, M.s zweite Frau, schrieb 1942 an das Ehepaar Kantorowicz: »Amerika ist wohl außerordentlich hart. Wir können auch ein Lied singen. Manchmal leben wir von 4 Dollar, manchmal von 2 die Woche.« Eine Phase intensiver Arbeit brachte der Roman *Lidice*, der, im Sommer 1942 entstanden, die nationalsozialistische Herrschaft in ihrer Komik bloßstellt. Doch haben gerade die grotesken Züge, mit denen die Besetzung der Tschechoslowakei geschildert wird, wie auch die filmszenenartig verknappte Form die im Exil ohnehin schwierige Verbreitung des Romans nachhaltig behindert.

Nach dem Selbstmord Nelly Kroegers am 16. 12. 1944 vereinsamte M. noch stärker. Den Versuchen der Kulturpolitiker der späteren DDR, ihn zur Übersiedlung zu bewegen, stand er skeptisch gegenüber: »Mag sein, man will mich nur umherzeigen und verkündigen, daß wieder einer zurückgekehrt ist. Aber eine Lebensweise des Auftretens, Sprechens und verwandter Pflichten kann ich mir nicht mehr zumuten«, schrieb er am 22. August 1946 an Alfred Kantorowicz. Am 5. Mai 1947 erhielt er die Ehrendoktorwürde der Philosophischen Fakultät der Humboldt-Universität, doch wurde deren Aufruf: »Deutschland ruft Heinrich Mann«, angesichts des sich verschärfenden Ost-West-Gegensatzes und der rigorosen Kulturpolitik der SED zunehmend fragwürdiger. Trotz der Bedenken gegen »Launenhaftigkeit« und »Unzuverlässigkeit« des Regimes plante M. noch kurz vor seinem Tode die Schiffsreise nach Gdingen, wo ihn Alfred Kantorowicz abholen sollte.

Thomas Mann würdigte das Vermächtnis des Bruders folgendermaßen: »Die Verbindung des Dichters mit dem politischen Moralisten war den Deutschen zu fremd, als daß sein kritisches Genie über ihr Schicksal etwas vermocht hätte, und noch heute, fürchte ich, wissen wenige von ihnen, daß dieser Tote einer ihrer größten Schriftsteller war.« Aber auch einer ihrer größten Schauspieler – so könnte man die Tendenz neuerer Forschungen seit Ende der 1990er Jahre umschreiben. Die Selbstbezogenheit, ja Selbstübersteigerung des Intellektuellen als Stellvertreter der Vernunft war wohl nur um den Preis autoritärer Sprachgesten und großzügiger Vernachlässigung realhistorischer Zwänge zu haben. »Wer Tradition hat, ist sicher vor falschen Gefühlen« – der 1933 geschriebene Satz wird heutzutage weniger als Indiz in sich gefestigten Bürgertums denn als »gewaltige Ermächtigung der Literatur gegenüber der Geschichte« (H. Detering) gelesen. Und so rückt gerade der ›politische‹ M. viel näher an seine ästhetizistischen Anfänge – wie an seinen Bruder Thomas – als es eine überpolitisierte, weniger an Schreibweisen denn an Aussagen orientierte Betrachtungsweise über lange Zeit wahrhaben wollte.

Werkausgaben: Gesammelte Werke in Einzelbänden. Hg. von Peter-Paul Schneider. Frankfurt a. M. 1994 ff.; Studienausgabe in Einzelbänden. Hg. von Peter-Paul Schneider. Frankfurt a. M. 1986 ff.

Claudia Albert

Mann, Klaus
Geb. 18. 11. 1906 in München;
gest. 21. 5. 1949 in Cannes

»Immer schweifend, immer ruhelos, beunruhigt, umgetrieben, immer auf der Suche«, so hat M. sich selbst in seiner Autobiographie charakterisiert und hinzugefügt, sein Leben sei »die Geschichte eines Schriftstellers, dessen primäre Interessen in der ästhetisch-religiös-erotischen Sphäre liegen, der aber unter dem Druck der Verhältnisse zu einer politisch verantwortungsbewußten, sogar kämpferischen Position gelangt.« Zur entscheidenden Zäsur für diesen Entwicklungsweg wurde der Machtantritt der Nazis in Deutschland 1933. In der Bekämpfung des Faschismus fand M. die Aufgabe seines Lebens.

Begonnen hatte er seine künstlerische Laufbahn 18-jährig als Erzähler und Dramatiker, zugleich als Schauspieler: 1925 spielte er in Hamburg in seinem schwermütig-lasziven Bühnenerstling *Anja und Esther* neben seiner Schwester Erika, seiner Verlobten Pamela Wedekind und dem Regisseur Gustaf Gründgens. Gründgens schrieb damals, M. sei vielleicht berufen, der »Wegweiser der neuen Jugend« zu werden; Kritiker dagegen attackierten den jungen Bohemien als dekadenten Vielschreiber. Die frühen Werke M.s spiegeln das Dasein eines Teils seiner Generation, der sich an der Oberfläche lebensfroh und wie toll gebärdet, dabei im Grunde verzweifelt nach einem Lebenssinn sucht. Erst mit dem Roman *Treffpunkt im Unendlichen* (1932), über den der Verleger Samuel Fischer urteilte, er sei dieses Autors »erstes richtiges Buch«, gelang es M., dem Bild der verlorenen Generation eine überzeugende Form zu geben. Der väterliche Ruhm hatte dem ältesten Sohn Thomas Manns den Weg in die Öffentlichkeit ohne Zweifel erleichtert, aber dies war doch ein problematisches Glück, denn unvoreingenommene Leser gab es für M. kaum. Er fand seinen Weg vorwiegend in Antithesen zum eigenen Vater: in einer extravaganten, exzessiven Lebensweise ohne festen Wohnsitz; den »künstlichen Paradiesen« der Rauschmittel zugeneigt; trotz aller äußeren Unruhe stets schnell, fast mühelos und oft flüchtig schreibend.

Im März 1933 verließ M. Deutschland und wurde bald zu einem Repräsentanten der ins Exil getriebenen deutschen Schriftsteller. Dabei kam ihm zugute, dass er an Internationalität und den Status eines Reisenden seit langem und freiwillig gewöhnt war. Amsterdam wurde sein bevorzugter Aufenthaltsort; für den dort ansässigen Querido-Verlag gab er von 1933 bis 1935 eine Monatsschrift mit dem programmatischen Titel *Die Sammlung* heraus: M. gestaltete sie zu einem Forum der europäischen Literatur, in dem sich die ganze Vielfalt von Positionen der Faschismus-Gegner spiegelte. Er selbst warb mit Essays, Vorträgen und Aufrufen für die Einheit der Antifaschisten, unterstützte aktiv die Bemühungen um ein Volksfrontbündnis. Beeindruckt von einer Sowjetunion-Reise 1934, beeinflusst von seinen zu dieser Zeit maßgeblichen Vorbildern André Gide und dem Onkel Heinrich Mann, näherte er sich zeitweilig sozialistischen Ideen. In seinem Konzept vom großen Bündnis gegen die Barbarei blieb er auf Breite und Toleranz bedacht. Mit dem Roman *Der Vulkan* (1939) gelang ihm ein panoramatisches Epos der Emigration und zugleich ein poetisches Bekenntnis zu den nach dem bürgerlichen (und sozialistischen) Normenkatalog »Kaputten«: auch Drogensüchtige, Homosexuelle, Anarchisten und Selbstmörder finden in M.s Chronik von Exil-Schicksalen ihren Platz. Gerade im Exil musste der Schriftsteller erleben, wie Homosexualität (die eigene erotische Neigung, zu der er sich schon in seinem ersten Roman *Der fromme Tanz*, 1925, bekannt hatte) diskriminiert wurde. Diese Erfahrung gab den Anstoß für zwei Werke über homoerotische Figuren der Historie, den Tschaikowsky-Roman *Symphonie Pathétique* (1935) und eine Novelle über den Freitod des Bayernkönigs Ludwig II., *Vergittertes Fenster* (1937).

1936 bereits war *Mephisto* erschienen, der satirisch gefärbte »Roman einer Karriere«. M. erzählt darin die Geschichte des Schauspielers Hendrik Höfgen, der sich mit den Nazis nach deren Machtantritt arrangiert und zum gefeierten Star des neuen Reiches aufsteigt. Höfgen repräsentiert den Verrat des Künstlers an Schönheit und Moral. Die Figur war vom Autor als symbolischer Typus gemeint, aber sie trägt unverkennbare Züge Gustaf Gründgens' – so wie M. häufig fiktive Figuren nach ihm vertrauten realen Personen gestaltete, ohne darum Porträts zu beabsichtigen. *Mephisto* wurde schon von den Zeitgenossen als Schlüsselroman missverstanden. 1966 erfolgte ein Verbot der Verbreitung des Romans für die Bundesrepublik, 1971 verfassungsgerichtlich bestätigt, da die Figur Höfgen eine »Beleidigung, Verächtlichmachung und Verunglimpfung von Gründgens« darstelle. Erst 1981 konnte eine Neuausgabe erscheinen, wurde zum Bestseller und leitete eine Wiederentdeckung M.s ein.

M. wurde 1938 als Reporter Augenzeuge des Spanischen Bürgerkriegs. Dann zwang ihn – wie viele andere Exilierte – die Expansion des Faschismus in Europa, nach Amerika auszuweichen. Durch Vortragstourneen war er mit den USA bereits vertraut; nun versuchte er, auch mit Artikeln, Büchern und einer eigenen Zeitschrift (*Decision*, von 1941 bis 1942) die Amerikaner mit dem nichtfaschistischen, anderen Deutschland und den freiheitlichen Traditionen Europas bekannt zu machen. Während dieser Zeit wird er vom FBI als ein »sehr aktiver Agent der Komintern« überwacht. Der Schriftsteller wechselte die Sprache; erfolgreich, aber um einen hohen Preis, denn fortan veröffentlichte er fast nur noch essayistische Bücher. Auch seine Autobiographie erschien zuerst in englischer Sprache: als *The Turning Point* (1942). Der zentrale Topos »Wendepunkt« bezeichnet darin die Entscheidung des Autors am Ende dieses Lebensberichts, seine Rolle als bloßer »Kommentator, Warner, Propagandist und Kritiker« aufzugeben und in die amerikanische Armee einzutreten. Der Entschluss war sowohl ein Ergebnis politischer Überzeugung als auch eine Reaktion auf persönliche Krisenstimmungen. 1944/45 nahm M. - in der psychologischen Kriegführung eingesetzt – an der Invasion der alliierten Streitkräfte teil, die, von Süden kommend, die deutschen Truppen aus Italien zurückdrängten. Bei Kriegsende sah er als Sonderberichterstatter der Army-Zeitung *The Stars and Stripes* seine Heimat wieder. »Die Zustände hier sind zu traurig«, berichtete er dem Vater und ahnte: »Diese beklagenswerte, schreckliche Nation wird Generationen lang physisch und moralisch verstümmelt, verkrüppelt bleiben« (16. 5. 1945). Der im Exil so unermüdlich vom anderen Deutschland geschrieben hatte, fand davon allzu wenig vor bei seiner Rückkehr; und die Sehnsucht nach einer friedlichen Weltrepublik erwies sich mit dem bald ausbrechenden Kalten Krieg als Illusion. M. pendelte zwischen Europa und Amerika, besuchte auch die Sowjetische Besatzungszone und Prag; ein äußeres Lebenszentrum fand er so wenig wie eine geistige Heimstatt. Er übertrug seine Autobiographie ins Deutsche und erweiterte sie zu einer bedeutenden Epochenbilanz, mit vielen oft beiläufig entworfenen Porträts prominenter Zeitgenossen. *Der Wendepunkt* bewies noch einmal M.s hohe Kunst der Essayistik, und das Werk zeugt von politischer Weitsicht: »Die aufrichtige Verständigung zwischen Ost und West ist die conditio sine qua non: ohne sie geht es nicht.« Die Publikation des Buches (1952) erlebte M. nicht mehr. Er starb an den Folgen einer Überdosis Schlaftabletten. Politische und persönliche Enttäuschungen hatten sich summiert, dem lebenslang abgedrängten Todeswunsch endlich nachzugeben. Sein Neffe Klaus, schrieb apodiktisch treffend Heinrich Mann, sei »von dieser Epoche getötet« worden.

Uwe Naumann

Mann, Thomas
Geb. 6. 6. 1875 in Lübeck; gest. 12. 8. 1955 in Zürich

»stehkragen« und »reptil« nannte ihn Bertolt Brecht 1943 im kalifornischen Exil; und dies ist nicht nur Ausdruck der Verachtung für den Josephsroman, den Brecht als »die enzyklopädie des bildungsspießers« bezeichnete. Jenseits innerliterarischer Divergenzen zielte der Vorwurf auf die repräsentative Existenz M.s, auf seine Verteidigung der europäischen humanistischen Kultur in einem Moment, in dem diese endgültig zerstört schien. Brechts lebenslang verfolgtes Projekt der »berichtigung alter mythen« stieß hier auf einen Gegenentwurf, der sich gerade der Rettung und Aktualisierung des Mythos widmete, dies allerdings nicht nur, wie Brecht im Affront gegen das Bildungsbürgertum und den realistischen Roman des 19. Jahrhunderts meinte, zur Bestätigung einer traditionsreichen geistigen Heimat. In Wirklichkeit ist in keinem der Romane M.s der subjektive Wille, sich den politischen Tagesaufgaben zu stellen, stärker als im letzten Band der Josephs-Tetralogie, *Joseph der Ernährer* (1943). Er vereint New Deal und Vergesellschaftung des Eigentums, Züge Theodore Roosevelts, des Dichters M. und des biblischen Joseph miteinander. Aus den Anfängen der Menschheitsgeschichte versucht M. hier eine Zukunftsperspektive zu gestalten: »Was uns beschäftigt, ist nicht die bezifferbare Zeit. Es ist vielmehr ihre Aufhebung im Geheimnis von Überlieferung und Prophezeiung, welche dem Wort ›Einst‹ seinen Doppelsinn von Vergangenheit und Zukunft und damit seine Ladung potentieller Gegenwart verleiht«, schrieb M. im »Höllenfahrt« genannten Vorwort zum gesamten Zyklus. Durch die analytische, gelegentlich parodistische Art mythischer Rekapitulation wurde die biblische Geschichte zum Material einer »abgekürzten Geschichte der Menschheit«, die in der Gegenwart kulminierte und in der sich der »unendlich blaue Himmel Kaliforniens« mit dem des alten Ägypten vermischen sollte.

Erst in dieser Perspektive erhält das vielzitierte Diktum M.s: »Wo ich bin, ist die deutsche Kultur«, seine reale – und für die Vielzahl exilierter deutscher Schriftsteller geradezu existentielle – Bedeutung: nur durch die Rettung seiner humanistischen Potenzen schien das Deutsche noch zu verteidigen, und in dem Maße, in dem das reale Deutschland zum Inbegriff der Inhumanität wurde, entwickelte sich Amerika zur neuen Heimat M.s. So war es nur konsequent, dass er am 23. 6. 1944 die amerikanische Staatsbürgerschaft annahm, die er bis zu seinem Tode beibehielt: »So waren wir amerikanische ›citizens‹, und ich denke gern, daß ich es noch unter Roosevelt, in seinem Amerika geworden bin.« Die Reflexion auf das humanistische Potential der deutschen Kultur lief parallel mit einer scharfen Kritik an Irrationalismus und Exzentrizität, die M. zunehmend – und so auch gegen seine eigene Vorgeschichte argumentierend – als Wurzeln des Nationalsozialismus betrachtete. Sie führte zu einer Relativierung der Philosophie Friedrich Nietzsches, dessen »Verkennung des Machtverhältnisses zwischen Instinkt und Intellekt« den nationalsozialistischen Appell an die Triebe, an das »gesunde Volksempfinden« legitimiert habe. Und so sei es auch verhängnisvoll, Leben und Moral als Gegensätze zu behandeln. Der »wahre Gegensatz« sei der zwischen Ethik und Ästhetik, und der Vermittlung dieser beiden Pole war M.s Arbeitskraft im Exil vor allem gewidmet: Von 1937 bis 1940 fungierte er als Mitherausgeber der Exilzeitschrift *Maß und Wert*, in zahlreichen politischen Reden und Aufsätzen wog er die Leistungen der deutschen Kultur gegen ihre politischen Verbrechen ab (so in *Schicksal und Aufgabe*, 1944; *Deutschland und die Deutschen*, 1945; *Nietzsches Philosophie im Lichte unserer Erfahrung*, 1947); in einer Radioserie der BBC appellierte er ab 1940 an »Deutsche Hörer« und versuchte, wenn auch in patriarchalisch-autoritärer Weise, den Verängstigten und Entmutigten ein Gegenbild zur Propaganda des nationalsozialistischen Staates zu vermitteln; sein Haus in Princeton, später in Pacific Palisades, wurde zum »Rettungsbureau für Gefährdete, um Hilfe Rufende, Untergehende«. Ihre literarische Entsprechung fand die Auseinandersetzung mit Deutschland in den Romanen *Lotte in Weimar* (1939) und *Doktor Faustus* (1947, entstanden von 1943 bis 1945). Der Goethe des Weimar-Romans erweist sich ebenso als partielles Selbstbildnis wie der Chronist Serenus Zeitblom in *Doktor Faustus*. Johann Wolfgang Goethe, der ungeliebte, große alte Mann, der höflich

respektierte Repräsentant, gibt Anlass zur – durchaus Brechtschen – Frage, ob »große Männer« gebraucht werden, welche Funktion sie haben oder ob sie gar, wie nach einem chinesischen Sprichwort zitiert wird, »nationale Katastrophen« seien. Gegen die »Verhunzung des großen Mannes« durch die Nationalsozialisten setzt M. Goethe als Exponent des wahren, nicht des idealisierten Deutschland, und das heißt: Ungleichzeitigkeit, Zwiespältigkeit, Denken und Leben in Widersprüchen, Ironie als Wissen um die Kosten der klassischen Vollendung: »Du trinkst und schöpfst uns alle aus, und dann bedeuten wir Dir nichts mehr«, lässt M. Frau von Stein zu Goethe sagen.

Das gefährliche Gegenstück zur Goetheschen Selbststilisierung bildet die Gestalt des »deutschen Tonsetzers Adrian Leverkühn« im »Schmerzensbuch« *Doktor Faustus*. In dessen am Leben Nietzsches orientierter Biographie verbindet M. seine eigene Lebenszeit seit 1885 mit Einblendungen aus der Entstehungszeit, 1943 bis 1945, die sich wiederum auf die Volkssage vom Doktor Faustus, also das 16. Jahrhundert, beziehen. Das Gemeinsame der vielfach ineinander montierten Zeitebenen ist die Zurücknahme des Humanen, der Verlust der Transzendenz, die düstere Prophetie vom Ende der Kunst, konzentriert in Leverkühns letztem Werk, der Kantate »D. Fausti Weheklag«. Sie will, im Zwölftonsatz komponiert, Beethovens 9. Symphonie zurücknehmen. Es scheint, als ob M. in Leverkühns Teufelspakt, seinem schöpferischen Rausch und der anschließenden geistigen Umnachtung Deutschland selbst habe in die Hölle schicken wollen. Nur der den Roman beschließende Celloton des hohen g lässt auf Gnade hoffen. Das reale Deutschland dagegen hatte sich zur Chiffre eine eher verachtenswerten Nation gewandelt, die keine geographische Entsprechung mehr fand, und so lautete M.s Bilanz des zehnjährigen Exils im Jahre 1945: »Es ist kein Wartezustand, den man auf Heimkehr abstellt, sondern spielt schon auf die Auflösung der Nationen an und auf eine Vereinheitlichung der Welt. Alles Nationale ist längst Provinz geworden. Man gönne mir mein Weltdeutschtum, das mir in der Seele schon natürlich, als ich noch zu Hause war, und den vorgeschobenen Posten deutscher Kultur, den ich noch einige Lebensjahre mit Anstand zu halten suchen werde.«

Ihn glaubte M., gestärkt durch die weltweite Anerkennung als Botschafter der deutschen humanistischen Tradition wie als Schriftsteller, auch »von außen« halten zu können. Die sich ab 1945/46 entspinnenden Kontroversen um M.s Rückkehr entzweiten die »Innere Emigration« mit dem »verständnislosen, selbstgewissen und ungerechten« Exilanten, welcher der deutschen Tragödie von den »bequemen Logen des Auslandes« zugeschaut habe, seinerseits aber alle zwischen 1933 und 1945 in Deutschland gedruckten Bücher für »weniger als wertlos« hielt. Erst 1949 kehrte M. als Besucher zum zweihundertsten Geburtstag Goethes nach Deutschland zurück, doch wurde seine in Frankfurt a. M. und Weimar gehaltene Gedenkrede wiederum zum Politikum, dem er sich mit dem Hinweis auf die integrierende Funktion des Schriftstellers zu entziehen versuchte: »Ich kenne keine Zonen, mein Besuch gilt Deutschland selbst. Wer sollte die Einheit Deutschlands gewährleisten und darstellen, wenn nicht ein unabhängiger Schriftsteller, dessen wahre Heimat die freie, von Besatzungstruppen unberührte deutsche Sprache ist?« Und wiederum traf er bei seiner endgültigen Rückkehr nach Europa eine Wahl, die von der Hoffnung auf ein über den politischen Konflikten stehendes Weltbürgertum zeugte: 1952 ließ er sich in der Schweiz nieder, die ihm bereits nach der Ausbürgerung aus Deutschland 1936 Exil gewährt hatte. Höhepunkt seiner letzten Lebensjahre war der Roman *Bekenntnisse des Hochstaplers Felix Krull* (1954), der auf 1911/12 begonnene Vorarbeiten zurückgreift: »Gefühl der Großartigkeit, nach 32 Jahren dort wieder anzuknüpfen, wo ich vor dem *Tod in Venedig* aufgehört habe, zu dessen Gunsten ich den Krull unterbrach. Das Lebenswerk seit damals erwiese sich als Einschaltung, ein Menschenalter beansprucht«, schrieb M. bereits 1943. Zehn Jahre später war Krull zur Projektionsfigur aller ihn seit Jahrzehnten beschäftigenden Themen geworden: Er ist Künstler und Hochstapler, Weltbürger und Gentleman, Konsument und Parodist der Weltliteratur – und damit nicht zuletzt ein gigantisches Selbstzitat M.s, der so sein »geschlossenes Lebenswerk« vollendete. Dies wurde aus Anlass seines 80. Geburtstages im Jahre 1955 durch Ehrungen aus zahlreichen Staaten bestätigt: die Universität Jena ernannte M. zum Ehrendoktor, die Stadt Lübeck zum Ehrenbürger, etwa zweihundert Repräsentanten französischer Politik und Kultur huldigten dem »génie allemand« mit einer Festschrift *Hommage de la France*. Nur einer der Grabredner hat nach dem Tod M.s auf die psychischen Kosten einer solchen repräsentativen Existenz vorsichtig hingewiesen, Hermann Hesse: »Was hinter seiner Ironie und seiner Virtuosität an Treue, Verantwortlichkeit und Liebesfähigkeit stand, jahrzehntelang völlig unbegriffen vom großen deutschen Publikum, das wird sein Werk und Andenken weit über unsere verworrenen Zeiten hinaus lebendig erhalten.« Erst die Tagebücher M.s, zum Teil vernichtet, z. T. in versiegelten und verschnürten Paketen in Zürich verwahrt und ab 1975, also zwanzig Jahre nach dem Tod des Autors, zugänglich, geben Aufschluss darüber, wie sehr M. des Schutzwalls der Bürgerlichkeit, der repräsentativen Existenz bedurfte, um Selbstzweifel, Schwäche, Homosexualität zu überspielen. Dies gilt um so mehr für die 1991/92 publizierten Notizbücher von 1893–1937. Das Klischee vom Leistungsethiker und mild lächelnden Ironiker verkehrt sich hier in das Bild eines »bis in die Nervenenden zitternden, psychosomatisch unterhöhlten, sexuell gefährdeten und ständig aus der Balance geratenden, bis in die Wolle gefärbten Konservativen, der seine repräsentative Existenz nur mit Mühe und aus schlechtem Gewissen aufrechterhielt« (Martin Gregor-Dellin). Die fünfzig Jahre dauernde Ehe mit Katja Pringsheim stellt sich als ein der Ordnung halber selbst auferlegtes Exerzitium dar, das durch die eigenwilligen, teils selbst gefährdeten Kinder ständig in Frage gestellt wurde: Sie ist, wie bereits M.s Elternhaus in Lübeck, ständig bedrohtes Refugium vor der Dynamik des Unbewussten wie der politischen Konflikte. Bürgerlichkeit bedeutet für M. weniger eine soziale oder politische Kategorie als den Versuch, sich in ein Ganzes einzuordnen, das die Namen Humanität, Ethik, Bescheidenheit, Skepsis ebenso tragen kann wie die des New Deal oder des (humanistisch verstandenen) Sozialismus.

Die ersten vier Jahrzehnte M.s sind vor allem der Aufgabe gewidmet, die Orientierungen und Leitmotive zu entwickeln und ins Zitatfähige zu erheben, die, unendlich variiert, die Bürgerlichkeit und ihre Bedrohungen in der Bürger-Künstler-Problematik umkreisen: die verführerische Macht der Musik besonders Richard Wagners, die Philosophie Nietzsches, des »Psychologen der Dekadenz«, und Arthur Schopenhauers Metaphysik des Willens, »deren tiefstes Wesen Erotik ist und in der ich die geistige Quelle der Tristanmusik erkannte« (1899). Aus diesem »Dreigestirn ewig verbundener Geister« ist Nietzsche der stärkste Einfluss auf M. zuzuschreiben: Kaum ein Essay lässt seinen Namen vermissen, und insbesondere seine Wagner-Kritiken prägten M.s »Begriffe von Kunst und Künstlertum auf immer … und zwar in einem nichts weniger als herzlich-gläubigen, vielmehr einem nur allzu skeptisch-verschlagenen Sinn«. So warnt er davor, Nietzsche »wörtlich« zu nehmen und insbesondere den »Übermenschen«, die »blonde Bestie« und den »Cesare Borgia-Ästhetizismus« zu direkt ins Politische zu übersetzen. Die »Idee des Lebens«, die M. Nietzsche zu verdanken glaubt, muss durch das Korrektiv des Geistes ergänzt werden, und so erfährt sein vitalistischer Lebensbegriff eine Verbürgerlichung, in der die Ironie zwischen Leben und Geist, Bürger und Künstler vermitteln soll. Offensichtlich übersetzt M. hier Widersprüche seiner eigenen Existenz ins Ästhetische und legt so den Grund für die Repräsentativität, die sein weiteres Leben prägte: der Einfluss der künstlerisch, vor allem pianistisch begabten Mutter und des vier Jahre älteren Bruders Heinrich förderten die schwärmerische Identifikation mit dem Fin de siècle gegen den Wunsch des Vaters nach einer ordentlichen Existenz zumindest des zweiten Sohnes. Nach dem Tod des Vaters 1891 und der Liquidation der elterlichen Getreidefirma gewann

M. die Freiheit, seine literarischen Interessen intensiv zu verfolgen, wenngleich er – nach mühsam erlangter mittlerer Reife und zweifacher Wiederholung der Mittelstufenklassen – zunächst am 1. 4. 1894 eine Stelle als unbezahlter Volontär bei der Süddeutschen Feuerversicherungs-AG in München, dem Wohnort der Mutter seit 1891, antrat. Doch die dem Lübecker Vormund gegenüber angegebene Absicht, Versicherungsbeamter zu werden, blieb Episode: »Unter schnupfenden Beamten kopierte ich Bordereaus und schrieb zugleich heimlich an meinem Schrägpult meine erste Erzählung.«
 Gefallen, erschien 1894 und leitete eine Reihe kurzer Erzählungen ein, die 1898 bei S. Fischer in Berlin verlegt wurden. Die Titelnovelle *Der kleine Herr Friedemann* (1897) konfrontiert in idealtypischer Zuspitzung den buckligen Helden, »der sich auf eine klugsanfte, friedlich-philosophische Art mit seinem Schicksal abzufinden weiß«, mit einer »merkwürdig schönen und dabei kalten und grausamen Frau«, die »den stillen Helden selbst vernichtet«. Parallel laufen Vorarbeiten zu den *Buddenbrooks*, die M. zwischen Oktober 1896 und April 1898 zum Teil gemeinsam mit seinem Bruder Heinrich in Italien konzipiert. Namensstudien, genealogische und chronologische Schaubilder, die genauen Recherchen bei älteren Familienangehörigen, die Informationen über Getreidehandel und Kochrezepte sind Indizien für M.s immer weiter entwickelte Technik, Realitätspartikel neu zu montieren und aus ihrer Kombination ironische Effekte zu gewinnen. Der »Verfall einer Familie« im Lübeck des 19. Jahrhunderts ist Abriss seiner eigenen Geschichte, gespiegelt in den Leitmotiven vom Verfall der patrizischen Handelsexistenz, also des »Bürgerlichen« im positiven Sinne angesichts der spätkapitalistischen Konkurrenz, und der rauschhaften Hingabe an die Musik, verkörpert im sensiblen »Spätling« Hanno Buddenbrook, dessen Tod die einzige Zuflucht für seine »zarte Menschlichkeit« bildet. Der 1901 erschienene Roman erwies sich als »ein Stück Seelengeschichte des europäischen Bürgertums«, als prophetischer Gesellschaftsroman des 20. Jahrhunderts, und begründete M.s Weltruhm. Der Erfolg brachte M. mit führenden Münchner Gesellschaftskreisen in Kontakt, u. a. mit dem Universitätsprofessor und Wagner-Enthusiasten Alfred Pringsheim, dessen einzige Tochter Katja er 1905 heiratete. »Das Ganze war ein sonderbarer und sinnverwirrender Vorgang, und ich wunderte mich den ganzen Tag, was ich da im wirklichen Leben angerichtet hatte, ordentlich wie ein Mann«, schrieb er von der Hochzeitsreise aus Zürich an Heinrich. Bis 1933 lebte M. mit seiner schnell wachsenden Familie als freier Schriftsteller in München. Die Novellen *Tristan* (1903), *Tonio Kröger* (1903) und *Das Wunderkind* (1903) beförderten seinen Ruhm, aber auch die selbstauferlegte Verpflichtung, »ein symbolisches, ein repräsentatives Dasein, ähnlich einem Fürsten zu führen … im Lichtbereich eines ungeheuren Scheinwerfers, in ganzer Figur sichtbar der Öffentlichkeit, mit Verantwortung belastet für die Verwendung der Gaben, die man unklug genug war der Mitwelt zu verraten.« Die Erzählung *Königliche Hoheit* (1909) transponiert dieses Thema auf die politische Ebene: Klaus Heinrich, der jüngere Bruder des Großherzogs der fiktiven Residenzstadt Grimmburg, beginnt aus Liebe zur Millionärstochter Imma Spoelmann ein Studium der Nationalökonomie und bricht aus der repräsentativen Existenz aus. In *Der Tod in Venedig* (1913, verfilmt 1964) dagegen thematisiert M. die Gefährdungen des Künstlers: »verbotene Liebe« und Todessehnsucht. Die Stadt, das »Excentrischste und Exotischste«, was er kenne, wurde zum Kristallisationskern für Elemente der Biographie Nietzsches, Wagners und Gustav Mahlers.
 Am 5. Januar 1914 bezog M. eine neu erbaute repräsentative Villa in der Poschingerstraße 1 in München, nahe der Isar, in der er sich »für immer« einrichten wollte. Der »völlig unerwartete« Ausbruch des Ersten Weltkrieges unterbrach die kontinuierliche Arbeit am *Zauberberg* und motivierte M. zu einer »gewissenhaften und bekennend-persönlichen essayistischen Auseinandersetzung mit den brennenden Problemen« der Zeit, den 1918 erschienenen *Betrachtungen eines Unpolitischen*. Sie sind Ergebnis eines heftigen Abgrenzungs-

bedürfnisses gegenüber Heinrich, der 1915 in seinem Essay *Zola* den imperialistischen Krieg verurteilt hatte. Dagegen setzte M. die Abwehr der Demokratie, die er als »Fortschrittsradikalismus« verstand und das Bekenntnis zur »konservativen Revolution«. Der »Gedankendienst mit der Waffe« war allerdings weniger politisches Programm als hilflos-naives Produkt von »einem, der auszog, um das Deutschtum ergründen zu lernen, von dem er, wie der fahrende Ritter von seiner Dame, nicht viel anderes wußte, als daß er es liebte« (Max Rychner). Der bereits durch wechselseitige versteckte Polemiken angebahnte Bruch mit Heinrich Mann, dem »Zivilisationsliteraten«, war so auf Jahre hinaus besiegelt. Der weniger politische als wertkonservative Charakter der *Betrachtungen* lässt es gleichwohl einleuchtend erscheinen, dass M. sich 1918 bereits liberaldemokratischen Positionen annäherte, am entschiedensten in der Gerhart Hauptmann zum 60. Geburtstag gewidmeten Rede *Von deutscher Republik* (1922), in der er die Jugend für das, was »Demokratie genannt wird und was ich Humanität nenne«, zu gewinnen suchte. Endend mit einem unmissverständlichen »Es lebe die Republik!« erregte die Rede ungeheures Aufsehen, die nationalistische Presse signalisierte »Mann über Bord«. Die Summe seiner Auseinandersetzung mit Nationalismus und Demokratie zog M. im 1924 erschienenen *Zauberberg*, dessen erste Phase, motiviert durch den Sanatoriumsaufenthalt seiner Frau und den Verdacht einer eigenen tuberkulösen Erkrankung, bis in das Jahr 1912 zurückreicht. »Sicher war, daß die beiden Bände auch nur zehn Jahre früher weder hätten geschrieben werden noch Leser finden können. Es waren dazu Erlebnisse nötig gewesen, die der Autor mit seiner Generation gemeinsam hatte, und die er beizeiten in sich hatte kunstreif machen müssen, um mit seinem gewagten Produkt, wie einmal schon, im günstigen Augenblick hervorzutreten.« Als »Mensch des Gleichgewichts« versuchte er, nach der Verleihung des Nobelpreises für Literatur 1929 endgültig zum Repräsentanten der deutschen Kultur geworden, der zunehmenden Polarisierung in der deutschen Republik eine Utopie entgegenzusetzen, in der »Karl Marx den Friedrich Hölderlin gelesen hat« und in der der vielzitierte deutsche »Geist« sich mit der Weltliteratur versöhnt. Als »Weltbürger Thomas Mann« wurde er denn auch von den Nationalsozialisten diskriminiert.

M.s letztes öffentliches Auftreten nach der Machtergreifung, die Festansprache *Leiden und Größe Richard Wagners*, gehalten am 10. 2. 1933 in der Aula der Münchner Universität, konfrontierte noch einmal die Faszination durch den großen »Magier« mit seiner nationalsozialistischen Vereinnahmung: es sei »durch und durch unerlaubt, Wagners nationalistischen Gesten und Anreden von heutigen Sinn zu unterlegen«, der herrschende Geist des »brutalen Zurück« dürfe ihn nicht für sich in Anspruch nehmen. Gewarnt durch seine Kinder Erika und Klaus, kehrte M. nicht von einer Lesereise zurück und siedelte sich für den Sommer in Südfrankreich, dann ab Oktober 1933 in Küsnacht am Zürcher See an, wo er bis 1938 blieb. Sein Interesse, sich die deutschen Leser zu erhalten und die Ausbürgerung zu vermeiden, kollidierte immer stärker mit der Erwartung zahlreicher Emigranten, in M. den Wortführer eines besseren Deutschland zu sehen. Insbesondere das öffentliche Dementi, an der in Amsterdam von seinem Sohn Klaus herausgegebenen Zeitschrift *Die Sammlung* mitzuarbeiten, und die Weigerung, seine Werke im Exilverlag Querido herauszugeben, entfremdeten M. seinen Kindern wie zahlreichen Lesern. In dem Bewusstsein, dass ihm »die Nachwelt« sein »Schweigen vielleicht nicht verzeihen werde«, zog er sich zunächst ganz auf die Arbeit am Josephs-Roman zurück, der in seiner »Umfunktionierung des Mythos« ein Gegenbild zum nationalistischen Irrationalismus sein sollte. Erst im Februar 1936 publizierte M. die lang ersehnte Verteidigung des »besseren Deutschlands«, als Antwort auf den Feuilletonredakteur der *Neuen Zürcher Zeitung*, Eduard Korrodi, der alle Emigranten – mit Ausnahme von M. – als jüdisch bezeichnet hatte. Nach der Olympiade 1936 wurde M. am 2. Dezember 1936 ausgebürgert, am 19. Dezember erkannte ihm die Universität Bonn die 1919 verliehene Ehrendoktor-Würde ab. Der Antwortbrief vom Neujahr 1937 ist das politische und schriftstellerische Credo des Dichters: »Ich habe es mir nicht träumen lassen, es ist mir nicht an der Wiege gesungen worden, daß ich meine höheren Tage als Emigrant, zu Hause enteignet und verfemt, in tief notwendigem politischem Protest verbringen würde. Seit ich ins geistige Leben eintrat, habe ich mich in glücklichem Einvernehmen mit den seelischen Anliegen meiner Nation, in ihren geistigen Traditionen sicher geborgen gefühlt. Ich bin weit eher zum Repräsentanten geboren als zum Märtyrer, weit eher dazu, ein wenig höhere Heiterkeit in die Welt zu tragen, als den Kampf, den Haß zu nähren. Höchst Falsches mußte geschehen, damit sich mein Leben so falsch, so unnatürlich gestaltete. Ich suchte es aufzuhalten nach meinen schwachen Kräften, dies grauenhaft Falsche – und eben dadurch bereitete ich mir das Los, das ich nun lernen muß, mit meiner ihm eigentlich fremden Natur zu vereinigen.«

Werkausgabe: Gesammelte Werke in 13 Bänden. Hg. von Hans Bürgin. Frankfurt a. M. 1974.

Claudia Albert/Gesine Karge

Mansfield, Katherine
[Kathleen Mansfield Beauchamp]
Geb. 14. 10. 1888 in Wellingston/Neuseeland; gest. 9. 1. 1923 in Fontainebleau/Frankreich

Katherine Mansfield ließ nur wenige, die ihr begegneten, gleichgültig. Virginia Woolf, mit der M. eine von Rivalität geprägte Freundschaft verband, verglich sie mit einer wachsamen Katze und notierte nach M.s Tod in ihrem Tagebuch, sie sei auf M.s schriftstellerisches Talent eifersüchtig gewesen wie auf sonst keines. In D.H. Lawrence löste sie ebenfalls ambivalente Gefühle aus, die sich in seinem Porträt der Gudrun in *Women in Love* (1920) niederschlugen. M. war zeitlebens eine unkonventionelle Frau, die verschiedene Masken kultivierte. Ihr Werk weist eine ähnliche Vielfalt an Positionen auf: Neben den humoristisch-satirischen Skizzen deutscher Kurgäste in dem Band *In a German Pension* (1911; *In einer deutschen Pension*, 1982) finden sich modernistische Short Stories, in denen sie Erinnerungen an ihre Kindheit verarbeitet, Kolonialgeschichten, die das rauhe Leben im neuseeländischen Hinterland darstellen (»The Woman at the Store«), sensible Frauenporträts und subtil-ironische Gesellschaftskritik. Mit ihren Short Stories leistete M. einen zentralen Beitrag zur europäischen Moderne und gab entscheidende Impulse für die Weiterentwicklung und Transformation der Gattung: Die dichte, anspielungs- und symbolreiche Beschreibung und die Aufgabe des linearen *plot* zugunsten leitmotivischer assoziativer Verkettung von Episoden erinnern an die filmische Montagetechnik, und M.s poetische Prosa, die vermeintlich unwichtige Details ins Zentrum der Aufmerksamkeit rückt und Sinneseindrücke genau beschreibt, wurde von der Literaturkritik wahlweise als impressionistisch, post-impressionistisch oder symbolistisch beschrieben. Diese Reihung von Adjektiven enthüllt jedoch zugleich ein Problem der M.-Rezeption: Versuche, ihre Geschichten oder ihre Person eindeutig zu verorten, scheitern zumeist. M. entzieht sich einer solchen Klassifizierung, und ihr kurzes, aber bewegtes Leben bot reichlich Stoff, sich mehr mit der Biographie M.s als mit ihrem Werk zu beschäftigen: ein wenig sesshafter Lebensstil an den Rändern der englischen Avantgarde, finanzielle Probleme, sexuelle Affären mit Personen beiderlei Geschlechts, eine Ein-Tages-Ehe, Geschlechtskrankheit, Fehlgeburt und Schwangerschaftsabbruch. Jenseits dieser Auflistung skandalumwitterter Details zeugt M.s Biographie vor allem von ihrem Streben nach Unabhängigkeit und ihrem Wunsch nach Anerkennung.

Die vielseitig begabte M. (sie spielte u.a. Cello) wuchs in einer wohlhabenden Siedlerfamilie in Neuseeland auf. Nach einem Schulaufenthalt am Queen's College in London 1903–06 ertrug M. die Enge der neuseeländischen Kolonialgesellschaft nicht mehr und kehrte 1908 nach London zurück. Während ihrer Schulzeit lernte M. Ida Baker kennen, mit der sie eine lebenslange, wenn auch nie unproblematische Freundschaft verband. 1909 heiratete M. George Bowden, verließ ihn jedoch nach nur einem Tag. 1912 begegnete sie John Middleton Murry, den sie heiratete und mit dem sie verschiedene Zeitschriften herausgab. In dieser Zeit begann auch die spannungsreiche Freundschaft mit D.H. Lawrence und seiner Frau Frieda. 1918 wurde bei M. Tuberkulose diagnostiziert, und ihr war in ihren letzten Lebensjahren ständig bewusst, dass sie gegen die Zeit schrieb: Phasen fieberhafter Produktivität wechselten sich mit Phasen der Resignation und Depression ab. Sie starb schließlich 34-jährig während eines Aufenthalts im Gurdjieff-Institut bei Paris.

M.s bissiger Humor und ihre satirische Beobachtungsgabe machen den Reiz der frühen Geschichten aus (*In a German Pension*). Sie selbst verwarf zwar später ihre Karikaturen deutscher Pensionsgäste als ›unreif‹ und verhinderte Neuauflagen des Werks, jedoch lässt sich schon in diesen Skizzen ablesen, was M. berühmt machen würde: knappe, unkommentierte Dialoge, die vieles nur andeuten, aber nicht aussprechen. Dieser Sinn für Ironie findet sich auch in M.s späterem Werk in Beschreibungen der Künstlerkreise Londons wieder. So ist »Bliss« (1918), die wohl meistanthologisierte Geschichte M.s, nicht zuletzt wegen der kritisch-distanzierten Analyse der englischen Bohème so erfolgreich. Der Text überzeugt jedoch auch durch die souveräne Handhabung der erlebten Rede zur Bewusstseinswiedergabe. M.s Verwendung von Leitmotiven und die Verdichtung von Symbolen enthüllen hinter der glitzernden Schicht aus geistreicher Unterhaltung und Ästhetizismus zugleich die existenzielle Einsamkeit des Einzelnen und die unüberwindliche Kluft zwischen Mann und Frau – ein Thema, das M. gerade auch für die feministische Literaturkritik sehr fruchtbar gemacht hat. In »Prelude« (1918), einer langen Short Story, die unter dem Titel »The Aloe« ursprünglich als Roman geplant war, verarbeitet M. ihre neuseeländische Kindheit und findet zu ihrer charakteristischen Ausdrucksweise. In zwölf Episoden beschreibt M. den Umzug der Familie Burnell aufs Land und führt in Kezia Burnell ihr kindliches Alter ego ein. Zugleich entwickelt sie eine subtile Kritik der Geschlechterrollen und enthüllt die sexuellen Ängste ihrer weiblichen Figuren. M.s Geschichten bestechen nicht zuletzt durch paradoxe antiklimaktische Epiphanien, »glimpses«, in denen Charaktere kurz vor einer Einsicht innehalten und sich weigern, die Realität ihres Lebens zu sehen, so z. B. in der brillanten Geschichte »The Daughters of the Late Colonel« (1920) aus *The Garden Party and Other Stories* (1922; *Das Gartenfest und andere Erzählungen*, 1977). »The Fly« (1922), eine von M.s letzten Geschichten, zeugt von M.s Beschäftigung mit dem nahenden Tod und ist zugleich eine düstere Parabel auf die Folgen von Krieg und Gewalt.

Trotz ihres schriftstellerischen Erfolgs blieb M. in Englands Künstlerkreisen eine Außenseiterin und war als *colonial* nie völlig anerkannt. Die für die Moderne typische Erfahrung der Spaltung des Selbst wurde von M. noch schmerzhafter als Zerrissenheit zwischen zwei Kulturen erlebt. M.s bedeutende Stellung innerhalb der avantgardistischen europäischen Moderne ist heute weitgehend unbestritten. Ihre besondere Situation als *colonial* hingegen gelangte erst in den letzten Jahren ins Blickfeld und inspiriert heute besonders neuseeländische Autoren in Romanen, Gedichten und Theaterstücken zu einer kreativen Auseinandersetzung mit ihrem Leben und Werk.

Werkausgaben: Collected Stories. London 1956. – Sämtliche Erzählungen. 5 Bde. Frankfurt a.M. 1988.

Nicole Cujai

Manzoni, Alessandro

Geb. 7. 3. 1785 in Mailand;
gest. 22. 5. 1873 in Mailand

Alessandro Francesco Tommaso Manzoni wird 1785 als Sohn der Giulia Beccaria, die einer alteingesessenen Familie entstammt, und des Pietro Graf Manzoni geboren; die Vaterschaft ist jedoch zweifelhaft, 1792 werden die Eltern geschieden. In der Schule, in verschiedenen Internaten, tut M. sich schwer, er lernt nur langsam. Doch im Alter von 15 Jahren entdeckt er seine Liebe zur Lyrik und schreibt diverse beachtenswerte Gedichte. M. zieht 1805, nach dem Tod seines Vaters, zu seiner Mutter nach Paris.

In den dort verbrachten beiden Jahren macht er Bekanntschaft mit zahlreichen Literaten um Madame de Staël, beschäftigt sich mit dem Werk Voltaires und schreibt zwei Theaterstücke. 1808 heiratet M. Henriette Blondel, eine Schweizer Bankierstochter, und kehrt mit ihr 1810 zum Landsitz Brusuglio und nach Mailand zurück, wo er bis zu seinem Tode lebt. In den nächsten Jahren führt er ein zurückgezogenes, harmonisches Eheleben. Seine Frau bringt ihn, den Agnostiker, dem Katholizismus wieder nahe, dessen leidenschaftlicher Anhänger er wird. In dieser Zeit schreibt M. die *Inni sacri* (1815–22; *Heilige Hymnen*, 1889), einen Zyklus von vier geistlichen Gedichten; das fünfte folgt erst 1822, eigentlich waren zwölf Gedichte geplant. Diese Hymnen, die die gerade auflebende Religiosität ihres Verfassers widerspiegeln, wenden sich nicht mehr, wie die neoklassizistische Dichtung, der antiken Mythologie zu, sondern dem Christentum. 1819 veröffentlicht M. *Il conte di Carmagnola* (UA 1828; *Der Graf von Carmagnola*, 1824), eine Tragödie über die Eitelkeit menschlichen Handelns, die, von Shakespeare beeinflusst, mit klassischen Konventionen bricht und deshalb heftige Diskussionen hervorruft. 1821 schreibt er anlässlich des Todes von Napoleon das Gedicht »Il cinque maggio« (»Der fünfte Mai«, 1828), das bis heute zu den bekanntesten der italienischen Lyrik zählt und den religiösen Geist der *Inni sacri* atmet. Die Ode wird alsbald von Goethe ins Deutsche übersetzt. *Adelchi* (1822, UA 1843; *Adelchi*, 1827) ist M.s zweite Tragödie; sie hat den Krieg zwischen den Franken und den Lombarden zum Thema und wirft, wie *Il Conte di Carmagnola*, die Frage nach der Ethik der Geschichte und deren Gewissen vor Gott auf. Die pessimistische Weltsicht des Autors wird hier deutlich.

Inspiriert von seiner Bekanntschaft mit dem französischen Historiker Augustin Thierry, schreibt M. zwischen 1821 und 1823 den Roman *Fermo e Lucia*, der erst postum 1915 unter dem Titel *Gli sposi promessi* erscheint. Er ist ein in einer Mischung aus literarischer und milanesischer Umgangssprache geschriebener Entwurf des 1827 in drei Bänden erschienenen Meisterwerks *I promessi sposi* (auch als »Ventisettana« bezeichnet; *Die Verlobten*, 1832), das als der bedeutendste Roman der italienischen Romantik gilt. M. überarbeitet ihn mehrfach; für die Endfassung, die 1840 bis 1842 erscheint (die sog. »Quarantana«), wählt er die florentinische Umgangssprache, hat seinen Roman »im Arno gespült«, wie man damals sagte. Seine Schriftstellerkollegen hingegen bedienen sich einer im 12. Jahrhundert aus dem Florentinischen entwickelten Hochsprache; M. kommt das Verdienst zu, eine allgemein verständliche Schriftsprache einzuführen, was sprach- und gesellschaftspolitisch von unschätzbarer Bedeutung ist und den, nicht nur sprachlichen, Einigungsprozess Italiens weit vorantreibt. Eine geeinte italienische Nation lag ihm sehr am Herzen, »einig in den Waffen, in der Sprache, im Altar, in der Erinnerung, im Herzen« solle sie sein, so ein Ausspruch M.s.

Beeinflusst von den historischen Romanen Walter Scotts, prägt *I promessi sposi* durch seinen schlichten Realismus wesentlich die Entwicklung der modernen italienischen Prosa. Abweichend vom bisher Dagewesenen thematisiert M. nicht die herrschende Klasse, sondern setzt die von dieser beherrschte Bevölkerung in den Mittelpunkt. Die fiktive Handlung, die er durch Hinweise auf eine ihm vorliegende Handschrift eines Anonymus als real erscheinen lässt, spielt im 17. Jahrhundert in der Gegend des Comer Sees. »Der Arm des Comersees, der sich zwischen zwei ununterbrochenen Bergketten nach ihrem Vorspringen und Zurücktreten in lauter Buchten und Einschnitten nach Süden hinwindet, verengt sich zwischen einem Vorgebirge auf der rechten und einem ausgedehnten Uferland auf der anderen Seite gleichsam mit einem Ruck und nimmt Lauf und Ansehen eines Flusses an«, so lauten die berühmten Anfangszeilen des Romans. Renzo und Lucia wollen heiraten. Der Dorfpfarrer Don Abbondio wird jedoch derart von zwei Gedungenen des Lehnsherrn Don Rodrigo bedroht, dass er sich weigert, die Trauung vorzunehmen. Der couragierte Kapuzinerpater Cristoforo ermöglicht die Flucht der Verlobten. Lucia findet in einem Kloster in Monza vermeintliche Zuflucht, wird aber von dort aus, mit Hilfe der korrupten Nonne Gertrude, auf das Schloss des »Innominato«, des »Ungenannten«, verschleppt, der in sie verliebt ist. Seine Bekehrung markiert den Beginn der glücklichen Wendung. Renzo gerät unterdessen in Mailand in einen Volksaufstand, wird versehentlich für einen der Anführer gehalten und verhaftet. Nach seiner Befreiung macht er sich bald auf die Suche nach Lucia. In Mailand, wo gerade die Pest wütet, findet er sie schließlich in einem Lazarett. Dem glücklichen Ende steht nichts mehr im Wege.

Ein allwissender Erzähler führt die Leser/innen durch das Romangeschehen und leitet sie in ihrer Meinungsbildung gegen die lombardische, von Spanien geprägte Aristokratie. Trotzdem gelingt es dem Autor, in der Aufdeckung der Unvereinbarkeit von Ethik und Politik eine gewisse historische, ironische Distanz zu wahren. Die Romanhandlung wird durch anschauliche, die Spannung steigernde Ausschmückungen sowie zahlreiche belehrende Einschübe des Erzählers verlangsamt. Nach wie vor ist *I promessi sposi* eines der bekanntesten Werke der italienischen Literatur und gehört zum Kanon der italienischen Schulliteratur. Zahlreiche Illustrationen und Verfilmungen haben den Erfolg bis in die heutige Zeit bewahren können. Seit 1827 hat es ca. 15 Übersetzungen ins Deutsche gegeben, 2000 erschien jene von Burkhart Kroeber, der den bisher gebräuchlichen deutschen Titel in *Die Brautleute* ändert.

In den Jahren zwischen den verschiedenen Fassungen von *I promessi sposi* schreibt M. nur einige historische Abhandlungen. Seine Frau stirbt bereits 1833, in den folgenden Jahren verliert er auch mehrere seiner Kinder sowie seine Mutter. 1837 heiratet er Teresa Born, die 1861 stirbt. Im selben Jahr wird M. zum Senator des jungen Königreichs Italien und im folgenden Jahr zum Präsidenten einer Kommission ernannt, die sich mit der italienischen Sprachpolitik befasst. 1870 wird er Ehrenbürger von Rom. Den Tod seines ältesten Sohnes 1873 kann er nicht verwinden; er erkrankt an Hirnhautentzündung und stirbt nur einen knappen Monat nach ihm. M. erhält ein prunkvolles Staatsbegräbnis. Zu seinem ersten Todestag schreibt Giuseppe Verdi 1874 sein berühmtes *Requiem*.

Gesamtausgabe: Die Werke von Alessandro Manzoni. 5 Bde. Hg. H. Bahr/E. Kamnitzer. München 1923ff. (unvollendet).

Sabine Witt

Márai, Sándor
Geb. 11. 4. 1900 in Kassa, heute Košice/Slowakei;
gest. 21. 2. 1989 in San Diego/USA

Sándor Márai, der mehr als 50 seiner 89 Lebensjahre außerhalb Ungarns im Exil verbrachte, als seine wahre, unantastbare Heimat dennoch zeitlebens seine ungarische Muttersprache ansah, war ein Schriftsteller des verfallenden Bürgertums, zu dem er sich wie sein großes Vorbild Thomas Mann selbst auch bekannte. Er stammte aus einer Patrizierfamilie deutscher Herkunft, die seit dem 17. Jahrhundert in Oberungarn ansässig war, und lebte bis 1918 in seiner Heimatstadt Kassa (Kaschau), die kurz nach seiner Flucht aus dem bürgerlichen Zuhause gemäß des Friedensvertrags von Trianon an die Tschechoslowakei angegliedert wurde. Der rebellierende Jüngling zog durch Westeuropa: Leipzig, Frankfurt, Berlin und Paris waren seine Stationen in den 1920er Jahren. Teilweise konnte er sich auf die Unterstützung durch seine Familie verlassen, darüber hinaus bestritt er seinen Unterhalt mit Artikeln, die er für ungarische und deutsche Zeitungen verfasste. Er schrieb Dutzende Beiträge in deutscher Sprache für die renommierte *Frankfurter Zeitung*, nahm gierig die Impulse des bewegten Kulturlebens von Berlin und Paris auf, entdeckte und übersetzte unter anderem Franz Kafka noch zu dessen Lebzeiten. Die Heimatlosigkeit wurde ihm zum natürlichen Zustand, er betrachtete sich als Europäer,»eine Seele auf der Durchreise«, blickte aus seiner europäischen Perspektive kritisch auf das reaktionäre Ungarn, erkannte jedoch schließlich seine Aufgabe in der Bewahrung jener gefährdeten bürgerlichen Werte, deren Inbegriff für ihn die heimische und familiäre Tradition darstellte.

Nach seiner Heimkehr nach Budapest 1928 und nach Veröffentlichung der ersten Romane (darunter *Zendülők* (1930; *Die jungen Rebellen*, 2001), der die Verwirrungen junger Männer in der Zeit fehlender Werte nach dem Ersten Weltkrieg zum Thema hat), verfasste er den autobiographischen Bericht *Egy polgár vallomásai* (1934/35; *Bekenntnisse eines Bürgers*, 1996), der zu seinen Hauptwerken zählt. M. erzählt hier auf eine eigenartig unpersönliche und sachliche Weise von seiner Jugendzeit in Kassa – als dem Modell einer dahinschwindenden Lebensform. Den zweiten Teil der Bekenntnisse bildet der ähnlich distanzierte, ans Fiktionale grenzende Bericht über die Wanderjahre in Berlin und in Paris. Die Flucht aus der überreifen, gerade ihrer Agonie sich zuneigenden und schließlich von »Fremden« ausgelöschten Patrizierwelt wird als Ausweichen in ein geistiges Europäertum dargestellt.

In den 1936 erschienenen *Féltékenyek* (*Die Eifersüchtigen*, 1947) wird der Stoff des Verfalls der Familie in stilisiert-symbolischer Form als Fiktion bearbeitet. Im Mittelpunkt stehen die erwachsenen Kinder eines im Sterben liegenden angesehenen Familienoberhaupts, die ihre verwickelten Beziehungen zueinander und zur Vergangenheit zur Schau stellen. Am Anfang der 1940er Jahre veröffentlichte M. seine populärsten Werke, die ihn zum Lieblingsschriftsteller des kultivierten ungarischen Bürgertums machten und die schon damals in viele Sprachen übersetzt wurden: den Casanova-Roman *Vendégjáték Bolzanóban* (1940; *Begegnung in Bolzano*, 1946, *Die Gräfin von Parma*, 2002) und *Az igazi* (1940; *Die Wandlungen einer Ehe*, 1946), *Szindbád hazamegy* (1940; *Sindbad geht heim*, o.J.) – Letzteres ein virtuoses Rollenspiel, das die Welt des großen ungarischen Erzählers Gyula Krúdy aufleben lässt. Es folgte *A gyertyák csonkig égnek* (1942; *Die Kerzen brennen ab*, 1950, *Die Glut*, 1999), der Roman, der die Márai-Renaissance in den 1990er Jahren sowohl in Ungarn als auch im Ausland einläutete, eine raffiniert gestaltete Dreiecksgeschichte mit melodramatischem Einschlag. In all diesen Romanen herrscht eine rhetorisch erhöhte Monologform vor, die bisweilen geradezu arienartig anmutet. Aus dieser Monologform sind die Tagebücher erwachsen, die M. ab 1944 infolge der seelischen Erschütterung durch den Krieg zu führen begann und die er bis zu seinem Tod im Exil schrieb. Die unerbittlich aufrichtigen und von außergewöhnlicher Gelehrsamkeit geprägten Bekenntnisse waren von vornherein für die Öffentlichkeit bestimmt. Ihr erster Band über die beiden Kriegsjahre 1944/45 erschien 1946. Nachdem sich M. 1948 wegen der kommunistischen Machtergreifung ins Exil begeben hatte, konnten die weiteren Bände, wie überhaupt seine früheren und neuen Werke, nur in ungarischen Exilverlagen publiziert werden. Bis in die späten 1980er Jahre war M. in Ungarn ein verbotener, totgeschwiegener Autor. Er lebte abwechselnd in Italien und in den Vereinigten Staaten, ab 1980 in San Diego/Kalifornien.

M. verstummte keineswegs in der Emigration. Zu seinen wichtigsten späten Werken gehören neben den Tagebüchern die fesselnden Erinnerungen *Föld, föld!* (1972; *Land! Land!*, 2001), die als Ergänzung zu *Egy polgár vallomásai* gelesen werden können und sich auf die Zeit zwischen dem deutschen Einmarsch in Ungarn 1944 und der Ausreise M.s 1948 beziehen, sowie die Romane *Béke Ithakában* (1952; *Verzauberung in Ithaka*, 1952), ein Odysseus-Roman ohne das idyllische Ende der glücklichen Heimkehr, *San Gennaro vére* (1965; *Das Wunder des San Gennaro*, 1957, 2004) über das hoffnungslose Dasein eines emigrierten Intellektuellen in Neapel in der Nachkriegszeit und *Ítélet Canudosban* (1971; Urteil in Canudos), eine Parabel über die von den fanatisierten Massen ausgehende Anarchie. M. erschoss sich 1989, kurz vor dem Ende des kommunistischen Regimes in seiner Heimat, in San Diego. In den 1990er Jahren erreichten seine Werke eine unerwartete und beispiellose internationale Popularität.

Miklós Györffy

Maraini, Dacia
Geb. 13. 11. 1936 in Florenz

Dacia Maraini hat in ihren zahlreichen Romanen, Erzählungen, Theaterstücken und Gedichten sowie in ihrem journalistischen und essayistischen Werk vor allem gesellschaftskritische Positionen bezogen. Die Kritik am Rollenverhalten der Geschlechter und an der Gewalttätigkeit gegenüber Frauen sind Hauptthemen ihres Werkes. – M. ist in einer interessanten Familienkonstellation aufgewachsen. Ihre Mutter stammte aus einer alten sizilianischen Adelsfamilie, ihr Vater war ein berühmter Ethnologe und Schriftsteller bürgerlicher Herkunft. Beide Eltern wandten sich jedoch von ihren Herkunftsfamilien ab und vermittelten ihren drei Töchtern eine atheistische, antifaschistische und liberale Erziehung. Einen Teil ihrer Kindheit verbrachte M. unter dramatischen Umständen in Japan. 1943 wurde die Familie für drei Jahre in einem japanischen Konzentrationslager interniert, wo M. sehr großen Hunger leiden musste und krank wurde. Nach ihrer Rückkehr nach Italien 1947 lebte die Familie bei den Großeltern in Bagheria nahe Palermo in der alten Familienvilla. M. zog nach der Trennung ihrer Eltern achtzehnjährig nach Rom zu ihrem Vater und begann, erste Kurzgeschichten zu veröffentlichen. In ihrer Ehe mit dem Maler Lucio Pozzi brachte sie nach einer komplizierten Schwangerschaft ein totes Kind zur Welt, was für sie nach der Internierung in Japan eine weitere traumatische Erfahrung darstellte. Von 1963 bis Mitte der 1980er Jahre lebte sie mit dem bekannten italienischen Schriftsteller Alberto Moravia zusammen, nachdem er sich von seiner Frau Elsa Morante getrennt hatte. Sie stand ihm damals auch schriftstellerisch durch Themen wie die Gleichgültigkeit ihrer Hauptfiguren nahe.

Schon in ihrem ersten Roman *La vacanza* (1962; *Tage im August*, 1964) thematisiert sie die Sexualität, ein für schreibende Frauen damals noch stark tabubehaftetes Thema. In ihrem zweiten, mit dem Premio Formentor ausgezeichneten Roman *L'età del malessere* (1962; *Zeit des Unbehagens*, 1986) erzählt sie scheinbar unbeteiligt die Geschichte einer Siebzehnjährigen, die in ihrer Passivität in verschiedene Liebesaffären gerät, ungewollt schwanger wird und eine Abtreibung vornimmt. Deutliche feministische Züge hat ihr Roman *Donna in guerra* (1975; *Frau im Krieg*). Durch die provozierenden Fragen einer bewusst politisch agierenden jungen Frau wird sich die Protagonistin der Eintönigkeit ihrer Ehe bewusst, in der sie weder sexuell befriedigt wird, noch eine Anerkennung als Person erfährt.

In den 1970er Jahren engagierte sich M. politisch sehr stark, und zwar einerseits in ihrer Theaterarbeit und in ihrem Dokumentarroman *Memorie di una ladra* (1973; *Erinnerungen einer Diebin*, 1997), andererseits in ihren engen Beziehungen zum italienischen Feminismus. Sie war Mitbegründerin des feministischen Theaters La Maddalena und nahm an Demonstrationen und Hausbesetzungen teil.

Die Zerrissenheit von Frauen zwischen traditionellen Rollenmustern und neuen Identitätsentwürfen thematisiert M. in ihrem nächsten

Roman *Lettere a Marina* (1981; Briefe an Marina), einem Briefroman über eine lesbische und sehr ambivalent dargestellte Beziehung. In den 1980er Jahren entfernte sich M. vom politischen Feminismus, behandelte aber in ihren Romanen weiterhin Themen wie die Gewalt gegen Frauen, und zwar anhand von historischen Beispielen in dem Roman *Isolina. La donna tagliata a pezzi* (1985; *Isolina: die zerstückelte Frau*, 1988) und in ihrem erfolgreichen Roman *La lunga vita di Marianna Ucría* (1990; *Die stumme Herzogin*, 1995), der lange recherchiertes Hintergrundwissen über die Lebensumstände von Frauen im Sizilien des 18. Jahrhunderts enthält und die Gattung des historischen Romans mit der Inzest- und Vergewaltigungsproblematik verbindet. Auch ihr Kriminalroman *Voci* (1994; *Stimmen*, 1995) enthält das Thema der Gewalt gegen Frauen. M. hat außerdem mehrere Theaterstücke, verschiedene Gedichtbände, Essays über Literatur und Interviews veröffentlicht.

Susanne Kleinert

Marechera, Dambudzo
Geb. 4. 6. 1952 in Rusape/Rhodesien;
gest. 18. 8. 1987 in Harare/Simbabwe

Die Sonderstellung von Dambudzo Marechera innerhalb der afrikanischen Literatur wird durch seine Vorbilder deutlich. Für seine Lyrik werden Allen Ginsberg, Arthur Rimbaud, Christopher Okigbo genannt, für seine Prosa Samuel Beckett, James Joyce, Henry Miller oder Jack Kerouac. M.s Selbstdefinition als »Doppelgänger, wie ihn die afrikanische Literatur noch nie zuvor gesehen hat«, vervollständigt das Bild des unangepassten Außenseiters. M.s unbürgerlicher Lebensweg passt zum jugendlichen Rebellen: Aus ärmlichen Verhältnissen kommend, wurde er in seiner Ausbildung gefördert, aber von der University of Rhodesia ebenso wie vom New College in Oxford verwiesen. Nach seiner Rückkehr in das unabhängige Simbabwe überwarf er sich mit dem Regisseur, der *The House of Hunger* (1978; *Haus des Hungers*, 1981) verfilmte, und führte danach das Leben eines Stadtstreichers, eine Erfahrung, die er in einem *Park-Bench Diary* literarisch verarbeitet hat. Der preisgekrönte Erzählband *The House of Hunger* enthält einen Kurzroman und einige Kurzgeschichten. Die Kritik hat zumal den assoziativen, geradezu »pyrotechnisch« explosiven Stil, die Kraft der Bilder, die Emotionalität der sozialen Anklage gerühmt. Als »Haus des Hungers« bezeichnet M. sein Land, seine Stadt, seine *township*, wo die Bewohner physisch, psychisch und sozial ausgehungert werden. M.s Perspektive ist die der Verlierer in der *township*, der Jugendlichen, die nur ein Leben in der Gewalt erfahren und selber nur gewalttätiges Verhalten lernen. In M.s Schilderung gehen reale Beobachtungen, Erinnerungen und Phantasien nahtlos ineinander über und bilden ein Geflecht teils widersprüchlicher Assoziationen. M. nimmt eine grotesk, ja surreal verzerrende Perspektive von ganz unten ein, weil er sich wie eine Kakerlake auf dem Boden und in den Ritzen fremder Häuser herumtreiben muss. Das Vorbild von Kafkas »Die Verwandlung« scheint durch. Auch bei den Inhalten verstößt M. gegen alle Tabus seiner Gesellschaft. Dies gilt besonders für seine Darstellung der körperlichen Liebe, die bei seinen durch Gewalt desorientierten Figuren zu einem inhaltslosen Sexualakt degeneriert, der vor allem der Machtausübung dient. – Die Diskussion über Gewalt und Gesellschaft führt M. in dem Roman *Black Sunlight* (1980) auf abstrakterem Niveau weiter. Im Stil halluzinatorisch, ohne erkennbare Erzählstruktur, theoretisiert er über Anarchie als philosophisches Konzept oder als intellektuelle Haltung. Die postum erschienene Sammlung *Black Insider* (1990) handelt von einer Gruppe Intellektueller, die sich vor einem Krieg in ein verlassenes Universitätsgebäude flüchten und dort über afrikanische Identität diskutieren. Für M. ist diese Debatte um Afrikanität, die ja auch von autokratischen Herrschern wie Joseph Mobutu propagandistisch ausgenutzt wurde, nur eine chauvinistische Verschleierung von Herrschaftsansprüchen, welche die neuen Machthaber von den abgezogenen Kolonialherren übernommen haben. Vor seinem Tod war M.

mit *Mindblast* (1984), einer Sammlung von Lyrik, Dramen und Prosatexten, nochmals erfolgreich, diesmal bei den desillusionierten Jugendlichen des gerade unabhängig gewordenen Simbabwe.

Eckhard Breitinger

Marías, Javier
Geb. 20. 9. 1951 in Madrid

Im Ausland gilt Javier Marías als der bekannteste spanische Gegenwartsautor, im eigenen Land hat man ihn ironisch den besten englischen Autor genannt, der auf spanisch schreibt. M.' Anglophilie ist sehr ausgeprägt: Kein anderer Autor seiner Generation hat Shakespeares Stoffe so intensiv in die eigene Literatur eingebracht wie er. Mehrere Titel verweisen darauf: *Corazón tan blanco* (1992; *Mein Herz so weiß*, 1996) zitiert Lady Macbeth, nachdem sie ihren Mann zum Mord angestiftet hat. Diese Szene ist ein Schlüssel zu M.' Roman, in dem sein Hauptthema, die Macht der Sprache über die Realität, eine seiner Variationen erfährt. Ein Shakespeare-Zitat ist auch der titelgebende Satz des Romans *Mañana en la batalla piensa en mí* (1994; *Morgen in der Schlacht denk an mich*, 1998): Der ermordete Clarence quält bei Shakespeare mit diesen Worten seinen Mörder, Richard III. M. benutzt die Szene, um auf das Thema der Täuschung anzuspielen, wobei die »Schlacht« hier das Alltagsleben des Erzählers meint.

Weil M.' Vater, der Philosoph Julián Marías, während der Franco-Diktatur an keiner spanischen Universität unterrichten durfte, wuchs M. zeitweise in den USA auf. Später studierte er Philosophie und Anglistik in Madrid und lehrte als Gastprofessor in Oxford und den USA. Er hat sich außerdem als Übersetzer von William Faulkner, Thomas Hardy, Joseph Conrad, Robert Louis Stevenson und anderen einen Namen gemacht. Am bekanntesten ist jedoch seine Übertragung des *Tristram Shandy* ins Spanische. M.' Werk umfasst neben Romanen und Erzählungen auch Essays sowie teilweise in Sammelbänden publizierte journalistische Arbeiten mit breitem Themenspektrum: Literatur, Kino, Politik oder auch Fußball finden Eingang in seine Texte – M. ist erklärter Fan von Real Madrid, wovon einige Texte des Bandes *Salvajes y sentimentales. Letras de futból* (2000; *Alle unsere frühen Schlachten. Fußballstücke*, 2000) zeugen. M.' Texte bauen Spannung zwischen der beschriebenen Realität und der sie beschreibenden Sprache auf. Seine Erzähler, oft Dolmetscher, Übersetzer, Ghostwriter, Schriftsteller oder Professoren, umkreisen das Gemeinte, spekulieren, zweifeln und machen deutlich, dass gutes Erzählen von etwas Wirklichem immer auf einer subjektiven Vorstellung beruht. In einem System von Resonanzen wiederholen sich Bilder, Motive und Sätze und verdichten sich zu literarischen Texten – eine Bewusstseinsprosa, die meist nicht chronologisch erzählt ist, sondern der Erinnerung eines Erzählers folgt. Die naheliegende Identifizierung der Erzähler mit M. selbst, mit der er in einigen Texten spielt, hat er in *Negra espalda del tiempo* (1998; *Schwarzer Rücken der Zeit*, 2000) zum Anlass genommen, um über das Entstehen von Fiktionen zu reflektieren. Charakteristisch für seine Prosa ist der Wechsel solcher Reflexionen mit plastischen, oft ironisch-humorvollen Szenenbeschreibungen wie in *Corazón tan blanco*, Marías bekanntestem Roman, der in Deutschland, ausgelöst durch eine euphorische Besprechung in Marcel Reich-Ranickis Literarischem Quartett, einen ungeheuren Erfolg hatte. Wichtige Themen des erzählerischen Werks sind die Liebe und der Tod. Liebe wird selten unmittelbar erlebt, sondern meist in der Vorstellung vorweggenommen oder erinnert. Der Tod gibt, unter Einbeziehung von Elementen des Kriminalromans, Anlass zur Spekulation und dient dazu, das nicht Gewusste zu thematisieren, das in vielen Texten M.' überaus präsent

ist und die in der Realität nicht zugänglichen Dinge sichtbar macht. Die Informationsgesellschaft des späten 20. und frühen 21. Jahrhunderts wird bei M. zum modernen Mythos: »Man kann unmöglich wissen, ob einem daran gelegen ist, die Dinge, die man schon weiß, zu erfahren oder nicht, nachdem man sie erfahren hat« (*El hombre sentimental*, 1986; *Der Gefühlsmensch*, 1992).

Leonie Meyer-Krentler

Marinetti, Filippo Tommaso
Geb. 22. 12. 1876 in Alexandria/Ägypten; gest. 2. 2. 1944 in Bellagio, Como/Italien

Der Begründer des italienischen Futurismus Filippo Tommaso Marinetti ging in Ägypten und Frankreich zur Schule. Nach dem Jurastudium in Pavia lebte er in Paris, schrieb auf französisch und wurde Mitarbeiter der Pariser Zeitschriften *La Vogue* und *La Plume*. 1905 gründete er in Mailand die Zeitschrift *Poesia*. In Paris wurden seine ersten Manifeste veröffentlicht: am 20. 2. 1909 das »Manifeste de futurisme« in *Le Figaro*, kurz danach »Tuons le clair de lune!« (Töten wir den Mondschein!). Auf französisch erschien auch sein erster programmatischer Roman *Mafarka le futuriste* (1910; *Mafarka der Futurist*, 2004). M. befürwortete den Ersten Weltkrieg mit der Manifestensammlung *Guerra sola igiene del mondo* (1915; Krieg – einzige Hygiene der Welt) und meldete sich freiwillig, später engagierte er sich als faschistischer Aktivist (vgl. *Futurismo e fascismo*, 1924). Mussolini ernannte ihn 1929 zum Mitglied der Akademie Italiens. M. folgte den Faschisten in die Italienische Sozialrepublik von Salò, wo er bis zu seinem Tod 1944 blieb. Weniger in seinen schriftstellerischen Werken als in seiner Rolle als Autor von Manifesten und als Galionsfigur des Futurismus ist M.s Bedeutung zu sehen (erwähnt sei die Herausgabe von futuristischen Anthologien: *I poeti futuristi*, 1912, und *I nuovi poeti futuristi*, 1925).

Erklärte Ziele der futuristischen Kunst sind der Kampf gegen die Tradition und die Anpassung an Industrialisierung und gesellschaftliche Modernisierung. Man benötige neue Kommunikationstechniken, die der Geschwindigkeit der Maschinen und des modernen Lebens gerecht werden. Bewegung, Dynamik, Beschleunigung sind die Gesetze, die den neuen Kunstwerken zugrunde liegen; was zähle sei nur die Geste, das plötzliche und vorübergehende Ereignis: Kunst soll ein Schock sein, eine rasche Intuition, eine Ohrfeige, ein Ausbruch von Irrationalität, Kraft, Jugend, Heldentum. So besingt das Manifest »die Liebe zur Gefahr« und die »Vertrautheit mit Energie und Verwegenheit«. Daraus entsteht ein nationalistisches Plädoyer für Gewalt und Krieg als Mittel zur Welterneuerung: »Wir wollen den Krieg verherrlichen – diese einzige Hygiene der Welt – den Militarismus, den Patriotismus [...] und die Verachtung des Weibes.« Der Kampf gegen das Spießbürgertum und die Tradition führt zur regelrechten Bilderstürmerei: »Wir wollen die Museen, die Bibliotheken und die Akademien jeder Art zerstören und gegen den Moralismus, den Feminismus und jede Feigheit kämpfen.« Es ist nicht verwunderlich, dass futuristische Veranstaltungen gewöhnlich in Krawallen und Schlägereien endeten: »Denn Kunst kann nichts anderes sein als Gewalt, Grausamkeit und Ungerechtigkeit.« Modernisierung der Kunst bedeutete für die Literatur unter anderem Zerstörung der traditionellen literarischen Sprache und Auflösung der Grenze zwischen Lyrik und Prosa. Die Grundlagen der futuristischen Kunst sind im *Manifesto tecnico della letteratura futurista* (1912) und in *Distruzione della sintassi immaginazione senza fili parole in libertà* (1913; Zerstörung der Syntax Drahtlose Vorstellung Worte in Freiheit) skizziert. Selbst der einige Jahre zuvor gepriesene *vers libre* ist versiegt: Die neue Literatur basiert auf einer »drahtlosen Vorstellung«, ihr Übertragungsmittel ist die Analogie, ihr Rohstoff sind »parole in libertà«, Worte in Freiheit. Syntaktische Strukturen werden aufgelöst, das Verb nur im Infinitiv verwendet, Adjektive, Adverbien und Interpunktion beseitigt.

Eine praktische Umsetzung finden diese Richtlinien z. B. in den Werken *La bataille de*

Tripoli (1912; Die Schlacht von Tripoli) und *Zang Tum Zuuum – Adrianopoli ottobre 1912* (1914; Zang Tum Zuuum – Adianopoli Oktober 1912), in denen mit Wörtern graphisch und lautmalerisch experimentiert wird. M.s bedeutendste Theaterstücke stammen aus der Zeit vor dem Ersten Weltkrieg: *Le roi bombance* (1905; ital. *Re baldoria*, 1910; König Prasserei), *Poupées électriques* (1909; Elektrische Puppen). Auch das futuristische Theater, umrissen in den Manifesten *Teatro di varietà* (1913) und *Teatro futurista sintetico* (1915), soll ideologisch und propagandistisch sein, der Dynamik der Industrieära entsprechen, das ernste traditionelle Theater ironisch demontieren und das Komische inszenieren, das aus dem Hässlichen entsteht. Bei den futuristischen Abenden und in den von M. und den anderen Futuristen knapp verfassten ›Theatersynthesen‹ wird das Theater auf Stichworte und Gesten reduziert, um die Vorstellung dynamisch, blitzschnell und irreal wirken zu lassen. Nach dem Krieg verfasste M. futuristische Romane und Dichtung sowie Propagandaschriften für Mussolinis Angriffspolitik. Futuristische Manifeste hat M. auch für Tanz, Malerei, Fotografie und Kino geschrieben.

Werkausgaben: Die futuristische Küche. Stuttgart 1983. – Futuristische Dichtungen [1912]. Hg. J. Bleicher. Siegen 1984.

Tatiana Bisanti

Marivaux, Pierre Carlet de Chamblain de

Geb. 4. 2. 1688 in Paris; gest. 12. 2. 1763 in Paris

Bereits während seines Jurastudiums hatte Pierre Carlet de Chamblain de Marivaux erste parodistische Texte verfasst, doch erst nach dem Verlust seines Vermögens infolge eines Börsenkrachs wurde er zum Berufsschriftsteller. Seine Zeitschriften, zwei große Romane und insgesamt 35 Theaterstücke trugen ihm Erfolg beim Publikum und 1743 die Aufnahme in die Académie française ein, die Anerkennung durch die Kritik blieb ihm jedoch versagt. Als ein Autor der leisen Töne trat er nicht vehement für die Aufklärung ein, sondern leuchtete feinste innerseelische Vorgänge mit jenem nuancenreichen, manierierten Sprachstil aus, den man seitdem in Frankreich als »Marivaudage« bezeichnet und auf den sich Voltaires spöttische Bemerkung bezieht, »Fliegeneier auf Spinnwebwaagen wiegen«.

Erst die Neurezeption des späten 20. Jahrhunderts führte zu einer Würdigung seiner Innovationen für Roman und Komödie. Im Bemühen um eine Psychologisierung löste M. Letztere aus dem Einfluss der Molièreschen Charakter- und Sittenkomödie und verzichtete auf die traditionellen monomanischen Typen ebenso wie auf überzeichnete Charaktere. In seinen Stücken zog er eine nuancenreiche Prosa dem Vers vor und ließ sie meist von der in Paris ansässigen Comédie italienne aufführen, deren spontanes, phantasievolles Spiel seinem dramatischen Stil kongenial war. Bevorzugtes Thema ist die Entstehung der Liebe, die von den Betroffenen zunächst nicht bemerkt, dann bekämpft und erst als Folge einer seelischen Veränderung akzeptiert wird. In Titel und Handlung kann *La surprise de l'amour* (1722; Der Betrug der Liebe, 1747) als exemplarisch gelten: Lelio und die Gräfin müssen erst das innere Hindernis ihrer Abneigung gegen das andere Geschlecht überwinden, ehe sie sich ihre Liebe gestehen können. M.' Modernität und Experimentierfreude lassen sich besonders deutlich an seiner bekanntesten Komödie, *Le jeu de l'amour et du hasard* (1730; Spiel der Liebe und des Zufalls, 1747), ablesen. Silvia will den ihr vom Vater als Mann bestimmten Dorante nicht heiraten, ohne zuvor inkognito seine Liebe erprobt zu haben, und so verkleidet sie sich als Dienerin – nicht ahnend, dass Dorante ganz ähnlich denkt und seinerseits mit seinem Diener Kleidung und Stand getauscht hat. Nach anfänglicher Verwirrung finden sich zwar die jeweils gesellschaftlich ebenbürtigen Partner trotz ihrer Verklei-

dung, doch das Stück gipfelt in Dorantes Heiratsantrag an die vermeintliche Dienerin, mit dem er den eigenen Stolz und soziale Schranken überwindet.

Auch dem Roman verlieh M. neue Impulse. *La vie de Marianne* (1731–41; *Das Leben der Marianne*, 1968) ist die Lebensgeschichte einer älteren Gräfin, die als Findelkind den Nachstellungen und Demütigungen durch Vertreter der guten Gesellschaft ausgesetzt war und dabei sowohl ihre Tugend als auch ihren natürlichen Stolz behauptet und mit ihrem ›Seelenadel‹ sogar die hochgeborenen Herrschaften beschämt hat. Die Retrospektive der Memoirenform ermöglicht der fiktiven Erzählerin in dem unvollendet gebliebenen Roman eine von ironischer Selbstbeobachtung geprägte Bewertung der einstigen Erlebnisse. Um sozialen Aufstieg und um das Selbstwertgefühl des Protagonisten geht es auch im ebenfalls fragmentarischen *Le paysan parvenu* (1734/35; *Der emporgekommene Landmann*, 1747/48; *Der Bauer im Glück*, 1968): Der Bauernsohn Jacob reüssiert in der Pariser Gesellschaft dank seines unverbildeten Charakters und dank seiner Wirkung auf gutsituierte Damen. Nicht zuletzt aufgrund der betont subjektiven Darstellung des Erlebens und seiner selbstreflexiven Kommentare, die zeitgenössische Romanstereotype ironisieren, ist M.' literarhistorische Bedeutung inzwischen unbestritten.

Wilhelm Graeber

Mark Aurel
Geb. 26. 4. 121 n. Chr. in Rom;
gest. 17. 3. 180 n. Chr. in Vindobona bei Wien

Unmöglich, das weitwirkende Büchlein eines Kaisers des Römischen Reiches zu lesen, ohne das Vorwissen: Hier spricht in knapper, härtestem Einsatz um den Erhalt des Reiches abgerungener Zeit ein Mann, dem der heutige Leser unbesehen glaubt, dass er seine Erfüllung viel lieber als philosophierender Betrachter des Weltgeschehens und des eigenen Ich gefunden hätte. Sein Titel freilich führt in die Irre; er ist ja auch nur eine Notlösung der Überlieferung, die einen nicht zur Veröffentlichung geschriebenen Text vorfand: *Selbstbetrachtungen, Ermahnungen an, Wege zu* oder auch *Gespräche mit sich selbst, Meditationen* u. a.; die *Selbstbetrachtungen* haben sich weithin durchgesetzt. Man kann auch in andere Richtung fragen, was das Buch nicht bietet: Es ist weder Autobiographie noch besteht es aus Tagebuchnotizen, noch sind es Gedankensplitter, eine Weltschau in Fragmenten, noch Aphorismen, noch Meditationen. Aber doch wieder – ohne das dies den Leser störte – von allem diesem etwas; alle Ansätze zu Austausch und Sinnfindung gewissermaßen gebündelt. Am nächsten führt uns vielleicht der Vergleich mit meditierten, das meint zum Zweck der geistigen Aneignung eingeübten Gedankengängen und Gefühlsabläufen, mit Lehrtexten, Vorlesungserinnerungen, und einer in der Literatur des christlichen Mönchtums als *Kephálaia* benannten Literaturform. Auch ein römischer Kaiser als Autor ist nichts Ungewöhnliches. Autobiographische Rechtfertigung und Literaturengagement der Herrschenden sind in der römischen Kaiserzeit geläufig, fast charakteristisch. Der Kaiser aber will nicht seinen Lebens-Lauf dokumentieren oder rechtfertigen, ist nicht ständig um das Auffinden eines Standorts bemüht – den hat er längst; er will auch keine unverbindlich einzuprägenden Lehrtexte abschreiben und auch nicht in den literarischen »Ohrwürmern« der Aphorismen seine Weltschau präsentieren. Er schreibt ganz für sich allein, gewissermaßen »in sich hinein«; also doch in etwa unseren Poesiealben, den guten, vergleichbar? Des Kaisers Stimme hätte nun leichter und schneller als vieles andere aus der antiken Welt verhallen können. Was wir vorfinden ist ein seltenes Beispiel, wie respektvoll gehüteter Nachlass sich zur Literatur für andere Partner in anderen Zeiten entwickelt und mit seiner verbindlichen Lockerheit (der keine feste Ordnung vorgegeben ist) dem Gebrauch und Bedarf der heute Lebenden entspricht. Der vielleicht getrennt überlieferte Vorspann, das erste Buch, in dem er seiner Lehrer gedenkt und festschreibt, was er durch sie und mit ihnen wurde, ist ein seltenes Beispiel von Dankbarkeit.

Die Texte begleiten das letzte Lebensjahrzehnt (ab 170 n. Chr.) des Kaisers. Betrachten wir hier die Zeit seiner Regierungsjahre: Die schnell aufeinander folgenden Krisensituationen, die der Kaiser nach seinem Regierungsantritt durchzustehen hatte, haben ihr modernes Gegenbild im königlichen Feldherrn des siebenjährigen Krieges, der in ähnlich hoffnungsloser Lage über die Stoiker der Antike meinte, zu Catt: »Sie mögen die finsteren Leute nicht – aber glauben Sie mir, sie helfen sehr.« Was aber erwartete M. nach Übernahme der Regierung? Angriffe der Chatten in Germanien und der Kaledonier in Britannien 162; zu gleicher Zeit startet im Osten des Reiches die Offensive der Parther gegen das römische Syrien. Erst nach drei Jahren ist diese Front beruhigt – als die zurückkehrenden Truppen die Pest durchs Reich schleppen, die länderweit über zwanzig Jahre verheerend wütete, von Hungerepidemien begleitet. Inzwischen waren 166 die an der Donaugrenze einfallenden Markomannen, 167 Feinde in Dakien und Griechenland abzuwehren. 168 mussten Oberitalien befreit, 171 Rätien und Norikum gesichert werden, und wieder flammten gleichzeitig Kämpfe gegen Markomannen und Quaden auf; 175 auch gegen die Iazygen; dem gleichen Jahr, in dem sich sein Feldherr Avidius Cassius gegen ihn erhob. Also zurück in den Ostteil des Reiches; aber schon bricht 178 der zweite Markomannenkrieg aus. 180, am 17. März, stirbt der Kaiser an der Pest im Feldlager bei Wien.

Doch hat – neben dem schon antiken Ärger über die missglückte Nachfolgeregelung – keine Frage das Interesse am Philosophenkaiser M. so wachgehalten wie das Verwundern darüber, dass uns gerade in der Zeit seiner Herrschaft Christenverfolgungen und Hinrichtungen von Wortführern des neuen Glaubens gemeldet werden. So erleiden den Tod als Märtyrer Justin 165 in Rom, Polykarp, der Schüler des Bischofs Ignatios, ungefähr zu gleicher Zeit in Kleinasien, und für das Jahr 177 berichtet Eusebios vom Massengemetzel an einer ganzen Christengemeinde in Lugdunum (Lyon). Zu dieser Zeit machen Kampfschriften pro und contra Christentum im Reich die Runde. Eigentlich können sie dem Kaiser nicht unbekannt geblieben sein; ist ja die Christenrede seines Lehrers Fronto darunter; als streitbarste Argumentensammlung gegen die Christen meldet sich Kelsos zu Wort, und die neue, von den Christen oft gehandhabte Waffe im Geisterkampf, die Apologie, wendet sich direkt an die Kaiser, als diejenigen, die eine Bekämpfung der Christen verhindern könnten; von Athenagoras über Justin zu Meliton von Sardes. Äußert sich also der Kaiser zur Christenfrage, ordnet er an, schweigt er, übersieht er? In den *Selbstbetrachtungen* lesen wir nur an einer Stelle mit Namensnennung von den Christen. 11, 3, 2 meint der Kaiser, die Bereitschaft zum Freitod müsse auf eigener freier Entscheidung beruhen und »nicht aus bloßer Widersetzlichkeit erfolgen wie bei den Christen, vielmehr besonnen und mit Anstand, vor allem untheatralisch, denn es soll ja auch andere überzeugen!« Im Bewusstsein der Zeitgenossen und in der Literatur ist freilich auch eine den Kaiser entlastende Wundergeschichte aus dem Quadenkrieg lebendig geblieben, das sogenannte Regenwunder des Jahres 174. Die Gebete christlicher Soldaten sollen damals das römische Heer gerettet und die Feinde haben besiegen helfen. Darüber habe der Kaiser einen offiziellen Brief an den Senat geschrieben, der als Schutzargument Verwendung fand, noch beim streitbaren Tertullian, der an der Entlastung dieses Kaisers interessiert war.

Die Gedanken M.s erfassen den Erfahrungskreis eines Philosophen stoischer Prägung, bewegen sich aber beständig zwischen den zwei Polen Welt/Kosmos und Mitmensch, die mit seinen eigenen Worten markiert sein sollen: »Alles was sich dir, All-Natur, einfügt, das ist auch mir gemäß. Nichts ist für mich verfrüht oder verspätet, was für dich rechtzeitig ist. […] Alles stammt aus dir, alles ruht in

dir, alles strebt zu dir hin!« (4, 23) und: »Die Menschen sind füreinander geschaffen. Überzeuge sie davon oder ertrage sie!« (8, 59). Das Nachsinnen in diese beiden Richtungen hat – und hierin liegt sicher das Geheimnis der Wirkung dieses »Autors« – imperativischen Charakter, bewirkt unaufdringliches Angesprochensein. Dies jedoch bleibt der Haupteindruck: eine Gesinnung, die mehr ist als gut in Szene gesetztes Gestimmtsein; sie zielt damals wie heute auf das Ganze unseres Lebens, spricht uns unmittelbar an: ein Optimismus ohne Selbstbetrug, ein Pessimismus ohne Bitterkeit.

Ausgabe: Selbstbetrachtungen. Hg. und übers. A. Wittstock. Stuttgart ⁴1982.

Heinz Berthold

Mark Twain (eigtl. Samuel Langhorne Clemens)

Geb. 30. 11. 1835 in Florida, Missouri; gest. 21. 4. 1910 in Redding, Connecticut

Samuel Langhorne Clemens – besser bekannt unter seinem Künstlernamen Mark Twain – ist in seiner humoristischen Respektlosigkeit gegenüber einem ›musealen‹ europäischen Kunstverständnis, dem unbeirrten, fast trotzigen Glauben an das demokratische Potential des einfachen Mannes, aber auch in seinem ungenierten Hang zur aufsehenerregenden Selbstinszenierung für viele zum Inbegriff des amerikanischen Autors geworden. Auch sein schriftstellerischer Werdegang stellt eine amerikanische Erfolgsgeschichte dar: Nach dem Schulabbruch und Lehrjahren als Lotse auf dem Mississippi fand M. T. als Autodidakt über den Journalismus zur Literatur und wurde im Lauf seiner Karriere zu einem der international bekanntesten Schriftsteller seiner Zeit. Zentral für sein Werk ist der humoristische Kontrast von zwei Welten (Europa/Amerika; amerikanischer Osten/Westen; Mittelalter/Moderne; ›bessere‹ Gesellschaft/einfaches Volk), in dem der angesehenere und scheinbar überlegene Bereich vom Repräsentanten eines unverstellten »common sense« als eine Welt der Illusionen und Prätentionen entlarvt wird. M. T.s Werke leben von der kompromisslosen Illusionskritik, die ihn mit dem Realismus seiner Zeit verbindet und die ihr bevorzugtes Objekt immer wieder in religiöser Heuchelei und literarischer Idealisierung findet. Wie für andere Realisten auch war die idealisierende Literatur, »romance« genannt, für M. T. infantil. In der Konfrontation mit dem gesunden Menschenverstand des einfachen Mannes wird sie ein ums andere Mal ins Lächerliche gezogen und, wie in den populären Geschichten über Tom Sawyer und Huckleberry Finn, als kindliches Phantasiegebäude entlarvt.

M. T.s erstes Buch, *The Innocents Abroad* (1869; *Die Arglosen auf Reisen,* 1875), der Bericht über eine Reise in die ›Alte Welt‹, lebt von der satirischen Konfrontation eines durch Kirchen, Museen und Denkmäler definierten Europa mit der respektlosen Gegenperspektive eines selbsternannten amerikanischen Vandalen, der diese Alte Welt mit Spott überschüttet. Das folgende Reisebuch *Roughing It* (1872; *Im Gold- und Silberland,* 1892; *Durch Dick und Dünn,* 1922), mit dem M. T.s Rolle als irreverent-selbstbewusste Stimme des amerikanischen Westens gefestigt wurde, steht in der humoristischen Erzähltradition des amerikanischen Südwestens, in der ein »Westerner« mit todernster Miene (»deadpan«) eine haarsträubende Geschichte (»tall tale«) in regionaler Mundart (»vernacular«) erzählt und damit einen unerfahrenen Neuankömmling von der Ostküste (»tenderfoot«) hereinlegt. M. T.s erste Kurzgeschichte »The Notorious Jumping Frog of Calaveras County« (1865), die ihn berühmt machte, ist ein Paradestück dieses Genres. Mit Texten wie *A Tramp Abroad* (1880; *Bummel durch Europa,* 1922), das mit dem Anhang »The Awful German Language« *das* klassische Dokument des Kampfes eines Ausländers mit der deutschen Sprache enthält, und *Life on the Mississippi* (1883; *Leben auf* dem *Mississippi*, 1888), einer Mischung aus nostalgischem Rückblick auf die eigene Lotsenzeit und erbitterten Attacken auf die grandiosen feudalen Illusionen der Südstaaten, setzt M. T. die Serie seiner Reisebücher fort. Mit der gemeinsam mit Charles Dudley Warner verfassten politischen Satire *The Gilded Age* (1873; *Das Vergoldete Zeitalter*, 1876) gibt M. T. der von Korruption geprägten Zeit nach dem amerikanischen Bürgerkrieg einen noch heute gebräuchlichen spöttischen Beinamen.

Bereits in *The Adventures of Tom Sawyer* (1876; *Die Abenteuer Tom Sawyers*, 1876) hatte M. T. eine Erzählformel gefunden, in der sich die beiden bis dahin dominanten Tendenzen seines Werkes, die humoristische Illusionskritik und der nostalgische Rückblick auf die Jugendzeit am Mississippi, wirkungsvoll verbinden ließen. In den übermütigen Streichen des sympathischen Lausebengels Tom können infantile Abenteuerphantasien einerseits breit ausgemalt werden, andererseits lässt die amüsiert-distanzierte Perspektive des erwachsenen Erzählers keinen Zweifel daran, dass es sich hier um Vorstellungen handelt, die überwunden werden müssen. Der Erfolg des Buches regte M. T. zu einer Fortsetzung an, in der er die Illusionskritik durch einen Wechsel der Erzählperspektive noch verstärken wollte. Der Blickwinkel von *Adventures of Huckleberry Finn* (1884; *Abenteuer und Fahrten des Huckleberry Finn*, 1890) ist nunmehr der eines jugendlichen Nichtsnutzes jenseits jedes viktorianischen Erziehungseinflusses, den aber gerade deshalb der Reiz des Abenteuers und des freien Lebens umgibt. Mit der Entscheidung, den Roman aus der Perspektive Hucks zu erzählen, erreichte M. T. eine authentisch wirkende Unverstelltheit der Wahrnehmung und machte einen Stil umgangssprachlicher Direktheit literaturfähig, der das Ringen der literarischen Moderne um sprachliche Authentizität vorwegnahm. So lässt sich auch Ernest Hemingways Feststellung verstehen, alle moderne Literatur lasse sich von M. T.s *Huck Finn* herleiten. Zugleich hat M. T.s Wechsel der Erzählperspektive unverkennbare demokratische Implikationen. Aus Mangel an Bildung muss sich Huck auf eigene Erfahrungen, seinen gesunden Menschenverstand und seine ›instinktive‹ Menschlichkeit verlassen, und die Art und Weise, in der ihm das gelingt, legt Zeugnis von M. T.s Glauben an das quasi naturgegebene demokratische Potential des einfachen Amerikaners ab. Diese Ausrichtung der narrativen Vermittlungsweise findet ihre Entsprechung auf der Handlungsebene in der demokratischen Gemeinschaft, welche die beiden Außenseiter Huck und der schwarze Sklave Jim auf ihrer Flucht vor der Gesellschaft im gesellschaftsfreien Raum des Floßes bilden, auf dem sie den Mississippi hinabtreiben.

Die literarhistorische Pionierrolle *Huck Finns*, der heute als einer der bedeutendsten amerikanischen Romane des 19. Jahrhunderts gilt, hat jedoch auch zu Rezeptionsproblemen eigener Art geführt. Denn M. T.s Wahl einer Erzählform, die den Leser in seinen Wertungen nicht mehr bevormundet, hat zur Folge gehabt, dass der Roman zu einem der interpretatorisch umstrittensten und meistzensierten Klassiker der amerikanischen Literatur geworden ist. In dem immer neu aufflammenden Streit darüber, ob der Roman vielleicht nicht doch unmoralisch oder rassistisch sei, wird das ganze Ausmaß des Abbaus von literarischer Vormundschaft deutlich, die M. T. leistet, denn es gibt nun in der Tat keine übergeordnete Urteilsinstanz mehr, an die zur Entscheidung dieser Fragen appelliert werden kann. Vielmehr bedarf die eingeschränkte Wahrnehmungs- und Urteilsfähigkeit Hucks fortlaufender Ergänzung und Richtigstellung durch den Leser. Wo dem Leser diese Selbständigkeit des Urteils nicht zugetraut wird, ist *Huck Finn* daher trotz seines Rufes als eines unschuldig-nostalgischen Kinderbuches immer wieder zum Objekt von Verboten und Zensurmaßnahmen geworden.

M. T.s Versuch, seine Illusionskritik über die Autorität eines unverbildeten gesunden Menschenverstandes zu legitimieren, wird in der ›umgekehrten Utopie‹ *A Connecticut Yankee in King Arthur's Court* (1889; *Ein Yankee am Hofe des Königs Artus*, 1923) mit dem Mittel einer literarischen Zeitreise in die Vergangenheit zu einem Konflikt zwischen dem

»common man« Hank Morgan und einem mittelalterlichen Europa ausgebaut. Die hier vorgestellte Alte Welt hat nichts vom Glanz der Ritterromanze, sondern ist Inbegriff feudaler Rückständigkeit und Despotie. Bereits 1881 hatte M. T. einen ersten ›englischen‹ Roman, *The Prince and the Pauper* (*Der Prinz und der Betteljunge*, 1890) vorgelegt, in dem durch den Rollentausch zwischen einem Kronprinzen und einem jugendlichen Herumtreiber eine kritische Inspektion feudaler Zustände möglich wird. In *A Connecticut Yankee* wendet sich allerdings die Geschichte des überzeugten Demokraten und engagierten Reformers zunehmend zur Aufstiegs- und Erfolgsgeschichte eines Amerikaners, der mit dem technologischen Wissensvorsprung des 19. Jahrhunderts ausgestattet ist. Kein anderes Buch zeigt mit gleicher Deutlichkeit, wie sehr M. T. in sich gespalten war. Einerseits kämpfte er gegen infantile Machtphantasien in seinen Texten, andererseits blieb er immer wieder von der Figur des erfolgreichen Entrepreneurs und Entertainers fasziniert. Der mit demonstrativer Reformzuversicht begonnene Roman spiegelt diese Zerrissenheit in seinem schockierenden Ende, in dem sich der Yankee vor den Kräften der Reaktion hinter einem elektrischen Zaun verschanzt hat und eine anstürmende Ritterschar von 24 000 Mann in ihren Rüstungen buchstäblich verschmort. Die Technik wird bei dieser ›Bestrafung‹ der Reformunwilligen vom Garanten des Fortschritts zum Mittel apokalyptischer Zerstörung.

Dieses Romanende kann als endgültiger Zusammenbruch von M. T.s anfänglichem Vertrauen in die instinktive Menschlichkeit des einfachen Mannes verstanden werden. An dessen Stelle tritt im Spätwerk zunehmend ein Determinismus, demzufolge Menschen lebenslang Gefangene ihrer Umstände und Erziehung bleiben. M. T.s ungewöhnlichstes Buch, *Personal Recollections of Joan of Arc* (1896; *Persönliche Erinnerungen an Jeanne d'Arc*, 1970), ein sentimentales Porträt der historischen Figur, mutet wie ein forcierter Versuch an, gegen diesen wachsenden Pessimismus noch einmal die Gewißheit einer ›selbstlosen‹ Retterfigur zu setzen, doch schleicht sich selbst hier in den Bericht des Erzählers eine zunehmende Menschenverachtung ein. Wie in einer seiner bekanntesten und effektvollsten Erzählungen, »The Man That Corrupted Hadleyburg« (1900; »Wie die Stadt Hadleyburg verderbt wurde«, 1900, »Der Mann, der Hadleyburg korrumpierte«, 1967), setzt M. T. immer mehr auf die Figur des außergewöhnlichen Einzelnen, der die Dummheit und Selbstsucht der Menge durchschaut, doch ist jene Retterfigur auch geeignet, die Verachtung für die Masse zu verstärken. Mit M. T.s Geschichtspessimismus wird der Gegensatz zwischen Alter und Neuer Welt von der Reflexion über die Zufälligkeit menschlicher Existenz verdrängt. Zu ihrem Gleichnis wird in seinem letzten wichtigen Roman *Pudd'nhead Wilson* (1894; *Wilson, der Spinner*, 1896; *Querkopf Wilson*, 1898) ein Babytausch und die damit verbundene ›Determination‹ des Lebensschicksals. In einem jener Fragmente, die von M. T.s literarischen Nachlassverwaltern 1916 postum zu dem Roman *The Mysterious Stranger* (*Der geheimnisvolle Fremde*, 1921) zusammengestellt wurden (ohne diese unzulässige Verschmelzung als solche zu erkennen zu geben), wird die Zufälligkeit und Nichtigkeit menschlicher Existenz noch einmal zugespitzt, wenn der eigentliche ›Held‹ des Textes, Satan, Menschen erschafft und gleich wieder zerdrückt. In seinen letzten Lebensjahren stellt M. T. die Unterscheidbarkeit von Realität und Phantasie, auf der ein großer Teil seines Gesamtwerkes beruhte, zunehmend in Frage (»Which Was the Dream«, 1897), verkleinert den sich selbst überhöhenden Menschen zur bloßen Mikrobe (»Three Thousand Years among the Microbes«, 1905) und engagiert sich mit anti-imperialistischen Schriften (*King Leopold's Soliloquy*, 1905; *König Leopolds Selbstgespräche*, 1967). In seinem Alterswerk dominieren Bitterkeit, Enttäuschung und Zynismus. Die radikale Illusionszerstörung, die seine interessantesten Bücher prägt, erfasste so schließlich auch die Vision, in deren Dienst sie ursprünglich gestellt worden war.

Werkausgaben: Gesammelte Werke. 10 Bde. Hg. N. Kohl. Frankfurt 1985. – The Works of Mark Twain. Hg. R.H. Hirst. Berkeley 1972ff.

Winfried Fluck

Marlitt, Eugenie
(d.i. Eugenie John)
Geb. 5. 12. 1825 in Arnstadt/Thüringen; gest. 22. 6. 1887 in Arnstadt/Thüringen

»Es lebt in diesem Frauenzimmer etwas, das viele schriftstellernde Männer nicht haben: ein hohes Ziel; diese Person besitzt ein tüchtiges Freiheitsgefühl, und sie empfindet wahren Schmerz über die Unvollkommenheit in der Stellung der Weiber. Aus diesem Drang heraus schreibt sie. In allen Romanen, die ich von ihr gelesen habe, war immer das Grundmotiv, einem unterdrückten Frauenzimmer zu der ihr ungerechterweise vorenthaltenen Stellung zu verhelfen, ihre Befreiung von irgendeinem Druck, damit sie menschlich frei dastände – und hierin besitzt die Marlitt eine Kraft, das durchführen zu können, eine Macht der Rede, eine Wortfülle, eine Folgerichtigkeit in der Entwicklung ihrer Geschichten, daß ich Respekt vor ihr bekommen habe.« Eine solch lobende Äußerung wie die von Gottfried Keller ist selten unter den Stimmen der Zeitgenossen.

Die Eltern, Ernst John und Johanna, geb. Böhm, stammten aus Arnstadt, wo sie eine Leihbibliothek führten und mit ihren fünf Kindern in bescheidenen Verhältnissen lebten. Der dichterische Genius der zweiten Tochter, Friederike Christiane Henriette, genannt Eugenie, soll sich bereits im zarten Alter geregt haben: In der Schule frappierten ihre deutschen Arbeiten angeblich so sehr, daß Klausuren angeordnet wurden, weil niemand ihr eine so »wohlgelungene Anordnung von Stoff, Ausführung und Stil« zutraute. Der Vater wandte sich jedoch wegen ihrer glockenhellen Stimme an die regierende Fürstin Mathilde von Schwarzburg-Sondershausen und bat, sich ihrer Ausbildung wohlwollend anzunehmen. Diese ließ Eugenie in Klavier, Gesang und allgemeinbildenden Fächern unterrichten und schickte sie – als sie entgegen den Ratschlägen nicht Lehrerin oder Gouvernante, sondern Opernsängerin werden wollte – nach Wien zu berühmten Lehrern. Doch das Debüt der hoffnungsvollen Sängerin 1847 geriet zum Desaster, vor lauter Lampenfieber konnte sie kaum singen und infolge eines beginnenden Gehörleidens musste sie bald darauf ihre Karriere beenden. Mathilde engagierte sie als Gesellschafterin und Begleiterin auf zahlreichen Reisen; als die Fürstin sich 1863 aus finanziellen Gründen von ihrem Personal trennte, musste die inzwischen 38-jährige Eugenie nach Arnstadt ins Haus ihres Bruders zurückkehren und gegen Entgelt Näh- und Stickarbeiten, Klavier- und Gesangsschüler übernehmen. Daneben machte sie sich mit Eifer ans Schreiben und sandte 1865 zwei Novellen unter dem Pseudonym E. Marlitt an Ernst Keil, den Herausgeber der *Gartenlaube*. Dieser antwortete prompt, schrieb an den »geehrten Herrn Marlitt« lobende Worte über die »Schöpfung, die nach Stoff und Form unwiderleglich den Stempel des Talents in sich trägt«, fügte hinzu: »Wessen Feder ein so allerliebstes, von echter Poesie durchwehtes Bild aus dem Kleinbürgertum schaffen konnte, hat gewiß noch manches interessante Motiv in petto« und engagierte M. als ständigen Autor seiner Monatszeitschrift.

Wie Eugenie John auf das Pseudonym gekommen ist, hat sie nie gesagt, warum sie sich wie viele ihrer Kolleginnen erst einmal hinter dem Schutzschild eines männlich erscheinenden Namens verbarg, liegt auf der Hand. Irgendwann meldete sich der Verleger Keil zu Besuch bei seinem Autor M. an, und das Geheimnis musste gelüftet werden. Es hätte ihn nicht so völlig überrascht, schrieb er anschließend dem »verehrten Fräulein«, da er »in der Schilderung der weiblichen Charaktere in der Tat eine weiblich warme und weiblich feine Feder« erkannt zu haben glaubte. Aus der Begegnung mit Ernst Keil entwickelte sich eine dauernde Freundschaft, wobei nicht vergessen werden darf, dass der Erfolg seiner *Gartenlaube* nicht zuletzt auf ihr Konto ging. Sie vertrat die ähnlich humanitäre, zwar unpolitische, aber tolerante, undogmatisch-christliche Weltanschauung und scheint ideal seinen Vorstellungen entsprochen zu haben. Entgegen seinem ursprünglichen Prinzip druckte er M.s Romane in Fortsetzungen, denn nach dem Abdruck der *Goldelse* (1866) stiegen die Abonnentenzahlen auf über 200000 und bis zur Jahrhundertwende weiter auf eine halbe Million. Nach diesem Erfolg setzte er ihr ein Jahresgehalt von 800 Talern in Gold fest, und für die Einnahmen der *Reichsgräfin Gisela* (1869) konnte sie das »Dichterschlößchen Marlittsheim« erbauen.

Ihre Romane, darunter *Das Geheimnis der alten Mamsell* (1868) oder *Im Hause des Kommerzienrates* (1877) wurden gleich nach Erscheinen in fast alle europäischen Sprachen übersetzt, dramatisiert, oft nachgeahmt, später verfilmt. Was ihre Beliebtheit ausmacht, ist die Mischung aus kleinbürgerlichem Plüsch und luxuriösem Schloss-Ambiente, aus kriminalistischer Spannung und verwandtschaftlichen Intrigen, den kleinen Missverständnissen und großen Standes-Konflikten, dem emanzipatorischen Hang ihrer – meist verwaisten, immer stolzen – Heldinnen, durch eigene Arbeit und Leistung etwas zu erreichen, aber dann doch hingebungsvoll an der Seite eines ernsten, reifen Mannes ins Happy-End der Ehe zu schreiten. Bis heute haben das Aschenbrödel-Motiv und die klare Gut-Böse-Ausrichtung im trivialen Genre nichts an Beliebtheit eingebüßt. Die dreizehn Romane und Erzählungen der Marlitt sind zwar nach einem Muster gestrickt, aber, verglichen mit der Massenproduktion der Hedwig Courths-Mahler, doch voll von unerwarteten Wendungen, hübsch-komischen Formulierungen und altjüngferlicher Liebenswürdigkeit. Als M. nach jahrelanger Krankheit – eine arthritische Lähmung fesselte sie seit 1868 an den Rollstuhl – starb, wurde sie als »Muse des häuslichen Herdes« und »echte deutsche Dichterin« gelobt. Interessant ist sie heute mehr als Phänomen der ersten Bestsellerautorin denn als Schriftstellerin.

Werkausgabe: Gesammelte Romane und Novellen. 10 Bde. Leipzig 1888–1897.

Irene Ferchl

Marlowe, Christopher
Geb. 26. 2. 1564 in Canterbury; gest. 30. 5. 1593 in Deptford bei London

Christopher Marlowe, dessen kurzes Leben von einer Aura des Geheimnisvollen und Skandalösen umgeben ist, gilt als Vater des neuzeitlichen englischen Dramas. Er kam vermutlich 1587 nach London, wo er schnell zum Haus-Autor der Lord Admiral's Men avancierte und wohl noch im selben Jahr mit der Aufführung des ersten Teils seines zweiteiligen Dramas *Tamburlaine the Great* (ca. 1587/88; *Tamerlan der Große*, 1949) seinen ersten bedeutenden Bühnenerfolg errang. Zu denjenigen Errungenschaften des elisabethanischen Dramas, die insbesondere mit M.s Schaffen verbunden sind, gehören der perfektionierte, durch rhetorischen Glanz und mitreißende Kraft gekennzeichnete Blankvers, die den Zuschauer in den Bann ziehende spektakuläre Theatralität und der alle anderen Bühnenfiguren überragende dramatische Held, der Leidenschaft und Lebensenergie im Übermaß besitzt, von hochfliegenden Zielen geleitet wird und in seiner anmaßenden Haltung keine außerhalb seiner eigenen Person liegenden Grenzen und Gesetze anerkennt.

Die Figur des überlebensgroßen Protagonisten, der sich durch seine Maßlosigkeit selbst zerstört, war M. aus den Tragödien Senecas bekannt, wurde von ihm aber durch die Übernahme von Ideen, wie Machiavelli sie entwickelt hatte, zum Prototypen des Renaissance-Menschen umgeformt. Schon hier wird deutlich, dass M.s Werk im Spannungsfeld von kultureller Tradition und neuzeitlichem Denken angesiedelt ist. Die kulturelle Tradition wird unter anderem durch die Literatur und Mythologie der griechischen und römischen Antike repräsentiert, die M. als Absolvent der Universität Cambridge bestens vertraut war. Sie bildet in seinen Werken nicht nur einen der wichtigsten Bildspender, sondern hat dem Autor auch als Stofflieferant gedient. Zwei Texte aus dem Bereich der antiken Literatur (Ovids *Amores*, das erste Buch von Lukians *Pharsalia*) hat M. übersetzt, zwei andere hat er als Vorlagen für eigene Werke benutzt. *Hero and Lean-*

der (1598), M.s bedeutendster, unvollendet gebliebener Beitrag zur englischen Versdichtung, basiert auf einem erotischen Kleinepos des griechischen Dichters Musaios, während das gemeinsam von M. und Thomas Nashe verfasste Drama *Dido, Queen of Carthage* (ca. 1586) auf drei Büchern von Vergils *Aeneis* fußt. Im Zentrum dieser Blankvers-Tragödie steht die unglückliche Liebe der mythischen Gründerin Karthagos, die ihren leidenschaftlichen Kampf um Aeneas verliert, weil dieser seine historische Mission, die Gründung Roms, höher einstuft als sein persönliches Glück.

Neben der antiken Literatur und Mythologie gehören mittelalterliches Gedankengut und die englischen *morality plays* zum Fundus der kulturellen Tradition, die in M.s Werken mit dem neuzeitlichen Denken rivalisiert. So tritt dem Konzept des selbstbestimmten Individuums die mittelalterliche Auffassung vom Rad der Fortuna entgegen, auf das der Mensch geflochten ist und von dem er nicht nur auf den Gipfel des Glücks getragen, sondern auch ins Verderben hinuntergezogen wird. Der Einfluss der *morality plays* hat sich vor allem auf der Figurenebene ausgewirkt. Entsprechend ist der Protagonist des Dramas *The Jew of Malta* (ca. 1589; *Der Jude von Malta*, 1831) durch Merkmale geprägt, die an die *Vice*-Figur, das Erzlaster in den Moralitäten, erinnern. Darüber hinaus hat M. die Gestalten des guten und des schlechten Ratgebers und allegorische Figuren wie die sieben Todsünden in den Personenbestand seiner Dramen eingefügt. Dabei hat er das kulturelle Erbe insofern transformiert, als der Widerstreit zwischen den Tugenden und Lastern nicht mehr primär als ein Kampf um den Menschen, sondern als ein Konflikt im Menschen in Erscheinung tritt. Ungeachtet einer solchen Modernisierungstendenz vermitteln M.s Dramen den Eindruck, dass die überkommenen Vorstellungen im Ringen mit dem neuen Denken noch einmal die Oberhand gewinnen; denn in allen Stücken, in denen der oben beschriebene *overreacher* (Harry Levin) im Zentrum steht, geht es letztlich um die höchst aktuelle Frage, ob der Mensch alles ihm Mögliche tun darf, um die Welt nach seinem Bild zu formen.

In *Tamburlaine* ist der titanische *overreacher* dem Mongolenherrscher Timur nachgebildet. M. porträtiert ihn als unwiderstehlichen Eroberer und grausamen Tyrannen, der die Bühne der Welt als skythischer Schäfer betritt und als einer der mächtigsten Herrscher verlässt. Als Verkörperung der machiavellistischen *virtú* ist er als einziger von M.s Helden in der Lage, das Rad der Fortuna selbst zu drehen. Sein Tod erscheint nicht als gerechte Strafe für seine Hybris, die sich in der pathetischen Dynamik seiner Reden spiegelt, sondern als einzige Grenze, die seinem grenzenlosen Drang nach politischer Macht gesetzt ist. Doch degeneriert der zielstrebige Wille zur Macht nach dem Tod seiner geliebten Frau zu einer sinnlosen Orgie der Gewalt. Auf dem Höhepunkt dieser Entwicklung fordert der *overreacher* Gott heraus, indem er die heiligen Schriften des Islam verbrennt. Mit diesem Akt grotesker Selbstüberschätzung geriert Tamburlaine sich noch einmal als Herrscher von eigenen Gnaden. Radikaler als z. B. Shakespeare greift M. mit einem solchen Herrscherbild in die damals virulente Frage nach den Qualifikationen eines Königs ein. Sein Stück vermittelt die brisante Botschaft, dass das Gottesgnadentum für die Legitimation eines Königs belanglos ist und dass das Amt des Herrschers jedem, der es effizient verwaltet, offensteht.

In M.s vermutlich letztem Drama, *The Massacre at Paris* (1593), in dem das Pogrom an den Hugenotten in der Bartholomäus-Nacht des Jahres 1572 auf die Bühne gebracht wird, tritt mit dem Herzog von Guise noch einmal ein von politischem Machtwillen besessener Protagonist auf, doch erreicht diese Dramengestalt nicht die zugleich faszinierende und abschreckende Größe, die Tamburlaine zu eigen ist. Titanen wie der skythische Schäfer sind dagegen Barabas in *The Jew of Malta* und der Gelehrte in *Dr Faustus* (ca. 1592; *Doktor Faustus*, 1964), die das Streben nach der Macht des Geldes bzw. nach der Macht des Wissens verkörpern. Der Jude Barabas erscheint zunächst als Opfer, weil ihm von seinem christlichen Landesherrn, der einen Tribut an die Türken zu zahlen hat, die Hälfte seines Vermögens genommen wird. In dem Bestreben, das Verlorene zurückzugewinnen, verwandelt er sich aber in ein blutrünstiges Monster, dessen Rachedurst schließlich zur Selbstvernichtung führt. Zwar ist das Geschehen um den Juden in eine ethnische und religiöse Konfliktsituation eingebettet, doch schwebt über allem der Geist Machiavellis, dem M. den Prolog des Dramas in den Mund gelegt hat. Das unvermeidliche Scheitern und der zügellose Ehrgeiz sind Merkmale, die den reichen Juden von Malta mit Dr. Faustus verbinden. Der Gelehrte und Magier, dem die versprochene grenzenlose Erweiterung seines Wissens nicht zuteil wird, opfert dem Ehrgeiz das eigene Seelenheil und wird in die Hölle verbracht, nachdem sein Kontrakt mit Mephistophilis abgelaufen ist. Obwohl dieses Ende der protestantischen Orthodoxie entspricht, hat M. dem tradierten Stoff eine neue Note verliehen. Zu nennen ist hier vor allem die innere Zerrissenheit des Gelehrten, dessen gotteslästerliche Überheblichkeit tiefer Verzweiflung weicht. Im Zentrum der seelischen Labilität, in die der Zuschauer durch Fausts Monologe involviert wird, stehen Reue, Erlösung und die Erwartung ewiger Verdammnis. Neu ist auch M.s Sicht des Mephistophilis; denn bei ihm erscheint der Verführer als ein von Gott verstoßener Engel, der an seinem Schicksal leidet und nur dadurch Trost finden kann, dass er andere ins Verderben lockt.

M.s bestes Stück, *Edward the Second* (ca. 1592; *Eduard II.*, 1941), zeichnet sich wie *Dr Faustus* unter anderem durch eine subtile Charakterisierung vor allem des Protagonisten aus. In der dramatischen Struktur ist es allen anderen Stücken von M. überlegen. Es dramatisiert in höchst komprimierter Form mehr als 20 Jahre englischer Geschichte. Außerdem beinhaltet es nicht weniger als drei Tragödien; denn es schildert nicht nur den Fall des Königs, sondern auch – eng mit Edwards Schicksal verknüpft – den Niedergang des Günstlings Pierce Gaveston und den Absturz des Usurpators Roger Mortimer. Edward II, in mancher Hinsicht ein Vorläufer von Shakespeares Richard II, ein schwacher König, der bei der Wahrnehmung seiner inneren und äußeren Aufgaben versagt und sich sowohl seine Frau als auch die Barone durch seine homoerotische Beziehung zu seinem Günstling zu Feinden macht. Zu spät begreift er die Würde seines Amtes, und schließlich entsagt er, die Vorzüge einer *vita contemplativa* erkennend, der Welt. In einer der grausigsten Mordszenen der Dramenliteratur, in deren Verlauf ihm ein glühender Spieß in den After gestoßen wird, findet er seinen Tod, der anders als im Fall von Tamburlaine als Strafe für seine Sünde zu verstehen ist. Auch im Hinblick auf die Frage nach der Legitimation des Herrschers weicht *Edward the Second* von *Tamburlaine* ab; denn durch den Sturz des Rebellen Mortimer wird verdeutlicht, dass purer Machtwille und effizientes Handeln keine ausreichende Legitimation für einen König sind. Dem entspricht, dass es am Ende des Stückes durch Strafmaßnahmen des rechtmäßigen Nachfolgers zur Wiederherstellung der staatlichen Ordnung kommt.

Das dramatische Werk, das M. in nur sechs Jahren geschaffen hat, ist nicht nur im Hinblick auf die Kunst der Charakterisierung, die dramatische Struktur und die Sprachgestaltung ausgesprochen facettenreich. Hinzu kommt, dass das Überschreiten moralischer und politischer Schranken durch Standpunkte konterkariert wird, die orthodoxem Denken entsprechen, und dass die Selbstbestimmtheit des Renaissance-Menschen zugleich beschworen und als problematisch eingestuft wird. Es sind Interferenzen wie diese, welche die Rezeption von M.s Dramen vor allem in Zeiten des Umbruchs beflügelt haben. Bertolt Brechts Geschichtsdrama *Das Leben Eduards des Zweiten von England* (1923/24) ist hierfür das bekannteste Beispiel.

Werkausgaben: The Works and Life of Christopher Marlowe. Hg. R.H. Case. 6 Bde. New York 1961 [1930–33]. – The Complete Works of Christopher Marlowe. Hg. F. Bowers. 2 Bde. Cambridge 1981 [1973]. – The Complete Works of Christopher Marlowe. Hg. R. Gill. Oxford 1987.

Günter Ahrends

Maron, Monika
Geb. 3. 6. 1941 in Berlin

Schon in einer Zeit, in der die Kulturen der Bundesrepublik und der DDR noch fest in ihrer Zweistaatlichkeit verankert schienen, war die in Ostberlin lebende M. eine der wenigen, die sich als »deutsche Schriftstellerin« verstanden. Dabei liegen ihre Wurzeln ebensosehr im Polnischen wie im Deutschen. Bis 1953 hatte sie – von ihren Großeltern mütterlicherseits her – einen polnischen Pass. Der jüdische Großvater wurde von einem nationalsozialistischen Sonderkommando umgebracht. Den leiblichen Vater durfte die Mutter, eine Halbjüdin, nicht heiraten. Als sie 1953 mit der Mutter von Neukölln, wo sie geboren war, in den Osten Berlins zog, brachten beide ihre sozialistische Überzeugung mit. Ihre Mutter als überzeugte Kommunistin, sie selbst als ›Junge Pionierin‹. Mit der Einkehr in sogenannte geordnete Familienverhältnisse (nach der Heirat der Mutter mit dem damaligen Chef der Volkspolizei und späteren Innenminister Karl Maron 1955), wurde die Jugendliche auf den für die DDR der 1950er Jahre typischen Lebensweg geschickt, der von der Wiege bis zur Bahre politisch organisiert war. Doch der Anschein der totalen Behütetheit trog. Die Abneigung gegen den Stiefvater führte zu Konflikten und Widerständigkeiten, Verletzungen und Brüchen. Diese Themen der Kindheit und Jugend finden sich später in ihren Romanen und Erzählungen wieder.

Nach dem Abitur 1959 verließ sie das Elternhaus, wortlos. Sie arbeitete in einem Flugzeugwerk bei Dresden, kehrte dann aber zurück und schlug einen ganz normalen Weg ein: Studium der Theaterwissenschaften mit Diplom, Regieassistentin, Dozentin der Theaterwissenschaft, schließlich Journalistin. Die Zeitschrift *Wochenpost*, bei der sie arbeitete, galt als eine der wenigen interessanten in der Medienlandschaft der DDR. Der Tod des Stiefvaters und zunehmende Anpassungsschwierigkeiten im Beruf führten in eine Krise, aus der sie erst hinausfand, als sie sich den Zwängen verweigerte und fortan – als freie Schriftstellerin, die in ihrem Land nicht gedruckt wurde – in der Schwebe lebte.

Wie kann sich das Individuum in einer Gesellschaft, die es total vereinnahmen will, überhaupt noch behaupten? Die Frage stand nicht zufällig im Zentrum ihres ersten Romans *Flugasche* (1981), in dem die erzählerischen und stilistischen Eigenarten ihres seitherigen Opus in Ansätzen enthalten sind. Die Vorgeschichte des Schreibens, das Erzählte selbst und die Geschichte der Drucklegung wurden zu einem Lehrstück für die Schwierigkeiten, sich als Frau und Autorin zu behaupten, ohne sich Institutionen oder Herrschaftsordnungen zu unterwerfen. Das Buch sollte in der DDR veröffentlicht werden. Die Kulturbehörden untersagten dies in letzter Minute, da die Rahmenhandlung die Zerstörung der Umwelt in der DDR aufgriff. Weil es offensichtlich politische Gründe waren, aus denen das Buch in der DDR nicht erscheinen durfte, verstand man ihr Buch in der Bundesrepublik als ›Umweltroman‹. Dass M. eine eigenständige, ja eigenwillige Erzählerin ist, wurde dann allerdings mit ihrem ersten Erzählungsband (*Das Mißverständnis*, 1982) offenkundig. Gleichwohl hat sie nie verleugnet, dass sie sich mit dem ersten Buch »frei geschrieben« habe von der Journalistin zur Erzählerin. Spätestens bei Erscheinen ihres zweiten Romans *Die Überläuferin* (1986) wurde deutlich, dass ihr erster Roman *Flugasche* nicht als politischer Enthüllungsroman gedacht war. Der neue Roman griff das Thema Selbstsuche durch Rückzug aus äußeren und inneren Bedrängtheiten erneut auf und radikalisierte es. Die Heldin Rosalind zieht sich nicht nur zurück, sondern sie verändert ihre Wahrnehmung der Außenwelt. Sie verweigert sich nicht nur, sondern sie verwandelt sich in der Verweigerung und kann sich erst so als identisches Ich erfahren. Keiner der Romane, keines der Stücke, keine Erzählung M.s ist in der DDR veröffentlicht oder aufgeführt worden. Daraus zog die Autorin 1988 die Konsequenz und siedelte nach Hamburg

über. Sie schuf sich damit eine Existenz zwischen den beiden deutschen Staaten, die ihre Person wie ihr bisheriges Œuvre gleichermaßen prägen.

Mit der Erfahrung der Übersiedelung und dem Leben in einer Zwischenexistenz, deren Ort nie genau zu bestimmen ist, erweiterte sich ihr Repertoire. Den journalistischen Teil ihrer Existenz hatte sie im Osten zurückgelassen. Im Westen entstand die streitbare Essayistin. In *Ein deutsch-deutscher Briefwechsel*, den sie kurz vor ihrem Weggang aus Ostberlin mit dem Publizisten Joseph von Westphalen (1987/88) geführt hatte, zuerst für *Die Zeit*, später als Buch veröffentlicht, in Kolumnen für den *Spiegel* oder die schweizerische Zeitschrift *DU* zeigte sie sich als originelle und witzige Polemikerin. Mit ihren Stellungnahmen zur deutschen Vereinigung hat sie die deutsche Öffentlichkeit mehrfach herausgefordert. Aus diesen Beiträgen entstand 1993 der Band *Nach Maßgabe meiner Begreifungskraft*.

Die Haltung des Widerspruchs gegen vorschnelle Vereinnahmungen bestimmt auch den bisher letzten Roman *Stille Zeile sechs* (1991), in dem sie Leben und Denken der antifaschistischen Gründergeneration der DDR am Beispiel eines alten Mannes und seiner jungen Kritikerin erzählt. Nach der Auflösung der DDR, in einer Zeit, die von Anklagen und Abrechnungen geprägt ist, entzog sie sich fast beiläufig dem Etikett des »Enthüllungsromans«, indem sie die Täter auch als Opfer und den Hass von deren Kritikern als Teil einer Täterbiographie beschreibt. In diesem Roman scheint eine weitere Seite ihres Könnens durch, deren Konturen schon in *Die Überläuferin* zu erkennen waren: das Komische als die andere Seite des Tragischen. In ihrem bisher letzten Roman ist sie damit der naheliegenden Gefahr entgangen, unwillkürlich in einen pathetischen Ton zu verfallen. Die von Roman zu Roman weitergesponnene Thematik verlorener und gegen Widerstände gewonnener Lebensstücke lässt es zu, von einer »Romantrilogie« (Conrad Wiedemann) zu sprechen.

M.s Erzählweise ist gelegentlich als »realistisch« bezeichnet worden. Eine solche Kennzeichnung lässt die Tiefenschichten ihres Stils außer Acht, der sich – wie das in ihren Werken Erzählte – der eindeutigen Zuordnung entzieht. Er ist karg und kunstvoll, manchmal schroff, dann wieder zart, ernst und komisch. 1992, drei Jahre nach dem Fall der Berliner Mauer, ist M. wieder nach Berlin gezogen. Ihre Leserschaft hat sich über die Jahre hinweg ständig vergrößert. Seit *Stille Zeile sechs* gilt sie als Erfolgsautorin. Dieser Erwartung entsprach M. mit dem Roman *Animal Triste* (1990), einer merkwürdigen Liebesphantasie in der Umbruchzeit des Jahres 1990. Eine Ostberliner Paläontologin trifft einen westdeutschen Naturwissenschaftler und sucht in einer obsessiven Beziehung zu ihm die Bewältigung ihres durch den Mauerfall anscheinend sinnlos gewordenen Lebens; doch das Leben war sinnlos geworden, weil sie die Trennung von einem anderen Mann nicht verwunden hat, und noch mehr: ihr Leben war »weggespült« worden, während in seinem »alles bleiben konnte, wie es war«.

1999 erschien die »Familiengeschichte« *Pawels Briefe*. In den Briefen ihres Großvaters Pawel, eines konvertierten Juden, der aus dem Ghetto Belchatow geschrieben hat, in das er 1942 eingeliefert wurde, sucht die Enkeltochter nach der Vergangenheit und nach der Erinnerung ihrer Mutter Hella: Sie »nahm die Spur ihres Vergessens auf und suchte ... in den alten Papieren«. So wird dieses Blättern in den alten Briefen zu einer deutschen Familiengeschichte des 20. Jahrhunderts, die aus dem ›Dritten Reich‹ unmittelbar ins Leben der DDR überging und erst nach über 55 Jahre später in eine gewisse Normalität des möglichen Erinnerns mündete – M. erzählt sie in assoziativer Rekonstruktion und konfrontiert die unterschiedlichen Lebenserfahrungen der jüdischen Großeltern und ihrer in der DDR sozialisierten Mutter mit ihren eigenen, nicht unproblematischen gebrochenen Wirklichkeit in der DDR.

Johanna heißt die erzählende Protagonistin in M. Roman *Endmoränen* (2002). Darin sucht eine alternde Frau nach Orientierung für ihre Zukunft, für die »öde lange Restzeit« ihres Lebens, die auch von der Ernüchterung nach dem einst als Glück begrüßten Untergang der DDR bestimmt wird. In einem kleinen Dorf erinnert sich Johanna der vergangenen Verläufe ihres Lebens und seiner entgangenen Möglichkeiten und fehlgeschlagenen Wege. Nebenher schreibt sie an der Biographie der schönen Wilhelmine, der Geliebten Friedrich Wilhelm II., doch die Arbeit wird immer wieder unterbrochen von Abschweifungen ins gegenwärtige und Erinnerungen ans gelebte Leben.

In *Geburtsort Berlin* (2003) erinnert sich M. Berlins als ihres Lebensorts von der Gymnasialzeit bis zur Reichstagsverhüllung – vom dramatischen Ort seiner Geschichte ist da nur wenig zu spüren.

Antonia Grunenberg/Red.

Maroufi, Abbas
Geb. 1957 in Teheran

Nach dem Besuch der Grundschule begann Abbas Maroufi, sich seinen Lebensunterhalt selbst zu verdienen. Die schulische Ausbildung konnte er nur in Abendkursen vollenden. Ein Studium der dramatischen Literatur musste er wegen der Schließung der Universität Teheran infolge der Islamischen Revolution unterbrechen. Danach wurde er als Lehrer in der Erwachsenenbildung und später als Mitarbeiter in der Musikabteilung der Stadthalle Teheran tätig. Bereits während seines Militärdienstes hatte er zu schreiben begonnen, 1990 gründete er die Literaturzeitschrift *Gardun* (Himmelsgewölbe) und leitete diese, bis sie wegen kritischer Beiträge verschiedener Autoren verboten und er selbst als presserechtlich verantwortlicher Herausgeber zu sechs Monaten Haft, 20 Peitschenhieben und einem zweijährigen Veröffentlichungsverbot verurteilt wurde. Das Urteil wurde dank internationaler Proteste nicht vollzogen, und er durfte das Land verlassen. Der deutsche PEN-Club (mit Günter Grass) erwirkte für ihn die Einreiseerlaubnis nach Deutschland. Dort nahm er die Herausgabe von *Gardun* wieder auf, musste sie aber wegen finanzieller Probleme einstellen. Er lebt mit seiner Frau und seinen drei Töchtern in Berlin, wo er eine Buchhandlung betreibt.

M. ist einer der erfolgreichsten Romanschriftsteller Irans, hat aber auch kürzere Erzählungen, Theaterstücke und Essays veröffentlicht. Auf persisch sind einige seiner Werke auch in seinem Heimatland erhältlich, andere sind nur in Exilverlagen veröffentlicht. In deutscher Übersetzung sind die Romane *Samfoni-ye mordegān* (1989; *Die Symphonie der Toten*, 1998), *Peykar-e Farhad* (1995; *Die dunkle Seite*, 1998) und *Sāl-e balwā* (1992; *Im Jahr des Aufruhrs – Geschichte einer Liebe*, 2005) erschienen.

M. bedient sich moderner Erzähltechniken, nimmt wechselnde Perspektiven ein und verbindet realistische Schilderungen mit phantastischen Elementen. *Samfoni-ye mordegān* hat der Autor nach Art eines Musikstückes komponiert. Als Ouvertüre hat er dem Roman die nach dem Koran erzählte Geschichte von Kain und Abel vorangestellt; im ersten und letzten Satz ist die Stimme des Bruders, der Kain vertritt, zu vernehmen, dazwischen die des Opfers und seiner Frau. *Peykar-e Farhad* ist eine Hommage an Sādeq Hedāyat und ein Kommentar zu dessen berühmtesten Werk *Buf-e kur* (*Die blinde Eule*). Die Ich-Erzählerin ist die Figur aus einer Miniatur, in die sich in Hedāyats Roman deren Schöpfer verliebt hatte. M. kehrt die Perspektive um und berichtet, wie die Abgebildete, aus einer tausend Jahre zurückliegenden Zeit kommend, einen Miniaturmaler aufsuchen will, der – wie Hedāyats Protagonist – seinen Lebensunterhalt mit dem Bemalen von Federkästen verdient.

Sāl-e balwā erzählt die Geschichte von Nušā. Ihr Vater, der Militärgouverneur von Sangsar, träumt von einem Karrieresprung für sich und hofft, Nušā mit einem Sohn des Schahs zu verheiraten. Aber Teheran scheint ihn vergessen zu haben. Nachdem er resigniert stirbt, verliebt sich Nušā in einen Töpfer. Ihre Mutter zwingt sie jedoch zu einer standesgemäßen Heirat mit einem Arzt. Der Roman spielt vor dem Hintergrund der im Zweiten Weltkrieg von den Russen besetzten Kleinstadt und einer lokalen Revolte und setzt damit ein, dass Nuša, von ihrem Mann fast zu Tode geprügelt, im Sterben noch einmal ihr Leben an sich vorbeiziehen lässt.

Kurt Scharf

Marsé, Juan
Geb. 8. 1. 1933 in Barcelona

Juan Marsé zählt seit den 1960er Jahren zu den wichtigsten Autoren der spanischen Gegenwartsliteratur. Er verfasste eine Vielzahl von Erzählungsbänden und Romanen, die mit bedeutenden Preisen ausgezeichnet, in mehrere Sprachen übersetzt und z. T. auch verfilmt wurden.

Von Adoptiveltern in bescheidenen Verhältnissen großgezogen, verließ M. bereits mit 13 Jahren die Schule, um eine Ausbildung als Goldschmied zu beginnen und zum Unterhalt der Familie beizutragen. Gleichzeitig entdeckte er die Literatur für sich, vor allem Kriminal- und Abenteuerromane, aber auch die großen Romanciers des 19. Jahrhunderts. Deren traditionelle Erzähltechniken prägten zunächst auch seinen eigenen Stil. M.s erste Publikationen fielen in die Zeit des sozialkritischen Realismus, der ein authentisches Abbild der sozialen Probleme als Korrektiv einer der Zensur unterworfenen medialen Berichterstattung anstrebte. Doch nahm M. immer eine Sonderstellung ein, und so zeigt sein Erstling *Encerrados con un solo juguete* (1960; Eingeschlossen mit einem einzigen Spielzeug) bereits Tendenzen zur Psychologisierung der Figuren. Größere Bekanntheit erlangte M. 1966, als er für *Últimas tardes con Teresa* (*Letzte Tage mit Teresa*, 1988) mit dem bedeutenden Premio Biblioteca Breve ausgezeichnet wurde. Der Schauplatz des Romans wurde charakteristisch für sein Gesamtwerk: das Viertel Guinardó in Barcelona, vorzugsweise in den 1940er Jahren. Hier treffen Teresa, Tochter einer reichen katalanischen Familie, und der andalusische Immigrant Manolo aufeinander. Während sie in ihm den rebellischen Arbeiter sehen möchte, erhofft Pijoaparte – unter diesem Namen wird Manolo in M.s Werk berühmt – sich den Aufstieg ins Bürgertum. Die Beziehung scheitert.

Die Unmöglichkeit der Überbrückung von Standesunterschieden thematisiert M. auch in dem erstmals in der Gegenwart angesiedelten Roman *El amante bilingüe* (1990; *Der zweisprachige Liebhaber*, 1993), in dem er ironisch das gesellschaftspolitisch umstrittene Thema der Reetablierung der katalanischen Sprache und Kultur in den 1980er Jahren aufgreift. Eines Nachmittags ertappt Joan Marés, ein Katalane niederer sozialer Herkunft, seine Frau Norma mit einem andalusischen Schuhputzer im Ehebett. Während sie die Wohnung für immer verlässt, kann er sie nicht vergessen. Wie besessen vom Gedanken an sie, nimmt er die Identität eines armen Andalusiers an und verführt sie so ein letztes Mal, doch endet die Liebesnacht enttäuschend. Was so komisch daherkommt, erzählt zugleich vom Verlust einer ungebrochenen katalanischen Identität, die Norma repräsentiert und Joan durch die Ehe auf sich übertragen wollte.

»Ohne Hoffnung und ohne Erbitterung« – diese gelassene Einstellung des Protagonisten am Ende des Romans spiegelt auch das Weltbild des Autors wider, der vom »desencanto«, der großen, generationenübergreifenden Enttäuschung der Nachkriegszeit, ebenso geprägt ist wie von der Erfahrung, dass das Leben seine Versprechen nicht erfüllt und den Menschen die Zeit zum Träumen stiehlt. Diese Desillusionierung bezeichnet M. als sein wichtigstes literarisches Thema. Nur scheinbar im Widerspruch dazu vertritt er die Meinung, dass die einzige mögliche Bestimmung des Menschen das Streben nach Glück sei. Und er baut auf die Kraft der Phantasie, um diesem Ziel ein Stück näher zu kommen.

Nach demselben Motto handeln auch die Figuren in *El embrujo de Shanghai* (1993; *Der Zauber von Shanghai*, 1995), einem Roman, in dem M. wie das Kino der 1940er und 50er Jahre die ferne Metropole als exotische und verzaubernde Kulisse benutzt. Die 15-jährige, tuberkulosekranke Susana wartet sehnsüchtig auf die Rückkehr ihres angeblich exilierten Vaters Kim, während ihre alkoholsüchtige Mutter Anita die kleine Familie mühsam durchbringt. Gemeinsam mit ihrem schüchternen Verehrer Daniel lauscht Susana den Geschichten Forcats, der von Kims angeblichen Abenteuern in Shanghai erzählt. Ein paar Wochen lang liegen die Jugendlichen und Anita Forcat zu Füßen – was macht es da schon, dass sich danach in einem filmreifen Showdown alles als Lüge entpuppt?

Auch in *Rabos de lagartija* (2000; *Stimmen in der Schlucht*, 2002), 2001 mit dem Nationalpreis für erzählende Literatur ausgezeichnet, demaskiert M. den Mythos des heldenhaften Widerständlers und zeigt einmal mehr das wahre Gesicht Nachkriegsspaniens – die Fratze bitterer Armut und zerstörter Familien mit alleinerziehenden Müttern. Bemerkenswert ist, dass trotz der zeitlichen Verortung die Themen des Autors kaum an Aktualität eingebüßt haben. Mit dem Kunstgriff, die Geschichte teilweise aus der Sicht eines Embryos zu erzählen, befreit sich M. zudem vom Vorwurf, ein konservativer Erzähler zu sein. Der Autor selbst betont indes, trotz politischer und sozialkritischer Anliegen vor allem ein guter Geschichtenerzähler sein zu wollen.

Nicole Witt

Marti, Kurt
Geb. 31. 1. 1921 in Bern

Es sei keine »christliche Literatur«, die Kurt Marti schreibe, sondern die »Literatur eines Christenmenschen«, so Walter Jens. Der streitbare dichtende protestantische Pfarrer, der politisch engagierte predigende Schriftsteller, der unbequeme Pastor und Poet M., von 1961 bis 1983 an der Berner Nydeggkirche, ist einer der wichtigsten Erneuerer der deutschschweizerischen Literatur. Nach seinem literarischen Debüt mit *Boulevard Bikini* (1959) wurde er durch den formal stark von der Konkreten Poesie – vor allem von Eugen Gomringer – beeinflussten Lyrikband *republikanische gedichte* (1959) schnell bekannt. M. spielt in seinen Gedichten (*gedichte, alfabeete & cymbalklang*, 1966; *abendland. gedichte*, 1980; *Mein barfüssig Lob*, 1987) mit den unterschiedlichsten lyrischen Formen und lustwandelt »in heiterer Nonsens-Sprach-Spiel-Form, experimentier-freudig, phantasie-voll, also gar nicht protestantisch-ernst« – so Friedrich Schorlemmer bei der Verleihung des Kurt-Tucholsky-Preises an M. 1997.

Mit seinen lakonisch-prägnanten Wortspielen zeigt M. gesellschaftliche und politische Missstände auf, beobachtet die alltäglichen Vorgänge in der scheinbar so intakten und demokratischen Schweiz, provoziert, kritisiert und tritt öffentlich ein für den Schutz der Umwelt, für Frieden, Abrüstung und Unterstützung der Dritten Welt, was ihn für weite Kreise des Bürgertums in der Schweiz – zumal als Pfarrer – zu einem Ärgernis machte. Sein beinahe zeitgleich mit Max Frischs *Tagebuch 1966–1971* erschienenes »politisches Tagebuch« *Zum Beispiel: Bern 1972* (1973) brachte den »Seismograph helvetischer Befindlichkeit« (*Neue Zürcher Zeitung*) sogar vor Gericht. In den 1980er Jahren wurde das Tagebuch zu einem dominierenden Genre in M.s Werk (*Ruhe und Ordnung. Aufzeichnungen, Abschweifungen 1980–1983*, 1984; *Tagebuch mit Bäumen*, 1985; *Högerland. Ein Fussgängerbuch*, 1990). »Wer erkunden möchte, was literarisch, politisch und kulturpolitisch in [den letzten dreißig] Jahren in der Schweiz geschah«, meint Peter Bichsel, »dem könnte als Information das Werk von Kurt Marti genügen.«

Mit seinem Prosaband *Dorfgeschichten* (1960; erweiterte Neuausgabe 1965 u. d. T.: *Wohnen zeitaus. Geschichten zwischen Dorf und Stadt*) gehört M. zusammen mit Bichsel zum Erneucrer und Begründer der helvetischen Kurzprosa. Die scheinbar so harmlosen Titel *Dorfgeschichten* oder *Bürgerliche Geschichten* (1981) täuschen jedoch: Die Geschichten, Szenen und Monologe zeigen kein idyllisches Dorfleben, sondern illusionslosen Realismus. Tagebuch, kurze Prosa und Lyrik sind die literarischen Formen, in denen sich M.s umfangreiches literarisches Werk hauptsächlich entwickelte. Das meiste Aufsehen erregte seine Mundartlyrik, veröffentlicht in den Bänden *rosa loui* (1967) und *undereinisch*

(1973): Es ist jedoch keine seichte Folklore, sondern Mundartdichtung mit politischer, lyrischer und christlich-theologischer Aussagekraft, die M. schreibt. Bewusst nennt er seine Gedichte »gedicht ir bärner umgangsschprach« und grenzt sie damit gegen eine auf alte Sprachformen und traditionelle Themen festgelegte frühere Mundartlyrik ab. Er wolle »nicht einen Sprachstand konservieren, der an sich schön ist«, auch »nicht Dialektpflege machen«, sondern absichtlich einen »unreinen Dialekt« schreiben, »nämlich den, den wir heute gebrauchen«. Schon die Themenwahl seiner Mundartgedichte ist bahnbrechend: »8 V vietbärn«, »chlyni aesthetik« oder »muusig vom karlheinz stockhausen«.

Neben *rosa loui* sind die *leichenreden* (1969) M.s erfolgreichste Veröffentlichung. Die leicht rhythmischen Verse, welche die Rhetorik des Trauergottesdienstes variieren und zugleich verfremden, zeichnen ein nüchternes Bild des Toten, zeigen ohne falsche Beschönigungen seinen gesellschaftlichen Hintergrund und sagen das, was durch Rücksicht auf Konventionen und Erwartungen nicht geäußert werden darf: »welche wohltat / einmal sagen zu dürfen / nein er war nicht tüchtig // welche wohltat / in einer welt / die vor tüchtigkeit / aus den fugen gerät.« Aus der Erfahrung des Theologen – zu seinen akademischen Lehrern gehörte unter anderem Karl Barth – sind die *leichenreden* und die *gedichte am rand* (1963), lyrische Kommentare zu einzelnen Stellen des Evangeliums, geschrieben. Mit einem »Wunsch«, der das literarische und theologische Werk (Predigten, Lieder für Kirchengesangbücher, Auslegungen) des Pfarrdichters zusammenfassen könnte, schließt M. seine 1981 erschienene Sammlung von Aphorismen, Kurzgeschichten und kleinen Essays *Zärtlichkeit und Schmerz*: »daß Gott ein Tätigkeitswort werde.«

Werkausgabe: Werkauswahl in 5 Bänden. Hg. von Kurt Marti und Elsbeth Pulver. Frauenfeld 1996.

Alexander Reck

Martin du Gard, Roger
Geb. 23. 3. 1881 in Neuilly-sur-Seine/Frankreich; gest. 22. 8. 1958 in Bellême

Roger Martin du Gard wurde als Sohn eines Anwalts in einer großbürgerlichen Familie geboren. Bereits auf dem Gymnasium kam der nur mäßige Schüler in Konflikt mit den Erwartungen seines Elternhauses und bestand das Abitur nur dank der privaten Förderung durch Louis Mellerio, einen Lehrer aus dem elterlichen Bekanntenkreis. Unter dessen Einfluss konnte M. sich verstärkt der Lektüre literarischer Werke widmen. Ein erstes Studium der Literaturwissenschaften scheiterte. Gemäß dem Willen des Vaters belegte er in der Folge an der École des Chartes das Fach Archäologie, eine Ausbildung, die er 1905 abschließen konnte. Im Jahr 1906 heiratete er Hélène Foucault, 1907 wurde die Tochter Christiane geboren.

M. widmete sich in der Folgezeit immer ausschließlicher seinem schriftstellerischen Schaffen, wobei er allerdings aufgrund seiner stark ausgeprägten Selbstkritik die begonnenen Romanprojekte immer wieder verwarf und deren Manuskripte vernichtete. Sein erstes veröffentlichtes Werk, *Devenir!* (1909; Werden), ließ er auf eigene Kosten drucken. Zu einem Erfolg wurde jedoch erst der 1913 publizierte Roman *Jean Barois* (*Jean Barois*, 1930), der M. den Eintritt in den Kreis der *Nouvelle Revue Française* verschaffte. In diesem Text bringt der Autor eine schon zuvor erprobte Erzähltechnik zur vollen Entfaltung, welche die Romanhandlung fast ausschließlich aus aneinandergereihten Dialogpartien entstehen lässt. Beschrieben wird die exemplarische Lebensgeschichte eines Mannes, der vor dem zeitgenössischen Hintergrund der Dreyfus-Affäre zwischen den konservativen Werten, zumal dem katholischen Glauben, seiner Herkunft und einem neuen laizistischen Gesellschaftsideal schwankt. Die kunstvolle Ausgestaltung der Dialoge in M.s Prosatexten verweist ferner auf sein besonderes Interesse für das Theater. Hier ist es in erster Linie das ländliche Milieu, dessen Sprache und Denkweise in den Farcen *Le testament du père Leleu* (1920;

Das Testament des Vater Leleu) oder *La gonfle* (1923; Die Überhebliche) karikiert wird.

Das Hauptwerk M.s der acht Romane umfassende Zyklus *Les Thibault* (1922ff.; *Die Thibaults*, 1928ff.), ist der Analyse des französischen Bürgertums in der Zeit bis zum Ausbruch des Ersten Weltkriegs gewidmet. Der dokumentarische Charakter des Werkes verweist dabei auf das Erbe des französischen Realismus. Stilistisch folgt der Autor dem Primat der Klarheit, wozu erneut die umfangreichen Dialogpartien beitragen. Im Mittelpunkt des 1937 mit dem Nobelpreis für Literatur ausgezeichneten »roman-fleuve« stehen die spannungsreichen Beziehungen zwischen dem patriarchalischen Familienoberhaupt Oscar Thibault, Exponent der Vorkriegsordnung, und seinen beiden Söhnen, von denen der eine, Antoine, als Arzt das aufgeklärte arrivierte Bürgertum verkörpert, während der jüngere Jacques für ein leidenschaftliches Aufbegehren gegen die politische und gesellschaftliche Erstarrung steht. In diesen genauen psychologischen Porträts gelingt es M., gleichsam in einer Fortschreibung von Émile Zolas Rougon-Macquart-Zyklus, das Bild einer in der Katastrophe des Krieges scheiternden Gesellschaftsordnung nachzuzeichnen.

Werkausgabe: Die Thibaults. München 2003.

Maximilian Gröne

Maugham, W[illiam] Somerset
Geb. 25. 01. 1874 in Paris;
gest. 16. 12. 1965 bei Nizza

Außergewöhnlicher Erfolg beim Publikum und eine fast ebenso große Vernachlässigung seitens der beruflichen und akademischen Kritiker kennzeichnen W. Somerset Maugham, dessen Wirken von der viktorianischen Epoche bis zur Zeit der Postmoderne reichte, als literarischen Autor. Anlässlich seines 90. Geburtstages konnte er in einem Interview stolz auf 80 Millionen verkaufte Exemplare seiner Bücher verweisen; man hält ihn gelegentlich für den meistgelesenen englischen Romanautor des 20. Jahrhunderts, und seine Stücke waren über zwei Jahrzehnte lang in ununterbrochener Folge in den führenden Londoner Theatern zu sehen. Dennoch ist er den meisten Literaturgeschichten nur eine kurze Notiz wert. Er war ein Schriftsteller von hoher Professionalität, für den Klarheit und Verständlichkeit sowie der Unterhaltungsanspruch seines Publikums entscheidende Bedeutung besaßen.

Trotz seiner persönlichen Zurückhaltung vermochte er von sich zu sagen:»I have put the whole of my life into my books.« M.s Leben bot reichlich Stoff für Geschichten. Als jüngster von vier Söhnen eines Anwalts bei der britischen Botschaft in Paris geboren, verbrachte er die ersten zehn Lebensjahre in Frankreich und kam dann nach dem frühen Tod der Eltern zu seinem Onkel, dem Pfarrer von Whitstable in Kent, und dessen Frau, einer Geborenen von Scheidlen. Die Veränderung wirkte so traumatisch, dass M. bis zu seinem Tod einen Sprachfehler hatte. Das Leben im Pfarrhaus war einsam, die anschließenden Schuljahre in der King's  School, Canterbury, empfand er als unglücklich, und er litt immer wieder unter Krankheiten. So brach er trotz guter Leistungen die Schule vorzeitig ab und ging auf Vermittlung seiner Tante für mehr als ein Jahr nach Heidelberg, um Deutsch zu lernen. Hier erhielt er wichtige kulturelle Impulse, u. a. durch die Begegnung mit den Dramen Ibsens, und er beschloss, selbst Stücke zu schreiben. Zurückgekehrt nach England, stellte er in einem Praktikum fest, dass ihm der Beruf eines Steuerberaters nicht zusagte, und ließ sich stattdessen als Student am St. Thomas's Hospital in Südlondon einschreiben, wo er 1897 nach fünf Jahren sein Diplom als Arzt erhielt. Während des Studiums bereitete er sich intensiv auf seine Tätigkeit als Autor vor, indem er systematisch die englische, französische, italienische und lateinische Literatur durcharbeitete. Zugleich schrieb er an seinem ersten Roman, in den er seine Erfahrungen als angehender Arzt einfließen ließ. Nach dessen Publikation im gleichen Jahr gab er die Medizin, die er später als hervorragende Vorbereitung für einen Schriftsteller bezeichnete, sofort auf und widmete sich ganz dem Schreiben. Er lebte ein Jahr in Spanien (später ein Jahr in Paris) und wurde dann in London allmählich als vielversprechender junger Autor bekannt und in literarische Salons eingeladen. Dort lernte er u. a. die hübsche junge Schauspielerin Sue Jones kennen, mit der er acht Jahre ein Verhältnis unterhielt, die ihm aber, als er ihr endlich einen Antrag machte, einen Korb gab. Stattdessen heiratete er 1916 in den USA Syrie Wellcome, mit der er bereits eine Tochter hatte. Während des Ersten Weltkrieges war M. zunächst in einer Rot-Kreuz-Ambulanz tätig, wo er den Amerikaner Gerald Haxton, die männliche Liebe seines Lebens, kennenlernte. Mit ihm als Sekretär und Begleiter unternahm er später viele Reisen in ferne Länder. Ähnlich wie E.M. Forster bewahrte M. jedoch, vielleicht auch aufgrund von Oscar Wildes Schicksal, Stillschweigen über seine homosexuelle Veranlagung. Im Ersten Weltkrieg arbeitete er als Geheimagent in der Schweiz und wurde mit einer Geheimmission nach Russland betraut. Nach der Scheidung im Jahre 1929 lebte M. hauptsächlich in der Villa Mauresque an der französischen Riviera, die er ein Jahr zuvor erworben hatte, und führte dort ein äußerst gastliches Haus: Winston Churchill, Grace Kelly und Ian Fleming waren die berühmtesten unter seinen zahlreichen Gästen. Immer wieder unternahm er ausgedehnte Reisen, während des Zweiten Weltkriegs lebte er in den USA. Trotz seines frühen Erfolges als Autor arbeitete M. fast bis zu seinem Lebensende jeden Vormittag am Schreibtisch. So kam 1897 bis 1962 sein umfangreiches Lebenswerk von insgesamt 42 Büchern und 27 zu seinen Lebzeiten aufgeführten Stücken zustande.

M.s Schreiben in unterschiedlichen Gattungen und Textsorten, insbesondere sein Schaffen als Bühnenautor sowie als Erzähler und Essayist, schien in jeweils eigenen Bahnen zu verlaufen. Er begann als Romancier, erzielte dann aber nach drei weniger gelungenen Stücken auf dem Gebiet des Dramas den großen Durchbruch. *Lady Frederick* (1907; *Lady Frederick*, o.J.), eine in der Nachfolge von Wilde, Arthur Wing Pinero und Henry Arthur Jones für die spezifischen Theatergegebenheiten der Zeit geschriebene witzige Salonkomödie, in der die viktorianischen Kerninstitutionen Religion, Politik und Ehe satirisch aufs Korn genommen wurden, war ein fulminanter Erfolg. Im nächsten Jahr, M.s *annus mirabilis*, liefen gleichzeitig vier Inszenierungen von M.s Bühnenwerken in Londoner Theatern, ein einzigartiger Rekord, der M. zum gefeierten Dramatiker machte. Bis 1933 schrieb er regelmäßig neue Stücke. Aus heutiger Sicht sind weniger seine Melodramen und Problemstücke, wie *The Explorer* (1908), *East of Suez* (1922) oder *For Services Rendered* (1932; *Für geleistete Dienste*, 1932), als vielmehr die Komödien, wie *Smith* (1909), *The Land of Promise* (1913), *Our Betters* (1917) und *The Constant Wife* (1926; *Finden Sie, daß Constance sich richtig verhält?*, 1927), bemerkenswert. – Nach dem Erstlingswerk *Liza of Lambeth* (1897; *Lisa von Lambeth*, 1953), einem naturalistischen Roman über das Leben der Londoner Armen in der Tradition von Maupassant und George Gissing, versuchte sich M. u. a. auf dem Gebiet des historischen Romans. Seine erfolgreichsten Romane waren jedoch die mehr oder weniger stark autobiographisch geprägten Erzählwerke *Of Human Bondage* (1915; *Des Menschen Hörigkeit*, 1939), das er selbst für sein bestes Werk hielt, *Cakes and Ale* (1930; *Derbe Kost*, 1952; *Rosie und die Künstler*, 1973) und *The Razor's Edge* (1944; *Auf Messers Schneide*, 1946). Großer Beliebtheit bei den Lesern erfreute sich auch *The Moon and Sixpence* (1919; *Silbermond und Kupfermünze*, 1950), dem die Lebensgeschichte des Malers Gauguin zugrunde liegt; ironischerweise begann M. die Darstellung dieses kompromisslosen Künstlers, der sich unmenschlich und grausam von seiner Familie lossagt, als er selbst gerade geheiratet hatte.

M.s ironische Distanziertheit, mit der er menschliche Schwachheit bloßstellt und Schein und Sein analysiert, kommt besonders in seinen Short Stories zum Tragen, die er in acht einzelnen Bänden publizierte und 1951 in einer drei- (später vier-)bändigen Sammelausgabe herausbrachte. Wie in »Rain«, »The Force of Circumstances« oder »The Door of Opportunity« finden sich hier meist exotische Schauplätze, welche M. von seinen eigenen Reisen vertraut waren, die vergangene Welt des British Empire und der Kolonien. Im Gegensatz zu den Kurzgeschichten von Katherine Mansfield oder Virginia Woolf ist M. der moderne Repräsentant der mündlich erzählten Geschichte mit ausgeprägtem Plot und dramatischer Struktur, welche die Erfahrung des Bühnenautors erkennen lässt. Man hat ihn als englischen Maupassant gewürdigt. M.s Short Stories, welche die Entwicklung der Gattung in England nach dem Zweiten Weltkrieg entscheidend mit beeinflusst haben, sind wohl, literarhistorisch gesehen, seine wichtigsten Werke. Seine autobiographischen Schriften *The Summing Up* (1938; *Rückblick auf mein Leben*, 1948), *Strictly Personal* (1941) und *A Writer's Notebook* (1949; *Aus meinem Notizbuch*, 1954) geben Einblicke, lassen aber auch vieles im Unklaren. M.s Stücke, Romane und Kurzgeschichten sind wiederholt erfolgreich verfilmt worden.

Werkausgaben: Collected Edition of the Works. London 1934–50. – Complete Short Stories. London 1951. – Ost und West. Der Rest der Welt. Gesammelte Erzählungen. 2 Bde. Zürich 2005.

Raimund Borgmeier

Maupassant, (Henri René Albert) Guy de

Geb. 5. 8. 1850 auf Schloss Miromesnil oder in Fécamp, Normandie/Frankreich; gest. 6. 7. 1893 in Paris

Mit der Publikation der Novelle *Boule de suif* (1880; *Fettklößchen*, 1927) im literarischen Manifest des Naturalismus *Les soirées de Médan* (1880; *Abende in Medan*, 1881) beginnt die literarische Laufbahn von Guy de Maupassant. Die Novelle schildert eine Episode des deutsch-französischen Krieges aus der Perspektive der Kurtisane Adrienne Legay. Durch erzwungene Gunstbeweise gegen einen deutschen Offizier erspart sie einer Gruppe reisender Bürger die Gefangenschaft. Sie ist die einzige und wahre Heldin der Novelle, nicht nur wegen ihres freundlichen Wesens, sondern weil ihr Handeln die Feigheit und die Heuchelei der bürgerlichen Gesellschaft entlarvt. M. betätigte sich journalistisch, verfasste Reiseberichte, schrieb 300 Novellen und sechs Romane, in denen die psychologische und soziologische Analyse der Figuren im Vordergrund steht. Mit seinem literarischen Ziehvater Gustave Flaubert teilte M. die pessimistische Weltsicht, die er meisterlich im distanzierten, ironischen Erzählen umsetzte. Dem Lesepublikum galt M. als ein moralisch und religiös anstößiger Unterhaltungsschriftsteller.

Thematisch greifen die Novellen ein umfangreiches Spektrum auf. Von der traditionellen schwankhaften Dreiecksgeschichte über Schauernovellen zu phantastischen Erzählungen reicht das Repertoire der mit knappen erzählerischen Mitteln dargestellten, protokollartigen Beobachtungen. Das mutwillige Spiel mit den Begriffen Moral und Unmoral (*La maison Tellier*, 1881; *Das Haus Tellier*, 1889), das Stilisieren einer Prostituierten zur Volksheldin (*Mademoiselle Fifi*, 1882; *Mademoiselle Fifi*, 1889) gehört genauso zu den Themen wie die Konfrontation mit dem Unbegreiflichen. In *Le Horla* (1887; *Der Horla*, 1899) protokolliert der Ich-Erzähler die Krankengeschichte seiner fortschreitenden Persönlichkeitsstörung in einer Art Tagebuch. Eine fremde Macht gewinnt zunehmend Herrschaft über ihn. Er nennt diesen anderen Horla. Die Darstellung lotet den Rand des Bewusstseins aus und führt damit in den Grenzbereich der menschlichen Psyche. Mit einer letzten verzweifelten Tat versucht sich der Ich-Erzähler vom Horla zu befreien und steckt sein eigenes Haus in Brand. Mit Entsetzen erkennt er die Wirkungslosigkeit der Verzweiflungstat. M. be-

griff die Novellen selbst als Skizzen und verstand sein Romanwerk als eigentliche Aufgabe. Das realistische Kunstkonzept zeigt sich dabei nicht nur in der Sprachgestaltung der Romane, sondern auch in der theoretischen Schrift *Le roman* (1982; *Der Roman*, 1993). M. fasst den Realismus und Naturalismus unter dem Begriff »Schulen der Wahrscheinlichkeit« zusammen. Er legitimiert die Beschreibung als unerlässlichen Bestandteil des Romans, weil ihr Fehlen den Verzicht auf die Handschrift des Künstlers bedeute. Die aus der Beschreibung resultierende Atmosphäre des Milieus verleihe dem Buch erst das Leben. Darüber hinaus hebt M. die psychologische Seite des Romans hervor, die allerdings erst durch die Beschreibung ihre Wirkungsmacht erziele. Der moderne Roman sei zudem eine Verknüpfung von psychologischer und soziologischer Darstellungsweise, die – je nach Gewichtung der Darstellung – zwei Romantypen hervorbringe, den analytischen und den objektiven Roman. In *Une vie* (1883; *Ein Leben*, 1894) entwickelt M. in einer subtilen, psychologischen Analyse das Porträt einer ungewöhnlichen Frau, die ihre offene Natur trotz der widrigen Lebensumstände nicht einbüßt. M. lehnte das Moralisieren ab, die Ereignisse werden in ihrer Chronologie geschildert und etablieren eine Wahrheit als komprimierte Spiegelung der Realität.

Bel Ami (1885; *Bel Ami*, 1892) gehört zu seinen bekanntesten Werken. Sein Held Georges Duroy, ein Karrieremensch und Verführer, zählt zu den Archetypen der Literatur des 20. Jahrhunderts. Mit Charme und Instinkt treibt er seine Karriere voran. Die Zeitung und seine Amouren sind Mittel auf dem Weg zur Macht, zum Erfolg und zum Reichtum. Der Roman greift die Verflechtung von Journalismus und korrupten Staatsapparat auf. Duroy heiratet nicht nur die Frau seines ehemaligen Vorgesetzten, es gelingt ihm auch, seine Gattin in flagranti mit einem Minister zu erwischen und die Situation zum eigenen Vorteil zu gestalten.

Werkausgaben: Werke. 6 Bde. Berlin 1924. – Gesamtausgabe der Novellen und Romane. 10 Bde. Hg. E. Sandner. 1963/64.

Angelika Baumgart

Mauriac, François
Geb. 11. 10. 1885 in Bordeaux;
gest. 1. 9. 1970 in Paris

Die geistige Orientierung an augustinischer Moraltheologie, ein entschiedenes Eintreten gegen Unrecht und Unterdrückung sowie ein stark ausgeprägtes Stilempfinden kennzeichnen François Mauriacs umfangreiches Werk, das Gedichte, Dramen, politische Tagebücher und Zeitschriftenartikel, Essays sowie kulturgeschichtliche und religiöse Schriften einschließt und aus dem seine Romane herausragen. M. entstammte einer reichen Familie und wuchs in jenem katholisch-konservativen Umfeld auf, dem seine spätere Gesellschaftskritik galt. Nach dem Studium in Bordeaux und Paris wandte er sich der Literatur zu und veröffentlichte eine Sammlung religiöser Gedichte (*Les mains jointes*, 1909; Die gefalteten Hände), die ihm erste literarische Anerkennung einbrachte. Zwar fand er im Roman die ihm gemäße Ausdrucksform, doch war er darüber hinaus mit zahlreichen aktuellen Stellungnahmen in Frankreichs öffentlichem Leben stets präsent und bezog während des Spanischen Bürgerkriegs Position gegen das Franco-Regime, engagierte sich in der Résistance, kritisierte später den französischen Kolonialismus in Nordafrika und unterstützte schließlich ab 1958 mit bisweilen polemischem Journalismus die Politik De Gaulles. M. war seit 1933 Mitglied der Académie française und wurde 1952 mit dem Nobelpreis für Literatur und 1958 mit dem Großen Verdienstkreuz der Ehrenlegion ausgezeichnet.

Bereits in seinem ersten Roman, *L'enfant chargé de chaînes* (1913; Das in Fesseln gelegte Kind), leuchtete M. die Abgründe der menschlichen Seele aus und behandelte mit dem Kampf gegen die Leidenschaften ein Thema, das auch für seine weiteren Romane bestimmend wurde, die im Rückgriff auf die augustinische Gnadenlehre und auf Pascal ein pessimistisches Menschenbild zeichnen. Während er jedoch Sympathie für seine zwischen Trieben und Gewissensbissen, zwischen Schuld und Reue innerlich zerrissenen Protagonisten aufbrachte, entlarvte er hinter der Religiosität und Wohlanständigkeit des gutsituierten, selbstzufriedenen Provinzbürgertums schonungslos Gefühlskälte und Berechnung. Mit ihrem zu bloßem Formalismus erstarrten Glauben behindern diese ›guten Katholiken‹ seine rastlosen, Erlösung suchenden Hauptfiguren, die mit ihren Qualen allein bleiben, vor dem Handlungsschauplatz der ›Landes‹, M.s Heimat südwestlich von Bordeaux, deren wilde Natur und extremes Klima zwischen Dürre und Gewittern als ein Reflex der menschlichen Leidenschaften erscheinen.

Der Durchbruch als Romancier gelang M. mit *Le baiser au lépreux* (1922; *Der Aussätzige und die Heilige*, 1928) und *Génitrix* (1923; *Genitrix*, 1999). In den folgenden Jahren verfasste er seine Meisterwerke, die zugleich zu den Höhepunkten der französischen Literatur des 20. Jahrhunderts zählen. Schon die an Pascal gemahnende Titelmetapher von *Le désert de l'amour* (1925; *Die Einöde der Liebe*, 1953) versinnbildlicht das »Elend des Menschen ohne Gott«: Docteur Courrèges und sein Sohn Raymond, ohne ihr Wissen Rivalen in einer rückblickend erzählten Dreiecksgeschichte, scheitern an ihrer Liebes- und Kommunikationsunfähigkeit. Erst in der Schlusssequenz des Romans gelingt Vater und Sohn in ihrer letzten Begegnung eine flüchtige Gefühlsbekundung. Als bevorzugte narrative Verfahren für die psychologische Analyse seiner Protagonisten bediente sich M. erzählperspektivischer Techniken wie der erlebten Rede und des inneren Monologs. Mit Hilfe der Ich-Form, meist in Verbindung mit retrospektivem Erzählen, erzielte er den Effekt höchster Authentizität und Unmittelbarkeit bei der Ausleuchtung zwischenmenschlicher Beziehungen.

In seinem bekanntesten Roman, *Thérèse Desqueyroux* (1927; *Die Tat der Thérèse Desqueyroux*, 1963), versucht die Titelfigur in der Rückschau Klarheit über die Beweggründe ihrer Tat zu erlangen, nachdem sie vor Gericht vom Vorwurf des Giftanschlags auf ihren Mann Bernard freigesprochen worden ist. In einer langen, mit der Kindheit einsetzenden Rekonstruktion der Vergangenheit gewinnt sie erschreckende Einblicke in die Abgründe ihres eigenen Wesens sowie eine Ahnung ihres wichtigsten Tatmotivs: Die ungleiche Partnerschaft mit dem geistig trägen und allein an seinem Waldbesitz interessierten Bernard hat den Freiheitsdrang der sensiblen Frau erstickt, und in dem traditionalistischen Umfeld

von Bernards Familie musste sie sich lebendig begraben fühlen. Während der unerbittliche Bernard sie schließlich in Paris aussetzt, klingt in der Hoffnung des Erzählers, sie werde dort nicht allein sein, eine Aussicht auf Erlösung an. Mit einer solchen Hoffnung schließt auch *Le nœud de vipères* (1932; *Natterngezücht*, 1947), wenn die in Briefform verfasste Lebensgeschichte des alten Louis mit der Überwindung des Hasses und der Laster endet, die sein Herz wie ein »Natterngezücht« erstickt hatten. Doch nicht der aus Verzweiflung hassende Ich-Erzähler ist die Negativgestalt des Romans, sondern seine allein auf das Erbe fixierte pharisäerhafte Familie, die jeden Gedanken an eine seelische Wandlung und an ein Wirken der göttlichen Gnade ausschließt.

Trotz Jean-Paul Sartres berühmter Kritik an seinem romanästhetischen Programm, das M. in *Le romancier et ses personnages* (1933; *Der Romancier und seine Figuren*) darlegte, gilt M. mit seiner Verbindung von christlichen Überzeugungen und gesellschaftlichem Engagement als einer der einflussreichsten katholischen Schriftsteller des 20. Jahrhunderts.

Wilhelm Graeber

May, Karl

Geb. 25. 2. 1842 in Hohenstein-Ernstthal; gest. 30. 3. 1912 in Radebeul

Seine Bücher haben einer groben Schätzung nach eine deutschsprachige Gesamtauflage von über 80 Millionen Exemplaren erreicht und sind in mehr als 30 Sprachen übersetzt worden. M. ist damit der auflagenstärkste und zugleich populärste Autor der deutschen Literaturgeschichte. Sämtliche Medien haben sich seiner in Form des Taschenbuchs, der Schallplatte, der Kassette usw. bemächtigt und schlachten ihn gewinnbringend aus. 1962 wurde unter der Regie von Herbert Reinl und der Starbesetzung Lex Barker als Old Shatterhand, Pierre Brice als Winnetou und Steward Granger als Old Surehand – sämtlich Western-Film-erprobte Mimen – der mit 3,5 Millionen DM Kosten bis dahin aufwendigste Film der deutschen Nachkriegsfilmgeschichte hergestellt. M.s Andenken pflegen die Karl-May-Gesellschaft in Hamburg, die ein ausschließlich seinem Leben und seinem Werk gewidmetes Jahrbuch herausgibt, die Karl-May-Museen in Radebeul und Bamberg mit Teilen der Sammlung, dem Arbeitszimmer und der Bibliothek; die heute verbindliche historisch-kritische Ausgabe erscheint seit 1987; seit 1952 finden jährlich im Sommer die Karl-May-Festspiele in Bad Segeberg statt mit zuletzt 300000 Zuschauern (2003): der institutionelle Rahmen eines – kleinbürgerlichen – Dichterfürsten.

Er wird als fünftes von vierzehn Kindern geboren. Die völlig mittellose Leineweberfamilie lebt von der Hand in den Mund, Arbeit gibt es nicht. Aber der kleine Karl lernt schnell, die Eltern setzen ihre ganze Hoffnung auf ihn. Ab 1856 besucht er das Proseminar, will Lehrer werden. Doch die Karriere ist rasch zu Ende. Wegen Diebstahls wird er 1862 zu sechs Wochen Haft verurteilt, von der Liste der Lehramtskandidaten gestrichen, die Zeugnisse werden kassiert. Die Opfer der Eltern waren umsonst: Er ist auf seine Anfänge zurückgeworfen. M. begeht in den folgenden Jahren eine Reihe von Straftaten, meist Diebstahl, die ihm 1865 vier Jahre Arbeitshaus und 1870 vier Jahre Zuchthaus eintragen.

Bis in seine Zuchthausjahre hinein hat M. kaum eine Zeile geschrieben, geschweige denn veröffentlicht. In seiner Autobiografie *Mein Leben und Streben* (1910) hat er den privaten Mythos offenbart, den er während der Jahre im Zuchthaus entwickelt haben will, um der Volksschriftsteller zu werden, als der er sich aus der Erinnerung von 1910 heraus sah. Demnach hat ihm seine »Märchengroßmutter« einst das Märchen vom Stern Sitara erzählt, der mit der Erde viele Gemeinsamkeiten habe. Dieser Stern besteht aus einem Tiefland, Ardistan, in dem die Gewalt- und Egoismusmenschen wohnen, und dem Hochland, Dschinnistan, dem Land der Edelmenschen, »wo jeder Mensch der Engel seines Nächsten ist«. Dazwischen liegt Märdistan, durch das der unendlich gefahrvolle und beschwerliche Weg nach oben führt. M. hat sich selbst als Bestandteil dieses Märchens gesehen (»ich bin im tiefsten, niedrigsten Ardistan geboren«) und hegt den lebhaften Wunsch, »ein Märchenerzähler wie du zu werden, Großmutter« – ja, »ich selbst muß ein Märchen werden«. Er fasst im Zuchthaus den Plan, Humoresken, Dorfgeschichten und Erzählungen, die meist im Erzgebirgischen spielen, zu schreiben, um bekannt zu werden und zu zeigen, dass er gottesfürchtig, gesetzestreu und seinem König ergeben ist. Daneben aber sollen Reiseerzählungen, Gleichnisse und Märchen entstehen, die auf die großen Menschheitsfragen antworten, die Menschheitsrätsel lösen und die Seele des Lesers emporheben zur Edelmenschlichkeit von Dschinnistan. In der Absicht eines christlich-universalen Humanismus und Pazifismus will er die östliche und die westliche Welt miteinander versöhnen, dem Rassismus Einhalt gebieten und Gerechtigkeit auf Erden schaffen. Die Personen und Schauplätze seiner künftigen Romane wählt er in dieser Absicht, Kara ben Nemsi und Old Shatterhand sind die östlichen und westlichen Repräsentanten einer einzigen Absicht, dem Streben nach einer wohlverstanden deutschen, aber für die ganze Welt beispielhaften Menschlichkeit, die mit eschatologischer Unerbittlichkeit unterwegs ist, das Böse zu vernichten (spät ausgedrückt in seinem Symbolroman *Ardistan und Dschin-*

nistan von 1909). Mit diesem ethischen Impuls sind M.s Reiseerzählungen einmalig in der Geschichte des Genres, allesamt Zeugnisse einer »beschädigten Ich-Wirklichkeit« (Hans Wollschläger). Während M. noch im Zuchthaus Waldheim einsaß, hat er vermutlich zu Heinrich Gotthold Münchmeyer durch Manuskriptzusendungen Kontakt aufgenommen. Münchmeyer hatte in Dresden ein »Verlags- und Colportagegeschäft« inne. Er vertrieb Groschenhefte und Kalender und hatte Titel wie den schmierig-schlüpfrigen *Venustempel* (nebst Hausapotheke für Geschlechtskrankheiten) und das *Schwarze Buch/ Verbrecher-Gallerie* im gutgehenden Programm. Münchmeyer suchte dringend einen Redakteur; M. trat im März 1875 bei ihm ein, betrieb dort zwei Unterhaltungsblätter, das *Deutsche Familienblatt* und die *Feierstunden*, daneben *Schacht und Hütte*. Dort erschienen M.s säuerlich-moralisierende *Geographische Predigten*, aber auch erste Skizzen des *Winnetou* und des *Old Firehand* (1875). Im März 1877 scheidet M. bei Münchmeyer aus, redigiert ein Jahr lang das Wochenblatt *Frohe Stunden* (ebenfalls in Dresden); andere Blätter beginnen, sich für seine Dorfgeschichten, seine Humoresken und Abenteuererzählungen zu interessieren. Am 17. 8. 1880 heiratet M. Emma Lina Pollmer, eine unbedarfte, lebenslustige und – wie sich herausstellen wird – intrigante junge Frau, die er bei seiner Schwester Wilhelmine kennengelernt hat. Wirtschaftlich geht es dem Paar nicht eben gut, obwohl M. unermüdlich schreibt. Selbst der feste Vertrag mit dem führenden katholischen Familienblatt *Deutscher Hausschatz*, das von Friedrich Pustet in Regensburg herausgegeben wird, trägt nicht einmal das Existenzminimum ein.

Die Wende kommt erst nach einer erneuten Begegnung mit Münchmeyer, dem das Wasser wieder einmal am Hals steht. Autor und Verleger vereinbaren fünf Romane, jeder zu einhundert Heften à 24 Seiten. Schon der erste, *Das Waldröschen/ oder/ Die Verfolgung rund um die Erde. Großer Enthüllungsroman über die Geheimnisse der menschlichen Gesellschaft von Capitän Ramon Diaz de la Escosura* (1883) wird ein ungewöhnlicher Erfolg. M., der oft nächtelang schreibt, liefert in den nächsten fünf Jahren allein für den gerissenen Münchmeyer 513 Hefte mit über 12 000 Druckseiten. Er beendet die Zusammenarbeit im Sommer 1887, weil er die Kolportage-Schreiberei satt hat. Inzwischen hat er den Verleger Joseph Kürschner kennengelernt; er arbeitet konzentriert und erzählerisch geschickt an dessen Jugendwochenschrift *Der gute Kamerad* mit, die erstmals am 1. 1. 1887 erscheint (dort u. a. *Der Sohn des Bärenjägers*, 1887; *Der Geist des Llano Estacata*, 1888; *Villa Bärenfett*, 1889; *Die Sklavenkarawane*, 1889; *Der Schatz im Silbersee*, 1890; *Das Vermächtnis des Inka*, 1891). Von entscheidender Bedeutung ist jedoch die Begegnung mit Friedrich Ernst Fehsenfeld, der sich für M. begeistert hat und seine gesammelten Reiseromane herausgeben möchte. M. übergibt ihm die Rechte aller bei Pustet erschienenen Erzählungen; die Situation der bei Münchmeyer erschienenen Romane ist schwieriger. Münchmeyer ist inzwischen gestorben; der neue Inhaber Ferdinand Fischer weigert sich hartnäckig, die Rechte freizugeben; M. glaubt aber, dass sie längst an ihn zurückgefallen sind. Ein Rechtsstreit mit einigen Ausmaßen zeichnet sich ab, der allen Beteiligten, allen voran M., das Äußerste abverlangen wird.

1892 beginnt die auf 33 Bände geplante Ausgabe Fehsenfelds – die Ausgabe »letzter Hand« – mit dem für M.s Ardistan-Dschinnistan-Mythos programmatischen Band *Durch die Wüste*. M. befindet sich in diesen Jahren auf dem Höhepunkt seiner Popularität; er rechnet sich selbst etwa zwei Millionen Leser zu; allein 1896 hat Fehsenfeld 60000 Exemplare seiner bei Weitem noch nicht abgeschlossenen Ausgabe verkauft. Unnötig und unerklärlich bricht in diesen Jahren bei M. wieder die alte Lust an der Maskerade, an der Hochstapelei durch. Er posiert vor der Kamera als Kara ben Nemsi mit der Silberbüchse in der Hand, die er – seinem Roman nach – längst dem toten Freund Winnetou ins Grab gelegt hat; er hält weitschweifige Vorträge, in denen er seine Erfahrungen als Westmann mitteilt, beantwortet unermüdlich Leserpost, in der er sich als weitgereister Experte aufspielt. Immer wieder wird nach dem Wahrheitsgehalt seiner Romane und Erzählungen gefragt. Der Märchenerzähler, der er hatte sein wollen, verlegt sich auf die Wirklichkeit: »Ich bin wirklich Old Shatterhand resp. Kara ben Nemsi und habe erlebt, was ich erzähle«. Da ist es nur selbstverständlich, dass er sein Arbeitszimmer mit Jagdtrophäen aus aller Herren Länder ausstaffiert. Er sei Doktor der Philosophie, vernimmt man immer wieder; er beherrsche aktiv 40 Sprachen und verstehe darüber hinaus etwa 1200 Sprachen und Dialekte. Er lässt eine großspurige Visitenkarte drucken, auf der er sich mit Old Shatterhand gleichsetzt, als er die gleichnamige Villa, seinen letzten Wohnsitz, 1896 in Radebeul bezieht. Dabei hat er bis zu diesem Zeitpunkt kein einziges Mal das Ausland bereist – die Orientreise macht er erst 1899/1900 und nach Nordamerika fährt er 1908.

Unterdessen ist der neue Münchmeyer-Inhaber Fischer nicht untätig gewesen und eröffnet 1901 mit einer großangelegten Werbekampagne seine 25bändige Ausgabe der *Illustrierten Werke* M.s mit der *Liebe des Ulanen*. Nun kommt es endgültig zum Prozess, im dem M.s Starrköpfigkeit, Fischers Geschäftstüchtigkeit, die Intriganz der Zeugen und die Gerissenheit der Anwälte zu einem vernichtend-abschreckenden Spiel zusammenfinden; der Prozess kann denn auch erst von den Nachfolgern aller Beteiligten beendet werden. Gleichzeitig setzt in der deutschen Presse, zunächst harmlos in der Kritik an der simplen und bigotten Machart der Münchmeyer-Romane (»abgrundtief unsittliche Bücher«), eine regelrechte »Karl-May-Hetze« ein, während der nach und nach M.s kriminelle Vergangenheit ans Tageslicht gebracht wird, um seine Glaubwürdigkeit in der Öffentlichkeit und vor Gericht zu erschüttern. M. hat darauf mit Verbitterung in seiner Autobiographie geantwortet: »Das hält kein Simson und kein Herkules aus«. Seiner Rechtfertigung gegenüber seinen Gegnern ist in vielen Einzelheiten nicht zu trauen, viele Begebenheiten seines Lebens stellt er sich so zurecht, wie sie für seine Verteidigung braucht. Aber sie bezeugt den mutigen Entwurf eines Menschen, der unter den schlechtesten Ausgangsbedingungen aufs Ganze ging, um zu sich selbst zu finden, dabei aber an entscheidenden Punkten seines Lebens die Kontrolle über das Zulässige und das Verbotene, über Realität und Fiktion verlor. Dennoch: Seinen letzten öffentlichen Auftritt hatte M. am 22. März 1912 in Wien. Vor 2000 Personen sprach er in den Sophiensälen über das Thema des Edelmenschen und die Menschheitsfrage. Sein Vortrag ist mit Sicherheit kein Plädoyer für diejenigen Heroen gewesen, in deren Zeichen man unterwegs in den Ersten Weltkrieg war – seine Hörer sollen begeistert gewesen sein.

Werkausgaben: Karl Mays Illustrierte Werke. Hg. von Heinrich Pleticka und Siegfried Augustin. Stuttgart 1992 ff.; Karl Mays Werke. Historisch-kritische Ausgabe. Hg. von Hermann Wiedenroth und Hans Wollschläger. Zürich 1987 ff.; Gesammelte Werke. Originalausgabe. Bamberg 1976.

Bernd Lutz

Mayröcker, Friederike
Geb. 20. 12. 1924 in Wien

Seit 1946 unterrichtete M. an Wiener Hauptschulen, ließ sich 1969 beurlauben und lebt seither als freie Schriftstellerin in Wien. 1946 erscheinen ihre ersten Gedichte in der Wiener Avantgarde-Zeitschrift *Plan*. Seit 1954 Freundschaft und Zusammenarbeit mit Ernst Jandl und Bekanntschaft mit Mitgliedern der Wiener Gruppe, 1956 die erste Buchpublikation: *Larifari. Ein konfuses Buch*. 1970/71 und 1973 ist M. Gast des Westberliner Künstlerprogramms des DAAD. Zahlreiche Lese- und Vortragsreisen führen sie durch ganz Europa und in die USA. Ihr umfangreiches und in viele Sprachen übersetztes Œuvre erhielt zahlreiche Auszeichnungen (u. a. 1968 Hörspielpreis der Kriegsblinden, 1977 Trakl-Preis, 1982 Großer Österreichischer Staatspreis und Roswitha-von-Gandersheim-Preis, 1989 Hauptpreis der deutschen Industrie). M. ist Mitglied zahlreicher Akademien und Künstlergremien (u. a. Österreichischer Kunstsenat, Deutsche Akademie für Sprache und Dichtung, Grazer Autorenversammlung), 1993 erhielt sie den Friedrich-Hölderlin-Preis und 2001 den Georg-Büchner-Preis. 2001 wurde ihr das Ehrendoktorat der Universität Bielefeld verliehen, und 1988 wurde das Friederike-Mayröcker-Archiv in der Wiener Stadt- und Landesbibliothek eingerichtet.

M. begann mit stark biographisch geprägten Gedichten und Kurzprosa und entwickelte in den 1950er und 60er Jahren eine formal bewusstere Schreibweise. Zwischen 1964 und 1966 entstand eine Serie von langen Gedichten, gefolgt von experimenteller Prosa (*Minimonsters Traumlexikon*, 1968; *Fantom Fan*, 1971). Seit 1967 verfasste M. Hörspiele – anfangs zusammen mit Ernst Jandl – zuletzt *NADA NICHTS* 1991. Seit Mitte der 60er Jahre entstand sprachexperimentierende szenische Prosa, beeinflusst von der Collagetechnik des Dada und von persiflierter Comic-Strip-Technik. Die Erzählung *je ein umwölkter gipfel* von 1973 markiert einen Einschnitt in ihrer Arbeit. In der Folge entstanden Prosaarbeiten, in denen M. versuchte, eine »neue experimentelle Romanform« zu entwickeln. Der Höhepunkt dieser Entwicklung ist 1980 erreicht in *Die Abschiede*, wo M. Erfahrungen, Erlebnisse, Träume und Zitate unter Verwendung von fiktiven Dialogen sowie von Montage- und Wiederholungstechniken in stark metaphorische Textverläufe integriert, deren rhythmische Qualitäten den lyrischen Charakter dieser Prosa bestimmen. In den großen Prosaveröffentlichungen seither – u. a. *Reise durch die Nacht* (1984), *Das Herzzerreißende der Dinge* (1985), *mein Herz mein Zimmer mein Name* (1988), *Stilleben* (1991) – arbeitet M. ohne Verwendung von Geschichten und genau identifizierbaren Personen, ohne zeitliche, räumliche und kausale Ordnungen. Vielmehr entfalten diese Texte so etwas wie die Selbstkommunikation M.s in Gestalt mehrdimensionaler Dialoge, die einen inneren Kosmos entwerfen, in dem Sprache, Wirklichkeit und Magie, Poesie und Theorie, Gefühl und Verstand zu einer subjektiv beglaubigten Synthese zusammenfließen. In einem Interview 1986 hat M. ihre Arbeitsweise so gekennzeichnet: »Bei meiner … Prosa gehe ich weiter in der erbarmungslosen Annäherung an die Wirklichkeit und gleichzeitig an eine auf die Spitze getriebene Magie, die in die Nähe eines Irrwitzes oder Wahnwitzes kommt. … Ich habe vor allem Wahrnehmungsvorstellungen, die sich in Sprache verwandeln müssen. Und dann habe ich Lebensirritationsvorstellungen, die sich in Sprache verwandeln.« In diesen stark suggestiven Texten werden herkömmliche Vorstellungen von Erzählliteratur, von Geschichte und Identität aufgelöst, wird die übliche Mitteilungsfunktion der Sprache weitgehend aufgehoben. Sprache evoziert Vorstellungen, Ideen und Erinnerungen, die Romanform wird weiterentwickelt zu einer Form des Erzählens ohne Geschichte, was »die Frage aufkommen läßt, ob wir tatsächlich, im eigentlichen Sinn, einzig aus unserem Kopfe schreiben?«

1998 erschien die Liebesgeschichte *brütt oder Die seufzenden Gärten*, 2001 die *Gesammelte Prosa 1949–2001* in fünf Bänden sowie die Prosasammlung der *Magischen Blätter I–V*. In *brütt oder Die seufzenden Gärten* hat M. ihre Poetologie auf den schlüssigen Nenner gebracht: »man fährt in die Realität hinein und kommt in der Fiktion heraus, das ist alles, das ist die ganze Kunstauffassung, das ist der ganze Kanon … Wir brauchen die Anschauung, und nehmen alles wieder zurück – hervorheben, entblößen – sogleich wieder abdecken, widerrufen!« Das Fiktive und das Reale, so heißt es bezeichnenderweise an der gleichen Stelle, ist nicht von Grenzen getrennt, sondern in Grenzen verbunden (*Abschiede*).

Siegfried J. Schmidt

McCullers, Carson
[Lula Carson Smith]
Geb. 19. 2. 1917 in Columbus, Georgia; gest. 29. 9. 1967 in Nyack, New York

Nachdem sie zeitweilig gegenüber anderen Südstaatenautorinnen in den Hintergrund getreten war, hat Carson McCullers in den letzten Jahren in feministischen Studien viel Beachtung gefunden. Ihr relativ schmales erzählerisches Werk spiegelt deutlich die eigene

Unsicherheit und Ambivalenz bezüglich ihrer geschlechtlichen Rolle wider, und die Isolierung und Einsamkeit verschiedener ihrer Figuren resultieren zumindest teilweise aus deren homoerotischer Orientierung.

M.' von tragischen Konflikten, Leid, aber auch Exzessen überschattetes Leben war durch die Erinnerung an die Monotonie der südstaatlichen Kleinstadt bestimmt, der die Autorin in jungen Jahren entflohen war. Sie diente ihr aber weiterhin als wichtigste Inspirations- und Stoffquelle für ihre Erzählkunst. Der trotz mittelständischer Herkunft beengte Raum, aus dem das von ihrer Mutter zum Wunderkind stilisierte Mädchen (ihre erste, 1936 publizierte Erzählung trug sinnigerweise diesen Titel) in die Boheme in Greenwich Village entfloh, lieferte ihr die persönliche Erfahrungsbasis für Mädchengestalten, die ihren Träumen von der großen Welt nachhängen und nur in der Musik die engen Grenzen ihres Milieus überwinden können.

In der frühen Meisterleistung von *The Heart Is a Lonely Hunter* (1940; *Das Herz ist ein einsamer Jäger*, 1950) und in *The Member of the Wedding* (1946; *Das Mädchen Frankie*, 1951) hat M. berührend die Sehnsüchte von halbwüchsigen Mädchen dargestellt, aber auch ein sehr konkretes Panorama der südstaatlichen Kleinstadt geboten, in der die Diskriminierung von Afro-Amerikanern und anderen sozial Benachteiligten zu kritischem Engagement herausfordert. Stärker als andere zeitgenössische Autorinnen aus dem Süden leiht M. ihre Stimme Rebellen, die freilich keinen Ausweg finden und in der Frustration verharren müssen, wie der schwarze Arzt Dr. Copeland in *The Heart Is a Lonely Hunter*. Jenes vergebliche Aufbegehren gegen verbreitetes Unrecht schafft eine Atmosphäre der Ausweglosigkeit, die in M.' Erzählwerk durch das gehäufte Auftreten von körperlich behinderten Menschen, von Invaliden und Krüppeln den Eindruck der Isolierung des Einzelnen verstärkt. Die Unfähigkeit der in *The Heart Is a Lonely Hunter* zunächst um die Zentralfigur des taubstummen John Singer gescharten fünf Personen, ihn zuletzt aus seiner eigenen Hoffnungslosigkeit zu befreien, ist dafür symptomatisch. Sein verzweifeltes Bemühen um den debilen Freund Antonapoulos aber signalisiert ein Hauptthema in M.' Werk: die fast obsessiv umkreiste Frage der unerwiderten Liebe beziehungsweise der leidenschaftlichen Zuneigung zu einem Menschen, der dieser nicht würdig ist. Mehreren anderen Figuren (Berenice in *The Member of the Wedding* oder dem Tramp in »A Tree. A Rock. A Cloud«) hat die Autorin einschlägige Reflexionen über jenen tragischen Irrtum anvertraut, durch den Individuen großes Leid erfahren.

In dem Kurzroman *Reflections in a Golden Eye* (1941; *Der Soldat und die Lady*, 1958), der psychisch labile bzw. neurotische Figuren in der Welt des Militärs kühl distanziert beschreibt und bei der Zeichnung dieser exzentrischen Seelenlandschaften das literarische Erbe eines D.H. Lawrence und eines Sherwood Anderson spüren lässt, wird eine morbide Atmosphäre mit fast surrealistischen Zügen evoziert. Die Tragik des irregeleiteten Verlangens nach Liebe kommt am effektvollsten in der Novelle *The Ballad of the Sad Café* (1951; *Die Mär von der glücklosen Schenke*, 1954, *Die Ballade vom traurigen Café*, 1961) zur Geltung. Die besondere Tonlage der Erzählerstimme verleiht der Geschichte von der Zuneigung der Amazone Amelia zum verkrüppelten Zwerg Lymon und ihrer Niederlage im Konflikt mit dem Gewalttäter Marvin Macy eine außergewöhnliche Wirkung. Die feministische Kritik hat in letzter Zeit die Tragik Amelias auf die im Text implizierten frauenfeindlichen Tendenzen in der Kleinstadt zurückgeführt, in der der Verstoß gegen die traditionelle Rollenteilung zwischen den Geschlechtern mit Sanktionen belegt und Gewalt gegenüber der solche Grenzen überschreitenden Frau akzeptiert ist. Großes Identifikationspotential gerade für den jugendlichen Leser enthält der relativ handlungsarme Initiationsroman *The Member of the Wedding*, der das Kommunikations- und Integrationsbedürfnis der in einer pubertären

Krise steckenden Frankie/Frances Addams überzeugend vermittelt. Trotz des Akzents auf der tragischen Irrtumsanfälligkeit in der Liebe und auf dem an Schwarzen verübten Unrecht gewinnen humoristische Effekte hier einen höheren Stellenwert als sonst bei M. Schon in die Zeit abnehmender Kreativität nach wenig erfolgreichen Bühnenstücken fällt der um das Todesthema kreisende Roman *Clock Without Hands* (1961; *Uhr ohne Zeiger*, 1962), in dem das Geschick eines Todgeweihten in der von Rassendiskriminierung und Gewaltakten geprägten reaktionären Gesellschaft einer Kleinstadt im tiefen Süden am Vorabend politischer Reformen seinen Lauf nimmt. Auch wenn die Kritik an der Figurenzeichnung in diesem Buch den Rückgriff auf Stereotypen bemängelt hat, so findet der Leser hier – wie in den früheren Werken der Autorin und dem postum erschienenen Sammelband *The Mortgaged Heart* (1971), mit Erzählungen und Essays – neben der gelungenen Zeichnung von tragischen Einzelschicksalen eine einprägsame Zustandsschilderung der Gesellschaft im Süden der USA vor ihrem grundlegenden Wandel nach dem Zweiten Weltkrieg.

Werkausgaben: Collected Stories. Boston 1987. – Werke. 8 Bde. Zürich 1971–77.

Waldemar Zacharasiewicz

McEwan, Ian [Russell]
Geb. 21. 6. 1948 in Aldershot, Hampshire

Das Werk Ian McEwans gehört nicht zur bevorzugten Lektüre derjenigen, die mit einem Buch aus der harten, grauen Alltagswirklichkeit fliehen möchten. Er sagt selbst: »Unser gesunder Menschenverstand wirft nur einen ganz engen Lichtkegel auf die Welt, und es ist eine der Aufgaben des Schriftstellers, diesen Kegel zu verbreitern« und »jeden Winkel der menschlichen Erfahrung auszuforschen«. Der Gesellschaft, der Kultur einen Spiegel vorzuhalten, ihre Schattenseiten auszuleuchten, ihre moralische Doppeldeutigkeit bloßzustellen, ihre ängstlich geschützten Sensibilitäten zu attackieren und die Begrenztheiten des Wirklichen mit der Endlosigkeit des Möglichen ins Spiel zu setzen, das zeichnet das Werk von M. aus. – Als debütierendem Jungtalent hat man ihm das Etikett eines literarischen *enfant terrible* angehängt, hat sein Werk als Ausfluss einer Obsession mit dem Makabren und Abseitigen, mit pervertierter Sexualität, mit Gewalt und Tod abgestempelt. Seine ersten beiden Buchveröffentlichungen, die Kurzgeschichtensammlungen *First Love, Last Rites* (1975; *Erste Liebe, letzte Riten*, 1980), für die er 1976 den *Somerset Maugham Award for Fiction* erhielt, und *In Between the Sheets* (1978; *Zwischen den Laken*, 1982), wurden von der Kritik als »brilliant debut«, aber unisono auch als Schocker, als tief beunruhigende und vor nichts zurückschreckende Darstellung des Unmenschlichen, Monströsen, als aus Alpträumen geborene Phantasmagorien charakterisiert. Das Maß an Beunruhigung, das M. auslöste, fand sein Gegenstück in der Hektik, mit der versucht wurde, in der Biographie des jungen Schriftstellers nach Gründen für diese schwarzen Phantasien zu fahnden. »Er sieht aus wie ein Schulmeister und schreibt wie ein Dämon«, fasste Natascha Walker einmal die Inkongruenz zwischen dem nachdenklichen, freundlichen Erscheinungsbild M.s und seiner haarsträubenden Phantasie zusammen. Diese Bemerkung pointiert aber auch das Missverständnis, zu dem sein frühes Werk Anlass zu geben schien: das Missverständnis nämlich, dass Abartigkeiten im menschlichen Verhalten ein Problem des Schriftstellers und nicht eines der menschlichen Natur und der menschlichen Gesellschaft sind.

Da sein Vater Berufssoldat war, verbrachte M. als Kind einige Jahre in den britischen Garnisonen in Norddeutschland, in Singapur und in Libyen, wurde dann nach England in eine Internatsschule geschickt und studierte schließlich an der University of Sussex englische Literatur. Danach war er der erste Student des von Malcolm Bradbury und Angus Wilson an der University of East Anglia

ins Leben gerufenen und später als literarische Talentschmiede berühmt gewordenen Master-Kurses in *Creative Writing*. Die Ehre, die es bedeutet, M. unter ihren Studenten gehabt zu haben, haben beide Universitäten ihm inzwischen mit Ehrendoktorwürden gedankt. Ernsthaften Kritikern war von Anfang an nicht entgangen, dass hier ein ungewöhnliches literarisches Talent herangereift war. Immer wieder wurde von ihnen auf die faszinierende Diskrepanz zwischen dem dargestellten Grauen und der nüchtern, um nicht zu sagen unterkühlt sezierenden Sprache von M.s Geschichten und Romanen hingewiesen. Beides, der unverwandte kalte Blick und die Darstellung des erregend Unvorstellbaren, gehören zu seinem literarischen Programm.

In zunehmendem Maße, von Roman zu Roman sichtbarer, sind aber die Bilder des Horrors und der grotesken Besessenheiten eingebettet in ein Interesse an der Exploration grundlegender menschlicher Probleme, ihrer erkenntnismäßigen und ethischen Dimensionen. Im 1978 veröffentlichten ersten Roman *The Cement Garden* (*Der Zementgarten*, 1982) dominiert noch das Interesse am Erzählen einer schaurigen Welt, die die Kinder sich bauen, nachdem der Vater begraben und die gestorbene Mutter im Keller einzementiert ist. Im 1981 erschienenen *Comfort of Strangers* (*Der Trost von Fremden*, 1983), den ein Rezensent als »fiendish tribute to Thomas Manns *Death in Venice*« charakterisiert hat, kommt der Schock der mörderisch ritualisierten Sexualität erst am Schluss nach einer längeren Vorbereitung, in der die Beteiligten, ihre Gedanken, Wahrnehmungen und Beziehungen im Mittelpunkt stehen. Sechs Jahre später, mit *The Child in Time* (1987; *Ein Kind zur Zeit*, 1988), einem Roman, der als *Whitbread Novel of the Year* preisgekrönt wurde, ist nach Meinung der Kritiker die Wende vom »purveyor of nasty tales« »to a novelist, unsurpassed for his responsive and responsible humanity« vollzogen. Leiden, Verlust, Trennung und Destabilisierung sind für M. in diesem profunden Roman offenbar unabdingbare Voraussetzungen für die Entfaltung von Menschlichkeit, von Einsicht und von Hoffnung. 1990 folgte mit *The Innocent* (*Unschuldige. Eine Berliner Liebesgeschichte*, 1990) ein Roman, der im Frontstadt-Milieu Berlins in den 1950er Jahren spielt und den Bau eines Abhörtunnels nach Ostberlin als zentralen Handlungsfaden hat. Wie ein Spionageroman angelegt und sein Spannungspotential nutzend, ist dies dennoch kein Ausflug M.s in ein völlig neues Genre. *Black Dogs* von 1992 (*Schwarze Hunde*, 1994) erhielt zurecht überschwängliche Kritiken und wurde von den Rezensenten als philosophischster der Romane M.s gefeiert. Die Leidenschaft, in das Leben anderer Menschen einzudringen, an ihm stellvertretend teilzuhaben, führt den Erzähler in diesem Roman dazu, den Lebensgeschichten seiner Schwiegereltern als Kompensation für den frühen Verlust seiner Eltern nachzuspüren. Sein 1997 erschienener Roman *Enduring Love* (*Liebeswahn*, 1998) demonstriert einmal mehr, mit welchem Geschick M. packende Szenen in seinem Werk einzusetzen versteht. In der Eingangspassage, die eine Beschreibung des Picknicks eines Liebespaares in den Chiltern Hills enthält, wird die Idylle des Sonntagsausflugs jäh unterbrochen von einer Serie atemberaubender Ereignisse, an deren Ende eine zerstörte Beziehung, ein Toter und undefinierbare, aber intensive Schuldgefühle stehen.

M.s Interesse am Menschen ist immer auch ein wissenschaftliches Interesse. Er hat sich verschiedentlich zu einer wachsenden Faszination für naturwissenschaftliche Grenzfragen bekannt. Sein Interesse an Theorien über die Relativität von Raum und Zeit, an Evolutionstheorie und Genetik bestimmt nicht nur in zunehmendem Maße den gedanklichen Gehalt seiner Romane, sondern zeigt M. auch als einen Schriftsteller, dessen Besonderheit in der ungewöhnlichen Verbindung der Mentalität eines Forschers mit einer ungeheuer fruchtbaren Phantasie besteht. Wieviel M. an einem möglichst reichen Leben der Phantasie liegt, hat er in seinen Kinderbüchern demonstriert. 1985 veröffentlichte er *Rose Blanche*, ein für das britische Publikum umgeschriebenes Kinderbuch des italienischen Autors Roberto Innocenti. 1994 folgte dann *Daydreamer* (*Der Tagträumer*, 1995), in dem die wirklichkeitsverändernde Macht der Phantasie, zumal der kindlichen, im Zentrum der Handlung steht. Obwohl M. dem Ideenroman eine Absage erteilt und sich unmissverständlich zu der politischen Verantwortlichkeit des Schriftstellers geäußert hat – und zwar in dem Sinne, dass es nicht seine Aufgabe sein kann, in literarischen Texten eindeutige politische Präferenzen zu transportieren oder Ideen anschaulich zu vermitteln –, hat er sich doch insbesondere in Arbeiten für das Fernsehen der politischen Realität Großbritanniens kritisch zugewandt: so z. B. in *The Ploughman's Lunch* (1985), einer bissigen Auseinandersetzung mit dem Thatcherismus, aber auch einer scharfsinnigen Satire gegen die Art von mental verkrüppelten Menschen – Politiker, Journalisten, Intellektuelle –, wie sie die heutige Welt in immer größerer Zahl erzeugt. – Schon frühzeitig hatte sich M. neben dem Romanschreiben auf die Übertragung von Literatur in andere Medien konzentriert und in einigen Fällen sogar den visuellen Medien den Vorzug vor den geschriebenen gegeben. 1979 wurde die Verfilmung seiner Kurzgeschichte »Solid Geometry« (1974), für die er das Filmskript verfasst hatte, von der BBC-Spitze gestoppt, weil diese die Zurschaustellung eines in einem Glas konservierten Penis für unzumutbar für das breite Publikum hielt. 1980 schrieb er das Skript für das Hörspiel *The Imitation Game* (1981), und 1983 führte das London Symphony Orchestra sein Oratorium *Or Shall We Die* auf. 1988 adaptierte M. Timothy Mos *Sour Sweet* (1982) für die Leinwand, und 1993 schrieb er das Skript für *The Good Son*. Einige seiner Romane sind verfilmt worden – hier ist vor allem *The Innocent* als besonders erfolgreich zu erwähnen. Für den Roman *Amsterdam* (1998; *Amsterdam*, 1999), erhielt M. den Booker Prize. *Amsterdam* ist neben *Daydreamer* bei Weitem M.s heiterstes Werk, obwohl es mit einem Begräbnis beginnt und mit einem Doppelmord endet.

Jürgen Schlaeger

Mechthild von Magdeburg
Geb. um 1208 im niederdeutschen Sprachgebiet; gest. zwischen 1282 und 1297 in Helfta bei Eisleben

»Fuere mich in der minne lant.« So lautet die innige Bitte, die M. einmal an Gott richtete. Sie könnte als Devise über ihrem – sicher einzigen – Buch stehen, der Visionsschrift *Vom fließenden Licht der Gottheit*. Diese ist im Grunde nichts anderes als ein großer, ausgedehnter, der Liebe gewidmeter Hymnus in Prosa. (In das niederdeutsche Original, das verloren ist, waren ursprünglich Reime eingefügt.) Das Werk gilt als »vielleicht die kühnste erotische Dichtung des Mittelalters« (Wolfgang Mohr). Der gesamte Text gruppiert sich um den einfachen Vorstellungskern, dass die liebende Seele der Visionärin mit Gott (Jesus) geeint werde, im Leben wie im Tode.

Die Gesamtheit ihrer Schauungen repräsentiert den theologischen Typus, den Hans Urs von Balthasar mit dem Begriff »charismatische Theologie« bezeichnet. M.s Schaffen betrachtete er als deren zweiten Höhepunkt im Mittelalter nach dem ersten, den Hildegard von Bingens Visionsschriften bilden, und jedenfalls vor Meister Eckehart. Mit Hildegard hat M. die kosmisch-symbolische Weltschau gemeinsam, und auch sie wurde bereits von einem Zeitgenossen, dem Bruder Heinrich von Halle, Lektor des Dominikanerordens, mit den alttestamentlichen Prophetinnen – unter anderen wiederum mit Debora – verglichen. Neben der Visionärin und Prophetin erfuhr seit der Wiederentdeckung ihres Buchs (der Basler Handschrift) im Kloster Einsiedeln (1861) die Dichterin M. große Anerkennung. Die poetisch-rhetorische Komponente hatte fünfhundert Jahre zuvor schon ein einflussreicher Geistlicher, der mit der (ebenfalls mystischen) Nonne Margareta Ebner befreundete Heinrich von Nördlingen, gepriesen: »Es ist das wundervollste Deutsch und die zutiefst berührende Frucht der Minne, von der ich je in deutscher Sprache las.«

M.s genaues Geburts- und Sterbejahr sind nicht bekannt, doch ist ihre Lebenszeit ungefähr bestimmbar, weil sie in ihrem Buch historische Fakten erwähnt und weil sie ihre letzte Lebenszeit im Kloster Helfta zubrachte. Hier hatte sie guten Kontakt zu ihren Mitschwestern Gertrud (»der Großen«) von Helfta, die ihr in ihrem Hauptwerk *Legatus divinae pietatis* (*Der Gesandte der göttlichen Gnade*) ein Kapitel widmete (mit Schilderung des Todes von M.), und Mechthild von Hackeborn, in deren Visionen Anspielungen auf M. vorkommen (niedergelegt in der Schrift: *Liber specialis gratiae*, dem *Buch von der besonderen Gnade*, größtenteils von Mitschwestern abgefasst).

Selbst der Name der Verfasserin bleibt aber im Vagen, da der Zusatz »von Magdeburg« erst ein Forschungskonstrukt der Neuzeit ist, nämlich des ersten Editors Gall Morel (EA 1869).

Die (heute verlorene) niederdeutsche Fassung der Schrift wurde um 1285 in Halle in Latein übertragen, wobei als obszön Geltendes der Ausdrucksweise M.s abgemildert wurde; auch fehlt der letzte Teil, das 7. Buch, das erst spät, in der Sicherheit des Klosters, entstand. Die Baseler ›Gottesfreunde‹ im Umkreis Heinrichs von Nördlingen stellten etwa ein halbes Jahrhundert nach dem Tod der Visionärin eine oberdeutsche Version her (Übertragung ins Alemannische), der sich die Mechthild-Forschung seit Morel vor allem zuwendete.

M. scheint lange Jahre ein Leben als Begine in Magdeburg geführt zu haben. Erst in höherem Alter übersiedelte sie in das Kloster Helfta (1270). Ein Motiv dafür könnte gewesen sein, im Konvent Zuflucht zu suchen, da sie offensichtlich harten Angriffen ausgesetzt war. So wurde sie gewarnt, sie möge die Weiterarbeit an ihrem Buch unterlassen. Wahrscheinlich drohte man ihr mit dessen Verbrennung. In einer Vision erschien ihr allerdings Gott, wie er ihre Schrift in seiner Rechten hielt und versicherte: »die warheit mag (kann) nieman verbrennen«. Allerdings ging auch sie mit ihren Kritikern sehr scharf ins Gericht: Es gebe welche, die schienen Gotteskinder zu sein, stießen sich jedoch in Wirklichkeit wie die Ochsen im dunklen Stall an M.s »wunderschouwen«.

In der gesamten mystischen Literatur der Christenheit gibt es wenige Schriften, die durch ähnlich starke innere Spannungen gekennzeichnet sind wie die M.s. Scharf betont sie erstens die Kluft zwischen der Mystikerin und dem Gros der übrigen Christen, vor allem der kirchlichen Hierarchie. Strukturbildend ist zweitens der Gegensatz zwischen ihrer Todesangst und leidenschaftlichster Liebessehnsucht. Zwar freue ihre Seele sich auf die letzte Ausfahrt, schreibt sie, aber lieber noch wolle sie leben bis zum Jüngsten Tag! Ihre religiös formulierte kreatürliche Angst war nicht ohne Zusammenhang mit der Angst ihrer Epoche vor dem Ende aller Zeiten. Mit den Schicksalen der Seele und den Letzten Dingen beschäftigte die Autorin sich unablässig. Berühmt ist ihre gewaltige Höllenvision. Sie wird in der Forschung mit der Schilderung des Infernos durch Dante, ihrem Zeitgenossen, verglichen. Sie beginnt: »Ich habe gesehen ein stat (einen Ort), ir namme ist der ewige has.«

Die Seele gleicht in M.s Buch einem Ritter, der auszieht, Aventiure zu suchen, und dabei unweigerlich auf den Drachen oder das drachenähnliche Ungeheuer stößt sowie auf den Riesen. Die Seele muss einen Kampf austragen, bevor sie den Geliebten zu erringen vermag, und eine Dreiheit von Feinden bezwingen: die Weltlichkeit, die Selbstherrlichkeit und den Teufel. Nach dieser heldischen Tat gelangt sie an den Hof. »Wenn die arme Seele an den Hof kommt, tritt sie schicklich auf und wohlerzogen. Sie sieht ihren Gott freudig an. Ach, wie liebevoll wird sie da empfangen!« Sie schweigt. Er aber zeigt ihr sein Herz, das dem roten Gold in einem Kohlenfeuer gleich brennt. »Jetzt wirft er sie in die Glut seines Herzens. Wie aber der hohe Fürst und die arme Magd sich so umhalsen und vereint sind wie Wasser und Wein, wird sie aufgelöst und verliert das Bewußtsein ihrer selbst. ... Dies ist die Reise der liebenden Seele an den Hof, die ohne Gott nicht sein kann.«

Werkausgabe: Das fließende Licht der Gottheit. Hg. von Gisela Vollmann-Profe. Frankfurt a. M. 2003.

Heidi Beutin

Meckel, Christoph
Geb. 12. 6. 1935 in Berlin

Wie kaum ein anderer Schriftsteller wehrt sich M. vehement dagegen, biographische Auskünfte zu geben. In Berlin geboren, in der Nachkriegszeit Graphikstudium in Freiburg und München, seit 1956 Veröffentlichungen von Gedichten, Prosa und Radierungen – solche Daten bilden ein sehr rudimentäres Raster des »Malerpoeten«, allenfalls noch zu ergänzen mit dem Hinweis auf unzählige Reisen und das Pendeln zwischen den Wohnsitzen in Berlin und in den französischen Westalpen (Département Drôme). Diese Lakonie verwundert um so mehr, da M.s umfangreiches Werk an vielen Stellen als verwandelte Autobiographie gelesen werden kann. *Suchbild. Über meinen Vater* (1980), eines der sog. »Väter-Bücher« zu Beginn der 1980er Jahre, stellt dabei nur das bekannteste Beispiel dar, da sich die Kontroverse über den moralischen Anspruch und Rigorismus der jüngeren Nachkriegsgeneration nicht zuletzt an M.s »Abrechnung« mit dem Vater entzündete. Der Vater Eberhard Meckel (1907–1969), promovierter Germanist und Lyriker der naturmagischen Richtung, ein Freund von Peter Huchel, wird in seinem Versagen gegenüber dem Nationalsozialismus schonungslos entlarvt: »Seit ich seine Kriegstagebücher las, kann ich den Fall nicht auf sich beruhen lassen; er ist nicht länger privat. Was ich von seiner NS-Zeit wußte, kannte ich nur aus dem, was er selber sagte. Das war die gereinigte Darstellung seiner Rolle«. M.s zwischen Dokumentation und Roman angesiedeltes *Suchbild* gerät, wie der Psychologe Tilman Moser feststellt, zur »ödipalen Leichenschändung«.

In den Romanen und Gedichten werden weitere autobiographische Elemente verarbeitet, etwa wenn der Erzähler das Zerbrechen einer Kindheit im Bombenhagel auf Freiburg 1944 beschreibt (*Der Brand*, 1965). In einer weiteren literarischen Biographie M.s (*Nachricht für Baratynski*, 1981), in der der russische Dichter J. A. Baratynski (1800–1844) zum »Vertrauten« des Ich-Erzählers wird, reiht M. sich in das Schicksal der Nachkriegsgeneration ein: »Ich gehöre zu einer verschonten Generation ... Ich lebte, wie es die eigenen Wünsche wollten, in jedem Loch, ohne Vorschrift oder Diktat. Ich erlaubte keinem System, über mich zu verfügen und konnte mir jedes Recht auf Freiheit erlauben, Komfort und Sicherheit waren kein Opfer wert und Geld war nichts, wofür sich zu hungern lohnte. Ich ... veröffentlichte, was mir haltbar erschien und fand die Zeit, die ich brauchte, um da zu sein.« Wesentliche Merkmale der Biographie M.s wie das rastlose Umherschweifen, die bohémehafte Rolle eines intensiven Lebens und die kompromisslose Haltung als Außenseiter gegenüber den Modeströmungen haben hier sicherlich einen Ausgangspunkt. Auch M.s Werk und sein poetischer Ansatz spiegeln dies wider. Der Leser und Betrachter der Prosa- und Gedichtbände, der Bilderbücher und bibliophilen Drucke sowie der über 1000 Radierungen seines großangelegten Projekts der »Weltkomödie« (*Bericht zur Entstehung einer Weltkomödie*, 1985) wird vom Bilderreichtum und der spielerisch experimentierenden Fabulierfreude, den surrealen Einfällen und grotesken, heiteren Gestalten in den Bann gezogen. Ein Figureninventar aus Gauklern und Filous, Ganoven und Prostituierten, Vögeln und Fischen durchzieht das Werk. Grundlegendes Motiv ist das ständige Vagabundieren: Immer neu machen sich die Helden M.s auf, sind unterwegs zwischen Scheitern und Neuanfang (z. B. *Der wahre Muftoni*, 1982). Resignation und Hoffnung fallen für die in der Tradition der Flaneurs stehenden Figuren zusammen, treiben sie neu voran. Selbst die Liebe, die erlebt wird, ist nur ein vorübergehendes Verweilen, von Anfang an trägt sie den elegischen Charakter des Abschieds in sich (*Licht*, 1978).

M. gestaltet diese poetische Welt in ständig neuen Variationen, so dass er selbst von einem »work in progress« spricht. Umfangreiche Bilder-Zyklen erzählen mythologische Geschichten (*Moël*, 1959; *Das Meer*, 1965; *Der Strom*, 1976), eine Lyrik-Trilogie *Die Komödien der Hölle* (*Säure*, 1979; *Souterrain*, 1984 und *Anzahlung auf ein Glas Wasser*, 1987) knüpft an Dantes Gang durch das Inferno an, und der bezeichnende Titel eines Prosasammelbandes lautet *Ein roter Faden* (1983). Doch dieses System von »Bezugnahmen, Wiederholungen, Neuanfängen« (Wulf Segebrecht) entsteht nicht unverbindlich und zum Amüsement. Viele der Texte M.s sind explizit poetologische Gedichte und Erzählungen. In *Erfindungen* (*Im Land der Umbranauten*, 1961) heißt es: »Man soll nicht glauben, die Tätigkeit der Erfindung, wie ich sie betreibe, sei eine beliebige Wissenschaft«. Der Autor, der sich oft als Magier sieht, hat Verantwortung für seine Schöpfungen zu übernehmen, seine Geschöpfe kehren zurück und fordern Rechenschaft von ihm. Ausgehend von »nicht einmal nichts« (*Manifest der Toten*, 1960) hat er sich der Aufgabe verschrieben, »die Leere bewohnbar zu machen mit Shanties« (*Nebelhörner*, 1959). Dieser Vorsatz, durch Lieder, durch Sprache und Bilder, ein neues Paradies zu erschaffen, schloss von Anfang an Klage und Anklage ein: »… hier ist die Chronik der Leiden./ … Das Gedicht ist der Ort der zu Tode verwundeten Wahrheit« (*Rede vom Gedicht*). Doch die Bedrohung, die Brutalität und das apokalyptisch anmutende Chaos werden in M.s literarischem und bildnerischem Werk immer stärker und drängen zunehmend die wehrlosen, luftigen Phantasiegeschöpfe zurück. Oft kann M. nur noch vom »Plunder« berichten, vom greifbaren Überbleibsel vergangener Erlebnisse, vom Relikt mit dem »Schatten der Verblichenen«, wie Adalbert Stifter in der *Mappe meines Urgroßvaters* schreibt, auf die M. in *Plunder* (1986) anspielt. Aber auch hinter solchen melancholischen Aspekten der neuen poetischen Formel seiner jüngeren Veröffentlichungen steht immer noch das zyklische Prinzip von Vergeblichkeit und Erinnern, das M. bislang vor dem Verstummen bewahrt.

Mit seinen zahlreichen Publikationen, die oft gepaart sind mit seinen bildkünstlerischen Arbeiten (zum Beispiel *Das Buch Jubal. Gedicht-Zyklus. Mit Original-Offsetlithographien des Autors*, 1987, und *Hans im Glück. Gedichte mit 6 Grafiken*, 1991) beweist M., dass er sich trotz aller Melancholien seine enorme Produktivität bewahrt hat. Das belegen auch Lyrikbände wie *Blut im Schuh*, 2001, und der vom Kollegen Lutz Seiler herausgegebene Gedichtband *Ungefähr ohne Tod im Schatten der Bäume*, 2003. Die poetische Formel, die M. inzwischen gefunden hat, lässt sich beschreiben als ein zyklisches Prinzip von Vergeblichkeit und Erinnern.

Es war deshalb nur eine Frage der Zeit, bis nach dem *Suchbild*, das M. einst von seinem Vater entworfen hatte, auch das Buch über seine Mutter erscheinen würde – es wurde 2002 veröffentlicht: *Suchbild. Meine Mutter*. Im Vaterbuch wurde die Mutter kaum erwähnt; im Mutterbuch wird der Vater häufiger genannt, aber in seiner »kritiklosen Aufmerksamkeit« und »ratlos blinden Verehrung für seine Frau« fast immer nur als Funktion des Mutterbild-Entwurfs: und der ist vernichtend. Diese Mutter erscheint neben dem Vater wie eine kalte Statue, wie ein Mensch, der, wie es einmal heißt, gelitten hat an einer »Erkältung der Seele ein Leben lang«. Diesen Menschen hat M. nicht minder kalt beschrieben.

Hans-Ulrich Wagner/Red.

Mehring, Walter (Ps. Walt Merin)
Geb. 29. 4. 1896 in Berlin;
gest. 3. 10. 1981 in Zürich

»Meringues«, der Name jenes luftigen Schaumgebäcks, war sein Spitzname, weil er so phantastisch übertreiben konnte, was seine Lebensgeschichte anging. Schriftsteller zu sein bedeutete für M.: »Anschauungen unbestechlich analysieren zu können«, mit dem Ziel der »geistigen Entlarvung der Herrschenden, die mit der Heiligkeit der Kirche, Würde der Nation, Vorrang der Uniform ihre Zwecke und Ziele tarnen« (1930). Der Vater, Sigmar M., war wegen Majestätsbeleidigung und Gotteslästerung eingesessen, ein engagierter Pazifist und Sozialdemokrat, Übersetzer von François Villon, Paul Verlaine, der Internationale, ein »homme de lettres«, dessen große Bibliothek zum »Schutzwall« der Familie wurde, »Fronten des Humanismus« wider den wilhelminischen Ungeist. Auf den Beschluss einer Lehrerkonferenz hin, die über sein »unpatriotisches Verhalten« befunden hatte, musste M. das Königliche Wilhelms-Gymnasium verlassen und extern das Abitur absolvieren. Der Wunsch, Maler zu werden, wurde verworfen, das Studium der Kunstgeschichte abgebrochen und der Entschluss gefasst, »künftig nur noch zu schreiben«, obzwar M. später einige seiner Bücher gekonnt illustrierte. M. schloss sich der »Gruppe Revolutionärer Pazifisten« an, diente als Richtkanonier im Ersten Weltkrieg, veröffentlichte in Herwarth Waldens Zeitschrift *Der Sturm* erste Gedichte (ab 1916) und seinen dramatischen Erstling *Die Frühe der Städte* (1918). Er trieb sich in der Berliner Dada-Bewegung um, schrieb für Max Reinhardts Kabarett »Schall und Rauch« das Puppenspiel *Einfach klassisch! Eine Orestie mit glücklichem Ausgang* (1919), zu der der befreundete George Grosz die Figurinen und Decors entwarf und John Heartfield lebensgroße Puppen modellierte. Als politischer Kabarett-Texter erlangte M. schnell Bekanntheit. »Die Triebfeder aller Kunst ist die Provokation«, dieser Satz von Eugène Delacroix war eines seiner Lieblingszitate. Skandale waren so unvermeidbar: Der Dada-Text *Der Coitus im Dreimäderlhaus* brachte ihm ein Strafverfahren ein (1919); *Der Kaufmann von Berlin* (1929), das von Erwin Piscator inszenierte Inflationsdrama (»eines der besten Stücke der Inflation«, Kurt Tucholsky) wurde zum heftig diskutierten Skandalon; *Die höllische Komödie* (1932) erhielt Aufführungsverbot. In schneller Folge erschienen seine Gedichtbände: *Das politische Cabaret* (1920) attackierte die Repräsentanten der Weimarer Republik (Reichswehr, Freikorps, Presse, Bourgeoisie, Justiz), im *Ketzerbrevier* (1921) wurden Staat und Kirche als Entmündigungsverbund enttarnt und ein selbstbewusster Individualismus dagegengesetzt, *Wedding-Montmerte* (1923) enthält neben den Paris-Chansons die über das »Grauenmonstrum Berlin« (Alfred Kerr), darunter drei seiner bekanntesten *(Wenn wir Stadtbahn fahren, Das Börsenlied, Ziehende Schafherde)*, und in *Europäische Nächte* (1924) wird in großen poetischen Bildern ein Thema umkreist: die Weimarer Republik und ihre Totengräber. Gegen das konventionelle »Versgerassel« setzte M. seine Montagen aus politischen Parolen, Schlagzeilen, Berlinbildern, verfremdeten literarischen Zitaten, Liturgieelementen, Versatzstücken literarischer Stilformen vom Mittelalter bis zur Gegenwart, stets fetzig formiert durch Anverwandlung der Rhythmen und Synkopen des Jazz (»Sprachenragtime«). »So etwas von Rhythmus war überhaupt noch nicht da. Er hat ein neues Lebensgefühl, einen neuen Rhythmus, eine neue Technik« (Tucholsky).

Vier Jahre wohnte M. in Paris (von 1924 bis 1928), wo er fast ausschließlich Prosa schrieb: *In Menschenhaut* (1924), *Westnordwestviertelwest* (1925), *Neubestelltes Abenteuerliches Tierhaus* (1925), *Algier oder Die 13 Oasenwunder* (1927), das er zur Hörspielfolge umarbeitete, (*Sahara*, 1929) und *Paris in Brand* (1927), ein historisch-satirischer Roman auf die »Große Hure Presse«. Als Journalist arbeitete M. für verschiedene Zeitungen und Zeitschriften: Glossen, Rezensionen, politische, kulturelle Kommentare und Essays erschienen in Carl von Ossietzkys *Weltbühne* (von 1920 bis 1924, von 1929 bis 1933) und in Leopold Schwarzschilds *Tage-Buch* (von 1925 bis 1928); überdies schuftete er noch als Übersetzer (von Honoré de Balzac, französischen Revolutionsliedern und Paul Morand). Nach Berlin zurückgekehrt (1928), verschärfte sich M.s politisch-literarische Opposition: dem Auswahlband *Die Gedichte, Lieder und Chansons des W. M.* (1929) folgten *Arche Noah SOS* (1931) und, im Exil schon, *…und euch zum Trotz!* (1934). Die Themen der Gedichte: Visionen vom kommenden Krieg, die Nazis, Rassenideologie, das Verhältnis von Individuum und Geschichte. Frontal wurde Adolf Hitler angegangen *(Portrait nach der Natur)* und Goebbels, der »Überknirps« (*Der hinkende Teufel*), der angekündigt hatte, er werde sich der »Intelligenzbestie« M. persönlich annehmen.

M.s Opposition war nicht das Ergebnis systemkritischer Analyse oder gar parteipolitischer Bindung. Als radikaler Individualist verstand er den Staat als »legalisierte Interessengemeinschaft, die sich gegen das Individuum verschworen hat.« Als »Katastrophen-M.« verspottet, erkannte er hellsichtig die tödliche Gefahr des Faschismus, vor der er warnte, war sich aber der Wirkungslosigkeit von Literatur bewusst: »Ich schreibe und ich werde kein Atom verändern.« Kurz vor der drohenden Verhaftung konnte M. über Paris nach Wien fliehen (27. 2. 1933), seine Bücher flogen in die Scheiterhaufen, und er wurde ausgebürgert (1935). Ungebrochen setzte M. im Exil seinen Kampf fort: mit zwei Romanen, dem ersten antifaschistisch-satirisch-historischen Roman überhaupt, *Müller. Die Chronik einer deutschen Sippe* (von Tacitus bis Hitler, 1935), ein Textbuch zur deutschen Geschichte, im Zentrum die Rassenideologie, und der *Nacht des Tyrannen* (1937) sowie Beiträgen für fast alle wichtigen Exil-Zeitschriften. Vor Einmarsch der deutschen Truppen konnte M. sich gerade noch, ohne jegliche Habe, nach Paris retten (13. 3. 1938), wo er zu Beginn des Zweiten Weltkrieges als feindlicher Staatenloser interniert wurde. Ausgepumpt und fertig durch die gnadenlose Verfolgung entstand an Silvester 1940/41 der zehnte von zwölf *Mitternachtsbriefen*: »in Memoriam« seiner ermordeten und in den Tod getriebenen Freunde (Erich Mühsam, Carl von Ossietzky, Kurt Tucholsky, Ernst Toller, Joseph Roth, Ernst Weiss, Theodor Lessing, Carl Einstein, Rudolf Olden, Ödön von Horváth). »Der beste Jahrgang deutscher Reben / Ließ vor der Ernte so sein Leben.«

Unter abenteuerlichen Umständen gelang es M., in die USA auszuwandern (1941); dort lebte er am Rande des Existenzminimums und schrieb Filmdrehbücher und Hörspiele als Brotarbeiten (*Das Dreigestrichene Fis, Der Freiheitssender,* beide 1942), ein Buch über *Timoshenko. Marshall of the Red Army* (1942), das er nie geschrieben haben will, einen Gedichtband *No Road Back* (1944) und kunsthistorische Schriften über *Grosz* und *Degas* (1946). Geblieben war ihm lediglich das, was er erinnerte, und dieses Material begann M. »erinnerungstreu« zu bearbeiten. Das Ergebnis: *Die verlorene Bibliothek. Autobiographie einer Kultur* (1952, engl. 1951), eine Auseinandersetzung mit seinem väterlichen, an die Nazis verlorenen, erinnerten »Büchererbe«, Porträts von Künstlern, die er kannte, literatur- und gesellschaftskritische Reflexionen, wobei er Geschichte nicht anders als bloße »Sinngebung des Sinnlosen« (nach Theodor Lessing) begreifen mochte.

In die Bundesrepublik zurückgekehrt (1953), lebte M., kaum beachtet, in Hamburg, Berlin, München, Ascona und schließlich in Zürich, immer aus dem Koffer in irgendwelchen Hotelzimmern, den *Don Quichote,* sein Lieblingsbuch, stets griffbereit auf dem Nachttisch. »Ich bin kein vergessener, ich bin ein ungedruckter Autor.« Verbittert durch die fehlende Resonanz bei Verlegern und Publikum, ungehalten über die spärlichen Neuauflagen, vereinsamte er immer stärker. »Die Menschen wollen ihre Untergänge entweder besungen haben oder vergessen. Mit beidem konnte M. nicht dienen« (Friedrich Dürrenmatt). Späte Ehrungen konnten ihn über seine Enttäuschungen nicht hinweghelfen (z. B. Fontane-Preis 1967). Das Honorarangebot des Ostberliner Aufbau-Verlages (DM 5000,–), seine *Müller-Chronik* neu aufzulegen, lehnte der Nonkonformist ebenso ab wie die 2000-DM-Spende des Bundespräsidenten Heinrich Lübke für in wirtschaftliche Not geratene Künstler. Außer kunsthistorischen Publikationen (*Paul Klee,* 1957; *Verrufene Malerei,* 1958; *Berlin-Dada,* 1959) veröffentlichte M. an Literatur nichts Neues mehr: Das in der Weimarer Zeit und im Exil Erschienene wurde gesichtet, neu arrangiert und komponiert und als *Neues Ketzerbrevier* (1966) und *Großes Ketzerbrevier. Die Kunst der lyrischen Fuge* (1974) vorgelegt, als »Testament« und »Summe« seiner lyrischen Erfahrungen. Zur »schlimmsten Katastrophe« seines katastrophenreichen Lebens wird ein verlorener Koffer (1976). Sein Inhalt: »drei Jahrzehnte Arbeit«, ein 800 Seiten starkes Manuskript, »Topographie einer Höllen-Reportage der Unter-Weltstädte«. »Meine Heimat ist die deutsche Sprache. Zuständig bin ich überall, staatenlos im Nirgendwo.«

Werkausgabe: Werke in Einzelausgaben. Hg. von Christoph Buchwald. Düsseldorf 1978 ff.

Dirk Mende

Meister, Ernst
Geb. 3. 9. 1911 in Haspe bei Hagen;
gest. 15. 6. 1979 in Hagen

Bei Hagen geboren, in Hagen gestorben; meist hat M. auch dort gelebt. Auf westfälischem Areal, als Mittvierziger, gewann er erstmals nennenswerte Öffentlichkeit. In den folgenden Jahren erreichte das Werk des Droste-Preisträgers von 1957 bei Kennern Wertschätzung »wie eine kulinarische Spezialität« (Nicolas Born), weitere Auszeichnungen wurden M. verliehen (1962 der Literaturpreis der Stadt Hagen, 1964 der Große Kunstpreis des Landes Nordrhein-Westfalen, 1976 der Petrarca-Preis, 1978 der Rilke-Preis), beim Publikum indes wurde er kaum bekannt. Sogar der Büchner-Preis von 1979, dem Todesjahr, blieb so gut wie wirkungslos. Zuzuschreiben ist das mindestens zwei ganz verschiedenen Rezeptionsfaktoren: Einerseits spielt ein mehr oder weniger unterschwelliger Provinzialitätsverdacht eine Rolle, andrerseits der Schwierigkeitsgrad dieser Lyrik, der nicht zuletzt daraus resultiert, dass sie in der europäischen Tradition der literarischen Moderne steht. Hinzu kommt das anachronistisch (für manchen Geschmack wohl allzu pontifikal) wirkende, scheinbar ›weltanschauliche‹ Insistieren der Gedichte M.s, ihr appellativer Gestus. M.s zentrales, sperriges Thema, das mit zunehmender Verknappung in den Vordergrund tritt, der Tod und das Sterbenmüssen, macht es einer Lektüre nicht eben leicht, die nur aufs ›ästhetisch Gerade‹ aus ist.

In protestantisch-pietistischer Umgebung als Sohn eines Prokuristen, späteren Eisenfabrikanten aufgewachsen, begann M., längst dichtend und, Augenzeugenberichten und Fotografien zufolge von genialisch-nervöser Erscheinung, 1930 in Marburg Theologie zu studieren. Zwei Jahre später wechselte er, nach einem Intermezzo in Berlin, wo er Kontakt zur jungen literarischen Szene um Klaus Mann aufnahm, bestärkt vom Eindruck, den seine von Martin Heidegger geprägten Lehrer, Hans-Georg Gadamer und Karl Löwith auf ihn machten, zur Philosophie. Im Juni 1932 – das entscheidende Datum der Marburger Zeit – erschien im kleinen *Verlag der Marburger Flugblätter* M.s erster Gedichtband: *Ausstellung*. Ein in der Lyrik-Landschaft jener Zeit singulärer Erstling, der von sonst kaum mehr akuten experimentellen (expressionistischen, dadaistischen, aber auch surrealistischen) Tendenzen berührt zu sein scheint. Die ungewöhnliche Begabung des Zwanzigjährigen war offenkundig. Fritz Schwiefert, Verfasser der einzigen bekannten Rezension, versah M.s Gedichte in der *Vossischen Zeitung* (5. 11. 1933) mit einem entsprechenden Etikett: »KandinskyLyrik«.

Nach der Emigration seines philosophischen Lehrers Karl Löwith ging M. 1934 nach Frankfurt a. M., 1935 heiratete er dort Else Koch, im Jahr darauf wurde das erste Kind geboren. Eine katastrophale Verschlechterung der ohnehin instabilen psychisch-physischen Konstitution im selben Jahr führte zu einer produktiven Lähmung, einem Leerlauf, über dessen Beziehung oder Nichtbeziehung zur zeitgeschichtlichen Katastrophe bislang nur vage Vermutungen möglich sind. Bereits in drei, der Schreibweise der jungen, »nichtfaschistischen« Erzählergeneration und ihrem »magischen Realismus« nahestehenden Prosastücken, die er 1935 in der *Frankfurter Zeitung* noch hatte unterbringen können, war der Verfasser der Gedichte von *Ausstellung* kaum wiederzuerkennen. Hinweise auf andere Veröffentlichungen zwischen 1932 und dem Ende des Nationalsozialismus gibt es nicht. Die weiterhin verfassten Texte sind epigonal, dem Zeitgeist angepasst, mit überraschenden Ausnahmen.

1939 kehrte M. notgedrungen aus Frankfurt a. M. nach Hagen zurück, kam als Angestellter im Betrieb des Vaters unter. 1942 erreichte ihn die endgültige Einberufung. Seine Zeit als Soldat, vor allem die der Kriegsgefangenschaft in Italien, trug paradoxerweise, so hat er es selbst empfunden, zu »zerebraler Genesung« bei. Zeugnisse dafür finden sich in nach der Heimkehr 1945 zusammengestellten Privatdrucken (*Gehn und Sehn in der Mütter Geheiß*, 1946/47), mit denen aus der Zeit zwischen 1932 und 1946 stammende Gedichte »für Freunde« zugänglich wurden. M. selbst hat sie später sehr skeptisch beurteilt. In den folgenden Nachkriegsjahren gelang es ihm schrittweise, »diese Dinge« hinter sich zu lassen und wieder zu seiner Begabung zurückzufinden. Um 1948 entstand eine Sammlung von Notaten und Aphorismen mit dem Titel *Gedanken eines Jahres*, ein Dokument tastender Positionsbestimmung mit Ansätzen zu Späterem. 1950 dann konnte er sein Studium in Heidelberg nochmals aufnehmen. Dieser Versuch blieb Zwischenspiel; das noch aus der Marburger Zeit stammende Dissertationsprojekt zu Friedrich Nietzsche scheiterte unwiderruflich. 1952 ist er wieder in Hagen, aber der Heidelberger Aufenthalt hat Kontakte geschaffen und Publikationsmöglichkeiten. Durch Vermittlung Hans Benders findet sich ein Verlag: V. O. Stomps' *Eremiten-Presse*, in der 1953 das schmale Gedichtheft *Unterm schwarzen Schafspelz* erscheint, die erste selbständige Publikation nach zwanzig Jahren. Eine rege literarische, auch malerische und zeichnerische Produktion setzte ein, trotz Stillständen, Krankheiten. 1960/61 wurde M. zwangsweise freier Schriftsteller. Über Wasser zu halten war die inzwischen sechsköpfige Familie nur durch Unterstützung des Landschaftsverbandes und die Berufstätigkeit Else Meisters.

Zwischen 1954 und 1979 kamen nahezu 20 Gedichtbände zustande, daneben schrieb M. Hörspiele, Erzählungen, Dramen und Essays. Auf die »Kandinsky-Lyrik« seiner Anfänge ging er nicht mehr zurück. Zwar pflegte er den Ausdruck zustimmend zu zitieren, stellte aber auch die ihm nicht mehr geheuren Aspekte heraus. Das hatte einen Kurswechsel von einem Denken »gegen« zu einem Denken »mit der Notwendigkeit« (*Vorstellung*, 1974) zur Voraussetzung, Erfahrungen am eigenen Leib. Als junger Autor habe er »gelassen«, so heißt es im wichtigsten der zu Lebzeiten publizierten autobiographischen Texte, dem *Fragment (10. 3. 1971)*, die »Auflösung der Kreatur« betrieben und einer ihn ohnehin beherrschenden »Weltangst« nichts »Solides« entgegengesetzt. Schreibend setzte er damals mutwillig seine wirkliche Person aufs Spiel. Nun kommt es auf »gemeinsame Angefochtenheit« an. Ihm scheint: »Das waghalsige Spielen ist nicht an der Zeit« (*Annette von Droste-Hülshoff oder Von der Verantwortung der Dichter*, 1959). Kompromisslos, kaum bekümmert um Betrieb und Moden, geht M. mit einer zumal in den späten Gedichtbänden spürbaren Gelassenheit in seiner poetischen Arbeit »bis zur Kapitulation mit dem Wort vor der stupenden Faktizität des Endes« (*Vorstellung*): »Gerettet sind wir / durch nichts, / und nichts / bleibt für uns« (*Wandloser Raum*).

Werkausgaben: Sämtliche Gedichte. Hg. von Reinhard Kiefer. Aachen 1985 ff.; Sämtliche Hörspiele. Hg. von Reinhard Kiefer. Aachen 1990 ff.; Prosa 1931 bis 1979. Hg. und mit Erläuterungen versehen von Andreas Lohr-Jasperneite. Mit einem Vorwort von Beda Allemann. Heidelberg 1989.

Andreas Lohr-Jasperneite

Melo, Francisco Manuel de

Geb. 23. 11. 1608 in Lissabon;
gest. 24. 8. 1666 in Alcântara

Uhren, die sich über die Menschen, den Zeitgeist, das Alter und den Tod unterhalten, bzw. Münzen, die in der Sparbüchse eines Wucherers die Gepflogenheiten der Epoche kritisieren, würde der zeitgenössische Leser wohl eher im modernen Roman eines Franz Kafka oder Jorge Luis Borges vermuten. Francisco Manuel de Melos »Relógios Falantes« (Sprechende Uhren) und »Escritório Avarento« (Kontor des Geizhalses) jedoch sind Werke aus dem portugiesischen 17. Jahrhundert. Veröffentlicht wurden sie in der postum erschienenen Sammlung *Apólogos dialogais* (1721; Dialogische Apologe), die noch zwei weitere Fabeln enthält: »A Visita das Fontes« (Besuch der Brunnen) und »Hospital das Letras« (Krankenhaus der Literatur). In Letzterer debattieren der flämische Humanist Justus Lipsius, der italienische Kritiker Traiano Boccalini, Francisco de Quevedo und der Verfasser selbst über den Zustand der spanischen und portugiesischen Literatur.

M.s Leben war so vielseitig wie bewegt. In der Jesuitenschule von Santo Antão erzogen, überlebte er als Soldat während des spanischen Interregnums den Schiffbruch der Armada von 1627 und wurde für seine Verdienste im Kampf gegen die Türken in den Ritterstand erhoben. Bis 1637 besuchte er mehrere Male den Hof von Madrid, wo ihn Quevedo, mit dem ihn eine Freundschaft verband, vermutlich auch den anderen großen Autoren der Zeit vorgestellt haben dürfte: Pedro Calderón de la Barca, Lope de Vega und Tirso de Molina. Nach dem portugiesischen Aufstand vom Dezember 1640 schlug M. sich offen auf die Seite Johanns des Vierten. Aus bis heute nicht völlig geklärten Gründen wurde er jedoch 1644 festgenommen, der Anstiftung zum Mord angeklagt und zu lebenslanger Verbannung verurteilt. Nach mehrmaliger Umwandlung des Urteils brach M. schließlich 1655 mit der Armada Brito Freires nach Brasilien auf. In die Zeit seiner elfjährigen Kerkerhaft fallen unter anderem das unter dem Pseudonym Clemente Libertino veröffentlichte historische Werk *Historia de los movimientos y separación de Cataluña y de la Guerra entre la Magestad Católica de Don Felipe el Cuarto Rey de Castilla y de Aragón y la Deputación General de aquel principado* (1645; Geschichte der Aufstände und des Abfalls Kataloniens sowie des Krieges zwischen Seiner Katholischen Majestät Philipp dem Vierten, König von Kastilien und Aragon, und dem Parlament jenes Fürstentums) und viele der in *Cartas familiares* (1664; Vertrauliche Briefe) publizierten Briefe. Schon 1658 kehrte M. nach Portugal zurück. Auf die Aufhebung der Verbannung folgten seine vollständige Rehabilitierung durch die Regierung Castelo-Melhor und diplomatische Missionen in London, Paris und Rom.

Sein vielschichtiges und umfangreiches, sowohl in Portugiesisch als auch in Spanisch verfasstes Werk bescherte M. weitreichende Anerkennung. Marcelino Menéndez y Pelayo etwa nennt ihn in seiner *Historia de las ideas estéticas en España* die wichtigste literarische Größe seiner Epoche, gleich nach Quevedo. Der Autor selbst unterteilte in *Obras Morales* (1664; Moralische Werke) seine Schriften in metrische, historische, politische, demonstrative, feierliche, sonderbare, vertrauliche, verschiedene und unvollkommene. M.s bis heute bekanntestes Werk ist die moralistische Abhandlung *Carta de Guia de Casados* (1651; Anleitung für Eheleute), ein praktischer Ratgeber für Ehekandidaten und Jungverheiratete, in dem der Autor das gesamte häusliche Umfeld von der Wohnungseinrichtung bis zur Psychologie der Frau beleuchtet.

Die Dichtung M.s ist fast vollständig in der Sammlung *Obras métricas* (1665; Metrische Werke) vereint. Wohl nach dem Vorbild Quevedos, dessen Lyrik ebenfalls in neun Abteilungen bzw. »Musen« geordnet publiziert wurde, ließ auch M. seine Gedichte in drei mal drei »Musen« erscheinen: *Las tres musas del Melodino* (Die drei Musen des Dichters), unterteilt in *El harpa de Melpómene* (Die Harfe der Melpomene), *La cítara de Erato* (Die Zither der Erato) und *La tiorba de Polymnia* (Die Theorbe der Polyhymnia); der portugiesische zweite Teil *As segundas três musas* (Die zweiten Drei Musen) mit *Tuba de Calíope* (Die Tuba der Kalliope), *Sanfonha de Euterpe* (Die Flöte der Euterpe) und *Viola de Talia* (Die Bratsche der Thalia); sowie der wiederum spanische dritte Teil *El tercer coro de las musas del Melodino* (Der dritte Chor der Musen des Dichters), gegliedert in *La lira de Clio* (Die Lyra der Klio), *La avena de Tersicore* (Die Schäferflöte der Terpsichore) und *La fístula de Urania* (Die Panflöte der Urania). Vervollständigt werden die *Obras Métricas* durch das tragische Gedicht *Panthéon* (Pantheon) sowie die *Doze sonetos en la muerte de la señora Dona Ines de Castro* (Zwölf Sonette zum Tode der Dame Ines de Castro). Zudem findet sich im Anhang des portugiesischen Teils die Farce in drei Akten *Auto do Fidalgo Aprendiz* (Spiel des Ritterlehrlings), das wichtigste portugiesische Theaterstück des 17. Jahrhunderts, dessen Handlung sehr jener von Molières *Bourgeois gentilhomme* gleicht, was Anlass zu Spekulationen gab, ob der französische Komödiendichter möglicherweise auf M. als Inspirationsquelle zurückgegriffen habe.

Markus Lasch

Melville, Herman
Geb. 1. 8. 1819 in New York;
gest. 28. 9. 1891 in New York

Als »der Mann, der unter Kannibalen gelebt hat«, wurde Herman Melville, erst 26-jährig, nach Erscheinen seines ersten Buches *Typee: A Peep at Polynesian Life* (1846; *Vier Monate auf den Marquesas-Inseln oder Ein Blick auf polynesisches Leben*, 1847) bekannt. Der stark autobiographische Roman weckte bei Verlegern und Rezensenten Zweifel hinsichtlich der Wahrheit der dargestellten Abenteuer, was das Publikumsinteresse eher förderte. Doch schon damals war für den Autor nicht schlichte Tatsachentreue das Wesentliche, sondern die Frage nach dem Erkennen der Wahrheit. Als sich M. nur elf Jahre später mit seinem zehnten Buch, *The Confidence-Man: His Masquerade* (1857; *Ein sehr vertrauenswürdiger Herr*, 1958), als Berufsschriftsteller verabschiedete, hatte er den größten Teil seines Publikums längst wieder verloren, jedoch einen Text vorgelegt, der ein gutes Jahrhundert später als der erste postmoderne Roman Amerikas bezeichnet werden sollte, ein Buch, in dem die Frage nach der Wirklichkeitsnähe am radikalsten in seinem Œuvre durch jene tiefere nach der ›Wahrheit der Wahrheit‹ abgelöst wird. In dieser Satire erscheinen die USA als eine Gesellschaft von Betrügern und Betrogenen, doch in mehreren selbstreflexiven Kapiteln und durch den auch im übrigen Text ständigen Wechsel von Bedeutungserstellung und Bedeutungsvernichtung wird die Frage aufgeworfen, ob nicht auch alle Literatur Betrug sei. M. schrieb in diesen Jahren zunehmend gegen ein Publikum an, das ihm auf seinem Weg nicht folgen wollte, die Grundlagen von Erkenntnis und Moral sowie die Möglichkeiten und Funktionen literarischer Vermittlung zu erkunden. Das 20. Jahrhundert indessen erhob ihn zum Genie und sein wohl wichtigstes Werk, *Moby-Dick; or The Whale* (1851; *Moby Dick oder Der weiße Wal*, 1927), zu *dem* amerikanischen Roman seiner Epoche schlechthin.

M. stammte aus einer New Yorker Kaufmannsfamilie, doch sein Vater machte Bankrott und starb kurz darauf, so dass M. mit zwölf Jahren die Schule verlassen musste. 1839 fuhr er als Schiffsjunge nach Liverpool, seine erste Seereise, die ihn auch mit den grimmigen Sozialverhältnissen in der englischen Hafenstadt konfrontierte und die er in seinem Roman *Redburn: His First Voyage* (1849; *Redburns erste Reise*, 1850) fiktionalisieren sollte. Nach einer Reise zum Mississippi heuerte er erneut an, diesmal auf einem Walfänger, der im Januar 1841 in Richtung Pazifik auslief. Mit einem Freund desertierte M. 1842 auf den Marquesas-Inseln, schlug sich ins Innere durch und landete bei den Taipis, einem Kannibalenstamm, bei dem er einen Monat in idyllisch-angstvoller Gefangenschaft zubrachte, ehe er von einem anderen Schiff gerettet wurde. Über Tahiti und Hawaii führte sein Weg, bevor er im Oktober 1844 als Matrose auf einer Fregatte der amerikanischen Marine nach Boston zurückkehrte. Diese vier Jahre Reise, Arbeit und Abenteuer ersetzten ihm, wie er zu scherzen pflegte, seine Hochschulausbildung und lieferten ihm den Ausgangsstoff für fünf seiner ersten sechs Romane. In *Typee* wird die selbsterlebte Begegnung mit dem radikal Fremden zu einer grundsätzlichen Gestaltung des abendländischen Zwiespalts von Zivilisation und Zivilisationsflucht benutzt; dem Traum vom Südseeparadies und seiner Freiheit von Arbeit und sexuellen Zwängen steht die Furcht gegenüber, vom (durch die Landschaftssymbolik und durch die Inselschöne Fayaway mit weiblicher Sexualität assoziierten) Anderen verschlungen zu werden, im wörtlichen und im übertragenen Sinn. Schon hier kombiniert M. in für ihn charakteristischer Weise Abenteuerhandlung, realistische, z. T. wissenschaftlich fundierte Beschreibung und symbolisch-metaphorische Stilisierung, die zum Mittel der Erschließung grundlegender Sinnfragen wird. Es folgten die Fortsetzung *Omoo: A Narrative of Adventures in the South Seas* (1847; *Omoo oder Abenteuer* im *Stillen Ozean*, 1847) und *Mardi and a Voyage Thither* (1849; *Mardi und eine Reise dorthin*, 1997), wo M. das autobiographische Modell zugunsten einer allegorischen Abenteuerromanze aufgibt, die den Protagonisten durch einen Archipel führt, dessen Inseln Staaten wie Frankreich, England und die USA oder – meist satirisch – bestimmte Institutionen und Weltanschauungen repräsentieren. Der eher negativen Reaktion auf die phantastischen Elemente dieses Buches und seinen oft bombastischen Stil begegnete M. mit *Redburn* und *White-Jacket* (1850; *Weißjacke*, 1948). Letzteres beschreibt höchst kritisch den Mikrokosmos eines amerikanischen Kriegsschiffs, auf dem die Matrosen mit großer Brutalität diszipliniert werden: Außer den schwarzen Plantagensklaven waren sie damals die einzigen Amerikaner, die regelmäßig ausgepeitscht wurden. Wie die meisten der frühen Romane M.s trägt auch dieser Züge des Initiationsberichtes: Erst als der Titelheld seine elitäre Selbstgenügsamkeit und seine dafür symbolisch stehende weiße Allzweck-Jacke aufgibt, wird er Teil der antihierarchischen Mannschaftssolidarität.

Der Autodidakt M. war zur literarischen Berühmtheit avanciert und verkehrte in den intellektuellen Zirkeln New Yorks. 1847 hatte er Elizabeth Shaw geheiratet, Tochter eines hohen Richters, der der Familie später des Öfteren finanziell unter die Arme greifen musste. 1850 zogen die Melvilles auf eine Farm in Pittsfield, Massachusetts, die M. hinfort nebenbei bestellte. Gleichfalls 1850 rezensierte er Nathaniel Hawthornes Kurzprosasammlung *Mosses from an Old Manse*. Sein »Hawthorne and His Mosses« ist ein Schlüsseltext, weil er in seiner Charakterisierung des 15 Jahre älteren Autors als abgründigem Wahrheitssucher auf der Schattenseite menschlicher Existenz Wesentliches über M.s eigene skeptische Weltsicht und die Funktion seiner Literatur als Erkenntnisinstrument preisgibt. Kurz danach begann die persönliche Freundschaft der beiden Schriftsteller, ein Kontakt, der M. ebenso markant beeinflusste wie seine Lektüre William Shakespeares, Michel de Montaignes sowie vieler anderer europäischer Dichter und Philosophen, aber auch Ralph Waldo Emersons und weiterer amerikanischer Zeitgenossen sowie historischer und faktographischer Bücher. Seine weitgespannte, wiewohl eklektische Rezeption einer Fülle von Texten und Ideen in jenen Jahren ist Teil eines rapiden intellektuellen Reifungsprozesses. Früchte trug dieser am deutlichsten in *Moby-Dick*, dem letzten Roman, der auf dem Stoff jener großen Abenteuerreise fußte. Das monumentale Buch schildert die verhängnisvolle Jagd des monomanischen Kapitäns Ahab nach dem riesigen weißen Pottwal, den die Seeleute Moby Dick nennen und in dem er die dämonische Verkörperung alles Bösen sieht. Es schildert ebenfalls die Erfahrungen des Ich-Erzählers und einzigen Überlebenden Ishmael, der die Schiffsbesatzung, das Meer und seine Kreaturen und schließlich den weißen Wal selbst in einer Weise erlebt und wiedergibt, dass seine Reise sich zur Suche nach dem Wesen und Sinn der Wirklichkeit entwickelt. *Moby-Dick* zeigt den Walfang in allen realistischen Details als damals einträglichen Industriezweig und als Element der amerikanischen Expansion in den pazifischen Raum. Mit der Darstellung der multikulturellen Schiffsbesatzung kommen zudem zeitgenössische gesellschaftliche Fragen und die Relevanz politischer Ordnungssysteme zur Sprache. Zugleich ist das Buch insofern eine typische »romance«, als M. sich die Freiheit nimmt, die Grenzen des Wahrscheinlichen zu ignorieren. Zum Experimentalroman wird der Text dadurch, dass er eine Vielzahl von Gattungen mischt (einzelne Passagen werden sogar als Dramentext präsentiert) und zwischen diversen Stilen, von der Sachprosa bis zu Ahabs Blankvers-Rhetorik, wechselt. Ishmaels immer aussichtsloser hinter dem Gegenstand zurückbleibende Versuche, die Wirklichkeit zu strukturieren und sie zu einer Reihe von Erkenntnismodellen aus Philosophie, Psychologie, Religion, Wissenschaft und Literatur in Bezug zu setzen, widerlegen Ahabs transzendentalistische Vorstellung, dass Geist und Materie in unmittelbarer, simpler Analogie stehen. Angesichts der im Wal selbst verkörperten Totalität von Lebenskraft und todbringender Zerstörungsmacht, ja von Bedeutung überhaupt, wird Ishmael zum Erkenntnisskeptiker, dessen Relativismus ausbalanciert wird durch sein Dennoch-Bekenntnis zu Mitmenschlichkeit und demokratischer Solidarität.

Für den Autor war die Niederschrift dieses Romans eine physisch und psychisch erschöpfende *tour de force*. Starke Augenbeschwerden und Ischiasprobleme plagten ihn. Der Vielpersonenhaushalt schien zeitweise kaum erträglich. M.s obsessive Arbeit machte Elizabeth und andere besorgt um seinen Geisteszustand. Die finanziellen Verhältnisse, familiäre Katastrophen, M.s zunehmender Alkoholkonsum, wohl auch seine heute von vielen Forschern vermutete Bisexualität belasteten die Ehe. Zudem rieb M. sich auf in dem Zwiespalt zwischen dem Geschmack des Publikums, das *Moby-Dick* nur verhalten rezipierte, und der Art von Ideendichtung, die ihm mehr und mehr als einzige erschien, die es wert war, geschrieben zu werden: »Dollars damn me«, klagte er. Doch *Pierre; or, The Ambiguities* (1852; *Pierre oder Im Kampf mit der Sphinx*, 1965), M.s erster »Landroman«, verprellte seine Leser erst recht. Diese Persiflage des sentimentalen und des Bildungsromans, zugleich eine Abrechnung mit gesellschaftlichen Verhältnissen und der Institution Literatur, demonstriert im Untergang des jungen, rebellischen Titelhelden und derer, die ihm nahestehen, die Unmöglichkeit, in einem absoluten Sinne moralisch zu handeln. Der nicht immer als Parodie erkennbare rhetorische Bombast, vor allem aber die Durchbrechung gesellschaftlicher Tabus in den Bereichen Sexualität und Religion machten *Pierre* für das zeitgenössische Publikum inakzeptabel. Die wirtschaftliche Lage der Melvilles war nun kritisch, und auch der Versuch, dem Autor eine Stellung als Konsul zu verschaffen, wie sie Hawthorne damals erhielt, misslang – eine doppelte Enttäuschung, weil die Übersiedelung des Freundes nach England den intellektuellen Kontakt stark reduzierte.

Mehrere Jahre lang und durchaus mit einigem Erfolg schrieb M. nun Kurzprosa für literarische Zeitschriften, sprachlich im Vergleich zu den letzten Romanen sehr zurückgenommene Texte, die unter der oft humorvollen Oberfläche durch Ironie und Symbolik einen großen Bedeutungsreichtum entfalten. Ein Teil dieser Arbeiten wurde 1856 in dem Band *The Piazza Tales* (*Piazza-Erzählungen*, 1962) gesammelt. Einige der Geschichten gehören ebenso zur Weltliteratur wie *Moby-Dick*. Besonders gilt dies für »Bartleby, the Scrivener« (1853), eine der berühmtesten und meistinterpretierten Erzählungen der amerikanischen Literatur, in der die Beziehung zwischen Arbeitgeber und Angestelltem zu einer Parabel über die Grenzen des Verstehens im Angesicht der Sterblichkeit oder, allgemeiner, der *conditio humana* in einem sinnlosen Universum wird. Ebenso meisterhaft wie hier ist die Perspektive des unzuverlässigen Ich-Erzählers handhabt M. die Multiperspektivik in der langen Erzählung »Benito Cereno« (1855). Im Mehrfachbericht über eine Sklavenmeuterei spricht dieser Text nicht nur ein in den USA vor dem Bürgerkrieg hochbrisantes Thema an, sondern demonstriert auch die Unmöglichkeit klarer Einsichten und somit die Unzulänglichkeit einfacher Urteile und Lösungen. Die Schriftstellerkarriere M.s konnten diese Arbeiten ebenso wenig retten wie der historische Kurzroman *Israel Potter: His Fifty Years of Exile* (1855; *Israel Potters Irrfahrten und Abenteuer*, 1956). Auch eine von seinem Schwiegervater finanzierte Europa- und Palästinareise brachte M. keine geistige und psychische Erholung, wohl aber Material für öffentliche Vorträge, mit denen er einige Jahre Geld verdiente, bevor er 1863 mit seiner Familie zurück nach New York City zog. Dort verbrachte er den Rest seines Lebens, von 1866 bis 1885 als Zollinspektor, eine stetige, aber wenig erfreuliche Tätigkeit. Die Lyrik, die M. in diesen Jahrzehnten schrieb und in kleinen Auflagen oder Privatdrucken veröffentlichte, ist eigenwillig in ihrer Spannung zwischen formaler Konventionalität und sprachlicher Freiheit. Einige Texte sind hervorragend, und seine als *Battle-Pieces and Aspects of the War* (1866) gesammelten Gedichte zum amerikanischen Bürgerkrieg zeigen die traumatisierenden Wirkungen des Krieges auf Kultur und Gesellschaft im Norden wie im Süden mit seltener Eindringlichkeit. *Clarel* (1876) ist ein buchlanges Erzählgedicht über die quälende Suche nach Lebenssinn und Glaubensgewissheit, die eine Gruppe von Figuren in Palästina zusammenführt, Beleg für M.s fortdauernde Beschäftigung mit solchen philosophischen Fragen. Mit dem Kurzroman *Billy Budd, Sailor* (*Billy Budd. Vortoppmann auf der Indomitable*, 1938), den er in einem vielfältig revidierten Manuskript hinterließ und der erst 1924 veröffentlicht wurde, schrieb M. noch einmal ein meisterhaftes Prosawerk, in dem er zu seinen Grundfragen zurückkehrt: der Fraglichkeit ethischer und politischer Normen, der Undurchsichtigkeit menschlichen Verhaltens und der Begrenztheit sprachlicher Ausdrucks- und Kommunikationsmöglichkeiten.

Die Wiederentdeckung M.s begann in den 1920ern und förderte immer neue Aspekte seines Gesamtwerks zutage, von den Heldenfiguren seiner Romane über die revolutionäre ästhetische Struktur seiner Texte und seine problematisierende Verarbeitung der abendländischen Ideentradition bis hin zur Kontextualisierung in den politisch-gesellschaftlichen Debatten seiner Epoche. Die Fülle der Sekundärliteratur ist längst unüberschaubar geworden, und seine Faszinationskraft dokumentiert sich bis zum heutigen Tag in zahlreichen Werken aus bildender Kunst, Musik, Theater und Film, die sich mit der Person des Autors oder seinem Œuvre auseinandersetzen.

Werkausgabe: The Writings. Hg. H. Hayford u. a. Evanston, IL, 1968ff.

Helmbrecht Breinig

Memmi, Albert
Geb. 15. 12. 1920 in Tunis

Das Werk des tunesischen Soziologen, Essayisten und Romanciers Albert Memmi steht für eine Symbiose der jüdisch-orientalischen Tradition mit der Aufklärung des Okzidents. M. ist einer der Haupttheoretiker des Antikolonialismus und analysierte die Beziehung zwischen Unterdrückung und Abhängigkeit. Sein autobiographisch gestütztes Schreiben beruht auf der Außenseitersituation im Westen sowie auf seiner Identität als Jude. 1942 wurde M. aus antisemitischen Gründen von der Universität Algier verwiesen, während der deutschen Besetzung Tunesiens war er interniert.

1946 zog M. nach Paris, wo er den Roman *La statue de sel* (1953; *Die Salzsäule*, 1963) schrieb – eine Rückblende auf die Kindheit und Jugend eines tunesischen Juden zwischen orientalischen Wurzeln und westlichen Einflüssen. 1951 kehrte er mit seiner französischen Frau nach Tunesien zurück. Eine bikulturelle Ehe steht im Mittelpunkt des Romans *Agar* (1955; *Die Fremde*, 1991), in dem eine Französin ihren tunesischen Ehemann verlässt. Nach der Unabhängigkeit Tunesiens 1956 ging M. wieder nach Frankreich und publizierte mit *Portrait du colonisé, précédé du portrait du colonisateur* (1957; *Der Kolonisator und die Kolonisierte*, 1980) ein Schlüsselwerk der Unabhängigkeitsbewegungen. In Essays vertiefte er die Thesen aus *Portrait du colonisé* und entwarf in *Portrait d'un juif* (1962; *Porträt eines Juden*) eine Bestandsaufnahme jüdischen Selbstverständnisses vor der Gründung des Staates Israel. Im Essay *Libération du juif* (1966; *Befreiung der Juden*) verteidigt er die Gründung Israels. *L'homme dominé* (1968; *Der beherrschte Mensch*) liefert das Psychogramm fremdbestimmter Menschen; dem Verhältnis zwischen Juden und Arabern widmete M. den Essay *Juifs et arabes* (1974; *Juden und Araber*).

Parallel zum essayistischen Werk entstand der Roman *Le scorpion ou la confession imaginaire* (1969; *Der Skorpion oder die imaginierte Beichte*), in dem M. erneut – allerdings verspielter als in *La statue de sel* – einen Rückblick auf eine Kindheit in Tunesien gestaltet. Der Roman *Le désert, ou la vie et les aventures de Jubaïr Quali El-Mammi* (1977; *Die Wüste oder Leben und Abenteuer von Jubaïr Quali El-Mammi*), zeitlich um 1400 angesiedelt, schildert die fiktive Lebensgeschichte eines Prinzen. *Le pharaon* (1988; *Der Pharao*, 1996) spielt vor der Kulisse der tunesischen Unabhängigkeitsbestrebungen und liefert die Bilanz eines Familienvaters in einer Sinnkrise.

Mit *La dépendance, esquisse pour un portrait du dépendant* (1979; *Von Süchten und Sehnsüchten*, 1999) setzte M. sein essayistisches Schaffen fort und widmete sich, wie in *Le buveur et l'amoureux* (1998; *Trinker und Liebende*, 2000), verschiedenen Formen von Abhängigkeit. *Le racisme* (1982; *Rassismus*, 1987) und *Ce que je crois* (1985; *Was ich glaube*) behandeln das Thema Fremdenfeindlichkeit, der Essay *Le nomade immobile* (2000; *Der unbewegliche Nomade*) das Problem der Identität. In *Le juif et l'autre* (1995; *Der Jude und der Andere*) skizziert er jüdisches Leben, während *Portrait du décolonisé arabo-musulman et de quelques autres* (2004; *Porträt des arabisch-muselmanischen Dekolonisierten und einiger anderer*) dem arabischen Leben gewidmet ist. Kolumnen über das Glück erschienen als *Bonheurs* (1992, Glücksmomente), *L'exercice du bonheur* (1994; *Anleitungen zum Glücklichsein*, 1996) und *Ah, quel bonheur!* (1995; *Das kleine Glück*, 1999). M.s Poesie ist in dem Band *Le mirliton du ciel* (1985; *Die Ballade des Himmels*) versammelt. *Teresa et autres femmes* (2004; *Teresa und andere Frauen*) ist ein Roman, in dem Männer bei ihrem jährlichen Klassentreffen über Frauen und die Liebe sprechen.

Manfred Loimeier

Menander
Geb. 342/41 v. Chr. in Athen;
gest. 293/90 v. Chr. in Athen

Menander galt bereits in der Antike als der bedeutendste Vertreter der griechischen Neuen Komödie (etwa 320 bis 120 v. Chr.). Diese stellte fast ausschließlich das Alltagsleben des attischen Bürgertums dar. Sie unterschied sich damit deutlich von der politischen Alten Komödie des 5. Jh.s und spiegelte – wie bereits die Mittlere Komödie des 4. Jh.s – mit ihren unpolitischen Stoffen den Verlust der politischen Bedeutung Athens nach 400 wider. Dieser Rückzug ins Private kennzeichnet auch die Komödien des M.: Liebe, Freundschaft, Geld und Konventionen bilden wichtige Themen in einer bürgerlichen Welt, in der neben Eltern und Kindern, Ehepartnern, Sklaven, Freunden und Hetären auch Soldaten, Parasiten, Ärzte und Köche ihren Platz haben.

Im Mittelpunkt des Geschehens steht in der Regel eine Liebeshandlung, sei es, dass die Liebe eines jungen Mannes erst nach Überwindung von Hindernissen erfüllt werden kann, sei es, dass zwei Liebende nach zwischenzeitlicher Entfremdung wieder zueinander finden. Doch auch wenn Eros, wie Plutarch bemerkte, alle Komödien des M. durchzog, ist die Liebeshandlung dennoch nicht das zentrale Motiv. Sie weist vielmehr weit über sich hinaus, indem sie Probleme allgemeinerer Natur aufwirft, wie z. B. das Generationenproblem, den sozialen Unterschied zwischen Arm und Reich oder den zwischen Stadt- und Landbevölkerung oder aber überhaupt die Frage nach dem Umgang der Menschen miteinander. So ist es z. B. im *Dýskolos* neben der Kluft zwischen dem reichen Städter und dem armen Landbewohner vor allem der schlechte – da menschenfeindliche – Charakter, eben des Dyskolos, der dem Glück des jungen Sostratos im Weg steht. In der *Samía* verzögert die Scham vor dem Aussprechen unangenehmer Wahrheiten nicht nur die von allen Beteiligten gewünschte Verbindung des Sohnes mit der Nachbarstochter, sondern hat beinahe auch ein Zerwürfnis zwischen Vater und Sohn zur Folge. In den *Epitrépontes* führt die Erkenntnis, dass es Charisios war, der seine Frau vor der Ehe vergewaltigte, und er daher selbst der Vater des Kindes ist, dessentwegen er seine Frau verstoßen hat, nicht nur zur Wiedervereinigung des Ehepaares, sondern auch zur tieferen Einsicht des Charisios in sein Fehlverhalten. Ohne aufdringlich zu sein, appellieren M.s Komödien dabei auch an die Menschlichkeit, an die Bereitschaft, dem Mitmenschen zu helfen, seine Probleme zu verstehen und Fehler zu verzeihen. Die Forderung, dass diese Menschlichkeit auch an sozialen Schranken nicht haltmachen darf, wird bereits in denjenigen Komödien eingelöst, in denen sich gerade Hetären und Sklaven als Vertreter der Humanität erweisen. Das Wirken des Zufalls, der Tyche, als zentraler Gottheit der Neuen Komödie befreit den Menschen dabei nicht von der Verantwortung für sein Tun: an Erfolg wie Misserfolg trägt vielmehr auch er entscheidenden Anteil. Tyche aber ist bei M. immer die gute Tyche (*agathḗtýchē*), und das Geschehen findet – dem Genos gemäß – stets einen heiteren und versöhnlichen, bisweilen auch turbulenten Ausklang. Er resultiert häufig aus dem Ausräumen einer Unkenntnis, sei es, dass aus falschen Schlüssen entstandene Missverständnisse behoben werden, sei es, dass eine verborgene Wahrheit aufgedeckt wird, indem Verführer identifiziert, ausgesetzte Kinder wiedererkannt oder in den Wirren der Zeit verloren geglaubte Familienmitglieder wieder aufgefunden werden.

Überhaupt ist das Irren des Menschen, der die Wahrheit nicht kennt bzw. verkennt, und damit auch die Intrige bei M. ein wichtiges Thema. Hier sowie in einzelnen Motiven wie Vergewaltigung, Kindsaussetzung und Wiedererkennung zeigt sich der bedeutende Einfluss, den die Tragödie zumal des Euripides auf M. ausgeübt hat. Wenn diese Motive bei M. auch häufiger vorkommen, als es im täglichen Leben selbst seiner Zeit der Fall gewesen sein kann, so wird doch der Realismus seiner Darstellung seit der Antike zu Recht gelobt.»O Menander und Leben, wer von euch hat den anderen nachgeahmt?« lautet eine berühmte Frage des Aristophanes von Byzanz. Die Ausgangssituationen mögen oft ungewöhnlich und die Zufälle allzu häufig sein, die Reaktionen der Charaktere sowie der sich aus ihnen entwickelnde Handlungsverlauf wirken jedoch stets natürlich und daher glaubwürdig. In diesem Sinn entsprechen M.s Komödien der peripatetischen Auffassung von der Kunst als Nachahmung des Lebens. Anteil an dieser Leistung haben vor allem auch die lebensecht gezeichneten Charaktere. M. versah die eher konventionell angelegten Figuren der Mittleren Komödie mit neuen, zum Teil unerwarteten Zügen und verlieh ihnen dadurch Individualität. So sind Polemon und Thrasonides in der *Perikeiroménē* bzw. im *Misúmenos* zwar Soldaten, aber dennoch keine prahlerischen Aufschneider, sondern empfindsame Liebhaber, und Chrysis in der *Samía* und Habrotonon in den *Epitrépontes* werden nicht von Geldgier geleitet, sondern repräsentieren die bei M. zur Vollendung gekommene Gestalt der edlen Hetäre (*hetaíra chrēstḗ*).

Als wichtiges Mittel der Personenzeichnung dient auch die Sprache, die den jeweiligen Rollen und Situationen stets angemessen ist, wie schon Plutarch und Quintilian lobend bemerkten. M. mag sich zwar an Theophrasts *Charakteren* orientiert haben, ihr Verharren im Typhaften aber hat er abgelehnt und dafür Individuen geschaffen. M.s Menschen sind darüber hinaus zu tieferem Verständnis für den Anderen fähig, wie beispielsweise der direkte Vergleich einer Passage aus dem menandrischen *Dís Exapátōn* mit den *Bácchides* des Plautus zeigen kann. Derber Spott und burleske Komik finden sich entsprechend nur bei den Nebenrollen wie z. B. dem Koch und dem Arzt oder am Schluss der Stücke wie z. B. im *Dýskolos*. Im Vordergrund stehen vielmehr eine feine, unaufdringliche Komik sowie das verständnisvolle Lächeln über die Fehler des Mitmenschen. Die Komödien selbst sind in fünf Akte eingeteilt, die Pausen werden durch Choreinlagen ausgefüllt. Die mittleren drei Akte bilden das Zentrum des Geschehens, der vierte bringt meist die Auflösung der Verwicklungen. Die Prologe informieren über die Vorgeschichte, stellen die Personen des Stücks vor oder weisen auch auf die kommenden Entwicklungen hin. In dieser Funktion sind die Prologsprecher oft Götter wie Tyche (Zufall) in der *Aspís* oder Agnoia (Unwissenheit) in der *Perikeiroménē*, es gibt aber auch menschliche Prologsprecher wie z. B. Moschion in der *Samía*.

Über M.s Biographie besitzen wir nur wenige und nicht immer zuverlässige Nachrichten. Sicher ist, dass er aus einer wohlhabenden und angesehenen Athener Familie stammte. Es darf aber bezweifelt werden, dass der Komödiendichter Alexis sein Onkel gewesen ist, wohingegen eine Unterweisung durch diesen in der dramatischen Kunst denkbar scheint. Als M.s Lehrer wird auch der Nachfolger des Aristoteles in der Leitung des Peripatos, Theophrast, genannt. Mit Theophrast sowie mit dem Philosophen Epikur und dem Politiker und Philosophen Demetrios von Phaleron soll M. auch freundschaftlich verbunden gewesen sein. Er starb im Alter von 52 Jahren in Athen, wo ihn der Tod beim Schwimmen im Piraeus ereilt haben soll. Sein Grabmal an der Straße, die den Piraeus mit Athen verband, konnte Pausanias im 2. Jh. n. Chr. noch besichtigen.

In den etwas über dreißig Jahren seines dichterischen Schaffens schrieb M. zwischen 105 und 109 Komödien – die Zahl wurde schon in der Antike diskutiert – von denen 96 dem Titel nach bekannt sind. Viele seiner Werke dürften auch auf Bühnen außerhalb Athens gespielt worden sein. Eine sichere Datierung wie bei dem 317/16 aufgeführten *Dýskolos* ist nur in den wenigsten Fällen möglich; als erste Komödie des M. kam wohl die *Orgé* (Der Zorn) 322/21 auf die Bühne. Seinen ersten Sieg an den städtischen Dionysien errang M. 316/15, insgesamt aber siegte er nur achtmal. Der Ruhm, der ihm somit zu Lebzeiten versagt war, wurde ihm jedoch in den Jahrhunderten nach seinem Tod umso reicher zuteil. Dies bezeugen neben einer Statue im Dionysostheater und den Wiederaufführungen seiner Komödien in Athen vor allem die Urteile der antiken Kritiker. Aristophanes von Byzanz erkannte M. unter allen griechischen Dichtern den zweiten Platz nach Homer zu, Quintilian gab ihm den Vorrang unter den Dichtern der Neuen Komödie, und Plutarch stellte ihn über Aristophanes. Die Kenntnis und Verbreitung seiner Komödien bis in das 6./7. Jh. n. Chr. bezeugen neben vereinzelten Nachrichten besonders eindrucksvoll die zahlreichen in Ägypten aufgefundenen Papyri aus der Zeit zwischen dem 3. Jh. v. Chr. und dem 6. Jh. n. Chr. Dass M.s Werk in den folgenden Jahrhunderten dennoch verlorenging, kann an seiner Sprache wie auch am Inhalt seiner Stücke gelegen haben. So war seine Sprache schon nicht mehr das reine Attisch, sondern trug bereits Züge der Koine; zum anderen mögen die Liebeshandlungen seiner Komödien moralische Bedenken geweckt haben.

Als Folge dieses Verlustes war M.s Werk bis zum Ende des 19. Jh.s nur durch zahlreiche, oft sentenzenhafte Zitate sowie durch die freien römischen Bearbeitungen seiner Komödien durch Plautus und Terenz fassbar. Durch deren Vermittlung übte M. indes einen so bedeutenden Einfluss auf die Entwicklung des gesamten europäischen Lustspiels bis zu Shakespeare, Molière und Lessing aus, dass für lange Zeit Wirkung und Erhaltungszustand seiner Werke in einem krassen Missverhältnis zueinander standen. Es ist erst den Papyrusfunden vor allem des 20. Jh.s zu verdanken, dass heute mit dem *Dýskolos* (*Der Menschenfeind*) eine Komödie des M. wieder so gut wie vollständig vorliegt und vier weitere Komödien in Handlungsführung und Gehalt überschaubar sind: *Aspís* (*Der Schild*), *Epitrépontes* (*Das Schiedsgericht*), *Perikeiroménē* (*Die Geschorene*) und *Samía* (*Das Mädchen aus Samos*). Darüber hinaus liegen kürzere Bruchstücke von folgenden Komödien vor: *Der Bauer*, *Der Doppelbetrüger*, *Der Halbgott*, *Der Karthager*, *Der Kitharaspieler*, *Der Schmeichler*, *Die Selbstmörderinnen*, *Der Verhaßte*, *Die Perinthierin*, *Die Erscheinung*, *Der Mann aus Sikyon* und *Die Besessene*.

Ausgabe: Stücke. Leipzig 1975 [Übers.].

Barbara Sherberg

Mereau, Sophie Friederika
Geb. 28. 3. 1770 in Altenburg;
gest. 31. 10. 1806 in Heidelberg

Klassikerklatsch: »Die M. ist wieder hier. Von ihr habe ich Ihnen was zu erzählen« (Schiller an Goethe). »Sagen Sie mir doch etwas von der Geschichte der kleinen Schönheit« (Goethe an Schiller). Das Gerücht ging um: Die M. könne nicht mit einem Mann im Zimmer sein, ohne von ihm umarmt zu werden. Diese »niedliche Miniatür-Grazie« (Jean Paul) beklatschte die Zeitschrift *Deutschland* 1796 in einer Reihe mit den beliebtesten deutschen Dichtern wie Goethe, Matthias Claudius, Johann Gottfried Herder, Gottfried Bürger, August Ludwig Christoph Hölty und Gottlieb Konrad Pfeffel. Sophie Schubart verbringt Kindheit und Jugend im sächsischen Altenburg. Dem Vater, einem herzoglichen Steuerbeamten, verdankt sie eine überdurchschnittliche Ausbildung. Ihre englischen, französischen, italienischen und spanischen Sprachkenntnisse, die sie früh erwirbt, schaffen die Grundlagen für ihre spätere Tätigkeit als versierte Übersetzerin.

Mit 23 Jahren heiratet sie den spröden Jenaer Juristen und künftigen Universitätsprofessor Karl Mereau, lustlos, doch ihm dankbar verpflichtet, nachdem er sich über Jahre unermüdlich bei Schiller erfolgreich für die Veröffentlichung ihrer dichterischen Werke eingesetzt hat, um sie als Frau zu gewinnen. Als das »Wahrzeichen Jenas« angehimmelt und angedichtet, gilt ihr Haus als geselliger und kultureller Mittelpunkt der Stadt. Alle kannten die M.: Goethe und Schiller, dem sie Garten und Gartenhaus zum ungestörten Schreiben abtritt, Herder und Fichte, bei dem sie als erste Frau Vorlesungen besucht, die Schlegels und Brentanos, Hölderlin und Schelling, Jean Paul und Achim v. Arnim, die Günderrode und die La Roche. M. lebt konträr zum überkommenen Rollenbild der Frau, das sie trotzdem überall einzwängt. Sie wolle »kein Anhang eines Mannes« sein, sich nicht »ihres eigenen Selbst entkleiden«, bekennt sie und prägt sich ein eigenes Wort für ihre ersehnte Existenzform: »Selbstbestandheit«. Diese Maxime versucht sie in ihrer Arbeit als Berufsschriftstellerin, ihrer Ehe und ihren leidenschaftlichen Beziehungen zu den nicht wenigen Geliebten (von stud. jur. Heinrich Kipp bis Friedrich Schlegel) zu leben. »Mit Lust gearbeitet«, wird häufig ins Stichwort-Tagebuch notiert. »Im Widerspruch zur Welt« habe sie sich gebildet, so Schiller, in dessen *Thalia* und *Horen* sie veröffentlicht, und sei so »zur Dichterin und Verfasserin von Romanen« geworden.

Derer zwei hat sie geschrieben: *Das Blütenalter der Empfindung* (1794, anonym) sowie *Amanda und Eduard. Ein Roman in Briefen* (1803). Immer und immer wieder wird ein Thema variiert: die Feier der freien, glückhaften Liebe, jenseits des Käfigs der Ehe, die Frau, die nicht passiv erduldet, sondern selbsttätig ihr Schicksal ergreift und eine Genussmoral gepredigt, die ihre Kraft allein aus dem genossenen Augenblick schöpft. Nanette, die Protagonistin in *Amanda und Eduard* meint: »Frisch, munter hingelebt, sein Dasein nach allen Seiten hin, sorgenlos ausgebreitet, so viel Freude genossen, als möglich: gegen andre, nicht gut, sondern klug sich betragen; sich nur an die Aussenseite gehalten, um das Innere nicht bekümmert, denn dies ergründet doch keiner.«

Natur- und Landschaftsgedichte machen die M. berühmt, in denen ihre Phantasie zu symbolisieren liebt und alles, was sich ihr darstellt, als Ausdruck von Ideen behandelt wird, so Schiller, ihr Mentor: *Des Lieblingsörtchens Wiedersehn* (1796), *Schwarzburg* (1796), *Die Landschaft* (1797), *Im Frühling* (1798), *Bergphantasie* (1798), *Der Garten zu Wörlitz* (1798). Reichhardt, Zelter u. a. vertonen ihre Gedichte, Beethoven schreibt die Musik zu *Feuerfarb* (1792). Ihr erstes veröffentlichtes Gedicht preist die Ideale der Französischen Revolution (*Bei Frankreichs Feier*, 1791) und stellt »der Freiheit Glut« über »der Liebe Zauber«. »Du, Freiheit und Frankreich als meine Lieblingsbilder«, schreibt sie an den geliebten Heinrich Kipp (1796). Freiheit, Liebe, Harmonie und Selbsttätigkeit sind ihre Schlüsselworte. M. lässt als Frau die erste Scheidung in Jena vollziehen (1801), als sie sich von Mereau trennt und mit ihrer umkämpften Tochter Hulda allein nach Camburg zieht. Doch auch sie heiratet wieder (1803), aber erst, als sie schwanger ist, gibt sie ihre verteidigte Selbständigkeit auf: den um acht Jahre jüngeren Clemens Brentano (allzeit auf der Suche nach seiner verlorenen Mutter), der sie mit seinen Liebesbriefen schwindlig schreibt und den sie schon früher geliebt, von dem sie sich aber nach vielen »schrecklichen Szenen« wieder getrennt hat (1799/1800).

Clemens beschwört ihr »eine freie, poetische Existenz, fern von Abenteuer und häuslichem Tod« – und besteht doch auf die Ehe. Als der Sohn sechs Wochen nach der Geburt stirbt, verlassen sie Marburg und ziehen nach

Heidelberg (1804). Dass die Frau selbst Geld verdienen müsse, um frei zu werden, hat M. frühzeitig erkannt und gearbeitet wie kaum eine (der Vormittag blieb dem Schreiben vorbehalten): Sie übersetzt englische Prosa, *Spanische und italienische Novellen* (1804/06), Erzählungen des Boccaccio und seinen Liebesroman *Fiametta* (1806, bis heute aufgelegt), aus dem Französischen u. a. die *Persischen Briefe* des Montesquieu (1801/02) und die Briefe der Ninon de Lenclos, die mit ihrer sexuellen und geistigen Emanzipation für M. zu einer Identifikationsfigur wird und der sie einen biographischen Essay widmet, der als Selbstporträt gelesen werden kann. Beiträge für Almanache und Taschenbücher entstehen, die sie zum Teil auch selber herausgibt und die sich an Frauen wenden: *Kalathiskos* (1801/02), den *Göttinger Musenalmanach für das Jahr 1803*, die *Bunte Reihe kleiner Schriften* (1805). Die Beiträge enthalten auch ihre Erzählungen wie *Marie* (1798), Thema: das freie, ungesetzliche Miteinanderleben; *Elise* (1800), die eigenständige Entwicklung einer jungen Frau; *Einige kleine Gemälde* (1801), Liebesfindung im Rahmen hingetupfter Genreszenen; oder *Die Flucht nach der Hauptstadt* (1806), bei der eine verheiratete Frau abenteuerlich mit ihrem Liebhaber durchbrennt, aber im Finale denn doch verbürgerlicht – Ausbruchsphantasien, ungelebtes Leben wird literarisiert. Im *Fragment eines Briefes über Wilhelm Meisters Lehrjahre* (1801) entwirft sie ihr poetisches Glaubensbekenntnis: der Dichter als »zweites Schicksal«, der den verworrenen Stoff formt und harmonisiert. Ungedruckt bleibt ihre Bearbeitung mittelhochdeutscher Lyrik und Prosa und die des *Cid* von Corneille.

»Mehr Hölle als Himmel« sei ihre Ehe mit »dem göttlichen, unmenschlichen Clemens«, der sie zwar leidenschaftlich liebt (vor allem, wenn er weg ist), doch ihre »unendlich schlechten Verse« bespöttelt und schreibende Frauen ohnehin als »unnatürlich« abtut. Auch wenn es zu Ansätzen einer gemeinsamen literarischen Existenz kommt, so hat M. vor allem Clemens zur Inspiration zu dienen (»Ich werde keine Zeile dichten können, wenn Du mir fern bist«) und als Mutter herzuhalten (»Sage mir niemehr, Du wolltest kein Kind«). Vier Schwangerschaften in drei Ehejahren, keines der Kinder überlebt. Bei der letzten Geburt verblutet die Mutter. Unvollendet und abgebrochen ihr letzter Eintrag ins Tagebuch, kurz vor der Niederkunft, der das Fällen der geliebten alten Linden im Heidelberger Schlossgarten betrauert: »Sag, o! Heilige Linde, wer durfte es wagen,/legen das mordende Beil an den geheiligten Stamm,/daß dein ehrwürd'ges Haupt, dein grünes vollendetes Leben …«.

Werkausgabe: Liebe und allenthalben Liebe. Werke und autobiographische Schriften. 3 Bde. Hg. von Katharina von Hammerstein. München 1997.

Dirk Mende

Meri, Veijo
Geb. 31. 12. 1928 in Wiborg/Finnland, heute Russland

Als Sohn eines Leutnants wuchs Veijo Meri im Kasernenmilieu auf, aus dem er Motive für viele Romane und Novellen schöpfte. Nach dem Studium der Geschichte an der Universität Helsinki (1949–57) arbeitete er bis 1959 als Verlagsangestellter und danach, abgesehen von einem einjährigen Engagement als Dramaturg beim öffentlichen Rundfunk (1972), als freier Schriftsteller. M. ist vor allem als Prosaist bekannt, hat jedoch auch zahlreiche Dramen und Hörspiele, Lyrik, Essays und Biographien veröffentlicht und Werke von François Villon, August Strindberg und Shakespeare übersetzt.

Bereits die Prosasammlung *Ettei maa viheriöisi* (Damit das Land nicht grün werde), mit der M. 1954 debütierte, steckt die zeitliche Linie ab, der auch die späteren Prosawerke folgen: Die Erzählungen konzentrieren sich auf zwei einschneidende Phasen der finnischen Geschichte, nämlich den Bürgerkrieg 1918 und die beiden Kriege gegen die Sowjetunion 1939 bis 1940 und 1941 bis 1944, sowie auf das Nachkriegsfinnland der frühen 1950er Jahre. Auch begegnet schon hier der für M.s Romane typische Anti-Held, dessen unerwartetes, starrköpfiges, bisweilen groteskes Verhalten die Handlungsabläufe prägt. 1957 veröffentlichte M. seinen ersten Roman, *Manillaköysi* (*Das Manilaseil*, 1964), dessen Rahmenhandlung – ein Soldat fährt auf Fronturlaub nach Hause und hat sich ein Seil, das er seiner Frau als Wäscheleine mitbringen will, zum unauffälligen Transport so eng um den Leib geschnürt, dass er halb ohnmächtig ankommt und die Frau das Seil zerschneiden muss – durch zahlreiche Binnenerzählungen, Berichte von Mitreisenden, durchbrochen wird, die die räumliche und zeitliche Perspektive erweitern. Die Technik der Binnenerzählungen und das Motiv der Reise, des Unterwegsseins, hat M. auch später verwendet, besonders deutlich in den Romanen *Everstin autonkuljettaja* (1966; Der Chauffeur des Obersts) und *Yhden yön tarinat* (1967; Geschichten einer Nacht). Im Grunde handelt es sich dabei um eine Fragmentarisierung der erzählten Welt, die M.s relativistischem Realitätsverständnis entspricht und seine Affinität zum französischen Nouveau roman zeigt: Es gibt keine objektive, von der jeweiligen Wahrnehmung unabhängige Realität.

Neben *Manillaköysi* wurde besonders der Roman *Sujut* (1961; *Der Wortbruch*, 1969, *Quitt*, 1988) als Antikriegsbuch gelesen; zusammen mit zahlreichen anderen Romanen und Novellen, die im Krieg oder im Soldatenmilieu spielen, trug er dazu bei, dass M. vor allem als Darsteller des Krieges verstanden wurde. Es ging ihm jedoch darum, anhand der Absurdität des Krieges die Absurdität des Daseins aufzuzeigen: »Der Mensch schafft den Krieg und offenbart dadurch Eigenschaften und Fähigkeiten, die fraglos auch im Frieden sichtbar werden, aber erst im Krieg so allgemein und eindeutig zutage treten, dass sie sich nicht mehr vergessen und auch nicht mehr erklären lassen.« In der zweiten Hälfte der 1960er Jahre nahmen Dialogsequenzen immer mehr Raum in M.s Prosawerken ein – eine Entwicklung, die mit der Sammlung von ›Dialogerzählungen‹ *Sata metriä korkeat kirjaimet* (1969; Hundert Meter hohe Buchstaben) ihren Höhepunkt erreichte. Um die gleiche Zeit erschienen die ersten Theaterstücke und Hörspiele; 1989 verfasste M. zudem das Libretto zu der Oper *Veitsi* (Das Messer) von Paavo Heininen.

Nach dem Roman *Jääkiekkoilijan kesä* (1980; Der Sommer eines Eishockeyspielers) traten Sachprosa und Lyrik in den Vordergrund von M.s Schaffen. Unter anderem veröffentlichte er das etymologische Werk *Sanojen synty* (1982; Die Entstehung der Wörter), Biographien über zwei ›nationale Ikonen‹, den Schriftsteller Aleksis Kivi (1984) und den Feldherrn Mannerheim (1988), und ein vierbändiges Werk über die finnische Geschichte (1993–96), in dem M. – wie schon in seiner fiktiven Prosa und den beiden Biographien – durch eine Vielzahl anekdotischer Details die »große Linie«, das Konzept einer kontingenten Entwicklung, aufbricht.

In M.s Lyrik – u. a. in *Kun* (1991; Wenn) – zeigt sich ein Subjekt im Zustand der Selbstreflexion, das sich nicht damit begnügt, seine Wahrnehmung der Wirklichkeit wiederzugeben, sondern zugleich nach den psychischen und lebensgeschichtlichen Gegebenheiten fragt, die seine Wahrnehmung konditionieren. So heißt es im Gedicht »Myrsky« (Der Sturm) aus dem 1980 erschienenen Band *Ylimpänä pieni höyhen* (Zuoberst eine kleine Feder): »Wieso nehm ich dies wahr? / Weil ich ein heftiger Mensch bin. / Weil ich oft allein zittere.« In den jüngsten Gedichtsammlungen, etwa in *Lasiankeriaat* (1990; Die Glasaale), wird ein leicht resignativer Ton vernehmbar, der aber frei ist von Melancholie: »Wenn man nur noch von einem Tag / zum anderen lebt, ist er nicht / kurz und nicht lang, / die Uhr nur ein Spielzeug, / lustig anzuschauen wie / das Gesicht einer kleinen Katze / wenn sie anfängt zu niesen.«

Gabriele Schrey-Vasara

Mérimée, Prosper

Geb. am 28. 9. 1803 in Paris, gest. am 23. 9. 1870 in Cannes

»Ich hörte gestern – werden Sie es glauben? – zum zwanzigsten Male Bizet's Meisterstück. Bizet macht mich fruchtbar. [...] Auch dies Werk erlöst [...]. Schon die Handlung erlöst [...]. Sie hat von Mérimée noch die Logik in der Passion, die kürzeste Linie, die ›harte‹ Nothwendigkeit.« Zwar bezieht sich Friedrich Nietzsche an dieser Stelle seiner gegen Richard Wagner gerichteten Schmähschrift *Der Fall Wagner* (1888) vor allem auf die Musik Georges Bizets, seine knappen Bemerkungen zu Prosper Mérimées Erzählung *Carmen* (1845; *Carmen*, 1846), die der am 3. März 1875 in Paris uraufgeführten Oper als Vorlage diente, umreißen jedoch präzise die zentralen dichtungstheoretischen Grundprämissen des Autors, dem an »starken Leidenschaften« im Sinne einer größtmöglichen Authentizität der literarischen Darstellung gelegen war.

Schon Sainte-Beuve lobte an *Carmen* die effektvolle Kürze, etwa als Don José seinen Rivalen mit einem raschen Messerstich tötet. Leidenschaft, Exotik, Gewalt – oftmals gepaart mit einem Quentchen Ironie – kennzeichneten bereits die unter dem Pseudonym *Le théâtre de Clara Gazul, comédienne espagnole* (1825; *Das Theater der spanischen Schauspielerin Clara Gazul*, 1846) veröffentlichten Theaterstücke des jungen Autors, die formal wie inhaltlich mit der nachrevolutionären Theaterästhetik brachen, den Heroenkult napoleonischer Prägung ebenso wie den die asketischen Ideale Arbeit, Eigentum und Fleiß verherrlichenden bürgerlichen Klassizismus ablehnten und die in Frankreich den Beginn des romantischen Theaters markierten.

Die Modernität von M.s erzählerischem Werk zeichnet sich durch einen Realismus *avant la lettre* aus, in dem der Autor selbst als »couleur locale« (Lokalkolorit) bezeichnete, was im Kontext der Epoche mit »historischer Wahrheit« gleichzusetzen ist und sowohl die Charaktere und deren Sprache wie auch die Wahl der Schauplätze und die Plots betrifft. Um die Authentizität des Geschehens zu unterstreichen, verzichten auch M.s phantastische Erzählungen, darunter die wohl berühmteste *La vénus d'Ille* (1837; *Das Venusbild*, 1948), keineswegs auf lokaltypische Verhaltens- und Redeweisen. Um diesen ›realistischen Effekt‹ zu erzielen, betrieb der Autor historische Recherchen und intensive Sprachstudien. M., der sich nach einem Jurastudium für die Beamtenlaufbahn entschied und ab 1834 als Generalinspektor für die Katalogisierung und Renovierung der historischen Monumente Frankreichs verantwortlich war, unternahm zahlreiche Reisen, die ihn unter anderem nach Korsika, Spanien, Griechenland, Kleinasien, England und Deutschland führten. Fasziniert von den Berichten über die Familienfehden (»vendette«) der Korsen, schrieb er *Colomba* (1840; *Colomba*, 1846). Auf Korsika spielt auch die frühe Novelle *Mateo Falcone* (1829; *Mateo Falcone*, 1872), die vom Wortbruch eines Bauernsohnes gegenüber einem schwer verwundeten Banditen erzählt, dem er zunächst Unterschlupf gewährt, den er dann aber an die Polizei ausliefert. Um den ehrlosen Verrat zu tilgen, tötet sein Vater ihn. Nahezu alle Werke spiegeln M.s Interesse für sozial marginalisierte Gruppen: Banditen, Zigeuner, Schmuggler und Prostituierte (*Arsène Guillot* (1844; *Arsenia Guillot*, 1924–26).

M., der hohe Staatsämter innehatte und zu den engen Vertrauten der Kaiserin Eugénie gehörte, hinterließ ein umfangreiches Œuvre, das die anonym erschienene Dichtung *La Guzla* (1827), den historischen Roman *1572. Chronique du règne de Charles IX* (1829; *Chronik der Zeit Karls IX. (1572)*, 1829), aber auch Porträts von historischen Persönlichkeiten, Reiseberichte, archäologische Studien, eine 17bändige Korrespondenz sowie einflussreiche Übersetzungen russischer Erzählungen von Aleksandr Puškin (»Pique-Dame«, 1834), Nikolaj Gogol', Michail Lermontov und Ivan Turgenev umfasst.

Irmgard Scharold

Mertens, Pierre
Geb. 9. 10. 1939 in Brüssel

Pierre Mertens zählt zu den bedeutendsten französischsprachigen Gegenwartsautoren Belgiens. Er schrieb mehrere Romane und Erzählbände, ein Opernlibretto und ein Drehbuch. Die Protagonisten seiner Erzählungen und Romane geraten in absurde existentielle Situationen, die ihnen häufig nur halb bewusst werden. M.' Werk liegt die Frage zugrunde: Wie sind Engagement und Verantwortung möglich angesichts von grausamen und katastrophalen geschichtlichen Situationen?

Nach einem Jurastudium nahm M., Sohn einer Biologin und eines Journalisten, als Spezialist für internationales Recht als Beobachter an Missionen der Liga zur Verteidigung der Menschenrechte und von Amnesty International im Nahen Osten, in Griechenland, Chile, Portugal und auf Zypern teil. Als junger Schriftsteller engagierte er sich für die Anerkennung der belgischen Literatur, lancierte gemeinsam mit dem Soziologen Claude Javeau 1976 den Begriff der »belgitude« und wurde später Professor für vergleichende Literaturwissenschaft.

M.' literarisches Werk ist insofern politisch engagiert, als es die Lage des Einzelnen beschreibt, der als Randfigur in geschichtlich bedeutsame Situationen verwickelt ist und sich seiner Unfähigkeit bewusst wird, adäquat darauf zu reagieren. In *Les bons offices* (1974; Das Entgegenkommen) besucht der Protagonist Paul Sanchotte – in seinem Namen vereinigen sich Bestandteile der Namen Sancho Pansa und Don Quichotte – als Abgesandter auf Friedensmissionen verschiedene Konfliktparteien, kommt aber immer zu spät und kann die Katastrophen nicht verhindern. Durch seine komplexe formale Anlage macht der Roman die Irritation des Protagonisten anschaulich – mittels einer Mischung aus Briefen, Notizen, Tagebuchaufzeichnungen, Presseartikeln und Monologen, die erst nach und nach in einen kohärenten Erzählfluss münden. In *Terre d'asile* (1978; Land des Asyls) beschreibt M. aus der Perspektive des Chilenen Jaime Morales die Bespitzelung, Verfolgung und Folter unter Pinochet, die Flucht aus Chile und die Ankunft in Europa. Hier gerät Morales im Umkreis der Universität Brüssel zunächst in die Hände der Verteidiger der Menschenrechte und sodann in Vergessenheit. Die Erzählweise in erlebter Rede macht den Roman zu einem äußerst suggestiven Leseerlebnis.

M.' wohl wichtigster Roman ist *Les éblouissements* (1987; *Der Geblendete*, 1992), ein 400seitiges Porträt des Dichters Gottfried Benn, der während des Ersten Weltkriegs als Militärarzt in Brüssel stationiert war und dort einen vergeblichen Kampf gegen Haut- und Geschlechtskrankheiten führte. Der Roman bietet in sieben Kapiteln in einer Mischung von Außenperspektive und innerem Monolog eine Rückschau auf das Leben Benns. Er zeichnet eindrücklich nach, wie die Lebensumstände die zunehmend desillusionierte Weltsicht des Protagonisten prägen, der als »homme fatal«, als fragwürdiger Held, entworfen wird. M.' Roman *Une paix royale* (1996; Ein königlicher Frieden) wirft ein kritisches Licht auf das Leben des umstrittenen Königs Leopold III., der 1951 zugunsten seines Sohnes Baudouin zurücktrat. Der Roman wurde zu einem Skandalerfolg, weil sich Mitglieder des belgischen Königshauses kompromittiert sahen. In zwei Gerichtsverfahren wurde M. zu der symbolischen Strafe von einem Franc verurteilt und zur Streichung von zwei Passagen verpflichtet. Auch in gekürzter Fassung kann der Roman als eine couragierte Neuinterpretation der belgischen Geschichte des 20. Jahrhunderts gelesen werden.

Rolf Lohse

Mészöly, Miklós
Geb. 19. 1. 1921 in Szekszárd/Ungarn; gest. 22. 7. 2001 in Budapest

»Die Imagination und die Magie der Tatsachen«, so charakterisierte Miklós Mészöly seine Bestrebungen, sachlich über Tatsachen zu schreiben, dabei jedoch das verborgene und unaussprechliche Wesentliche, die Transzendenz der Welt, zu erfassen. M. ist ein Bindeglied zwischen der ungarischen Moderne und Postmoderne. Und er ist ein wichtiger Vertreter der Moderne selbst, der im Zeitalter des Kommunismus, als Weltbild und Ausdrucksformen der Moderne verboten waren, diese konsequent und kompromisslos vertrat, selbst um den Preis, nicht verlegt zu werden. M. studierte Jura in Budapest, musste aber, als er seine Studien 1943 abschloss, einrücken und bis zum Ende des Krieges Militärdienst leisten. Mehrmals geriet er in Gefangenschaft, das Kriegsende erlebte er als Deserteur in Norddeutschland. Von 1945 bis 1956 ging er verschiedenen Beschäftigungen nach, die wenig mit dem literarischen Leben zu tun hatten. Er publizierte zwar 1948 einen Erzählungsband und schrieb auch in den folgenden Jahren weiter, war aber wegen seiner als »modernistisch« und »existentialistisch« gebrandmarkten Schreibweise lange zum Schweigen verurteilt. Seine literarische Laufbahn begann erst in der zweiten Hälfte der 1960er Jahre. Bis dahin konnte M. nur Kindermärchen publizieren. 1963 druckte eine literarische Zeitschrift das absurde Drama *Az ablakmosó* (in Buchform 1979; *Der Fensterputzer*, 1970), was zu einem politischen Skandal führte, in dessen Folge der Herausgeber der staatlich unterhaltenen Zeitschrift entlassen wurde.

1966 erschien M.s erster Roman *Az atléta halála* (*Der Tod des Athleten*, 1966), nachdem das bereits sechs Jahre früher abgeschlossene und von den ungarischen Verlagen abgewiesene Werk ein Jahr zuvor beim Pariser Verlag Editions du Seuil auf französisch veröffentlicht worden war. Die Publikation eines Manuskripts im Westen galt zwar als Delikt, doch hielten es die Behörden für besser, den indirekten Beweis dieses Verbots zu umgehen, und ließen nun auch die ungarische Veröffentlichung zu. Das Buch wurde allerdings von der Kritik übergangen oder nebenbei gründlich verrissen. *Az atléta halála* ist eine Art Parabel im Sinne von Albert Camus' *L'étranger* – Camus' Werk war überhaupt eine wichtige Anregung für M. Erzählt wird die Geschichte eines Athleten, der immer größeren Leistungen als verheerendem Selbstzweck nachjagt und daran schließlich zugrunde geht. Das Leben und den Tod des berühmten Mittelstreckenläufers sollen im Auftrag eines Sportverlags die Erinnerungen seiner einstigen Freundin heraufbeschwören. Es stellt sich jedoch heraus, dass sie sich nur wenige und zufällige Bruchstücke, zusammenhangslose Bilder über den Athleten vergegenwärtigen kann. Es gibt keine Erklärung für den sinnlos erscheinenden Tod, man erfährt nicht, was der sich so gut wie nie offenbarende Mann dachte, was er fühlte, wie er aussah; die Fahndung nach den Spuren eines Lebens scheitert. Die Ermittlung und das Zusammenfügen von Tatsachenspuren als Erzählmethode sind kennzeichnend für M. Drei Novellen vom Anfang der 1970er Jahre führen das Wort »Fahndung« sogar im Titel. Im Roman *Saulus* (1968; *Saul*, 1970), der die biblische Wandlung des Saulus zum Paulus nicht aus religiöser oder ideologischer, sondern aus psychologisch-existentialer Perspektive erzählt, ist Saul Ermittlungsbeamter der kirchlichen Polizei. Während er Jesu Anhänger verfolgt, fahndet er in Ich-Form, am Rande des inneren Monologs, nach den beunruhigenden Verwandlungen, die in ihm selbst vorgehen und schließlich zu der Erkenntnis führen, dass sein schleichender Gesinnungswandel nicht mehr rückgängig gemacht werden kann.

Umfangreiche Romane schrieb M. nicht. Zu seinen wichtigsten Werken gehören die zwischen 1967 und 1975 in drei Bänden publizierten Erzählungen *Jelentés öt egérről* (1967; Bericht über fünf Mäuse), *Pontos történetek, útközben*, (1970; Präzise Geschichten, unterwegs) und – der erste umfassende Sammelband – *Alakulások* (1975). Eine deutschsprachige Auswahl ist enthalten in *Gestaltungen. Reise. (Sinnliche Aufzeichnungen)* (1975), *Landkarte mit Rissen* (1976) und *Hohe Schule* (1981). In der paradigmatischen Erzählung »Magasiskola« (»Hohe Schule«), die aus dem Jahr 1956 stammt, 1970 verfilmt und in Cannes ausgezeichnet wurde, wird anhand der genau beobachteten Realitäten einer staatlichen Falkenzucht in der Puszta die Fragwürdigkeit einer totalitären, ihrer Menschlichkeit beraubten Welt versinnbildlicht. Der Band *Pontos történetek, útközben* enthält Texte, die als Roman und als eine Kette von Erzählungen gleichermaßen gelesen werden können. Sie schildern präzise die Besuche einer Frau aus Ungarn in ungarischen Dörfern in Siebenbürgen, wo ihre Verwandten, alles kranke, alte Frauen, in einer zur Auflösung verurteilten, verfallenden Welt leben. Die Methode der Reisebeschreibung wird im Motto durch ein Dürer-Zitat angedeutet, in dem von Linien die Rede ist, die man nicht nach bestimmten Regeln, sondern nur Punkt zu Punkt verbindend ziehen kann.

Im Roman *Film* (1976; *Rückblenden*, 1980) wird die Unpersönlichkeit und die vorurteilsfreie Präzision der Beschreibung noch weiter getrieben. Der Erzähler nimmt hier die Perspektive einer imaginären Filmkamera ein, die mit der Methode des *cinéma direct* peinlich genau den Heimweg eines zerbrechlichen, alten Ehepaares in einer Budapester Straße beobachtet und aufzeichnet. Diese Kamera ›sieht‹ aber auch die Vergangenheit der Figuren und des Milieus, wodurch eine Montage von Bildfragmenten entsteht, die neben dem gegenwärtigen Geschehen auch eine kollektive Erinnerung einblendet. *Film* wurde von der Parteikritik wiederum äußerst scharf angegriffen, die feindselige Aufnahme wies einmal mehr darauf hin, dass M.s Poetik der offiziellen Literaturauffassung weiterhin entgegenstand.

Hingegen wählte eine neue Schriftstellergeneration, die in den 1970er Jahren auftrat, M. zu ihrem Vorbild; postmoderne Formprinzipien wurden aus seinem Schaffen abgeleitet. Auch im Werk M.s selbst zeichneten sich Spuren einer Hinwendung zur Postmoderne ab. Vom Ende der 1970er Jahre an schrieb er Prosatexte, die persönliche und kollektive – mitteleuropäische – Erinnerungen ins Magische und Mythische erhoben. Als Schauplatz legendärer, balladen- und traumhafter Ereignisse taucht nun immer wieder die engere Heimat M.s, die Kleinstadt Szekszárd und ihre Umgebung, das Hügelland Tolna, auf. Die Titelerzählung des Novellenbandes *Szárnyas lovak* (1979; *Geflügelte Pferde*, 1991) handelt von einer volksballadenartigen Liebestragödie, die, ohne die Vorgeschichte ausführlich darzulegen, sich bloß auf das archaische Ritual beschränkt, das dem Todesfall folgt, und indirekt auf die verschwundenen Leidenschaften hinweist.

Die Erzählung »Megbocsátás« (1984; »Vergebung«, in: *Szárnyas lovak*) versinnbildlicht durch die Suche eines Rathausschreibers nach alten stadtgeschichtlichen Akten die Beziehung des Schriftstellers zu seinem Stoff. Diese Beziehung ist versöhnlich: Er vergibt den Figuren der Vergangenheit und dem Geschehen und nimmt zur Kenntnis, dass die Welt, aus der er stammt und in der er lebt, ist, wie sie ist. In der Erzählung »Sutting ezredes tündöklése« (1987; »Der Glanz des Obersten Sutting«, in: *Szárnyas lovak*), die aus Motiven und ironischen Pastiche-Elementen aus dem 19. Jahrhundert mosaikartig aufgebaut ist, und in *Bolond utazás* (1987; *Verrückte Reise*), wo eine ländliche Bahnreise nach dem Krieg in biblisch-legendäre Perspektive gestellt wird, weitet sich die ungarische Thematik zur mitteleuropäischen Problematik. Der zweite umfassende Sammelband der Erzählungen *Volt egyszer egy Közép-Európa* (1989; Es war einmal ein Mitteleuropa) weist schon im Titel darauf hin. Zahlreiche Novellen muten als Fragmente eines Familienromans an, der selbst schließlich nicht zustande kam. Auch das letzte größere Werk M.s, *Családáradás* (1997; *Familienflut*, 1997), ist trotz des Titels kein klassischer Familienroman, vielmehr wirft ein Erzähler Schlaglichter auf die Geschichte einer Tolnaer Familie vom Freiheitskrieg 1848/49 bis zur Zeit des Zweiten Weltkriegs. In Anspielung auf Gabriel García Márquez' *Cien años de soledad* bezeichnete Walter Höllerer das Werk als »Vierhundert Jahre Leidenschaft«.

Miklós Györffy

Meyer, Conrad Ferdinand
Geb. 11. 10. 1825 in Zürich;
gest. 28. 11. 1898 in Kilchberg

»Wie erbärmlich war ich nicht in Zürich daran! Was mich niederwarf und aufrieb, war die Mißachtung, das Fürkrankgelten, in der ich lebte, sowie mich am tiefsten jene Hinweisung auf meine in den letzten Jahren unverschuldete Berufslosigkeit kränkte«. Dies schreibt einer, der seine Gymnasialausbildung unterbricht, dessen Jurastudium scheitert und der schließlich wegen gesteigerter Depressivität eine Heilanstalt aufsuchen muss (1852, Nervenheilanstalt Prefargier). Für die streng calvinistische Mutter ist er der »arme Conrad«, ein Außenseiter, der die Erwartungen der patrizischen Familientradition, nach der die männlichen Mitglieder eine geachtete Stellung im öffentlichen Leben zu erreichen haben, kläglich enttäuscht. Dabei erlebt M. eine sorglose Jugend in bürgerlicher Geborgenheit. Aber nach dem Tod des Vaters (1840) entsteht eine langwierige Lebenskrise, eine zunehmende Isolation, mit der Angst verbunden, von der bürgerlichen Umwelt als missraten angesehen zu werden. M. widmet sich philologischen und historischen Studien. Besonders die französische Literatur beeinflusst ihn. Der Tod der Mutter (1856) bedeutet eine gewisse Befreiung vom Erwartungsdruck und erlaubt die dauerhafte Annäherung an die geliebte Schwester Betsy. Im gleichen Jahr sichert eine beachtliche Erbschaft verfügbare Zeit für das Ziel, Dichter zu werden. Reisen nach Paris und München (1857) und insbesondere nach Rom (1858) wecken die Begeisterung für Kunstwerke der Antike und Renaissance. Auf den ersten Blick führt M. das behagliche Leben eines Rentiers. Die Heirat mit Luise Ziegler (1875), welche aus einer führenden Zürcher Familie stammt, beschleunigt die erhoffte gesellschaftliche Rehabilitierung. Hinzu kommt eine wachsende literarische Anerkennung. Die Verdichtung *Huttens letzte Tage* (1871) macht ihn auch im Bismarck-Reich bekannt. Die meisten seiner elf Novellen erscheinen in J. Rodenbergs *Deutscher Rundschau*, einer angesehenen Zeitung für das nationalliberale Bürgertum. Seine Sammlung *Gedichte* (1882, letzter Band 1892) begründet den Ruhm als bedeutendster zeitgenössischer deutschsprachiger Lyriker. Trotz materieller Sicherheit und gesellschaftlicher Anerkennung bleiben tiefsitzende Ängste vor den Ansprüchen des selbstbewusst werdenden Proletariats, aber auch gegenüber der gesamten zeitgenössischen bürgerlichen Gesellschaft, die ihm »roh« erscheint. 1857 schreibt er in einem Brief aus Paris, »die Börse«, der »Katholizismus« und der »Neid des Proletariats« seien »die drei Pesten der Gegenwart«. Ab 1891 erfasst M. eine senile Melancholie, von der er sich nicht mehr erholt.

Den liberal-konservativen Autor, den Bewunderer von Friedrich Schiller und Otto von Bismarck, stellt die Literaturgeschichtsschreibung zwischen bürgerlichen Realismus und Ästhetizismus. Im Vergleich zu Gottfried Keller, Wilhelm Raabe oder Theodor Storm empfindet sich der Künstler M. als Außenseiter, während er als Rentier ohne demokratisches Traditionsbewusstsein eher den Interessen seiner Klasse verpflichtet bleibt. Aus der Kollision zwischen einer an der italienischen Renaissance orientierten, durch Jacob Burckhardt vermittelten Persönlichkeitsauffassung und der als spießig empfundenen Enge der Gesellschaft ergibt sich andererseits eine schärfere Trennung zwischen formbewusster Kunst und chaotischem Leben. »Die brutale Actualität zeitgenössischer Stoffe«, so M., bleibt deshalb für die Novellistik ausgeschlossen. Darin gründet die Vorliebe für historische Stoffe, für Staatsaktionen und große Persönlichkeiten wie Jenatsch (*Jürg Jenatsch*, 1876), Thomas Beckett (*Der Heilige*, 1880), Fernando Francesco d'Avalos Pescara (*Die Versuchung des Pescara*, 1887) oder Angela Borgia (gleichnamige Novelle, 1891). Andere Novellen sind im Horizont großer geschichtlicher Gestalten angesiedelt, so *Die Richterin* (1885) in der Zeit Karls des Großen oder *Die Leiden eines Kna-*

ben (1883) in der Ludwigs des XIV. Alltägliche Konflikte des Volkslebens spielen in den Novellen keine Rolle. M. schreibt keine kulturgeschichtlichen Novellen, er bedient sich vielmehr der Form, um in »historischer Maskerade« eigene Empfindungen und Erfahrungen auszudrücken. Die Leidenschaften und tragischen Konflikte (Ausnahme: *Der Schuß von der Kanzel*, 1878) der auf sich gestellten Hauptpersonen sind meist hochgradig psychologisiert. Dem gehobenen Personal entsprechen Wortschatz und Satzbau, die ohne Elemente der Umgangssprache auskommen. So vermitteln die Novellen, häufig verstärkt durch die Rahmenerzählung, den Eindruck einer distanzierten Objektivität. Persönlich stimmungshafte Elemente sind ihnen fremd.

Letzteres gilt auch für die Lyrik. »Ein Lyriker ist er nicht«, urteilt Theodor Storm aus Sicht der traditionellen Erlebnislyrik. Schon die Titel der ersten beiden Gedichtbände verweisen auf eine objektivierte Gegenständlichkeit, die anonym erscheinenden *Zwanzig Balladen von einem Schweizer* (1864) und die *Romanzen und Bilder von Conrad Ferdinand Meyer* (1870). Er schreibt eine unpersönliche Lyrik, die auf keinen individuellen Erlebnisgrund verweist. Die Balladen wirken so handlungslos wie historische Genrebilder. Die für M. charakteristische Abwendung vom Erlebnisgedicht und die Hinwendung zu symbolhaft-verdichtender Aussage (vgl. *Der römische Brunnen, Eingelegte Ruder, Die Füße im Feuer*) führt, häufig befördert durch straffende Bearbeitungen, zu einer neuen lyrischen Sprache. Im Gegensatz zum französischen Symbolismus bleiben die Symbole M.s aber noch im Bereich bürgerlich-wohlanständiger Rede.

Werkausgabe: Sämtliche Werke. Historisch-kritische Ausgabe. Hg. von Hans Zeller und Alfred Zäch. 15 Bde. Bern 1958 ff.

Georg Bollenbeck

Meyrink, Gustav
Geb. 19. 1. 1868 in Wien; gest. 4. 12 1932 in Starnberg

Der Prager Bankier Gustav Meyer, der als Mittelpunkt okkulter Zirkel und spiritistischer Sitzungen ein stadtbekannter Bürgerschreck war, geriet 1902 unschuldig unter Betrugsverdacht in Haft und musste daraufhin seinen Beruf wechseln. Er übersiedelte nach München, änderte seinen Namen (mit der Erlaubnis des bayrischen Königs 1917 offiziell) in Gustav M. und wurde Schriftsteller. Dieser »Fall Meyrink« zeigte für Thomas Mann so eindeutig die Wirkung des Künstlertums, dass er ihn, ohne M. beim Namen zu nennen, in seiner Novelle *Tonio Kröger* erwähnt.

Dem Okkulten und Antibürgerlichen blieb M., Sohn eines württembergischen Ministers und einer bayrischen Hofschauspielerin, als Schriftsteller treu. Ab 1903 arbeitete er als Redakteur des *Lieben Augustin* in Wien und verfasste für die satirische Zeitschrift *Simplizissimus* novellistische Skizzen, die 1913 unter dem Titel *Des deutschen Spießers Wunderhorn* in Buchform erschienen. Darin stürzt M. die Welt der Materialisten, die alles erklären und mit dem Verstand greifen, ins Grotesk-Komische, indem er sie mit spukhaften Phänomenen konfrontiert.

Große Publikumserfolge gelangen M. mit seinen phantastischen Romanen *Der Golem* (1915), *Das grüne Gesicht* (1917), *Walpurgisnacht* (1917) und *Der weiße Dominikaner* (1921). Sie gehören heute zu den Klassikern der phantastischen Literatur. M. offenbart in ihnen geheimnisvolle Welten und mystische Weisheiten, die kabbalistische und buddhistische Einflüsse aufweisen. Doch der Erzähler mit der todernsten Miene verrät sich bei genauerem Hinsehen durch gelegentliches Augenzwinkern. Denn die Botschaft M.s, des Mystikers, entstammt der selben Wunderwelt, aus der M., der Bürgerschreck, seine satirischen Waffen bezog.

Werkausgabe: Gesamtausgabe in 6 Bänden. München/ Wien 1982.

Stefan Bauer/Red.

Michaux, Henri

Geb. 24. 5. 1899 in Namur/Belgien;
gest. 9. 10. 1984 in Paris

»J'écris pour me parcourir. Peindre, composer, écrire ... Là est l'aventure d'être en vie« (*Passages*). – Henri Michaux, wie kaum ein zweiter moderner Autor eine ausgeprägte Doppelbegabung als Maler und Dichter, sieht in seiner künstlerischen Tätigkeit einen beispielhaften Weg der Selbstfindung und der Entdeckung des Lebens als Abenteuer. In den beiden Jahren nach dem Abitur hat sich M. während der Wartezeit auf das Studium, das er aufgrund der deutschen Besetzung bis 1918 nicht gleich aufnehmen konnte, ausgiebig mit der Lektüre berühmter Autoren der Weltliteratur, darunter Fedor Dostoevskij und Lev Tolstoj, beschäftigt, und früh seine literarischen Neigungen erkannt. Als poetische Vorbilder sind ferner Charles Baudelaire, Arthur Rimbaud, Paul Verlaine und André Gide zu nennen. Das begonnene Medizinstudium ließ M. 1919 fallen, um sich stattdessen als Matrose auf einem der letzten großen Hochsee-Segelschiffe einzuschiffen. 1921 kehrte er nach Brüssel zurück und begann 1922 unter dem faszinierenden Lektüreeindruck der *Chants de Maldoror* (1868–69; *Gesänge des Maldoror*) des Comte de Lautréamont selbst zu schreiben.

1927 veröffentlichte M. sein erstes Buch *Qui je fus* (Wer ich war). Es folgte die Publikation von Tagebuchaufzeichnungen einer Reise durch die Anden, *Ecuador* (1929) und *Un certain Plume* (1930; *Ein gewisser Plume*, 1960). M.' Karriere als Maler und Zeichner verlief ebenso steil wie seine literarische, wie seine erste Ausstellung in der Librairie-Galérie de la Pléiade in Paris 1937 dokumentiert. 1938/39 entstanden die Aquarelle auf schwarzem Grund (»les aquarelles au fond noir«), die in der Galerie Pierre Loeb ausgestellt wurden. Nach dem Zweiten Weltkrieg wandte er sich zunächst sogar verstärkt der Malerei zu. 1955 wurde der gebürtige Belgier französischer Staatsbürger. 1956 führte er das erste einer Reihe von Meskalin-Experimenten durch, die er ab 1961 in mehreren Büchern mit eigenen Zeichnungen ausführlich behandelte (*Misérable miracle*, 1956; *Unseliges Wunder*, 1986). Nach zehn Jahren brach er, der Rausch-Erfahrungen überdrüssig geworden, die Drogenexperimente ab und stellte fest, er habe kein ›Talent‹ zur Sucht.

1960 wurde M. der Einaudi-Preis der Biennale von Venedig verliehen, 1965 wurde ihm der Große Staatspreis für Literatur der Republik Frankreich zuerkannt, den er jedoch ablehnte. Aus Abneigung gegenüber solchen Preisverleihungen wies er 1982 auch den Fertinelli-Preis zurück. Seine letzte größere Reise führte M. 1963/64 nach Indien. Als 1978 das Musée National d'Art Moderne im Centre Georges Pompidou eine große Retrospektive von M.' Kunstwerken veranstaltete, erhielt diese die Einladung, ins Guggenheim Museum nach New York zu ziehen. Nicht zuletzt dadurch wurde M.' internationale Anerkennung als Künstler untermauert.

Einige Gedichte M.' wurden von Paul Celan ins Deutsche übersetzt. Dominante Themen in seinen Werken bilden Reisen in entlegene Erdteile sowie Exkursionen in den Bereich des Phantastischen bzw. Imaginären. M. begreift den psychischen Innenraum als unbekanntes Terrain: Den Reisen in die Ferne korrespondiert der Blick in die menschliche Psyche, die es im Medium der poetischen Sprache auszuloten gilt. Begegnungen mit dem eigenen Ich und dem Unbewussten erweisen sich paradoxerweise als Fremderfahrung, als eine Begegnung mit Alterität, die M. auch als gefährliche Grenzüberschreitung beschreibt. M.' Dichtungen umkreisen die prekären Momente und die Fragilität des menschlichen Lebens. Sie beleuchten überdies, meist in einer surrealistisch anmutenden Metaphorik, krisenhafte Augenblicke des Übergangs und die Dynamik der Metamorphose. Der Minotaurus, das Labyrinth, das Zusammenspiel von Gegenwärtigkeit und Abwesenheit repräsentieren rätselhafte Leitmotive seines literarischen Werks. Die Faszination durch das Übernatürliche, Grauenhafte und Phantastische sowie eine fast obsessive Beschäftigung mit dem menschlichen Körper sind weitere charakteristische Merkmale. M. gelingt es, eine genaue, szientifische und analytische Ausdrucksweise mit einer poetischen Bildersprache von spiritueller, fast mystischer Prägung zu verbinden. Die visionäre Dimension seiner poetischen Werke verdankt sich teilweise jenen künstlerischen Impulsen, die von den symbolistischen und surrealistischen Strömungen ausgingen, während die analytische Schärfe seines Denkens sicherlich durch die medizinisch-naturwissenschaftliche Ausbildung geschult wurde.

Werkausgabe: Dichtungen und Schriften. 2 Bde. Zweisprachig. Frankfurt a. M. 1966, 1970.

Annette Simonis

Mickel, Karl
Geb. 12. 8. 1935 in Dresden;
gest. 20. 6. 2000 in Berlin

Für Bert Papenfuß, einen der wichtigen Vertreter der Literatur des Prenzlauer Bergs, war M. die »Autorität der deutschen demokratischen Lyrik«. Obwohl er zu Lebzeiten einem breiteren Publikum weitgehend unbekannt bleibt, gilt der Lyriker, Dramatiker und Essayist unter den Kollegen als »poeta doctus«. Was die Produktion von Lyrik anbelangt, ist M. ein Minimalist, aber ein Maximalist in der Formenstrenge, mit der er seine Verse baut. Nachdem er das »Verseschreiben technisch beherrscht«, gibt es für ihn keine hinreichenden Gründe, »es dauernd zu praktizieren«, und er beschränkt sich auf eine Jahresproduktion von etwa fünf Gedichten. So ist zwar kein umfangreiches lyrisches Werk entstanden, aber eines, das heftig diskutiert worden ist. Die hochartifiziellen Texte, die sich auf Konkretes einlassen, öffnen zugleich Räume für vielfältige Assoziationen. Kompromisslos ist er in seiner Perspektive auf die gegenwärtigen Erscheinungen des Seins in der DDR, was ihn in Konflikt mit der offiziellen Kulturpolitik bringt.

M. entstammt einer Dresdner Arbeiterfamilie und erlebt im Krieg die Zerstörung seiner Heimatstadt. Die Erfahrungen mit der zerstörerischen Wirkung einer Ideologie prägen ihn. Nach dem Abitur studiert er zunächst von 1953 an Volkswirtschaftsplanung bei Hans Mottek, der Zyklus »Mottek sagt« aus *Eisenzeit* (1975) ist auch eine Hommage an den Lehrer, und von 1956 bis 1958 bei Jürgen Kuczynski an der Humboldt-Universität Wirtschaftsgeschichte. M. arbeitet als Redakteur im Verlag »Die Wirtschaft« und wechselt 1960 zur Zeitschrift *Junge Kunst*. Zwischen 1961 und 1965 ist er als freiberuflicher Schriftsteller tätig, kehrt aber 1965 an die Hochschule als Assistent zurück und plant eine Dissertation zum Thema *Die Hochliteratur als Geschichtsquelle*. Helene Weigel holt den hochbegabten Dichter 1970 ans Berliner Ensemble, dem er auch nach dem Tod der Weigel unter der Intendanz von Ruth Berghaus als »stückführender Dramaturg« bis zu deren Abberufung angehört. 1992 wird er Professor für Verssprache und Versdichtung an der Hochschule für Schauspielkunst »Ernst Busch« und 1996 Mitglied der Akademie der Künste und der Akademie für Sprache und Dichtung.

M.s erster Gedichtband *Lobverse & Beschimpfungen* (1963) ist im Unterschied zu den späteren Lyrikproduktionen eher schematisch angelegt und von deutlich agitatorischem Charakter; während die DDR gelobt wird, sind die Beschimpfungen gegen die Bundesrepublik gerichtet. Nur wenige der ersten Gedichte lässt M. bei einer späteren Zusammenstellung seiner frühen Texte gelten. Dazu zählt mit *Abend am Fluß* (1960) ein Naturgedicht von karger Schönheit, das den Lyriker M. bereits in der Rolle des Philosophen zeigt, der dem Konkreten mit ebensolcher Aufmerksamkeit gegenübersteht, wie dem, was es hervorruft: »Auch wenn kein Wind mehr unsern Wald bewegt / Bewegt der Wald sich. Sieh den Wald im Fluß.« Bereits in den frühen Gedichten ist M.s ausgesprochene Vorliebe für das Komische auffällig, verwendet er komische Elemente auf hohem philosophischen Niveau, wie im Gedicht »Vortrag des Zahnarztes S. aus D.« (1962), in dem ein lyrisches Ich bei der Zahnbehandlung nicht nur den Instrumenten, sondern auch den Ansichten des Dentisten über Kunst ausgesetzt ist. Nach Auffassung des Arztes entwickelt sich die Kunst dann besonders günstig, wenn sie herausgefordert ist und schlechten Bedingungen trotzen muss. Die

Entwicklung der Zahntechnik überträgt er auf die Kunstproduktion und kommt zu dem Schluss: »Wenn der Kiefer mürb wird und die Zähne wanken / Wird die Kunst subtil. – Ich konnte, offenen Mundes / Offen gesagt, nichts erwidern.«
Deutlich illusionsloser zeigt sich das lyrische Ich in M.s zweitem Gedichtband *Vita nova mea* (1966), der im selben Jahr wie die zusammen mit Adolf Endler herausgegebene Lyrikanthologie *In diesem besseren Land. Gedichte der Deutschen Demokratischen Republik seit 1945* erscheint. Grundsätzlich gewandelt hat er sich allerdings nicht, doch sieht er die Hoffnungen auf anstehende gesellschaftliche Veränderungen in der DDR, die er zunächst hatte, Mitte der 1960er Jahre nicht eingelöst. Das Gedicht »Der Wald« (1957), das alles andere als ein Lobvers ist und keine Aufnahme in den ersten Gedichtband fand, wird im zweiten nachgereicht. Anders als in »Abend am Fluß« ist darin das Verhältnis des Betrachters zur Natur radikaler, und alles andere als ausgewogen harmonisch zeigt sich das lyrische Ich auf der Höhe der Zeit, die ihm nichts mehr vormacht: »Wie unbezogene Betten Lippen, verdroßne / Bemerkungen, wie aus dem Flugzeug gepißt / Dornenhecken, Wegrandglossen / Kommender Zeiten, ich weiß, was ist.« In dieser desillusionierten Sicht auf die Wirklichkeit korrespondiert das Gedicht mit dem ebenfalls 1957 entstandenen »Lied des Unmuts«, ebenfalls aus dem zweiten Gedichtband.

M. ist für *Vita nova mea* heftig kritisiert und verkannt worden. In dem Gedicht »Der See« formuliert er einen radikalen Subjektanspruch. Das lyrische Ich, das sich zwischen Oben und Unten positioniert, gleicht in seinen heroischen Taten Herakles: Die Naturkräfte, die es anwendet, müssen durch es hindurch: »Durch mich durch jetzt Fluß inmitten eurer Behausungen!« Hans Koch befand 1966 im *Neuen Deutschland*: »Widerwärtig häuft sich Fäkal- und Sexualvokabular«, aber tatsächlich gestört hat die von M. zurückgenommene gesellschaftliche Perspektive, der er z. B. in dem Gedicht »Odysseus in Ithaka« Ausdruck verleiht: »Die Welt ein Schiff! Voraus ein Meer des Lichts / Uns hebt der Bug, so blicken wir ins Nichts.«

M. ist besonders in seiner Lyrik ein lustbetonter Autor, der es versteht, scheinbar nicht zusammengehörende Themen so miteinander zu verschränken, dass sie ihre grotesken Seiten offenbaren. In dem Gedicht »Neubauviertel« (1973) aus dem Band *Eisenzeit* (1975) erscheint der rechte Winkel als »Eichmaß der Regungen« und gilt als Maß aller Dinge. M. greift in dem Gedicht auf den Marx-Satz vom Sein zurück, das den Menschen formt, und denkt ihn radikal weiter. Stimmt er, dann wäre bei der Dominanz des rechten Winkels im öffentlichen Leben demnächst mit einer eintretenden Umwandlung der Sexualorgane zu rechnen.

M.s lyrische Texte, auch seine Naturgedichte, halten häufig Zwiesprache mit Dichter-Kollegen. In dem Gedicht »Die Elbe« (1973) wird nicht nur der Dresden passierende Fluss aufgerufen, sondern neben dem Freund Heinz Czechowski auch an Friedrich Hölderlin und an dessen Hymne »Der Rhein« erinnert. M. denkt Natur und Geschichte in diesem Gedicht zusammen. Während Hölderlin den Fluss aus den Alpen durch die deutschen Lande fließen lässt, verharrt M.s Text in der Enge des sächsischen Raumes, bezweifelt er in den Bildern, die er zitiert, die Chancen einer Vernunft, die sich ins Weite erstrecken kann.

Der »poeta doctus« ist auch ein »poeta docens«, wovon M.s umfangreiche Essay-Sammlung zeugt, die unter dem Titel *Gelehrtenrepublik* (1976) erschienen ist. In dem Aufsatz »Was die Hymne leistet« zeigt M. an Klopstocks Ode »Für den König« die satirischen Momente des Preisgedichtes. Die Sächsische Dichterschule, der neben M. auch Volker Braun, Heinz Czechowski, Richard Leising, Bernd Jentzsch, Rainer und Sarah Kirsch, später auch Adolf Endler und Elke Erb angehörten, bezeichnete sich auch als Klopstock-Gesellschaft.

M. war stets bemüht, das Aktuelle in den historischen Verlauf einzuordnen. Auf die Ereignisse von 1989 hat er mit einem Aufsatz »Die natürliche Tochter, oder: Goethes soziologischer Blick« (1990) reagiert, in dem er als

Motto ein Zitat aus Goethes *Dichtung und Wahrheit* vorangestellt hat, in dem Goethe der Empfindung Ausdruck verleiht, dass er zunehmend Vergangenheit und Gegenwart in eins wahrnimmt, woraus eine Anschauung resultiert, die etwas Gespenstermäßiges in die Gegenwart bringt. An Gespenstisches erinnert auch der Titel von M.s letztem Gedichtband *Geisterstunde* (2004), den er 1999 zusammengestellt hat, aber zu seinen Lebzeiten nicht veröffentlicht wissen wollte – potenziert wird darin der Klage und einem Gefühl des Vergeblichen Ausdruck verliehen.

M.s Schaffen war nicht allein auf lyrische Arbeiten beschränkt. Die »Gehalte« seiner dramatischen Arbeiten der 1960er und 1970er Jahre – darunter *Nausikaa*, die Geschichte der Phäaken-Tochter aus der Odyssee von 1963/68, das auf Anregung von Paul Dessau verfasste Opernlibretto *Einstein* (1965/70), *Wolokolamsker Chaussee* (1971) und *Celestina* (1972) wie auch die in den 1980er Jahren entstandenen Stücke, darunter *Volksentscheid* (1981) und *Halsgericht* (1980/84), – wollte M. »mit denen der lyrischen, prosaischen und essayistischen Schriften verkeilt« wissen. Weil ihn das Theater zunehmend »langweile« (Mickel), hat sich M. verstärkt der Oper zugewendet und u. a. mit Friedrich Schenker zusammengearbeitet (*Die Gebeine Dantons*). Schenker nannte den Dichter den »kostbaren, elitären Widerpart«. Über einen längeren Zeitraum hat M. eine Prosaarbeit verfolgt. Sein Roman *Lachmunds Freunde*, dessen erster Teil als Band 6 der *Schriften* erschien, blieb unvollendet.

Michael Opitz

Mickiewicz, Adam
Geb. 24. 12. 1798 in Zaosie bei Nowogródek/Litauen; gest. 26. 11. 1855 in Konstantinopel

Adam Mickiewicz, der bedeutendste polnische Dichter nicht nur der Romantik, galt in Polen in Zeiten politischer Unfreiheit und Fremdherrschaft »als der große poetische Seelenführer der Nation« (Rolf Fieguth). Sein Lyrikband *Poezje* (1822; *Balladen und Romanzen*, 1871), der das programmatische Gedicht »Romantyczność« (Romantik) enthält, leitete die polnische romantische Bewegung ein, die unter der Wirkung der freiheitlich-idealistischen Poetik Friedrich Schillers stand. Die romantische Literatur Polens zeichnete sich aus durch die Hervorhebung des Gefühls und des Geheimnisvollen, durch die Anknüpfung an das Volkslied und an die Dichtung des Mittelalters. Sie war vor allem aber eine politisch engagierte Literatur.

Der 1823 von M. veröffentlichte zweite Band seiner Poetik enthält das Epos *Grażyna* (1823; *Grazyna*, 1860) und den II. und IV. Teil des Poems *Dziady* (1823–32; *Todtenfeier*, 1887). In *Grażyna* und im Poem *Konrad Wallenrod* (1828; *Konrad Wallenrod*, 1834) verwendete Mickiewicz Stoffe aus der litauischen Geschichte des Mittelalters. In *Konrad Wallenrod* wird der Kampf der heidnischen Litauer gegen den deutschen Ritterorden thematisiert.

Der Titel des Poems *Dziady* bezeichnet ein altes slawisches Fest, das zur Ehrung der verstorbenen Vorfahren gefeiert wurde. Das Poem besteht aus vier Teilen. Im ersten, zweiten und vierten Teil steht die unglückliche Liebe des romantischen Helden Gustav im Mittelpunkt, der im dritten Teil den Namen Konrad annimmt. Während Gustav einen unglücklichen Liebenden verkörpert, symbolisiert Konrad eine unglückliche Nation; aus dem Liebesdrama wurde ein »nationales Freiheitsdrama«. Der Name Konrad stellt auch einen Bezug zum Poem *Konrad Wallenrod* dar, das zu den Texten des polnischen Messianismus zu zählen ist, d. h. zu einer mystischen Lehre, nach der dem polnischen Volk ein Sendungsbewusstsein zugesprochen wird: Dem Leiden Christi vergleichbar, sei das polnische Volk auserwählt und habe für die Sünden der gesamten Menschheit zu leiden. Die politische Wirkung von *Dziady*

zeigte sich noch nach über 100 Jahren in Volkspolen: Die antirussischen Passagen darin veranlassten die polnische Regierung im Januar 1968 dazu, die Aufführung einer Dramatisierung des Poems vom Spielplan des Warschauer Nationaltheaters zu nehmen, was einen Massenprotest zur Folge hatte, auf den die Machthaber mit einer antisemitischen und antiintellektuellen Kampagne antworteten.

M.' Hauptwerk, das Nationalepos *Pan Tadeusz* (1834; *Herr Thaddäus*, 1836), das unter dem Eindruck des gescheiterten Novemberaufstandes von 1830 entstand, zeigt verfeindete polnische Landadelsfamilien, die sich einigen und verbinden, um gemeinsam gegen die russische Besatzungsmacht zu kämpfen. *Księgi narodu i pielgrzymstwa polskiego* (1832; *Bücher des polnischen Volks und der polnischen Pilgerschaft*, 1833), verfasst im Sprachstil der Heiligen Schrift, ist ein Aufruf zur Befreiung unterdrückter Völker. Auch M.' Pariser Vorlesungen über die slawische Literatur zeichneten sich durch eine religiös-nationale Sicht aus. M.' letzte Lebensjahre waren beherrscht von dem Gedanken eines aktiven Kampfs für die Freiheit eines Heimatlandes. Noch in seinem Todesjahr 1855 versuchte M. in Konstantinopel eine polnische Armee aufzustellen, die im Krim-Krieg gegen Russland kämpfen sollte.

Georg Mrugalla

Middleton, Thomas

Getauft 18. 4. 1580 in London; bestattet 4. 7. 1627 in Newington Butts, Surrey

Thomas Middleton war einer der produktivsten Dramatiker des frühneuzeitlichen England. Alleine oder in Kollaboration verfasste er ca. 50 Komödien, Tragödien und Tragikomödien sowie eine Reihe von *civic pageants*, festliche Umzüge für öffentliche Anlässe. Wie kaum ein anderer Dramatiker seiner Zeit widmete sich M. in seinem Werk der Welt des aufstrebenden Bürgertums. Seine lebendigen *city comedies* spielen im »Herzen der Stadt London« (*A Chaste Maid in Cheapside*, ca. 1613) und beschreiben mit kühler, distanzierter Ironie eine vorgeblich ehrbare Bürgerschicht, die sich tatsächlich kaum von der zwielichtigen Londoner Unterwelt unterscheidet. Dennoch ist M.s Darstellung der Londoner Bürger niemals überheblich und moralisierend, sondern von echtem Wohlwollen geprägt. Dies lässt vermuten, dass M., als professioneller Dramatiker und Sohn eines wohlhabenden Maurermeisters, sich seiner Zugehörigkeit zu dieser Gesellschaftsschicht durchaus bewusst war. Kleinbürgerliche Gier und Berechnung sind in seinen Stücken oft Zeichen eines unerschütterlichen Überlebenswillens im Labyrinth der »man-devouring city« (*Michaelmas Term*, ca. 1606); männlich-bürgerliche Tugenden, die in der Figur der Moll Cutpurse (*The Roaring Girl*, ca. 1610 zusammen mit Thomas Dekker geschrieben) ihre lebhafteste (weibliche) Inkarnation erfahren. Mit seinen komplexen und realistischen Frauenfiguren erweiterte M. die *city comedy* ganz entscheidend um eine weibliche Perspektive. Obwohl auch er oft auf traditionelle misogyne Klischees zurückgreift, sind seine Darstellungen weiblicher Lebenswelt doch durchaus authentisch, ja sogar mitfühlend.

M.s Komödien verbinden psychologischen Realismus mit farcenhaft-grotesken und allegorischen Elementen. In *A Game at Chess* (1624) stellt M. die zeitgenössischen englisch-spanischen Beziehungen in Form eines Schachspiels dar: Statt der politischen Protagonisten stehen sich Spielfiguren auf der Bühne gegenüber. Berüchtigt wurde diese erfolgreiche Satire wegen ihres politischen Nachspiels: Nachdem der spanische Botschafter bei James I Beschwerde gegen die offensichtlichen Anspielungen auf verschiedene spanische Würdenträger eingelegt hatte, wurde das Stück nach nur neun Aufführungen abgesetzt. – In seinen Tragödien setzt sich M. kritisch mit dem Genre auseinander. *Women Beware Women* (verfasst um 1625) und *The Changeling* (1622 mit William Rowley geschrieben) bedienen sich der üblichen Konventionen dieser dramatischen Form, um letztlich zu zeigen, dass die Tragödie, eine sich im Fluss befindliche frühkapitalistische Welt nicht mehr befriedigend darstellen kann.

Werkausgabe: The Works of Thomas Middleton. Hg. A.H. Bullen. London 1885–86, New York 1964.

Anja Müller-Wood

Miegel, Agnes
Geb. 9. 3. 1879 in Königsberg; gest. 26. 10. 1964 in Bad Salzuflen

In ihrem kleinen Prosastück *Das Lied des Nöck* verrät M., dass sie zum Dichten mehr vom Schicksal verführt und geführt wurde, als dass sie jenes Ziel bewusst gewollt hätte. Dabei aber fand die Kaufmannstochter im Elternhaus, das in einem traditionsreichen Teil der Altstadt Königsbergs lag, eine gute Ausgangsbasis für den Weg als Autorin. Prägend wurde besonders der Vater mit seinem weltoffenen Bildungsstreben, das sich mit gelebter Treue zur Heimat und Religion verband. Hinzu kamen frühe Erlebnisse in der kräftigen Natur des Samlandes und seiner Küsten an Haff und See.

Schon früh, um 1895, begann die erste Schaffensphase. Sie fand ihren Höhepunkt in dem 1907 in Jena erschienenen Band *Balladen und Lieder*. Die Pensionszeit im kunstfreudigen Weimar war stimulierend vorausgegangen (1894–1895). Über den Kontakt zu Carl Busse wird M. bald mit den jungen Balladendichtern Börries von Münchhausen und Lulu von Strauß und Torney bekannt, woraus sich lebenslange Freundschaften entwickeln. Münchhausen veröffentlicht im *Göttinger Musenalmanach für 1901* erstmals lyrische Gedichte und Balladen von M. – im selben Jahr erscheint bei Cotta auch ihre erste selbständige Veröffentlichung: *Gedichte*. Von Anfang an ist für ihr Schaffen das Nebeneinander von Erlebnislyrik (Natur und Liebe thematisierend) und Ballade (historische und naturmagische) bezeichnend. Dabei liegen Schwerpunkt und literarische Innovation bei der Balladendichtung. Mit Meisterballaden wie *Die Nibelungen*, *Die schöne Agnete*, *Die Mär vom Ritter Manuel* trägt M. entscheidend zur Erneuerung dieser Dichtungsform bei. Eine mit Worten schwer zu umschreibende suggestive Melodik (›Miegelton‹) verbindet sich in ihrer Sprache mit farbiger Bildlichkeit. Der klaren Treffsicherheit des Wortes gehen zumeist medial geschaute Bilder voraus. Man darf sagen, dass der visionäre Ursprung Basis und Nährsalz der M.schen Dichtung ist. Er verbirgt sich hinter Schönheit und Sprachkraft ihrer Werke, von denen Münchhausen sagte, dass sie »unerhört neu und alt zugleich« seien, »als ob Grimm sie eben als Perlen aus dem Meer der mittelalterlichen Volksballadendichtung aufgefischt hätte«.

Auslandsaufenthalte in Frankreich (1898), England (1902–1904) und Italien (1911) bereichern das Werk, das von Beginn an nicht nur dem heimatlichen Boden verhaftet ist. Neue Erfahrungen bringen die Ausbildungsjahre zur Säuglingsschwester in Berlin (1900–1901) und zur Lehrerin in England und Berlin (1902–1905). Mangelnde Konstitution und/ oder Neigung verhinderten aber die Berufsausübung. Eine dritte Ausbildung auf einer landwirtschaftlichen Maidenschule in Geiselgasteig bei München wurde 1906 jäh durch familiäre Probleme beendet. Nach dem nervlichen Zusammenbruch der Mutter (1913 Tod in einer Heilanstalt) muss M. den zunehmend hilflos werdenden Vater bis zu dessen Tod 1917 betreuen. Diese Prüfungsjahre bringen aber nicht nur den Tod der Eltern, sondern auch den Ersten Weltkrieg mit Schlachten und Zerstörungen auf ostpreußischem Boden, dann die deutsche Niederlage und damit das Ende der Welt gesicherten Bürgertums, der sie angehörte. Das positive Fazit für M. ist verstärkte Heimatbindung und eine weitere künstlerische und menschliche Reifung. In Gedichten wie »Hindenburg«, »Über der Weichsel drüben« oder »Patrona Borrussiae« wird die im Kern unpolitische M. zur Sprecherin einer ganzen Region. Der Band *Gedichte und Spiele* (1920) beschließt die erste Schaffensphase und weist voraus. Die ungebrochene Kraft zur Ballade nährt sich nun auch aus der neu und tiefer geliebten Heimat, geht aber über ›Heimatdichtung‹ weit hinaus; vgl. z. B. »Die Fähre« oder »Das Opfer«. In der Lyrik bekundet sich eine Selbstfindung, die ohne Vorfahren und tiefe Verankerung in Boden und Geschichte der Patria nicht auskommt; vgl. »Ihr«; »Cranz«; »Ich«; »Heimat«.

Das aufgezehrte Familienvermögen zwingt M. 1920 zu einer Anstellung beim Feuilleton der *Ostpreußischen Zeitung* (bis 1926); danach ist sie freie Mitarbeiterin bei der *Königsberger Allgemeinen Zeitung* (bis 1929). Vor Ballade und Lyrik schiebt sich in dieser mittleren Schaffenszeit ein umfangreiches Erzählwerk, das (in Auswahl) später vier Bände der *Gesammelten Werke* füllen wird. Es verarbeitet historische Stoffe wie die acht Geschichten von *Gang in die Dämmerung* (1934), familiengeschichtliche wie *Dorothee* (1931), *Heimgekehrt* (1931) oder *Kathrinchen kommt nach Hause* (1936) und auch autobiographische wie *Kinderland* (1930) und *Unter hellem Himmel* (1936). Die Prosa bestimmen zwei Komponenten: Neben der realistischen Sicht der Außenwelt ist es das, was aus Traum und Vision geschöpft ist. Erzählungen wie *Die schöne Malone* (1918; Erstveröffentlichung als Journaldruck) und die vier *Geschichten aus Altpreußen* (1926) zählen zu den Höhepunkten ihrer Erzählkunst. Daneben entstehen weiter Lyrik und Balladen (*Herbstgesang*, 1932). Dramolette (z. B. *Zein Alasman*, 1927) sind trotz literarischer Qualitäten nicht bühnenwirksam und bleiben ein Nebengleis.

Öffentliche Anerkennungen sind seit 1910 die mehrfachen ›Ehrengaben‹ der Deutschen Schillerstiftung, Weimar; 1916 der Preis der Kleiststiftung, Berlin; 1924 die Ehrendoktorwürde der Universität Königsberg, verbunden mit freiem Wohnrecht in Königsberg. Dem folgt 1929 zum deutschlandweit beachteten 50. Geburtstag ein monatlicher Ehrensold der Provinz Ostpreußen, der freies Schaffen ermöglicht. – Die Berufung in die Preußische Akademie der Künste 1933 signalisiert die »Zeit des großen Irrtums« (Anni Piorreck) bzw. die »Tragik der Täuschung« (Fritz Martini). Zum Verständnis muss dabei nicht nur die bedrohte Insellage Ostpreußens gesehen werden, sondern auch die psychische Befindlichkeit M.s. Sie war schon früh mit Visionen vom Untergang Ostpreußens belastet (vgl. z. B. das Gedicht »Sterbesegen«, 1902). So wurde die Gestalt eines vermeintlichen ›Retters‹ (Hitler) für sie eine starke Versuchung. Einzelgedichte (vor allem in der Sammlung *Ostland*, 1940) zeigen unverkennbar nationalsozialistische Ideologie, sind im Rahmen des Gesamtwerkes aber peripher. Diesem jedoch galten der Herderpreis 1936, der Goethepreis der Stadt Frankfurt a. M. 1940 und auch der 1959 verliehene Literaturpreis der Akademie der Schönen Künste, München.

Die am 27. 2. 1945 beginnende Flucht ist der stärkste Einbruch im Leben der fast 66-Jährigen. Auf 20 Monate dänische Lagerzeit folgt im November 1946 die Ausreise nach Deutschland. Nach vorläufiger Bleibe auf einem der Münchhausenschen Güter in Niedersachsen (Apelern) lebt sie von 1948 bis zu ihrem Tod in Bad Nenndorf. 1949 erscheinen die Flüchtlingsgedichte *Du aber bleibst in mir* in ungebrochener Sprachkraft. Die folgende Alterslyrik gibt sich in Spruch und Lied volksliedhaft schlicht, zeigt jedoch eine neue Ebene religiöser Bewusstheit. Daneben aber bleibt M. der Ballade treu (z. B. *Der Traum vom Nobiskrug*). Die beiden Märchen *Ali der Dichter* und *Prinzessin Lale* (1954) verbinden Traum und Wirklichkeit nahtlos. Dagegen schildern drei Erzählungen das Flüchtlingsleben nach 1945 realistisch krass (im Sammelband *Heimkehr*, 1962). 1952 bis 1955 und 1965 erscheinen die nicht annähernd vollständigen sieben Bände ihrer *Gesammelten Werke* bei Diederichs.

Zu den unbestreitbaren Verdiensten M.s gehört nicht nur ihr Beitrag zur Erneuerung der Ballade, sondern auch, dass es ihr gelang, ostpreußischer Natur und Geschichte ein gültiges Denkmal in der deutschen Literatur zu setzen, dem vergleichbar, das Annette von Droste-Hülshoff für Westfalen schuf. Darüber hinaus wird ihr Werk als das einer stark visionär veranlagten Frau ein besonderes Faszinosum bleiben. 1992 konnte die Agnes-Miegel-Gesellschaft, Bad Nenndorf (AMG; www.agnes-miegel-gesellschaft.de) eine zweisprachige Gedenktafel für M. in Kaliningrad/ Königsberg an ihrer letzten Wohnung, Hornstraße 7, enthüllen. Damit begann die lebhafte Kontaktpflege zwischen Ost und West. Ein russischer Zweig der AMG bildete sich. Es gibt jährliche Tagungen und Festakte in Bad Nenndorf und Kaliningrad mit gegenseitigen Besuchen, Vorträgen und Ausstellungen; ferner russische Buchausgaben M.scher Werke sowie Seminar- und Diplomarbeiten russischer Germanistikstudenten und nicht zuletzt auch russische Schülerarbeiten über M. Alles unterstreicht beispielhaft die ›Makleraufgabe‹ M.s und ihres Werkes zwischen Ost und West.

Werkausgabe: Gesammelte Werke in 7 Bänden. Köln/Düsseldorf 1952–1965.

Annelise Raub

Miller, Arthur

Geb. 17. 10. 1915 in New York; gest. 10. 2. 2005 in Roxbury, Connecticut

In seiner Jugend hätte ihm wohl niemand eine Karriere als Künstler und Intellektueller vorausgesagt. Geboren als zweiter Sohn eines jüdischen Textilfabrikanten, der es aus einfachen Verhältnissen zu Wohlstand gebracht hatte, interessierte sich der heranwachsende Arthur Miller eher für Sport und Vergnügungen als für Bücher und Sozialkritik. Einen entscheidenden Einschnitt in seinem Leben markierte der Börsenkrach vom Oktober 1929, der auch den Bankrott des väterlichen Familienunternehmens zur Folge hatte. Konfrontiert mit Phänomenen, die er bis dahin nur aus der Distanz wahrgenommen hatte, wurde die Zeit der Weltwirtschaftskrise für M. – wie für viele, die ihre bewusstseinsprägenden Lernerfahrungen in den 1930er Jahren machten – zum Anlass, den optimistischen Glauben an den »American Dream« radikal in Frage zu stellen.

Diese Desillusionierung spiegelt sich auch in den ersten Stücken, *Honors at Dawn* (1936) und *No Villain* (1937; später umgearbeitet zu *They Too Arise* und *The Grass Still Grows*), die M. noch während seines Studiums verfasste. Beide Stücke bewegen sich noch im konventionellen Rahmen der epochentypischen linksradikalen Propagandaliteratur, indem sie soziale Missstände einseitig auf die gesellschaftlichen Klassenstrukturen zurückführen. Nach dem Studium arbeitete M. eine zeitlang beim linkspolitisch engagierten Federal Theatre Project mit. Mit dem Eintritt der Vereinigten Staaten in den Zweiten Weltkrieg begann für M. dann eine Übergangsphase, in der er seinen Lebensunterhalt mit schriftstellerischen Auftragsarbeiten bestritt: Er schrieb Hörspiele, sammelte in Armeecamps Material für den Film THE STORY OF GI JOE (1945) und verfasste als Ergebnis dieser Recherchen das Kriegstagebuch *Situation Normal* (1945), das gegenüber dem patriotischen Pathos der Hollywood-Kriegspropaganda eine distanzierte Position einnimmt. 1945 erscheint sein Roman *Focus* (*Focus*, 1950), in dem sich M. kritisch mit dem Phänomen des Antisemitismus auseinandersetzt. Dieser Roman zeigt eine thematische Akzentverschiebung an, die sich auch in M.s dramatischem Werk manifestiert. An die Stelle eines doktrinär verkündeten Klassenstandpunkts tritt nun die Frage nach der persönlichen moralischen Verantwortung des Individuums, und das marxistische Dogma von der ökonomischen Determiniertheit des Menschen wird ersetzt durch das Interesse an den Bewusstseinsverstrickungen des Einzelnen in seine individuellen wie auch in die kollektiven Träume und Illusionen seines gesellschaftlichen Umfelds.

Diese Akzentverschiebung zeigt sich bereits in seinem ersten Broadwaydrama, der Komödie *The Man Who Had All the Luck* (1944). Dieses Stück über einen jungen Automechaniker, der durch eine Reihe von offensichtlich blinden Zufällen zu Reichtum gelangt, aber am Ende gleichwohl davon überzeugt ist, seinen Erfolg der eigenen Tüchtigkeit zu verdanken, ist nicht nur ein satirischer Kommentar auf den »American Dream«, sondern veranschaulicht auch, welch starken Einfluss bestimmte populärmythische Denkmuster auf das Bewusstsein und Handeln von Individuen haben können. Um Bewusstseinskritik geht es auch in den beiden nachfolgenden Familiendramen *All My Sons* (1947; *Alle meine Söhne*, 1948) und *Death of a Salesman* (1949; *Der Tod eines Handlungsreisenden*, 1950), mit denen M. sich als einer

der führenden amerikanischen Dramatiker nach dem Zweiten Weltkrieg etablierte. Nach dem Vorbild der analytischen Dramentechnik Henrik Ibsens gestaltet *All My Sons* im Rahmen eines Vater-Sohn-Konflikts den Prozess der allmählichen Aufarbeitung verdrängter Schuld. Zentrales Handlungsmotiv ist die Auseinandersetzung zwischen dem Fabrikanten Joe Keller und seinem Sohn Chris. Joe Keller ist im Zweiten Weltkrieg durch die Auslieferung schadhafter Flugzeugteile an die Luftwaffe zu geschäftlichem Erfolg gelangt, obwohl er für den Tod mehrerer Piloten, darunter auch den seines ältesten Sohnes Larry, verantwortlich ist. Chris, der zunächst noch die Einsicht in die Schuld seines Vaters vor sich selbst zu verleugnen sucht, wird am Ende zu dessen gnadenlosem Ankläger. Das Stück endet mit dem Schuldeingeständnis und dem anschließenden Selbstmord Joe Kellers. Hinter der scheinbar einfachen Figuren- und Handlungskonstellation verbirgt sich eine außerordentlich komplexe moralische Problematik. Diese Komplexität erwächst nicht zuletzt aus dem Umstand, dass entgegen dem oberflächlichen Anschein alle Beteiligten sozusagen komplizenhaft in einen gemeinschaftlichen Schuldzusammenhang verstrickt sind. Im Lichte des in M.s programmatischem Essay »Tragedy and the Common Man« (1949) formulierten Diktums »I believe that the common man is as apt a subject for tragedy in its highest sense as kings were« betrachtet, erscheint Joe Keller als ein tragischer Held modernen Typs, dessen moralischer Entwicklungsgang dem konventionellen Gattungsmuster von tragischer Verblendung, Selbsteinsicht und sühnendem Selbstopfer folgt.

Death of a Salesman greift wesentliche Motive von *All My Sons* wieder auf, geht aber formal neue Wege, indem es die analytische Technik der allmählichen Vergangenheitsenthüllung mit dem expressionistischen Stilmittel der unmittelbaren Bewusstseinsdarstellung verknüpft. Das Stück besteht aus einer realistischen Rahmenhandlung und einer Reihe von expressionistischen Binnenszenen, in denen die subjektive Erinnerungs- und Halluzinationswirklichkeit des Protagonisten, des alternden Handlungsreisenden Willi Loman, auf die Bühne projiziert wird. Zentrales Handlungsmotiv ist wieder der Vater-Sohn-Konflikt, hier zwischen Willi Loman und seinem Sohn Biff, beide gescheiterte Existenzen, die kläglich hinter ihren Erfolgserwartungen zurückgeblieben sind. Indem das Stück die falschen Träume des Protagonisten als wesentlichen Grund für dieses Scheitern freilegt, übt es zugleich Kritik am »American Dream«. Diese Kritik erfolgt im Wesentlichen über eine Analyse der Widersprüche im Bewusstsein Willi Lomans, welche sich besonders in der Erinnerung an drei Vaterfiguren – Willis leiblichen Vater, seinen älteren Bruder, Uncle Ben, sowie den Handlungsreisenden Dave Singleman – manifestieren, von denen jeder eine bestimmte historische Spielart des »American Dream« verkörpert: Willis Vater den nostalgischen Traum von einem freien, selbstbestimmten und naturnahen Leben, wie er sich im kollektiven Gedächtnis der Amerikaner mit der vorindustriellen Pionierzeit des 18. und frühen 19. Jahrhunderts verbindet, Uncle Ben den sozialdarwinistischen Traum vom schnellen Erfolg, wie er vor allem für die frühkapitalistische Expansionsphase des späten 19. Jahrhunderts charakteristisch war, und Dave Singleman den Popularitätsmythos, also den Glauben, allein durch Bekanntheit und Beliebtheit zu Erfolg und Reichtum gelangen zu können, der ein ideologisches Produkt der spätkapitalistischen Konsumgesellschaft des 20. Jahrhunderts und zugleich die historische jüngste Variante des »American Dream« darstellt. Die symbolhaft verdichtete Schlussszene des zweiten Aktes repräsentiert einen letzten vergeblich-pathetischen Versuch Willi Lomans, die widersprüchlichen Leitbilder, die sein Leben bestimmt haben, zur Synthese zu bringen, als er zu mitternächtlicher Stunde Samen in seinen Hinterhofgarten einsät, Selbstmord begeht in der Hoffnung, seine Familie mit Hilfe seiner Lebensversicherung auf einen Schlag reich machen zu können, und mit der Vorstellung in den Tod geht, dass bei seinem Begräbnis Hunderte von Kollegen und Kunden anwesend sein werden. Der Protagonist sperrt sich damit bis zu seinem Ende gegen jede Einsicht in die Falschheit seiner Träume. Eine solche wird allein Biff zuteil, der in einer emotional geladenen Auseinandersetzung seinem Vater entgegenhält:»I'm a dime a dozen, and so are you!« und in der abschließenden Requiemszene feststellt:»He had the wrong dreams. All, all wrong.« Es hat in der Kritik eine breite Kontroverse über die Frage gegeben, inwieweit das Drama dem von M. formulierten Anspruch, eine ›moderne Tragödie‹ schaffen zu wollen, gerecht wird. Gegenüber Kritikern, die in dem Stück eine Aufspaltung von tragischer Verblendung und tragischer Einsicht auf zwei Figuren zu erkennen glauben, lässt sich einwenden, dass Biffs Einsicht in die eigene Nichtswürdigkeit und die seines Vaters nicht eigentlich als tragisch bezeichnet werden kann, da ihr das für die Figur des tragischen Helden konstitutive Moment der ›Größe‹ fehlt. Diese im Sinne des modernen Tragödienkonzepts M.s nicht mehr als soziale, sondern als innere Qualität zu definierende Größe gewinnt jedoch Willi Loman, wenn er auf der individuellen Würde seiner Person besteht und seinem Sohn entgegenhält:»I am not a dime a dozen! I am Willi Loman, and you are Biff Loman!« Um sich aber der Einsicht in die Nichtswürdigkeit seiner Person verweigern zu können, muss er noch bis in den Tod hinein an den Illusionen festhalten, die sein Leben bestimmt haben. In diesem Sinne wird gerade die Intensität seiner tragischen Verblendung, in paradoxer Umkehrung des traditionellen Schemas, zum Ausweis seiner tragischen Größe.

Nach dem phänomenalen Erfolg von *Death of a Salesman* brachte M. in den 1950er Jahren mit *An Enemy of the People* (1950), einer Adaption von Henrik Ibsens gleichnamigem Geschichtsdrama *The Crucible* (1953; *Hexenjagd*, 1954), sowie den beiden Einaktern *A View from the Bridge* (1955; *Blick von der Brücke*, 1956) und *A Memory of Two Mondays* (1955) vier Stücke auf die Bühne, die seinen Status als einer der führenden amerikanischen Dramatiker weiter festigten. Politische Aufmerksamkeit erregte er insbesondere mit *The Crucible*, in dem er den historischen Stoff der Hexenverfolgung in Salem, Massachusetts, zu einer Parabel über die zeitgenössische politische Situation während der McCarthy-Ära machte. Auch in diesem Drama vermeidet M. vereinfachende Antworten, indem er u. a. an der Hauptgestalt John Proctor aufzeigt, wie das persönlich unbeteiligte Individuum, das zum Opfer der Gewalt wird, komplizenhaft in die gesellschaftlichen und politischen Schuldzusammenhänge verstrickt werden kann. Dieses Thema sollte ihn wenig später auch in seiner eigenen Biographie beschäftigen. Im Juni wurde er 1956 vor das Committee on Un-American Activities geladen und aufgefordert, frühere Weggefährten zu denunzieren. Obwohl sich M., ähnlich wie sein Dramenheld John Proctor, diesem Ansinnen standhaft verweigerte, hinterließ das Erlebnis bei ihm nachhaltige Schuldgefühle. Hinzu kamen Komplikationen in seinem Privatleben: Im gleichen Jahr ging seine Ehe mit seiner ersten Frau, Mary Grace Slattery, in die Brüche, und er heiratete Marilyn Monroe, von der er sich jedoch 1960 wieder trennte. Nach der Scheidung von ihr folgte 1962 die Heirat mit der österreichischen Photographin Ingeborg Morath.

Durch solche persönlichen Erfahrungen wurde M. auch als Schriftsteller für das Thema der komplizenhaften Schuldverstrickung weiter sensibilisiert. Deutlich wird dies vor allem dem autobiographischen Erinnerungsstück *After the Fall* (1964; *Nach dem Sündenfall*, 1964), in dem M. diese Erfahrungen mit Hilfe eines konfessionsähnlichen Erzählermonologs seiner fiktiven *persona* Quentin und einer den Assoziationsstrom des menschlichen Bewusstseins nachbildenden Montagetechnik aufarbeitet. M. weitet dabei das Thema der individuellen Schuldverstrickung ins Allgemeine aus, indem er Motive aus dem vermeintlich persönlich-privaten Erlebnisbereich von Ehe, Familie und Freundschaft mit historischen Ereignissen wie der McCarthy-Ära und der Judenvernichtung kombiniert. Er verweidet damit nicht nur auf die politische Dimension des Persönlichen, sondern kommt tendenziell zu einer Grundaussage über die Existenz des Bösen als einer grundlegenden Tatsache menschlichen Daseins. Insofern markiert das Stück eine perspektivische Verlagerung in M.s dramatischem Schaffen von einer psychologisch-sozialkritischen hin zu einer anthropologisch-existentialistischen Sichtweise. Deutlich wird diese Verlagerung auch in dem Einakter *Incident at Vichy* (1964; *Zwischenfall in Vichy*, 1965), dessen Handlung im Jahre 1942 während der deutschen Besetzung in Frankreich spielt. Eine Gruppe von Männern, die meisten von ihnen Juden, warten im Vorraum einer Verhörkammer der Gestapo auf ihr Verhör, in der angstvollen Erwartung, nach Auschwitz abgeschoben zu werden, falls sie als ›Nichtarier‹ identifiziert werden. Im Mittelpunkt des Geschehens steht die Auseinandersetzung zwischen dem jüdischen Intellektuellen Leduc und dem irrtümlich aufgegriffenen österreichischen Adligen Baron von Berg, in dessen Verlauf es zu einer überraschenden Rollenumkehrung kommt. Der von Leduc der Komplizenschaft mit den Mördern beschuldigte Baron steckt seinem jüdischen Gegenspieler heimlich Ausweispapiere zu, die diesem die Flucht ermöglichen, aber ihn selbst möglicherweise das Leben kosten. Der Opferkandidat Leduc wird damit durch seinen Antagonisten als potentieller Komplize des verbrecherischen Gewaltsystems entlarvt. Umgekehrt erscheint auch Baron von Berg nicht als moralisch einwandfreie Märtyrergestalt, sondern nur als Sieger in einem moralischen ›Machtspiel‹, indem er durch sein Selbstopfer den anderen zum Schuldigen gemacht hat. Die moralische Ambivalenz menschlicher Motive ist auch ein Leitthema in dem analytischen Stück *The Price* (1968), in dem zwei Brüder anlässlich der Auflösung des Hausrats ihrer verstorbenen Eltern in eine Auseinandersetzung über die Vergangenheit geraten. Dabei wird für den Zuschauer deutlich, wie jeder der beiden mit seinen moralischen Vorhaltungen an die Adresse des anderen immer auch von einem unterschwelligen Bedürfnis nach Selbstrechtfertigung motiviert wird. In der dramatischen Satire *The Creation of the World and Other Business* (1972; *Die Erschaffung der Welt und andere Geschäfte*, 1974), einer 1974 unter dem Titel *Up From Paradise* als Musical herausgebrachten Parodie des biblischen Schöpfungsmythos, wird diese Thematik gewissermaßen ins Kosmische erweitert. Selbst der Schöpfergott ist, abgesehen davon, dass ihm gelegentliche ›Produktionsfehler‹ unterlaufen, nicht frei von eitlem Selbstbespiegelungsdrang, wenn er den ersten Menschen nach seinem Ebenbild zu schaffen versucht.

Die bis ins hohe Alter hinein ungebrochene schriftstellerische Vitalität M.s dokumentiert sich noch in einer Vielzahl weiterer Stücke, von *The Archbishop's Ceiling* (1977) und *The American Clock* (1980) bis hin zu *The Last Yankee* (1993) und *Broken Glass* (1994). Auch über den Bereich des Dramas hinaus bezeugt sich die ungewöhnliche Vielfalt seines Werkes u. a. in Form zahlreicher dramentheoretischer Essays (gesammelt in *The Theater Essays*, 1978; *Theateressays*, 1981), im Genre der Erzählprosa (*The Misfits*, 1961; *I Don't Need You Any More: Stories*, 1967), des Filmdrehbuchs (THE MISFITS, 1964, nach der gleichnamigen Kurzgeschichte), des Fernsehspiels (*Playing for Time*, 1980), der Autobiographie (*Timebends: A Life*, 1987; *Zeitkurven*, 1987) sowie in den zusammen mit Ingeborg Morath herausgebrachten Bild-/Textbänden (*In Russia*, 1969; *In the Country*, 1977; *Chinese Encounters*, 1979). Das Werk des 2005 verstorbenen M. ist von einer Breite und Tiefe, die ihn als einen der wichtigsten literarischen Stimmen unserer Zeit erscheinen lässt.

Werkausgaben: The Theater Essays of Arthur Miller. Hg. R.A. Martin/S.R. Centola. New York 1996. – Plays: One; Plays: Two. London 1988. – The Portable Arthur Miller. Hg. H. Clurman. New York 1971.

Kurt Müller

Miller, Henry [Valentine]
Geb. 26. 12. 1891 in New York;
gest. 7. 6. 1980 in Pacific Palisades, Kalifornien

Man vergisst gerne, dass Henry Miller nie ein junger Autor war. *Tropic of Cancer* (1934; *Wendekreis des Krebses*, 1953), seine erste nennenswerte literarische Arbeit, erscheint, als er 42 Jahre alt ist. Das Buch, geschrieben und verlegt in Paris, darf in den USA nicht verkauft werden, und etabliert M. trotz lobender Worte T.S. Eliots im öffentlichen Bewusstsein als anstößigen Pornographen. Im Folgenden bemüht sich M., diesem Ruf mit allen Mitteln gerecht zu werden, und legt mit *Tropic of Capricorn* (1939; *Wendekreis des Steinbocks*, 1953) und der Trilogie *The Rosy Crucifixion* (*Die fruchtbare Kreuzigung*), bestehend aus *Sexus* (1949; *Sexus*, 1970), *Plexus* (1953; *Plexus*, 1955) und *Nexus* (1960; *Nexus*, 1961) weitere Skandalerfolge vor. Bei all diesen Werken handelt es sich um autobiographische Romane, die M.s Jugend in Amerika und seine ersten Jahre in Paris thematisieren. *Tropic of Capricorn* beschreibt das New York der frühen 1920er Jahre, *The Rosy Crucifixion* erzählt von M.s Versuchen, in der Stadt als Künstler zu leben (wenn auch nicht zu arbeiten), und *Tropic of Cancer* schildert die ästhetische Selbstfindung des nun endlich auch schreibenden Schriftstellers in Paris. Das für diese Romane typische Zusammenfallen von Pornographie und Autobiographie macht deutlich, wie sehr M. den Akt des Schreibens immer auch als eine Verlängerung gewesener Lust begreift – als ein gleichermaßen verzweifeltes wie selbstberuhigendes Aufbäumen gegen den unaufhaltsamen Prozess des Alterns. Nostalgie und Todesgewissheit zeigen sich hier, wie so häufig in erotischer Literatur, als die eigentlichen Antriebsquellen hinter dem Willen zur sprachlichen Normverletzung. Dabei geht der Wunsch nach imaginärer Rückkehr zu alten Orten und Liebschaften mit einem durchaus verbissenen Zwang zu deren Objektivierung einher. Zwar erlaubt die Beschreibung vergangener Körperlust dem fiktionalen Ich, verloren geglaubte Empfindungen zu erneuern, doch werden seine sexuellen Erinnerungen durch Niederschrift unweigerlich zu Stücken einer Sammlung, hierin den traurigen Liebesverzeichnissen des greisen Casanova vergleichbar. Lüsterne Reminiszenz führt M. letztlich nicht zurück in die ersehnten Landschaften der Jugend, sondern hinab ins Archiv erotischer Denkwürdigkeiten, wo er sich selbstsicher einrichtet. Das Gewesene gerät so häufig zum Souvenir, ja zur Trophäe, deren Objekthaftig-

keit dem Wunsch nach Wiederbelebung toter Emotionen Hohn spricht. Dies gilt nicht nur für M.s sexuelle Autobiographik, sondern auch für *The Books in My Life* (1951; *Die Kunst des Lesens*, 1963), wo die Aura pubertärer Initiationen anhand von Leseerfahrungen rekonstruiert werden soll. Doch meint M. es ernst mit dem besitzanzeigenden Pronomen und opfert die Erotik der Lektüre schließlich dem Stilprinzip des Katalogs: Säuberlich listet er einhundert Bücher auf, die ihn beeinflusst haben und als solche nun abgelegt werden können. Erwartungsgemäß rekrutiert sich sein Kanon vornehmlich aus dem exzentrischen Lager der Moderne. Neben Klassikern wie D.H. Lawrence und Arthur Rimbaud nennt er Rider Haggard, Blaise Cendrars, Jean Giono und den amerikanischen Romancier Edgar Salters. Von Anaïs Nin, deren monumentales Tagebuchwerk er 1931 in Paris wie eine Offenbarung liest, lernt er die Verbindung von Introspektion und Exhibitionismus.

Politisch kann M.s Haltung im Sinne einer diffusen Anti-Bürgerlichkeit beschrieben werden. Die Reden der Anarchistin Emma Goldstein, die er 1913 in Kalifornien hört, machen einen großen Eindruck auf ihn, doch zeigt er sich auch für esoterische Zivilisationskritik offen, interessiert sich für Emanuel Swedenborg, Theosophie und Astrologie. Insgesamt durchzieht sein Werk ein oftmals kitschig anmutender Drang zum Chaotischen, Anarchischen, Gesetzlosen. Ordnungssysteme erscheinen ihm generell als totalitär; Befreiung ist einzig durch einen reinigenden Zerstörungsakt zu erwirken, der den ›neuen Menschen‹ als die Stelle des westlichen Subjektes treten lassen soll. In Auffrischung modernistischer Lebensphilosophien stattet M. auch den Koitus mit solch utopischen Versprechungen aus, so dass seine literarischen Liebesakte oft nicht mehr von sich selbst handeln, sondern ein marktgängiges Flair von Dissidenz behaupten. Wie sehr das messianische Pathos dieser Subversionsethik selbst zur Gewalt neigt, zeigt sich in The Air-Conditioned Nightmare (1944; Der klimatisierte Alptraum, 1977), einem bitteren USA-Reisebericht, der die Amerikakritik eines Norman Mailer oder Allen Ginsberg vorwegnimmt. In undifferenzierter, doch wortgewaltiger Form polemisiert M. hier gegen Technologie, Urbanität, Materialismus, Patriarchalismus, Konformismus usw., um schließlich den Gewaltverbrecher als den einzig noch denkbaren Individualisten zu feiern. Auch Tropic of Cancer, M.s vielleicht gelungenstes Werk, ist offenbar André Bretons surrealistischem Credo verpflichtet, demzufolge der letztgültige ästhetische Akt darin besteht, wahllos in eine Menge zu schießen: Der Roman setzt sich zu weiten Teilen aus mitreißenden Schmähreden und einfallsreichen Weltvernichtungsphantasien zusammen. Intellektuell meist vage, thematisch eher monoton und als Erzähler nicht selten melodramatisch, ist M. in seinen ehrlichsten Momenten ein bewegender und oft komischer Autor, dessen Programm für Tropic of Cancer – aufzuzeichnen, was in anderen Büchern weggelassen wird – der amerikanischen Literatur ein neues Vokabular eröffnet hat.

Frank Kelleter

Miłosz, Czesław
Geb. 30. 6. 1911 in Szetejnie (Seteiniai)/ Litauen; gest. 14. 8. 2004 in Krakau/Polen

Czesław Miłosz, moralische Autorität und zum Mythos erhobener Vertreter des polnischen Freiheitskampfes, ist unbestritten der bedeutendste Dichter Polens des 20. Jahrhunderts. Sein 70 Jahre andauernder literarischer Schaffensprozess, der sich in Litauen, Polen, Frankreich und den USA vollzog, war stets mit der nationalen Tradition seines Landes verbunden. Litauen und Polen blieben die zentralen Bezugspunkte seines literarischen Schaffens. Sein gesamtes Werk zeichnet sich durch eine eschatologisch-katastrophische Weltanschauung aus, die von einer geistigen Krise der Zivilisation ausgeht. Bekräftigt wurde seine katastrophische Position durch die Erlebnisse während des Zweiten Weltkriegs, den er in Warschau überlebte. Die literarische Verarbeitung der Kriegserlebnisse spiegelt sich in dem Gedichtband Ocalenie (1945; Rettung).

Mit dem Kriegsende und der Einführung des sozialistischen politischen Systems verband M. große Hoffnung auf eine bessere Zukunft. Von 1945 bis 1951 war er Kulturattaché der Volksrepublik Polen in den USA und Frankreich. Nach der Verschärfung der diktatorischen Maßnahmen des Stalinismus verweigerte er die Tätigkeit im diplomatischen Dienst und hielt sich bis 1956 als Emigrant in Frankreich auf.

In der Essaysammlung Zniewolony umysł (1953; Verführtes Denken, 1953), dem ersten im Westen geschriebenen Buch, rechnet M. mit den stalinistischen gesellschaftspolitischen Praktiken ab. Er beleuchtet die Mechanismen, die dazu führten, dass die Intellektuellen gegen ihre Überzeugung dazu bereit waren, mit den kommunistischen Machthabern zusammenzuarbeiten. Mit dem Band, der auch kritische Stimmen hervorgerufen hatte, erlangte M. eine breite internationale Anerkennung. Im Westen wurde er weniger als Dichter denn als antikommunistischer Essayist betrachtet.

Die Entscheidung, in der Emigration zu bleiben, bedeutete – besonders für den Lyriker M. – einen radikalen Bruch mit der bisherigen Identität und die Trennung von seinen Lesern. Noch im Essayband Ziemia Ulro (1977; Das Land Ulro, 1982) schlug sich der Trennungsschmerz nieder: »Mit meinem Los, dem Exil, habe ich mich nicht abfinden können.« M. arbeitete mit der Pariser Monatsschrift Kultura zusammen und veröffentlichte dort Rezensionen und Berichte über kulturelle Ereignisse. Nach dem autobiographischen Roman Dolina Issy (1955; Tal der Issa, 1957), in dem er das Land seiner Herkunft und seine Kindheit schildert, schrieb er Rodinna Europa (1959; West- und östliches Gelände, 1961), eine intellektuelle Biographie.

1960 siedelte M. in die USA über, wo er von 1961 bis 1981 als Dozent für Slavische

Sprachen und Literatur an der Universität Berkeley/Kalifornien tätig war. Neben seiner Hochschultätigkeit veröffentlichte er Lyrik- und Prosabände sowie Essaysammlungen. 1980 wurde M. mit dem Nobelpreis für Literatur ausgezeichnet als Schriftsteller, der »mit einer kompromisslosen Eindringlichkeit die Bedrohungen des Menschen in einer Welt voller gewaltiger Konflikte zeigt«.

Seine Poesie, in der er Motive aus der altpolnischen, englisch- und französischsprachigen Lyrik verband, zeichnet sich durch eine eschatologische Weltsicht aus. Thematisiert werden religiöse, ethische und philosophische Fragen wie die Vergänglichkeit des Menschen. Seine Gedichte betrachtete M. als einen kleinen »Akt der Rebellion gegen den Tod«. Die Poesie des 20. Jahrhunderts war für ihn »nichts anderes als ein Zusammentragen von Daten über die letzten Dinge im menschlichen Dasein«. M. war ein religiöser Dichter, der mit Sorge die Auflösung christlicher Werte und Vorstellungen beobachtete. Verantwortlich machte er dafür den voranschreitenden Einfluss des technischen und naturwissenschaftlichen Fortschritts. Fasziniert war er von der Person Papst Johannes Paul II. und der von ihm verbreiteten katholischen Lehre. Zu seinen Ehren verfasste M. im Jahr 2000 eine »Ode zum achtzigsten Geburtstag von Johannes Paul II.«. Nach der 1989 erfolgten Auflösung des sozialistischen politischen Systems und der Einführung der parlamentarischen Demokratie in Polen ließ sich M. in Krakau nieder, der einzigen polnischen Stadt, in der es »einen liberalen Katholizismus gibt«.

M.' Gedichte zeichnen sich durch Vielfalt und Vielschichtigkeit ihrer Motive aus. Die Gedichte der 1990er Jahre etwa sind geprägt durch ein verändertes Verhältnis des lyrischen Ichs zur Erotik: Das Sinnlich-Körperliche, das Begehren und die Sinnenfreude stehen hier im Vordergrund der Wahrnehmung. Zur Analyse des Gesamtwerks der »gigantischen Gestalt« (Jacek Podsiadło) aus unterschiedlichen Perspektiven und zur Untersuchung der darin enthaltenen ästhetischen Verfahren, ethischen und religiösen Normen und Werte sowie politischen Aussagen ist in der polnischen Literaturwissenschaft eine sogenannte »Miłoszologie« entstanden.

M. war ein produktiver und gesellschaftspolitisch engagierter Prosaiker. In *Piesek przydrożny* (1997; *Hündchen am Wegesrand*, 2000) – einer Sammlung kurzer Prosatexte – stehen theologische, anthropologische und poetologische Fragen im Zentrum der Darstellung. *Przygody młodego umysłu* (2003; Abenteuer eines jungen Geistes) enthält publizistische und erzählende Texte der Jahre 1931 bis 1939 – Dokumente, die das Denken M.' im politischen Kontext der 1930er Jahre zeigen. *O podróżach w czasie* (2004; Über Reisen in der Zeit) beinhaltet Essays zur Meditation und Reflexion über die Vergänglichkeit, *Spiżarnia literacka* (2004; Literarische Speisekammer) ist eine Feuilletonsammlung zum literarischen und politischen Kontext der Zwischenkriegszeit, d. h. der Jahre von 1919 bis 1939.

M., der unter so unterschiedlichen politischen Bedingungen und persönlichen wirtschaftlichen Verhältnissen wie der Zwischenkriegszeit, der Kriegszeit, als Diplomat in Volkspolen, als Emigrant im westlichen Ausland und schließlich als Bürger seines demokratischen Heimatlandes lebte, wirkte auch als Vermittler zwischen den Kulturen. Er verfasste *The History of Polish Literature* (1969; *Geschichte der polnischen Literatur*, 1981), die in mehrere Sprachen übertragen wurde, gab die Korrespondenzen literarischer Persönlichkeiten heraus und übersetzte Teile der hebräischen und griechischen Bibel sowie englischsprachige und französische Dichter ins Polnische und polnische Dichter ins Englische.

Georg Mrugalla

Milton, John
Geb. 9. 12. 1608 in London;
gest. 8. 11. 1674 in London

John Milton ist nach Shakespeare der prominenteste Autor des etablierten Kanons englischer Hochliteratur. Doch während Shakespeare lebendiges Kulturgut geblieben ist, dokumentiert in zahlreichen Bearbeitungen durch die Jahrhunderte bis zu Adaptionen in der Volkskultur oder postmodernen Gegentexten, hat sich der elitäre Text M.s solcher Dialogizität nur der Hochliteratur geöffnet. Der *poeta doctissimus* M., der Englisch so elegant schrieb wie Latein, Griechisch und Italienisch und des Hebräischen mächtig war, wird heute mehr geschätzt und zitiert als gelesen. Der als ›Puritaner‹ und ›Cromwellianer‹ bekannte M. wurde als Anglikaner geboren, Sohn eines wohlhabenden Londoner Notars und Privatbankiers. Dies eröffnete ihm, neben standesgemäßer Privaterziehung, den Zugang zu der humanistischen St Paul's School, London, und danach dem Christ's College, Cambridge (den ›Puritaner‹ gescholtenen Nonkonformisten noch lange unzugänglich). Es war diese Kombination, die M. in seiner späthumanistischen Prosaschrift *Of Education* (1644) zum Ideal erhob. Innerhalb der anglikanischen Kirche waren die Miltons allerdings kalvinistische Protestanten der *Low Church*, die der sich später formierenden katholisierenden *High Church* und ihrer Unterstützung des Stuart-Absolutismus fernstanden. Das nährte M.s andauernde Rebellion wider jegliche Form von politischer und religiöser Orthodoxie: Er fühlte sich stets nur seinem Gewissen verpflichtet und der Bibel, die er in Hebräisch und Griechisch las, unter Hinzuziehung rabbinischer wie patristischer Kommentare. Daraus erwuchs seine Opposition wider die absolutistischen Bestrebungen von Charles I, dessen Hinrichtung 1649 er für Oliver Cromwell verteidigte. Das nährte aber auch seine ständige Opposition wider die ähnlich absolutistischen Bestrebungen Cromwells, dessen unbequemer ›Außenminister‹ er war. Hinzu kamen seine theologischen Häresien. Neben seinem Arianismus, der Annahme eines Gottvater nur wesensähnlichen Gottessohnes, war er Arminianer, verfocht also wider Calvins Prädestinationslehre die Willensfreiheit des Menschen, und nahm die Körperlichkeit der Engel an. M.s Häresien veranlassten die revolutionären Romantiker, ihn ›wider den Strich‹ zu lesen: so Percy Bysshe Shelley und William Blake (in seinem visionären Epos *Milton*, 1804–08).

Auch wenn M. in seiner Cambridge-Zeit (1625–32) gegen das rigide humanistische Curriculum protestierte, erwarb er doch profunde Kenntnisse antiker klassischer wie moderner Renaissance-Autoren, deren Vorbild er noch zu übertreffen suchte. Er studierte die unterschiedlichen Epenstile Homers und vor allem Vergils und orientierte sich rhetorisch am ›Rad des Vergil‹, der seine Dichterkarriere im bescheidenen Stil (*genus humile*) seiner *Eclogae* begonnen habe, dann in seiner *Georgica* zum mittleren Stil (*genus medium*) aufgestiegen sei, um schließlich in seiner *Aeneis* des hohen Stils (*genus grande vel sublime*) mächtig zu sein. M. wollte auf diesem Weg ein großes Arthur- oder Bibelepos schreiben, zu dem in Cambridge erste Aufzeichnungen machte. Beides gab es schon mehrfach (Edmund Spenser, Michael Drayton, Guillaume Du Bartas, Giles Fletcher), jedoch ohne den Anspruch eines umfassenden National- bzw. Menschheitsepos. Gleichzeitig aber war der zurückgezogene Dichterlehrling öffentlicher Universitätsredner, beides in der internationalen Gelehrten- wie Diplomatensprache Latein. Gemäß seinem Ideal kombinierter öffentlicher und privater Bildung zog er sich auf den Familiensitz Horton zurück (1632–38), um im Eigenstudium der Klassiker seine schriftstellerischen Fähigkeiten zu steigern. Unter den frühen Gedichten in englischer, lateinischer, griechischer und italienischer Sprache ragt seine Weihnachtshymne »On the Morning of Christ's Nativity« hervor, verfasst 1629, zur Blütezeit der englischen Barockdichtung der *Metaphysical Poets*, wie die Häufung von kühnen Concetti, Paradoxa, Ellipsen usw. zeigt. Doch zeichnet sich in der Hymne auch schon die Emanzipation von diesem Stil ab. Der barocke *private mode* eines John Donne und George Herbert, die damals noch lebten und hohen Ansehens erfreuten, passte M. ebenso wenig wie der *social mode* der konkurrierenden Dichterschule Ben Jonsons und der ›Cavalier Poets‹. M. schlug die Brücke zurück zu den Humanisten und ihrem *public mode*: dem Modus der Gelehrten und Dichter, die zugleich öffentliche Ämter bekleiden und politischen Einfluss nehmen wollten. Nur so ließ sich der zunehmenden Isolation des Stuart-Hofes von James I und Charles I entgegenwirken, die ein entscheidender Faktor des Bürgerkriegsausbruchs 1642 werden sollte. So pflegte M. Kontakte zum Hof von Whitehall, wie stets entschlossen, Widerstand zu leisten. Dort, wie an anderen englischen Fürstenhöfen, kultivierte man dem *private* und *social mode* entsprechende volksferne, prachtvolle, höfische Maskenspiele (*Stuart Court Masques*), in denen die Höflinge selbst Schauspieler und Zuschauer waren. Von außen holte man nur drei Künstler: einen Textdichter (wie Jonson), einen Bühnenbildner (wie Inigo Jones) und einen Komponisten (wie Henry Lawes). Letzterer mag es gewesen sein, der M. als Textdichter für zwei Maskenspiele engagierte: *Arcades* (1632) und *Comus* (1634). Darin konterkarierte M. das übliche mythologisch-allegorische Maskenspiel, indem er es christianisierte. Privater Tugendheroismus siegt über höfische Ausgelassenheit und Intrige. Im Vorgriff auf das Epos übte M., noch im *genus medium*, sein Zentralthema ein: den Kampf der himmlischen wider die höllischen Mächte. – Im *genus medium* geschrieben ist auch M.s vielzitierte Pastoralelegie *Lycidas* (1638), Totenklage (*epicede*) auf den Seetod seines College-Gefährten Edward King. Es steht in der bukolischen Tradition von Theokrit, Moschus und Bion. King ist der Schäfer Lycidas, dessen Tod der Sprecher als überlebender Schäfer beklagt. Hier wird die Landbukolik mit Wasserbukolik gemischt, Neptun als Hirte seiner Fischherden, wie auch mit der christlichen Bukolik des guten Hirten (*pastor*) und Kleruskritik. Großgeworden auf demselben Hügel, hüteten beide ihre Schafe; doch nun ist Lycidas tot, treiben seine Gebeine im Reiche Neptuns. Zum geflügelten Wort wurde die Anrufung des Heiligen Michael (Schutzpatron der christlichen Seefahrer auf dem Mont St. Michel der Normandie wie Cornwalls), er möge sich landwärts wenden und um den Toten weinen:»Look homeward, Angel.« Mit der Einblendung des Delphins als Christussymbol erfolgt die Wende von der Klage über den Tod zum Jubel über die Auferstehung:»For Lycidas, your sorrow, is not dead.« Die private Elegie wird zum christlichen Lehrstück, das, wie später *Paradise Lost*, Leiden und Tod einen Sinn zu geben sucht (Theodizee). Auch der für die Renaissance typische Synkretismus sollte später *Paradise Lost* kennzeichnen.

M.s Bemühung um öffentliches Dichterengagement zeigt sich ferner auf seiner ›Grand Tour‹, der Bildungsreise nach Italien (1638–39), die der Horton-Zeit folgte. Er suchte die Großen auf, gerade auch Querdenker und Verfolgte wie Galileo Galilei. Die Zuspitzung der politischen Situation zum Bürgerkrieg rief ihn nach London zurück. Nun, in seiner mittleren Periode (1641–60), trat er mit zahlreichen lateinischen wie englischen Prosaschriften gegen die Königstreuen (›Cavaliers‹, später ›Tories‹) und für die Parlamentarier (›Puritans‹, später ›Whigs‹) ein. Er forderte religiöse Toleranz, Meinungs- und Pressefreiheit, die Herrschaft eines vom Volk gewählten Parlaments, Presbyterialsystem statt monarchietragenden Episkopalsystems. Aus seinem Arminianismus betonte er die Menschenwürde, die auch das Recht auf Ehescheidung einschloss. Mit solchen frührationalistischen Thesen empfahl M. sich Cromwell zunächst nicht, denn Cromwell kopierte in vieler Hinsicht die absolutistischen Praktiken des von ihm entmachteten Charles I: Königspose, Parlamentsauflösung nach Bedarf, politische Verfolgung, Zensur und Bücherverbrennung. Berühmt geworden ist M.s von der Geschichte bestätigte Feststellung in *Areopagitica* (1644; *Areopagitica*, 1851), dass Bücherverbrennung und Mord untrennbar sind. Diese Position erscheint umso kühner, als M. ein Verfechter der Idee eines Gottesstaates in Britannien war, die von Calvins Genfer Theokratie über Martin Butzers *De Regno Christi [in Anglia]* kam und der Anglo-Israel-Parallele genährt wurde. M. empfahl sich Cromwell erst durch *The Tenure of Kings and Magistrates* und *Eikonoklastes* (1649), die ersten von mehreren Verteidigungsschriften zur Hinrichtung von Charles I im gleichen Jahr. Mit diesem Akt, der die Monarchien Europas erschütterte, wollte Cromwell auch symbolisch die christusanaloge Zweikörpertheorie des Königs als römisch-katholisches Götzenbild entlarven und demonstrieren, dass der König wie der Presbyter lediglich ein vom Volk gewählter und mit dem Volk in einem Vertrag gebundener Verwalter sei (*contractualism*), der im Falle von Vertragsbruch wie jeder andere Staatsbürger von einem weltlichen Gericht (dem Parlament) abgeurteilt werden musste. Diese Lehre, später von den Whigs der Restaurationszeit wie Shaftesbury und Defoe übernommen, wurde in ganz Europa kontrovers diskutiert. Wenn Cromwell daraufhin M. trotz seiner Renitenz zu seinem Latin Secretary (›Außenminister‹ im Staatsrat) ernannte, so suchte der Isolierte internationale Anerkennung durch M.s Beredsamkeit und Gelehrtenglanz.

M. verfasste in dieser Phase hauptsächlich theologische und politische Prosa. Eines der wenigen Gedichte ist das Sonett über seine Erblindung. Als mit der Restauration des Königs (Charles II) 1660 das Commonwealth zu Ende ging, war der nunmehr geächtete M. völlig blind. Aber er begann damals auch schon mit der Niederschrift seines im *genus grande* geplanten großen Epos, dessen Stoff und Thema er nun, statt des Nationalepos über König Arthur, umfassender und fundamentaler wählte: ein Menschheitsepos über das im Sündenfall verlorene und durch Christi Erlösungsakt wiedergewonnene Paradies, *Paradise Lost*. Die blutigen Bürgerkriegswirren und Verfolgungen forderten einen theologischen Weltentwurf, der unsägliches Leid rechtfertigte. Das erklärt auch die Nähe von *Paradise Lost* zu einigen der großen Prosaschriften, insbesondere *A Treatise on Christian Doctrine* (1658). Dass das Werk dann trotz Ächtung des Autors in der Restaurationszeit publiziert werden durfte, verdankte M. u. a. der Protektion derer, die er selbst gegen Cromwell geschützt hatte, und dem Pardon für die Cromwell-Anhänger, mit dem Charles II die Nation wieder zu einen suchte.

Das Epos, dessen freier Blankvers gegen den Heroic-Couplet-Zwang der Restaurationszeit protestierte, erschien 1667 in 10 Büchern und, revidiert in 12 Büchern, 1674 (*Das verlorene Paradies*, 1855). In dieser Schlussfassung ist jedem Buch ein »Argument« in Prosa vorangestellt, eine Zusammenfassung des epischen Kampfgeschehens und der theologischen Argumentation (lateinisch *arguere*: ›kämpfen‹). Im wörtlichen Sinne von »Argument« schildert das Werk die Entstehung des Bösen (Satans und seines den Himmel nachäffenden Pandämoniums) aus der Todsünde Stolz; Kriegsräte und Kriege des Bösen gegen das Gute; das Opferangebot des Sohnes an Gottvater im Himmel; den freien Willens verschuldeten Fall Adams und Evas aus derselben Todsünde Stolz; die Vertreibung aus dem Paradies; mit einem Ausblick auf den Opfertod Christi und den Endsieg des Guten. Das »Argument« von *Paradise Lost* im übertragenen Sinne ist eine dialektische Theodizee, Rechtfertigung von Sünde, Leiden und Tod (Antithese) als Weg zu höherem Leben (Synthese). Das alles, so betont M., sei ein »higher argument« als die antiker und moderner Epen. Entsprechend ersetzt M. in einem schweren latinisierenden Epenstil den üblichen Bescheidenheits- durch den Überbietungstopos wie auch synkretistisch die heidnisch-epischen Formen und Geschehnisse durch christliche. Der Heilige Geist tritt an die Stelle der Muse, Sinai und Siloah an die Stelle von Parnassus und Helikon, Christus der Retter an die Stelle des »pius Aeneas«, Engel an die Stelle von Götterboten und Orakeln. Nach überkommenem Epenbeginn *medias in res*, dem Sturz der abtrünnigen Engel um Satan und Beelzebub, erzählt der Erzengel Raphael Adam und Eva im Paradies rückblickend die Vorgeschichte: den Krieg der Heerscharen, die Schöpfung, mit einer Warnung vor dem Fall sowie dialogischen Exkursen über Gehorsamspflicht, Willensfreiheit und das neue heliozentrische Weltbild (Bücher 5–8). Später kündet der Erzengel Michael vorausblickend die Vertreibung aus dem »verlorenen Paradies«, die Möglichkeit des Gewinns eines »inneren Paradieses« im Exil und die Rettung des jenseitig »wiedergewonnenen Paradieses« aus Gottes gütiger Providenz (Buch 12). Auch das Leiden des geächteten und erblindeten Seher-Dichters, das Parallelen zum blinden Homer evoziert und zugleich den heidnischen Rückfall der Restaurationszeit (»evil days«) anspricht, gewinnt Sinn im universalen Heilsgeschehen (Anfang Buch 7). M.s Satan, zugleich

Widersacher und Helfer Gottes im Heilsgeschehen, hat stets mehr fasziniert als Gott selbst. Ihn mit den romantischen ›Satanisten‹ gnostisch als Freiheitsheld im Kampf gegen die Tyrannei des Weltenschöpfers zu verstehen, ist zum mindesten im Sinne der Dichterintention nicht legitim. Er steht vielmehr in der Tradition tragischer Bühnenhelden der Shakespearezeit, die Furcht und Mitleid zugleich erregen. Sinnvolles Leiden wie Verfolgung und Blindheit ist zentrales Thema von M.s Spätwerk. Das Kurzepos (Epyllion) *Paradise Regained* erschien, zusammen mit dem Lesedrama *Samson Agonistes*, 1671 (*Das wiedergewonnene Paradies*, 1855; *Simson der Kämpfer*, 1909). Beide Werke bescheiden sich mit je einer einzigen Episode der Heilsgeschichte (Versuchung und Sieg Christi in der Wüste bzw. Samsons im heidnischen Philisterland) und beziehen sich allegorisch auf M. selbst inmitten seiner libertinen ›gottlosen‹ Zeit. Beide Werke verkünden die gleiche Theodizee. Doch während *Paradise Regained* kaum Beachtung fand, gilt *Samson Agonistes* noch immer als Meisterwerk. Der blinde Kämpfer (griechisch *agonistes*) Samson ist, wie Christus in der Wüste und der blinde M., Versuchungen ausgesetzt: Selbstmord, Kollaboration mit dem Bösen, Aufgabe unter Einschüchterung. Schließlich, im 5. Akt des ebenfalls in antike Gattungsform gegossenen christlichen Dramas, erhält ein bangender Chorus durch Botenbericht Kunde von Samsons Tod und Triumph, da dieser mit sterbend erneuerter Jugendkraft die Tempel der Philister zerstörte. Zukunftsweisend war M.s Technik, die wechselnden seelischen Verfassungen Samsons nicht nur zu beschreiben, sondern auszudrücken, eine Technik, die er schon früh in seinen beiden kontrastiven Stimmungsgedichten »L'Allegro« und »Il Penseroso« (verfasst ca. 1631, gedruckt 1645) eingeübt hatte.

Werkausgaben: Poetische Werke. Leipzig 1909. – The Poems of John Milton. Hg. J. Carey/A. Fowler. London 1980 [1968]. – The Complete Prose Works of John Milton. Hg. D. Bush et al. 8 Bde. New Haven 1953–82.

Rolf Lessenich

Mishima Yukio (eigtl. Hiraoka Kimitake)
Geb. 14. 1. 1925 in Tōkyō;
gest. 25. 11. 1970 in Tōkyō

Mishima Yukio ist ein ungewöhnlich vielseitiger Autor. Als Romancier orientierte er sich an diversen europäischen Autoren des 19. und 20. Jahrhunderts, als Dramatiker schuf er Neubearbeitungen klassischer Nō oder bediente sich westlicher Vorlagen von Euripides bis Racine. Er verfasste eine große Zahl von Erzählungen, kulturkritischen Essays, Reiseberichte und Tagebücher und gilt als scharfsinniger Literaturkritiker. Ungeachtet der stilistischen und generischen Vielfalt ist sein Schaffen von immer wiederkehrenden Themen geprägt. Schönheit und Tod, Verfallenheit und Sehnsucht nach dem Absoluten, Krieg und eine durchgängige Körper-Geist-Dichotomie bestimmen sein Werk, das sich gegen die Banalität des Realismus in allen seinen Formen stellt.

Nach einer Kindheit unter der strengen Kontrolle seiner Großmutter entfaltet M. schon früh sein literarisches Talent. Seine ersten Gedichte veröffentlicht er mit zwölf, und nach einem Studium des deutschen Rechts an der Universität Tōkyō und kurzer Anstellung im Finanzministerium beschließt er, sich ganz der Schriftstellerei zu widmen. Der Durchbruch gelingt ihm mit seinem zweiten Roman *Kamen no kokuhaku* (1949; *Geständnis einer Maske*, 1964), der Rückschau eines jungen Mannes, der sich allmählich seiner homoerotischen Neigung bewusst wird. Auf dieses aufsehenerregende, mit intellektuellem, ironischem Gestus erzählte Werk folgt der gewissermaßen kontrapunktisch gesetzte Roman *Ai no kawaki* (1950; *Liebesdurst*, 2000) – die Geschichte der kurzen, leidenschaftlichen Beziehung einer jungen Kriegerwitwe mit einem Bauernburschen. Als sie spürt, dass dieser ihre Zuneigung erwidert, tötet sie ihn. M.s Ruhm wächst in den 1950er Jahren. 1952 unternimmt er eine erste, 1960 eine zweite Weltreise, 1955 beginnt er mit dem Bodybuilding.

Gefeierte Höhepunkte seines Schaffens sind die nach einer wahren Begebenheit von

1950 gestaltete Roman *Kinkakuji* (1956; *Der Tempelbrand*, 1961), in dem ein offenbar geistig verwirrter Novize den »Goldenen Tempel« in Kyōto in Brand steckt, und die schon 1958 erfolgreich auch in Deutschland aufgeführten Bearbeitungen klassischer Nō-Stücke unter dem Titel *Kindai nōgaku shū* (1956; *Sechs moderne Nō-Spiele*, 1958). Bisweilen übernimmt M. nur die Grundthematik, oft überträgt er aber die Situation bis hin zu einzelnen Details in die moderne Alltagswelt. Die daraus resultierende Wirkung beleuchtet neue psychologische und ästhetische Aspekte der dramatischen Situation.

Nach *Kinkakuji* als dem Roman eines Individuums geht es M. in dem zweiteiligen Roman *Kyōko no ie* (1958, 1959; Kyōkos Haus) um die exemplarische Schilderung der Geschichte einer ganzen Generation, dargestellt am Schicksal von vier nach dem Krieg erwachsen gewordenen Männern – einem Firmenangestellten, einem Boxer, einem Maler und einem Schauspieler –, die nach beruflichen Erfolgen in ihrem Leben zu scheitern scheinen. Der Angestellte, der durch seine Versetzung nach New York scheinbar weiter Karriere macht, spricht das nihilistische Lebensgefühl, das in paradoxem Kontrast zur wachsenden Prosperität der Nachkriegszeit steht, am deutlichsten aus. Ob sie durch Selbstmord im rauschhaften Ritual enden oder in einer rechtsradikalen Gruppe in blinden Aktivismus verfallen – die jungen Männer sind Verkörperungen einer Philosophie, die durch ein modernes, unter anderem von Hugo von Hofmannsthals »Brief des Lord Chandos« inspiriertes, elitäres Lebensgefühl geprägt ist. M.s Ambition, sich dem Stil, Aufbau und Ideengehalt der literarischen Moderne Europas weiter anzunähern, wird jedoch als gescheitert betrachtet.

Der Misserfolg bei der Kritik gilt allgemein als Wendepunkt in der Karriere des Autors, der sich in den 1960er Jahren zunehmend einem romantisch-utopischen und nationalistischen Radikalismus verschreibt, der in der bekannten Erzählung *Yūkoku* (1960; *Patriotismus*, 1971) seinen Ausdruck findet. Die Erzählung nimmt den gescheiterten Militärputsch vom 26. Februar 1936 zum Gegenstand: Die putschenden kaisertreuen Offiziere schließen ihren Kameraden Takeyama aus Rücksicht darauf aus, dass er jung verheiratet ist. Als dieser jedoch davon erfährt, beschließt er, zum Beweis seiner Kaisertreue und Hingabe mit seiner Frau Reiko in den Tod zu gehen. Bis in alle Einzelheiten werden die Vorbereitungen des Paares und der Akt der Selbstentleibung Takeyamas durch *seppuku* (Harakiri) sowie Reikos Selbstmord, die sich ein Messer in den Hals stößt, ausgemalt. M. trat in der 1965 produzierten Verfilmung der Erzählung zur Hintergrundmusik von Wagners »Liebestod« aus *Tristan und Isolde* selbst als Hauptdarsteller auf. In *Yūkoku* verbinden sich M.s Ästhetizismus, seine masochistische Erotik und der Todeswunsch mit traditionellen und faschistoiden Ideologemen. M.s Kaiserkult bezieht sich nicht auf die Person des damals amtierenden Tenno, dem er Verrat vorwirft, weil er seiner Göttlichkeit nach der Kriegsniederlage abgeschworen habe. Seine mit einer Blut- und Männlichkeitsästhetik garnierte Propagierung nationaler Werte in Essay-Bänden wie *Taiyō to tetsu* (1968; *Sun and Steel*, 1970) sowie in seinen gesammelten Gesprächen ist zunächst als apolitisch gedachte Orientierung auf die eigene Geistestradition zu deuten. In seinem Buch *Hagakure nyūmon* (1967; *Zu einer Ethik der Tat*, 1987) unternimmt M. eine Neuinterpretation einer Ethik-Schrift für den Samurai aus dem frühen 18. Jahrhundert.

In den 1960er Jahren ist M. als Erzähler, Romancier und Dramatiker sehr produktiv und erfolgreich. Sein nach einem aktuellen Geschehen modellierter Roman *Utage no ato* (1960; *Nach dem Bankett*, 1967) bringt ihm einen Prozess wegen Verletzung der Privatsphäre ein, den er verliert. Das brillant erzählte Werk ist die Geschichte einer scheiternden Liebesbeziehung zwischen zwei sehr ungleichen älteren Menschen, einer schönen, wirtschaftlich selbständigen Frau und einem ehemaligen Diplomaten, der für den Gouverneursposten von Tōkyō kandidiert. Selten hat ein japanischer Autor die intrigenreiche Welt von Politik und Finanz so dezent und anschaulich zugleich entblößt wie M., der in diesem

Roman auch den Mythos vom »schönen Japan« zugleich feiert und dekonstruiert. Seine Dramen wie *Sado kōshaku fujin* (1966; *Madame de Sade*, 1978) oder *Waga tomo Hittorā* (1968; *My friend Hitler*, 1977) greifen auf historische Figuren zurück. In dem Stück über Sade tritt der Marquis selbst nicht auf, doch ist er beständig präsent in der Rede der fünf Frauen aus seiner Umgebung. Mit dem Stück über den Röhm-Putsch will M. den Mechanismus der Machtergreifung Hitlers erkunden.

Das erzählerische Hauptwerk des letzten Lebensjahrzehnts bildet die Romantetralogie *Hōjō no umi* (Das Meer der Fruchtbarkeit), beginnend mit dem Roman *Haru no yuki* (1969; *Schnee im Frühling*, 1985). Das Thema der Wiedergeburt und der Traumprophezeiungen durchzieht alle Bände. Bindeglied zwischen den Geschichten, die sich in Abstand von 20 Jahren zutragen, ist die Figur des anteilnehmenden Beobachters Honda. Schilderte der erste Band in eleganter, ästhetizistischer Prosa das kurze Leben des aristokratischen Kiyoaki und die Welt des japanischen Adels um das Jahr 1912, so ist der zweite Band *Honba* (1969; *Unter dem Sturmgott*, 1986) in Erzählton und Inhalt ganz vom kriegerischen Männlichkeitsideal und stoischem Purismus geprägt. Der dritte Band *Akatsuki no tera* (1970; *Der Tempel der Morgendämmerung*, 1987) weitet den Handlungsrahmen nach Südasien aus, während die Handlung des letzten Bandes, *Tennin gosui* (1971; *Die Todesmale des Engels*, 1988), gegen Ende der 1960er Jahre in Japan spielt. Die letzte Reinkarnation Kiyoakis ist ein junger Arbeiter, Honda ist nun ein alter Mann. Am Schluss des Werks erfolgt in einer mit meisterhafter Konzentration dargebotenen Szene eine überraschende Wende, indem Honda bedeutet wird, dass die Reinkarnationen Trug seien. So steht er am Ende vor dem Nichts, und so spiegelt der Schluss den paradoxen Titel vom *mare foecundiatis*, dem Namen einer Landschaft auf dem Mond, einer Szenerie des ewigen Todes. Noch einmal versuchte M. mit dieser auf Asien ausgeweiteten Thematik ein groß angelegtes japanisches Gegenstück zum europäischen Zyklenroman zu schaffen.

Nach Abschluss des Werks stürmte M. am 25. 11. 1970 mit seiner paramilitärischen Truppe Tate no kai (Schilderbund) die Kommandantur des Befehlskreises Ostjapan in Tōkyō, rief die Armee zum Putsch für das »wahre Japan« und zur Wiedereinsetzung traditioneller Ideale auf und beging anschließend *seppuku*.

M.s Bedeutung liegt nicht zuletzt in dem Anregungspotential, das sein Werk und seine Person für andere Künstler bereithalten. So haben Henry Miller und Marguerite Yourcenar Essays und Paul Schrader einen Film über ihn verfasst, Maurice Béjart feierte ihn mit einem Ballett. Mehrere Komponisten verarbeiteten seine Stoffe zu Opern. Hans Werner Henze etwa komponierte mit einem Libretto von Hans-Ulrich Treichel die Oper *Das verratene Meer* nach M.s Roman *Gogo no eikō* (1963; *Der Seemann, der die See verriet*, 1970). Die neueste Gesamtausgabe von M.s Werken umfasst 42 dickleibige Bände.

Irmela Hijiya-Kirschnereit

Mistral, Frédéric
Geb. 8. 9. 1830 in Maillane bei Arles/Frankreich; gest. 25. 3. 1914 in Maillane

Zu Beginn des Second Empire um die Mitte des 19. Jahrhunderts wurden in Frankreich die regionalen Literaturen, die als apolitisch galten, gefördert. So erlebte die provenzalische Literatur eine gewisse Popularität in Paris und wurde das provenzalische Epos *Miréio* (1859; *Mireia*, 1880) zu einem großen Erfolg, der den Dichter Frédéric Mistral bekannt machte. M. hatte schon als Student begonnen, Gedichte auf provenzalisch zu schreiben, und 1854 gehörte er zu den Mitbegründern der Félibrige-Bewegung, die sich der Renaissance der Langue d'Oc, der Sprache der Provence, widmete.

Tatsächlich markierte M.s *Miréio* den Höhepunkt der neuprovenzalischen Dichtung: Denn in der tragischen Liebesgeschichte zwischen dem armen Korbflechter Vincèn und der reichen Gutsherrntochter Miréio schöpfte

M. aus der Tradition der ›chansons de geste‹ ebenso wie aus derjenigen der höfischen Ballade, und indem er Landschaftsschilderung und Beschreibung der landwirtschaftlichen Arbeitsverhältnisse mit der Darstellung der sozialen Wirklichkeit und der religiösen – christlichen wie heidnischen – Gebräuche verknüpfte, ließ er die Provence zu einem eigenständigen Kulturraum werden. Das Lokalkolorit reizte den Komponisten Charles Gounod, der das Epos 1864 als Vorlage für seine Oper *Mireille* nahm, wobei M. am Libretto mitarbeitete.

Als exponierteste Dichterfigur der provenzalischen Renaissance wurde M. während seiner Besuche in Paris in die literarischen Kreise aufgenommen, aber der Erfolg beim Publikum blieb ihm nach *Miréio* versagt. Das Epos *Calendau* (1867; *Calendau*, 1909) ist eine Liebesgeschichte, die in der Berg- und Meereslandschaft der südöstlichen Provence spielt und in der M. Folklore mit Phantastik kombinierte, aber die Handlung durch Rückblicke auf die Geschichte der Provence und durch Lobgesänge auf das Provenzalische verlangsamte.

Die Gedichte, die 1876 in einem Band erschienen, und *Lou Tresor dóu Felibrige* (1878; frz. *Le trésor du félibrige*), das erste neuprovenzalisch-französische Wörterbuch, etablierten ihn als Exponenten der neuprovenzalischen Renaissance. *Nerto* (1884; *Nerto*, 1890), ein Epos, das in der Art provenzalischer Troubadourlyrik die erlösende Wirkung der Liebe propagierte und von der Pariser Akademie ausgezeichnet wurde, *Lou Pouèmo dou Rose* (1897; frz. *Le poème du Rhône*, 1897), eine epische Beschwörung der Flusslandschaft und ihrer Mythen, in der allegorische Invokation und poetische Vision ineinander übergehen, schließlich *Moun Espelido. Memori e Raconte* (1904; frz. *Mes origines. Mémoires et récits*, 1906), ein Band, in dem die Lebensbeschreibung, die das linguistische Engagement als intellektuelle Entwicklungsgeschichte erzählt, sowie provenzalische Legenden versammelt sind, verfestigten seinen literarischen Ruhm jenseits des Regionalen.

Doch die französische Zentralregierung unterstellte der provenzalischen Renaissance separatistische Tendenzen und intervenierte bei der Schwedischen Akademie gegen die Auszeichnung Mistrals mit dem Nobelpreis für Literatur. Als er den Preis (zusammen mit dem spanischen Dichter José Echegaray y Eizaguirre) 1904 dennoch zugesprochen bekam, war er eine legendäre Figur: eine noble Gestalt, die einen schwarzen, breitkrempigen Hut und eine lose geknotete Krawatte trug und ebenso freundlich wie affektiert war. M. engagierte sich immer mehr in kulturpolitischen Angelegenheiten und gründete das Museon arlaten, das ein allumfassendes – historisch-geographisch-ethnographisch-kulturelles – Bild der Provence zeigen sollte und dem er sein privates Archiv hinterließ. Trotz der Anerkennung, die er für sein Werk erhielt, gelang es M. jedoch nicht, das Provenzalische als Sprache der modernen Literatur zu etablieren.

Werkausgabe: Frédéric Mistrals ausgewählte Werke. Hg. A. Bertuch. Stuttgart 1908ff.

Stefana Sabin

Mistral, Gabriela (eigtl. Lucila Godoy Alcayaga)

Geb. 7. 4. 1889 in Vicuña/Chile; gest. 10. 1. 1957 in New York

Als »Erzengel und Wind« verrätselt Gabriela Mistral in einem frühen Gedicht ihr Pseudonym, mit dem sie ihre Texte seit 1914 zeichnet; der Name nimmt Bezug auf Gabriele D'Annunzio (1863–1938) und Frédéric Mistral (1830–1914). M. ist die erste Literaturnobelpreisträgerin Lateinamerikas – sie erhielt diese Auszeichnung 1945. – In der nördlichen Provinz Chiles in bescheidensten Verhältnissen aufgewachsen, weitgehend Autodidaktin und zudem als Frau war sie eine Ausnahmeerscheinung im männlich und von begüterten Schichten dominierten Kulturbetrieb der Hauptstadt Santiago. M.s Karriere begann zweigleisig: Schon mit 15 Jahren arbeitete sie als Hilfslehrerin in einer Dorfschule und publizierte zugleich erste Gedichte und Artikel in lokalen Zeitungen und Zeitschriften. Ihr Aufstieg im Schuldienst verband sich mit dem Erfolg als

Dichterin: 1914 erhielt sie den Preis der juegos florales für ihre *Sonetos de la muerte* (Sonette vom Tod), die sich vom zeitgenössischen Modernismus durch eine weniger preziöse Thematik und eine spröde, vergleichsweise ungeschliffene Sprache absetzten. Der Sonett-Zyklus ist Teil des 1922 veröffentlichten Gedichtbandes *Desolación* (Verzweiflung). Im selben Jahr lädt der mexikanische Erziehungsminister José Vasconcelos M. ein, am Aufbau des Schul- und Bildungssystems im postrevolutionären Mexiko mitzuwirken. Im Zuge ihrer Arbeit in Mexiko entsteht 1923 das »Lesebuch für Frauen« (*Lecturas para mujeres*); es dokumentiert M.s besonderes Engagement für die Frauen- und Mädchenbildung, einen Bereich, für den sich auch die seit Beginn des Jahrhunderts existierende Frauenrechtsbewegung in Lateinamerika stark machte. Während des Aufenthalts in Mexiko nimmt M.s »Amerikanismus«, angelehnt an José Vasconcelos' Konzept des *mestizaje* (die Rassen- und Kulturmischung in Lateinamerika), innerhalb ihrer Dichtung konkretere Gestalt an. In den folgenden Jahren unternimmt M. Reisen in die USA und nach Europa und veröffentlicht 1924 in Spanien ihren zweiten und vielleicht bekanntesten – jedenfalls beliebtesten – Gedichtband *Ternura* (Zärtlichkeit). Er enthält jene »Wiegenlieder« und »Reigen«, die ihren Ruf als »Sängerin der Mutterschaft und des Erbarmens« – wie sie in der Laudatio zur Nobelpreisverleihung genannt wird – entscheidend mitbegründen.

Seit 1925 für den Völkerbund tätig, schlägt M. 1932 endgültig die diplomatische Laufbahn ein. Dabei repräsentierte sie nicht nur die politischen Belange ihres Landes, sie verbreitete zudem das Wissen um die Literaturen des amerikanischen Subkontinents und nutzte ihre diplomatische Stellung zu humanitären Zwecken. So initiierte sie während des spanischen Bürgerkriegs eine großangelegte Aktion für die Ausreise spanischer Flüchtlingskinder, zu deren finanzieller Unterstützung sie den Erlös aus ihrem dritten Gedichtband *Tala* (Holzschlag) – 1938 erschienen in Victoria Ocampos argentinischem Verlag Sur – zur Verfügung stellte.

Der Verleihung des Literaturnobelpreises (1945) folgen zahlreiche weitere Ehrungen, darunter 1951 der chilenische Premio Nacional. Aber erst 1954, nach der Veröffentlichung ihres vierten Gedichtbands, *Lagar* (Kelter), stattete M. ihrem Land einen kurzen Besuch ab. Den tatsächlichen politischen und gesellschaftlichen Zuständen Chiles begegnete sie stets mit skeptischer Distanz; literarisch widmet sie ihm ihren letzten, unvollendeten Gedichtzyklus, *Poema de Chile* (1967; Gedicht von Chile), das ein idealisierendes Bild von Chiles indianischer Vergangenheit und mestizischer Gegenwart vermittelt.

Kennzeichnend für M.s frühe Lyrik ist die Verarbeitung populärer biblischer Motive (die Kritik stellt Bezüge zu Teresa de Avila her) und ihr lapidarer Sprachgestus bei der Darstellung großer Gefühle. Hiermit konterkariert M. den für den Modernismus typischen hohen poetischen Stil, bleibt allerdings – anders als die Avantgarde der 1920er Jahre – bei gebundenen Vers- und Strophenformen und vollzieht so, ähnlich wie die Lyrikerinnen Delmira Agustini (1886–1914), Juana de Ibarbourou (1895–1979) und Alfonsina Storni (1892–1938) nur eine partielle Abkehr vom Modernismus.

Unter der Vielzahl weiblicher Figuren in M.s Gedichten ist die »Mutter« in *Desolación* und *Ternura* die bedeutsamste. Mit ihr verbindet sich das Postulat, »eine Sprache zu finden«, welche die Aneignung des fremden, weil oktroyierten Kastilischen im postkolonialen Hispanoamerika vollzieht. In den Gedichtbänden *Tala* und *Lagar* – denen die frühe Kritik Hermetismus vorwarf – setzt sich dieser sprachliche und kulturelle Aneignungsgestus fort. Ihre Erarbeitung der amerikanischen und der weiblichen Perspektive auf höchstem literarischen Niveau hat der hispanoamerikanischen Literatur lange vor dem »Boom« internationale Anerkennung verschafft. M. hinterließ neben der Lyrik zahlreiche essayistische Prosaschriften, die bis heute nicht vollständig ediert sind.

Karin Hopfe

Mňačko, Ladislav
Geb. 29. 1. 1919 in Valašské Klobouky/ ČSR; gest. 24. 2. 1994 in Bratislava

Der als »slowakischer Egon Erwin Kisch« bezeichnete Journalist, Sachbuchautor, Dramatiker und Romancier Ladislav Mňačko gehört zweifellos zu den interessantesten Gestalten des slowakischen literarischen Lebens der Nachkriegszeit.

M. wurde in den Weißen Karpaten in Mähren an der Grenze zur Slowakei geboren, zog jedoch bald mit seiner Familie nach Martin in die Mittelslowakei. Dort besuchte er das Gymnasium und wurde Kaufmann. Nach dem Zerfall der Tschechoslowakischen Republik 1939 flüchtete er nach Böhmen, wurde an der Grenze aufgegriffen und in ein Konzentrationslager und dann in ein Arbeitslager gebracht, aus dem ihm 1944 die Flucht gelang. M. kämpfte anschließend in der Partisanenbewegung. Nach dem Krieg wirkte der überzeugte Kommunist als Redakteur bei verschiedenen tschechoslowakischen Parteizeitungen. 1945 bis 1948 war er Redakteur des *Rudé právo* (Rotes Recht) in Prag, 1948 kehrte er in die Slowakei zurück und arbeitete bis 1954 für die Tageszeitung *Pravda* (Wahrheit). Von 1954 an schrieb er zunächst als Redakteur, dann als Chefredakteur für die Zeitschrift *Kultúrny život* (Kulturelles Leben). Da seine Einstellung zum Regime in der Tschechoslowakei zunehmend kritisch wurde, blieb er bei einem Auslandsaufenthalt 1967 aus Protest gegen die tschechoslowakische Haltung im arabisch-israelischen Konflikt in Israel und lebte nach dem Einmarsch der Warschauer-Pakt-Staaten in die ČSSR 1968 zunächst in Italien, dann in Österreich in der Emigration, wo er sich weiter der literarischen Arbeit widmete. Nach der »samtenen Revolution« 1989 kehrte er – mit österreichischer Staatsbürgerschaft – in die Tschechoslowakei zurück, lehnte aber die am 1. 1. 1993 vollzogene staatliche Trennung ab und verbrachte seine letzten Lebensjahre in Prag und Stupava, wo er an seinen Memoiren arbeitete, die er jedoch nicht mehr abschließen konnte.

Bevor M. 1954 freier Schriftsteller wurde, schrieb er Reisebriefe und politische Reportagen aus der Heimat und aus dem Ausland. Er widmete sich z. B. dem Aufbau der ostslowakischen Stahlwerke (*Železiarna*; 1952; Das Stahlwerk), den Schicksalen der tschechoslowakischen Flüchtlinge in der Fremdenlegion (*Dobrodružstvo vo Vietname*, 1954; Abenteuer in Vietnam), dem Bau des Oravastauwerks (1955), den Ereignissen vom Februar 1948 in China und der Mongolei sowie den politischen Prozessen in Moskau und in Israel (*Ja, Adolf Eichmann*, 1961; Ich, Adolf Eichmann). Mit seinem Anfang der 1960er Jahre besonders erfolgreichen Roman *Smrť sa volá Engelchen* (1959; *Der Tod heißt Engelchen*, 1968), der 1963 für Film und Fernsehen bearbeitet wurde, kehrte M. in die Zeit der Partisanenkämpfe zurück. Er lässt hier den mit autobiographischen Zügen ausgestatteten Helden, den rückgratverletzten Partisanen Voloďa, auf dem Krankenbett die Geschichte seiner Gruppe erzählen, die 1944/45 von dem westslowakischen Dorf Ploština aus operierte. In den 1960er Jahren begann M. zunehmend auch in seinen Reportagen das politische System zu kritisieren, so in *Kde končia prašné cesty* (1962; Wo die staubigen Wege enden) und den vielgelesenen *Oneskorené reportáže* (1963; *Verspätete Reportagen*, 1970). Die Praktiken der kommunistischen Funktionäre kritisierte er in dem Roman *Ako chutí moc* (1968; *Wie die Macht schmeckt*, 1967), der ihn weltberühmt machte. Fortan wurde er mit Egon Erwin Kisch verglichen und von ausländischen Kritikern als der »rote Hemingway« bezeichnet. In dem zuerst in deutscher Sprache erschienenen Roman wird der Lebenslauf eines zunächst idealistischen, später korrupten Revolutionärs dargestellt, eingefangen und wiedergegeben durch den Meisterphotographen Frank. Schon in der Emigration protestierte

M. in *Agresori* (1968; Aggressoren) und *Siedma noc* (1971; Die siebente Nacht, 1968) gegen die Besetzung der ČSSR im August 1968. Protest formulierte er auch in dem satirischen Roman *Súdruh Münchhausen* (1972; Genosse Münchhausen, 1973), der gleichzeitig auf slowakisch und deutsch erschien und eine Parodie auf die Verhältnisse in der sozialistischen Tschechoslowakei ist.

Weiteres Aufsehen erregten M.s nun auf deutsch erschienene Reportagen *Hanoi Report, Vietnam leidet und siegt* (1972), die Satire *Die Festrede* (1976) und der Thriller *Der Gigant* (1978). Mit seinen in der Emigration entstandenen Werken knüpfte M. thematisch nicht mehr an seine früheren Schriften an: Seine auf deutsch geschriebenen Bücher waren nicht mehr im slowakischen Umfeld angesiedelt, und gerade bei dem Roman *Gigant* ließ er sich deutlich vom modernen Psychothriller der westlichen Literatur inspirieren. Außer Prosa schrieb M. auch einige dramatische Werke, mit denen er aber keine bedeutenden Erfolge erzielte, außerdem Gedichte, Rundfunk- und Fernsehspiele.

Susanna Vykoupil

Mo Yan (eigtl. Guan Moye)
Geb. 17. 2. 1955 im Bezirk Gaomi, Shandong/China

Das Pseudonym Mo Yan bedeutet etwa »Ohne Worte« und lässt sich als Hinweis auf den Versuch verstehen, der Landbevölkerung eine literarische Stimme zu verleihen. Der Bauernsohn M. genoss eine kurze Schulbildung, kehrte kurzfristig auf die väterlichen Felder zurück und ging 18-jährig in die Stadt Gaomi, wo er in einer Raffinerie arbeitete. 1976 trat er in die Volksbefreiungsarmee ein, durchlief eine Ausbildung zum Kursleiter für politische Schulungen und wechselte 1984 in die Literaturklasse der Militärakademie. 1991 legte er an der Pädagogischen Universität Peking das Magister-Examen in chinesischer Literatur ab. Seit 1981 schriftstellerisch tätig, erlebte er seinen Durchbruch mit dem Roman *Hong gaoliang jiazu* (1987; Das rote Kornfeld, 1993), aus dem Zhang Yimou einige Episoden für seinen preisgekrönten Film HONG GAOLIANG (1987; DAS ROTE KORNFELD) auswählte. Schauplatz der meisten Erzählungen und Romane M.s ist seine Heimatregion, der nordöstliche Bezirk von Gaomi, dem er damit ein bleibendes Denkmal gesetzt haben dürfte.

Hong gaoliang jiazu schildert das Schicksal einer mittellosen jungen Frau, die von ihrem Vater an einen leprakranken Großgrundbesitzer verheiratet wird, diese Ehe aber nicht an sich vollziehen lässt. Stattdessen gibt sie sich einem lokalen Anführer von verarmten Bauernrebellen hin und gründet mit ihm ein Familienimperium auf der Basis einer Schnapsbrennerei. Hauptthema des Romans ist der Überlebenswille der bäuerlichen Bevölkerung, der sich im Widerstand gegen japanische Truppen ebenso bewährt wie bei der Abwehr der Frau gegenüber patriarchalischen Zumutungen aller Art, sei es von Seiten ihres habgierigen Vaters, des ihr zugedachten Ehepartners oder ihres der Polygamie frönenden Lebenspartners. Bäuerlicher Widerstand ist auch Thema im Roman *Tiantang suantai zhi ge* (1988; Die Knoblauchrevolte, 1997), der im postmaoistischen China spielt. Darin wird die politische Ideologie der Nation dazu missbraucht, Korruption, Inkompetenz und sogar die Grausamkeit der ländlichen Kader zu beschönigen. Zum aufklärerischen Medium der wütenden Bauern wird Stendhals Roman *Le rouge et le noir* (1830), den die Bauern aus einer Verfilmung kennen. Ihre Ernüchterung gegenüber dem revolutionären Projekt des Staates kleidet der Autor symbolisch in die Vision eines buddhistischen Höllenmarsches, zu dem die festgenommenen Aufständischen auf ihrem Weg ins Gefängnis antreten.

Fengru feitun (1995; Große Brüste, breiter Hintern) ist eine alternative Geschichte der Nation im 20. Jahrhundert aus der Perspektive einer ungebildeten Bäuerin mit gebundenen Füßen, die sich selbst und ihre Familie durch alle Krisen und Härten der Zeit zu erhalten lernt. Hier entwickelt M. einen schwarzen Humor, der auch noch in den menschenverachtenden Handlungen verblendeter Ideologen ein groteskes Potential entdeckt. Der Roman *Jiuguo* (1992; *Die Schnapsstadt*, 2002) verbindet als groteske Allegorie politische Wirklichkeit und die ebenso imaginären wie kommerziellen Welten der Gegenwartsliteratur; die beiden Romane *Tan xiang xing* (2001; Die Sandelholzstrafe) und *Sishiyi pao* (2003; 41 Bomben) reflektieren wiederum Themen aus der jüngeren und neuesten Geschichte Chinas in derber bis surrealistisch-symbolischer Verdichtung und einer stilistischen Verbindung von klassischer Volksliteratur und internationaler literarischer Avantgarde.

M.s Regionalismus orientiert sich sowohl an chinesischen Vorbildern der Republikzeit, vor allem an Shen Congwen (1902–88), als auch an international bekannten zeitgenössischen Autoren wie Gabriel García Márquez. Dessen Magischer Realismus inspirierte nicht nur M., sondern die gesamte erste Generation junger chinesischer Schriftsteller, die nach Maos Tod zu schreiben begann und (selbst-)kritisch auf die revolutionäre Ära der Nation zurückblickte.

Andrea Riemenschnitter

Mochtar Lubis
↗ Lubis, Mochtar

Molière
(d. i. Jean-Baptiste Poquelin)
Geb. 13. 1. 1622 in Paris;
gest. 17. 2. 1673 in Paris

Dem bekanntesten und meistgespielten Komödienautor Frankreichs war ein bürgerlicher Lebensweg vorgezeichnet. Jean-Baptiste Poquelin, Sohn eines wohlhabenden Pariser Dekorateurs, sollte dem Vater im Amt eines königlichen Hoftapezierers nachfolgen, das dieser 1631 erworben hatte. Zunächst genoss er eine hervorragende Ausbildung auf dem von Jesuiten geleiteten Collège de Clermont und schloss ein Jurastudium in Orléans mit der Zulassung zum Anwalt ab. Nachdem er die Schauspielerin Madeleine Béjart kennengelernt hatte, vollzog er jedoch den Bruch mit seiner Familie und ließ sich 1643 sein Erbe auszahlen, um ebenfalls Schauspieler zu werden. Mit den Geschwistern Béjart gründete er das »Illustre Théâtre« und unterzeichnete ab 1644 als Ausdruck der Abkehr von seiner bürgerlichen Herkunft mit dem Künstlernamen Molière.

Nach dem schnellen Bankrott der Truppe schlossen sich die Schauspieler mit einer vor allem durch West- und Südfrankreich ziehenden Wandertruppe zusammen, deren Leitung M. bald übernahm und für deren Repertoire er eigene Werke abzufassen begann, ab etwa 1655 auch fünfaktige Komödien. Damit vereinte er auf sich die Funktionen des Autors, Theaterleiters und Schauspielers, die er bis zu seinem Tod ausübte. Nach der Rückkehr von ihrer 13-jährigen Wanderschaft protegierte Philippe d'Orléans, der Bruder des Königs, die Truppe und verschaffte ihr einen Auftritt vor Ludwig XIV. Während dieser sich bei der Inszenierung einer Corneille-Tragödie noch langweilte, amüsierte ihn eine als Zugabe gespielte Farce aus M.s Feder derart, dass er der Truppe einen Pariser Theatersaal zuwies. Auch der Durchbruch vor einem großen Pariser Publikum gelang M. mit einer Zugabe: Die im Anschluss an Corneilles *Cinna* aufgeführte Prosakomödie *Les précieuses ridicules* (1659; *Die lächerlichen Preziösen*, 1670) verschmilzt Farcenelemente mit einem konkreten Gegenwartsbezug; diese Verbindung zeitloser Komik mit der Satire auf Missstände und Charakterschwächen der eigenen Zeit kennzeichnet M.s umfangreiches Werk – in seinen 15 Pariser Jahren führte er insgesamt 94 Stücke auf, darunter 31 von ihm selbst verfasste. Letztere lassen sich in drei Gruppen und Schaffensperioden unterteilen: In einer frühen Phase überwiegen die Farcen mit einer meist von den Dienerfiguren getragenen derberen Komik.

In der mittleren Periode entstanden die regelmäßigen fünfaktigen Komödien, die zwar aus heutiger Sicht als M.s Meisterwerke gelten, für deren zeitgenössische Inszenierung er aber erhebliche Widerstände zu überwinden hatte und die ihn heftigen Anfeindungen aussetzten, weil man den ›politischen‹ Gehalt dieser Stücke erkannte. Schließlich entwickelte M. als königliche Auftragsarbeit sog. Ballettkomödien, in deren Musik- und Tanzeinlagen Ludwig und seine Hofgesellschaft selbst mitwirkten. Die Musik komponierte Jean-Baptiste Lully, der M. durch Intrigen zunehmend aus der Gunst des Königs verdrängte und von diesem schließlich die Leitung des Musiktheaters übertragen bekam. M. starb unmittelbar nach der vierten Aufführung seines letzten Stücks, der Ballettkomödie *Le malade imaginaire* (1673; *Der eingebildete Kranke*, 1694), in der er selbst die Rolle des Hypochonders spielte.

M.s zeitgenössischer Ruhm verdankt sich seiner Ausrichtung am Geschmack des Pariser Publikums, das im Theater primär die Unterhaltung suchte und diese vor allem in M.s vielfältiger Situations-, Wort- und Charakterkomik fand. Die frühen, teilweise bereits während der Wanderjahre aufgeführten Farcen bildeten noch zeitlose, an die Tradition der Commedia dell'arte angelehnte Typen ab, von denen M. selbst eine komische Dienerrolle spielte. Seit den *Précieuses ridicules* überwog jedoch die Satire mit konkretem Aktualitätsbezug: Gegenstand des Spottes sind in dieser Komödie die Auswüchse des Preziösentums, dessen Liebeskasuistik und Sprachüberhöhung M. von zwei affektierten Provinzgänsen verkörpern lässt, die schließlich dem Charme verkleideter Diener erliegen. Schon mit diesem Erfolgsstück löste M. allerdings auch heftige Kritik aus, die sich in der zweiten Schaffensperiode verschärfte, als die Komödien in noch deutlicherer Weise gesellschaftliche Missstände geißelten.

Die mit großem Publikumserfolg aufgeführte Verskomödie *L'école des femmes* (1662; *Die Schule der Frauen*, 1752) ist ein Plädoyer für die Liebesheirat unter gleichaltrigen Partnern: Die junge, in Unwissenheit erzogene Agnès folgt der Stimme ihres Herzens und widersetzt sich mit gesundem Menschenverstand ihrem ältlichen Vormund Arnolphe, seinen Heiratsabsichten und seinen archaisch anmutenden Vorstellungen von den Pflichten einer Ehefrau. In *Le Tartuffe* (1664/69; *Der Tartuffe oder Der Betrüger*, 1753) attackiert M. die religiöse Heuchelei. Der Titelfigur des Stücks gelingt es fast, in der Maske des religiösen Eiferers eine Familie zu zerstören und sich deren Besitz übertragen zu lassen. Erst der unerwartete Auftritt eines königlichen Gesandten stellt mit einer M.-typischen *Deus-ex-machina*-Lösung Gerechtigkeit her. Einflussreichen Kreisen gelang es, die Aufführung fünf Jahre lang zu unterbinden. Anstoß erregte auch das nächste Stück, *Dom Juan* (1665; *Don Juan oder der steinerne Gast*, 1694), deren Titelgestalt, ein nihilistischer Aristokrat, sich zynisch über menschliche und göttliche Gebote erhebt und an den moralischen Grundfesten der Gesellschaft rüttelt. Dabei übt die geistige Überlegenheit des Freidenkers eine Faszination aus, der sich die übrigen Figuren und das Publikum nicht verschließen konnten. Offenbar hatte M. mit dem Adligen, der den Verlust seiner öffentlichen Funktionen mit Verführung und Blasphemie kompensiert, erneut einen brisanten Stoff dargestellt, denn nach wenigen Aufführungen wurde das Stück vom Spielplan abgesetzt. *Le misanthrope* (1666; *Der Menschenfeind*, 1742) stellt das zeitgenössische Gesellschaftsideal des ›honnête homme‹ in Frage und lässt den Wahrheitsfanatiker Alceste scheitern, weil er den höflichen Schmeicheleien seiner Mitmenschen bei Hofe und in den Salons verweigert. Bei aller Sittenkritik war auch Alceste als eine lächerliche Figur konzipiert, weil er mit seinem Rigorismus das gesellschaftliche Zusammenleben gefährdet und überdies ausgerechnet in die kokette Célimène verliebt ist. Antiken Stoffen wie dem Plautus entlehnten *L'avare* (1668; *Der Geizige*, 1670) oder *Amphitryon* (1668; *Amphitryon*, 1947/48) verlieh M. ebenso eine aktualistische Tendenz wie den in der letzten Schaffensphase entstandenen Ballettkomödien. Als barocke Gesamtkunstwerke aus Musik, Wort und Tanz waren sie zwar Auftragsarbeiten des Hofes, doch schuf M. auch in dieser Gattung bleibende Meisterwerke. Die Prosakomödie *Le bourgeois gentilhomme* (1670; *Der Bürger als Edelmann*,

1788) verspottet die Adelsprätentionen klassenflüchtiger reicher Bürger sowie den Parasitismus verarmter Adliger, die vom bürgerlichen Adelstick profitieren. Das Stück gipfelt in einem prunkvollen Mummenschanz, wenn in der abschließenden Balletteinlage der Protagonist M. Jourdain mit einem orientalischen Phantasietitel geadelt wird. Einen ähnlichen Schluss wählte M. auch für sein letztes Stück, die Ärztesatire *Le malade imaginaire*: Die fingierte Promotion, in der der hypochondrische Argan zum Mediziner erklärt wird, damit er sich künftig selbst heilen könne, persiflierte die Rituale der Pariser Sorbonne.

M.s Beitrag zur Theatergeschichte besteht in der Entwicklung der großen Charakter- und Sittenkomödie, mit der er das Lustspiel als klassische Gattung etablierte und deren Modell für die Komödientradition auch außerhalb Frankreichs prägend wurde. Obwohl er, insbesondere in den regelmäßigen ›großen‹ Komödien, die Grenze zum Tragischen berührte, suchte er als ein ›homme de théâtre‹ bei allem sitten- und gesellschaftskritischen Engagement stets die komische Wirkung, der sich die Zeitlosigkeit seiner Werke verdankt.

Wilhelm Graeber

Molina, Tirso de
↗ Tirso de Molina

Molnár, Ferenc
Geb. 12. 1. 1878 in Budapest;
gest. 2. 4. 1952 in New York

Ferenc Molnár galt im 20. Jahrhundert im Ausland lange als der bekannteste ungarische Autor, als der »Klassiker des Boulevards«; in seiner Heimat hat man ihn jedoch wenig beachtet. Er war zwar populär bei den Theatern, die auf Publikumserfolg bedacht waren – mit Ausnahme der 1950er Jahre, wo M. als »schädliches bürgerliches Relikt« mit Aufführungsverboten belegt war –, aber Kritik und Literaturwissenschaft haben ihn nicht ernst genommen: Er wurde als geschickter Handwerker abgetan. Die Art und Weise, wie sich vor allem die Theater und die Theaterkritik neuerdings auch in Ungarn den Stücken M.s annähern, zeugt vom Wandel ihrer künstlerischen Einschätzung.

M. ist als Sohn eines wohlhabenden jüdischen Arztes aufgewachsen, sollte in Genf und Budapest Jura studieren, doch seine Neigung zum Journalismus und zur Literatur setzte sich schon bald nach der Abitur durch. 1896 wurde er Redaktionsmitglied der Zeitschrift *Budapesti Napló*; er schrieb Feuilletons, wurde aber auch für Berichte über aktuelle Ereignisse eingesetzt. Während des Ersten Weltkrieges arbeitete er als Kriegsberichterstatter für verschiedene Zeitungen, daraus entstand der Band *Egy haditudósító emlékei* (1916; *Kriegsfahrten eines Ungarn*, 1916). Als Erzähler begann er mit naturalistischen Romanen und klar komponierten, auf Pointen zugespitzten, geistreichen Novellen, die er unter dem Einfluss von Guy de Maupassant und Oscar Wilde verfasste. Sein erfolgreichstes Prosawerk war der bezaubernde Jugendroman *A Pál-utcai fiúk* (1907; *Die Jungen der Paulstraße*, 1910, 1928), der viele Male verlegt und übersetzt und mehrmals auch verfilmt wurde. Er schildert Kindheitserinnerungen des Autors, den Kampf der Jungen der Budapester Paulstraße gegen die Jungen vom Botanischen Garten, die heldenhafte Verteidigung ihres Treffpunkts, eines als Holzlager benutzten Grundstücks mitten im Häusermeer, das sie schließlich doch verlieren, weil es bebaut werden soll.

Die größten Erfolge erlangte M. jedoch mit seinen meisterhaft ausgeführten Boulevardstücken. Ihre Technik ging auf französische Boulevardlustspiele und Possen vom Ende des 19. Jahrhunderts, auf die Vaudeville-Komödien von Labiche, Courteline und Feydeau zurück, wurde aber von M. ironisch reflektiert und durch moderne Problemstellungen bereichert. Zur Dramaturgie der auf effektvolle Spielsituationen aufgebauten und im gepflegt-aphoristischen Konversationsstil durchgeführten Stücke mag auch die Wiener Moderne, insbesondere Arthur Schnitzler beigetragen haben. Die Reihe der Komödien begann mit *A doktor úr* (Herr Doktor), uraufgeführt 1902 im Vígszínház, jenem Theater der Budapester Bourgeoisie, das für lange Zeit das Zuhause von M.s Stücken wurde. M. heiratete nacheinander zwei führende Schauspielerinnen dieses Theaters. Der Durchbruch gelang M. mit *Az ördög* (1907; *Der Teufel*, 1908). Das Stück spielt im Milieu der Bourgeoisie, für die es bestimmt war, und es kitzelte sie mit den aufregend neuen, pikanten Lehren der Freudschen Psychologie auf eine Weise, die gut in die Schemata der Salonkomödie passte. Dem beispiellosen Erfolg in Budapest folgten die ebenfalls bejubelten Premieren in Wien, Berlin, London und New York.

Die »Vorstadtlegende« *Liliom* (1909; *Liliom*, 1912) ist M.s anspruchsvollstes, zugleich aber zwiespältigstes Stück, das gewissermaßen die Volksstücke Ödön von Horváths vorwegnimmt. Liliom, ein Gauner aus der Vorstadt, ist als Hutschenschleuderer beim Karussell im Vergnügungspark angestellt. Er verführt ein Dienstmädchen und hofft, von dessen bedingungsloser Liebe berührt, ein besserer Mensch zu werden, begeht aber bald wieder ein Verbrechen. Als er dabei von der Polizei erwischt wird, sticht er sich mit einem Messer in die Brust. Die beiden letzten, an Sentimentalität grenzenden Szenen spielen im Jenseits bzw. 16 Jahre später, als Liliom einen Tag lang zurück zur Erde darf. Eine besondere Stärke des Stücks ist seine Sprache, eine reduzierte Abbildung der damaligen Gaunersprache. Die kongeniale deutsche Übersetzung stammt von Alfred Polgar. *Liliom* wurde mehrmals verfilmt, unter anderem 1934 von Fritz Lang. In der von Geistesblitzen geradezu sprühenden Komödie *Testőr* (1910; *Der Leibgardist*, 1922) versucht ein Schauspieler als schmucker k.u.k.-Leibgardist die Treue seiner Frau zu prüfen. *A farkas* (1912; *Das Märchen vom Wolf*, 1912) lässt, von der Freudschen Traumdeutung inspiriert, eine eifersüchtig bewachte Ehefrau im Traum in amouröse Abenteuer geraten. *A hattyú* (1920; *Der Schwan*, 1921) ist eine Satire auf die Hocharistokratie, das neuromantische Spiel *Üvegcipő* (1924; *Der gläserne Pantoffel*, 1925) kehrt mit einem Budapester Dienstmädchen als Hauptfigur zum Vorstadtmilieu von *Liliom* zurück. In der »Anekdote« *Játék a kastélyban* (1926; *Spiel im Schloß*, 1926) belauscht ein Komponist gemeinsam mit anderen seine Braut bei einer Liebesszene. Ein Lustspielautor verfasst rasch ein Stück um diese Szene herum, so dass die belauschte Wirklichkeit als Theaterprobe ausgegeben werden kann.

M. erreichte in den 1920er Jahren den Gipfel seines internationalen Erfolgs. Mit seinen mehr als 40 Stücken verdiente er ein Vermögen. 1939 floh er vor der rassischen Verfolgung zunächst in die Schweiz, dann in die Vereinigten Staaten, von wo er nicht mehr nach Europa zurückkehrte. Die Stücke aus den 1930er Jahren zeigten schon Symptome des Verfalls, der leeren Routine. Die Erinnerungen M.s erschienen 1950 in New York unter dem Titel *Companion in Exile* in englischer Sprache. Die deutsche Übersetzung *Die Gefährtin im Exil* stammt von 1953, die ungarische Fassung *Útitárs a száműzetésben*, die ebenfalls eine Übersetzung ist, weil das Manuskript des Originals verschollen ist, wurde 1958 herausgegeben.

Miklós Győrffy

Mon, Franz (d. i. Franz Löffelholz)
Geb. 6. 5. 1926 in Frankfurt a. M.

»solange geschrieben wird, konkurrieren zwei tendenzen, das geschriebene darzubieten, die zur leichtesten lesbarkeit mit der, dem lesen widerstand zu bieten«, stimmt M. einmal seinen Leser in das ein, was ihn im Folgenden erwartet (*textlabyrinthe*). M. – promovierter Lektor eines Frankfurter Schulbuchverlags – hat als Autor zeitlebens für ein schriftstellerisches Verfahren des »Querstellens« plädiert, was auf die Sprache, die Sprachverwendung, vor allem aber immer wieder auf das »Reden«

bezogen ist. Mit seiner ersten beachteten Publikation *Artikulationen* (1959) bot er schon programmatisch und experimentierend Praxis und Theorie seiner besonderen Auffassung von »Konkreter Poesie«. »Konkret« wird für M. Sprache zunächst vor allem im artikulatorisch-gestischen Vollzug, im »tanz der lippen, zunge, zähne«, der erst möglich wird, wenn der Text auf eine »primitive materiale erfahrung« zurückgeführt wird. M. rechnet mit einem »mitspielenden« Leser, der sich dabei auf stark von linguistischer Theorie durchsetzte experimentelle Demonstrationen einlassen muss (*serielles manifest No. 85*, 1966). M.s *Lesebuch* (1967) präsentiert die Palette des bis dahin Erarbeiteten. Seinem »Roman« *Herzzero* (1968) gab er die Empfehlung mit, ihn »mit bleistift, kugelschreiber und filzstift zu lesen«. M., dessen Rolle für die publizistische Durchsetzung der »Konkreten Poesie« nicht hoch genug geschätzt werden kann, plädierte frühzeitig für eine Überschreitung der medialen Begrenzungen. So war er Mitherausgeber der Sammlung *movens* (1960, mit Walter Höllerer und Manfred de la Motte), die Dichtung, bildende Kunst, Musik und Architektur umfasst. Seine poetologisch programmatischen Arbeiten veröffentlichte er gesammelt als *Texte über Texte* (1970), so dass übersichtlich vorliegt, was für M. sich zwischen Sprache und ihren verschiedenen visuellen und akustischen Konkretionen abspielt. Ein wichtiges Anwendungsfeld für die »Konkrete Poesie« wurde ab den späten 60er Jahren der Rundfunk. Dem »Neuen Hörspiel« gab M. erfolgreiche Impulse (*das gras wies wächst*, 1969, als Schallplatte 1971; *bringen, um zu kommen*, 1970; *hören und sehen vergehen*, 1977; *lachst du wie ein hund*, 1985; *Montagnacht. Für Stimmen und Flöte*, 1987). So sieht M., auch wenn die »Konkrete Poesie« »sich heute vielleicht erschöpft« hat, ihr Fortwirken gesichert, denn »ihre Erfindungen … gehen ein in die neuen intermedialen Versuche mit Text-Räumen und Hör-Spielen«.

Horst Ohde

Montaigne, Michel Eyquem Seigneur de
Geb. 28. 2. 1533 auf Schloss Montaigne, Dordogne/Frankreich; gest. 13. 9. 1592 auf Schloss Montaigne

»Montaigne ist im Abendland ohne jeden Zweifel eine der Persönlichkeiten, die dem Bild der individuellen Existenz Gestalt verliehen haben. Montaigne aber lädt uns auch zur Wachsamkeit ein: das Individuum ergreift von sich selber nur in der reflektierten Form seiner Beziehung zu den anderen, zu allen anderen Besitz« (Jean Starobinski). Laut seiner Vorrede von 1580 verstand M. sein Hauptwerk *Les essais* (1588 erste vollständ. Ausg.; *Essais*, 1754) als privates und persönliches Vermächtnis, das von seiner Selbstergründung zeugt. Die Ausgabe letzter Hand lässt dieses Selbstverständnis wie ein Understatement wirken, gelang es M. doch exemplarisch, den Bogen vom Partikularen zum Generellen und Universellen zu schlagen. Mit seiner Unvoreingenommenheit in der Betrachtung und Beschreibung von Phänomenen aus den verschiedenen Lebensbereichen wandte er sich im Geist der Renaissance, deren bekanntester französischer Vertreter er neben François Rabelais ist, gegen religiöse, wissenschaftliche, medizinische, juristische und künstlerische Dogmen und Traditionen. Seine fundierte humanistische Bildung brachte er mit zunehmender Freiheit und Leichtigkeit in sein dreibändiges, 107 Kapitel umfassendes Werk ein, an dem er seit 1572 – dem Jahr der Bartholomäusnacht – arbeitete. Mit seinem assoziativen Vorgehen in einem Konversationsstil, der auf prätentiöse Rhetorik verzichtet und so die Subjektivität der Ausführungen betont, wurde M. zum Begründer der Essayistik und der nach seinem Werk benannten Gattung.

M. entstammte einer reichen Kaufmannsfamilie und führte, nachdem er das elterliche Schloss geerbt hatte, als erster seiner Familie einen Adelstitel. Sein Vater hatte an den Italienfeldzügen unter Franz I. teilgenommen, von wo er humanistische Ideen mitbrachte, die er in der Erziehung seiner Kinder umsetzte. Nach dem Besuch des neugegründeten Collège de Guyenne studierte M. auf Wunsch seines Vaters Rechtswissenschaft, um sich in die Beamtenlaufbahn einkaufen zu können. 1557 wurde er Parlamentsrat in Bordeaux; in dieser Funktion reiste er mehrfach in Religionsfragen nach Paris. Mit der Tochter eines Ratskollegen ging er 1565 eine arrangierte Vernunftehe ein. 1571 veräußerte M. seine Ämter, um sich in einer turbulenten Epoche des religiösen Bürgerkriegs auf seinem Schloss dem Schreiben zu widmen. 1581 wurde er, während er sich zur Kur in Italien befand, zum Bürgermeister von Bordeaux gewählt; dieses Amt bekleidete er von 1582 bis zum Ausbruch der Pest 1585, der ihn seine Machtbefugnisse an den königlichen Gouverneur abtreten ließ. Die ersten beiden Bücher der *Essais* entstanden vor der Rückkehr in die Politik, das dritte nach dem endgültigen Rückzug. Konfessionell war M., der sich um einen Ausgleich in den religiösen Konflikten bemühte, dem katholischen Lager zuzurechnen. Die in der Epoche diskutierte, von Machiavelli proklamierte Trennung von Politik und Moral erkannte M. an, verwies jedoch auf die moralischen Implikationen politischer Entscheidungen und hielt einen moralisch motivierten Rückzug aus dem politischen Leben für legitim (*Essais*, Bd. II., Kap. 17).

Der Buchgelehrsamkeit erteilte er im Namen humanistischer Universalbildung eine Absage, und das Reisen und die Verarbeitung neuer Eindrücke und Erfahrungen trat an die Seite des Studiums älterer und neuerer Autoren. Für M.s Denken erwiesen sich unter den antiken Philosophen besonders Pyrrhon, die Stoiker und Epikur richtungsweisend; sein Skeptizismus, der keine nihilistische Haltung der Negation ist, sondern Erkenntnis als Prozess versteht, geht auf Pyrrhon, den Begründer der antiken Skepsis, zurück. Die Affektlehre der Stoa und das Menschenbild sowie die Kosmologie der Epikureer, die den Sinnengenuss ins Zentrum des Lebens stellen, wurden von ihm rezipiert. Die Bestimmung der eigenen Tätigkeit im Hinblick auf den Tod, »Philosophieren heißt Sterben lernen« (I, 20), setzt sich klar von metaphysischen Spekulationen ab und erkennt die menschliche Existenz in ihrer zeitlichen Begrenztheit an. Die Kapitelfügung der *Essais* ist locker, die Kapitel sind einfach durchnummeriert; bisweilen folgen thematisch verwandte Texte aufeinander, oder es zeigen sich bei genauerer Betrachtung Kohärenzen, so etwa bei »De l'amitié« (»Über die Freundschaft«, I, 28), Ausführungen über die Freundschaft im Allgemeinen sowie die des Autors zu Étienne de la Boétie im Besonderen, und der Präsentation von Gedichten des früh verstorbenen Freundes (I, 29).

Der längste Text ist die »Apologie de Raimond Sebond« (»Apologie des Raymond Sebon«, II, 12), in der M. nicht – wie es der Titel vermuten lässt – den genannten Autor verteidigt, sondern in der Auseinandersetzung mit diesem seine theologische Position entwickelt. Der hier vertretene Fideismus, der auf einer unüberwindbaren Grenze zwischen Glauben und Vernunft insistierte, sowie die konsequente skeptische Grundhaltung, die sein dynamisches Denken vor jeder dogmatischen Erstarrung bewahrte, waren wesentliche Gründe dafür, dass M. 1676 auf den kirchlichen Index gesetzt wurde. Eine Aufwertung der natürlichen Anlagen leisteten die Beiträge zur Erziehung (I, 26) und zum Verhalten der Kannibalen (I, 31), welche auf aufklärerische Erziehungsideale und den Mythos des ›edlen Wilden‹ vorausweisen.

In dem Reisetagebuch *Journal de voyage en Italie* (postum 1774; Teilübersetzung *Tagebuch einer Reise durch Italien*, 1780, vollst. 1988), das M.s beschwerliche, zur Besserung seines Nierenleidens unternommene Kurreise nach Italien schildert, werden physiologische Veränderungen für die Epoche ebenso ungewöhnlich genau beschrieben wie die Wirkung der italienischen Kurtisanen auf den französischen Betrachter. Mit seinem Verzicht auf eine Idealisierung des Menschen und einem eher kasuistischen als kategorisch prinzipienversessenen Denken steht M. am Beginn der Moralistik. Aus einer phänomenologischen

Perspektive des 20. Jahrhunderts liegt im Skeptizismus M.s, der sich einer unabschließbaren Wahrheitssuche stellt, eine bedeutende Erkenntnis: »Vielleicht findet er [M.] in diesem widersprüchlichen, für alles aufgeschlossenen Selbst, das zu erforschen er nicht müde wird, am Ende doch das Zentrum aller Ungewißheiten, das Geheimnis aller Geheimnisse und so etwas wie eine letzte Wahrheit« (Maurice Merleau-Ponty).

Werkausgabe: Essais. Erste moderne Gesamtübersetzung. Hg. H. Stilett. Frankfurt a. M. 1998.

Michaela Weiß

Montale, Eugenio
Geb. 12. 10. 1896 in Genua;
gest. 12. 9. 1981 in Mailand

Eugenio Montale wuchs am ligurischen Meer auf, dem Schauplatz seiner ersten Gedichte, zwischen Genua und den Cinque Terre. Nach einer Buchhalterausbildung verschaffte er sich autodidaktisch tiefgehende Kenntnisse der europäischen Literatur und Philosophie. Eine 1915 begonnene Gesangsausbildung musste er 1917 wegen seiner Einberufung abbrechen. In den 1920er Jahren pflegte er enge Beziehungen zur Turiner Kulturszene, in Triest lernte er Italo Svevo und Umberto Saba kennen. 1925 unterzeichnete er das »Manifest der antifaschistischen Intellektuellen« und es erschien M.s erste Gedichtsammlung *Ossi di seppia* (2. erw. Aufl. 1928; *Glorie des Mittags*, 1960). 1927 zog er nach Florenz, um beim Verlag Bemporad zu arbeiten. Das 1929 angetretene Amt als Leiter der Bibliothek des Gabinetto Vieusseux musste M. 1938 aufgeben, weil er sich weigerte, der faschistischen Partei beizutreten.

In Florenz verkehrte er mit den bedeutendsten Intellektuellen der Zeit, unter anderem mit Elio Vittorini, Carlo Emilio Gadda und Salvatore Quasimodo, und lernte Drusilla Tanzi, seine spätere Frau, kennen. 1938 erschien die zweite Gedichtsammlung *Le occasioni* (Die Gelegenheiten), 1948 *Quaderno di traduzioni*, mit Übersetzungen von Shakespeare, Blake, Joyce, Yeats und Eliot. Im selben Jahr zog M. nach Mailand, wo er als Redakteur beim *Corriere della sera* fast bis zu seinem Tod 1981 arbeitete. 1956 erschien die Sammlung *La bufera e altro* (*Der Sturmwind und anderes*, 1976; ein Teil davon, *Finisterre*, war schon 1943 inoffiziell veröffentlicht worden). *Satura* (1971; *Satura*, 1976) stellt eine Wende in M.s Lyrik dar; es folgten *Diario del '71 e del '72* (1973; *Diario*, 1976), *Quaderno di quattro anni* (1977; Vierjahresheft), *Altri versi* (1980; Andere Verse) und der postum erschienene Band *Diario postumo* (1990; *Das postume Tagebuch*, 1998–2001). Fiktionale Prosawerke sind die Erzählsammlung *Farfalla di Dinard* (1956; *Die Straußenfeder*, 1971) und die Artikelsammlung *Fuori di casa* (1969; Aus dem Haus), während *Auto da fé* (1966; Autodafé) eine Auswahl von kritischen Aufsätzen über aktuelle Kulturthemen enthält. Literarische Rezensionen sind in *Sulla poesia* (1976; Über die Dichtung) gesammelt, musikalische Rezensionen in *Prime alla Scala* (1982; Uraufführungen an der Scala). In den letzten Lebensjahren erhielt M. zahlreiche Auszeichnungen, unter anderem die Ernennung zum Senator auf Lebenszeit (1967) und den Nobelpreis für Literatur (1975).

M.s Hauptthemen in *Ossi di seppia* wie in allen späteren Sammlungen sind der sog. »male di vivere«, der Schmerz des Lebens, und das gestörte Verhältnis zwischen Mensch und Welt. Der Dichter des 20. Jahrhunderts ist nicht mehr in der Lage, Wahrheiten zu verkünden: »Frag uns nicht nach dem Wort, das allseits begrenze / die formlose Seele uns, sie beschrifte / mit feurigen Lettern. [...] Von uns verlange nicht die Formel, die Welten öffne.« Das einzige, was der Lyriker anbieten könne, seien »ein paar Silben nur, wie Reisig krumm und trocken«, seine Aussagen könnten nur negativ formuliert sein: »was *nicht* wir sind, was *nicht* wir wollen«. Das Leben ist ein »Wandern [...] entlang der Mauer, / auf der die spitzen Scherben glühn«. Die trockene und raue Landschaft der Cinque Terre stellt eine so verstandene menschliche Existenz bildhaft dar und entspricht zugleich M.s Streben nach einer Poetik des »scabro ed essenziale«, nach einem nüchternen und knappen Stil. Daraus folgt eine sehr genaue Wortwahl, die Fachbegriffe oder dialektale, seltene und ausgefallene Ausdrücke keineswegs scheut. In *Le occasioni* steht nicht mehr die Landschaft im Vordergrund, sondern die Dimension von Zeit und Gedächtnis. Der poetische Diskurs ist teilweise an ein weibliches Du namens Clizia (die amerikanische Literaturwissenschaftlerin Irma Brandeis) adressiert. Den Gegenständen wird ein symbolischer Wert zugeschrieben: M. entwickelt hier eine »Poetik der Objekte«, die ganz im Einklang mit Eliots »objective correlative« steht. Die Bedeutung dieser Texte wird dunkler, der Leser wird nicht immer in die Lage versetzt, die Gelegenheit zu rekonstruieren, die dem dargestellten Objekt und somit dem ganzen Gedicht zugrunde liegt. Die Krise zwischen Subjekt und Welt verschärft sich in *La bufera* durch den historischen Hintergrund des Zweiten Weltkriegs. Als einziges Motiv der Hoffnung bleibt die Figur Clizias, die hier die christlichen Züge einer rettenden Engelsfrau annimmt. In den späteren Sammlungen werden die Gelegenheiten, die die Gedichte inspiriert haben, explizit genannt und die Lyrik erhält gewissermaßen einen Tagebuchcharakter. Der poetische Diskurs kreist um aktuelle Themen aus der unmittelbaren Gegenwart des Dichters, schlägt einen teilweise satirischen und grotesken Ton an und bedient sich der Alltagssprache bis zur Mündlichkeit.

Werkausgaben: Gedichte 1920–1954. München 1987. – Das postume Tagebuch. 2 Bde. München 1998–2001.

Tatiana Bisanti

Montero, Rosa
Geb. 3. 1. 1951 in Madrid

»Für mich ist der Journalismus wie ein Ehemann: Ich kenne ihn seit Jahren; wir haben uns gestritten und sehr schlechte Zeiten miteinander gehabt, in denen ich ihn abgrundtief gehaßt habe. Der Roman dagegen ist wie ein Liebhaber: Er ist Herzklopfen, Entrückung und Abenteuer, Beklemmung und Glücksgefühl. Aber behalten will ich sie beide.« Diese schriftstellerische Bigamie, zu der Rosa Montero sich mehrfach bekannt hat, ist kein Einzelfall im postfranquistischen Kulturleben. M. gehört auf beiden Gebieten – dem Journalismus und der Prosa – zu den bekanntesten und erfolgreichsten Autor/innen Spaniens. Dabei befruchten sich in ihrem Frühwerk beide Genres so stark gegenseitig, dass die Grenze zwischen Fiktion und Nicht-Fiktion oftmals verschwimmt.

M. kommt als zweites Kind eines Stierkämpfers und einer Hausfrau in Madrid zur Welt. Zwischen ihrem fünften und neunten Lebensjahr besucht sie keine Schule, da sie schwer an Tuberkulose erkrankt. Zur Bettruhe gezwungen, vertreibt sie sich die Zeit mit Lesen und Schreiben. Sie studiert in Madrid Philologie und Psychologie und absolviert eine Ausbildung an der dortigen Journalistenschule. Ihre journalistische Karriere ist in Spanien beispiellos: Vom achtzehnten Lebensjahr an schreibt sie für verschiedene madrilenische Zeitungen und Zeitschriften. Sie macht sich schnell einen Namen als hartnäckige Interviewerin, präzise Beobachterin und brillante Stilistin und erhält Ende der 1970er Jahre mehrere bedeutende Journalistenpreise. Besonderes Aufsehen erregt sie mit ihren Interview-Porträts, einem Mischgenre, das in der spanischen *transición* einen Boom erlebt, weil mit dem Ende des Franquismus wieder offen Fragen gestellt und vergessene oder verschwiegene Schicksale erinnert werden dürfen. Die Palette ihrer Interviewpartner aus der internationalen Politik und Kultur reicht von Indira Ghandi über Felipe González bis zu Fernando Arrabal und Yves Montand. M. hat mehrere Bände mit ausgewählten Interviews veröffentlicht. Seit 1977 arbeitet M. nahezu ausschließlich für Spaniens bedeutendste Tageszeitung *El País*, die im Mai 1976 – wenige Monate nach Francos Tod – gegründet wurde. 1980/81 leitet sie als Chefredakteurin die Wochenendbeilage des Blatts, für die sie noch 1997 alle zwei Wochen eine Kolumne schreibt. In den 1980er Jahren führen sie journalistische Aufgaben immer wieder ins Ausland, u. a. in die

USA, wo sie 1985 als Gastdozentin an der Universität von Wellesley/Massachusetts lehrt. In dieser Zeit entsteht auch das Drehbuch für eine satirische Fernsehserie, die unter dem Titel MEDIA NARANJA (Die bessere Hälfte) nicht nur in Spanien, sondern auch in Lateinamerika gezeigt wird. M. lebt seit ihrer Geburt in Madrid, ist unverheiratet und kinderlos.

Ihr erster Roman, sagt sie rückblickend, sei eher aus Zufall entstanden. Als die engagierte Feministin 1977 von einem Verlag gebeten wird, eine Reihe von Frauen zum Thema Emanzipation im postfranquistischen Spanien zu interviewen, entwickelt sich daraus ein fiktionales Kaleidoskop, das eine Vielzahl von Frauenschicksalen im modernen Spanien vor Augen führt: *Crónica del desamor* (Chronik der Lieblosigkeit). Dementsprechend bilden frauenspezifische Themen wie Abtreibung, Vergewaltigung in der Ehe und Diskriminierung am Arbeitsplatz den Schwerpunkt des Buches. In ihrem zweiten, 1981 erschienenen Roman *La función Delta* (Die Funktion Delta) interessieren M. die ›klassischen‹ literarischen Themen Liebe, Tod und Einsamkeit. Unverkennbar ist die Ablösung von zeitgeschichtlichen und die Hinwendung zu universellen Themen.

In Interviews betont M. immer wieder, die Literatur müsse die Wirklichkeit verfremden und neue, phantastische Welten erschaffen. Ihr dritter Roman, *Te trataré como a una reina* (1983; *Ich werde dich behandeln wie eine Königin*, 1990), spielt so im skurrilen Ambiente eines madrilenischen Nachtclubs, der von grotesken Gestalten bevölkert wird, die an unerfüllter Sehnsucht nach Liebe, Perspektivlosigkeit und Einsamkeit leiden. Das Zusammenleben der Figuren ist hier von patriarchalen Herrschaftsstrukturen geprägt, ähnlich wie in M.s viertem Roman, *Amado amo* (1988; *Geliebter Gebieter*, 1989), der die Geschichte des beruflichen und moralischen Abstiegs eines Werbefachmanns erzählt, die das kapitalistische Verhältnis von Herr und Knecht als zeitgenössische patriarchale Ersatzreligion entlarvt. Die Möglichkeit einer Aufhebung dieser Herrschaftsverhältnisse lotet M. in dem Science-Fiction-Roman *Temblor* (1990; *Zittern*, 1991) aus, in dem die Protagonistin drei verschiedene Gesellschaftsmodelle durchläuft: Matriarchat, Patriarchat und eine die Gleichberechtigung der Geschlechter garantierende Demokratie. In ihrem Roman *Bella y oscura* (1993; *Schön und dunkel*) verbindet in sich die beiden Hauptlinien ihres bisherigen Werks: die feministisch akzentuierte Gesellschaftskritik und die phantastische Science-Fiction-Welt.

Andrea Rössler

Montesquieu, Charles-Louis de Secondat Baron de la Brède et de M.
Geb. 18. 1. 1689 in La Brède bei Bordeaux; gest. 10. 2. 1755 in Paris

Aus französischem Amtsadel stammend, profilierte Montesquieu sich mit *De l'esprit des lois* (1748; *Vom Geist der Gesetze*, 1753) zum wichtigsten politischen Theoretiker der französischen Aufklärung vor Rousseau, nachdem er mit seinen *Lettres persanes* (1721; *Persianische Briefe*, 1760) die *literarische* Aufklärung in Frankreich brillant eröffnet hatte.

M. studierte nach einer standesgemäßen Erziehung im Oratorianer-Kolleg in Juilly Jura in Bordeaux und Paris und wurde schon in jungen Jahren zum Parlamentsrat in Bordeaux bestellt. Zum Senatspräsidenten avanciert, überließ er die Verwaltung seiner Besitzungen seiner Gattin, der vermögenden Protestantin Jeanne de Lartigue. M., der sich immer mehr in naturwissenschaftliche und historische Studien, bes. in die römische Rechtsgeschichte, vertiefte, verfasste 1716 eine *Dissertation sur la politique des Romains dans la religion*, 1719/20 naturwissenschaftliche und naturgeschichtliche Traktate. 1716 begann seine akademische Laufbahn mit seiner Aufnahme in die Akademie von Bordeaux, 1728 wurde er dann in die Académie française, später in die Londoner Royal Society und 1747 schließlich in die Königlich-Preußische Akademie der Wissenschaften in Berlin aufgenommen.

Sein Briefroman *Lettres persanes* (erw.

Neuaufl. 1754), der 1721 zunächst anonym erschien, machte ihn über Nacht berühmt. In dieser eleganten Satire, einem Musterbeispiel des aufklärerischen Exotismus, kritisierte er, aus der fiktiven Perspektive zweier persischer Reisender, die aus Frankreich Briefe in ihre Heimat senden, die zeitgenössische französische Kultur und Politik seit den letzten Regierungsjahren Ludwigs XIV. und während der Régence, konzentriert auf das Pariser Leben. Der kritische Blick der beiden Perser auf die fremde – die französische – politische Kultur wird konterkariert durch ihre brieflichen Interventionen zur Aufrechterhaltung des despotischen Regimes in ihrem Harem. Die in die *Lettres persanes* eingefügte Troglodytenparabel präsentiert, in impliziter Auseinandersetzung mit Hobbes, eine idealtypische Staatsformenlehre.

Ab 1722 lebte M. vorwiegend in Paris, wo 1725 sein kleines Werk *Le temple de Gnide* – ein mythologisches Poem im Geschmack des Rokoko – erschien. 1726 verkaufte er sein Richteramt in Bordeaux und begab sich 1728 auf den in Adelskreisen üblichen »grand tour« durch Europa: Seine Reise führte ihn von Italien nach Ungarn, Deutschland, Holland. 1729 bis 1731 hielt er sich in England auf, wo er zahlreiche Kontakte knüpfte, bei Hof vorgestellt wurde, als Fellow in die Royal Society aufgenommen wurde und einer Freimaurerloge beitrat. Nach Frankreich zurückgekehrt, zog er sich 1731 auf seinen Besitz zurück und konzentrierte sich auf wissenschaftliche Recherchen, für die er, wohl nicht zuletzt auch wegen seiner rasch schwindenden Sehkraft, zahlreiche Sekretäre als wissenschaftliche Mitarbeiter engagierte. 1734 erschienen seine *Considérations sur les causes de la grandeur des Romains et de leur décadence* (*Betrachtungen über die Ursachen von Größe und Niedergang der Römer*, 1786). In den folgenden Jahren bereitete M., abwechselnd in La Brède und Paris residierend, sein Opus magnum vor, das schließlich 1748 in Genf unter dem Titel *De l'esprit des loix ou Du rapport que les loix doivent avoir avec la constitution de chaque gouvernement, les mœurs, le climat, la religion, le commerce, etc.* erschien und zu den Hauptwerken der politischen Philosophie und Rechtstheorie der Aufklärung zählt. Historisch-deskriptiv verfahrend, unterscheidet M. drei Regierungsformen und ordnet ihnen charakteristische psychologische Merkmale zu: der Republik die Tugend, der Monarchie die Ehre, der Despotie die Furcht. Seine berühmte, im Ansatz auf Locke zurückgehende und politisch folgenreiche Theorie der Gewaltenteilung – Legislative, Exekutive, Judikative unterscheidend – orientierte sich am britischen Vorbild und kritisierte implizit den französischen Absolutismus und Zentralismus. Empirisch-naturwissenschaftlich fundiert war seine Staats- in seiner Klimatheorie. *De l'esprit des loix* machte M. europaweit berühmt; Charles Bonnet erklärte ihn zum Newton der geistigen Welt. M. publizierte 1750 eine *Défense de l'esprit des lois*, 1751 aber wurde sein Hauptwerk auf den Index librorum prohibitorum gesetzt.

Zur *Encyclopédie* trug er mit einem Artikel über den Geschmack bei, verfasst auf der Grundlage seines 25 Jahre früher entstandenen *Essai sur le goût*. M., der viele Jahre lang persönliche Betrachtungen und Reflexionen notiert hatte (*Mes pensées, spicilège*), starb am 10. Februar 1755 in Paris.

Gisela Schlüter

Montherlant, Henry de (eigtl. Henry Marie-Joseph Millon de)

Geb. 30. 4. 1895 in Neuilly bei Paris; gest. 21. 9. 1972 in Paris

Henry de Montherlant, der einem alten Adelshaus entstammte, wurde stark durch seine Schulzeit an katholischen Collèges geprägt. Früh entdeckte er seine Begeisterung für das Schreiben ebenso wie für leistungsbetonte Sportarten; so ließ er sich ab dem 15. Lebensjahr im Stierkampf ausbilden. Im Ersten Weltkrieg meldete er sich als Freiwilliger und wurde 1918 schwer verwundet. Im Anschluss daran verzichtete er auf eine geregelte Berufslaufbahn (ebenso wie auf die Ehe), um sich allein der Literatur zu widmen. Aus M.s Vorlieben für Sport, Krieg und Kameradschaft speisten sich seine ersten Werke, die einem Kult des Ichs und der Virilität huldigen, der sich der Banalität des Gewöhnlichen widersetzt: *Le songe* (1922) glorifiziert den heldenhaften Kampf, *Les olympiques* (1924) beschwört der Schönheit des athletischen Körpers. Dem Stierkampf wird in *Les bestiaires* (1926; *Die Tiermenschen*, 1929) eine geradezu sinnliche Ästhetik zugeschrieben. In der Zeit von 1925 bis 1929 unternahm M. zahlreiche Reisen in verschiedene Länder des Mittelmeerraums, deren Beschreibung er in seine stets autobiographisch gefärbten Schriften einfließen ließ, z. B. in *La petite infante de Castille* (1929). Seine Lebensphilosophie legte er in *Syncrétisme et alternance* (1926) nieder: Die Befreiung von allen Konventionen gestatte es dem außergewöhnlichen Individuum, zwischen unterschiedlichen Standpunkten, zwischen Katholizismus und Heidentum, heroischer Selbstverleugnung und hedonistischem Ich-Genuss zu wechseln.

Für weibliche Affektivität ist in einer Welt der Einzelgänger kein Platz, wie *Les célibataires* (1934; *Die Junggesellen*, 1956) schildert. Die misogyne Seite von M.s Männlichkeitsideal fand auch in seinem bekanntesten Werk *Les jeunes filles* (*Erbarmen mit den Frauen*, 1957) ihren Ausdruck (Bd. 1: *Les jeunes filles*, 1936; Bd. 2: *Pitié pour les femmes*, 1936; Bd. 3: *Le démon du bien*, 1937; Bd. 4: *Les lépreuses*, 1939).

Im Vorfeld des Zweiten Weltkrieges löste sich M. von seiner apolitischen Haltung und bezog gegen das Münchener Abkommen Stellung (*L'équinoxe de septembre*, 1938). Ab 1940 arbeitete er als Kriegsberichterstatter für *Marianne*. Seine anlässlich des Waffenstillstandes von 1940 gegen Frankreich gerichtete Polemik (*Le solstice de juin*, 1941) und seine partielle ideologische Nähe zum Faschismus brachten ihn nach dem Krieg in das Kreuzfeuer der Kritik.

Große Erfolge wurden M.s Dramen zuteil, die unter der Zurücknahme der eigentlichen Handlung ganz auf einen zentralen psychologischen Konflikt ausgerichtet sind (z. B. in *La reine morte*, 1942; *Die tote Königin*, 1943; *Le maître de Santiago*, 1947; *Der Ordensmeister*, 1949; *Port-Royal*, 1954; *Port-Royal*, 1956). M.s literarisches Renommee beruht auf einem zugleich kraftvollen und feinfühligen Stil sowie auf einer mit beißendem Zynismus gepaarten psychologischen Beobachtungsgabe. 1960 wurde er in die Académie française gewählt. Infolge eines sich verschlimmernden Augenleidens nahm er sich 1972 das Leben.

Werkausgabe: Theaterstücke. Hg. R. Weller. Köln 1962.

Maximilian Gröne

Moor, Margriet de
Geb. 21. 11. 1941 in Noordwijk/ Niederlande

Margriet de Moor hat sich vor allem wegen ihrer eigensinnigen Frauenfiguren und ihrer virtuosen Schreibtechnik einen Namen gemacht. Doch bevor sie 1988 mit der Erzählsammlung *Op de rug gezien* (*Rückenansicht*, 1993) debütierte, hatte sie mit anderen Künsten experimentiert. Nach dem Studium am Königlichen Konservatorium in Den Haag trat sie in den 1970er Jahren als Solosopranistin mit Liedern von avantgardistischen Komponisten wie Alban Berg, Arnold Schönberg und Pierre Boulez auf. Später studierte sie Kunstgeschichte und Archäologie und führte in den 1980er Jahren gemeinsam mit ihrem Mann, dem Bildhauer Heppe de Moor, in 's-Gravenhage einen Künstlersalon.

Das Experimentieren mit verschiedenen Lebensformen als Leitmotiv ist in allen Texten d.M.s präsent. So wie d.M.s Protagonistinnen neue Lebensentwürfe durchspielen, stellt die Schriftstellerin auch verschiedene Darstellungsperspektiven, Redefiguren und Genres auf die Probe. »Ich möchte meine Leser genau in diesen zweideutigen Zustand versetzen, in dem die Gesetze der Wirklichkeit aufgehoben sind und in dem man gewahr wird, daß das eigene Leben auch anders hätte verlaufen können« (»Der Aufenthalt in der ›Möglichkeitssphäre‹«, Interview 1995). In ihrem ersten Roman *Eerst grijs dan wit dan blauw* (1991; *Erst grau dann weiß dann blau*, 1993) bricht die Protagonistin Magda ohne Erklärung aus ihrer bürgerlichen Lebensordnung aus, um an traumatisch besetzte Orte aus ihrer Vergangenheit zurückzukehren. Im Unterschied zu einem stereotypen Anspruch der zur gleichen Zeit erscheinenden ›Frauenliteratur‹ will Magda sich auf ihrer Reise aber nicht »selbst finden«. Vielmehr erhebt sie den Anspruch, die eigene Lebensgeschichte für sich neu zu erfinden. Um das zu vermitteln, erzählt d.M., die für den Roman mit dem AKO-Literaturpreis ausgezeichnet wurde, Magdas Geschichte nicht einmal, sondern viermal aus je verschiedenen Blickwinkeln. Auch in den anderen Texten d.M.s verweigern sich Frauen der gesellschaftlichen Normierung von Identität. Das zeigt sich psychologisch daran, dass sie sich bei der Beschäftigung mit sich selbst eher fremd werden als sich nahe zu kommen oder in sich aufzugehen. Und es zeigt sich erzählerisch daran, dass d.M. von Text zu Text zwischen klassischen Erzählformen wie der Novelle (*Dubbelportret*, 1989; *Doppelporträt*, 1994), dem historischen Roman (*De virtuoos*, 1993; *Der Virtuose*, 1994), dem Mysterienspiel (*Hertog van Egypte*, 1996; *Herzog von Ägypten*, 1997) oder dem Künstlerroman (*Kreutzersonate*, 2001; *Kreutzersonate*, 2002) und modernen Gattungen wie dem Fensterdrama (*Ik droom dus*, 1995; *Ich träume also*, 1996), dem psychologischen Roman (*Eerst grijs dan wit dan blauw*; *De verdronkene*, 2005; *Sturmflut*, 2006) und dem sachlichen Kunstroman (*Zee-Binnen*, 1999; *Die Verabredung*, 1999) variiert.

Weil sie das Entwerfen von Wahrnehmungen und Erfahrungen nicht nur thematisieren, sondern gleichzeitig reflektieren, kann man d.M.s Texte auch als poetologische Selbsterklärungen lesen, in denen die Autorin ihr Verständnis von Sprache, Kunst und Literatur offenbart. Dabei nimmt sie eine teils symbolistische, teils konstruktivistische Einstellung zur Sprache ein. Symbolistisch ist ihr Sprachverständnis, weil sie von der Literatur verlangt, auch für vorsprachliche Grenzerfahrungen – wie dem Traum, der Sexualität oder dem Kunsterlebnis – einen sinnfälligen sprachlichen Ausdruck zu finden. Dem trägt insbesondere der Roman *De virtuoos* Rechnung, der von einem italienischen Belcanto-Sänger aus dem 18. Jahrhundert handelt, dessen künstlich zugerichteter Geschlechtskörper das Prinzip der Kunst als einer Sublimationstechnik allegorisiert. Konstruktivistisch ist d.M.s Sprachverständnis, weil sie davon ausgeht, dass die Selbstbestimmung des Menschen, wie sie die Philosophen des Neoplatonismus (Leibniz, Spinoza) und der Frühaufklärung (Descartes) als moralisches Prinzip eingefordert haben, auch ästhetisch veranschaulicht werden kann: Davon zeugen vor allem die Erzählungen sowie der Kunstroman *Kreutzersonate*, in dem d.M. den gleichnamigen Roman Lev Tolstojs aus dem Jahr 1891 variiert und dabei auch die Frage nach den psychoästhetischen Wurzeln von Kunst und Literatur in einen zeitgenössischen Kontext stellt.

Barbara Lersch-Schumacher

Morante, Elsa
Geb. 18. 8. 1912 in Rom;
gest. 25. 11. 1985 in Rom

Elsa Morante hatte keine größeren Probleme, als Schriftstellerin anerkannt zu werden, obwohl ihr Werk nicht sehr umfangreich ist. Ihre Hauptthemen sind die menschlichen Leidenschaften in ihrer Ambivalenz von Vitalität und Illusion. Geschichte und Gesellschaft werden aus der Perspektive von Frauen als feindliche Mächte dargestellt.

M. hat sich zu ihrem Privatleben sehr wenig geäußert. Durch das Buch ihres Bruders Marcello Morante, *Maledetta, benedetta*, 1986 (Verfluchte, Gesegnete) wurde deutlich, dass sie autobiographische Erfahrungen in ihren Romanen verarbeitet hat. Die Kinder erfuhren lange nicht, dass nicht das Familienoberhaupt Augusto Morante der biologische Vater der Kinder war, sondern der Sizilianer

Francesco Lo Monaco, der als Verwandter ausgegeben wurde und die Familie regelmäßig besuchte. In allen vier Romanen erscheint die Familie als ein Ort von Geheimnissen und Tabus: In *Menzogna e sortilegio* (1948, Premio Viareggio; *Lüge und Zauberei*, 1968) ist es das Geheimnis der Liebe der Mutter zu einem anderen Mann, in *L'isola di Arturo* (1957, Premio Strega; *Arturos Insel*, 1959) das Geheimnis der Homosexualität des Vaters, in *La Storia* (1974; *La Storia*, 1976) der Versuch Idas, ihr uneheliches Kind so lange wie möglich zu verheimlichen, in *Aracoeli* (1982, Prix Medicis; *Aracoeli*, 1984) die verzweifelte gedankliche Suche des Sohnes nach den Geheimnissen der toten Mutter. In ihren schriftstellerischen Ambitionen, die sich schon früh zeigten, wurde M. vor allem von ihrer Mutter gefördert. 1941 heiratete sie den bekannten italienischen Schriftsteller Alberto Moravia und lebte bis zur Trennung im Jahr 1962 mit ihm zusammen. Sie war mit Dichtern wie Sandro Penna und Pier Paolo Pasolini befreundet. In ihren letzten Lebensjahren lebte M. sehr isoliert und war schwer krank. In ihrer Verzweiflung unternahm sie einen Selbstmordversuch und konnte danach das Krankenhaus nicht mehr verlassen. Sie starb 1985 an einem Herzinfarkt.

Nach ersten Erzählungen – gesammelt in *Il gioco segreto* (1941; Das geheime Spiel) und *Lo scialle andaluso* (1963; *Der andalusische Schal*, 1997) – gelang ihr der erste große Wurf mit dem langen Roman *Menzogna e sortilegio* (1948), einem Familienroman. Der Titel bezieht sich auf die Leidenschaften der Figuren, die mehr aus der Phantasie als aus realen menschlichen Begegnungen erwachsen. Die Erzählerin, das unglückliche Kind der Familie, begreift ihr eigenes Schreiben als von Gespenstern gelenkt, als eine Verlängerung des Familienwahns und gleichzeitig als ihre einzige Chance der psychischen Rettung. Obwohl stilistisch weit entfernt vom damals herrschenden Neorealismus, fängt der Roman zugleich auf subtile Weise gesellschaftliche Themen ein. Das Süditalien, in dem sich die Figuren bewegen, ist geprägt von Schicksalhaftigkeit und Immobilität der sozialen Beziehungen. Auch *L'isola di Arturo* ist in Süditalien, auf der Insel Procida, nahe Capri, angesiedelt. Aus der Perspektive eines als Halbwaise wild aufwachsenden Jungen wird eine ebenso märchenhafte wie bedrohte Kindheit beschrieben. Ihre ersten beiden Romane enthalten eine innere Spannung durch den Wechsel der Figuren von einer geradezu mythischen Hingabe an die Liebe zu einer völligen Desillusionierung bzw. zum Wahnsinn. Der dritte Roman *La Storia* war ein Bestseller, der jedoch in der literaturkritischen Diskussion eine große Polemik auslöste. Hatte man 1948 M. wegen ihrer Ferne zum Neorealismus kritisiert, so wurde ihr nun die Aufnahme neorealistischer Themen zum Vorwurf gemacht. Aus der Perspektive einer verwitweten halbjüdischen Lehrerin erzählt, die ihre zwei Kinder in Rom alleine aufzieht, ist *La Storia* gleichzeitig eine Studie der Mutterliebe und eine Abrechnung mit dem Zweiten Weltkrieg und der Geschichte insgesamt aus einer weiblichen Perspektive. Der Alltag wird hier kritisch gegen die mit dem Krieg verbundene Mythenbildung gesetzt, auch gegen den Mythos der Widerstandsbewegung. Bei aller Distanz gegenüber politischen Organisationen stand M. dem Anarchismus und der extremen Linken am nächsten, was sich – außer an *La Storia* – auch an ihrer Lyrik in *Il mondo salvato dai ragazzini* (1968, Premio Zafferana; Die Welt gerettet von den Jungen) ablesen lässt.

M. verteidigte ihren unbedingten Glauben an die Literatur gegen jede Art von Ideologie, aber auch gegen den Druck, für bestimmte literarische Strömungen zu optieren. So wandte sie sich gegen die in der Literaturkritik übliche Trennung von Realismus und Phantastik und setzte sich von der engagierten Literatur ab, erhob jedoch gleichzeitig einen hohen Wahrheitsanspruch.

Susanne Kleinert

Moravia, Alberto
(eigtl. Alberto Pincherle)
Geb. 28. 11. 1907 in Rom; gest. 26. 9. 1990 in Rom

Kindheit und Jugend von Alberto Moravia wurden ab 1916 von einem chronischen Knochentuberkuloseleiden überschattet, das zum einstweiligen Abbruch des Schulbesuchs und zu langwierigen Sanatoriumsaufenthalten führte. Erst 1924/25 klang die Erkrankung ab. Noch im Sanatorium begann M. die Arbeit an seinem ersten Roman *Gli indifferenti*, der 1929 erschien (*Die Gleichgültigen*, 1956) und bei Publikum und Kritik sofort auf große Resonanz stieß. M. beschreibt darin die Unfähigkeit einer Familie aus dem römischen Bürgertum, sich aus ihrer finanziellen wie moralischen Zerrüttung zu befreien. Bereits dieses Erstlingswerk birgt in sich die wichtigsten Leitlinien von M.s literarischem Schaffen: eine präzise psychologische Darstellung der Charaktere; die Sichtung der sozialen Beziehungen, vor allem des Verhältnisses der Geschlechter zueinander, aus dem Blickwinkel der Psychoanalyse; das Thema der unausgefochtenen Revolte gegen die Oberflächlichkeit des Bürgertums. So greift etwa auch M.s zweiter Roman, *Le ambizioni sbagliate* (1935; *Gefährliches Spiel*, 1951), die fehlende Authentizität bürgerlicher Lebensweise auf. Das bereits in *Gli indifferenti* zentrale Motiv der erwachenden Sexualität wird in *Agostino* (1945; *Agostino*, 1948) am Beispiel eines Jugendlichen entwickelt, der bei einem Badeurlaub unvermittelt mit einer erotischen Affäre seiner Mutter konfrontiert wird.

Von der Unmöglichkeit des Individuums, die Isolation zugunsten einer erfüllten Partnerschaft zu durchbrechen, handeln unter anderem die Romane *La romana* (1947; *Adriana. Ein römisches Mädchen*, 1950), die Geschichte einer römischen Prostituierten, deren Traum von einem harmonisch-bescheidenen Leben scheitert, *Il disprezzo* (1954; *Die Verachtung*, 1963), der den exemplarischen Zerfall einer Ehe nachzeichnet, und *La noia* (1960; *La Noia*, 1961), der den Überdruss des Malers Dino schildert, der hofft, seine Schaffenskrise in einer erotischen Beziehung zu seinem Aktmodell zu überwinden.

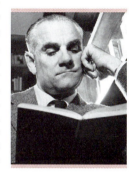

M.s literarischem Schaffen steht seine journalistische Tätigkeit für verschiedene Zeitschriften und Zeitungen zur Seite, außerdem verfasste er Essays und Pamphlete. Von 1929 bis 1942 unternahm er, teilweise als Korrespondent, zahlreiche Reisen ins Ausland, darunter Frankreich, die USA, China, die UdSSR und afrikanische Staaten. 1941 heiratete er die Schriftstellerin Elsa Morante, von der er sich 1962 trennte. Zunehmende politisch und rassistisch motivierte Repressalien durch das faschistische Regime, Beschlagnahmungen von Auflagen, ein Veröffentlichungsverbot sowie das Gerücht einer bevorstehenden Verhaftung führten im Herbst 1943 zur Flucht des Ehepaares nach Fondi, einem südlich von Rom gelegenen Ort – eine Flucht, die ihn zu dem Roman *La ciociara* (1957; *Cesira*, 1958) inspirierte. Eine Abrechnung mit dem Faschismus erfolgte schließlich in *Il conformista* (1951; *Der Konformist*, 1960), dessen Protagonist aufgrund einer Traumatisierung im Kindesalter charakterlich zum linientreuen Faschisten verkümmert. Nach 1946 schrieb M. als ständiger Mitarbeiter für den *Corriere della sera*, später veröffentlichte er auch regelmäßig Filmbesprechungen in *L'espresso*. Mehrere Reiseberichte wurden in Buchform vorgelegt (*Un mese in URSS*, 1958; *Eine russische Reise*, 1959; *Un'idea dell'India*, 1962; *Indienreise*, 1963; *La rivoluzione in China*, 1968; *Die Kulturrevolution in China*, 1968).

Die Schilderung des Sexualaktes in *La romana* war einer der Gründe dafür, dass der Vatikan 1952 das Gesamtwerk M.s auf den Index verbotener Bücher setzte. Im Milieu der unteren sozialen Schichten spielen, wie *La romana*, auch die Erzählungen der *Racconti romani* (1954; *Die Mädchen vom Tiber. Geschichten aus Rom*, 1957) und der *Nuovi racconti romani* (1959; *Römische Erzählungen*, 1962), die in unterschiedlicher Manier alltägliche Episoden schildern und von Teilen der Kritik dem italienischen Neorealismo zugerechnet wurden. 1953 gründete M. zusammen mit Alberto Carocci die Zeitschrift *Nuovi argomenti*. 1959 bis 1962 stand er als Präsident dem internationalen PEN-Club vor. Ab 1963 war er mit der Schriftstellerin Dacia Maraini liiert, mit der er 1966 die Theatergruppe Porcospino ins Leben rief. Obwohl M. keiner Partei als Mitglied beitrat, wurde er 1984 als unabhängiger Kandidat über die Liste der Kommunistischen Partei Italiens ins Europaparlament gewählt. 1986 heiratete er die spanische Journalistin Carmen Llera. M., dem zahlreiche literarische Auszeichnungen verliehen wurden (u. a. Premio Pirandello 1986), starb 1990 an Herzversagen.

Werkausgabe: Gesammelte Werke in Einzelausgaben. 9 Bde. München 1962ff.

Maximilian Gröne

Morgenstern, Christian
Geb. 6. 5. 1871 in München; gest. 31. 3. 1914 in Meran

Als der Einundzwanzigjährige die Zeitschrift *Deutscher Geist* herausgab, stellte er ihr Oliver Cromwells: »Der kommt oft am weitesten, der nicht weiß, wohin er geht«, als Motto voran. Der Sohn des Landschaftsmalers Carl E. Morgenstern und Enkel der Landschaftsmaler Christian E. Morgenstern und Josef Schertel, der 1889 auf Wunsch des Vaters das Gymnasium verlassen hatte, um Offizier zu werden, hörte nun als Student der Nationalökonomie in Breslau Werner Sombart und Felix Dahn und schrieb sich dann dreiundzwanzigjährig in Berlin für Kunstgeschichte und Archäologie ein, ohne auch hier jemals abzuschließen. M. sollte zwei Jahrzehnte lang das Leben eines »freien« Schriftstellers führen. Seinen ersten Übersetzungsauftrag, August Strindbergs *Inferno* aus dem Französischen, übernahm er 1897, und noch im selben Jahr für die deutsche Gesamtausgabe des Fischer-Verlags die Versdramen und einen Teil der Gedichte Henrik Ibsens, verbrachte ein Jahr in Norwegen und traf dabei mehrmals mit dem Siebzigjährigen im Grand Hotel Kristianias/Oslo zusammen. 1902, nach Abschluss der Arbeit, versuchte er, seinen Lebensunterhalt als Journalist von Italien aus zu bestreiten, gab aber auf: »Vier Aufsätze monatlich = 100 M., wer bringt das fertig.« Er wurde, 1903 zurück in Berlin, Dramaturg bei Felix Bloch Erben, Lektor für Bruno Cassirer, Herausgeber der Halbmonatsschrift *Das Theater* und übte bei alledem »Sünde wider den heiligen Geist«: Feuilletons für mehr als ein Dutzend Zeitungen.

M.s Leben war unstet. Als Zehnjähriger ohne Mutter, dem Vater nach dessen dritter Ehe entfremdet, reiste er seit 1894 durch Europa. Auch die Heirat mit Margareta Gosebruch von Liechtenstern (1910), – »die Entdeckung meines Mannesalters ist die Frau« – ließ ihn nicht sesshaft werden. Sein »Wohnungsideal« war »das Zelt«. Seine Wohnungen aber mussten immer wieder Sanatorien und Kurhäuser sein, in Davos, Arosa, Meran, möglichst hoch gelegen. Die Mehrzahl der Reiseziele diktierte die Tuberkulose, an der er schließlich, nur noch des Flüsterns und kaum mehr der Bewegung fähig, starb. Das zermürbende Auf und Ab der Krankheit bestimmte nicht zuletzt auch die literarische Arbeit. Der eine große Roman, die eine große Dramentrilogie wurde nicht vollendet. M. blieb ein Poet der kleinen Form, der Gedichte, Epigramme und Aphorismen, Essays und Szenen, blieb »Gelegenheitsdichter und nichts weiter«.

Neben den humoristischen »Beiwerkchen, Nebensachen«, die seinen literarischen Ruhm begründeten, den *Galgenliedern* (1905/08) und dem *Palmström* (1910/12), und neben dem »Studentenscherz« *Horatius travestitus* (1896/1911) veröffentlichte er zu Lebzeiten acht Gedichtsammlungen und korrigierte kurz vor seinem Tod eine neunte, mit denen er seine Ansprüche als ernsthafter Dichter einzulösen suchte. Seinen Erstling *In Phanta's Schloß*

widmete er 1895 »dem Geiste Friedrich Nietzsches«, dem »Auferwecker zu den höchsten Kämpfen des Lebens«, der sein »eigentlicher Bildner und die leidenschaftliche Liebe langer Jahre« blieb. Die Zeitkritik der *Melancholie* (1906) schließt sich dem völkischen Ideologen Paul de Lagarde an, dem »Marmorbild, auf dessen Sockel ewige Gebote eingegraben sind«. *Einkehr* (1910) und *Ich und Du* (1911) sind der Mystik des johanneischen »Ich und der Vater sind eins« verpflichtet. 1914 schließlich erschien *Wir fanden einen Pfad* »für Dr. Rudolf Steiner«, den »unvergleichlichen Lehrer«, den M. für den Nobelpreis vorschlagen wollte und dessen anthroposophischen Vortragsreisen er noch einmal unermüdlich nach Koblenz oder Kristiania, nach Bern oder Budapest folgte. M. 1912: »Niemand hat vielleicht so oft die Ansichten auf die Dinge gewechselt als ich, und niemand ist vielleicht trotz alledem selber so gleich geblieben.« Im Bild des suchenden »Mensch Wanderer«, das Margareta Morgenstern 1927 für eine der aus dem umfangreichen Nachlass herausgegebenen Sammlungen als Titel wählte, mag dieses »gleich« sich finden lassen.

Werkausgabe: Sämtliche Dichtungen. Hg. von Heinrich O. Proskauer. 17 Bde. Basel 1971 ff.

Ernst Kretschmer

Morgner, Irmtraud
Geb. 22. 8. 1933 in Chemnitz; gest. 6. 5. 1990 in Berlin

»Mein Vater ist Lokführer. Jeder Junge, dessen Vater Lokführer ist, wünscht sich … erst mal den (Beruf) des Vaters. Ich war offensichtlich ein Mädchen und wünschte trotzdem so …. Vielleicht zeigte dieser Wunsch das Körnchen natürliche Widerspenstigkeit an, das ein konventionell erzogener weiblicher Mensch als Anfangskapital braucht, um eine Chance zu nutzen, sich gegen die Strömung der Sitten irgendwann freizuschwimmen.« Die ersten Lebensjahre bieten keinerlei Chance, sich gegen die »Strömung der Sitten« zu stellen, sie sind geprägt von Faschismus und Krieg. Von Bildung und Ausbildung ist in dieser Zeit nicht die Rede. »Ich bin in einem Haushalt ohne Bücher aufgewachsen. Als mir die Befreiung 1945 zur Oberschule verhalf, war mein Wortschatz klein. Bei Räumarbeiten geriet ich an einen Koffer mit Reclamheften. Gymnasialsortiment deutsche Literatur und Philosophie. Ich erbeutete es und schwartete durch.« Verstanden habe sie damals wenig, berichtet M., aber schon das Wenige habe ihr ein Leseerlebnis von der »Wucht eines Naturereignisses« verschafft. Die ersten Schreibversuche – Theaterszenen für die Laienspielgruppe – fallen noch in die Schulzeit. Das Studienfach Germanistik wählt M. eher zufällig und ohne große Ambitionen. »Die meisten männlichen Agitationsszenenschreiber wollten Wissenschaftler, Politiker oder Schriftsteller werden. Ich hatte Mühe, Redakteur werden zu wollen.« Von 1956 bis 1958 arbeitet sie als Redaktionsassistentin bei der Zeitschrift *Neue deutsche Literatur*, seit 1959 lebt sie als freie Schriftstellerin. Die Erfahrungen bei der Zeitschrift nehmen ihr die akademische Scheu vor dem Kunstwerk; sie beginnt, selbst etwas »Redigierbares« zu schreiben. Bis sie den »Mut, Kunst zu machen«, aufbringt, vergehen allerdings zehn Jahre.

Die ersten Erzählungen und Romane (*Ein Signal steht auf Fahrt*, 1959; *Ein Haus am Rand der Stadt*, 1962; *Notturno*, 1964) wertet M. im nachhinein kritisch. Das erste Buch, das für sie zähle, sei 1968 entstanden. »In der Kunst darf man nur von Gegenständen reden, die man kennt. Das heißt, die man selber angefaßt hat, durchlebt. Ich mußte also lernen, daß Schreiben vor allem auch mit Biographie zu tun hat« – das ist ihre Schlussfolgerung aus den ersten Veröffentlichungen. Den Umbruch markiert der Roman *Rumba auf einen Herbst* (1992 aus dem Nachlass veröffentlicht) – er wird aber nicht gedruckt, weil er den kulturpolitischen Richtlinien diametral entgegenläuft. Ein Versuch über das moderne Lebensgefühl, das von Musik, betonter Rationalität, dem Zerbrechen von Autoritäten und vom Geschlechterkonflikt geprägt ist. Mit dem Geschlechterkonflikt, mit der Unterdrückung der Frau und mit den Strategien ihrer Befreiung hat M. zu ihrem

Thema gefunden; »der Eintritt der Frau in die Historie« wird ihre literarische Produktion bis zu ihrem Tod bestimmen. *Hochzeit in Konstantinopel* (1968) präsentiert eine Test-Reise vor der Hochzeit, nach der die Frau aus dem gemeinsamen Leben ›aussteigt‹. *Die Gauklerlegende. Eine Spielfraungeschichte* (1970) führt in einem Spiel von Realität und Phantasie die Konfrontation einer weiblichen und einer männlichen Welt vor. In *Die wundersamen Reisen Gustav des Weltfahrers* (1972) überschreitet der Großvater Gustav die Enge seiner Heimat und erkundet mit seiner phantastischen Lokomotive die Merkwürdigkeiten der Welt. Danach plant M. wieder etwas »Kleines, Schlankes« – und heraus kommt eine Trilogie: *Leben und Abenteuer der Trobadora Beatriz nach Zeugnissen ihrer Spielfrau Laura* (1974), *Amanda. Ein Hexenroman* (1983) – beide knapp 700 Seiten dick – und ein umfangreicher Entwurf für einen dritten Band, der unter dem Arbeitstitel *Amanda II* firmiert. Aber dieses Manuskript bricht M. 1984 ab und legt es beiseite. Frauenbefreiung und der Zustand der Welt, um nichts Geringeres geht es: Männerherrschaft im Kapitalismus und im Sozialismus, Männerherrschaft und Krieg, die Entmachtung der Frauen in der realen Geschichte und in Mythen und Sagen, Utopien von befreiten Menschen. Den Mittelpunkt dieser Welt bildet der Frauenalltag in der DDR, den auch M. – zeitweise Ehefrau, unkündbar Mutter – zur Genüge kennt. »Ich beschreibe meine Situation. Ich lebe wie jede normale Frau zwei Schichten. Ich wirtschafte einerseits an meinem Schreibtisch an der griechischen Mythologie herum. Mit einer Hand blättere ich und denke, ich koche eine Suppe, und wir brauchen ganz dringend Sicherungen«. Für den weiblichen Lebensrhythmus mit seinen »alltäglichen Zerstückelungen« erscheint M. der Montageroman als angemessene Form, weil er das Arbeiten in begrenzten Zeiträumen und das Schreiben ohne ein starr vorgefasstes Konzept möglich macht. Obwohl in ihrer ästhetischen Konzeption der weibliche Lebenszusammenhang eine wichtige Rolle spielt, wendet sich M. immer wieder gegen die Subsumierung ihrer Texte unter Begriffe wie Frauenliteratur und weibliche Ästhetik. Sie empfindet diese Termini als diskriminierend, einengend: »Ich schreibe Bücher für Menschen«.

1998, acht Jahre nach M.s Tod, erscheint *Das heroische Testament. Ein Roman in Fragmenten*, der Teile des *Amanda II*-Projekts enthält, formal und inhaltlich aber neu konzipiert ist. Während das Fragmentarische zum Stilprinzip wird, entwirft M. gleichzeitig eine neue Utopie. Nicht der »revolutionären Tat«, sondern der Liebe zwischen zwei Menschen schreibt sie nun weltrettende Kraft zu. »Lieben ist wie einen Baum pflanzen in aussichtsloser Lage.« Für diese Utopie stehen das antike Liebespaar Hero und Leander und die Theaterfigur der Columbine, die sich einen Mann »aus den Rippen schneidet«. Neben diesen optimistischen Entwurf rückt M. die eigene Erfahrung mit Krankheit und Todesnähe. Sie lässt Laura, ihre langjährige Protagonistin, an Krebs erkranken und, konfrontiert mit dem Tod, nach einem neuen Selbstverständnis suchen.

Dorothee Schmitz-Köster

Mori Ōgai

Geb. 17. 2. 1862 in der Provinz Tsuwano/ Japan (heute Präfektur Shimane); gest. 9. 7. 1922 in Tōkyō

Mori Ōgai, mit bürgerlichem Namen Mori Rintarō, zählt wie Natsume Sōseki zu den überragenden Geistesgrößen der frühen Moderne in Japan. Neben seiner Tätigkeit als höchstrangiger Militärarzt des Landes hat er als Übersetzer und Vermittler europäischer Literatur und Geisteswelt sowie als Schriftsteller das intellektuelle Leben Japans mitgeprägt und zur Entstehung der modernen japanischen Literatur wesentlich beigetragen. Früh wird seine Intelligenz entdeckt und gefördert. In Tōkyō, wohin die Familie 1872 zieht, lernt er Deutsch und absolviert ein Medizinstudium. 1884 wird er nach Deutschland geschickt, um im Dienste der Armee in Leipzig, Dresden, München und Berlin, unter anderem bei Max von Pettenkofer und Robert Koch,

Hygiene zu studieren. Währenddessen macht er sich durch intensive Lektüre mit dem literarischen Kanon der Zeit vertraut. Unter seinen vielfältigen Kontakten in Berlin sticht eine bis heute nicht ganz geklärte Verbindung mit einer jungen Frau namens Elise hervor, die ihm zwei Wochen nach seiner Heimkehr 1889 nach Japan folgte, von seiner Familie jedoch zurückgeschickt wurde.

In Japan entfaltet M. nun eine erstaunliche Publikationstätigkeit im medizinischen wie im literarischen Bereich; es erscheinen etwa Übersetzungen von Lessing, E.T.A. Hoffmann, Andersen, Tolstoj, Daudet, Goethe, Ibsen, Hauptmann, Strindberg und Shakespeare. Von seiner Familie zu einer Ehe gedrängt, die nach einem Jahr wieder geschieden wird, verarbeitet er seine unglückliche Liebe in Deutschland, aber auch die Lektüre europäischer Literatur, in der Erzählung *Maihime* (1890; *Die Tänzerin*, 1907, 1989, *Das Ballettmädchen*, 1994). Es ist die erste Ich-Erzählung der neueren japanischen Literatur, in der eine persönliche Erfahrung literarisch gestaltet wird. Ihr Impakt lässt sich mit der Wirkung von Goethes *Werther* vergleichen. Auch in seinen anderen beiden »deutschen Erzählungen«, *Utakata no ki* (1890; *Wellenschaum*, 1976) und *Fumizukai* (1891; *Der geheime Briefträger*, 1920, *Der Bote*, 1989), verarbeitet M. mit großer Raffinesse Erfahrungen aus Deutschland, wobei er Beobachtungen und Lesefrüchte in fiktionale Handlungen einflicht, was den Erzählungen eine beeindruckende Authentizität verleiht. Die Texte haben Berlin, München und Dresden zum Schauplatz und gelten als Versuche, die deutsche Novelle des 19. Jahrhunderts ins Japanische zu transponieren. So entsteht aus dem Blickwinkel eines dort studierenden Japaners ein eigentümlich exotisches Bild Deutschlands. Seinem eigenen Land stand M., obgleich selber in Diensten des Staates, durchaus kritisch gegenüber. Wenn er etwa in der markanten Prosaskizze *Fushinchū* (1910; *Im Umbau*, 1980) eine Wiederbegegnung mit seiner deutschen Geliebten imaginiert, so verweist die Feststellung »Wir sind in Japan« sowohl auf die Trauer über den Graben, der beide trennt, wie auch, als ironischer Kommentar, auf die Rückständigkeit des eigenen Landes. Verhalten ironisch-satirisch liest sich auch sein halbautobiographisches Werk *Wita sekusuarisu* (1909; *Vita sexualis*, 1983), in dem ein Universitätsprofessor die Geschichte seiner sexuellen Entwicklung von der Kindheit auf dem Lande über seine Studienzeit in der Hauptstadt bis zur Abreise nach Deutschland niederschreibt. Bezeichnenderweise distanziert sich M. mit diesem kühl beobachtenden, ironischen Text von dem bekenntnishaften Stil der die zeitgenössische literarische Szene beherrschenden Literatur der Naturalisten.

In einer späteren Schaffensphase widmet sich M. der historischen Erzählung. In nüchtern chronikartigem Stil beschreibt er das Funktionieren der feudalen Moral in extremen Situationen. *Sakai jiken* (1914; *Der Zwischenfall in Sakai*, 1989) etwa erzählt von einer Gruppe einfacher Samurai, die vor den Augen französischer Offiziere gefasst rituellen Selbstmord (Harakiri bzw. seppuku) begeht, um sich damit zu traditionellen japanischen Werten zu bekennen. Auch wenn dem Autor vor dem Hintergrund der politischen Konflikte zwischen konservativen Kräften und demokratischer Bewegung eine vermeintlich systemstützende Ideologisierung unterstellt wurde, ist die Ambivalenz seiner Haltung nicht zu übersehen.

Mit den in den letzten Lebensjahren verfassten Biographien über Gelehrte der Edo-Zeit (1603–1867), die, wie M. selbst sagt, vom »Respekt vor den Fakten« getragen, Lebensläufe eigensinniger Individuen nachzeichnen, leistete er wie mit seiner Lyrik und seinem ausgefeilten, rhetorische Muster des Chinesischen und europäischer Sprachen einbindenden Prosastils wesentliche Beiträge zur Entfaltung der modernen japanischen Literatur. Beteiligt am »Umbau« Japans von einem feudalistisch geprägten in einen modernen zentralistischen Staat, wirft sein umfangreiches, thematisch außerordentlich vielseitiges Werk – seine 1936–1939 erschienen Gesammelten Werke umfassen 35 Bände – viele literarische, weltanschauliche und allgemein kulturelle Fragen Japans im Übergang zur Moderne auf.

Werkausgabe: Im Umbau. Gesammelte Erzählungen. Frankfurt a. M. 1989.

Irmela Hijiya-Kirschnereit

Mörike, Eduard
Geb. 8. 9. 1804 in Ludwigsburg; gest. 4. 6. 1875 in Stuttgart

Die Familie hatte auf ihn gesetzt. Die Onkel und Tanten sorgten nach dem Tod seines Vaters, eines Amtsarzts, für die gehörige theologische Ausbildung am Tübinger Stift. Er scheint die Situation damals intuitiv so erfasst zu haben: die Großfamilie als Zwang, die Bildung als Macht. M. beugte sich, konnte aber bis an sein Lebensende keinen rechten Unterschied mehr machen zwischen verwandtschaftlichen Bindungen, gesellschaftlichen Zwängen und eigenem Wollen: Mit einer Kusine (Klara Neuffer; vgl. *Erinnerung,* 1822) kam er öfter zusammen – er meinte, sie heiraten zu müssen; eine Fremde (Maria Meyer; vgl. *Peregrina*, 1838 auch *Maler Nolten*, 1832) begehrte ihn – er flüchtete in Krankheit; sein Bruder August lehnte sich gegen die Familie auf – er stand auf seiten der Mutter, und der Lieblingsbruder schied aus dem Leben; zugleich (1823/24) durchlebte der Theologiestudent die Glaubenszweifel seiner Zeit (vgl. *Märchen vom sichern Mann*, 1837), bevormundet von einer pietistischen älteren Schwester, die bald darauf starb.

Mit solchen (gewiss schon früher vorbereiteten) tiefgreifenden Erlebnissen sind die Voraussetzungen für Leben und Dichtung des jungen M. gegeben, und nur Modifikationen, freilich gewichtige, bestimmen ihre Zukunft. Mit nahezu psychoanalytischem Blick erkannte M. die prägende Wirkung der frühen Zeit (»Mit welchen Gefühlen sah ich die Gegenwart oft im Spiegel der Vergangenheit!«), seine von daher rührende Triebstruktur hat er stets dichterisch dargestellt. Sein Werk ist und bleibt für das Extrem offen, für individuelle Begegnungen, die unmerklich ihre Bedingungen stellen, für persönliche Neigungen im Widerstreit mit öffentlicher Moral, für gesellschaftliche Verantwortung, die Bedürfnisse anderer einschränkt, für die Utopie eines allgemeinen Einverständnisses auf der Basis von individualistischer Anarchie.

Sein äußeres Leben ist schnell erzählt. Es brachte nach dem Examen (1826) keine wesentlichen Einschnitte: Sein Versuch als freier Schriftsteller scheiterte ebenso wie seine Hoffnung, sich als Pfarrer von Vikaren vertreten und somit fürs Dichten freistellen zu lassen. Lange Zeit war er selber Vikar und nur kurz Pfarrer (in Cleversulzbach 1834/43; vgl. *Der alte Turmhahn*, 1840/52). Der mittellose Pensionär heiratete 1851, lebte dann in Stuttgart, floh zwischendurch aufs Land, hatte zwei Töchter und wusste nie richtig, sich zwischen der Frau (Margarethe, geb. Speeth) und seiner jüngeren Schwester Klara zu entscheiden. Er gab Deutschunterricht an einer Mädchenschule, erhielt den Dr. h. c. (1852) und den Professorentitel (1856). Über die Grenzen des Königreichs Württemberg kam er kaum hinaus.

Seine Dichtung lebt aus der Spannung zwischen dem Dasein in jeder Beziehung kleingehaltener Verhältnisse und krisenhaften Entscheidungssituationen, sie changiert zwischen Biedermeier und Existentialismus und hat bisher alle Lesergenerationen beeindruckt. Die frühen Werke, bis zu dem Roman *Maler Nolten* (1832) etwa, gestalten mit eindrucksvollen psychologischen Mitteln nachvollziehbare menschliche Erlebnisse im Rahmen von sogenannten Naturgesetzen. Lösungen der Konflikte ermöglicht allein das »Schicksal«; die fatalistischen Ergebnisse werden mit Chiffren dargestellt; hier trifft man auf den (»modernen«) M., der Deutungen offen lässt und den Leser zwar fasziniert, ihm aber den verständnisvollen Dialog verweigert.

Zunehmend bildete M. die Drangsal des Einzelnen als allgemeines Verhängnis ab, das sogar die Dichtung erfasst (seine Schicksalsgläubigkeit bedingte später Tendenzen zum Katholizismus und eine Neigung zur Parapsychologie). Selbstverwirklichung als zwischenmenschliche Verständigung wird sein Thema und anhand verschiedenster Gesprächssituationen und -formen ins Werk umgesetzt; Freundschaft und Liebe finden auf den unterschiedlichsten sozialen Ebenen ihre Darstellung (in der Lyrik häufig aus der Rolle der Frau gesehen): Vereinigung in Harmonie entpuppt sich aber stets als Illusion (vgl. *Liebesglück*), wenn sie überhaupt zustandekommt und wenn nicht der Bruch, vielfach gebrochene Menschen am Ende stehen. In der Idylle und im Märchen findet M. vorzüglich seine Formen für die Darstellung des »Wunderbaren«, und stete Rückblenden verdeutlichen im Erzählgestus die gebrochene Perspektive (*Lucie Gelmeroth*, 1838): Die Wahrheit des Geschehens ist erdichtet, die Dichtung verfügt nur über Detailkenntnisse, die sie erst – mit humoristischem Augenzwinkern – zu einem Ganzen konstruiert. Die Kunst wird da schon selbst zum Thema.

So sehr beherrschte M. die Formen, sie mögen vom Volkslied oder aus antiker Dichtung abgeleitet sein, in der Tradition von Abenteuergeschichte oder in der neuen Gattung der historischen Novelle stehen, dass er sich erlauben konnte, mit ihnen zu spielen. Am Anfang des *Maler Nolten* war noch Kunst als Verständigungsfaktor unter Individuen thematisiert; von nun an musste nicht mehr darüber gesprochen werden: M. setzte vielmehr den Gattungszwang eines Versmaßes als für den Leser bekannt voraus und führte in den rhythmischen Abweichungen, in der unüblichen Wortwahl oder im unangemessenen Thema die Schwierigkeiten des Widerstands vor: Die Form ist hier die Macht, der sich das Geschehen zu fügen, der Einzelne zu unterwerfen hat; und in den meist komischen Irregularitäten liegen die Krisen, zeigen sich auch Chancen für das Individuum (z. B. *Der Schatz*, 1835; *Ländliche Kurzweil*, 1842; *An Philomele*, 1841). Die Macht erleidet im Kleinen Schiffbruch. Aber sie bleibt Macht, weil sie den Kunstrahmen absteckt, in dem die Ereignisse spielen. Die Fiktion der Kunst signalisiert sich, auch die Harmonie der Kunst ist eine Illusion. Vor dieser Erkenntnis floh M. bisweilen in Unsinnspoesie (*Sommersprossen von Liebmund Maria Wispel*), deshalb gab er immer öfter den Anlass seiner Dichtung an: Dann war wenigstens der Vollzug von Kunst als gelungene zwischenmenschliche Verständigung zu betrachten, in einer Zeit allerdings, als die Dichtung derlei Rollen in der Gesellschaft zu spielen aufhörte.

Werkausgabe: Werke und Briefe. Historisch-kritische Gesamtausgabe. Hg. von Hubert Arbogast, Hans-Henrik Krummmacher, Herbert Meyer und Bernhard Zeller. Stuttgart 1967 ff.

Hans-Ulrich Simon

Moritz, Karl Philipp
Geb. 15. 9. 1756 in Hameln; gest. 26. 6. 1793 in Berlin

M., der erste psychologische Schriftsteller der deutschen Literatur und Mitbegründer der idealistischen Kunsttheorie, hat in seinem *Anton Reiser* (1785–1790) eine Kindheit und Jugend geschildert, für deren Scheußlichkeit es in der Weltliteratur wenige Parallelen gibt; der Roman beruht auf nichts anderem als der detailgenauen Beschreibung seiner eigenen ersten zwanzig Lebensjahre. M. wird als Sohn eines Militärmusikers und Unteroffiziers geboren. Der Vater war Anhänger einer pietistischen Sekte (der »Quietisten« um Madame Guyon) und terrorisierte die gesamte Familie, besonders einfallsreich jedoch seinen Erstgeborenen mit seiner sinnen- und lebensfeindlichen »Ertödungs«-Tugend. »Ein freundlicher Blick, den er einmal erhielt«, so erinnert sich M., »war ihm ganz etwas Sonderbares, das nicht recht zu seinen übrigen Vorstellungen passen wollte.«

Schon früh flüchtete sich das Kind aus der hysterischen Herzlosigkeit seines Elternhauses ins Lesen. Seinem autobiographischen Spiegelbild, dem jungen Reiser, ging es wie dem Bürgertum seiner Zeit, das sich kulturell aus seiner dem Adel untergeordneten Stellung emanzipieren wollte: »Durch das Lesen war ihm nun auf einmal eine neue Welt eröffnet, in deren Genuß er sich für all das Unangenehme in seiner wirklichen Welt einigermaßen entschädigen konnte.« Aus der Schule, bei der M. trotz der zeitüblichen grausamen Erziehungsmethoden »glaubte, mehr Gerechtigkeit als bei seinen Eltern zu finden«, nimmt ihn der Vater im Alter von zwölf Jahren, steckt ihn zu einem Hutmacher im entfernten Braunschweig in die Lehre – aus Gründen des »Glaubens«, denn der Handwerker, ein frömmelnder Sadist und schamloser Ausbeuter, gehörte ebenfalls den Quietisten an. Der *Anton Reiser* liest sich wie ein Kommentar zu der neuen Situation. Der Hutmacher »schien zu glauben, da nun mit Antons Seele doch weiter nichts anzufangen sei, so müsse man wenigstens von seinem Körper allen möglichen Gebrauch machen«. Ein Selbstmordversuch des dreizehnjährigen M. veranlasst den Vater, seinen »mißratenen Sohn«, in dessen Herzen sich, der Konventikel-Sprachregelung zufolge, »Satan einen unzerstörbaren Tempel aufgebauet hatte«, wieder abzuholen. In Hannover, wohin die Eltern inzwischen gezogen waren – kurz darauf wird der Vater seinen allzu »weltlichen« Beruf zugunsten einer miserablen Dorfschreiberexistenz aufgeben–, erkennt der Garnisonspfarrer die Begabung des heranwachsenden Karl Philipp. Gegen den Willen des Vaters wird ihm der Besuch des Gymnasiums ermöglicht. Die Armut, die der Junge als außerordentlich demütigend empfand und die ihn zwang, Freitische und andere Almosen in Anspruch zu nehmen, verkrüppelt sein Selbstgefühl und erzeugt die klassischen Symptome der narzisstischen Störung: Selbstüberschätzung und Depression. Die phantastischen Auswege aus der Demütigung, die er seine Romanfigur Anton Reiser finden lässt, sind deshalb so interessant, weil er im Kleinen des Romans mit denjenigen kulturpsychologischen Taktiken voranzukommen sucht, die das Bürgertum als Ganzes zur selben Zeit verfolgt. Die psychologische Innenansicht der kulturellen Emanzipation des Bürgertums kennen wir fast nur aus dem *Anton Reiser*, einem »Buch, wie es kein anderes Volk der Erde besitzt« (Arno Schmidt). Das Bild selbstbestimmter Individualität bot sich dem Bürgertum paradoxerweise an der Figur des adligen Dandy dar, der »öffentlichen Person«, wie er in Johann Wolfgang Goethes *Lehrjahren* heißt. Dem Adligen allein, nicht dem Bürger, so reflektiert Goethes *Wilhelm Meister*, ist »eine gewisse allgemeine, wenn ich sagen darf personelle Ausbildung möglich«. Wie in dem Roman seines späteren Freundes Goethe ist es für den jungen M. das Theater, das solche »personelle Ausbildung« vermitteln kann. Das Lesen, das Reiser »so zum Bedürfnis geworden war, wie es den Morgenländern das Opium sein mag«, ist nur Vorstufe zum öffentlichen Auftritt als Schauspieler oder Prediger.

Im »Reich des schönen Scheins«, das Friedrich Schiller später zum Zentrum seiner Kunstphilosophie erhob, verschafft sich der Heranwachsende in seiner Phantasie die gelegentlich illusionäre Geltung, welche ihm in der Wirklichkeit von den bestehenden Verhältnissen verweigert wird. Die leidvollen Erfahrungen seiner Pubertät spiegeln das Dilemma einer in ihrer Entwicklung gehemmten bürgerlichen Klasse wider, die ihren Anspruch auf Mündigkeit von der Politik auf das Kulturelle verlagert hat – verlagern musste. Das Reich der erhabenen Kunst, in der alle in der Wirklichkeit vorhandenen Widersprüche miteinander versöhnt sind und das den Dachstubenbewohner M. den täglichen Hunger vergessen ließ, wurde in seiner späteren, um das Bild des »in sich Vollendeten« kreisenden Kunstphilosophie systematisch als geistiges Territorium des Bürgertums entworfen. In der Praxis wiederum scheiterte der Versuch von M., sich auf dem Theater als eine »Persönlichkeit« zu entfalten: als sich der Student 1776 hoffnungsvoll einer Schauspielertruppe anschließt, läuft diese bald danach auseinander. 1778 findet man M. als Lehrer am Waisenhaus in der Garnisonsstadt Potsdam wieder, einer Kinderaufbewahranstalt, die eher einem Arbeitslager glich und der unmenschlich strengen, preußischen Tradition aus den Zeiten Friedrich Wilhelms I. verhaftet war. Wie so viele, die unter ihrer Schule gelitten haben, ist M. ein begeisterter und einfühlsamer Lehrer, aber die trostlosen Zustände im Waisenhaus treiben ihn erneut an den Rand des Selbstmords. Noch im gleichen Jahr gelingt ihm der

Absprung an das renommierte, im Geist der Aufklärungspädagogik geleitete Gymnasium zum Grauen Kloster in Berlin, wo er es bis zum Konrektor bringt. Daneben entstehen publizistische Neben- und Brotarbeiten, M. gibt eine Zeitschrift mit dem griechischen Titel *Erkenne dich selbst* heraus. Er unternimmt eine Reise nach England und eine Wanderung durch Deutschland, bis er 1786 fluchtartig nach Italien aufbricht. In Rom erlebt er die beiden glücklichsten Jahre seines Lebens. Er schließt mit Johann Wolfgang Goethe, dem berühmten Verfasser der *Leiden des jungen Werther* (1774) – auf seiner ersten Italienreise unterwegs –, eine tiefempfundene Freundschaft, nachdem er sich schon als Jugendlicher bei ihm als Diener hatte verdingen wollen, nur um dem einzigen Mann, von dem er sich verstanden fühlte, nahe sein zu können. Im Rom fühlt er sich zum ersten Mal als Persönlichkeit, die sich Geltung verschafft hat: gleichberechtigt und gleichrangig geht er mit den großen Intellektuellen seiner Zeit um und übt insbesondere mit seinen ästhetischen Schriften entscheidenden Einfluss auf sie aus. Goethe hat den Freund mit dem *Torquato Tasso* (Entwurf von 1790) in vielen Zügen porträtiert. Durch die Vermittlung des Herzogs von Weimar wird M. schließlich 1789 Professor der Theorie der Schönen Künste in Berlin, er heiratet und bringt es zu Ansehen und Wohlstand. Aber ein dauerhaftes Lebensglück ist ihm auch jetzt nicht beschieden. Der Mann, der das Elend seiner bigotten Herkunft und die Unmündigkeit seiner Klasse nicht nur in seiner psychologischen Schriftstellerei und in seiner Theorie autonomer Kunst, sondern auch im praktischen Alltag überwunden zu haben schien, starb 1793 an Tuberkulose und fiel damit, im Alter von 37 Jahren, den elenden Lebensumständen zum Opfer, über die er sich gerade erst hinweggesetzt hatte.

Werkausgabe: Die Schriften in 30 Bänden. Hg. von Petra und Uwe Nettelbeck. Nördlingen 1986 ff.

Stephan Wackwitz/Red.

Morrison, Toni
Geb. 18. 2. 1931 in Lorain, Ohio

Die Verleihung des Nobelpreises für Literatur an Toni Morrison 1993 unterstreicht den herausragenden Rang der Autorin, die neben zahlreichen Interviews und Essays mehrere Romane vorgelegt hat. Die erste Auszeichnung dieser Art im Bereich der afro-amerikanischen Literatur ehrt eine der unabhängigsten, erfindungsreichsten und intelligentesten Stimmen der zeitgenössischen amerikanischen wie transatlantischen Literatur und eine der unüberhörbaren Stimmen im wachsenden Chor weiblicher Selbst- und Weltwahrnehmung. M.s ungemein bewegliche und musikalische Erzählstimme fordert die Vorstellungskraft des Lesers heraus und belohnt sie durch die ihm abverlangte konstruktive Mitarbeit. M.s thematisches Interesse richtet sich dabei auf spezifisch afro-amerikanische wie frauenzentrierte Anliegen und Erfahrungen in unterschiedlichen Epochen und geographischen Räumen; ihre Fabulier- und Darstellungskraft scheint bis heute ungebrochen.

Schon in ihrem ersten Roman, *The Bluest Eye* (1970; *Sehr blaue Augen*, 1979), setzt sich M. in erzähltechnisch kühner Weise mit für die gesellschaftliche Positionierung schwarzer Frauen in Amerika zentralen Themen auseinander. Die auktoriale Erzählstimme begleitet die Stimme eines schwarzen Schulmädchens, das mit besonderem Augenmerk für ihre Schulkameradin Pecola Breedlove deren Familie und Umwelt beobachtet und kommentiert. Pecola wünscht sich nichts sehnlicher als unübertreffbar blaue Augen. Als Kind aus armen Verhältnissen sind diese für sie der Inbegriff unerfüllbarer Glücksvorstellungen. In M.s Text wird dieses Ideal zum Dreh- und Angelpunkt einer Kritik an der von Weißen gesetzten Ästhetik, deren Wunschbilder etwa in Form von Puppen, der Welt des Kinos, der Werbung und der Mode

Afro-Amerikanern die vermeintliche Minderwertigkeit ihrer eigenen Natur vorführen. Der Roman führt anhand vieler Einzelgeschichten die vernichtende Wirkung dieser Ästhetik im Verein mit sozialer Chancenlosigkeit vor Augen. Pauline, Pecolas Mutter, endet in totaler Abhängigkeit – emotional von ihrem Mann Cholly, sozial vom Job in einem weißen Haushalt –, Cholly verfällt in Trunksucht und Haltlosigkeit, und Pecola flieht nach ihrer Vergewaltigung durch den Vater aus Verzweiflung in den Wahnsinn. Das in dem Roman angestimmte ›Klagelied‹ über die Vernichtung einer Kinderseele wird umspielt von den Initiationsriten und Selbstbefreiungsstrategien anderer Kinder und zugleich ironisch kontrastiert mit der Familienidylle eines interpolierten Schulfibeltextes. The Bluest Eye setzt über sein Figurenensemble M.s radikale Kritik an den normativen Grundlagen einer Gesellschaft um, die Schwarzen und Weißen, Frauen und Männern sehr ungleiche Rollen zuweist und an deren Defiziten leiden lässt.

Das Interesse für schichtenspezifische Studien macht in M.s zweitem Roman, Sula (1973; Sula, 1980), der Ausleuchtung eines gruppenspezifischen Aktionsraums Platz – in diesem Fall der marginalisierten schwarzen Nachbarschaft einer Kleinstadt in Ohio als Schauplatz einer Reihe von sehr unterschiedlichen Frauenschicksalen. Die große Widerstandskraft, welche die Umwelt den weiblichen Protagonisten hier abverlangt, wird dabei durch den Roman auch problematisiert, weil sie nicht selten in destruktive Tendenzen umschlägt. Eva Peace etwa, die Großmutter der Titelheldin, ist ebenso willensstark wie kompromisslos. Mit drei Kindern von ihrem Mann Boy Boy verlassen, sichert sie sich durch einen selbstinszenierten Unfall, bei dem sie ein Bein verliert, eine Invalidenrente und das Überleben in schwerer Zeit. Ihrem vom Krieg gezeichneten, in Drogen und kindlicher Regression geflüchteten Sohn ›erlöst‹ sie durch Verbrennen. Sula wahrt innere Distanz zu Eva, ihrer Mutter und der Freundin Nel. Sie verlässt zum Studium die Stadt, kehrt nach zehn Jahren zurück, zerstört Nels Ehe und bringt Eva in die Nervenheilanstalt, um schließlich an der Zurückweisung durch einen Mann selbst zu zerbrechen. Persönliche Defizite und psychische Deformationen kennzeichnen hier eine aus sozialer Ghettoisierung und den Auswirkungen des Ersten Weltkriegs erwachsene Welt, die durch die Figur des traumatisierten Veteranen Shadrach apokalyptisch gerahmt ist.

Die stark psychologisch orientierte Figurengestaltung von Sula macht in M.s drittem, von vielen neben Beloved (1987; Menschenkind, 1989) als M.s bedeutsamste Leistung angesehenem Roman, Song of Solomon (1977; Solomons Lied, 1979), soziologisch genauer verorteten Charakteren Platz. Thematisch verbindet dieser Roman die kritische Erörterung mittelständischer Wertnormen mit dem sich ankündigenden Interesse M.s für Geschichtsschreibung als Aufarbeitung verdrängter oder vergessener Erfahrungen, bis hin zu ihrer mythischen Anknüpfung an die afrikanischen Ursprünge. Die Geschichte der gutsituierten Familie von Macon Dead, einem Grundstücks- und Mietspekulanten im Mittleren Westen, deren Konventionen durch eine Rebellion von Familienmitgliedern und Freunden bedroht werden, bildet den Stoff der Handlung. Milkman, der Sohn des Familienoberhaupts (so genannt, weil ihn die Mutter überlang gestillt hat) nimmt Kontakt zu seiner von der Familie ausgestoßenen und dämonisierten Tante Pilate auf und beginnt ein Verhältnis mit der Enkelin Hagar. In seinem 30. Lebensjahr bricht Milkman zu einer Erkundung der Geschichte seines Großvaters in Pennsylvania auf, die ihn auf frühere Spuren der Familientradition in Virginia verweist. Anknüpfungspunkt sind dabei alte Kinderverse über einen Vorfahren namens Solomon, der nach Afrika zurückgeflogen sein soll. Die kollektive Erinnerung holt Milkman schließlich im dramatischen Ende des Romans ein, als er seinem Freund Guitar (der Milkmans Bindung an eine militante schwarze Gruppe einfordert) in tödlichem Kampf begegnet und sich mit ihm in die Luft erhebt, ein Akt, der sich symbolisch als Rückkehr nach Afrika und als Abstreifen bürgerlicher Normen deuten lässt.

Unter M.s Romanen ist Tar Baby (1981;

Teerbaby, 1983) vielleicht der unschlüssigste. Mit dem Schauplatz einer karibischen Insel wählt die Autorin ein ihr wenig vertrautes Terrain. Der Liebesrausch der Protagonistin Jadine (einer jungen schwarzen Yuppie-Figur), die sich dort in den schwarzen Schiffsdeserteur Son verliebt, erweist sich in der folgenden Konfrontation mit dessen Heimat, dem ländlichen Süden der USA, als flüchtig. Jadine schreckt panisch vor den archaischen Rollenerwartungen an Frauen in dem von »folkways« geprägten Milieu (mit starken intertextuellen Bezügen zu Nella Larsens Roman *Quicksand*) zurück. Da Son sich weigert, die engen Grenzen seiner traditionellen Welt zu verlassen, und Jadine der Erfolgswelt der dominanten Kultur verhaftet bleibt – die von ihren Mäzenen, einem weißen Fabrikantenehepaar mit typisch liberal-patriarchalischem Verhalten gegenüber schwarzen Angestellten, eher negativ repräsentiert wird –, scheitert die Beziehung. Tar Baby, eine subversive Gestalt aus der afro-amerikanischen Folklore, kann hier ambivalent sowohl für die ›Sogwirkung‹ afrikanischer Mythen, die Son in den Geisterwald der Insel locken, als auch für die verführerische Anziehungskraft einer globalen Wirtschaftswelt auf Jadine stehen.

In späteren Romanen begibt sich M. wieder auf amerikanischen Boden. Mit *Beloved* greift sie wie manch andere schwarze Autoren Themen und Traditionen der »slave narratives« des 19. Jahrhunderts auf. Angeregt von einer historischen Zeitungsmeldung über Margaret Garner, die in Ohio ihre Kinder getötet hatte, um sie vor dem Zugriff der Sklavenfänger zu bewahren, rückt M. die geflohene Sklavin Sethe ins Zentrum ihres Textes. Der Titel bezeichnet die unvollständige Grabinschrift, die Sethe einem eigenhändig getöteten Kind widmete, nachdem der Zuchtmeister Schoolteacher mit seinen Sklavenjägern sie in Ohio aufgespürt hatte. Als Geist plagt Beloved seit ihrem gewaltsamen Tod Sethe und ihre erste Tochter Denver (zwei Söhne sind abgewandert), bevor Paul D., ein Gefährte aus der Sklavenzeit, Sethe findet, ihr Liebhaber wird und den Geist austreibt. Doch kehrt Beloved als Mädchen aus Fleisch und Blut zurück, giert nach Zuwendung und Nahrung (als Kompensation für geraubtes Leben) und droht Sethe in ihrer übersteigerten Mutterliebe förmlich zu verzehren. Zunächst lässt sich Paul D. von Beloved vertreiben; erst als er zurückkehrt und Sethes Selbstwertgefühl aufbaut, bahnt sich eine tragfähige Beziehung zwischen ihren verwundeten Seelen an. Vorher musste Sethe in zahllosen Akten der »rememory« – wie M. dies im Text nennt – die verdrängten traumatischen Erfahrungen der Sklavenzeit (u. a. den Verlust ihres Mannes, ihre Flucht als Hochschwangere und den Tod ihrer Mutter Baby Suggs) verarbeiten. Behutsam und mit viel Empathie für die Figuren begleitet die auktoriale Stimme diese Momente. Im Prozess des befreienden Erinnerns spielt der aktive Austausch zwischen präsenten und abwesenden Personen eine wichtige Rolle. Entscheidend für Sethes Rettung aus der Umklammerung durch Beloved wird aber neben Paul D.s Zuwendung auch Denvers Anspruch auf eigene Lebensziele sowie zuletzt die schützende Solidarität der schwarzen Nachbarn, die Beloveds Verwandlung in einen mörderischen Geist verhindert. *Beloved* enthält eine Eingangswidmung an die über 60 Millionen Menschen, die Historikern zufolge über die Jahrhunderte der Sklaverei zum Opfer fielen. Die Romanhandlung dramatisiert eindrücklich diesen Verlust an Leben und Selbstbestimmung in der Konzentration auf eine Mutter-Kind-Beziehung und im historischen Rückgriff auf die Zeit kurz vor und kurz nach der Sklavenemanzipation in den USA. Wenige Texte der neueren afro-amerikanischen Literatur haben auf so intensive Weise verdrängte innere und äußere Alltagsgeschichte rekonstruiert, und nur wenige Erzähltexte sind in jüngster Zeit so intensiv diskutiert worden.

M.s Roman *Jazz* (1992; *Jazz*, 1993) führt den Leser nach Anfangskapiteln im agrarischen Süden auf die Bühne der Großstadt, genauer nach Harlem im Jahr 1926, dem Mekka ganzer Generationen schwarzer Zuwanderer. Die Glückserwartungen von Violet und Joe Trace werden hier durch die Großstadtstimmung und das Lebensgefühl schwarzer Musik, wie es die 1920er Jahre als »Jazz

Age« mitbestimmt hat, angefeuert und gleichzeitig unterlaufen. M. setzt mit dem Titel gegen die exotisierende weiße Sicht auf diese Zeit Jazz im umgangssprachlichen Wortsinn als Bezeichnung für Unruhe und sexuelle Aktivität. In Interviews hat M. oft den Zusammenhang von Jazz mit mündlicher Tradition und schwarzer Literatur betont und in Texten als prinzipielle Offenheit und »nicht abgeschlossene Signatur von Hunger und Beunruhigung« beschrieben. *Jazz* macht die Stimmen von einfachen Menschen hörbar. So begleitet der Roman die Sehnsüchte und die Verstrickung eines verheirateten Mannes (Joe) in seiner Liebe zu einem jungen Mädchen (Dorcas), die der Heftigkeit seiner Gefühle und der in ihm selbst und in der ›Droge‹ der Großstadt begründeten Unordnung zum Opfer fällt. Gegenseitige Achtung und ein gemeinsames Lebensgefühl werden jedoch auch in der Tragödie noch als ein Ensemble von Blues-Stimmen orchestriert.

In M.s Roman *Paradise* (1998; *Paradies*, 1999) verschmilzt das Interesse für eigene Geschichte (hier der Gründung einer Stadt in Oklahoma durch selbstbewusste schwarze Binnenwanderer) mit der Erforschung eines spezifisch weiblichen Schutz- und Gemeinschaftsraums. Dieser ist in einem Kloster vor den Toren der Stadt angesiedelt, in dem bedrohte oder eigenwillige Frauen eine auf Toleranz gegründete Utopie zu leben versuchen, die aber von einigen tonangebenden Männern der Stadt als so bedrohlich und normensprengend empfunden wird, dass sie das Kloster bei Nacht und Nebel überfallen und die Kommune mit mörderischer Gewalt zerstören. Der Roman lebt besonders von der Kontrastierung männlicher Ordnungs- und Machtvorstellungen mit der flexiblen und im Hinblick auf Sexualität, Arbeit und Kinderversorgung experimentierfreudigen Gemeinschaft von Frauen. Als Teile einer Trilogie geplant, reichen aber weder *Paradise* noch *Jazz* an die dramatische Geschlossenheit und Konnotationsfülle von *Beloved* heran.

M. hat sich außer durch ihr Erzählwerk auch durch ihre Lektorentätigkeit bei dem Verlag Random House von 1967 bis 1983 und durch ihre Lehrtätigkeit in Yale, Princeton und New York sowie durch weitgestreute Lesungen große Verdienste um das Ansehen und die Resonanz afro-amerikanischer Literatur auch über Amerika hinaus erworben. Mit dem Essayband *Playing in the Dark: Whiteness and the Literary Imagination* (1992; *Im Dunkeln Spielen*, 1994) hat sie auch als Leserin amerikanischer Literatur eine bahnbrechende Studie über die explizite oder ›erstickte‹ Omnipräsenz des Afrikanischen als der ›anderen Rasse‹ und ›symbolischen Gegenposition‹ im kulturellen Bewusstsein Amerikas vorgelegt. Diese These stützt sie auf scharfsinnige Lesarten einiger beispielhafter Werke von Edgar Allan Poe, Ernest Hemingway und Willa Cather. Für M. gründet das Nationalbewusstsein des weißen Amerikaners parasitär auf der Verleugnung der schwarzen Mitbürger, die als verdrängtes Substrat und in maskierter Form im kulturellen Diskurs zurückkehren. Sie plädiert für die Verlagerung des kritischen Augenmerks vom Opfer auf die Täter mit ihren wiederkehrenden Leitbildern von weißer Leere und Todessehnsucht und legt ein kulturkritisches Neu-Lesen auch kanonisierter Texte nahe. Über einleitende Vorworte zu Aufsatzsammlungen hat M. sich auch dezidiert zu gesellschafts- und medienkritischen Fragen geäußert, so zu dem Komplex der Anita Hill-Clarence Thomas-Kontroverse (*Race-ing Justice, En-Gendering Power*, 1992), zum kulturellen Skript und öffentlichen Echo des O.J. Simpson-Prozesses (*Birth of a Nationhood: Gaze, Script, and Spectacle in the O.J. Simpson Case*, 1997) und zur Beurteilung und Thematisierung von Rassismus in Amerika (*The House That Race Built*, 1998).

Klaus Ensslen

Moscherosch, Johann Michael
Geb. 7. 3. 1601 in Willstätt bei Kehl; gest. 4. 4. 1669 in Worms

»Diese Traumgesichte sind von den neugierigen Leuten so beliebt / daß sie vielmals nach einander aufgelegt worden / und haben fast mehr Früchte gebracht / als manches Bet- und PredigtBuch / welches man unter der Bank ligen läßet«, urteilte Justus Georg Schottelius über M.s Hauptwerk, das dem Verfasser den Gesellschaftsnamen des »Träumenden« in der »Fruchtbringenden Gesellschaft« und beträchtlichen, wenn auch gelegentlich nationalistisch gefärbten Nachruhm einbrachte. Die Rede ist von den *Gesichten Philanders von Sittewalt* (1640–50), die M. als freie Übertragung einer französischen Übersetzung der *Sueños*, der allegorischen Traumvisionen des spanischen Moralisten Francisco Gómez de Quevedo y Villegas begonnen, dann aber, die Möglichkeiten der menippeischen Satire mit ihrer bunten Vielfalt der Darstellungsformen und Sprechweisen zum Entwurf eines realitätsgesättigten Zeit- und Gesellschaftsbildes nutzend, in eigenständiger Weise fortgeführt hatte. Vor dem Gegenbild der »Alten Teutschen Redlichkeit«, einer an lutherischer Ethik und altständischer Bürgerkultur orientierten konservativen Gesinnung, galt M.s satirische Attacke vor allem den »von der absolutistischen Hofkultur bestimmten, z. T. vom Bürgertum übernommenen Repräsentationsformen in Kleidung, Konversation, Umgangsstil und ›politisch‹-pragmatischer Gesinnung« (Walter E. Schäfer). Seine Alamode-Kritik (*Ala mode Kehrauß*) fand breite Nachfolge; das Gesicht *Soldaten-Leben* inspirierte noch Grimmelshausen.

Hofkritik, Kulturpatriotismus und Kriegsdarstellung reflektieren Erfahrungen eines unruhigen, widerspruchsvollen Lebens im deutsch-französischen Grenzgebiet und in der Reichsstadt Straßburg, zwischen Hof- und Bürgerkultur. Geboren wurde M. im rechtsrheinischen Willstätt, das zur Herrschaft Hanau-Lichtenberg gehörte, in deren Dienst sein Vater stand. Von 1612 bis 1624 besuchte er Gymnasium und Universität im nahegelegenen Straßburg. Nach der Magisterpromotion (1624) führte ihn die anschließende Bildungsreise über Genf in das politisch und literarisch als vorbildlich empfundene Frankreich (Lyon, Bourges, Orléans, Angers, Paris). Nach seiner Rückkehr machten die finanziellen Verhältnisse seiner Eltern – Willstätt war zerstört worden – eine Fortsetzung des Studiums unmöglich. Er übernahm daher zunächst eine Hofmeisterstelle (1626 bis 1628), doch endete seine pädagogische Tätigkeit recht unvermittelt, als er einem seiner gräflichen Zöglinge im Affekt den Arm brach. Die Bewerbung um den Straßburger Lehrstuhl für Poesie schlug 1630 fehl (im selben Jahr waren seine lateinischen *Epigrammata* erschienen), so dass er sich mit Stellungen als »Hof- und Rentmeister« bzw. Amtmann in Kriechingen (Créhange; 1630 bis 1635) und Finstingen (Fénétrange; 1636 bis 1641) in Lothringen begnügen musste. Hier waren er und seine Familie Überfällen und Plünderungen ausgesetzt, Entbehrungen und die Pest führten zum Tod seiner beiden ersten Frauen (er heiratete ein weiteres Mal). Unter dem Eindruck dieser Erfahrungen wandelten sich seine Auffassungen über die französische Politik, schrieb er die *Gesichte* wie das moraldidaktische Gegenstück *Insomnis cura parentum* (1643), eine Ehe- und Erziehungslehre in der Tradition der Hausväterliteratur.

1645, nach dem Umweg über eine Sekretärsstelle in der schwedischen Festung Benfeld, erreichte M. endlich sein Ziel und erhielt eine angemessene Stellung in Straßburg. Er wurde zum »Frevelvogt« (Fiskal) berufen, einer Art Polizeidirektor, und sorgte im Verein mit dem Straßburger Kirchenpräsidium für eine rigorose moralische und religiöse Disziplinierung der Bürger (und der zahlreichen Flüchtlinge). Editionen patriotischer Schriften des elsässischen Humanismus begleiteten diese Tätigkeit; mit ihnen sollte die politische Situation der Stadt gestärkt werden. Angesichts des wachsenden Widerstandes gegen die strenge Disziplinierungspolitik genügte der – unbewiesene – Verdacht des Ehebruchs mit seiner Haushälterin, um den Sittenwächter Ende 1655 zum Rücktritt zu zwingen. Nach der gescheiterten reichsstädtischen Karriere trat M., der wohl als schwieriger Charakter gelten kann, als »Gräflicher Rat« und juristischer Berater in den Dienst des Grafen Friedrich Casimir von Hanau, eines verschuldeten absolutistischen Duodezfürsten, für den er auch diplomatische Missionen unternahm. Doch auch hier endete die Laufbahn nach Unstimmigkeiten und Verdächtigungen wegen finanzieller Unregelmäßigkeiten abrupt. Nach seiner Entlassung (1660) und dem vergeblichen Versuch, wieder in Straßburg Fuß zu fassen, lebte er zunächst als freier Schriftsteller in Frankfurt am Main und bekleidete dann (von 1663 – 64 an) bescheidene Amtmann-Stellungen an der Nahe. Er starb, symbolisch für sein unruhiges Leben, auf einer Reise an einem »hitzigen Fieber«.

Werkausgabe: Wunderliche und wahrhafftige Gesichte Philanders von Sittewalt. Straßburg 1642– 43, Neudruck Hildesheim/New York 1974.

Volker Meid

Mrożek, Sławomir
Geb. 26. 6. 1930 in Borzęcin/Polen

Sławomir Mrożek gehört zu den bedeutendsten polnischen Schriftstellern und Satirikern des 20. Jahrhunderts sowie zu den meistgespielten Theaterautoren der Gegenwart. Seine satirischen Dramen und Erzählungen zeigen absurd-groteske Alltagssituationen in totalitären politischen Systemen. Die Redewendung »Wie bei Mrożek« war im sozialistischen Polen zu einem festen Begriff geworden, der die sozialistischen Absurditäten bezeichnete, wie sie z. B. in den Erzählungen *Słoń* (1957; *Der Elefant*, 1960) und *Wesele w Atomicach* (1959; *Hochzeit in Atomweiler*, 1961) beschrieben sind.

Als Dramatiker debütierte M. mit der Parodie auf die politische Polizei *Policja* (1958; *Die Polizei*, 1959). Die satirischen Einakter *Striptease* (1961; *Striptease*, 1963), *Na pełnym morzu* (1961; *Auf hoher See*, 1963) und *Karol* (1961; *Karol*, 1962) zeigen den Menschen und sein Verhalten in existentiellen Grenzsituationen. *Karol* führt außerdem vor, wie Machthaber einen Widersacher benötigen, um ihre Macht zu demonstrieren. Die Tragikomödie *Tango* (1964; *Tango*, 1965) zeichnet ein Bild dreier Generationen und ihr Verhalten beim Verfall traditioneller Werte, sie thematisiert eine Welt, in der absolute Freiheit gefordert wird und die fundamentalen Werte und Normen nicht mehr gelten: Alle gesellschaftlichen, ethisch-moralischen, philosophischen und ästhetischen Normen sollen überwunden werden. In *Tango*, das als »Zeitstück des Jahrzehnts« bezeichnet wurde, sahen die Theaterkritiker in »hellseherischer Prognose« den Studentenprotest von 1968 vorweggenommen. Das Hörspiel *Rzeźnia* (1973; *Der Schlachthof*, 1981) zeigt, wie Kultur und Zivilisation durch die Natur, d. h. durch das Gesetz des Stärkeren, ersetzt werden – dabei erweist sich die Kunst dem Verbrecherischen gegenüber als wirkungslos. Thema des Dramas *Emigranci* (1974; *Emigranten*, 1975) ist das Verhalten eines intellektuellen, politisch engagierten Emigranten und eines »Arbeitsemigranten«. Das Stück ist sowohl eine individualpsychologische Skizze als auch eine soziologische Studie über unterschiedliche Lebensanschauungen und Mentalitäten. Das Drama *Pieszo* (1980; *Zu Fuß*, 1981) stellt Schicksale dar, die eng mit dem gesellschaftspolitischen Kontext unmittelbar nach Ende des Zweiten Weltkriegs in Polen verbunden sind. In der Tragikomödie *Miłość na Krymie* (1993; *Liebe auf der Krim*, 1994) bringt M. die Umwälzungen der gesellschaftspolitischen Verhältnisse vom russischen Zarenreich über die Sowjetunion bis zum postkommunistischen Russland auf die Bühne. Das zweite postkommunistische Stück *Historia PRL* (1999; *Die Geschichte der VR Polen*) dagegen ist eine ironische Reflexion über die Politik Nachkriegspolens.

M. parodiert als Prosa- und Theaterautor sowohl den kritischen Intellektuellen als auch den anpassungswilligen Ideologen und den nicht reflektierenden Arbeiter. Er demaskiert die absurden Verhältnisse der Volksrepublik Polen und die widersprüchlichen Verhaltensweisen des Individuums im gesellschaftlichen, politischen und kulturellen Kontext; dabei stellt er die Frage nach den moralischethischen Grundlagen des individuellen Handelns. Als Realist zeigt M. die absurden Seiten des Konkreten, des Faktischen, des allgemein Akzeptierten.

Werkausgabe: Gesammelte Werke. Zürich 1992ff.

Georg Mrugalla

Muʿallaqāt
ca. 750 n. Chr.

Der Name »Muʿallaqāt« für die älteste und berühmteste Anthologie arabischer Poesie gibt bis heute Rätsel auf. Der Legende nach sollen die Gedichte bereits in vorislamischer Zeit so hoch geschätzt worden sein, dass sie mit goldenen Lettern auf Stoff geschrieben und an den Mauern der Kaaba in Mekka aufgehängt wurden. Daher wird der Name als »die aufgehängten (Gedichte)« gedeutet. Die wissenschaftliche Etymologie erklärt den Namen unter anderem als »die hängenden (Juwelen)« oder »die (einzeln) Aneinandergereihten«, da nur je ein Gedicht pro Dichter vorkommt, aber auch als »die Ausgezeichneten« aufgrund ihres hohen Status. Die Sammlung war auch unter anderen Namen bekannt, insbesondere als »die sieben langen (Qasiden)« ([al-qaṣāʾid] as-sabʿ aṭ-ṭiwāl).

Die M. enthalten musterhafte Beispiele altarabischer Poesie, sämtlich aus dem 6. und frühen 7. Jahrhundert, also noch vor dem Aufkommen des Islam. Die Themen der Gedichte sind breit gefächert, ebenso die Herkunft der Dichter aus verschieden Stämmen, religiösen und kulturellen Umfeldern. Gemeinsam ist allen Gedichten die in Metrum, Reim und inhaltlichem Aufbau streng festgelegte Form der Qaside. Die altarabische Qaside ist ein langes, polythematisches Gedicht mit durchgehendem, quantitierendem Metrum und einheitlichem Endreim. Sie kann mehr als 100 Verse umfassen, wobei jeder Vers durch eine Zäsur in zwei Halbverse geteilt ist. Der Dichter redet immer in der ersten Person. Den Anfang bildet meist eine Liebesklage (nasīb), etwa angesichts der verlassenen Lagerstätte der Geliebten und ihres Stammes. Es folgt ein Abschnitt über die Reise des Dichters (raḥīl) mit ausführlichen, bilderreichen Beschreibungen seines Reittiers, einer Kamelstute. Hier werden auch Jagdszenen und Beschreibungen anderer Tiere und Naturphänomene eingeflochten. Die Qaside endet mit einem Lob des eigenen Stammes, der Schmähung des Gegners im Kampf, dem Lob eines Mäzens oder der eigenen kriegerischen Kraft (faḫr).

Als Kompilator der M. gilt der Überlieferer Ḥammād ar-Rāwiya (ca. 695–ca. 770), der, von persischer Abkunft, in den Dichter- und Gelehrtenzirkeln von Bagdad verkehrte. Er könnte jedoch auf bereits bestehende Anthologien zurückgegriffen haben. Schon die Umayyadenkalifen Muʿāwiya (reg. 661–680) und ʿAbdalmalik (reg. 685–705) sollen entsprechende Sammlungen in Auftrag gegeben bzw. selbst zusammengestellt haben. Spätere Redaktionen ab dem 9. Jahrhundert versahen die Gedichte der M. mit umfangreichen philologischen Kommentaren. Obwohl die Zahl und die Zusammensetzung der M. zwischen sieben, neun und zehn Gedichten schwankt, ist ein Kern von fünf Gedichten allen Redaktionen gemeinsam. Die einzelnen Gedichte wurden vor ihrer Verschriftlichung bis zu 200 Jahre lang mündlich überliefert.

Die sieben meistgenannten Dichter der M. sind: 1. Imruʾ al-Qais (gest. vor 550), Sohn eines südarabischen Fürsten und der berühmteste Dichter des vorislamischen Arabien überhaupt; 2. Ṭarafa (2. Hälfte 6. Jh.), der im dem Perserreich nahestehenden al-Ḥīra (heutiger Irak) verkehrte; 3. Zuhair (gest. 609) aus einem alten Dichtergeschlecht, der besonders lange an seinen Qasiden gefeilt haben soll; 4. Labīd (gest. ca. 660), der aus dem westlichen Naǧd (heutiges Saudi-Arabien) stammte und später in Kūfa (heutiger Irak) lebte; 5. ʿAmr Ibn Kulṯūm (angeblich 150 Jahre alt geworden), Krieger und Stammesfürst der Taġlib, der seinen Stamm gegen die Könige von al-Ḥīra verteidigte; 6. ʿAntara (gest. zu Beginn des 7. Jh.s), Sohn eines Arabers und einer schwarzen Sklavin und Held einer berühmten Liebesgeschichte, die zum Volksepos verdichtet wurde; 7. al-Ḥāriṯ Ibn Ḥilliza (gest. ca.

570), Zeitgenosse und Gegenspieler ʿAmr Ibn Kulṯūms.

In der arabischen Literaturgeschichte und -kritik gelten die M. als vorbildhaft. Sie wurden – und werden bis heute – in zahlreichen Editionen überliefert, verschriftlicht, gedruckt und memoriert. Die M. des Imruʾ al-Qais ist das bekannteste arabische Gedicht überhaupt, sein Anfang »qifā nabki« – »bleibt stehn und lasst uns weinen« – ein geflügeltes Wort. Weltliterarische Bedeutung erhielten die M. insbesondere durch einen ihnen gewidmeten Abschnitt in Goethes *West-Östlichem Divan*. Goethe hatte die M. in der englischen Übersetzung von William Jones aus dem Jahre 1783 gelesen und schreibt: »Bei einem östlichern Volke, den Arabern, finden wir herrliche Schätze an den Moallakat. [...] Der Wert dieser trefflichen Gedichte, an Zahl sieben, wird noch dadurch erhöht, daß die größte Mannigfaltigkeit in ihnen herrscht. Hiervon können wir nicht kürzere und würdigere Rechenschaft geben, als wenn wir einschaltend hinlegen, wie der einsichtige *Jones* ihren Charakter ausspricht. ›*Amralkais*' Gedicht ist weich, froh, glänzend, zierlich, mannigfaltig und anmutig. *Tarafas*: kühn, aufgeregt, aufspringend und doch mit einiger Fröhlichkeit durchwebt. Das Gedicht von *Zoheir* scharf, ernst, keusch, voll moralischer Gebote und ernster Sprüche. *Lebids* Dichtung ist leicht, verliebt, zierlich, zart; sie erinnert an Virgils zweite Ekloge: denn er beschwert sich über der Geliebten Stolz und Hochmut und nimmt daher Anlaß, seine Tugenden herzuzählen, den Ruhm seines Stammes in den Himmel zu erheben. Das Lied *Antaras* zeigt sich stolz, drohend, treffend, prächtig, doch nicht ohne Schönheit der Beschreibungen und Bilder. *Amru* ist heftig, erhaben, ruhmredig; *Harez* darauf voll Weisheit, Scharfsinn und Würde. [...]«« (»Noten und Abhandlungen zum besseren Verständnis des Westöstlichen Divans«, Abschnitt »Araber«).

Ausgabe: Th. Nöldeke: Fünf Moʿallaqat, übersetzt und erklärt. In: Sitzungsberichte der kaiserlichen Akademie der Wissenschaften. Wien 1899–1900.

Claudia Ott

Mudimbe, V. Y. (Valentin Yves bzw. Vumbi Yoka)

Geb. 8. 12. 1941 in Likasi/Demokratische Republik Kongo (Zaire)

Valentin Yves Mudimbe, der unter der Diktatur Mobutus seine Vornamen – bis zur Exilierung aus Zaïre 1980 – in Vumbi Yoka ändern musste, ist der führende Philosoph Afrikas und ein weltweit geachteter Literatur- und Religionswissenschaftler; er lehrt in den USA. Der Kongolese publizierte seine ersten Arbeiten auf französisch, schrieb aber seit Mitte der 1980er Jahre überwiegend auf englisch. Neben den frühen didaktischen Arbeiten *Initiation au Français* (1971; Einführung ins Französische) und *Français: Les structures fondamentales* (1972; Grundstrukturen des Französischen) verfasste der polyglotte Autor Gedichtbände: *Déchirures* (1971; Zerrissenheiten), *Entretailles, précédé de fulgurance d'une lézarde* (1973; Einschnitte, davor: Aufleuchten einer Spalte) und *Les fuseaux, parfois* (1974; Die Spindeln, manchmal). Seine Meisterschaft als Essayist stellte M. erstmals mit *Notes bibliographiques: Présence marxiste et catholicisme* (1967) unter Beweis, später etwa mit *Carnets d'Amérique* (1976; Notizen aus Amerika), *L'odeur du père* (1982; Der Geruch des Vaters) und *Les corps glorieux des mots et des êtres* (1994; Glorreiche Körper von Wörtern und Wesen).

Wenige Romane genügten, um M. bekannt zu machen. In *Entre les eaux* (1973; Zwischen den Wassern) greift er ein Motiv auf, das er in *Entretailles* schon lyrisch bearbeitet hatte: die Zerrissenheit Afrikas zwischen verschiedenen Denk-, Glaubens- und Lebensmodellen, verbunden mit dem Fazit, dass Afrika einen eigenen Weg zwischen und aus all den diversen Einflüssen zu finden habe. In *Entre les eaux* ergreift ein aus Europa zurückgekehrter Priester Partei für die Widerstandskämpfer gegen das belgische Kolonialregime und tötet zum Beweis seiner Zugehörigkeit zu den Rebellen auf deren Verlangen einen Mann. Der Priester wird verhaftet und zum Tode verurteilt, überlebt aber in den Wirren des Bürgerkriegs. Als er auf seinen Weihbischof trifft, will er beichten, bereut dann aber nichts. Er gibt sein Priesteramt auf und heiratet eine Afrikanerin, die er jedoch wieder verlässt. Erst in der Weltabgeschiedenheit eines Klosters findet er wieder zu sich. Nicht die Handlung bestimmt das Gewicht dieses Romans, vielmehr sind es vor allem die Gespräche mit dem Bischof, die ihn zu einem Ideenroman machen.

Deutlich literarischer ist *Le bel immonde* (1976; *Auch wir sind schmutzige Flüsse*, 1982). Die Prostituierte Ya wird von Rebellen gezwungen, einen Minister auszuhorchen und Informationen der Sicherheitskräfte in Erfahrung zu bringen. Infolgedessen gerät der Minister unter Druck, weil seine Pläne zur Bekämpfung des Widerstands scheitern. Auf Anraten eines Marabut opfert er ein Mädchen, bezahlt aber den Marabut zu spät und kommt bei einem Verkehrsunfall ums Leben. Ya arbeitet wieder in ihrer früheren Bar. In *Le bel immonde* gibt M. einen Einblick in die verschiedenen sozialen Schichten der kongolesischen Gesellschaft und zeigt das Ineinandergreifen von Rationalität und Irrationalität.

Die Zerrissenheit des kulturellen Hintergrunds, die M. in Gedichten und in *Entre les eaux* thematisiert hatte, rückt er auch in den Mittelpunkt des Romans *L'écart* (1979; Der Bruch), wo anhand eines fiktiven Tagebuchs der Hauptfigur die Orientierungslosigkeit inmitten verschiedener Weltbilder veranschaulicht wird. Dieselbe Irritation wird auch im Roman *Shaba deux* (1989; Shaba zwei) deutlich, der die innere Zerrissenheit einer Nonne vor der Kulisse des Bürgerkriegs in Katanga angesichts von Brutalität und Gewalt zeigt. M. nutzt erneut die Tagebuchform, um die Persönlichkeitsspaltung darzustellen.

Großen Einfluss übten seit Ende der 1980er Jahre M.s philosophische Arbeiten aus, darunter die Bände *The Invention of Africa* (1988; Die Erfindung Afrikas) und *The Idea of Africa* (1994; Die Idee von Afrika). Nachdem M. in Ersterem herausarbeitete, welche Anschauungen und Assoziationen sich in der Geschichte Europas mit dem Begriff Afrika verknüpften, zeigt er im zweiten Buch, wie sich das koloniale und postkoloniale Denken des Westens sowohl eine Idealvorstellung von Afrika als auch einen imaginären Gegenpart zur Rationalität Europas konstruierte. Im Gegenzug unterstrich M. in dem von ihm mitherausgegebenen Band *Africa and the Disciplines* (1993; daraus: *Die Sozialwissenschaften öffnen*, 1996) den Beitrag Afrikas an den Wissenschaftsdisziplinen. Ferner stellte er dem westlichen Diskurs originäre religiöse Auffassungen aus Afrika entgegen, die er in *Tales of Faith* (1997; Märchen vom Glauben) vorstellte und in der von ihm herausgegebenen *Encyclopedia of African Religion and Philosophy* (2001) erläuterte. M.s jüngere Essays kreisen ebenfalls um das Denken afrikanischer Völker, wie – nun wieder französischsprachige – Publikationen wie *Une genèse africaine* (2004; Eine afrikanische Entwicklung) und *De la cosmologie dogon* (2004) zeigen. Auch als (Mit-)Herausgeber hat sich M. verdient gemacht, etwa mit den Editionen *History Making in Africa* (1993; Geschichte machen in Afrika), *Nations, Identities, Cultures* (1997; Nationen, Identitäten, Kulturen) oder *Diaspora and Immigration* (1999; Diaspora und Einwanderung).

Manfred Loimeier

Mühlbach, Luise
(d. i. Klara Mundt, geb. Müller)
Geb. 2. 1. 1814 in Neubrandenburg; gest. 26. 9. 1873 in Berlin

»Ich bin ein Weib, das ist mein ganzes Unglück ... Man hat uns Frauen alles genommen, selbst das Recht des geistigen Schaffens! Wir dürfen nur die Sklavinnen unserer Männer sein, und ihnen Kinder gebären, das ist unsere Pflicht und unser Beruf, und wenn wir es wagen, eigne Gedanken, eigne Gefühle, eigne Anschauungen zu haben, dann schreit alle Welt: Ein Sacrilegium, ein Sacrilegium! Ein entartetes Weib! Eine Frau, welche die Frechheit hat, ein denkendes Wesen zu sein, und den Männern gleich thun zu wollen!« (*Aphra Behn*, 1849) M. hat diese Frechheit besessen. Sie war zweifellos die produktivste der Vormärzautorinnen und hat es im Laufe von 36 Jahren zu der beeindruckenden Zahl von 290

Romanen gebracht. Auch war sie damit höchst erfolgreich und konnte – nachdem ihr Mann, Theodor Mundt, aus politischen Gründen seinen Lehrstuhl für Literaturgeschichte verloren hatte – mit ihrer literarischen Tätigkeit die vierköpfige Familie ernähren.

Deutlich lässt sich ihr Werk in zwei sehr unterschiedliche Phasen aufteilen: in die vormärzliche, in der ihre frauenemanzipatorischen Romane entstanden (*Erste und letzte Liebe*, 1838; *Frauenschicksal*, 1839; *Bunte Welt*, 1841; *Der Zögling der Natur*, 1842; *Eva. Ein Roman aus Berlins Gegenwart*, 1844; *Aphra Behn*, 1849 u. a.), und in die nachmärzliche Produktion, in der die große Masse ihrer schnell geschriebenen historischen Romane entstand, mit denen sie zu einer der Hauptlieferanten der deutschen Leihbibliotheken wurde. Kennzeichnend für ihre Romane ist eine geradezu barocke Handlungsfülle. Und zwar handeln alle. Es kommt vor, wie z. B. in *Bunte Welt* oder in *Aphra Behn*, dass auch die Frau, um sich selbst oder ihre Überzeugungen zu verteidigen, sogar gewalttätig wird und zum Dolch greift. Doch lassen sich in der Handlungsvielfalt einige zentrale Themen erkennen: der Zweifel an der Dauerhaftigkeit der ersten Liebe, das Plädoyer für die Entfaltung der weiblichen Persönlichkeit, die Kritik an der herrschenden Konvenienzehe sowie die Forderung nach erleichterten Scheidungsmöglichkeiten. Mit solchen Themenkreisen entrichtet M. einen nicht unwesentlichen Beitrag zum jungdeutschen Roman. Ihr radikalstes Werk ist zweifellos der im Revolutionsjahr entstandene dreibändige Roman *Aphra Behn*. Hier unternimmt M. den Versuch, das Leben einer der ersten professionellen Dramatikerinnen, der englischen Autorin Aphra Behn (1640–1689), zu rekonstruieren und das Schicksal ihrer Heldin im emanzipatorischen Sinn neu zu deuten. Doch mit diesem Roman endete ihre progressive Phase. Die Autorin, die in ihren Vormärz-Werken stets die Republik als Staatsideal gefeiert hatte, entpuppte sich in der Folgezeit als Hagiographin des Absolutismus.

Werkausgabe: Ausgewählte Werke. Illustrierte Ausgabe. 15 Bde. Berlin 1867–1869.

Renate Möhrmann

Mühsam, Erich

Geb. 6. 4. 1878 in Berlin; gest. 10./11. 7. 1934 im Konzentrationslager Oranienburg

Das bekannteste Foto, ein eher schäbiges Brustbild, zeigt ihn in seinen unverkennbaren Zügen und doch deutlich entstellt: der gemütliche Vollbart und das wilde dichte Haupthaar wirken dressiert und gestutzt, die sonst so gütig und listig blinzelnden Augen hinter dem unvermeidlichen Kneifer starren groß und leer, auf der Brust drängt sich ein weißes Pappschild vor mit der Aufschrift »Konzentrationslager Oranienburg«, darunter in penibler Bürokratenschrift die Nummer 2651 und das Datum: 3. 2. 1934. Ein knappes halbes Jahr später schlugen die Faschisten den Häftling M. auf bestialische Weise tot, weil sie ihn zum Selbstmord nicht hatten zwingen können. »Ein Anarchist richtet sich selbst«, behauptete die *Berliner Nachtausgabe* am 11. Juli 1934, aber Freunde und Mithäftlinge verbreiteten die Wahrheit durch den Untergrund, und Jan Petersen, der Chronist des illegalen Widerstands im faschistischen Berlin, hat sie in seinem Buch *Unsere Straße* (1936) festgehalten: Obwohl ihm alles Heroische zuwider war, hatte M. unbeugsam allen Folterungen und Erniedrigungen widerstanden. Es ist nicht ohne tragische Ironie, dass in der ungeteilten Verbeugung vor seinem Märtyrertod erst ein Hauch dessen verwirklicht wurde, wofür er ein Leben lang gestritten hatte: eine Einheit der Linken gegen Gewalt, Unrecht und Unfreiheit. Doch auch nach seinem Tod blieb M. eine fortwährende Herausforderung für die deutsche Linke. In der DDR wurde er zwar als Antifaschist geehrt, aber als Schriftsteller nur in Auswahl und mit distanzierenden Kommentaren gedruckt; in der Bundesrepublik gehörte er lange zu den vergessenen und verbrannten Dichtern. Erst sein einhundertster Geburtstag 1978 und sein fünfzigster Todestag

1984 riefen in Erinnerung, wie exemplarisch die Lebensgeschichte dieses Mannes gezeichnet war von der durchgängigen Misere der deutschen Verhältnisse vom Kaiserreich über die Weimarer Republik bis zum Faschismus. Schon als Schüler war der jüdische Apothekerssohn wegen einer Polemik gegen die Sedan-Feiern vom Lübecker Katharineum (wo auch Thomas Mann zur Schule ging) verwiesen worden; 1910 warf man ihn nach dem sogenannten ›Soller-Prozess‹ in München ins Gefängnis, weil er, wie er selbst sagte, versucht hatte, »das Lumpenproletariat revolutionär zu organisieren«; im letzten Kriegsjahr brachten ihn seine radikalen pazifistischen Aktivitäten erneut hinter Gitter; 1919 verurteilte ihn ein Standgericht der neuen ›Republik‹ wegen seiner Teilnahme an Novemberrevolution und Räteregierung in München zu fünfzehn Jahren Festungshaft (aus der er 1924 vorzeitig entlassen wurde aufgrund der Generalamnestie, die wohl eher einem anderen Festungshäftling galt: Adolf Hitler); am Tag nach dem Reichstagsbrand schließlich wurde er von SA-Männern verhaftet. Damit war M. endgültig ›unschädlich‹ gemacht, ein waschechter Anarchist aus dem Geiste Michail Kropotkins und Gustav Landauers, der gleichwohl keine Berührungsängste mit Marxisten und Kommunisten hatte, immer wieder pragmatische Kooperationen und theoretische Gemeinsamkeiten suchte und am Ende doch sich treu blieb: Schuld an der Niederlage des deutschen Proletariats hatte für ihn die »Verunreinigung seiner Kampfmittel durch die jede Idealität der Gesinnung verachtende Dogmatik des Marxismus«.

Um die Jahrhundertwende hatte der gelernte Apotheker begonnen, als freier Schriftsteller zu leben, zunächst im Umkreis der Friedrichshagener in Berlin, dann auf einer mehrjährigen Vagabondage in Zürich, Ascona, Paris und Wien, schließlich seit 1908 in der Schwabinger Bohème. In diesen Jahren schrieb er seine aggressiv-satirischen Cabaret-Chansons (am bekanntesten: das später von Ernst Busch gesungene *Revoluzzerlied* gegen die verspießerte Sozialdemokratie), sozialreformerische und kulturkritische Pamphlete (*Die Homosexualität. Ein Beitrag zur Sittengeschichte unserer Zeit*, 1903, neu hg. mit einer Einführung von Walter Fähnders und einem Dossier, 1996; *Ascona*, 1905) und füllte sein Ein-Mann-Blatt *Kain. Zeitschrift für Menschlichkeit* (1911–1914, bei Kriegsbeginn verboten, 1919 wieder aufgelegt als *Organ der Revolution*) mit Attacken gegen Militarismus und Reaktion. In der Festungshaft verarbeitete er seine Revolutionserfahrungen (am präzisesten in dem Arbeiterdrama *Judas*, 1920, und dem Bericht *Von Eisner bis Leviné*, 1921) und entwickelte jene Position des ›kommunistischen Anarchismus‹, für den er nach seiner Freilassung in Berlin, politisch weitgehend ein Einzelkämpfer, wiederum in einer Fülle von publizistischen Aktivitäten zu werben suchte: in der abermals von ihm allein bestrittenen Zeitschrift *Fanal* (1926–1931, seit 2. Jg.: *Anarchistische Monatsschrift*), in seiner theoretischen Hauptschrift *Die Befreiung der Gesellschaft vom Staat* (1932) und in einigen künstlerisch eher konventionellen Arbeiten wie dem Sacco- und Vanzetti-Drama *Staatsräson* (1928, neu hg. von Wolfgang Haug, 1992).

Dass M. trotz seines streitbaren und rastlosen öffentlichen Engagements alles andere als ein fanatischer oder verbitterter Politikaster war, sondern, in Caféhäusern ebenso zuhause wie in Arbeiterversammlungen, stets ein warmherziger und liebenswerter Menschenfreund und zärtlicher Ehemann, das kann man nachlesen in seinen *Unpolitischen Erinnerungen* (1927–29) und den postum veröffentlichten Gefängnisbriefen an seine Frau Kreszentia (*Bilder und Verse für Zensl*, 1975).

Werkausgabe: Gesamtausgabe. 4 Bde. Hg. von Günther Emig. Berlin 1977–1983; Auswahlausgabe: Sich fügen heißt lügen. Hg. von Marlies Fritzen. 2 Bde. Göttingen 2003.

Martin Rector

Mulisch, Harry
Geb. 29. 7. 1927 in Haarlem/Niederlande

»Ich habe den Krieg nicht ›mitgemacht‹, ich bin der Zweite Weltkrieg.« So hat sich

Harry Mulisch 1975 in *Mijn getijdenboek* (Mein Stundenbuch) selbst charakterisiert. In der Tat war M.

, der 1927 als Sohn einer deutsch-böhmischen Jüdin und eines aus Österreich-Ungarn stammenden späteren Nazi-Kollaborateurs in Haarlem geboren wurde und der den Krieg in den von den Deutschen besetzten Niederlanden erlebte, biographisch in den Zweiten Weltkrieg ›verstrickt‹. Dabei beeinflusste die Zerrissenheit seiner Abstammung auch seine sprachliche Identität. Denn M. hat zwar immer niederländisch geschrieben, aber weil er zweisprachig erzogen wurde, ist Deutsch für ihn keine Fremdsprache und gehörte die deutsche Literatur, namentlich die der Romantik, von Jugend an zu seiner geistigen Nahrung. Insofern beschreibt er sich mit seinem Satz auch als jemanden, der das schwierige Verhältnis zwischen Deutschland und den Niederlanden persönlich verkörpert. Schließlich gibt es in M.s umfangreichem Werk so gut wie keinen Text, in den die Auseinandersetzung mit dem Nationalsozialismus nicht hineinspielt. Das betrifft sowohl seine Essays und journalistischen Arbeiten, wie vor allem die 1962 veröffentlichte Reportage über den Eichmann-Prozess (*De zaak 40/61*; *Strafsache 40/61*, 1963), als auch seine Theaterstücke, Gedichte und Romane. In ihnen setzt M. seine Figuren gewagten Konstellationen aus und rückt seinen Stoff in eigenwillige Perspektiven, in denen Opfer und Täter die Rollen tauschen und die Frage nach Schuld und Verantwortung sich in dem Maße als fiktiv erweist, in dem die Protagonist/innen an der eigenen Identität irre werden.

Das ist schon in *archibald strohalm* (*Archibald Strohalm*, 1986, 2006), M.s 1952 erschienenen und mit dem Reina Prinsen Geerligs-Preis ausgezeichneten Debütroman, der Fall. Dessen Titelheld ist eine irrlichternde Gestalt, die sich schon als Kind nur in ihrem Spiegelbild selbst akzeptiert und die der väterlichen Prägung, die sie auch als Zeichnung durch Krieg und Faschismus empfindet, vergeblich zu entkommen versucht. Auch im Folgeroman *Het stenen bruidsbed* (1959; *Das steinerne Brautbett*, 1960, 1995) wird Geschichte in der Erinnerung eines Zeitzeugen gebrochen. 1945 hat der Amerikaner Norman Corinth die Stadt Dresden als Bordschütze vom Flugzeug aus bombardiert und dabei in einem orgiastischen Allmachtsrausch auch eine Maschinengewehrsalve in eine Gruppe hilfloser Zivilisten abgefeuert. Als er 1958 nach Dresden zurückkehrt, wiederholt sich seine Kriegserfahrung auf spiegelverkehrte Weise. So wie er das Bombardement Dresdens als symbolische Hochzeit mit einer idealen Geliebten empfunden hat, erlebt er die kurze Liebesaffäre mit der Kommunistin Hella als gewaltsamen und banalen Eroberungsakt.

In *De aanslag* (1982; *Das Attentat*, 1986) geht es um die Geschichte von Anton Steenwijk, der 1945 als zwölfjähriger Junge erlebt hat, wie die Nazis seine Eltern und seinen Bruder in einem Racheakt getötet haben, nachdem Widerstandskämpfer einen Nazikollaborateur erschossen und die Leiche vor das Haus seiner Familie in Haarlem gelegt haben. In einer Mischung aus Märchen, Krimi und Historiendrama erzählt M., wie sich die Geschichte in Antons Leben in fünf episodischen Schüben rückblickend verändert.

In der Tradition von Romantik und literarischer Moderne leiten M.s Texte über die Geschichte und Nachgeschichte des Zweiten Weltkriegs, zu denen auch die autobiographischen Arbeiten *Voer voor psychologen* (1961; *Selbstporträt mit Turban*, 1995) und *De pupil* (1987; *Augenstern*, 1989) sowie die Theaterromane *Hoogste Tijd* (1985; *Höchste Zeit*, 1987) und *Het theater, de brief en de waarheid* (2000; *Das Theater, der Brief und die Wahrheit*, 2000) gehören, ihre Wertungsmaßstäbe weniger vom Wirklichkeitssinn als vom Möglichkeitssinn ab. Dabei fokussieren sie psychologische, historische und ästhetische Motive so auf eine Person, dass diese sich nicht als jemand erfährt, der eine Geschichte erlebt, sondern als jemand, dem die Geschichte auf den Leib geschrieben ist. Psychologisch betrachtet leiden M.s Protagonist/innen an einer zwangsneurotischen Schuldangst. Philosophisch gesehen agieren sie als entfremdete Subjekte, die von einer mythologischen Macht wie dem Schicksal beherrscht werden. Und auch erzähltechnisch erscheinen M.s Protagonist/innen als uneigentliche Gestalten, weil M. nicht nur Binnensicht und Außensicht ineinander spiegelt, sondern außerdem die Identität seiner Figuren in eine zeitliche und eine räumliche Perspektive aufspaltet.

In dem 2001 erschienen Roman *Siegfried. Een zwarte idylle* (*Siegfried. Eine schwarze Idylle*, 2001) erfährt der Schriftsteller Rudolf Herter, dass Hitler und Eva Braun einen Sohn hatten, den Hitler hat umbringen lassen, weil ihm der Verdacht zugetragen wurde, Siegfried könne von Eva jüdische Gene geerbt haben. Beim Versuch, sich in die Gefühlswelt des Phänomens ›Hitler‹ hineinzudenken, wird Herter vom obsessiven Sog seines Gedankenexperiments selber erfasst. Weil er in Hitler eine extrem reduzierte Persönlichkeit oder, in der Sprache der Lebensphilosophie, die »Personifizierung des nichtenden Nichts« erkennt, projiziert er in ihn nicht nur einen Wiedergänger Nietzsches, sondern außerdem einen fatalen Vorläufer seiner selbst: »Er [Nietzsche] war auf dieselbe Weise vor Hitler, wie ich nach ihm bin.« Die Spiegelung der Charaktermaske Hitlers in einem nachgeborenen Schriftsteller, in dem sich unverkennbar wiederum auch M. selbst spiegelt, ist eine Mystifikation und eine Groteske. In ihrem Horizont nimmt der Satz »Ich bin der Zweite Weltkrieg« eine karikaturistische Bedeutung an. Er ironisiert die Besessenheit des Schriftstellers von den Vorstellungen und Ideen, die ihm sein Stoff zuträgt. M. verdichtet den historischen Stoff zu einem Sprachereignis. Dabei wird aus dem politisch engagierten Schriftsteller, der mit der Amsterdamer Provobewegung (*Bericht aan de rattenkoning*, 1966; Bericht an den Rattenkönig) ebenso sympathisiert hat wie mit Fidel Castros kubanischer Revolution (*Het woord aan de daad*, 1968; Das Wort zur Tat) und der Friedensbewegung der 1980er Jahre, ein manieristischer Sprachkünstler, der die Zeitgeschichte in apokalyptische Offenbarungen über den Zustand der Welt auflöst.

In Essays wie *De compositie van de wereld* (1980; Der Aufbau der Welt) oder *Grondslagen van de mythologie van het schrijverschap* (1987; Grundlagen der Mythologie der Schriftstellerei) hat M. sein Sprachverständnis auch theoretisch begründet. Mit Bezug auf den griechischen Naturphilosophen Heraklit, demzufolge etwas zugleich sein und nicht sein kann, erklärt er darin das Paradox zur Grundfigur seines Schreibens.

In den in den 1990er Jahren erschienenen Romanen *De ontdekking van de hemel* (1992; *Die Entdeckung des Himmels*, 1992) und *De procedure* (*Die Prozedur*, 1998) macht M. die Doppelfunktion der Schrift als Erinnerungsspeicher und Deutungsmacht zu seinem Hauptthema: In *De ontdekking van de hemel* revidiert der aus einer Dreiecksgeschichte zwischen einem Sprachwissenschaftler, einem Astronomen und einer Musikerin geborene Quinten Quist im Komplott mit einem postmodernen Engel der Geschichte den Schöpfungsmythos des Alten Testaments, indem er die Zehn Gesetzestafeln aus Rom nach Jerusalem bringt und dort im Müll verschwinden lässt. Damit macht er den Weg frei für ein nachtheologisches Zeitalter, das seine Legitimation statt vom göttlichen Wort aus wissenschaftlicher Erkenntnis und dichterischer Phantasie ableitet.

In *De procedure* gelingt es dem Biochemiker Victor Werker, aus anorganischer Materie ein lebendiges Wesen, den sogenannten Eobionten, zu schaffen. Aber obwohl Werker sein Experiment, anders als Rabbi Löw, nicht mystisch anlegt, sondern aus der wissenschaftlichen Lektüre der DNA-Ketten entwickelt, findet er den Schlüssel zum Alphabet des Lebens nicht.

Für *De ontdekking van de hemel* wurde M. 1993 mit dem Multatuli-Preis und für *De procedure* 1999 mit dem Libris Literaturpreis ausgezeichnet. Einige Romane M.s wurden verfilmt: *Twee vrouwen* (TWICE A WOMAN, 1981), *De grens* (1975), *De aanslag* (1986), *Hoogste tijd* (1994) und *De ontdekking van de hemel* (THE DISCOVERY OF HEAVEN, 2001).

Barbara Lersch-Schumacher

Müller, Friedrich
(gen. Maler Müller)

Geb. 13. 1. 1749 in Bad Kreuznach; gest. 23. 4. 1825 in Rom

»Ich bin jetzt ein Poet. – Bey Tage mahle ich; und des Nachts mach' ich mich auf einem Bogen Papier lustig«, versicherte der pfälzische Bäckers- und Gastwirtssohn M. 1775 in der Zeitschrift *Die Schreibtafel*. Nach dem frühen Tod des Vaters verließ er bereits als Zwölfjähriger das Gymnasium, hütete Vieh im Nahetal und begann um 1765 in Zweibrücken beim Hofmaler Daniel Hien eine Lehre. Die holländischen und flämischen Meister waren u. a. die Vorbilder des jungen M., der viele Radierungen von Hirtenszenen, Kühen, Schweinen und Schafen anfertigte. Wann der künstlerisch und schriftstellerisch begabte M. mit dem Schreiben begann, ist nicht bekannt. Erhalten haben sich der wohl 1773 entstandene Gedichtzyklus *Kleine Gedichte zugeeignet dem Herrn Canonicus Gleim* und einige frühe fragmentarische Werke. Seine erste Veröffentlichung »Lied eines bluttrunken Wodanadlers«, das – nach leichter Überarbeitung durch Klopstock – im *Göttinger Musenalmanach auf das Jahr 1774* erschien, machte den »Mahler Müller«, wie er sich in den Publikationen nach seinem erlernten Beruf nannte, über Nacht bekannt.

Nach einer unglücklichen Liebesbeziehung am Hof in Zweibrücken siedelte M. 1774 nach Mannheim über, wo er mit dem Maler Ferdinand Kobell und dem Buchhändler und Verleger Christian Friedrich Schwan in Kontakt stand. Schwan bot ihm mit der Zeitschrift *Die Schreibtafel* eine gute Publikationsmöglichkeit und verlegte seine Bücher, die nun in rascher Folge erschienen: Die Idyllen *Der Satyr Mopsus* (1775) und *Die Schaaf-Schur* (1775), der Lyrikband *Balladen* (1776), in dem sich auch M.s populärstes, vielfach vertontes Gedicht »Soldaten Abschied« findet. Auch vieles, was erst in der von Ludwig Tieck in die Wege geleiteten Werkausgabe von 1811 gedruckt wurde, entstand in M.s schriftstellerisch fruchtbarsten Jahren in Mannheim: das große Drama *Golo und Genovefa* sowie seine Idyllen *Das Nußkernen* und *Ulrich von Coßheim*.

M., der in vielen Formen und Stilen dichtete – von der Bardenlyrik über Oden, Balladen bis hin zu Fabeln und Lehrgedichten –, erreicht mit seinen in Form und Inhalt innovativen Idyllen einen der Höhepunkte der Gattung in deutscher Sprache: Er setzte der Idylle im Stile Gessners »kernige bäuerliche Individuen entgegen, die sich denn auch nicht länger gefälliger Hexameter, sondern kräftiger Prosa bedienen. M. öffnete die Idylle der gesellschaftlichen Wirklichkeit, seine Bauern entstammen nicht dem Rokoko-Schäferspiel, sondern sind hart arbeitende Menschen. Mit dieser Wendung zum Realismus sicherte er das Weiterleben der Gattung« (Ulrike Leuschner).

Vor allem mit einem literarischen Stoff beschäftigte sich M. über Jahrzehnte: mit Faust. Seine 1776 erschienene *Situation aus Fausts Leben* war die erste literarische Gestaltung des Faust-Stoffs aus dem Kreis der Autoren des Sturm und Drang. Durch die Volksbücher war er mit dem Faust-Stoff vertraut und wurde bei der Bearbeitung stark von Lessing beeinflusst – Anfang 1777 kam es in Mannheim zu mehreren freundschaftlichen Treffen und anregenden Gesprächen zwischen M. und Lessing –, der in seinem berühmten 17. Literaturbrief schon 1759 Gottscheds Theaterreform heftig kritisierte, den Faust-Stoff aus den literarischen Niederungen der Jahrmarktsbelustigung herausgehoben und Shakespeare zum Paradigma des neuen deutschen Theaters erklärt hatte. 1778 erschienen mit *Fausts Leben dramatisirt. Erster Theil* die ersten Fragmente des großen Faust-Dramas, das M. erst in Rom, kurz vor seinem Tod, – nun in Versform gebracht – vollendete. Dieser sogenannte *Metrische Faust* (auch *Der dramatisirte Faust*) wurde erst 1996, 170 Jahre nach M.s Tod, veröffentlicht. »Müller schuf hier ein episches Welttheater mit lyrisch-romantischen Szenen, mit Schwänken, Parodien, zeitkritischen Satiren, mit einer Fülle von Nebenhandlungen und -figuren, die das Faust-Thema variieren, mutieren, kommentieren, und mit einem grandiosen Verfremdungseffekt am Ende« (Ulrike Leuschner).

Neben der so wichtigen Begegnung mit Lessing traf M. in Mannheim, das unter Kurfürst Karl Theodor eine kulturelle Blüte erlebte und zahlreiche bekannte Besucher anlockte, mit Klopstock, Wieland, Jakob Michael Reinhold Lenz, Schubart, Heinse, Merck, Heinrich Leopold Wagner, Klinger, Jacobi und Goethe zusammen und schloss mit einigen enge Freundschaft. In Mannheim wendete sich der Maler M. verstärkt der Historienmalerei zu, wurde 1777 vom Kurfürsten zum Kabinettsmaler ernannt und erhielt 1778 ein Stipendium für einen Studienaufenthalt in Rom. Goethe setzte sich für eine zusätzliche Unterstützung ein, sammelte in Weimar Geld für M., der im Gegenzug durch die regelmäßige Zusendung von Arbeiten seine Fortschritte dokumentieren sollte. Im Herbst 1778 brach das ›pfälzische Genie‹ nach Rom auf. Geplant war ein Aufenthalt von drei Jahren, doch M. lebte bis an sein Lebensende in Rom. Schon die ersten Jahre in Italien verliefen anders als geplant: Durch die politischen Veränderungen in der Heimat erhielt er nur noch selten die zugesagten Zuwendungen und lebte in ständiger finanzieller Not; immer wieder wurde M. Opfer von Intrigen, galt als faul und eingebildet; während einer lebensbedrohlichen Krankheit konvertierte er 1780 zum katholischen Glauben. Und 1781 kam es zum Bruch mit Goethe, der – unzufrieden mit M.s Bildern – nach Rom schrieb: »Der feurigste Maler darf nicht sudeln, so wenig als der feurigste Musikus falsch greifen darf ... Doch Sie wissen Alles, was ich Ihnen sagen könnte, besser; ... Ich finde Ihre Gemälde und Zeichnungen doch eigentlich nur noch gestammelt.«

Als Antiquar, Stadtführer für deutsche Romreisende und Vermittler von antiken Kunstwerken, vor allem an den bayerischen Hof, erlangte er eine bescheidene Bekanntheit. Als Maler – 1806 wurde er zum königlich bayerischen Hofmaler ernannt – blieb er in Rom jedoch weitgehend unbeachtet und konnte seine literarischen Werke nur noch sporadisch publizieren; unter anderem die Dramen *Das römische Kunstantiquariat* (um 1783), *Die Winde* (um 1807) und der größte Teil seiner Schriften zur bildenden Kunst sind bis heute nicht veröffentlicht. Nach seinem Tod 1825 geriet M. weitgehend in Vergessenheit und wird erst seit einigen Jahren wiederentdeckt.

Werkausgaben: Werke. Hg. von Anton Georg Batt, J. P. Le Pique und Ludwig Tieck. 3 Bde. Heidelberg 1811, Nachdruck mit einem Nachwort hg. von Gerhard vom Hofe. Heidelberg 1982; Idyllen. Hg. von Otto Heuer. 3 Bde. Leipzig 1914; »Der dramatisirte Faust«. Text – Entstehung – Bedeutung. 2 Bde. Hg. von Ulrike Leuschner. Heidelberg 1996 (Werke und Briefe); Briefwechsel. Kritische Ausgabe. 4 Bde. Hg. von. Rolf Paulus und Gerhard Sauder. Heidelberg 1998 (Werke und Briefe).

Alexander Reck

Müller, Heiner
Geb. 9. 1. 1929 in Eppendorf/Sachsen; gest. 30. 12. 1995 in Berlin

»Das erste Bild, das ich von meiner Kindheit habe, stammt aus dem Jahre 1933. Ich schlief. Dann hörte ich Lärm aus dem nächsten Zimmer und sah durch das Schlüsselloch, daß Männer meinen Vater schlugen. Sie verhafteten ihn. Die SA, die Nazis haben ihn verhaftet. Ich ging wieder ins Bett und stellte mich schlafend. Dann ging die Tür auf. Mein Vater stand in der Tür. Die beiden Männer neben ihm waren viel größer als er. Er war ein sehr kleiner Mann. Dann schaute er herein und sagte: Er schläft. Dann nahmen sie ihn mit. Das ist meine Schuld. Ich habe mich schlafend gestellt. Das ist die erste Szene meines Theaters.« Von den verschiedenen Versuchen, dem Vater zu schreiben, seinen Verrat zu erklären, handelt auch der im Nachlass gefundene Text *Ich sitze auf einem Balkon*. M. vermag den Dialog mit dem Vater nicht aufzunehmen. Er findet keine Sprache, denn seine Sprache handelt von Terror und Schuld, von Ge-

walt und Verrat. »Ich habe keine Sprache für die Liebe. Die Sprache der Vergewaltigten ist die Gewalt so wie der Diebstahl die Sprache der Armen der Mord die Sprache der Toten ist. … Ich bin meinem Vater einen Brief schuldig, einen Neujahrsbrief. … Drei Jahre lang habe ich angefangen und aufgehört, den Neujahrsbrief zu schreiben. Und wieder möchte ich aufhören und meine Stimme zurückziehn mein nacktes Gesicht zurücknehmen hinter das (geschlossne) Gitter Visier der Dichtung, in die Maschine des Dramas. Ich will nicht wissen wo ich herkomme wo ich hingehe wer ich bin, draußen findet die Wirklichkeit statt. … Maschine des Dramas, deren Sprache der Terror ist, der gegen mich ausgeübt wurde und wird und den ich wieder ausüben will und nur wieder ausüben kann in meiner Sprache die mir nicht gehört.«

Kurz vor seinem Tod nimmt der Vergewaltigte, der sich nur in der Sprache des Terrors artikulieren kann, den Dialog mit dem frühen Text *Der Vater* noch einmal auf. In *Traumtext Oktober 1995* kann ein namenloser Ich-Erzähler nicht einlösen, was von ihm erwartet wird. Der Erzähler sehnt sich nach Ruhe, findet sie aber nicht, weil er seine Kräfte schwinden sieht bei gleichzeitiger Angst um seine Tochter. Er sitzt in der Falle. Den Tod im Nacken gibt es aus dem Kessel kein Entrinnen. M. weiß, dass auch seine gemeinsame Zeit mit seiner Tochter gestundet ist. Er wird sie verraten müssen: »BLEIB WEG VON MIR DER DIR NICHT HELFEN KANN mein einziger Gedanke, während ihr fordernd vertrauender Blick mir hilflosem Schwimmer das Herz zerreißt.« Er weiß, dass er dem nicht gerecht werden kann, was sie von ihm erwartet.

M. wurde als Sohn eines Angestellten und einer Arbeiterin im Geist eines passiven Antifaschismus erzogen. Das Ende des Nationalsozialismus erlebt er als 16-Jähriger beim »Volkssturm«, Hitlers letztem Aufgebot. Bei Kriegsende bricht er aus einem amerikanischen Gefangenenlager aus, wird von Sowjets aufgegriffen und wieder freigelassen, durchquert tagelang das zerstörte Land. Er arbeitet in einem mecklenburgischen Landratsamt, macht Abitur. Die Arbeit in einer Bücherei bietet ihm Zugang zu vielfältigem Lesestoff auch zu Autoren, die vor 1945 gefördert oder geduldet, später in der DDR als bürgerlich oder reaktionär der Ächtung verfallen. Einige Zeit kann M. sich noch in den Westzonen mit internationaler moderner Literatur versorgen. Zur Lektüre gehören Ernst Jünger, Friedrich Nietzsche, Gottfried Benn, T. S. Eliot, Franz Kafka ebenso wie Bertolt Brecht, die russischen Autoren der Avantgarde und des sozialistischen Realismus, antifaschistische Exilliteratur, die Geschichten der Anna Seghers. Seine umfassende Kenntnis der Weltliteratur beginnt er außerhalb eines Bildungskanons in einer Zeit des ideologischen, politischen und materiellen Umbruchs – der sprichwörtlichen Trümmerlandschaft – zu erwerben, sie schlägt sich in seiner Textproduktion nieder, die sich später durch den souveränen und destruktivinnovativen Umgang mit der literarischen Tradition in Zitat, Textmontage, Anspielungen auszeichnet.

Ende der 1940er Jahre beginnt M. zu schreiben. Er versucht, Meisterschüler bei Brecht am Berliner Ensemble zu werden, aber die Eignungsprüfung – eine Szene im Stil des sozialistischen Realismus zu schreiben – besteht er nicht. So arbeitet er als Journalist zuerst bei der Zeitschrift des Kulturbundes *Sonntag*, später bei der *Neuen Deutschen Literatur* und der *Jungen Kunst*, schreibt Rezensionen, veröffentlicht aber auch eigene poetische Arbeiten, die teils sachlich, teils hymnisch den Aufbau des Sozialismus an Beispielen aus dem Alltag beschreiben.

Parallel zu dieser »offiziellen« Textproduktion findet eine heimliche statt, die sich mit den Traumata der Vergangenheit in einer eigenen Formensprache befasst (z. B. Szenen für die »Schlacht«, dem grotesken Panoptikum der Triebkräfte des deutschen Faschismus), Motive und Stilelemente der als »dekadent« und »konterrevolutionär« verfemten westlichen Avantgarde einbeziehen. So verrät der erste Teil des 1983 veröffentlichten Textes *Verkommenes Ufer Medeamaterial Landschaft mit Argonauten*, der Anfang der 1950er Jahre entstand, den Einfluss von T. S. Eliots *Waste Land*.

M. schreibt – geschult am didaktischen Theater Brechts, aber mit zugespitzter Konfliktkonstellation und verknappter Sprache – kurze Dramen, die das Verhältnis von Vergangenheit (Erbe der Nazizeit) und Zukunft (Aufbau des Sozialismus) anhand von Alltagskonflikten der Gegenwart zum Thema haben: *Der Lohndrücker* (1956 bis 1959 preisgekrönt) und *Die Korrektur* (1957), deren Aufführungen zwar Kontroversen auslösen, aber letztlich als »Brigade-« oder »Produktionsstücke« akzeptiert werden. M. ist – auch als wissenschaftlicher Mitarbeiter des Schriftstellerverbands – mit den verbindlichen Kriterien der sozialistisch-realistischen Wirklichkeitsdarstellung durchaus vertraut; aber sein erstes großes Drama über die Epochenumwälzung in der DDR anhand der Enteignung des Großgrundbesitzes und der Kollektivierung der Landwirtschaft (*Die Umsiedlerin oder das Leben auf dem Lande*, 1956/61) wird nach der ersten Aufführung auf einer Studentenbühne sofort abgesetzt, der Autor aus dem Schriftstellerverband ausgeschlossen mit der Begründung, das Stück enthalte alle Vorurteile des Klassenfeinds über die DDR. Die Schauspieler müssen Selbstkritik üben, der Regisseur B. K. Tragelehn wird strafversetzt.

M. schlägt sich mit Gelegenheitsarbeiten u. a. beim Rundfunk durch. Auch sein nächstes Stück über die DDR, *Der Bau* (nach Erik Neutschs Roman *Spur der Steine*, 1964), das die DDR als ›Großbaustelle‹ allegorisiert – diesmal sind es Arbeiter und Ingenieure, die in einer hochstilisierten Verssprache ihre Alltagskonflikte verhandeln – wird von der Partei scharf kritisiert, nicht zuletzt wegen einer ironischen Anspielung auf den 1961 erfolgten Mauerbau. Trotz mehrfacher Textänderung, den Vorstellungen der Partei entsprechend, wird das Stück nicht aufgeführt.

Nachdem seine pointierten, solidarischen Darstellungen der DDR-Wirklichkeit grundsätzlich auf Ablehnung gestoßen sind, bedient sich M. – wie auch andere DDR-Dramatiker dieser Zeit – der Parabel. Im Gewand antiker Stoffe werden jetzt die Probleme des Sozialismus an der Macht, des (stalinistischen) Verrats an der Revolution und die Unmöglichkeit des Einzelnen, sich aus der Gewaltgeschichte herauszuhalten, in verallgemeinernden, vielschichtigen Modellen entworfen. M.s Skepsis gegen den fortschrittverheißenden Geschichtsoptimismus, den die Partei fordert und in seinen Stücken vermisst, spricht sich in der Neufassung von Sophokles' *Philoktet* (1958/64) nachhaltiger aus als in den DDR-Stücken. Aber die Parabelform gestattet es, den geheimen »Subtext«, der vielen seiner Antikenbearbeitungen zugrunde liegt – das Problemfeld Stalinismus – zu übersehen und sie abstrakt als Stücke über Macht und Machtmissbrauch zu lesen.

1966 nimmt sich M.s Frau, die Lyrikerin Inge Müller, das Leben. Schrecken und Trauer, die im Prosatext *Todesanzeige* (1968) zum Ausdruck kommen und noch in der 1984 entstandenen *Bildbeschreibung* nachhallen, beeinflussen die Darstellung der Frauenfiguren in seinem weiteren Werk. Von Jokaste und Lady Macbeth über Dascha in *Zement*, Ophelia/Elektra in *Hamletmaschine* bis hin zu Medea verbindet sich mit der Sprache der Frau ein (selbst-)zerstörerischer Akt der Befreiung. Ausflucht ohne positiv beschreibbares Ziel –, ein Bild, das der Autor auch selbstreflexiv für seine Textproduktion einsetzt. Während die Frau im Frühwerk als Schwangere/Gebärerin Leben, Kontinuität und Zukunft repräsentiert (*Liebesgeschichte*, 1963; *Die Umsiedlerin*, 1961; Schlee in *Der Bau*, 1964), wird sie nun mit Bildern des Todes, des Aufstands und des radikalen (Ab)bruchs assoziiert.

Mit der Bearbeitung des *Ödipus Tyrann* von Sophokles in der Übersetzung Friedrich Hölderlins (1967, Regie Benno Besson) findet M. wieder größere offizielle Anerkennung, ein Jahr später erwacht auch im Westen (durch die Uraufführung des *Philoktet* in München, Regie Hans Lietzau) das Interesse an ihm, vorerst aus dem sprachgewaltigen Bearbeiter antiker Stoffe. Als Dramaturg (am Berliner Ensemble 1970 bis 1976, anschließend den Volksbühne) steht M. in einer kontinuierlichen Theaterpraxis, die besonders durch die Auseinandersetzung mit Shakespeare geprägt ist; er legt Übersetzungen und Bearbeitungen vor, führt schließlich Regie. Aber schon seine *Mac-*

beth-Bearbeitung (1971) entfacht eine polemische Debatte bis in die Fachwissenschaft hinein über den »Geschichtspessimismus« des Autors. Seine in den 1970er Jahren entstandenen Stücke (*Mauser*, 1970 – eine Radikalisierung von Brechts *Maßnahme*; *Germania Tod in Berlin*, 1956/71; *Leben Gundlings Friedrich von Preußen Lessings Schlaf Traum Schrei*, 1976, und *Hamletmaschine*, 1977) fallen alle unter dieses Verdikt und wurden in der DDR nicht oder erst kurz vor der Wende gespielt. Nur mit der *Zement*-Bearbeitung (nach dem gleichnamigen Roman von Fjodor W. Gladkow über den russischen Bürgerkrieg) 1973, unter der Regie von Ruth Berghaus am Berliner Ensemble, erreicht M. eine gewisse Popularität. *Zement* wird das in der DDR am meisten diskutierte und akzeptierte Stück, wohl nicht zuletzt, weil es bei aller Schärfe der Konflikte deutlich Partei nimmt und sich formal im Rahmen einer gemäßigten Moderne bewegt: mit nacherzählbarer Fabel und übersetzbaren Parabeln – ein Darstellungsprinzip, das M. zunehmend aufbricht zugunsten des Fragments und vieldeutiger Metaphern. Im Westen sind es zahlreiche Inszenierungen der *Hamletmaschine* (1977), die den Autor in der internationalen Theaterszene durchsetzen, – ein Text, in dem u. a. das Verhältnis des (marxistischen) Intellektuellen zur (Staats-) Gewalt verhandelt wird. Die Hamletfigur hat M. seit frühen Jahren als Verkörperung der Situation des Intellektuellen zwischen Handlungshemmung und Verstrickung in einen (politischen) Gewaltzusammenhang beschäftigt; sein Werk ist mit Hamlet-Anspielungen durchsetzt.

Hamletmaschine ist eine ›Abrechnung‹ mit der traditionsbeladenen Theaterfigur, der »Tragödie des Sohnes«, und zugleich eine programmatische Absage an herkömmliche Dramenform und »hohe Sprache«. An ihre Stelle tritt eine konzentrierte Bildlichkeit: »Ich war Hamlet. Ich stand an der Küste und redete mit der Brandung BLABLA, im Rücken die Ruinen von Europa.« Die »Zerreißung der Fotografie des Autors«, die im Text angewiesen wird, symbolisiert auch den Versuch, aus der Autorschaft, aus der Verantwortlichkeit zu entfliehen, aus der Geschichte auszusteigen.

Hinweise auf den Aufstand im sozialistischen Lager (17. Juni 1953, Ungarn und Polen 1956, Prag 1968) geben dieser Haltung politische Brisanz: »Mein Platz, wenn mein Drama noch stattfinden würde, wäre auf beiden Seiten der Front, zwischen den Fronten, darüber.« *Hamletmaschine* artikuliert den Riss, der den Autor als politisches Subjekt/Objekt und als deutschen Dramatiker prägt.

Seit Mitte der 1970er Jahre wächst das Interesse an M.s Werk. Der kleine Westberliner Rotbuch-Verlag beginnt mit einer Werkausgabe. 1975 besucht M. das erste Mal die USA, er ist als Gastdozent nach Austin/Texas eingeladen. Während die DDR die ihr zugedachten Stücke nachholt (*Die Bauern* – neuer Titel für *Umsiedlerin*, 1976, und *Der Bau*, 1980; auch M.s Bearbeitungen eigener Stücke aus der Frühzeit, *Die Schlacht/Traktor*, wurden 1974 aufgeführt), interessiert man sich im Westen für die avantgardistischen Textproduzenten, der in Anlehnung an den frühen Brecht (M. schätzt besonders das *Fatzer*-Fragment), an Antonin Artaud und Samuel Beckett eine unverwechselbare, »postdramatische« Schreibweise entwickelt. In der Bundesrepublik, später auch in Frankreich und Italien, zögernd in einigen Ostblockstaaten, bemühen sich sowohl Staatstheater als auch freie Gruppen um seine Texte. M., zunehmend in die Länder reisen kann, wo seine Stücke erarbeitet werden – für DDR-Verhältnisse ein außergewöhnliches Privileg –, wird zum Wanderer zwischen den Welten. Er steht, so sagt er in Berlin 1981, »mit je einem Bein auf den zwei Seiten der Mauer. Das ist vielleicht eine schizophrene Position, aber mir scheint keine andere real genug.«

Auch sein Stück *Der Auftrag* (1979) inszeniert er zu Beginn der 1980er Jahre im Osten und im Westen. Eine von M.s Generalthemen, der Verrat, ist darin mit einem neuen Problemfeld verknüpft: dem Aufstand der dritten Welt. Marxistische Analyse, die M.s Werke zugrunde liegt, wird ergänzt um einen anthropologisch orientierten Blick auf die unterdrückten Rassen. Die beherrschende Instanz Geschichte wird verschoben durch den Blick auf die »Geographie«, auf Landschaft und Körper.

1983 bietet ihm der amerikanische Theateravantgardist Robert Wilson die Mitarbeit an seinem Großprojekt the CIVIL warS (Bürgerkriege) an, das als kultureller Kontrapunkt zu den Olympischen Spielen in Los Angeles 1984 gedacht ist. Die Zusammenarbeit der beiden Künstler beginnt damit, dass sie sich Geschichten aus ihrer Kindheit erzählen: was traumatisch war, soll in Bilder und Worte aufgelöst werden, der Krieg ist nicht nur historisches Ereignis, sondern auch »Schlachtfeld in der eigenen Brust«. M. erzählt die Geschichte von der Verhaftung seines Vaters. Wilsons Großprojekt lässt sich nur in Fragmenten realisieren, aber gerade der deutsche Teil (in Köln), an dem M. beteiligt ist, überzeugt mit einer widerspenstigen Synthese von Kinderland-Ästhetik und Geschichtserinnerung.

Nach der *Hamletmaschine* hat M. seine Grundthemen Verrat, Gewalt, Macht, Tod des Körpers und Leben der Stimme immer wieder variiert. Zwischen *Quartett* (nach Laclos, 1980), *Verkommenes Ufer Medeamaterial Landschaft mit Argonauten* (1983), *Anatomie Titus Fall of Rome Ein Shakespearekommentar* (1984) und *Wolokolamsker Chaussee* (I–V, 1985/1987) ist der künstlerische Höhepunkt der kurze Prosa-Text *Bildbeschreibung* (1984), der die Dramenform endgültig begräbt und das Theater zu phantasiereichen »Übersetzungen« auffordert. M.s Kurztexte wie z. B. *Die Einsamkeit des Films* (1980), *Die Wunde Woyzeck* (1985 als Georg-Büchner-Preis-Rede) oder *Shakespeare eine Differenz* (1988 anlässlich einer Shakespeare-Tagung in Weimar) führen wie die offenen Briefe (z. B. an Mitko Gotscheff 1983 oder an Robert Wilson 1987) das ästhetische Prinzip der gemeißelten Thetik vor: Jeder Satz steht für sich und verlangt seine Reflexion.

Die 1980er Jahre sind zunehmend von Anerkennung und Erfolg geprägt. Die westlichen Theater versuchen sich an den avantgardistischen Stücken, einige DDR-Theater wenden sich den genehmigten Dramen zu. Häufig gehen die Texte poetische Bündnisse mit (Bühnen-)Bild-Künstlern (z. B. Erich Wonder, Robert Wilson, Jannis Kounellis, A. R. Penck u. a.) und Komponisten ein (z. B. Heiner Goebbels, Wolfgang Riehm, Luc Lombardi).

Shakespeare Factory (Band 1 und Band 2), *Kopien* (Band 1 und Band 2) – in der zweiten Hälfte der 1980er Jahre kommen M.s Übersetzungen und Bearbeitungen auf den Markt: englische (Shakespeare), französische (Molière, Koltès), russische (Majakowski, Tschechow, Suchowo-Kobylin), chinesische (Lu Hsün) Literatur. Beide Titel der Sammelbände verweisen auf den Autor als Handwerker eigenen Stils.

1988 am Deutschen Theater in Ostberlin wird M.s Inszenierung des *Lohndrücker* (1956) ein Jahr vor der »Wende« zu einem Erfolg in Ost und West. Sie führt die Erinnerung an den Anfang des sozialistischen Projekts vor – und läutet dabei gleichzeitig sein Ende ein. M. selbst versteht seine Inszenierungsarbeit am eigenen Text und seinem historischen Kontext als »Archäologie«.

Hamletmaschine, eingebettet in Shakespeares *Hamlet*, probt der Autor im Winter 1989/90. Zur Zeit, als die Berliner Mauer fällt, inszeniert M. die beiden Stücke letztlich als »Requiem für einen Staat«. Nach der Wiedervereinigung beider deutschen Staaten folgt die Inszenierung einer Kombination von Texten: *Herakles 2 oder die Hydra* (1972), *Mauser* (1970), *Quartett* (1980) *Der Findling* (1987, *Wolokolamsker Chaussee Teil V*) und ein neuer Kurztext *Herakles 13* (1991). Eine zusätzliche Textauswahl von Kafka, Brecht, Jünger u. a. zeigen noch einmal M.s ästhetisches Prinzip der Zusammenstellung, das er auch beim Schreiben anwendet: Plan und Zufall, Risiko und Willkür, Verknüpfung und Kontrastierung von Sprache, Wahrnehmung, Bildern.

In der neuen gesellschaftspolitischen Situation versucht M. aktiv, durch die Übernahme kulturpolitisch wichtiger Funktionen und zahlreicher Stellungnahmen öffentlich Einfluss zu nehmen. Er wird zum vielgefragten Kommentator. Interviews der Vergangenheit werden ergänzt (*Gesammelte Irrtümer*, Band 1, 1986, Band 2, 1990 und Band 3, 1994); politisch vorherrschende Themen werden in der Sammlung *Zur Lage der Nation* (1990) verhandelt; die eher kunst- und geschichtsphilosophischen Überlegungen finden sich in *Jenseits der Nation* (1992).

Weniger das zurückgezogene Schreiben als das öffentliche Sprechen und Handeln (als Verantwortlicher in der Ost-Akademie der Künste, als Mitintendant des Berliner Ensemble) zeichnen M. nach der »Wende« aus. 1992 erscheint eine umfangreiche Autobiographie unter dem Titel *Krieg ohne Schlacht. Leben in zwei Diktaturen*, die der Autor auf Tonband gesprochen hat und für den Druck überarbeiten ließ. Zur gleichen Zeit gibt er einen schmalen Band *Gedichte* heraus: chronologisch sortiert vom Ende der 1940er bis zum Ende der 80er Jahre –, als wären sie lebensgeschichtliche Begleiter und zeitgeschichtliche Dokumente seines Schreibens in der DDR vom Anfang bis zum Ende. *Mommsens Block* (1992) ist ein konzentrierter Versuch, selbstreflexiv das eigene Verhältnis zur »Geschichtsschreibung« im Versgedicht zu formulieren.

Nach dem Mauerfall sind M. die Gegner abhanden gekommen. »Zerstoben ist die Macht an der mein Vers / Sich brach wie Brandung regenbogenfarb«, lautet sein lakonischer Kommentar zu einer Zeit, der es seiner Meinung nach an »dramatischen Stoffen« fehlt. In den 90er Jahren inszeniert er überwiegend eigene Stücke (1989/90 *Hamlet/Maschine*; 1991 *Mauser*, eine Collage aus eigenen und Texten von Kafka, Brecht und Jünger; 1993 *Duell Traktor Fatzer* und 1994 *Quartett*). Aber er bringt 1993 auch *Tristan und Isolde* in Bayreuth auf die Bühne und 1995 im Berliner Ensemble Brechts *Arturo Ui*. Neben der Theaterarbeit engagiert er sich in verschiedenen Funktionen. Seit 1990 ist er Präsident der Ostberliner Akademie der Künste und seit 1992 Co-Direktor des Berliner Ensembles. Doch die Arbeit an eigenen Stücken stagniert, dafür entstehen in den 1990er Jahren eine Vielzahl von Gedichten (Vgl. *Die Gedichte*, Werk 1, Hg. von F. Hörnigk). In dem Prosagedicht *Mommsens Block* (1992) thematisiert M. die eigene Schreibblockade, indem er über sich selbst »in der Maske Mommsens« (H. Müller) schreibt, der den geplanten vierten Band seiner Römischen Geschichte nicht vollenden kann. Ein Grund war die Aversion, die der Historiker für diesen Abschnitt der Geschichte hegte: »Er mochte sie nicht die Cäsaren der Spätzeit / Nicht ihre Müdigkeit nicht ihre Laster«. Ebenfalls 1992 erscheint M.s Autobiographie *Krieg ohne Schlacht*.

Sein letztes Stück *Germania 3 oder Gespenster am Toten Mann* entsteht 1994/95. Es zeichnet Etappen einer Epoche nach, die durch Kriege und Gewalt bestimmt war. Der letzte Kommentar dieser Szenenfolge ist ein Funkspruch des sowjetischen Fliegerkosmonauten Jurij Gagarin, den M. aus dem Off spricht: »DUNKEL GENOSSEN IST DER WELTRAUM / SEHR DUNKEL.« M. sucht auch in diesem Stück Zwiesprache mit der Geschichte, er hält Befunde in extremen Bildern fest, die er wie Versuchsabläufe auf der Bühne angeordnet wissen will.

M.s Werk und Leben zeichnet sich durch eine Haltung der Beharrlichkeit aus, durch die Fähigkeit, »ohne Hoffnung« auszukommen und anstelle hochfliegender Entwürfe eine bis zum Zynismus illusionslose Erkundung der Wirklichkeit zu formulieren. Die eigenen Texte versteht er als »Steine«, deren Substanz auch nachhaltige politische wie ästhetische Verformungsprozesse überdauert. Die Bedeutung seiner Texte für das Theater und für die ästhetisch-theoretische Diskussion in Ost und West besteht darin, dass er die steril gewordene politische Aufklärungsästhetik mit einer an der literarischen Moderne orientierten Formensprache konfrontiert. Durch die Verbindung von politischer Reflexion und avantgardistischer Textur stellt sein Werk eine überzeugende Alternative zur Beliebigkeit einer »postmodernen« Ästhetik dar: »Der Stein arbeitet in der Wand.«

M.s Tod hat in der deutschsprachigen Theaterlandschaft eine Lücke hinterlassen. Als Autor und Regisseur war er nicht bereit: »Über diese Welt hinwegzuschauen. Er beschrieb sie wahrheitsgemäß und wie er sie sah, als eine Schlacht und ein Totenhaus« (Christoph Hein). Als M.s Tod bekannt wurde, begann am Berliner Ensemble eine einzigartige Totenehrung. Freunde und Kollegen initiierten eine mehrtägige Lesung seiner Texte und nahmen auf diese Weise Abschied von ›ihrem‹ Dichter, zu dem sie eine Brücke herstellten über seine Texte. M. starb an Krebs. In der Krankheit erkannte Volker Braun ein »Symptom des Ekels an den Verhältnissen, gegen die er, resistent gegen Verheißungen, aber nicht gegen Verblödung, keine Abwehrkräfte besaß.«

Werkausgabe: Werke. Hg. von Frank Hörnigk. Frankfurt a. M. 1998 ff.

Genia Schulz/Michael Opitz

Müller, Herta
Geb. 17. 8. 1953 in Nitzkydorf (Banat/Rumänien)

Wenn T. S. Eliot einmal vieldeutig orakelte: »Der Druck der Erfahrung treibt die Sprache in die Dichtung«, lässt sich dieses Diktum auf kaum ein anderes Œuvre so intensiv anwenden wie auf dasjenige M.s. Die Auseinandersetzung mit der autoritären Staatsmacht Rumäniens, verkörpert durch den Geheimdienst Securitate, wird Ende der 1970er Jahre zum Motiv ihres Schreibens, das vor allem die Frage verfolgt, wie einer bedrückenden Machtinstanz sprachlich beizukommen sei, wie Gewalt verarbeitet werden kann und aus alldem nicht nur eine Lebenserzählung, sondern auch Literatur zu gewinnen ist, die einen ästhetischen Eigenwert reklamieren kann.

Mit ihrem ersten bekannten Erzählband, den *Niederungen*, in Rumänien durch die Zensur verhindert und 1982 im Westen veröffentlicht, handelt M. geographisch von Banatschwaben, womit metaphorisch auch alle Orte bezeichnet sind, in denen sich Spießigkeit, Autoritätsgläubigkeit, Nationalismus und Denkverhärtungen zu einer gefährlichen, repressiven Gemengelage verbinden, zur Tristesse eines ›gesunden Menschenverstandes‹, die Alltag und Allnacht des Dorflebens beherrscht. Offengelegt werden die historischen Schwierigkeiten, gegen die gewaltsamen Anmaßungen von Deutschtümelei, Faschismus und dann Sozialismus eine eigene Identität zu gewinnen – ein Thema, das auch in *Der Mensch ist ein großer Fasan auf der Welt* (1986) ausdrücklich behandelt wird. In *Barfüßiger Februar* (1987) sind es Prosaskizzen, die Abschied, Tod und Gewalt erneut thematisieren und als persönliches und historisches Gedächtnis wirken sollen, als Eingedenken der politischen Unterdrückung durch das Ceauşescu-Regime, ebenso aber der auch in Rumäniendeutschland durchgeführten Judenvernichtung, die noch gegenwärtig verschwiegen wird. Ein »fahrendes, aus der Erinnerung herausgetriebenes Gedächtnis« dieser historischen Katastrophen soll aktiviert werden, auch als Sprengkraft gegen das Kontinuum des Immergleichen.

Die erinnerte Wahrheit ist aber auch Produkt einer fortwährenden Überarbeitung. Zum Teil äußert sich darin der Reflex, falsche Spuren zu legen, um sich der Verfolgung (auch durch Literaturkritiker) zu entziehen. Die Literarisierung birgt vor allem aber die Perspektive, das eigene Schicksal zu objektivieren, es als Gefahrenmuster zur Warnung oder als Modell anderer möglicher Lebensweisen neu zu gewinnen und schließlich ästhetisch zu erweitern – der von Georges-Arthur Goldschmidt stammende Begriff der ›Autofiktionalität‹ kennzeichnet diese Schreibhaltung, bei der die Erinnerung transportiert wird durch das »aus der Todesangst hinausgehetzte Wort«. Dieses zieht beim Schreiben und Lesen die fatalen gleichen Kreise noch einmal und arbeitet Erlebnisse durch, die damit auf eine exzentrische Bahn geschickt werden: Sprache ist dann nicht mehr nur politisch-autobiographisches, sondern ästhetisches Zeichen eines sich verselbständigenden Sprachmaterials; es erlangt jenen Eigenwert eines experimentellen Sehens, der auf dem Revers des Terrors auch von einer Lust am Text kündet.

Wenn Kafka einmal sagte: »Schon das Erinnern ist traurig, wie erst sein Gegenstand«, so gilt dies zwar einerseits für M.s Erinnerungsarbeit. Allerdings wirkt, wie Foucault umfänglich gezeigt hat, Macht nicht nur repressiv, sondern auch produktiv, insofern sie eine große Menge an Geständnis- oder sonstigen protokollarischen sowie autobiographischen Texten hervorgebracht hat. Zwischen Unterdrückung und ästhetischer Produktivität unternimmt M. eine Gratwanderung, die sich in neuen Sprachmustern niederschlägt. Entsprechend der Einsicht, dass das Auge der Macht überall hin sieht, ist M.s Schreiben vor allem von der Optik bestimmt; das Sehen als Kardinalsinn wird zur Angelegenheit von Macht, die Blickrichtung nicht selten eine Überlebensfrage. Der scheinbar unschuldige Kinderblick, die parataktisch gereihten kurzen Sätze sind politisch-widerständige Raffinesse, aber auch am literarischen Formenrepertoire der Moderne geschult (vgl. Joyce, Proust u. v. a.).

In metonymischen Bildern, die über räumliche Nähe neue inhaltliche Verwandtschaften stiften, in filmähnlichen Perspektivverfahren, aber auch abgebremsten, eingefrorenen, aus dem Ablauf isolierten Bildern werden somatisierte Erfahrungen zum Erzähltext geprägt – »in der Nacht muß ich wie Schlaf das mitgebrachte Land in dichten und genauen Bildern durch den Körper treiben«. Der Rhythmus, oft einprägsam parataktisch gesetzt, hat ebenfalls Teil an der Umarbeitung von Erfahrung in Dichtung; die klappernde, kurzschrittige Syntax bildet im tentativen Vortasten den Entdeckungsprozess der Bilderschriften ab, zeigt die Nähe von Angst und Stottersprache und ist einerseits Reaktion auf Unterdrückung, gewährt aber andererseits Sicherheit durch den Rhythmusgewinn. Den parataktischen Bild- und Satzgefügen, die gelegentlich auch in die einfache Montage oder Reihung von Wörtern aufgelöst werden, entspricht, dass auch die Satzzeichen auf Punkt und Komma reduziert werden; auf Semikolon, Frage- und Ausrufezeichen, Doppelpunkt oder Gedankenstrich wird fast gänzlich verzichtet. M. betreibt damit eine Mikrophysik der Macht aus der Alltagssprache der Diktatur, deren Muster seziert, in Kontrast mit eigenen Sprachfügungen gesetzt werden und so verfremdet erscheinen. Gerade in dieser Variante des ›neuen Sehens‹, dem klassisch-modernen Projekt, wird der Terror in ein Spiel umfunktioniert, zum Bilder- und Sprachspiel, wie man mit Wittgenstein sagen könnte: Das Konstruieren fiktiver Perspektiven, die die Wirklichkeit als Material künstlerischer Verfremdung wählen, wird zur Lebensmöglichkeit. M. arbeitet so an einer umwegigen Identitätsstiftung, betreibt diese Selbstpoetik aber nicht als Diätetik des inneren Gleichgewichtes und des harmonischen Kräfteausgleichs, etwa im Sinne eines klassischen Subjektbegriffs. Vielmehr geht es um ein fragmentarisches Ich-Modell, das sich eben nicht in freier Schwebe konstituiert, sondern unter vielerlei Bedingungen, namentlich von Macht und Rhetorik.

Diese Bedingungen ändern sich zwar teilweise 1987, als sie sich der Aufforderung, mit der Securitate zu kooperieren, nicht fügt und nach Berlin übersiedelt. Das Gedächtnis lässt sich damit nicht außer Kraft setzen: Auch die folgenden Erzählbände handeln von Macht, Denunziation, Ausspioniertwerden und Flucht oder Schrift als Gegenstrategie (*Der Fuchs war damals schon der Jäger* (1992, auch als Filmfassung, und *Herztier*, 1994), sodann vom unbequemen Einrichten in der westlichen Welt oder in den politischen Parolen der bundesrepublikanischen Gegenwart (*Reisende auf einem Bein*, 1989). Damit wird nicht nur Banatschwaben, sondern auch der Westen als eine Alltagstextmaschine gezeigt, die verdrängend oder verharmlosend die eigenen Katastrophen verschluckt. Auch hier gilt es, das Ich als Schriftprodukt neu zu verfassen, es als Konflikt zwischen der Alltagssprache und der eigenen Wahrnehmung neu zu erfinden oder in intertextuellen Gewändern zu verbergen – Thomas Bernhard, Paul Celan, Ingeborg Bachmann, Rilke, Benn und Handke haben ihre Spuren hinterlassen.

Dabei entstehen Bilder, die aufgrund ihrer Verfremdungskraft auch einen gefährlich schönen Reiz bieten, bis hin zu experimentellen Formen jenseits des Erzählgenres, die zum Beispiel in den Bild-Wort-Collagebänden *Der Wächter nimmt seinen Kamm* (1993) und *Im Haarknoten wohnt eine Dame* (2000) erprobt werden, in denen Landschaftsausschnitte oder Alltagsbilder, eigene Zeichnungen, Zeitungsausrisse oder Schnipsel miteinander konfrontiert werden, die keinen großen Zusammenhang mehr geben, sondern zerstörte Ordnungen präsentieren. Vor allem aber ist es das essayistische Werk, das seit Mitte der

1990er Jahre Themen der Lebenserzählung, poetologische Überlegungen und erzählte Bilder verknüpft – nebenbei auch ein Produkt vieler Selbstreflexionen anlässlich von Gastdozenturen (u. a. Paderborn, Bochum, Warwick, Hamburg, Gainsville/Florida, Swansea). Die Bände *Hunger und Seide* (1995), *In der Falle* (1996) oder *Der Teufel sitzt im Spiegel* (1991) arbeiten am Konzept einer poetisch »erfundenen Wahrnehmung«, die von der körperlichen Erfahrung ausgeht, Bilder isoliert und durch Vergleichs- oder metonymische Bildwandel verrätselt bis zur Hermetik – und sie dadurch neu gewinnt, um sie bei der Lektüre spürbar und nachvollziehbar zu halten. Die jüngste Veröffentlichung fasst noch einmal poetologische Essays, die oft mit erzählerischen Einsprengseln verknüpft sind, zusammen: *Der König verneigt sich und tötet* (2003) bietet greifbare Erfahrungen mit der Macht, die in der Schrift durchgearbeitet werden. Damit wird eine Fluchtlinie trassiert, die zwar immer noch der politisch-gesellschaftlichen Maschine zugehört, aber mit einer Hoffnung versehen ist: Man kann die Wächter täuschen, indem man die Mauern umbaut, Spuren legt und verwischt, mit neuen Bildfeldern die Stereotypen narrt.

Ralph Köhnen

Müller, Wilhelm
Geb. 7. 10. 1794 in Dessau;
gest. 30. 9. 1827 in Dessau

M.s erste Gedichtsammlung *Sieben und siebzig Gedichte aus den hinterlassenen Papieren eines reisenden Waldhornisten* erschien Ende 1820; an ihrem Anfang steht *Die schöne Müllerin*. Ein zweiter Band erschien 1824; er enthielt *Die Winterreise*. Durch Franz Schuberts Vertonungen gehören die beiden Zyklen zu den verbreitetsten Werken der deutschen Literatur. Fast gleichzeitig trat M. mit politischen Liedern hervor, in denen er den Freiheitskampf der Griechen gegen die Türken besang und sich dabei indirekt, aber deutlich auch gegen die Repression in Deutschland wandte. Vor allem die Hefte der Griechenlieder begründeten seinen Ruhm im 19. Jahrhundert; sie brachten ihm den Namen »Griechen-Müller« ein.

M. wuchs in Dessau als Sohn eines Schneiders auf. Ab 1812 studierte er an der neuen Berliner Universität Philologie und Geschichte und nahm 1813/14 an den Freiheitskriegen teil. Nach seiner Rückkehr verliebte er sich in die siebzehnjährige Luise Hensel. Aus einem poetischen Gesellschaftsspiel im Salon Stägemann Ende 1816 ging *Die schöne Müllerin* hervor: Ein scheuer Müllerbursche glaubt sich von der Müllerin wiedergeliebt. Als er endlich merkt, dass sie ihm den »wilden Jäger« vorzieht, stürzt er sich in den Mühlbach. Jeder Teilnehmer dichtete eine Rolle; auch Luise Hensel nahm an dem Spiel teil. M. war – seines Namens wegen – der Müller. Als der achtunddreißigjährige Clemens Brentano in dem Kreis auftauchte und ungestüm um Luise zu werben begann, die vermutlich von M.s Liebe zu ihr gar nichts wusste, muss diesem das Spiel seine eigene Situation verdeutlicht haben; er dichtete seine Rolle nun aus dem eigenen Erleben.

Heinrich Heine lobte den »reinen Klang« und die »wahre Empfindung« von M.s Liedern, die er »sämmtlich« für »Volkslieder« hielt – im Gegensatz zu seinen eigenen. M. selbst war skeptischer. Er hielt es für notwendig, der *Schönen Müllerin* einen ironischen »Prolog« und »Epilog« anzufügen, in denen ein alberner Modedichter sich selbstgefällig an seinem »Handwerk«, an der kunstvoll gedrechselten Schlichtheit seiner Arbeit, erbaut. M. hat sich in seinen späteren Dessauer Jahren in Essays, Artikeln und Rezensionen mit Fragen der Poetik auseinandergesetzt. Die Gefahr einer »bequemen Leichtigkeit«, in die eine Lyrik abgleiten musste, der das Natürliche und Einfache zum bloßen Gestus wurde, hat er deutlich gesehen. In vielen seiner Liebes-, Wander-, Frühlings- und Trinklieder ist er ihr trotzdem erlegen.

Im Sommer 1817 ging er nach Rom, wo er sich für das Volksleben begeisterte und italienische Volkslieder sammelte. Als die finanzielle Not ihn Ende 1818 zur Rückkehr nach Dessau zwang, brachte er das Manuskript seines Buchs *Rom, Römer und Römerinnen* mit. In Dessau wurde er Hilfslehrer am Gymnasium und herzoglicher Hofbibliothekar; er heiratete eine Tochter der hoch angesehenen Familie Basedow. Mit der Ernennung zum Hofrat war er dann fest in das soziale Leben der kleinen Residenzstadt integriert.

M. galt als lebenslustig; seine Ehe war glücklich; er hatte Freunde, darunter Ludwig Tieck und Carl Maria von Weber; er war als Dichter und Literat in Deutschland bekannt. Deshalb ist es rätselhaft, wie er Ende 1823 *Die Winterreise* schreiben konnte, den Zyklus, in dem Einsamkeit, Schwermut und Resignation in Nihilismus und in Sarkasmen münden. Nirgends hat er seine Motivation zu erkennen gegeben. Einer verbreiteten Meinung nach hat er sich einfach dem Weltschmerz als einer literarischen Mode überlassen. Aber wer genau hinsieht, entdeckt überall motivische Anknüpfungen an *Die schöne Müllerin*, wo er eine eigene Erfahrung fiktional verarbeitet hatte. Anders als dort ist in der *Winterreise* die Natur von vornherein starr und unzugänglich, und der Lindenbaum lockt den Wanderer vergebens mit der Aussicht auf endgültige Ruhe. Er wendet sich ab und zieht durch die winterliche Einöde, ein Einsamer, der die Menschen in ihrer satten Zufriedenheit meidet und sich, verzweifelt über die Abwesenheit Gottes, selbst zu einem Gott aufwerfen will. Die dissonanten Bilder, der soziale Protest und das trotzige, auf Friedrich Nietzsche vorausdeutende Pathos der Gottverneinung lassen hinter sich, was M. bei den Zeitgenossen hätte lernen können.

Am Ende einer Rheinreise mit seiner Frau im Sommer 1827 besuchte er Gustav Schwab, Ludwig Uhland und Justinus Kerner, und dann auch Goethe, an dem er sich zeitlebens orientiert hatte und dem er schon vorher begegnet war. Dieser hielt ihn für »eine unangenehme Personnage, suffisant, überdies Brillen tragend«. Zehn Tage nach dieser Begegnung starb M. nachts im Schlaf. Wahrscheinlich hat er keines seiner Lieder in Schuberts Vertonung gehört, die, wie viele meinen, die beiden Zyklen vor dem Vergessen bewahrt hat. Vielleicht hat sie ihnen aber auch ein Eigenleben als Dichtung verwehrt.

Dass sein Werk, das im 19. Jahrhundert hoch geschätzt wurde, nicht vergessen ist, zeigen unter anderem die sechsbändige Ausgabe, die Maria-Verena Leistner 1994 herausgegeben hat, das Müller-Symposium zum 200. Geburtstag des Dichters in Berlin, eine Ausstellung in der Anhaltischen Gemäldegalerie in Dessau und zahlreiche Publikationen zu seinen Werken in Sammelbänden und Zeitschriften.

Werkausgabe: Werke. Tagebücher. Briefe. Hg. von Maria-Verena Leistner mit einer Einleitung von Bernd Leistner. 6 Bde. Berlin 1994.

Heinz Wetzel

Multatuli
(d. i. Eduard Douwes Dekker)
Geb. 2. 3. 1820 in Amsterdam;
gest. 19. 2. 1887 in Nieder-Ingelheim

»Multa tuli« bedeutet im Lateinischen »ich habe viel ertragen« und ist ein Zitat aus den *Tristia* des römischen Dichters Ovid, der sich in diesen elegischen Gesängen darüber beklagt, dass Kaiser Augustus ihn ans Schwarze Meer verbannt hat. Indem Eduard Douwes Dekker als Schriftsteller mit dem Pseudonym Multatuli zeichnet, identifiziert er sich mit dem Schicksal des verkannten Dichters der Antike und stilisiert sich zu einer Instanz, in der das moralische Gewissen eines einzelnen gegen die politisch sanktionierte Macht rebelliert. Der aus einer mennonitischen Familie stammende und entsprechend streng und spartanisch erzogene D. kam 1838 mit seinem Vater, einem Kapitän der Handelsmarine, nach Indonesien, das als Niederländisch-Indien unter niederländischer Kolonialherrschaft stand. Zunächst als Angestellter beim Allgemeinen Rechnungshof von Batavia (dem heutigen Jakarta), später als Kontrolleur auf Sumatra und schließlich als Assistenzresident von Lebak auf Java, machte D. rasch Karriere als Kolonialbeamter und etablierte sich durch die Heirat mit der Baronesse Everdina Huberta van Wijnbergen auch in der bürgerlichen Kolonialgesellschaft. Weil der ehrgeizige und von einer Mission als Sozialreformer beseelte D. aber wiederholt in Konflikt mit seinen Vorgesetzten geriet und sich auch nicht scheute, Korruption, Eigennutz und Schlamperei in der niederländischen Kolonialverwaltung öffentlich anzuprangern, endete seine Laufbahn 1856 abrupt. Zu keinem Kompromiss mit dem Gouverneur von Batavia bereit, kündigte D. seine Stellung und kehrte nach Europa zurück, wo er, an frühere Schreibversuche anknüpfend, die zweite Hälfte seines Lebens zunächst in Brüssel, später in Wiesbaden und Ingelheim unter den unsteten Bedingungen eines an Geldmangel leidenden und um seine öffentliche Anerkennung kämpfenden Schriftstellers verbrachte.

In dem 1859 innerhalb weniger Wochen in einer Brüsseler Kneipe geschriebenen Roman *Max Havelaar of de koffiveilingen der Nederlandsche Handelsmaatschappij* (1860; *Max Havelaar oder die Kaffeeversteigerungen der Niederländischen Handelsgesellschaft*, 1890) verarbeitete D. seine Erfahrungen in Indonesien und gab seiner Kritik an den menschenverachtenden Auswüchsen der Kolonialherrschaft Ausdruck. Dabei verkörpert Max Havelaar, dessen »große hellblaue Augen, wenn er in ruhiger Stimmung war, etwas Träumerisches hatten, aber Feuer sprühten, wenn eine große Idee ihn beherrschte«, einen zeitgenössischen Ritter der Menschlichkeit, der das koloniale System zwar nicht grundsätzlich in Frage stellt, aber innerhalb seines Rahmens unerbittlich für Respekt und Gerechtigkeit gegenüber den Einheimischen streitet. Dass der Roman M. mit einem Schlag berühmt machte, verdankt sich aber nicht allein seiner sozialkritischen Tendenz, sondern ebensosehr seiner literarischen Raffinesse. *Max Havelaar* ist ein eigenständiger niederländischer Beitrag zur (Spät-)Romantik. Schon der Titel verweist ironisch darauf, dass der Roman nicht nur einen Erzählstrang verfolgt, sondern dass sich in ihm – vergleichbar mit E.T.A. Hoffmanns *Kater Murr* oder Karl Immermanns *Münchhausen* – mehrere Erzählstränge überlagern. Vordergründig handelt es sich bei der Havelaar-Geschichte um das Nebenprodukt einer Dokumentation, mit der der illiterate Kaffeehändler Batavus Droogstoppel seinen Praktikanten Stern aus rein geschäftlichem Interesse beauftragt. Statt aber einen Überblick über den Kaffeemarkt zu geben, destilliert Stern aus seinem Material eine Parabel über den Zustand der Kolonialgesellschaft. M.

sieht in der Verpflichtung auf Recht und Wahrheit auch die Klammer zwischen Literatur und Politik, was er am Ende des Romans dadurch zum Ausdruck bringt, dass er sich mit einem Appell an den amtierenden niederländischen König Willem III. richtet. Ebenso wie Bettine von Arnim, die ihr 1843 erschienenes *Königsbuch* dem preußischen König Friedrich Wilhelm IV. widmete, spricht M. sich damit für die Utopie eines sozialen Fürstentums aus, die er als Alternative zu dem von Karl Marx vertretenen Sozialismus betrachtete und 1875 auch zum Thema des Theaterstücks *Vorstenschool* (Fürstenschule) machte.

Auch nach seiner Rückkehr nach Europa begleitete M. die politische Entwicklung in Niederländisch-Indien mit Theaterstücken (*Wijs mij de plaats waar ik gezaaid heb*, 1861; Zeig mir den Platz, wo ich gesät habe; *De bruid daarboven*, 1864; Die Braut von oben) und zeitkritischen Kommentaren (*Indrukken van den dag*, 1860; Eindrücke des Tages; *Over vrijen arbeid in Nederlandsch-Indië*, 1862; Über freie Arbeit in Niederländisch-Indien; *Divagatiën over zeker soort van liberalisme*, 1870; Verstreute Bemerkungen über eine bestimmte Art von Liberalismus; *Nog eens vrije arbeid*, 1871; Nochmals freie Arbeit). Und auch in Europa versuchte er, das politische Tagesgeschehen mit der – vergeblichen – Kandidatur für das niederländische Repräsentantenhaus und mit der Parteinahme für die Rechte von Arbeitern und Frauen (*Een en ander naar aanleiding van J. Bosscha's Pruissen en Nederland*, 1867; Das eine und andere aus Anlass von J. Bosschas Preußen und die Niederlande; *Millioenen-studiën*, 1873; Millionenstudien) zu beeinflussen. Zweifellos lagen M.s intellektuelle Stärken aber weniger im programmatischen Kommentar als in der sozialpsychologischen Einfühlung in seine Zeit. Dies zeigt sich vor allem in den zwischen 1862 und 1877 in sieben Teilen erschienenen *Ideën*. Unter dem biblischen Motto »Ein Säer ging aus, um zu säen« versammelt M. darin Parabeln, Reflexionen, Phantasien und Gedichte sowie Polemiken, Appelle, Briefe und (Selbst-)Erklärungen zu einem großangelegten Zeitpanorama. Fragmentarisch und verstreut ist in den *Ideën* auch die Skizze eines Entwicklungsromans enthalten, dessen Protagonisten, Woutertje Pieterse (*Die Abenteuer des kleinen Walther*, 1901, *Woutertje Pieterse. Die Geschichte eines holländischen Jungen*, 1955), M. selbst zum »neuen – und besseren! Faust« und zu einem »Don Quijote im Geiste« erklärt hat und den man etwas weniger pathetisch als niederländisches Pendant zu Charles Dickens' *Oliver Twist* und *David Copperfield* verstehen kann: Im Horizont der poetischen Erweckung, in die ihn ein Räuberroman versetzt hat, erkundet M.s Woutertje das kleinbürgerliche Milieu, in dem er aufwächst, und wird dabei dessen geistiger und seelischer Beschränktheit gewahr. Mit Hilfe der schönen Fee Fancy aber, deren Vorbild M.s Kusine Sietske Abrahamsz, auch Adressatin seiner *Minnebrieven* (1861), ist, hofft der pubertierende Wouter, sich aus dem vorgefundenen Zwangsystem befreien und zu einer unabhängigen Person emanzipieren zu können.

Wegen seiner gleichermaßen realistischen wie subjektiven Sicht- und seiner ebenso engagierten wie sentimentalen Schreibweise hat M. sowohl den niederländischen Naturalismus um Willem Bilderdijk und Conrad Busken Huet als auch die Verfechter von Symbolismus und Moderne um Edgar du Perron und Menno ter Braak beeinflusst. Auch im deutschsprachigen Raum wurde M. aufgrund seiner sprachlichen Virtuosität und seiner sozialpsychologischen Sensibilität um 1900 viel gelesen; er gehörte zu den Lieblingsschriftstellern von Sigmund Freud und Hermann Hesse. *Max Havelaar* wurde 1976 verfilmt. 1910 wurde in M.s Geburtshaus in Amsterdam ein M.-Museum eingerichtet; es wird seit 1945 von der M.-Genootschap betreut, in deren Namen auch der M.-Preis für Essayistik verliehen wird.

Barbara Lersch-Schumacher

Munif, Abdalrahman

Geb. 1933 in Amman;
gest. 2004 in Damaskus

Abdalrahman Munif entzieht sich den üblichen, an den Nationalstaaten festgemachten Zuschreibungen. Als in Jordanien geborener Sohn eines saudi-arabischen Vaters und einer irakischen Mutter besuchte er in Amman die Schule, studierte 1952 bis 1958 in Bagdad und Kairo und promovierte 1961 in Belgrad über Erdölwirtschaft. Er lebte im Irak, im Libanon, am Golf, in Frankreich und zuletzt in Syrien. Während seines Studiums in Bagdad beteiligte er sich am Aufbau der damals gegen die Monarchie opponierenden Baath-Partei. Auch wenn er später aus der Partei austrat, blieb er dem von ihr vertretenen arabischen Nationalismus sozialistischer Prägung zeitlebens verbunden. M. arbeitete in verschiedenen Bereichen der Erdölwirtschaft, unter anderem als Berater für die OPEC und als Herausgeber einer Fachzeitschrift für die Ölwirtschaft. Aufgrund seines politischen Engagements geriet er immer wieder in Konflikt mit verschiedenen arabischen Regimes; mehrmals musste er die Staatsbürgerschaft wechseln.

Erst spät – und als Antwort auf die von den politischen Entwicklungen in der arabischen Welt nach der Niederlage gegen Israel im Juni-Krieg 1967 ausgelöste Perspektivlosigkeit – kam M. zur Literatur. Als politischer Schriftsteller betonte er die wichtige Rolle der Literatur gerade in denjenigen Gesellschaften, die unter mangelnder Pressefreiheit und autoritären, repressiven Regimes leiden. Sein früher Roman *Šarq al-mutawassiṭ* (1975; *Östlich des Mittelmeers*, 1995) ist eine bedrückende, alptraumhafte Anklage der Menschenrechtsverletzungen, der allgegenwärtigen Gewalt und Unfreiheit in der arabischen Welt, erzählt aus der doppelten Perspektive eines politischen Gefangenen und dessen Schwester. In *al-*

Nihāyāt (1978; *Am Rande der Wüste*, 2000) beschwört M. anhand von Episoden und Anekdoten, die durch eine Rahmengeschichte zusammengehalten werden und sich an traditionelle arabische Erzählformen anlehnen, Ethos und Atmosphäre der im Untergang begriffenen Wüstengesellschaft. Diese steht auch im Zentrum seines Opus magnum, der Pentalogie *Mudun al-milḥ* (1984–89; *Salzstädte* [Bd. 1], 2003). Der breitangelegte, über eine zeitliche Spanne von fünf Jahrzehnten sich erstreckende Roman schildert den Einbruch von Technik und Moderne in die traditionelle Gesellschaft der Arabischen Halbinsel, die Verwerfungen und Verschiebungen, die das überkommene Gefüge zunächst in Frage stellen und schließlich obsolet machen. Die Vielzahl der Geschichten und Handlungsstränge ergeben ein Panorama der vor allem durch die sich rasant ausbreitende Ölindustrie – und die mit ihr ins Land kommenden Amerikaner – bedingten gesellschaftlichen Entwicklung. Umgekehrt proportional zum Anstieg des wirtschaftlichen Reichtums der herrschenden Familien sinken Kultur und Moral.

Mit *Sīrat madīna. ᶜAmmān fī l-arbaᶜīnāt* (1994; *Geschichte einer Stadt. Eine Kindheit in Amman*, 1996) legte M. eine Mischung aus Autobiographie und Stadtgeschichtsschreibung vor, in der die jordanische Hauptstadt während der 1940er Jahre als vielstimmige, lebendige Stadt im Wandel beschrieben wird. Mit dem dreibändigen Romanzyklus *Arḍ al-sawad* (2000; Land der Dattelpalmen) widmete sich M. der Geschichte des Irak unter osmanischer Herrschaft.

Andreas Pflitsch

Muñoz Molina, Antonio

Geb. 1. 10. 1956 in Úbeda, Jaén/Spanien

Kaum ein anderer Schriftsteller hat sich am spanischen Literaturmarkt so als »Marke« (Gero Arnscheidt) positionieren können wie Antonio Muñoz Molina. Der andalusische Bestsellerautor ist durch das geschickte Zusammenspiel seiner Tätigkeit als Kolumnist in großen spanischen Tageszeitungen und der jährlichen Veröffentlichung eines Prosawerks zu Themen, die jeweils den Zeitgeist und den Nerv eines breiten Publikums treffen, omnipräsent. Nach anfangs zögerlicher Rezeption im Ausland wird er vor allem auch in Deutschland wahrgenommen. Darüber hinaus steht der mit renommierten Preisen wie dem Premio Planeta ausgezeichnete Autor im Ruf eines »ernstzunehmenden Schwergewichts des spanischen Literaturbetriebs« (Arnscheidt), wie seine Berufung in die Real Academia Española im Alter von 39 Jahren und die Ernennung zum Direktor des Instituto Cervantes in New York (2004) belegen.

M.s meist auch verfilmte Romane bewegen sich auf dem Terrain der kollektiven Erinnerung Spaniens in dem Bestreben, die jüngste Geschichte des Landes zu beleuchten und so dem »Verdrängungsdruck des franquistischen Zensurregimes das Erinnern« (Hans-Jörg Neuschäfer) gegenüberzustellen. Dafür schuf M. den Mikrokosmos der andalusischen Kleinstadt Mágina als Handlungsort seiner Texte. In ästhetisch dem ›film noir‹ verbundener Atmosphäre entfalten sich die komplexen, personenreichen Handlungen häufig nach Krimi- oder Thrillermustern. Nach diesem Rezept funktioniert der Henry James' *The Aspern Papers* (1888) evozierende Erstling *Beatus Ille* (1986; *Beatus ille oder Tod und Leben eines Dichters*, 1991), der schon die für M. charakteristische diskontinuierliche, durch Übereinanderschichtung verschiedener Zeitebenen gekennzeichnete und an intertextuellen Bezügen reiche Erzählweise aufweist. Der Durchbruch gelang M. mit dem im Jazzmilieu der 1980er Jahre angesiedelten Agentenroman *El invierno en Lisboa* (1987; *Der Winter in Lissabon*, 1991) mit seinem dem ›hard-boiled‹-Genre entliehenen Antihelden. Der berühmteste Roman *El jinete polaco* (1991; *Der polnische Reiter*, 1995) gilt als Wegbereiter einer »Vergangenheitsbewältigung ›a la española‹« (Neuschäfer), die grundsätzlich den postmodernen Zweifel an der Rekonstruierbarkeit der Historie hegt und sich dennoch bemüht, den Verlierern des Franquismus eine Stimme zu geben. Die Erinnerungsarbeit des Haupterzählers Manuel, der zusammen mit seiner Freundin Nadia, ebenfalls Exilspanierin, im fernen New York der 1990er Jahre den Geschehnissen in der gemeinsamen Heimat Mágina von 1870 bis zur Erzählgegenwart nachspürt, ist Teil eines schmerzlichen Selbstfindungsprozesses, der stellvertretend für die Identitätssuche des seit über einem Jahrhundert in Konservative und Liberale gespaltenen Spanien gelesen werden kann, das in der ›transición‹ ebenso zu einem neuen Selbst findet wie der nomadisierende Dolmetscher Manuel zu einer neuen/alten Heimat und einer eigenen Stimme.

Die »tiefe, schwarze Lagune der Desmemoria« (*El jinete polaco*) ist auch Thema des an intermedialen Bezügen – u. a. zu Hitchcocks REBECCA (1940) – reichen Nachkriegsthrillers *Beltenebros* (1989; *Deckname Beltenebros*, 1993), der linke wie rechte Mythen gleichermaßen dekonstruiert. Im Krimi *Plenilunio* (1997; *Die Augen eines Mörders*, 2000) wird der im Fall von zwei ermordeten Mädchen ermittelnde Kommissar mit Máginas und den eigenen »presentes pasados« (Teresa Ibáñez Ehrlich) – gegeneinander und ineinander verschobenen Zeitebenen – konfrontiert, bevor er vor der Mordlust von Sexualverbrechern und Terroristen kapitulieren muss. Der Titel des Romans *Sefarad* (2001; *Sepharad*, 2004) – der hebräische Name für Spanien – scheint zwar in eine weiter zurückliegende Vergangenheit spanischer Juden zu verweisen, befasst sich aber episodenartig mit dem Schicksal von Verfolgten verschiedener Herkunft im Zweiten Weltkrieg, so dass Sefarad zum Sehnsuchtsort schlechthin wird. Eine strikte Schwarz-Weiß-Dichotomie, die keine Grautöne zulässt, eine manchmal effekthascherisch wirkende Verdichtung historischer Details sowie revisionistische Tendenzen, die Spanien aus dem europäischen Kontext und der Faschismusfrage ausklammern sollen, provozierten beim Erscheinen eine Polemik, die insbesondere zwischen dem Österreicher Erich Hackl und M. heftig geführt wurde und mit M.s linkem Moralistenimage nur schwer in Einklang zu bringen ist.

Weiter umfasst M.s vielfältiges Werk unter anderem Sammlungen seiner Kolumnen (1984, 1985, 2002), literaturwissenschaftliche Essays (1992, 1993), Kurzgeschichtenbände (1987, 1994), den im Auftrag der Mediensupermarktkette FNAC verfassten Kurzroman *El dueño del secreto* (1994; *Der Putsch, der nie stattfand*, 1998), die Stadtgeschichte *Córdoba de los omeyas* (1991; *Stadt der Kalifen*, 1994), die New Yorker Eindrücke *Ventanas de Manhattan* (2004) und die Erinnerungen an den als traumatisch erlebten Wehrdienst im Baskenland während der zögernd einsetzenden Demokratisierung, *Ardor guerrero* (1995). Die in der Feuilleton-Tradition des 19. Jahrhunderts als sommerliche Fortsetzungsromane für *El País* verfassten *Los misterios de Madrid* (1992; *Die Geheimnisse von Madrid*, 1995) und eine spannende Mischung aus Campus- und Geistergeschichte mit einem Schuss magischem Realismus, *Carlota Fainberg* (1999 [1994]; *Carlotas Liebhaber*, 2002), erschienen ebenfalls in Buchform.

Susanne Igler

Munro, Alice

Geb. 10. 7. 1931 in Wingham, Ontario/ Kanada

»I think the most attractive kind of writing of all is just the single story. It satisfies me the way nothing else does. […] It took me a long time to reconcile myself to being a short story writer.« Dies erklärte Alice Munro anlässlich der Veröffentlichung ihrer fünften Short-Story-Sammlung, *The Moons of Jupiter* (1982, *Die Jupitermonde*, 1987), die in Kanada Geschichte schrieb, weil der Verkauf der Taschenbuchrechte damals der höchste Preis war, der jemals für ein kanadisches Erzählwerk gezahlt worden war. Zu diesem Aufschließen der Short Story zum Roman auch bei der allgemeinen Leserschaft hat M. in Kanada wie international maßgeblich beigetragen. Überspitzt lässt sich behaupten, dass M. nur Kurzgeschichten schreibt, schreiben kann und will. Bekannt für eine meist langwierige

Arbeitsweise mit höchstem ästhetischen Anspruch, ist M. im Vergleich etwa mit Margaret Atwood nicht besonders produktiv oder vielseitig, hat jedoch in der ihrer Lebens- und Literaturkonzeption gemäßen Gattung eine Meisterschaft erreicht, die sich in ihren zunehmend gefeierten Short-Story-Sammlungen manifestiert, darunter *Dance of the Happy Shades* (1968), *Who Do You Think You Are?* (1977, in den USA und England unter dem Titel *The Beggar Maid: Stories of Flo and Rose*; *Das Bettlermädchen. Geschichten von Flo und Rose*, 1981), *The Progress of Love* (1985; *Der Mond über der Eisbahn: Liebesgeschichten*, 1989). Nach Atwood ist M. die international prominenteste zeitgenössische Schriftstellerin Kanadas.

M. wuchs auf einer Farm im ländlichen Südwesten Ontarios auf und studierte Anglistik an der University of Western Ontario, bevor sie Jim Munro heiratete und an die kanadische Westküste übersiedelte. In Victoria betrieb sie mit ihrem Mann den Laden Munro's Books und widmete sich zunehmend dem Schreiben. Mit ihrer zweiten Buchveröffentlichung, dem Kurzgeschichtenzyklus *Lives of Girls and Women* (1971; *Kleine Aussichten*, 1983), gelang M. der internationale Durchbruch. Nach der Trennung von ihrem Mann (1973) kehrte M. in den heimatlichen Südwesten Ontarios zurück, eine Region, die sie zum »Munro Country« gemacht hat: Wie die Autorinnen des amerikanischen Südens (Eudora Welty, Flannery O'Connor, Carson McCullers), von denen sie beeinflusst wurde, ist sie eine ›Regionalschriftstellerin‹ und bleibt dies auch bei zunehmender Internationalisierung ihrer Schauplätze in ihren späteren Werken *Friend of My Youth* (1990; *Glaubst du, es war Liebe?*, 1991), *Open Secrets* (1994; *Offene Geheimnisse*, 1996) und *The Love of a Good Woman* (1998; *Die Liebe einer Frau*, 2000).

M. schreibt eine Art ›photographischen‹ Hyperrealismus (»not real but true«), mit Nähe zu metafiktionalen und postmodernistischen Konzeptionsweisen. Ihre Affinität zur Kurz- bzw. Zyklusform korreliert mit ihrer Ästhetik: Durch zeitliche Verschränkungen, die Gegenüberstellung diskrepanter Interpretationsansätze, die Hervorhebung von Erklärungslücken und die Aufschiebung von Sinnfestlegungen verdeutlicht M. die Punktualität, Unabgeschlossenheit, Veränderlichkeit und letztlich unergründbare Tiefe intensiver menschlicher Erfahrung. Ihre virtuos komponierten und stilistisch ausgefeilten Erzählungen zentrieren sich meist um weibliche Hauptcharaktere in verschiedenen Konstellationen und Entwicklungsprozessen (bereits 1972 erklärte M. ihre »grundsätzliche Sympathie« mit der Frauenbewegung), um das alltägliche Leben – auch in einem eigentümlichen Zauber – aufleuchten zu lassen. Nach eigener Aussage zielt die Erzählerin auf jene »shifts of emphasis that throw the story line open to question, the disarrangements which demand new judgements and solutions, and throw the windows open on […] unforgettable scenery«.

Reingard M. Nischik

Müntzer, Thomas
Geb. um 1490 in Stolberg/Harz;
gest. 27. 5. 1525 bei Mühlhausen

Die »Schlacht« von Frankenhausen am 15. Mai 1525, gegen Mittag, war in Wirklichkeit ein Überfall der Fürstenheere auf das Lager der Bauern und ihrer Verbündeten, die Abschlachtung von fünf- bis sechstausend Aufständischen. M., der bedeutendste ihrer Führer, hätte vielleicht entkommen können, um seine Tätigkeit in anderen Aufstandsgebieten fortzusetzen. Doch verriet ihn in seinem Versteck ein Sack mit Post, den ein Plünderer bei ihm fand: M. bewahrte die Konzepte eigener Schreiben, Niederschriften aller Art sowie empfangene Briefe sorgfältig auf, selbst während des Feldzugs. Noch am Abend wurde M. seinem erbittertsten Feind, dem Grafen Ernst von Mansfeld, ausgeliefert. Es folgten: Verhör auf dem Wasserschloss Heldrungen, Folter, demütigende Überführung ins Fürstenlager bei Mühlhausen, endlich die Hinrichtung dort am 27. Mai. Seine Frau, Ottilie von Gersen, eine ehemalige Nonne, die M. 1523 geheiratet und mit der er einen Sohn hatte, soll der Mitteilung Martin Luthers zufolge bei der Einnahme Mühlhausens durch die Fürsten von einem Adligen vergewaltigt worden sein. Sie war zum zweiten Male schwanger. Bei ihr entdeckte man ebenfalls einen Sack voller Briefe, Teile von M.s Korrespondenz aus reichlich zehn Jahren.

Bei Lebzeiten hatte M. hinnehmen müssen, wie die Gegner, voran Martin Luther, die Drucklegung seiner Schriften – u.a. der liturgischen, mit denen er die Reform des Gottesdienstes anstrebte, – zu verhindern suchten, dann, nach dem dennoch realisierten Druck, ihrer Ausbreitung entgegenwirkten. Unterdrückt wurden so die wichtigsten seiner Flugschriften. Im Herbst 1524 ließ der Nürnberger Rat – Nürnberg war der Druckort – die *Außgetrückte emplössung des falschen Glaubens der vngetrewen welt* (*Ausdrückliche Entlarvung*) beschlagnahmen (das Manuskript sowie 400 noch greifbare Exemplare der Gesamtauflage in Höhe von 500; der Rest war bereits nach Augsburg verfrachtet worden), bald darauf auch die *Hoch verursachte Schutzrede vnd antwort wider das Gaistlose, sanftlebende fleysch zu Wittenberg* (*Erzwungene Apologie und Antwortschrift gegen den uninspirierten, dem Luxus frönenden Weltmenschen*; d.i. Luther). Wie M. selber, so schien seine Gedankenwelt für ewig ausgelöscht zu sein, über die im 19. Jahrhundert der konservative Historiker Leopold Ranke schrieb: »Die müntzerischen Inspirationen, die sozialistischen Versuche der Wiedertäufer und die paracelsischen Theorien entsprechen einander sehr gut; vereinigt hätten sie die Welt umgestaltet.«

Indes die Rechnung der Gegner ging nicht auf. Obwohl »Müntzer, sei doch seine Sache nicht gefallen«, propagierte M.s Kampfgefährte Melchior Rinck. Ein Luther-Anhänger, Justus Menius, erkannte 1544: »Denn obwohl der Müntzer dahin ist, der lebt wahrlich noch.« Begreifliche Verstimmung kam bei Luther auf, als er wahrnahm, dass in seinem persönlichen Umkreis Müntzerlieder eingeschmuggelt wurden, ausgerechnet in den Druck der Wittenberger Gesangbücher! Wie wenig man M.s Schriften unterschätzte, zeigt der Umstand, dass sie bis 1590 immer wieder auf dem *Index Librorum prohibitorum* erschienen, der Liste der von der römischen Kirche verbotenen Bücher. Vergebliche Mühe. Die »müntzerischen Inspirationen« kamen erneut ans Licht – die Wiedererstehung einer Gedankenwelt aus dem Postsack. Denn die Inhalte, M.s Briefschaften, waren von den Siegern sorgfältig archiviert worden. Für die 1970er Jahre hat man sogar von einer »Müntzer-Renaissance« gesprochen. Obschon vereinzelt noch Urteile abgegeben werden wie »ruheloser Fanatiker«, »gefährlicher Wahnsinniger«, tendiert mittlerweile die Forschung dahin, M. als Reformator in die Reihe der übrigen europäischen Reformatoren, von John Wiclif, Johannes Hus, Martin Luther, Philipp Melanchthon bis Ulrich Zwingli und Johann Calvin, einzubeziehen, nur dass sein Vorhaben der Gründung einer eigenen reformatorischen Kirche gewaltsam zum Scheitern gebracht wurde. Dennoch gilt er über Deutschland und Europa hinaus heutzutage weithin als der früheste Initiator der ›politischen‹ oder ›Befreiungs‹-Theologie.

Umstritten freilich bis heute ist: Aus welchen Quellen leiteten sich M.s »Inspirationen« her? Genannt werden: die mittelalterliche Mystik (Schriften der Frauenmystik waren nachweislich in seiner Bibliothek); apokalyptischer (auf die Offenbarung bezogener) Prophetismus; die Endzeitspekulationen des Joachim von Fiore (12. Jahrhundert); taboritische Gedankengänge vom linken Flügel des Hussitismus; das Alte Testament; der Humanismus. Eine entscheidende Anregung erhielt er zweifellos von den frühreformatorischen Schriften Luthers. Eine Zeitlang betätigte er sich als Bundesgenosse der Wittenberger. Auf ihn zuerst soll 1519 das Prädikat »Lutheraner« angewandt worden sein. Anerkannt war seine umfassende Gelehrsamkeit (Universitäten: Leipzig seit 1506, Frankfurt a.d. Oder 1512); erstaunlich ist seine überaus weitgreifende Lektüre. Seelsorgerische Aufgaben innerhalb der Kirche wurden ihm in schnellem Wechsel übertragen, u.a.: 1516/17 Propst im Kloster Frose bei Aschersleben; 1519/20 Confessor (Beichtvater) im Nonnenkloster Beuditz bei Weißenfels; am wichtigsten: 1523/24 Pfarrer in Allstedt an der Hauptkirche St. Johannis, hernach, Anfang 1525, an St. Marien in Mühlhausen, der freien Reichsstadt, demnächst im Zentrum des thüringischen Aufstandsgebiets. Mit der Benennung von Einflüssen ist die Eigenart der reformatorischen Lehre M.s allerdings nicht erklärt, die ihn als einzigen Reformator an die Seite aufständischer Bauern und Bürger brachte. M. selbst wehrte gelegentlich die Auffassung ab, wonach das Eigene einem andern Autor zu verdanken wäre, wie er denn seine Theologie seit etwa 1520 von derjenigen Luthers entschieden abgrenzte. Das Denken und die Begrifflichkeit anderer boten ihm nicht mehr als das Material, um darin seine eigenen Erkenntnisse zu formulieren. Wie er diese gewann, sagt er ausdrücklich in seinen Schriften: vermittels einer gründlichen Durcharbeitung der ganzen Bibel im Gegensatz zu Luthers Favorisierung des *Neuen Testaments*, einer sozialkritischen Lektüre, aus der er die sozialrevolutionäre Folgerung zog, die Welt und der Einzelne müssten nach dem Gesetz Gottes umgestaltet werden, mit den Fürsten oder notfalls gegen sie, durch die Auserwählten Gottes. Dieser Bemühung diente M.s Schrifttum: die liturgischen Texte – er richtete als erster den Gottesdienst deutschsprachig ein; seine religiösen Lieder (Verdeutschungen altüberlieferter *Psalmen* u. a.), womit er zum Schöpfer des protestantischen Gemeindelieds wurde; seine Flugschriften; vor allem aber seine Briefe und Manifeste, darunter das an die Mansfelder Bergarbeiter, »leidvollstes, rasendstes Revolutionsmanifest aller Zeiten« (Ernst Bloch).

Werkausgabe: Schriften und Briefe. Hg. von Günther Franz. Gütersloh 1968.

Wolfgang Beutin

Murakami Haruki
Geb. 12. 1. 1949 in Kyōto/Japan

Seit seinem literarischen Debüt mit dem Roman *Kaze no uta o kike* (1979; Hör das Lied des Windes) prägt Murakami Haruki den literarischen Markt in Japan. So hat er nicht nur mit seinen Übersetzungen amerikanischer Autoren wie Kurt Vonnegut, Raymond Carver, F. Scott Fitzgerald, John Irving, Tim O'Brien, Truman Capote und Jerome D. Salinger einen neuen Ton angeschlagen, sondern mit der eigenen Produktion einen urbanen, von Popkultur, Jazz und modernem Lifestyle bestimmten Narrationsraum geschaffen, der Elemente des Magischen Realismus, der Kriminal- und der Mystery-Erzählung mit postmoderner Sinnsuche verbindet.

Während seiner Schulzeit zunächst durch die Lektüre von Tolstoj und Dostoevskij, amerikanische Autoren und Jazz-Musik inspiriert, erlebte M. die Protestbewegung 1968 in Tōkyō mit, wo er an der Waseda Universität Film studierte. Schon vor seinem Studienabschluss 1975 eröffnete er eine Jazzbar. Nach ersten literarischen Erfolgen beschloss er 1981, sich ganz auf das Schreiben und Übersetzen zu verlegen. Der preisgekrönte Roman *Hitsuji o meguru bōken* (1982; *Wilde Schafsjagd*, 1991) etablierte ihn endgültig als Repräsentanten einer jungen Schriftstellergeneration, die die konventionelle japanische Unterscheidung von reiner Literatur im Sinne von elitärer Kunst und populärer Unterhaltungsliteratur unterläuft. M.s Protagonisten sind in der Regel coole, dabei nicht unsympathische junge Männer, die ihre Geschichte in vielen überraschenden Wendungen als Ich-Erzähler (»boku«, die familiäre männliche Ich-Form) präsentieren.

In *Hitsuji o meguru bōken* sucht der Held einen in Nordjapan verschollenen Kumpel aus alten Tagen, der ihm eine mysteriöse Botschaft geschickt hat. Dabei gerät er in Konflikt mit einem geheimnisvollen todgeweihten ehemaligen Kriegsverbrecher und Tycoon der Finanzwelt und der Medien. Die abstruse, aber spannend und stimmig erzählte Story wird mit der Geschichte der japanischen Moderne verbunden. Ähnliche historische Anspielungen enthält auch der dreiteilige Roman *Nejimakidori kuronikuru* (1994–95; *Mister Aufziehvogel*, 1998) mit einem ausufernden, von mysteriösen, okkulten Motiven und Szenen und japanischen wie westlichen Mythenanklängen durchzogenen Plot. Die Geschichte eines leicht gehemmten Mannes namens Tōru (wörtl.»Passant«), der seine in einer dunklen Gegenwelt verschwundene Ehefrau Kumiko zurückholen will, führt diesen auf eine Suche nach innen, in einen Brunnen, in dem er über seine Vergangenheit nachgrübelt. Dabei stößt er auch auf die Brutalität der Geschichte seines Landes im 20. Jahrhundert, und er entdeckt die eigene Gewalttätigkeit. Die 1980er Jahre erscheinen als stagnierendes, leeres Jahrzehnt, eine späte Erbschaft der autoritären Vorkriegsära. Wie hier entfaltet M. in zahlreichen Romanen parallele Welten.

In *Sekai no owari to hādo boirudo wandārando* (1985; *Hard-boiled Wonderland und das Ende der Welt*, 1995) spaltet er den Erzähler in zwei Ich-Figuren,»boku« und »watashi«, auf. In alternierenden Kapiteln, in einer Phantasiewelt und in einem futuristisch anmutenden Tōkyō, wird die Geschichte des 35-jährigen Protagonisten und Ich-Erzählers entfaltet, der im Krieg um geheime Daten zwischen die Fronten rivalisierender Gruppen gerät und schließlich als einsamer Großstadtheld seine Gegner besiegt. In *Dansu, dansu, dansu* (1988; *Tanz mit dem Schafsmann*, 2002) kehrt der Ich-Erzähler in das Hotel Delfin in Hokkaidō zurück, wo auch in *Hitsuji o meguru bōken* eine Suche begann. Diesmal forscht der geschiedene Großstadtnomade nach dem Verbleib seiner früheren Geliebten Kiki und wird dabei in ominöse Mordfälle verwickelt. Aus der heruntergekommenen Absteige ist ein Luxuspalast geworden, doch hinter der Fassade gerät der Erzähler in eine andere Welt, wo der Schafsmann lebt, der ihn schützt und beschattet.

M.s größter Verkaufserfolg war der zweiteilige Roman *Noruwei no mori* (1987; *Naokos Lächeln*, 2001) – betitelt nach dem Beatles-Song »Norwegian Wood« –, den er während eines Aufenthalts in Italien und Griechenland von 1986 bis 1989 verfasste. Der 37-jährige Ich-Erzähler Tōru erinnert sich bei der Musik an seine große Jugendliebe Naoko, die sich nach einem längeren Sanatoriumsaufenthalt umbrachte. Im Gespräch mit Reiko, einer älteren, inzwischen entlassenen Patientin, die ihm auch ihre eigene, zwischen Hoffnung und Wahnsinn wechselnde Lebensgeschichte anvertraut, verarbeitet Tōru seine Trauer um die verlorene Liebe. Das Schema der »Boy meets Girl-Geschichte« (M.) findet sich im Roman *Kokkyō no minami, taiyō no nishi* (1992; *Gefährliche Geliebte*, 2000) wieder, in dem der Ich-Erzähler Hajime, ein verheirateter Enddreißiger, der in Tōkyō einen florierenden Jazzclub besitzt, von der Erinnerung an seine Jugendliebe Shimamoto bedrängt, ungelebten Möglichkeiten nachtrauert. Die halluzinatorischen Begegnungen mit einer geheimnisvollen Frau, die wiederholt in seiner Bar auftaucht, lassen in ihm ein Gefühl der Leere zurück. Ein Suchender ist auch der 15-jährige Kafka Tamura in *Umibe no Kafuka* (2002; *Kafka am Strand*, 2004), der aus seinem wohlhabenden Elternhaus flieht und auf seiner Reise »an den Ufern des Bewußtseins« in eine Bibliothek gerät, deren Leiterin ihn an seine Mutter erinnert, die ihn im Alter von vier Jahren verließ.

Wie in vielen Werken, so auch in dem 2004 publizierten Roman *Aftā dāku* (*Afterdark*, 2005), werden zwei Erzählstränge – die Welt der Protagonisten und eine Art Gegenwelt – in wechselnden Kapiteln präsentiert. In *Aftā dāku*, der Geschichte einer Nacht in der Großstadt, verlagern sich die Grenzen zwischen Wirklichkeit und Virtualität, wenn die Welt eines Zimmers mit der Welt auf dem Fernsehbildschirm zu interagieren beginnt. Für andere Romane ist die Durchlässigkeit von Mauern und Brunnenwänden typisch, womit die für M.s Narrationen charakteristischen Simulationen der Verdoppelung von Welten und das Ineinanderübergehen und Verschmelzen verschiedener Bilder ergeben.

M. kehrte nach mehrjährigem Amerikaaufenthalt 1995 wieder nach Japan zurück, was er mit dem Wunsch begründete, seinem Land in der schweren Zeit nach dem Erdbeben in Kōbe und dem Giftgasanschlag der neureligiösen Vereinigung Aum Shinrikyō beizustehen. Unter dem Titel *Andāguraundo* (1997; *Untergrundkrieg*, 2002) veröffentlichte er Interviews mit Opfern des Anschlags und setzte sich mit Japans Umgang mit der Krise auseinander. M.s umfangreiches, in zwei Folgen von acht bzw. sieben Bänden publiziertes Gesamtwerk umfasst zahlreiche Reportagen, Reiseberichte, Gespräche, vom Zeichner Anzai Mizumaru illustrierte Essays sowie Erzählungen und Kurzgeschichten, die in präziser, knapper, am amerikanischen Minimalismus orientierter Diktion witzige und melancholische Episoden entfalten und oftmals Motive der längeren Werke enthalten, die hier in konzentrierter Form durchgespielt werden. Überhaupt sind intertextuelle Bezüge charakteristisch für M.s Schreiben. Da seine Geschichten und Fiktionen sowohl vollständig real und plausibel als auch irreal und phantastisch sowie von ironischer Selbstreflexion durchzogen sind, gelten sie als postmodern. Einige Werke verweisen darüber hinaus auf eine Auseinandersetzung mit Tradition und Geschichte. Der in seinem Land zurückgezogen lebende, mehrfach preisgekrönte und in zahlreiche Sprachen übersetzte Autor wird seit den 1990er Jahren als wichtigster Repräsentant einer das Lebensgefühl der jungen Konsumgesellschaft widerspiegelnden Schriftstellergeneration betrachtet, der das Bild »japanischer« Literatur in der Welt zu prägen beginnt.

Irmela Hijiya-Kirschnereit

Murasaki Shikibu

Geb. 978? in Japan; gest. 1031? in Japan

Über das Leben von Murasaki Shikibu weiß man zu wenig, um ihre Biographie verlässlich rekonstruieren zu können. M. war die Tochter des Hofbeamten Tametoki. Er gehörte einem weniger bedeutenden Zweig der einflussreichen Familie der Fujiwara an, der aber durch seine gebildeten und literarisch talentierten Mitglieder Ansehen genoss. Das Chinesischstudium war den Männern vorbehalten; den Frauen, die nur in der japanischen Silbenschrift (*kana*) und in japanischer Poesie unterrichtet wurden, galt es als abträglich. Aber M. überflügelte ihren Bruder dabei und verleitete den Vater zu dem Ausruf (belegt in M.s Tagebuch): »Wärst du nur der Junge, wie froh würde ich da sein!« Ob literarische Begabung und Intelligenz die Heirat verhinderten, ist unklar, die Quellen lassen jedoch den Schluss zu, dass M. für damalige Verhältnisse spät, nicht vor ihrem zwanzigsten Geburtstag, vermählt wurde. Sie hatte eine Tochter, später auch eine erfolgreiche Literatin, wie im Allgemeinen der Einfluss der Frauen in der Literatur der Heian-Ära (794–1185), so im Genre der Tagebuchliteratur (*nikki*), der Romane (*monogatari*) und des japanischen Gedichts (*waka*), bemerkenswert war. Im Unterschied zu ihrer literarischen Rivalin, Sei Shōnagon (966?–1017?), Verfasserin der *Makura no sōshi* (Kopfkissenbuch), deren Verhalten und sarkastische Spottlust M. in ihrem Tagebuch *Murasaki Shikibu nikki* kritisch kommentiert, beschreibt sich die Autorin als stillen, zurückhaltenden und schwierigen Menschen. Ihre Fähigkeiten beruhen auf fundiertem Wissen, das ihr am Hof des jungen Kaiserpaars Ichijō und Akiko den ungeliebten Spitznamen »Dame der Reichsannalen« (*Nihongi no tsubone*) eingetragen hatte. In der Literaturgeschichte nimmt sie mit ihrem Werk *Genji monogatari* (*Die Geschichte vom Prinzen Genji*, 1966) eine besondere Stellung ein: M. ist die bedeutendste Literatin ihres Landes; sie war anderen Autorinnen der Zeit ein Vorbild, etwa für die namentlich nicht bekannte Verfasserin des *Sarashina nikki*, wie sich auch moderne und zeitgenössische Literatinnen (z. B. Enchi Fumiko) auf sie und die Tradition der intellektuellen Frauen am Kaiserhof der Heian-Ära berufen. Aber auch männliche Schriftsteller beziehen sich auf das *Genji monogatari* (z. B. Tanizaki Jun'ichirō).

Der umfangreiche Text (54 Kapitel) gilt als erster Roman der Weltliteratur und wird mit seiner feinen psychologischen Beobachtung und der losen, fragmentarischen und lyrischen Komposition mit Prousts *À la recherche du temps perdu* verglichen. Leitmotivisch wiederkehrende Themen sind die schicksalhaften Verknüpfungen von Liebes- und Blutsbanden und das vom buddhistischen Denken geprägte Gefühl der Vergänglichkeit der Welt und der Unbeständigkeit aller Dinge (*mujōkan*). Verdichtet wird die komplexe Struktur durch Schilderungen von Momenten ästhetischer Vollkommenheit. Die Figuren des *Genji monogatari*, zu denen Hikaru Genji (der »leuchtende Prinz«), seine Geliebten Fujitsubo, Aoi, die schöne junge Murasaki und die geheimnisvolle Dame Rokujō zählen, sind als literarische Gestalten auch heute noch eindrucksvoll. Die Ausführungen zur Etikette in Liebesbeziehungen, die Szenen, in denen Geburt und Tod beschrieben werden, ergeben einen reichen Fundus für mentalitätsgeschichtliche Studien; das religiöse Denken, zwischen Erlösungssehnsucht und Aberglauben (Geomantik, Besessenheit), ist ein interessantes Feld, dem sich die Forschung nach einer Anzahl von Untersuchungen zur Erzählstruktur zugewandt hat.

Lisette Gebhardt

Murdoch, Iris [Dame Jean]
Geb. 15. 7. 1915 in Dublin;
gest. 8. 2. 1999 in Oxford

Wenn man heutzutage von einem erkennbaren *Murdochland* spricht – analog zu Graham Greenes *Greeneland* –, oder wenn *Murdochian* ein ähnlich eingeführtes Epithet geworden ist wie *Dickensian* oder *Swiftian*, so wird damit angedeutet, dass Iris Murdochs Romanwerk über fast 40 Jahre hinweg – von ihrem Erstling *Under the Net* (1954; *Unter dem Netz*, 1957) bis zu ihrem letzten Roman *Jackson's Dilemma* (1995) – eine erstaunliche thematische wie formale Konstanz aufgewiesen hat. Zwar sind ihre Texte im Laufe der Zeit immer episch breiter und damit umfangreicher geworden – knappe 200 Seiten in den 1950er Jahren bis gut 500 Seiten in den 1980er Jahren. Dieser Umstand verdankt sich ihrer wachsenden Neigung, eine stets größer werdende Zahl von Handlungssträngen parallel- wie querlaufen zu lassen. Dennoch scheint ihr gewaltiges Œuvre von 26 Romanen Marcel Prousts Diktum zu bestätigen, wonach jeder Autor letztendlich immer nur ein- und denselben Roman schreibe. Einige Kritiker haben M. sogar vorgeworfen, dass sie ihre Texte nach einem feststehenden Texterzeugungsmodell generiere, in das sie nur je nach Lage ein paar Transformationsbefehle eingeben müsse, um einen neuen Roman mit fast denselben Figurentypen und deren Problemen zu produzieren. Doch selbst wenn die Vorstellung eines generativen Parcours von der konstanten Tiefenstruktur hin zur lediglich variierenden Oberflächenstruktur allzu mechanistisch erscheint, so ist nicht von der Hand zu weisen, dass eine Autorin, die gelernte Philosophin ist – M. lehrte bis Mitte der 1960er Jahre Philosophie in Oxford und hat im Laufe ihrer Schriftstellerkarriere immer wieder philosophische Schriften verfasst –, ihre Romantexte gleichsam von unten nach oben konzipiert, d. h. dass sie bei abstrakten philosophischen Begrifflichkeiten beginnt und diese sodann in Akten narrativer Verkörperung anhand von fiktiven menschlichen Akteuren sowie deren Handlungen in einem imaginierten Wirklichkeitskorrelat konkretisiert. Dies schließt einen durchaus beabsichtigten Didaktizismus ein, indem sie das ethische Anliegen, das sie mit ihren Texten propagieren will, wie folgt formuliert: »The importance of not assuming that one has got individuals and situations ›taped‹.« (»Die Wichtigkeit, nicht anzunehmen, daß man Individuen oder Situationen durchschaut hat.«) In der Tat knüpfen ihre Romane aufgrund dieser philosophischen Fundierung an die aufklärerische Tradition des Philosophierens in und mit dem Roman an, die Philosophen wie Voltaire, Diderot, Montesquieu oder Rousseau im 18. Jahrhundert begonnen haben.

Die semantische Leitopposition, die allen Romanen M.s zugrunde liegt, wird gebildet durch die gegenläufigen Konzepte von *necessity* und *contingency*. Notwendigkeit bezeichnet dabei alle jene Wirklichkeitskonstruktionen, die in essentialistischer Weise menschliche Charaktermerkmale und Verhaltensweisen als unabänderlich gegeben ausweisen, und zwar im Sinne der Selbstfestlegung von Subjekten hinsichtlich des eigenen Ich sowie als Fremdfestlegung anderer Subjekte, die beide einen Erwartbarkeitsrahmen des jeweiligen Verhaltens fixieren, etwa in folgender Art: In einer Situation X reagieren Ego oder Alter in der Weise Y. Kontingenz dagegen bedeutet die von der Systemerwartung abweichende Unvorhersagbarkeit und damit Zufälligkeit des Verhaltens. Die Notwendigkeit sieht M. im Wesentlichen repräsentiert durch zwei philosophische Richtungen, nämlich den linguistischen Empirismus und den Existentialismus, wobei die eine eher die konventionelle, alltagssprachlich verbürgte Solidität der Welt akzentuiert, die andere hingegen die heroische, einem Akt der bewussten Wahl sich verdankende Variante der Wirklichkeitsfestlegung darstellt. Mit den Aporien letzterer Richtung hat sie sich bereits in ihrer ein Jahr vor ihrem ersten Roman erschienenen Sartre-Monographie (*Sartre: Romantic Rationalist*, 1953) auseinandergesetzt.

Auf der Ebene der narrativen Realisierung dieser Programmatik in den Romanen schließen sich somit für die Akteure die typisierende Selbstbeschreibung und vereinnahmende Einschätzung der Menschen, die ihnen nahestehen, zum Bild einer stabilen Welt zusammen, in der das eigene Ich, der Andere sowie sämtliche Begleitumstände weitestgehend den eigenen Intentionen verfügbar sind. Der Verlauf der Handlung besteht nun darin, die vermeintliche Stabilität dieser Welt zu erschüttern, zumal jede Intention den Keim ihres Scheiterns in sich birgt. Die hauptsächlichen Realisationsfelder solcher Intentionen sind künstlerische bzw. intellektuelle Ambitionen oder hohe moralische Ansprüche an sich selbst sowie, bezogen auf den Anderen als Liebesobjekt, die implizite Annahme von dessen Verfügbarkeit. In allen Romanen stellt sich daher in krisenhaften Situationen eine Art Epiphanieerlebnis der Protagonisten ein, als dessen Folge sie buchstäblich ent-täuscht werden: Der Künstler etwa, der den großen Roman schreiben will, scheitert an seinem Unvermögen, und der untadelige *gentleman* an seiner Neigung zu unsauberen Liebesaffären. Beide stellen also mit ihrer Rollenzuweisung an sich selbst zu hohe Anforderungen an das eigene Ich, dessen wahrer Identität gegenüber sie auf eigentümliche Weise blind sind. Ähnlich verhält es sich mit den Rollenetikettierungen und Definitionsversuchen des begehrten Anderen, etwa wenn eine für grenzenlos dumm und gutmütig gehaltene Geliebte sehr wohl erkennt, wie rücksichtslos mit ihr umgegangen wird, und die Beziehung kurzerhand beendet. Das Scheitern manifestiert sich mithin als das Unerwartete, welches sich den Intentionen entzieht und das seinen Sitz hat in der jeglicher Typisierung sich widersetzenden menschlichen Identität, die sich als kontingente Größe erweist. Der Handlungsverlauf aller Romane M.s ist somit vorgegeben, indem die Akteure aus der Egozentrik und Realitätsblindheit ihrer Lebensmuster und Typisierungen, die sie sich selbst, andere und die Welt schlechthin inadäquat wahrnehmen lässt, über das Scheitern und die Einsicht in dessen Gründe zu einer neuen, ›offenen‹ Weltsicht gelangen, welche die Enge ihrer Notwendigkeitssetzungen sprengt. Der Plot, das syntagmatische Ablaufschema, erweist sich damit als doppelt geprägt: Auf der einen Seite präsentiert es sich als *plot of thought* (»Charakterhandlung«), indem mit dem »unselfing of the self« (»der Entselbstung des Selbst«) eine intellektuelle oder moralische Entwicklung vollzogen wird, auf der anderen als *romantic plot* (»Liebeshandlung«), indem die Entwicklung einer oder mehrerer Liebesbeziehungen von den Anfängen über etliche Wirrungen, Missverständnisse oder andere Liebschaften bis hin zur schließlichen Vollendung verfolgt wird. Beide sequentiellen Ordnungsschemata durchdringen einander aufgrund des doppelten Lernziels für die Protagonisten (sowie ihnen folgend, für den Rezipienten), nämlich der Ich-Erkenntnis und der Du-Respektierung. Dieses invariante Geschichtssubstrat kann nun, und hier liegt dessen Innovationspotential, in einer großen Zahl von Geschichten unterschiedlichster Art erzählt werden, wobei die Realisationsformen einen pikaresken Künstlerroman wie *Under the Net*, einen Liebesroman wie *The Sea, the Sea* (1978; *Das Meer, das Meer*, 1981), einen Kriminalroman wie *The Nice and the Good* (1968; *Lauter feine Leute*, 1968), eine *gothic novel* wie *The Unicorn* (1963), einen historischen Roman wie *The Red and the Green* (1965) oder eine Hamlet-Stilisierung wie *The Black Prince* (1973; *Der schwarze Prinz*, 1975) umfassen können.

M. ist von der Kritik wiederholt vorgeworfen worden, sie weiche zu stark von den Normalitätsannahmen des realistischen Romans ab, und in der Tat überwiegen im Verhalten ihrer Charaktere Bizarrerien wie verrückte Liebschaften, perverse Leidenschaften, Gewaltausbrüche, lebensgefährliche Risiken, perfide Intrigen usw. Dies ist jedoch erzählerisch konsequent angesichts des oben erwähnten didaktischen Ziels, die scheinbar so stabile Normalität in ihrer subjektiven Scheinhaftigkeit ansichtig zu machen, oder wie sie es formuliert hat, »to pierce the veil of selfish consciousness and join the world as it really is« (»den Schleier der Selbstbezogenheit zerreißen und die Welt so nehmen, wie sie wirklich ist«).

Die Sequenz scheiternder Lebensmuster und das abschließende Konversionserlebnis werden in den Romanen M.s häufig aus der begrenzten Perspektive eines Ich-Erzählers wiedergegeben. Die insgesamt typischere Realisationsform ist jedoch die personale Erzählweise, in der das komplizierte Durcheinander sich kreuzender Liebes- und Lebensgeschichten anhand verschiedener Reflektorfiguren in episodischer Weise wiedergegeben wird. Die blinde Ich-Befangenheit von Lebensentwürfen wird so nicht nur im handlungsmäßigen Vollzug, nämlich als Scheitern, sichtbar, sondern sie wird auch erzählerisch motiviert, indem durch die ständigen Perspektivenwechsel die parallele Alterität völlig divergenter Intentionen anschaulich gemacht werden kann, welche die Illusionshaftigkeit des jeweiligen Ich-Schemas sichtbar werden lassen.

Erhard Reckwitz

Murner, Thomas
Geb. 24.12.(?)1475 in Oberehenheim/Elsass; gest. 1537 in Oberehenheim/Elsass

»Wer die Sitten der damaligen Zeit kennen will, wer die deutsche Sprache in all ihrem Umfange studieren will, dem rate ich, die Murnerschen Gedichte fleißig zu lesen.« Der gute Rat Gotthold Ephraim Lessings ist seither wenig befolgt, darum aber nicht weniger richtig. Der Franziskaner und Humanist, Doktor der Theologie (1506) und beider Rechte (1518) kannte das Leben des Volkes und dessen Sprache. Er ist viel herumgekommen, hat an sieben Universitäten – u. a. Paris, Krakau, Wien – studiert, an vielen Orten gepredigt und sich überall, wo er auftauchte, sogleich in die geistigen Auseinandersetzungen der Zeit eingemischt. Das ergab sich aus dem volksnahen und auf das tägliche Leben gerichteten Programm seines Ordens, dem er die Errungenschaften der modernen, humanistischen Bildung zu integrieren suchte. Nicht ohne persönlichen Ehrgeiz, aber zeitlebens bestrebt, dem »gemeinen mann« nützlich zu sein, bemühte er sich vor allem um die Popularisierung von Wissenschaft und Literatur. Er verwirklicht das Vorhaben, die *Aeneis* des Vergil »zu tütschem leben zu erquicken« (1515), übersetzt die *Institutionen* des Justinian (1518) und andere Rechtsquellen, vermittelt als origineller Universitätslehrer den Lernstoff des Jurastudiums als Kartenspiel. Das trägt ihm die Verfolgung und den Hass der Zunftjuristen ein, vorab des berühmten Ulrich Zasius, der ihn einen »ungewaschenen Mann« nennt und ihn bei den universitären Behörden anschwärzt. Überzeugt von der Geltung der ständischen Hierarchie und fest auf dem Boden kirchlicher Autorität, aber volksverbunden und furchtlos in der Sache tritt M. in seinen erbaulichen Schriften, vor allem jedoch in seinen Narrensatiren gegen feudale und frühkapitalistische Ausbeutung und Unterdrückung auf. In der Verhöhnung feudaler Willkür, bürgerlicher Arroganz und Heuchelei, der von der Kirche mitverantworteten Verrohung des Alltagslebens entfesseln die *Narrenbeschwörung* und die *Schelmenzunft* (beide 1512) die schlagfertige Bildlichkeit und den sprachkritischen

Witz der zeitgenössischen Volkssprache. Es ist diese gesammelte Energie und Überredungskunst der spätmittelalterlichen Volkspredigt, durch welche M.s Satiren sich gleichwertig neben das *Narrenschiff* Sebastian Brants oder das *Lob der Torheit* des Erasmus von Rotterdam stellen. Dass er virtuos über die Fähigkeit der scheinbar naiven Selbstpersiflage und des satirischen Rollenspiels verfügte, haben ihn dann besonders seine konfessionellen Gegner nach 1520 in gehässiger Weise entgelten lassen, unter hartnäckiger Ineinssetzung von Autor und literarischer Rolle. Sein publizistischer Einsatz gegen die Reformation eskalierte denn auch rasch: Von der *christliche(n) und briederliche(n) ermanung zu dem hoch gelerten doctor Martino luter Augustiner* (1520) zur exorzistischen Austreibung der Ketzerei in *Von dem grossen Lutherischen Narren wie in doctor Murner beschworen hat* (1522), in welcher der aufs äußerste Provozierte nun alle Register seiner »schympff red« zieht. Die Mobilisierung seiner ganzen satirischen Phantasie, bei der allein der angestrebte Überredungseffekt und kaum die standesgemäße Zurückhaltung des Geistlichen die Feder führte, hat M. von seiner eigenen Seite langdauerndes Misstrauen eingebracht. Die der Reformation zuneigende Stadtregierung Straßburgs erteilte ihm 1524 Schreibverbot, und wenig später zwangen ihn empörte Anhänger Martin Luthers zur Flucht aus Oberehenheim, wo er sich zur Fortsetzung des Kampfes für den alten Glauben eine eigene Druckerei eingerichtet hatte. Er ist dann in der Schweiz konfessionspolemisch tätig gewesen und einige Jahre später in seine Vaterstadt zurückgekehrt. Es ist der bestimmende Widerspruch, vielleicht die Tragik dieses engagierten, hochbegabten Schriftstellers, dass er seiner aus den Fugen geratenen Zeit den Spiegel einer religiösen und sozialen Wertordnung vorzuhalten versuchte, die ihrerseits bereits obsolet geworden war.

Werkausgabe: Deutsche Schriften mit den Holzschnitten der Erstdrucke. Hg. unter Mitarbeit von G. Ebermeyer, E. Fuchs, P. Merker, V. Michels, W. Pfeiffer-Belli und M. Spanier von Frantz Schultz. Bd. 1–9. Berlin/Leipzig 1918–1931.

Jürgen Schutte

Murray, Les[lie] [Allan]
Geb. 17. 10. 1938 in Nabiac, New South Wales/Australien

Les Murray verbrachte seine Kindheit und Jugend auf der väterlichen Farm in einem abgelegenen ländlichen Distrikt im Norden von New South Wales. Sein Studium an der Universität Sydney beendete er 1960 ohne Abschluss, aber mit praktischen Erfahrungen als Herausgeber der Universitätszeitung *Honi Soit* sowie der hochschulinternen Literaturzeitschriften *Hermes* und *Arna*. 1963 trat er eine Stellung als Übersetzer wissenschaftlicher und technischer Fachliteratur an der Australian National University an. 1965 nahm er an der British Commonwealth Arts Festival Conference in Cardiff teil. 1967 gab er seine Übersetzertätigkeit auf und bereiste über ein Jahr lang England und den Kontinent. Zurück in Australien, nahm er sein Studium wieder auf und holte 1969 seinen Abschluss nach. Seit 1971 widmet er sich ganz dem Schreiben, wobei er seither mehr als 20 Lyrikbände, mehrere Essaysammlungen und vielbeachtete Anthologien vorgelegt hat. Von 1973 bis 1979 gab M. die Zeitschrift *Poetry Australia* heraus. Von 1976 bis 1991 war er als literarischer Berater für den Verlag Angus and Robertson tätig. 1990 wurde er Herausgeber der Zeitschrift *Quadrant*. M. gilt als die prominenteste literarische Figur Australiens. Seine internationale Reputation zeigt sich nicht nur in der Vielzahl der ihm verliehenen Preise und Ehrungen, z. B. der Ehrendoktorwürde der Universitäten von New England und New South Wales, der Aufnahme in den »Order of Australia« (1998), der Verleihung mehrerer *National Book Council Awards* und des *Australian National Poetry Award*, sondern auch darin, dass einige seiner Gedichtbände in Großbritannien und den USA veröffentlicht und ins Spanische, Italienische, Niederländische, Dänische, Schwedische, Norwegische sowie ins Deutsche übersetzt wurden (z. B. *Made in Australia*, 1994; *Fredy Neptune*, 2004). Trotz seiner internationalen Anerkennung hat M. die Verbindung zu seiner ländlichen Heimat, der er seine poetische Inspiration verdankt, nie abreißen lassen. Während seiner beruflichen Tätigkeit in Sydney pendelte er regelmäßig zwischen seinem Wohnort und seiner Farm in der Nähe des Hauses seiner Kindheit hin und her. 1986 zog er sich ganz aus Sydney nach Bunyah zurück. 1995 erhielt M. den europäischen Petrarca-Preis, 1998 die *Queen's Gold Medal for Poetry*.

M.s Œuvre umfasst die folgenden Gedichtbände: *The Ilex Tree* (1965 zusammen mit Geoffrey Lehmann) wurde mit dem *Grace Leven Prize for Poetry* ausgezeichnet; *The Weatherboard Cathedral* (1969); für Teile von *Poems Against Economics* (1972) wurde M. mit dem *Captain Cook Bicentenary Literary Competition Prize* geehrt; *Lunch & Counter Lunch* (1974); *Selected Poems: The Vernacular Republic* (1976); *Ethnic Radio* (1978); *The Boys Who Stole the Funeral* (1980, 1989, 1991) erhielt den *Grace Leven Prize for Poetry 1980*; *The Vernacular Republic: Poems 1961–1981* (1982); *Equanimities* (1982); *The People's Otherworld* (1983) gewann den *New South Wales Premier's Award*, den *Canada-Australia Literary Award*, den *Christopher Brennan Award* und die *Australian Literature Society's Gold Medal*; *Selected Poems* (1986); *The Daylight Moon* (1987, 1988); *The Idyll Wheel: Cycle of a Year at Bunyah, New South Wales, April 1986 – April 1987* (1989); *Dog Fox Field* (1990) wurde erneut mit dem *Grace Leven Prize for Poetry* ausgezeichnet; *The Rabbiter's Bounty* (1991); *Translations from the Natural World* (1992, 1994) erhielt den *New South Wales Premier's Literary Award*, den *NBC Banjo Award*, den *Victorian Premier's Literary Award*; *Subhuman Redneck Poems* (1996) wurde mit dem *T.S. Eliot Prize for Poetry* ausgezeichnet; *Fredy Neptune* (1998) gewann den *Queensland Premier's Prize for Poetry; Conscious and Verbal* (1999) und *Learning Human: Selected Poems* (2000). M. ist Herausgeber der *Anthology of Australian Religious Poetry* (1986, 1991), *The New Oxford Book of Australian Verse* (1986, 1991, 1996) und *Fivefathers* (1994), einer Sammlung mit Gedichten von fünf australischen Klassikern. M.s literatur- und gesellschaftskritische Prosa findet sich in *The Peasant Mandarin* (1978), *Persistence in Folly* (1984), *Blocks and Tackles* (1990), *The Paperbark Tree* (1992), *A Working Forest* (1997) und *The Quality of Sprawl: Thoughts About Australia* (1999). Ein wichtiger Kommentar zu seinem eigenen Schaffen ist der Beitrag,»The Human Hair-Thread«, der 1977 in der Zeitschrift *Meanjin* erschien.

M.s Gedichte und kritische Schriften durchzieht als Leitthema der Konflikt zwischen einer europäischen, urbanen Zivilisation mit ihren fragwürdigen Normen und den Werten eines ursprünglichen von indigenen Traditionen geprägten ländlichen Australien, für das er eine fast religiöse Verehrung hegt. *The Ilex Tree* schildert Erfahrungen zweier jugendlicher Sänger in einer arkadischen Umgebung. Eingeflochten sind persönliche Erlebnisse des Autors, Episoden aus der Geschichte seiner Vorfahren und Ereignisse aus dem Leben einfacher Menschen, für die M. eine besondere Sympathie empfindet. *The Weatherboard Cathedral* verweist mit seinem widersprüchlichen Titel auf das Hauptanliegen M.s, das Bewusstsein für die Einmaligkeit, ja Heiligkeit der unberührten Natur und die durch sie vermittelten spirituellen Werte zu wecken. Diese Einstellung verbindet ihn mit den »Jindyworobaks«, einer Bewegung aus den 1930er-40er Jahren, die eine genuin australische Nationalliteratur aus der Synthese von anglo-europäischen und aboriginalen Denk-, Sprech- und Formtraditionen zu erschaffen versuchte. In »Evening Alone at Bunyah«, »Blood« und »An Absolutely Ordinary Rainbow« kritisiert M. den Einbruch einer materialistischen Zivilisation, die diese natürliche Idylle zerstört. Die *Poems Against Economics* bestehen aus drei Sequenzen, deren erste preisgekrönt, deren letzte wegen ihrer oft unverständlichen Anspielungen auf keltische, afrikanische und arische Mythen als zu obskur kritisiert wurde. *Lunch & Counter Lunch* ist, obwohl reich an sprachlichen Innovationen, in einer einfacheren Diktion gehalten und beweist M.s Fähigkeit zur Gesellschaftssatire. In einigen Gedichten erfasst M. den lakonischen Sprechstil und das Idiom der Bewohner des ländlichen Australien. *Ethnic Radio* spiegelt u. a. den Einfluss des Gaelischen, der sich auch anderswo bemerkbar macht. Der wohl wichtigste

Text des Bandes ist jedoch »The Buladelah-Taree Holiday Song Cycle«, eine Sequenz von 13 Gedichten im Stil des von dem Anthropologen R.M. Berndt übersetzten »The Moon-Bone Song« aus einer der Ureinwohnersprachen des östlichen Arnhem Lands, in der M. eine bemerkenswerte Verschmelzung von uralter aboriginaler Land- und moderner weißaustralischer Stadtkultur gelingt. In ihr zeigt sich M. als Erbe der von den Jindyworobaks vertretenen Ansicht, daß die Australier europäischer Abkunft die gleiche Affinität zu ihrer Umwelt entwickeln sollten wie die Ureinwohner. *The Boys Who Stole the Funeral*, ein aus 140 Sonetten bestehender Versroman, erzählt die Geschichte zweier Jugendlicher, die den Leichnam eines Veteranen aus dem Ersten Weltkrieg von einem Friedhof in Sydney stehlen, um ihn an seinem Geburtsort weitab der Großstadt zu beerdigen. Mit *Fredy Neptune* hat M. einen weiteren Versroman vorgelegt, in dem ein Reisender die wichtigsten Zivilisationsexzesse des 20. Jahrhunderts durchlebt. *The People's Otherworld* kontrastiert Episoden aus dem Stadtleben mit solchen aus der Begegnung mit der Natur. *The Daylight Moon* setzt der Folklore des Murray-Distrikts ein Denkmal, befasst sich jedoch auch polemisch mit politischen und religiösen Fragen. *Dog Fox Field* verknüpft Klagen über Australiens Verbrechen an den Ureinwohnern mit Geschichten für Kinder. Auch aus den nachfolgenden Gedichtbänden spricht die Überzeugung des Autors, dass die moderne australische Gesellschaft geistig verarmt, wenn sie die Werte leugnet oder zerstört, die Natur und diejenigen repräsentieren, die im Einklang mit ihr leben. M. ist derjenige Gegenwartsdichter Australiens, der am überzeugendsten europäisches Denken und aboriginale Spritualität literarisch verbunden hat.

Werkausgaben: Collected Poems. Port Melbourne 1994 [1976]. – Ein ganz gewöhnlicher Regenbogen. München 1996 [Auswahl].

Horst Prießnitz

Muschg, Adolf
Geb. 13. 5. 1934 in Zollikon/Schweiz

1984 hielt M. auf einer psychoanalytischen Tagung den Vortrag über »Psychoanalyse und Manipulation«. Zur ärgerlichen Enttäuschung der einen, zur Faszination der anderen Zuhörer argumentierte er überraschend gegen das Fundament der traditionellen Psychoanalyse: Sie nehme den Weg in die Seele nur über den Kopf und lasse den Leib dabei sträflich außer Acht. Ödipus sei ein Intellektueller, der sich am Ende mit dem Wissen über sich selbst ums Leben bringe. Dagegen setzte M. einen anderen mythischen Prototyp, Orpheus. Er steht ihm für die Erfahrung der Einheit von Kopf und Leib. Gerade dann, wenn Orpheus, von den Mänaden zerrissen, in Stücken singend den Fluss hinuntertreibt, bewährt er den Zusammenhang von Geist und Natur: »Da will kein Es zum Ich werden, sondern da verteilt sich ein Ich in die Natur, im Vertrauen darauf, daß es in ihr nicht verlorengehen kann; da läßt es sich von den eigenen Es-Kräften tragen ... und sammelt die zerstreuten Glieder des Ganzen, wie seine eigenen, zum Lied.« Mit diesem Mythenspiel bekundet M. ein neues Zutrauen zu seiner Kunst: Sie möge am Ende doch noch auf ihre Weise zusammenfügen, was in seiner Literatur bisher heillos voneinander getrennt erschien – das Ich, seinen Leib und sein Leben. Dies neue Vertrauen war eine Frucht der großen Zwischenbilanz und Perspektivenänderung, die der Roman *Das Licht und der Schlüssel* (1984) darstellt. Nicht, dass M. hier Lösungen für seine Problemfragen gefunden hätte – gerade hier bleibt alles vor jeder Entscheidungsmöglichkeit in der Schwebe. Und genau das ist der Ertrag des Romans: »Die Widersprüche gelten und spielen lassen«, sie mit »Gelassenheit, Freiheit und Güte« aushalten. Die bisher im Leben gesuchte Ganzheit kommt auf diese Weise in der Kunst zustande und wird damit, so hofft M., am Ende auch zur Lebenskunst.

Bis dahin hat die Literatur M.s allerdings im Zeichen Ödipus', des kunstvoll distanzierten Intellektuellen, gestanden. Der in seiner Perfektion erstaunliche erste Roman – *Im Sommer des Hasen* (1965) – des damaligen

Göttinger Universitätsassistenten für Germanistik entwirft dafür das Grundmuster: Zum Jubiläum eines Schweizer Konzerns soll eine originelle Festschrift erscheinen. Bischof, der PR-Chef, schickt deshalb sechs Nachwuchsautoren auf einen Japan-Aufenthalt, über den sie dann berichten. Es entstehen dabei sechs Ich-Manifestationen. Bischof, seiner Rolle im Konzern überdrüssig, referiert und kommentiert diese Geschichten mit dem Interesse eines Menschen, der auf fremde Leben neugierig ist, weil er das eigene nicht hat. Am Ende schlägt er als seinen Nachfolger den Techniker Pius Gesell vor, der als einziger mit seinem Japan-Bericht gescheitert ist, weil er seine Sätze zu genau und zu wahrhaftig nimmt. Dafür hat er vermutlich das Leben. Die sprachliche Könnerschaft M.s ist im *Sommer des Hasen* bereits verblüffend. Er beherrscht nicht nur die traditionellen Erzähltechniken – vom Wechsel der Zeitebenen bis zum Motivgeflecht – souverän. Seine Sprache besitzt auch eine ungewöhnliche Assoziationsfähigkeit, was ein entdeckungsfreudiges Spiel mit semantischen Mehrdeutigkeiten erlaubt und gewohnte Identitätsgrenzen ins Fließen bringt. Allerdings verfängt sich jene wie auch in weiteren Romanen – *Gegenzauber* (1967), *Mitgespielt* (1969) – die Sprache oft in sich selbst und legt sich in »brillanten« Figuren hoch über die Dinge, ohne sie zu erreichen. Die Entfernung von dieser Artistik ist zugleich die Entwicklung des Erzählers M. Die geschieht einmal durch starke Einbeziehung der eigenen Biographie. *Albissers Grund* (1974) beschreibt den Selbstrettungsversuch des orientierungslosen Studienrates Dr. Peter Albisser in eine »linke« 68erSzene, die grotesk im endgültig Kleinbürgerlichen scheitert. Als Gegenfigur erscheint der heimatlose »Psychiater« Zerutt, mit dem eine schwache messianische Hoffnung auf aufgeklärte, selbstbestimmte Humanität überlebt. 1984 kehrt Zerutt wieder – als Vampir in *Das Licht und der Schlüssel*. Hier ist er eine gewollt totale Kunstfigur, die mit ihren Geschichten aber gerade anderen – am Ende auch sich selbst? – zu einem konkreteren Leben verhilft. Das ist natürlich auch ein Selbstentwurf des Erzählers M. Die Zurücknahme der Artistik wird am deutlichsten in den kürzeren Erzählungen, deren Reihe 1972 mit *Liebesgeschichten* beginnt. Sie geben meist einen kurzen Ausschnitt aus einem Leben: Ein Einödbauer berichtet vor Gericht vom Inzest mit seinen Töchtern, und aus seiner unbeholfenen Rede entsteht eine reine Apologie der Liebe (*Der Zusenn*). Dem Bauern Brämi hat sich die Welt entleert, und die Detonation des Dynamits, mit dem er sich in die Luft sprengt, wird hörbar als die Implosion eines Seelenvakuums (*Brämis Aussicht*). Die Konzentration auf ein einziges Thema und die Raumbegrenzung machen M.s Sprache hier einfach und eindeutig. Das hat einige Kritiker bewogen, seine Erzählungen höher als die Romane zu stellen, da sie ihren schlichteren Kunstschein offensichtlich für »wahrhaftiger« halten.

Von den Dramen M.s hat sich vor allem *Kellers Abend* (1974, Neufassung: *Nacht im Schwan*) durchgesetzt. Es ist die Nacht vor Gottfried Kellers Dienstantritt als Zürcher Staatsschreiber, für das er seine politischen Ideale und sein Dichtertum verabschieden muss, wofür er nun ein konkret Handelnder sein wird. Dies Thema hat M. auch in seiner großen *Keller-Biographie* (1977) behandelt, der Habilitationsschrift des Professors für Germanistik an der Eidgenössischen Technischen Hochschule Zürich. Wie das Keller-Buch flankieren zahlreiche literarische und kulturkritische Essays die Produktion, es sind Sprach- und Analysestücke von hohem Glanz. M.s Frankfurter Poetik-Vorlesungen *Literatur als Therapie?* (1981) sind zu Recht in ihrer Verbindung von Psychohistorie und Ästhetik »eine Poetik der Gegenwart« (Pulver) genannt worden.

M. ist in der Schweiz nach dem Tode Max Frischs und Friedrich Dürrenmatts endgültig in deren Position des kritischen Repräsentanten gerückt. Einer seiner Romane zeigt, wie M. diese Repräsentanz auffasst: als Darstellung und Kritik des Menschlich-Typischen. *Der Rote Ritter* (1992) ist eine Nacherzählung des *Parzival* Wolframs von Eschenbach, die bei aller geschichtlichen Exaktheit natürlich keine Historienmalerei sein will, sondern ein Bedeutungsspiel zwischen dem Mittelalter und unserer Gegenwart. Der Roman ist in drei Schichten angelegt. Einmal lässt er sich auf M.s eigene, autobiographisch bestimmte Thematik hinlesen: Parzival ist der vaterlose Sohn einer geistig überaus ehrgeizigen Mutter, die den Menschen den Erlöser gebären will. Als Folge dieser hybriden Bestimmung ist er »tumb« und findet erst spät als Bürgerkönig und als Liebender zu sich selbst. In einer zweiten Schicht wird die Kultur des Rittertums als eine geschlossene (allerdings überständige) Welt vorgeführt, in der kulturell und genealogisch alles miteinander zusammenhängt. Die dritte Erzählschicht ist rein sprachlich. Hier spielen die Motive und Wortbedeutungen zwischen Mittelalter und Gegenwart, jedoch wirkt der artistischen Neigung zur Mehrdeutigkeit immer auch das Streben nach Zusammenhang entgegen: »Die Welt will befestigt sein!« Wie seine ritterliche Welt ist M.s überaus reicher Roman ein sprachlich geschlossener Kosmos von bis dahin nicht erlangter Festigkeit. Zunehmend wird M. zur öffentlichen Figur – seine Reden in öffentlichen Angelegenheiten nicht nur der Schweiz nahmen nach seiner Büchnerpreisrede *Ungeheuer Mensch* (1994) zu. In *Wenn Auschwitz in der Schweiz liegt* (1997) stellte er sich gegen die Schweizer Politik, die sich weigerte, das seit den 1930er Jahren in der Schweiz liegende Vermögen jüdischer Bürger zu entschädigen. Doch war die Zustimmung auch in den Kreisen, die M. sonst gern zustimmen, nicht einhellig. In den »150 Versuchen mit dem berühmten Schweizer Echo« unter dem Titel *O mein Heimatland!* (1998) versuchte M. dann eine Klärung seines Verhältnisses zur Schweiz auch als öffentliche Person. Und 2003 wurde er gar zum Präsidenten der Akademie der Künste Berlin-Brandenburg gewählt.

Sein literarisches Werk indes wuchs langsamer als sein öffentliches Reden. In *Die Insel, die Kolumbus nicht gefunden hat* (1995) blickte er wieder zurück auf Japan, von wo er einst ausgezogen war. Und in dem Roman *Sutters Glück* (2001) erzählt er weniger vom Glück als vom Unglück: Der Gerichtsreporter Emil Gygax, nach einem »Künstler«, der sich als Mundstück der Götter oder Werkzeug der Dämonen verstand, »Sutter« genannt, hat seine Frau verloren; die krebskranke Ruth hatte sich bei Sils, mit Steinen beschwert, in einem See ertränkt. Am Ende des Romans wird Sutter im selben See erst die Urne mit Ruths Asche und dann sich selbst versenken, beschwert mit jenen Steinen, die auch Ruth in die Tiefe zogen. Ein mit zahlreichen Nebengeschichten befrachteter Roman, der von der Kritik zwiespältig aufgenommen wurde. Wie die danach erschienenen Erzählungen *Das gefangene Lächeln* (2002) und ‚*Gehen kann ich allein' und andere Liebesgeschichten* (2003) zeigen, ist M. trotz seiner öffentlichen Rollen noch immer einer der produktivsten deutschsprachigen Schriftsteller.

Manfred Dierks/Red.

Musil, Robert
Geb. 6. 11. 1880 in Klagenfurt; gest. 15. 4. 1942 in Genf

»Die Kurve meiner Geltung hat merkwürdige Spitzen und Senkungen. Mein Erfolg als Schriftsteller hat merkwürdige Begräbnisse und Auferstehungen enthalten«, resümiert der fast 60-jährige M. eine nach außen hin gescheiterte Schriftstellerkarriere, die selbst in den kurzen Phasen öffentlicher Aufmerksamkeit geprägt bleibt von weitgehendem Unverständnis eines auf äußere Sensation fixierten Publikums gegenüber einem Autor, dem Stoff und Fabel wenig, die Idee aber alles bedeutet. Schon die Geburt dieser Karriere beruht nach eigener Einschätzung weitgehend auf einem Missverständnis, gilt doch die breite Anerkennung, die sein erster Roman, *Die Verwirrungen des Zöglings Törleß* (1906), sofort nach seiner Veröffentlichung erfährt, vor allem der »mutigen« Darstellung tabuisierter Pubertätsleiden. Doch dieses Sujet ist ihm selbst nur Vorwand. Weder strebt

er mit seinem Erstling das Bekenntnis einer verstörten Seele als weiteren Beitrag zu dem von Arno Holz, Frank Wedekind u. a. präludierten »Jahrhundert des Kindes« (Ellen Key) an, noch gilt ihm, der an gesellschaftspolitischen Fragen wenig interessiert ist, die Kadettenanstalt als kritisches Modell totalitärer Gesellschaftsstruktur. Sind dem Roman auch diese Aspekte eigen, auf die eine begeisterte Kritik zielt, so sind sie doch nicht Selbstzweck, sondern lediglich Funktionen der das einzelne Darstellungsmoment übergreifenden zentralen Idee, die in der Romanebene figuriert als das Aufbrechen der gewohnten Wirklichkeit und das Sichtbarwerden einer »anderen Welt«, die sich aber, und daraus resultieren die Verwirrungen des um Erkenntnis bemühten Törleß, dem Zugriff rationaler Reflexion wie der Vermittlung gängigen Sprechens entzieht. Diese irritierende Erfahrung einer doppelten Wirklichkeit bleibt bis in den *Mann ohne Eigenschaften* hinein Grundthema des M.schen Erzählens. Begnügt sich M. in seinem ersten Roman noch mit der Feststellung der dualen Wirklichkeitsstruktur, deren Pole er später in die Begriffe »ratioid« und »nichtratioid« fasst, so zielen die folgenden Werke auf Analyse und sprachliche Vermittlungsmöglichkeiten dieser anderen Welterfahrung.

Dass M.s Bemühung um die Versprachlichung transrationaler Welterfahrung nie der modisch gewordenen Auflösung der Wirklichkeitsbindung von Sprache noch der allenthalben kursierenden Preisgabe der Vernunft selbst verfällt, verhindern nicht zuletzt die frühen Prägungen, die sein Denken in Familie und Ausbildung erfährt: Als Sohn einer altösterreichischen, gegen Sentiments jeder Art resistenten Beamten-, Ingenieurs- und Offiziersfamilie besucht er, zur Offizierslaufbahn bestimmt, ab dem vierzehnten Lebensjahr die Militäroberrealschule in Mährisch-Weißkirchen, verlässt diese jedoch vor der Ausmusterung als Offizier, studiert dann, der Familientradition folgend, Maschinenbau, legt hier sein Ingenieursexamen ab und ist schon mit 22 Jahren Volontärsassistent an der Technischen Hochschule Stuttgart. Er gibt diesen Berufsweg aber sehr bald auf, auch wenn er noch über einige Zeit hinweg naturwissenschaftlich-technische Artikel publiziert, und nimmt, während er den in Stuttgart begonnenen *Törleß* zu Ende bringt, in Berlin das Studium der Philosophie auf, insbesondere Logik und experimentelle Psychologie, und promoviert 1908 mit einer erkenntnistheoretischen Dissertation über Ernst Mach. Dem hier erworbenen Präzisionsideal bleiben sein Denken und seine Sprache auch dann verpflichtet, als er, die Sicherheit einer bürgerlichen Karriere ausschlagend, nur mehr freier Schriftsteller sein will. Folgen dieses durch den Erfolg des *Törleß* inspirierten Entschlusses sind eine lebenslange materielle Krise und der zeitweise hoffnungslose Kampf um literarische Anerkennung.

Schon sein zweites Buch, die *Vereinigungen* (1911), an dessen zwei Erzählungen M. nach eigener Auskunft zweieinhalb Jahre verzweifelt gearbeitet hat, erweist sich nicht nur als geschäftlicher Misserfolg, es wird auch durch die Kritik barsch abgelehnt; in einem später fallengelassenen Vorwort zu *Nachlaß zu Lebzeiten* (etwa 1936), rechtfertigt sich M.: »Wirkliche Dichtung unterscheidet sich von alltäglicher sofort anders: Dichte der Beziehungen (Inbeziehungen). Reinheit der Gestalt (Strenge der Form), Vermeidung alles Überflüssigen (kürzester Weg), Größe der Sprache (an einem Wort läßt sich oft der Dichter sofort fühlen), wie wir an einer eintretenden Person sofort bemerken, daß sie eine Persönlichkeit ist, fühlen wir es auf der ersten Seite eines Buchs; dann aber auch Eigenschaften wie: Erzählerischkeit, Spannen, Vorgänge, fesselndes Milieu usw. ... Persönlich bestimmt war, daß ich von Beginn an im Problem des Ehebruchs das andere das Selbstverrats gemeint hatte. Das Verhältnis des Menschen zu seinen Idealen. Wie immer aber: Ich war nicht determiniert. Ich hatte soviel Ursache, einen bestimmten Ablauf wie viele andere zu beschreiben. Da bildete sich in mir die Entscheidung, den ›maximal belasteten Weg‹ zu wählen (den Weg der kleinsten Schritte), den Weg des allmählichsten, unmerklichsten Übergangs ... Es kam aber hinzu und entschied ein anderes Prinzip. Ich habe es das der ›motivierten Schritte‹ genannt. Seine Regel ist: Lasse nichts geschehen (oder tue nichts), was nicht seelisch von Wert ist. D.h. auch: Tue nichts Kausales, tue nichts Mechanisches.« Die Breite und Rigorosität der Ablehnung trifft ihn um so empfindlicher, als diese Erzählungen ihm selbst, und darauf besteht er noch nach Jahrzehnten, gültige Verwirklichungen seines Dichtungsprogramms sind, das er dann in mehreren Essays, in denen er die Erzählungen gegen den Vorwurf der Esoterik und weltlosen Subjektivität zu rechtfertigen sucht, breiter entfaltet. Das Zwischenreich von Intellekt und Gefühl als Ziel und Gegenstand der Darstellung, »Gefühlserkenntnisse und Denkererschütterungen« als der der Kausalität entzogene Beweggrund dieser psychischen Innenwelt, die Ausnahmemoral überlebensgroßer Beispiele als Kritik moralischer Konventionen, die der Exaktheit und Genauigkeit verpflichtete Versprachlichung und damit »Eroberung« vorsprachlicher Bewusstseinszustände sind die ästhetischen Maximen seines den *Vereinigungen* eingeschriebenen Dichtungsprogramms, dessen Einzigartigkeit ihn dennoch Außenseiter bleiben lässt.

Die sozialen und politischen Umwälzungen in der Folge des Ersten Weltkriegs zwingen den bis dahin gegenüber konkreten gesellschaftlichen Zuständen gleichgültigen M. zur Auseinandersetzung mit den Ursachen und Folgen des geistigen Zusammenbruchs, als den er den Krieg begreift. Seinen Niederschlag findet dies in zahlreichen zwischen 1915 und 1923 entstehenden Essays. Die dabei gewonnenen gesellschaftstheoretischen und sozialpolitischen Einsichten bilden dann, gleichsam als Gegenpol zu der ästhetischen Welterfahrung der *Vereinigungen*, aber zusammen mit dieser, das intellektuelle Gerüst seines Hauptwerks, *Der Mann ohne Eigenschaften*, das nach 1923 fast alle schöpferischen Kräfte M.s in Anspruch nimmt. Die sich wieder mehr traditionellem Erzählstil nähernden Erzählungen, die 1924 in dem Band *Drei Frauen* zusammengefasst sind, bleiben erzählerisches Intermezzo, während das Drama *Die Schwärmer* (1921), an dem M. seit über zehn Jahren gearbeitet hat, noch dem Problemkreis der *Vereinigungen* zugehört.

Hauptthema des *Manns ohne Eigenschaften* ist für M. die Frage: »Wie soll sich ein geistiger Mensch gegenüber der Realität verhalten?« Dabei meint Realität sowohl den gegebenen Zustand, den im Roman das Gesellschaftsmodell »Kakanien« als »falsche Synthese« moderner Bewusstseinszustände repräsentiert, als auch den noch nicht verwirklichten »anderen Zustand«, dessen Realisierbarkeit im Liebesexperiment zweier sich jeder ideologischen Festlegung verweigernder Subjekte, eben des Manns ohne Eigenschaften, Ulrich, und seiner Zwillingsschwester, nachgegangen wird. Beabsichtigte M. ursprünglich, die zweifache Struktur der Wirklichkeit in einem dauernden Wechsel ihrer Pole abzubilden, entscheidet er sich letztlich für eine weitgehende Polarisierung ihrer Darstellung. So gerät der erste Band des *Manns ohne Eigenschaften*, der 1930 erscheint, in der hier entworfenen Konfrontation des »geistigen Menschen« Ulrich mit den Hauptfiguren der »Parallelaktion« zu einer in szenischer Schilderung und essayistischer Verselbständigung höchst artistisch gestalteten, satirischen Abrechnung mit den durch diese repräsentierten modernen Ideologemen und Ideologien, die, und darauf verweist die zeitliche Situierung des Geschehens ein Jahr vor Ausbruch des Ersten Weltkriegs, unausweichlich ins Chaos führen. Erst der zweite Band des *Manns ohne Eigenschaften* (1932) versucht den utopischen Gegenentwurf eines »anderen Zustands«, der, in Fortführung der Linie der *Vereinigungen*, in der Mystik einer aller Welthaltigkeit entkleideten Liebe, also wiederum im Bereich autonomer Subjektivität, gespiegelt ist. Allerdings ist das Liebesexperiment im zweiten Band nicht zu Ende geführt; die Frage, ob und inwieweit der »andere Zustand« Wirklichkeitswert gewinnen kann und so als »wahre« Synthese der getrennten Wirklichkeitszustände, deren Suche das eigentliche Bewegmoment des Gesamtromans ist, vorgestellt wird, bleibt offen. Obwohl M. zehn Jahre fast ausschließlich an der Weiterführung des *Manns ohne Eigenschaften* arbeitet, bleibt der Roman trotz seiner annähernd 2000 Seiten Fragment.

Mit dem *Mann ohne Eigenschaften* kehrt

M., der im zeitgenössischen Literaturbetrieb stets Außenseiter bleibt und sich in Wien, wo er die längste Zeit seines Lebens verbringt, mühsam mit Theaterkritiken, Essays und kleineren literarischen Arbeiten über Wasser hält, noch einmal in das Bewusstsein einer breiteren literarischen Öffentlichkeit zurück. Doch diese »Auferstehung« ist nicht von Dauer; schon 1935 veröffentlicht er in bitterer Selbstironie seinen *Nachlaß zu Lebzeiten*. Die letzten Lebensjahre im freiwilligen Schweizer Exil (ab 1938), in denen er, inzwischen ohne Verleger und weitgehend vergessen, mit manischer Besessenheit am Abschluss des *Manns ohne Eigenschaften* arbeitet, ohne diesem letztlich näher zu kommen, sind geprägt von bitterster Existenznot, und auch sein Tod löst keinen »Nachruhm« aus.

Im Gegensatz zur verweigerten Anerkennung zu Lebzeiten steht der spektakuläre Aufschwung der Musil-Rezeption nach Kriegsende, der 1952 durch die von Adolf Frisé besorgte Neuausgabe des *Manns ohne Eigenschaften* eingeleitet wird und mit wechselnden Schwerpunkten bis in die Gegenwart anhält. Der Roman, der in geradezu enzyklopädischem Ausgriff den sozialen und psychischen Voraussetzungen des Umschlags menschlicher Vernunft in die Barbarei des Ersten Weltkriegs nachzuspüren sucht, galt der gerade dem Inferno des Zweiten Weltkriegs entronnenen Nachkriegsöffentlichkeit als visionäres Deutungsmuster der stattgehabten nationalsozialistischen Raserei einerseits, wie als willkommenes Objekt intellektueller Bewältigung des eigenen Sündenfalls andererseits. Nicht zu Unrecht begriff man den *Mann ohne Eigenschaften*, jenseits des vordergründig Historischen, als »geistig-seelische Bilanz« des eigenen, des modernen Zeitalters. Damit wurde aus dem Sonderling M. nun, zehn Jahre nach seinem Tode, der im Zitat allgegenwärtige Zeitgenosse. Neben dem scharfsichtigen Denker und eloquenten Essayisten fand nun auch der Dichter M., und hier vor allem der Verfasser des die traditionelle Romanform überwindenden *Manns ohne Eigenschaften*, Würdigung, erkannte man doch nun in ihm, neben Thomas Mann, Hermann Broch u. a., einen der Ahnherren des modernen deutschen, wenn nicht, wie die zahlreichen Verweise auf Marcel Proust und James Joyce anzeigen, des modernen europäischen Romans. Trotz dieser inzwischen zum Klischee erstarrten Stilisierung zum sakrosankten »Ausnahmeautor« wurde M. ungeachtet der relativ hohen Auflagenzahlen auch nach dem Kriege nie zu einem wirklichen Publikumsautor; dafür wirkt seine Prosa auch heute noch zu konzessionslos gegenüber einem auf schnellen Konsum eingestellten Zeitgeschmack.

Werkausgabe: Gesammelte Werke in 9 Bänden. Hg. von Adolf Frisé. Reinbek bei Hamburg 1978.

Hans Jansen/Red.

Musset, Alfred de
Geb. 11. 12. 1810 in Paris;
gest. 2. 5. 1857 in Paris

Alfred de Musset entstammte einer gebildeten Adelsfamilie mit literarischen Ambitionen. Er war ein herausragender Schüler, brach aber bald seine Studien der Rechte und der Medizin ab. Stattdessen schloss er sich der Pariser *Jeunesse dorée* an und pflegte die Attitüde eines Dandys. Er fand Aufnahme in den Salons der Hauptstadt, unter anderem demjenigen von Charles Nodier, und war ab 1828 jüngstes Mitglied des Dichterkreises »Cénacle« um Victor Hugo. Unter dessen Einfluss verfasste er die *Contes d'Espagne et d'Italie* (teilw. in: *Gedichte*, 1871), die 1830 mit großem Erfolg veröffentlicht wurden. Seine ersten Versuche auf dem Theater fielen hingegen beim Publikum durch, woraufhin sich M. auf Lesedramen verlegte und sich von den formalen Beschränkungen durch die Inszenierungspraxis befreite. In der Dramen- und Gedichtsammlung *Un spectacle dans un fauteuil* (1832) vollzog er zugleich den Bruch mit seinem romantischen Übervater Hugo. M. war fortan eine Randerscheinung der französischen Romantik; er verstand es, in unterschiedlichen Gattungen eine aufgleißende Emotionalität mit stilistischer Virtuosität zu formen und ihr mit geistreicher Ironie oder auch bitterem Zynismus ein eigenes Gepräge zu verleihen.

Ab 1832 wirkte er als Mitarbeiter an der *Revue des Deux Mondes* mit, in der er immer wieder Dramen veröffentlichte. 1833 lernte er Georges Sand kennen, mit der er eine an Leidenschaft und Zerwürfnissen reiche Beziehung einging, die unter seinen zahlreichen Liebschaften nicht zuletzt aufgrund ihres literarischen Nachhalls herausragt. Die Problematik um Liebe, Eifersucht und Untreue bildet jedoch geradezu eine Konstante in M.s Werk, etwa in den Dramen *Les caprices de Marianne* (1833; *Die Launen einer Frau*, 1876) und *Fantasio* (1834; *Fantasio*, 1869). Generell ist M.s literarisches Schaffen von einer tiefen inneren Zerrissenheit geprägt. Dies gilt unter anderem für den autobiographisch inspirierten Roman *Confession d'un enfant du siècle* (1836; *Beichte eines Kindes seiner Zeit*, 1903), der die Beziehung zu Sand verarbeitet und ein literarisches Zeugnis des ›mal du siècle‹ ablegt; ferner für die nihilistischen Ausschweifungen des Titelhelden im Versepos *Rolla* (1833; *Rolla*, 1883) sowie für das historische Drama *Lorenzaccio* (1834; *Lorenzaccio*, 1876), ein Hauptwerk des Renaissancismus.

Neben den Gedichten belegen zahlreiche Prosatexte die stilistische Brillanz des Autors, etwa die *Contes et nouvelles* von 1838 (teilw. in: *Novellen*, 1904). Eine eigene Gattung bilden die unterhaltsamen bis tragischen *Proverbes dramatiques*, die bekannte Redensarten als Bühnenwerke aufgreifen, z. B. *On ne badine pas avec l'amour* (1834; *Man spielt nicht mit der Liebe*, 1834). 1852 wurde M. in die Académie française aufgenommen, doch schrieb der Autor, dessen Stücke erst ab 1847 mit Erfolg von der Comédie Française inszeniert wurden, in seinen letzten Lebensjahren nur noch wenig und litt unter den gesundheitlichen Folgen von Ausschweifungen und Alkoholismus.

Werkausgaben: Sämtliche Novellen und Erzählungen. Leipzig 1965. – Dramen. Hg. B. Guthmüller. München 1981. – Dichtungen. Heidelberg 1960.

Maximilian Gröne

Mutafčieva, Vera
Geb. 28. 3. 1929 in Sofia

Vera Mutafčieva studierte Geschichte an der Universität Sofia, arbeitete in der Orientalischen Abteilung der Nationalbibliothek und promovierte und habilitierte im Fach Osmanische Geschichte an der Bulgarischen Akademie der Wissenschaften. Sie zählt zu den meistgelesensten Schriftstellerinnen Bulgariens. Mit ihren vorwiegend historischen Romanen erfasst sie all das, was hinter der Geschichte als Wissenschaft steht – die Ziele und Beweggründe der Menschen und ihre Ängste und Zweifel. Sie schlägt eine Brücke zur Gegenwart, ohne diese primär zu benennen, sucht nach Ursachen und Gleichnissen für Situationen der Gegenwart in der Vergangenheit, stellt die Frage nach den wesentlichen Veränderungen im Charakter des Menschen. Ihr erster und vielleicht auch bedeutendster Roman *Letopis na smutnoto vreme* (1965; Chronik der Zeit der Wirren) war mehr oder weniger ein Zufallsprodukt. M. wagte sich an das bis dahin unerforschte Thema der Kărdshali, der Räuberhorden des Osmanischen Reiches, das aber von der Bulgarischen Akademie der Wissenschaften als wissenschaftlich unbedeutend abgelehnt wurde. Aus dem Material, mit dem sie »zu leben begann« und das ihr »keine Ruhe ließ«, entstand der Roman über das Osmanische Reich des ausgehenden 18. und beginnenden 19. Jahrhunderts, über »große« und »kleine« Machtbestrebungen, über die Sehnsucht nach Geborgenheit und Frieden des einfachen Volkes. Es gelang M., ein wirklichkeitsnahes und lebendiges Bild des Osmanischen Reiches zu schaffen, indem sie außerordentlich wirksam historische Ereignisse und Hintergründe mit authentischen und fiktiven Personen verknüpft.

M.s Romane umfassen ein weites Spektrum historischer Thematik – die Antike (*Alkiviad Veliki*, 1976; *Alkibiades der Große*, 1981), den mittelalterlichen bulgarischen Staat (*Poslednite Šišmanovci*, 1969; Die letzten der Šišmans), das osmanische Imperium (*Slučajat Džem*, 1966; *Spielball zwischen Kirche und Thron*, 1971), die bulgarische Wiedergeburt (*Kniga za Sofronij*, 1978; Ein Buch über Sofroni; *Procesăt 1873*, 1972; Der Prozess von 1873). Sie experimentiert mit literarischen Formen – Gerichtsdokumentation, Epopöe, Autobiographie, Essay. All ihre Bücher handeln jedoch immer in historischen Umbruchzeiten, die ungewöhnliche Menschen zu Entscheidungen zwingen, sie mit ihren scheinbar zeitlosen Zielen, Träumen, Sehnsüchten und Ängsten, fast übergangslos als Opfer und Täter zeigen. Mit den Romanen *Alkiviad Veliki* und *Alkiviad Malki* (1975; *Alkibiades der Kleine*, 1984) betrachtet sie ein Thema aus der historischen und der gegenwärtigen Perspektive. Beide, Alkibiades der Große und der Kleine, sind auf ihre Weise skrupellose Karrieristen, der eine – altgriechischer Heerführer, der andere – Wissenschaftler. Obwohl die Romane in sich geschlossen sind und außer den Vornamen der Protagonisten nichts gemeinsam haben, wird erst durch die Aufdeckung der psychischen und moralischen Beweggründe, die beide Personen zum Verrat treiben, das Anliegen M.s deutlich: Die äußeren Umstände in der Geschichte sind zwar veränderlich, der Mensch jedoch handelt unverändert.

Mit *Belot na dve răce* (1973; *Belote zu zweit*, 1977), einer Art Baustellenreport, behandelt M. zum ersten Mal eine Gegenwartsproblematik. Ohne jegliche Dialoge wird das psychische Bild einer Frau gezeichnet, die sich von traditionellen Normen löst und durch Beruf und Freunde ein neues, wirklich unabhängiges Leben beginnt. Obwohl der Roman wenig Anklang fand, zeigt er doch ein beeindruckendes Psychogramm einer Frau auf dem Weg vom Objekt zum handelnden Subjekt. Wie in der Geschichte, so besetzen auch in historischen Romanen Frauen lediglich Nebenrollen, agieren vorwiegend aus dem Hintergrund. M. zeichnet jedoch gerade im Hintergrund außerordentlich interessante Frauenbilder, die auf ihre Weise, ob als Ehefrauen oder Mütter, versuchen, ihr anscheinend vorbestimmtes Schicksal zu beeinflussen. Es sind nicht heldenhafte Taten, sondern immer die kleinen Wünsche und Hoffnungen am Rande großer Ereignisse, diese Frauen glaubhaft und lebendig werden lassen. Durch ihr psychologisches Einfühlungsvermögen, ihre wissenschaftliche Präzision bei der Wahl ihrer Themen, was ihr in totalitären Zeiten nicht immer Zuspruch einbrachte, und ihre Fähigkeit, beim Schreiben die Wissenschaftlerin zu vergessen, haben M.s Romane bis heute ihre Anziehungskraft nicht verloren.

Katrin Zemmrich

Mwangi, Meja
Geb. 1948 in Nanyuki/Kenia

Der kenianische Schriftsteller Meja Mwangi kam in einer Region zur Welt, die Anfang der 1950er Jahre zum Zentrum des Aufstands der Mau-Mau gegen die britische Kolonialbehörde wurde. Dieser Guerillakrieg ist zentraler Gegenstand im Werk des Autors.

M. war für das französische Fernsehen und den British Council tätig und arbeitete als Regieassistent Sidney Pollacks am Film OUT OF AFRICA (1987) mit. Sein zuerst erschienener Roman *Kill me quick* (1973; *Töte mich schnell*) wurde zu einem internationalen Erfolg und ermöglichte M. ein Leben als freier Autor. Einladungen in die USA und zum Horizonte-Festival 1979 nach Berlin folgten. M.s Beziehung zu Deutschland ist eng – sein Roman *Striving for the Wind* (1992; *Narben des Himmels*, 1992) erschien zunächst in deutscher Sprache, bevor er auf englisch herauskam. Für das Jugendbuch *Little White Man* (1990; *Kariuki und sein weißer Freund*, 1991), das unter dem Titel *Mzungu Boy* (2005) neu veröffentlicht wurde, erhielt M. 1992 den Deutschen Jugendliteraturpreis. Sein Dokumentarfilm ZWEIMAL KENIA (1982) wurde mit dem Adolf-Grimme-Preis ausgezeichnet. Auch M.s Roman *The Boy Gift* (2006), eine Komödie um zwei vertauschte Neugeborene und die Ambitionen eines Dorfchefs auf das Amt des Clanchefs, erschien zuerst auf deutsch unter dem Titel *Happy Valley* (2006).

M.s Prosa ist früh dem urbanen Raum gewidmet. Schon vor *Kill me quick* aber hatte M. zwei Romane über den Mau-Mau-Aufstand geschrieben, die jedoch erst später erschienen. *Taste of Death* (1975; Der Geschmack des Todes) führt die Figur eines Freiheitskämpfers ein und zeigt die Grausamkeit des Kriegs, auch des Unabhängigkeitskriegs. *Carcase for Hounds* (1974; Wie ein Aas für Hunde, 1985) schildert die Jagd der Briten auf einen Freiheitskämpfer, die ebenso scheitert wie die Freiheitsvision des Partisanen. *Kill me quick* steht am Anfang einer Trilogie über das Leben in den Slums der Großstadt und zeigt den Weg eines Jungen nach Nairobi. Dieser fristet ein Dasein als Straßenkind, und nur der Zusammenhalt in einer Jugendgruppe verhindert, dass er in die Kriminalität abgleitet. Der Roman *Going Down River Road* (1976; Nairobi, River Road, 1982) fängt ebenfalls die Atmosphäre eines Slumlebens ein. Einer der Protagonisten wird von seiner Freundin verlassen, die sich einem besserverdienenden Mann zuwendet, der andere kommt nicht voran, weil ihm seine Familie in die Stadt folgt, in der nun alle dahinvegetieren. Auch der Held im Roman *The Cockroach Dance* (1979; Der Tanz der Kakerlaken) führt eine Randexistenz in einem heruntergekommenen Viertel Nairobis. Mit Alkohol ruiniert er sein Leben vollends, er endet als Ausgestoßener der Gesellschaft. Die Hauptfiguren M.s sind Einzelgänger nach dem Vorbild US-amerikanischer Actionfilme.

Elemente der Unterhaltungskultur finden sich noch ausgeprägter im Roman *The Bushtrackers* (1979; Die Wilderer, 2001), der auf einem Drehbuchprojekt beruht, dessen Realisierung in Kenia verboten wurde. Wie in einem Kriminalroman schildert der Autor den Elfenbeinschmuggel; Spannung und Visualität sind Hauptelemente des Buches, das wieder in das ländliche Kenia führt. Anschließend legte M. drei Unterhaltungsromane vor, die auf das Lesepublikum des Westens zielten. Im Mittelpunkt von *Bread of Sorrow* (1987; Brot der Sorge) steht ein weißer Abenteurer, der vom südafrikanischen Geheimdienst ermordet wird; in *Weapon of Hunger* (1989; Mr. Rivers letztes Solo, 1995) geht es um einen westlichen Musiker, der Spendengelder nach Afrika bringen möchte, während die internationale Hilfe zum Machterhalt des Regimes missbraucht wird; und in *The Return of Shaka* (1989; Die Rückkehr des Shaka) zerbricht sich ein in den USA lebender Afrikaner den Kopf darüber, ob er in seine Heimat zurückkehren soll. Mit der lockeren Aufbereitung ernster Themen erreichte M. nicht etwa eine größere Leserschaft, vielmehr verlor er an Renommee.

Mit dem Roman *Striving for the wind* knüpfte M., was den Charakter seiner Hauptfigur angeht, an die Nairobi-Trilogie an; er porträtiert einen oft alkoholisierten Studenten, der in Gesprächen mit seinem Hund die Zeit totschlägt. Die Handlung spielt auf dem Land und zeigt, wie sich Dorfbewohner nur durch Solidarität behaupten können. Das Buch endet mit der Geburt von Zwillingen, was eine bessere Zukunft symbolisiert. Ähnlich endet *Mzungu Boy*, das zur Zeit des Mau-Mau-Aufstands spielt und von der Freundschaft eines weißen und eines schwarzen Jungen handelt, die trotz der Apartheidpolitik Bestand hat. M.s Roman *The Last Plague* (2000; Die letzte Plage, 1997) schildert die Bemühungen einer Sozialarbeiterin, in einer ländlichen Gegend Afrikas über Aids aufzuklären. Der Roman, der erneut zuerst auf deutsch und dann auf englisch erschien, ist unterhaltsam-amüsant geschrieben.

Manfred Loimeier

N

Nabokov, Vladimir
Geb. 22. 4. 1899 in St. Petersburg;
gest. 2. 7. 1977 in Montreux/Schweiz

»Spiele! Erfinde die Welt! Erfinde die Wirklichkeit!« Das Romanwerk von Vladimir Nabokov erscheint ganz im Sinne dieser Aufforderung als ein endloses Spiel einer auf Autonomie pochenden Kunst. Die Zuordnung seines Werkes zu einer Nationalliteratur erweist sich als schwierig, wenn nicht unmöglich. Zwar beginnt N. seine schriftstellerische Tätigkeit in der russischen Muttersprache und wechselt erst nach der Emigration in die USA 1937 zum Amerikanischen, dennoch kann er am ehesten als Weltbürger oder noch besser als Emigrant in der Welt der Fiktionen bezeichnet werden. Die frühen russischen Romane übertrug N. entweder selbst ins Amerikanische oder er überprüfte die Übersetzungen. Erst mit Beginn der Perestrojka im Jahr 1984 erschien sein Werk auch in der UdSSR. Erste Gedichte, Dramen, Erzählungen und Romane veröffentlichte er unter dem Pseudonym V. Sirin ab 1919 in der Berliner Emigration. Mit der Übersiedlung in die USA sicherte er seine finanzielle Existenz durch englische Übersetzungen aus dem Russischen, 1948 erhielt er eine Professur für Vergleichende Literaturwissenschaften an der Universität von Cornell.

Mit der Publikation des Skandalromans *Lolita* (1955; *Lolita*, 1959) wurde N. über Nacht berühmt. Der wegen Mordes angeklagte Erzähler Humbert Humbert verfasst eine Art Verteidigungsschrift für das Gericht, in der er ausgehend von seiner Obsession für junge Mädchen (Nymphen) den Gang der Ereignisse bis zum Mord an einem verhassten Nebenbuhler schildert. Indem er ihre Mutter heiratet, gelingt es Humbert, als vermeintlich liebevoller Vater in die Nähe von Dolores (Lolita) zu gelangen. Nach dem Tod der Mutter wird das Mädchen die Gespielin seiner sexuellen Begierden. Der Vorwurf, es handele sich bei *Lolita* um Pornographie, verkennt die ästhetische Dimension der Kunst grundlegend. Die Besonderheit des Romans liegt im Grundkonflikt, eine moralisch verwerfliche Tat durch formale und sprachliche Gestaltung im Ästhetischen zu überhöhen und damit den Antagonismus von Inhalt und Form in den Fokus zu rücken. Mit dem Skandalerfolg eroberte N. den amerikanischen Literaturmarkt.

Sein nur in Emigrantenkreisen bekanntes russisches Frühwerk wurde erst spät einem breiten Lesepublikum bekannt. Hierzu gehört der Roman *Zaščta Lužina* (1929; *Lushins Verteidigung*, 1961), der das Leben eines Schachgroßmeisters an der Grenze von Genie und Wahnsinn beschreibt und N.s Ruhm in der Emigration begründete. Die unerschöpfliche Kombinierbarkeit macht das Schachspiel zur künstlerischen Disziplin und Pendant der Literatur schlechthin. Allerdings lauert hier wie in der Literatur auch die Gefahr der Vertauschung von Möglichkeit und Wirklichkeit in den Verstrickungen der unkontrollierbaren und zugleich austauschbaren Obsession. Kurzzeitig verdrängt die Liebe zu einer jungen Frau das Schachspiel aus Luchins Leben, allerdings nur, um vehement erneut Tribut zu fordern. Der Großmeister begreift sich selbst als Figur im Welt-Spiel und sieht im Freitod die einzige Möglichkeit, dem Schachmatt zu entrinnen.

Eine doppelte Wirklichkeit konstituiert N. auch im Roman *Sogljadataj* (1930; *Der Späher*, 1985). Der anonyme Ich-Erzähler ist ganz Beobachter, seine Absicht ist es, aus den Bildern der anderen den wahren Smurow zu erkennen. Der Roman schildert diese Recherche, die den Protagonisten durch die »Spiegelhöhle« zur Erkenntnis der eigenen Doppelexistenz führt. Beobachteter und Beobachtender sind identisch. Damit entfaltet N. den Nukleus einer für sein Werk charakteristischen Zwei-Welten-Kosmologie, die im Laufe der Zeit immer weiter wuchert und Schicht um Schicht hinzufügt. So in *Priglašene na kazn'* (1935; *Einladung zur Enthauptung*, 1970): Ein junger Mann wird in einer fernen Zeit, die sich durch die Müdigkeit der Materie auszeichnet, unter dem Vorwurf, er sei nicht wie alle anderen, nämlich opak, eingesperrt. Seine Andersartigkeit erkennt Cincinnatus C. in jungen Jahren, als er abweichend von der Norm die Sprache nicht als reine Nomenklatur begreift. Seine Straftat trägt damit deutlich die Insignien des Künstlers und findet weitere Konturen in einer Binnengeschichte der Handlung bei der Auseinandersetzung mit dem realistischen Kunstkonzept. Das Erzählen changiert auf mehreren Ebenen und verbindet sich durch unmarkierte abrupte Wechsel zu einem unauflösbaren Geflecht. Cincinnatus fristet seine letzten Tage in einer Gefängniswelt mit absurden Regeln. Beispielsweise gräbt sich der Scharfrichter (M. Pièrre) mit der Begründung durch einen Tunnel in seine Zelle, mit seinem Amt sei notwendigerweise die Freundschaft mit dem Delinquenten verbunden. In einem Festzug wird Cincinnatus zum Richtplatz geführt und entscheidet sich dort, die Farce nicht länger mitzuspielen. Die Maskerade, das Theater und das Spiel gehören zum Formenkanon des Romans, der für Cincinnatus positiv, nämlich utopisch mit der Aussicht auf ein Leben unter seinesgleichen, endet.

Die Hauptfigur des Romans *Dar* (1937; *Die Gabe*, 1993) ist ausdrücklich Künstler. Aus dem Zusammenspiel von Werk und Leben – der misslingenden Niederschrift der Lebensgeschichte des Vaters und der gelingenden Biographie über einen Literaturkritiker – findet Fedor Godunow-Tscherdynzew seinen Weg zur Schriftstellerei. Über einen Kunstgriff – zu den Passionen des Vaters gehört das Rezitieren von Puškin – führt N. dichtungstheoretische Betrachtungen in den Roman ein. An diese biographischen Projekte knüpft der erste Roman in englischer Sprache *The Real Life of Sebastian Knight* (1941; *Das wahre Leben des Sebastian Knight*, 1960) insofern an, als es sich um die fiktive Biographie eines Schriftstellers handelt, die von dessen Halbbruder V. geschrieben wird. Die Biographie dokumentiert dabei nicht das Leben von Sebastian Knight, sondern die Recherche des Bruders und seine Versuche, die künstlerischen Kompositionsmethoden der Romane von Knight in Abgrenzung zur Literaturkritik zu erläutern. Dabei entfaltet der Roman ein Kaleidoskop von Geschichten, darunter auch die Grundidee zu *Pale Fire* (1952). Dagegen ist der Roman *Bend Sinister* (1947; *Bastardzeichen*, 1962) eine direkte Auseinandersetzung mit totalitären Systemen. Nach dem Sturz der gewählten Regierung durch eine politische Bewegung mit dem Namen »Ekwillismus« ergreift der Diktator Punduk die Macht. Die Doktrin sieht die völlige geistige Gleichschaltung vor. Zum Gegenspieler wird die Hauptfigur des Romans, der Philosophieprofessor Adam Krug. Punduk setzt als Erpressungsmittel den achtjährigen Sohn von Krug ein. Durch eine Verwechslung bekommen die Schergen des Diktators jedoch ein anderes Kind in ihre Gewalt und ermorden es. Bevor Krug bei einem Attentatsversuch gegen Punduk stirbt, erkennt er, dass er die Schöpfung eines Autors ist. Mit dem Schluss löst N. den scheinbar eindeutigen politischen Bezug erneut im Fiktiven auf. Seiner eignen Aussage zufolge hat die »Zerstörung der Freiheit stapelweise Seiten aus der Vergangenheit gerissen«, und der Leser von N.s Werk kann sich des Eindrucks kaum erwehren, dass es ihm um das Schließen dieser Lücken durch die schillerndsten Fiktionen geht. Einer dieser Versuche spielt in der Phantasiewelt Antiterra und bedient das historische Genre in Form einer Familienchronik.

Der Roman *Ada or Ardor* (1969; *Ada oder Das Verlangen*, 1974) ist die Geschichte der inzestuösen Beziehung zwischen Van Veen und seiner Schwester Ada und zugleich Form- und Zeitexperiment. Van Veen beginnt im Alter von 90 Jahren seinen Lebensbericht, der auf den ersten Blick konventionell erzählt scheint, doch mischt sich nicht nur der Herausgeber Ronald Oranger, sondern auch Ada mit Kommentierungen ein. Der Roman ist ein exzentrisches, schillerndes Sprachlabyrinth, das auf der unmittelbaren Textebene durch Buchstabenlegespiele initiiert wird, die auf tiefergehende Schichten und Beziehungsgeflechte der Protagonisten abzielen. N.s letzter Roman *Look at the Harlequins* (1974; *Sieh doch die Harlequins!*, 1979) ist die Lebensbeichte des Schriftstellers Vadim Vadimovitch, der seinen Nachnamen vergessen hat und beim Nachdenken auf »Naborcroft« kommt. N. erfindet hier einen Schriftsteller, der nicht nur sein Werk verfasst haben will, sondern auch unübersehbare Ähnlichkeiten mit den Protagonisten seines Werkes aufweist, mit Humbert oder auch mit Van Veen. Themen des Romans sind Liebesbeziehungen und Schreibexzesse, wobei die Letzteren vor dem Wahnsinn bewahren, jedoch auch jede Differenz von Wirklichkeit und Fiktion auflösen.

Unter dem Titel *Lectures on Literature* (1980; *Die Kunst des Lesens*, 1983) veröffentlichte N. die Vorlesungen aus seiner Professorenzeit. Die Vorträge sind eine Mischung aus unorthodoxen und originellen Einführungen in ausgewählte Romane der bedeutendsten Klassiker (Austen, Proust, Kafka, Joyce) und gleichzeitig Kommentar zum eigenen Werk. Im Vordergrund steht, was er selbst an der Literatur schätzte und mit seinem Werk zu verwirklichen wusste: Die vielgestaltigen Welten der Fiktionen in Form- und Sprachexperimenten bringen eine Bibel für Literaturliebhaber hervor.

Werkausgabe: Gesammelte Werke. 23 Bde. Hg. D. Zimmer. Reinbek 1989ff.

Angelika Baumgart

Nádas, Péter
Geb. 14. 10. 1942 in Budapest

»Nicht, daß man auch nur irgend etwas vergessen könnte«, heißt es schon auf der ersten Seite des großen Romans des ungarischen Erzählers und Dramatikers Péter Nádas *Emlékiratok könyve* (1986; *Buch der Erinnerung*, 1991). Sein ganzes Werk steht im Zeichen der Erinnerung an unvergessliche Erschütterungen im 20. Jahrhundert. Die jüdischen Eltern entstammten einer noch scheinbar heilen Welt, der Vater einer wohlhabenden bürgerlichen Familie, die Mutter einer sozialdemokratischen Arbeiterfamilie. Der Vater wurde nach der kommunistischen Machtergreifung 1948 Parteifunktionär. N.' Kindheit fiel in die düsteren Jahre der stalinistischen Diktatur, in die Zeit des auch vom Vater unterstützten Regime Rákosis. Das Trauma der Revolution von 1956 erlebte er im empfindlichsten Alter. Nach dem frühen Tod der Eltern begann er sein selbstständiges Leben im sozialistisch konsolidierten Ungarn als Fotoreporter. Einige Jahre arbeitete er als Journalist bei einer Regionalzeitung.

Ab 1965 publizierte er literarische Werke, gehörte aber lange noch zu den Autoren, die von der sozialistischen Kulturpolitik und der ihr untergeordneten Kritik argwöhnisch beobachtet und in der Publikation gehindert wurden. Das Misstrauen galt weniger der Form: N. trat fast als einziger seiner Generation mit klassisch geschlossenen und gedrängten, formal und sprachlich disziplinierten Erzählwerken hervor. Neu und provozierend war hingegen ihre ethische und intellektuelle Rigorosität und die Eindringlichkeit, mit der die Zustände und menschliches Verhalten im Zusammenhang mit ihren gesellschaftlichen Wurzeln analysiert wurden. Die teilweise autobiographisch motivierten und in der jüngsten Vergangenheit spielenden Erzählungen behandeln nicht nach den üblichen Schemata zeitkritisch den öffentlich-politischen Bereich – was damals aus Gründen der Zensur sowieso nur beschränkt möglich gewesen wäre –, sondern konzentrieren sich auf das Innere ihrer Protagonisten, die oft Kinder sind, und reflektieren die moralischen Spannungen der 1950er Jahre, die tragischen Konflikte von Macht und Ausgeliefertsein, in deren seelischen Regungen, so etwa in *A Biblia* (1967) und *Kulcskereső játék* (1969; dt. in: *Minotaurus*, 1997).

1969 bis 1972 schrieb N. seinen ersten Roman *Egy családregény vége* (*Ende eines Familienromans*, 1979, 1993), der wegen Bedenken der Parteizensur erst 1977 erscheinen konnte. N. geht darin von den Motiven seiner Erzählungen aus, funktioniert sie jedoch um und erhöht sie, indem er sie zu Elementen einer mehrschichtigen Romanstruktur macht. Durch ihre formalen und inhaltlichen Zusammenhänge erhält der Roman sowohl mythische als auch geschichtliche und gattungsspezifische Bedeutungen. *Egy családregény vége* erzählt nicht nur vom Ende eines jahrtausendealten Geschlechtes, sondern hebt auch sich selbst, als Versuch zur Gattung Roman, allmählich auf. Die Familie steht für die jüdisch-christliche Tradition, die Geschichte über das Ende der Familie ist zugleich eine Leidensgeschichte über das endgültige und trostlose Scheitern dieser Tradition. Im Mittelpunkt steht ein etwa zehnjähriger Junge, der sich Anfang der 1950er Jahre in seinem Elternhaus auf die ihn umgebende Welt besinnt. In der Ich-Form als innerer Monolog erzählt, sind die Elemente der Handlung nicht in linearer Zeitfolge aneinandergereiht, sondern stehen im Bewusstsein des Kindes gleichsam zeitlos nebeneinander, um symbolisch-mythische Beziehungen untereinander anzudeuten. Durch die biblisch-mythische Perspektive wird das Böse der stalinistischen Diktatur ins Monströse gesteigert und geschichtsphilosophisch gedeutet. Es erscheint als der Endpunkt eines verhängnisvollen Säkularisations- und Verfremdungsprozesses, der den Menschen vollkommen entwurzelt und einer unpersönlichen und totalitären Machtmaschinerie ausliefert.

In der zweiten Hälfte der 1970er Jahre widmete sich N. vor allem dem Theater. Er schrieb nacheinander drei Stücke, die eine Art Trilogie bilden. Aus politischen wie auch aus kulturellen Gründen hatte N. jedoch Schwierigkeiten, sie auf die Bühne zu bringen. Das rituelle Theater, das er vertrat, war dem konventionellen Theaterverständnis fremd. In *Takarítás* (1977; *Aufräumung*, in: *Ohne Pause*, 1999) treten die Witwe eines kommunistischen Märtyrers, ihr Pflegesohn und eine junge Putzfrau im Rahmen eines Großreinemachens auf, das zugleich ein Aufräumen in der Vergangenheit, in den Seelen ist. Das Vergangene wird nicht nur in Worten heraufbeschworen, sondern auch rituell neu durchlebt. In *Találkozás* (1979; *Begegnung*, in: *Ohne Pause*) begegnet eine Frau mittleren Alters einem jungen Mann, dem Sohn ihres ehemaligen Geliebten, der sie in den dunklen 1950er Jahren als Staatsanwalt verraten und fast zugrundegerichtet hat. Das Heraufbeschwören der Vergangenheit und das rituelle Ausspielen der einstigen Liebe zwischen der Frau und dem Vater führt schließlich zur Versöhnung. Im dritten Stück, *Temetés* (1980; *Bestattung*, in: *Ohne Pause*), ist nicht nur die dramatische Handlung, sondern auch das Rollenspiel auf ein Minimum reduziert. Die Bühne ist hier nichts anderes als pure Bühne, die beiden Personen, der Schauspieler und die Schauspielerin sind mit sich selbst identisch. Sie erblicken den auf der Bühne stehenden Särgen ihren unausweichlichen Tod und versuchen, ihn mit verschiedenen Übungen, Bewegungen, Dialogen und Szenenansätzen hinauszuzögern.

Elf Jahre lang, von 1974 bis 1985 arbeitete N. an seinem großen Roman *Emlékiratok könyve*, der drei parallele, ineinander verschachtelte Memoiren umfasst, deren einzelne Kapitel abwechselnd aufeinander folgen, so dass drei Ich-Erzähler in neunzehn Kapiteln jeweils sechsmal zu Wort kommen. Eine Ebene der Erinnerung ist im Ungarn der 1950er Jahre angesiedelt und beschwört eine ähnliche Kindheit herauf wie *Egy családregény vége*: Ein Junge sucht in schweren Krisen seine Identität. Dieser Handlungsstrang endet mit der Revolution von 1956, die den Selbstmord des Vaters und die endgültige Loslösung des Sohnes von der Familie herbeiführt. Die Kapitel der zweiten Ebene der Erinnerungen spielen im Ostberlin der 1970er Jahre sowie im Ostseebad Heiligendamm. Der Erzähler ist ein junger

Ungar, der in all seinen Identifikationsversuchen gescheitert ist, alle Bindungen abgestreift hat und nun leer und ziellos als Stipendiat in der DDR weilt. Er unterhält zwei Liebesbeziehungen: zu einer Schauspielerin und zu einem jungen Deutschen. Schließlich stellt sich heraus, dass er und der Junge aus den 1950er Jahren ein und dieselbe Person sind. In Heiligendamm erleidet er eine Persönlichkeitsspaltung und träumt sich in die Figur eines deutschen – an den jungen Thomas Mann erinnernden – Schriftstellers hinein. Auf der dritten Ebene sind dessen fiktive Aufzeichnungen aus der Zeit der Jahrhundertwende zu lesen, die aber tatsächlich ebenfalls vom gleichen Erzähler stammen. Die einzelnen Erinnerungsebenen bilden mehr oder weniger in sich geschlossene Erzählungen, die eine relative selbständige Gültigkeit besitzen und die Spannung ihrer inneren Welt unversehrt über die eingeschobenen Teile hinweg für die Fortsetzung bewahren. Im Stoff und in der Bearbeitung der drei Erinnerungen gibt es jedoch auch gemeinsame Motive, deren wahre Bedeutung für die Romanwelt erst in ihren Spiegelungen, in dem Bezugssystem ihrer mehrschichtigen Parallelität entsteht. Die drei Varianten des Erzählens offenbaren ein gemeinsames Problem: Der Erzähler kommt mit den tabuisierten Regionen seines Selbst, seiner Vergangenheit, seines Unbewussten, seiner Instinkte und seines Körpers nicht zurecht. Die Erweiterung der Persönlichkeit durch die Erinnerung missglückt: Das Unternehmen des verdreifachten Erzählers scheitert, am Ende wird er sogar ermordet.

Nach diesem großen Roman hat N. mehrere Essaybände veröffentlicht, unter anderem *Játéktér* (1988; Spielraum) und *Az égi és földi szerelemről* (1991; *Von der himmlischen und der irdischen Liebe*, 1994). *Évkönyv* (1989; *Der Lebensläufer. Ein Jahrbuch*, 1995) ist eine Mischung aus tagebuchartigen und essayistischen Aufzeichnungen. *Saját halál* (2004; *Der eigene Tod*, 2002) ist ein ergreifender Bericht über die Todesnähe, die N. infolge eines Herzanfalls erfahren hatte – dem Text sind etwa 150 Fotos N.' von einem alten Wildbirnbaum im Wandel der Jahreszeiten gegenübergestellt.

Miklós Györffy

Nadolny, Sten
Geb. 29. 7. 1942 in Zehdenick an der Havel

»Der Romancier als Historiker« betitelte die *Neue Zürcher Zeitung* eine Besprechung des aktuellen Romans von N. (*Ullsteinroman*, 2003), in dem – eine Auftragsarbeit – die Verlegerfamilie Ullstein porträtiert wird. Doch diese Schriftstellerlaufbahn begann unter den genau umgekehrten Vorzeichen: N. hatte in den 1970er Jahren zunächst bei Thomas Nipperdey, einem der bedeutendsten liberal-konservativen Historiker der Bundesrepublik, über die Genfer Abrüstungskonferenz 1932/33 promoviert, bevor er 1981 mit dem Roman *Netzkarte* sein literarisches Debüt vorlegte. Nach Tätigkeiten als Geschichtslehrer, Drehbuchautor und Aufnahmeleiter trat er damit in die Fußstapfen seiner Eltern Isabella und Burkhard N. sowie seines Großvaters Rudolf N., die allesamt Schriftsteller waren.

Erste Bekanntheit erlangte N. durch den Gewinn des Ingeborg-Bachmann-Preises 1980. Nicht ohne Sinn für medienwirksame Gesten teilte er das Preisgeld von 100.000 Schilling unter allen teilnehmenden Autoren auf und protestierte damit gegen den »schädlichen Wettbewerbscharakter« der Klagenfurter Veranstaltung. Gelesen hatte er aus *Die Entdeckung der Langsamkeit*, einem historischen Roman über den britischen Entdecker Sir John Franklin (1786–1847), der erst 1983 erschien. Das Buch wurde zum Bestseller (allein die deutsche Ausgabe fand bis heute 1,6 Mio. Käufer) und gilt als typisch postmoderner Roman. Der Autor nimmt die Vita Franklins zum Anlass, das Panorama eines sich beschleunigenden Zeitalters zu entwerfen. Gattung und Thema des Romans sind somit nur vordergründig die historische Biographie: N. bezieht mit seinem Werk Stellung zum heraufkommenden elektronischen Zeitalter, das geprägt ist von Fortschrittsglaube, Informationsflut und rasanten technologischen Entwicklungen bei gleichzeitigem Verlust an Lebensqualität. Der Antiheld Franklin versucht, den rapiden Veränderungen seiner Epoche sein Handikap, eine ausgeprägte Langsamkeit, entgegenzusetzen – eine Strategie, die die ausgesprochene Sympathie des Autors hat. Bedächtigkeit, genaue Beobachtung und ein deutlich der Gegenwart entstammender Pazifismus werden hier zu Alternativen des modernen Machbarkeitswahns aufgebaut. Das schriftstellerische Vorgehen N.s kombiniert dabei sowohl die Genauigkeit des gelernten Historikers als auch den jede Szene zum Einzelbild auflösenden Blick des ehemaligen Filmschaffenden. Für diese »Ursprungsgeschichte unserer heutigen Welt« (Wolfgang Bunzel) wurde N. 1984 mit dem Preis der Förderaktion für zeitgenössische Autoren, 1985 mit dem Hans-Fallada-Preis und 1986 mit dem Premio Vallombrosa ausgezeichnet. 1990 folgte die Aufnahme in die Bayerische Akademie der Schönen Künste; 1995 erhielt er den Ernst-Hoferichter-Preis für sein Gesamtwerk, bei dessen Verleihung N. ausführte: »Für ein bestimmtes Buch anerkannt und preiswürdig gefunden zu werden, ist schön –, aber als Schriftsteller *ganz* zusammen mit allen Frechheiten, Ratlosigkeiten, Irrtümern und Fehlern wahrgenommen zu werden (wobei diese mit den Vorzügen meist eng zusammenhängen), das will ich Glück nennen.« Dieses Glück ist N. bislang versagt geblieben. Mit der Verknüpfung von spannender, witziger Unterhaltung und literarischem Anspruch, die sich durch sein gesamtes Werk zieht, tut sich die deutsche Literaturkritik schwer. Auch das riesige Lesepublikum seines Welterfolges konnte N. mit den nachfolgenden Romanen *Selim oder Die Gabe der Rede* (1990), *Ein Gott der Frechheit* (1994) und *Er oder ich* (1999) nicht wiedergewinnen. Letzterer knüpft thematisch an den Erstling *Netzkarte* an: In beiden Geschichten macht sich der Protagonist frei von konkreten Zielen und begibt sich, ausgestattet mit einer Netzkarte der Deutschen Bahn, auf eine Flucht zu sich selbst. Überhaupt sind alle Hauptfiguren in diesen Werken – ob als Bahnpassagiere, Polarforscher, Ausländer in der Fremde oder Götter unter Menschen – Reisende auf der Suche. Sie finden dabei zwar in der Regel nicht das Gesuchte, entdecken jedoch Neues im Anderen und an sich selbst. N.s Helden sind

»Taugenichtse« (Thomas Überhoff) im romantischen Sinne, die dem ewigen Streben nach Leistung, Erfolg und Gewinn nicht entsprechen.

In *Selim* wird eine deutsch-türkische Freundschaft grundiert vom Verlauf der studentischen Protestbewegung in Westdeutschland von 1965 bis 1989, gleichzeitig handelt diese humorvolle Geschichte von der Gabe des Erzählens: Der verkniffene Intellektuelle Alexander versucht, sich rhetorische Methoden anzueignen; der Fabulier- und Lebenskünstler Selim wendet dagegen eine ebenso alte wie (im Vergleich zum modernen Mediengeschäft) humane Kunst an, indem er spannende und bunt ausgeschmückte Geschichten erfindet, die zum Zuhören einladen. Während in *Entdeckung der Langsamkeit* die konsequente Verzögerung von Wahrnehmung und Reaktion so manche Gefahr bannen hilft, wird in *Selim* das interkulturelle Gespräch propagiert, um Barrieren zu überwinden – zwei »Botschaften«, die in *Ein Gott der Frechheit* neu variiert und durchgespielt werden. So sind die von N. verfassten Bücher immer »Thesenromane« (Ralph Kohpeiß); sie werden durch eine Idee, gar ein gesellschaftliches Ideal motiviert, das auch die jeweilige Schreibweise und Struktur des Werkes vorgibt.

In dieser Hinsicht sind alle Romane N.s miteinander verwandt. Sie entwerfen mit viel Ironie Gegenbilder zur Dominanz von Rationalität und Technologie in der Moderne: Reiselust und Erfahrung des Fremden, die ebenso detailgenaue wie genießende Wahrnehmung der Welt, fröhliche Anarchie und ein gewisser Hedonismus werden als alternative Werte propagiert. Deutliche autobiographische und zeitgeschichtliche Bezüge durchziehen die Bücher N.s. Narrativierung ist dabei für den Schriftsteller sowohl inhaltlich als auch handwerklich eine Strategie, sich Neues sinnlich anzueignen: »Ich weiß über mich nicht alles, das ist eine meiner Chancen« (*Selim*). Der spielerische Umgang mit intertextuellen Verweisen, die unbefangene Kombination literarischer Genres und Techniken sowie Grenzüberschreitungen zum vermeintlich Trivialen weisen N. als postmodernen Autor aus. Die vielschichtigen Erzählstrukturen seiner Werke spiegeln den Vorgang des Schreibens selbst, plakativ verdeutlicht hat er dies im Comic *Amnea oder: Die fliegende Teekanne* (2001). Essays über das eigene Verständnis als Schriftsteller legte N. mit seinen Münchener und Göttinger Poetik-Vorlesungen in *Das Erzählen und die guten Ideen* (2001) vor.

Matthias N. Lorenz

Naipaul, V[idiadhar] S[urajprasad]
Geb. 17. 8. 1932 in Chaguanas, Trinidad

V. S. Naipaul ist für sein Schaffen vielfach ausgezeichnet worden. Nach dem *Booker Prize* (1971) wurden ihm 2001 der Nobelpreis und 2002 der Friedenspreis des Deutschen Buchhandels verliehen; Königin Elizabeth II schlug ihn 1990 zum Ritter. Er lebt in Wiltshire, England. Sir Vidia, der Trinidader und Weltbürger, gehört zu den bedeutendsten lebenden Autoren der postkolonialen anglophonen Welt. Als der Kolumbianer Gabriel García Márquez den Literaturnobelpreis erhielt, verwies er, der sich als karibischer Autor versteht, spontan auf das ihm ebenbürtig (und preiswürdig) erscheinende umfangreiche Werk seines Kollegen N. Das Œuvre N.s kann in zwei große Kategorien eingeteilt werden, in belletristische Prosa (Kurzgeschichten und Romane) und in Reiseliteratur, *travelogues*. Sein essayistisches Werk ist wesentlich weniger umfangreich, hat ihm jedoch gerade in der karibischen Region nachhaltige Kritik eingebracht, die sich, weniger virulent, auch gegen sein Werk insgesamt richtete. Der damalige Premierminister von Trinidad und Tobago, Eric Williams, hatte bei N. einen Essayband über die Karibik in Auftrag gegeben, was in *The Middle Passage* (1962; *Auf der Sklavenroute. Meine Reise nach Westindien*, 1999) münden sollte. Im Titeles-

say stellte N. die Frage: »How can the history of this West Indian futility be told?« Und beantwortete sie u. a. folgendermaßen: »The history of the islands can never be told satisfactorily. Brutality is not the only difficulty. History is built around achievement and creation; and nothing was created in the West Indies.« N. wurde vor allem von karibischen Kritikern, einem Teil seiner Schriftstellerkollegen und vom linken Literaturestablishment in den USA und in Europa schlicht des Verrats an der eigenen Herkunft und Kultur bezichtigt und als Knecht der Kolonialherren gebrandmarkt. Erst in den 1980er Jahren wurde dieses Negativbild von einer differenzierteren Beurteilung abgelöst.

N. hatte vor allem in den ersten zwanzig Jahren seines Schaffens mit einer Mischung aus Humor und Satire sowie *local color* karibische Mentalität, Gesellschaft, Politik, die Mimikry in der Nachahmung der Kolonialherren wie die zwangsläufigen Fehlschläge in der Bemühung um Eigenständigkeit gegeißelt. In seinen auf Trinidad angesiedelten Romanen *The Mystic Masseur* (1957; *Der mystische Masseur*, 1984) und *The Suffrage of Elvira* (1958) scheitern seine Charaktere an den Umständen, in denen sie leben und arbeiten, gegen die sie aber auch nichts unternehmen. In *The Mimic Men* (1967; *Herr und Sklave*, 1974), einem seiner unerbittlichsten fiktionalen Texte, erzählt der alte Ralph Singh seine Lebensgeschichte als gescheiterter, kolonialer Politiker, der keine Prinzipien außer seinem eigenen Wohlergehen kennt, im Spannungsfeld zwischen England und der Karibik orientierungslos hin und her pendelt und erst in der literarischen Verarbeitung seiner Lebenserfahrung zu sinnvollem Tun findet. Auch in dem Roman *Guerillas* (1975; *Guerillas*, 1989), der auf einer nicht genannten, aber unschwer als Trinidad auszumachenden Insel spielt, setzt er sich kritisch mit radikalisierten Formen eines Dritte-Welt-Bewusstseins auseinander, wobei vor allem in der Figur des hysterischen Psychopathen und Schwarzen Moslems Jimmy Ahmed das Ausleben eines zunächst puerilen, dann mörderischen Machtstrebens veranschaulicht wird. Der Text bezieht sich auf einen Aufstand in

Port of Spain, der 1974 das ganze Land erschütterte. Fraglos N.s größter Roman ist *A House for Mr Biswas* (1961; *Ein Haus für Mr. Biswas*, 1981), in dem in epischer Breite Teile seiner Familiengeschichte verarbeitet sind. Es ist ein Roman des Scheiterns eines unbehausten Menschen und zugleich seines Triumphs in der ausdauernden Selbstbehauptung, was den Welterfolg jenseits aller karibischen Partikularismen erklären mag. Der westindische Inder Mohun Biswas, ein kleiner Schildermaler und Journalist, wehrt sich sein ganzes Leben lang gegen gesellschaftlich sanktionierte Normen, wie sie vor allem die Familie seiner Frau, die Tulsi-Sippe, vorlebt. Als Teil seiner Emanzipation verfolgt er fast wahnhaft sein Ziel, ein eigenes Haus zu besitzen. N.s unbestechlicher Blick macht absurd wirkende Reste indischer Kastenordnung aus; vor allem das abgefeimte, geldgierige Matriarchat der Sippe, das die Hackordnung festlegt, erfährt eine satirische Behandlung. Als Biswas im Alter von 46 Jahren stirbt, hinterlässt er – Anlass großen Stolzes für den Protagonisten – ein absurd baufälliges Haus, aber auch zwei Kinder, die dank Stipendien studieren werden. Der an Charles Dickens erinnernde Roman ist in der Tradition des sozialkritischen Realismus verfasst; er stellt das beeindruckende Fresko karibischer Lebenswelt eines freiheitlich-individualistischen Idealen nahestehenden Autors dar.

An Area of Darkness (1964; *Land der Finsternis*, 1997) war der erste kritische Reisebericht N.s, der wie im Falle von *India: A Wounded Civilization* (1977; *Indien, eine verwundete Kultur*, 1978) und *Among the Believers: An Islamic Journey* (1981; *Eine islamische Reise. Unter den Gläubigen*, 1982) Proteste in den bereisten Ländern auslöste. Mit seinem Afrikaroman *A Bend in the River* (1979; *An der Biegung des großen Flusses*, 1980) bezieht er einen weiteren Bereich der ›Dritten Welt‹ in sein literarisches Schaffen ein. Der Roman schildert durch die Erfahrungen eines Inders aus Ostafrika die Entwicklungsprobleme eines neuen zentralafrikanischen Staates zwischen Revolution und Gegenrevolution, öffentlichem und privatem Leben, einheimischer Tradition und moderner Welt und verdeutlicht die Ausbreitung von Korruption und Repression. Für N.s Sach- und Erzählprosa gilt gleichermaßen, dass die hervorragende Dialogführung, die enthüllenden Pausen und Nuancen der Stimmführung der Sprechenden berücksichtigt, zu seinen unverwechselbaren Stärken gehört. Dialog und auktoriale Kommentare sind beide fragmentarisch, z. T. lakonisch, und lassen so den Lesern Raum zur Ausdeutung. Der Einfluss Ernest Hemingways (zumal seiner ›Eisbergtheorie‹) und William Faulkners sowie der englischen Roman-Klassiker des 19. Jahrhunderts sind unverkennbar. In *A Turn in the South* (1989, *In den alten Sklavenstaaten. Eine Reise*, 1990) schildert der Autor Reiseeindrücke in den ehemals von der Sklaverei geprägten Südstaaten der USA. Die Macht der Geschichte und die Rassenbeziehungen stehen dabei im Mittelpunkt seines Interesses. N. gelingen erstaunliche Porträts von Angehörigen eines Volkes, das entweder seine Macht verlor oder sie nie besaß. N. wertet die *rednecks*, die weiße, meist ländliche Unterschicht, auf und erkennt ihre Ästhetik an, wie überhaupt seit Mitte der 1980er Jahre N.s Werke eine zuvor nicht feststellbare Wärme und Humanität enthalten. Die weithin geglückte Balance von Distanz und einfühlsamer Öffnung machen dieses Werk zu einem seiner besten. Ab Mitte der 1980er Jahre hat N. vermehrt Texte autobiographischer Natur veröffentlicht. Auch das als Roman deklarierte Buch *An Enigma of Arrival* (1987; *Das Rätsel der Ankunft*, 1993) war deutlicher als sonst autobiographisch geprägt: Der prekäre Versuch, im ländlichen, von Verfallssymptomen gekennzeichneten England heimisch zu werden, gibt Anlass zu Retrospektiven, die Stationen seines Werdegangs vom spätkolonialen Trinidad über die multiethnische Metropole London bis zur Niederlassung in Wiltshire als eine Folge fragwürdig-mehrdeutiger »Ankünfte« nachzuzeichnen. In *Prologue to an Autobiography* (1983; *Prolog zu einer Autobiographie*, 1984) gibt N. zum ersten Mal unverschlüsselt einen Einblick in sein Leben bis in die 1960er Jahre und behandelt die Tragik seines 1953 verstorbenen Vaters Seepersad. In dem 1999 widerstrebend publizierten umfangreichen

Briefwechsel mit seinem Vater, *Letters Between a Father and Son*, der nur drei Jahre dauerte, entsteht das anrührende Porträt eines Vaters, der in provinzieller Enge gefangen bleibt, und eines Sohns, der in Oxford und London versucht, sich zu bilden und als Schriftsteller Fuß zu fassen. Zugleich kann das Werk als eine wichtige Quelle zu *A House for Mr Biswas* gelesen werden.

Die Produktivität N.s ist ungebrochen. In dem Roman *Half a Life* (2001; *Ein halbes Leben*, 2001) zeigen die Schauplätze (Indien, London, Ost-Afrika), wie der Werdegang des Anti-Helden Willie Chandran, N.s Fixationen auf: Versuche der Rebellion, Ablehnung der vom Kolonisator und der eigenen Brahmanenkaste erwarteten Ausbildung, Rebellion des Sohnes gegen seinen Vater, Unwissenheit, Fremdheit, wo immer er sich aufhält, das omnipräsente Gefühl der Schande, des Versagens, und dann doch Beweise erstaunlichen Muts. Als Willie sich nach 18 Jahren von seiner Frau Ana und ihrem Anwesen in einem fiktiven portugiesischen Ost-Afrika (einer Mischung aus Angola und Kenia) trennt, gesteht er sich ein, kein wirkliches Eigenleben gelebt zu haben, und verhält sich gleichzeitig grausam seiner Frau gegenüber, die ihn in London aus einem Leben als Drifter in der (pseudo-)literarischen Bohème der 1930er Jahre gerettet und ihn in die Freuden der Sexualität eingeführt hat. Die Komplexität der menschlichen Existenz, zumal des *colonial*, wird von N. mit einer gewissen altersbedingten Abgeklärtheit und nicht ohne Humor gestaltet.

Wolfgang Binder

Narayan, R[asipuram] K[rishnaswami]

Geb. 10. 10. 1906 in Madras, Indien; gest. 13. 5. 2001 in Madras

14 Romane, sechs Kurzgeschichtensammlungen, moderne Fassungen indischer Mythen sowie der beiden Nationalepen *Rāmāyana* und *Mahābhārata*, ein Novellenband und zahlreiche Essays belegen eindrucksvoll, welch wichtigen Beitrag R.K. Narayan zur Etablierung und Entwicklung der modernen indoenglischen Prosaliteratur geleistet hat, wobei Umfang und Kontinuität seines Werkes auf seinen Anfang der 1930er Jahre gefassten Entschluss zurückzuführen sein dürften, sich ganz dem Schreiben zu widmen. In Zeitungen und Zeitschriften veröffentlichte Kurzprosa und journalistische Reportagen gründen auf genauer Beobachtung – einem wesentlichen Stilmerkmal der seit 1935 veröffentlichten Romane des Autors. Sie schildern facettenreich das Schicksal von Menschen der städtischen Mittelschicht in der fiktiven südindischen Stadt Malgudi über einen Zeitraum von mehr als einem halben Jahrhundert. Selten, und dann zumeist nur temporär, bricht eine Figur mit ihrer lokalen oder gesellschaftlichen Herkunft, was ihrem Autor verschiedentlich den Vorwurf künstlerischer Begrenztheit und der Ausklammerung wesentlicher Aspekte der gesellschaftlichen Wirklichkeit eingetragen hat. Doch N.s Erzählungen lassen sich nicht als einseitige oder gar oberflächliche Gestaltungen eines schmalen regionalen Ausschnitts der indischen Gegenwart einstufen, sondern erwachsen in Thematik und Erzählhaltung der im Hinduismus wurzelnden Weltsicht des Autors: Angesichts einer unabänderlich festgefügten gesellschaftlichen wie kulturell-religiösen Ordnung muss jeglicher Versuch des Menschen scheitern, sie nach eigenen Vorstellungen auszurichten. So kennzeichnet den Handlungsablauf aller Romane N.s – von *Swami and Friends* (1935) bis *The World of Nagaraj* (1990) – das Schema Ordnung-Störung-Wiederherstellung der Ordnung. Wiewohl stets realistisch erzählt, unterliegt den vergeblichen Bemühungen ihrer Protagonisten keine tragische, sondern eine ironische Vision, die in der hinduistischen Weltsicht des Lebens als Spiel, *lila*, wurzelt. Haltung und Ton kennzeichnen ironische Distanz zu den Motiven und dem ›falschen‹ Handeln der Figuren, die allerdings nie verdammt werden. Meist wandeln sie sich zu gereiften Persönlichkeiten, die sich letztlich der unumstößlichen Ordnung fügen. In den frühen Werken läuft dieser Prozess innerhalb einer Familie ab: Ein Kind,

ein junger Mann, ein Ehemann und Vater akzeptieren nach mancherlei Irrungen die von ihnen erwarteten Familienrollen. Die literarisch bedeutsamen Romane der 1950er bis 60er Jahre – *The Financial Expert* (1952; *Gold vom Himmel*, 1955) oder *The Guide* (1958; *Der Fremdenführer*, 1960) – führen ihre Hauptakteure zur Einsicht in moralisch und sozial rechtes Handeln oder enden mit der Bestrafung anmaßender und uneinsichtiger Einzelgänger wie *The Man-Eater of Malgudi* (1961; *Der Menschenfresser von Malgudi*, 1967). – Von diesem durchgängigen Schema, dem in *The Man-Eater of Malgudi* auch eine mythologische Erzählung unterlegt ist, weichen nur die späteren Werke ab. Zum ersten Mal behauptet eine (zudem noch weibliche) Figur ihre individuelle Unabhängigkeit in *The Painter of Signs* (1976; *Der Schildermaler*, 1979), wäh-rend die Titelfigur in *The World of Nagaraj* (1990) als fiktional gestalteter Autor N. und seine Geschichte als Metageschichte über das Schreiben gelesen werden kann. Hier schließt sich der Kreis von N.s Erzählungen über die Welt der Kindheit Swamis zu Beginn des 20. Jahrhunderts bis zu dessen Ende in der nahezu selbstreflexiven Figur des Schriftstellers.

Dieter Riemenschneider

Natsume Sōseki
Geb. 5. 1. 1867 in Edo (Tōkyō); gest. 9. 12. 1916 in Tōkyō

Dass Natsume Sōsekis Konterfei bis 2005 die gebräuchlichste japanische Banknote, den 1000-Yen-Schein, zierte, zeigt die außerordentliche Wertschätzung, die der Autor als überragende Figur der frühen Moderne neben Mori Ōgai genießt. Sein vielseitiges literarisches Schaffen und seine exemplarische Auseinandersetzung mit Japans Modernisierung ließen ihn zum Vorbild für zahlreiche Schriftsteller werden, unter ihnen Akutagawa Ryūnosuke.

Als achtes Kind einer wohlhabenden Familie geboren, wurde N. aufgrund des für damalige Verhältnisse peinlich hohen Alters seiner Eltern in Pflege gegeben und zwei Jahre später von Bekannten der Eltern adoptiert. Die Scheidung des Paares führte dazu, dass er mit neun Jahren wieder in sein ursprüngliches Elternhaus kam – doch erst durch eine Dienstmagd erfuhr er von dieser Blutsverwandtschaft. Als Halbwüchsiger studierte N. die chinesische Klassik; zeit seines Lebens bewahrte er seine Zuneigung zur chinesischen Literatur, die sich in seinen von Kennern hochgeschätzten Gedichten im chinesischen Stil ausdrückt. Sein selbstgewählter Schriftstellername Sōseki geht auf ein chinesisches Wort mit der Bedeutung »hartnäckig« zurück, das er in einem Kommentar über Werke des Lyrik-Reformers Masaoka Shiki verwendete.

Auch als Haiku-Dichter wird N. geschätzt. 1883 begann er mit dem Studium der englischen Sprache und Literatur, um seinem Land zu dienen, das nach allgemeiner Vorstellung einen beträchtlichen zivilisatorischen Rückstand gegenüber den westlichen Mächten aufzuholen hatte. Nach Studienjahren 1890 bis 1893 an der Universität Tōkyō nahm er mit exzellenten Zeugnissen den ungewöhnlichen Weg in die Provinz, nach Matsuyama und Kumamoto, als Dozent für Englisch. 1900 wurde er zu einem zweijährigen Sprachstudium nach London geschickt. Der für ihn traumatische Aufenthalt führte zu Identitätskrisen und Selbsthass. Nach seiner Heimkehr lehrte er Anglistik an seiner Alma mater. Nebenher entstanden kritisch-satirische Romane, die in Fortsetzungen publiziert wurden und seinen Ruhm begründeten.

Wagahai wa neko de aru (1905/06; *Ich der Kater*, 1996) schildert aus der Perspektive einer namenlosen Katze den »Club der Müßiggänger« im Hause von Professor Schneutz, unterbrochen von zahllosen Geschichten, Einschüben und Digressionen, die an Lawrence Sternes *Tristram Shandy* ebenso erinnern wie an das »rakugo«, eine japanische Form der Stand-up-Comedy. Das Buch ist eine der ersten realistischen, wenngleich ironisch-sarkastischen Beschreibungen eines Familienlebens in Japan, der Versuch, philosophische und psychologische Betrachtungen in den Roman einzuführen, und eine Kritik an der unkritischen Übernahme westlicher Vorstellungen und Lebensweisen. *Botchan* (1906/07; *Bochan (Ein reiner Tor)*, 1925, *Der Tor aus Tokio*, 1965) beschreibt in lockerer, vergnüglicher Szenenabfolge die Erlebnisse eines aus der Hauptstadt stammenden Englischlehrers in der Provinz, dessen Gerechtigkeitssinn angesichts von Opportunismus und Intrige in seinem Umfeld auf harte Proben gestellt wird. Beide Werke zählen zu den meistgelesenen japanischen Romanen des 20. Jahrhunderts. Der in eher lyrischem Stil verfasste Künstlerroman *Kusamakura* (1906; *Das Graskissen-Buch*, 1996) schlägt einen gänzlich anderen Ton an, in dem sich das Lebensgefühl des europäischen und des japanischen Fin de siècle begegnen. N.s Ruhm war nun so groß, dass die Tageszeitung *Asahi shinbun* ihm eine Stellung als Zeitungsromancier anbot. Seine in dichter Folge erschienenen weiteren Romane sind sämtlich in Fortsetzungsfolgen für dieses Organ entstanden. N.s Popularität war so groß, dass bei Ankündigung seines Romans *Gubijinsō* (1907; Klatschmohn) Kaufhäuser mit Mohn-Design warben. Es folgten *Kōfu* (1907; Der Bergmann) und drei Werke, die oft als Trilogie betrachtet werden: *Sanshirō* (1908; *Sanshirō*, 1991), *Sore kara* (1909; Danach) und *Mon* (1910; Das Tor). Die drei Romane handeln von Personen, die darunter leiden, dass sie sich nicht mitteilen können. Jedem Werk liegt eine Dreiecksgeschichte zugrunde; es kommt zu Verrat, zu Isolation, Schweigen und Einsamkeit.

Trotz wachsender Gesundheitsprobleme ab 1910 hielt N. sein großes Arbeitspensum aufrecht. Die Trilogie seiner späten Jahre umfasst die Romane *Higan sugi made* (1912; Bis nach der Tagundnachtgleiche), *Kōjin* (1913; Die Wandernden) und *Kokoro* (1914; *Kokoro*, 1976) – letztes ist ein besonders tiefgründiges und düsteres Werk, das vor dem Hintergrund persönlicher und nationaler Krisen entstand. Der Tod des Kaisers Meiji 1912 erscheint darin als Zeitenwende und kündigt zugleich das Scheitern der Hauptfigur Sensei an, die an Freundschaftsverrat und seinem Unvermögen, sein Herz (kokoro) zu öffnen, zugrunde geht. *Michikusa* (1915; Gras am Wegesrand) ist N.s einziges autobiographisches Werk. Unvollendet geblieben ist der Roman *Meian* (1916; Licht und Dunkel). N., der großherzige Förderer junger Literaten, ist auch ein bedeutender Literaturtheoretiker und Intellektueller. Mit seinen zutiefst skeptischen und selbstkritischen Erzählwerken sowie mit Vorträgen und Texten wie »Watakushi no kojinshugi« (Meine Vorstellung vom Individualismus) und »Gendai Nihon no kaika« (Die Zivilisierung des modernen Japan) bildet er bis in die Gegenwart einen bedeutsamen Bezugspunkt intellektueller Diskurse in Japan.

Irmela Hijiya-Kirschnereit

Naum, Gellu
Geb. 1. 8. 1915 in Bukarest;
gest. 29. 9. 2001 in Bukarest

Die knappste und zutreffendste Beschreibung der Dichtung Gellu Naums stammt von seinem deutschen Übersetzer, dem Dichter Oskar Pastior, und ist in der kurzen Nachbemerkung zu dem 1997 erschienenen Auswahlband *Rede auf dem Bahndamm an die Steine* zu lesen: »[...] oft kam es mir beim Übersetzen vor, schon im rumänischen Originaltext einem Naumschen Übersetzungsvorgang aus einem Sprachzustand in einen anderen, mir höchst vertrauten zu assistieren [...].« Der Sprachzustand, in den N. dichtend seine Wahrnehmung der Wirklichkeit übersetzte, ist ein schlichtes, unpathetisches, Narrationsfragmente, nüchterne Feststellungen ebenso wie archetypische Elemente aufweisendes, interpunktionsloses Rumänisch ohne jede regionale oder dialektale Färbung. Es weist im Verlauf von mehr als 60 Jahren dichterischer Existenz keine auffälligen Veränderungen auf. N. ist mit seinen von Victor Brauner illustrierten ersten Gedichtbänden *Drumețul incendiar* (1936; Der wandernde Brandstifter) und *Libertatea de a dormi pe o frunte* (1937; Die Freiheit, auf einer Stirn zu schlafen) schon ganz der eigenwillige rumänische Surrealist, der er trotz eines mehr als 20-jährigen Publikationsverbotes (1947–68) – das nicht seiner Person, sondern der surrealistischen Poesie generell galt – blieb.

Von 1938 bis kurz nach dem Kriegsausbruch im September 1939 hielt sich N. zusammen mit Ghérasim Luca (1913–94) und Victor Brauner (1903–66) in Paris auf, wo er Kontakt zu André Breton und dessen Surrealistengruppe aufnahm. Nach der Rückkehr und einer kurzen Dienstzeit in der rumänischen Armee gründete er 1941 mit Ghérasim Luca, Paul Păun (1916–94), Dolfi Trost (1916–66) und Virgil Teodorescu (1910–87) die Bukarester Surrealistengruppe, die bis 1947 in der *Colecția suprarealistă* und im Verlag L'Infra-Noir Einzel- und Gemeinschaftsarbeiten publizierte und Ausstellungen veranstaltete.

Nach dem Verbot der surrealistischen Aktivitäten schrieb N. Kinderbücher und Theaterstücke und übersetzte unter anderem Denis Diderot, Samuel Beckett (*En attendant Godot*), Franz Kafka (*Der Prozeß*), Julien Gracq und René Char ins Rumänische. Eines seiner Kinderbücher, *Cartea cu Apolodor* (1959; *Der Pinguin Apollodor*, 1982), wurde 2003 von der rumänischen Sängerin Ada Milea vertont und mit überwältigendem Erfolg in den rumänischen Medien gespielt.

Während des kulturellen Tauwetters im kommunistischen Rumänien wurde das Publikationsverbot aufgehoben und N.s Gedichtbände erschienen in schneller Folge: *Athanor* (1968; Athanor), *Copacul animal* (1971; Der Tierbaum), *Poetizați, poetizați* (1972; Poetisiert, poetisiert), *Tatăl meu obosit* (1972; Mein müder Vater), *Poeme alese* (1974; Ausgewählte Gedichte) und *Descrierea turnului* (1975; Beschreibung des Turmes). Letzterer erschien in einer unzensierten und einer zensierten Fassung, in der zehn Text-Bild-Collagen lediglich als Texte unter dem Titel *Avantajul vertebrelor* (unzensiert dt. *Der Vorzug der Vertebrae*, 1999) gedruckt wurden. *Zenobia* (1985; *Zenobia*, 1990), neben dem 1944/45 geschriebenen umfangreichen Essay »Medium« und einigen kürzeren Erzählungen die einzige (längere) Prosaarbeit N.s, ist ein surrealistischer Liebesroman, den er selbst zu seiner authentischen Autobiographie erklärte. Nach dem Ende des Kommunismus in Rumänien erschienen in den 1990er Jahren die Gedichtbände *Malul Albastru* (1990; Das blaue Ufer), *Fața și suprafața* (1994; Fläche und Oberfläche) und *Ascet la baraca de tir* (2000; Asket in der Schießbude), ein Band, der Gedichtzyklen aus dem letzten Jahrzehnt, ergänzt um einige neue Texte, versammelt. Die Theaterstücke, die seit der Wende in Rumänien mehrfach mit großem Erfolg gespielt wurden, liegen seit 2003 in dem Band *Exact în același timp* (Genau zur gleichen Zeit) gesammelt vor.

N.s Surrealismus, in den Anfangsjahren expliziter dem klassischen französischen Surrealismus verwandt, wandelte sich mit der Zeit zu einer Art Metapoesie und wurde von ihm selbst eher in eine Haltung zur Welt umdefiniert denn als spezifische Dichtungsweise verstanden. Dass sich N. angesichts der barbarischen sozialen und politischen Verhältnisse in Rumänien bis ans Ende seines Lebens als Teil der surrealistischen Bewegung verstand, hatte ganz entscheidend mit dem Verbot der surrealistischen Kunst und Literatur durch das kommunistische Regime zu tun. So war für den so aristokratisch wie bescheiden, so gebildet wie konkret denkenden und arbeitenden Dichter vom Staat her eine Distanz bezeichnet worden, die es ihm erlaubte, sein Anderssein jederzeit ganz existentiell bestimmt zu wissen. Die Gefahr, vereinnahmt zu werden oder sich vorschnell mit kollektiven Bedürfnissen und Ansprüchen zu identifizieren, war damit gebannt.

1999 erhielt N. zusammen mit Oskar Pastior den Preis für Europäische Poesie der Stadt Münster.

Ernest Wichner

Neidhart
In der ersten Hälfte des 13. Jahrhunderts

Einer der radikalsten und originellsten Neuerer der deutschen Literaturgeschichte: Neu war (Anfang des 13. Jahrhunderts) die Verkehrung der höfischen Minnesenerie in ein antihöfisches Liebes- und Rauftheater mit antihöfischer Staffage, neu war die Aufteilung der Lieder in jahreszeitlich geprägte Sommer- und Winterlieder mit z. T. neuen Liedgattungen (etwa Gespielinnenlieder), neu die Mischung von traditionellen Minnestrophen und Weltklagen mit »dörperlichen« Tanz-, Schelt- und Streitstrophen, neu auch der ansatzweise Bezug der Lieder auf einen Handlungshintergrund (Friderûn-Geschichte), neu die sog. Trutzstrophen, in denen N. das in den Liedern inszenierte Maskenspiel durchbricht und gegen bestimmte eigene Strophen polemisiert (die ältere Forschung sah darin lyrische Repliken realer Bauern). Neu war die Erweiterung des lyrischen Personals und die Namengebung der in seinen frühen Liedern nur typisierten Figuren. Neu war schließlich auch die Einführung eines männlichen Protagonisten in den Sommerliedern unter einem symbolisch gemeinten Namen: der »knappe« oder »ritter von Riuwental«. Eine kurzschlüssige Forschung hat dann allerdings diese dichterische Kunstfigur aus dem poetischen Zusammenhang gerissen und in die Realität des Dichters verpflanzt. So entstand (nach Ansätzen im 15. Jahrhundert) im 19. Jahrhundert in Verkennung der Metaphorik des Werkes ein angeblicher Dichter N. von Reuental als Produkt einer biographistischen Germanistik. Die oberdeutsche mittelalterliche Überlieferung nennt dagegen den Autor nur N.; der Ritter von Reuental erscheint nur in einem Teil seiner Lieder. Mit der Trennung der beiden Gestalten geht allerdings eine der wenigen Möglichkeiten verloren, den Dichter vermeintlich biographisch zu fassen, ihn etwa dem niederen bayrischen Adelsgeschlecht ›Reuental‹ zuzuweisen. N. gehört wohl eher mit Reinmar und Walther von der Vogelweide in den Kreis nichtadliger (fahrender) Sänger. Während einerseits die persiflierende Fiktionalität der Lieder N.s biographisch als Realität genommen wurde, hat man andererseits zwei in ihrer Art einmalige Strophen, in denen N. so etwas wie eine Werkbilanz zieht und die nur als Reflex aus N.s Biographie verstanden werden können, für unecht erklärt: Im Winterlied

28 gibt er 80, im Winterlied 30104 Lieder als Ergebnis seines Schaffens an. Ausgehend von einem nicht auf der handschriftlichen Überlieferung basierenden Werkbegriff und Dichterbild wurde ihm etwa die Hälfte der unter seinem Namen tradierten (rund 130) Texte »abgesprochen«, so dass schließlich gerade noch 66 (meist im Strophenbestand zusätzlich dezimierte) Lieder als sein Eigentum galten. Aus einzelnen Liedern ist mit einiger Wahrscheinlichkeit ableitbar, dass N. zunächst in Bayern lebte (er nennt im Kreuzugslied Landshut); er zog dann aufgrund nicht näher genannter Umstände an den Wiener Hof, der ihm schließlich eine Bleibe in Medelicke (wohl Mödling bei Wien oder Melk?) gab. Spielten die frühen Lieder in einer stilisierten ländlichen Umgebung (vgl. auch den stereotypen Natureingang), so siedelt N. in scheinrealistischer Ausmalung seine österreichischen Lieder im Tullner Feld (westlich von Wien) an. Aus einem Abwehrlied Walthers von der Vogelweide und aus einer Anspielung Wolframs von Eschenbach im *Willehalm* ergibt sich, dass er ein jüngerer Zeitgenosse der beiden war. Durch N.s Apostrophen Herzog Friedrichs II. von Österreich (1230–1246) kann seine Schaffenszeit etwa zwischen 1200 und 1240 eingegrenzt werden. Das Kreuzlied verrät, dass N. wohl an der unglücklich verlaufenen Kreuzfahrt von 1217 bis 1221 nach Ägypten (bei der auch Leopold VI. von Österreich dabei war) teilgenommen hat, auch dies Lied eine originelle Neuschöpfung: keine mit der Minnethematik verbundene Abschiedsklage wie im früheren Minnesang, sondern ein auf dem Kreuzzug verfasster Rückkehrappell. Zwei weitere Lieder sprechen von einem Pilgerzug über den Rhein und von einer Kriegsfahrt wohl in die italienischen Marken. Alles in allem recht unsichere Anhaltspunkte für einen Lebensumriss. Reich (aber schwierig einzuschätzen) ist die Nachwirkung N.s: Schon zu seinen Lebzeiten hat die Dörperthematik in die Werke anderer Lyriker ausgestrahlt, so in die Burkharts von Hohenfels und Gottfrieds von Neifen. Die lyrische Rolle eines Dörperfeindes wandelte sich im Spätmittelalter in zweierlei Weise, indem aus dem poetischen

Dörperfeind ein Bauernfeind wurde und diese Rolle vom lyrischen Protagonisten auf den Autor selbst überging (vgl. die Miniatur in der Großen Heidelberger Liederhandschrift, um 1300 und den *Ring* Heinrich Wittenwîlers). Schon Wernher der Gartenære zitiert nach 1250 N. als Autorität in bäuerlichen Tanzvergnügungen.

In die Rolle eines Bauernfeindes als Schwankfigur scheint zu Beginn des 14. Jahrhunderts, zur Zeit des Herzogs Ottos des Fröhlichen, ein Angehöriger des Wiener Hofes (ein Hofnarr?) geschlüpft zu sein. Dessen Grab ist noch heute an der Südwestecke des Wiener Stephansdoms zu sehen; dort findet sich erstmals die Symbolgestalt, der Fuchs, der in den folgenden literarischen Traditionen einen weiteren Beinamen lieferte, bes. für das gedruckte Volksbuch *Neidhart Fuchs*, das Ende des 15. Jahrhunderts aus Liedern und Schwänken vor allem N.s zusammengestellt wurde. N.s Werk wurde zum Gattungsbegriff für Texte mit dörperlichen Werbe- und Raufszenen. Einige der unter seinem Namen überlieferten Schwankgedichte *(Neidhart mit dem Veilchen)* bildeten dann den Kern einer neuen Spielgattung, der Neidhartspiele (seit Mitte 14. Jahrhundert).

Werkausgaben: Neidharts Lieder. Hg. von Moritz Haupt. 2. Aufl. Neu bearb. von Edmund Wießner. Leipzig 1923, Nachdruck von I. Bennewitz-Behr, U. Müller und F. V. Spechtler. Stuttgart 1986; Die Lieder Neidharts. Hg. von Edmund Wießner. 5. Aufl. Hg. von Paul Sappler. Mit einem Melodieanhang von Helmut Lomnitzer. Tübingen 1999.

Günther Schweikle/Red.

Němcová, Božena (geb. Barbara Panklová)
Geb. 4. 2. 1820 in Wien; gest. 21. 1. 1862 in Prag

Božena Němcová, die erste und gleichzeitig bedeutendste tschechische Schriftstellerin des 19. Jh.s am Übergang von der Romantik zum Realismus, wurde 1855 mit dem Roman *Babička. Obrazy z venkovského života* (*Großmutter. Bilder aus dem Landleben*, 1885) auch zu einer Klassikerin der Weltliteratur. Leben und Werk machten die für ihre Zeit ausnehmend emanzipierte und aufgeklärt denkende Frau mit einem Gespür für soziale Kontraste zu einer nationalen Identifikationsfigur. Die heile Welt der *Babička* und N.s postume Glorifizierung trübten den Blick für ihre Lebenstragik – politische Verfolgung durch die österreichischen Behörden, Eheprobleme, Ächtung wegen ihrer außerehelichen Liebesbeziehungen, Armut und Krankheit –, die ihr in den letzten Lebensjahren das Schreiben praktisch unmöglich machten. Diese Realität enthüllt sich in ihrer umfangreichen Korrespondenz, die als authentische autobiographische Quelle und ästhetisch wertvoller Teil ihres schriftstellerischen Œuvres nun auch in Auswahlausgaben zugänglich wird.

Geboren wurde N. als voreheliches Kind der tschechischen Dienstmagd Terezie Novotná und des deutschsprachigen Herrschaftskutschers Johann Pankl 1820 in Wien, nach anderen Angaben bereits 1816 als illegitimes Kind adeliger Eltern. Die Kindheit, die sie 1825 bis 1830 in der Obhut ihrer Großmutter im ostböhmischen Ratibořice auf dem Land verbrachte, gab den Hintergrund für die *Babička* ab. 1837 heiratete sie den um fünfzehn Jahre älteren Josef Němec, einen Beamten der Finanzwache, dem sie zwischen 1838 und 1842 vier Kinder gebar. Durch den Beruf ihres Manns bedingte Aufenthalte in verschiedenen Gegenden Böhmens nützte sie zu volkskundlichen Studien, aus denen ihre ersten Veröffentlichungen, freie, poetisch ausgeschmückte Nacherzählungen folkloristischer Literatur, entstanden. Den 1845–1846 (und erweitert 1854–1855) erschienenen *Národní báchorky a pověsti* (Volksmärchen und -sagen, deutsche Auswahl unter dem Titel *Der goldene Vogel*, 1965), die zum Fundus der tschechischen Kinderliteratur gehören, folgten 1857/58 die von ihren Besuchen der Slowakei inspirierten *Slovenské pohádky a pověsti* (Slowakische Märchen und

Sagen, deutsche Auswahl unter dem Titel *Das goldene Spinnrad und andere tschechische und slowakische Märchen*, 1967).

Bedeutend für die literarische und intellektuelle Entwicklung der angehenden Autorin, die sich statt Barbara nun Božena nannte, wurde der erste Aufenthalt der Familie in Prag 1842 bis 1845. Hier kam die vorwiegend deutsch erzogene N., die 1824 bis 1830 nur eine einfache tschechische Schulbildung genossen hatte, mit maßgeblichen Persönlichkeiten der national gesinnten tschechischen Intelligenz aus Literatur und Kultur in Kontakt; durch ihren unkonventionellen Lebenswandel – nach dem Vorbild der von ihr verehrten George Sand – entfremdete sie sich zusehends von ihrem Mann. 1850, beide Ehepartner standen wegen ihrer als regierungsfeindlich eingestuften Aktivitäten seit 1848/49 unter ständiger Polizeiaufsicht und Němec war in die (damals ungarische) Slowakei strafversetzt worden, ließ sie sich mit den Kindern in Prag nieder und versuchte, sich mühsam durch Schreiben selbst zu erhalten. In diesen Jahren zunehmenden Elends und der Trauer um ihren 1853 verstorbenen ältesten Sohn entstand gleichsam als Flucht in die idyllisch empfundene Kindheit und als Projektion einer intakten Welt das vielleicht populärste Buch der tschechischen Literatur, die *Babička*, dem Aufbau nach nicht ganz zu Recht als Roman bezeichnet. Mit der naturverbundenen, warmherzigen Titelheldin gelang N., auch sonst um die Schaffung typischer Figuren mit klaren Wertstrukturen bemüht, eine Frauengestalt, die bis ins 20. Jh. als ideale Verkörperung des tschechischen Nationalcharakters gewertet wurde. Edle Charaktere, bevorzugt Frauen und meist vom Land, dominieren auch in ihren anderen Prosawerken, die vom Einfluss Rousseaus und George Sands zeugen und N.s Glauben an die Unverdorbenheit der einfachen Bevölkerung widerspiegeln. U.a. entstanden zwischen 1852 und 1856 die Erzählungen »Divá Bára« (Die wilde Bara), »Chudí lidé« (»Aus einer kleinen Stadt«, 1960), »V zámku a v podzámčí« (Im Schloss und in der Schlossansiedlung) sowie »Dobrý člověk« (Ein guter Mensch), die erste realistische Darstellung des Lebens der tschechischen Zuzügler im Biedermeier-Wien, die besonders die Ausbeutung von Mädchen und Kindern betont.

Die in dieser und anderen Milieuschilderungen fast thesenhaft formulierte Sozialkritik wird abgeschwächt durch das Nachwirken romantischer Klischees und die Tendenz zur Idylle, die dem irrationalen Vertrauen N.s in die Kraft des Guten und dem von ihr vertretenen sozialen Utopismus entsprangen. Ihr autonomer Lebensstil, ihr soziales und humanitäres Engagement, vor allem für die Besserstellung der Frauen, machten sie zur Vorläuferin der tschechischen Frauenbewegung, die sich erst nach ihrem Tod vor allem dank der ihr verbundenen Karolina Světlá (1830–1899) in Böhmen entwickelte.

Christa Rothmeier

Németh, László

Geb. 18. 4. 1901 in Nagybánya, heute Baia Mare/Rumänien;
gest. 3. 3. 1975 in Budapest

Im zweiten Drittel des 20. Jahrhunderts war László Németh eine der größten und einflussreichsten Gestalten des ungarischen geistigen Lebens. Er war Romancier, Dramatiker, Essayist und Sozialreformer, eine führende Gestalt der völkisch-nationalen (*népi-*)Bewegung der 1930er und 40er Jahre, die als Ideologie des dritten Weges sowohl den konservativen ›Neubarock‹ des feudal-kapitalistischen Staates als auch die nazistischen ebenso wie die kommunistischen Heilslehren abwies. N. stammte aus einer kleinstädtischen Mittelklassefamilie, studierte 1920 bis 1925 in Budapest Medizin und praktizierte bis 1943 als Zahnarzt und Schularzt. Gleichzeitig publizierte er Kritiken und Aufsätze und erwarb eine umfassende Bildung, die sich neben Literatur auch auf Geschichtsphilosophie und Naturwissenschaften erstreckte. 1932 gründete er die Zeitschrift *Tanú* (Zeuge), die er viereinhalb Jahre lang allein mit Essays und Kritiken über Fragen und Figuren der zeitgenössischen ungarischen und europäischen Kulturgeschichte füllte. Die 1930er Jahre stehen überhaupt im Zeichen der Essays, deren umfangreiche und wirkungsvolle Sammlungen *Kisebbségben* (1939; In Minderheit) und *A minőség forradalma I–VI* (1940–43; *Die Revolution der Qualität*, 1962) wegen ihrer provozierenden, »drittwegigen«, »qualitätssozialistischen« und als »völkisch« gebrandmarkten Ansichten später von den Kommunisten heftig kritisiert wurden. Nach 1948 war N. als *persona non grata* scharfen Angriffen ausgesetzt und bis 1956 mit Publikationsverbot belegt.

Während das essayistische Werk vielfach zeitgebunden ist, gehören N.s Romane zu den Meisterwerken eines psychologischen Realismus, der stark vom modernen Bewusstseinsroman inspiriert ist. Die erzählerischen Anfänge der 1930er Jahre – *Gyász* (1935; *Trauer*, 1968), *Bűn* (1937; *Sünde*, 1965) und *Utolsó kísérlet* (1969, verfasst 1937–40; Letzter Versuch) – stimmen bereits N.s Hauptthemen an: Konflikte des entfremdeten, in sich selbst eingeschlossenen Individuums mit der moralischen Pflicht, Versuche von »Heiligen«, die ihnen aufgebürdete intellektuelle oder moralische Sendung zu erfüllen. 1947 erscheint *Iszony* (*Wie der Stein fällt*, 1960, *Abscheu*, 1977), der bedeutendste Roman N.s. Wie bei *Gyász* und den späteren Romanen *Égető Eszter* (1956; *Esther Égető*, 1963) und *Irgalom* (1965; *Erbarmen*, 1970) steht auch in *Iszony* eine Frau im Mittelpunkt des Geschehens. Die Ich-Erzählerin Nelli Kárász schildert darin rückblickend ihre Geschichte. Aus Rücksicht auf ihre finanziell ruinierte Familie war sie eine scheinbar vorteilhafte Ehe mit einem Grundbesitzersohn eingegangen. Sich dramatisch zuspitzende Streitereien und Zerwürfnisse machen ihr Leben aber bald zur Hölle. Schließlich ermordet sie ihren erkrankten Mann, sein Tod wird vom Arzt als Folge der Krankheit dargestellt. Nelli erkennt, dass sie eine tiefe Abscheu vor jeglichem Kontakt mit Menschen empfindet; erst diese Erkenntnis verschafft ihr Freiheit und Seelenfrieden. Der großangelegte Familienroman *Égető Eszter* erzählt die Lebensgeschichte einer Frau aus der ländlichen Mittelklasse, die überall, wohin sie verschlagen wird, eine kleine Gemeinschaft, eine Art Garten Eden, ins Leben ruft.

Das dramatische Werk N.s umfasst klassisch strukturierte Gesellschaftsdramen über mit sich ringenden Intellektuellen und historische Dramen über innere Konflikte von großen, wahrheitssuchenden Persönlichkeiten, wie *VII. Gergely* (1939; Gregor VII.), *Széchenyi* (1946; Széchenyi), *Galilei* (1953; Galilei), *II. József* (1954; Joseph II.) und *A két Bolyai* (1961; Die beiden Bolyais). Die Uraufführung des *Galilei* am Vorabend der Revolution von 1956 gilt als ein historisches Ereignis in der neueren Geschichte Ungarns.

Miklós Györffy

Neruda, Jan [Nepomuk]
Geb. 9. 7. 1834 in Prag;
gest. 22. 8. 1891 in Prag

Der tschechische Erzähler, Lyriker, Dramatiker, Kritiker und Feuilletonist Jan Nepomuk Neruda ist der bekannteste Vertreter des tschechischen Realismus. Wie kein anderer tschechischer Schriftsteller hat er seine Heimatstadt Prag und besonders den Stadtteil Malá Strana (Kleinseite) mit ihren Bewohnern in den Mittelpunkt seines Werks gestellt.

N. wuchs in armen Verhältnissen auf der Kleinseite auf. Seine Mutter war Haushälterin, sein Vater, ein bejahrter Veteran, führte einen Zeitungskiosk. N. besuchte zunächst das deutsche Gymnasium der Kleinseite, später das tschechische Akademische Gymnasium. Eine Initialzündung für seine spätere literarische Entwicklung waren die revolutionären Ereignisse des Jahres 1848 – sie weckten sein Interesse für die Freiheitsbestrebungen der Tschechen in einem solchen Ausmaß, dass er bereits zu dieser Zeit, als die Tschechen als Teil der Habsburger Monarchie um die Anerkennung ihrer Sprache als Lite-

ratur- und Nationalsprache kämpften, 14-jährig Vorlesungen über die tschechische Sprache am Prager Klementinum hörte. Nach der Matura 1853 studierte N. drei Semester Jura, wechselte dann für drei Semester zu Philosophie und Philologie und bestritt gleichzeitig seinen Lebensunterhalt unter anderem als Buchhalter in der Armee. 1857 brach er das Studium ab und arbeitete als Hilfslehrer, bevor er sich definitiv für den Beruf des Journalisten entschied. Schon seit 1856 hatte er für den Lokalteil des deutschen *Tagesboten aus Böhmen* (*Posel z Čech*) geschrieben, Mitte der 1860er Jahre wurde er Redaktionsmitglied der liberalen Zeitung *Národní listy* (Nationalzeitung). Privates Glück fand N. nicht: Mehrere Beziehungen, unter anderem auch die zu der Schriftstellerin Karolina Světlá (1830–99), scheiterten. Zu seinen engeren Bekannten gehörte Bedřich (Friedrich) Smetana. Hervorzuheben sind ebenfalls N.s ausgedehnte Reisen etwa nach Ägypten und Palästina, die er journalistisch verarbeitete (zusammengefasst z. B. in: *Různí lidé*, 1871; Verschiedene Menschen).

N. begann seine literarische Tätigkeit mit Gedichten, doch seine erste, 1856 entstandene Sammlung *Hřbitovní kvítí* (1858; Friedhofsblumen) wurde erst postum zu einem Erfolg. Seine wenigen Dramen blieben zu seinen Lebzeiten ebenfalls weitgehend unbeachtet. Anders jedoch sein journalistisches und erzählerisches Schaffen: Mit ca. 2000 Beiträgen als Feuilletonist und Theaterkritiker für *Národní listy* wurde N. zum Begründer der tschechischen Feuilletonistik und Essayistik und mit seinen Novellen und Erzählungen zum wichtigsten realistischen Autor. Das Vehikel zu N.s literarischem Erfolg war zunächst der Almanach *Máj* (Mai), den N. zusammen mit Vítezslav Hálek ab 1958 herausgab. Der Almanach war dem romantischen Dichter Karel Hynek Mácha (1810–36) gewidmet und nach dessen lyrisch-epischem Gedicht von Weltrang, *Máj*, benannt, und dominierte als sog. Máj-Schule die tschechische Literatur in den 1860er und 70er Jahren. Mit ihrem Bestreben, aus dem engen Provinzialismus und Nationalismus der vorhergehenden Periode auszubrechen, führten die Dichter der Máj-Generation neue allgemein-menschliche und soziale Themen sowie einen natürlichen Sprachgebrauch in die tschechische Literatur ein. Mit ihrer kosmopolitischen Orientierung fand die tschechische Literatur mit den Májovci erstmals Anschluss an die Weltliteratur. N., der bedeutendste von ihnen, schuf mit seinen Novellen und Genrebildern (*Arabesky*, 1864; *Arabesken*, 1964) und vor allem den *Povídky malostranské* (1878; *Kleinseitner Geschichten*, 1955) die Hauptwerke der neuen realistischen Prosa.

Mit den *Povídky malostranské* erreichte N. den Höhepunkt auch seines eigenen Novellenstils; er zeichnete in ihnen, meisterhaft charakterisierend, humorvolle, aber auch nachdenkliche Skizzen des Prager Milieus. Die 13 Erzählungen hatte N. zwischen 1867 und 1877 ursprünglich für verschiedene Prager Zeitschriften geschrieben, sie setzten mit ihrer Lebendigkeit und Natürlichkeit neue Maßstäbe für die tschechische Literatur: »Es gelang ihm, die einfache Volkssprache in eine literarische Form zu gießen« (Schamschulla).

Nicht selten berief sich N. hinsichtlich seiner Erzähltechnik auf das Vorbild Božena Němcovás und Karel J. Erbens auf tschechischer und auf Goethe, Jean Paul, Heinrich Heine und Georg Christoph Lichtenberg auf deutscher Seite. Seine Erzählungen wiederum beeinflussten die großen tschechischen Erzähler des 20. Jahrhunderts wie Jaroslav Hašek, Karel Čapek und Věra Linhartová.

Susanna Vykoupil

Neruda, Pablo (eigtl. Ricardo Eliezer Neftalí Reyes Basoalto)

Geb. 12. 7. 1904 in Parral/Chile;
gest. 23. 9. 1973 in Santiago de Chile

Pablo Neruda, Sohn des Lokomotivführers José del Carmen Reyes und der zwei Monate nach seiner Geburt verstorbenen Lehrerin Rosa Neftalí Basoalto, wuchs in Temuco im Süden Chiles auf. Nach dem Französisch- und Pädagogik-Studium in Santiago lebte er außer in Chile auch als Konsul und Botschafter seines Landes in asiatischen Ländern sowie in Spanien, Argentinien, Mexiko und Frankreich. In Singapur heiratete er seine erste Frau Maria Antonietta Hagenaar. Die gemeinsame Tochter Malva Marina, einziges Kind N.s, wurde 1934 geboren und verstarb im Alter von acht Jahren. In zweiter Ehe war N. mit Delia del Carril verheiratet, seine dritte Ehefrau Matilde Urrutia war die Muse der *Versos del capitán* und der reiferen Liebeslyrik wie den *Cien sonetos de amor*. 1945 war N. Senator in Chile und wurde im gleichen Jahr Mitglied der Kommunistischen Partei. 1948 im Zusammenhang mit der Verfolgung von Kommunisten abgesetzt, entging er der Verhaftung durch Flucht und Exil. Er kehrte 1952 nach Lateinamerika zurück. 1969 wurde er Präsidentschaftskandidat der KP Chiles, verzichtete aber zugunsten Salvador Allendes. N. starb am 23. September 1973, nur zwölf Tage nach dem Militärputsch, in Santiago de Chile.

N. begann bereits 1921 eigene Gedichte zu publizieren und ist mit über 40 Einzelbänden einer der produktivsten und bekanntesten Dichter Lateinamerikas. Er wurde unter anderem mit dem Premio Nacional (1945), dem Leninpreis (1953) und 1971 mit dem Nobelpreis für Literatur ausgezeichnet. Über N.s Leben informieren seine Memoiren *Confieso que he vivido* (1974; *Ich bekenne, ich habe gelebt*, 1974) und beispielsweise die Biographie von Volodia Teitelboim, *Neruda. La biografía* (1984; *Pablo Neruda. Ein Lebensweg*, 1987). Sein Werk umfasst außerdem die Prosatexte *El habitante y su esperanza* (1926; *Der Bewohner und seine Hoffnung*, 1978) und *Anillos* (1926, zus. mit Tomás Lagos; *Ringe*), das Theaterstück *Fulgor y muerte de Joaquín Murieta* (1967; *Glanz und Tod des Joaquín Murieta*, 1972) und verschiedene Essays – gesammelt erschienen unter dem Titel *Para nacer he nacido* (1978; *Um geboren zu werden*, 1980).

Das nach dem Band *Crepusculario* (1923; Abend- und Morgendämmerung) zweite Buch N.s, der Gedichtzyklus *Veinte poemas de amor y una canción desesperada* (1924; *Zwanzig Liebesgedichte und ein Lied der Verzweiflung*, 1958), ist einer der erfolgreichsten und auflagenstärksten Lyrikbände Lateinamerikas überhaupt. Von der Kritik besonders geschätzt wird aber das umfangreichste Werk der ersten Phase seines Schaffens, die Gedichtsammlung *Residencia en la tierra* (1933 und 1935; *Aufenthalt auf Erden*, 1960). Die frühen Gedichte N.s (etwa 1921–35) stehen in der Tradition der *poésie pure* und des lateinamerikanischen *modernismo*; N. entwickelt aber eine eigenständige Stimme und Bildsprache. Surrealistische Experimente wie *El hondero entusiasta* (1933; *Der rasende Schleuderer*, in: Ges. Werke 1984) bleiben Ausnahmen. Während seines Spanienaufenthaltes steht er in Kontakt mit den Dichtern der *generación del 27*, mit Federico García Lorca und mit Rafael Alberti. Eine poetische Neuorientierung markiert das Manifest »Para una poesía sin pureza« (»Für eine ›poésie impure‹«), veröffentlicht 1935 in N.s Zeitschrift *Caballo verde*, in dem er sich gegen die seine frühe Lyrik prägende *poésie pure* stellt und eine Hinwendung zu einfachen Worten und Dingen des Alltags proklamiert. Besonders deutlich wird dieses Vorhaben in den *Odas elementales* umgesetzt.

Der Beginn des spanischen Bürgerkriegs 1936, den N. in Madrid miterlebte, bewirkte dann einen inhaltlichen Paradigmenwechsel. Wie vor allem an den Gedichten aus *España en el corazón* (1937; *Spanien im Herzen*, 1956; später Teil von *Tercera Residencia*), beispielhaft an »Explico algunas cosas« (»Erklärung einiger Dinge«), nachzuvollziehen ist, verschreibt sich N. nun einer *poésie engagée*, wenn auch diese zweite Schaffensphase nicht so ausschließlich im Zeichen der Politik steht, wie oft angenommen und N. vorgeworfen wird (Vorwurf des Stalinismus, etwa von Hans Magnus Enzensberger). Sich selbst sieht er als Fürsprecher derer, die ohne Stimme sind: »Yo vengo a hablar por vuestra boca muerta. / Hablad por mis palabras y por mi sangre« (»Sube a nacer conmigo, hermano«, *Canto General*; »Ich komme, um durch euren toten Mund zu sprechen. / Sprecht durch meine Worte und durch mein Blut«). Es erscheinen Bücher wie *Tercera Residencia* (1947; *Aufenthalt auf Erden III*, 1960), *Las uvas y el viento* (1954; *Die Trauben und der Wind*, 1955) und die *Odas elementales* (1954; *Elementare Oden*, 1957) sowie anonym *Los versos del capitán* (1952; *Die Verse des Kapitäns*, in: Ges. Werke 1984). Das Versepos *Canto General* (1950; *Der große Gesang*, 1953), eines der Hauptwerke N.s, das z. T. in der Zeit des Untergrunds entstand, ist eine Auseinandersetzung mit der Geschichte und der Gegenwart, mit der Natur und den Menschen seines Heimatkontinents.

Weniger eindeutig ist der Charakter der dritten Werkphase, die zumeist als Rückzug ins Private und resignierte Abkehr von der Politik (als Reaktion auf den XX. Kongress der KPdSU 1956) gewertet wird. Zwar erscheinen in dieser Periode eher unpolitische Bücher wie *Cien sonetos de amor* oder *Arte de pájaros*, doch sprechen Werke wie *Canción de gesta* und insbesondere *Incitación al nixonicidio y alabanza a la revolución chilena* deutlich gegen eine Abkehr von Fragen der Politik. Die Hälfte der zu Lebzeiten N.s publizierten Bücher entsteht in dieser letzten Schaffensphase; in ihnen werden die vielfältigen Themen seiner Lyrik wieder aufgenommen: Liebe (*Cien sonetos de amor*, 1959; Hundert Liebessonette; *Cantos ceremoniales*, 1961; Zeremonielle Gesänge; *La barcarola*, 1967; Gondellied), Chile und seine Natur (*Las piedras de Chile*, 1961; Chiles Steine; *Plenos poderes*, 1962; Vollmachten; *Arte de pájaros*, 1966; Vogelkunde; *Las piedras del cielo*, 1970; Die Steine des Himmels), Politik (*Canción de gesta*, 1960; Heldenepos; *Fin de mundo*, 1969; Weltende, in: Ges. Werke 1986; *La espada encendida*, 1970; Das flammende Schwert; *Incitación al nixonicidio y alabanza a la revolución chilena*, 1973; Anstiftung zum Mord an Nixon und Lob der chilenischen Revolution, 2004) und poetologische Fragen (*Las manos del día*, 1968; *Die Hände des Tages*, in: Ges. Werke 1986) sowie das eigene Leben (*Memorial de Isla Negra*, 1964; *Memorial von Isla Negra*, 1985). Acht Lyrikbände erschienen postum.

Die Fokussierung auf die erste oder die zweite Schaffensphase N.s führt zu einer einseitigen Rezeption. So wird er entweder als Dichter der Liebe und Vertreter der *poésie pure* oder aber als Stimme der Unterdrückten und politisch engagierter Schriftsteller gelesen. Beide Lesarten greifen zu kurz und verstellen nicht nur den Blick auf die je andere Phase, sondern verhindern oft auch die (kritische) Auseinandersetzung mit den zahlreichen Texten, die außerhalb dieses Schemas liegen. Dies gilt auch für die Rezeption N.s im deutschen Sprachraum: Viele der Einzelausgaben bleiben auf Liebeslyrik, *Residencia en la tierra*, *Canto General* und die *Odas elementales* beschränkt.

Werkausgabe: Gesammelte Werke. Darmstadt/Neuwied 1984–86.

Friederike von Criegern de Guiñazú

Nerval, Gérard Labrunie (genannt Gérard de)

Geb. 22. 5. 1808 in Paris; gest. 26. 1. 1855 in Paris

Gérard de Nerval, Freund Théophile Gautiers und Heinrich Heines, bekannt mit allen bedeutenden französischen Romantikern wie etwa Charles-Augustin Sainte-Beuve, Alfred de Vigny und Alfred de Musset, verfasste bereits früh Essays, Erzählungen, Dramen, Theaterkritiken und Gedichte. Seine ausgezeichnete Übersetzung von Goethes *Faust I* (1828) ließ insbesondere Victor Hugo auf ihn aufmerksam werden. 1842 unternimmt N., wie viele Dichter seiner Zeit und sechs Jahre später Gustave Flaubert, eine einjährige Reise in den Orient, deren tatsächliche Begebenheiten er in dem prosaischen Impromptu *Voyage en orient* (1851; *Reisen im Orient*, 1953) kunstvoll mit orientalischen Mythen und eigener Dichtung verbindet. Der Beginn der 1840er Jahre ist auch der Beginn von N.s psychischem Leiden, das ihn 1855, nach zahlreichen Klinikaufenthalten und nur wenige Wochen nach Erscheinen seines letzten Werkes, den Freitod wählen lässt.

Seine Dichtung, die mit »Le Christ aux oliviers« (1844; »Christus am Ölberg«, in: *Töchter der Flamme. Das ausgewählte Werk*, 1953) noch der Romantik zugetan war, initiiert mit dem insgesamt zwölf Sonette umfassenden Gedichtzyklus *Les chimères* (1854; *Die Chimären*, in: *Töchter der Flamme*), insbesondere mit dem autobiographisch anmutenden »El Desdichado« (1853; »El Desdichado«, in: *Töchter der Flamme*) die Moderne. Das musikalische Primat in der Wortwahl sowie die mitunter unauflösbar dunkel bleibenden Bilder seiner esoterischen Dichtung wirkten nachhaltig auf die hermetische Ästhetik des französischen Symbolismus. Neben dem Comte de Lautréamont wurde N. aufgrund seines kompositorischen Verfahrens, Wirklichkeit, Traum und Unbewusstes in einer »übernatürlichen Träumerei« ineinander übergehen zu lassen, zum wichtigsten Zeugen für die Dichtung der Surrealisten. Die Zartheit seiner unifizierenden Dichtung kann indes nicht darüber hinwegtäuschen, dass ihr eine pessimistische Lebenseinstellung innewohnt, die sich letztlich keinen anderen Ausweg weiß als die Flucht in eine schwebende Irrealität, oder, wie Pandora (»Pandora«, z. T. 1854, 1921; in: *Töchter der Flamme*) das Schicksal des Dichters düster vorwegnimmt, eine Sehnsucht nach der Erlösung vom Leben. N.s Hauptwerk, das Prosagedicht *Aurélia ou le rêve de la vie* (1855; *Aurélia oder Der Traum des Lebens*, 1910), dessen Haupttitel er dem Werk E.T.A. Hoffmanns entlieh, besteht aus einer unfasslichen Verbindung autobiographischer, ekstatisch-visionärer und abstrakt-reflexiver Momente, die die idealische Geliebte ins Zentrum des mystischen Geschehens ruft. Das fragmentarisch anmutende Werk kann als der stufenweise Vollzug einer Unio mystica gelesen werden, die den Protagonisten, ähnlich Orpheus, über den Schmerz des Verlusts der Geliebten im Leben zur offenbarenden Erkenntnis führt, sich mit ihr in wahrer Liebe in der Ewigkeit vereinigen zu können. Insgesamt lässt N.s Dichtung die für die Moderne so kennzeichnende Differenz von Kunst und Leben in ihrer ganzen Schärfe hervortreten – und nimmt letztlich deren Scheitern als ästhetisches Programm vorweg.

Werkausgabe: Werke. 3 Bde. Hg. N. Miller/F. Kemp. München 1986–89.

Sebastian Hartwig

Nesin, Aziz
(eigtl. Mehmet Nusret Nesin)
Geb. 20. 12. 1915 in Istanbul;
gest. 6. 7. 1995 in Çeşme/İzmir

Aziz Nesin war Satiriker, erklärter Atheist und Humanist; sein Leben lang hat er sich schreibend und handelnd gegen ein Verharren im Traditionellen und dagegen gewehrt, passiv hinzunehmen, was von wechselnden Autoritäten – besonders im eigenen Land – angeordnet wird. In seiner Autobiographie *Böyle Gelmiş Böyle Gitmez* (1966ff.; *So geht's nicht weiter...*, 1985) beschreibt er seine Kindheit und Jugend unter extrem schwierigen materiellen Bedingungen; einen Ausweg bot die Ausbildung an Kuleli Askeri Lisesi, einer Kadettenanstalt, in der er strikter militärischer Disziplin unterworfen war. Als das Gesetz zur Einführung der Familiennamen 1934 in Kraft trat, wählte er den Namen »Ne sin?« – »Was bist du?« – vielleicht auch, um sich immer wieder selbst in Frage zu stellen. 1937 wurde er Offizier, erkrankte an »Napoleonitis«, dem Machtrausch, wie er sagte, und schied 1944 aus dem Militärdienst aus.

1946 gab er mit Sabahattin Ali die satirische Zeitung *Marko Paşa* heraus, ein Blatt, das so argwöhnisch vom Staat beäugt wurde, dass die beiden Herausgeber dies zum Anlass für Realsatire nahmen und auf der Titelseite verkündeten: »[...] erscheint, sofern nicht von der Polizei konfisziert.« Es wurde verboten und erschien dann mehrfach unter anderen Namen. N.s Kritik an den sozialen und politischen Verhältnissen wurde als so staatsgefährdend betrachtet, dass er von 1946 an immer wieder damit rechnen musste, verhaftet zu werden; zählt man alle Haftstrafen zusammen, verbrachte er insgesamt fünf bis sechs Jahre seines Lebens in der »Schule der türkischen Autoren«, im Gefängnis. Im Laufe der Jahrzehnte schrieb N. unter über 200 Pseudonymen; kaum war eines aufgedeckt, hatte er ein neues parat. Vom Erscheinen seines ersten Buches an – *Parti Kurmak, Parti Vurmak* (1945; Die Partei gründen, die Partei zerschlagen [oder: die Partie gewinnen; ein Wortspiel]) – sind bis 1987 fast in jedem Jahr mindestens eine, oft mehrere Publikationen zu verzeichnen: Bände mit Kurzgeschichten, Märchen, Fabeln und Essays, Romane, Theaterstücke, politische Schriften und vieles mehr.

1961 erschien *Zübük* (*Die skandalösen Geschichten vom türkischen Erzgauner Zübük*, 1965; *Zübük, der Erzgauner oder Wie man Politiker wird*, 1987), ein Roman um einen Hochstapler in einer Provinzstadt, der die Vertrauensseligkeit der Einwohner-/innen zu seinen Gunsten nutzt. N.s Prosa ist bewusst einfach gehalten; seine Romane und Erzählungen mit ihren rasch wechselnden Schauplätzen sind durch Handlungsvielfalt charakterisiert, oft überstürzen sich Ereignisse, die jeder realen Grundlage entbehren: Dies ist N.s Methode, die Widersprüche des Alltags ad absurdum zu führen. An die Stelle ausführlicher, äußerst detailgetreuer Beschreibungen der Szenerie – ein häufiges Stilmittel in der erzählenden Literatur der Türkei – treten bei ihm unzählige Dialoge. Die Gefängnisaufenthalte sah N. als Ruhephasen in einem Leben an, das von einem unbeugsamen und nicht zu unterbindenden Einsatz für den Erhalt der laizistischen Verfassung seines Landes bestimmt war. Hinter Gittern, so sagte er, hatte er Ruhe vor den Zensoren, Papier und Stift – und jedweden Stoff, den ein Autor sich nur wünschen konnte: Mörder, Schwerverbrecher, Intrigen unter Gangstern und dem Bewachungspersonal sowie Einblicke in ein hierarchisches System, das von gnadenloser Unterdrückung und Abhängigkeit bestimmt ist. Eine der bittersten Satiren ist *Surnâme* (1976; *Surnâme. Man bittet zum Galgen*, 1988). Gründe für N.s Verurteilungen waren Verstöße gegen die Zensur; er erkannte kein vom Staat auferlegtes Tabu an.

1972 gründete er in Çatalca, in der Nähe von Istanbul, ein Kinderhaus, um Kindern aus mittellosen Familien ein Zuhause und die Möglichkeit zu geben, sich frei zu entfalten. Da N.s Bücher ab den 1960er Jahren hohe Auflagen erreichten und in viele Sprachen übersetzt wurden, bestimmte er, dass die Einnahmen aus Honoraren und Tantiemen der Nesin Vakfı, der Aziz-Nesin-Stiftung, zugeführt werden, mit der sein pädagogisches Projekt finanziert wird. Aus den *Bütün Eserleri*, den sämtlichen Werken, sei vor allem *Yaşar ne yaşar ne yaşamaz* (1977; Er lebt, ob er lebt oder nicht) hervorgehoben; darin kann ein Mensch weder seine Existenz noch seine Identität beweisen, da ihm die entsprechenden Dokumente fehlen. Anfang der 1990er Jahre zog N. den Zorn der Islamisten auf sich, als er Passagen aus *The Satanic Verses* von Salman Rushdie in türkischer Übersetzung veröffentlichen ließ. »Schon zu Lebzeiten ist er fast zum Denkmal einer an den allgemeinen Menschenrechten und demokratischen Grundwerten orientierten Entwicklung der Türkei geworden« (Klaus Liebe-Harkort).

Monika Carbe

Nestroy, Johann Nepomuk
Geb. 7. 12. 1801 in Wien; gest. 25. 5. 1862 in Graz

»Nestroy, Johann, sehr lang, etwas ungeschlacht, Embonpoint, blatternarbig, rundes Gesicht, lockiges, etwas graues Haar, greller Schauspieler, desto glücklicherer Coupletsänger, fruchtbarer und beliebter Possenspieler, trefflicher Zeichner gemeiner Charaktere in Callot's Manier; schreit entsetzlich, treibt sich in Kneipen herum, und zwar nicht immer der Studien wegen. Werke: Viele Possen und Parodien, worunter einige von bleibendem Werthe.«

Als diese Notiz 1842 erschien, war N. bereits der von der Kritik und dem bürgerlichen Publikum gefeierte Textdichter von Lokalpossen, Komiker, Satiriker und Schauspieler der Wiener Volksbühne, die sich unter seinem Einfluss vom reinen Unterhaltungstheater für die unteren Stände zu einer kritisch-republikanischen Anstalt gewandelt hatte. Seine Stücke brechen radikal mit der langen Tradition der Ritter- und Zauberspiele, wie sie mit den Namen Josef Anton Stranitzky und Ferdinand

Raimund verknüpft ist. In der realistischen Tendenz der Lokalposse, die den bürgerlichen Alltag im Biedermeier zur Zielscheibe ihres Witzes macht, begegnet der seit 1815 herrschenden Restauration Metternichs die Kritik des Lachtheaters: die Freisetzung des Komischen entlarvt die maroden kleinbürgerlichen Verhältnisse ebenso wie den obrigkeitsstaatlichen Zwang.

Zu seiner Rolle des Erneuerers und Vollenders des Wiener Volkstheaters findet N. erst auf Umwegen. Sein Vater, Hof- und Gerichtsadvokat in der k. u. k. Monarchie, hatte ihn für eine Beamtenlaufbahn vorgesehen. Nach einigen Semestern Jura gibt N. aber das Studium auf und wechselt 1818 überraschend zu seiner vermeintlich »letzten Begabung« ins Opernfach als Bassist; bis 1830 singt er alle bedeutenden Opernpartien seines Fachs im In- und Ausland. Obwohl ihm Begabung bescheinigt wird, vollzieht sich allmählich der Übergang zum komischen Sprechtheater. 1827 debütiert er gleichzeitig als Dichter und Schauspieler in seiner Lokalposse *Der Zettelträger Papp*. Endgültig setzt sich N. 1830 am Theater an der Wien durch, das ihn als Komiker und Bühnenautor unter Vertrag nimmt. In diesem Jahr verzeichnet seine Rollenliste bereits 226 Sprechrollen und nur noch 7 Gesangspartien; seine Spielleidenschaft und seine Begabung für das Memorieren lassen in den folgenden Jahren die Zahl der Auftritte noch weiter ansteigen. Daneben entstehen Jahr für Jahr eigene Stücke, deren Qualität von rasch zusammengeschriebenen Potpourris (*Der unzusammenhängende Zusammenhang. Quodlibet in zwei Akten*, 1830) über Parodien (*Magische Eilwagenreise durch die Komödienwelt oder Das Szenenragout in der theatralischen Einmachsauce*, 1830) bis zu Meisterwerken der komischen Kunst reicht (*Der böse Geist Lumpazivagabundus oder Das liederliche Kleeblatt*, 1833). In *Lumpazivagabundus* legt sich N. bereits früh thematisch und formal fest: Gesellschaftssatire, die teilweise durch die eingearbeiteten Zauberpartien entschärft wird. In dem berühmten *Kometen-Couplet* – »Da wird einem halt angst und bang / Die Welt steht auf kein' Fall mehr lang« – werden die »Volksleiden« wie Zunftzwang, Gewerbebeschränkung, Rekrutierpflicht, Passwesen, Arbeitsbücher vorgetragen, um auf Handwerkerarbeitslosigkeit, auf den bankrotten Mittelstand und adelige Hochstapelei aufmerksam zu machen; nur das Glück in der Lotterie, verliehen von zwei Feen, kann den drei betroffenen, heruntergekommenen Handwerksgesellen aus dieser gesellschaftlichen Misere verhelfen. Kaiser Franz I. richtete gegen das Stück und seine Fortsetzung eine Beschwerde an die Zensur-Hofstelle, in der das Theater an der Wien (und damit N.) beschuldigt wird, dem Publikum »verkehrte Begriffe über menschliche und bürgerliche Lebensverhältnisse« zu vermitteln.

In der Folge wird N., der schon früher der Zensur »wegen unerlaubten Extemporierens« aufgefallen war, streng überwacht. 1835 erscheint ein neuer N.; die Lokalposse mit Gesang lässt nunmehr den überholten Zauberapparat beiseite und wendet sich direkt der gesellschaftskritischen Intention zu: *Zu ebener Erde und erster Stock* enthält schon in seinem zweigeteilten Bühnenbild – im ersten Stock der reiche Spekulant, im Parterre ein verarmter Gewerbetreibender – eine eingängige Symbolik ständischer und gesellschaftlicher Ungerechtigkeit. Wenn auch am Ende der Posse der Reiche verarmt und der Arme in dessen Wohnung aufsteigen kann, so ist diese Versöhnung doch mehr erpresst als realitätsnah. Ein solcher Schluss wird in der Posse mit Gesang *Einen Jux will er sich machen* (1842) von N. verschmäht; die Enttäuschung des Handlungsgehilfen Weinberl, der einmal »ein verfluchter Kerl« sein möchte, über den elenden Lauf des bürgerlichen Lebens wird trotz aller unwahrscheinlicher Abenteuer, die er in Wien erlebt, bis ans Ende durchgehalten; resignierend fügt er sich in sein Schicksal, wie auch *Der Zerrissene* (1844), der in seinem Reichtum an Langeweile erstickt. N. scheut sich nunmehr weder vor der Kritik der herrschenden

Ungerechtigkeit und Dummheit, die sich weitgehend als Ständesatire gestaltet, sondern er wagt sich sogar in der Revolution von 1848 an die kleinbürgerlichen Ideale seines Publikums. Die Posse *Freiheit in Krähwinkel* (1848) rechnet sowohl mit dem alten Regime Metternichs ab als auch mit der Revolution als dümmlicher »Volksregiererei«. »Revolution« und »Reaktion«, so der Titel der beiden Abteilungen der Posse, sind für N. dieselben Seiten der Geschichte: »Gleichgültigkeit aller Stände, freie Abstimmung nach vorhergegangener Stimmung, und zur Vermeidung aller Streitigkeiten gar kein System.«

Als N. 1854 zum Theaterdirektor avanciert, lässt seine eigene Produktion nach; die Höhe seiner früheren Stücke, insgesamt 62, erreicht er selbst nicht mehr in den genialen Parodien Friedrich Hebbels (*Judith und Holofernes*) und Richard Wagners (*Tannhäuser*). Mit seinem Auftritt als Jupiter in der Operette *Orpheus in der Unterwelt* von Jacques Offenbach kehrt N. kurz vor seinem Tod wieder zum Musiktheater seiner Jugend zurück. Er ist »der erste deutsche Satiriker, in dem sich die Sprache Gedanken macht über die Dinge. Er organisiert die Flucht des Geistes vor der Menschheit, er ist die Rückwärtskonzentrierung. Nach ihm die Sintflut« (Karl Kraus).

Werkausgaben: Sämtliche Werke. Historisch-kritische Ausgabe Hg. von Jürgen Hein und Johann Hüttner. Wien/München 1977 ff.; Komödien. 3 Bde. Hg. von Franz H. Mautner. Frankfurt a. M. 1970.

Karl-Heinz Haberserzer

Neumann, Gert
Geb. 2. 7. 1942 in Heilsberg/Ostpreußen

»Nur … war ich inmitten eines Hochmuts aufgewachsen, der fast zu meinem Selbst geworden war: und seine Syntax war zu einem Gefängnis meines Lebens geworden, das ich, in der Dialektik der Dummheit, sich viel eher *erfüllen* sah. So bin ich auf ein Denken gestoßen, das davon leben kann, sich vor dem Gesagten zu hüten, weil es den Anlaß des Sprechens verfehlte.« Dieses von N. in *Übungen jenseits der Möglichkeit* entworfene sprachkritische Konzept, das sich in dem Buch gleichen Titels findet, das 1991 erschienen ist, resultiert aus der Konfrontation und den Erfahrungen mit einer ideologisch durchsetzten und staatlich verwalteten Sprache, die er in der DDR als Herrschaftssprache erfahren hat. »Ich habe immer ein sprechendes Leben geführt; also wenig in der Gewißheit der Wirklichkeit schweigen können. Ich habe mich immer im Gespräch ge- und befunden. Ich mußte mit dem gesprochenen Satz leben. Es gab kein anderes Medium für mich. Ich habe die Wahrheit, die in einem Gespräch existiert, beobachten gelernt; aber, auch die Obszönität. Und ich habe bemerkt, daß in der Gesellschaft, in der ich aufwuchs und lebte … und lebe, Gespräche stattfinden, um das Denken zu betäuben.« Als N. beginnt, gegen diese Sprachzustände aufzubegehren, gerät er in Konflikt mit dem Staat. 1969 wird er vom Literaturinstitut in Leipzig relegiert und aus der SED ausgeschlossen. Seit dieser Zeit ist er von der Staatssicherheit als operativer Vorgang geführt worden. Er arbeitet als Bauschlosser, später als Theaterhandwerker und Schnürbodenmeister im Leipziger Schauspielhaus.

Behutsam mutet N.s hochartifizielles, aber dennoch radikales poetisches Schreiben an. Beinahe in allen Texten N.s ist vom Scheitern des Gesprächs die Rede, wobei seine besondere Aufmerksamkeit darauf gerichtet ist, nach den Bedingungen zu fragen, die verhindern, dass sich ein Gespräch entwickeln kann. Dieser Erfahrungshintergrund korrespondiert mit einem weiteren Thema seiner Texte: Sie handeln vom Schweigen. N. forscht nach den Ursachen für Gesprächsunterbrechungen, er kümmert sich um die Zwischenräume des Sprechens, um Übergänge, wenn Dialoge ins monologische Sprechen abstürzen.

Die Sprachnotstände, von denen N.s Texte handeln, galten in der DDR als ein solches Ärgernis, dass seine erste Buchpublikation *Die Schuld der Worte* (1979) im Osten erst zehn Jahre nach dem Erscheinen in der Bundesrepublik verlegt wurde. Auch sein erster Roman *Elf Uhr* (1981) wurde zunächst nur im Westen publiziert und konnte erst in der Wendezeit

(1990) in der DDR erscheinen. Martin Walser lobt N.s Texte, weil »seine Schwierigkeit Glanz hat und Innigkeit« und urteilt über *Elf Uhr*: »Es ist bis heute das unentdeckteste Buch der deutschen Gegenwartsliteratur geblieben. Ein Schicksal, das das Buch mit seinem Autor teilt.« In der DDR war es Franz Fühmann, Mentor vieler junger Autoren, der bereits 1981 auf N.s Talent aufmerksam macht, auf einen Dichter, der zu dieser Zeit als Schlosser und Handwerker arbeitet. Fühmann sah in ihm »den bedeutendsten Schriftsteller (ganz ohne Phrase), den die DDR, nein, den wohl der deutschsprachige Raum besitzt«. Doch der bedeutende Schriftsteller bleibt im Westen wie im Osten ein Geheimtip.

Im öffentlichen Reden mit seinen Konventionen liegt für N. ein Sprachnotstand begründet, dem er mit einem subversiven poetischen Programm zu begegnen versucht, das er in Anlehnung an Gilles Deleuze als »Klandestinität« bezeichnet. Vom Klandestinen der Sprache, ihrem geheimnisvollen Urgrund, darum, wie sich die reine Sprache gegenüber dem herrschenden Sprachgebrauch verschließen muss, um im Gegenentwurf zu einem Sprechen zu finden, das sich als Einspruch gegen ein die Wirklichkeit verfehlendes Sprachgebaren versteht, handelt N.s Roman *Die Klandestinität der Kesselreiniger* (1989). Aus der Distanz gegenüber herrschendem Sprachmissbrauch findet N. zu einer Sprache, in der Widerstand in der Poesie stattfindet. Widerstand, der sich nicht an einem Gegen abarbeitet, sondern der das Andere, Eigentliche in poetischen Texten sprechend werden lässt. »In dem Wort … ›Klandestinität‹, das in der Praxis lebt, wird auf das Verborgene extra hingewiesen; in ihm wird es zur Voraussetzung für die Begegnung, daß sie nicht daran arbeitet, eine Artikulation bis zu einer Begegnung mit der Macht, notwendig, zu führen –: sondern, es ist bekannt, daß der Kampf gegen die Erscheinungen oft nur den Mangel an der Kenntnis über das Verborgene ersetzen soll. … Man kann sich also besser verteidigen mit diesem Wort: gegen das, was man gesagt hat, um über etwas sprechen zu können, das allerdings nicht notwendig durch das Gesagte erscheint, sondern erst in der Antwort. … So habe ich begonnen, auf eine Art zu schreiben, die mich mehr und mehr davon überzeugte, daß dort etwas ist, wo im materialistischen Sinn nichts ist.«

In *Die Klandestinität der Kesselreiniger* erhält das Reinigen eines Heizungskessels symbolische Bedeutung. Der Ich-Erzähler und sein bulgarischer Kollege Angel müssen das Innere des Kessels von Ablagerungen und Rückständen reinigen, damit er wieder seine Funktion erfüllen kann. Zugleich ist diese Arbeit eine Strafarbeit, die im Widerspruch zu den Losungen des DDR-Staates steht. Diesen Widerspruch lässt der Erzähler im Text sprechend werden. Er entkleidet die Sprache des offiziellen Sprechens wie den Kessel, er legt frei, was verkrustet ist und sucht nach ursprünglichem Glanz. Zugleich findet das Schreiben im Untergrund statt, muss der Schreiber damit rechnen, entdeckt zu werden. Anteil an dem Buch hat auch sein Kollege Angel, der es dem Erzähler gestattet, sich schreibend zurückzuziehen, sich der Sprache anzunehmen, während Angel mit dem Kesselreinigen fortfährt. N. war selbst von 1978 bis 1985 Heizungsschlosser im evangelischen Diakonissenhaus in Leipzig.

Der sprachkritische Hintergrund, den N. aufruft, steht in einer Tradition, die von Jakob Böhme, Georg Hamann, Kleist über Hofmannsthal bis zu Kafka und Walter Benjamin reicht. In den 1980er Jahren kann N. in der DDR nur in inoffiziellen Zeitschriften publizieren. Dazu zählt auch die im Untergrund erschienene Zeitschrift *Anschlag*, von der vom Mai 1984 bis zum März 1989 zehn Hefte und zwei Sonderhefte herausgegeben wurden. *Anschlag* ist auch der Titel von N.s 1999 publiziertem Roman, der von den Schwierigkeiten der Herausgabe einer inoffiziellen Zeitschrift gleichen Namens handelt. Darüber hinaus bildet der Bedeutungskomplex des Wortes »Anschlag« einen zentralen Kristallisationspunkt für das Handlungsgeschehen des an Handlung eher armen Romans. Bei dem »Anschlag«, der mit der Zeitschrift vorgenommen wurde, handelt es sich um einen poetischen Angriff, eine subversive Attacke, bei der es um die Befreiung der Sprache geht, die aus einem sie vereinnahmenden Bedeutungs- und Redezusammenhang befreit werden soll. Gegenüber einer missbrauchten Sprache wird gerade einer Sprache Aufmerksamkeit geschenkt, der es im offiziellen Sprechen versagt bleibt zu sagen, was sie sagen will. Um in dieser Sprache sprechen zu können, muss die Sprache »angeschlagen«, zum Klingen gebracht werden. Zugleich versteht sich ein solcher »Anschlag« auch als Gegenentwurf. Insistiert wird auf einer reinen Sprache, die sich abwendet von einer machtgeschützten und vom Staat verwalteten Sprache, um zu einem eigenen, gänzlich anderen Sprechen zu finden. Und es wird ein Zusammenhang zwischen »Anschlag« und Mitteilung hergestellt, wodurch Vorstellungen von Öffentlichkeit und somit von den Möglichkeiten des Sprechens und den Verordnungen des Schweigens zur Disposition stehen. Aus dem Zusammenspiel der Bedeutungsnuancen des Wortes »Anschlag« entwickelt N. über den Titel auch das Konzept der unabhängigen Zeitschrift und konfrontiert die Leser zugleich mit einem Gespräch, in dem Ereignisse aus der DDR vor 1989 aufgerufen werden.

Aufgezeichnet hat N. ein Ost-West-Gespräch zwischen zwei zufälligen Bekannten, die sich auf dem Weg nach Kloster Chorin befinden. Allerdings ist die Unterhaltung zwischen den Protagonisten durch eine Unaufmerksamkeit des Erzählers in den Zustand des Schweigens übergegangen. Es handelt sich um ein Schweigen, das auf Reden verweist, denn der Erzähler will sein Gesprächsgegenüber aus dem Westen über die Umstände der Verhaftung seines Sohnes durch die Sicherheitsorgane der DDR in Kenntnis setzen. Allerdings will er neben dem Ereignis auf Verborgenes verweisen, das durch Überbetonung des Ereignishaften in den Hintergrund treten könnte. Sein Interesse richtet sich nicht auf den durch das Ereignis gegebenen Informationsgehalt, sondern auch darauf, was ausgeblendet bliebe, würde nur der faktische Charakter des Geschehens – der Vorgang der Verhaftung – aufgerufen werden. Aber für dieses Zeit beanspruchende Gespräch fehlt seinem Gegenüber die Geduld, weshalb das Gespräch scheitert.

Unter dem Titel *Verhaftet* (1999) sind die von N. im Januar 1998 gehaltenen Poetikvorlesungen erschienen, in denen er den »Umständen des Gesprächs« nachgeht und auf die Missverständnisse zu sprechen kommt, die in Redesituationen offensichtlich werden. 2003 hat N. unter dem Titel *Innenmauer* Gedichte veröffentlicht, die er »in einem plötzlichen Anfall 2000 geschrieben« hat.

Michael Opitz

Neumann, Robert
Geb. 22. 5. 1897 in Wien;
gest. 3. 1. 1975 in München

Dass man ihn wegen seiner Stilvielfalt mit Georg Büchners Valerio aus *Leonce und Lena* verglich – »bin ich das? oder das?« –, akzeptierte er. »Grellster Naturalismus ... in manchmal archaisch gestelzter, manchmal gehetzter und keuchender Prosa« sei *Sintflut* (1929), sein erster Roman, gewesen, »exuberant, disziplinlos, satirisch-sentimental und keineswegs so neu-sachlich, wie er glaubte«, sein zweiter, *Die Macht* (1932). Die kurzen Ich-Romane *Hochstaplernovelle* (1930), *Karriere* (1931), *Luise* (1966) nannte er »histrionisch, Verwandlungskunst«. Der Professorensohn, Student der Medizin, Chemie und Germanistik, Buchhalter, Börsenspekulant, Schokoladenfabrikdirektor, Kommanditgesellschaftschef, in den 1920er Jahren durch die steigende Inflation verarmter Matrose und lange erfolgloser Schriftsteller, war in Deutschland durch zwei Bücher bekannt geworden, in denen er mit Stilarten hatte spielen können: seine ersten Parodiensammlungen *Mit fremden Federn* (1927) und *Unter falscher Flagge* (1932). Auf deren Hintergrund lässt sich interpretieren: »Weil ich mich in keinem dieser parodierten Stile wohlgefühlt und nach dem eigenen Stil gesucht habe, habe ich natürlich experimentiert.« 1934 aus dem Nazi-Deutschland nach England emigriert, schrieb er in englischer Sprache, u. a. mit Stilmitteln James Joyces – »beredt, facettenreich, daß es einem vor den Augen flirrt« – das Hauptwerk *The Inquest* (1945; dt. 1950 als *Bibiana Santis*). Zurück auf dem Kontinent, in Locarno, setzte er sein Werk auf deutsch fort: heiter-ironisch oder frivol-pornographisch, dokumentarisch oder polemisch, als Vizepräsident des internationalen PEN-Clubs oder als Autor für *Pardon* und *Konkret*, ein Werk, das mit *Gedichten* (1919), Dramen und Erinnerungen (*Ein leichtes Leben*, 1963) mehr als drei Dutzend Bücher umfasst. Während der Arbeit an dem Roman *Der Tatbestand oder der gute Glaube der Deutschen* (1965), der sich »bitter« mit der bundesrepublikanischen Nachkriegsjustiz auseinandersetzt, notierte er in sein Tagebuch (*Vielleicht das Heitere*, 1968): »Man brauchte mehrere Identitäten.«

Ernst Kretschmer

Nganang, Patrice
Geb. 17. 3. 1970 in Yaoundé/Kamerun

Der kamerunische Autor Patrice Nganang ist nicht nur in mehreren Kulturen, sondern auch in mehreren Sprachen zu Hause. Ein Germanistikstudium absolvierte er in Kamerun und in Frankfurt a. M. Seit 2000 lehrt N. in den USA. Der Schriftsteller ist mit den Literaturen Afrikas und des Westens vertraut und ebenso mit der Geschichte des Films, insbesondere der kolonialen Filme über Afrika. N. gehörte 1994 zu den Initiatoren und Organisatoren des Kulturfestivals Africa alive! in Frankfurt a. M. und bezeichnete den Einfluss deutscher Kultur auf sein Werk als immens.

Bereits für eine seiner ersten Erzählungen, *Histoire d'un enfant quatr'zyeux* (1987; Geschichte eines vieräugigen Kindes) erhielt N. den Crepla-Literaturpreis (1987), eine Auszeichnung für Kinderliteratur. Seine ersten poetischen Arbeiten sind in den Lyrikbänden *Joie manquée* (1990; Freudlos) und *Elobi* (1995; Elobi) versammelt; dabei handelt es sich um das Elend beklagende Jugendgedichte sowie um Liebesgedichte, die N. in den Jahren 1992 und 1993 verfasst hat. Sein erster Roman *La promesse des fleurs* (1997; Das Versprechen der Blumen) eröffnet eine Trilogie, die zum einen der Frage »Was ist der Mensch?« gewidmet ist und zum anderen das Leben in den städtischen Randbezirken Yaoundés abbilden soll. Im Mittelpunkt von *La promesse des fleurs* stehen sieben Jugendliche und ihre Lebensentwürfe sowie ihr tatsächlicher Lebensverlauf, der in einer Katastrophe endet. N. schildert die Handlung mit Hilfe einer Erzählerfigur, die selbst Schriftsteller werden möchte. Das Geschehen entwickelt sich asynchron und spiegelt damit den ungeraden Verlauf der verschiedenen Lebenswege. Den zweiten Teil der Trilogie bildet *Temps de chien* (2001; *Hundezeiten*, 2003), eine Satire auf die politische und wirtschaftliche Krise in den 1990er Jahren in Kamerun, geschrieben aus der Sicht eines Hundes. 2001 wurde der Roman mit dem renommierten Prix Marguerite Yourcenar für in den USA lebende frankophone Autoren und 2002 mit dem Grand Prix Littéraire de l'Afrique Noire ausgezeichnet.

N. verwendet darin die Alltagssprache und vermischt das Französische mit englischen Ausdrücken sowie mit Formulierungen aus dem Bamileke. Er arbeitet mit zahlreichen Anspielungen auf die Literaturen Afrikas oder Europas, und auch Prinzipien deutscher Philosophen wie Heidegger oder Lenin finden sich – manchmal verballhornt – in seiner Literatur wieder. *Temps de chien* schildert das Leben der kleinen Leute, ihren harten Alltag – und die aussichtslose Position eines Intellektuellen, eines Schriftstellers, inmitten dieses Treibens. N.s Kunstgriff, das Überleben der kleinen Leute in einer von Korruption geprägten Gesellschaft aus der Sicht eines Hundes zu beschreiben, wurde als Anspielung auf den Roman *Striving for the Wind* des Kenianers Meja Mwangi gesehen, in dem die männliche Hauptfigur die Handlung in Gesprächen mit einem Hund kommentiert. *La joie de vivre* (2003; Die Lebensfreude) beschließt die Stadtviertel-Trilogie. Hier geht es um die Frage, welche Rolle der Einzelne in Geschichte und Politik Kameruns einnehmen kann und soll und wo seine Handlungsmöglichkeiten liegen. Allerdings spielt *La joie de vivre* nicht mehr in der Gegenwart, sondern in den Jahren unmittelbar vor der Unabhängigkeit Kameruns von Frankreich. N. erzählt darin vom Erwachsenwerden dreier Geschwister, ihre Auseinandersetzungen stehen für die Konflikte im Prozess der Nationwerdung Kameruns.

L'invention du beau regard (2005; Die Erfindung des schönen Blicks) enthält zwei Erzählungen, die ebenfalls das Leben in der Stadt, in den Straßen und Kneipen eines durchschnittlichen Viertels thematisieren. Die erste Erzählung über einen Polizeikommissar ist eine Allegorie auf das Ende des totalitär regierenden kamerunischen Präsidenten Paul Biya, vorgebracht aus der – bereits aus den Romanen bekannten – kommentierenden Sicht eines Kneipenbesuchers. Die zweite Erzählung, die dem Band den Titel gab, handelt von der Tragik eines Lebens in Armut. Dennoch schwingt in ihr, wie in *Temps de chien*, ein humorvoller Ton der Versöhnlichkeit mit. Neben dem literarischen Werk nehmen die film- und literaturwissenschaftlichen Essays N.s breiten Raum ein. Nach seiner Dissertation über das Theater Bertolt Brechts und des nigerianischen Literaturnobelpreisträgers Wole Soyinka schrieb N. unter anderem über die Entgleisung der Vernunft in den kolonialen Sehnsuchtsfilmen zur Zeit des Nationalsozialismus sowie über den Schriftsteller Mongo Beti und über den kamerunischen Film.

Manfred Loimeier

Ngugi wa Thiong'o, [James]
Geb. 5. 1. 1938 in Kamiriithu, Kenia

Seit den späten 1970er Jahren ist der Name von Ngugi wa Thiong'o untrennbar mit der Debatte um das Englische als Literatursprache in Afrika verknüpft. Nachdem N. in den 1960er und frühen 1970er Jahren eine Reihe vielbeachteter englischsprachiger Romane veröffentlicht hatte und rasch zum bekanntesten Schriftsteller Ostafrikas avanciert war, wandte er sich Ende der 1970er Jahre vom Englischen als Literatursprache ab und veröffentlichte spätere Werke in seiner Muttersprache Gikuyu; darüber hinaus verfasste er die Streitschrift *Decolonising the Mind: The Politics of Language in African Literature* (1986) sowie zahlreiche Essays, in denen er sich vehement für eine Abkehr von der »afrosächsischen« Literatur und eine Hinwendung zu den afrikanischen »Nationalsprachen« einsetzt.

Der in einem kleinen Dorf im kenianischen Hochland geborene und aufgewachsene N. erlebt als Jugendlicher in den 1950er Jahren den Aufstand der Mau-Mau-Bewegung gegen die britische Kolonialherrschaft mit, eine Erfahrung, die sein literarisches Werk nachhaltig prägen sollte. Die allgegenwärtige politische Gewalt, der bürgerkriegsähnliche Konflikt zwischen »Loyalisten« und »Freiheitskämpfern« und die Hoffnungen auf einen grundlegenden gesellschaftlichen Wandel stehen im Mittelpunkt der frühen, unter dem Namen James Ngugi veröffentlichten Romane. *Weep Not, Child* (1964; Abschied von der Nacht, 1969) ist der erste Roman, der diese traumatische Phase kenianischer Geschichte aus afrikanischer Perspektive schildert und dem weitverbreiteten kolonialen Zerrbild der Mau-Mau-Bewegung als Rückfall in barbarische Stammesriten ein historisch und politisch differenzierteres Bild der antikolonialen Bewegung in Kenia entgegenstellt. In *A Grain of Wheat* (1967; Preis der Wahrheit, 1971), dem aufgrund seiner komplexen Erzählstruktur und der subtilen psychologischen Gestaltung der Hauptfiguren literarisch bedeutendsten Roman N.s, wird ein Bogen vom Freiheitskampf der 1950er Jahre in die nachkoloniale Gegenwart der 1960er Jahre gespannt. Am Vorabend der Unabhängigkeit Kenias versuchen die Protagonisten des Romans mit dem Erbe der politischen Gewalt fertig zu werden, in die sie in ihrem Dorf auf die eine oder andere Weise alle verstrickt waren; der Heroismus der Freiheitskämpfer wird dabei ebenso hinterfragt wie die Überheblichkeit der weißen Kolonialadministratoren und der afrikanischen »Loyalisten«. Der politische Rausch der Unabhängigkeitsfeiern, bei denen Mugo, der problematische »Held« des Romans, wegen seiner Zivilcourage während der Kolonialzeit als »schwarzer Moses« glorifiziert wird, macht allgemeiner Ernüchterung Platz, als sich herausstellt, dass Mugo einen prominenten Mau-Mau-Führer an die Kolonialbehörden verraten hat. Die kollektive Selbstbejubelung wird von einem individuellen Selbstfindungsprozess abgelöst, bei dem sich die verschiedenen Protagonisten des Romans auf schmerzhafte Weise mit ihrer Vergangenheit auseinandersetzen und ihre Rolle im nachkolonialen Kenia neu bestimmen müssen. – In den späten 1960er und frühen 1970er Jahren entwickelt sich N. zu einem engagierten Kritiker der nachkolonialen Gesellschaft in Kenia. Er distanziert sich von den christlichen Wertvorstellungen, die sich in seinem Erstlingswerk *The River Between* (1965; *Der Fluß dazwischen*, 1970) finden, legt seinen christlichen Vornamen ab und wendet sich in vielen seiner Essays – eine erste Sammlung erscheint 1972 unter dem Titel *Homecoming* – gegen soziale Ungerechtigkeit und die seiner Ansicht nach andauernde ökonomische sowie kulturelle Abhängigkeit Kenias von den westlichen Industrienationen. Der ironisch-kritische Blick, den N. in der Kurzgeschichtensammlung *Secret Lives* (1975; *Verborgene Schicksale*, 1977) auf eine von Geld- und Karrierestreben geprägte Gesellschaft wirft, der die Ideale der antikolonialen Bewegungen längst abhanden gekommen sind, wird in den späten 1970er Jahren von einer immer stärker marxistisch inspirierten Vision eines sozialistischen Afrika verdrängt. Bereits im gemeinsam mit Micere Mugo verfassten Theaterstück *The Trial of Dedan Kimathi* (1976) wird die Mau-Mau-Bewegung zu einem revolutionären Arbeiter- und Bauernbündnis überhöht; in *Petals of Blood* (1977; *Land der flammenden Blüten*, 1980) formuliert N. schließlich die soziale Utopie eines »neuen Jerusalem«, das sich endgültig von Kapitalismus und neokolonialer Abhängigkeit befreien soll. Die Rahmenhandlung des Romans kreist um den Mord an vier prominenten Geschäftsleuten, den ein aus Nairobi in die neuentstandene Industriestadt Ilmorog entsandter Kriminalbeamter aufklären soll; tatsächlich steht aber die Geschichte des tiefgreifenden sozialen und kulturellen Wandels im Mittelpunkt, der aus dem einstmals verschlafenen Dörfchen Ilmorog eine moderne Industriestadt gemacht hat und neue soziale Gegensätze aufeinanderprallen lässt. Der pessimistischen Perspektive des Lehrers Munira, der diese Konflikte aus dem Blickwinkel der biblischen Apokalypse wahrnimmt und als eine Art wirrer Prophet den baldigen Untergang der »Hure Babylon« predigt, steht der Zukunftsglaube des jungen Gewerkschaftsführers Karega entgegen, der zur revolutionären Symbolfigur eines »neuen Kenia« wird, in dem die Ideale der Mau-Mau-Bewegung schließlich doch noch verwirklicht werden sollen.

1977 beteiligt sich N. an einem Theaterprojekt in seinem Heimatort, bei dem im Rahmen eines Alphabetisierungsprogramms ein Theaterstück in seiner Muttersprache erarbeitet werden soll. *Ngaahika Ndeenda* (1980; englisch *I Will Marry When I Want*, 1982) ist überaus erfolgreich, wird aber wegen seiner radikalen Kritik an der kenianischen Regierung schon nach wenigen Aufführungen verboten. N. wird kurz darauf verhaftet und ein Jahr lang interniert; seine Gefängniserfahrungen legt er in *Detained: A Writer's Prison Diary* (1981; *Kaltgestellt. Gefängnistagebuch*, 1991) nieder. Nach seiner Freilassung geht N. – zunächst nach England, später in die USA – ins Exil und wendet sich öffentlich vom Englischen als Literatursprache ab, lässt jedoch seine nun in Gikuyu verfassten Werke ins Englische übersetzen. Der während seines Gefängnisaufenthalts konzipierte Roman *Caitaani Mutharaba-Ini* (1980; englisch *Devil on the Cross*, 1982; *Der gekreuzigte Teufel*, 1988) schildert das zeitgenössische Kenia in allegorischer Form als Tummelplatz von Dieben und Räubern, die das einfache Volk ausplündern, schließlich aber von einer Koalition der Aufrechten verjagt werden; weder das allzu einfache ideologische Strickmuster noch die überaus derbe Satire und die agitpropartige Gestaltung der oft hölzern wirkenden Protagonisten halten einem Vergleich mit früheren Werken stand. Ähnliches gilt für den Roman *Matigari Ma Njiruungi* (1986; englisch *Matigari*, 1989; *Matigari*, 1991), der einen mythologisch überhöhten Freiheitskämpfer der Mau-Mau-Bewegung in das Kenia der 1980er

Jahre zurückkehren lässt. Trotz eindrucksvoller sozialkritischer Schilderungen städtischer Armut lässt sich das hier vermittelte Idealbild des bewaffneten Kampfes gegen einen ausländisch dominierten Kapitalismus nur schwer mit der sozialen Realität Kenias in Einklang bringen, wo sich seit Ende der 1980er Jahre eine zivilgesellschaftlich orientierte Oppositionsbewegung für einen Demokratisierungsprozess einsetzt.

Frank Schulze-Engler

Nibelungenlied
Um 1200

Das *Nibelungenlied*, ein Epos vom Männerverrat an den Frauen Brünhild und Kriemhild und an dem strahlend-naiven Helden Siegfried am Burgundenhof und Kriemhilds Rache, die zum Untergang der Burgunden führt, am Hof des Hunnenkönigs Etzel, ist immer noch eine der bekanntesten mittelhochdeutschen Dichtungen, im 19. und noch im 20. Jahrhundert als deutsches Nationalepos gepriesen (und missbraucht). Parallel sind, in drei Handschriftenzweigen, drei Fassungen (von ca. 2400 Strophen aus 4 paargereimten Langzeilen) überliefert: basierend auf der von Karl Lachmann, dem ersten Editor einer wissenschaftlichen Ausgabe, als archaisch eingestuften Handschrift A, auf der höfisch geglätteten Handschrift C und der zwischen beiden stehenden, neuerdings allgemein als Grundtext akzeptierten Handschrift B. Aber anders als etwa bei der gleichzeitigen Artusepik ist kein Autorname mit dem Werk verbunden.

Die Forschung suchte zunächst – entsprechend der Dichtungsauffassung des 19. Jahrhunderts unter der Prämisse eines einmaligen dichterischen Wurfs aus der Hand *einer* Dichterpersönlichkeit – das *Nibelungenlied* einem der bekannten mittelhochdeutschen Autoren zuzuschreiben, so u. a. den Lyrikern Kürenberg (der in seinen Liedern dieselbe Strophenform verwendet) oder Walther von der Vogelweide (der in einem Lied eine ähnliche Langzeile benutzt), aber auch Epikern wie Wolfram von Eschenbach oder Rudolf von Ems. Daneben wurde ein mittelalterliches ›Anonymitätsgesetz‹ behauptet, nach welchem sich der Autor eines Heldenepos nicht habe nennen dürfen. In den letzten Jahrzehnten wurde die Suche nach dem *einen* Autor aufgegeben. Ausgehend von der erkennbaren Genese des Werks wurde an seine Stelle ein diachrones Autorenkollektiv gesetzt, d. h. in den erhaltenen Fassungen des *Nibelungenliedes* wurden nur die Endstufen einer literarischen Reihe, einer Kette von verschiedenen Bearbeitungen zu verschiedenen Zeiten gesehen. Karl Bartsch konnte aus den erhaltenen Reimfassungen des *Nibelungenlieds* ältere (verlorene) Fassungen noch mit archaischen Assonanzen nachweisen.

Die erschließbaren Quellen des *Nibelungenlieds* gehen zurück auf Ereignisse und Gestalten der Völkerwanderungszeit (5. und 6. Jahrhundert); historisch sind der Burgundenkönig Gundaharius (gest. 435/437), der Hunnenkönig Attila/Etzel (gest. 453), der Ostgotenkönig Theoderich (Dietrich von Bern, gest. 526). Hinweise in Chroniken und späteren literarischen Werken belegen, dass eine Sage vom Burgundenuntergang seit der Völkerwanderungszeit nicht nur mündlich, sondern auch in schriftlichen Ausformungen existiert hat. In diesem Zusammenhang gewinnt die um 1200 entstandene sog. *Klage* Bedeutung, ein (ebenfalls anonymer) Epilog (von über 4000 Reimpaarversen) über das weitere Schicksal der Überlebenden des *Nibelungenlieds*, der in den meisten vollständigen Handschriften dem *Nibelungenlied* folgt. Die *Klage* enthält eine Art Verfasserlegende, die besagt, ein Bischof Pilgerin von Passau habe das *maere* von seinem Schreiber, »meister Kuonrat«, in lateinischer Sprache aufzeichnen lassen (v. 4315). Dieser Bischof wurde mit einem im 10. Jahrhundert bezeugten Pilgrim von Passau (971/991) identifiziert, und in dieser Zeit ist, neben dem lateinischen Walthariuslied (10. Jahrhundert) oder dem lateinischen *Ruodlieb* (11. Jahrhundert), eine lateinische Fassung des Nibelungen-Stoffes, eine Nibelungias, durchaus denkbar. Die Schlussphrase der Verfasserlegende in der *Klage*, nach Kuonrat sei das maere noch oft in deutscher Sprache gedichtet worden, weist ebenfalls darauf hin, dass das *Nibelungenlied* in den drei erhaltenen Fassungen aus älteren Vorstufen entwickelt wurde, wobei die Bearbeiter die Fabel jeweils mehr oder weniger stark an die Formen der eigenen Zeit, und schließlich um 1200 an den höfischen Stil- und Vorstellungsrahmen anpassten. Diese Schlussredaktoren sind, obwohl im Text durchaus ein Ich-Sprecher auftritt, nicht namentlich, sondern nur durch ihre Gestaltungskunst dingfest zu machen. Sie erweisen sich als Kenner der höfischen Welt, der zeitgenössischen geistlichen und weltlichen Literatur und schließlich der donauländischen Landschaft. Man sieht diese namenlosen, doch überragenden Künstler – ohne letzten Beweis – als *clerici*, Fahrende oder ein Hofamt versehend; gerne wird an den Hof des Passauer Bischofs Wolfger von Erla gedacht, der zeitweilig auch der Mäzen Walthers von der Vogelweide war. Namen fehlen in der Überlieferung also weniger aufgrund eines Anonymitätsgesetzes als vielmehr wohl deshalb, weil sich die Dichter der Textfassungen um 1200, in der Traditionskette eines vorgegebenen ehrwürdigen Stoffes stehend, nur als Bearbeiter, Kompilatoren eingeschätzt haben mochten.

Werkausgaben: Das Nibelungenlied. Mittelhochdeutsch, neuhochdeutsch. Nach dem Text von Karl Bartsch und Helmut de Boor ins Neuhochdeutsche übers. und kommentiert von Siegfried Grosse. Stuttgart 2002. – Das Nibelungenlied. Mittelhochdeutscher Text und Übertragung. 2 Bde. Hg. von Helmut Brackert. Frankfurt a. M. 1970–71.

Günther Schweikle/Red.

Nicolai, Christoph Friedrich
Geb. 18. 3. 1733 in Berlin; gest. 8. 1. 1811 in Berlin

»Das Genie ist der wahre Probierstein eines schönen Geistes, nicht Regeln und eine übel angebrachte Gelehrsamkeit«. Der dies in jungen Jahren (1755) äußerte, sollte gleichwohl als einer der größten Philister und Poesiefeinde in die deutsche Geistesgeschichte eingehen. Nicht streitsüchtig, aber doch recht streitbar wie sein Freund Gotthold Ephraim Lessing und Autodidakt wie Moses Mendelssohn, zu dessen Freundschaft er durch Lessing gekommen war, hatte er es gewagt, sich auf Auseinandersetzungen mit den größten Genies seiner Zeit einzulassen, unter ihnen Johann Wolfgang Goethe, Friedrich Schiller, Immanuel Kant und Johann Gottlieb Fichte. Es begann mit seiner Parodie auf Goethes *Werther*, die sich jedoch nach seinem eigenen Bekunden nicht gegen das Werk selbst richtete, dessen Rang, wie auch den seines Autors, er vorbehaltlos anerkannte, sondern gegen die bekannten Auswüchse bei den Lesern der Selbstmordgeschichte (*Freuden des jungen Werthers*, 1775). Und doch hatte er von nun an in Goethe einen Feind, der gut zwanzig Jahre später, zusammen mit Schiller, in den 39 auf N. gerichteten *Xenien* den für sein Bild bei der Nachwelt entscheidenden Schlag führen sollte: »Der Todfeind / Willst du alles vertilgen, was deiner Natur nicht gemäß ist, / Nicolai, zuerst schwöre dem Schönen den Tod!«

Auch den Buchhändler und Verleger, den Verfasser von inventarisierenden und wirklichkeitsgesättigten Reisebeschreibungen attackierten die beiden Titanen der Weimarer Klassik, schließlich auch den Organisator der *Allgemeinen deutschen Bibliothek*. Doch gerade dieses Unternehmen war als eine der imponierenden Leistungen N.s hoch geschätzt von der Mehrzahl seiner Zeitgenossen. In den 268 Bänden dieses seines Rezensions- und Diskussionsorgans, die von 1765 bis 1806 erschienen, wurden insgesamt 80000 Neuerscheinungen besprochen. Durch ihre thematische Vielfalt und die weite Verbreitung konnte die Zeitschrift – erklärte Absicht ihres Gründers – einer zersplitterten deutschen Nation als Forum geistiger Einheit dienen. N. selbst betrachtete die *ADB* als seine wichtigste Lebensleistung; so jedenfalls deutete er es in seiner Abschiedsvorrede zum letzten Band an, wobei er noch einmal seine Ziele nannte: »Doch glaube ich nicht umsonst gelebt zu haben, da der beste Theil meiner Zeitgenossen erkennt, daß dieses Werk auf den Fortgang der Wissenschaften in Deutschland, zur Verminderung der Ketzermacherey und des Köhlerglaubens, der seichten Schreiberey, der Pedanterey und der gelehrten Anmaaßungen, hingegen zur Vermehrung einer vernünftigen Freyheit zu denken, und der Kultur des menschlichen Verstandes einen wohlthätigen Einfluß gehabt hat.« Dabei war es durchaus nicht von Anfang an vorgezeichnet, dass N. der einflussreichste Publizist und Verleger der Spätaufklärung werden sollte. Seine Anfänge zeigen ihn auf dem besten Wege zum Literaten und Literaturkritiker: Die Verteidigung John Miltons gegen dessen prosaisch-unfairen Kritiker Johann Christoph Gottsched durch den Zwanzigjährigen und vor allem die *Abhandlung vom Trauerspiele* (1757), an die sich der für die Entwicklung der deutschen Tragödie weichenstellende *Briefwechsel über das Trauerspiel* zwischen N., Gotthold Ephraim Lessing und Moses Mendelssohn anschloss. Dass der »Literat« N. dann doch zeitlebens mit dem »Buchhändler« verbunden sein sollte, ist nicht zuletzt Folge eines Zufalls: Der Tod des Bruders, der das väterliche Verlagsgeschäft weitergeführt hatte, nötigte ihn 1758 zur Übernahme des Unternehmens, aus dem er gerade ein Jahr zuvor nach einer gerichtlichen Auseinandersetzung ausgeschieden war, um sich, von den Zinsen seines Erbteils lebend, ganz seinen Studien und literarischen Projekten widmen zu können. Die nun jedoch erzwungene Verbindung zur geschäftlichen Seite der Literatur mag N.s Nüchternheit, seinen Sinn für das Praktische, seine Vorliebe für eine Aufklärung der kleinen, aber weiterführenden Schritte, seine Ablehnung elitärer Konzepte gefördert haben. Auch sein satirischer Roman *Das Leben und die Meinungen des Herrn Magisters Sebaldus Nothanker* (1773–76), ein großer Erfolg und bald in vier Sprachen übersetzt, ist von didaktischen Absichten, aber auch von lebendigem Detailrealismus geprägt, der ihn zum kulturgeschichtlichen Dokument und zur amüsanten Lektüre macht. Dass der Aufklärer N., der keinen Streit scheute, an seinen Grundsätzen auch dann noch konsequent festhielt, als die Geistesgeschichte längst weitergegangen war, als schon die Brüder Schlegel auf den Plan traten, hat ihm, gerade auch von Letzteren, den Vorwurf eingebracht, verknöchert,

platt, ein Feind aller Phantasie zu sein. Wenige Jahrzehnte später erfuhr der zeitlebens schwer arbeitende, nach Berichten von Freunden zwar humorlose, aber sehr gesellige, liebenswürdige und in der Berliner Gesellschaft hochangesehene N. die bis heute treffende und gerechteste Würdigung – von Heinrich Heine: »Dieser Mann war sein ganzes Leben lang unablässig tätig für das Wohl des Vaterlandes, er scheute weder Mühe noch Geld, wo er etwas Gutes zu befördern hoffte, und doch ist noch nie in Deutschland ein Mann so grausam, so unerbittlich, so vernichtend verspottet worden, wie eben dieser Mann …, alter Nicolai, armer Märtyrer der Vernunft!«

Werkausgaben: Sämtliche Werke, Briefe, Dokumente: kritische Ausgabe mit Kommentar. Hg. von P. M. Mitchell. Bern/Berlin/Frankfurt a. M. u. a. 1991 ff.; Gesammelte Werke. Ausgabe in Neudrucken. Hg. von Bernhard Fabian und Marie-Luise Spieckermann. Hildesheim/Zürich/New York 1985 ff.; Adolph Freiherr Knigge – Friedrich Nicolai. Briefwechsel 1779–1795. Hg. von Mechthild und Paul Raabe. Göttingen 2004; Das Leben und die Meinungen des Herrn Magister Sebaldus Nothanker. Kritische Ausg. Hg. von Bernd Witte. Stuttgart 1991.

Georg Braungart

Niebergall, Ernst Elias
Geb. 13. 1. 1815 in Darmstadt;
gest. 19. 4. 1843 in Darmstadt

»Jener bekannte Niebergall ist zweifellos ein Kerl gewesen«, schrieb Alfred Kerr 1915 in seiner Kritik der ersten Berliner *Datterich*-Aufführung, die an den einhundert Jahre zuvor geborenen Dichter erinnerte. Vor den Jubiläumsaktivitäten in Berlin und anderswo war er nur in seiner Heimatstadt bekannt, wo begeisterte Dilettanten seine Stücke »in der Mundart der Darmstädter« aufführten und wo man sich ein – durchaus unzutreffendes – N.-Bild nach dem Modell des Titelhelden des *Datterich* machte: ein durch Trunksucht verkommenes Genie. Die Wirklichkeit war prosaischer. N. war das siebte Kind einer Musikerfamilie. Sein Vater, aus Thüringen stammend und mit einer Darmstädterin verheiratet, diente als Musiker am großherzoglichen Hof. Die Eltern starben früh, die finanziellen Verhältnisse waren schwierig; gleichwohl absolvierte N. das Gymnasium, musste sich aber dann zum kostensparenden Theologiestudium an der Landesuniversität Gießen entschließen. Er immatrikulierte sich 1832, wurde aktives Burschenschaftsmitglied. 1834 musste er sein Studium unterbrechen, weil gegen ihn ermittelt wurde: Das war eine Folge der Unterdrückungs- und Verfolgungsmaßnahmen, die nach der Pariser Juli Revolution (1830), dem Hambacher Fest (1832) und anderen demokratisch-revolutionären Aktionen neben der Presse besonders die Universitäten und die – verbotenen – Burschenschaften betrafen. N. überbrückte die Zeit als Hauslehrer und Schulmeister in Dieburg bei Darmstadt. Hier vollendete er sein erstes Stück (*Des Burschen Heimkehr, oder: Der tolle Hund*, 1837) und schrieb trivial-romantische Erzählungen und Fortsetzungsgeschichten für die *Didaskalia*, die Beilage des *Frankfurter Journals* (seine Beiträge erschienen von 1836 bis 1841). Ende 1836 wurde er freigesprochen – er war kein Revolutionär wie sein Landsmann Georg Büchner. 1839 legte er schließlich seine theologische Prüfung ab, verzichtete aber auf die geistliche Laufbahn und trat stattdessen 1840 eine Stelle als Lehrer für Latein, Griechisch und Geschichte an einer Darmstädter Privatschule an. Ein Jahr später, 1841, erschien das Stück, das ihm seinen Platz in der Literaturgeschichte sicherte: *Datterich. Localposse, in der Mundart der Darmstädter*. Keine »Posse« freilich, sondern eine Charakter- und Gesellschaftskomödie eines literarisch versierten, kenntnisreichen Autors, der dem beschränkten Biedermeierbürgertum den Spiegel vorhält, es durchschaut und »doch auch wieder in seiner Unzulänglichkeit humoristisch gelten« lässt (Friedrich Sengle).

Werkausgaben: Dramatische Werke. Hg. von Karl Esselborn. Darmstadt 1925; Erzählende Werke. Hg. von Karl Esselborn. 3 Bde. Darmstadt 1925.

Volker Meid

Nisami (Neẓāmi, Niẓāmi), Abu Mohammad
Geb. 1141 in Gandsche/Aserbaidschan; gest. 1209 in Gandsche

Sowohl Aserbaidschaner als auch Iraner betrachten Neẓāmo'd-din abu Moḥammad Elyās ebn-e Yusof Neẓāmi Ganǧawi als einen ihrer größten Dichter. Schon zu Lebzeiten wurde er berühmt, und so wurde seinem Namen häufig der Ehrentitel Ḥākem (Weiser) vorangestellt. Er scheint seine engere Heimat Aserbaidschan nie verlassen und fast sein ganzes Leben in seiner Geburtstadt Gandsche verbracht zu haben; daher der Beiname Ganǧawi (zur Unterscheidung von dem Prosaschriftsteller Neẓāmi ʿArużi). Da er seinen aus Qom eingewanderten Vater namens Yusof und seine kurdische Mutter früh verlor, wuchs N. bei einem Onkel auf. Dreimal war er verheiratet, seine Frauen starben jeweils früh. Aus erster Ehe hatte er einen Sohn, Moḥammad, dem er in seinem dichterischen Werk Ratschläge erteilt. Es ist umstritten, ob er den Dienst an Fürstenhöfen verschmähte oder ob er als Opfer von Rivalen und Verleumdern ein »Gefangener« seiner Geburtstadt blieb. Für beide Auffassungen finden sich Belege in seinem Werk.

Im Gegensatz zu der geographischen Enge seines Lebens umfasst sein Werk nicht nur einen weiten Kulturkreis, sondern behandelt auch Themen, die weit in die Geschichte zurückgehen. Neben lyrischen Gedichten, von denen nur wenige überliefert sind, verfasste N. vor allem die nach seinem Tode zusammengestellte Ḥamse (arab. Pentalogie) oder Panǧ Ganǧ (pers. fünf Schätze). Sie enthält verschiedenen Fürsten gewidmete, voneinander unabhängige epische Dichtungen, die sich nach Inhalt, Stil und Versmaß deutlich voneinander unterscheiden. *Maḥzano'l-asrār* (Schatzkammer der Geheimnisse) ist ein aus 2250 Doppelversen bestehendes ethisches Sinngedicht in Form eines Maṣnawi. Der Kern des 1176 vollendeten Werks sind zwanzig Maqāle (Abhandlungen) über Themen wie die Entstehung des Menschengeschlechts, die Sinnlosigkeit des Weltgeschehens und die Unbeständigkeit alles Irdischen. Als höchstes Gut wird die Gerechtigkeit gepriesen und dem Fürsten ans Herz gelegt.

Das zwischen 1177 und 1180/81 verfasste Epos *Ḫosrou o Šīrīn* enthält über 6500 Doppelverse. Es berichtet von der Liebe und dem Leid des sassanidischen Schahs Ḫosrou Parwiz und der armenischen Prinzessin Šīrīn (die Süße). Darin eingebettet ist als eigenständige Erzählung die Geschichte des großen Bildhauers und Baumeisters Farhād und seiner ebenso treuen wie hoffnungslosen Liebe zu Šīrīn. Der Dichter hat den teils historischen, teils märchenhaften Stoff so vollendet gestaltet, dass das Epos zu den besten Werken der persischen Literatur zählt. Besonders beeindruckend ist neben der spannungsreichen Erzählweise die nuancenreiche Charakterisierung der Titelhelden.

Auf eine früharabische Vorlage, die wohl bekannteste Romanze der islamischen Welt, geht das Epos *Leyli o Maǧnūn* (Leyla und Maǧnūn) zurück, das in 4700 Doppelversen die tragische Liebe des Beduinenjünglings Qais, später Maǧnūn (der Besessene) genannt, zu der von ihm angebeteten, aber einem feindlichen Stamm angehörigen Leyla (arab. Nacht) schildert – eine Liebe, die ihn in den Wahnsinn treibt, aber auch zu einem bewunderten Dichter macht. Es entstand zwischen 1180 und 1188 auf Bestellung eines transkaukasischen Fürsten. Obwohl das Thema dem Autor, wie er in der Vorrede ausführt, nicht zusagte – denn es gebe »keinen Garten und keinen königlichen Schmaus, keinen Wein und kein Gedeihen des Glücks«, gelang es ihm dennoch, den Stoff so meisterhaft zu gestalten, dass sein Werk zum Vorbild für nach ihm kommende Dichter wurde. Wieder ist es die einfühlsame Charakterisierung seiner Gestalten, die N.s Werk weit über die vielen anderen Darstellungen des Stoffes erhebt.

Haft peykar (Sieben Bilder), N.s vielleicht schönstes Werk, berichtet in über 5000 Doppelversen über den Werdegang des Sassanidenschahs Bahrām V. mit dem Beinamen Gur (Wildesel) und dessen Liebe zu sieben Prinzessinnen aus sieben Weltgegenden. Jede steht für ein menschliches Schicksal, für einen Wochentage und einen der damals bekannten Planeten. Jede erzählt dem Herrscher eine Geschichte, und diese Geschichten sind so kunstvoll miteinander verflochten, dass daraus ein geschlossenes Ganzes entsteht. Auf einen hellenistischen Roman aus dem 3. Jahrhundert n. Chr., der Historisches und Phantastisches vermengt und von dem fast 40 verschiedene Fassungen in nahezu ebenso vielen Sprachen überliefert sind, greift der Autor mit seinem letzten, kurz vor seinem Tode vollendeten Epos *Eskandar-nāme* (Alexanderroman) über Alexander den Großen zurück. Das Werk umfasst 10. 500 Doppelverse und besteht aus dem *Šaraf-nāme* (Buch der Ehre) und dem *Eqbāl-nāme* (Buch des Glücks). Ersteres berichtet von den Kriegszügen des Eroberers, Letzteres vom Leben des Philosophen, seiner Lehrzeit bei Aristoteles und seinen prophetischen Gaben.

Kurt Scharf

Nizon, Paul
Geb. 19. 12. 1929 in Bern

»Mein Element, meine schöpferische Bedingung, ist die Fremde«, sagt N. Sie enthält »die ganze Welt«. Sein Werk bringt den Ausbruch aus der Enge, die Öffnung zu Horizonten eindringlich zur Sprache. Der Sohn eines russischen Einwanderers und einer Bernerin wurde 1929 in der Bundeshauptstadt geboren, hat fünfzehn Jahre in Zürich gelebt, sich Achtung als Kunstkritiker erworben und an vielen Adressen Bücher geschrieben, die er andernorts, draußen in der Welt, erlebt hat. *Canto* (1963) erzählte voller Lebensmut von Rom. *Im Hause enden die Geschichten* (1971) zog einen Strich unter das Selbstgenügen im heimatlichen Bern. *Untertauchen* (1972) ließ einen Ratlosen aus Barcelona zurückkommen. Und Stolz beendete im gleichnamigen Roman (*Stolz*, 1975) im eiskalten Spessart müde sein Leben.

Bevor es dem Autor selbst so erging, schüttelte er die »Hausaufgabe Schweiz« ab, verabschiedete sich bei Rotwein, Blitz und Donner von Friedrich Dürrenmatt und reiste weiter nach Paris. Die Schweiz, hatte er im *Diskurs in der Enge* (1970) schlagwortkräftig analysiert, habe sich in Selbstgenügsamkeit verschanzt und enthielte ihm die Welt vor. Sah Dürrenmatt über Konolfingen die Sterne des Kosmos, so weit, wie seine Hirnschale es erlaubte, so brauchte N. die Reibung mit Fremdem, um zum Eigenen zu gelangen. »Alle wahren Dichter sind Emigranten«, diese Selbstüberhöhung der Zwetajewa, beschreibt auch seine Situation. Paris wird 1977 zur »unendlichen Stadt«, zum Gewässer, auf dem der »Schulstubenmief« ihn nicht mehr einholen konnte, in das der »Taucher« sich hinabsenken durfte, um die Bruchstücke der Welt in sich treiben zu sehen. Mit dem *Jahr der Liebe* (1981) bekundete er der Weltstadt an der Seine seine Verehrung, wie das vor ihm Ernest Hemingway, Henry Miller und andere getan haben. In kulturphilosophischen und weltgesättigten Essays macht der »Augenmensch« die Seine-Stadt zum Schnittpunkt zwischen Zivilisation und Kultur, Geschichte und Gegenwart, Europa und Afrika, Zentrum und Peripherie.

Aufgebrochen aus der Enge war der rastlose Wanderer schon zuvor in die Sprache. Mit dem »Wortbagger« gelte es, »Inselchen von lebendiger Gegenwart« unter die Füße zu schreiben, auf denen der Autor vorübergehend stehen könne. Obwohl N. sich gesellschaftlich bis heute in Schriftstellerverbänden engagiert, ist Schreiben als Selbstvergewisserung und Existenzform sein Thema. Bereits 1963 formulierte er in *Canto*, was bis heute Gültigkeit für ihn hat: Zu sagen habe er »nichts: Keine Meinung, kein Programm, kein Engagement, keine Geschichte, keine Fabel, keinen Faden. Nur diese Schreibpassion in den Fingern. Schreiben, Worte formen, reihen, zeilen, diese Art von Schreibfanatismus ist mein Krückstock, ohne den ich glatt vertaumeln würde. Weder Lebens- noch Schreibthema, bloß matière, die ich schreibend befestigen muß, damit etwas stehe, auf dem ich stehen kann.«

Das hat eine existentielle Dimension. *Am Schreiben gehen* sind die Frankfurter Poetik-Vorlesungen (1984) betitelt. Als »vorbeistationierenden Autobiografiefiktionär« hat N. sich selbstironisch beschrieben. »Das Leben ist zu gewinnen oder zu verlieren«, jeglicher Kompromiss wird abgelehnt, die Position des Künstlers liegt außerhalb der bürgerlichen Sicherheiten. Vincent van Gogh, über den er promoviert hat, und Robert Walser sind Leitbilder, wenngleich die Lebensuntüchtigkeit des Letzteren N. abschreckt. Wie ein Thomas Wolfe sollte vor Leben beinahe bersten, wer sich daranmacht, darüber zu schreiben. N.s Kosmos ist vom Verfahren her egozentrisch, weil sich nur in die Sprache holen lassen was sich zuvor durch Erleben abgelagert habe. Er braucht die flutende Großstadt als Material und als Spiegel des eigenen Ich. In der Erinnerung und in der Melodie des Schreibens restituiert sich noch einmal das heroische Subjekt aus der frühen Romantik und setzt der zersplitterten Welt der Erfahrung den Entwurf einer erhofften Ganzheit entgegen. Der Marschierer, den Giacometti zum Typus des modernen Menschen verallgemeinerte, und der einsame, sinnlos weiterschanzende Soldat an der Grenze zur Mandschurei werden im bisher letzten Buch, den auf Goya und Piranesi anspielenden Capprichos *Im Bauch des Wals* (1989) zu N.s existentialistischen Grundfiguren voll absurder Komik. Soviel, wenn auch augenzwinkernde Heroik wirkt inmitten sich auflösender Subjekte zumindest eigenwillig.

N. wurde gleich mit seinem ersten Buch *Die gleitenden Plätze* (1959) von Friedrich Dürrenmatt, Max Frisch und Ingrid Bachmann anerkannt. Mit *Canto* erschrieb er sich seinen festen Platz in der deutschsprachigen Nachkriegsliteratur. Seit dem *Jahr der Liebe* wird er im Nachbarland als französischer Schriftsteller gefeiert. Dennoch ist N. ein Außenseiter geblieben. Ungleich anderen Kollegen seiner Generation nach Frisch und Dürrenmatt, wie Peter Bichsel oder Otto F. Walter, hat er die Schweiz als Thema abgelehnt. Aber auch die Sprachskepsis der 60er Jahre interessierte ihn nicht. Und sein existentielles Fragen ist den literarischen Spielen der Postmoderne fremd. Für die jüngste Generation Deutschschweizer Autoren, wie Martin R. Dean etwa, dürfte allerdings seine Distanz zum helvetischen Thema wichtig sein. Und das Unterwegssein tritt zunehmend ins Zentrum nicht nur des Kunstbetriebs.

Gerhard Mack

Nooteboom, Cees (Cornelis)
Geb. 31. 7. 1933 in Den Haag

»Ein Reisender bin ich, der unterwegs nach der Ruhe war« (*Bitterzoet*, 2000; Bittersüß). Mit der letzten Zeile seines Gedichts »De Reiziger« (Der Reisende) umschreibt Cees Nooteboom sowohl sein Thema als auch sein poetisches Programm. Denn auch diejenigen Texte N.s, die nicht ausdrücklich als Reiseberichte angelegt sind, erzählen nicht nur Geschichten von Aufbruch und Ankunft. Vielmehr kreisen seine Erzählungen, Romane, Essays und Gedichte darüber hinaus philosophisch und ästhetisch um die Frage, wie sich ein Text auf eine Aussage festlegen lässt und wie eine Dichtung zu ihrem Sinn findet. N. ist ein moderner Schwärmer im doppelten Wortsinn. Seit er seine Arbeit als Bankangestellter 1953 mit 20 Jahren aufgab, ist er viel gereist und hat außer in den Niederlanden in Deutschland und Spanien gelebt. Zwischen den 1950er und 80er Jahren arbeitete er als Reisereporter für die Literaturzeitschrift *Elsevier*, die Tageszeitung *De Volkskrant* und die Modezeitschrift *Avenue*.

Weil er nicht nur das Genre der Reiseportage auf ein essayistisches Niveau gehoben und um originelle kunstwissenschaftliche Diskurse über die Zeichensprache der Malerei und die architektonische Physiognomie moderner Stadtlandschaften bereichert hat – z. B. in *Voorbije passages* 1–3 (1981/85; Verstrichene Passagen), *Het Spaans van Spanje* (1986; Die Insel, das Land. Geschichten über Spanien*, 2002), *Vreemd water* (1991; Fremdes Wasser), *De omweg naar Santiago* (1992; Der Umweg nach Santiago,

1992), *De koning van Suriname* (1993; Der König von Surinam), *Van de lente de dauw* (1995; Im Frühling der Tau, 1995) und *Terugkeer naar Berlijn* (1998; Rückkehr nach Berlin, 1998) –, sondern auch in seinen Romanen das Reisen als Leitmotiv umkreist, gründet N.s Ruf als Schriftsteller in seiner Reiseliteratur. Gleichzeitig besteht der Reiz seiner Texte darin, dass sie das realistische Genre der Reportage romantisieren, indem sie es seiner Grundvoraussetzung, der wirklichkeitsgetreuen und erfahrungsgesättigten Darstellung, entheben. Statt chronologisch und linear erzählt N., der die Reisereportage selbst für keine »kreative Form des Schreibens« und die Lyrik für die Königsdisziplin der Literatur hält, reflexiv und zyklisch. Dabei benutzt er das Motiv des Wegfahrens und Verreisens als Folie für die existenzphilosophische Auslotung der psychischen und physischen Grenzen der Erfahrung. Indem er die Erinnerung über das Erleben setzt und seine Geschichten vorzugsweise vom Ende her erzählt, löst er die Dimension des Raumes in der Zeit auf.

Das zeigt sich schon in seinem Debütroman *Philip en de anderen* (1955; Das Paradies ist nebenan, 1958; *Philip und die anderen*, 2004), in dem Onkel Alexander, zu dem das »alte Kind« Philip von seinen Reisen in die Welt und in die Liebe immer wieder zurückkehrt, eine Vaterfigur verkörpert, die, nachdem sie das Leben selbst fast hinter sich hat, begreift, dass dessen sogenannter »Sinn« vor allem in seiner Vorgeschichte und seiner Tradierung – in Form von Photographien, Ritualen und Aufzeichnungen – besteht. Aber während N. in seinen frühen Texten emphatisch an der Übermacht der Phantasie über die Realität festhält, sind seine späteren Romane und Erzählungen melancholische Parabeln auf die Unzulänglichkeit des Lebens und der Kunst. N.s Protagonisten reisen, von »Zukunftserinnerungen« getrieben, ihrer Vorstellung vom Ich hinterher. Dabei machen sie die Erfahrung, dass der Abschied im Leben ebenso wie auf einer Reise nachhaltiger wirkt als die Ankunft und dass es mithin eine Person stärker prägt, von welchen Ich-Vorstellungen sie sich verabschiedet, als mit welchen sie sich identifiziert. Weil literarische Texte versprachlichte Vorstellungen sind, zeigt sich die Distanzierung, die das Abschiednehmen begleitet, bei N. auch in deren Struktur. Meist handelt es sich um selbstreflexive Erzählungen, die von der Vorstellung einer Vorstellung handeln und am Schluss – wie die Schlange, die sich in den eigenen Schwanz beißt – zu ihrem Anfang zurückkehren. In diesem Sinne erzählt die Novelle *Mokusei* (1982; *Mokusei*, 1993) eine sich anbahnende Liebesbeziehung aus der Perspektive ihres Endes und berichtet *Een lied van schijn en wezen* (1981; *Ein Lied von Schein und Sein*, 1989) über ein Streitgespräch, das zwei Schriftsteller über das Verfassen eines Romans führen. Dabei durchstreifen sie nicht nur die unterschiedlichen Auffassungen von traditioneller (abbildender) und moderner (gestaltender) Literatur, sondern außerdem Bulgarien und die Geschichte der Philosophie. Dennoch führt ihr Gespräch bildlich und buchstäblich ins Nichts; sie finden auf die Frage nach dem Wesen der Literatur keine Antwort. Ähnlich erzählt *Het volgend verhaal* (1991; *Die folgende Geschichte*, 1991) die Geschichte, deren Vorgeschichte sie der Form nach ist und auf die sie aus einer rückblickenden Sicht hinausläuft. Auch dabei macht das erzählende Ich eine Reise, die es nach Amsterdam und Lissabon führt, aber auch in die Literaturgeschichte, die griechische Mythologie und auf die Sonnenbahn, und die deshalb auch als Traumreise verstanden werden kann. Aber wie der Traum selbst, kommt sie zu keinem Ende.

N.s literarisches Ideal ist das in sich geschlossene, d. h. in seiner Sprachform aufgehende Gedicht. Aus diesem Grund hat er sich mit seinen eigenen Gedichten (*Koude gedichten*, 1959; Kalte Gedichte; *Het zwarte gedicht*, 1960; Das schwarze Gedicht; *Gesloten gedichten*, 1964; Geschlossene Gedichte; *Gemaakte gedichten*, 1970; Gemachte Gedichte; *Open als een schep, dicht als een steen*, 1978; Offen wie eine Kelle, geschlossen wie ein Stein) an der Tradition der hermetischen Lyrik und des Manierismus orientiert. Freilich ist der Preis für die vollkommene Form des Gedichtes der Verlust der Bedeutung. So wie N.s Erzähltexte zu nichts führen und stattdessen zu sich selbst zurückkehren, sind seine Gedichte tautologische Hohlformen der Sprache:»In der Tat ist ein geschlossenes Gedicht ein (ab)gedichtetes Gedicht.« Im Unterschied zu konventionellen Auffassungen von der Literatur geht es N. nicht darum, einen Sinn zu fixieren, sondern darum, eine Erinnerung zu speichern. Dazu bedient er sich – wie Marcel Proust – der Methode des assoziativen Zurückdenkens und folgt – wie Jorge Luis Borges – dem Prinzip der Variation und Wiederholung, in dessen Horizont Zeichen und Symbole wiedererkannt werden können, sich aber gleichzeitig auch in einem Labyrinth möglicher Bedeutungen verlieren. Möglicherweise ist dieser tautologische Zirkel ein Grund dafür, dass N. nach *De ridder is gestorven* (1963; *Der Ritter ist gestorben*, 1996) 17 Jahre lang keine fiktiven Prosatexte geschrieben und erst 1980 wieder einen Roman, *Rituelen* (*Rituale*, 1984), veröffentlicht hat. Rituale sind Praktiken, in denen sich Tradition und Erinnerung einer Gesellschaft symbolhaft verdichten, und insofern ein Pendant zur Schrift. Vordergründig erzählt *Rituelen* eine Geschichte über die unglückliche Liebe und den misslungenen Selbstmordversuch Amateurkunsthändlers Inni Wintroop. Untergründig aber ist er ein Lehrstück über die geschichtsphilosophische Bedeutung von Ritualen – wie z. B. der Messe, dem Börsengang, dem Blick auf die Uhr oder der Teezeremonie – als eines anthropologischen Prinzips der Selbstvergewisserung, ohne das es weder Selbstbewusstsein noch Geschichte gibt.

In dem Roman *Allerzielen* (1998; *Allerseelen*, 1999) sucht der Grübler und Pessimist Arthur Daane aus Trauer um Frau und Sohn selbst die Erfahrung des Nichts in Form der Anonymität. Trotzdem streift er mit seiner Filmkamera durch Berlin, zieht sich also nicht in eine unbeteiligte Position zurück, sondern agiert im Gegenteil als unerbittlicher Zeitzeuge und Chronist. Mit Anspielungen auf die Philosophie und das Schicksal Friedrich Nietzsches erlebt der ›Seher‹ Daane sogar die Liebesfaszination durch die Femme fatale oder Sirene Elik Oranje als wehmütigen Genuss an einem unaufhaltbaren Unglück. Um das Déja vu als Grundform der Erfahrung geht es auch im Roman *Paradijs verloren* (2004; *Paradies verloren*, 2005), der die Vertreibung von Adam und Eva, gebrochen durch John Miltons *Paradise Lost*, neu erzählt und die Ursprungserzählung in die unabgegoltenen Sehnsüchte und Traumbilder eines alternden Ich-Erzählers projiziert. »Es war einmal eine Zeit, die einigen zufolge immer noch andauert« (*In Nederland*, 1984; *In den niederländischen Bergen*, 1987). So beginnt das elegische Märchen, das N. stets aufs neue erzählt und das regelmäßig wie N.s Abschied von Berlin im Sommer 1990 endet: »Ich werde weggehen ohne wegzugehen, wegen der Erinnerungen, die ich mitnehme und zurücklasse, und wenn ich zurückkomme, wird alles anders sein und doch dasselbe und endgültig verändert« (*Berlijnse notities*, 1990; *Berliner Notizen*, 1991).

N., dessen Bücher in mehrere europäische Sprachen übersetzt wurden, wird insbesondere in Deutschland viel gelesen. 1991 wurde er in die französische Ehrenlegion und in die Berliner Akademie der Künste aufgenommen. Im Sommer 2006 ernannte ihn die Universität Nijmegen zum Ehrendoktor der Philosophie. Zu den Preisen, mit denen N. ausgezeichnet wurde, zählen der Anne Frank-Preis (1957), der Lucy B. en C.W. van der Hoogt-Preis (1963), der Jan Campert-Preis (1978), der F. Bordewijk-Preis (1981), der Multatuli-Preis (1985), der Constantijn Huygens-Preis (1992) und der P.C. Hooft-Preis (2004). *Rituelen* wurde 1989 verfilmt.

Werkausgabe: Gesammelte Werke. Frankfurt a. M. 2003–05.

Barbara Lersch-Schumacher

Nossack, Hans Erich
Geb. 30. 1. 1901 in Hamburg;
gest. 2. 11. 1977 in Hamburg

N. wurde erst nach 1945 als Schriftsteller bekannt. Er teilt damit ein Generationenschicksal, aber er passte sich keiner der nach 1945 aufkeimenden Literaturtendenzen an. Er war als Autor – darin Alfred Andersch, Wolfgang Koeppen, Arno Schmidt ähnlich – längst ausgereift und nahm bewusst die Rolle des Außenseiters in einem Literaturbetrieb in Kauf, den er als hanseatischer Kaufmann mit Distanz zur Kenntnis nahm. Dabei geriet er zu einem der phantasiereichsten, erzählerisch sichersten literarischen Oppositionellen der Nachkriegszeit. Er trug den Gegensatz zur gesellschaftlich-politischen Entwicklung der Bundesrepublik nicht in der geläufigen Form der engagierten Literatur jener Tage aus, sondern verblüffte als intellektueller »Partisan«, als der er sich seit seinen ersten Schreibversuchen gesehen hatte, durch den subversiven Einfallsreichtum seiner sprachlich streng und konzentriert vorgetragenen Parabeln, Allegorien, Mythen.

Als Sohn eines vermögenden Hamburger Kaffeeimporteurs geboren, studierte er bis 1922 in Jena Philosophie und Rechtswissenschaft, verdiente anschließend als Arbeiter und Büroangestellter seinen Lebensunterhalt, um von der Familie unabhängig zu sein, stand der Kommunistischen Partei in ihrem Widerstand gegen den erstarkenden Nationalsozialismus nahe. Er begann in den 20er Jahren, Gedichte und Theaterstücke *(Lenin)* zu verfassen, wurde 1933 mit Schreibverbot belegt, das er nicht beachtete. Um 1935 hat er – so seine Erinnerung – ein zweites Theaterstück, *Der hessische Landbote*, geschrieben, mit dem er in enger Anlehnung an Georg Büchners Absicht ein Bild der »Auflehnung der Jugend gegen Diktatur und Restauration« entwarf. In privatem Kreis ist das Stück vorgelesen worden (*So lebte er hin … Rede auf Georg Büchner,* 1961). Er trat 1933 in die väterliche Firma ein, um zu »überwintern«, schrieb weiter Gedichte, in denen er angesichts der herrschenden Barbarei der Nationalsozialisten als geistiger Widerstandskämpfer erschien: »Nicht auf die physische Widerstandskraft kam es an, sondern allein auf die geistige. Nur mit ihr vermochte der wehrlose Einzelne die Selbstachtung zu bewahren und damit den Punkt zu gewinnen, von dem aus es nur ein absolutes Nein zur Unmenschlichkeit gibt« (*Dies lebenslose Leben,* 1967). Erstmals an die Öffentlichkeit trat er 1942 mit Gedichten, die er kaum ein Jahr zuvor im Luftschutzbunker geschrieben hatte.

Sie erschienen in der mutigen *Neuen Rundschau* durch die Vermittlung von Hermann Kasack, der N. entdeckt hatte und von der ernsten, eindringlichen Menschlichkeit dieser Gedichte beeindruckt war. Ein eigenständiger Lyrikband N.s erschien erst nach Kriegsende (*Gedichte,* 1947).

Seinen literarischen Rang hat N. nicht als Lyriker oder Theaterautor – zwei Stücke, *Die Rotte Kain* (1949) und *Die Hauptprobe* (1956), fielen durch –, sondern als Erzähler und Essayist erobert. Wenngleich er als seine geistigen Paten Ernst Barlach, Max Beckmann, Albert Camus, Thomas Stearns Eliot, Vincent van Gogh und Cesare Pavese nennt, gibt es in seinem Leben ein Schlüsselerlebnis, das nachhaltig auf seine schriftstellerische Arbeit eingewirkt hat: das »Unternehmen Gomorrha«, die Bombardierung Hamburgs im Juli 1943 durch die Alliierten, während der die Hälfte der Stadt zerstört wurde und mindestens 55000 Menschen in dem Feuersturm, der durch die Stadt raste, den Tod gefunden haben. N. hat die in wenigen Tagen und Nächten anrollenden Bomberverbände vom Rand der Lüneburger Heide, wo er mit seiner Frau ein idyllisches Sommerwochenende verbringen wollte, erlebt und die Stadt erst Tage später wie eine fremde Welt des Grauens, des Todes, unfassbarer Wirklichkeit wieder betreten: »Ratten und Fliegen beherrschten die Stadt. Frech und fett tummelten sich die Ratten auf den Straßen. Aber noch ekelerregender waren die Fliegen. Große, grünschillernde, wie man sie nie gesehen hatte. Klumpenweise wälzten sie sich auf dem Pflaster, saßen an den Mauerresten sich begattend übereinander und wärmten sich müde und satt an den Splittern der Fensterscheiben. Als sie schon nicht mehr fliegen konnten, krochen sie durch die kleinsten Ritzen hinter uns her, besudelten alles, und ihr Rascheln und Brummen war das erste, was wir beim Aufwachen hörten«. N., der die Stadt wie eine barocke Allegorie der Vergänglichkeit und Vergeblichkeit erlebt, hat während der Bombenangriffe fast alle seine Manuskripte verloren, die seine heimliche, gegen die Verhältnisse gelebte Existenz bezeugen; sie sind mit seiner Wohnung verbrannt, nur wenige fanden sich im fast völlig zerstörten Kontor der väterlichen Firma wieder: »Mir war alles, was ich in den fünfundzwanzig Jahren vorher geschrieben hatte, dabei verbrannt. Es gab nichts, worauf ich mich berufen konnte. Ich stand ohne Vergangenheit da«. Diesem Erschrecken folgte ein beispielhafter Aufstieg als Schriftsteller.

In wenigen Wochen des November 1943 hat N. seinen autobiographischen Bericht über die Zerstörung Hamburgs, *Der Untergang,* geschrieben, um der begreiflichen Tendenz zum Verdrängen und Vergessen entgegenzuwirken: »Als Misi und ich durch unseren zerstörten Stadtteil gingen und nach unserer Straße suchten, sahen wir in einem Haus, das einsam und unzerstört in der Trümmerwüste stand, eine Frau die Fenster putzen. Wir stießen uns an, wir blieben wie gebannt stehen, wir glaubten eine Verrückte zu sehen. Das gleiche geschah, als wir Kinder einen kleinen Vorgarten säubern und harken sahen. Das war so unbegreiflich, daß wir anderen davon erzählten, als wäre es wunder was. Und eines Nachmittags gerieten wir in einen völlig unzerstörten Vorort. Die Leute saßen auf ihren Balkons und tranken Kaffee. Es war wie ein Film, es war eigentlich unmöglich. Ich weiß nicht, welcher Umwege des Denkens es bedurfte, bis wir erkannten, daß nur wir mit verkehrten Augen auf das andere Tun blickten«. N. hat diesen Blick mit »verkehrten Augen« unter dem Einfluss des französischen Existenzialismus (Jean-Paul Sartre, der N. in Frankreich propagiert hat; Albert Camus) zum tragenden Prinzip seiner Prosa gemacht. *Nekyia. Bericht eines Überlebenden* (1947), *Interview mit dem Tode* und *Der Untergang* (1948) sind Dokumente einer Welterfahrung, die von der Gegenwart des Todes und der Vernichtung bestimmt ist und die alltägliche Normalität als existentiellen Leichtsinn an den Rand an Samuel Becketts *Endspiel* gemahnenden Absurdität rückt: »Nun aber ist es zu spät. Es gibt keinen Mond mehr, dessen verlogene Milde zum Widerspruch reizt. Aber es fehlt auch an einer mondlosen Wohnung. Das Elend ist uns zuvorgekommen und hat jede wahre Zuflucht mit Beschlag belegt. Wir wühlen in den Abfalleimern«. N.s Romane und Erzählungen entwickeln sich unmerklich aus der Brechung einer als natürlich und selbstverständlich erachteten sozialen Rolle, stellen Entwürfe, Möglichkeiten einer ursprünglichen Freiheitserfahrung des Menschen dar. Eine Ehefrau verlässt aus Langeweile ihre gutbürgerliche Familie, um im Zusammenleben mit einem Schriftsteller eine neue Erfüllung zu finden (*Spätestens im November*, 1955); ein Fisch betritt aus grenzenloser Neugier das Land (*Der Neugierige*, 1955); ein Mann hält aus beziehungsloser Verzweiflung über sich selbst Gericht, ist Kläger und Angeklagter zugleich (*Spirale. Roman einer schlaflosen Nacht*, 1956 – später unter dem Titel *Unmögliche Beweisaufnahme*); ein hoher römischer Beamter begeht Selbstmord, um sich zum Leben zu bekennen (*Das Testament des Lucius Erinus*, 1965). N.s spielerisch von der Realität abgerückte Prosa – ihre bevorzugten Formen sind der Bericht und der Monolog – stellte eine Gesellschaft der 50er und 60er Jahre in Frage, die mit west-östlichem Wettrüsten, Wiederbewaffnung, fortdauerndem Antisemitismus, Naziskandalen nach dem Schlag Hans Globkes, verlogenen Gotteslästerungsprozessen und ständig steigenden Produktionsrekorden bewusstlos am Rand des Dritten Weltkriegs entlangzutreiben schien, beherrscht vom Drang nach Anpassung und Nivellierung und im Grunde – trotz der geschichtlichen Erfahrung – zu allem bereit (»Sie wollen nicht wissen, daß wir einem Märchen entstammen und wieder ein Märchen werden«). N.s Aufforderungen an diese Gesellschaft, die Grenzen des Alltäglichen und scheinbar Selbstverständlichen zu überschreiten, hatten – ihm selbst bewusst – wenig Aussicht auf eine nachhaltige Wirkung:»Um aber die wirkliche Wirklichkeit erleben zu können, muß man die Fassaden und Abstraktionen, hinter denen sie sich verkrochen hat, durchbrechen. Und wer das tut, ist natürlich schutzlos – schutzlos wie ein Liebender – und er ist sehr allein« (*Die dichterische Substanz im Menschen*, 1954). Die in dem Band *Die schwache Position der Literatur* (1966) enthaltenen Reden und Essays stellen einen beredten Kommentar zur Ohnmächtigkeit der Literatur in den 50er und frühen 60er Jahren dar.

N. hat sich 1956 als freier Schriftsteller selbständig gemacht und seinen Kaufmannsberuf aufgegeben. Er zog nach Aystetten bei Augsburg, 1962 nach Darmstadt (»zur Zeit bin ich in Darmstadt stationiert«), 1965 nach Frankfurt a. M., 1969 wieder nach Hamburg (»Und dann gibt es da noch das Wort Heimat, vor dem ich völlig versage. Ich habe den Verdacht, daß das Wort Heimat identisch mit Gestern ist, aber das wage ich nicht laut zu sagen«). 1961 ist er mit dem Georg-Büchner-Preis geehrt worden und hat eine beeindruckende Rede gegen die Verantwortungslosigkeit gesellschaftskonformen Handelns gehalten (»er tat alles, wie es die anderen taten«).

N.s letzte Romane (*Der Fall d'Arthez*, 1968; *Dem unbekannten Sieger*, 1969; *Die gestohlene Melodie*, 1972; *Ein glücklicher Mensch*, 1975) haben bei der Kritik keine bemerkenswerten Reaktionen mehr ausgelöst; die literarischen Sensationen seit der Politisierung der Literatur gingen über N.s Existenzialismus wie über einen altmodischen, individualistischen Bunker hinweg. »Seine Werke sind nicht Werke des Hasses und der Verachtung, sondern Werke der Achtung und der Liebe« (Walter Boehlich). Sie reichen als mutige und ungebrochene Appelle an menschliche Würde und Freiheit herüber, sind gültige Aufforderungen zu einer längst fälligen Mutation des Menschlichen, die N. in der Parabel vom Fisch, der aufs Land kroch, zum Ausdruck gebracht hat: »Und schon frage ich mich: Sollten denn nicht auch andere die gleiche Richtung eingeschlagen haben? So zahllos wie unser Volk war, ist es doch kaum denkbar, daß nur ich allein dieser Sehnsucht gefolgt bin. Haben sie vielleicht abseits gelebt wie ich und taten so, als wären sie wie alle? Damit man sie nicht fragte: Was ist denn mit dir? Sind sie auf diese Weise meiner Aufmerksamkeit entgangen, so wie ich der ihren? Sind wir aneinander vorbeigeschwommen, obwohl wir gleichen Sinnes waren und zusammengehörten? Wie denn, wenn einer von ihnen schon vor mir aufgebrochen ist? Und wenn ich mich eile, könnte ich ihn noch einholen? Wir könnten uns dann gegenseitig ermuntern und gemeinsam planen, welchen Weg wir nehmen. Selbst wenn ich nur sein Gerippe am Wege fände, oder er fände meines, weil die Kräfte des Einsamen nicht länger ausreichten, welch großer Trost wäre das! Es würde mir anzeigen oder ihm: Hier, Bruder, geht die Richtung für uns«.

Bernd Lutz

Novak, Helga M.[aria] (d. i. Maria Karlsdottir)
Geb. 8. 9. 1935 in Berlin

Durch die spektakuläre Ausbürgerung Wolf Biermanns 1976 wurde die problematische Art des Umgangs der SED-Führung mit unbequemen Kritikern von links erst zum Gegenstand öffentlichen Interesses im Westen. Zehn Jahre vorher, im Frühjahr 1966, hat N. gänzlich unspektakulär diesen ›kurzen Prozess‹ am eigenen Leib erfahren. Trotz kontinuierlicher Veröffentlichungen und zahlreicher Literaturpreise – darunter den Literaturpreis der Freien Hansestadt Bremen (1968), den Kranichsteiner Literaturpreis der Stadt Darmstadt (1985), die Roswitha-Gedenkmedaille der Stadt Gandersheim (1989), dem Brandenburgischen Literaturpreis (1998) und dem Ida Dehmel-Literaturpreis (2001) – ist N. eine noch zu entdeckende Autorin. Ihre Schreibhaltung ist eine besondere Mischung aus Sensibilität und Härte. Bestimmende Thematik v. a. ihrer Prosatexte ist die leidenschaftliche Selbstbehauptung gegen Vereinnahmung und Konformitätsdruck. Der Schriftstellerkollege Jürgen Fuchs beschrieb ihre Haltung so: »Sie ist solidarisch im guten, wirklichen Wortsinn. Und aufsässig, allein mit dem, was sie kann. Sie lebt das anarchistische, rebellische Element, das immer wieder unter die Stiefel der Marschierer gerät. Und sich immer wieder aufrichtet.«

N. wächst in Berlin-Köpenick bei Adoptiveltern auf, einer preußisch-kalten Erziehung durch die Mutter ausgesetzt. Früh sucht sie Ersatzeltern, die sie in »Vater Staat und Mutter Partei« findet. In den beiden autobiographischen Romanen *Die Eisheiligen* (1979) und *Vogel federlos* (1982) entwirft N. ihre Lebensgeschichte zwischen 1939 und 1954 als eine Geschichte fortwährender, mühseliger Selbstbehauptung gegen die Vereinnahmung, ja Auslöschung ihrer Identität. Das Studium der Journalistik an der Leipziger Universität endet 1957 mit der Exmatrikulation und dem Ausschluss aus der Partei. Die Kommilitonin Brigitte Klump beschreibt N. mit folgenden Worten: »Eine Schönheit mit einem kühnen Gesicht, fast ausschließlich in schwarz, mal Rock, mal Hose mit Pulli, wie die Existentialistinnen in Paris. Mir schien, ihre Kleidung war Ausdruck ihrer inneren Haltung, Behauptung gegen unsere Funktionäre, die auch gern unsere Kleidung reglementiert hätten, durch täglich getragene FdJ-Uniform.« Einige Jahre lebt und arbeitet N. in Island. 1965 kehrt sie in die DDR zurück, beginnt am Literaturinstitut J. R. Becher in Leipzig zu studieren und wird im Herbst desselben Jahres erneut exmatrikuliert. Ihre Unbotmäßigkeit hat drastische Folgen: 1966 wird ihr die DDR-Staatsbürgerschaft entzogen. Außerordentlich früh – bedenkt man die gleichzeitige DDR-Literatur – hat N. die menschenverachtende ›Rehabilitierung‹ von Opfern der stalinistischen Säuberungen und die ›Entstalinisierung‹ in der DDR thematisiert, so in der *Ballade von der reisenden Anna* (1958), die ihrem ersten, in Westdeutschland erschienenen Gedichtband (1965) den Titel gab. Das Gedicht »Lernjahre sind keine Herrenjahre« (1962) aus dem gleichen Band reflektiert eindrucksvoll die Kontinuität einer deutschen Erziehung, die sich bruchlos in die stalinistisch geprägten Aufbaujahre der DDR fortsetzte.

N.s Gedichte sind in der DDR nicht veröffentlicht worden, aber es gab zirkulierende Abschriften. »Uns traf das alles ins Herz, stellte das eigene Leben in Frage, die Umstände, den Staat, die Zeit, in der wir lebten«, beschreibt Jürgen Fuchs die Wirkung dieser Gedichte. N.s. Wenige Schriftstellerinnen und Schriftsteller der DDR haben mit solcher Genauigkeit und Radikalität den Sozialismus an seinem eigenen Entwurf gemessen und den Finger auf diese noch lange schmerzende Wunde gelegt. N. hat diese Diskrepanz sehr früh gesehen und benannt. Die aus ihrer eigenen Lebensgeschichte erwachsene Sensibilität für gebrochene Lebensläufe und die Widerständigkeit anderer Menschen verschärft sich während der ersten zehn Jahre im Westen. Ihre Lieder und Balladen (*Balladen vom kurzen Prozeß*, 1975; *Margarete mit dem Schrank*, 1978; u. a.) ergreifen leidenschaftlich Partei für Entrechtete, Ausgestoßene und Vergessene; häufig sind es Frauen. Berufsverbot, Gesinnungsschnüffelei, verschärfte Polizeigesetze und der deutsche Herbst sind Thema einer Reihe von Gedichten, welche die Staatsgewalt nicht nur drastisch vorführen, sondern einer kritischen Analyse unterwerfen (»Lied von der Haussuchung«, »Septembernächte«, »Feindbild« u. a.). N.s Kurzprosa thematisiert in verschiedenen Kontexten – Arbeit, Alltag, zwischenmenschliche Beziehungen, Politik – Entfremdung und Gewalt. Auch die Sprache selber als eine Form von Gewalt bleibt nicht ausgespart (*Geselliges Beisammensein*, 1968; *Aufenthalt in einem irren Haus*, 1971).

Mit den Prosabänden *Wohnhaft im Westend* (1970, zusammen mit Horst Karasek) und *Die Landnahme von Tore Bela* (1978) gestaltet N. autobiographische Erfahrungen in den Zusammenhängen der 68er-Bewegung und der sozialistischen Revolution in Portugal. Die Radikalität ihrer Auseinandersetzung mit der eigenen Geschichte in verschiedenen politischen und gesellschaftlichen Kontexten führt sie konsequent zur Aufarbeitung ihrer Kindheit und Jugend. Ihre beiden autobiographischen Romane protokollieren die am eigenen Leib erfahrene deutsche Erziehung, die zu Untertanengeist und Autoritätsgläubigkeit führt, und sie machen die fatale Kontinuität preußischer, nationalsozialistischer und stalinistischer Erziehungsmaßnahmen sinnfällig. N. setzt jedoch am Beispiel ihrer eigenen Biographie dagegen, dass der Zwang zur Unterwerfung ein Widerstandspotential hervorzubringen vermag, das sich letztlich als die stärkere Kraft erweist. Nicht zuletzt endet die Aufarbeitung der eigenen Geschichte mit einer radikalen Desillusionierung. Als Residuen individueller Entfaltungsräume erscheinen in den danach entstandenen Gedichtbänden Landschaft und Poesie. In *Legende Transsib* (1985) und *Märkische Feemorgana* (1989) wird die ehemalige sozialistische Utopie zur vergangenen Legende, und Heimat wird wieder im Land der Kindheit, in der Mark Brandenburg, gesucht. Seit 1995 liegen ihre Gedichte (*Solange noch Liebesbriefe eintreffen*), seit 1999 ihre Prosatexte (*Aufenthalt in einem irren Haus*) wieder gesammelt vor. Über ihr Leben in einem polnischen Dorf geben die Gedichte ihres 1997 erschienenen Bandes *Silvatica* Auskunft. Die intensiven poetischen Bilder, die vom Winter in abgelegenen Wäldern erzählen (*Winter ist* u. a.), scheinen nur zeit- und zivilisationsfern. In diesen Gedichten wirkt die Welt auf elementare Einfachheit reduziert, und dadurch wird die (auch) mythische Existenz von Natur und Dingen erkennbar.

Sonja Hilzinger

Novalis (d. i. Georg Philipp Friedrich von Hardenberg)
Geb. 2. 5. 1772 auf Gut Oberwiederstedt bei Mansfeld;
gest. 25. 3. 1801 in Weißenfels

Der schwäbische Spätromantiker Justinus Kerner übersendet am 25. Januar 1810 Ludwig Uhland einen Auszug aus dem biographischen Porträt des N., das August Coelestin Just, ehemaliger Vorgesetzter und väterlicher Freund des Dichters während seiner Ausbildung im thüringischen Bad Tennstedt, 1805 veröffentlicht hatte. Kerner kommentiert diese Lebensbeschreibung wie folgt: »Es macht aber eine sonderbare Wirkung und stört doch, wenn man sich den Novalis als Amtshauptmann oder als Salzbeisitzer denkt. Das ist entsetzlich!! Ich hätte mir sein Leben doch viel anders vorgestellt. Die Jungfer Charpentier stört auch so die Poesie. Aber sein Tod ist schön und noch vieles schön.« Befremdlich wirkt auf Kerner – ebenso wie auf viele spätere N.-Leser im 19. und 20. Jahrhundert (teils bis heute) – die Vorstellung, dass dieser Dichter, der »unbestritten, aber aus umstrittenen Gründen« als der Romantiker gilt« (Uerlings), mit Sorgfalt und Hingabe seinem bürgerlichen Beruf nachging: zunächst, im Anschluss an sein »mit der ersten Censur« abgelegtes juristisches Staatsexamen (1794), als Aktuarius beim Tennstedter Kreisamt, das von seinem späteren Biographen Just geleitet wurde; danach als Akzessist bei der kursächsischen Salinenverwaltung in Weißenfels (Februar 1796 bis Dezember 1797), wo er, nach intensiven naturwissenschaftlichen Studien an der Bergakademie in Freiberg, Ende 1799 zum Salinenassessor avancierte. Wenige Monate vor seinem frühen Tod erfolgte noch die Ernennung zum Amtshauptmann im Thüringischen Kreis, doch seine schwere Lungenkrankheit ließ die Ausübung dieses Amts nicht mehr zu.

Der spannungsvolle Doppelaspekt von beruflicher Laufbahn und Schriftstellerexistenz ist charakteristisch für N., der sich in dieser Hinsicht markant von Friedrich Hölderlin unterscheidet, stand doch für Letzteren fest, dass die Poesie »ein ganzes Menschenleben« erfordert (*Brief an die Mutter*, Januar 1799). »Die Schriftstellerei ist eine Nebensache – Sie beurteilen mich wohl billig nach der Hauptsache – dem praktischen Leben«, schreibt N. im Dezember 1798 an Rahel Just – und widerlegt damit das Bild seiner späteren Verehrer und Verächter, wonach seine Texte das Werk eines traumverlorenen, todessehnsüchtigen Geistes seien, der stets die Versenkung ins eigene Innenleben dem »praktischen Leben« vorgezogen habe. Zwar sind Traum, Liebe, ›Mystizismus‹, Todessehnsucht und Nachtbegeisterung zentrale Motive seiner Dichtung (etwa in den *Hymnen an die Nacht*, die, 1800 im *Athenaeum* publiziert, das einzige größere literarische Werk darstellen, das N. vollendet und veröffentlicht hat), doch ist damit nur ein Aspekt seines so reichhaltigen und vielschichtigen Schaffens benannt.

In einem Fragment der Sammlung *Blüthenstaub* (1798) heißt es: »Der erste Schritt wird Blick nach Innen, absondernde Beschauung unsers Selbst. Wer hier stehn bleibt, geräth nur halb. Der zweyte Schritt muß wirksamer Blick nach Außen, selbstthätige, gehaltne Beobachtung der Außenwelt seyn.« N. hat jenen »Blick nach Außen« durch die Auseinandersetzung mit den zeitgenössischen Wissenschaften systematisch geschult, vor allem während seiner Studienzeit in Freiberg, wo er sich mit dem Erkenntnisstand der Mineralogie, der Geologie, der Mathematik, der Chemie, der Physik und der Medizin vertraut machte. Wissenschaft und Poesie schließen einander keineswegs aus, sondern werden im romantischen Projekt einer ›Poetisierung‹ der Wissenschaften‹ zusammengeführt, so dass gesagt werden kann: »Über die Beschäftigung mit den Wissenschaften ist Novalis zum Romantiker geworden« (Uerlings). Bezeichnenderweise hat sich Friedrich von Hardenberg das Pseudonym ›Novalis‹, das eine programmatische *Neu*bestimmung seiner Autorschaft anzeigt, während der Freiberger Studienzeit zugelegt, als er seine Fragmentsammlung  *Blüthenstaub* veröffentlichte (vgl. den Brief an Friedrich Schlegel vom 24. Februar 1798). Das lateinische Pseudonym bedeutet ›neues, brachliegendes Land‹ und nimmt auf eine mittelalterliche Familientradition (von Rode, *de Novali*) Bezug; der Autor deutet sich somit als ›der Neuland Bestellende‹, d. h., verpflichtet sein Schreiben auf ein (genuin modernes) Programm ästhetisch-kultureller Erneuerung.

Das theoretische Werk, das den größten Teil von N.' schriftstellerischer Produktion ausmacht – in der historisch-kritischen Ausgabe seiner *Schriften* umfasst es zwei Bände, während das dichterische Schaffen (sieht man vom Jugendnachlass ab) nur einen Band füllt –, zeugt eindrucksvoll von der Breite und Intensität seiner Auseinandersetzung mit der zeitgenössischen Philosophie (u. a. Kant, Fichte und Schelling), aber auch mit ästhetisch-poetologischen, sprach- und zeichentheoretischen, politisch-geschichtsphilosophischen sowie religiösen Fragestellungen. An Friedrich Schlegel schreibt er am 8. Juli 1796: »Mein Lieblingsstudium heißt im Grunde, wie meine Braut. Sofie heißt sie – Filosofie ist die Seele meines Lebens und der Schlüssel zu meinem eigensten Selbst.« Seine damalige »Braut«, d. h. Verlobte, war Sophie von Kühn, die tragische Heldin des in der älteren Forschung so populären Sophien-Mythos, wonach der frühe Tod der jungen Geliebten – sie starb am 19. März 1797 im Alter von nur fünfzehn Jahren, zwei Jahre nach ihrer inoffiziellen Verlobung mit N. – als Urerlebnis des todessehnsüchtigen Romantikers aufzufassen sei. N.' anfänglicher Entschluss, der Geliebten »nachzusterben« (vgl. das *Journal*, das der Autor vom 18. April bis zum 6. Juli 1797 führte), verblasste allmählich zugunsten des Willens zum Weiterleben, zum Weiterlesen, -schreiben und -wirken. Im Dezember 1798 verlobte er sich ein zweites Mal, nun mit Julie von Charpentier, der Tochter eines Freiberger Berghauptmanns, die er Anfang desselben Jahres kennengelernt hatte.

Zu den entscheidenden Ereignissen im Leben des N. zählt auch die Begegnung mit Friedrich Schlegel (im Januar 1792 während des Studiums in Leipzig), dem er bis zuletzt in kongenialer Freundschaft verbunden blieb; durch ihr produktives ›Symphilosophieren‹ wurden die beiden Freunde zu den prägenden Impulsgebern der Frühromantik. Im November 1799 fand in Jena das berühmte »Romantikertreffen« statt, an dem neben N. und seinem Bruder Karl die Brüder Schlegel, Dorothea Veit (Lebensgefährtin und zukünftige Ehefrau Friedrich Schlegels), Caroline Schlegel (Ehefrau August Wilhelm Schlegels), Ludwig und Amalie Tieck, der Philosoph Schelling sowie der junge Physiker Johann Wilhelm Ritter teilnahmen. N. trug dort einige der *Geistlichen Lieder* sowie seine geschichtsphilosophische Rede *Die Christenheit oder Europa* vor; Letztere löste im Jenaer Kreis eine lebhafte Kontroverse aus und wurde schließlich auf Anraten Goethes, den man als Schiedsrichter hinzuzog, nicht im *Athenaeum* veröffentlicht.

Mit Friedrich Schlegel teilte N. zunächst die Begeisterung für Goethes Roman *Wilhelm Meisters Lehrjahre* (1795/96); seine Hochschätzung, die sich in der Formel verdichtete, Goethe sei »der wahre Statthalter des poetischen Geistes auf Erden« (*Blüthenstaub*), wich jedoch bald einer kritisch-ablehnenden Sichtweise: »Wilhelm Meisters Lehrjahre sind gewissermaßen durchaus *prosaisch* – und modern. Das Romantische geht darin zu Grunde – auch die Naturpoesie, das Wunderbare – Er handelt blos von gewöhnlichen menschlichen Dingen – die Natur und der Mystizism sind ganz vergessen« (*Fragmente und Studien*, 1799/1800). N.' unvollendeter Roman *Heinrich von Ofterdingen*, der 1799 begonnen und 1802 postum als Fragment veröffentlicht wurde, ist ausdrücklich als Gegenentwurf zum *Wilhelm Meister* konzipiert; einige Wochen vor Fertigstellung des ersten Teils erklärt N. gegenüber Ludwig Tieck: »Das Ganze soll eine Apotheose der Poesie seyn. Heinrich von Afterdingen wird im 1sten Theile zum Dichter reif – und im Zweyten, als Dichter verklärt.«

Dass N. von der Nachwelt als Romantiker par excellence, als »der einzige wahrhafte Dichter der romantischen Schule« (so Georg Lukács in einem Essay von 1907), rezipiert werden konnte, hängt sicherlich auch mit dem frühen Ende seines Schaffens zusammen; denn anders als für Friedrich Schlegel, der sich später, nach seiner Konversion zum Katholizismus, vom Jugendwerk der *Athenaeum*-Zeit distanzierte, gab es für N. kein Leben und kein Schreiben nach bzw. jenseits der Frühromantik. Am 25. März 1801 erliegt der Dichter, noch nicht 29-jährig, im Beisein Friedrich Schlegels seiner Lungenkrankheit. Sein Bruder Karl berichtet später, N. habe einige Tage vor seinem Tod, noch an Genesung glaubend, gesagt: »Wenn ich erst wieder besser bin, dann sollt ihr erst erfahren, was Poesie ist, ich habe herrliche Gedichte und Lieder im Kopfe.« Als 1802 postum die von Friedrich Schlegel und Ludwig Tieck zusammengestellte erste Werkausgabe (*Novalis Schriften*) erschien – eine Ausgabe, die zwar die wichtigsten Dichtungen, aber nur einen willkürlich selektierten Bruchteil des theoretischen Werks enthielt, wodurch dem ganzen 19. Jahrhundert ein einseitiges, verzerrtes N.-Bild überliefert wurde –, war die frühromantische Gruppe schon auseinandergefallen, das ›Symphilosophieren‹ im Jenaer Kreis verstummt.

Werkausgabe: Schriften. Die Werke Friedrich von Hardenbergs. Begründet von Paul Kluckhohn und Richard Samuel. Hg. von Richard Samuel in Zusammenarbeit mit Hans-Joachim Mähl und Gerhard Schulz. Historisch-kritische Ausgabe in vier Bänden, einem Materialienband und einem Ergänzungsband in vier Teilbänden mit dem dichterischen Jugendnachlaß und weiteren neu aufgetauchten Handschriften. Stuttgart 1960 ff.

Thomas Roberg

Nurowska, Maria
Geb. 3. 3. 1944 in Okółek bei Suwałki/Polen

Maria Nurowska, Verfasserin zahlreicher Romane, Erzählungen und Drehbücher, gehört zu den populärsten polnischen Autorinnen der Nachkriegszeit, deren Werke in mehrere Sprachen übersetzt und von Film und Fernsehen adaptiert wurden. Ihre Bücher, überwiegend der Frauenliteratur, aber auch der trivialen Unterhaltungsliteratur zugeordnet, sind Liebes- und Schicksalsromane sowie psychologische Skizzen, die in einem konkreten historischen oder zeitgenössischen gesellschaftspolitischen Kontext angesiedelt sind. Im Vordergrund der Darstellung steht jedoch nicht das geschichtliche Geschehen, sondern das persönliche Geschick der Protagonistinnen, das von ihrer familiären Herkunft oder der nationalen Geschichte bestimmt wird. Thematisiert werden die Neigung zu Geisteskrankheit und der Hang zur Selbstzerstörung, Kindheitstraumata und Identitätskrisen, Vergewaltigung und erste sexuelle Erfahrungen, Sterben und Tod. Besondere Aufmerksamkeit wird den Beziehungen zwischen Müttern und Töchtern geschenkt, die immer von starken Emotionen wie Hassliebe geleitet und bestimmt werden: *Moje życie z Marlonem Brando* (1976; Mein Leben mit Marlon Brando), *Po tamtej stronie śmierć* (1977; *Jenseits ist der Tod*, 1981), *Hiszpańskie oczy* (1990; *Spanische Augen*, 1993) und *Więźniowie czasu* (2000; Gefangene der Zeit).

Der Roman *Postscriptum* (1989; Postscriptum für Anna und Miriam*, 1990), der vor dem Hintergrund des Kriegsrechts in Polen 1981/82 spielt, handelt von der Identitätskrise einer polnischen Jüdin, die im Alter von fast 40 Jahren ihre wahre Identität erfährt: Als Kleinkind wurde sie während des Krieges an der Warschauer Ghettomauer gefunden und von einem polnischen Nichtjuden erzogen. Auch *Listy miłości* (1991; *Briefe der Liebe*, 1992) zählt zu den Werken, die die polnisch-jüdischen Verflechtungen und die tragischen Schicksale polnischer Juden behandeln. *Panny i wdowy* (1991–93; Mädchen und Witwen), ein fünfbändiger historischer Roman, stellt die Geschichte von opferbereiten und freiheitsliebenden Frauen dar – in der Zeitspanne von der Niederschlagung des polnischen Januaraufstands 1863 gegen die russische Fremdherrschaft bis in die 1960er Jahre der Volksrepublik Polen. Ihre erschütternden Schicksale werden gezeigt als Folge der Teilnahme ihrer Ehemänner an nationalen Freiheitskämpfen.

Der Roman *Gry małżeńskie* (1994; *Ehespiele*, 1995), der in einem Frauengefängnis spielt, erörtert die Lebensgeschichten der Gefangenen sowie die Gründe für die von ihnen begangenen Verbrechen. Die Auseinandersetzung einer Frau mit ihrer Sexualität, ihrem Altern, ihrer Erziehung wie auch ihrer Rolle als Geliebte und Mutter ist das Thema von N.s Roman *Rosyjski kochanek* (1996; *Der russische Geliebte*, 1998). *Miłośnica* (1998; *Wie ein Baum ohne Schatten*, 1999) stellt die fiktive Biographie von Krystyna Skarbek-Giżycka alias Christine Granville, einer Spionin der polnischen Untergrundarmee und des britischen Geheimdienstes im Zweiten Weltkrieg, dar. Die Studie über eine faszinierende und unberechenbare Frau, die mit ihrer Anziehungskraft großen Einfluss auf Männer ausgeübt hat, spielt auf zwei Handlungsebenen. Die Protagonistin der ersten Ebene ist Krystyna Skarbek selbst, auf der zweiten Ebene steht eine Journalistin, die eine Biographie über Krystyna schreibt.

Georg Mrugalla

Oates, Joyce Carol
Geb. 16. 6. 1938 in Millersport, New York

Joyce Carol Oates' erste Kurzgeschichtensammlung, *By the North Gate*, erschien 1963, ein Jahr später ihr erster Roman, *With Shuddering Fall*. Es folgen weitere Romane, ungefähr einer pro Jahr, eine große Zahl von Short Stories, mehrere Gedichtbände, daneben Theaterstücke und kritische Essays. Allein die Fülle der unterschiedlichen Themenbereiche, die Vielzahl der Texte sowie die Geschwindigkeit, mit der sie auf dem Markt erscheinen, musste der Literaturkritik zunächst suspekt vorkommen. Zunehmend jedoch ist deutlich geworden, dass ästhetische Kriterien, die an einer strikten Trennung zwischen ›hoher‹ und ›populärer‹ Literatur festhalten – eine Grenze, die in den Vereinigten Staaten ohnehin fließender ist –, für diese Autorin gänzlich irrelevant sind. O. erreicht mit ihren Werken eine breite und weitgestreute Leserschaft. Ihre Bücher finden sich auf Bestsellerlisten und in den Leselisten von Universitäten. Ihre Essays erscheinen in populären, auf ein Massenpublikum hin ausgerichteten Magazinen ebenso wie in akademischen Zeitschriften.

Ihr Geburtsort in Erie County im Staat New York verwandelt sich in einigen ihrer Fiktionen in »Eden County«; ihr früherer Lebensraum in einer katholischen Familie der Arbeiterklasse bildet den Hintergrund für viele ihrer fiktionalen Figuren. O. ist die erste in ihrer Familie, die ein College besucht. Das Gleiche gilt für die Heldin von *Marya: A Life* (1986; *Marya. Ein Leben*, 1991), ein Roman, den sie selbst als ihren persönlichsten bezeichnet hat. Auch andere ihrer Werke – u. a. *Wonderland* (1971), *Bellefleur* (1980; *Bellefleur*, 1982) – tragen autobiographische Züge. 1961 heiratet sie Raymond J. Smith, den sie an der Universität kennenlernte und mit dem sie seit 1974 die *Ontario Review Press* leitet. Sie unterrichtete an mehreren Universitäten und ist seit 1986 Professorin an der renommierten Princeton University.

Eines der charakteristischen Merkmale von O.' Werken, das die Kritik immer wieder beschäftigt hat, ist der Aspekt von Gewalt. In einem 1981 im *New York Times Book Review* veröffentlichten Essay mit dem Titel »Why is Your Writing So Violent?« stellt O. ironisch fest, dass ihr diese Frage u. a. in Deutschland gestellt worden sei – »not many miles from where Adolf Hitler proclaimed the Second World War«. Die Frage ist schon deshalb zurückzuweisen, weil damit offensichtlich die nicht selten von Brutalität und Zerstörung geprägte Realität des Alltags geleugnet wird. Auch ist die Gewalt der Texte nicht nur durch wiederkehrende Darstellungen von Aufruhr, Mord, Selbstmord, Vergewaltigung und psychischen Zusammenbrüchen bedingt; vielmehr entsteht der Schock für die Leser auch dadurch, dass sie häufig mit Figuren konfrontiert sind, für die sie kein Mitgefühl empfinden können, in *Bellefleur* etwa mit religiösen Fanatikern, mit Vergewaltigern, Sklavenhaltern und Mördern. Doch mit Hilfe ihrer scharfen Beobachtungsgabe und ihrem Hang zum psychologischen Realismus gelingt es O. in ihren Schicksals- und Familienromanen stets von neuem, größere soziale und gesellschaftspolitische Zusammenhänge aufzuzeigen, so u. a. in ihrem dritten Roman, *them* (1969; *Jene*, 1969), für den sie den National Book Award erhielt.

Ein weiterer wesentlicher Aspekt von O.'

künstlerischem Schaffen ist ihre Auseinandersetzung mit literarischen Texten der Vergangenheit. So werden in *Marriages and Infidelities* (1972; *Lieben, Verlieren, Lieben*, 1980) – mit *The Wheel of Love* (1970; *Das Rad der Liebe*, 1988) und *Last Days* (1984; *Letzte Tage*, 1986) ihre vielleicht wichtigste Kurzgeschichtensammlung – berühmte Erzählungen der Weltliteratur, u. a. *The Aspern Papers* und *The Turn of the Screw* von Henry James, »Die Verwandlung« von Kafka, sozusagen neu inszeniert, oft dadurch, dass die Geschichten von einer anderen Perspektive aus erzählt werden – aus der Sicht einer Frau wie in »The Lady with the Pet Dog«, einer Variation von Čechovs Erzählung »Die Dame mit dem Hündchen«, oder in »The Dead«, die auf die gleichnamige Geschichte aus dem Erzählband *The Dubliners* von James Joyce anspielt. Ähnlich wie bei Kathy Acker und Jean Rhys wird auch hier versucht, durch diese ›Neuinszenierungen‹ literarischer Vorbilder – ihr Roman *Childworld* (1976; *Im Dickicht der Kindheit*, 1983) z. B. nimmt Bezug auf Vladimir Nabokovs *Lolita* – etwas sichtbar zu machen, was von den bekannten Geschichten der Vergangenheit ausgegrenzt, verschwiegen oder verdrängt wurde, etwa die Tatsache, dass die Situation von Frauen sich gegenüber dem 19. Jahrhundert nicht grundlegend verändert hat.

Obwohl O. sich immer wieder dagegen gewehrt hat, unter die Rubrik ›Frauenliteratur‹ eingeordnet zu werden (vgl. ihren Essayband *(Woman)Writer: Occasions and Opportunities*, 1988), rückt das Leben von Frauen im gegenwärtigen Amerika in den Romanen der 1980er Jahre in den Vordergrund – u. a. in *Marya, You Must Remember This* (1987; *Die unsichtbaren Narben*, 1992), *Solstice* (1985; *Im Zeichen der Sonnenwende*, 1990). Auch hat v.a. die ›Initiation‹ heranwachsender weiblicher Charaktere in O.' Werken schon immer eine wesentliche Rolle gespielt – »she has perhaps the largest gallery of adolescent girls of any contemporary writer«, wie ein Kritiker einmal bemerkte. Diese Initiation, d. h. die Einführung Jugendlicher in die Welt der Erwachsenen, bedeutet gleichzeitig die Begegnung mit einer von Schrecken und Gewalt bestimmten Alltagsrealität.

Renate Hof

Ocampo, Silvina

Geb. 28. 7. 1903 in Buenos Aires; gest. 14. 12. 1993 in Buenos Aires

»Silvina Ocampo ist eine der größten Dichterinnen spanischer Sprache, sowohl diesseits des Ozeans als auch jenseits. Ihr Rang als Dichterin erhöht ihre Prosa. In ihren Erzählungen steckt ein Zug, den ich noch nicht recht verstanden habe; es ist ihre sonderbare Liebe zu einer gewissen unschuldigen und indirekten Grausamkeit«, schrieb Jorge Luis Borges (1899–1986) über seine Kollegin O. Vor allem Kinder und Frauen verkörpern diese unschuldige Grausamkeit in ihren Erzählungen, die menschlichen Abgründe hinter den Fassaden argentinischer Großstadthäuser zeigen. – Als jüngste von sechs Schwestern wächst O. in San Isidro, einem der mondänsten Viertel von Buenos Aires, in einer Welt der argentinischen Oberschicht um die Jahrhundertwende auf. Heerscharen von Dienstboten kümmern sich um die Mädchen. In O.s fünftem Lebensjahr unternimmt die Familie die erste zweijährige Reise nach Europa, besonders nach Paris, der zu dieser Zeit heimlichen Hauptstadt Lateinamerikas. Die Mädchen werden zu einer kosmopolitischen Haltung erzogen, die auch die Basis für die Zeitschrift *Sur* wird, die O.s älteste Schwester Victoria (1890–1979) 1931 gründet. *Sur* bleibt vier Jahrzehnte lang die wesentliche Kulturzeitschrift Argentiniens, vereinigt Künstler wie José Ortega y Gasset (1883–1955), Guillermo de Torre (1900–1971) oder Alfonso Reyes (1889–1959) und widmet sich dem kulturellen Austausch zwischen Südamerika und Europa.

Während Victoria früh ihre Neigung zur Literatur entdeckt, widmet sich O. zunächst der Malerei. Sie nimmt Unterricht in Paris bei Fernand Léger (1881–1955) und Giorgio de Chirico (1888–1978), deren Einflüsse sich in ihren Illustrationen zu frühen Erzählungen von Adolfo Bioy Casares (1914–1999), den sie 1934 kennenlernt, wiederfinden. Sie zeigen sich auch in ihren Erzählungen, als sie gegen Ende der 1930er Jahre, nicht zuletzt durch den Kontakt mit den Literaten der Zeitschrift *Sur*, zu schreiben beginnt. Die ersten Texte mit dem Titel »Viaje olvidado« (Vergessene Reise), die bereits Elemente phantastischer Literatur aufweisen, erscheinen 1937. Danach veröffentlicht O. vor allem Gedichtbände, die engagiert die Probleme Argentiniens aufgreifen sowie wenige Theaterstücke. 1940 heiratet sie Bioy Casares, mit dem sie eine Tochter hat, und gibt mit ihm sowie dem gemeinsamen Freund Borges die *Antología de la literatura fantástica*, eine »Anthologie phantastischer Erzählungen aller Zeiten und Länder« heraus, wie es im Untertitel heißt. Der Band eröffnet die neue Strömung phantastischer Literatur in Argentinien. Die Gruppe um Borges, zu der auch O. zählt, wird vor allem durch die Zeitschrift *Sur* vertreten. In der erzkonservativen Oberschicht des Landes gilt das Ehepaar jedoch, wie auch Borges, als Inbegriff verworfener Bohème, deren Kunst belächelt wird.

Lange stand O. im Schatten ihrer Schwester, ihres Mannes sowie des Freundes und doch hat sie sich ihre eigene, weibliche Stimme bewahrt. Dies zeigt sich bereits in ihrem Erzählband *Autobiografía de Irene* (1948). Die Protagonistin der Titelerzählung ist eine jener einsamen und aus der Gesellschaft ausgestoßenen Mädchen- bzw. Frauengestalten, die häufig in O.s Erzählungen mit psychologischer Schärfe und in stilistisch variantenreicher Sprache dargestellt sind. 1959 erscheint der Erzählband *La furia y otros cuentos* (Die Furie und andere Erzählungen). Elf Jahre später veröffentlicht O. die Sammlung *Los días de la noche* (Die Tage der Nacht; eine deutsche Auswahl aus beiden Bänden erscheint 1992 unter dem Titel *Die Furie*). In beiden Werken schaffen sich die Protagonisten Ersatzwelten für ein oftmals gescheitertes Lebenskonzept. Mit Hilfe der Sprache gelingt es O., Texte von der minutiös geschilderten Ebene der Alltagswirklichkeit in einen nicht vertrauten, übernatürlichen Kontext zu überführen. Die Grenzen zwischen beidem verwischen und machen die Erzählungen zur bedrückenden, die unfassbare Alltäglichkeit des Schreckens aufzeigenden Literatur. Hierin unterscheiden sich O.s Texte von den philosophischen Gedankenexperimenten eines Borges, zeigen aber Ähnlichkeiten mit denen Julio Cortázars (1914–1984). Beeinflusst hat O. mit ihren Erzählungen, die in Argentinien spielen und autobiographische Elemente enthalten, ebenso Autorinnen der La-Plata-Region wie Griselda Gambaro (geb. 1928) und Cristina Peri Rossi (geb. 1941). – In ihrem Spätwerk, zu dem die Erzählbände *Y así sucesivamente* (1987; *Der Farnwald*, 1991) und *Cornelia frente al espejo* (1988; *Die Farbe der Zeit*, 1995) gehören, verwendet O. Motive der europäischen Romantik wie Fabelwesen, Masken, Doppelgänger und Spiegelmetaphern. In den vergangenen Jahren werden ihre Werke vermehrt auch in Deutschland rezipiert.

Sabine Börchers

O'Casey, Sean [eigtl. John Casey]
Geb. 30. 3. 1880 in Dublin;
gest. 18. 9. 1964 in Torquay, Devon

Wenngleich von der Literaturkritik und dem allgemeinen Lesepublikum unterschätzt, bietet Sean O'Caseys sechsbändige Autobiographie einen Königsweg zu Leben und Werk des irischen Dramatikers. In dem Bewusstsein vom experimentellen Charakter seiner Lebensgeschichte, die in der eher ungewöhnlichen Er-Form verfasst ist und besonders in den ersten Bänden Joyces Sprachexperimente imitiert, betonte O. immer wieder, wie dieses Werk ein Panorama der privaten Umstände und zugleich der öffentlichen Dimension der gelebten und erinnerten Zeiten darstellen sollte. Allein nach dem Umfang der porträtierten Lebenszeit umfasst O.s Autobiographie eine ungewöhnliche Fülle biographischen Materials: Im Einzelnen werden die verschiedenen Lebensphasen wie folgt abgedeckt: die Jahre 1880–92 in *I Knock at the Door* (1939; *Ich klopfe an*, 1957), 1891/92–1900/03 in *Pictures in the Hallway* (1942; *Bilder in der Vorhalle*,

1959), 1903–16 in *Drums under the Windows* (1945; *Trommeln unter dem Fenster*, 1967), 1917–26 in *Inishfallen, Fare Thee Well* (1949; *Irland, leb wohl!*, 1968), 1926–34 in *Rose and Crown* (1952; *Rose und Krone*, 1962) und 1935–52/53 in *Sunset and Evening Star* (1954; *Dämmerung und Abendstern*, 1963). Der Bogen reicht somit von der Geburt bis ins hohe Alter der autobiographischen Persona, die sich im Verlauf des dargelegten Lebens Johnny Cassidy, Irish Jack Cassidy, Sean O'Casside, Sean O'Cathasaigh, Sean O'Casey nennt und damit verschiedene Stationen der Entwicklung signalisiert. Kindheit und Jugend des Autobiographen in den Slum-Vierteln von Nord-Dublin sind von Armut und Krankheit geprägt. In einer turbulenten Epoche der irischen Geschichte wird er, der sich seinen Unterhalt als ungelernter Arbeiter verdienen muss, Augenzeuge des großen Streiks und der Aussperrungen von 1913 sowie des Osteraufstandes von 1916 und des anschließenden Anglo-Irischen Krieges und Bürgerkrieges. Er macht sein Debüt als Dramatiker am Abbey Theatre und verlässt Irland 1926. Nach Heirat und Gründung einer Familie verbringt er die zweite Hälfte seines Lebens ab 1938 in Südwestengland. Diese äußeren Stationen werden von verschiedenen Phasen der geistigen Entwicklung begleitet: Als Protestant unter Katholiken ist der junge Johnny Cassidy von Anfang an ein Außenseiter. Für ihn sind die Konflikte zwischen den protestantischen und den katholischen, den unionistischen und den nationalistischen Lagern ganz besonders brisant, wenn er wie Joyces autobiographischer Held Stephen Dedalus die politischen Normen der Erwachsenenwelt, ihre Diskussionen und die Tragweite von Idolfiguren wie Wolfe Tone oder Charles Stewart Parnell noch nicht begreifen kann. Im weiteren Verlauf aber werden ebensolche Leitfiguren wie auch Shakespeare, Dion Boucicault, Charles Darwin, George Bernard Shaw und Karl Marx zu Stationen seiner geistigen Autobiographie. Für O., den Autodidakten und Vielleser, stellt ferner sein Engagement in verschiedenen nationalistischen und gewerkschaftlichen Organisationen einen wichtigen Bildungsfaktor dar. Die Arbeit in solchen Verbänden führt zur Enttäuschung des Idealisten. Durch Intrigen, Eitelkeiten und den Kleinmut der offiziellen Funktionsträger und Kunstkritiker im Irish Free State desillusioniert und vom heimischen Theaterpublikum angefeindet, begibt sich O. 1926 ins freiwillige Exil (wie Joyce vor und Beckett nach ihm). Das tieferliegende Motiv ist hierbei das Bemühen um persönliche Unabhängigkeit des Denkens und eigenverantwortliche Lebensgestaltung. Dieser Drang wird durch die früh erfahrenen sozialen Ungerechtigkeiten verstärkt. In der zweiten Hälfte von O.s Leben wird die Verachtung jeglicher Form von »awethority« fast zur Besessenheit, denn in dem Diktat von Autoritäten sieht O. eine Verkörperung der allgemein lebensfeindlichen Kräfte. Aus dieser biographisch-psychologischen Motivlage ist O.s – vor allem im Spätwerk deutlich zutage tretendes – Konzept des ›Kommunismus‹ zu erklären, das primär als Philanthropie, als Aufruf zu Brüderlichkeit und menschlicher Solidarität und als ständiger Kampf gegen Armut, Krankheit und Krieg zu verstehen ist.

O.s dramatisches Œuvre spiegelt die Schritte der biographischen Entwicklung exakt wider. Im Zentrum seiner ersten Phase steht die ›Dubliner Trilogie‹: *The Shadow of a Gunman* (1923; *Der Rebell, der keiner war*, 1954), *Juno and the Paycock* (1924; *Juno und der Pfau*, 1950), *The Plough and the Stars* (1926; *Der Pflug und die Sterne*, 1931). Hier behandelt O. das Schicksal der kleinen Leute in den Dubliner *tenements* (Mietskasernen), die vor dem Hintergrund der politischen Ereignisse zwischen 1916 und 1923 zum Spielball der Geschichte werden. Die realistische Darstellungsweise wird verstärkt durch das Lokalkolorit, das sich aus der Verwendung eines stilisierten Dubliner Dialekts ergibt; die Form ist die der Tragikomödie und Groteske. – Mit *The Silver Tassie* (1929; *Der Preispokal*, 1952) vollzieht O. den Wandel vom Realismus zur expressionistischen und symbolisch-allegorischen Darstellungsweise in seinen späteren Werken. In diesem Antikriegsdrama wird die psychologisch-naturalistische Kohärenz zugunsten der Form des Stationendramas über das Leiden eines irischen Weltkriegsveteranen aufgegeben. Rezeptionsgeschichtlich ist *The Silver Tassie* neben der Dubliner Trilogie O.s bedeutsamstes und nachhaltigstes Stück, was die spektakuläre Inszenierung von Peter Zadek (*Der Pott*, 1967) oder die Bearbeitung als Oper von Mark-Anthony Turnage (2000) belegen. – Ab 1940 etwa gab O. seinen Stücken immer mehr eine propagandistische Ausrichtung im Sinne seines ›Kommunismus‹. Die ideologische Befrachtung des Spätwerks ist jedoch nie so stark, dass nicht Raum für farcenhafte Elemente oder lyrisch-musikalisch-melodramatische Einlagen wäre. In seinen letzten Stücken kehrt O. zu einer irlandspezifischen Thematik zurück und schreibt gegen den Provinzialismus und lähmenden Einfluss der katholischen Kirche im jungen irischen Staat an, denen er die Feier des Lebensprinzips gegenüberstellt – besonders wirkungsvoll etwa in *Cock-a-Doodle Dandy* (1949; *Kikeriki*, 1960). Gemessen am Umfang seines Werkes ist O.s Einfluss relativ gering geblieben. Als die bedeutendsten Autoren in seiner Nachfolge sind Brendan Behan und Brian Friel zu nennen; Beckett schätzte O. vor allem als Meister der Farce.

Werkausgaben: Autobiographies. 2 Bde. London 1963. – The Complete Plays. Hg. D. Krause. 5 Bde. London 1984. – Collected Plays. London 1994. – Stücke. Hg. W. Schuch. 2 Bde. Berlin 1978.

Werner Huber

O'Connor, Flannery [Mary]

Geb. 25. 3. 1925 in Savannah, Georgia; gest. 3. 8. 1964 in Milledgeville, Georgia

Über wenige Erzähler aus dem amerikanischen Süden divergieren die Ansichten der Kritiker so sehr wie über Flannery O'Connor. Der Meinungsstreit über die vielbeachtete Erzählerin entzündete sich an der unterschiedlichen Beurteilung der Botschaft, die die Autorin durch die religiös-existenzielle Thematik ihrer Fiktion vermitteln wollte. Die unterschiedlichen Interpretationsansätze in über 30 Monographien, Sammelbänden und einer Vielzahl von Aufsätzen zu ihrem Schaffen bestätigen jedenfalls die Faszination des relativ schmalen Erzählkorpus, das rund 30 Erzählungen in zwei Sammelbänden – *A Good Man Is Hard to Find, and Other Stories* (1955; z. T. *Ein Kreis im Feuer*, 1961; *Ein guter Mensch ist schwer zu finden*, 1987) und *Everything That Rises Must Converge* (1965; *Die Lahmen werden die Ersten sein*, 1987) – und zwei Romane umfasst. Seit 1979 eine Auswahl aus O.s Briefwechsel veröffentlicht wurde (*The Habit of Being*), liegt außerdem ein ungemein lebendiges Zeugnis ihrer Persönlichkeit vor, die tiefen Ernst bei theologischen und philosophischen Fragen mit einem vitalen Sensorium für Komik und einem Talent für pointierte und humorvolle Äußerungen vereinte. Diese Fähigkeit der vom Schicksal schwer geprüften Autorin, die erst 39-jährig einer ererbten unheilbaren Krankheit zum Opfer fiel, schließt eine reduktive autobiographische Deutung der grotesken Situationen und der körperlich behinderten Figuren in ihrem Erzählwerk aus. Ein umfassendes Bild von der intellektuellen Energie der Autorin lässt die seit langem angekündigte Biographie von Sally Fitzgerald erwarten.

Nach dem frühen Tod des Vaters zog O. mit ihrer Mutter nach Milledgeville. Im Anschluss an ihre Studien am Georgia State College for Women erwarb sie einen M.A. im Writers' Workshop der Universität Iowa und arbeitete dann bei Robert und Sally Fitzgerald in Connecticut an ihrem Romanerstling *Wise Blood* (1952; *Die Weisheit des Blutes*, 1982), ehe sie der Ausbruch ihrer Krankheit zur Rückkehr nach Georgia auf die Farm »Andalusia« der Mutter zwang.

Für die künstlerischen Effekte in O.s Erzählungen ist die Konkretheit wesentlich, mit der der relativ eng umgrenzte, meist ländliche Schauplatz – gewöhnlich die Hügellandschaft in Nord- und Zentral-Georgia bzw. Appalachia – gezeichnet wird. Die Präzision, mit der die Autorin das soziale Milieu präsentiert und die Akteure in wiederkehrenden Figurenkonstellationen – oft sind es verwitwete Farmerinnen und ihre Kinder bzw. ihre Farmarbeiter und Pächter – bei ihren Gesprächen belauscht, schafft die Voraussetzung für die Vermittlung von deren außergewöhnlichen existentiellen Erfahrungen. Spart O. im Gegensatz zu Eudora Welty Einblicke in das Bewusstsein von Schwarzen weitgehend aus, was ihr verschiedentlich Kritik an der (zeitgebundenen) Begrenztheit ihrer Positionen eingetragen hat, so stellt sie dafür immer wieder die Selbstzufriedenheit der relativ komfortabel lebenden sozialen Mittelklasse bloß. Begegnungen mit Eindringlingen von außen führen im ersten Sammelband von Erzählungen zu Konflikten und Gewaltakten, die z. T. grotesken Charakter annehmen. Die Beutegier eines heuchlerischen Invaliden zerstört eine kläglich Idylle – »The Life You Save May Be Your Own« (»Es kostet vielleicht das eigene Leben«) – oder ein bösartiger Bibelverkäufer mit perversen Neigungen düpiert eine arrogante, aber körperlich behinderte Intellektuelle und ihre naive Umwelt – »Good Country People« (»Brave Leute vom Lande«). Die destruktiven Impulse von enttäuschten Halbwüchsigen aus dem städtischen Raum – »A Circle in the Fire« (»Ein Kreis im Feuer«) –, die ›anstößige‹ Unangepasstheit von Vertretern einer anderen Konfession bzw. von Zuwanderern aus Europa – »The Displaced Person« (»Leute von drüben«) – reißen die Protagonisten aus ihrer Selbstzufriedenheit. Die Motivation für die Inszenierung solch therapeutisch wirkender Schockerlebnisse ist von O. sehr direkt in Essays und Reden, die in *Mystery and Manners* (seit 1969) gesammelt vorliegen, klargestellt worden. Während manche kritische Leser sich an den Aussagen der Autorin über die Notwendigkeit orientieren, in einer Zeit religiöser Indifferenz drastische Methoden zu wählen, haben andere es strikt abgelehnt, statt einer literarischen Analyse theologische Exegese zu praktizieren. Manche betrachten die durch außergewöhnliche Vorfälle aus ihrer soliden Position geworfenen »Rationalisten« als Opfer der »antihumanistischen« Welt- und Menschensicht der Autorin, während andere den Gegensatz betonen, der zwischen der Einstellung der Erzählerstimme zu den oft den kürzeren ziehenden Rationalisten und der Reaktion des Lesers aufbricht. Der rational handelnde Onkel des jungen Francis Marion Tarwater im Roman *The Violent Bear It Away* (1960; *Das brennende Wort*, 1962) scheitert ebenso in seinem Ringen mit dem Großonkel des Jungen wie der egozentrische Shephard (in der späteren Erzählung »The Lame Shall Enter First«) bei seinem philanthropischen Bemühen um den Kriminellen Rufus Johnson, um dessentwillen er seinen eigenen Sohn Norton fatal vernachlässigt. Die provokanten Aussagen von Schriftstellerfreunden wie John Hawkes, dass O. wie ihre teuflischen Verführergestalten den Glauben an menschliche Rationalität verwerfe (*Flannery O'Connor's Devil*, 1962), wurden von der Autorin stets zurückgewiesen, lenken den Blick aber auf eine irritierende Ambiguität. Diese hat revisionistische Deutungen in neueren Studien (Marshall Bruce Gentry, Robert H. Brinkmeyer) gefördert, in denen zwischen unverlässlichen fundamentalistischen Aussagen von Erzählern einerseits und der impliziten Einstellung von O. andererseits unterschieden wird. Der Autorin geht es jedoch primär darum, die Paradoxien in dem ungleichen Kräftemessen zwischen den Vertretern eines rationalen, immanenten Weltbildes und ihren fundamentalistischen Gegnern zur drastischen Darstellung der rätselhaften Erfahrung des Numinosen in der gänzlich säkularisierten Welt zu nutzen.

Die durch O.s Stil und Bildsprache vielfach ins Groteske gekehrten Situationen dienen offenbar dazu, dem Leser die Epiphanien nacherlebbar zu machen, die den Charakteren in Katastrophen und Gewaltakten schockartig zuteil werden. Dabei schafft die immer wieder gewählte bildhafte Verknüpfung von Menschlichem und Tierischem, von Leblosem und Animalischem, also der buchstäbliche Gebrauch der Groteske, die Voraussetzung für starke satirische Wirkungen. Schon die ersten Erzählungen; dann in O.s Romanerstling eingearbeitet wurden, illustrieren, wie sehr der jungen Autorin die auch die zeichnerische Karikatur beherrschte, die scharfe Satire lag. Mit diesem Tonfall knüpfte O. an desillusionierte Erzähler der Zwischenkriegszeit an, etwa an den schwarzen Humor von Nathanael

West, profitierte aber auch vom akademischen Unterricht im Rahmen der Writing Programs, vom Rat befreundeter Schriftstellerinnen wie Caroline Gordon und einem wachen Interesse für philosophische und theologische Schriften. Die drastische Handlungsführung in ihrem Romanerstling mit seinen vielen Gewalttaten und der Faszination, die Tiere im Zoo auf einen der Protagonisten ausüben, aber auch die Vergleiche und Metaphern, die einer reduktiven Sicht des Menschen Vorschub leisten, stützen die Ansicht, dass O. in jener Frühphase eine manichäische Weltsicht vertrat. Der scheinbar uneingeschränkte Triumph des Bösen in einer tristen Welt führt aber zu einer radikalen, ›heilsamen‹ Demontage der Hybris ihrer Charaktere. Dass sich dabei in ihren Erzählungen immer wieder Situationskomik entfaltet und die auktoriale Stimme Inkongruenzen aufdeckt, erleichtert die Akzeptanz der existentiell-religiösen Dimension solcher Ereignisse. Angesichts der Prominenz von Figuren, die durch ein existentielles Sündenbewusstsein geprägt sind, werden enge Bezüge zwischen O.s Erzählkunst und Nathaniel Hawthornes allegorischer Fiktion unübersehbar. Ebenso offensichtlich ist seit *Wise Blood* die Verwandtschaft mit der Prosa Edgar Allan Poes, mit dem O. u. a. der Gebrauch der Groteske und bestimmter Motive (z. B. des Doppelgängermotivs) verbindet.

Dass O. französischen Erzählern (z. B. François Mauriac) sowie Philosophen und Theologen wichtige Anregung verdankte, bezeugen ihre Briefe und Rezensionen. Wenn sie bei der Wahl des Titels für ihren postum erschienenen Kurzgeschichtenband *Everything That Rises Must Converge* eine Anleihe beim Evolutionsphilosophen Teilhard de Chardin nimmt, schlägt sich die Inspiration durch dessen optimistisch(er)e Deutung der Welt- und Menschheitsgeschichte auch in den späten Erzählungen nieder. Dies schränkt zudem die Gültigkeit der Ansicht von pessimistischen Denkern wie Walter Sullivan ein, die meinen, O.s Spätwerk reflektiere im Rückgriff auf Agnostiker den fortschreitenden Säkularisierungsprozess im Süden mit dem Verlust des Glaubens an Mysterium und Mythos. Gerade den selbstgefälligen Glaubenden wird in O.s parabolischen späten Geschichten der Weg hin zur echten Bekehrung geebnet, und damit wird eine sakramentale Sicht des Lebens und der Welt manifest. Überzeugender als in dem künstlerisch nicht ganz befriedigenden zweiten Roman kommt dies in einigen Erzählungen jener Phase zur Geltung: in »Greenleaf« (»Die Greenleafs«) mit der Epiphanie im Augenblick des Todes von Mrs. May, in »A View of the Woods« (»Blick auf den Wald«) in der Reaktion des Großvaters auf die Tötung der renitenten Enkelin, in »Revelation« (»Offenbarung«) in der Demütigung der selbstzufriedenen Farmerin Ruby Turpin und in »Parker's Back« in der Züchtigung des in seine Tätowierungen vernarrten O.E. Parker durch seine fanatische und ikonoklastische Ehefrau Sarah Ruth.

Trotz der scheinbaren Einschränkung auf einen relativ engen Raum und der wiederkehrenden Figurenkonstellation und Handlungsimpulse illustrieren die sehr divergenten Interpretationen die fesselnde Aufgabe, die das komplexe Erzählwerk O.s für den kritischen Leser darstellt. Unbeschadet der spezifischen religiösen Botschaft O.s liefert sie eine eindrucksstarke Darstellung existentieller Krisen und Erfahrungen.

Werkausgabe: Collected Works. New York 1988.

Waldemar Zacharasiewicz

Ōe Kenzaburō
Geb. 31. 1. 1935 in Ōse auf Shikoku/Japan

Ōe Kenzaburō, der japanische Literaturnobelpreisträger von 1994, führt in seiner Literatur sehr individuelle mit sehr allgemeinen Themen zusammen. Mit großer Beharrlichkeit widmet er sich in seinem fast durchgängig auf die eigene Biographie und die Geschichte seiner Familie zurückgreifenden Erzählwerk einer Reihe von Themen, denen er in immer neuen Variationen nachspürt. Er selbst bezeichnete dieses Verfahren als »Wiederholung mit Verschiebungen«.

Als dritter Sohn von sieben Kindern einer

alteingesessenen Grundbesitzerfamilie auf der japanischen Südinsel Shikoku geboren, bilden Kriegsende und Besatzung für ihn einschneidende Erfahrungen. 1954 reist Ō. erstmals nach Tōkyō, wo er bis 1959 französische Literatur studiert und eine Examensarbeit über Jean-Paul Sartre schreibt. Schon während des Studiums macht er mit Erzählungen auf sich aufmerksam. In seinen frühen Werken bis 1963 setzt er sich mit Japans Kapitulation und der Desorientierung in der Bevölkerung auseinander, so etwa in einer seiner berühmtesten Erzählungen, *Shiiku* (1958; »Der Fang«, 1964), die mit dem Akutagawa-Preis ausgezeichnet wurde. Sie spielt wie viele seiner Werke in einem vom Wald umgebenen Dorf auf Shikoku im Sommer 1945, wo der Krieg erstmals in Form eines abgestürzten amerikanischen Flugzeugs Einzug hält. Der überlebende schwarze Pilot wird gefangengenommen, und die Kinder des Dorfes freunden sich über alle Sprachgrenzen hinweg mit ihm an. Als der Amerikaner in die Stadt überstellt werden soll, nimmt er den Ich-Erzähler als Geisel und wird am folgenden Tag von den Dörflern getötet. In die fast idyllisch gezeichnete Harmonie der Dorfkinder mit der sie umgebenden Natur wird der fremde Soldat aufgenommen – mit dessen Tod, dem ein Gefühl des Verratenseins vorausgeht, entwächst der Ich-Erzähler über Nacht seiner Kindheit. In Ō.s erstem Roman *Memushiri kouchi* (1958; *Reißt die Knospen ab,* 1997) wird die Thematik von *Shiiku* erweitert. Im Mittelpunkt steht eine Gruppe von Kindern und Jugendlichen, die aus einer Erziehungsanstalt evakuiert wurden. Die Gemeinschaft der Ausgestoßenen, zu der auch ein Deserteur zählt, wird von den Dörflern auf der Flucht vor einer Epidemie im Stich gelassen. Ihre Rückkehr bedeutet das Ende der Gemeinschaft. Die sozial geächteten, willkürlich zusammengesperrten Jugendlichen entwickeln erst allmählich kameradschaftliche Gefühle füreinander. In ihrer Roheit feiert der Autor urtümliche Lebenskraft, Spontaneität und Unschuld, wenngleich diese oftmals in Destruktivität umschlagen. Gefangensein, Entfremdung und Verlust von Freiheit und Würde werden vor dem historischen Hintergrund, dem Ende des Pazifischen Krieges, gezeigt, wobei der Roman als eine Karikatur der japanischen Gesellschaft während des Krieges gelesen werden kann.

Die typische Hauptfigur in Ō.s erzählender Literatur ist der entwurzelte, auf sich selbst gestellte junge Mann, ein existentialistischer Held bzw. Anti-Held, der parallel zum Autor älter wird. Die Welt der frühen Ō.schen Helden, etwa in der Erzählung »Shisha no ogori« (1958; »Der Stolz der Toten«, 1969) ist oft abstoßend, ekelerregend und grausam. In seiner Verwirrung sucht der Held sich mit Gewaltakten und Tabuverletzungen gegen die bürgerliche Ordnung zu behaupten. In der Erzählung »Sevuntiin« (1961; Seventeen) und in dem daran anknüpfenden »Seiji shōnen shisu« (1961; Tod eines politischen Jungen) zeigt sich die für Ō. charakteristische Koppelung von Politik und Sexualität. In Anspielung auf die Ermordung des Vorsitzenden der Sozialistischen Partei Japans durch einen rechtsradikalen Jugendlichen zeichnet er den Weg des potentiellen Linksradikalen, dessen gewohnheitsmäßige Masturbation als Symptom für ein unerfülltes Ich erscheint, zu einem fanatischen Aktivisten der Rechten. In dieser Schaffensphase inspirierte ihn Norman Mailer.

Seit der Geburt seines geistig behinderten Sohnes 1963 beherrscht das Thema des (geistig) behinderten Kindes zahlreiche Werke, beginnend mit dem Roman *Kojintekina taiken* (1964; *Eine persönliche Erfahrung,* 1972). Der anspielungsreiche Titel verweist darauf, dass es sich nicht allein um eine psychologisch genaue realistische Geschichte um die Geburt eines behinderten Kindes handelt, das der junge Vater zu akzeptieren lernt, sondern auch eine allegorische Deutung im Blick auf Japans internationale Rolle zu. Ein mit surrealen und grotesken Elementen durchzogenes Gegenstück zu diesem Roman ist die Erzählung »Sora no kaibutsu Aguî« (1964; »Aguî, das Himmelsungeheuer«, 1981). Ō.s Roman *Man'en gannen no futtobōru* (1967; *Der stumme Schrei,* 1980, *Die Brüder Nedokoro,* 1980) vereinigt in sich die Themen früherer Werke: Der Protagonist Mitsusaburō begibt sich auf der

Suche nach den Wurzeln seiner Identität in das Dorf seiner Kindheit auf Shikoku. Die Geburt eines geistig behinderten Kindes, das gestörte Verhältnis zur eigenen Ehefrau und der groteske Selbstmord eines politisch aktiven Freundes haben ihn zutiefst verunsichert. Sein jüngerer Bruder Takashi ist dagegen ganz pragmatischer Aktivist. In einer Parallele zum gescheiterten Bauernaufstand von 1860, den der Bruder des Urgroßvaters angeführt hatte, zettelt Takashi ein Jahrhundert später eine Revolte der Dorfbewohner gegen den ausbeuterischen Supermarktbesitzer an, die ebenfalls fehlschlägt. Der Roman ist auf eine vielschichtige Lektüre angelegt. In der Geschichte der Familie spiegelt sich die Geschichte der Nation. Der Stil schwankt zwischen Naturalismus, Groteske und Satire. In den 1970er Jahren schlägt Ō. eine zunehmend abstrakte und surreale Richtung ein. Der zweibändige Roman *Kōzui wa waga tamashii ni oyobi* (1973; Die Flut erreicht meine Seele) etwa beschwört anhand der Geschichte eines Vaters und seines geistig behinderten Sohnes apokalyptische Visionen eines alles vernichtenden Atomkriegs. In *Pinchirannā chōsho* (1976; Das Pinchrunner Memorandum) kehrt sich das Alter von Vater und Sohn auf wundersame Weise um, und beide brechen mit einer Armee auf, um den Anführer der Unterwelt auszuschalten, der die Herrschaft über Japan anstrebt.

So dicht und symbolreich die einzelnen Werke Ō.s sind, sie stehen aufgrund der mehr oder weniger autobiographischen Bezüge und immer wiederkehrender Themen in enger Verbindung zueinander und erhellen sich gegenseitig. Dabei verschieben sich Perspektiven und Schwerpunkte, und es ergeben sich neue Konnotationen. Das problematische Verhältnis zum eigenen Vater etwa thematisiert Ō. in der Erzählung *Mizukara waga namida o nuguitomō hi* (1971; *Der Tag, an dem Er selbst mir die Tränen abgewischt*, 1995). Mit Beginn der 1980er Jahre scheint Ō. das japanische Genre des autobiographischen sogenannten »Ich-Romans«, des *shishōsetsu*, bewusst zu adaptieren und kreativ zu modifizieren. *Atarashii hito yo mezameyo* (1983; Erhebt Euch, Jünglinge der neuen Zeit) nimmt den behinderten Sohn, der mittlerweile zu einem sanften jungen Mann herangewachsen ist, zum Gegenstand von sieben Erzählungen, die jeweils eine Zeile aus William Blakes »Prophezeiungen« zum Titel haben. Im Roman *Natsukashii toshi e no tegami* (1987; Brief an die alten Zeiten) verschwimmen die Grenzen zwischen den fiktiven Figuren aus früheren Werken und der Lebenswirklichkeit des Autors. Auch der aus der Perspektive der Tochter Māchan geschilderte Zyklus *Shizukana seikatsu* (1990; *Stille Tage*, 1994) ist unverstellt autobiographisch in dem heiter gelassenen Blick auf das Leben einer Schriftstellerfamilie. Typisch für Ō.s Erzählwerke sind das Hinübergleiten ins Essayistische und der vielfältige Bezug auf europäische Autoren, etwa auf Malcolm Lowry, W.H. Auden und Blake, Gershom Scholem, Spinoza und Dante. Als Hauptwerk der 1990er Jahre gilt die Romantrilogie *Moegaru midori no ki* (Grüner Baum in Flammen), die noch einmal die Stoffe und Themen der früheren Erzählwerke bündelt. Vom ersten Band ›*Sukunushi*‹ *ga nagurareru made* (1993; *Grüner Baum in Flammen*, 2000) über *Vashirēshon* (1994; *Der schwarze Ast*, 2002) bis zu *Ōinaru hi* (1995; *Der atemlose Stern*, 2003) entfaltet Ō. die Geschichte einer religiösen und alternativ-ökologischen Gemeinschaft inmitten der Wälder von Shikoku. Mythen und Sagen, christliche Motivik, das Bodenständige, die Umweltkatastrophe, die Sehnsucht nach religiöser Erfüllung und Begebenheiten um einen berühmten Autor und seinen Sohn fügen sich zu einem komplexen und sperrigen narrativen Geflecht. Nach Abschluss des dritten Bandes im September 1994 kündigte Ō. an, keine erzählende Literatur mehr verfassen zu wollen, revidierte diesen Entschluss jedoch, nachdem ihm im Oktober desselben Jahres der Nobelpreis zugesprochen wurde. Danach sind zahlreiche weitere Romane und Essays entstanden. Im Winter der Jahrtausendwende nahm er eine Einladung des Wissenschaftskollegs zu Berlin und für eine Gastprofessur an der Freien Universität Berlin. Der während dieser Zeit entstandene Roman *Torikaeko/chenjiringu* (2000; *Tagame Berlin-Tokyo*, 2005) setzt sich mit dem

Freitod seines Schwagers, des Filmregisseurs Itami Jūzō, auseinander.

Ō.s umfangreiches Gesamtwerk, das auch Science-fiction-artige Romane wie *Chiryōtō* (1990; *Therapiestation*, 1995), literaturtheoretische und zeitkritische Essays und öffentliche Briefwechsel mit Schriftstellerkollegen aus aller Welt einschließt, beeindruckt in seinem stets spürbaren Gestus der Selbstbefragung durch hohe schöpferische Dichte und Originalität.

Irmela Hijiya-Kirschnereit

Oehlenschläger, Adam
Geb. 14. 11. 1779 in Kopenhagen;
gest. 20. 1. 1850 in Kopenhagen

In einem enthusiastischen 16-stündigen Literaturgespräch im Sommer 1802 soll der Philosoph und Naturforscher Henrich Steffens den jungen Dichter Adam Oehlenschläger für die Idee der romantischen Universalpoesie begeistert haben, die ihm während eines längeren Studienaufenthalts in Deutschland von Novalis, Ludwig Tieck und den Brüdern Schlegel nahegebracht worden war.

Das kurz nach dieser legendären Urszene der skandinavischen Romantik innerhalb weniger Stunden entstandene Programmgedicht »Guldhornene« (»Die Goldhörner«), in dem O. zwei aus der Kopenhagener Schatzkammer entwendete und eingeschmolzene Artefakte der dänischen Vorzeit zu Symbolen einer verlorengegangenen Einheit von Geschichte, Natur und Kunst verklärt, gilt als der Beginn des Goldenen Zeitalters (*Guldalderen*) der dänischen Poesie. Das Gedicht erschien 1802 in dem Band *Digte af Adam Øhlenslæger* (kurz danach entschied sich der Dichter für die deutsche Schreibweise seines Namens), das durch seinen Titel, seinen dreiteiligen Aufbau und durch die damals ungewöhnliche Antiquadrucktype auf August Wilhelm Schlegels *Gedichte* (1800) verweist. Der frühromantischen Forderung nach Auflösung der Gattungsgrenzen folgend, enthält das Werk außer Gedichten unter anderem auch die Komödie »Sanct Hansaften-Spil« (»St. Johannes-Abend-Spiel«, 1853), die unter dem Einfluss von Shakespeares *Sommernachtstraum* einen Mittsommerabend im Kopenhagener Tiergarten als satirisch-poetisches Nachtstück inszeniert.

In den zwei Bänden *Poetiske Skrifter* (*Poetische Schriften*, 1805), die Texte unterschiedlicher Genres vom religiösen Gedicht über die Romanze (»Hakon Jarls Død«, »Der Tod des Hakon Jarl«) bis zum Lustspiel enthalten, stellt der junge O. die thematische und formale Vielseitigkeit seines Schaffens unter Beweis: Der Gedichtzyklus *Jesu Christi gientagne Liv i den aarlige Natur* (1817; *Das Evangelium des Jahres*, wörtlich »Jesu Christi wiederholtes Leben in der jährlichen Natur«) reflektiert die Entsprechung der Jahreszeiten mit den Stationen im Leben Jesu, während das Kunstmärchen *Vaulundurs Saga* (1830; *Vaulundur*) der germanischen Sage von Wieland dem Schmied eine alchimistisch-naturphilosophische Bedeutungsebene einzieht. Dem düsteren, die ›Nachtseite‹ der Romantik repräsentierenden Vaulundur steht der bedenkenlose, in heiterer Einheit mit der Natur stehende Titelheld des Lustspiels *Aladdin* (*Aladdin*, 1808) gegenüber – eine überaus geglückte und noch heute häufig aufgeführte universalromantische Adaption des Märchens aus *Tausendundeiner Nacht*, in der Aladdin als positives Genie eine verborgene Replik auf die *Faust*-Gestalt des von O. bewunderten Goethe darstellt. Auch in dem 1809 zuerst auf deutsch geschriebenen »historisch-tragischen Idyll« *Correggio* (1811 auf dänisch, 1816 auf deutsch erschienen), das als das erste Künstlerdrama des 19. Jahrhunderts gilt, bearbeitet O. das prekäre Verhältnis zum unerreichbaren Weimaraner.

Schon in *Aladdin* zeigen sich indessen erste Anzeichen einer allmählichen Abkehr von der romantischen Gedankenwelt, die in O.s selbst vorgenommener und Goethe zugeeigneter deutschen Übertragung in ihrer glatten, klassizistischen Ge-

stalt noch deutlicher wird. Das damit verfolgte Ziel, Goethe als Förderer seiner Werke in Deutschland zu gewinnen, erreichte er freilich nicht. Die in dem Sammelband *Nordiske Digte* (*Nordische Gedichte*) von 1807 versammelten Texte indizieren formal und gedanklich eine Hinwendung zur Weimarer Klassik, nicht zuletzt auch zur Ästhetik der Historiendramen Friedrich Schillers, während die Wahl von Stoffen aus der altnordischen Literatur den Beginn der in Skandinavien besonders bedeutsamen Nationalromantik markiert. Mit der Abkehr von den subversiv-experimentellen Formen der Universalromantik hin zu einem bisweilen recht sterilen und schematischen Klassizismus verwandelte sich O., der 1810 auch zum Professor für Ästhetik ernannt wurde, mehr und mehr zum staatstragenden Dichter, der sich selbst in der Nachfolge Goethes sah und dem 1829 gar die Ehre einer von dem schwedischen Nationalromantiker Esaias Tegnér initiierten »Dichterkrönung« im Dom von Lund zuteil wurde.

Von den zahlreichen Werken, die O. in seiner zweiten Lebenshälfte schuf – zu einem erheblichen Teil handelt es sich um Schauspiele, die aus altnordischen Stoffen schöpfen –, stießen indessen nur noch wenige auf ein breiteres Interesse, wie etwa *Amleth* (1847; Hamlet), eine Bearbeitung des Hamlet-Stoffes, und die auf der altisländischen *Laxdoela saga* basierende Tragödie *Kiartan og Gudrun* (1848; *Kiartan und Gudrun*), mit denen O. dem restaurativen und traditionalistisch eingestellten Zeitgeist der Jahrhundertmitte entsprach.

Werkausgabe: Werke. 21 Bde. Breslau ²1839.

Klaus Böldl

Ondaatje, Michael
Geb. 12. 9. 1943 in Colombo, Ceylon (heute Sri Lanka)

Michael Ondaatje ist neben Margaret Atwood der wohl bekannteste Vertreter zeitgenössischer kanadischer Literatur und genießt spätestens seit der oscarprämierten Verfilmung (1996) seines Romans *The English Patient* internationalen Ruhm. Der jüngste Sohn einer singhalesisch-tamilisch-holländischen Familie, der auf Ceylon und in England aufwuchs und 1962 zum Studium nach Kanada ging, ist auch literarisch ein Grenzgänger. O. hat zahlreiche Gedichtbände und Prosatexte geschrieben sowie Dokumentarfilme gedreht. Er lebt in Toronto und hat eine Professur an der York University.

Schon als Student veröffentlicht O. die ersten Gedichte. 1967, drei Jahre nach seiner Heirat mit der Künstlerin Kim Jones, erscheint der Lyrikband *The Dainty Monsters*. In dem Erstlingswerk, das sich durch die für O. typische elliptische, stark rhythmische Sprache sowie eine surreal-exotische, vielfach dem Tier- und Pflanzenreich entnommene und stets ambivalente Bildlichkeit auszeichnet, verfremdet O. Vertrautes und lässt Alltägliches in neuem Licht erscheinen. Durch Brüche und Paradoxien gelingt es ihm, Gegensätze auszuloten, ohne sie gänzlich aufzuheben. Bis ins Detail findet sich die unauflösliche Verquickung von Schönheit und Gewalt, welche auch O.s spätere Werke durchzieht. Während O. in *Dainty Monsters* noch ganz in der Tradition der Moderne auf Gestalten der klassischen Antike zurückgreift, wendet er sich in den folgenden, stärker experimentellen Texten neueren Quellen zu. *The man with seven toes* (1969), eine Sequenz aus 34 kurzen, bildgewaltigen Prosagedichten, basiert auf einem Gemäldezyklus von Sidney Nolan über die Erfahrungen einer schiffbrüchigen weißen Frau im australischen Busch. Aus diesen Bildern und den Fragmenten der Legende konstruiert O. eine ironisch gebrochene, mehrstimmige »Dokumentation« der Begebenheit und zeigt so die der Mythenbildung zugrunde liegenden Prozesse auf. *The Collected Works of Billy the Kid* (1970; *Die gesammelten Werke von Billy the Kid*, 1997), eine Collage aus Gedichten, Prosastücken, Balladen, Photographien, authentischen und fingierten Zitaten und fiktiven Zeitungsberichten erzählt aus verschiedenen Perspektiven vom Leben und Sterben des berühmt-berüchtigten William Bonney (1859–81). Dabei betont O. insbesondere die Lücken und Leerstellen der zahlreichen Geschichten, die sich um eine der schillerndsten kulturellen Ikonen des Wilden Westens ranken. Im Gegensatz zu Billy the Kid ist der Jazzmusiker Buddy Bolden, dem O. mit *Coming Through Slaughter* (1976; *Buddy Boldens Blues*, 1995) ein Denkmal setzt, eine beinahe vergessene Legende. O. verwebt hier Fakten und Fiktion zu einem vielschichtigen und evokativen Künstlerporträt. Vor dem Hintergrund der Jazzmetropole New Orleans um die Wende vom 19. zum 20. Jahrhundert kartographiert er die psychologische und emotionale Landschaft eines genial-kreativen, doch letztendlich selbstzerstörerischen Musikers, der als Verkörperung des modernen Künstlers – und somit auch als ein ›Spiegelbild‹ O.s – gelten kann.

Die in den 1970er Jahren entstandenen Gedichte O.s zeigen neben wachsender Selbstreflexivität des Dichters, der im Schreiben den eigenen Schaffensprozess und das Verhältnis von Realität und Kunst auslotet, auch eine Hinwendung zu privaten Themen. So verarbeitet er zum Beispiel in *Rat Jelly* (1973) mit dem elegischen »Letters and Other Worlds« den Tod seines Vaters und beschäftigt sich in der Gedichtreihe »Pig Glass«, die in die Sammlung *There's a Trick with a Knife I'm Learning to Do* (1979) Eingang findet, verstärkt mit seiner Familiengeschichte. Diese bildet die Grundlage von *Running in the Family* (1982; *Es liegt in der Familie*, 1992), einem Rückblick auf die spannungsreiche Ehe seiner Eltern und das Ceylon der 1920er bis 40er Jahre. Das stilistisch hybride, magisch-realistische Prosawerk, das Dokumentation, Reisebericht, *prose poem*, Gedichte und Photographien mischt, spielt nicht nur mit Genrekategorien und Erzählkonventionen, sondern verwischt die Grenze zwischen Fakt und Fiktion und spiegelt so ein neues Verständnis von (auto)biographischem Schreiben als schöpferische Rekonstruktion. Wie in keinem anderen Text macht O. hier deutlich, dass es immer mehr als nur eine Wahrheit gibt und keine Geschichte jemals wirklich abgeschlossen ist. In *Secular Love* (1984) stehen ebenfalls ganz persönliche Erfahrungen im Mittelpunkt. Trauer und Schuldgefühle im Zusammenhang mit dem Scheitern seiner Ehe, aber auch die Euphorie einer neuen Liebe (zu der Amerikanerin Linda Spalding) prägen Bilder und Sprache; der Ton bleibt der einer kontrollierten Distanz. In der Sequenz »Tin Roof« evoziert O. mit der pazifischen Westküste erstmals eine spezifisch kanadische Landschaft. Der Roman *In the Skin of a Lion* (1987; *In der Haut eines Löwen*, 1990) erzählt von Toronto in den 1920er Jahren und den südeuropäischen Immigranten, welche die Stadt aufgebaut haben. Durchsetzt mit intertextuellen Anspielungen und leitmotivisch wiederkehrenden Bildern des Wandels gibt dieses postmodernste Werk O.s den von der offiziellen Historiographie Ausgeschlossenen eine Stimme und identifiziert die kanadische Identität als multikulturell-pluralistisch. Geschichtsschreibung ist auch eines der zentralen Themen des mit dem Booker Prize ausgezeichneten Bestsellers *The English Patient* (1992; *Der Englische Patient*, 1993). Eine verlassene Villa in Italien gegen Ende des Zweiten Weltkriegs bildet den Hintergrund für ein Netz aus verschiedenen Erzählsträngen, die Zeit und Raum durchkreuzen und aus unterschiedlichen Perspektiven die Macht des geschriebenen und gesprochenen Wortes beleuchten. Die kanadische Krankenschwester Hana, der Spion Caravaggio, der indische Minensucher Kip und die bis zur Unkenntlichkeit entstellte Titelfigur sind eine Schicksalsgemeinschaft, deren Zusammenkunft individuelle Erinnerungen freisetzt und die Frage nach der eigenen Identität aufwirft.

In seinen neueren Werken wendet O. sich wieder seinem Geburtsland zu, was zu einer verstärkten Rezeption im Rahmen des postkolonialen Diskurses führt. Die vignettenartigen, suggestiven Gedichte in *Handwriting* (1998; *Handschrift*, 2001), einer lyrischen Hommage an die alte Heimat, umreißen die wechselvolle Geschichte und die jahrhundertealten Traditionen des kulturell heterogenen Inselstaates. Mit dem formal geradlinigsten Roman *Anil's Ghost* (2000; *Anils Geist*, 2000) fokussiert O. die jüngste Vergangenheit Sri Lankas, den Bürgerkrieg, und liefert – politisch entschiedener als bisher – ein eindeutiges Plädoyer für Menschlichkeit und Mitgefühl. Zugleich thematisiert der Text die Doppelperspektive der auf ihr Heimatland zurückblickenden Emigrantin, durch die O. die Problematik des ›westlichen‹ Blickes auf den ›Osten‹ aufzeigt und die Komplexität einer jeden Wirklichkeitskonzeption unterstreicht.

Susanne Hilf

O'Neill, Eugene [Gladstone]
Geb. 16. 10. 1888 in New York; gest. 27. 11. 1953 in Boston, Massachusetts

Eugene O'Neill, der nach wie vor bedeutendste Vertreter des modernen amerikanischen Dramas, kam in einem Hotelzimmer in New York zur Welt; er starb in einem Hotelzimmer in Boston. Seine letzten Worte sollen gewesen sein:»I knew it I knew it! Born in a goddam hotel room and dying in a hotel room!« Die Umstände seiner Geburt und seines Lebensendes charakterisieren mehr als alles andere die Grunderfahrungen einer modernen Künstlerbiographie, die überschattet war von Gefühlen des Wirklichkeitsverlusts und des Fremdseins. Als Sohn eines herumreisenden Schauspielers, des berühmten Broadway-Bühnenstars James O'Neill, verbrachte er seine Kindheit weitgehend in Hotelzimmern und in den Kulissen des Theaters. Seine Jugendjahre waren geprägt von einer ebenso unablässigen wie vergeblichen Suche nach ›Wirklichkeit‹ und ›Heimat‹. Diese Suche fand ihren Ausdruck zunächst in einem unsteten Bohemien- und Wanderleben. Nachdem er 1906 wegen eines groben Disziplinverstoßes das Studium an der Princeton University vorzeitig abbrechen musste, schlug er sich jahrelang mit Gelegenheitsarbeiten durch, unternahm Schiffsreisen und Goldsucherexpeditionen, lebte an ›exotischen‹ Orten wie Buenos Aires, Honduras oder in den Elendsvierteln der New Yorker Hafengegend und ruinierte seine Gesundheit mit Alkohol. In seinem stark autobiographisch geprägten dramatischen Werk hat O. diese Erlebnisse, ebenso wie das traumatische Erfahrungsmaterial aus dem familiären Bereich, in vielfacher Weise verarbeitet.

Ein wegen einer Tuberkuloseerkrankung notwendig gewordener Sanatoriumsaufenthalt im Jahre 1912 markiert einen Wendepunkt im Leben O.s. Er beschäftigte sich während dieser Zeit ausgiebig mit dem modernen europäischen Drama – insbesondere mit dem Werk Henrik Ibsens und August Strindbergs – und fasste den Entschluss, Dramatiker zu werden. Er nahm 1914 an dem berühmten Dramenschreibkurs »English 47« von Professor George Pierce Baker an der Harvard University teil und entfaltete eine außerordentliche literarische Produktivität, die im zeitgenössischen Kontext einer gegen das kommerzielle Theater gerichteten Kleintheaterbewegung (»little theater movement«) auf fruchtbaren Boden fiel. Im Jahre 1916 schloss er sich den Provincetown Players an, einer zur Erneuerung des amerikanischen Dramas angetretenen Künstler- und Intellektuellengruppe. Die enge Zusammenarbeit mit dieser Gruppe, die bis in die frühen 1920er Jahre andauerte, markiert sowohl in der künstlerischen Biographie des Autors wie auch in der allgemeinen Entwicklung des amerikanischen Dramas den Durchbruch zu internationaler Anerkennung.

Am Anfang von O.s Entwicklung als Dramatiker steht vor allem das Experiment mit der Form des Einakters. Er folgt darin dem Vorbild Strindbergs, der den Einakter als eine Dramenform bezeichnet hatte, die wegen ihrer Möglichkeiten zur Konzentration des dramatischen Geschehens auf seelische Krisenerfahrungen unfreier Individuen besonders geeignet sei, der spezifischen Bewusstseinslage des modernen Menschen Ausdruck zu verleihen. Das künstlerisch herausragendste Stück aus dieser frühen Phase ist *Bound East for Cardiff* (1916), das mit *The Long Voyage Home* (1917), *In the Zone* (1917) und *The Moon of the Caribbees* (1919; *Unterm karibischen Mond*, 1924) zu einem Zyklus von See-Einaktern, dem »S.S. Glencairn Cycle«, zusammengeschlossen ist. Schauplatzgestaltung und Figurenarsenal der vier Stücke verweisen einerseits auf das Bemühen um milieuspezifische Authentizität, andererseits auf eine Verallgemeinerungstendenz, wie sie auch für die meisten von O.s späteren Dramen charakteristisch sein wird. Ähnlich wie bei Herman Melville, der den Autor hier maßgeblich beeinflusst hat, repräsentieren das Schiff »S.S. Glencairn« und die aus verschiedenen Nationalitäten zusammengesetzte Schiffsbesatzung eine Art Mikrokosmos der westlichen Zivilisation. In *Bound East for Cardiff* wird darüber hinaus das Schicksal des Schiffsheizers Yank, der, im Sterben liegend, vergeblich den Sinn seines Lebens zu ergründen versucht, zur Metapher einer existentiellen Grundsituation.

O. wandte sich danach der dramatischen Großform zu. Im Zentrum seiner künstlerischen Bemühungen stand dabei die Überwindung des im populären Theater üblichen Oberflächenrealismus zugunsten einer Darstellung der ›inneren Wirklichkeit‹. Er griff dabei zwei scheinbar gegensätzliche Stilrichtungen auf, die sich jedoch zum Teil in Form einer für O. charakteristischen Stilmischung überlagern. Zum einen bemühte er sich um einen symbolisch vertieften Realismus, zum anderen versuchte er, einer expressionistischen Ausdrucksdramatik zum Durchbruch zu verhelfen. Von den realistischen Mehrakten stellen *Beyond the Horizon* (1920; *Jenseits vom Horizont*, 1952) und *Desire under the Elms* (1924; *Gier unter Ulmen*, 1925), die bemerkenswertesten Leistungen dar. Beide Stücke verbinden die authentische Milieucharakterisierung des neuenglischen Farmlebens mit einer quasi geschichtsallegorischen Darstellung der durch den Geist des Materialismus bedingten Fehlentwicklungen der amerikanischen Zivilisation. Die Bedeutung dieser realistischen Frühdramen tritt allerdings gegenüber derjenigen der expressionistischen Formexperimente zurück. Insbesondere *The Emperor Jones* (1920; *Kaiser Jones*, 1923) und *The Hairy Ape* (1922; *Der haarige Affe*, 1924) wurden vom zeitgenössischen Publikum als bahnbrechende Innovationsleistungen gewürdigt. Beide sind ›Monodramen‹, in denen das Bühnengeschehen – nach dem Vorbild August Strindbergs und der deutschen Expressionisten – zum Sinnbild innerseelischer Vorgänge wird. An den Schicksalen des vom Kettensträfling zum Gewaltherrscher aufgestiegenen Schwarzamerikaners Brutus Jones in *The Emperor Jones* und des Schiffsheizers Yank in *The Hairy Ape* thematisiert O. die gewissermaßen archetypische Konfliktsituation zwischen der naturhaften und der zivilisierten Seite des Menschen.

In den späten 1920er und frühen 1930er Jahren verband sich die Innovations- und Experimentierbereitschaft des Autors immer stärker mit einem der künstlerischen Qualität der Stücke letztlich abträglichen Hang zu Monumentalismus und Lehrhaftigkeit. Beispiele hierfür sind etwa *The Great God Brown* (1926; *Der große Gott Brown*, 1928) und *Lazarus Laughed* (1927), wo O. Traditionselemente des griechischen Kulttheaters und des mittelalterlichen Moralitätenspiels wie Chor und Maske wiederbelebt und einer Botschaft mystisch-affirmativer Lebensbejahung im Geiste Friedrich Nietzsches dienstbar macht. Das gleiche affirmative Verkündigungspathos prägt auch die langatmigen exotisch-romantischen Geschichtsschauspiele *The Fountain* (1925) und *Marco Millions* (1928; *Marco Polos Millionen*, 1956). Zu den spektakulären Monumentaldramen aus dieser Schaffensperiode gehören weiterhin das neunaktige *Strange Interlude* (1928; *Seltsames Zwischenspiel*, 1929), das mit einer am Vorbild von James Joyce orientierten Technik des inneren Monologs operiert, um im Sinne eines popularisierten Freud-Verständnisses innerseelische Konflikte zur Darstellung zu bringen, und die Trilogie *Mourning Becomes Electra* (1931; *Trauer muß Elektra tragen*, 1947), die den problematischen Versuch einer Wiedergeburt der antiken Tragödie aus dem Geiste der Freudschen Psychoanalyse unternimmt. Nach dem Misserfolg seines expressionistisch-allegorischen Seelendramas *Days without End* (1934; *Tage ohne Ende*, 1965), dessen affirmativ-religiöse Botschaft im politischen Kontext der Depressionsepoche (der ›roten Dekade‹) keine Resonanz mehr fand, zog sich O. für zwölf Jahre aus der Öffentlichkeit zurück.

Versuchte O. in seinen bis 1934 entstandenen Stücken – bei aller für das Bewusstsein der Moderne charakteristischen Skepsis und Gebrochenheit – noch an der Möglichkeit einer affirmativen Sinndeutung der menschlichen Existenz festzuhalten, so trugen persönliche Krisen und die geschichtliche Katastrophe des Zweiten Weltkrieges mit dazu bei, dass diese Haltung im Spätwerk einem tiefgreifenden Pessimismus wich. Dies wird insbesondere deutlich an den beiden Hauptwerken, *The Iceman Cometh* (1946; *Der Eismann kommt*, 1949) und *Long Day's Journey into Night* (1956; *Eines langen Tages Reise in die Nacht*, 1956), die zu den herausragendsten künstlerischen Leistungen im Gesamtwerk des Autors wie im Gesamtkanon des modernen amerikanischen Dramas zählen. Beide Stücke markieren auch die Abkehr des späten O. vom spektakulären Bühnenexperiment und seine Rückwendung zu den Konventionen des symbolischen Realismus. Während das bis in kleinste Details hinein autobiographisch geprägte Familiendrama *Long Day's Journey into Night* am sozialen Mikrobereich familiärer Privatbeziehungen die zerstörerische Macht der individuellen und kollektiven Mythen über das menschliche Bewusstsein veranschaulicht, arbeitet das von Maksim Gor'kijs *Na dne* (*Nachtasyl*) inspirierte *The Iceman Cometh* mit einer zugleich auf quasi allegorische Verallgemeinerung abzielenden »slice-of-life«-Technik: Der Schauplatz – das Hinterzimmer eines heruntergekommenen New Yorker Hotels – und das aus einer Vielzahl von gestrandeten Existenzen unterschiedlicher Herkunft zusammengesetzte Figurenensemble verweisen auf den gesellschaftlichen Makrobereich einer ihrem Ende entgegenharrenden westlichen Zivilisation. In den ständig in sich selbst kreisenden Dialogen der beiden Stücke werden sowohl die privaten Illusionen des Einzelnen als auch die gesellschaftlich vermittelten Sinnmodelle als fiktive Konstrukte – als sprachliche Strategien zur (Schein-)Bewältigung einer sinnleeren Wirklichkeit – bloßgelegt. Der zivilisationskritische Befund des späten O. läuft damit letztlich auf eine radikale Dekonstruktion des menschlichen Sinngebungsanspruchs hinaus. Der Autor, der in seinem Frühwerk dem amerikanischen Drama den Anschluss an die Moderne verschaffte, nähert sich in seinem Spätwerk Positionen an, die vom absurden Theater eines Samuel Beckett nicht mehr allzu weit entfernt sind.

Werkausgabe: Complete Plays [Library of America Edition]. 3 Bde. New York 1988.

Kurt Müller

Onetti, Juan Carlos
Geb. 1. 7. 1909 in Montevideo/Uruguay; gest. 30. 5. 1994 in Madrid

»Ich bin ein einsamer Mann, der an einem beliebigen Ort der Stadt raucht; die Nacht umgibt mich, erfüllt sich wie ein Ritus, stufenweise, und ich habe nichts mit ihr zu schaffen.« Diese Schilderung trifft nicht nur auf einen seiner Protagonisten, sondern auch auf Juan Carlos Onetti selbst zu. Einen Großteil seines Lebens verbrachte der große, hagere Schriftsteller, dessen schlaflose und traurige Augen sich stets hinter einer überdimensionierten Brille verbargen, zurückgezogen, einsam und mit Ausnahme der vielen Frauen und dem Alkohol bindungslos am langsam dahinfließenden Rio de la Plata. Die meisten Werke erschienen, von der Öffentlichkeit unbeachtet, während der mehr als 15 Jahre, die O. in Buenos Aires verbrachte. Um seinen Lebensunterhalt zu verdienen, schlug sich der Schulabbrecher erst mit verschiedenen Gelegenheitsarbeiten durch, arbeitete als Literaturredakteur, Leiter des Büros der Nachrichtenagentur Reuters (erst in Montevideo, dann in Buenos Aires), in verschiedenen Werbeagenturen, um schließlich 1957 ein Amt als Bibliotheksdirektor in Montevideo anzunehmen. 1975 wurde O. als Mitglied einer uruguayischen Jury, die einen als subversiv und obszön angeprangerten Roman prämierte, von der Militärregierung verhaftet und erst nach drei Monaten auf internationalen Druck freigelassen. Im selben Jahr kehrte er von einem Kongress in Madrid nicht mehr nach Uruguay zurück.

Schon sehr früh entdeckte O. den französischen Schriftsteller Louis-Ferdinand Céline, dessen *Voyage au bout de la nuit* (1932) zu seiner Bibel wurde. Neben seiner Liebe zu sentimentalen und zwielichtigen Tangotexten war er ein begeisterter Leser von Kafka und Faulkner. Trotz seines großen Einflusses auf Schriftsteller wie etwa Julio Cortázar dauerte es mehrere Jahrzehnte, bis O.s Werk Beachtung fand. Auch wenn er am nördlichen Ufer des Rio de la Plata langsam zur Kultfigur einiger Jugendlicher avancierte, schien die schriftstellerische Karriere des Uruguayers auf internationaler Ebene lange Zeit zum Scheitern verdammt: Seine Bücher fanden kaum Leser; Verleger und Kritiker der offiziellen Literaturszene in Argentinien ignorierten ihn systematisch, und bei der Vergabe von Literaturpreisen unterlag er heute längst vergessenen Autoren. Erst durch das spanische Exil erhielt O. die langverdiente internationale Anerkennung: 1978 würdigte die Sorbonne sein Schaffen, 1980 wurde er für den Nobelpreis vorgeschlagen, im selben Jahr erhielt er den Cervantes-Preis.

O.s Gesamtwerk umfasst ein knappes Dutzend Romane, einige Sammelbände mit Erzählungen und Kurzgeschichten sowie einen Band mit frühen literaturtheoretischen Überlegungen: *Réquiem por Faulkner y otros artículos* (1975). Darin kritisiert O. die Mittelmäßigkeit der Prosa seiner Zeit und unterstreicht die Notwendigkeit der Internalisierung der erzählten Geschichte durch den Schriftsteller, der die Literatur als eine Berufung sehen und sich ihr als Schaffender total hingeben solle. O.s erster Roman *El pozo* (1939; *Der Schacht*, 1989) ist nicht nur der herausragendste Text seiner frühen Schaffensphase, sondern er markiert zugleich einen stilistischen und technischen Wendepunkt in der lateinamerikanischen Prosa. Die Vielzahl der erzählerischen Ebenen, die komplexe zeitliche Anordnung innerer Erfahrung, die schwer fassbaren, freien Assoziationen sowie die lyrische Sprache stehen neben der Thematik exemplarisch für das gesamte Werk O.s. In *El pozo* flieht ein vereinsamter Mann aus seinem sinnentleerten Leben in die eigene Phantasiewelt. Die Interaktion einer äußeren Erzählebene mit scheinbar reellen Bezugspunkten und der subjektiven Innenwelt mit ihren Phantasien, Wünschen und Träumen hebt die Erzählung aus einem zeitlichen Rahmen und lässt einen narrativen Mikrokosmos entstehen – ein rein verbales Universum ohne die Notwendigkeit tatsächlicher Erfahrung.

Auch O.s erzähltechnisch komplexester Roman *La vida breve* (1950; *Das kurze Leben*, 1978) entwickelt sich aus der Dualität von Realität und Vorstellung sowie der radikalen Einsamkeit eines Außenseiters, der verloren in einer anonymen Stadt und einem sinnlosen Leben dazu verdammt ist, sich durch die Kraft seiner Einbildungen fiktive Parallelwelten zu schaffen, in denen sich seine Sehnsüchte nach Freundschaft, Liebe und Macht erfüllen können. Für den Protagonisten Brausen ist die Vorstellung der Verstümmelung seiner Frau durch eine Brustamputation Anlass zur doppelten Flucht: In der Realität nimmt er eine Doppelexistenz an und wird der Geliebte einer zunächst tagelang durch die Wand belauschten Prostituierten. In der Vorstellung erschafft er sich in einem Drehbuch, neben einer neuen Existenz als Arzt Díaz Grey, die fiktive Kleinstadt Santa María. Vergleichbar etwa mit Faulkners Yoknapatawpha County setzt sich das Universum der Provinzstadt an einem breiten Fluss – analog zum Rio de la Plata – aus Elementen wie einem Hauptplatz, einer Konservenfabrik, einer Werft, einer Arbeitersiedlung, einer außerhalb gelegenen Kolonie europäischer Immigranten und zeitweise einem Bordell zusammen. Im Verlauf der Erzählung löst sich in den drei zunächst getrennt geführten Erzählsträngen die Figur des Protagonisten Brausen kontinuierlich auf. So gewinnt die aus der Phantasie Brausens gewachsene Stadt Santa María Eigenständigkeit und ihr Schöpfer findet in Gestalt seines Alter ego Acre in sie Eingang.

O.s vollkommenster Roman *El astillero* (1961; *Die Werft*, 1976) steht in der Chronologie des Geschehens an dritter Stelle im Santa-María-Zyklus. Der Leser kann die Vorgeschichte des Protagonisten Larsen nur über den Roman *Juntacadáveres* (1964; *Der Leichensammler*, 1988) rekonstruieren: Junta Larsen, der schon in früheren Romanen eingeführt wurde, wird in *Juntacadáveres* durch den Apotheker zur Gründung eines Bordells angeregt. Da es stark frequentiert ist, wird das

Freudenhaus zu einem Skandal und auf Betreiben des Pfarrers geschlossen. Larsen wird vom Gouverneur aus der Stadt verbannt. In *El astillero* kehrt Larsen nach fünfjährigem Exil in sein verlorenes Paradies Santa María zurück. Gezeichnet von Alter und Zweifel nimmt er, auf der Suche nach einer neuen Lebensmotivation, die Stelle als Geschäftsführer in einer maroden und ruinösen Werft an – mit dem Auftrag, diese zu sanieren. Trotz absurder Umstände, einer feindseligen Umwelt, physischem Mangel und deprimierender Einsamkeit zeichnet sich Larsen durch große Beharrlichkeit aus. Anders als Brausen setzt er sich zum Ziel, über die Wirklichkeit zu triumphieren. Alle Figuren weisen Spuren des Wahnsinns auf und verbringen die Tage ihrer sinnlosen Existenz mit automatisierten Handlungen – bis sie endgültig scheitern. Santa María steht noch auf christlich-bürgerlichen Fundamenten. Dagegen führt die Protagonistin in *Dejemos hablar al viento* (1979; *Lassen wir den Wind sprechen*, 1986) im amoralischen Dorf Lavanda jenseits des Flusses ein lesbisches Matriarchat.

O. führte den lateinamerikanischen Roman in die Moderne und beeinflusste zahlreiche Schriftsteller wie etwa Carlos Fuentes, Mario Vargas Llosa oder Juan José Saer. Ernesto Sábato zählte O. zu den Autoren, die »in einer Welt ohne Mythen und Mysterien, wo das Absolute zerbrochen ist und die Seele verzweifelt vor dem Nichts steht, verdammt sind, für die Menschheit zu träumen«.

David Freudenthal

Opitz, Martin
Geb. 23. 12. 1597 in Bunzlau/Schlesien; gest. 20. 8. 1639 in Danzig

Er müsse sich »hefftig verwundern«, schreibt O. in der Vorrede zu seinen *Teutschen Poemata* (1624), »daß / da sonst wir Teutschen keiner Nation an Kunst und Geschicklikeit bevor geben / doch biß jetzund niemandt unter uns gefunden worden / so der Poësie in unserer Muttersprach sich mit einem rechten fleiß und eifer angemasset«. Nun, so dürfen wir ergänzen, wird sich das ändern: Mit O. beginnt eine neue Epoche der deutschen Literatur. Zeitgenossen und Literaturgeschichtsschreibung übernahmen die von O. suggerierte – und durch seine Leistung bestätigte – Sicht. Denn wenn er auch keineswegs der einzige war, der für eine Erneuerung der deutschen Literatur plädierte, so wurde er doch zum (fast) unangefochtenen Anführer einer literarischen Bewegung, die es sich zum Ziel gesetzt hatte, mit der Tradition der »ungelehrten« volkstümlichen deutschen Dichtung des 16. Jahrhunderts zu brechen und eine »gelehrte« Dichtung auf humanistischer Grundlage – wie sie in der neulateinischen Dichtung oder den Renaissanceliteraturen Süd- und Westeuropas als Vorbild vor Augen stand – auch im Deutschen zu verwirklichen.

O., der sein nationalhumanistisches Literaturprogramm mit Nachdruck und diplomatischem Geschick durchzusetzen vermochte, hat nie ein regelrechtes Studium absolviert. Er erhielt zwar eine gediegene humanistische Schulbildung in Bunzlau, Breslau und Beuthen, doch als er 1619 nach Heidelberg ging, machten die Kriegswirren seine Studienpläne bald zunichte. Er schloss sich führenden Heidelberger Humanisten an und setzte sich publizistisch für Friedrich V. von der Pfalz, den ›Winterkönig‹, ein, verließ jedoch 1620 die von spanischen Truppen bedrohte Stadt und begleitete einen jungen Dänen als Hofmeister nach Holland und Dänemark. In Holland machte er die Bekanntschaft mit Daniel Heinsius und der neueren niederländischen Dichtung, deren metrische Prinzipien er übernahm (regelmäßiger Wechsel von Hebung und Senkung, Beachtung des ›natürlichen‹ Wortakzents). 1621 kehrte er nach Schlesien zurück, doch konnte er keine befriedigende Anstellung auf der in Bedrängnis geratenen protestantischen Seite erhalten. 1626 trat er als Sekretär in den Dienst Karl Hannibal von Dohnas, der im Auftrag Wiens die Rekatholisierung Schlesiens betrieb: eine überraschende, nicht befriedigend erklärbare Wendung in O.' Leben.

Neben seinen beruflichen verfolgte er zielstrebig seine literarischen Pläne. Schon 1617 hatte er – in lateinischer Sprache – sein Programm der Nationalisierung der humanistischen Kunstdichtung vorgetragen (*Aristarchus sive de contemptu linguae Teutonicae*), doch erst mit den Publikationen der Jahre 1624 und 1625 tritt die Konsequenz dieses Unternehmens deutlich hervor. Im *Buch von der Deutschen Poeterey* (1624), der ersten Poetik in deutscher Sprache, formuliert er die Regeln der neuen Kunstdichtung; in den *Acht Büchern Deutscher Poematum* (1625; erweitert dann in den drei Bänden der *Weltlichen* und *Geistlichen Poemata*, 1638 – 44) stellt er die Muster zunächst für die lyrische Dichtung bereit. In der Folgezeit wird das Programm auf die anderen Gattungen ausgedehnt: So übersetzt O. Senecas *Trojanerinnen* (1625), Sophokles' *Antigone* (1636) und John Barclays *Argenis* (1626), eine Apotheose des Absolutismus in Romanform. Mit *Dafne* (1627), einer Übertragung aus dem Italienischen, legt er den ersten deutschen Operntext vor (die Musik von Heinrich Schütz ist verloren), mit der *Schäfferey Von der Nimfen Hercinie* (1630) »erfindet« er eine neue Gattung der Schäferdichtung. Daneben entstehen große Lehr- und Lobgedichte, Bibeldichtung (*Die Klage-Lieder Jeremia*, 1626; *Salomons ... Hohes Liedt*, 1627; das biblische Drama *Judith*, 1635; *Die Psalmen Davids*, 1637) und das epische *TrostGedichte In Widerwertigkeit Deß Krieges* (entstanden 1620–21, gedr. 1633). Mit der Edition des frühmittelhochdeutschen *Annoliedes* (1639) schließlich bekräftigte er die kulturpatriotischen Hinweise auf das ehrwürdige Alter der deutschen Poesie in seiner *Poeterey*.

Mit O., dem »Vater der deutschen Dichtung«, hatte die deutsche Literatur mit großer Verspätung Anschluss an die europäische Entwicklung gefunden. Die Anerkennung für seine literarische und organisatorische Leistung blieb nicht aus: Poeta laureatus (1625), Adelserhebung (1627), Aufnahme in die »Fruchtbringende Gesellschaft« (1629). Doch bei aller literarischen Geschäftigkeit verlor er seine diplomatische Karriere nicht aus den Augen. 1633 wechselte er in den Dienst der protestantischen Piastenherzöge von Liegnitz und Brieg – Dohna hatte vor den schwedischen Truppen fliehen müssen –, 1636 knüpfte er Beziehungen zum polnischen Hof und wurde ein Jahr später zum Hofhistoriographen des polnischen Königs ernannt; er nahm aber auch diplomatische Aufgaben wahr und versorgte den König mit politischen Analysen und Nachrichten. Und gleichzeitig zahlten ihm die Schweden ein Gehalt für Berichte über Polen. O. starb in Danzig an der Pest, nachdem er noch veranlasst hatte, dass seine politische Korrespondenz vernichtet würde.

Werkausgaben: Geistliche Poemata. 1638. Hg. von Erich Trunz. Tübingen ²1975; Weltliche Poemata. 1644. Teil 1–2. Hg. von Erich Trunz u. a. Tübingen 1967–75; Gesammelte Werke. Kritische Ausgabe. Hg. von Georg Schulz-Behrend. Stuttgart 1968 ff.

Volker Meid

Ortega y Gasset, José
Geb. 9. 5. 1883 in Madrid;
gest. 18. 10. 1955 in Madrid

Der Essayist, Journalist, Politiker und wohl bedeutendste spanische Philosoph des 20. Jahrhunderts José Ortega y Gasset beginnt seine intellektuelle Laufbahn zunächst am Jesuitenkolleg in Málaga, dann als Philosophiestudent an den Universitäten von Deusto und Madrid. Nach der Promotion 1904 hält er sich zwei Jahre lang in Deutschland auf, wo er in Leipzig, Berlin und vor allem Marburg bei den Neo-Kantianern Hermann Cohen und Paul Natorp Philosophie studiert. 1907 nimmt er einen Ruf auf den Lehrstuhl für Metaphysik an der Universität Madrid an, wo er bis kurz vor dem Ausbruch des Bürgerkriegs im Juli 1936 lehrt. 1914 erscheint sein erstes Buch, die Essaysammlung *Meditaciones del Quijote* (*Meditationen über »Don Quijote«*, 1959). Neben etlichen Zeitschriften, darunter die bedeutende *Revista de occidente*, die zwischen 1923 und 1936 das geistige Leben Spaniens auf die außerspanische Philosophie, Ästhetik und Historiographie hin öffnet, gründet O. zwei kurzlebige liberale Parteien, wird als Abgeordneter in das Parlament gewählt und protestiert 1929 öffentlich gegen die Politik des Diktators Primo de Rivera, bevor er sich 1933 aus der Politik zurückzieht. Das selbstgewählte Exil während des Bürgerkriegs führt ihn nach Frankreich, in die Niederlande, nach Argentinien und Portugal.

Auch nach seiner Rückkehr 1945 bleibt er auf Distanz zum Franco-Regime, gründet 1948 das unabhängige Instituto de Humanidades und nutzt jede Gelegenheit für Gastprofessuren, die ihn in die USA, die Schweiz und nach Deutschland führen.

O.s Werk ist ebenso umfangreich – die Gesamtausgabe der *Revista de occidente* umfasst zwölf Bände mit je über 500 Seiten – wie thematisch vielfältig und bildet kein geschlossenes System. Ein wiederkehrendes Element ist sein jeweils von Cohen, Husserl und Dilthey inspirierter methodischer Dreischritt aus Problemstellung, phänomenologischer Reduktion, d. h. einer von jeglichen Vorannahmen absehenden, allein auf der ›Anschauung‹ basierenden Analyse eines Problems oder Objekts mit dem Ziel einer aus sich selbst heraus evidenten Bestimmung seiner Essenz, und historischer Verortung. In Bezug auf das von ihm immer wieder aufgegriffene Problem persönlicher Identität führt diese Methodik zum Konzept der »razón vital« (Vitalvernunft), zusammengefasst in der berühmten Formel »Yo soy yo y mi circunstancia« (»Ich bin ich selbst und meine Umstände«), die das individuelle Selbst als Produkt einer bewussten Auseinandersetzung mit der umgebenden Realität definiert. Aus der phänomenologischen Reduktion folgt hier die Ablehnung sowohl einer rein materialistisch-naturwissenschaftlichen (Mensch als Körper) als auch einer dualistischen Konzeption (Körper vs. Psyche), stattdessen zeige sich das Leben als ›radikale Realität‹, die den Bezugsrahmen aller anderen Wirklichkeiten bilde, als Aufgabe authentischer Selbstverwirklichung, für die dem Individuum eine Vielzahl möglicher Entwürfe offenstehe, wobei deren Bandbreite die Freiheit des Individuums, ihre Endlichkeit dagegen das Maß an Unfreiheit bestimme. Diese Definition verweist ebenso auf existentialistische wie spätere konstruktivistische Positionen. Mit Dilthey schließlich verortet O. den Lebensentwurf des Einzelnen historisch als Produkt einer ›Weltanschauung‹, eines unbewussten Rasters von Überzeugungen. Er demonstriert dies in einer Reihe biographischer Essays, unter anderem in dem provokanten Goethe-Porträt *Pidiendo un Goethe desde dentro* (1932; *Um einen Goethe von innen bittend*), das im deutschsprachigen Raum auf anhaltende Resonanz gestoßen ist.

Die Methode phänomenologischer Reduktion fand Anwendung auch auf zeitgeschichtliche Problemfelder wie Gesellschafts- und Kunsttheorie, denen sich O. in seinen bekanntesten Schriften zuwendet. *La deshumanización del arte* (1925; *Die Vertreibung des Menschen aus der Kunst*, 1964) geht von der Feststellung aus, die künstlerische Avantgarde – er nennt u. a. Igor Stravinsky und Luigi Pirandello – habe sich auf der Suche nach reinem ästhetischen Genuss mehr als alle bisherige Kunst vom Verstehenshorizont der breiten Masse entfernt. Phänomenologisch auf seine Essenz reduziert, erweist sich ihm ästhetischer Genuss in einer an Kant erinnernden Bestimmung als interesselose Betrachtung des Werks als Fiktion, als autonomes Objekt, und damit losgelöst von einem möglichen gegenständlichen ›Inhalt‹, der nach O. seinerseits gerade das menschliche Element bilde. Die Entrealisierung im Rahmen einer Kunst für Wenige, die sich auf die Darstellung von Ideen und nicht auf eine Einfühlung in die konkrete Welt konzentriert, erscheint hier der Krise des Subjekts und des Individualismus zu Beginn des 20. Jahrhunderts angemessen und wird von ihm ausdrücklich begrüßt. Ähnlich in Methodik und elitärem Gestus ist *La rebelión de las masas* (1930; *Der Aufstand der Massen*,

1931), wo O. die menschliche Gesellschaft zunächst phänomenologisch auf das sie konstituierende Zusammenspiel von geistig-moralischer Elite und der Masse reduziert. Dieser Unterschied sei jedoch in der Moderne in historisch einzigartiger Weise eingeebnet, indem die Masse nunmehr über jegliche einst der Elite vorbehaltenen Möglichkeiten in allen öffentlichen Bereichen verfüge. Die Herrschaft der Masse stelle insofern das entscheidende politische Problem des 20. Jahrhunderts dar, als sie aggressiv ihre eigenen Bedürfnisse verabsolutiere und sich gegen jegliche höherrangige Instanz auflehne. Der von wenigen Einschränkungen abgesehen düsteren Vision stellt O. den Entwurf einer neuen umfassenden Orientierungsinstanz entgegen, die er in einem zukünftigen vereinten Europa erkennt. Die Ausrichtung auf Europa spielte bereits 1921 in *España invertebrada* (*Aufbau und Zerfall Spaniens*, 1931) eine Schlüsselrolle als Strategie gegen Dekadenz und nationale wie soziale Zersetzung im Kontext des sog. Spanienproblems, dem spätestens seit 1898 das Hauptinteresse vieler spanischer Intellektueller galt und dem auch O. schon seine *Meditaciones del Quijote* gewidmet hatte.

Die außerordentliche Breitenwirkung, die O.s Schriften in Spanien entfalteten, ist nicht zuletzt seinem Stil geschuldet. Zentral ist hier der Gebrauch von Metaphern wie der des Lebens als radikale Realität, als Sport usw., die O. z. T. von ausländischen Vorbildern übernahm und ins Spanische übertrug und denen die Funktion zukommen sollte, Problemlagen in stets neuer Weise dynamisch und intuitiv erfassbar zu machen. Die vor allem in den 1940er Jahren inkriminierte terminologische Unschärfe und Unsystematik – ein Vorwurf, gegen den sich O. in seinem großen postum erschienenen Werk *La idea de principio en Leibniz* (1958; *Die Idee des Prinzips bei Leibniz*) heftig zur Wehr setzt – findet ihr Gegenstück in einer suggestiven Ausdrucksweise, die in Spanien modellbildend für die Gattung Essay wie für philosophische Texte überhaupt wurde, zugleich aber vielfach in die Allgemeinsprache Eingang gefunden hat. Konnte O. zu Lebzeiten durch die – insbesondere infolge des Nationalsozialismus – schwache Rezeption in Deutschland als Vordenker vor allem für sein eigenes Land gelten, so setzt sich seit den 1960er Jahren auch im deutschen Sprachraum die Einsicht durch, dass sein Werk einige der philosophischen und gesellschaftlichen Grundfragen des 20. Jahrhunderts ihrer prägnantesten Formulierung zugeführt und Lösungen entwickelt hat, die bis in die politische Agenda der Gegenwart reichen.

Werkausgabe: Gesammelte Werke. 6 Bde. Stuttgart 1978.

Frank Reiser

Ortese, Anna Maria
Geb. 13. 6. 1914 in Rom;
gest. 9. 3. 1998 in Rapallo

Anna Maria Ortese wächst zusammen mit fünf Geschwistern in einer, wie sie selbst sagt, finanziell schwach gestellten Familie in Rom, Tripolis (Libyen) und Neapel auf. Die Schule besucht sie bereits in jungen Jahren aus gesundheitlichen Gründen sehr unregelmäßig und bricht sie Ende der 1920er Jahre völlig ab. Bereits in ihrer ersten, 1933 in *La Fiera Letteraria* publizierten Erzählung »Pellerossa« (Rothaut), wird ihr thematischer Schwerpunkt sichtbar: die durch übermäßige Zivilisierung und den Fortschritt zunehmende Entfernung des Menschen von der Natur. 1937 erscheint O.s erste Erzählsammlung *Angelici dolori* (Engelhaftes Leid). Seit Ende der 30er Jahre unternimmt O. viele Reisen innerhalb Italiens, insbesondere auf der Suche nach Arbeit, und ins Ausland. In den Jahren zwischen 1928 und 1953 lebt sie hauptsächlich in Neapel, bis sie die Stadt nach dem Tod ihres Vaters und den heftigen Polemiken gegen ihr 1953 erschienenes Buch *Il mare non bagna Napoli* (*Neapel, Stadt ohne Gnade*, 1955) für immer verlässt und sich in Mailand niederlässt. 1954 unternimmt O. eine für ihr Leben wichtige Reise nach Russland, die in engem Zusammenhang mit ihrer Sympathie für die politische Linke, insbesondere für die PCI (Italienische Kommunistische Partei) steht. Ihre dort gewonnenen Erfahrungen verarbeitet sie in Artikeln, für die sie 1955 einen Journalistenpreis erhält. Die folgenden Jahre bedeuten für O. eine kreative Schaffensphase. Für ihren 1967 veröffentlichten Roman *Poveri e semplici* (Arme und Einfache) bekommt sie den begehrten Premio Strega und gewinnt Anerkennung bei Publikum und Kritik. Trotz der zahlreichen Preise verbessern sich O.s prekäre finanzielle Lebensumstände jedoch nicht. 1975 zieht sie mit ihrer Schwester Maria nach Rapallo (Ligurien), wo Jahre der Isolation beginnen. Erst Mitte der 1980er Jahre gelingt O. mit ihrer Reiseerzählung »Il treno russo« (1983; Der russische Zug), unter Rückgriff auf Artikel ihrer Russlandreise, der eigentliche Durchbruch bei Publikum und Kritik. Sämtliche Werke werden daraufhin wieder aufgelegt und O.s literarische Aktivität erlebt einen erneuten Aufschwung. 1988 erhält sie den Premio Elsa Morante für ihr Gesamtwerk.

O. verbindet in ihren Werken ein Plädoyer für mehr Humanität mit einer Kritik an der Sozial- und Wirtschaftsordnung der Industriegesellschaften und an dem unermüdlichen Fortschrittsglauben der Menschen. Ihre Besorgnis gilt dabei dem Menschen, der sich zunehmend von sich selbst, von der Gesellschaft und vor allem von der Natur entfernt. Ihr literarisches Anliegen kleidet sie dabei entweder in ein realistisches oder phantastisches Gewand. Unverschlüsselt übermittelt O. ihre Reflexionen z. B. in der auf dem Höhepunkt der literarischen Bewegung des Neorealismus entstandenen Erzählsammlung *Il mare non bagna Napoli*, über die harten Lebensbedingungen in Neapel, und in *Silenzio a Milano* (1958; *Stazione Centrale und andere Mailänder Geschichten*, 1993). Das stilistische und expressive Konzept des Realismus hält O. aber unterdessen für unzulänglich, um die ganze Komplexität des Lebens einzufangen. Ihr Protest gegen den Realismus wird sogar zu einem eigenen Thema in ihren Werken, z. B. in ihrem bekanntesten Roman *L'Iguana* (1965; *Iguana*, 1988). Bereits ihre beiden ersten Erzählsammlungen, *Angelici dolori* und *L'infanta sepolta* (1950; Die begrabene Infantin), spielen in phantastischen Welten, insbesondere aber die Romane *L'Iguana* und *Il cardillo addolorato* (1993; *Die Klage des Distelfinken*, 1995). Häufig kommen nicht-menschliche Wesen in O.s Werken vor, z. B. in *L'Iguana* ein Leguanweibchen, das zwar dem Tierreich angehört, aber dennoch menschliche Eigenschaften besitzt. Sie sollen nach O. »daran erinnern, dass die Menschen das Leid verursachen, nicht die Tiere.« – Wenn sich O.s literarische Tätigkeit auch über einen Zeitraum von sieben Jahrzehnten erstreckt, so ist sie ihrem großen Thema, der Beziehung zwischen Mensch und Natur, und ihrer Forderung nach einer humanitären Haltung doch stets treu geblieben.

Annette Riedel

Ortheil, Hanns-Josef
Geb. 5. 11. 1951 in Köln

»Vor der Schrift ist die Sprache, vor der Sprache das Sprechen, vor dem Sprechen aber die Musik.« O. ist ausgebildeter Pianist, Verfasser von Opernlibretti, zudem Autor musikwissenschaftlicher Bücher wie *Mozart. Im Innern seiner Sprachen* (1982), aus dem die zitierte Genealogie stammt. Musikalität prägt seine Prosa, Formstrenge und Komposition: O.s Poetik ist klassischen Harmonievorstellungen verpflichtet. Schreiben sei »eine Übertragung des Sprechens in eine abstrahierte Musik«, heißt es in dem Essay »Das Element des Elephanten« (1994). In diesem autobiographischen Schlüsseltext analysiert O. seine Ambitionen, deckt die Wurzeln seines Autoren-Daseins auf und träumt sich in eine andere Existenz: »Das Schriftsteller-Sein ist eine Projektion, die mit der Anstrengung verbunden ist, sich in der Zukunft als ein anderer zu erleben.«

Sein erster Auftritt auf der literarischen Bühne erregte sogleich Aufsehen. *Fermer* (1979) ist ein ebenso typischer wie eigenwilliger Debütroman. Der Titelheld ist ein Bundeswehr-Deserteur, der sich jedoch nicht aus politischen Motiven dem Militärdienst entzogen hat: Er ist ein zartbesaiteter Romantiker und sensibler Individualist. O. wählte für seinen Roman eines modernen Taugenichts – das Motto lieferte Eichendorff – eine historisierende Ausdrucksweise. Diese sprachliche Mimikry lässt das Buch seltsam verschmockt erscheinen, obwohl der Autor in einem Aufsatz kurz vor der Roman-Veröffentlichung postuliert hatte:»Wir müssen weiter, weit, ja weit über das Gestrige hinaus.« O., promovierter Germanist und ein Stratege im Literaturbetrieb, hat zu jedem seiner Werke Selbstkommentare geliefert: Er weiß sein Schreiben eloquent zu reflektieren und mit aktuellen ästhetischen Paradigmen zu verbinden. *Fermer*, mit dem ersten Aspekte-Literaturpreis ausgezeichnet, galt bei seinem Erscheinen als ein signifikantes Werk der ›Neuen Subjektivität‹, die zehn Jahre nach der Politisierung die gesellschaftskritische Literatur ablöste.

Die Virtuosität, mit der O. in verschiedene Sprachen schlüpft, ist ein später Triumph, die Überwindung eines Mankos, begründet in einem frühkindlichen Drama. Die Mutter litt unter Aphasie, nachdem O.s Bruder an einem Granatsplitter in ihren Armen starb. Die verwirrte, sprachgestörte Mutter und der schweigsame Vater, keiner hätte ihm, so O. in»Das Element des Elephanten«, das Sprechen beibringen können. Diese lebensgeschichtliche Prägung bildet den Subtext seines literarischen Werks. In dem Essay»Weiterschreiben« hat O., seine eigene Situation verallgemeinernd, die Traumata der Nachgeborenen und ihre Versuche, das Schweigen zu überwinden, benannt.»Ohne Bezug auf die sprachliche Reinkarnation der Eltern war nun freilich die der Kinder nicht zu denken.« Drei Romane verfolgen das Programm der Reinkarnation: der Mutter (*Hecke*), des Vaters (*Abschied von den Kriegsteilnehmern*), des Bruders (*Schwerenöter*). Die Aufarbeitung autobiographischer Szenarien ging einher mit aktuellen Tendenzen der Gegenwartsliteratur. *Hecke* (1983) reihte sich ein in die in jenen Jahren zahlreichen Neuerscheinungen, in denen Autoren den mit der Nazi-Zeit verstrickten Biographien ihrer Eltern nachspürten. *Schwerenöter* (1987) ist der Versuch, einen Zeitroman vorzulegen: O. lässt 35 Jahre Bundesrepublik, von der Währungsreform 1948 bis zum Einzug der Grünen in den Bundestag 1983, Revue passieren in der Geschichte eines Zwillingspaares: Johannes ist ein umtriebiger Pragmatiker, Josef dagegen ein introvertierter Intellektueller, Musiker, eine»Kopfgeburt, die sich versäumt hatte«; am Ende steht seine»Wiedergeburt« als Schriftsteller. *Abschied von den Kriegsteilnehmern* (1992) schildert die Ablösung vom Vater. Die Trauerarbeit des Sohnes wird verwoben mit dem politischen Umbruch und dem Ende der alten Bundesrepublik; der Romanschluss ist eine apokalyptische Vision: Gegen seinen Widerspruch trägt der Sohn den Vater und die Brüder auf dem Buckel nach Osten, um sie dort»zu begraben für immer«.

War das Ziel der autobiographisch grundierten Romane, jenen Stimmen einen Raum zu geben, denen der Krieg die Sprache genommen hat, so erklärte O. diese Arbeit nun für beendet. Zugleich war dieser Schlussstrich ein Akt der Befreiung von den eigenen Ansprüchen, die O. sich nicht zuletzt durch seine Essays – gesammelt in zwei Bänden: *Köder, Beute und Schatten* (1985) und *Schauprozesse* (1990) – gesetzt hatte. Das offenkundige Bemühen um Anerkennung im literarischen Diskurs verlieh seinen Romanen stets etwas Prätentiöses. In einem Gespräch distanzierte sich O. 1995 von seinen früheren theoretischen Aufsätzen als»überlaute, abstrakte Verlautbarungen«: Er habe zwar»solche Luftballons« steigen lassen, sich selbst aber nicht daran gehalten.»Ich habe nie einen postmodernen Roman geschrieben.«

Das literarische Tagebuch *Blauer Weg* (1996), Reiseminiaturen und Notate aus den Jahren 1989 bis 1995, bietet ein Stück Mentalitätsgeschichte, wobei sich der Ausschnitt beschränkt auf den westdeutschen Intellektuellen, dem Rom näher ist als die neuen Bundesländer. O.s Interesse gilt, auch in dieser Zeit der politischen Umwälzung, der poetischen Existenz, die jedes zeitgeschichtliche Faktum verwandelt. Unbeschwert dagegen die»Kinderszenen« in *Lo und Lu* (2001), Episoden aus dem Alltag eines Schriftstellers, der sich um seine beiden Kleinen Lotta und Lukas kümmert. Die väterlichen Wonnegefühle katapultieren den Schriftsteller aus dem»literarischen

Sektor«, ist ihm doch bewusst, dass »die beste Literatur vor allem aus Unglück gemacht ist«. Die spielerisch-scherzhaften Überlegungen münden in den Vorsatz, sich nach der Pause, dem Erziehungsurlaub, großen Erzählstoffen zuzuwenden, einen »einfachen, geschmeidigen Erzählton« zu wählen und sich einzunisten »im Meer der Geschichte«.

Die hier skizzierte »Literatur nach dem Ende der Literatur« setzte O. ins Werk mit einer Trilogie von Künstlerromanen vor historischer Kulisse. Angesiedelt sind sie im 18. Jahrhundert, einer Zeit, an der O. »die optimistische, ja enthusiastische Art der Welterfassung« gefällt. Dichtung, Malerei, Musik: *Faustinas Küsse* (1998) handelt von Goethes Aufenthalt in Rom. Der (fiktive) Maler Andrea, ein genialer Autodidakt, ist der Protagonist in *Im Licht der Lagune* (1999); Schauplatz ist diesmal Venedig, zur Zeit des letzten Dogen. Die Uraufführung der Oper »Don Giovanni« und die Begegnung Mozarts mit Casanova in Prag sind Thema des Romans *Die Nacht des Don Juan* (2000). Die Romane sind konventionell erzählt, gepflegte Unterhaltungsliteratur, deren Ingredienzien – Intrigen und Erotik, verknüpft mit bildungsbürgerlichem Kulturgut und farbenprächtigen Schauplätzen und Dekor – O. erstmals breite Leserschichten erschlossen. Das Genre gilt nicht viel in der Literaturkritik: solides Kunsthandwerk, »risikolose Kostümschinken«, bemerkte ein Kritiker, »Prosecco-Prosa für die gebildeten Stände«, sekundierte ein anderer Rezensent. Die Künstler-Trilogie brachte dem Autor jedoch auch Feuilleton-Lob ein. »Entschlossen unzeitgemäß, mit nahezu altmeisterlicher Routine und Gelassenheit geschrieben«, urteilte der Schriftsteller-Kollege Klaus Modick.

Der Roman *Die große Liebe* (2003) wirkte wie eine Provokation. Gegen die Negativität der Moderne, die sexuelle Obsessionen und zerstörerische Leidenschaften mit Liebe gleichsetzt, stellt O. das ungetrübte Glück einer romantischen Liebe und versagt den Lesern nicht einmal das Happy-End. Die große Liebe, sinniert der Protagonist, sei eine Art von Verzückung, etwas Mystisches, Schwärmerei, Welt-Verwandlung. »Sie werden es pathetisch finden«, erklärt der Protagonist einem Rivalen. »Wir befinden uns aber in einem Roman, Franca und ich – wir schreiben gleichsam an einem Roman, es ist ein beinahe klassischer Liebesroman.« Die Kulisse für dieses Idyll ist wieder Italien, das Sehnsuchtsland der Deutschen. Am Ende des Romans ordnet der Protagonist seine Notizen und beginnt mit der Niederschrift eines Romans. »Ich möchte, daß mein Schreiben einen hellen, ›begeisterten‹ Grundton erhält«, wünscht er sich.

Michael Töteberg

Orwell, George [Eric Arthur Blair]
Geb. 25. 6. 1903 in Motihari/Indien; gest. 21. 1. 1950 in London

Wie kaum ein anderer unter den britischen Autoren des 20. Jahrhunderts verdankt George Orwell seine weltweite, weitgehend postume Rezeption nicht primär ästhetischen Qualitäten. Sie war vielmehr stets von zeitgeschichtlichen und politischen Interessen geleitet. Solch starke Kontextbezogenheit begründet die langanhaltende Zitierbarkeit des Werks von O. wie auch die bald nach O.s Tod einsetzende Kanonisierung zweier seiner Bücher. Wenige Autoren können so festgefügte Assoziationen aufrufen wie das Adjektiv »Orwellian«; wenige Zitate der modernen Literatur sind in die Umgangssprache eingegangen wie »Some animals are more equal than others« und andere aus *Animal Farm* (1945; *Farm der Tiere*, 1946). Motive aus O.s letztem Roman, *Nineteen Eighty-Four* (1949; *Neunzehnhundertvierundachtzig*, 1950) flottieren, allmählich abgelöst von Autor und Werk, frei in globalen Medien der Massenkommunikation wie etwa »Big Brother«.

Um die Schnittpunkte von O.s Biographie mit den epochalen Krisen der ersten Hälfte des 20. Jahrhunderts kristallisierte sich sein schriftstellerisches Engagement. Einer von ihnen lag schon in O.s erster beruflicher Tätigkeit (nach dem Besuch einer Privatschule und Etons) als Angehöriger des indischen Polizeidienstes im britischen Empire. Einige Essays und ein späterer Roman über die moralischen Sackgassen der britischen Kolonialherrschaft, *Burmese Days* (1934; *Tage in Burma*, 1982), gestalten die Perspektive eines von ihr zunehmend Desillusionierten. Dieser Phase folgte die Distanzierung O.s vom sozialen Milieu seiner Herkunft im prekär sozial verankerten anglo-indischen Bürgertum durch seine teilnehmende Beobachtung am Leben der durch die Weltwirtschaftskrise Entwurzelten. Das Buch *Down and Out in Paris and London* (1933; *Erledigt in Paris und London*, 1978) schildert des Autors Erfahrungen als Tellerwäscher in einem Pariser Hotel und als Obdachloser in englischen Nachtasylen. Ein weiterer Erkundungsversuch, dessen literarischer Ertrag als *The Road to Wigan Pier* (1937; *Der Weg nach Wigan Pier*, 1982) vom Left Book Club veröffentlicht wurde, führte O. in die krisengeschüttelten alten Industriegebiete des englischen Nordwestens. Die zwiespältige soziale und politische Position des Autors zwischen Identifikation mit den Opfern der Klassengesellschaft und bürgerlicher Deklassierungsangst fand während des spanischen Bürgerkriegs im Kampf gegen den europäischen Faschismus einen vorübergehenden utopischen Horizont. *Homage to Catalonia* (1938; *Mein Katalonien*, 1964), das Buch über O.s spontane Mitwirkung in den linken, nicht an die kommunistische Partei gebundenen Milizen der Spanischen Republik, hebt im Scheitern des Widerstands v.a. die Konflikte auf der republikanischen Seite hervor. Der Gegensatz zu den autoritären Systemen des Stalinismus und Faschismus kennzeichnete auch die publizistischen Arbeiten O.s während des Zweiten Weltkrieges sowie die späten Antiutopien *Animal Farm* und *Nineteen Eighty-Four*. Wurde das frühere Werk erst mit Verzögerung publiziert, so traf der letzte Roman O.s sofort den Nerv des Kalten Krieges und wurde oft vereinfachend für den westlichen Status quo beansprucht. Dem kam entgegen, dass die zeitgeschichtlichen Kontexte, von denen sich O. als bewusst politischer, dem Sozialismus zwiespältig verpflichteter Schriftsteller durchaus nicht lösen wollte, in seinem Werk einen Prozess immer stärkerer Abstraktion durchliefen. So reflektierten die späten Antiutopien etwa bedrohliche Tendenzen in durchaus unterschiedlichen gesellschaftlichen Systemen.

Die Wirklichkeit, in die sich O. unter Einsatz von Gesundheit und Leben einmischte, war in ihrer literarischen Repräsentation von den in seinem Werk verwendeten Genres geprägt. Nach juvenilen Versuchen in patriotisch getönter Lyrik legte sich O. bald auf eine Prosa fest, welche die zeitgenössische Realität in den tradierten Bahnen der naturalistischen Tradition einfangen wollte oder in einer neuen Form des dokumentarischen Schreibstils, in dem sich teilnehmende auktoriale Beobachtung und essayistische Reflexion verbanden.

Dies gilt schon für die frühen Essays über das subjektive Erlebnis britischer Kolonialherrschaft in Indien (»A Hanging«, »Shooting an Elephant«) sowie für die Romane der 1930er Jahre wie *A Clergyman's Daughter* (1934; *Eine Pfarrerstochter*, 1983), *Keep the Aspidistra Flying* (1936; *Die Wonnen der Aspidistra*, 1983) und *Coming Up for Air* (1939; *Das verschüttete Leben*, 1953), aber auch für die ungleich wirkungsvolleren dokumentarischen Bücher. Der Übergang von deren persuasiven Strategien zu O.s politischer Publizistik während des Zweiten Weltkriegs war fließend. In diesen kleineren Schriften stand oftmals die hellsichtige, zuweilen überscharfe Analyse der eigenen sozialen Position im Zentrum, so in den Beiträgen für die Zeitschriften *Tribune* und *Partisan Review*, aber auch in dem Rückblick O.s auf seine privilegierte, dennoch von Minderwertigkeitsgefühlen begleitete Schullaufbahn auf einer kleinen Privatschule. Thematisch eröffnete O. Felder der britischen Populärkultur von der trivialen Massenliteratur bis zu Postkarten für eine nuancierte kulturkritische Reflexion.

Unter den von O. weiterentwickelten literarischen Genres wurde schließlich die antiutopische Phantastik für seine Wirkung bestimmend. *Animal Farm* lebte anfangs in der Lagermentalität des Kalten Krieges zwischen den großen Lagern einseitig von seiner satirischen Ausrichtung gegen die Sowjetunion unter Stalin. Dagegen ließ *Nineteen Eighty-Four* ein breiteres Spektrum der Rückübersetzung in Staatswesen zu, in denen eine systematisierte Überwachung des Individuums drohte. Andere Züge der Zukunftsvision dieses Buches, so v.a. das Motiv von materieller Knappheit, erschienen bald altmodisch gegenüber Aldous Huxleys hedonistischem Muster der Antiutopie. Mag die thematische Tragfähigkeit von O.s Werk gerade aufgrund seiner starken Gebundenheit an die politischen und sozialen Kontexte seiner Entstehungszeit begrenzt sein, so steht es doch aus dem gleichen Grund modellhaft für die Ausweitung des literarischen Kanons auf adressaten- und zweckbezogene literarische Formen. Ein Teil der neueren Orwellkritik formuliert diese Umakzentuierung.

Werkausgabe: The Complete Works. Hg. P. Davison. 20 Bde. London 1998.

Bernd-Peter Lange

Osborne, John

Geb. 12. 12. 1929 in London;
gest. 24. 12. 1994 in Clunton, Shropshire

Als sich am 8. Mai 1956 im Royal Court Theatre in London der Vorhang für John Osbornes *Look Back in Anger* (*Blick zurück im Zorn*, 1958) öffnete, sollte für die englische Theatergeschichte eine neue Phase anbrechen. Das *new wave theatre* wirkte durch seine radikale Abwehr von traditionellen Wertwelten und seine Enttabuisierung sozialer Vorurteile als Ventil einer neuen Generation. Den Erfolg verdankte O. allerdings wesentlich seinem Gönner Kenneth Tynan, der in seiner *Observer*-Besprechung das Stück als bestes »young play« des Jahrzehnts bejubelte. Für den Erfolg waren aber auch andere Einflüsse ausschlaggebend: Nach dem Zweiten Weltkrieg stagnierte die soziale Entwicklung nicht zuletzt wegen der neu einsetzenden Entkolonisierung. Der *Education Act* (Erziehungsgesetz, 1944) brachte durch Zugangserleichterungen zahlreiche junge Menschen an die Universitäten. Im Theater wurde das überlieferte *drawing-room play* durch das *kitchen-sink play* abgelöst. Durch die breite Brecht-Rezeption (Werkausgaben und Aufführungen des Berliner Ensembles) wurde das Londoner Publikum mit Theaterneuerungen vertraut gemacht. Aufgrund dieser Faktoren wurde O. von einem Tag auf den anderen bekannt. Die nachfolgenden Jahrzehnte sind durch seinen sinkenden Bedeutungsgrad gekennzeichnet. In seiner Autobiographie *A Better Class of Person: An Autobiography 1929–1956* (1981) bezeichnete er diesen 8. Mai als »the one unforgettable feast in my calendar«. Das personenarme Stück, in dessen Zentrum der Prototyp des zornigen jungen Mannes, Jimmy Porter, steht, zeichnet sich durch eine beeindruckende Sprachgewalt aus, mit der der Protagonist seine Ehefrau Alison und deren Freundin Helena sowie seinen eigenen Freund Cliff zermürbt. Die sozialen und politischen Wortattacken begründeten ein fast grenzenloses Selbstbewusstsein der Jungen gegenüber dem Establishment, das schließlich in die Protesthaltung der 1968er Generation einmündete und die *Second Wave* im Theaterschaffen einleitete.

Mit der stereotypen Protesthaltung, mit der sich auch andere zeitgenössische Dramatiker wie John Arden, Arnold Wesker, Ann Jellicoe, Edward Bond, Joe Orton usw. solidarisierten, hatte O. seine literarische Identität gefunden. Wie sehr er sich allerdings von diesem Klischee, das er selber nie umzusetzen imstande war, zu befreien suchte, zeigt sein letztes nennenswertes Drama *Déjàvu* (1992; *Déjàvu*, 1995), in dem er die Resignation des saturierten Jimmy Porter in seiner kleinbürgerlichen Welt und mit erlahmter Rhetorik vorführt. In seinen frühen Stücken greift er verschiedene soziale Missstände an. Mit *The Entertainer* (1957; *Der Entertainer*, 1958), in dem er an die fadenscheinige Welt der *Music Hall* anknüpft, beschreibt er den Untergang des alternden Schaustellers Billy Rice, der an der Sein-Schein-Problematik der Gesellschaft scheitert. In die Zeit vor dem Weltkrieg führt *The World of Paul Slickey* (1959). Ohne großen Erfolg blieben die *Plays for England* (1962) mit den zwei Stücken *The Blood of the Bambergs* und *Under Plain Cover*. Mit seinem Protagonisten Bill Maitland in *Inadmissible Evidence* (1964; *Richter in eigener Sache*, 1968) verurteilt er die Wirtschaftswelt wegen ihrer Verlogenheit und ihrer doppelten Moral. Ohne nennenswerten Nachhall blieben *Time Present* (1968; *Zeit in der Gegenwart*, 1970) und *The Hotel in Amsterdam* (1968; *Das Hotel in Amsterdam*, 1970), in denen nun auch die Arbeiterklasse von Schwächeanfällen und psychosomatischen Krämpfen heimgesucht wird. Die Stimmung der Tatenlosigkeit und Melancholie überwiegt in seinen letzten sozialkritischen Stücken *A Sense of Detachment* (1972), *The End of Me Old Cigar* (1975; *Mein alter Zigarrenstummel*, 1977), *Watch It Come Down* (1975) und *Try a Little Tenderness* (1978).

In diesen gesellschaftskritischen Rahmen werden auch seine historischen Dramen eingepasst, in denen er auf Themen und Gestalten der englischen und kontinentaleuropäischen Geschichte zurückgreift. Mit widerhallender Durchschlagskraft stellt er in *Luther* (1961; *Luther*, 1963) den deutschen Reformator in das Geflecht persönlicher und politischer Entscheidungszwänge, aus denen er sich nur durch sein entschlossenes Glaubensbekenntnis zu befreien vermag. Indem er auf die Biographie von Erik H. Erikson, *Young Man Luther: A Study in Psychoanalysis and History* (1958) zurückgreift, kann er dem Konflikt von kirchlicher Macht und persönlicher Glaubensfreiheit neue Perspektiven hinzufügen. In demselben Jahr vergegenwärtigt er in *A Subject of Scandal and Concern* (1961) die Gewissensqualen des jungen Lehrers George Jacob Holyoake, der sich in der ersten Hälfte des 19. Jahrhunderts an die Spitze der Arbeiterbewegung in Cheltenham setzte. Der Verfall des österreichisch-ungarischen Reiches vor dem Ersten Weltkrieg spiegelt sich in *A Patriot for Me* (1965; *Ein Patriot für mich*, 1968) v.a. in der Hauptgestalt des der Spionage verdächtigten Leutnants Alfred Redl. Dasselbe Thema, nun angewandt auf den Untergang des British Empire, steht im Mittelpunkt des dramatisch überzeugenden Stücks *West of Suez* (1971; *Westlich von Suez*, 1975), in dem der moralische Anspruch des Imperialismus unter neuen weltpolitischen Bedingungen entlarvt wird. Dieser Kontrast zwischen Vergangenheit und Gegenwart in der indischen Geschichte um 1900 beherrscht auch die Auseinandersetzungen in dem Fernsehspiel *The Gift of Friendship* (1972). Zu dieser dramatischen Gattung gehören *The Right Prospectus* (1970) und *Very Like a Whale* (1970).

O. griff auch zu anderen medialen Formen; so lieferte er z. B. 1963 das Skript zu dem Film *Tom Jones*. Mit *A Bond Honoured* (1966) erschloss er Lope de Vega und mit *Hedda Gabler* (1972) Henrik Ibsen für die englische Bühne. Seine Adaption *A Place Calling Itself Rome* (1973) geht auf Shakespeares *Coriolanus* und seine Bühnenfassung *The Picture of Dorian Gray* (1973; *Das Bildnis des Dorian Gray*, 1975) auf den gleichnamigen Ideenroman von Oscar Wilde zurück. In zahlreichen essayistischen Schriften, von denen insbesondere »They Call It Cricket« (1957) und »Letter to My Fellow Countrymen« (1961) hervorzuheben sind, greift er die Heuchelei der bürgerlichen Schicht Englands an. Wenn man von der rhetorischen Kraft einiger seiner Dramenfiguren absieht, kann man O. nicht zu den innovativen Vertretern des englischen Theaters rechnen. Wohl aber verdient er seinen Platz in der Theatergeschichte als Sprachrohr der aufbegehrenden jungen Generation gegenüber dem kraftlosen Establishment im England der Nachkriegszeit.

Werkausgabe: Plays. 3 Bde. London 1993ff.

Rüdiger Ahrens

Ostrovskij, Aleksandr
Geb. 12. 4. 1823 in Moskau; gest. 14. 6. 1886 in Ščelykovo, Gouvernement Kostroma

Aleksandr Ostrovskij ist der wichtigste Dramatiker des russischen Realismus. Er hatte 1840 bis 1843 in Moskau Jura studiert und ar-

beitete noch beim Moskauer Handelsgericht, als er 1849 sein erstes Drama, die Komödie »Svoi ljui – sočtemsja« (1850; »Wir sind ja unter uns«) beendete. Obgleich die im Stück sehr negativ dargestellte Moskauer Kaufmannschaft ein Veröffentlichungsverbot erwirkte (bis 1861), durfte O. sich durch die Resonanz, die der illegal verbreitete Text fand, bestätigt fühlen. 1851 gab er seine Beamtenstellung auf und wurde Berufsdramatiker.

In recht regelmäßiger Folge hat er insgesamt ca. 50 Dramen verfasst, einige in Zusammenarbeit mit anderen Autoren, hinzu kommen zahlreiche Dramenübersetzungen aus mehreren Sprachen. Im russischen Theater ist O. bis in die Gegenwart präsent. Das Kaufmannsmilieu, mit dem er durch seine Herkunft aus dem Moskauer Stadtteil Zamoskvorečie und die Erfahrungen beim Gericht gut vertraut war, liefert das Personal eines großen Teils seiner Dramen, z. B. »Bednaja nevesta« (1852; »Die arme Braut«), »Bednost' ne porok« (1854; »Armut ist kein Laster«), »Ne v svoi sani ne sadis'« (1853; »Schuster, bleib bei deinen Leisten«), »Groza« (1859; »Das Gewitter«) und »Na vsjakogo mudreca dovol'no prostoty« (1868; »Ein Dummheit macht auch der Gescheiteste«). »Groza«, O.s bekanntestes Stück aus dem Kaufmannsmilieu, ist keine Komödie, sondern ein Trauerspiel. Die häufig wiederkehrende Figur des Familientyrannen ist hier verdoppelt in eine Frau und einen Mann (Kabanova und Dikoj); Opfer der despotischen Verhältnisse wird die junge Katerina, die, nachdem sie ihrem Mann untreu war, in den Selbstmord getrieben wird. Trotz der Übermacht der patriarchalischen Strukturen deutet O. in einer Nebenkonstellation auch an, wie sie zu überwinden ist: durch Auflehnung oder Flucht.

Eine Komödie über Korruption und Karrierismus im Beamtenmilieu ist »Dochodnoe mesto« (1857; »Eine einträgliche Stelle«). Eine Gruppe von Stücken befasst sich mit Stoffen aus der russischen Geschichte, am bekanntesten ist »Dmitrij Samozvanec i Vasilij Šujskij« (1867; »Der falsche Dmitrij und Vasilij Šujskij«). Besonders in seinem Spätwerk hat sich O. auch der Welt der Schauspieler zugewandt: »Les« (1871; »Der Wald«), »Talanty i poklonniki« (1881; »Talente und Verehrer«) und »Bez viny vinovatye« (1884; »Schuldlos schuldig«) sind hier zu nennen. Die Komödie »Volki i ovcy« (1875; »Wölfe und Schafe«) ist im Bereich des Landadels angesiedelt, der auch den Rahmen für die Komödie »Les« bildet. »Les« handelt nicht nur von zwei verarmten Wanderschauspielern, sondern auch von den Rollenspielen der Wohlhabenden (der Gutsbesitzerin Gurmyžskaja), vom »Wald« der Verhältnisse, in denen Geld und Besitz dominieren und die bloße Fassade der Wohlanständigkeit genügt, um hohes Ansehen zu genießen.

O.s Bemühen um realistische Darstellung, die sich durch sein gesamtes dramatisches Schaffen zieht, überzeugt vor allem bei der Gestaltung der Figuren: durch einen virtuosen Umgang mit der Sprache, die sozialen Stand, Charakter und psychische Verfassung präzise erfasst. Die Individualisierung der Figuren wirkt allerdings bisweilen der Komik entgegen, was einigen Komödien einen bitteren Beigeschmack verleiht.

Werkausgabe: Dramatische Werke. 4 Bde. Hg. J. von Guenther. Berlin 1951.

Frank Göbler

Oswald von Wolkenstein
Geb. um 1377 Schloss Schöneck im Pustertal (?); gest. 2. 8. 1445 in Meran

Am Dom zu Brixen findet sich ein Gedenkstein, der einen bärtigen Mann mit Kreuzesfahne und Schwert zeigt. Vor einer Pilgerfahrt ins Heilige Land ließ ihn der Dichter selbst errichten: Es ist die älteste lebensgetreue Darstellung eines deutschen Dichters. Später folgen das ebenfalls porträthafte erste Vollbild (in der ältesten Wolkenstein-Handschrift A von 1425) und ein Brustbild (in der zweiten zu

O.s Lebenszeit entstandenen Handschrift B von 1432), das ihn einäugig darstellt. So einzigartig, wie sich O. in die Geschichte der deutschen Dichterbiographien einführt, so einmalig ist auch seine Stellung in der heutigen Literaturgeschichtsschreibung: Er erscheint als der bedeutendste deutsche Lyriker des Spätmittelalters, der durch ein in Sprache, Formgebung, Metaphorik und Thematik höchst originelles Werk herausragt. Es sieht so aus, als wollte er alle lyrischen Gattungstypen erproben: vom Marienlob, von religiösen Sündenklagen und Beichtliedern über traditionelle Minnestrophen, Tagelieder, Frauenpreislieder und z. T. recht freizügige Pastourellen, über Reiselieder bis hin zu Spruch- und Kalendertexten. O. war ein viel und weit gereister Mann, davon zeugen seine Lieder (erwähnt werden Litauen, Portugal, Persien u. a.); er sprach nach eigenen Angaben zehn Sprachen (s. seine polyglotten Lieder). Er war überdies ein Sprachkünstler, der Wort- und Lautspiele virtuos handhabte. Auch als Komponist seiner Texte war O. ein vielseitiger Neuerer, sei es in der Art der Adaption romanischer Melodien oder in seinen eigenen Melodieschöpfungen. Von ihm sind die ältesten mehrstimmigen Liedkompositionen – erstmals auch in Mensuralnotation – bewahrt. Obwohl aber O. in viele politische Ereignisse der Zeit verwickelt war, klingen diese eigenartigerweise kaum oder nur mit mehr privaten Episoden in seiner Lyrik an. Die seltsame Verknotung von Persönlichem und Toposhaftem in den Liedern erweckte eine Forschungsdiskussion über das Verhältnis von Dichtung und Realität. So sehr O. das heutige Bild der Literatur des 15. Jahrhunderts beherrscht, so wenig scheint er zu seiner Zeit als Dichter gewirkt zu haben. Außer den beiden von ihm wohl selbst initiierten Liederhandschriften (und einer Abschrift nach seinem Tode), welche rund 130 Lieder in zum Teil unterschiedlichen Fassungen bewahren, zeugen von ihm, anders als von Dichtern wie etwa Walther von der Vogelweide, keine Apostrophen bei anderen zeitgenössischen oder späteren Autoren. Er wirkte in der Zeit des beginnenden Meistersangs: Seine zum Teil hochartifiziellen Lieder waren allem Anschein nach außerhalb seiner persönlichen Sphäre wenig gefragt. Diesen Eindruck vermittelt auch die Überlieferung, denn in den Sammelhandschriften des 15. Jahrhunderts ist er, anders als etwa sein Zeitgenosse, der Mönch von Salzburg, nur mit ganz wenigen, meist untypischen Texten – und zudem durchweg anonym – vertreten.

So außergewöhnlich und vielgesichtig wie die Dichterpersönlichkeit scheint auch der Südtiroler adlige Standesherr und Ritter, der sich nach der Stammburg des Geschlechts im oberen Grödnertal nannte, gewesen zu sein. Sein genialisch-bewegtes Leben ist in über 1000 Urkunden bemerkenswert reich bezeugt. Das Geburtsjahr muss zwar erschlossen werden (man einigt sich neuerdings auf 1377), ebenso der Geburtsort (Burg Schöneck im Pustertal). Die Jugendzeit wird aufgrund seines vielleicht bekanntesten Liedes, des sog. Rückblickliedes *Es fügt sich*, rekonstruiert: Danach soll er mit zehn Jahren von zu Hause fortgezogen sein. Im Jahre 1400, dem Todesjahr König Wenzels, dürfte er nach einem abenteuerreichen Wanderleben zurückgekehrt sein. Das weitere Leben des anfangs wenig begüterten Zweitgeborenen war geprägt von Anstrengungen, seine materielle und soziale Lage zu verbessern, wodurch er immer wieder in Auseinandersetzungen mit Verwandten und Nachbarn geriet. Besonders der Erbschaftsstreit um seinen Wohnsitz, Burg Hauenstein am Schlern, mit dem Mitbesitzer Martin Jäger brachte ihn zeitweilig in Bedrängnis, selbst Gefangenschaften beklagt er in mehreren Liedern. O. war Mitglied des Südtiroler Adelsbundes und mischte kräftig mit bei der Opposition gegen den österreichischen Landesfürsten. Er nahm an diplomatischen Missionen und an Feldzügen König Sigismunds teil (z. B. gegen die Hussiten 1420 und 1431; vgl. das *Hussitenlied*). Auch während des Konstanzer Konzils (1414– 1418; Reflexe davon z. B. im *Überlinger Lied*) gehörte er zum Gefolge des

Königs. Der Wunsch, dem Geheimbund der Feme beizutreten, führte ihn nach Westfalen (vgl. das *Deutschlandreise*lied). Er erwirbt schon früh eine Pfründe im Kloster Neustift, schließt auch einen Dienstvertrag mit dem Brixener Bischof, den er jedoch schon bald wieder löst. 1417 heiratet er Margarethe von Schwangau, die er in den wohl ältesten privaten deutschen Liebesliedern besingt. Am 2. August 1445 stirbt einer der eigenwilligsten deutschen Lyriker, ein unruhiger politischer Kopf, in dem manche einen frühen Renaissancemenschen sehen wollen, in Meran. Beigesetzt ist er im Kloster Neustift.

Werkausgabe: Die Lieder. Hg. von Karl Kurt Klein. 3. neubearb. u. erw. Aufl. Hg. von Hans Moser, Norbert Richard Wolf und Notburga Wolf. Tübingen 1987.

Günther Schweikle/Red.

Otfried von Weißenburg
Im 9. Jahrhundert

Der Mönch O. aus dem lothringischen Kloster Weißenburg nimmt in mehrfacher Hinsicht in der deutschen Literaturgeschichte eine Sonderstellung ein: Er ist der erste namentlich bekannte Dichter und Poetologe deutscher Zunge. Sein Werk, eine Evangelienharmonie, ist überdies so genau datierbar, wie es in der Regel frühestens im 13. Jahrhundert wieder der Fall ist. Ermöglicht wird dies durch mehrere Widmungen, die O. seinem Werk beigab: in althochdeutscher Sprache gerichtet an den weltlichen Oberherrn, König Ludwig den Deutschen (843–876) und an seinen ehemaligen Lehrer, Bischof Salomon I. von Konstanz (849– 871), in lateinischer Sprache an den geistlichen Oberherrn, den Erzbischof Liutbert von Mainz (863–889). Aus den Regierungszeiten dieser Adressaten lässt sich der Abschluss des Werks auf die Jahre 863 bis 871 eingrenzen. Aus einer vierten (althochdeutschen) Zuschrift an die St. Galler Mönche und Studienfreunde Hartmuat und Werinbert ist überdies zu erfahren, dass O. in Fulda studierte, dem damaligen Wirkungsort des Hrabanus Maurus, berühmt als »praeceptor Germaniae«. Im Akrostichon dieser Widmung nennt sich der Autor selbst: *Otfridus Uuizanburgensis monachus*. Außerdem bezeichnet er sich in zwei Urkunden des Klosters (eine davon datiert: 29. 9. 851) als Schreiber (»Ego Otfrid scripsi et subscripsi«). Darüber hinaus findet sich in einer Handschrift des 10. Jahrhunderts ein lateinisches Gedicht auf einen Lehrer der Weißenburger Klosterschule mit dem Namen O.

O. ist der Verfasser der ersten umfangreicheren (End-)Reimdichtung des Abendlandes. Und nicht nur das: Er lieferte auch die ersten literatur- und sprachkritischen Überlegungen über ein volkssprachliches Werk. In der lateinischen Zuschrift und im ersten Kapitel, »Cur scriptor hunc librum theotisce dictaverit«, stellt er für seine Dichtung ausdrücklich den Endreim als Versmerkmal der lateinischen Versstruktur (»metrica constricta« – »durch Metrum gebändigt«) gegenüber. – Im 19. Jahrhundert, einer Zeit germanophiler Stabreimbegeisterung, wurde der endreimende O. im Gegensatz zum anonymen Verfasser des eine Generation früher entstandenen altsächsischen stabgereimten *Heliand* (ebenfalls eine Evangelienharmonie) abgewertet. Da der Stabreim als alleiniges genuin germanisches Versband proklamiert wurde, blieb für O.s Endreim lediglich die Herkunft aus kirchlichen Dichtungstraditionen, eine griffige Formel, die bis heute nachgeschrieben wird, obwohl vor O. keine mit seinem Werk vergleichbaren lateinischen Reimdichtungen bezeugt sind, nennenswerte lateinische Reimdichtungen vielmehr erst über ein Jahrhundert später beggenen. Die Hypothese des aus kirchlichlateinischen Traditionen bezogenen Endreims steht zudem in eklatantem Widerspruch zu O.s komplementär stützenden poetologischen Äußerungen. Entsprechend der damaligen Bildungssituation misst er generell seine eigene (althochdeutsche) Sprache und die seines Werks an der übermächtigen lateinischen Tradition. Er beruft sich allein ästhetisch (nicht formal) auf die klassischen Dichter Vergil, Lukan, Ovid und die spätantiken christlichen Autoren Juvencus, Arator, Prudentius. Als Anreger nennt er in der lateinischen Zuschrift an seine Klosterbrüder eine (nicht identifizierte) Dame namens Judith, als den direkten Anlass zu einer deutschsprachigen Dichtung den Wunsch, durch sie anstößige volkssprachliche Dichtungen (»cantus obscenus«) zu verdrängen.

Eingeteilt ist das über 7000 Reimpaare umfassende Werk nach den fünf Sinnen in fünf Bücher. Die aus den vier Evangelien kompilierte Erzählung des Christuslebens folgt dem kirchlichen Perikopensystem (Evangelienabschnitte). Sie ist immer wieder durch Betrachtungen unterbrochen, in denen das Geschehen, entsprechend der mittelalterlichen exegetischen Praxis, in dreifachem Sinne (spiritualiter, d. h. dogmatisch, mystice, d. h. allegorisch, und moraliter) gedeutet wird. In der Kommentierung folgt O. dem englischen Kirchenlehrer Beda (um 700) und Alkuin, dem Leiter der karolingischen Hofschule (8. Jahrhundert). Seinem Werk lässt sich (neben dem *Heliand*) noch die um 830 entstandene althochdeutsche Prosaübersetzung der Evangelienharmonie des Syrers Tatian vergleichen.

Überliefert ist O.s Werk in vier Handschriften (eine erstaunlich hohe Zahl für die althochdeutsche Zeit), eine davon mit drei Bildern. In einer der Handschriften glaubt man, in den Korrekturen die Hand des Dichters selbst zu erkennen. O.s Evangelienharmonie gehört zu den ersten altdeutschen Werken, die in der Neuzeit wiederentdeckt wurden. Sie erscheint bereits 1486 im *Catalogus illustrium virorum germaniam …* des Abtes Johannes Trithemius und wird 1571 von Matthias Flacius Illyricus erstmals herausgegeben.

Günther Schweikle

Ouologuem, Yambo
Geb. 28. 8. 1940 in Bandiagara/Mali

Nur einen einzigen Roman hat der ehemalige Lehrer und Leiter eines Jugendzentrums im Süden von Mali verfasst, damit aber der literarische Welt nachhaltig erschüttert. Yambo Ouologuem erhielt für *Le devoir de violence* (1968; *Das Gebot der Gewalt*, 1969) mit dem Prix Renaudot den zweitwichtigsten französischen Literaturpreis. Doch die Collagetechnik, die er darin benutzte, um auch ideologiekritisch einen Chor aus diversen Stimmen zu komponieren, wurde zum Anlass genommen, O. des Plagiats zu bezichtigen und ihn als Autor zu desavouieren.

In *Le devoir de violence* erzählt O. die Geschichte eines fiktiven afrikanischen Staates, in dessen Historie die Vergangenheit der realen Königreiche Songhay, Ghana und Mali zusammengefasst ist. Dabei trägt er zahlreiche provozierende Thesen vor, die völlig im Gegensatz stehen zum Verständnis der Rolle Europas in Afrika. O. widerspricht z. B. der Auffassung, der europäische Kolonialismus habe den ideologischen Bruch im Selbstverständnis der Afrikaner ausgelöst. Stattdessen behauptet er, Europa habe nur eine bereits vorhandene Schwachstelle ausgenutzt, die bereits durch die Islamisierung Afrikas verursacht worden sei. Desgleichen wendet sich O. gegen die Meinung, die europäische Kolonialherrschaft habe die Machtstrukturen für diktatorische postkoloniale Regimes in Afrika geschaffen; er betont vielmehr, die auf Unterdrückung beruhenden Sozialstrukturen seien Ausdruck vorkolonialer Formen afrikanischer Herrschaftsausübung, die sich zum Beispiel im innerafrikanischen Sklavenhandel – unter dem wachsenden Einfluss des Islam – gebildet hätten.

O. attackierte damit das Ende der 1960er Jahre noch vorherrschende Bild von Afrika als Kontinent des Aufbruchs, der Zukunft und der Zuversicht; er entzog den von europäischen Historikern und Ethnologen wie Leo Frobenius geformten Idealisierungen Afrikas den Boden und pries Afrika nicht etwa als Kontinent ursprünglich freier und egalitärer Gesellschaften, sondern zeichnete es als Hort brutaler Machtausübung. Diese Kritik hatte sich bereits dem Essay *Marx et l'étrangeté d'un socialisme africain* (1964; Marx und das Befremdende eines afrikanischen Sozialismus) abgezeichnet, in dem O. bestritt, die vorkoloniale Geschichte Afrikas könnte Schauplatz urkommunistischer Gemeinschaftsmodelle und Organisationskonzepte gewesen sein. Die

Realisierbarkeit eines afrikanischen Sozialismus hielt er damit für ebenso abwegig wie die Verklärung der Vergangenheit durch afrikanische Intellektuelle wie beispielsweise Léopold Sédar Senghor.

In *Le devoir de violence* kontrastierte O. die westlichen Vorstellungen von Afrika mit Texten, Chroniken, Legenden und Überlieferungen aus afrikanischen Quellen. Er stellte Versatzstücken aus Werken der europäischen Literatur ein Netzwerk von Aufzeichnungen – etwa Schriften aus Timbuktu oder mündlichen Erzählungen der Malinke und der Dogon – gegenüber, das eine vollkommen andere Sicht der Geschichte Afrikas lieferte. Die willkürliche Zitierweise O.s wurde von der Literaturkritik des Westens umso mehr als Affront verstanden, als er Textpassagen aus Romanen etwa von Gustave Flaubert oder Graham Greene oder aus Gedichten Arthur Rimbauds nicht nur nicht als Zitate belegte, sondern sie überdies sarkastisch parodierte und mit beißendem Spott ironisierte – wie er übrigens auch die Genealogien afrikanischer Herrscherdynastien karikierte.

Sein literarisches Arbeiten erläuterte O. in dem kurz nach dem Roman publizierten Essay *Lettre à la France nègre* (1968; Brief an das schwarze Frankreich), in dem er die Orientierung afrikanischer Intellektueller am Wertesystem des Westens verurteilte und darüber hinaus behauptete, dass ein literarischer Diskurs immer auch eine Bezugnahme auf die Literaturgeschichte und eine Fortschreibung derselben sei. Wie einfach sich aus vorhandenen Texten bausteinartig neue Texte zusammensetzen lassen, exemplifizierte O. in dem unter dem Pseudonym Utto Rudolph veröffentlichten Erzählungsband *Les mille et une bibles du sexe* (1969; Tausend und eine Bibel des Sexes), in dem er – dem dekonstruktivistischen Textverständnis französischer Strukturalisten entsprechend – die Variationsmöglichkeiten pornographischer Literatur seriell durchspielte.

Die gegen O. erhobenen Plagiatsvorwürfe gelten als Grund dafür, dass sich der Autor von der literarischen Bühne zurückzog und nach mehreren psychosomatisch bedingten Krankenhausaufenthalten dauerhaft von Frankreich nach Mali zurückkehrte. Für den Schulunterricht verfasste er noch *Terres de soleil* (1971; Länder der Sonne) und *Introduction aux lettres africaines* (1973; Einführung in die afrikanische Literatur). Noch aus O.s letztem Essay *La mésaventure africaine* (1976; Das afrikanische Missgeschick) spricht die Desillusionierung angesichts afrikanischer Identitätskonstruktionen, die laut O. nur auf kollektiven Mythen beruhen.

Manfred Loimeier

Ovid

Geb. 20. 3. 43 v. Chr. in Sulmo; gest. um 17/18. n. Chr. vermutl. in Tomi

Als Abkömmling einer alten Familie des Landadels gehörte Ovid, der in Sulmo im Pälignerland geboren wurde, in Rom zum Ritterstand. Er dürfte vermögend gewesen sein, da er, nachdem er in der Stadt von bedeutenden Rhetoren zum Juristen ausgebildet worden war, die Möglichkeit zu einer senatorischen Karriere hatte. Seine finanziellen Mittel gestatteten es ihm, mit etwa zwanzig Jahren, als er schon untere Ämter in der Administration Roms bekleidet hatte und unmittelbar vor der Quästur stand, auf eine politische und militärische Laufbahn zu verzichten. So konnte er sich ganz einem Dasein als Dichter widmen. Um 15 v. Chr. publizierte er sein erstes Werk, die *Amores* (Liebeserfahrungen) in 3 Büchern, eine Sammlung erotischer Elegien, worin er in der (fiktiven) Rolle eines jungen Poeten mit bescheidenem Auskommen von seinen Amouren mit einer Corinna und anderen jungen Frauen erzählt.

Der Ich-Sprecher dieser Elegien erklärt, er wolle nach den Liebesgedichten eine Tragödie verfassen. Da das eine Aussage sein kann, der fiktiven Welt der *Amores* angehört, und er auch nicht den Namen des Stückes nennt, braucht die (nicht erhaltene) Tragödie *Medea*, die O. von Seneca d. Ä., Quintilian und Tacitus zugeschrieben wird, nicht gemeint zu sein; es lässt sich also nicht sagen, wann die *Medea* der Öffentlichkeit präsentiert wurde. Die drei nächsten elegischen Werke O.s lassen sich dagegen einigermaßen sicher datieren. Die *Epistulae Heroidum*, 15 Versbriefe von 14 mythischen Heroinen und der Dichterin Sappho an ihre Ehemänner bzw. Geliebten (wahrscheinlich in 3 Büchern), erschienen zwischen 15 und 1 v. Chr., die *Ars amatoria* (*Liebeskunst*) und die *Remedia amoris* (*Liebestherapie*), ein in 4 Bücher unterteiltes erotisches Lehrgedicht, zwischen 1 v. und 4 n. Chr. und die (nur fragmentarisch überlieferten) *Medicamina faciei femineae* (*Schönheitsmittel für die Frauen*) kurze Zeit vorher.

In den ersten Jahren nach der Adoption des Tiberius durch Augustus (4 n. Chr.), als immer deutlicher wurde, dass die römische Republik sich zur Erbmonarchie entwickelt hatte, ging O. von den erotischen Elegien zu Dichtungen über, die einerseits inhaltlich anspruchsvoller waren, andererseits zu der in Wort und Bild im römischen Reich schon weit verbreiteten Verherrlichung des Kaiserhauses beitrugen. Im Herbst des Jahres 8 n. Chr. hatte der Dichter 15 Bücher *Metamorphosen* (*Verwandlungsmythen*) in Hexametern vermutlich bereits publiziert und die *Fasti*, einen Kommentar zum römischen Festkalender in elegischen Distichen, mindestens schon fertig konzipiert, als er von Augustus nach Tomi in der Dobrudscha am Schwarzen Meer relegiert wurde, d. h. verbannt unter Beibehaltung seines Bürgerrechtes und seines Vermögens. In den Jahren bis zu seinem Tode um 17/18 n. Chr. (wohl in Tomi) publizierte O. 6 Bücher *Fasti*, also nur den Kommentar zu den Monaten Januar bis Juni, 5 Bücher *Tristia* (*Elegien der Klage*), 4 Bücher *Epistulae ex Ponto* (*Briefe vom Schwarzen Meer*) und ein Schmähgedicht *Ibis*, alles in elegischen Distichen; vermutlich entstanden auch die drei Briefpaare, die in den Ausgaben als *Epistulae Heroidum* 16–21 stehen (Paris/Helena, Leander/Hero, Acontius/Cydippe), in der Exilzeit. Von weiteren (undatierbaren) Werken haben wir nur spärliche Fragmente.

So gut wie nichts wissen wir über die Umstände, unter denen O. in Tomi lebte, und warum er dort leben musste. Was er uns in der Rolle des *relegatus* in *Tristia* und *Ex Ponto* über die Leiden berichtet, die ein fast dauernd herrschender eiskalter Winter, das Zusammenleben mit primitiven Barbaren und die ständige Bedrohung seines Wohnortes durch Giftpfeile verschießende Reiterhorden ihm bereiteten, steht in klarem Widerspruch zu den überzeugenden Resultaten moderner Untersuchungen zur antiken Geschichte des Schwarzmeergebietes. Die Schilderungen von Land und Leuten bei O. basieren nicht auf Autopsie, sondern auf literarischen Quellen wie dem Skythenabschnitt in Vergils *Georgica*. Als Verbannungsgrund nennt das Ich der Exilelegien die Abfassung der *Ars amatoria* und einen *error* (»Fehltritt«), den der Kaiser sehr gekränkt habe, über den er aber nichts sagen möchte. Da die *Ars* versteckte Angriffe gegen die 18 v. Chr. erlassenen Ehegesetze des Augustus enthält – diese stellten Ehebruch unter Strafe und nötigten die Angehörigen des Senatorenstandes zum Zeugen von Kindern –, könnte es sein, dass O. (fälschlich?) den Eindruck erweckt hatte, er opponiere gegen die dynastische Politik des Kaisers. Denn zu deren Unterstützung geschah es offenbar, dass Augustus seiner Familie und den Senatoren in ihr Sexualleben hineinregierte. Es fällt auf, dass, wann immer Mitglieder des Kaiserhauses verbannt wurden, ihr sittenloser Lebenswandel als Grund genannt wurde, obwohl auf der Hand liegt, dass sie versucht hatten, durch verschwörerische Umtriebe auf die Erbfolgeregelung im eigenen Interesse einzuwirken. So ist es vielleicht kein Zufall, dass O. im selben Jahr verbannt wurde wie die jüngere Julia, die Enkelin des Kaisers.

Auf jeden Fall stehen alle erhaltenen Werke O.s, speziell die elegischen, in der Tradition einer Dichtung, deren Ich-Sprecher sich betont von der Welt der römischen Staatsethik in eine Gegenwelt des privaten Daseins zurückziehen. In diesem Dasein dominiert die Liebe, die schon bei den Elegikern Properz und Tibull, O.s direkten Vorgängern in der Gattung, zu den *Amores* gehören, reiner junger, mittelloser Poet für eine Freigelassene empfindet. Obwohl die Geliebte mehr an Geld, Schmuck und schönen Kleidern als an Poesie interessiert ist und ihren dichtenden Verehrer gelegentlich sogar mit einem reichen Rivalen betrügt, schwört der elegisch Liebende ihr die ewige Treue. Er fügt sich gänzlich ihrer Willkür, d. h. er befindet sich im Zustand sklavischer Verfallenheit (*servitium amoris*), die ihm u. a. gebietet, dann, wenn die Geliebte sich ihm gegenüber abweisend verhält, als *amator exclusus* (»ausgeschlossener Liebhaber«) die Nacht vor ihrer Haustür zu verbringen und dort seine elegische Werbung vorzutragen, was jedoch stets vergeblich ist.

Charakteristisch für elegische Liebe ist also das Leiden des dichtenden *amator* an seiner erotischen Beziehung, die ihn mehr Enttäuschung als Erfüllung seiner Wünsche erleben lässt. Kennzeichnend ist ferner, dass diese Art von Liebe in einem utopischen Lebensraum außerhalb der Gesellschaft angesiedelt ist. Denn für die in Rom im letzten Jh. v. Chr. lebenden jungen Senatorensöhne, die das Gros der Leser erotischer Elegien gestellt haben dürften, wäre es unstatthaft gewesen, einer Freigelassenen die ewige Treue zu schwören und ihr wie ein Sklave zu dienen. Da das Leben dieser Männer mit dem Absolvieren einer politischen und militärischen Laufbahn ausgefüllt war, durften sie sich der Liebe nicht so uneingeschränkt hingeben, wie es die Elegiker in ihren Gedichten tun, mussten also in deren Verhalten etwas Provokantes sehen. Aber sie konnten sich Mitte der zwanziger Jahre des 1. Jh.s v. Chr. durchaus mit dem Ich-Sprecher eines Properz- oder Tibullgedichtes identifizieren. Denn in dieser Zeit begann der Übergang von der aristokratischen Staatsform der Republik zur Monarchie, und das war mit der politischen Entmachtung des Senatorenstandes und folglich mit einer gewissen Sinnentleerung des Durchlaufens einer staatsmännischen Karriere verbunden. Properz- und Tibulleser, die davon besonders betroffen waren, konnten die zum Lebensinhalt gemachte Liebe des Elegikers daher als eine Form von alternativer Protesthaltung und Romverdrossenheit interpretieren.

Als etwa ein Jahrzehnt nach dem Erscheinen der »klassischen« Elegiensammlungen des Properz und Tibull die *Amores* O.s herauskamen, hatte die neue Staatsform sich schon so weit etabliert, dass die entmachtete Nobilität auch ihre positiven Seiten würdigen konnte. Die Angehörigen der Oberschicht Roms erfreuten sich in bisher nicht gekanntem Maße des Friedens und Wohlstandes und konnten deshalb das Leben in ihrer Metropole, die Augustus stetig durch neue Prachtbauten verschönerte, in vollen Zügen genießen. Offenkundig entsprach es den Erwartungen dieser Leserschaft, dass die elegische Welt in O.s *Amores* nur noch Kulisse für ein heiteres Gesellschaftsspiel war. Denn die erotischen Erlebnisse des Ich-Sprechers dieser Gedichte sind nicht mehr wie bei Properz und Tibull fast nur von Leid und Enttäuschung geprägt, sondern auch von den Freuden der Liebe. Zumindest bemüht sich der *amator* bei O. nach Kräften, ebendiese zu erfahren, und das nicht nur mit Corinna, der zunächst allein Vergötterten. Manche seiner Elegien lesen sich sogar wie Parodien, ja führen die elegische Welt ad absurdum. Darüber werden die zeitgenössischen Leser in erster Linie gelacht haben. Aber vielleicht bemerkten sie zugleich, dass O., wenn er elegische Liebe zur Karikatur werden lässt, auch das Illusionäre der Flucht in eine utopische Gegenwelt erkennbar macht und so auf seine Weise Zeitkritik übt.

Deutlicher als in den *Amores* wird dies in den *Epistulae Heroidum*. Dort klagen Frauen über Einsamkeit und die Treulosigkeit ihrer Partner, die Rollen sind also vertauscht. Wenn hier nun z. B. Penelope (Brief 1) erfährt, dass unbeirrbare Treue, wie sie ja sonst der *amator* der Geliebten schwört, auf eine sehr harte Probe gestellt werden kann – der Briefadressat Odysseus weilt zur Zeit der Abfassung des Schreibens bereits zwanzig Jahre fern von der Gattin –, entsteht eine Spannung zwischen der utopischen Welt der Elegie, wie noch Properz und Tibull sie darstellen, und der »Realität« des Mythos. Diese »Realität« bildet aber durchaus die Erfahrungswelt des zeitgenössischen Lesers ab, da auch zu ihr die elegische Lebensform in einem krassen Gegensatz steht. Weil das so ist, zeigt O. in der *Ars amatoria* und den *Remedia amoris* in der Rolle des Liebeslehrers dem Leser Wege, wie dieser Realität und elegische Erotik miteinander vereinbaren könne. In der *Ars* präsentiert der Liebeslehrer einen Lehrgang über die Vermeidung der negativen Seiten dieser Art von Erotik durch elegisch Verliebte beiderlei Geschlechts: Sie sollen, um Enttäuschung und Leid möglichst auszuschalten, kultiviert und »vernünftig« lieben. Gelingt das jedoch gar nicht, dann lernen sie in den *Remedia*, wie man sich ganz aus der elegischen Welt befreien kann. Freilich sind auch diese elegischen Werke von einer Spannung geprägt. Sie besteht hier zwischen der von dem Liebeslehrer geweckten Illusion, man könne Probleme des Miteinander von Mann und Frau dadurch »rational« lösen, dass man entweder dem Partner falschen Schein vorspiegelt (*Ars*) oder sich selbst (*Remedia*), und der Erfahrungswelt des Lesers.

Die *Metamorphosen* erwecken auf den ersten Blick den Eindruck, als befinde O. sich hier auf einem ganz neuen Terrain. Denn das Werk präsentiert eine mythologische Weltgeschichte, in der anhand von rund 250 aneinandergereihten Verwandlungssagen das Götterzeitalter (Buch 1–5), das Heroenzeitalter (6–10) und die mit der Gründung Trojas beginnende »historische« Zeit (11–15) durchlaufen und am Ende als krönender Höhepunkt die Herrschaft des Augustus gepriesen wird. Doch auch diese Dichtung knüpft an die Tradition der römischen Liebespoesie an. Denn wieder spielt darin elegische Erotik bzw. deren Karikierung eine dominierende Rolle, so dass die Welt der von Augustus wieder den Römern eindringlich nahegebrachten Götter und Kulte oft zur Bühne für witzige Abwandlungen von typischen Motiven der erotischen Elegie wird. So wendet sich z. B. Apollo, ein vom Kaiser besonders verehrter Gott, von der glorreichen Waffentat der Befreiung der Menschheit von einem monströsen Drachen direkt der elegischen Liebe zu Daphne zu und wirbt um sie mit Worten, die einem Schüler des Lehrers der Liebeskunst Ehre machen würden (1, 452ff.). Das mochte bei Augustus Anstoß erregen. Bedenkt man ferner, dass die Augusteische Propaganda die Regierungszeit des Herrschers als den Anfang eines neuen Goldenen Zeitalters darstellte, könnte es als Affront gegen Augustus angesehen worden sein, dass die *Metamorphosen* die Weltgeschichte als einen permanenten Wandlungsprozess darstellen und es so als möglich erscheinen lassen, dass Rom einmal die Weltherrschaft verlieren wird.

Die *Fasti* konnten manchem Rezipienten als dezidiert augusteische Dichtung gelten. Denn in ihnen werden außer den alten römischen Festen auch die neu in den Kalender aufgenommenen Feiertage zu Ehren des Augustus und anderer Mitglieder des Kaiserhauses ausführlich kommentiert und sehr positiv gewürdigt. Aber in der Behandlung der Ereignisse des Götter- und Heroenmythos sowie der römischen Frühgeschichte, die von den antiken Kalendererklärern mit der Entstehung einzelner Feste in Verbindung gebracht wurden, lässt O. es meist an dem Respekt gegenüber den sittlichen Werten der kultischen Tradition fehlen, den echte Loyalität gegenüber dem traditionsbewussten Kaiser von ihm verlangt hätte. Da erscheint etwa der Sohn des letzten Königs Roms, der Prinz Sextus Tarquinius, der Lucretia vergewaltigt und den Römern dadurch Anlass gibt, die Königsherrschaft durch die republikanische Staatsform zu ersetzen, weniger als Typ des Tyrannen, als den ihn die patriotische Historiographie darstellte, denn als elegischer *amator*, dessen Handeln psychologisch entschuldbar ist. Und die Vergewaltigte, in römischer Erzählüberlieferung eine würdige Matrone, die sich wegen der ihr angetanen Schande das Leben nimmt und vorher eine pathetische Rede über die Verpflichtung ihrer männlichen Angehörigen zur Rache und über die Pflicht einer Frau zur Sittsamkeit hält, spricht bei O. nur als seelisch schwer erschüttertes Opfer einer Gewalttat und vergießt dabei reichlich Tränen elegischer Klage (2, 721ff.). Rom und seine offizielle Staatsethik werden so mit der Gegenwelt menschlich-allzumenschlichen Verhaltens konfrontiert.

Man sieht, wie stark auch auf die »anspruchsvollere« Poesie O.s das von der frühen römischen Liebeselegie etablierte Motivsystem eingewirkt hat. Sogar in den Elegien der *Tristia* und *Epistulae ex Ponto*, in denen der Dichter mit der Stimme eines in eine Barbarenwelt und ewige Eiseskälte Verbannten spricht, leben gedankliche Strukturen und Diktion der erotischen Elegie fort. So sind z. B. Amors Pfeile, die in den *Amores* den elegisch Verliebten trafen, in die Pfeile der Barbaren verwandelt, die den elegisch Klagenden bedrohen. Und der Relegierte, der den Kaiser unermüdlich um Linderung seines schweren Loses anfleht, erinnert in seiner Ausgeschlossenheit von einem angenehmeren Exilort an den auf der Türschwelle der Geliebten jammernden *amator exclusus*. Es ist nicht leicht zu erklären, warum O. sein literarisches Spiel selbst im Exil unbeirrt fortsetzte. Vermutlich zeigt sich hier die Trotzhaltung eines Künstlers, der seinen Lesern demonstrieren möchte, dass er sogar unter extrem ungünstigen Schaffensbedingungen sein altes Programm fortzusetzen und dabei nach wie vor höchsten Kunstansprüchen zu genügen in der Lage sei. Er selbst gibt dies offenbar dadurch zu verstehen, dass er sein elegisches Ich einmal sagen lässt, man könne ihn jetzt zwar jederzeit umbringen, aber sein Ruhm werde weiterleben (*Tristia* 3, 7, 45 ff.). Auch in der am Ende von *Tristia* Buch 4 stehenden »Autobiographie« des Relegierten (Elegie 10) – sie ist freilich mehr als eine solche das stilisierte Selbstporträt eines Elegikers, der als junger Mann nur vom Liebesschmerz sang, als alter Mann aber von echten Qualen künden muss – spielt der Anspruch auf Nachruhm eine wichtige Rolle.

Er ist O. dann auch reichlich zuteil geworden. Schon in der Antike wichtiges Vorbild, z. B. für die Dichter der Silbernen Latinität, prägt der Römer im Mittelalter eine ganze Epoche der lateinischen und volkssprachlichen Literatur, das 12./13. Jh., so stark, dass man von einer *Aetas Ovidiana* gesprochen hat (Ludwig Traube). In der Renaissance üben vor allem die als Repertorium antiker Mythologie rezipierten *Metamorphosen* große Wirkung auf die bildende Kunst aus, während die kultivierte Erotik der *Amores* und der *Ars* die Liebespoesie verschiedener Gattungen wesentlich beeinflusst. Von Shakespeare bis Goethe gehört O. zu den antiken Autoren, von denen europäische Dichter sich am meisten anregen lassen. Nachdem die Romantik die literarische Rezeption Ovidischer Poesie für eineinhalb Jahrhunderte zurückgedrängt hatte – bildende Künstler wie Picasso inspirierte der Dichter nach wie vor –, hat ihn die Literatur des ausgehenden 20. Jh.s wiederentdeckt. Es ist vor allem die Figur des Verbannten, die in Romanen wie Christoph Ransmayrs *Die letzte Welt* (1988) zu neuem Leben erweckt wurde.

Werkausgabe in Einzelbänden in der Sammlung Tusculum.

Niklas Holzberg

Oz, Amos
(geb. als Amos Klausner)
Geb. 4. 5. 1939 in Kerem Avraham/ Jerusalem

Im Werk von Amos Oz spiegeln sich als entscheidende Bereiche seines Lebens die Kindheit in Jerusalem, Kibbuz, Armee, städtisches Bürgertum und gleichzeitig die Entwicklung der Gesellschaft und des Staates Israel.

Als einziges Kind einer melancholischen Privatlehrerin und eines fürsorglichen, dabei rationalen Philologen, als Enkel bürgerlicher Großeltern, die Europa nachtrauerten, und Großneffe des einflussreichen nationalistischen Historikers Josef Klausner (1874–1958) wuchs er in den äußerst bescheidenen Verhältnissen auf, die für die Intellektuellen Israels in den 1940er Jahren typisch waren. Der Staatsgründung 1948 folgte Desillusionierung, die Mutter entzog sich 1952 durch Freitod, er ging 1953 in den Kibbuz Chulda, änderte seinen Namen in Oz (Kraft) und fügte sich in Landarbeit und Militärdienst.

Doch bereits sein erster Erzählband *Arzot Ha-Tan* (1965; Länder des Schakals) belegte, dass er sich intellektuell nicht anpasste, sondern die Kluft zwischen dem Entwurf des Israeli als Landmann oder Kämpfer und der Wirklichkeit einer bedrohten Existenz erkannte – ähnlich seinem literarischen »Lehrer«, dem Realisten Chaim Josef Brenner (1881–1921). In den Kibbuz-Romanen *Makom Acher* (1966; *Keiner bleibt allein*, 1976), *Laga'at Ba-Majim, Laga'at Ba-Ruach* (1973; Berühr das Wasser, berühr den Wind) und *Menucha Nachona* (1982; *Der perfekte Frieden*, 1987) zeigt sich der Generationenbruch der Kibbuzbewegung: Idealistischen Pionieren stehen Kleingeister, Abenteurer und Egozentriker gegenüber, deren zerstörerische Affären das Zusammenleben ebenso gefährden wie die Verlockungen der Diaspora und die Suche der Jungen nach neuem Lebenssinn. Unter der turbulenten Handlung dieser Romane, die klug und humorvoll geschrieben sind, liegt spürbar die Gefahr von Selbstzerstörung und Zerfall. In *Michael Scheli* (1968; *Mein Michael*, 1979), einem subtilen Eheroman, ersteht diese Gefahr im Seelenleben einer jungen Frau, die an der Seite eines Wissenschaftlers und mit einem ungewollten Kind in Depression gerät und von den Arabern als Rächer ihrer Enttäuschung träumt. Wie sie sind viele der Frauen bei O. unzuverlässig, verführbar, rückwärts gewandt; sie enttäuschen die zielstrebigen Männer und behindern den Aufbau der idealen Gesellschaft.

O. bezeichnet seine Erfahrung als Soldat in den Kriegen von 1967 und 1973 als »die schrecklichste, grauenvollste« seines Lebens. Er wurde nach dem Sechs-Tage-Krieg von 1967 zum Mitbegründer der kompromiss-, wenngleich verteidigungsbereiten Friedensbewegung Schalom Achschaw. Nach dem Libanon-Krieg von 1982 veröffentlichte er mehrere Bücher mit politischen Zustandsberichten und Essays, setzte sich unermüdlich für die Lösung des Konflikts mit den Arabern ein und erkannte ihr Recht auf einen eigenen Staat Palästina neben und in friedlicher Koexistenz mit Israel an. Er wurde zum »Fachmann für Vergleichenden Fanatismus«, wie sein Protagonist aus dem Roman *Kufsa Sch'chora* (1987; *Black Box*, 1989), der als erster im saturierten israelischen Bürgertum spielt, das dicht vernetzt, dabei egozentrisch und bindungsgestört ist und haltlos nach »Erlösung« sucht. Die Hingabe an das Kollektiv war fragwürdig geworden, versprach nicht mehr Lebenssinn, sondern bedeutete Verstrickung in Schuld, wie im Roman *Lada'at Ischa* (1989; *Eine Frau erkennen*, 1991), oder Entwurzelung und Nostalgie, wie in *Ha-Mazav Ha-Schlischi* (1991; *Der dritte Zustand*, 1992), und vielfältige private und soziale Entfremdung, wie in *Al Tagidi Laila* (1994; *Nenn die Nacht nicht Nacht*, 1995). O.' Romane wurden immer melodramatischer, die Szenen greller, die Dialoge ausufernd, die Gestalten zu groben, geschwätzigen Typen – als hätte sich der konstruktiv kritische, nonkonformistisch loyale Autor literarisch erschöpft, indem er seine Romane zum politischen Sprachrohr gemacht hatte.

Neben seiner vielfältigen akademischen Lehrtätigkeit – O. hat Literatur und Philosophie studiert und lange als Kibbuzlehrer gearbeitet – schrieb er nun literaturwissenschaftliche Bücher und weiterhin Essays. 1986 war er nach Arad gezogen. Hier entstand *Oto Ha-Jam* (1999; *Allein das Meer*, 2002), ein mehrstimmig erzählter, poetischer, persönlicher Roman aus verschlungenen Miniaturen. Ihm folgte mit *Sippur Al Ahava We-Choschech* (2002; *Eine Geschichte von Liebe und Finsternis*, 2002) ein reicher, reifer Kindheits- und Familienroman, seine »Recherche du temps perdu«, die auch ein großer Roman über Israels Gründungsjahrzehnt ist.

O., der international bekannteste Autor und intellektuelle Repräsentant Israels, wurde auch international vielfach ausgezeichnet. Den Friedenspreis des deutschen Buchhandels 1992 erhielt er für sein literarisches Werk und gleichermaßen für sein politisches Engagement.

Ute Bohmeier

Paemel, Monika van
Geb. 4. 5. 1945 in Poesele/Belgien

In den letzten Tagen des Zweiten Weltkriegs geboren, gehört Monika van Paemel zur Generation der 1968er, die in Westeuropa gegen Autorität, Kleingeistigkeit und Saturiertheit in Staat, Gesellschaft und Familie rebellierte und dabei politische und private, gesellschaftliche und persönliche Emanzipation als eine Einheit betrachtete. Insofern gehören Feminismus und Neue Frauenbewegung ebenso zur 68er-Bewegung wie der Versuch, die Geschichte aus der Sicht der Ausgeschlossenen, Sprachlosen und Übervorteilten neu zu schreiben.

V. P. ist Vorsitzende des belgischen PEN und Herausgeberin der niederländischen Literaturzeitschrift *De Gids* (Der Führer). Sie hat für Presse, Rundfunk und Fernsehen historiographische Dokumentationen – z. B. über das 1940 von den Nationalsozialisten im flandrischen Dorf Vinkt begangene Massaker – erarbeitet und während des Jugoslawienkriegs in den 1990er Jahren eine Hilfsorganisation der belgischen Städte und Gemeinden geleitet. Auch in einigen ihrer Romane hat v. P. ihre Beschäftigung mit der Geschichte (*De vermaledijde vaders*, 1985; *Verfluchte Väter*, 1993) und ihr soziales Engagement (*De eerste steen*, 1988; *Der erste Stein*, 1995; *Rozen op ijs*, 1997; Rosen auf Eis; *Het verschil*, 2000; Der Unterschied) zum Thema gemacht. Aber auch poetisch genügt v. P. den Kriterien einer emanzipatorischen Literatur: Ihre seit dem Debüt *Amazone met het blauwe voorhoofd* (1971; Amazone mit blauer Stirn) veröffentlichten Romane behandeln die Suche von Frauen nach einem unabhängigen Selbstbild, das auch der Tatsache ihres Geschlechts Rechnung trägt. Dabei sehen v. P.s Protagonistinnen in der bewussten Aneignung ihrer ›Ich-Geschichte‹ die Voraussetzung für ein autonomes Leben, machen aber die Erfahrung, dass es so etwas wie eine genealogisch und ideologisch ungebrochene ›Ich-Geschichte‹ für die meisten Frauen nicht gibt. Dem tragen v. P.s Texte zudem dadurch Rechnung, dass sie das Unbestimmte und Uneigentliche, das ›Weiblichkeit‹ als kulturelle Eigenschaft auszeichnet, auch stilistisch darzustellen versuchen. In ihrer Vorliebe für zyklische Erzählmuster, Spiegelmetaphern und den Rückgriff auf subjektive Genres wie die Tagebuchaufzeichnung oder den Brief erweist sich v. P. als zeittypische Vertreterin einer ›weiblichen Ästhetik‹.

Schon daran, dass v. P. sich beim Schreiben von selbst ausgesuchten Bildern inspirieren lässt, die dann auch als Umschlagabbildungen ihrer Bücher dienen, ist erkennbar, dass sie ›Weiblichkeit‹ als bildliche Kategorie versteht: Sie beruht auf Vorstellungen, die Männer und Frauen sich von ihr machen und an der sie nicht nur ihr Gesellschaftsbild, sondern auch ihr Verhalten und ihre Selbstdarstellung ausrichten. Dabei geht v. P. davon aus, dass die Körpersprache der Frauen, deren gesellschaftliches Schicksal es lange war, zu schweigen, oft aussagekräftiger ist als die Sprachmuster, derer sie sich bedienen. So symbolisiert etwa der Papagei nicht nur den unbedachten sexistischen Sprachgebrauch, gegen den der Roman *Amazone met het blauwe voorhoofd* sich richtet, sondern zugleich auch den ästhetischen Freiheitsdrang der Frau.

Vordergründig hat das Porträt von Marguerite Luchard des französischen Malers Claude Jullien mit v. P.s Großmutter faktisch nichts zu tun. Weil es der Autorin aber Charakterzüge der Großmutter bewusst macht, die sie bislang verkannt hat, gibt das Bild den Anstoß zu einem literarischen Porträt (*Marguerite*, 1976), in dem v. P. die Großmutter als Ahne im Geiste für sich neu entdeckt. Stichwortgeber für v. P.s selbstironisch als »Meisterstück« bezeichneten Roman *De vermaledijde vaders* ist das Barockgemälde *La charité romaine* (Die römische Nächstenliebe) von Jean-Jacques Bachelier. Das Bild beruht auf einem Mythos, der in Gent unter der volkstümlichen Bezeichnung »De mammelokker« bekannt ist, und zeigt eine Tochter, die ihren zum Hungertod verurteilten Vater im Kerker säugt. Für v. P. symbolisiert die Szene sowohl die Ausnutzung der Töchter durch die Väter als auch eine neu entdeckte, in der Rückbesinnung auf die weibliche Natur gründende Macht. Der Name der Protagonistin, Pamela, ist eine Variation von Paemel. Sie ist nicht nur am gleichen Tag wie v. P. geboren, sondern erinnert außerdem an frühe Repräsentantinnen des Weiblichen in der Literatur, wie die *Pamela* (1740) von Samuel Richardson oder *The countesse of Pembroke's Arcadia* (1590) von Philip Sidney. Auch in *Celestien. De gebenedijde moeders* (2004; Celestien. Gesegnete Mütter) geht es um das Verhältnis von Weiblichkeit und Mütterlichkeit. Im Unterschied zur Kampfschrift gegen die Väter ist der Roman über die Mütter ein Klagelied. Darin erzählt die in einem Altenheim lebende Celestien die Geschichte ihres Lebens, das sie als Dienstmädchen und »Schattenmutter« in der Familie Puynbroeckx verbracht und in dem sie darauf verzichtet hat, eine eigene Familie zu gründen. Wie in all ihren Romanen schöpft v. P. ihren Stoff aus der eigenen Familiengeschichte. Ausdrücklich autobiographisch sind aber nur die 1994 veröffentlichten Reflexionen *Het wedervaren. Autobiografische notities* (Das Widerfahren. Autobiographische Notizen), in denen v. P. – ebenso wie im Roman *De eerste steen* – über den Selbstmord ihrer 17-jährigen Tochter und über das Todes-Tabu in westlichen Gegenwartsgesellschaften nachdenkt.

Barbara Lersch-Schumacher

Pagnol, Marcel
Geb. 28. 2. 1895 in Aubagne/Frankreich;
gest. 18. 4. 1974 in Paris

Marcel Pagnols Werk umfasst Gedichte, Essays und Romane, doch wurde der Autor hauptsächlich durch seine Arbeiten für das Theater und den Film bekannt. Nach seinem Erfolgsdebüt *Les marchands de gloire* (1925; *Die Schieber des Ruhms*, 1961), einer zynischen Analyse der menschlichen Bemühungen um gesellschaftliche Ehre, wird P. mit *Topaze* (1928; *Das große ABC*, 1961) in ganz Frankreich berühmt. Die in klassischer Manier strukturierte Komödie handelt von der Initiation eines moralisch tadellosen Internatslehrers in die Realität der korrupten Gesellschaft: Nach zahllosen Misserfolgen als Lehrer und Akademiker lernt der Titelheld die Gunst der Stunde auf Kosten der Moral zu nutzen. Mit unvergleichlich sicherem Gespür für wachsende Dramatik und unerbittlich-humorvoller Typisierung der Charaktere kritisiert P. in *Topaze* auf satirische Weise die verquere Moral der Nachkriegsgesellschaft.

Diese Fertigkeiten lassen sich auch in den sogenannten Comédies marseileises ablesen, die sich aus den Tragikomödien *Marius* (1929; *Marius*, 1981), *Fanny* (1931; *Fanny*, 1981) und *César* (1936; *César*, 1981) zusammensetzen. Es handelt sich hierbei um eine fast triviale Familiengeschichte vor dem Hintergrund des Lebens in Marseille: Marius, Sohn des Wirtes César, liebt Fanny, ist aber zugleich von heftigem Fernweh geplagt, dem er schließlich nachgibt. Die schwangere Fanny heiratet aus Verzweiflung Panisse, dem sie auch nach der Geburt des Kindes und nach Marius' Heimkehr treu bleibt. Erst 20 Jahre später finden Fanny und Marius dank Césars Eingreifens doch noch zueinander. Auch diese am Broadway inszenierte und verfilmte Trilogie lebt von P.s Talent zur Charakterzeichnung und zur Umsetzung von Dramatik. Zwar folgen noch weitere Stücke, doch distanziert sich P. letztlich zugunsten des Films gänzlich vom Theater. Neben einigen Verfilmungen der eigenen Stücke umfasst seine Filmographie auch Adaptionen von Texten Émile Augiers, Jean

Gionos und Émile Zolas. In einem Essay über die *Cinématurgie de Paris* (1933) schreibt P. über das Verhältnis zwischen Theater und Tonfilm: »Le cinéma parlant, [...] allait être le nouveau moyen d'expression de l'art dramatique« (»Der Tonfilm sollte das neue Ausdrucksmittel für dramatische Kunst sein«). Daraus wird deutlich, dass P., wie viele andere Dramatiker seiner Zeit, die Vorteile des Films zu nutzen suchte, um die Nachteile der Bühne auszugleichen.

Als Romanautor ist P. vor allem durch seinen autobiographischen, der eigenen Familiengeschichte folgenden Zyklus *Souvenirs d'enfance* (*Eine Kindheit in der Provence*), bestehend aus *La gloire de mon père* (1957; *Der Ruhm meines Vaters*, 1993), *Le château de ma mère* (1957; *Das Schloß meiner Mutter*, 1993), *Le temps des secrets* (1960; *Marcel und Isabelle*, 1994) und *Le temps des amours* (1976; *Die Zeit der Liebe*, 1988) bekannt geworden. Darin erfüllt P. bis zuletzt seinen realistischen Anspruch, sich ganz aus dem Text zurückzuziehen und einzig seine Figuren sprechen zu lassen. Das Resultat ist eine eindringliche Sinnenreise, bei deren Lektüre man die Lavendel- und Thymiandüfte der Provence förmlich zu riechen glaubt. P. starb 1974 weit von der Provence entfernt in Paris.

Werkausgabe: Dramen. Hg. B. Frank/R. Blum. München 1961.

Miriam Havemann

Palamas, Kostis

Geb. 13. 1. 1859 in Patras/Griechenland; gest. 27. 2. 1943 in Athen

Das dichterische und literaturkritische Werk von Kostis Palamas prägte entschieden das griechische Geistesleben um die Jahrhundertwende (ca. 1890–1920). Er war die herausragende Persönlichkeit der ›Generation der 1880er‹, einer Gruppe junger Literaten, die sich von den sprachlichen, formalen und inhaltlichen Zwängen der Athener Romantik (1830–80) befreiten und die Dimotikí, die Volkssprache, endgültig literaturfähig machten. Im Alter von sieben Jahren verwaist, wuchs P. bei Verwandten in Mesolongi auf, einer Stadt, die aufgrund des heroischen Widerstands während ihrer Belagerung im griechischen Freiheitskampf (1821–30) einen nahezu mythischen Ruf erlangte. Der Heranwachsende kompensierte seelisches Leid durch geistige Flucht in die Welt der Literatur. 1875 nahm P. ein Jura-Studium in Athen auf und begann zu publizieren. Nach jahrelanger Tätigkeit als freier Publizist trat er 1897 die Stelle des Universitätssekretärs an, die ihm ökonomische Unabhängigkeit gewährte. P., der bis zu seinem Tod Athen nicht mehr verließ, gab bereits zu Lebzeiten die Aura des Nationaldichters. Seine Beerdigungsprozession hatte den Charakter einer Protestkundgebung gegen die deutschen Besatzer.

P.' umfangreiches Werk verarbeitet einerseits die griechische kulturelle Tradition und enthält zahlreiche Reminiszenzen an Homer und Hesiod, an die klassische Antike, an die religiöse und profane byzantinische Literatur und an die Dichtung der sogenannten Kretischen Renaissance (16. und 17. Jh.) sowie an das Volkslied und die ersten Lyriker des modernen Griechenland – insbesondere an Dionysios Solomos. Dabei inspirieren ihn nicht nur Formen, Themen und Motive der literarischen Vorbilder, die P. eklektisch den eigenen dichterischen Bedürfnissen anpasst, sondern er schöpft vor allem aus der reichen Tradition der griechischen Sprache und formt sie zu einem persönlichen Stil. Diese Verfahrensweise dient vor dem Hintergrund des nationalen Selbstfindungsprozesses der dichterischen Demonstration einer Kontinuität der griechischen Kultur von der Antike über Byzanz bis zum modernen Griechenland und verleiht P.' Werk einen patriotisch-hellenozentrischen Charakter. Andererseits ist P. sehr empfänglich für europäische Geistesströmungen, die er mit der griechischen Tradition zu verbinden sucht. In seinen Essays, die das Fundament der modernen griechischen Literaturkritik bilden, konstituiert P. einen Kanon der griechischen Literatur und präsentiert seinen Landsleuten zugleich Autoren und Werke der Weltliteratur.

Die frühen Sammlungen *Ta tragoudia tis patridos mou* (1886; Lieder Meiner Heimat) und *Ta matia tis psychis mou* (1892; Die Augen meiner Seele) zeichnen sich durch romantisch-volkstümliche sowie symbolistische Anklänge aus und thematisieren sowohl die nationale Vergangenheit als auch individuelle Aspekte des Lebens wie Liebe und Begehren, Einsamkeit und Melancholie. Einen Höhepunkt seiner Lyrik der Innerlichkeit – zu der auch einige spätere Sammlungen zählen – bildet die aus 39 wohlklingenden Stanzen bestehende Komposition »Finikia« (1900; Palme) aus der Sammlung *I asalefti zoi* (1904; Unbewegtes Leben), die symbolisch den poetischen Akt selbst in den Mittelpunkt der Dichtung stellt und als ein vollendetes Beispiel der ›poésie pure‹ in griechischer Sprache gilt. Mit den Epen *O dodekalogos tou gyftou* (1907; Der Dodekalog des Zigeuners) und *I flogera tou vasilia* (1910; Die Flöte des Kaisers) lässt P. den introvertierten Ton hinter sich, nimmt die Rolle des Mentors ein und gibt seiner Lyrik eine nationale Dimension. Die widersprüchliche Figur des Zigeuners trägt – in Anlehnung an die Philosophie Friedrich Nietzsches – nihilistische Züge und beschwört in rhetorisiertem Stil und metrischer Vielfalt neue Ideale und Glaubensbekenntnisse. *I flogera tou vasilia* schildert eine Reise des byzantinischen Kaisers Basileios II (974–1025) über das griechische Festland, die im Einzug in Athen gipfelt. P. verleiht darin der Idee, dass das moderne Griechenland eine Synthese der klassischen Antike und des christlich-byzantinischen Reiches sei, durch zahlreiche Rekurse auf die sprachliche und literarische Tradition Griechenlands epischen Ausdruck.

P.' umfangreiches Werk in seiner ausufernden und eklektizistischen Fülle spiegelt auch die inneren Widersprüche des Dichters wider: »Ich bin mir dessen bewußt, daß ich nicht nur einer bin. Ich existiere nicht in meinem einen Ich, sondern in meinen vielen Ichs.«

Athanasios Anastasiadis/Sophia Voulgari

Pamuk, Orhan
Geb. 7. 6. 1952 in Istanbul

Anfang zwanzig war Orhan Pamuk, als er begann, sich von der Außenwelt abzukapseln, um an einer z. T. autobiographischen Geschichte einer Familie zu schreiben, ohne zu wissen, ob das Manuskript je veröffentlicht würde. Er wuchs in Istanbul in einem Milieu auf, in dem man sich an universalen Werten orientierte, und träumte davon, Maler zu werden. Als er nach dem Abitur am Robert-College Architektur an der Technischen Universität Istanbuls studierte, muss die Exaktheit der Baumeister ihn so fasziniert haben, dass er diese Präzision auf die Erzählstruktur seiner Texte übertrug. Während er sich in selbstauferlegter Klausur mit dem Manuskript befasste, wechselte er das Studienfach und immatrikulierte sich, eher der Form halber, für Publizistik.

1982, sieben Jahre, nachdem er zu schreiben begonnen hatte, erschien *Cevdet Bey ve Oğulları* (Cevdet Bey und seine Söhne) als erster seiner Romane. 1983 folgte *Sessiz Ev* (Das stille Haus), aber erst mit *Beyaz Kale* (1985; Die weiße Festung, 1990) stellten sich der Erfolg und – dank der Übersetzung in viele Sprachen – die internationale Anerkennung ein. Die Literaturkritik horchte auf, und das Publikum verschlang seine Bücher. Drei Jahre (1985–88) verbrachte P. in New York als Gastdozent an der Columbia University und gewann Abstand zur Metropole Istanbul, befasste sich aber umso intensiver damit und schrieb *Kara Kitap* (1990; Das schwarze Buch, 1995), worin er »die dunklen Ecken, die zwielichtigen Plätze, die polyphone Anarchie der Zehn-Millionen-Stadt« am Bosporus (P.) zum Schauplatz einer komplexen Handlung machte. Als nächster Roman erschien *Yeni Hayat* (1995; Das neue Leben, 1998).

Individuelle wie kollektive Erinnerung bilden das Fundament seiner Geschichten; P. konfrontiert das Heute mit dem Gestern und Vorgestern osmanischer Zeit, stellt High-Tech extremer Frömmigkeit gegenüber, all dies in einer kühlen, neutralisierenden Erzählhaltung. *Benim Adım Kırmızı* (1998; *Rot ist mein Name*, 2001) z. B. spielt im 16. Jahrhundert; es ist ein Roman um ein Intrigengespinst, in dem Morde unter den Buchmalern des Sultans eine zentrale Rolle einnehmen. Hier schreibt P. etwa so, wie die Buchmaler einst die Bücher für das Serail illustrierten, mit geometrisch klarer Linienführung, verquickt mit sinnlich erfahrbarem Geschehen, und schildert auf diese Weise den Konflikt zwischen einem Verfechter der realistischen Darstellungsformen der Franken und den Traditionalisten, die auf Abstraktion bestehen. Wird in *Benim Adım Kırmızı* zeitgenössische Problematik historisch verkleidet, um Widersprüche der Gegenwart im Spiegel der Vergangenheit grell aufleuchten zu lassen, so ist der Roman *Kar* (2002; *Schnee*, 2005) in einer extrem turbulenten Gegenwart in Kars im Nordosten der Türkei angesiedelt, einem eher imaginären Ort, auch wenn die Stadt real existiert. Mystische und rationale Elemente sind miteinander verwoben, Traumsequenzen dringen tief in scheinbar reales Geschehen ein und werden dann wieder, wenn auch nicht ganz und gar, aus der distanzierten Sicht des Erzählers aufgelöst. In fast allen Romanen P.s – der 2006 den Nobelpreis für Literatur erhielt – steht der Gedanke persönlicher Freiheit innerhalb und außerhalb einer Gemeinschaft, die an traditionelle Regeln gebunden ist, im Mittelpunkt, und Irrationales wird mit den Mitteln des Phantastischen ad absurdum geführt.

Monika Carbe

Pascal, Blaise

Geb. 19. 6. 1623 in Clermont (heute Clermont-Ferrand)/Frankreich; gest. 19. 8. 1662 in Paris

Blaise Pascal war gleichermaßen Philosoph, Physiker, Mathematiker und literarisch gebildeter Autor. Schon früh zeigten sich P.s mathematische Begabung und sein erfinderisches Talent, als er für seinen Vater, einen hohen Steuerberater, eine Rechenmaschine entwarf. Als er 1647 René Descartes traf, lehnte dieser P.s These über das Vakuum ab. 1654 verfasste P. eine Abhandlung, in der er das später nach ihm benannte Pascalsche Dreieck definierte. P. interessierte sich für diverse physikalische Gesetzmäßigkeiten – er konnte z. b. nachweisen, dass der Luftdruck mit zunehmender Höhe sinkt – und formulierte das für die Hydrodynamik und Hydrostatik wichtige Gesetz der ›kommunizierenden Röhren‹. Seine wissenschaftliche Grundhaltung äußert sich ferner in der intensiven Beschäftigung mit der Wahrscheinlichkeitsrechnung, über die er mit Pierre de Fermat korrespondierte. Später verwendete er ein Wahrscheinlichkeitsargument, die Pascalsche Wette, dazu, in einem Gedankenexperiment den Glauben an Gott mit vernünftigen Argumenten zu rechtfertigen: »Wenn Gott nicht existiert, verliert man nichts, wenn man an ihn glaubt; wenn Gott aber existiert, verliert man alles, wenn man nicht glaubt.« Ebenfalls 1654 bewirkten ein Unfall mit der Kutsche auf einer Brücke bei Neuilly, bei dem die Pferde über das Brückengeländer gestürzt sein sollen, und die unwahrscheinliche, wunderbare Rettung P.s eine nachhaltige Wende im Leben und Denken des Autors.

In den anonym verbreiteten »Lettres provinciales«, eigentlich *Les provinciales, ou les lettres par Louis de Montalte, à un provincial* (*Briefe an einen Freund in der Provinz*), schaltete er sich zwischen 1656 und 1657 in den theologischen Disput zwischen den Jansenisten und Jesuiten ein, um christliche, biblisch begründete Wertvorstellungen gegenüber einer Beliebigkeit der Auslegung zu verteidigen. Als Verteidiger der jansenistischen Lehre ging P. von der Vorstellung einer unendlichen Ferne zwischen Gott und den Menschen aus und von der göttlichen Gnade, die nicht beeinflussbar sei. Die jesuitische Beichtpraxis hielt er für heuchlerisch und unangemessen. Am 6. September 1657 wurden *Les provinciales* durch päpstlichen Beschluss auf den Index der verbotenen Bücher gesetzt. P.s Schriften zeichnen sich durch erstaunliche Redegewandtheit, Witz und Ironie sowie durch eine beeindruckende argumentative Schärfe und Genauigkeit aus, die es ihm erlaubt, seine Reflexionen stets von einer seinen Gegnern intellektuell überlegenen Position aus darzulegen. Mit einer beinahe naturwissenschaftlich anmutenden Beweisführung spielt er häufig die absurden Konsequenzen der Argumente seiner Kontrahenten durch, um Letztere auf diese Weise äußerst elegant mit ihren eigenen Waffen zu schlagen.

Wie in der mystischen Tradition ist für P. das Erleben des göttlichen Lichtes zentral, das er in der Nacht des 23. November 1654 – der berühmten »nuit de feu« – erfahren haben will. Die religiös bestimmten literarischen Hauptwerke P.s sind das *Mémorial* (die Niederschrift des mystischen Erlebnisses von 1654) und die postum 1669 erstmals veröffentlichten *Pensées* (*Gedanken über die Religion und einige andere Themen*, 1701). Dabei handelt es sich um eine Sammlung persönlich akzentuierter Gedanken über die *conditio humana* und den Glauben an Gott, die, am Stil Michel de Montaignes geschult, noch die Schriftsteller des 18. Jahrhunderts fasziniert haben. Letztlich tragen sie zu einer Apologie des Christentums bei, die P. noch weiter auszuführen beabsichtigte. Seine Schriften gaben unter anderem Gottfried Leibniz entscheidende Anregungen, als dieser in seinen Pariser Jahren mit den Werken P.s näher vertraut wurde. Seine letzten Lebensjahre verbrachte P. teilweise im Kloster Port Royal. Seine religiöse Haltung und sein individueller Glaube diesseits der Orthodoxie haben sein Denken und seine Erkenntnistheorie tiefgreifend geprägt: Neben der Vernunft gewinnen die menschliche Intuition und die emotiven Aspekte für das Begreifen des Göttlichen und der menschlichen Natur eine neue Bedeutung. P.s Überlegungen beruhen auf der Leitannahme, nur die fruchtbare Verbindung von Verstand und Herz (»raison et cœur«) könne zu einer gültigen Form des Erkennens führen. Das Menschenbild P.s ist durch eine grundlegende Dualität bestimmt. Es entspricht der *condition humaine*, dass das menschliche Individuum eingespannt ist zwischen den Extremen von Elend und Größe; es verfügt indes über die Möglichkeit, sich Letzterer noch in der Situation der Gottferne bewusst zu werden.

Werkausgaben: Blaise Pascal. Aus seinen Schriften. Hg. W. Warnach. Düsseldorf 1962. – Gedanken über die Religion und einige andere Themen. Hg. J.-R. Armogathe. Stuttgart 1997.

Annette Simonis

Pascoli, Giovanni
Geb. 31. 12. 1855 in San Mauro di Romagna/Italien;
gest. 6. 4. 1912 in Bologna

Giovanni Pascoli wurde in einer Familie des ländlichen Kleinbürgertums geboren und verbrachte die Jahre 1862–1867 im Internat in Urbino. Schicksalsschläge und traumatische Ereignisse zeichneten seine Kindheit: die Ermordung des Vaters 1867, der Tod der Schwester Margherita und der Mutter 1868 und später der Tod von zwei Brüdern. Während seines Studiums der klassischen Philologie in Bologna verkehrte P. in sozialistischen Kreisen, was 1879 zu einer dreimonatigen Haft führte. Nach Abschluss des Studiums 1882 wurde er Gymnasiallehrer für Latein und Griechisch in Matera, Massa und Livorno. 1885 zog er mit den Schwestern Ida und Maria zusammen. Die starken Familienbande ließen ihn Idas Hochzeit als Trauma empfinden und brachten ihn dazu, seine eigene Verlobung 1896 zu lösen; auch spätere Beziehungen brach er ab. Kurz nachdem er 1895 ein Haus in Castelvecchio di Barga gemietet hatte, begann seine akademische Karriere: 1897 erhielt er den Lehrstuhl für lateinische Literatur in Messina, 1903 wurde er Professor für griechische und lateinische Grammatik in Pisa und 1905 Nachfolger von Giosuè Carducci am Lehrstuhl für italienische Literaturwissenschaft in Bologna, wo er 1912 starb.

P.s erste Lyriksammlung *Myricae* (1891) bestand zunächst aus 22 Gedichten, zu denen im Laufe der Jahre weitere hinzukamen (156 zählt die 4. Ausg. von 1897). Der Titel weist auf die alltäglichen, bescheidenen und ländlichen Motive hin: Leben und Arbeit auf dem Land und im Haus, die Landschaft, das Wetter und der Wechsel der Jahreszeiten. Doch handelt es sich keineswegs um realistische Beschreibungen, die ländliche Welt ist hier nichts anderes als eine Projektion des Innenlebens, eine symbolische Darstellung der individuellen Gefühle und Ängste. Ähnliches gilt auch für die folgenden Sammlungen *Poemetti* (1897, 1900, später geteilt in *Primi poemetti*, 1904, und *Nuovi poemetti*, 1909) und *Canti di Castelvecchio* (1903, 1905; Gesänge von Castelvecchio), die sich von *Myricae* aber durch breitere und komplexere metrische Strukturen unterscheiden. Die sprachliche Präzision der Gedichte zielt weniger auf eine realistische Darstellung als auf die Authentizität des Ausdrucks, die das symbolische Potential der einzelnen Objekte freigibt. In dem programmatischen Text *Il fanciullino* (1897) erklärt P. seine neue Poetik: Im Dichter soll das ›kleine Kind‹, das in jedem steckt, endlich zu Wort kommen, denn nur »es entdeckt in den Dingen die erfinderischsten Ähnlichkeiten und Verbindungen«. Poesie ist für P. eine »plötzliche Weltoffenbarung«: Sie besteht aus Fragmenten, in denen Situationen und Bilder ohne logischen Zusammenhang aufeinanderfolgen. Allein die Dichtung mit ihrem analogischen Verfahren vermag es, die Welt zu erkennen und die versteckte Seite der Realität aufzudecken, die der wissenschaftlichen Erkenntnis verborgen bleibt. In dieser Ablehnung einer logischen und rationalistischen Weltvorstellung zeigt sich P.s Nähe zum Symbolismus, die ihn zu einem der Hauptvertreter der italienischen Dekadenzdichtung macht. Oft wiederkehrende Themen sind der Tod, die kindliche Regression, die Flucht ins familiäre Nest (»nido«) als Angstreaktion auf die Wahrnehmung der Unendlichkeit des Universums und der Unbedeutsamkeit des Menschen. Die Erde wird dabei als »stumpfes Atom des Bösen« empfunden. P.s Bedeutung ist aber vor allem in seinem innovativen Stil zu suchen: Kennzeichnend hierfür sind der metrische Experimentalismus und die lexikalische Vielfalt, von der Alltagssprache über Lautmalerei und seltene Wörter bis hin zu Jargon- und Fachausdrücken.

Zu den weiteren Werken zählen *Poemi conviviali* (1904, 1905; *Gastmahlgedichte*, 2000), mit Motiven der griechischen Mythologie; *Odi e inni* (1906; Oden und Hymnen), engagierte Gelegenheitsgedichte zu Ehren von zeitgenössischen Persönlichkeiten; *Pensieri e discorsi* (1907, geschrieben 1895–1906; Gedanken und Reden); die Rede *La grande proletaria si è mossa* (1911; Die große Proletarierin bewegte sich), die Italiens Kolonialpolitik zelebriert, und *Poemi italici* (1911), die von der politischen Involution in P.s letzten Jahren zeugen. Zwischen 1885 und 1911 verfasste P. auch lateinische Gedichte, die postum gesammelten *Carmina*, deren Motive auf die Römerzeit zurückgreifen. Als Literaturwissenschaftler schrieb P. mehrere Aufsätze insbesondere über Dante und Leopardi und stellte verschiedene Anthologien von lateinischen und italienischen Autoren zusammen.

Werkausgaben: Ausgewählte Gedichte. Florenz 1957. – Gastmalgedichte. Hg. W. Hirdt. Tübingen 2000.

Tatiana Bisanti

Pasolini, Pier Paolo
Geb. 5. 3. 1922 in Bologna/Italien; gest. 2. 11. 1975 in Ostia

»Wenn einer, der Verse, Romane oder Filme macht, in der Gesellschaft, in der er wirkt, auf Komplizität, Duldung oder Verständnis stößt, dann ist er kein Autor. Ein Autor kann nichts anderes sein als ein Fremder in feindlichem Land: er ist im Tod und nicht im Leben zu Hause, und die Reaktion, die er provoziert, ist ein mehr oder weniger starkes Gefühl von Rassenhaß.«

Dieses zuerst im Herbst 1970 in den *Nuovi Argomenti*, später in *Empirismo eretico* (1972; *Ketzererfahrungen*, 1979) publizierte Statement zum »unpopulären Kino« der Filmemacher umreißt prägnant Pier Paolo Pasolinis Auffassung vom Künstler, dessen ästhetische Praxis er an dieser Stelle als eine permanente »Verletzung des Kodes« definiert. Der am 22. November 1975 beim Filmfestival von Paris uraufgeführte Film SALÒ O LE CENTOVENTI GIORNATE DI SODOMA (SALÒ ODER DIE 120 TAGE VON SODOM, 1976) stellt wohl die radikalste Umsetzung dieses Postulats dar und avancierte nach dem gewaltsamen Tod P.s in der Nacht zum 2. November 1975 zum Vermächtnis des bis heute polarisierenden Künstlers, dem die Rolle des Outlaw von Jugend an auf den Leib geschrieben war: Noch während seines Studiums in Bologna (1939–45) debütierte P. mit einem Gedichtband im friaulischen Dialekt seiner Mutter (*Poesie a Casarsa*, 1942), ein in der Ära des Faschismus, der die Dialekte marginalisierte, unerhörter Akt. P.s Wille zum Widerspruch resultierte aus traumatischen Erfahrungen des Verlusts und des Verrats. Der Tod seines jüngeren Bruders, der als Partisan von Kampfgenossen ermordet wurde, sowie die frühen Differenzen mit seinem faschistischen Vater bilden hier Schlüsselerlebnisse. Auch seine öffentliche Bloßstellung als Homosexueller durch eine anonyme Anzeige wirkte traumatisierend: P. verlor seine Stelle als Lehrer und wurde aus der KPI ausgeschlossen.

Zwar geht es dem inhaltlich an de Sades Roman *Les cent vingt journées de Sodome* (entstanden 1785) angelehnten Film SALÒ durch seine historische Situierung in der Republik von Salò, der letzten Bastion des italienischen Faschismus ab Oktober 1943, in erster Linie darum, die Menschenverachtung des faschistischen Regimes aufzudecken – auf einer metaphorischen Ebene kann der Film, der die brutale sexuelle Zurichtung und Tötung junger Leute durch eine Herrscherkaste schonungslos vor Augen führt, aber auch als Chiffre für die alltägliche ›Vergewaltigung‹ der Menschen im Neokapitalismus gedeutet werden. Denn wie P.s gesellschaftskritische Essays jener Jahre zeigen (*Scritti corsari*, 1975; *Freibeuterschriften*, 1978), begriff er den Kapitalismus längst als Fortsetzung des Faschismus. Die Gleichschaltung der Menschen auf die bourgeoise Ideologie des Konsums interpretierte er als »anthropologischen Mord«, als eine neue Form des »Völkermords«, der lediglich – wie er in seiner Rede »Il genocidio« auf dem Fest der *Unità* in

Mailand (1974) konstatierte – »ohne Blutbäder und ohne Massenerschießungen« vonstatten gehe und auch vor der Zerstörung der für Italien so charakteristischen sprachlichen Vielfalt nicht haltmache. Nicht ohne Grund wählte P. für seine Romane *Ragazzi di vita* (1955; *Ragazzi di vita*, 1990) und *Una vita violenta* (1959; *Una vita violenta*, 1963) die Sprache des ›Subproletariats‹, die Dialekte der römischen Vorstädte, in deren Milieu auch die beiden Filme ACCATTONE (1961) und MAMMA ROMA (1962), angesiedelt sind.

Gegen den gesellschaftlichen Homogenisierungsprozess der Wirtschaftswunderjahre mobilisierte P. aber nicht nur die archaische Sprache, sondern auch die von der bürgerlichen Moral noch unbelastete Sinnlichkeit des einfachen Volkes, das in seinen Filmen, in denen er bevorzugt mit Laiendarstellern arbeitete, eine geradezu mythische Dimension annimmt, wie die Verfilmung des Matthäus-Evangeliums (IL VANGELO SECONDO MATTEO, 1964) eindrucksvoll belegt. Stets zielen P.s skandalöse Körperinszenierungen darauf, den im Neokapitalismus auf den Status einer Ware herabgesunkenen Körper aufzuwerten, ihn durch die Verschränkung von (tabuisierten) körperlichen Ereignissen – Eros, Krankheit, Tod – mit einem Archaisch-Heiligen wieder zum Signum unverwechselbarer Identität zu machen. Noch vor seinen Verfilmungen des Ödipus- (EDIPO RE, 1967) und des Medea-Mythos (MEDEA, 1970) transponierte TEOREMA (1968) die heilige Macht des Eros in den Kontext der Moderne. Der Film handelt von einem mysteriösen Gast, dessen epiphanischer Einbruch in eine Mailänder Industriellenfamilie bei allen Familienmitgliedern den Wunsch nach sexueller Hingabe auslöst und dadurch deren spirituelle Wandlung bewirkt. Als ein Schritt in die falsche Richtung erwiesen sich P.s Verfilmungen einzelner Episoden aus Boccaccios *Decamerone* (1971), Chaucers *Canterbury Tales* (1972) und den *Märchen aus*

Tausendundeiner Nacht (1974), ließ sich deren ›unschuldige Erotik‹ doch allzu mühelos von der hedonistischen Ideologie der Bourgeoisie kommerzialisieren. P. distanzierte sich öffentlich von der Trilogie und drehte SALÒ, um seinen Irrtum zu revidieren.

Trotz der intensiven Filmarbeit war P. kontinuierlich als Essayist, Theaterautor und Lyriker tätig und erhielt zahlreiche Auszeichnungen, so etwa den Premio Viareggio für den wichtigen Gedichtband *Le ceneri di Gramsci* (1957; *Gramscis Asche*, 1980). Dennoch zeigte das postum publizierte autobiographische Prosafragment *La divina mimesis* (1975; *Barbarische Erinnerungen*, 1983), das wohl Mitte der 1960er Jahre entstand, einen resignierten Autor auf der Suche nach politischer und künstlerischer Selbstpositionierung. Demgegenüber überraschte der nachgelassene Romantorso *Petrolio* (1992; *Petrolio*, 1994), der im Kern die Machenschaften des 1953 gegründeten Energiekonzerns *ENI* nachzeichnet, durch eine völlig neue *écriture*-Konzeption und zeigt den wohl umstrittensten italienischen Intellektuellen der zweiten Hälfte des 20. Jahrhunderts noch einmal auf einem schöpferischen Höhepunkt. *Petrolio* darf wohl als die luzideste Gesellschaftsanalyse der italienischen Nachkriegszeit gelten.

Irmgard Scharold

Pasternak, Boris

Geb. 10. 2. 1890 in Moskau;
gest. 30. 5. 1960 in Peredelkino, Moskau

Boris Pasternak wurde inmitten des revolutionären Umbaus des russischen Zarenreichs in ein sozialistisches Imperium zu einem anerkannten Poeten und hervorragenden Übersetzer. Seine Liebe galt der Lyrik, doch seinen größten, internationalen Erfolg feierte er mit dem Roman *Doktor Živago* (1957; *Doktor Schiwago*, 1957). 1958 wurde ihm der Nobelpreis für Literatur »für seine bedeutende Leistung sowohl in der zeitgenössischen Lyrik als auch auf dem Gebiet der großen russischen Erzähltradition« verliehen, doch in der Sowjetunion wurde P. durch die politische Obrigkeit ständig verfolgt und unterdrückt.

P., der älteste Sohn des Malers Leonid Pasternak und der Pianistin Rosa Kaufman, wuchs in einem intellektuellen und künstlerischen Milieu auf. Häufige Begegnungen mit dem Komponisten Alexander Scrjabin bewegten ihn zu einer Musikerkarriere, die er jedoch recht schnell aufgab. Nach einem Studium der Philosophie an den Universitäten in Moskau und Marburg beschloss er, sich seiner Leidenschaft, der Poesie, zuzuwenden. 1914 veröffentlichte P. seinen ersten Gedichtband und wurde Mitglied der Dichtergruppe Centrifuga. Seine frühe Lyrik stand stark unter symbolistischen Einflüssen, doch distanzierte sie sich zugleich von der symbolistischen Überempfindlichkeit und Weltentfremdung. Trotz seiner Neigung zu futuristischen Themen und Motiven war P. der futuristische Appell zum Bruch mit der Vergangenheit und der ›alten‹ Kulturtradition völlig fremd: Die Poesie des jungen P. ist geprägt von einer intensiven Verbindung zur russischen und deutschen Lyrik des 19. Jahrhunderts. Kurz vor der Oktoberrevolution schrieb er den Gedichtband *Sestra moja, žizn* (1922; *Sister, My Life*, 1967), mit dem er schnell große Anerkennung unter den führenden Schriftstellern der Zeit gewann. *Sestra moja, žizn* zeigt bereits eine der wichtigsten Eigenschaften von P.s Dichtung – die Unzertrennbarkeit von Poesie und Natur und Leben – und schließt eine seltsame Form von Subjektivität ein. Das Bild der Revolution nimmt ebenfalls eine zentrale Stellung in seinem Werk ein: Als Naturzustand, als Sturm, wird sie plastisch wahrgenommen. Zugleich ergänzt P. die Darstellung durch philosophische Überlegungen über das dramatische Schicksal der Menschen, über die wahren Helden der Zeit.

Nach der Revolution musste P. zwischen dem Exil und dem Leben in einem bolschewistischen Staat entscheiden. Er beschloss, in

Russland zu bleiben, obwohl seine Familie nach Deutschland auswanderte. 1922 heiratete er Ewgenija Wladimirowna Lourie, mit ihr hatte er einen Sohn. Die Ehe wurde 1931 geschieden, später folgte eine zweite Ehe mit Sinaida Nikolajewna Neuhaus. P.s starke emotionale Bindung an seine Ehefrauen sowie an seine langjährige Geliebte Olga Iwinskaja inspirierte ihn und wurde Grundlage seiner Liebesgedichte. Doch war sein ganzes Schaffen durch die Unsicherheit des Alltags gekennzeichnet. In seinen Werken und in öffentlichen Reden verteidigte er, ohne eine politische Position einzunehmen, kontinuierlich die Autonomie des Künstlers. Sowjetische Kritiker warfen ihm vor, dass seine Dichtung nicht den bevorzugten Mustern des sozialistischen Realismus folge, und bald durfte er sich nicht mehr am öffentlichen Leben beteiligen. Nach 1932 beschäftigte sich P. vorwiegend mit Übersetzungen der Werke Shakespeares, Goethes, Kleists, Rilkes und anderer Autoren. Im Juni 1941, als Hitlers Truppen in Russland einmarschierten, arbeitete er an den Übersetzungen von *Romeo and Juliet*, *Othello* und *Henry IV*. Um diese Zeit entwickelte er die Idee, einen umfangreichen Roman zu schreiben, um den tragischen Zwiespalt der Menschen in der Sowjetunion, den Kampf zwischen persönlicher Freiheit und gesellschaftlichem Alltag darzustellen.

Doktor Živago wurde zugleich eine der berühmtesten Liebesgeschichten des 20. Jahrhunderts. Der Roman zeigt nicht zuletzt die tiefe Enttäuschung des Schriftstellers über die Folgen der Revolution, über Gewalt und Unterdrückung der Persönlichkeit, die das Leben im sozialistischen Staat prägten. Die große internationale Anerkennung des Romans, der 1957 zunächst nur im Ausland, zuerst in Italien und danach in 18 Sprachen in anderen Ländern, veröffentlicht wurde, und die Verleihung des Nobelpreises waren durch heftige Kritik in der Sowjetunion selbst begleitet. P. wurde aus dem Schriftstellerverband ausgeschlossen und musste den Nobelpreis ablehnen. In der Sowjetunion konnte der Roman erst 1987 im Zuge der Perestrojka Michail Gorbatschows erscheinen, nachdem P., 27 Jahre nach seinem Tod, offiziell rehabilitiert worden war.

Miglena Hristozova

Paustovskij, Konstantin
Geb. 31. 5. 1892 in Moskau;
gest. 14. 7. 1968 in Moskau

Der Eisenbahnersohn Konstantin Paustovskij besaß eine äußerst konzentrierte Beobachtungsgabe für Mensch und Natur. Sein Hauptwerk ist die sechsteilige Autobiographie *Povest' o žizni* (Erzählung vom Leben), bestehend aus *Dalëkie gody* (1946; *Aus ferner Jugend*, 1947, *Ferne Jahre*, 1955), *Bespokojnaja junost'* (1955; *Unruhige Jugend*, 1962), *Načalo nevedomogo veka* (1958; *Beginn eines unbekannten Zeitalters*, 1962), *Vremja bol'ših ožidanij* (1959; *Die Zeit der großen Erwartungen*, 1963), *Brosok na jug* (1961; *Sprung nach dem Süden*, 1984) und *Kniga skitanij* (1963; *Buch der Wanderungen*, 1967). Der aus vielen Episoden lose gereihte Lebensbericht erzählt vom Familienleben im zaristischen Russland, dem Tod Anton Čechovs und Lev Tolstojs, von Welt- und Bürgerkrieg, Februar- und Oktoberrevolution und von der Eroberung Odessas nach der Blockade durch die »Weißen«. Vom Schwarzen Meer und dem Kaukasus führt P.s Weg schließlich rechtzeitig zur Beerdigung Lenins nach Moskau zurück.

Auf Reisen unter anderem durch Karelien entstand P.s erstes Buch *Kara-Bugaz* (1932; *Kara-Bugaz*, 1948). Die Hexalogie beschließt die Schilderung einer Begegnung mit Maksim Gor'kij, dessen autobiographischen Schriften die »Erzählung vom Leben« Maßgebliches verdankt. *Povest' o lesach* (1948; *Segen der Wälder*, 1952, *Eine Geschichte vom Walde*, 1955) handelt vom russischen Wald als einer Inspirationsquelle für den Komponisten Peter Tschaikowskij bzw. später für einen Leningrader Schriftsteller und ruft nachfolgende Generationen zu seinem Erhalt auf, denn das Verhältnis zur Natur bestimmen den ethischen Wert eines Menschen. Der Prosaband *Zolotaja rosa* (1955; *Die goldene Rose*, 1958) enthält neben Porträts von Hans Christian Andersen und Michail Prišvin »Gedanken über die Arbeit des Schriftstellers«, die weniger mit Inspiration als mit mühevoller Feinarbeit am Text zu tun habe und noch mehr – im Sinne Gor'kijs – mit lebenslangem Sehen und Lernen. »Um einen Einfall ausreifen zu lassen, darf der Schriftsteller sich niemals vom Leben loslösen und ganz ›in sich gehen‹.« An Texten wie *Starik na stancionnom bufete* (Der alte Mann im Bahnhofsrestaurant) demonstriert P. exemplarisch seine Erzählmethode und -kunst.

Obwohl sein Blick auf die Welt nie von Ideologien verzerrt war, machte P. keinen Hehl aus seiner positiven Einstellung der Sowjetunion gegenüber. Andererseits setzte er sich für die Rehabilitierung verfolgter Dichter wie Isaak Babel' und Michail Bulgakov ein und verteidigte Abram Terc (d.i. Andrej Sinjavskij), Vladimir Dudincev und andere. Mit den von ihm herausgegebenen Anthologien *Literaturnaja Moskva* (1956; Literarisches Moskau) und *Taurusskie stranicy* (1961; Blätter aus Taurusa – in Taurusa befand sich P.s Zweitwohnsitz) begehrte er gegen die Zensur auf – was ihm prompt Sanktionen eintrug. *Taurusskie stranicy* enthält auch Gedichte der verfehmt-vergessenen Marina Cvetaeva, eine pazifistische Erzählung von Bulat Okudžava sowie Texte späterer Dissidenten bzw. Emigranten wie Vladimir Kornilov und Vladimir Maksimov. 1968 wählte die Akademie der Wissenschaft und Literatur in Mainz P. zu ihrem Mitglied.

Klaus-Peter Walter

Pavese, Cesare
Geb. 9. 9. 1908 in Santo Stefano Belbo, Piemont/Italien; gest. 26. 8. 1950 in Turin

Neben Elio Vittorini hat Cesare Pavese in den 1940er Jahren am entschiedensten zur Entwicklung einer modernen literarischen Prosa in Italien beigetragen. In P.s Erzähltexten dominiert ein an amerikanischen Vorbildern geschulter experimenteller Stil, der Soziolekten und Mündlichkeitsformen eine herausragende Bedeutung einräumt und sich somit gegen eine durch die Faschisten beförderte provinzielle Blut-und-Boden-Literatur wendet. Auf diese Weise wird P. zum Vorbild für die Autoren des Neorealismo.

Der im Piemont geborene P. entstammt einer kleinbürgerlichen Familie. Er verliert bereits früh seinen Vater, besucht zunächst ein Jesuitengymnasium, dann das Liceo D'Azeglio in Turin, wo er mit Augusto Monti einen bedeutenden Antifaschisten als Lehrer hat. P. studiert Anglistik und beschäftigt sich insbesondere mit der nordamerikanischen Literatur. Seine Abschlussarbeit über Walt Whitman, insbesondere aber seine Aufsätze zu Sinclair Lewis, Mark Twain und Herman Melville, die er in der bedeutenden Zeitschrift *La Cultura* veröffentlicht, dokumentieren seine profunde Kenntnis auf diesem Gebiet und tragen dazu bei, einen »mito dell'America« zu konturieren und der politischen Lage in Italien das Bild eines Landes der Freiheit und der unbegrenzten Möglichkeiten gegenüberzustellen. Auch durch die Übersetzungen von Hauptwerken der nordamerikanischen Literatur macht P. das italienische Lesepublikum mit neueren Entwicklungen der Weltliteratur vertraut und zeigt Alternativen jenseits der von den Faschisten privilegierten provinziellen Erzähltexte auf. Derartige Aktivitäten führen dazu, dass der junge Intellektuelle 1935 von Mussolinis Gefolgsleuten nach Kalabrien verbannt wird. Nach einem Jahr wird er begnadigt, nimmt seine Arbeit im Verlagshaus Einaudi wieder auf und veröffentlicht seinen ersten Gedichtband *Lavorare stanca* (1936; *Arbeiten macht müde*, 1962). Die Sammlung umfasst Gedichte mehrerer Jahre und wird bis zur definitiven Fassung, die 1943 bei Einaudi erscheint und neben der Lyrik auch den poetologischen Aufsatz »Il mestiere di poeta« (»Das Dichterhandwerk«) umfasst, mehrfach überarbeitet. Die Kritiker stehen den Gedichten mehrheitlich ablehnend gegenüber, da sie sowohl in formaler als auch in inhaltlicher Hinsicht den Erwartungshorizont der Leser brechen: P. distanziert sich von den musikalischen Ambitionen symbolistischer Prägung und stellt dem *vers libre* die an Walt Whitman angelehnte Konzeption rhythmischer Blöcke gegenüber. Gleichzeitig verwirft er das gehobene, bisweilen gar preziöse Vokabular der hermetischen Lyrik und strebt nach einem einfachen, am Prosastil Sherwood Andersons orientierten Sprachduktus. Auch thematisch mussten die Gedichte Befremden hervorrufen: Asoziale, Prostituierte, Betrunkene, Musikanten und in den Vorstädten hausende Bauern bilden das Personal von P.s früher Lyrik, in der über Themen wie Jugend und Einsamkeit oder Stadt und Land ein »lyrischer Realismus« (Giuseppe Petronio) entwickelt wird.

In den 1940er Jahren wendet sich P. vor allem der Prosa zu und strebt seit dem ersten Roman *Paesi tuoi* (1941; *Unter Bauern*, 1970) nach einer Synthese von realistisch-dokumentarischen und mythisch-symbolischen Erzählelementen. In *Paesi tuoi* geht es um einen Geschwistermord im bäuerlichen Milieu. Doch nicht nur dieses Sujet, sondern auch die stilistische Orientierung an der Umgangssprache und an der Unmittelbarkeit amerikanischer Gangsterfilme sorgt für Aufsehen und wird zum Vorbild für die Schriftsteller des Neorealismo. Der Gegensatz von Land und Stadt, Natürlichkeit und Künstlichkeit prägt auch den Roman *La casa in collina* (*Das Haus auf der Höhe*, 1972), der gemeinsam mit der autobiographisch geprägten Erzählung *Il carcere* (*Die Verbannung*, 1963) unter dem Titel *Prima che il gallo canti* (1949; *Ehe der Hahn kräht*) veröffentlicht wird. In den *Dialoghi con Leucò* (1947; *Gespräche mit Leuco*, 1958) wird das Verhältnis von Tradition und Moderne im Rahmen eines umfassenderen philosophischen Zusammenhangs und einer persönlichen Sinnsuche erörtert. Einer der bedeutendsten Erzähltexte ist der Heimkehrerroman *La luna e il falò* (1950; *Junger Mond*, 1954): Der Ich-Erzähler Anguilla, in Amerika und Genua zum reichen Geschäftsmann geworden, kehrt ins Piemont zurück, wo er als Findelkind bei Zieheltern aufgewachsen ist. In den Gesprächen mit dem Jugendfreund Nuto, der niemals die Region verlassen hat, begibt er sich auf die Suche nach der eigenen Vergangenheit. Wenige Monate nach der Veröffentlichung des Romans, für den er den bedeutenden Premio Strega verliehen bekam, nahm P. sich in einem Turiner Hotelzimmer das Leben. Die postum veröffentlichten Aufzeichnungen *Il mestiere di vivere. Diario 1935–1950* (1952; *Das Handwerk des Lebens. Tagebuch 1935–1950*, 1956) können als bewegendes Dokument einer Sinnsuche gelten. Die Erörterung persönlicher Ängste wird von poetologischen und politischen Fragen überlagert und zeigt einmal mehr die für P. charakteristische enge Verknüpfung von individueller Mythologie und gesellschaftlichem Engagement.

Werkausgabe: Die Turiner Romane. München 2000.

Florian Henke

Paz, Octavio
Geb. 31. 3. 1914 in Mexiko-Stadt;
gest. 19. 4. 1998 in Mexiko-Stadt

Der Poet und Essayist Octavio Paz wuchs als Sohn einer andalusischen Mutter und eines Vaters indianischer Abstammung nahe der mexikanischen Hauptstadt im Dorf Mixcoac auf. Während der Vater, ein Anwalt und Journalist, für den mexikanischen Revolutionsführer Emiliano Zapata arbeitete, war der Großvater ein liberaler Intellektueller und einer der ersten, der einen Roman mit spezifisch indianischem Inhalt schrieb. Dank dessen sehr gut ausgestatteten Bibliothek kam der junge P. schon früh mit der Weltliteratur in Berührung. Neben der intellektuellen Stimulanz durch seine Vorväter wurde P. auch mit deren Leidenschaft für soziale Verbesserungen angesteckt. Während seiner Studienjahre 1932 bis 1937 an der juristischen und philosophischen Fakultät der Nationaluniversität verbrachte er mehrere Monate im südöstlichen Bundesstaat Yucatán, wo er mit Freunden ein fortschrittliches Schulprojekt für Arbeiterkinder ins Leben rief. Der Kontakt mit den archäologischen Stätten der Ureinwohner Mexikos in Yucatán beeinflusste ihn so stark, dass sein ganzes Werk von einem historischen Bewusstsein geprägt ist.

Anfang der 1930er Jahre begann P. zu schreiben und gab in den folgenden Jahren zwei Literaturzeitschriften heraus, in denen er auch eigene Lyrik veröffentlichte. 1937 wurde er auf Pablo Nerudas Initiative zum zweiten antifaschistischen Schriftstellerkongress ins spanische Valencia eingeladen – als einer von zwei Teilnehmern, die nicht der kommunistischen Partei angehörten. Dabei lernte er Rafael Alberti, Luis Cernuda, César Vallejo und Neruda kennen. Bevor P. 1945 für 23 Jahre in den diplomatischen Dienst trat, hielt er sich zwei Jahre in San Francisco und New York auf und intensivierte seine Beziehung zur englischsprachigen Dichtung. In den Werken von T.S. Eliot und Ezra Pound fand P. Antworten auf die alte Frage um die scheinbar antagonistische Beziehung von sozial engagierter und rein ästhetischer Lyrik. Die Begegnungen mit André Malraux, Louis Aragon und André Breton hatten starken Einfluss auf ihn. Auch wenn P. sich niemals ganz den avantgardistischen Methoden, wie etwa der *écriture automatique*, verpflichtete und seine Lyrik durchaus sehr konventionelle Formelemente enthält, gibt es in seiner Dichtung doch Gemeinsamkeiten mit dem Surrealismus, wie etwa die Aufgabe der Grenze zwischen Subjekt und Objekt und die Fusion des Ich mit dem Medium Sprache. P. kritisierte im Gegensatz zu Neruda den stalinistischen Kommunismus, worüber die Freundschaft zu dem chilenischen Dichter zerbrach.

In den 1950er Jahren reiste P. nach Japan und Indien. 1962 wurde er Botschafter in Neu-Delhi, gab jedoch 1968 aufgrund des Massakers an demonstrierenden Studenten in Mexiko-Stadt sein Mandat ab und wandte sich in der internationalen Presse harsch gegen die eigene Regierung. Von da an widmete sich P. wieder der Herausgabe zweier wichtiger literarischer und politischer Zeitschriften. Nach einigen Jahren diskontinuierlicher Lehrtätigkeit in den USA wurde er 1980 an der Universität von Harvard zum Honorarprofessor für hispanische Literaturwissenschaft ernannt.

P.' Gesamtwerk umfasst lyrische und prosaische Dichtung, einige Essaybände und Monographien. Für den argentinischen Schriftsteller Julio Cortázar besaß P. die nur mit Paul Valéry und T.S. Eliot vergleichbare Eigenschaft, »naht- und widerspruchslos ein poetisches Œuvre mit dem der analytischen Reflektion zu verbinden«. Nach den lyrischen Anfängen in den 1930er Jahren erreichte P. mit dem später erweiterten Gedichtband *Libertad bajo palabra* (1949; Freiheit unter dem Wort) seine künstlerische Reife. Im Prolog des Bandes lässt er den Leser an seinem dichterischen Selbstverständnis teilhaben: »Gegen das Schweigen und Getöse erfinde ich das WORT, Freiheit, die sich erfindet und mich erfindet Tag für Tag.« In der Sammlung befindet sich auch P.' berühmtestes Gedicht: »Piedra del sol« (Sonnenstein), das auf den aztekischen Sonnenkalender verweist und mit Eliots »The Waste Land« verglichen wird. Die lyrische Prosa in *¿Águila o sol?* (1951; Kopf oder Zahl?) ist stark vom Surrealismus geprägt. Ab 1952 dringen asiatische Erfahrungen und Elemente wie etwa der Taoismus, der Zen-Buddhismus und die Tantra-Erotik in P.' lyrisches Schaffen ein. Der Lyrikband *Semillas para un himno* (1954; Samen für eine Hymne) zeigt neben Parallelen zur indianischen Náhuatl-Dichtung insbesondere den Einfluss des japanischen *haiku*-Gedichts. Im poetologischen Essay *El arco y la lira* (1956; Der Bogen und die Leier, 1983) werden die unter anderem in *El laberinto de la soledad* (1950; Das Labyrinth der Einsamkeit, 1970) essentiellen Begriffe der *otredad* (Andersheit) und *soledad* (Einsamkeit) aufgegriffen. Jedoch verweigern sich diese Sprachzeichen in der Lyrik noch stärker einer Sinngebung als in den essayistischen Texten. Das philosophische Prosagedicht *El mono gramático* (1974; Der sprachgelehrte Affe, 1982) ist von sprachtheoretischen Überlegungen geprägt.

Als Lyriker, vor allem aber auch durch seine Essays erlangte P. eine entscheidende Position in Lateinamerika. *El laberinto de la soledad*, sein bekanntester und erfolgreichster Text, gehört zu den Standardessays für das Verständnis Lateinamerikas. P. antwortet darin auf die Frage, was die Identität Mexikos und des Mexikaners im 20. Jahrhundert ausmache. Von einem historisch-sozialpsychologischen Blickwinkel aus stellt der damalige Botschafter einen Identitätsmangel in der mexikanischen Gesellschaft fest, der zu einem besonderen Kompensationsverhalten führt. Seine Untersuchung bezieht sich auch auf die in den USA lebenden Emigranten, die »pachucos«. Diese sozial marginalisierten Auswanderer – die einerseits keine US-Amerikaner waren, jedoch auch keine Mexikaner mehr sein wollten – entwickelten bestimmte Provokationsmuster in einer Mischung aus Verschlossenheit und jähen, oft gewalttätigen Gefühlsausbrüchen auf ihren Festen, bei denen sie für kurze Zeit die bestehenden Hierarchienormen vergessen konnten. Dieses Verhalten versteht P. als eine Verdrängungsstrategie gegenüber dem aus der *conquista* (Eroberung) resultierenden Trauma. Das Erbe einer Gesellschaft, deren Ursprünge in einer Mischung aus dem Verrat der eigenen Leute – exemplifiziert an der Dolmetscherin und Geliebten des Heerführers der Spanier, »Malinche« – und der Vergewaltigung – dem »chingar« – durch die Eroberer besteht, führe den Mexikaner in einen Konflikt, der in Schweigen, Einsamkeit und Selbstverleugnung münde. Während der Niederlage 1519 seien die Azteken, die als mexikanische Ursprungsethnie im Nationalverständnis eine privilegierte Rolle einnehmen, von den Göttern, als deren sich erfüllende Prophezeiung sie das Auftauchen der Fremden aus Europa betrachteten, verlassen worden und so als Waisen der *soledad* preisgegeben. Wie schon am Titel ersichtlich, erlangt der Begriff der *soledad* bei P. eine zentrale Position – zunächst in historischer Bedeutung: Die Mexikaner können sich aus Angst vor Schwäche und in Reminiszenz an die Schande der *conquista* nicht öffnen, sich weder mit der indianischen Mutter noch mit dem spanischen Vater identifizieren.

So »zerreißt der Mexikaner das Band der Vergangenheit, verleugnet [...] seinen Ursprung und spinnt sich – einsam – in das Leben ein, das als Geschehen immer Geschichte ist«. Gleichzeitig trägt die Einsamkeit (über) individuelle Bedeutung: »Nichts ist geblieben als Blöße und Lüge. Denn nach diesem allgemeinen Zusammenbruch von Vernunft, Glaube, Gottesmacht und Utopie gibt es wohl kaum ein altes oder neues philosophisches System, das unsere Angst beschwichtigen und Beruhigung in unsere Verwirrung bringen könnte. Vor uns liegt das Nichts. Wir sind – wie alle Menschen – einsam [...].« Trotz der Möglichkeit, im durch die Spanier eingeführten Katholizismus ein gewisses Zusammengehörigkeitsgefühl zu entwickeln, sind die kolonialen Ordnungsstrukturen zu stark, um dem Mexikaner eine individuelle oder soziokulturelle Entfaltung zu erlauben. Die schrittweise Entfremdung von Spanien, die politische Unabhängigkeit und die gesellschaftlichen Veränderungen durch die mexikanische Revolution (1910–29) bedeuten wichtige Stationen im Prozess der Identitätsfindung. Doch P. kritisiert als Folge der Revolution die ideologische Inkorporation der Intellektuellen in das System. Einen Ausweg aus dem Labyrinth der Einsamkeit skizziert P., indem er den Begriff der *soledad* von einer nationalen Konnotation ins Allgemeingültige wendet. Denn in der Konfrontation mit der Existenzphilosophie seien auch die Europäer, deren Denken vormals einen Überlegenheitsanspruch gestellt habe –, ähnlich den Mexikanern, zu einer peripheren Existenz gezwungen. Von diesem Standpunkt aus formuliert P. die Utopie einer neuen Solidarität: »Aber dort – in der offenen Einsamkeit – wartet die Transzendenz: die Hände anderer Einsamer.« In einem Nachwort (*Postdata*) aus dem Jahre 1970 zieht er Parallelen zwischen den Opferritualen der Azteken und den Gewalttaten der mexikanischen Regierung gegen die Demonstranten.

Über P. wurde gesagt, dass er sich wie ein »gieriger Schwamm« allen Anregungen seiner Epoche öffnete. Er wurde durch den Marxismus, den Surrealismus, den Existentialismus, den Buddhismus, den Hinduismus und die europäische und englische Moderne geprägt; neben Friedrich Nietzsche, Sigmund Freud, Henri Bergson, André Breton und Claude Lévi-Strauss inspirierten ihn die Studien des Anthropologen Marcel Mauss und des

Religionshistorikers Mircea Eliade. P. erhielt unter anderem den Cervantes-Preis (1982), den Friedenspreis des deutschen Buchhandels (1984) und den Nobelpreis für Literatur (1990).

David Freudenthal

Pazarkaya, Yüksel
Geb. 24. 2. 1940 in Izmir

Zum Chemiestudium war er nach Deutschland gekommen, 1958, drei Jahre vor dem ersten großen Schwung angeworbener türkischer ›Gastarbeiter‹. Er nahm noch Physik, höhere Mathematik, Mineralogie und Maschinenbau dazu und studierte bis zum Diplom (1966). Seine Aufgabe aber fand er in keinem Labor, sondern auf der Agora der Moderne, in Verlagen, Sendestudios, auf Konferenzen, 1972 bis 1985 in der Volkshochschule Stuttgart und 1986 bis 2003 im WDR (Hörfunk) als Leiter der türkischen Redaktion. Schon in seinen ersten Studiensemestern hatte er Gedichte geschrieben und auch bei Max Bense, bei Leo Kreuzer, Fritz Martini u. a. gehört, hatte türkischen Studenten Deutsch beigebracht, hatte für die Stuttgarter Zeitung geschrieben und schrieb später für die FAZ, immer auch für türkische Zeitungen, hatte 1961 die Studiobühne der Stuttgarter Universität gegründet und leitete sie sechs Jahre lang. In einem regulären Zweitstudium seit 1966 widmete er sich der (deutschen) Literaturwissenschaft, der Philosophie und Turkologie und unterrichtete für alle ausländischen Studierenden der Uni Stuttgart Deutsch in ihrem Einführungssemester. Seine Dissertation schrieb er über deutschsprachige Einakter im 18. Jahrhundert (1972). Mit Hunderten von Artikeln und Essays, über tausend Hörfunkbeiträgen, mit Übersetzungen ins Deutsche wie ins Türkische (sehr wörtlich, um den ›Gestus‹ des Originals bemüht), mit Sprachbüchern, Wörterbüchern, ›Einblicken‹ in die türkische Kultur (*Rosen im Frost*, 1982), Beobachtungen zum ›Deutschland-Türkischen‹, Anthologien (u. a. der modernen türkischen Lyrik: *Die Wasser sind weiser als wir*, 1987), mit Theaterstücken, der Gründung und Leitung des ersten türkischsprachigen Theaters in Deutschland avancierte er zu einem führenden, vielleicht dem wichtigsten Vermittler zwischen der türkischen und der deutschen Kultur. So souverän er sich in beiden Sprachen bewegt, hat er doch für den ›Kulturschock‹, für das kreative ›Chaos‹ der Begriffe wie der Sprache (z. B. bei seinem Landsmann Aras Ören) tiefes Verständnis. Zugleich wurde er ein ebenso entschiedener wie um Erklärungen bemühter Kritiker des tiefneurotischen Verhältnisses, in dem die kompakte Majorität der deutschen Bevölkerung gerade zur türkischen Minderheit (und umgekehrt) steht. Eingebürgert wurde er 1984, erhielt 1986 das Bundesverdienstkreuz, weiter zahlreiche deutsche und türkische Preise, u. a. einen Preis für türkische Journalisten in Europa 1988, den Chamisso-Preis 1989, und wird gern als Gastprofessor in die USA eingeladen.

In vielen pragmatischen wie literarischen Formen macht P. von seinen beiden Sprachen Gebrauch, vor allem aber versteht er sich als Lyriker. Seine Gedichte sind auf Türkisch in elf Bänden erschienen (neben vier Bänden mit Dramen, einem Roman und vielen Übersetzungen, von Goethe bis Rilke). Auf Deutsch sind die Gedichte in drei Bänden enthalten: *Ich möchte Freuden schreiben* (1983, 111 Dreizeiler, »die liebe von der liebe«, von 1968 und ein Kalendarium von 366 Drei- bis Neunzeilern; »zeitzeichen«, aus den frühen 1970er Jahren), *Irrwege* (1985, türkisch und deutsch, aus den 1960er Jahren), *Der Babylonbus* (1989, mit den Teilen »blumen die wie blut blühen« und »fremde ist wo du gekränkt wirst«, beide aus den 1970er Jahren; einzelne neuere Gedichte, distanzierter und reflektierter, veröffentlichte er auch in den 1990er Jahren. Von Anfang an brachte er elementare Wahrnehmungen und konkrete Erfahrungen in eine konzentrierte, verallgemeinernde Form: »knapp die erde / knapp der mensch«. Mitunter greift er zum hohen Ton von Nazim Hikmet oder Pablo Neruda, doch bremst er jeden Schwung auch wieder ab, denn er hat auch von den großen Skeptikern der türkischen Lyrik, von Orhan

Veli u. a., gelernt. Mit der Sensibilität des Migranten (»es ist ein seltsames gefühl / vielleicht im mark des menschen / vielleicht in einem luftleeren teil / ein seltsames abreißen«) fasst er sowohl Leid und Empörung als auch unbändige Lebenslust (»die wüste sprießt«) in intensive Bilder mehr der Vorstellungskraft als der Anschauung. Er geht geduldig, nur selten polemisch auf westliche Denkmuster ein, zehrt aber von einer mächtigeren, selbstverständlicheren Vitalität: »verknallt / verschossen ins leben / der narr der spannung«; »wir lachen mit unseren toten«. Er scheut keine Ketzerei, welche im alevitischen Islam oder im Sufismus sowieso zur lebendigen Frömmigkeit gehört: »gott fiel in den sinn in gott fiel der mensch«.

Das große Thema P.s ist die Liebe, doch nicht die zu einer Person, sondern die allgemeine Kraft, die da Liebe heißt, die alles aufschließen und lösen soll: »lagernde berge wandern / das kamel springt über gräben / taue gehen durchs nadelöhr / der liebe wegen« – »revoltieren wie lieben«, schrieb er 1968. Die Konkretisierung zur Zeit der politisch ebenso wie amourös frei ausgreifenden Studentenrevolte: »prag paris warschau berlin ankara«, ersetzte er später durch andere, doch dem Prinzip blieb er treu: »liebe ist eine tat / liebe ist piratenhaft«; »du gewinnst widerstand durch liebe«. Selbst ein defätistisch gestimmtes Gedicht über den Fremdenhass (1992) beschließt er mit einem Ausblick »in dieses irrsinnig geliebte Leben / In die Liebe, derer wir nicht satt wurden«. Dabei geht er literarisch eher von einem vorsichtigen, seiner selbst ungewissen Ich als von einem machtvollen Ego aus. »ausklammern des ich« postuliert er im Titelgedicht »die liebe von der liebe«. Die spätere abgeklärtere Fassung macht daraus: »nicht tilgen das ich in wir verwandeln«. »Der Ich-Sucher«, so betitelte er seinen Roman, den er in der ersten Fassung nur auf Türkisch veröffentlichen konnte (*Ben Aranýyor*, 1989). In der zweiten, erweiterten Fassung dreht sich dieser Roman *Ich und die Rose* (2002) um ein total verunsichertes Ich, das sich so weit zurücknimmt, dass es selbst einer überströmenden beseligenden (in westlichen Begriffen gesprochen: stark regressiven) Liebe höchstens passiv erliegt und nur in Passagen der Kritik an einer drakonisch-modernisierten Türkei und deren Pendant in Deutschland (z. T. spielerisch-ironisch) eine gewisse Stärke gewinnt.

Eine »immense kulturelle Hochzeit« attestiert P. der interkulturellen Begegnung zwischen türkischer und westlicher, in seinem Fall deutscher Intellektualität und Weltaneignung sowie auch Sprache und Dichtung. Prompt erklärt er auch der Sprache seine Liebe, der Sprache Lessings, Heines und Marx' ebenso wie seiner türkischen Sprache. Er besteht aber auf den hohen Kosten, ohne die keine gelingende Akkumulation der beiden gegeneinander spröden Kulturen (an etwas so Entlegenes wie ihre Verschmelzung denkt er nicht) zu haben sein wird: Aufgeschlossenheit für die andere Seite. Interkulturalität heißt bei ihm: »Je tiefer du ins / Fremde eindringst umso mehr / selbst wird das Fremde« (1995). Nach der starken Öffnung der Türkei für den Westen seit Atatürk und in großen Wellen bis heute sieht er den Westen, z. B. die ihrerseits lieber nach Westen schauende deutsche Gesellschaft, am Zuge. Sein Lebenswerk widmet er dem besseren gegenseitigen Verständnis: kritisch sichtend, zurechtrückend, aufklärend, werbend, Demokratie postulierend und befördernd. Um den Respekt des Islam vor der Natur zu demonstrieren, zitiert er, obgleich ein sehr lässiger Muslim, surenlang aus dem Koran (1986). Von Erziehung hat er den gleichen hohen Begriff wie die alte deutsche und die jüngere türkische Aufklärung. Er schreibt Kinderbücher, in denen sämtliche abenteuerliche Wendungen dazu ermutigen, sich des eigenen Verstandes zu bedienen. Er schreibt strikt aufbauende, moralisch räsonierende Texte und greift zur Satire, wo die Verachtung des Fremden (»Müll«) oder seine genauso achtlose Verehrung (»Fernweh«) scheinbar unlösbar verhärtet sind. Sein Held ist Bülent Ecevit, der Poet wie der Politiker und »Volksfreund«, der sich in der turbulentesten Phase seiner Regierung gleichwohl die Zeit nahm, mit seinem Übersetzer P. über die angemessenste Übertragung seiner Verse in die wichtige Zielsprache Deutsch zu reden (Bülent Ecevit: *Ich meißelte*

Licht aus Stein, 1978). Sich selbst stellt er vor als »mal Bürger, mal Anarch, mal Bohemien, mal Asket« (1996). Liest man P.s Gedichte, Prosa, Artikel oder Übersetzungen, möchte man gern seinen Glauben teilen, dass das Rechte, richtig nahe gebracht, auch richtig zum Zuge kommen müsse.

Gerhard Bauer

Pelevin, Viktor
Geb. 22. 11. 1962 in Moskau

»Der Begriff des Kollektivs ist mir zutiefst verhaßt. Ich habe mich nie im Kollektiv verwirklichen wollen.« Viktor Pelevin, ein Absolvent des Moskauer Gor'kij-Instituts für Literatur, gilt als »der Popstar unter Rußlands Dichtern« (*Die Zeit*) und als »Spezialist für Abbrucharbeiten an Denkmälern« (*FAZ*). Radikal und respektlos räumt er mit den Politheiligtümern der Sowjetzeit auf, wobei er immer die Grenze zwischen Realität und Phantasie, zwischen Sein und Schein, zwischen Menschsein und Tierreich durchbricht. *Omon Ra* (1992; *Omon hinterm Mond*, 1994) kombiniert Science-fiction-Motive mit dem Entwicklungsroman. Omon (der Name einer realen Spezialeinheit der Polizei), dessen Lebenssehnsüchte in einer Mondreise kulminieren, wird zum Ruhme des Sozialismus zu einer Kamikaze-Mondfahrt ohne Rückkehrmöglichkeit gezwungen, die sich dann aber als Studiofiktion erweist. Den Befehl, sich zu erschießen, vereitelt ein Defekt seiner Waffe. Dies entlarvt das wahre Gesicht der Sowjetideologie, die zu Propagandazwecken die Wirklichkeit manipuliert und auf zynischste Weise Menschenleben opfert.

Die Entstehung der Arten (1995) ist eine Sammlung wunderlicher Traumgeschichten, in denen unter anderem versponnene Figuren auf schräge, letztlich aber stets folgenlose Weise dem ins Groteske überzeichneten sozialistischen Alltag entkommen. In der Titelgeschichte boxt Charles Darwin auf seinem Forschungsschiff »Beagle« erfolgreich gegen Menschenaffen – ohne daraus freilich eine klare Bestätigung seiner Theorien schöpfen zu können. *Žizn' neznakomych* (1993; *Das Leben der Insekten*, 1994) atmet den Geist von Franz Kafkas *Die Verwandlung*, jedoch bereichert um eine beißend satirische soziologische Komponente: Menschen beobachten Insekten und verwandeln sich in solche. Dabei treten die wahren menschlichen Lebensverhältnisse zutage: Wie die Insekten kennen die Menschen keine Individualität, und sie sind wie die Insekten dazu verurteilt, ihr Leben lang in Unrat und Exkrementen zu verbringen.

Im Mittelpunkt des phantasmagorischen Romans *Čapaev i pustota* (1996; *Buddhas kleiner Finger*, 1999) steht der für seine Tumbheit berüchtigte sowjetische Volksheld Čapaev. Dieser montiert auf einen Panzer den kleinen Finger Buddhas, der alles verschwinden lässt, worauf er zeigt, einschließlich sich selbst. So erfährt die materialistische Sowjetideologie eine Umkehrung aller Werte unter idealistischen Vorzeichen. Der »Unsinn« (pustota) des Originaltitels könnte aber auch Wahnsinn sein, denn der Roman spielt in einer Irrenanstalt. In *Generation P* (1999; *Generation P*, 2000) wird Kommunismus durch Konsum, die Sowjetideologie durch das Produkt »P« – was für Pepsi Cola steht – ersetzt, und ein drittklassiger Dichter wandelt sich in einem zur Karikatur des Kapitalismus verzerrten Russland zu einem zynischen Werbemessias. Phantasmagorische Szenen parallelisieren die Gegenwart mit dem Tanz ums goldene Kalb im antiken Babylon. *Helmet of Horror* (2005; *Der Schreckenshelm*, 2005) – formal ein Hörspieltext – stellt die Frage nach den Möglichkeiten menschlicher Erkenntnis im digitalen Zeitalter, wobei als Weltmodell das – ausweglos scheinende – Labyrinth aus dem Mythos vom Minotaurus fungiert. P. erhielt 1993 den »Kleinen Booker Preis«. 1999 hielt er sich zwei Monate lang als Gast des Literarischen Kolloquiums in Berlin auf.

Klaus-Peter Walter

Pepetela (d. i. Artur Carlos Maurício Pestana dos Santos)
Geb. 29. 10. 1941 in Benguela/Angola

Der angolanische Autor Pepetela ist einer der bekanntesten Schriftsteller seines Landes. Er studierte ab 1958 in Lissabon und ging 1962 nach Paris. Das Pseudonym Pepetela ist der Deckname, den er 1963 im Guerillakampf gegen die portugiesische Kolonialmacht erhielt. Von 1975 an, als Angola von Portugal unabhängig wurde, bis 1982 arbeitete P. als stellvertretender Minister für Bildung. Seitdem unterrichtet er Soziologie an der Universität Luanda. 1980, 1987 und 2002 wurde sein Werk mit dem angolanischen Nationalpreis für Literatur ausgezeichnet, 1993 mit dem Spezialpreis der brasilianischen Literaturkritik, 1997 in Portugal mit dem Prémio Camões, 2002 in Brasilien mit dem Orden von Rio Branco.

Sein erstes Buch, der Roman *As aventuras de Ngunga* (*Ngunga*, 1981), die Geschichte eines Waisenjungen zur Zeit des Unabhängigkeitskrieges, erschien 1973. Es war aber nicht sein erstes Werk. Bereits 1969 hatte er die Erzählung *Muana Puó* geschrieben, die jedoch erst neun Jahre später veröffentlicht wurde (1978; *Muana Puó*, 1985). Sowohl das Thema des Unabhängigkeitskampfes als auch die verzögerte Editionspraxis ist typisch für P.s Frühwerk, dessen Publikation aufgrund der politischen Lage und der (auch dadurch) beeinträchtigten Verlagssituation in Angola nur unter schwierigen Umständen möglich war. Auch der Roman *Mayombe* (1980; *Mayombe oder Eine afrikanische Metamorphose*, 1983), den P. schon Anfang der 1970er Jahre verfasst hatte, erschien mit deutlicher Verzögerung. *Mayombe* wurde als Nationalepos der jungen Nation betrachtet. P. schildert darin vordergründig das Vordringen einer Partisaneneinheit, zugleich aber auch das Auftreten von Spannungen und Differenzen innerhalb der Opposition sowie Konflikte zwischen verschiedenen Volksgruppen. Damit thematisierte er früh die ethnisch begründete Kluft, die Angola nach der Unabhängigkeit in einen lange anhaltenden Bürgerkrieg stürzte. Noch vor dem Erscheinen von *Mayombe* hatte P. zwei Theaterstücke verfasst (*A corda*, unveröffentlicht; *A revolta da casa dos ídolos*, 1979), die jedoch erst sehr spät inszeniert wurden, so dass P. keine weiteren dramatischen Arbeiten mehr schrieb.

Im Jahr 1985 kamen in Portugal gleich zwei Bücher P.s heraus: der schon im Jahr zuvor in Brasilien verlegte Roman *Yaka* (1984; *Schöpfungsregen der Yaka*, 1988) und der zwischen 1978 und 1982 verfasste Roman *O cão e os calus* (1985; *Der Hund und die Leute von Luanda*, 1985). Während *Yaka* anhand einer Familiensaga die portugiesische Kolonialgeschichte in Angola beschreibt und sie mit Überlieferungen der afrikanischen Bevölkerung kontrastiert, ist *O cão e os calus* eine ironische Darstellung des zeitgenössischen Lebens in Luanda. Damit mischte sich erstmals ein satirischer Zug in das Werk P.s, der Ende der 1980er Jahre mit dem historischen Roman *Lueji, o nascimento de um império* (1989; *Lueji oder Die Geburt eines Imperiums*) einen ähnlich kritischen Blick auf Portugal und Angola warf wie in *Yaka*. Die in *Lueji, o nascimento de um império* formulierte Kritik an der Regierungspolitik in Angola führte dazu, dass P.s Bücher zeitweise aus dem Handel genommen wurden und fortan eher in Portugal erschienen. In dem folgenden, schon 1972 begonnenen Roman *A geração da utopia* (1994; *Die Generation der Utopie*) spitzte P. seine Kritik an den postkolonialen Machthabern in Angola weiter zu. *A geração da utopia* ist sein wohl desillusioniertestes Werk; es schildert, wie sich ein Revolutionär inmitten von persönlichen, ethnischen und politischen Rivalitäten zum Opportunisten entwickelt, antikolonialistische Ideale hinter sich lässt, die Vorteile politischer Führerschaft ausnutzt und ein System aus Korruption und Repression formt.

Auch der Roman *O desejo de Kianda* (1995; *Die Wüste von Kianda*) formulierte diese Regimekritik auf eine satirisch-amüsante Weise, in der die Helden von früher als faule und sexgierige Nichtsnutze beschrieben werden. Diesen ironischen Blick auf die angolanische Gesellschaft der Gegenwart legte P. auch seinem ersten Kriminalroman *Jaime Bunda, agente secreto* (2001; *Jaime Bunda, Geheimagent*, 2004) zugrunde, der das Krimigenre in die angolanische Literatur einführte. Die Handlung des Krimis ist freilich nur ein Vorwand, um über Bestechlichkeit, Schmuggel und Misswirtschaft in den höchsten Kreisen der angolanischen Politik zu schreiben. Aufgrund des Erfolges von *Jaime Bunda, agente secreto* legte P. unter dem Titel *Jaime Bunda e a morte do americano* (Jaime Bunda und der Tod des Amerikaners) einen weiteren Krimi mit derselben Hauptfigur vor. Darin gibt der Tod eines amerikanischen Ingenieurs Anlass, über merkwürdige Geschäftsgepflogenheiten in der angolanischen Wirtschaft und Hochfinanz zu berichten.

Manfred Loimeier

Pepys, Samuel
Geb. 23. 2. 1633 in London;
gest. 26. 5. 1703 in London

Samuel Pepys verdankt seinen beträchtlichen Nachruhm seiner Rolle beim Aufbau einer modernen, effizienten Marineverwaltung, seiner Theaterleidenschaft, v. a. aber auch seinem Tagebuch, das er von 1659–69 führte und das nicht nur einen für seine Zeit ungewöhnlichen, ungehinderten Einblick in seine komplexe Persönlichkeit gewährt, sondern auch seine erstaunliche Karriere vom Faktotum eines adligen Verwandten zum Berater des Königs und obersten Marineverwalter sowie Präsident der Royal Society und Mitglied des Parlaments dokumentiert. Aus der Sicht eines intimen Kenners der Hauptakteure seiner Zeit lässt er uns an Kabalen und Intrigen, an den großen politischen Ereignissen wie an seinem Alltag teilhaben. – Geboren als fünftes von insgesamt zehn Kindern eines Londoner Schneiders mit festen puritanischen Lebensgrundsätzen, wurde der junge P. wohl auch mit Blick auf seine einflussreiche und wohlhabende Verwandtschaft zur Schule geschickt. Nach einem kurzen Aufenthalt an der Free School in Huntingdon, der Schule, die auch Oliver Cromwell besucht hatte, wird er 1644 in die St. Paul's School in London aufgenommen. 1650 bemüht sich sein Vater für ihn um ein Stipendium der Londoner Mercer's Company zum Studium in Cambridge. Im Juli 1650 beginnt P. an der Trinity Hall in Cambridge zu studieren, wechselt aber kurz darauf ins Magdalen College. Er bleibt in Cambridge bis 1654, als ihm sein Cousin, der einflussreiche Sir Edward Montague, Mitglied in Cromwells Staatsrat und Bevollmächtigter für die Staatsfinanzen sowie General-at-Sea, eine Stelle als Faktotum anbietet. Obwohl die Bezahlung schlecht ist, heiratet P. im darauffolgenden Jahr Elizabeth St. Michael, die mittellose Tochter eines hugenottischen Immigranten. Die Verbindung zu Sir Edward Montague, der nach der Restauration für seine Verdienste um die Wiederherstellung der Monarchie zum Earl of Sandwich erhoben wird, sollte entscheidenden Einfluss auf P.' Karriere im Naval Office haben. Zuerst in untergeordneter Stellung erntet P. nach der Rückkehr der Stuarts auf den Thron mit Sandwich die Früchte seines Engagements. Er wird zum »Clerk of the Acts« – einem von vier hochrangigen Marinebeamten – ernannt. Dieses Amt brachte nicht nur ein besseres Gehalt und gewachsenes Ansehen mit sich, sondern auch die Möglichkeit, sich in der damals üblichen Weise durch Vorteilnahme der unterschiedlichsten Art persönlich zu bereichern. P. hat dazu auch nie eine Chance ausgelassen, obwohl er in der für ihn typischen Doppelmoral im Tagebuch immer wieder korruptes Verhalten seiner Kollegen in der Marineverwaltung geißelt.

Das Tagebuch beginnt er in dem Augenblick seines Lebens, in dem seine Ambitionen Gestalt annehmen und er durch seine Nähe zu Sandwich unmittelbar am epochemachenden Ereignis der Restauration teilnehmen darf. Im Tagebuch notiert er auch seine häufigen Theaterbesuche, die er sich selbst dann gönnt, wenn er sie sich eigentlich nicht leisten kann. In einer Welt, in der persönliche Beziehungen entscheidend sind und Professionalität bei der Übernahme und Ausübung eines öffentlichen Amtes meist eine untergeordnete Rolle spielt, erarbeitet sich der statusmäßig wenig abgesicherte P. durch professionelles Herangehen und durch die Entfaltung erstaunlicher sozialer Tugenden eine Reputation, die ihn schließlich zum Berater des Königs und zum obersten Beamten in der Marineverwaltung aufsteigen lässt. Er ist damit ein gutes Beispiel eines bürgerlichen Aufsteigers, der Leistungsbereitschaft und Bildungsdrang in sozialen Aufstieg umsetzt. All dies ist im Tagebuch genau und mit erstaunlicher Direktheit beschrieben. Es ist P.' einzigartige Stellung als jemand, der zur Welt des Handels ebenso engen Kontakt hat wie zu der des Hofes, die sein Tagebuch zu einem herausragenden sozialgeschichtlichen Dokument macht. Seine Bedürfnisse nach Repräsentation seines gewachsenen Wohlstandes und Ansehens werden dort ebenso ausgebreitet wie sein erstaunliches Geschick im Einschätzen der jeweiligen politischen Lage und der Hauptakteure in ihr. Privates und öffentliches Leben werden mit gleicher Offenheit dargestellt. Häuslicher Streit, seine endlosen Affären, sein außerordentlich geschicktes Parieren von Anfeindungen und Anschuldigungen, sein Geschäftssinn, seine plastische Darstellung der Pest und des großen Feuers von London – all dies verdichtet sich nicht nur zu einem komplexen Bild einer hochinteressanten, aber auch höchst widersprüchlichen Persönlichkeit, sondern auch zu einer historischen und gesellschaftlichen Fallstudie von hohem Authentizitätswert. – P. hat sein Tagebuch in Stenographie abgefasst, um es vor unbefugten Augen zu schützen. Passagen, in denen er über seine sexuellen Abenteuer berichtet, sind zusätzlich durch ein Kauderwelsch von Latein, Französisch und Spanisch getarnt. In seinem Testament hat er das Tagebuch sowie seine umfangreiche Bibliothek seinem College vermacht. Das Tagebuchmanuskript, das erst seit 1983 vollständig verfügbar ist, ist erst im 19. Jahrhundert transkribiert und in Auszügen publiziert worden. Das Interesse galt damals dem ›öffentlichen P.‹, nicht den privaten und aus dem Blickwinkel der Viktorianer anrüchigen Episoden.

Werkausgaben: Letters and the Second Diary. Hg. R. G. Howard. London 1932. – The Letters of Samuel Pepys and His Family Circle. Hg. H. T. Heath. Oxford 1955. – The Diary. Hg. R. Latham/S. Matthews. 11 Bde. London 1983.

Jürgen Schlaeger

Perec, Georges
Geb. 7. 3. 1936 in Paris; gest. 3. 3. 1982 in Paris

Die Heterogenität des Schaffens von Georges Perec macht es unmöglich, ihn lediglich als Romancier, Dramatiker oder Literaturtheoretiker zu klassifizieren. P.s Werk wird im Wesentlichen von vier Aspekten strukturiert: von seinem Interesse am Experimentell-Spielerischen, an traditionellen Narrationen sowie an der Soziologie des Alltags und von seiner Biographie, die durch den frühen Tod der Eltern, seiner Zugehörigkeit zum Judentum und dem Studium der Soziologie in Paris gekennzeichnet ist. P.s erster Roman *Les choses. Une histoire des années soixante* (1965; *Die Dinge*, 2004) handelt von einem Paar, dessen Selbstdefinition über materielle Dinge zu totalem Persönlichkeitsverlust und existentieller Leere führt. Der »Anti-Bildungsroman« endet ohne die erhoffte Einsicht in die Fatalität ihrer Obsession und ist ein hervorragendes Beispiel für P.s Perzeptionsvermögen der Soziologie des Alltags. Die zweite Publikation *Quel petit vélo à guidon chromé au fond de la cour?* (1966; *Was für ein kleines Moped mit verchromter Lenkstange steht dort im Hof?*, 2003) beschäftigt sich mehr mit politischen Diskursen, die, im Stil der Satire des 18. Jahrhunderts (Laurence Sterne) verfasst, oft zu absurden Lebenssituationen führen. Der Roman antizipiert sowohl stilistisch als auch strukturell und inhaltlich P.s Zeit in der Ouvroir de Littérature Potentielle (OuLiPo, Werkstatt für potentielle Literatur), der er kurz nach seinem dritten Bucherfolg *Un homme qui dort* (1967; *Ein Mann der schläft*, 2002) beitrat.

OuLiPo wurde 1960 von Raymond Queneau und dem Mathematiker François Le Lionnais sowie Historikern und Computerwissenschaftlern mit dem Ziel der Erneuerung der Literatur gegründet. Sie suchen nach alten und neuen Literaturformen und rhetorischen Mitteln, die sie in neuen Kontexten auf ihre Schriften applizieren. Um die Literatur von dem »Diktat der Inspiration« zu befreien, unterliegen alle Texte der OuLiPo strengen Formzwängen. P.s erster OuLiPo-Text erschien 1969 unter dem Titel *La disparition* (*Anton Voyls Fortgang*, 1991). Er folgt dem Prinzip des Lipogramms, einer Figur, die auf einen oder mehrere bestimmte Buchstaben verzichtet – in diesem Fall auf den häufigsten Buchstaben des französischen Alphabets, das e. Statt lediglich eine literarische Stilübung zu sein, ist die Auslassung des e, das homophon mit dem französischen Pronomen »eux« (»sie«, 3. Pers. Pl.) ist, strukturgebend für den Roman. Mit »eux« spielt P. auf den Tod seiner Eltern an, deren Abwesenheit auch die Geschichte seines Lebens dominiert. Er beweist mit *La disparition* nicht nur eindrucksvoll seine Fertigkeiten als Autor, sondern leistet auch einen bedeutenden Beitrag zur Erörterung der Möglichkeiten zeitgenössischer Erzählweisen.

Neben literaturtheoretischen Explikationen zu seinem Werk sowie weiteren literarischen Experimenten in Prosa und Lyrik und Arbeiten für den Rundfunk und die Bühne folgen zwei weitere bedeutsame Texte: *W ou le souvenir d'enfance* (1975; *W oder Die Erinnerung and die Kindheit*, 1982) ist ein bipolarer Text, dessen autobiographische Erzählung über P.s Kindheit mit einer Fiktion über eine Inselgesellschaft abwechselt, deren einzige Beschäftigung in unmenschlichen Sportwettbewerben besteht. Die Fiktion wird zur Metapher für das Unsagbare und Unausgesprochene in der autobiographischen Geschichte, d. h. für die Verbrechen des Holocaust, denen auch P.s Mutter zum Opfer gefallen ist. P. kehrt so den Wahrheitsanspruch von Autobiographie und Fiktion um, Letztere vermag zuweilen mehr zu sagen als das autobiographische Erzählen. Der zweite Text, *La vie mode d'emploi* (1978; *Das Leben Gebrauchsanweisung*, 1986), gilt als OuLiPotisches Meisterwerk. Die Chronik des Lebens in einem Pariser Wohnhaus, die aus 10 x 10 = 100 (-1 [Epilog]) beschriebenen Räumen und zugleich Kapiteln besteht, ist nach streng mathematischen Regeln geordnet. Deren Inhalt wiederum ist nach anderen Mustern gegliedert, die jedoch ebenso konsequent ausgeführt werden, so dass sich keine einzige der Kombination von Gegenständen wiederholt. Was auf der Oberfläche als mathematisches Puzzle verwirren mag, ist eine gut lesbare und sehr humorvolle Erzählung. Das Motiv des Puzzles zieht sich durch das gesamte Buch: Nicht nur die Hauptpersonen, Winkler und Bartlebooth, widmen ihr Leben der Produktion, Zusammensetzung und Zerstörung von Puzzeln, auch die Leser/innen, so die Gebrauchsanweisung für das Leben, müssen sich an dem Prozess der sinnvollen Zusammensetzung der Einzelteile des Buches beteiligen. Mit dem Ende des Textes spielt P. nicht nur auf die eigene Biographie an, sondern er verweist vor allem auf die Unmöglichkeit, die letzten Fragen des Lebens zu beantworten.

Miriam Havemann

Pérez Galdós, Benito
Geb. 10. 5. 1843 in Las Palmas/Gran Canaria; gest. 4. 1. 1920 in Madrid

Benito Pérez Galdós ist der bedeutendste spanische Schriftsteller des 19. Jahrhunderts. Mit Leopoldo Alas und Emilia Pardo Bazán bildet er das Dreigestirn des spanischen Realismus/Naturalismus. P.G. kommt 1862 als Student nach Madrid, wo er sein gesamtes weiteres Leben verbringt. Er gibt sein Studium der Rechtswissenschaften bald auf und wendet sich dem Journalismus, kurz darauf der Literatur zu. Liberaler, republikanischer und schließlich sozialistischer Gesinnung, wird er 1886 bis 1890 und 1907 bis 1914 Abgeordneter im Spanischen Parlament. Seit 1910 beginnt er zu erblinden, ab 1912 bemühen sich seine Anhänger wiederholt um die Verleihung des Nobelpreises, 1920 stirbt er vereinsamt in Madrid.

Das umfangreiche, 78 Romane und 23 Theaterstücke umfassende Werk P.G.' bietet eine detaillierte Analyse der spanischen Gesellschaft und Zeitgeschichte. Seine ersten Romane konfrontieren liberale Fortschrittsorientierung mit religiösem Fanatismus und werden so zu frühen Ausarbeitungen des Konzepts von den »zwei Spanien« (*Doña Perfecta*, 1876; Doña Perfecta, 1876; *La familia de León Roch*; Die Familie von León Roch). In *Doña Perfecta* wird der junge Ingenieur Pepe Rey zum Opfer provinzieller Engstirnigkeit. Um die Verbindung zu seiner Kusine Rosario zu verhindern, inszeniert seine bigotte Tante Doña Perfecta eine als Selbstmord getarnte Erschießung. Im Laufe seiner literarischen Entwicklung führt P.G. zwei große Werkstränge parallel: Die *Episodios nacionales* (1873–1912; Nationale Episoden) bilden eine Chronik der spanischen Historie, die sich vom Unabhängigkeitskrieg gegen Napoleon über 75 Jahre bis zur Restaurationszeit erstreckt, während die »novelas españolas contemporáneas« (zeitgenössische spanische Romane) stärker gegenwartsorientiert individuelle Schicksale vor dem Hintergrund spanischer Zeitgeschichte verarbeiten. Zwischen 1873 und 1912 erscheinen fünf Serien der *Episodios nacionales* mit insgesamt 46 Einzelwerken, die sich auf schriftliche Quellen wie auch auf Zeitzeugenberichte berufen. Diese Texte, die innerhalb der Serien häufig durch eine zentrale Figur verbunden sind, beschränken sich nicht auf die reich dokumentierte Wiedergabe der Ereignisgeschichte, sondern sind eingebunden in das fiktive Alltagsleben und übernehmen Walter Scotts Konzept des »mittleren Helden«. Der Zyklus hat eine explizit didaktische Funktion; trotz der insgesamt spanienkritischen Tendenz wird ihm auch ein wichtiges Potential patriotischer Selbstversicherung zugeschrieben.

Mit den seit 1881 erscheinenden »novelas españolas contemporáneas« greift P.G., ganz im Sinne seiner Antrittsrede vor der Real Academia Española (1897), auf »la sociedad presente como materia novelable« (die gegenwärtige Gesellschaft als Romanstoff) zurück. Im Gegensatz zu den Thesenromanen der frühen Werkphase erscheinen diese Gesellschaftsbeschreibungen komplexer und stärker an der psychologischen Ausarbeitung der Charaktere interessiert. Der Autor rückt hier nach eigener Aussage die spanische Mittelschicht mit ihren durch die politischen Entwicklungen des Jahrhunderts begründeten Aufstiegsbestrebungen ins Zentrum des Interesses. *La desheredada* (1881; Die Enterbte) ist der erste Roman dieser neuen Schaffensperiode, der mit der Darstellung sozialen Elends auch naturalistische Darstellungstechniken einführt. Die Titelheldin Isidora scheitert in verzweifelter Selbsttäuschung bei dem Versuch, als Verwandte einer Marquise anerkannt zu werden. *Fortunata y Jacinta. Dos historias de casadas* (1887; *Fortunata und Jacinta. Zwei Geschichten von Ehefrauen*, 1961), das herausragende Werk der »novelas contemporáneas«, integriert erstmals Figuren aus dem vorindustriellen Proletariat, von P.G. als »cuarto estado« (vierter Stand) bezeichnet. Hier ist die Dreiecksbeziehung zwischen dem Madrider Kaufmannssohn Juanito, seiner Ehefrau Jacinta sowie seiner Geliebten Fortunata, einer Vertreterin der Unterschicht, der Ausgangspunkt für eine komplexe Darstellung des gesellschaftlichen Mikrokosmos von Madrid, wobei die soziale Ordnung durch den Tod Fortunatas am Romanende erhalten wird.

Stärker als von Émile Zola zeigt sich P.G. seit seinen Anfängen von Balzac beeinflusst; wie jener schafft er ein soziales Universum, das durch das wiederholte Auftreten der Figuren in unterschiedlichen Romanen geprägt ist. Dabei gelingt es P.G., ausgesprochen differenzierte Szenarien zu entwerfen, die auf seine gründliche Kenntnis Madrids und seiner Bewohner, aber auch auf die romantische Tradition der Sittenschilderung (»costumbrismo«) verweisen. In seiner letzten Schaffensphase schreibt P.G. verstärkt für das Theater (*Realidad*, 1892; *Voluntad*, 1895; *Electra*, 1901). Die Romane seines Spätwerks prägt die Reflexion individuell gelebter Religiosität und Nächstenliebe (*Ángel Guerra*, 1890/91; *Nazarín*, 1895; *Misericordia*, 1897; *Misericordia*, 1962). Luis Buñuel verfilmte *Nazarín*, die Geschichte eines weltabgewandten Priesters, und *Tristana* (1892; *Tristana*, 1988), eine eindrucksvolle Ausgestaltung weiblicher Repression.

P.G. ist ein Meister der Ironie und verliert über die gesellschaftskritischen Aussagen seiner Romane nie den Humor. Seine literarische Technik wurde im Zuge der Zuschreibung zu konventionellen realistischen Verfahren lange Zeit unterschätzt. Vor allem das intertextuelle Potential des Werkes wurde nicht angemessen gewürdigt: An Cervantes geschult, entwirft P. G. Figuren, die sich in konsequenter Selbsttäuschung eigene Realitäten konstruieren, und integriert auf diese Weise schon die Problematisierung realistischer Verfahren. Er versteht es überdies, in seinen Texten die Konventionen der Populärliteratur aufzugreifen und ironisch zu untergraben. Seine variantenreichen Erzähltechniken sind durchaus experimentell und weisen, etwa mit der metafiktionalen Rahmenhandlung von *El amigo Manso* (1882; *Freund Manso*, 1894), bereits in die Moderne.

Annette Paatz

Peri Rossi, Cristina
Geb. 21. 11. 1941 in Montevideo/Uruguay

Als Tochter italienischer Emigranten in Montevideo geboren und in ärmlichen Verhältnissen aufgewachsen, studierte Cristina Peri Rossi zunächst Musik und Biologie, machte dann aber ihren Abschluss in Vergleichender Literaturwissenschaft – wie sie selbst sagt, weil sie »die Phantasie für ein sichereres Territorium hielt als die physikalischen Gesetze«. Zehn Jahre lang unterrichtete sie als Professorin für Komparatistik in der staatlichen Lehrer/innenausbildung in ihrer Heimatstadt. Daneben war sie als Übersetzerin und als Journalistin für verschiedene Zeitungen tätig, u. a. im Redaktionsstab der Zeitschrift *Marcha*, die 1974 von der Militärregierung verboten wurde. Als Mitglied des *Frente Amplio*, einer Koalition von Linksparteien, die bei den letzten demokratischen Wahlen 1971 18 % der Stimmen erhalten hatte, wurde P.R. verfolgt und musste 1972 praktisch über Nacht emigrieren, wie 500.000 andere der drei Mio. Uruguayer/innen; als Reisegepäck nahm sie nichts mit als einen Koffer voll unbeschriebenen Papiers und einen Kompass. Ihre Bücher, ja sogar ihr Name waren in ihrem Heimatland dreizehn Jahre lang verboten. Im Exil in Barcelona musste sie in allen Bereichen praktisch wieder von vorne anfangen: Sie hatte ihre gesamte Bibliothek verloren und durfte als Ausländerin in Spanien nicht unterrichten, also arbeitete sie als Übersetzerin und als Journalistin bei diversen spanischen Tageszeitungen. Als ihr uruguayischer Pass nicht mehr verlängert wurde, stand sie plötzlich als Staatenlose da und musste eine Papierehe mit einem Spanier eingehen, um die spanische Staatsbürgerschaft zu erlangen. Auf Einladung des DAAD verbrachte P.R. 1980/81 ein Jahr in der damals noch geteilten Stadt Berlin, der sie mehrere Gedichte in *Europa después de la lluvia* (1987; *Europa nach dem Regen*) widmete. Unmittelbar nach dem Ende der Militärdiktatur (1985) reiste sie zwar auf Besuch in ihr Heimatland, beschloss dann aber, in Spanien zu bleiben; sie lebt in Sevilla.

Als deklarierte Lesbe hat P.R. schon früh versucht, erotische Tabus zu brechen; so haben viele ihrer Texte Liebesbeziehungen zwischen Frauen zum Thema, z. B. in den Lyrikbänden *Evohé* (1971), *Diáspora* (1976) und *Lingüística General* (1979). Daneben treten immer wieder Kinder als Handlungsträger auf, die sich in der grausamen Erwachsenenwelt nur mühsam zurechtfinden, aber auch energisch gegen sie rebellieren und somit allegorisch als Zukunftsträger verstanden werden können (*El libro de mis primos*, 1969; *Das Buch meiner Cousins*; *La tarde del dinosaurio*, 1976; *Der Abend des Dinosauriers*, 1982; *La rebelión de los niños*, 1980; *Der Aufstand der Kinder*). Eine weitere wichtige inhaltliche Komponente ist ihr Gespür für drohende politische Radikalisierung; so schrieb sie die meisten der – von latenter und manifester Gewalt geprägten – Texte aus *Indicios pánicos* (1970; *Vorboten der Panik*), lange bevor die Militärs im Juni 1973 in Uru-

guay die Macht übernahmen. In ihren literarischen Werken überschreitet P.R. immer wieder die Gattungsgrenzen, vermischt Prosa mit Lyrik oder verwendet Montagetechniken mit verschiedenen Textsorten wie in ihrem Roman *La nave de los locos* (1984; Iks, 1988), der als Metapher für die existentielle Befindlichkeit des Exils als *conditio humana* zu verstehen ist.

Mit einer Note schwarzen Humors zeichnet die Autorin ein apokalyptisches Bild einer Welt, die im Begriff ist zu zerfallen – Symbol dafür sind die verlassenen Museen in den Erzählungen von *Los museos abandonados* (1968; Die verlassenen Museen) und *El museo de los esfuerzos inútiles* (1983; Das Museum der vergeblichen Anstrengungen). In *Solitario de amor* (1987; Einzelgänger der Liebe, 1995) und *La última noche de Dostoievski* (1992; Die letzte Nacht Dostojewskis, 1994) hingegen wendet sie sich zwei der größten Leidenschaften der Menschheit zu: der Liebe und dem Spiel, beide aus der Sicht eines männlichen Protagonisten erlebt. P.R. ist eine der bekanntesten und meist gelesenen Autorinnen Lateinamerikas; sie hat bedeutende Literaturpreise erhalten, und ihre Werke sind in zahlreiche Sprachen übersetzt worden.

Erna Pfeiffer

Perutz, Leo
Geb. 2. 11. 1882 in Prag;
gest. 25. 8. 1957 in Bad Ischl

»Er könnte einem Fehltritt Franz Kafkas mit Agatha Christie entsprossen sein.« So charakterisiert Friedrich Torberg P. in seiner Anekdotensammlung *Tante Jolesch* und spielt damit auf die besondere Mischung an, die P.' Werk kennzeichnet: Es verbindet spannende Unterhaltung mit verwirrender Tiefgründigkeit, Popularität mit sprachlicher Meisterschaft. Die Neigung zur Genauigkeit mag in P.' Biographie angelegt sein. Als Sproß einer Prager Kaufmannsfamilie, die 1899 nach Wien übersiedelte, schlug er 1905 die berufliche Laufbahn eines Versicherungsmathematikers ein und erwarb sich in dieser Zunft durch die Entwicklung der sog. »Perutzschen Ausgleichsformel« bleibenden Ruhm. »Geradezu mathematische Präzision« (Egon Erwin Kisch) legte P. auch bei der Bearbeitung literarischer Stoffe an den Tag. Erst nach jahrelangem Feilen erschien 1915 sein Erstlingswerk *Die dritte Kugel*. Der historische Roman aus der Zeit der Eroberung Mexikos durch Cortez brachte P. begeisterte Kritiken ein und machte ihn über seinen Freundeskreis um Richard A. Bermann und Ernst Weiß hinaus bekannt. Bereits sein nächster Roman *Zwischen neun und neun* von 1918 war einer der größten Erfolge des deutschen Buchmarktes in der unmittelbaren Nachkriegszeit; er wurde in sieben Sprachen übersetzt, dramatisiert und kopiert: Alfred Hitchcock benutzte einen Teil der Handlung in seinem Krimi *The Lodger*.

Anfang der 20er Jahre ermöglichte P. der große Publikumserfolg der Romane *Der Marques de Bolibar* (1920) und *Der Meister des Jüngsten Tages* (1923), seinen bürgerlichen Beruf aufzugeben und sich ganz der schriftstellerischen Tätigkeit zu widmen. In der Wiener Literaten-Szene um das Café Herrenhof wurde er zur bekannten und wegen seines bissigen Humors gefürchteten Figur. In Deutschland gelang P. der endgültige Durchbruch, als sein Roman *Wohin rollst du, Äpfelchen ...* 1928 in der *Berliner Illustrirten Zeitung*, der damals auflagenstärksten Illustrierten des Kontinents, in Fortsetzungen erschien. Mit dieser Geschichte vom Rachefeldzug eines österreichischen Kriegsgefangenen gegen seinen russischen Lagerkommandanten in den Wirren des Kriegsendes, die von der Kolportage aktueller Ereignisse zum perfekten Wahnbild der Umbruchszeit anschwillt, prägte P. eine neue Literaturform an der Grenze von Unterhaltungs- und Hochliteratur.

Die Machtübernahme der Nationalsozialisten veränderte P.' Lage grundlegend. Die Verbreitung seiner Werke in Deutschland wurde zunächst behindert, dann verboten. Der historische Roman *Der schwedische Reiter*, den P. als sein bestes Werk bezeichnete, erreichte beim Erscheinen 1936 sein Publikum nicht mehr. Nach dem Anschluß Österreichs ans Deutsche Reich emigrierte P. über Italien nach Palästina, wo er bald zu seinem Beruf als Mathematiker zurückkehrte. Völlig isoliert vom literarischen Leben versiegte seine schriftstellerische Tätigkeit während des Zweiten Weltkriegs weitgehend.

Erst am Beginn der 50er Jahre vollendete P. sein spätes Meisterwerk *Nachts unter der steinernen Brücke* (1953). Der »Roman aus dem alten Prag«, so der Untertitel der ersten Ausgaben, besteht aus fünfzehn raffiniert verwobenen, eigenständigen Erzählungen, die P. teilweise schon in den 20er Jahren konzipiert und veröffentlicht hatte. Erzählt wird, wie der legendäre Rabbi Loew mit Hilfe der jüdischen Zahlenmystik, der Kabbala, die Träume seiner Zeitgenossen manipuliert und so in die Geschichte eingreift, wie Kaiser Rudolf II. der Melancholie verfällt und – in einem Epilog – wie eine jüdische Legende in die Gegenwart getragen wird. Am Ende des Romans ordnen sich Tatsachen und Trugbilder zu einer höheren Wirklichkeit, einer konkreten Phantasiewelt, mit der P. den Mythos seiner Heimatstadt Prag weiterträumt. P.' Roman beschreibt den Beginn jüdischer Eigenständigkeit und Kultur im österreichischen Kaiserreich, P.' Biographie markierte ihr Ende. So ist es nicht verwunderlich, dass er wie Joseph Roth mit dem Legitimismus sympathisierte und der Habsburger-Vergangenheit nachtrauerte.

Weder persönlich noch literarisch gelang es P., nach Kriegsende im deutschen Sprachraum wieder Fuß zu fassen. Während er in Südamerika mit Unterstützung emigrierter Freunde und namhafter Autoren wie Jorge Luis Borges literarischen Ruhm erntete, blieben die deutschsprachigen Ausgaben seiner Werke bedeutungslos. Die Remigration scheiterte; lediglich seine Sommerferien verbrachte P. regelmäßig im kaiserlichen Bad Ischl, wo er 1957 überraschend verstarb.

P., der privat freundschaftlichen Umgang mit so gegensätzlichen Charakteren wie Egon Erwin Kisch und Josef Weinheber pflegte, der in der Öffentlichkeit aber jede persönliche Äußerung vermied, entzieht sich auch einer eindeutigen literarhistorischen Bestimmung. Jenseits biographischer Bezüge lässt sich sein Werk weder der psychologisierenden »Wiener Moderne« noch der theologisierenden »Prager deutschen Literatur« zuordnen; stattdessen besitzt es sein eigenes Strukturprinzip: die Formel »Mystik plus Mathematik«.

Werkausgabe: Taschenbuch-Gesamtausgabe. 11 Bde. Reinbek bei Hamburg 1987–1991.

Stefan Bauer/Red.

Pessoa, Fernando António Nogueira
Geb. 13. 6. 1888 in Lissabon; gest. 30. 11. 1935 in Lissabon

Der größte portugiesische Dichter des 20. Jahrhunderts war eine geniale, vielschichtige, in sich gespaltene, widersprüchliche Persönlichkeit. In ihm vollzog sich, in seinen eigenen Worten, ein »Drama em gente«, ein Drama in Menschen, in Persönlichkeiten. Dessen Ausdruck besteht darin, dass er im Laufe seines Lebens rund 70 verschiedene Namen benutzte. Er begann damit – noch spielerisch – bereits als Kind. Als junger Mann verfasste Fernando Pessoa Lyrik in englischer Sprache unter dem Pseudonym Alexander Search. Für sein erst postum veröffentlichtes Hauptwerk *O livro do desassossego por Bernardo Soares* (1982; *Das Buch der Unruhe des Hilfsbuchhalters Bernardo Soares*, 1985) benutzte er den im Titel genannten Namen als literarische Maske, beschrieb Bernardo Soares aber nicht näher. Daneben schuf er mehrere Persönlichkeiten, denen er seine Feder lieh: Nur schemenhaft bildete er die des Philosophen António Mora aus, andere dagegen – die sogenannten Heteronyme – stehen für eigenständige fiktive Autoren, die P. mit einem jeweils besonderen Stil, Charakter und Lebenslauf sowie eigener Handschrift ausstattete. Die wichtigsten von ihnen sind Alberto Caeiro, Álvaro de Campos und Ricardo Reis. P. publizierte aber auch unter seinem eigenen Namen.

P.s Vater, unter anderem Musikkritiker bei einer Lissaboner Zeitung, starb 1893. Zwei Jahre später heiratete seine Mutter den portugiesischen Konsul in Südafrika. Nach der Übersiedlung besuchte P. die Convent School in Durban und später die Durban High School, deren Leiter W.H. Nicholas, ein großer Humanist und Literaturliebhaber, beeinflusste ihn nachhaltig. Dies mag erklären, warum P. auf englisch zu schreiben begann. Im Juni 1901 bestand er sein Examen mit Auszeichnung. Nach einem längeren Heimaturlaub kehrte er nach Durban zurück, besuchte Abendkurse an der Commercial School, bereitete sich aber gleichzeitig auf die Aufnahmeprüfung an der Universität des Kaps der Guten Hoffnung vor. Für einen Essay in englischer Sprache wurde er mit dem Queen Victoria Memorial Prize ausgezeichnet, 1904 schloss er seine Ausbildung in Durban mit einem weiteren Examen an der High School ab, erhielt aber, wohl weil er nicht britischer Staatsbürger war, nicht das ersehnte Stipendium für ein Studium in England. P. setzte seine Ausbildung in Portugal fort, brach sein Universitätsstudium jedoch 1907 ab. Nachdem er ein Erbe von seiner Großmutter durch die Investition in eine Druckerei, die bald bankrott ging, verloren hatte, begann er als Fremdsprachenkorrespondent zu arbeiten. Von 1912 an veröffentlichte er in der Zeitschrift *A Águia*, dem Organ der literarischen Bewegung Renascença Portuguesa, eine Reihe von Essays, mit denen er Aufsehen erregte, 1913 begründete er eine neue literarische Strömung, den Paulismo, so genannt nach seinem Gedicht »Pauis« (»Sümpfe«). Von da an beteiligte sich P. mit Essays und Gedichten, die er in verschiedenen Zeitschriften wie *Teatro* und der einzigen Nummer der *Renascença* publizierte, am literarischen Leben Portugals, auch nahm er intensiv an Treffen, Gesprächen und Diskussionen mit anderen jungen Künstlern teil.

Am 8. März 1914 hatte er ein sein Leben und Schaffen prägendes Erlebnis, das er später als seinen »dia triunfal« (Tag des Triumphes) bezeichnete. In jener Nacht offenbarte sich in ihm Alberto Caeiro, und P. schrieb als dieser, angeblich in einem Zuge, die über 30 Gedichte des Buches *O guardador dos rebanhos* (1925; *Der Hüter der Herden*, 2004). Noch in derselben Nacht verfasste er, um zu sich zurückzufinden, als P. die sechs Gedichte von *Chuva oblíqua* (*Schräger Regen*), mit denen er eine

weitere literarische Strömung, den Intersecconismo, einleitete. Im selben Jahr schrieb er auch ein Gedicht unter dem Heteronym Ricardo Reis. 1915 erschienen die beiden einzigen Nummern der Zeitschrift *Orpheu*, des Schlüssels zur portugiesischen Moderne. P. war daran maßgeblich beteiligt und legte unter seinem eigenen Namen sowie als Álvaro de Campos Gedichte vor. Zur Publikation der dritten Nummer, für die er mehrere Beiträge verfasste, kam es nicht mehr, er veröffentlichte jedoch bis 1917 auf portugiesisch mehrere Gedichte und Aufsätze in verschiedenen Zeitschriften unter den Namen Pessoa und de Campos.

Daneben beteiligte P. sich an der Gründung einer Firma, die ihre Geschäfte aber bereits 1918 wieder einstellen musste. Im Selbstverlag publizierte er zwischen 1918 und 1921 zwei broschierte Bücher mit in englischer Sprache verfassten Sonetten und anderen Gedichten, darunter *Antinous* (1918). In dieser Zeit schrieb er die *Poemas inconjuntos* (*Verstreue Gedichte*) des Heteronyms Alberto Caeiro, die er jedoch zurückdatierte, da er Caeiro 1915 hatte sterben lassen. Außerdem fuhr er fort, Gedichte und Aufsätze in portugiesischer und englischer Sprache in verschiedenen Zeitschriften zu veröffentlichen. Im März 1920 lernte er Ophélia Queiroz kennen, die einzige Frau, zu der er eine (keusche) Liebesbeziehung hatte, trennte sich jedoch bereits im November wieder von ihr. Später nahm er diese Beziehung noch einmal auf, brach sie aber nach noch kürzerer Dauer 1931 endgültig ab. 1921 gründete er zusammen mit zwei Freunden den Verlag Olisipo, publizierte dort neben eigenen Werken Arbeiten von António Botto und Raul Leal und provozierte mit diesen Publikationen einen Skandal, der 1922 zur Beschlagnahme der beiden Werke und zum Zusammenbruch des Unternehmens führte.

In der ersten Nummer der Zeitschrift *Contemporânea* erschien P.s Erzählung *O banqueiro anarquista* (1922; *Ein anarchistischer Bankier*, 1988). In *Contemporânea* veröffentlichte er auch – auf französisch – *Trois chansons mortes* (1923; *Drei tote Lieder*), die jedoch von der französischen Kritik bis heute als nicht besonders gelungen eingestuft werden. Von Oktober 1924 bis Februar 1925 gab P. zusammen mit dem Maler Ruy Vaz die Zeitschrift *Athena* heraus, in der er unter anderem *Apontamentos para uma estética não-aristotélica* (1924; *Aufzeichnungen zu einer nicht-aristotelischen Ästhetik*) von de Campos und Gedichte von Reis herausbrachte. 1925 verstarb P.s Mutter, die 1920 mit seinen Halbgeschwistern nach Portugal zurückgekehrt war und zu der er eine besonders innige Beziehung hatte. 1927 wurde P. in *Presença*, der bedeutendsten portugiesischen Zeitschrift jener Epoche, als der Meister der neuen Generation bezeichnet; bald darauf begann er selbst in *Presença* zu schreiben. Nach der Ernennung des späteren Diktators Salazar zum Finanzminister schrieb P. das Pamphlet *O interregno* (1928; *Das Interregnum*), mit dem er eine Militärdiktatur in Portugal verteidigte, von dem er sich indessen später distanzierte; am 4. Februar 1935 verteidigte er mit seinem in der Tageszeitung *Diário de Lisboa* abgedruckten Artikel *Associações secretas* (*Geheimbünde*) die Freimaurer öffentlich gegen die Diktatur.

1929 erschien aus der Feder von João Gaspar Simões eine erste literaturkritische Arbeit über die Dichtung P.s. Der Dichter hatte sich schon seit Jahren, angeregt durch Übersetzungen theosophischer Texte, die man bei ihm in Auftrag gegeben hatte, mit okkultistischen Lehren beschäftigt und bezeichnete sich selbst als gnostischen Christen, treu der geheimen Überlieferung des Christentums, die enge Beziehungen zur heiligen Kabbala und zum okkulten Wesen der Freimaurerei unterhielt. Als Folge davon bekam er 1930 Besuch von Aleister Crowley, der sich auch die Bestie 666 des Order of the Golden Dawn nannte und auf geheimnisvolle Weise an der Boca do Inferno verschwand. 1932 bewarb sich P. aus Finanznot – vergeblich – um die Stelle des Konservators an der Museumsbibliothek Condes de Vastro Guimarães in Cascais. Das mit Unterstützung von Freunden veröffentlichte Buch *Mensagem* (1934; *Botschaft*, 1989) reichte er zu einem Wettbewerb des Nationalen Propagandasekretariats um den Antero-de-Quental-Preis ein, erhielt jedoch nur den zweiten Preis. In einer autobiographischen Notiz, die kurz vor seinem Tode entstand, führte er als seine Werke nur *35 Sonets* (in englischer Sprache), *English Poems I–III* und *Mensagem* auf. Alles andere verschwieg er, weil er es entweder unter dem Namen eines seiner Heteronyme veröffentlicht hatte oder weil es noch in der berühmten »arca« (Truhe/Arche) in seinem Haus lag, deren Inhalt erst postum nach und nach publiziert wurde. Dazu gehören auch *O livro do desassossego* und *Fausto. Tragédia subjectiva* (1988; *Faust*, 1990) – beides Werke, zu denen er sein ganzes Leben lang Fragmente schrieb, die er jedoch nie vollendete oder auch nur ordnete, so dass es keine von ihm autorisierte Fassung gibt.

In seinem Todesjahr erläuterte P. dem Kritiker Adolfo Casais Monteiro brieflich die Entstehung und Bedeutung seiner Heteronyme. Alberto Caeiro wurde von ihm als sein Meister sowie der seiner Heteronyme Álvaro de Campos und Ricardo Reis bezeichnet. P. nannte als sein Geburtsdatum den 16. April 1889 und ließ ihn bereits mit 26 Jahren an Tuberkulose sterben. Er sah ihn als den Begründer eines bukolischen Neuheidentums an und beschrieb ihn als Mann von mittlerem Wuchs, mattblondem Haar und blauen Augen, der menschenscheu, nachdenklich, zurückhaltend gewesen sei und ein unauffälliges Leben geführt habe. Sonderbar griechisch und von innen bestimmt sei er gewesen, legt er de Campos in den Mund. Caeiros Dichtung umfasst außer *O guardador dos rebanhos* vor allem *O pastor amoroso* (1946; *Der verliebte Hirte*). Sie ist kontemplativ und eben dadurch, dass Caeiro die Welt als solche akzeptierte, wurde er zum Meister der anderen. Ricardo Reis schuf P. als den ersten Schüler von Caeiro. Er wurde, wie P. sich ausdrückte, am 19. Januar 1914 um elf Uhr nachts in seiner Seele geboren – nach ausgedehnten Debatten über die Auswüchse der modernen Kunst, die P. am Vortag geführt hatte. Als Geburtsdatum gab er indessen den

19. September 1887 an, als Geburtsort Porto, und seine Erziehung ließ er in einer Jesuitenschule stattfinden. Reis wurde Arzt, aber es ist offen, ob er diesen Beruf je ausübte. P. nannte ihn einen überzeugten Monarchisten und ließ ihn infolgedessen aus Protest gegen die Ausrufung der Republik in Portugal nach Brasilien auswandern, wo er bis zu seinem Tode im Jahre 1935 geblieben sei. P. sah auch in ihm einen Neuheiden und schrieb ihm ein trauriges Epikureertum als Lebensphilosophie zu. Der heidnische Mensch solle die Stille suchen und sich von Anstrengung und nützlicher Tätigkeit enthalten, solange die Barbaren, als die er die Christen empfand, herrschten. Bezeichnend für Reis' Werk sind die an Horaz erinnernden Oden. Álvaro de Campos war der zweite Schüler Caeiros. Er wurde nach P.s Darstellung am 15. Oktober 1890 in Tavira in Südportugal geboren. Von seinem Onkel, einem Priester, habe er Latein gelernt, später in Glasgow Schiffbau studiert, diesen Beruf aber nicht ausgeübt. Nach Lissabon zurückgekehrt, wo er am 30. November 1935 starb, führte er ein untätiges Leben. Er war ungestüm, leidenschaftlich und enthusiastisch. Er wurde von metaphysischen Ängsten geplagt und neigte einerseits zu Temperamentsausbrüchen, andererseits zu bitterer Ironie. Er bekannte sich sowohl zu Liebschaften mit zwei verschiedenen Frauen als auch zu homoerotischen Neigungen. In seinem Schaffen gibt es zwei verschiedene Phasen: Zur ersten, in der er unter dem Einfluss des italienischen Futurismus stand, gehören die zwischen 1914 und 1917 entstandenen großen Oden, vor allem die *Ode triunfal* (1915; *Triumph-Ode*), die *Ode marítima* (1915; *Meeresode*) und *Opiário* (1915; *Opiumhöhle*). Seine ekstatische Dichtung enthält für seine Zeit schockierende, anstößige Elemente. Ganz anders galt die zweite Phase eher einer Poesie des existentiellen Scheiterns – typisch dafür ist *Tabacaria* (1928; *Tabakladen*).

Werkausgabe: Werke. 7 Bde. Zürich 1997.

Kurt Scharf

Petőfi, Sándor

Geb. 1. 1. 1823 in Kiskőrös/Ungarn;
gest. 31. 7. 1849 bei Segesvár,
heute Sighisoara/Rumänien

Sándor Petőfi galt sowohl in seiner Heimat als auch im Ausland lange als *der* ungarische Nationaldichter. Obwohl seine lyrischen Dichtungen dem ungarischen kulturellen und sprachlichen Kontext eng verbunden sind und sich nur sehr schwer in andere Sprachen übertragen lassen, war P. lange Zeit einer der wenigen ungarischen Autoren, die überhaupt übersetzt und in Handbüchern aufgeführt wurden. Zum Ende des 20. Jahrhunderts indes scheint P. an Bekanntheit und Popularität einiges eingebüßt zu haben, da die romantische Legende, zu der der Dichter und Revolutionär von der Nachwelt stilisiert wurde, allmählich verblasste. An die Stelle der Legende von der Einheit von Leben und Werk, von Dichtung und Volk, von Patriot und Nation – der Legende einer Dichtung, die zugleich Wort und Tat ist – ist nun die nüchterne Betrachtung des literarischen Werks selbst getreten.

Zur Legende von P. trug bei, dass er sein nur 26 Jahre währendes Leben für die Freiheit seiner Heimat opferte und in einer Schlacht im Freiheitskrieg von 1848/49 fiel. Der Glaube, dass er seine Verwundung in Wirklichkeit überlebt habe und von russischen Soldaten verschleppt worden sei, hielt sich bis ins späte 20. Jahrhundert. Sein kurzes Leben war gleichwohl romanhaft: P. stammte aus der Puszta, aus einem Dorf in der Ungarischen Tiefebene, wo der Vater Schankwirt war. Nach dem Besuch des Gymnasiums unter anderem in Pest war er zunächst Soldat, dann fahrender Schauspieler. In wenigen Jahren durchwanderte er das ganze damalige Ungarn. 1843 verdiente er sich seinen Lebensunterhalt in Pressburg mit dem Kopieren der dort erscheinenden Landtagsberichte. Mit finanzieller Hilfe seiner Freunde reiste er nach Pest, wo 1844 auf die

begeisterte Empfehlung von Mihály Vörösmarty, dem führenden Romantiker, sein erster Gedichtband erschien. Vörösmarty verhalf ihm auch zu einer Anstellung als Hilfsredakteur bei einer vielgelesenen Pester Zeitschrift. Von da an lebte P. vorwiegend in Pest und wurde bald zur führenden Persönlichkeit der jungen Intelligenz und der politischen Reformbewegung. Am 15. März 1848 gehörte er zu den radikalen Hauptakteuren der Pester Revolution, im Oktober 1848 war er bereits Hauptmann der Revolutionsarmee. Sein »Heldentod« auf dem Schlachtfeld verklärte das Scheitern des Freiheitskampfes, der beispiellose Vergeltungsmaßnahmen der Habsburger nach sich zog.

Binnen sechs Jahren erschuf P. ein imposantes Werk, dessen Texte zum nationalen Gemeingut wurden. Es trug zur Popularität P.s bei, dass er seine Themen, insbesondere – wie er sie selbst bestimmte – »Freiheit und Liebe«, mit einer entwaffnenden Natürlichkeit und Ungezwungenheit formulierte, die von der Volkspoesie inspiriert war. Seine Gedichte, unter anderem virtuose Lieder und Genrebilder, Landschaftsgedichte und Epigramme, bilden eine Art lyrisches Tagebuch, in dem alle Eindrücke, Gefühle, Wünsche, Enttäuschungen des lyrischen Ich registriert werden. P. wurde dadurch zum Inbegriff des Dichters, dessen Redeweise das Liedhafte ist. Ein Musterbeispiel der von P. vertretenen und zur Vollendung gebrachten Volkstümlichkeit ist die bezaubernde epische Dichtung *János vitéz* (1845; *Held János*, 1850, 1878, 1958), deren volksmärchenhafter Charakter gewissermaßen eine Parodie auf die Gattung Epos darstellt. Äußerst wichtig und wenig beachtet sind P.s Humor und Selbstironie, die auch seine Prosa durchziehen. Sehr ernsthaft zeigt er sich dagegen in seinem politischen Programm und seiner visionären Revolutionslyrik, die sich wie leidenschaftliche Kommentare der politischen Ereignisse lesen lassen. Elegische Töne, ja drohende Risse in der dichterischen Persönlichkeit kommen in P.s Liebeslyrik zum Vorschein, die bereits dem Fin de siècle zugeordnete Stimmungen vorwegnimmt.

Mehr als 60 selbständige Übersetzungsbände von P. sind zwischen 1846 und 2000 in deutscher Sprache erschienen, unter anderem Sammlungen mit dem schlichten Titel *Gedichte* (1981 und 1995).

Miklós Györffy

Petrarca, Francesco
Geb. 20. 7. 1304 in Arezzo/Italien; gest. 18. 7. 1374 in Arquà bei Padua

Das kulturelle Leben Italiens wurde im 14. Jahrhundert maßgeblich von Dante Alighieri, Giovanni Boccaccio und Francesco Petrarca geprägt. Deren literarisches Schaffen hebt sich von der Masse der ›autori minori‹ ab und wirkt impulsgebend für die Entwicklung einer italienischen Literatursprache. Die Werke der »tre corone fiorentine«, des vorbildhaften Dreigestirns des Trecento, entfalten über Italien hinaus bis in die Moderne hinein eine enorme Wirkungsmacht. Insbesondere P.s Texte sind gekennzeichnet von den philosophischen und künstlerischen Spannungen, die für die Epochenschwelle zwischen Mittelalter und Neuzeit charakteristisch sind. Die Tatsache, dass P.s Œuvre noch teils in lateinischer, teils in italienischer Sprache verfasst ist, kann als formales Zeichen eines literarischen Programms gelten, das partiell noch alten Kategorien verhaftet bleibt, jedoch bereits deutlich die Umrisse des Neuen skizziert. P. versteht es als erster, sich in höchst artifizieller Weise als Dichter zu stilisieren und dadurch insbesondere der Liebeslyrik völlig neue Wege zu weisen.

P. wird in Arezzo als Sohn eines florentinischen Notars geboren, der wie Dante seine Heimatstadt aus politischen Gründen verlassen musste. Nachdem die Familie sich zunächst in verschiedenen Städten der Toskana aufhält, lässt sie sich vermutlich um 1312 in der provenzalischen Kleinstadt Carpentras nieder, die sich in unmittelbarer Nähe des päpstlichen Hofes von Avignon befindet. P. studiert nach dem Grundstudium (Trivium), das im mittelalterlichen Bildungssystem die Bereiche Rhetorik, Grammatik und Dialektik umfasst und bei ihm ein nachhaltiges Interesse für die Autoren der klassischen Antike weckt, auf Drängen des Vaters Jura an den Universitäten Montpellier und Bologna. Nach dem Tod des Vaters im Jahre 1326 bricht er das Jurastudium ab und verprasst im mondänen Leben Avignons das väterliche Erbe. Am Karfreitag des folgenden Jahres verliebt sich P. in der Kirche Sainte-Claire in die junge Laura – ein Ereignis, das er in stilisierter Form zur Grundlage seiner volkssprachlichen Liebesdichtung im *Canzoniere* (*Buch der Lieder*) erheben wird. Unter dem Druck seiner schlechten finanziellen Situation nimmt P. die niederen Weihen, um sich in verschiedenen kirchlichen Ämtern dem Studium der Literatur und dem Schreiben zu widmen. Insbesondere der Kardinal Giovanni Colonna wird zum Förderer P.s, der 1333 eine ausgedehnte Reise unternimmt: Im Alter von 29 Jahren erfasst ihn »die jugendliche Sehnsucht, nach Frankreich und Deutschland zu reisen«, wie er in seinem berühmten *Brief an die Nachwelt* (*Posteritati*) schreibt. Die Reise, die er »nur aus Lust am Schauen und einer gewissen jugendlichen Begeisterung« unternimmt, führt ihn von Avignon über Paris, Gent und Lüttich nach Aachen und Köln. In den folgenden Jahren wechseln sich Schaffensperioden in der Einsamkeit in seinem Haus in Vaucluse mit längeren Reisen ab, auf denen P. mit den prägenden politischen und intellektuellen Persönlichkeiten seiner Zeit zusammentrifft. Erst mit 49 Jahren kehrt er endgültig aus der Provence nach Italien zurück, um sich zunächst in den Dienst der Visconti, sodann in den des Fürsten Francesco da Carrara zu begeben, der ihn bis zu seinem Tod finanziell unterstützt.

Lange vor seiner Rückkehr nach Norditalien wird P. 1341 für sein Heldenepos *Africa*, mit dem er literarisch gesehen eine an Vergil orientierte Wiederbelebung der Antike beabsichtigt, auf dem Kapitol in Rom zum Dichterfürsten (*poeta laureatus*) gekrönt. Das in Hexametern verfasste Epos feiert die Größe Roms im Zweiten Punischen Krieg, greift jedoch auch auf andere Ereignisse der Römischen Geschichte aus und erhält im Kontext des Trecento neben der literarhistorischen auch eine eminente politische Bedeutung: Indem P. das

Tugendideal (*virtus*) des antiken Rom besingt, unterstreicht er gegen französische Ambitionen den Anspruch Roms, wieder das geistige Zentrum Europas zu werden. In diesem Sinne können die historiographischen Traktate, insbesondere die Viten-Sammlung *De viris illustribus* (1338ff.), die exemplarische Lebensläufe vor allem römischer Persönlichkeiten versammelt, als gelehrtes Seitenstück zu dem Heldenepos gelten: Auch sie sind getragen von dem Bestreben, eine ›retranslatio studii‹ zu veranlassen und Italien wieder eine kulturelle Führungsrolle zu verschaffen. Literarisch mindestens ebenso bedeutsam wie dieses Bekenntnis zum Humanismus und zur kulturellen Bedeutung Italiens sind P.s moralphilosophische Schriften und die Briefe, die er selbst 1366 unter dem Titel *Rerum familiarum libri* zusammenfasst. Gemeinsam mit den Altersbriefen (*Seniles*) und dem erwähnten Brief an die Nachwelt (*Posteritati*) ergibt sich ein eindrucksvolles Tableau eines Lebens, das zwischen den Polen der Hinwendung zu den Freunden und der einsamen Reflexion immer wieder neu seine Position zu politischen und philosophischen Fragen bestimmt.

Besonders aufschlussreich ist in diesem Zusammenhang eine von P. bereits im ersten Buch der *Familiares* betonte enge Verbindung zwischen Leben und Schreiben (»scribendi enim michi vivendique unus«). Der Brief erscheint als ideale Gattung, um dieses Programm in eine literarische Praxis zu überführen. Zwar gibt es etwa mit Ciceros Atticus-Briefen oder Senecas Briefen an Lucilius Vorläufer im Hinblick auf eine derartige Dimensionierung der Gattung. P.s Freundesbriefe gehen jedoch weit über die Konzeptionen Ciceros und Senecas hinaus, indem sie den Brief viel entschiedener aus pragmatischen Kommunikationssituationen lösen und ihn dadurch zum Reflexionsmedium eines sinnierenden Subjekts machen. Ciceros Briefe sind unmittelbar an die Gegenwart, an konkrete Ereignisse und Projekte ihrer Entstehungszeit gebunden, während P.s Freundesbriefe gerade dadurch, dass sie abstrakter gehalten sind, einen »neuen, explorierenden, offenen Denkstil« (Karlheinz Stierle) begründen. Bereits Hugo Friedrich konnte darlegen, dass P. mit der kühnen, da keiner diskursiven Ordnung unterworfenen, freischwebenden Reflexionsform seiner Briefe bereits wesentliche Aspekte des Essays antizipiert, wie er sich als Gattung im 16. Jahrhundert bei Michel de Montaigne konstituiert. Besonders sinnfällig wird die Lösung des Briefs aus konkreten kommunikativen Zusammenhängen im 24. Buch der *Familiares*: Es handelt sich dabei um imaginäre Briefe an antike Autoren, in denen P. in einen Dialog mit der literarischen und philosophischen Tradition tritt und vor dem Hintergrund der Endlichkeit alles Irdischen die zutiefst humanistische Erkenntnis gewinnt, dass im Ruhm des Denkers (»fama«) die einzige Möglichkeit einer überzeitlichen Präsenz liegt.

Von besonderer Bedeutung ist schließlich noch ein Brief, in dem P. von einer Besteigung des Mont Ventoux berichtet, die er angeblich 1336 mit seinem Bruder unternommen hat (*Familiares* IV, 1). Der Brief wurde häufig als Entdeckung der Welt als Landschaft gefeiert. Der Aufstieg zum Gipfel des Mont Ventoux ist jedoch nicht einfach eine Wendung zur Natur in genießender Anschauung, sondern vielmehr gekennzeichnet von einem Hin und Her zwischen einer auf die Landschaft gerichteten Neugier und einer nach innen gerichteten, noch an heilsgeschichtlichen Prämissen orientierten Reflexion. Die Selbstreflexion der Briefe findet sich auch in den moralphilosophischen Werken, insbesondere in *De secreto conflictu curarum mearum* (häufig auch *Secretum*, 1343). Nach den *Confessiones* des Augustinus muss dieser Text als bedeutendes Dokument einer Bekenntnisliteratur stehen, in der ein meditatives Ich sein Schwanken und seine Zweifel offen artikuliert.

P.s herausragende Leistung ist es jedoch, auch die Lyrik als Medium für eine derartige Selbstreflexion erschlossen zu haben. Seine volkssprachlichen Gedichte des sog. *Canzoniere* bezeichnet er gegenüber seinem lateinischen Œuvre abwertend als »nugellae« (Kleinigkeiten) und versieht sie mit dem Titel *Rerum vulgarium fragmenta* (*Bruchstücke in der Volkssprache*). Sie sind dem *Secretum* insofern ähnlich, als auch sie überwiegend als Selbstgespräch eines einsamen Ichs erscheinen, das von seiner unglücklichen Liebe zu Laura zu einem beunruhigten Nachsinnen über die Wurzeln der eigenen Existenz geführt wird. Der Zyklus besteht aus 366 Gedichten und zerfällt in zwei komplementäre Teile. Die Gedichte 1–263 richten sich an die lebende, die nachfolgenden an die verstorbene Laura. Die Gedichte, überwiegend Sonette, sind nicht willkürlich angeordnet, sondern haben Verlaufscharakter – die deutschen Romantiker sprechen später bewundernd von einem »Sonettenroman«. Der erste Teil enthält die Begegnung mit Laura, das Werben des Verliebten, das Abgewiesenwerden durch die Geliebte und die daraus entstehenden Seelenqualen. Der zweite Teil ist durch die Erinnerung an die Tote bestimmt, wobei alle Stufen des ersten Teils auf einer höheren Ebene noch einmal durchlaufen werden. Laura wird nach und nach entpersonifiziert und vergöttlicht. Diese Liebeskonzeption knüpft an etablierte Muster an (Provenzalische Lyrik, Minnesang, Dolce stil novo). Auffällig ist bei P. jedoch die antithetische Sprechweise, die die innere Zerrissenheit des lyrischen Ichs reflektiert und häufig oxymorisch zugespitzt wird, etwa wenn das Lebensgefühl des Liebenden als »dolce-amaro« (süß und bitter) bezeichnet wird. Weiterhin zeichnet sich P.s Lyrik durch kunstvolle Metaphorik, durch mythologische Anspielungen, Musikalität und Wohlklang aus und kann auf diese Weise im Quattrocento, besonders aber im Cinquecento weit über Italiens Grenzen hinaus zum Vorbild werden. Pietro Bembo macht P.s Sonette in seinen poetologischen Schriften zum Maßstab für alle folgende Dichtung, was zu dem komplexen Phänomen des Petrarkismus führt, durch das sich nicht nur der Siegeszug des Sonetts in der europäischen Lyrik erklären lässt. Durch die Nachahmung

P.s entsteht rasch ein festes Schema, das von den Epigonen kaum abgewandelt wird, zur Mode verkommt und somit gerade das verliert, was die Gedichte des *Canzoniere* ausmacht: Den Charakter eines sich in Fragmenten vollziehenden Nachdenkens über sich selbst.

Werkausgabe: Das lyrische Werk. Hg. H. Grote. Düsseldorf/Zürich 2002.

Florian Henke

Petron
Gest. 66 n. Chr. in Kampanien

»Glaube bitte nicht, ich sei verstimmt darüber, daß du deine Mutter, deinen Bruder und deine Gattin umgebracht, Rom niedergebrannt und alle ehrbaren Menschen deines Reiches in den Erebos geschickt hast. Tod ist des Menschen Los. Doch meine Ohren noch länger von deinem Gesang beleidigen, mich beim Ballett von deinem Schmerbauch auf den dürren Beinen anwidern zu lassen, dein Spiel, deine Deklamationen, deine Verse anhören zu müssen, du kleiner Vorstadtpoet, das übersteigt meine Kräfte und weckt in mir die Sehnsucht nach dem Tod.« Mit diesem Pfeil ins Herz des selbstverliebten Künstlers verabschiedet sich in Henryk Sienkiewicz' Roman *Quo vadis?* (1896) der Senator Petron von Kaiser Nero. Was er seinem einstigen Gönner und Bewunderer tatsächlich geschrieben hat, berichtet Tacitus: eine *chronique scandaleuse* der herrschaftlichen Schlafgemächer, die Auskunft gab über alle »Ausschweifungen des Kaisers samt den Namen seiner Gespielen und Frauen, sowie das Neuartige der einzelnen Perversionen«. Seine Vorliebe für das Außergewöhnliche pflegt P., dem selbst der bittere Chronist jener Jahre Bewunderung zollt, bis zuletzt. In seinen *Annalen* skizziert Tacitus das Porträt eines Mannes, der sich in vollendetem Raffinement dem Müßiggang und der Zerstreuung ergibt. Dass P. sich auch auf dem politischen Parkett souverän zu bewegen weiß, zeigt er als Statthalter Bithyniens und als Konsul. Anfang der sechziger Jahre nimmt ihn Nero in den Kreis seiner Vertrauten auf, wo P. als »Autorität in Fragen verfeinerter Lebensart« Einfluss auf den Kaiser gewinnt. In den Wirren der pisonischen Verschwörung gelingt es Tigellinus, Neros bösem Geist, seinen ärgsten Rivalen zu stürzen. P. entschließt sich zum Freitod, den er in spielerischem Gleichmut ausführt:»Er beendete sein Leben nicht überstürzt. Die aufgeschnittenen Adern ließ er nach Belieben abbinden und wieder öffnen und unterhielt sich derweil mit den Freunden, nicht in ernstem Gespräch oder als läge ihm am Ruhm innerer Gefaßtheit. Er hörte sich keine Vorträge über die Unsterblichkeit der Seele und philosophische Lehrsätze an, sondern leichte Lieder und muntere Verse. Einen Teil seiner Sklaven bedachte er mit Geschenken, manche mit Prügel. Er begab sich zu Tisch und überließ sich schließlich dem Schlaf, damit der Tod, der doch erzwungen war, wie zufällig eintrete.«

P. ist der Autor der *Satyrica*, des ersten lateinischen Romans, von dem wir wissen, und eines der anregendsten Werke der römischen Literatur überhaupt. Dank der Missgunst der Überlieferung sind von ihm nur einige mitunter recht lädierte Episoden auf uns gekommen, die uns ins zeitgenössische Süditalien führen, wo der Protagonist und Erzähler des Ganzen, der junge Enkolp, mit seinem Gefährten Askylt und seinem Schatz Giton bereits auf den ersten Seiten ein Streitgespräch über die Rhetorik, einen ungeplanten Bordellbesuch, Liebeshändel, Gaunereien um einen gestohlenen Mantel und eine veritable Orgie bestehen muss. Eine Einladung vereint das Trio an der Tafel Trimalchios, eines so steinreichen wie exzentrischen Freigelassenen. Alsbald im Streit von Askylt geschieden, begegnet Enkolp dem alternden Dichter Eumolp, an dessen Seite er und Giton sich ins unteritalische Kroton durchschlagen, wo sie den einheimischen Erbschleichern einen Streich spielen und es sich auf deren Kosten gut gehen lassen. Zuletzt drohen sie aufzufliegen. Über einem kühnen Manöver Eumolps, die Farce zu retten, bricht die Erzählung ab.

Erstaunlich genug schweigen die kaiserzeitlichen Quellen bis ins 4. Jh. zu einem Werk, das moderne Stimmen als eines der Glanzlichter des lateinischen Schrifttums feiern. Nach den strengen Maßstäben antiker Literaturtheorie freilich konnte P. gar nicht in den Olymp der Klassiker aufsteigen, die in den Schulen unterrichtet und auf dem Forum zitiert werden. Das verdankt er weniger dem Gegenstand seines Werks, das die menschlichen Niederungen der römischen Provinz durchstreift und diese Schattenwelt mit beißendem Witz und phantasievollem Realismus einfängt, als der proteïschen Form des Ganzen, die sich nicht allein aus antiker Sicht der Einordnung verweigert und die wir heute nicht ohne Unbehagen zum Roman erklären. Es hat nicht an Versuchen gefehlt, die *Satyrica* etwa als ausgedehnten Mimus zu lesen, der das bunte Volksleben prosaisch in Szene setzt, oder als Parodie des hellenistischen Liebesromans, als über die Ufer getretene milesische Novelle oder als Spielart der menippeischen Satire, wie etwa Varro oder in seiner *Apocolocyntosis* Seneca sie pflegen. Keine dieser Zuordnungen hält näherer Betrachtung stand, auch die gern ins Feld geführte letzte nicht, die immerhin dem Umstand Rechnung trägt, dass wiederholt Gedichte den Erzählfluss der *Satyrica* stauen und das in Prosa Dargelegte kontrastreich brechen. So entlehnen die *Satyrica* allerorten, etwa bei Epos, Historiographie oder *declamatio*, ungeniert Bausteine und Motive und zeigen sich damit »überflutet von einem gewaltigen Strom an Literatur« (118, 3), doch ihre anarchische ›Un-Form‹ bringt ein Werk hervor, für das wir in der antiken Literatur kein Vorbild kennen und auch keinen Nachfolger, und in dem die Gesetze der Interpretation in saturnalischer Freiheit aus den Angeln gehoben scheinen.

Wovon die *Satyrica* handeln, lässt bereits der Titel ahnen. In den »Satyrgeschichten« geht es über alle lüsternen Umtriebe hinaus um Personen, die in einem Niemandsland zwischen ›Mensch‹ (Konvention) und ›Tier‹ (Anarchie), als Satyrn eben, in den Tag leben. (Der Anklang an die lateinische ›Satire‹, *satura*, ist sicher gewollt.) Vor allem der Ich-Erzähler Enkolp lässt uns die Höhen und Tiefen »einer Existenz außerhalb des Gesetzes« (125, 4), am Rand der römischen Gesellschaft miterleben. Seine dunkle Vergangenheit, die ihn zum Außenseiter stempelt, lässt sich nur noch ahnungsweise fassen. Umso klarer sehen wir, wie er seiner Begabung und Bildung zum Trotz als naives Opfer der Umstände und seines eigenen Ungeschicks zum Spielball der Ereignisse wird. Was ihm dabei unversehens widerfährt, bricht sich spannungsreich mit dem wissenden Blick des Erzählers, der immer wieder andeutet, wie die Geschichte ausgehen wird. Nicht allein diese Erzählperspektive (deren Tragweite für das Ganze zu ermessen der fragmentarische Zustand des Erhaltenen verbietet) erinnert an Grimmelshausens einfältigen Glücksritter. Ähnlich wie Simplicissimus im Dreißigjährigen Krieg, schlägt auch Enkolp sich durch eine Welt, die aus den Fugen geraten scheint, in der Verfall und Tod herrschen und »allerorten Schiffbruch lauert« (115, 16). Entwurzelung und Chaos prägen die Menschen. P.s Protagonisten wechseln beständig die Rollen und geben bald den weltläufigen Rhetor oder den sterbenskranken Millionär, bald den entsprungenen Häftling oder den sittenstrengen Philosophen, bald den schmucken Kammerdiener oder den trutzigen Kriegsherrn – die taumelnde Welt wird zur Bühne. Zugleich suchen sie Halt im Blick zurück. Die Klassiker im Kopf, und nicht ohne Selbstironie, sieht Enkolp die Welt im Licht der alten Mythen und sich in den Fußstapfen der Heroen von einst. So wähnt er sich etwa in der Höhle Polyphems oder verfolgt vom Zorn nicht Poseidons, sondern Priaps. Auch andere Romanfiguren setzen sich gerne episch in Pose, Eumolp z. B. oder in Kroton die verführerische Circe, die im unpässlichen Enkolp vergebens ihren Bezwinger aus der *Odyssee* sucht. Solche Parodie treibt nicht nur ihr despektierliches Spiel mit den kanonischen Klassikern, deren Wiedergeburt in den Gassen Süditaliens den kundigen Leser stets aufs neue erheitert. Sie gibt dem Text auch ein Rückgrat, das ihn behutsam in die Nähe des Epos rückt und ihn zugleich zu dessen Gegenbild werden lässt, ein in Prosa gesungenes Lied des zeitgenössischen Alltags, bevölkert von Anti-Helden, die in einer desillusionierten Gegenwart nach epischer Statur hungern und gerade so die Armut und Leere ihrer Welt umso entlarvender in Szene setzen.

Das Un-heimliche der Verhältnisse am Ende der julisch-claudischen Jahre zeigt sich eindringlich in der fast vollständig erhaltenen Glanzszene des Romans, der *Cena Trimalchionis*. Sie bietet ein in der antiken Literatur beispielloses Porträt einer Klasse, der römischen Freigelassenen. Im unverbindlichen Treiben des Gesprächs, dessen Aufbau sich unterschwellig-boshaft an das platonische *Symposion* anlehnt, entfaltet sich der Kosmos kleiner Geschäftsleute aus dem griechischsprachigen Osten. In einem bunten Latein, das nach der Straße schmeckt, geben sie ungeschminkt ihr Weltbild zum Besten. Ganz dem Gelderwerb zugewandt, selbstsüchtig und ohne Sinn für die Annehmlichkeiten einer klassischen Bildung, predigen und leben sie eine rohe Philosophie des *carpe diem*, die einzig die Freuden der Tafel und der Liebe gelten lässt. Zugleich zeigen sie einen empfindlichen Nerv für die Verachtung, welche die freigeborenen Römer ihnen gegenüber an den Tag legen, und schicken sich unwillig in die bittere Einsicht, dass ihnen ein gesellschaftlicher Aufstieg auf immer verwehrt bleibt. Zum Symbol dieser Existenz am Rand der Gesellschaft wird Trimalchios Haus. Sein der römischen Grabkunst entlehnter Bildschmuck verwandelt es in ein Mausoleum, in dem der Hausherr todesbesessen sein eigenes Begräbnis in Szene setzt. Anklänge an das sechste Buch der *Aeneis* lassen es aber auch als labyrinthische Unterwelt erscheinen, in der Trimalchio als Minotaurus verdämmert, als Freigelassener ein Wechselbalg, nicht ›Tier‹ (Sklave), nicht Mensch.

Was die *Cena* sozial beleuchtet, rückt Eumolp in seinem *Bellum civile* in historischer Perspektive. In dem kleinen Epos, das er auf dem Weg nach Kroton rezitiert, sinniert er über die Schreckensjahre am Ende der Republik. Luxus und Dekadenz, die von überall her nach Rom drängen, entfesseln im Herzen der Kapitale dämonische Kräfte. Eumolp lässt sie als die Höllengeister des Epos aus der Finsternis steigen und den Bürgerkrieg entfachen; das Eingreifen der Götter stürzt den Kosmos in Aufruhr und Auflösung. Heldenrollen hat Eumolp keine mehr in seinem Repertoire. Caesar übersteigt als Aggressor in Hannibals Spuren die Alpen, um Rom ein zweites Mal in den Abgrund zu stürzen; und Pompeius erweist sich (dank Vergilischer Bezüge) als Gegenbild des Aeneas, der Rom nicht gründet, sondern preisgibt und damit zerstört. Die Entscheidungsschlacht zwischen Antonius und Octavian schließlich, Actium, wird nicht zur Wende, die einen neuen Äon des Friedens einläutet, sondern zur endgültigen Katastrophe – ein abgründiges Bild der Ereignisse, die die zeitgenössische Welt hervorgebracht haben, und damit auch das Zeitalter Neros.

Die historische Katastrophe wird aber auch zur Katastrophe der Literatur. Wie einst der Bürgerkrieg Rom, vernichtet der Sturm das Schiff, auf dem Eumolp sein Epos spinnt – real und metaphorisch leidet der Dichter Schiffbruch. Wie Lukans Epos bleibt sein Lied unvollendet, weil unvollendbar: Ihrer beider Gegenstand, die Geburt einer chaotischen Welt, kann nur ins Chaos münden. Und Eumolp, »der schön singt«, ist ein Ausgestoßener, sein Werk wird verlacht – ein ernüchternder Blick auf die Rolle der Literatur unter dem Künstler auf dem Kaiserthron. Dass P. seinen Lesern solche Einsichten mit einem befreienden Lachen präsentiert, zeigt, dass er auch als Schriftsteller eigene Wege findet. Zu Senecas schwerblütiger Weltweisheit und Lukans politischer Leidenschaft gibt sein Werk das hintergründige »Satyrspiel«, das uns als Vorläufer eines Cervantes oder Rabelais, eines Swift oder Sterne bis heute zu erheitern weiß.

Ausgabe: Satyrgeschichten. Berlin 1992 [lat./dt.].

Peter Habermehl

Petruševskaja, Ljudmila
Geb. 26. 5. 1938 in Moskau

Es waren die ungeheure Wucht ihrer Alltagstragödien und der nüchtern-lakonische Stil, der das Schreckliche als das Normale setzt, der Ljudmila Petruševskaja, die bereits in den 1960er Jahren debütierte, unter dem Vorwurf der »černucha« (Schwarzmalerei)

Veröffentlichungen erschwerte und die Aufführung ihrer Stücke auf die Underground-Bühnen beschränkte. Der mit der Perestrojka erfolgte Bannbruch machte sie zur meistgespielten Gegenwartsautorin auf russischen Bühnen und eröffnete ihr den Zugang zu den renommierten Literaturzeitschriften und Verlagen. Dramen wie *Cinzano* (1973/77), *Tri devuški v golubom* (1980; Drei Mädchen in Blau) und *Nadeždy malen'kij orkestrik* (1986; Der Hoffnung kleines Orchester) begründeten ihren Ruhm in der internationalen Theaterszene.

P.s Erzählschaffen reicht von der Dokumentation der Gewalterfahrung ihrer in der Regel weiblichen Figuren und Erzähler bis hin zu den Märchen der 1990er Jahre. Wie beinahe alle russischen Autorinnen lehnt sie eine Zugehörigkeit ihrer Werke zur ›Frauenliteratur‹ ab. Die erzählten Lebensräume scheinen jeglichen weiblichen Werten entfremdet: Frauen sind nicht Schwestern, sondern Rivalinnen im Kampf um abwesende oder erkaufte Zuwendung des immer als fremd erfahrenen Mannes, der weibliche Körper ist ein Ort der Schmerzerfahrung, die Enge der Gemeinschaftswohnungen pervertiert jedes Miteinander zum Gegeneinander. An das biologische Sein gebundene Lebensvorgänge wie Schwangerschaft, Menstruation, Sexualität und Geburt werden als Krankheit, Abtreibung, Vergewaltigung oder Misshandlung erlebt. Ein Blick auf die Figurenwahl – ein Reigen von Trinkerinnen, Prostituierten, Kranken und Gehetzten wie in den Erzählungen »Ali Baba«, »Doč' Kseni«, »Svoj krug« und »Bednoe serdce teti Pani« (1988; »Ali Baba,« »Ksenijas Tochter«, »Mein Kreis«, »Das arme Herz Tante Panjas«; in: *Unsterbliche Liebe*, 1990) – spricht dem hehren russischen Weiblichkeitsideal Hohn. Dennoch ist es gerade die Diskrepanz zwischen abstoßender Rede und verborgener Menschlichkeit, durch die das Weibliche als das in gnadenloser Wirklichkeit Unlebbare zum Thema wird. So sieht die sich böse nennende todkranke Erzählerin aus »Svoj krug« keinen anderen Ausweg, ihr Kind vor dem Waisenheim zu retten, als ihm durch Schläge das Mitleid der Clique und damit zukünftige Fürsorge zu sichern, und die Heldin des Erzählmonologs »Vremja noč'« (1992; »Meine Zeit ist die Nacht«, 1991) ist ihrer Großfamilie zwischen Hassausbrüchen und Verweigerung dennoch Ernährerin und Halt.

P.s späte Werke zeigen fließende Übergänge zwischen der realen Welt brutalen Alltags und den Wahn-, Phantasie- und Todeswelten des Surrealen. Im Unterschied zu Tat'jana Tolstaja gibt es keinen Ausflug in den Traum. Tradierte Sehnsuchtsmotive werden durchgehend parodiert oder bereits im Titel hinterfragt – so in den Kurzerzählungen »Dama s sobakami« (1990; Die Dame mit den Hunden) und »Tri sestry« (1993; Drei Schwestern) bzw. »Pesni vostočnych slavjan« (1990; Lieder der Ostslawen), ironischen Allusionen auf Čechov bzw. Puškin. Mythen des Schreckens werden durch die schreckliche Wirklichkeit undramatisch eingeholt, Mythen menschlicher Selbstverwirklichung werden grotesk verkehrt wie in den Erzählungen »Medeja« (1990; »Medea«, in: *Auf Gott Amors Pfaden,* 1994) bzw. in »Novye Robinsony. Chronika konca XX veka« (1989; Neue Robinsons. Eine Chronik vom Ende des 20. Jahrhunderts), wo menschliche Kreativität im gespenstischen Raum einer anonymen Diktatur Gefahr für das Leben bedeutet.

P.s Märchen von 1990 bzw. 1993 und Erzählzyklen wie *V sadach drugich vozmožnostej* (1993; In den Gärten anderer Möglichkeiten) lassen eine Tendenz hin zu mythischen Strukturen und Gleichnissen erkennen, in denen der Lebenstauglichkeit dem Weiblichen zugeschriebener Werte wie Güte und Schönheit in Auseinandersetzung mit Macht und Berechnung geprüft wird. In der Bevorzugung von Ich-Erzählsituation und monologischem Erzählen sowie einer spezifischen, dem Stadtjargon abgelauschten polyphonen Lexik und Syntax steht P.s Erzählweise in der Tradition des russischen *Skaz* als fiktiver Form mündlichen Erzählens. P. begreift Klatsch und Gespräch als Ausdruck des Interesses am Nächsten und dessen Leben.

Christina Parnell

Pétursson, Hallgrímur
Geb. 1614 in Gröf, Höfðaströnd/Island; gest. 27. 10. 1674 in Ferstikla

In Hólar, dem nordisländischen Bischofssitz, verbrachte Hallgrímur Pétursson seine Kindheit; sehr jung noch ging er aus unbekannten Gründen nach Kopenhagen. Zwei Ereignisse in der Hauptstadt des Königreiches Dänemark, zu dem auch Island gehörte, prägten sein weiteres Leben nachhaltig: der Besuch der Vor Frue-Lateinschule 1632 bis 1637, den ihm Brynjólfur Sveinsson (1605–75), Gelehrter und Sammler isländischer Handschriften, ermöglichte, und die Begegnung mit Guðriður Símonardóttir (1598–1682). Sie war 1627 von algerischen Seeräubern mit mehreren Hundert Frauen, Männern und Kindern von den Westmännerinseln verschleppt und als Gefangene auf dem Sklavenmarkt in Nordafrika verkauft worden. Jahre später wurde sie mit einigen Mitgefangenen freigekauft. P. musste sie nach dem langen Aufenthalt unter Muslimen in der Christenlehre unterweisen, und bald zeitigte das Verhältnis zwischen dem jungen Lehrer und der viel älteren Frau Folgen. Nach der Rückkehr nach Island und ihrer Heirat (1637) lebten sie mehrere Jahre in äußerst bescheidenen Verhältnissen, bis P. 1644, wiederum von seinem Gönner Brynjólfur Sveinsson, inzwischen Bischof von Skálholt, ohne Theologiestudium zum Priester geweiht und zum Pfarrer von Hvalsnes/Reykjanes bestellt wurde. 1651 übernahm er das Kirchspiel von Saurbær/Hvalfjörður. 1669 musste er, an Lepra erkrankt, das Amt aufgeben; bis zu seinem Tod war er an das Siechbett gefesselt.

P. verfasste eine Reihe *rímur*, eine traditionelle und beliebte isländische Dichtungsart, in der Saga- und Volksbuchstoffe in Versform dargeboten werden, schrieb Trink-, Tabak- und Schnupftabakverse und vielerlei andere Gelegenheitsgedichte, etwa auf seine im Alter von vier Jahren verstorbene Tochter Steinunn. In der im leoninischen Hexameter geschriebenen Satire »Aldaháttur« (ca. 1663; »Zeitgeist«, 1999) stellt er dem »verweichlichten Geschlecht der Gegenwart« die Goldene Zeit Islands, das Sagazeitalter, als mahnendes Exemplum vor Augen. Themen und Motive des Barock benutzte er häufig in seiner geistlichen Dichtung: in Reise-, Morgen- und Abendliedern und anderen Casualcarmina. Die Unbeständigkeit und Vergänglichkeit alles Irdischen beschwört er in mehreren Gedichten, so in »Um veraldarinnar velsemd« (»Von der Gunst der Welt«), in »Veröldinni tildrukkið« (»Der Welt zugetrunken«) und am eindrucksvollsten in »Um dauðans óvissan tíma« (»Über des Todes ungewisse Stunde«, alle 1999), dessen erste Strophe mit dem Jahrtausende alten Bild des 90. Psalms aus dem Alten Testament anhebt:»So wie eine blume / sprießt auf ebenem feld, / schön und in voller blüte / in des tages früher morgenstunde, / in einem kurzen augenblick / schnell abgeschnitten wird, / farbe und blätter verlor, / ein menschliches leben endet schnell.« Über Jahrhunderte hinweg, bis auf den heutigen Tag, wurden und werden einige Strophen des Liedes bei Beerdigungen in Island gesungen.

In der zweiten Hälfte der 1650er Jahre schrieb P. die 50 Lieder der »Historia vom Leiden und Sterben unseres Herrn Jesu Christi, mit besonderen Lehr-, Ermahnungs- und Trostabschnitten nebst Gebeten und Danksagungen«, die seit der Erstveröffentlichung als *Passíusálmar* (1666; *Die Passionspsalmen*, 1974) im kollektiven Gedächtnis des isländischen Volkes leben – sie wurden zum meistaufgelegten literarischen Werk des Landes. Seit Bestehen des isländischen Rundfunks wird alljährlich während der Fastenzeit jeden Abend daraus jeweils ein Psalm von einer bekannten Persönlichkeit des Landes vorgelesen. Die 50 Psalmen oder Gesänge basieren alle auf dem gleichen Muster: Nach den Worten aus der Leidensgeschichte im Neuen Testament folgen Auslegung und Ermahnung zu einem Gott wohlgefälligen Leben. Bei der Auslegung greift P. auf Elemente der mittelalterlichen Mystik und auf reformatorische Erbauungsschriften zurück, insbesondere auf Martin Mollers bereits 1599 ins Isländische übersetzte *Soliloquia de passione Jesu Christi* (1587). Die rhetorischen Stilmittel und die Plastizität der Bilder, geprägt durch die meditativ-mystische

Sprache und die Symbole und Allegorien der biblischen, altkirchlichen und mittelalterlichen Tradition, verleihen den Psalmen eine starke ästhetische und religiöse Wirkung. Der Literaturnobelpreisträger Halldór Laxness hat die *Passíusálmar* in seinem Essay »Inngángur að Passíusálmum« (1932, revidiert 1942; Einleitung zu den Passionspsalmen) als die zweite klassische Dichtung Islands nach der mittelalterlichen Literatur, nach Saga und Edda, bezeichnet.

Wilhelm Friese

Phillips, Caryl
Geb. 13. 3. 1958 in Basseterre, St. Kitts und Nevis, Karibik

Das Werk des in England aufgewachsenen Autors Caryl Phillips kreist um die Themen der kulturellen und geographischen Entwurzelung. Migration und Exil prägen das Leben seiner Protagonisten. Während sich seine Dramen mit der Situation der *black community* in Großbritannien beschäftigen, beleuchten seine ersten beiden Romane, *The Final Passage* (1985; *Abschied von der Tropeninsel*, 1988) und *A State of Independence* (1986), die jüngere karibische Migrationsgeschichte. Mit dem folgenden Roman, *Higher Ground* (1989; *Auf festem Grund*, 1997), erweitert Ph. das thematische Spektrum. Die drei Abschnitte des Buches handeln von einem afrikanischen Kollaborateur in einem Sklavenhandels-Fort, einem afroamerikanischen Strafgefangenen in den USA der 1970er Jahre und der Begegnung einer polnischen Jüdin mit einem karibischen Immigranten im englischen Exil. Diese sich thematisch reflektierenden und ergänzenden Geschichten bilden ein Mosaik der Geschichte der afro-karibischen Diaspora. Während *Higher Ground* Parallelen über Zeit und Raum aufzeigt, konstatiert *Cambridge* (1991; *Emily und Cambridge*, 1996) unüberwindliche Grenzen trotz räumlicher Nähe. Auf einer karibischen Zuckerrohrplantage kreuzen sich die Wege der Engländerin Emily und des Sklaven Cambridge. Obwohl die Handlungsstränge räumlich und thematisch eng verbunden sind, erkennen die beiden Protagonisten im jeweils anderen nur das Fremde. Auch der folgende Roman, *Crossing the River* (1993; *Jenseits des Flusses*, 1995), macht deutlich, dass Ph.' Bild interkultureller Begegnungen äußerst ambivalent ist. Er zeichnet an den Eckpunkten des ehemaligen Sklavenhandels-Dreiecks die Geschichte der schwarzen Diaspora nach, die damit beginnt, dass ein afrikanischer Vater im 18. Jahrhundert seine drei Kinder in die Sklaverei verkaufen muss. Von diesen Kindern handeln die Teile des Romans: Nash Williams wird im 19. Jahrhundert von einem Plantagenbesitzer freigelassen und kehrt nach Afrika zurück, die ehemalige Sklavin Martha schließt sich einem Siedlertreck in die Nordstaaten an, und Travis, afroamerikanischer Ehemann der weißen Britin Joyce, fällt im Zweiten Weltkrieg. Unterbrochen werden die Erzählungen durch das Logbuch des Sklavenhändlers Hamilton, der 1752 die drei Kinder zusammen mit Hunderten anderer Sklaven in die Neue Welt verschifft. Im Epilog lauscht der afrikanische Vater diesen Stimmen der Diaspora. Sie verbinden sich zu einem jazz-ähnlichen Chorus, der den Roman in einem für Ph. ansonsten untypisch positiven Schlussgesang enden lässt.

Dass Ph. seine Sujets nicht ausschließlich aus der ›schwarzen‹ Geschichte entlehnt, wird mit seinem Roman *The Nature of Blood* (1997; *Blut und Asche* 2000) deutlich. Ph. verbindet die Geschichte einer jüdischen Familie im Dritten Reich mit der Entstehung des ersten jüdischen Gettos im Italien des 15. Jahrhunderts sowie den Erlebnissen des schwarzen Heerführers Othello. Die verschiedenen Handlungen stehen nicht mehr abgegrenzt nebeneinander, sondern werden ineinander verwoben. Der Text rückt aber auch hier Individuen in den Mittelpunkt, sie sind die Fixpunkte seiner fragmentierten fiktiven Welt. Indem Ph. seinen Figuren eine Stimme verleiht, erhalten die Romane – im Gegensatz zu den oft zynischen Beobachtungen seiner Reisebeschreibungen in *The European Tribe* (1987) und *The Atlantic Sound* (2000) – trotz der beschriebenen historischen Schrecken einen optimistischen Ausblick. Weiße Flecken auf der historiographischen Landkarte werden durch eine individualisierte, fiktive Realität ersetzt.

Alexandra Haas

Der Pfaffe Konrad
In der zweiten Hälfte 12. Jahrhundert

Eine mit 39 bemerkenswerten Federzeichnungen geschmückte Handschrift vom Ende des 12. Jahrhunderts (Handschrift P, heute in Heidelberg) überliefert eine der frühesten epischen Dichtungen mit weltlichen Stoffen in der Stauferzeit, das *Rolandslied* (etwas älter sind nur das *Alexanderlied* des Pfaffen Lamprecht und die anonyme *Kaiserchronik*). Im Epilog dieses Werkes nennt sich der Verfasser als *phaffe Chunrat* (v. 9079). Außerdem erwähnt er – eine Novität in der Literatur dieser Zeit –, er habe eine französische Vorlage (eine Version der altfranzösischen *chanson de Roland*, um 1100) erst ins Lateinische, die immer noch vorherrschende Literatursprache der Zeit, dann ins Mittelhochdeutsche übertragen: Ein bedeutsamer Hinweis auf die Mehrsprachigkeit an den damaligen Höfen. K. gibt überdies einen Auftraggeber an (v. 9017 ff.), der ihm die »matteria« aus Frankreich verschafft und, auf Wunsch seiner Gattin, eine Übersetzung ins Deutsche erbeten habe. Allerdings sind K.s Worte nicht eindeutig: Er nennt seinen Gönner nur ›Herzog Heinrich‹, dessen Gattin »eines mächtigen Königs Kind.« In der Forschung wurden diese Angaben kontrovers gedeutet. Man dachte an Herzog Heinrich den Stolzen von Bayern (1126–1139), vermählt mit Gertrud, der Erbtochter Kaiser Lothars III. von Supplinburg, oder an den bairisch-österreichischen Herzog Heinrich Jasomirgott (1143–1156, gest. 1177), zuerst vermählt mit der Witwe Heinrichs des Stolzen, seit 1148 mit der byzantinischen Prinzessin Theodora, und schließlich an Heinrich den Löwen (1139–1180), den Sohn Heinrichs des Stolzen. Dieser war mit Mathilde, der Tochter des englischen Königs Heinrich II. und der Eleonore von Aquitanien verheiratet, der berühmten Mäzenin, die ihre kulturellen Interessen offenbar weitergab; ihre andere Tochter, Marie de Champagne, sicherte sich vor allem durch die Förderung Chrestiens de Troyes, des Schöpfers des französischen Artusromans, einen Platz in der Literaturgeschichte.

In den letzten Jahrzehnten wurde diese letzte Hypothese favorisiert: Der Umweg des Pfaffen K. bei seinem Übersetzungsauftrag über das Lateinische passt zu dem sich stärker an lateinischen Literaturtraditionen orientierenden sächsischen Herrscherhaus, insbesondere zur vorwiegend religiösen Auftragskunst als Mittel der Repräsentation und Herrscherlegitimation Heinrichs des Löwen. Mit dieser Hypothese ergäbe sich als Entstehungsort des Werkes das welfische »Kulturzentrum« Regensburg (auf das spezifische Kenntnisse des Autors und einige Namen verweisen) oder auch Braunschweig, die Hauptresidenz Heinrichs des Löwen (über deren Reliquienkult K. informiert). An beiden Orten könnte K. als Weltgeistlicher (in der herzoglichen Kanzlei?) oder als Kanoniker in einem Stift gewirkt haben. Die Entstehungszeit des *Rolandsliedes* wäre dann um 1170 anzusetzen, eine Zeit, die gerade noch zum frühhöfischen Sprach- und Darstellungsstil des Werkes passen würde: Das *Rolandslied* ist z. B. noch nicht vom aufdämmernden Frauenkult der Stauferzeit berührt; die Verlobte Rolands spielt sogar im Vergleich mit der älteren französischen Vorlage eine recht nebensächliche Rolle (man vergleiche dazu, wie Frauenrollen in wenig späteren epischen Werken, etwa in Veldekes *Eneit*, an Bedeutung gewinnen). K. verfährt indes auch sonst frei mit seiner Vorlage: Er erweitert sie von 4000 Versen auf 9094 Verse und wandelt das von einem frühzeitlichen Nationalgefühl (»la douce France«) getragene französische Heldengedicht (»chanson de geste«) in ein stärker christlich orientiertes Märtyrergeschehen um. Die zur Zeit K.s immer wieder aufflammenden Kreuzzugsaufrufe bilden hier einen politischen Hintergrund für die Kämpfe Rolands gegen die Heiden. Demgemäß wird z. B. Kaiser Karl als »gotes dienstman« apostrophiert, die kämpfenden Helden erscheinen als »milites christiani«.

Die handschriftlichen Zeugnisse des Werks (2 Handschriften, 4 Fragmente) stammen noch aus dem 12. Jahrhundert. Sie gehören verschiedenen Dialektgebieten an, was auf eine rasche und weite Verbreitung des *Rolandsliedes* hinweist. Im 13. Jahrhundert wurde es vom Stricker zu einem stauferfreundlichen Karls-Epos ausgeformt. Weltliterarisches Niveau erlangte der Stoff zu Anfang des 16. Jahrhunderts durch Ariosts *Orlando furioso*.

Werkausgabe: Das Rolandslied des Pfaffen Konrad. Hg. von Carl Wesle. 3. durchges. Aufl. bes. von Peter Wapnewski. Tübingen 1985 (ATB 69).

Günther Schweikle/Red.

Pil'njak, Boris (eigtl. Boris Andreevic Vogau)
Geb. 12. 10. 1894 in Možajsk/Gouvernement Moskau; gest. 21. 4. 1938

»Ich glaube, daß sich ein Schriftsteller nur um seine Manuskripte zu kümmern hat, ob sie gut sind [...].« Mit dieser Äußerung Boris Pil'njaks, einer der originellsten russischen Erzähler, lässt sich sein Lebenswerk als ein beharrlicher Versuch überschreiben, die Literatur als ästhetisches Phänomen gegen vulgärsoziologische Vereinseitigungen in Schutz zu nehmen. Erste Schreibversuche in der Kindheit sind vor allem darauf ausgerichtet, Träume künstlerisch zu ordnen. Noch vor dem Abschluss der Handelsschule (1920) veröffentlicht P. 1915 in *Russkaja mysl'* (Der russische Gedanke) und *Ežemesjačnyj žurnal* (Die Monatszeitschrift) Erzählungen über das Provinzleben, wozu ihn nicht zuletzt sein Elternhaus inspiriert hat. Sowohl P.s Vater, ein Landarzt wolgadeutscher Abstammung, als auch seine Mutter, geboren in einer altgläubigen Kaufmannsfamilie, waren in der Volkstümlerbewegung engagiert. Obwohl seine Herkunft eine Nähe zur Realitätsauffassung dieser Bewegung nahelegt, begeistert sich P. früh auch für das ästhetizistische Kunstkonzept der russischen Symbolisten und wird nach 1917 zu einem der bedeutendsten Stilexperimentatoren.

Auf die Erzählbände *S poslednim parochodom* (1918; Mit dem letzten Dampfer) und *Byl'e* (1920; Gewesenes) folgen mit *Golyj god* (1921; *Das nackte Jahr*, 1964) und *Mašiny i volki* (1924; *Maschinen und Wölfe*, 1946) zwei vielbeachtete Romane. Darin erscheint die Revolution als Schneesturm, der das von Bränden, Epidemien und Hungersnöten heimgesuchte Hüttenrussland erfasst hat. Um die Vermittlung zwischen realer Geschichte und sozialistischer Moderne ringend, gibt der technikbegeisterte Autor der Hoffnung Ausdruck, die als Bauernaufstand gedeutete Revolution werde Russlands Modernisierung vorantreiben. Künstlerisch steht er in dieser Zeit dem *Pereval* und den *Serapionsbrüdern* nahe. In seinen der ornamentalen Prosa zuzuordnenden Texten verzichtet er auf eine kausallogisch organisierte Handlung. Stattdessen favorisiert er den *skaz*, eine fiktive Erzählhaltung, die sich an der spontanen Redeweise des Volkes orientiert und über stilistische und semantische Brüche Verborgenes preisgibt. P.s Art, räumlich und zeitlich weit Auseinanderliegendes collagenartig in vielstimmigen Texten über Russland, Asien und Europa zu verbinden, vermag bis heute zur vergnüglichen Lektüre anzuregen.

In *Povest' nepogašennoj luny* (1926; *Die Geschichte vom nichtausgelöschten Mond*, 1961) spitzt P. das Thema der Verstrickungen des Einzelnen in revolutionäre Zeitläufe auf das Schicksal des Oberkommandierenden Gavrilov zu, der gegen seinen Willen gezwungen wird, sich einer Operation zu unterziehen. Dass P. mit dieser Anspielung auf den Tod Michail Frunzes schlaglichtartig beleuchtet, was den Stalinismus ausmacht, wird als Provokation aufgefasst. Obwohl sich der Autor von der Erzählung distanziert, lassen die Anfeindungen nicht nach. Im Zuge einer weiteren Kampagne – als Vorwand dient die Veröffentlichung von *Krasnoe derevo* (1929; *Mahagoni*, 1962) im Berliner Verlag Petropilis – tritt P. als Vorsitzender der Moskauer Sektion des Schriftstellerverbandes zurück. In dieser Zeit entsteht mit *Volga vpadaet v Kaspijskoe more*

(1929; *Die Wolga fällt ins Kaspische Meer*, 1930) ein Text, der wie kein anderer das Spannungsverhältnis zwischen kulturpolitischer Norm und erarbeiteter künstlerischer Subjektivität spiegelt. Auch wenn P. mit dem Thema Staudammbau ein bekanntes realsozialistisches Muster bedient und einzelnen Gestalten propagandistische Exkurse zum Kampf mit der Natur in den Mund legt, wird letzten Endes Humanität mit geschichtlichem Herkommen verbunden. Dazu tragen historische Parallelisierungen, die die angelegte Problemsicht verschleiern, aber nicht in Frage stellen, und wechselseitige Spiegelungen von Standpunkten ebenso bei wie die Sinnverdichtung mit Hilfe von Intertextualität.

P.s Versuche, an der erarbeiteten Subjektivität festzuhalten, werden durch eine immer stärkere Verengung der Spielräume zur Textproduktion erschwert. Er »übt Selbstkritik« und lässt sich zu einer Lobpreisung der Redekunst Stalins in der *Pravda* herab. 1938 wird er in einem Schauprozess verurteilt und wenig später erschossen. Die politische Rehabilitation erfolgt 1956, ein Auswahlband erscheint 1976. *Zaštat* (1987; Kleinstadt) und *Soljanoj ambar* (1990; *Der Salzspeicher*, 1992) sowie ein Großteil der publizistischen Texte werden erst nach der Perestrojka veröffentlicht.

Ute Scholz

Pindar

Geb. 522 oder 518 v. Chr. in Kynoskephalai bei Theben; gest. nach 446 v. Chr.

Pindar entstammte einer Adelsfamilie Böotiens und lebte nach seiner dichterischen und musikalischen Ausbildung, die er zum Teil auch in Athen absolviert haben soll, in Theben; von dort aus reiste er häufig zu den Festspielen und Auftraggebern, die er anlässlich der Aufführungen seiner Gedichte besuchte, wenn er ihnen die Gedichte nicht »wie phönizische Ware« übers Meer (*Pythie* 2, 67) sandte. Besonders enge Beziehungen verbanden ihn mit Aigina und Sizilien. Während Athen nach den Perserkriegen (500–479) zum Zentrum der griechischen Aufklärung wurde, hatte sich Theben propersisch verhalten und verlor mit dem politischen und ökonomischen Aufstieg Athens seine Bedeutung. Auch die Machtstellung der alteingesessenen Familien war jetzt bedroht. In dieser Spannung verhielt sich P. konservativ. Er blieb der alten aristokratischen Welt, ihrer Religion und Tradition verpflichtet. In seiner Dichtung aber fand er zu einer eindrucksvollen geistigen Durchdringung der untergehenden archaischen Welt.

P. gehört mit seinen Rivalen Bakchylides und Simonides zu den Vertretern der griechischen Chorlyrik. Im Unterschied zur monodischen Lyrik, die von einzelnen Sängern vorgetragen wurde, waren seine Gedichte grundsätzlich für chorische Aufführungen bestimmt. Sie richteten sich an ein großes Festpublikum, zum Teil wurden sie auch bei feierlichen Prozessionen gesungen. Die Gelegenheiten, für die P. schrieb, waren vielfältig. Die antiken Herausgeber haben die von ihnen zusammengetragenen Gedichte auf 17 Bücher verteilt. Diese umfassten je ein Buch *Götterhymnen*, *Paiane* für den Apollonkult, *Enkomien* auf einzelne Persönlichkeiten, *Trauergesänge* (*Threnoi*), je zwei Bücher *Dithyramben* zu Ehren des Dionysos, *Prozessionslieder* (*Proshodien*), *Tanzlieder* (*Hyporchemata*), insgesamt drei Bücher *Mädchenlieder* (*Parthenien*), schließlich vier Bücher mit *Siegesliedern* (*Epinikien*). Von diesem Gesamtwerk ist einzig die Gattung der *Siegeslieder* mit 45 Gedichten gut erhalten; die übrigen, schwerpunktmäßig kultisch-religiösen Lieder sind nur dem Titel nach und bruchstückweise überliefert. Doch geben sie genügend Material, um erkennen zu lassen, dass die *Siegeslieder* einen repräsentativen Ausschnitt von P.s Kunst bilden, wobei sie thematisch und kompositorisch eng an die religiös-kultischen Liedern anknüpfen.

Zwar gehen die *Epinikien* stets von einem Sportereignis aus, ihre Aufgabe liegt aber darin, dieses Ereignis in einen umfassenden Lebenszusammenhang zu stellen. Der sportliche Sieg erscheint gleichermaßen als Leistung des Athleten wie auch als eine Gunst der Götter. Der Sieger zeichnet sich vor seinen

Mitbürgern aus. P. deutet diese Auszeichnung religiös, als ein tiefes Glück, das dem Sieger zuteil werde: Im Glanz des Sieges erfährt der Sieger die Aufmerksamkeit der Götter. Er überschreitet die Grenzen der gewöhnlichen Erfahrung und nimmt Anteil an unsterblichem Glück, das in der Begeisterung spürbar wird. Erst diese Transzendenzerfahrung verleiht dem Leben seinen Wert. Im Augenblick des Sieges erscheint die Vergänglichkeit des Lebens aufgehoben. Demgegenüber beurteilt P. das übrige Leben höchst resignativ. Er betont die Unvorhersehbarkeit des Schicksalswechsels. Während die Götter in einem unvorstellbaren und dauerhaften Glück leben, wisse der Mensch weder wann noch wie er stirbt, nicht einmal das Ende des angebrochenen Tages sei für ihn absehbar. Er wird zum »Tagwesen« depotenziert. Der ephemeren Existenz stellt P. allein die Augenblicke göttlicher Gunst gegenüber: »Tagwesen. Was aber ist einer? was aber ist einer nicht? / Der Schatten Traum, sind Menschen. Aber wenn der Glanz / Der gottgegebene kommt, / Leuchtend Licht ist bei den Männern / Und liebliches Leben« (*Pythie* 8, 92ff.). Der »gottgegebene Glanz« aber bringt immer auch Gefährdungen mit sich. P. verdeutlicht dies an zahlreichen Mythen. So greift er etwa auf Tantalus, Ixion oder Koronis zurück, um die Exponiertheit der Götterlieblinge zu demonstrieren. Als sterbliche Wesen vermochten sie die Fülle ihres Glücks nicht zu tragen und endeten in hybrider Selbstüberschätzung. Dem aktuellen Sieger, der sich ebenfalls stark exponiert hat, wird daher häufig die Selbstbeschränkung nahegelegt bzw. der Neid der Götter, die eifersüchtig über die Wahrung der Grenzen wachen, vor Augen geführt.

Ausgehend von diesem Siegesverständnis behandelt P. in den *Epinikien* regelmäßig fünf verschiedene Themenkreise: Jedes *Epinikion* verherrlicht den Sieger und seine Herkunft. P. fügt oft noch ergänzende Angaben etwa zur Familie, zu deren Geschichte oder den bisherigen sportlichen Erfolgen hinzu. Während der konkrete Verlauf des Wettkampfs nie beschrieben wird, wird jedoch stets die Spielstätte genannt, denn an ihr bemisst sich die Größe des Erfolges. Gegenüber den zahlreichen lokalen Veranstaltungen hatten die Spiele in Olympia, Pytho (Delphi), Nemea und am Isthmos gesamtgriechische Bedeutung. Ihrer Rangordnung entspricht die Einteilung von P.s Gesängen in *Olympien, Pythien, Nemeen* und *Isthmien*. Auch intern sind die Gedichtgruppen nochmals hierarchisch abgestuft nach der sozialen Stellung der Sieger (Fürsten, Bürger) und der Bedeutung der Kampfart (Wagen-, Reit-, Faust-, Ringkampf, Lauf). Eng verbunden mit dem Sieg ist das religiöse Motiv des Dankes. P. berücksichtigt den kultischen Rahmen der Spiele und nennt häufig den Gott, dem die jeweilige Spielstätte geweiht ist, und den Heros, der die Spiele begründet hat. Auch erinnert er an den göttlichen Beistand im Wettkampf und fügt Wünsche und Gebete für das künftige Wohlergehen des Siegers und seiner Familie hinzu. Ein weiteres Element der *Epinikien* sind die Bemerkungen in eigener Sache. P. beschreibt das Verhältnis von Lied und Tat folgendermaßen: »Es gebührt den Edlen, besungen zu werden […] / […] in schönsten Gesängen. / Dies nämlich rührt allein an unsterbliche Ehren, / stirbt doch, verschwiegen, das schöne Werk« (Frg. 121, Bruno Snell). Erst durch den Gesang findet die Tat zu ihrer Bestimmung. P. versteht seine Kunst als göttlichen Auftrag und stellt sich unter den Schutz Apolls, der Musen und Chariten. Mit ihrer Hilfe wird er zum Mittler zwischen der göttlichen und menschlichen Sphäre. Beide Sphären werden aufeinander bezogen und wechselseitig gesteigert. Die Götter treten in den Gesang der Menschen, die Menschen in die Nähe der Götter. P. arbeitet die mannigfachen Berührungspunkte in ihrer Größe und Ambivalenz heraus. Seine Aussagen legitimiert er durch den exklusiven Gottesbezug, den er als »Vorsprecher« (*prophētēs*) der Gottheit beansprucht. Selbstbewusst erfolgt die normative Deutung der Lebenszusammenhänge, die ein weiteres Merkmal der *Epinikien* bildet. P. entwickelt aus dem jeweils gegebenen Kontext des Siegesliedes heraus leitende Grundsätze in Form von Sprüchen und Sentenzen (Gnomen). Mit ihnen wird die archaische Lebensweisheit aufgenommen, prägnant konzentriert und zu eigenständigen Gedankenreihen (in den gnomischen Partien) weiterentwickelt. Den ausführlichsten Teil der *Siegeslieder* aber bilden die Mythen. Mit ihnen wird der aktuelle Sieger in die heroische Tradition gestellt. Indem der glanzvolle Sieg mit einer noch glänzenderen Vergangenheit verknüpft wird, erscheint der Sieger als legitimer Nachfahre der sagenhaften Heroen, von denen die Mythen erzählen. In der Frage: »Welchen Gott, welchen Heroen, welchen Mann auch werden wir singen?« (*Olympie* 2, 2) verdeutlicht P. sein Anliegen: Das Siegeslied soll den zu feiernden »Mann« aus der anonymen Menge der Menschen herausheben und ihn in ein besonderes Verhältnis zu den Göttern und Heroen stellen. Am Ende des Liedes soll er unverkennbar ausgezeichnet sein. Die dichterische Aufgabe besteht also darin, angemessene Bezüge zu stiften, die den gegenwärtigen Sieger mit der überlieferten Tradition verbinden. Stofflich greift P. hierfür auf Homer, Hesiod oder auf lokale Überlieferungen zurück. Häufig verändert er dabei die bekannte Überlieferung, indem er neue Akzente setzt. Charakteristisch für seine Erzählweise ist das Herausgreifen einzelner Episoden des Mythos, wobei er das Bedeutsame oft vorwegnimmt, das minder Wichtige nachstellt und ergänzt, bis der Ausgangspunkt wieder erreicht ist, so dass eine Ringkomposition entsteht. Damit sind die fünf Elemente umrissen, auf die P. seine *Epinikien* gründet: das Lob des Siegers, der hymnische Dank, die Aussagen zum Dichterberuf, die Maximen zur Lebensführung und schließlich der Mythos. Mit diesen Elementen kann P. den Bau seiner *Epinikien* flexibel gestalten. Nicht immer werden alle Elemente aufgegriffen und ausgeführt. So gibt es durchaus *Epinikien* ohne mythischen Kern, andere wieder ohne poetologische Aussagen oder prägnante Sentenzen. Die Individualität der Gedichte resultiert aus der gewählten Ordnung und Gewichtung der Elemente.

Der verherrlichenden Zielsetzung entspricht der erhabene Stil der Darstellung. Die *Siegeslieder* sollen beeindrucken, Aufsehen erregen und Bewunderung hervorrufen. Zu diesem Zweck sind sie bewusst unübersichtlich, in »schöner Unordnung« (Pierre Boileau), gehalten. In raschem Themenwechsel sollen die Hymnen »wie die Bienen von einer Rede zur andern« (*Pythie* 10, 51) schwärmen, um nur das Beste zusammenzubringen. Mit artistischem Vergnügen konstruiert P. abrupte Wechsel, Gedankensprünge, Querverweise, Einwürfe, Fragen oder verblüffende Wendungen. Seine Komposition zeichnet sich durch ihre »harten Fügungen« (Dionysios von Halikarnass) aus. Zur intendierten Erhabenheit trägt wesentlich auch der sprachliche Ausdruck bei. Durchgehend herrscht ein Zug zum Grandiosen, er bestimmt die Wortwahl, die schwergewichtigen Komposita, die Metaphern und Metonymien bis hin zu den Gleichnissen. So erscheint der Arzt Asklepios als »der sanfte Werkmeister gliederstärkender Schmerzlosigkeit« (*Pythie* 3, 6); eine besondere Pracht entfalten die Gleichnisse: »Goldene Säulen aufrichtend unter der / wohllummauerten Vorhalle des Saales / wollen wir einen stolzen Palast / bauen. Beim Beginn des Werks tut es not, / eine weitleuchtende Stirn zu setzen« (*Olympie* 6, 1–4). Ähnlich gesteigert erscheint auch die Wortstellung. P. wechselt von Lakonismen zu imposanten Satzgefügen mit kunstvollen Inversionen, Sperrungen und gewichtigen Nachträgen. Mit besonderer Vorliebe spielt er starke Kontraste aus. Dem Satz folgt der Gegensatz, dem Bild das drastische Gegenbild. Wenn P. sich selbst als einen Adler vorstellt, der in einsamer Höhe ein weites Feld überschaut, so geschieht dies nicht ohne die Folie der niedrigfliegenden Krähen, die »ungehemmt in der Allgeschwätzigkeit Unvollendetes krächzen« (*Pythie* 2, 87).

Auch in ihrer metrischen Form sind die Gedichte komplex gehalten. Neben vereinzelten monostrophischen Gedichten, die immer dasselbe Strophenschema wiederholen, gibt es vor allem triadisch gebaute Gedichte, in denen drei Strophen eine Einheit (Triade) bilden, bei der die ersten beiden Strophen symmetrisch gebaut sind, während die dritte Strophe (Epode) hiervon abweicht. Hierbei lassen sich die verschiedensten Versmaße kombinieren, so dass jedes *Epinikion* seine eigene metrische Gestaltung erfährt. Allerdings setzt die unaufdringliche Responsion der ausladenden Strophen und Triaden eine hohe Kunstfertigkeit voraus. P.s Sprache beruht auf dem dorischen Dialekt, nimmt aber auch zahlreiche Wendungen aus dem (ionischen) Epos auf. Während die chorlyrische Tradition in Griechenland schon bald verblasste, hielt das Interesse an P. unvermindert an. So entwickelte selbst Platon eine Hochachtung für P.s Kunst, die bemerkenswert absticht von der Ironie und Distanz, mit der er die Dichter gewöhnlich behandelt. Auch im Hellenismus und in römischer Zeit, besonders bei Quintilian und Horaz, behauptete P. den ersten Rang unter den griechischen Dichtern. Bis in die späte byzantinische Zeit wurde er gelesen und kommentiert. Schon bald nach dem ersten Druck, 1513 in Venedig von Aldus Manutius, wurde P. von den Humanistenkreisen wiederentdeckt, übersetzt, als lyrisches Vorbild in die Poetiken aufgenommen, kanonisiert und dichterisch nachgeahmt. So formierten sich in Italien die Pindaristen um Trissino und Alamanni, in Frankreich bildete sich die Pléiade um Ronsard, während in England Cowley und in Deutschland Weckherlin hervortraten. Ihren Höhepunkt aber erreichte die deutsche Pindarrezeption erst später, mit Klopstock, dem jungen Herder und Goethe. P. avancierte hier, im Zusammenhang des Sturm-und-Drang-Protestes gegen die Regeln, zum Inbegriff des lyrischen Genies. Das P.-Bild des Horaz (*Oden* 4, 2, 12) von dem gewaltigen, gesetzlos dahinstürzenden Strom wurde aufgegriffen und gegen den französischen Klassizismus gewandt. Der dithyrambische P. wurde zum Bruder Shakespeares. Von diesem genialischen Missverständnis nahm Hölderlin als einer der ersten Abstand. Er interessierte sich, wie die Pindarforschung des 19. und 20. Jh.s, für die Gesetzmäßigkeiten der pindarischen Form und entwickelte angeregt von ihr das eigene hymnische Spätwerk. Zusammen mit Hölderlin erlebte P. seine vorerst letzte literarische Renaissance im Georgekreis.

Ausgabe: Oden. Stuttgart 1986 [gr./dt.].

Martin Vöhler

Pinget, Robert
Geb. 19. 7. 1919 in Genf;
gest. 25. 8. 1997 in Tours/Frankreich

Robert Pinget war kein Autor hoher Auflagen, doch hatte er eine beeindruckend treue Lesergemeinde, die jedes seiner neu erschienenen Werke mit der gleichen Begeisterung genoss. Der Maler Jean Dubuffet erklärte, es habe in seinem ganzen Leben keine Lektüre gegeben, die ihn so nachhaltig beschäftigt habe wie die Texte dieses Autors. Sicher liegt der Grund für diese Faszination in der für den »sanften Nihilisten« so charakteristischen Mischung von Humor und Melancholie, Stille und bedrückenden Obsessionen, Alltagsbanalitäten und subversiver Tiefe.

Nach einem Jurastudium in Genf, einer kurzen Tätigkeit als Rechtsanwalt und mehreren Auslandsaufenthalten hatte P. 1946 an der École des Beaux-Arts in Paris zu studieren begonnen. Doch obwohl er als begabter Maler galt, stellte er fest, »daß das, was ich schrieb, eigenständiger war als das, was ich malte«, und wandte sich ausschließlich der Literatur zu. 1951 veröffentlichte er auf eigene Kosten den Band *Entre Fantoine et Agapa*. Nachdem der surreale Text *Mahu et le matériau* 1952 bei Robert Laffont erschienen war und *Le renard et la boussole* 1953 bei Gallimard, gelang es dem Autor durch Unterstützung von Samuel Beckett und Albert Camus, 1956 den Roman *Graal Flibuste* bei den Editions de Minuit unterzubringen, die von da an alle seine weiteren Werke veröffentlichten, darunter *L'inquisitoire* (1962; *Inquisitorium*, 1965), das mit dem Prix des Critiques ausgezeichnet wurde, und *Quelqu'un* (1965; *Augenblicke der Wahrheit*, 1967), ein Roman, für den P. den Prix Fémina erhielt.

Bereits in *Entre Fantoine et Agapa* hatte P. ein kleines imaginäres Universum in der französischen Provinz geschaffen mit seinen Personen und Örtlichkeiten, die in den späteren Werken immer wieder auftauchen. Doch es wäre trügerisch, daraus auf eine gewisse Geschlossenheit der Texte zu schließen. Im Gegenteil, nichts lehnte P. – in Übereinstimmung mit den Verfechtern des Nouveau roman – mehr ab als den eine Geschichte erzählenden allwissenden Autor. Gesicherte Fakten sucht man in seinen stets mit kriminalistischen Elementen durchsetzten Romanen vergebens. Es kann so gewesen sein, aber auch ganz anders. Mit anarchistischer Lust setzt P. jeder Wahrheit eine andere entgegen. Was ihn interessiert, sind »die Widersprüche, die man überall findet, wenn man beginnt nachzudenken«.

Ab dem 1982 veröffentlichten Band *Monsieur Songe* (*Monsieur Traum. Eine Zerstreuung*, 1986) delegierte P. seine Reflexionen über den Lauf der Welt, seine sarkastischen Darstellungen typischer Provinznöte, seine fast manische Besessenheit vom Schreiben in die Feder seines skurrilen Alter ego Monsieur Songe: *Le harnais. Carnets* (1984), *Charrue. Carnets* (1985), *Du nerf. Carnets* (1990) – auf Deutsch zusammengefasst in *Kurzschrift. Aus Monsieur Traums Notizheften* (1991). Der in Frankreich als »letztes Notizheft von Monsieur Songe« angekündigte Band *Taches d'encre* (1997) erschien auf Deutsch unter dem Titel *Tintenkleckse. Monsieur Traums letztes Notizheft* wenige Tage nach dem Tod des Autors im August 1997.

Neben diesen als Romane bezeichneten poetischen Texten schrieb P. zahlreiche Hörspiele, die vom Süddeutschen Rundfunk Stuttgart in herausragender Regie und Besetzung ursendet wurden, und zahlreiche Theaterstücke, von denen mehrere bei den Festspielen von Avignon 1987 große Aufmerksamkeit fanden. Besonders *L'hypothèse* (1965; *Hypothese*, 1994) in der Inszenierung von Joël Jouanneau mit dem unvergesslichen David Warrilow als Diener war ein triumphaler Erfolg. Heute steht fast ständig eines der Stücke auf einem französischen Spielplan, allen voran das Zweipersonenstück *Abel et Bela* (1971; *Abel und Bela*, 1972).

Gerda Scheffel

Pinter, Harold
Geb. 10. 10. 1930 in London

Harold Pinter ist einer der erfolgreichsten Dramatiker des englischen Gegenwartstheaters, dessen Werk zunächst in den Kontext des Theaters des Absurden gestellt wurde, in dieser Kategorie aber nie aufging und schnell auch nach anderen Kriterien, etwa als realistische Darstellung der Wirklichkeit, symbolische Präsentation menschlicher Grundsituationen oder als gattungsbezogene Reflexion der Möglichkeiten und Grenzen von Drama und Sprache, interpretiert wurde. Das dramatische Œuvre lässt sich grob in drei Gruppen einteilen, die eine gewisse Entwicklung widerspiegeln, sich aber auch überlappen und wesentliche Gemeinsamkeiten in formaler und thematischer Hinsicht aufweisen: a) Dramen, in denen eine konkrete physische Bedrohung aus der Außenwelt in einen bewohnten und Sicherheit versprechenden Innenraum eindringt; b) Dramen, in denen Bedrohung und Verunsicherung weniger von außen als vielmehr von innen (psychisch) durch Sprache, Erinnerung und Imagination entsteht; c) Dramen, die deutlich politisch intendiert sind und damit einen konkreten Bezug zur Lebenswirklichkeit der Rezipienten haben. – In den Stücken der 1990er zeigt sich deutlicher als früher, dass sich bei P. diese Themen eng miteinander verbinden und er für ihre Darstellung im Wesentlichen dieselben dramatischen Formen verwendet. Es gibt damit nur an der Oberfläche eine erstaunliche Entwicklung vom absurden zum politischen Drama bei P., während seine Werke in ihren Grundcharakteristika deutliche Gemeinsamkeiten aufweisen. Schon der relativ früh verwendete Begriff ›pinteresk‹ verweist auf solch grundlegende Charakteristiken und auf P.s Leistung, durch Dialoge, die alle Nuancen alltäglicher Sprache reproduzieren, die Schwierigkeiten und Vielschichtig-

keiten menschlicher Kommunikation aufzuzeigen. ›Pinteresk‹ bezeichnet eine Sprachverwendung, in der sich Alltags- und Umgangssprache, Satz- und Gedankenteile, Sprach-, Denk- und Handlungsklischees, Wiederholungen, Pausen und Andeutungen so verdichten, dass aus scheinbar gewöhnlicher Prosa Dichtung wird, die ebenso viel impliziert wie sie direkt ausdrückt, die zeigt, wie Sprache als Maske, Waffe oder Ausflucht gebraucht wird, und die bei aller Vieldeutigkeit trotzdem individuelle Charaktere offenlegt. Das Gesagte (der Text) klingt wie normale Alltagssprache, gleichzeitig ist aber darin so viel Wichtiges impliziert (ein Subtext), dass sich eine für P. spezifische Mischung von realistischer und künstlerisch stilisierter Sprachverwendung ergibt. Die Interpretation der Stücke erfordert in hohem Maß die aktive Beteiligung der Rezipienten beim Vergleich zwischen Gesagtem und Gemeintem, zwischen Sprache und Handlung, Teil und Ganzem. Mit dem formalen Element des Pinteresken verbindet sich untrennbar der wesentliche inhaltliche Aspekt der Bedrohung: Wo nie alles klar ausgesprochen wird, bleibt immer Raum für weitere Möglichkeiten, das Nichtgesagte kann Positives wie Negatives implizieren, und alles zur Sprache Gebrachte kann durch weitere Worte oder Handlungen wieder geleugnet oder verändert werden. Neben dem Charakteristikum des Pinteresken eignet sich daher die von Irving Wardle 1958 für das Frühwerk verwendete Bezeichnung ›comedy of menace‹ (›Komödie der Bedrohung‹) für alle Werke P.s, wenn man ›Komödie‹ nicht als bloße Unterhaltung versteht, sondern als Gattung, die Komik, Witz und typische Alltagssituationen zur Darstellung und Kritik von Gesellschaft benutzt. P. geht spielerisch und kreativ mit dieser Tradition der Sittenkomödie (comedy of manners) um und verbindet sie mit modernen Themen wie existentielle Unsicherheit und Bedrohung. Der Kampf um Positionen in menschlicher Gemeinschaft und die Ängste des Individuums in der modernen Welt sind die wesentlichen Inhalte seiner Stücke, wobei es aufschlussreiche Veränderungen bzw. Nuancierungen in den drei genannten Werkgruppen gibt. Mit der

ständigen Gefahr einer Bedrohung (von außen durch Individuen und politische Kräfte oder durch den Menschen selbst, durch Gefühle, Ängste, Bedürfnisse, aber auch die Unwägbarkeiten der Realität und Sprache) ist bei P. immer Mehrdeutigkeit verbunden. Damit werden in seinem Werk grundsätzlich menschliche Erkenntnis und Selbstgewissheit, die Realität und Alltagswelt sowie deren Wahrnehmung in Frage gestellt. Aber P. endet nicht in postmoderner Offenheit, was am besten zu erkennen ist, wenn man die politischen Dramen, die deutliche Wertungen beinhalten, mit den anderen vergleicht und dabei die gerade genannten Gemeinsamkeiten feststellt. – P. gilt als moderner Klassiker, und diese Einschätzung verweist auf die große Wirkung seiner Dramen ebenso wie auf ihre Darstellung von aktuellen, andauernden Problemen der Moderne. Hauptthemen sind individuelle und gesellschaftliche Identität, das Verhältnis von Sprache zu Wirklichkeit und Wahrheit, die Bedeutung von Erinnerung und Imagination, die Relation von Bewusstsein und Unbewusstem, das Problem der grundsätzlichen Möglichkeit von Erkenntnis sowie existentielle Ängste und alle Versuche, Angst und Unsicherheit zu vermeiden und in menschlicher Gemeinschaft eine akzeptable, befriedigende Rolle einzunehmen. Dabei betont P. auch in seinen politischen Werken die besondere Bedeutung des Individuums, das mit allen Mängeln und Schwächen immer im Zentrum seiner Werke steht.

Seine Laufbahn begann P. 1949 als Schauspieler, und er tritt weiterhin gelegentlich auf der Bühne, im Fernsehen oder Film auf. Dort arbeitet er auch als Regisseur, und er hat mehr als 20, z. T. sehr erfolgreiche Drehbücher verfasst. Zunächst schrieb er Gedichte und kurze Prosatexte, bevor 1957 seine ersten Kurzdramen, *The Room* (*Das Zimmer*, 1969) und *The Dumb Waiter* (*Der stumme Diener*, 1959), 1958 das erste abendfüllende Stück, *The Birthday Party* (*Die Geburtstagsfeier*, 1959), und 1960 sein großer Durchbruch *The Caretaker* (*Der Hausmeister*, 1960) erschienen. Danach verfasste P. kürzere Texte für Bühne, Hörfunk und Fernsehen. 1965 erschien sein nächster großer Erfolg, *The Homecoming* (*Die Heimkehr*, 1965). Schon innerhalb dieser ersten Werkgruppe verlagert sich die allen Stücken gemeinsame Bedrohung von einer undefinierbaren, unverstehbaren, widersprüchlichen Außenwelt immer mehr in die Figuren selbst. *The Homecoming* deutet dies schon im Titel an. Während in dem Stück *The Birthday Party* die Bedrohung noch deutlich von außen kommt, liegt sie hier in der Familie selbst und in all den immanenten Ambiguitäten, die nie aufgelöst werden. ›Geburtstagsfeier‹ und ›Heimkehr‹ sind im Grunde Ereignisse, die die Geburt, Rückkehr und Anerkennung der menschlichen Grundbefangenheit in Triebhaftigkeit und Lebensangst markieren, ohne dass dies wirklich ein Grund zum Feiern wäre. P.s Dramen sind nie Feiern menschlicher Leistungen, sondern immer Dokumente des Scheiterns und existentieller Probleme. So stellen schon alle frühen Stücke heraus, wodurch eine positive menschliche Gemeinschaft unmöglich gemacht wird, und präsentieren die unheimliche, oft nicht klar ausgesprochene Bedrohung durch andere Menschen, die Unsicherheit der individuellen Situation, die Unwilligkeit und Unfähigkeit der Menschen, sich klar auszusprechen. – Mit den Dramen *Landscape* und *Silence* (1969; *Landschaft* und *Schweigen*, 1970) wird die Bedeutung von Erinnerung und Imagination, die bisher eher im Hintergrund stand, hervorgehoben und direkt thematisiert. *Old Times* (1971; *Alte Zeiten*, 1972) etwa macht deutlich, wie sehr die Vergangenheit von menschlichen Gefühlen abhängig ist und wie vergangenes Erleben nachträglich rekonstruiert bzw. nach eigenen Vorstellungen umgestaltet wird; die objektive Darstellung der Vergangenheit erscheint unmöglich. *Betrayal* (1978; *Betrogen*, 1978) weist jedoch darauf hin, dass es trotz aller Subjektivität objektive Sachverhalte gibt, die zum Scheitern von Beziehungen führen und dazu, dass man nicht nur andere, sondern auch sich selbst betrügt. Die Kurzdramentrilogie *Other Places* (1982; *An anderen Orten*, 1988) setzt P.s Auseinandersetzung mit der Vergangenheit, ihrer Erinnerung und Imaginierung, ihrem ständigen Einfluss auf die Gegenwart und menschlichen Möglichkeiten mit ihr umzugehen, fort. – P.s explizit politische Stücke (*Precisely*, 1983, *Genau*, 1991; *One for the Road*, 1984, *Noch einen letzten*, 1991; *Mountain Language*, 1988, *Berg-Sprache*, 1998; *Party Time*, 1991; *The New World Order*, 1991) unterscheiden sich von den anderen v.a. dadurch, dass Rollen und ihre Bewertungen, gut und böse, deutlicher erkennbar sind und dass den weiterhin keine expliziten politischen Aussagen machenden Texten durch Sub- und Kontexte die relevanten politischen Bedeutungen nahegelegt werden, so etwa durch die Publikation von *Precisely* in einem Band für Frieden und gegen Atomwaffen und die Kontextualisierung von *One for the Road* durch P.s Engagement gegen Folter. P.s Dramen weisen insgesamt eine besonders aufschlussreiche Relation zwischen dem eigentlichem Text, dem damit verbundenen implizierten Subtext und dem außerhalb liegenden Kontext auf, wobei in den politischen Werken Dramenformen und -inhalte nicht wesentlich anders sind, die lebensweltbezogenen Sub- und Kontexte aber direkter politisch mit den textinternen Zeichen verbunden werden können. – Von den jüngeren Stücken zeigen besonders *Moonlight* (1993; *Mondlicht*, 2000) und *Ashes to Ashes* (1996; *Asche zu Asche*, 2000) die Fortsetzung, Erweiterung und Verbindung der bisherigen Themen miteinander. Beide handeln wieder von Erinnerung und der Schwierigkeit, Vergangenheit und Gegenwart, persönliche Identität und individuelles Handeln in Sprache zu fassen, geschweige denn zu erklären. Wahrheit ist und bleibt problematisch, aber es wird deutlich, dass eine mit subjektiver Phantasie und persönlicher Bedürfnisbefriedigung gleichgesetzte Realität Leben zerstört und dass Erinnerung als Flucht vor der Realität zwar eine subjektive, nicht aber eine gesellschaftliche Hilfe sein kann. – Die Stücke sind weiterhin mehrschichtig und vieldeutig, so dass etwa das letzte sowohl eine Erinnerung an ein Konzentrationslager, die Darstellung einer akuten Situation in einem solchen Lager oder aber auch, wie P. es selbst sieht, eine Präsentation gegenwärtiger Vorstellungen über Menschengeschichte und der Wirkungen solcher Konzepte auf den menschlichen Geist und das Selbstverständnis der Gegenwart ist. Indem P. von Beginn an zeigt, dass alles in der Welt von der Wahrnehmung abhängig und dementsprechend veränderlich ist, machen seine Werke auf die Bedeutung des Geistes aufmerksam und enthalten damit eine besondere Form der Mimesis, nämlich die Nachahmung menschlicher Verstehensprozesse. Auf diese Weise führen die komplexen und nicht leicht zu verstehenden Dramen die Rezipienten zu grundlegender Gesellschafts- und Selbsterkenntnis, zu umfassender Reflexion über Realität und alle Probleme ihrer Darstellung und Bewertung. 2005 erhielt P. den Nobelpreis für Literatur.

Werkausgaben: Plays. 4 Bde. London 1996–98. – Collected Screenplays. 3 Bde. London 2000.

Klaus Peter Müller

Piontek, Heinz
Geb. 15. 11. 1925 in Kreuzburg/ Oberschlesien

Anlässlich der Verleihung des Büchner-Preises an P. 1976 sprach der Dichter von der »Befreiung des Schönen«, gegen dessen Tabuisierung er sich immer wieder gewandt hat, und von der Wiedergewinnung der Lyrik in unserer Zeit. In seinem weitgefächerten Werk, das Gedichte, Erzählungen, Essays, Romane, Reiseprosa und Hörspiele umfasst, ging P. früh seinen eigenen Weg, jenseits von literarischen Modeströmungen und ungeachtet Theodor W. Adornos Verdikt, dass das Gedicht nach Auschwitz unmöglich sei.

Der aus dem Geburtsort Gustav Freytags stammende Sohn eines Fleischers, der seine Kindheit und Jugendzeit in dem 1984 erschienen autobiographischen Roman *Zeit meines Lebens* schildert, und dessen Fortsetzung 1989 unter dem Titel *Stunde der Überlebenden* die Zeit beim Reichsarbeitsdienst 1943 bis zur Flucht bei Kriegsende erzählt, musste 1943 die Schule verlassen und in den Krieg ziehen. Nach seiner Entlassung aus amerikanischer Gefangenschaft (1945) im Bayrischen Wald verrichtete er zunächst Gelegenheitsarbeiten und holte daneben das Abitur nach. Er studierte Germanistik und begann sich seit 1948 als Schriftsteller durchzusetzen. Ausgehend von Naturlyrik beschäftigt sich P. aber schon bald mit Themen aus der ihm vertrauten Arbeitswelt (Gedichte über Bauarbeiter, Straßenwärter, Landvermesser etc.) und Zeitgeschichte und findet die ihm gemäße Form des erzählenden, pointierenden Kurzgedichts, von P. »Romanze« genannt. Eines seiner bekanntesten Gedichte, »Die Verstreuten«, thematisiert die Flucht der ostdeutschen Bevölkerung. Auch in seinen Erzählungen, die sich anfangs formal an der amerikanischen »short story« orientierten, gelingt P. bald sein eigener, chronologisch aufbauender Stil, mit dem er Themen aus Kriegs- und Nachkriegszeit und Jugenderinnerungen aus dem Osten gestaltet, um das Wesen des modernen Menschen erklärbar zu machen. Der Lyriker und der Erzähler in seiner Person, so P., seien nicht streng zu trennen. Dem »Lakonischen, Kurzangebundenen« im Gedicht entsprechen aphoristische Erzählungen (*Minima*). Viele von P.s Gedichten haben einen nachdenklich stimmenden Grundton wie z. B. das »Riederauer Gedicht«, das über das Verhältnis des Individuums zur Gesellschaft, die Tragfähigkeit der Sprache und über den Sinn von Leiden und Tod meditiert.

In seinem ersten Roman *Die mittleren Jahre* (1967) verarbeitet P. die Dialektik von Freiheit und Fesselung; der Autor legt großen Wert auf die eigene Freiheit. Curt Hohoff sagt, P. sei in erster Linie Autor, erst in zweiter Mensch: »Die Substanz geht in das Werk ein, so daß der Mensch schließlich unfaßbar wird.«

P. lebte acht Jahre lang in kleinen Städten an der Donau, seit 1961 in München. Er arbeitet an mehreren Zeitungen, Zeitschriften und Rundfunksendern mit. Wichtig für ihn ist das Subjektive, Persönliche; er stimmt nicht für soziales oder politisches Engagement des Schriftstellers. In P.s zweitem, 1976 veröffentlichen Roman *Dichterleben*, in dem die Selbsterfahrung des Schriftstellers Reichsfelder in einer ihm fremden Gesellschaft thematisiert ist, finden sich auch autobiographische Züge.

Werkausgabe: Werke in 6 Bänden. München 1982–85.

Susanne Stich

Pirandello, Luigi

Geb. 28. 6. 1867 in Agrigento, Sizilien; gest. 10. 12. 1936 in Rom

Der sizilianische Autor und Nobelpreisträger für Literatur 1934 gilt als eine der zentralen Gestalten der modernen Literatur. Seine literarischen Anfänge reichen in die Zeit zurück, als er aufgrund finanzieller Schwierigkeiten seiner Familie für längere Zeit die akademische Laufbahn einschlagen musste. Luigi Pirandello, der unter anderem in Bonn studierte und dort 1891 über *Laute und Lautentwicklung der Mundart von Girgenti* promovierte – die Dissertation wurde erst 1981 ins Italienische übersetzt (*La parlata di Girgenti*) –, kann auf ein so umfangreiches Schaffen mit einer derart breiten Genrevielfalt verweisen wie kaum ein Schriftsteller vor und nach ihm. Seine lyrischen Anfänge und malerischen Versuche erregten zwar nie das Interesse der Öffentlichkeit, doch sechs Romane, annähernd 50 Theaterstücke und über 200 Novellen weisen ihn als einen der bedeutendsten Erzähler und Dramatiker des 20. Jahrhunderts aus.

P. bricht mit der Tradition einer realistisch-naturalistischen Poetik, wie sie die italienischen Veristen vertraten. War für Giovanni Verga (1840–1922) die mimetische Darstellung der Welt höchster ästhetischer Grundsatz, so gibt es für P. keine objektive Wahrheit mehr. Die Wirklichkeit zerfällt, und die Menschen antworten darauf mit Illusionskonstrukten, die immer wieder als solche entlarvt werden. »Meine Kunst«, so P., »ist voll des bitteren Mitleids für alle die, die sich selbst täuschen; aber dieses Mitleid muß einfach begleitet sein von einem Gelächter über das Schicksal, das den Menschen zur Täuschung verdammt. Das ist in aller Kürze der Grund für die Bitterkeit meiner Kunst.« In dieser Verbindung von Lachen und Mitleiden lässt sich P.s Poetologie einer humoristischen Literatur festmachen, die als eine Form höchster Bewusstheit gegenüber jeglicher Art von Widersprüchlichkeit verstanden werden will. Ausgeführt hat er sie in dem Essay *L'umorismo* (1908; *Der Humor*, 1986), in dem eine kritische Erkenntnis als Folge eines Reflexionsprozesses nicht nur die in sich abgeschlossene Form des literarischen Kunstwerks, sondern auch die Einheit der Wirklichkeit und des Individuums ihrer Fiktion überführt.

Das Thema, das sich dann auch wie ein roter Faden durch P.s Werk zieht, ist die Erschütterung eines metaphysischen Wahrheitsbegriffs und die damit einhergehende Dekonstruktion des Subjekts. In seinem bekanntesten Roman *Il fu Mattia Pascal* (1904; *Mattia Pascal*, 1999) wird nicht zufällig Kopernikus zur Projektionsfigur für das Schicksal des gleichnamigen Helden und der kopernikanische Umsturz zur Metapher für den Wandel des menschlichen Selbstverständnisses. Mattia Pascals Versuch, aus der *conditio humana* auszubrechen und unter der Identität seines Doppelgängers Adriano Meis eine neue, von jeglichen Zwängen freie Existenz zu führen, scheitert. Es ist nicht möglich, »außerhalb des Gesetzes« zu leben. Die Niederschrift seines Falls erlangt schließlich existentielle Bedeutung: Sie wird im Rückblick zum Ausgangspunkt einer Bewusstwerdung, die die Wirklichkeit in ihrer Inkongruenz zwar sieht, über die Mattia Pascal sich aber nicht hinwegsetzen kann. Die von der Psychoanalyse auf die Literatur übertragene Technik der Therapie durch Erzählen suggeriert am Ende dennoch eine kompensatorische Wirkung, denn Mattia Pascal lebt in Einklang mit sich selbst.

Mit einer den falschen Schein der Normalität wegwischenden Prosa führt auch der Roman *Uno, nessuno e centomila* (1925/1926; *Einer, keiner, hunderttausend*, 1986) geradewegs ins Zentrum von P.s Lebensthema der Multiplizität. Die Illusion des Vitangelo Moscarda, eine mit sich selbst identische Person zu sein, wird gleich zu Beginn zerstört und metaphorisch ins Bild gehoben. Der Spiegel wird zum Sinnbild des »vedersi vivere« (sich leben sehen), wie es P. im Zusammenhang mit seinen literarischen Gestalten immer wieder formulierte. Man stellt plötzlich fest, dass man im Bewusstsein der Mitmenschen nicht der ist, für den man sich selbst die ganze Zeit hielt. Die Protagonisten (ver)zweifeln an ihrer Identität. In letzter Instanz bleibt nur die Flucht in den Wahnsinn oder die Bedeutungslosigkeit. »Nach dem wahnhaften Triumph der Persönlichkeit nun deren Negation«, so P. in *Soggettivismo e oggettivismo nell'arte narrativa* (1908; Subjektivität und Objektivität in der Erzählkunst).

Wie als Romancier findet P. auch als Dramatiker und Novellist immer neue, unerwartete Perspektiven, aus denen die Relativität der Wirklichkeit, die Auflösung der Ich-Identität und der widersprüchliche Zusammenhang der Erfahrungen und Entwicklungen darstellbar werden. Bezeichnenderweise hat er seinen Dramen den Titel *Maschere nude* gegeben. Die Maske, die einem als gesellschaftlichem Wesen anhaftet und eine individuelle Entfaltung verhindert, enthüllt die Lebenslüge des modernen Menschen. Sich ihrer zu entblößen ist Ausdruck einer Auseinandersetzung mit der aufgezwungenen Daseinsform. So etwa in dem Stück mit dem sprechenden Titel *Così è (se vi pare)* (1918; *So ist es (wenn es Ihnen scheint)*, 1960), in dem Bilder von Beziehungsgeflechten, von gesellschaftlicher Enge und innerer Freiheit evoziert werden und die Suche nach einer einheitlichen Wirklichkeit zum Scheitern verurteilt ist. Auch in *Il gioco della parti* (1919; *Das Rollenspiel*, 1989) steckt das Bedrohliche in der Geometrie des Alltags. Die Hauptgestalt Leone Gala verweigert die übliche Annahme von Wirklichkeit und deren Sehgewohnheiten und versucht, sich als unbeteiligter Beobachter des Lebens dem Rollenspiel zu entziehen.

Dem Rollenzwang zu entkommen versucht auch die Protagonistin des Dramas *Come tu mi vuoi* (1931; *Wie du mich willst*, 1956), scheitert aber letztlich am Intrigenspiel einer heuchlerischen Gesellschaft. Mit dem sicherlich bekanntesten und meistaufgeführten Stück, *Sei personaggi in cerca d'autore* (1921; *Sechs Personen suchen einen Autor*, 1997), das als Inbegriff des modernen Dramas schlechthin gilt, manifestiert sich P.s kühne Experimentierfreudigkeit, die seinen Weltruhm als Dramatiker begründen sollte. Zusammen mit *Ciascuno a suo modo* (1924; *Jeder auf seine Weise*, 1997) und *Questa sera si recita a soggetto* (1930; *Heute abend wird aus dem Stegreif gespielt*, 1997) schrieb er jene Trilogie des Theaters im Theater, in der die Vorstellung von einer vierten Wand, die fiktiv die Bühne gegen das Publikum abschließt, beseitigt werden sollte. P.s Schauspieler wirken, als wären sie versehentlich in die jeweilige Dramenhandlung geraten. Entsprechend scheint der Stil, in dem die Figuren miteinander agieren, einem absurden Theater zu entstammen. War das tradierte Bühnenstück durch seine weltanschauliche Abgeschlossenheit aus der Alltagsrealität herausgenommen, verwischen sich in diesen komplexen dramatischen Experimenten die Grenzen zwischen Fiktion und Wirklichkeit. Es entsteht dabei die Illusion, der Bühnenvorgang finde in der Wirklichkeit statt. Alles bleibt Stückwerk; die Handlungen verlaufen ins Chaotische. Immer wieder schlägt die Logik Haken, verfangen sich die Erwartungen des Zuschauers in Fallstricken.

Seine *Novelle per un anno* (1922; *Novellen für ein Jahr*, 1964/65) wiederum, die schon im Titel auf die seit Boccaccios *Decamerone* in der italienischen Novellentradition übliche Praxis verweisen, die Sammlungen nach Anzahl der Erzählungen zu bezeichnen, variieren das für P. grundlegende Thema der Auflehnung gegen die Alltäglichkeit mit hintergründigem Humor und aus unerwarteten Perspektiven. »La carriola« (»Der Schubkarren«) und »Il treno ha fischiato ...« (»Der Zug hat gepfiffen«) liefern dafür aus den 240 Novellen (geplant war eigentlich eine für jeden Tag des Jahres) eindrucksvolle Beispiele. Individuelle Entfaltung ist hier nur in einer Entgrenzung der Realität möglich, in der erfüllten Zeit ekstatischer Augenblicke zu ertragen. Wer jedoch die Frage nach dem Sein nicht stellt, fällt dem Schein zum Opfer. Voraussetzung ist daher eine kritische Selbsterkenntnis, die das bisherige Leben als Lüge entlarvt. Bewusstsein ist Leiden; indem sich die Menschen aber in der Ekstase realisieren, verteidigen sie ihren Anspruch auf individuelle Freiheit gegen den Anspruch der anderen.

P.s Werk steht für jene unaufhörliche Bemühung, dem Leben, das den einzelnen aufgegeben ist, einen Sinn zu geben, indem sie es auf sich nehmen, auch wenn sich ihr Schicksal in oft grotesken Handlungen oder Erlebnissen erfüllt. Seine Figuren kennen den Aufbruch, die Suche nach dem ›wirklichen‹ Leben, die Ernüchterung und Desillusionierung in einer Welt, zu der sie letztlich innerlich auf Distanz gehen. P.s einfache und schlichte Sprache, die anschauliche Darstellung bewusst gelebter Widersprüche und eine zutiefst menschliche Haltung zeugen von der kompositorischen Kraft, aus dem Absonderlichen des Alltags meisterhafte Literatur zu schaffen.

Werkausgabe: Gesammelte Werke. 16 Bde. Hg. M. Rössner. Berlin 1997ff.

Sandro Moraldo

Platen, August von

Geb. 24. 10. 1796 in Ansbach; gest. 5. 12. 1835 in Syrakus

»Graf Platen ist ein kleiner, verschrumpfter, goldbebrillter Greis von fünfunddreißig Jahren; er hat mir Furcht gemacht. Die Griechen sahen anders aus! Er schimpft auf die Deutschen gräßlich, vergißt aber, daß er es auf deutsch tut.« So berichtete der Komponist Felix Mendelssohn aus Neapel über den verbitterten Dichter. Weil P. als Sohn aus zweiter Ehe kein Erbe zu erwarten hatte, trat er, noch nicht zehnjährig, in das Kadettenkorps in München ein, im September 1810 wechselte er in die Pagerie, das Erziehungsinstitut für königliche Edelknaben, über. In der falschen Hoffnung, mehr Zeit für seine literarischen Neigungen zu gewinnen, erstrebte er den Soldatenberuf. Dieses zweifelhafte Motiv verleidete ihm denn auch die Militärzeit als Quälerei, und er ließ sich bereits 1818 beurlauben. An den Universitäten Würzburg und Erlangen widmete er sich dem Studium moderner und älterer Sprachen und Literaturen; er soll außer Deutsch auch Französisch, Englisch, Italienisch, Spanisch, Portugiesisch, Lateinisch, Griechisch, Dänisch, Schwedisch, Holländisch und Persisch gelesen haben. Abneigung gegen das Militär, ein hoher Dichteranspruch und homoerotische Veranlagung verstärkten den Wunsch nach einer völlig unabhängigen Existenzweise:»Lieber betteln als meine Individualität opfern«, vertraute er bereits 1820 seinem Tagebuch an. 1824 reiste P. erstmals nach Italien. Seit 1826 hielt er sich, mit königlich-bayrischer Pension ausgestattet, von kurzen Aufenthalten in Deutschland abgesehen, ausschließlich in Italien auf, das er kreuz und quer durchstreifte, wobei Fußmärsche bis zu sechzig Kilometer pro Tag keine Seltenheit waren.

Dem empfindlichen und polemischen Autor war Deutschland aus politischen und persönlichen Gründen fremd geworden. Für die Empfindlichkeit und Lust an der Polemik spricht unter anderem der Literaturstreit (1829/30) zwischen ihm, Karl Immermann und Heinrich Heine, bei dem P. Immermann als dichterischen Versager und Heine als penetranten Juden abkanzelte, Heine dagegen P.s Homosexualität und dichterischen Formalismus anprangerte und letztlich darauf aus war, sein Dichtungskonzept gegen das Unnatürliche, Schwächliche und Unzeitgemäße in P.s Werk durchzusetzen. Schon vor dieser unerquicklichen Fehde schreibt P. an Friedrich Wilhelm Joseph Schelling:»Die Welt ist so gestellt, daß ein Dichter eigentlich gar nirgends mehr hinpaßt, am wenigsten in sein Vaterland.« Thomas Manns Charakterisierung des verletzlichen, nur scheinbar formkalten Ästheten als einer Gestalt mit Tristan- und Don-Quichote-Zügen ist durchaus berechtigt: Neben hochfahrendem Selbstlob

und der skurrilen Jagd nach poetischem Nachruhm enthüllt vor allem das postum publizierte Tagebuch die psychische Zerrissenheit und geistige Standpunktlosigkeit des vielbelesenen Grafen. So bedeutete Form für ihn nicht bloß äußerlich ziselierte Einkleidung, sondern mühsam erreichte künstlerische Vollendung, ja geradezu existentiellen Halt. P. huldigte einem schon zu seiner Zeit antiquierten humanistischen Dichterideal: Auf Erlangens Straßen wandelte der Graf mit einem lorbeerumwundenen Hut. Obwohl er eine Reihe von literatenhaften Dramen (*Die verhängnisvolle Gabel*, 1826; *Der romantische Ödipus*, 1829) und ein Versepos, *Die Abassiden* (1834), verfasste, wird er heute ausschließlich als Lyriker goutiert – weniger als metrisch gewiefter Verfertiger von Ghaselen (d. i. Gedichtform arabischen Ursprungs), Oden und Hymnen, doch als Verkünder einer untergangsbedrohten Schönheit. Die politische Verankerung von P.s Ästhetentum – seine »Zeitgedichte« und *Polenlieder* (1849) gehören zu den radikalsten Freiheitsdichtungen der Epoche – weist auf das an Dante orientierte Dichterverständnis des späten Stefan George voraus: der Dichter amtet als pseudosakraler Richter über die fehlgeleiteten Zeitgenossen. Zunehmend prägt die Todessehnsucht P.s Werk in einem Maße, das über den zeitspezifischen Weltschmerz hinausgeht. Fast erhält sein eigener Tod etwas Symbolisches: Aus Furcht vor der grassierenden Cholera flüchtete er nach Syrakus; von einer Kolik befallen, wähnte er sich von der Epidemie erfasst und nahm eine Überdosis Abwehrmittel. Sie im Verein mit der Kolik führte zu seinem Tod.

Gunter E. Grimm

Plath, Sylvia [Victoria Lucas]
Geb. 27. 10. 1932 in Boston, Massachusetts;
gest. 11. 2. 1963 in London

Sylvia Plath gelang es wie keiner anderen amerikanischen Dichterin, der Situation und den Konflikten von Frauen in den 1950er und frühen 1960er Jahren eine Stimme zu verleihen. Ihre Gedichte, in denen sie eine Form für den Ausdruck traumatischer Erfahrungen und radikaler Selbsterforschung gefunden hat, haben die Landschaft der amerikanischen Lyrik verändert. Inzwischen ist P. zur Kultfigur avanciert, über die unzählige Studien und Biographien erschienen sind. Sie wurde zum Symbol der leidenden Frau in einer von Männern beherrschten Welt. Ihr Selbstmord und die Debatte über ihre Ehe mit dem englischen Dichter Ted Hughes trugen dazu bei, dass das biographische Interesse ihre Kunst zu überlagern droht. Da P.s Gedichte in vielen Fällen ihre persönlichen Erfahrungen ganz direkt zu verarbeiten scheinen, stellt sich die Frage nach dem Verhältnis von Leben und Werk in der Tat allerdings fast zwangsläufig. Auch die Editionsgeschichte ihrer Texte legt eine solche Verknüpfung von Literatur und persönlicher Familiengeschichte zunächst nahe; so hat Hughes nicht nur ihren wichtigsten Gedichtband, *Ariel* (1965; *Ariel*, 1974), postum herausgegeben und auch die Auswahl besorgt, sondern ebenso andere nachgelassene Texte ediert und damit das öffentliche Bild von P. entscheidend geprägt.

Das einschneidendste Erlebnis in P.s Kindheit war der frühe Tod ihres Vaters, der 1940, wenige Tage nach ihrem achten Geburtstag, starb. Otto Plath war gebürtiger Deutscher und ein bekannter Biologe, der am Boston College unterrichtete. Von 1950 bis 1955 studierte P. am renommierten Smith College in Northampton, Massachusetts. Schon während ihrer Zeit als Collegestudentin gewann P. verschiedene Preise für Gedichte und Kurzgeschichten; ihren ersten Kontakt zur ›literarischen Welt‹ hatte sie als studentische Lektorin für das einflussreiche Frauenmagazin *Mademoiselle* in New York. Probleme, die traumatischen Kindheitserfahrungen zu verarbeiten, sowie zunehmende Spannungen zwischen den opponierenden Aspekten ihrer Persönlichkeit mündeten im Sommer 1953 in einen Selbstmordversuch, der einen längeren Krankenhausaufenthalt und eine Elektroschockbehandlung nach sich zog. 1955 bis 1957 studierte sie dann an der Cambridge

University in England. Dort lernte sie den englischen Dichter Ted Hughes kennen, den sie 1956 heiratete. Ab Herbst 1957 unterrichtete P. ein Jahr lang am Smith College. 1958 zog sie nach Boston, wo sie an »Creative Writing Workshops« des bekannten Dichters Robert Lowell teilnahm und auch die Lyrikerin Anne Sexton kennenlernte. Im Dezember 1959 kehrte das Ehepaar nach England zurück; 1960 wurde ihre Tochter Frieda und 1962 ihr Sohn Nicholas geboren. Bis zur endgültigen Trennung des Paares im Herbst 1962 hatte sich der Konflikt zwischen Mutter- und Ehefrauenrolle einerseits und der Rolle als Autorin andererseits immer weiter verschärft. Hinzu kam P.s latente Eifersucht und das Konkurrenzverhältnis der Eheleute als Autoren. Am 11. Februar 1963 beging P. in ihrer Londoner Wohnung Selbstmord.

Zu ihren Lebzeiten wurden nur zwei Bücher von P. veröffentlicht: *The Colossus and Other Poems* (1960 in England, 1962 in den USA) und der autobiographische Roman *The Bell Jar* (1963; *Die Glasglocke*, 1968), der unter dem Pseudonym »Victoria Luca« kurz vor ihrem Tod in England herauskam und erst 1966 unter ihrem eigenen Namen verlegt wurde. Weitere postum publizierte Werke P.s sind u. a. *Crossing the Water* (1971), *Crystal Gazer* (1971) und *Winter Trees* (1971). 1979 erschien ein Band mit ausgewählter Prosa, *Johnny Panic and the Bible of Dreams*. Für die biographische Diskussion stellen die an die Mutter gerichteten und von dieser edierten *Letters Home* (1975; *Briefe nach Hause*, 1979) sowie P.s Tagebücher (1982, Übers. 1997), die von Hughes ausgewählt und mitherausgegeben wurden, eine wichtige Quelle dar. In beiden Fällen wurden allerdings Teile weggelassen, die den Herausgebern problematisch erschienen oder die P. in einem weniger erfreulichen Licht erscheinen lassen. Die *Collected Poems* gewannen 1982 den Pulitzer Preis für Lyrik.

The Colossus enthält Gedichte, welche die Formtradition des Spätmodernismus virtuos handhaben, jedoch die persönliche Erfahrung noch weitgehend zurückhalten. Richard Howard nennt sie folgerichtig »wohlerzogene, wohlgeformte Gedichte«. Allerdings finden sich schon Zeichen einer eigenständigeren, subjektiv gefärbten Stimme, so etwa in »The Disquieting Muses«, in dem das lyrische Ich gegen die Mutterfigur rebelliert. »Stones«, das letzte Gedicht der Sammlung, geht auf P.s Erfahrungen in einem psychiatrischen Krankenhaus zurück und thematisiert den Konflikt zwischen Todeswunsch und einer starken Lebensenergie. In Ton und Thematik weist dieses Gedicht schon auf *Ariel* hin und kann daher als Zeichen eines poetischen Neubeginns gesehen werden.

Es sind vor allem die in *Ariel* gesammelten Gedichte, auf denen P.s Ruf als Dichterin beruht. Den größten Teil dieser Texte schrieb sie erst in den letzten Monaten vor ihrem Tod. Hier wird ein vollkommen neuer Ton der radikalen Exploration weiblicher Erfahrung angeschlagen, und die Subjektivität findet eine Stimme, die auch Raum für unbewusste Impulse lässt, ohne allerdings nur ›Aufschrei‹ zu sein. P. schreibt eine Lyrik des Exzesses, die tabuisierte Bereiche des privaten Lebens thematisiert, Erfahrungen direkt und unzensiert registriert und den Bildbereich des Körpers in einer ungeschönten Weise in die amerikanische Dichtung einführt, die bis dahin unbekannt war. Die Gedichte sprechen über den Tod, über den leidenden Körper, über Kinder und Mutterschaft, die widerstreitenden Rollenmuster einer Autorin und Mutter in den 1950er Jahren und über das Verhältnis zu Vater und Ehemann. In einigen der Texte scheint der spätere Selbstmord bereits literarisch vorweggenommen. Gleichzeitig weist der Band aber auch eine Reihe von lyrischen Meditationen über Naturmotive auf, die ihrerseits dann in den persönlichen Erfahrungshorizont überführt werden, so etwa der bekannte Zyklus von Bienengedichten, in dem nicht zuletzt auch das Verhältnis zum Vater verhandelt wird. Die Gedichte sind poetischer Ausdruck einer schweren Depression, die wohl auf ins Unerreichbare gesteigerte Anforderungen an sich selbst sowie den frühen, unverarbeiteten Tod ihres Vaters und die ehelichen Probleme P.s zurückzuführen ist. Im Zentrum der Texte steht ein lyrisches Ich, das jedoch eine *persona* darstellt und nicht mit P., der Autorin, verwechselt werden darf. Das häufig verwandte Etikett der »confessional poetry«, das auf Robert Lowells Vorwort zur amerikanischen Erstausgabe von *Ariel* zurückgeht, trifft daher nur sehr bedingt auf P.s Gedichte zu. Auch wenn diese häufig Wut und Aggression verarbeiten, so sind sie doch ein zugleich kalkuliertes und präzise komponiertes Kunstprodukt. Am eindrucksvollsten ist das Titelgedicht »Ariel«. Hier gelingt es P., in dem Ritt des lyrischen Ichs auf ihrem Pferd eine Metapher für ihr Erleben zu finden und in der zunehmenden Dynamik der Bewegung die Spannung zwischen Macht und Ohnmacht und ihren übermächtigen Todeswunsch in einer dichten Bildlichkeit zu verschmelzen: »and I / Am the arrow, / The dew that flies / Suicidal, at one with the drive / Into the red / Eye, the cauldron of morning«. Der Wunsch nach einer Vernichtung des Selbst als einzig verbliebener Möglichkeit des Ausbruchs aus einem unerträglichen Gefühl des Eingeschlossenseins wird im Bild einer Bewegung gefasst, die in der paradoxen Doppelung von Befreiung und Tod endet. In anderen Gedichten ›seziert‹ P. die im patriarchalen Diskurs vorherrschende Reduktion der Frau auf ihren Körper. So fragt in »The Applicant« eine Stimme eine heiratswillige Frau, ob sie körperlich intakt sei, und erklärt dann: »Now your head, excuse me, is empty. / I have the ticket for that«. In sarkastischem Ton attackiert das Gedicht die Vorstellung, dass eine Frau erst durch den Mann in der Ehe zur Erfüllung komme und so ihre Bestimmung finde. In das Gedicht »Lady Lazarus« sind die mehrfachen Selbstmordversuche P.s als Motive eingeflossen und in »Edge«, einem in der letzten Woche ihres Lebens geschriebenen Gedicht, entwirft das lyrische Ich ein Bild des eigenen Todes. Obgleich das Schreiben P. sicher eine Strategie bot, ihre Probleme momentan im Text zu bannen, schien ihr deren dauerhafte Lösung im kulturellen Kontext der frühen 1960er Jahren nicht möglich. Anne Sexton berichtete später, dass sie gemeinsam obsessiv über den Tod gesprochen hätten, »als ob der Tod jede von uns für den Moment ein bißchen wirklicher gemacht hätte«.

Das umstrittenste Gedicht des Bandes ist »Daddy«. Das Ich kann dem früh verstorbenen Vater dessen Tod – und damit die Unmöglichkeit, eine echte Beziehung aufzubauen, – nicht verzeihen, sieht ihn, den gebürtigen Deutschen, als Nazi und dramatisiert sich selbst in Analogie zu dem Leiden der Juden im Holocaust: »I thought every German was you. / And the language obscene / An engine, an engine / chuffing me off like a Jew. / A Jew to Dachau, Auschwitz, Belsen.« So vollzieht das Gedicht schließlich einen symbolischen Vatermord. Auch wenn P. sagte, das Gedicht sei aus der Perspektive eines Mädchens mit einem Elektra-Komplex geschrieben, scheint die Verwendung von Auschwitz als Metapher doch problematisch. Während etwa für Leon Wieseltier P.s persönliches Trauma inkommensurabel mit Auschwitz ist, nannte George Steiner »Daddy« das »Guernica der modernen Lyrik«.

Der einzige Roman P.s, *The Bell Jar*, ist ein nur wenig verschlüsselter autobiographischer Text, der inzwischen als Klassiker des feministischen Romans gilt. Die Protagonistin Esther arbeitet zu Beginn des Textes als studentische Gastliteraturlektorin bei der renommierten intellektuellen Modezeitschrift *Ladies' Day*. Stark ironisch gefärbte Beschreibungen ihrer Erlebnisse bei Gesellschaftsempfängen und Parties sowie ihrer Mentorin, die für die professionelle Frauenrolle der Zeit steht, persiflieren die Sitten und Rituale der New Yorker Szene. Esther beginnt, ihr Leben als permanente Inszenierung und sich selbst als Zuschauerin zu sehen. Dazwischen sind Erinnerungen an die Collegetage und ihren Freund Buddy Willard eingestreut, der für die Erzählerin die traditionellen Erwartungen an die Frauenrolle verkörpert, die im Widerspruch zu ihrem eigenen Wunsch stehen, eine erfolgreiche Autorin zu werden. Nach Rückschlägen auf dem Weg zu diesem Ziel verfällt Esther in eine tiefe Depression, fühlt sich wie »unter einer Glasglocke« und unternimmt einen Selbstmordversuch. Der letzte Teil des Romans beschreibt eine langsame Genesung; es gelingt ihr, Kontakt zu der Ärztin Dr. Nolan aufzunehmen, so dass sich die Glasglocke zwischen ihr und der Welt langsam zu heben beginnt. Indem die Sprache des Romans vor allem im ersten Teil ironisch den Stil aufgreift, der von Geschichten in populären Magazinen erwartet wurde, kritisiert sie implizit die weiblichen Stereotypen der 1950er Jahre aus der Sicht einer jungen Frau, die mit ihnen in Konflikt gerät und daran fast zerbricht.

Die Kritik ist hinsichtlich der Bewertung von P.s Werk gespalten. Während die einen ihre Gedichte vor allem als Symptome der psychischen Konflikte der Dichterin lesen, betont besonders die feministische Kritik den repräsentativen Charakter von P.s Schicksal und versteht sie als Opfer patriarchalisch bestimmter Rollenvorstellungen. Der Hauptgrund für diesen Widerstreit besteht wohl darin, dass sich P.s Texte schon ganz explizit mit dem befassen, was heute als »sexual politics« bezeichnet wird. Beide Extrempositionen sind jedoch problematisch. Denn P.s »größte Errungenschaft bestand in ihrer Fähigkeit, die Erfahrung in Kunst zu transformieren, ohne deren alptraumhafte Unmittelbarkeit zu verlieren«, wie ein Kritiker zu Recht schreibt.

Werkausgabe: Collected Poems. Hg. T. Hughes. London 1981.

Ulfried Reichardt

Platon
Geb. um 427 v. Chr. in Athen; gest. um 347 v. Chr. in Athen

In seinem autobiographischen *Siebten Brief* beschreibt der fast 70-jährige Platon rückblickend seinen Weg zur Philosophie. Sein Lebensweg schien zunächst klar vorgezeichnet zu sein. Als Sohn einer der vornehmsten Athener Familien kam für ihn vor allem eine politische Karriere in Frage. Durch eine politische Krisenerfahrung und die persönliche Begegnung mit Sokrates orientierte sich P. jedoch grundlegend um. Nach dem verlorenen Peloponnesischen Krieg um die Vorherrschaft Griechenlands führten die von Sparta eingesetzten 30 Tyrannen in Athen ein Schreckensregime. Zu ihnen gehörten mit Kritias und Charmides – den Hauptgesprächspartnern des Sokrates im Dialog *Charmides* über die Besonnenheit – auch enge Verwandte P.s. Sie versuchten vergeblich, P. wie auch Sokrates, »den gerechtesten aller damals Lebenden«, an ihrem Regime zu beteiligen. Auch die zurückkehrende Demokratenpartei beurteilte P. ablehnend, besonders wegen ihrer Hinrichtung des Sokrates. Ihm war P. wahrscheinlich schon als 12- bis 14-jähriger Junge begegnet, wie die Gespräche des Sokrates mit den jungen Söhnen aus vornehmen Athener Familien im *Charmides* oder *Lysis* nahelegen. Ein ausdrückliches Lehrer-Schüler-Verhältnis verband beide allerdings erst später, etwa acht Jahre lang von P.s zwanzigstem Lebensjahr an bis zum Tod des Sokrates. Von der Persönlichkeit des Sokrates, seinem Reden und Tun war P. so beeindruckt, dass er sich eine Rettung der Polis nur von der Philosophie her versprach. Deshalb gab er seine ursprünglichen Karriereabsichten auf, nicht aber seine praktisch-politische Ausrichtung.

Nach dem Tod des Sokrates unternahm er mehrere ausgedehnte Studienreisen, vor allem zu den pythagoreischen Mathematikern in Italien und nach Ägypten, und schrieb seine ersten Dialoge. Etwa 40-jährig unternahm P. seine erste Reise nach Syrakus in Sizilien und traf dort mit dem Tyrannen Dionysios zusammen. Während er diesen jedoch kaum in seinem Sinne beeinflussen konnte und das dortige Leben kritisierte, wo man »zweimal des Tages sich vollpfropft und keine einzige Nacht allein schläft«, fand er in Dion, dem Berater des Tyrannen, einen Anhänger. Mit seiner Überzeugung von der notwendigen Philosophenherrschaft wurde P. allerdings dem Tyrannen von Syrakus zu gefährlich und musste die Stadt verlassen. Nach Diogenes Laertios, dem Philosophiehistoriker aus dem 3. Jh. n. Chr., ließ Dionysios P. in Ägina bei Athen sogar als Sklaven verkaufen; nur durch einen glücklichen Zufall wurde er von einem Freund freigekauft. Wie bei Sokrates bildeten auch bei P. Reden und Tun, Theorie und Praxis eine Einheit, bis hin zum Risiko für sein Leben.

Nach seiner Rückkehr gründet er etwa 387 die Akademie und verarbeitete seine bisherigen Überlegungen und Erfahrungen zur vernunftgeleiteten Politik und zur philosophischen Erziehung in seinem umfangreichsten Werk, dem *Staat* (*Politeia*). Die Akademie, benannt nach dem Hain des Heros Akademos vor den Toren Athens, gilt als das Vorbild der europäischen Universitäten. Ihre Schließung 529 n. Chr. durch den Kaiser Justinian markiert zugleich den Übergang von der Antike zum – christlichen – Mittelalter. An der Akademie wurde die sokratische Fragehaltung durch mathematisch-naturwissenschaftliche Forschung und die Ausarbeitung der Ideenlehre ergänzt. Allerdings lassen sich die Anteile des historischen Sokrates und P.s nur schwer auseinanderhalten. Nach antiken Vorstellungen war nicht der Autor, sondern die Sache ausschlaggebend. Darauf kommt es im Unterschied zur philologisch-historischen Forschung auch in der Philosophie an. Offensichtlich versteht P. sein Werk als ein Weiterdenken des Sokrates, wenn er ihn mit Ausnahme der letzten, eher dozierenden Dialoge als Hauptfigur auftreten lässt.

Die praktische Arbeit seiner Philosophie bewies P. auch durch seine beiden anderen Reisen nach Syrakus. Beide Reisen, etwa 367/66 und 361/60, verliefen jedoch erfolglos. P. konnte Dionysios II., den Nachfolger des verstorbenen Vaters, nicht von einer Philosophenherrschaft überzeugen und geriet wieder selbst in Gefahr. Unterdessen war auch sein Anhänger Dion aus Syrakus vertrieben worden. Er konnte die Stadt später jedoch erobern, wurde aber nicht lange danach wegen seiner eigenen grausamen Herrschaft von einem Mitglied der Akademie ermordet. Damit war P.s philosophischer Rettungsversuch, den er in Athen erst gar nicht unternehmen konnte, mehrfach gescheitert. Er zog daraus jedoch nicht den Rückschluss auf das Scheitern seiner Philosophie. Vielmehr setzte er seine Forschungen an der Akademie fort und förderte die neuesten mathematischen Entwicklungen eines Theaitet – von den irrationalen Zahlen – und eines Eudoxos von Knidos – von den harmonischen Planetenbahnen; nach seiner zweiten sizilischen Reise 367 trat sein Schüler Aristoteles in die Akademie ein, der später die logisch-empirischen Studien noch verstärkte. Die einheitliche Gesamtausrichtung seiner Arbeit fasst P. im X. Buch der *Gesetze* (*Nomoi*) zusammen, seinem letzten Werk. Danach kann eine Orientierung im Denken und Handeln des Einzelnen und der Polis nur an der harmonischen, mathematisch erfassbaren Physis des Kosmos erfolgen. Die Physis bildet eine in sich gegliederte Einheit, die es im dialektischen Denken zu erfassen gilt; dabei verbietet das sokratische Nichtwissen eine deduktive, selbstsichere Ableitung.

P.s Werk bereitet besondere Interpretationsschwierigkeiten. Zunächst lässt schon äußerlich die Dialogform offen, welche der auftretenden Personen die Auffassung P.s vertritt und ob er eine bestimmte Lehre im Einzelnen entfalten möchte. Sokrates jedenfalls kann nicht als der Wahrheitsträger P.s auftreten, weil er nach seinem eigenen Anspruch nur die Meinungen anderer prüft und selber nichts weiß. Sodann sagt P. selber im *Siebten Brief* zu seinen eigenen Werken wie auch zu Nachschriften seiner Gedanken, dass man Philosophie letztlich nicht in Worte fassen kann. Erst nach einer langen gemeinsamen Beschäftigung mit dem philosophischen Gegenstand springe »plötzlich« gleichsam ein Funken in der Seele über und erzeuge ein Licht der Erkenntnis. Jeder muss derselben Wahrheit »ansichtig« werden. Die Idee, das *eídos*, ist die »Ansicht« dessen, was wirklich ist. Der Name »Kreis« etwa, seine Definition oder sein Begriff, seine sinnliche Darstellung und seine Erkenntnis, so führt P. im *Siebten Brief* aus, sind von der »Natur des Kreises an sich« zu unterscheiden. Der Begriff, »wo das Umgrenzende allerwärts von der Mitte gleichweit absteht«, bezieht sich auf die in sich gegliederte Einheit des wahren Kreises. Die Idee erschöpft sich nicht in ihrer begrifflichen oder sinnlichen Erscheinung, sondern ist deren Bezugspunkt. Somit findet sich auch in der Darstellung von P.s Werk die Differenz von Idee und Erscheinung wieder. Die Altersvorlesung P.s *Über das Gute* und auch sonstige Zeugnisse von Schülern zu einer mathematischen Prinzipienlehre können die »Ansicht« selbst nicht ersetzen oder auch nur angemessen darstellen.

Eine weitere Schwierigkeit von P.s Werk, sein häufiger Rückgriff auf Mythen an zentralen Stellen, lässt sich ebenfalls von der Differenz Idee und Erscheinung her erklären. Wenn Sokrates etwa im *Symposion* den Stufengang zur höchsten Idee des Schönen der weisen Frau Diotima in den Mund legt oder am Schluss des *Staates* Jenseitsmythen erzählen lässt, zeigt er damit die Grenzen der begrifflichen Darstellung an. Die »wichtigsten Dinge«, so erklärt Sokrates in der *Apologie* seinen Richtern, können wir Menschen nicht wissen. Jedenfalls können wir sie nicht in einer ausdrücklichen Satzform wissen; in einem praktischen Umgangswissen jedoch verstehen wir uns darauf. Griechisch *epistḗmē* umfasst beides: Wir wissen – praktisch – immer schon mehr, als wir – theoretisch – wissen. Wir müssen uns in der *anámnēsis*, der Wiedererinnerung, nur darauf besinnen. Eine solche Besinnung und mögliche Korrektur ist vor allem in Krisensituationen notwendig. P. wuchs in einer Situation auf, in der die leitenden Handlungsvorstellungen oder Tugenden nicht mehr tragfähig waren. Im Krieg verstand jeder etwas anderes darunter, jeweils nach seinem eigenen Interesse; die Erfahrung der Kaufleute hatte ebenfalls gelehrt, dass andere Länder andere Sitten haben. Der Wertekosmos Homers war zerbrochen. Auch der Kosmos der umgebenden Natur verlor seine handlungsleitende Kraft. Die Gestirne waren, wie der große Meteorit in den Aigospotamoi zu beobachten gab, nicht mehr Götter oder göttlichen Ursprungs, sondern erkaltetes Metall. Der Sophist Protagoras und der Naturphilosoph Anaxagoras brachten den sittlichen und physischen Kosmos zwar nicht selber zum Einsturz, sahen aber dessen Trümmer als letztes Wort an. Mit Sokrates jedoch, der ironischerweise in der *Apologie* mit der »zersetzenden« Sophistik und Naturphilosophie gleichgesetzt wird, versucht

P. einen Wiederaufbau des Kosmos oder seine erneute »Ansicht«.

Seine insgesamt über dreißig Dialoge unterteilt man herkömmlicherweise in die frühen, mittleren und späten. Die chronologische Unterteilung, die sprachstatistisch und nach inhaltlichen Kriterien als relativ stabil gelten kann, gibt zugleich eine systematische Unterteilung wieder. Sie ordnet die Dialoge in einer Entwicklung oder Wiedererinnerung an die »Ansicht« des Ganzen. Die frühen oder sokratischen Tugenddialoge zeigen, dass wir bei unserem Reden und Tun immer schon von einer einheitlichen, wenn auch in sich vielfach gegliederten Vorstellung oder »Ansicht« ausgehen, etwa der *Laches* über die Tapferkeit, der *Euthyphron* über die Frömmigkeit, der *Lysis* über die Freundschaft oder der *Charmides* über die Besonnenheit. Die verschiedenen Bestimmungen können jedoch nicht in einer letzten Definition zusammengefasst werden. Die Dialoge enden aporetisch, ohne Ergebnis. Die Aporie besteht jedoch nur auf der Satzebene, nicht auf der Gebrauchsebene des Wissens. Am Dialog selbst kann man sehen, wie fixe Ideen aufgelöst, in ihren mannigfachen Bestimmungen ansichtig gemacht und eine Beziehung zueinander gebracht werden. Tapferkeit etwa als »wahre Meinung darüber, was man wirklich zu fürchten hat und nicht«, wie am Schluss des *Laches* herauszulesen ist, zeigt eine vorläufige Gliederung des fraglichen Phänomens. Im *Menon* wird deutlich, dass wir uns dabei nur, wenn auch mühsam genug, an frühere Erfahrungen zu »erinnern« haben.

In den mittleren Dialogen, wie dem *Phaidon*, wird die Ideenannahme von der Teilhabe der vielen sprachlich-sinnlichen Erscheinungen an der einen Idee zusammengefasst und im *Staat* praktisch nutzbar gemacht. Vor allem die Mathematik befreit uns aus den Fesseln bloßer Meinungen, wie es im berühmten Höhlengleichnis heißt. Die späteren Dialoge, wie *Theaitetos, Sophistes, Phaidros, Politikos* und *Philebos*, kreisen um die zentrale Frage, wie das Eine und das Viele zusammen zu denken sind. Dabei geht es um die Kunst der Dialektik, das praktische und theoretische Wissen der Gliederung und Zusammenführung in sich vielfältiger Einheiten. Im ersten Teil des *Parmenides* muss der junge Sokrates einsehen, dass die sogenannte Ideenlehre zu Ungereimtheiten führt: Das Viele kann nicht an der ganzen Idee teilhaben, sonst wäre diese zerstückelt; auch nicht an deren Teil, sonst wäre ein großes Ding durch etwas Kleineres groß; zwischen Urbild und Abbild schiebt sich immer wieder ein Drittes als vermittelnde Instanz; Götter wissen nichts von der getrennten Welt der Menschen und haben keine Macht über sie. Trotz aller Aporien hält Parmenides aber an den Ideen fest – wir könnten sonst keine Dialoge führen. Der Fehler lag in der Trennung des Einen und Vielen und in ihrer Behandlung als Stücke. Der zweite Teil führt praktisch vor, dass nur die Isolierung zu Aporien führt und dass es auf den gekonnten Umgang mit den Begriffen als Gliederung des Weltganzen ankommt. Im *Timaios* führt P. die Gliederung des Weltganzen nach harmonischen, mathematischen Strukturen aus, ebenfalls im X. Buch der *Gesetze*.

Die Wirkung P.s in der langen Philosophiegeschichte besteht nach einem berühmten Diktum Alfred North Whiteheads aus einer Reihe von »Fußnoten zu P.«, angeregt von seiner »Fülle fundamentaler Gedanken«. In der Tat findet man bei P. zu fast allen philosophischen Fragen, Positionen und Disziplinen bereits Vorformen oder Provokationen. Jeder sucht sich dabei das passende Stück heraus: Für die Existenzphilosophen ist die Gestalt des Sokrates entscheidend, für die Analytiker die begriffliche Schärfe – oder Unschärfe – P.s, die politischen Philosophen konzentrieren sich auf den *Staat*, die Dialektiker auf den *Parmenides*. Für alle aber ist die »Ideenlehre« eine anhaltende Provokation, etwa für Hubert L. Dreyfus: In der »künstlichen Intelligenz« der Computerprogramme werde P.s Rationalismus auf die Spitze getrieben – alles Wissen müsse und könne nach P. eindeutig definiert und in einen logischen Zusammenhang gebracht werden. Gerade dies aber wollte P. vermeiden. P.s Philosophie gewinnt daher neue Attraktivität und Kraft in ihrer Verbindung von analytischem und synthetischem, explizitem und implizitem Wissen in einer Krisensituation, die aus einem verengten Denken erwächst.

Ausgaben: Werke in 8 Bänden. Hg. G. Eigler. Darmstadt 2005 [gr.-dt. Übers. von F. Schleiermacher] – Sämtliche Dialoge. 7 Bde. Hg. O. Apelt. Hamburg 2004.

Ekkehard Martens

Platonov, Andrej (eigtl. Klimentov)

Geb. 1. 9. 1899 in Jamskaja Sloboda bei Voronež/Russland;
gest. 5. 1. 1951 Moskau

Die Figuren des ausgebildeten Elektroingenieurs Andrej Platonov sind einfache, oft beschränkte Idealisten, die an der Tücke des Objekts in einem absurden, oft sogar grotesken Dasein scheitern. P. stellt diese Absurdität nicht allein durch Handlung, sondern auch durch das Spiel mit verschiedenen Stil- und Sprachebenen – etwa durch die Kombination von Alt- und Neurussisch oder die Verwendung von Amtssprache – dar. Er war nie ein linientreuer Schriftsteller, der Missstände und Fehlentwicklungen beschönigt oder verschwiegen hätte. Immer wieder entwarf er kritisch-pessimistische Gesellschaftsmodelle, in denen er das Funktionieren sozialistischer bzw. kommunistischer Lebensformen in Frage stellte. Symptomatisch ist der Titel seiner Erzählung *Usmnivšisja Makar* (1929; Makar im Zweifel). P. bezweifelte den Glauben an die Machbarkeit all dessen, was technisch möglich erscheint, und forderte Ehrfurcht vor der Natur und überkommenen Lebensweisen. Er schloss sich der liberal-marxistischen Dichtergruppe Pereval (Der Grat, ab 1924) an, die bis 1928 von der Russischen Assoziation proletarischer Schriftsteller regelrecht vernichtet wurde. So geriet er immer wieder in die Kritik, und von seinem Werk wurde zu seinen Lebzeiten wenig veröffentlicht. Das änderte sich erst ab 1987 durch die Perestrojka.

Als Hauptwerk gilt sein von Maksim Gor'kij kritisierter und dadurch am Erscheinen gehinderter zweiter Roman *Čevengur* (1927–

29, vollst. 1988; *Unterwegs nach Tschewengu/ Tschewengur. Die Wanderung mit offenem Herzen*, vollst. 1990). Saša Dvanov soll in der titelgebenden Stadt den Kommunismus aufbauen. Weil der Kampf gegen dessen Gegner die Stadt fast entvölkert hat, muss er zunächst echte Proletarier importieren. Eine kurzfristige kommunistische Idylle wird durch die Ermordung der Bewohner durch eine Reiterabteilung beendet. Dvanov ertränkt sich schließlich in einem See, in dem auch sein Vater aus Neugier auf den Tod sein Leben beschloss.

Gorod Gradov (1927; *Die Stadt Gradov*, 1969) ist eine bitterböse Satire auf den Sieg der Bürokratie über die Arbeiterklasse. Der Roman *Kotlovan* (entst. 1929/30, ersch. 1969 im Westen, 1987 in Moskau; *Die Baugrube*, 1971) kritisiert den menschenverachtenden und menschenverschleißenden Einsatz beim Bau einer Gemeinschaftsunterkunft, der sich unter der Fuchtel eines größenwahnsinnigen Funktionärs von einem vernünftigen Vorhaben in ein sinnloses Mammutprojekt verwandelt. *Juvenil'noe more* (entst. 1934, ersch. 1972; *Meer der Jugend*, 1984, *Das Juvenilmeer*, 1990) ist eine Art satirischer Antiutopie, die in weitgehend realistischer Erzählweise radikal die Technikbegeisterung der jungen Sowjetmacht in Frage stellt. Der vielseitig gebildete Kolchos-Techniker Vermo will Mittelasien in ein riesiges, aus dem »jungfräulichen« Wasser eines unterirdischen Reservoirs gespeistes Meer verwandeln. Gegen reaktionäre Kräfte und Mangelwirtschaft kämpfend, entwickelt er hochfliegende, teils realistische, teils ethisch fragwürdige Pläne für die Nutzung von Windenergie oder die chemische Ausschlachtung von Leichen zwecks Rohstoffgewinnung. Der Text wurde einerseits als zutiefst pessimistisch, andererseits als zutiefst optimistisch gedeutet. *Ščastlivaja Moskva* (entst. 1932–36, ersch. 1991; *Die glückliche Moskwa*, 1991) ist ein Fragment aus dem vom KGB beschlagnahmten größeren Roman *Putešstvie iz Leningrada v Moskvu* (Reise von Leningrad nach Moskau) und entwirft das Bild des von der Sowjetmacht geforderten neuen Menschen. Darin verkörpert Moskva Čestnova (čest' = Ehre) zunächst die reine Idee des Kommunismus, degeneriert dann aber zur Schlampe, ehe sie völlig in der Metropole Moskau verschwindet. Ihre zahlreichen Verehrer sind begabte, idealistische Menschen, aber unvollständig ohne die Liebe zu einem einzelnen Menschen und müssen deshalb scheitern. Der Chirurg Sambikin etwa entwickelt ein Serum gegen den Tod, schafft so aber ungewollt eine Zweiklassengesellschaft aus denen, die den Tod bannen können, und den durch ihre Armut Todgeweihten. Der von der Sowjetmacht geforderte positive Held ist Sartorius, der nicht nur eine hypergenaue Waage zur Bekämpfung des allgegenwärtigen Hungers erfunden hat, sondern, von einer Erblindung genesen, die Dinge ohne ideologische Verzerrung, gewissermaßen objektiv, erkennen kann. Er beginnt unter neuem Namen ein normales Leben zu führen, wendet sich von den überzogenen Idealen ab und zu seinen Mitmenschen hin. Die Sammlung *Die Kutschervorstadt* (1968) enthält Erzählungen um Menschen, die von der Revolution entwurzelt und ins Elend getrieben worden sind. P. starb, vom sowjetischen Literaturbetrieb systematisch ausgeschlossen und zu einer Hausmeistertätigkeit verdammt, an der Tuberkulose, mit der ihn sein aus der Verbannung heimgekehrter Sohn angesteckt hatte.

Klaus-Peter Walter

Plautus
Geb. um 240 v. Chr. in Sarsina/Umbrien; gest. 184 v. Chr.

In Shakespeares *Hamlet* (II 2) preist Polonius die Fähigkeit einer Schauspielgruppe, in allen möglichen und unmöglichen theatralischen Gattungen aufzutreten, und krönt das Lob mit folgenden Worten: »Seneca kann für sie nicht zu traurig noch Plautus zu lustig sein. Für das Aufgeschriebne und für den Stegreif haben sie ihresgleichen nicht.« Polonius' Worte belegen eindrücklich, dass für die Renaissance das Drama der Antike nicht durch die großen Namen der griechischen Tragödie und Komödie repräsentiert wurde, sondern durch den römischen Tragiker Seneca und den Komödiendichter P., die beide durch ihre Dichtungen wesentlich Inhalt und Form der beiden dramatischen Gattungen in der Neuzeit prägten. Gleichzeitig nimmt Shakespeare mit der Zweiteilung ›Aufgeschriebenes‹ und ›Stegreif‹ eine Forschungskontroverse vorweg, die sich um die Komödien des P. entsponnen und sich zu einer regelrechten ›Plautus-Frage‹ entwickelt hat.

Trotz der Beliebtheit, der sich P. von der Antike bis ins Mittelalter erfreute, ist von seinem Leben so gut wie nichts bekannt; ja, nur mit Mühe lässt sich aus dem mit zahlreichen Anekdoten durchsetzten Material ein biographisches Gerüst konstruieren. Selbst über seinen genauen Namen herrscht Unklarheit. Nach der antiken Tradition war P. zunächst Mitglied einer fahrenden Schauspieltruppe. Das Geld, das er sich mit dieser Tätigkeit erworben hatte, verlor er jedoch bei Spekulationen im Handelsgeschäft. Vermögenslos kam er nach Rom und musste sich als Arbeiter in einer Mühle verdingen. »Ohne Zweifel hat der gute P. damals auch, wann er vom Drehen ermüdet war, zur Erquickung lieber an seinen Lustspielen arbeiten, als schlafen wollen.« So spinnt Gotthold Ephraim Lessing in seiner *Abhandlung von dem Leben und den Werken des P.* die antike biographische Überlieferung fort. Was Legende und Anekdote ist, lässt sich letztendlich nicht entscheiden. Wohl aber verweist der Name Maccus auf eine Tätigkeit als Schauspieler: In der italischen volkstümlichen Posse, der Atellane, war Maccus der stereotype Dummkopf. Wie von der Biographie, so ist auch von der Aufführung der Komödien praktisch nichts bekannt. Lediglich von *Stichus* (*Der Sklave Stichus*) und *Pseudolus* (*Der Lügensklave*) sind die Aufführungsjahre bekannt (200 bzw. 191). Aus historischen Anspielungen in den Stücken lassen sich jedoch als Schaffensphase des P. die Jahre zwischen 210–185 herauslesen.

Wenn auch die Fakten und Daten zur Person und Biographie des P. noch so dürftig erscheinen mögen, geben sie doch genügend Anhaltspunkte, die bei der Interpretation seiner Komödien berücksichtigt werden müssen. Die Aufführungszeit seiner Komödien sind die Jahre des 2. Punischen Kriegs (218–201), den die Römer gegen den Karthager Hannibal siegreich beendeten, und der kriegerischen Auseinandersetzungen mit Philipp V. von Makedonien (2. Makedonischer Krieg, 200–197) und dem Seleukidenkönig Antiochos III. (192–188). Die militärischen Unternehmungen brachten Rom in unmittelbaren Kontakt mit der hochzivilisierten Bevölkerung in Süditalien (Magna Graecia), Griechenland und dem vorderen Orient. Man lernte griechische Lebensart kennen, die häufig als dekadent belächelt wurde. Griechische Kunstwerke gelangten als Beute nach Rom; der Kontakt mit den Intellektuellen der eroberten Staaten und Städte, die oft als Sklaven nach Rom verschleppt wurden, entfachte ein wachsendes Interesse an griechischer Literatur und Philosophie, die in von traditionellen Römern wie Cato argwöhnisch beobachteten philhellenischen Zirkeln wie dem Scipionenkreis gepflegt wurden.

Eine wichtige Vermittlungsaufgabe zwischen der griechischen Kultur und den siegreichen Römern fiel den zwischen den Kulturkreisen hin- und herreisenden Schauspielgruppen zu, die in Rom anlässlich der großen Götterfeste (*ludi*), aber auch bei Leichenspielen (*ludi funebres*) auftraten. Sie waren einerseits in den klassischen Stücken der griechischen Klassik des 5. Jh.s und des Hellenismus zu Hause, die sie zu ihrem Repertoire zählten. Andererseits waren ihnen auch die Formen des populären, oft improvisierten Theaters sowohl der Magna Graecia (Phlyakenposse, Pantomimus) als auch Roms (Atellane) geläufig.

In den Komödien des P. haben die verschiedenen, im ausgehenden 3. Jh. v. Chr. betriebenen dramatischen Formen des römischen und griechischen Kulturraums unübersehbare Spuren hinterlassen. Als Vorlage für seine Komödien benutzte P. Stücke der drei großen griechischen Komödienautoren des Hellenismus: Auf Menander gehen *Aulularia* (*Die Topfkomödie*), *Bacchides* (*Die beiden Frauen namens Bacchis*), *Cistellaria* (*Die Kästchenkomödie*) und *Stichus* (*Der Sklave Stichus*) zurück, auf Philemon *Mercator* (*Der Kaufmann*), *Trinummus* (*Die Dreigroschenkomödie*) und vermutlich auch *Mostellaria* (*Die Gespensterkomödie*), auf Diphilos schließlich *Casina* (*Das Mädchen Casina*), *Rudens* (*Das Seil*) und wohl auch *Vidularia* (*Die Kofferkomödie*, verloren). Seit der Publikation eines Papyrusfetzens im Jahre 1968, der Verse aus Menanders *Dis Exapaton* (*Der zweifache Betrüger*), dem Vorbild von P.' *Bacchides*, enthält, lassen sich genauere Aussagen über den Umgang des römischen Autors mit den griechischen Originalen machen. P. orientierte sich im Grundsätzlichen an den inhaltlichen Vorgaben der griechischen Komödie; im Einzelnen jedoch – in der Strukturierung des Handlungsablaufs, selbst in der Benennung der handelnden Personen – ist er mit der größten Freiheit vorgegangen. Ob P. allerdings völlig unabhängig von der griechischen Komödie selbst eigene Stücke konzipiert hat, wie es für die *Menaechmi* (*Die beiden Menaechmi*) angenommen wird, lässt sich letztlich nicht klären.

Die dichterische Freiheit, die sich P. bei der Gestaltung seiner Stücke genommen hat, findet ihren Ausdruck vor allem in zwei Bauelementen, die P. anderen, wohl volkstümlichen Quellen entnommen zu haben scheint. Zunächst fällt auf, dass sich in den Komödien Wortspiele und Wortwitze, die bisweilen mehrfach durchgespielt werden, Slapstick-Szenen und burleske Einlagen finden, wie wir sie in der griechischen Komödie des Hellenismus nicht haben. P. hat mit diesen Einlagen das griechische Original durch dem römischen Publikum vertraute volkstümliche Elemente erweitert und dadurch romanisiert. Da auf der anderen Seite jedoch die Handlung der Stücke in Griechenland angesiedelt bleibt, entwirft er eine eigene komische Welt, eine im griechisch-römischen Niemandsland angesiedelte ›Plautopolis‹ (Adrian S. Gratwick), die dem Zuschauer vor allem in den Jahren ständigen Kriegs die Möglichkeit einer wenn auch nur kurzfristigen Entspannung und Entlastung bieten konnte. Weiterhin sind die Komödien des P. – weit mehr als die des Terenz – durch eine Vielzahl metrisch-rhythmischer Formen geprägt, die darauf verweisen, dass sie im Unterschied zu ihren griechischen Vorlagen eher einem Singspiel als einem Sprechstück glichen. In manchen Stücken wurde lediglich ein Fünftel gesprochen, der Rest dagegen rezitiert oder gesungen. Gerade in den Partien, in denen P. eine gesprochene Passage des griechischen Originals in eine Arie, ein Duett oder Terzett (*cantica*, d. h. Gesangspartien) umsetzte, müssen wir mit größeren Eingriffen und Umgestaltungen durch den Römer rechnen.

Zwar stimmen die Komödien des P. im Handlungsverlauf und in den Charakteren im großen und ganzen mit denen des Terenz überein, doch weisen sie im Rahmen des stereotypen Handlungsmusters und der typischen Handlungsträger eine große Bandbreite unterschiedlicher im Mittelpunkt stehender Themen und Schattierungen auf. So finden wir eher derbe Possen in der *Asinaria* (*Die Eselskomödie*), *Casina* und im *Persa* (*Der Perser*), während man den *Trinummus* moralisierend nennen könnte. Die *Aulularia*, das Vorbild für Molières *L'Avare*, ist eine komische Charakterstudie, die *Menaechmi* und die Götterburleske *Amphitruo* verwickelte Verwechslungskomödien. Das aus der Euripideischen Tragödie bekannte Handlungselement der Wiedererkennung (*anagnórisis*) strukturiert *Cistellaria* und *Rudens*, während die ebenfalls aus der Tragödie des Euripides stammende Intrige (*mēchánēma*) die Handlung der *Bacchides*, des *Miles gloriosus* (*Der aufschneiderische Offizier*) und *Pseudolus* (*Der Lügenklave*) sowie der *Mostellaria* bestimmt.

Verwechslung, Intrigenspiel und Wiedererkennung sind in verwirrender Weise in den *Bacchides* verbunden. Schon der Titel der Komödie verdeutlicht die Quelle der Irrungen und Wirrungen: Es dreht sich alles um zwei Hetären, die beide den Namen Bacchis tragen. Den beiden Frauen sind zwei verliebte junge Männer, Mnesilochus und Pistoclerus, zugeordnet, denen wiederum zwei Väter (Nicobulus und Philoxenus) und zwei Sklaven, ein ehrlicher (Lydus) und ein verschlagener (Chrysalus), zur Seite stehen oder ihre amourösen Pläne zu durchkreuzen suchen. Mnesilochus, der sich in Bacchis (I), die aus Samos stammt, verliebt hat, prellt mit tatkräftiger Unterstützung seines Sklaven Chrysalus (›Goldklau‹) seinen Vater um das Geld, das er von einer Reise aus dem Osten mitbringen sollte. Er will damit einen Soldaten mit Namen Cleomachus (›Kampfruhm‹) auszahlen, der Ansprüche auf Bacchis geltend macht. Brieflich beauftragt Mnesilochus seinen Freund Pistoclerus, seine Geliebte zu beobachten, die sich inzwischen bei ihrer Freundin namens Bacchis (II) in Athen aufhält. Dieser verliebt sich sofort in die Athenerin Bacchis (II) – und aus der Namensgleichheit entstehen Verwicklungen, die beinahe zum Bruch zwischen den Freunden führen. Die Fabel der Komödie findet eine nach den gesellschaftlichen Normen, nach denen sich die Handlung in der Epoche der Neuen Komödie zu entwickeln pflegt, überaus überraschende Lösung. Nach den Gattungsnormen gibt es für die Handlungskonstellation ›junger Mann liebt Hetäre‹ zwei Lösungsmöglichkeiten: Entweder entpuppt sich die Hetäre als ein Mädchen aus gutem Hause, das unverdientermaßen durch Aussetzung im Kindesalter oder Entführung in diese missliche Situation gekommen ist und deshalb von dem jungen Mann problemlos geheiratet werden kann, oder der Jüngling kommt zur Einsicht und sieht die gesellschaftliche Unmöglichkeit seiner Liebschaft ein. In den *Bacchides* sind die beiden Mädchen tatsächlich Hetären. Das Überraschende ist nun, dass in der Schlussszene – wohl gegen die Erwartung des Publikums – die beiden jungen Männer nicht nur nicht ihr verfehltes Verhalten einsehen, sondern sogar die beiden Väter, sowohl der knausrige und sittenstrenge Nicobulus wie der liberale Philoxenus, überwältigt von ihren sexuellen Bedürfnissen und ohne Rücksicht auf Würde und Anstand, sich auf ein Dreiecksverhältnis mit den Geliebten ihrer Söhne einlassen. Dieser völlig gegen römische Wertbegriffe verlaufende Schluss der Komödie zeigt, worin der Reiz für den römischen Zuschauer bestanden haben könnte: In der Inszenierung der Komödie werden die Normen des Alltags rücksichtslos durchbrochen. Auf der Bühne erlauben sich die Personen all das, was dem römischen Bürger nicht möglich war. Aber selbst in der Illusion des Theaters sind es nicht Römer, die auf der Bühne gegen die gesellschaftlichen Normen verstoßen, sondern Griechen, deren mangelnder Ernst und fehlende Moral in Rom sprichwörtlich waren.

Aus dem Rahmen der übrigen Komödien fällt der *Amphitruo*. Im Prolog kündigt der Götterbote Merkur an, dass in dem Stück Götter und Könige auftreten werden – also das Personal der Tragödie. Da aber auch ein Sklave darin agiere, sei das Ganze eine Tragikomödie (*tragicomoedia*). Götterburleske und die Parodie von Tragödien sind in der Phase der Neuen Komödie ungebräuchlich, so dass man annehmen muss, dass die weiter nicht bekannte Vorlage des P. ein früheres Stück des ausgehenden 5. oder beginnenden 4. Jh.s sein muss. In einem Expositionsprolog gibt Merkur die für das Verständnis der Handlung nötigen Informationen: Iuppiter, der höchste der Götter, hat sich in der Gestalt des thebanischen Königs Amphitruo Alcmene, der Gattin Amphitruos, genähert. Merkur in Gestalt des Sklaven Sosia steht unterdessen Wache. Unlösbare Verwicklungen drohen, als der echte Amphitruo erscheint und außer sich gerät, als seine Frau ihm von der herrlichen Liebesnacht berichtet. Alcmene ist über das für sie erstaunliche Verhalten ihres Mannes so sehr erzürnt, dass sie dem falschen Amphitruo (Iuppiter) erst nach langem Zureden sich hingibt, während Merkur in Gestalt des Sosia den echten Amphitruo am Betreten des Hauses hindert. Im Schlussakt – die vorangehenden Szenen sind nicht erhalten – erfährt Amphitruo von der Niederkunft seiner Frau mit den Zwillingen Iphikles (Sohn Amphitruos) und Herakles (Sohn Iuppiters). Das Stück schließt – in der Art einer Euripideischen Tragödie – mit einer Erscheinung (Epiphanie) Iuppiters (V 2), der seinem Nachkommen Herakles eine große Zukunft voraussagt.

Kein anderes Stück des P. dürfte so oft bearbeitet, variiert und umgedichtet worden sein wie der *Amphitruo*. Jean Giraudoux verweist mit dem Titel *Amphitryon 38* (1929) darauf, dass sein Stück die 38. Bearbeitung der Komödie des P. sei. In der Rezeption wird teils die dem Stoff innewohnende Tragik, teils die Komik betont. Shakespeare in der *Comedy of Errors* (1591) kombiniert die *Menaechmi* mit dem *Amphitruo*, nimmt also die beiden Komödien als Vorlagen, in denen P. das Verwechslungsspiel auf die Spitze getrieben hat. Molière stellt in seinem *Amphitryon* (1668) die Thematik des Ehebruchs in den Mittelpunkt. Ausgehend von der Frage ›Gatte oder Liebhaber‹ entwickelt er eine galante Satire auf die Missgeschicke des übertölpelten braven Ehemannes. Die dem Stoff inhärente Tragik wird dadurch eliminiert, dass es für Alkmene keine Unterscheidung zwischen dem Gatten und Liebhaber gibt, da es für sie ein und dieselbe Person sind. Heinrich von Kleist bezieht sich in seinem *Amphitryon* (1807) zwar fast vollständig in Text und Handlung auf Molières Komödie. Da er aber Alkmene eine entscheidende Rolle zuweist, wird bei ihm aus der reinen Liebeskomödie die Darstellung einer aus einem unlösbaren Schein-Sein-Gegensatz entstehenden (II 5), psychologisch differenzierten Gefühlsproblematik. Die bloße Komik findet in der Parallelhandlung der Diener Sosia und Charis statt.

Die Beliebtheit des P. hat allerdings auch ihre negativen Folgen. Bereits in der Antike wurden unter P.' Namen eine Vielzahl unechter Stücke überliefert, so dass Ciceros Zeitgenosse Varro aus 130 ihm bekannten Stücken 21 als echt aussonderte, die wir – mit Ausnahme der *Vidularia* – noch heute besitzen. Auch der Text der Komödien hatte unter der Beliebtheit zu leiden. Man wird wohl annehmen müssen, dass im Zusammenhang mit Wiederaufführungen manche späteren Hinzufügungen und Umdichtungen in die Überlieferung hineingeraten sind. Die oft burleske, groteske Komik der Stücke mit ihren Wiederholungen und überraschenden Wendungen macht es in den meisten Fällen methodisch jedoch äußerst schwierig, wenn nicht gar unmöglich, Plautinisches von Unplautinischem einwandfrei zu scheiden.

Ein besonderer Fall der P. fälschlich zugeschriebenen Komödien ist der *Querolus*, der, wohl im 4./5. Jh. n. Chr. entstanden, maßgeblich das Plautus-Bild des Mittelalters prägte. Der anonyme Autor lehnt sich in seiner in rhythmisierter Prosa verfassten Komödie – die Kenntnis der verschiedenen Versmaße war verloren gegangen – an die *Aulularia* an; er schreibt die Fortsetzung der Komödie: Der Sohn des aus der *Aulularia* bekannten Euclio namens Querolus wird zum Protagonisten des neuen Stücks. Euclio verrät kurz vor seinem Tod einem gewissen Mandrogerus das Versteck seines Schatzes und macht ihn unter der Bedingung, dass er dies seinem Sohn mitteile, zum Miterben. Mandrogerus schleicht sich in das Vertrauen des Querolus ein und bemächtigt sich der Urne, in der Schatz verborgen ist. Da er jedoch meint, keinen Schatz, sondern eine tatsächliche Urne bekommen zu haben, wirft er sie voller Wut ins Haus des Querolus zurück. Der Topf zerspringt, und der Goldschatz fällt heraus. Der Stoff – Schatzsuche, verbunden mit Magie – faszinierte das Mittelalter. Vitalis von Blois (12. Jh.) schrieb den *Querolus* in elegische Distichen um – allerdings wieder unter dem Titel *Aulularia*. Diese *comoediae elegiacae* bestimmten denn auch das Bild, das man sich im Mittelalter von einer Komödie machte. Der Aufführungsrahmen war vergessen, Komödie war eine in Umgangssprache verfasste Erzählung mit gutem Ende. Erst die Humanisten des 15. Jh.s, die längst verschollene antike Autoren in den Klosterbibliotheken wiederentdeckten, brachten auch den ›wahren P.‹ wieder ans Licht – man denke an Conrad Ferdinand Meyers Novelle *Plautus im Nonnenkloster* – und zurück auf die Bühne.

Ausgabe: Antike Komödien. Hg. W. Ludwig. Darmstadt 1978.

Bernhard Zimmermann

Plenzdorf, Ulrich

Geb. 26. 10. 1934 in Berlin;
gest. 9. 8. 2007 in Berlin

P. ist einer der populärsten, erfolgreichsten, meistübersetzten Autoren seiner Generation. Dass er dies als literarischer Autor – und nicht nur als Filmszenarist – ist, hat er paradoxerweise der repressiven Literaturpolitik der DDR zu verdanken. Sie drängte ihn aus dem als massenwirksam und damit gefährlich taxierten Medium Film in ›nur‹ literarische Genres ab und verhalf damit den *Neuen Leiden des jungen W.* (1972) zu Weltruhm. Dennoch war und ist P. nach seinem eigenen Verständnis Drehbuchautor – freilich einer, der das anspruchsvolle Genre des literarischen Szenariums mitkreiert hat. P. entstammt einer Kreuzberger Kommunistenfamilie (der Vater war Fotograf bei der *Arbeiter-Illustrierten-Zeitung*, die Eltern wurden in der Nazizeit zeitweise eingesperrt) und hat sich selber als von der Tradition her »rot bis auf die Knochen« bezeichnet. Als Schüler wurde er nach Schlesien evakuiert. Nach dem Krieg besuchte P. für kurze Zeit die reformpädagogische polytechnische ›Schulfarm Scharfenberg‹ in Himmelpfort an der Havel, bis die Familie nach Ostberlin umzog. Nach dem Abitur 1954 studierte P. drei Semester Marxismus-Leninismus am Franz-Mehring-Institut in Leipzig. Danach war er für drei Jahre Bühnenarbeiter bei der DEFA, wo er das Filmemachen ›von unten‹ her kennenlernte. Nach seinem (freiwilligen) Militärdienst bei der Nationalen Volksarmee 1958/59 studierte P. bis 1963 Dramaturgie an der Filmhochschule in Potsdam-Babelsberg. 1964 debütierte er erfolgreich mit der historischen Komödie *Mir nach, Canaillen*. Sein zweites – ernsthaftes – Szenarium *Karla* (1978 verfilmt von Hermann Zschoche), ein Lehrstück über die krassen Widersprüche zwischen Ideal und Wirklichkeit in der DDR-Schule, wird ein Opfer der Kulturpolitik, die, nach dem 11. Plenum des Zentralkomitees der SED im Dezember 1965, einen ganzen DEFA-Jahrgang verbietet (sog. Regalfilme). Durch diese und andere schlechte Erfahrungen ernüchtert, lässt P. das 1968/69 entstandene Filmszenarium *Die neuen Leiden des jungen W.* in der Schublade liegen und veröffentlicht 1972, nach Ulbrichts Machtverlust, den gleichnamigen Prosatext, der, auch als Theaterstück nach der Uraufführung in Halle/Saale 1972, in und außerhalb der DDR zum großen Erfolg wird. P.s in der »Jeanssprache« geschriebene, von J. D. Salingers *Catcher in the Rye* beeinflusste Geschichte eines DDR-Jugendlichen, der sich von der langweiligen Pflicht- und Vorbildkultur seines Landes abnabelt, nach dem Beispiel von Goethes *Werther* seinem subjektiven Begehren folgt und am Ende umkommt, traf den Nerv des SED-Staates empfindlich und begeisterte die Jugend systemübergreifend. 1973 folgten eine Romanversion und ein zweites Filmskript (gleichfalls nicht realisiert), 1974 eine Hörspiel- und 1976 eine Fernsehfassung, so dass P.s Erfolgstitel in sieben selbständigen Versionen vorliegt.

Großen Anklang fand auch der Film *Die Legende von Paul und Paula* (1974, Regie: Heiner Carow), wiederum eine Geschichte von Anpassung und Verweigerung im DDR-Alltag, dem P. 1979 den Roman mit märchenhaften Zügen *Legende vom Glück ohne Ende* hinterherschickte. Ein Jahr zuvor hatte P., das Prosaschreiben als eine »sehr einsame Sache« erlebt, großen Erfolg beim Klagenfurter Lesewettbewerb und errang den Ingeborg-Bachmann-Preis für seine Geschichte *kein runter kein fern* (die Basis war ein Hörspiel), die den inneren Monolog eines DDR-Hilfsschülers mit Jubelparolen aus dem Radio zum zwanzigsten Jahrestag der DDR durchsetzt. Ansonsten ist P. der Autor von Filmszenarien – fast immer nach fremden Vorlagen – geblieben. Die wichtigsten sind *Der alte Mann, das Pferd, die Straße* (1978) und *Der König und sein Narr* (1988, beide nach Martin Stade), *Glück im Hinterhaus* (1986, nach de Bruyn), *Insel der Schwäne* (1986, nach Benno Pludra), *Ein fliehendes Pferd* (1986, nach Martin

Walser), *Es geht seinen Gang* (1980, nach Erich Loest) sowie *Zeit der Wölfe* (1990) und *Ein Tag, länger als ein Leben* (1990, beide nach Dschingis Aitmatow). Fast jeder dieser Filme (teilweise auch Theaterfassungen) wurde zu DDR-Zeiten verboten oder zumindest verschoben. P. war und blieb ein unbequemer Autor, der z. B. auch Ende 1976 die Petition gegen die Biermann-Ausbürgerung unterschrieb. – Aus der Nach-Wende-Zeit sind seine Drehbücher für die dreiteilige Fernsehserie *Liebling, Prenzlauer Berg* (1997/98) hervorzuheben, die der von Jurek Becker geschriebenen Erfolgsserie *Liebling, Kreuzberg* nachfolgte. Im Jahr 2000 erschien P.s vielgelobte Übersetzung des Romans *Die ohne Segen sind* von Richard van Camp, die Geschichte eines 17-jährigen Indianers in einer kanadischen Kleinstadt von heute.

Werkausgabe: Filme 1 und 2. Rostock 1986/1988.

Wolfgang Emmerich

Poe, Edgar Allan

Geb. 19. 1. 1809 in Boston, Massachusetts; gest. 7. 10. 1849 in Baltimore, Maryland

»Three-fifths of him genius and two-fifths sheer fudge«, so charakterisierte James Russell Lowell seinen Kollegen Edgar Allan Poe in seiner Verssatire *A Fable for Critics* (1848), und zwiespältig – zwischen Genieverehrung und Abwertung des Autors als Urheber »schieren Blödsinns« – sind die Meinungen über P. bis heute geblieben. P.s immensen Einfluss auf die Literaturgeschichte nicht nur in seinem eigenen Land hat dies nicht beeinträchtigt. Als Spätromantiker entwickelte er Samuel Taylor Coleridges Imaginationstheorie sowie August Wilhelm Schlegels Konzept von der Wirkungseinheit des Kunstwerks weiter; als Vorläufer der literarischen Moderne entwarf er eine konstruktivistische Ästhetik, die durch die begeisterte Aufnahme bei Charles Baudelaire und den französischen Symbolisten zu einem Grundelement der Dichtung des 20. Jahrhunderts werden sollte. Mit jeder seiner innovativen Leistungen – und dazu zählen die Erfindung der Detektivgeschichte und die Entwicklung von Vorformen der Science-fiction ebenso wie sein Beitrag zu einem modernen Konzept von Literaturtheorie und Ästhetik – hätte er sich einen Platz in der Weltliteratur verdient gehabt. Seine Lyrik und vor allem seine Erzählungen gelten jedoch als seine bedeutsamste Hinterlassenschaft.

P.s ungewöhnliche Biographie liefert durchaus Material für das Bild einer etwas exzentrischen Persönlichkeit, doch sind es vor allem die missgünstige Version seines Nachlassverwalters Griswold einerseits und die Heroisierung zum *poète maudit* durch seine französischen Anbeter andererseits gewesen, die den Mythos von Drogenabhängigkeit, sexueller Perversion (Pädophilie und Nekrophilie sind die Hauptunterstellungen) und Psychose entstehen ließen. Vorschnell sind immer wieder Aussagen seiner fiktionalen Erzähler auf ihn selbst übertragen worden. Leidlich erwiesen sind lediglich P.s Alkoholismus und seine Probleme, sein Leben nach dem Tod seiner Frau noch einmal in den Griff zu bekommen. P. wurde 1809 als Sohn eines Schauspielerehepaars geboren; da sein Vater bald danach verschwand, war er mit dem Tod seiner Mutter 1811 Vollwaise. Er wurde von Frances und John Allan in Richmond, Virginia, aufgenommen. Der Verlust von Frauen, die für ihn Mutterersatz und zugleich Verkörperungen weiblicher Idealität waren, bildet eine Kette von Traumatisierungen; dazu gehört der Tod seiner Pflegemutter 1829. Der Kaufmann John Allan, mit dem sich P. schon früh zerstritt, sorgte immerhin dafür, dass er eine gute Ausbildung erhielt. Sein Studium an der University of Virginia brach P. allerdings nach einer Auseinandersetzung mit Allan ab. Er trat als gemeiner Soldat in die Armee ein, sodann in die Offiziersakademie West Point, von der er aber bald relegiert wurde. 1827 hatte P. seinen ersten Lyrikband *Tamerlane and Other Poems* publiziert, und mit der Ausgabe seiner *Poems* 1831 erregte er so viel kritisches Interesse, dass er Zugang zur New Yorker Literaturszene fand, bevor er zu seiner Tante Maria Clemm nach Baltimore zog, wo er die nächsten Jahre in desperaten finanziellen Verhältnissen zubrachte. 1833 gewann er einen Preis für seine Erzählung »MS. Found in a Bottle« (»Das Manuskript in der Flasche«, 1922). P. plante damals einen durchkomponierten Zyklus von Erzählungen, *Tales of the Folio Club*, fand aber keinen Verleger und musste sich damit begnügen, den aufblühenden Zeitschriftenmarkt zu bedienen. Aus den Einzelveröffentlichungen lassen sich die geplante Position und Funktion der jeweiligen Geschichte kaum mehr erkennen, so dass nicht immer deutlich ist, ob ein Text etwa zur Satire oder zur Schauerliteratur gehört. 1834 starb P.s Pflegevater; sein Testament übergeht den Autor. 1835 bekam P. eine Anstellung beim *Southern Literary Messenger* in Richmond, einer Zeitschrift, in der P. nicht nur eine Anzahl von Erzählungen und Gedichten publizierte, sondern für die er mehr als 100 Rezensionen und Kolumnen zur Literatur schrieb, für die er aber auch als Redakteur, Produktionsleiter und *de facto*-Herausgeber fungierte. Seine exzellente Arbeit, gerade auch seine brillanten, oft scharfen Besprechungen, führten dazu, dass sich die Auflage versiebenfachte und P. sich als führender Kritiker Amerikas etablierte, bevor das Arbeitsverhältnis Ende 1836 wegen inhaltlicher Differenzen und P.s Alkoholproblemen gelöst wurde. Im selben Jahr heiratete P. seine 13-jährige Cousine Virginia Clemm, vielleicht primär, um seine Ersatzfamilie zusammenzuhalten. Weder das Alter der Braut noch der Altersunterschied galten damals als aufsehenerregend, doch künftigen Generationen bot sich hier reichlich Stoff für Spekulationen. Was auch immer die Basis dieser Ehe sein mochte, P. war ein liebevoller Partner, und das Trauma des frühen Todes Virginias durch Tuberkulose (1847) sollte entscheidend zu seinem eigenen Ende zwei Jahre später beitragen. In der (vergeblichen) Hoffnung auf finanziellen Erfolg schrieb P. trotz seiner Skepsis gegenüber literarischen Langformen seinen einzigen Roman, *The Narrative of Arthur Gordon Pym of Nantucket* (1838; *Seltsame Seeabenteuer Arthur Gordon Pym's*, 1883). 1839 wurde er Herausgeber von *Burton's Gentleman's Magazine*, von dem er sich 1840 im Streit wieder trennte. In späteren Jahren wiederholte sich dieses Muster bei anderen Zeitschriften, wobei wohl auch die hohen professionellen Ansprüche eine Rolle spielten, die P. gegenüber den Verlegern durchzusetzen versuchte. Seine Pläne, eine eigene Zeitschrift längerfristig zu besitzen und frei gestalten zu können, scheiterten. Immerhin konnte er seine Erzählprosa 1840 endlich auch in einem Sammelband nachdrucken, *Tales of the Grotesque and Arabesque*. 1845 erschien sein Gedicht »The Raven« (»Der Rabe«, 1862) in mehreren Zeitschriften und steigerte P.s Bekanntheitsgrad in den USA und in Europa mit einem Schlag beträchtlich. Eine Veröffentlichung von zwölf seiner Geschichten in dem Band *Tales* (1845) und seiner Lyrik in *The Raven and Other Poems* im selben Jahr machten ihn zum Salonlöwen in New York City, wo seine Familie damals wieder wohnte. Doch Angriffe auf P. nicht nur als Autor, sondern auch als Person, erneute Geldnot und schließlich der Tod Virginias machten seine Lage desolat. Seine Beziehungen zu mehreren Frauen in seinen beiden letzten Lebensjahren wirken verzweifelt. Zwar erschienen noch u. a. sein bedeutendes Gedicht »Ulalume« (1847) und seine kosmologisch-philosophische Schrift *Eureka* (1848), doch sein physischer und phasenweise auch sein psychischer Zustand wurden besorgniserregend. Die ungeklärte Ursache seines Todes in Baltimore im Oktober 1849 erschien vielen als das passende Ende eines skandalumwitterten Lebens.

Mag auch P.s im engsten Sinne literarisches Werk relativ schmal sein, so bietet es doch eine erstaunliche Vielfalt, die noch einmal erweitert wird, wenn man seine umfangreiche essayistisch-journalistische Œuvre einbezieht. P. entwickelte statt der eher subjektivistischen Tendenzen der früheren Romantik prämodernistische Ansätze weiter, als er das ›Gedicht an sich‹ forderte, d. h. die Autonomie des Kunstwerks nicht nur von den Aufgaben der Didaxe und Mimesis im Sinne des 18. Jahrhunderts, sondern auch von der des Selbstausdrucks.

Andererseits haben seine Schauergeschichten viele Kritiker vermuten lassen, dass hier dennoch persönliche Psychosen des Autors umgesetzt werden. Andere Texte haben offensichtliche literatur- oder gesellschaftssatirische Bezüge, z. B. seine zahlreichen Parodien auf zeitgenössische Werke und Schulen. In der Erzählung »The System of Dr. Tarr and Prof. Fether« (1845) schildert der Erzähler den Besuch in einer Heilanstalt und seine Begegnung mit dem angeblichen Pflegepersonal, das ihm ungewöhnlich ausgelassen vorkommt. Erst als eine Gruppe von affenähnlich aussehenden Wesen hereinstürmt, stellt sich heraus, dass die Aufseher von den Geisteskranken überwältigt, geteert, gefedert und eingesperrt worden waren und sich nun erst befreien konnten. Das scheinbar Animalisch-Bedrohliche erweist sich als das Beruhigend-Normale, das Freundlich-Heitere als gewalttätige Verrücktheit. Die Geschichte ist offensichtlich eine Satire auf damals neue psychiatrische Behandlungsmethoden, darüber hinaus wohl auch auf basisdemokratische Tendenzen in Amerika, die P. aus seiner südstaatlich-konservativen Gesellschaftssicht als Herrschaft des Mobs empfand. Doch seinen eigentlichen Reiz gewinnt der Text jenseits der Satire durch seine groteske Mischung von Komischem und Grausigem. Das Groteske wird von P. in vielen Erzählungen und Gedichten als Kipp-Phänomen zwischen Lächerlichkeit und Horror gestaltet, zwischen Rationalität und Unbewusstem, zwischen dem Vertrauten und dem Fremden oder aber dem Unheimlichen im Sinne Sigmund Freuds. Insofern geben zahlreiche Texte P.s weniger die Erfahrung einer wie immer gearteten äußeren oder psychischen Realität wieder als das Erlebnis der Grenzen unserer normalen Realitätserfahrung.

Eines der typischsten Muster der Grenzerfahrung bei P. ist die Entdeckungsreise, dem z. B. *The Narrative of Arthur Gordon Pym* folgt oder »MS. Found in a Bottle«, wo der Erzähler aus den bekannten in die unbekannten Teile der Erde vorstößt, dann jedoch in die Welt des Spuksschiffs, und schließlich in eine Welt der Imagination jenseits des rational Erklärlichen, oder auch in die Welt des Unbewussten, das sich, postmoderne Selbstreferentialität vorwegnehmend, als Text zu erkennen gibt. Von der letzten Grenze kann man freilich nicht lebendig (oder normal) zurückkehren; die Kunst ist die einzige Möglichkeit, sich ihr ahnungsvoll anzunähern bzw. Setzung und Aufhebung zu vereinen. Ob sich hinter dieser Grenze eher der Blick ins existentiell Abgründige öffnet wie im Gedicht »The City in the Sea« (1831, 1845) oder ins ideale Absolute, ist unterschiedlich gesehen worden und hängt auch vom Einzeltext ab. Der zweiten Sichtweise entspricht P.s Beschreibung des Göttlich-Vollkommenen in *Eureka* als zunächst rein geistiger Einheit, die sich dann aufspaltet und zur Vielheit des Universums wird. Dieses ist notwendigerweise unvollkommen und strebt zur Einheit zurück, die allerdings nur durch (Selbst-)Aufhebung erreichbar ist. Die Idee von Tod und Vernichtung, aber auch die Assoziation von Tod und Schönheit (als Abglanz des Idealen) haben P. immer fasziniert; im Motiv des Todes einer schönen Frau hat er sie häufig gestaltet. Zugleich zeigt sich hier eine mögliche Wurzel des P.schen Schreckens, denn die Vorstellung von der Aufhebung irdischer Unvollkommenheit zugunsten der Rückkehr ins Absolute bedeutet die radikale Vernichtung ohne Aussicht auf Transzendenz; das wiederkehrende Motiv vom Sturz in Abgründe oder Wasserstrudel belegt solche Ambivalenz von Furcht und Angezogensein.

Aus *Eureka* lässt sich auch die Attraktivität der Imagination als jener Fähigkeit erklären, die zum Göttlichen als der absoluten Imagination in Korrespondenz zu stehen scheint. Obwohl P. ihr nur beschränkte Kreativität zubilligte, ist die Hoffnung auf eine radikal befreiende Imaginationskraft aus seinen Texten nicht wegzudenken. Selbst P.s Detektivfiguren besitzen imaginatives Vorstellungsvermögen und Intuition, wenngleich in den ihnen gewidmeten »tales of ratiocination« (Geschichten, die die Kunst der logischen Schlussfolgerung illustrieren) die Wahrheit als Befriedigung des Verstandes im Mittelpunkt steht. Diese Texte, etwa »The Murders in the Rue Morgue« (1841; »Der Mord in der Rue Morgue«, 1875) oder »The Purloined Letter«

(1845; »Der entwendete Brief«, 1882), nehmen mit dem scharfsinnigen Amateurdetektiv, seinem unbedarften Helfer und dem Handlungsmuster der Aufklärung eines bereits geschehenen Verbrechens entscheidende Gattungskomponenten des späteren Kriminalromans vorweg.

Motive wie der Doppelgänger oder der Scheintod und vor allem die innerlich zerrissenen, ihren Wahnvorstellungen ausgelieferten Erzählerfiguren und Protagonisten in Erzählungen wie »Ligeia« (1838; »Ligeia«, 1853) oder »The Fall of the House of Usher« (1839; »Der Untergang des Hauses Usher«, 1883), verweisen auf eine Welterfahrung, die in der Krise des Subjekts ihren Kern hat und gerade darin in die Moderne vorausweist. Die Hybris des sich selbst setzenden Individuums wird in Texten wie »The Masque of the Red Death« (1842; »Die Maske des roten Todes«, 1883) schonungslos entlarvt, wo Prinz Prospero mit seinem Versuch scheitert, sich und seine Gruppe dem Pesttod zu entziehen – ein Streiflicht auch auf eine fortschritts- und prosperitätsgläubige amerikanische Gesellschaft, von deren nationalkulturellen Parolen sich P. kühl distanzierte.

P.s frühe Lyrik ist romantischen Vorbildern verpflichtet, doch schon in den *Poems* von 1831 und erst recht im Spätwerk finden sich Texte, die seiner Vorstellung vom Gedicht als »rhythmischer Schöpfung von Schönheit« entsprechen. Ob man P.s Bericht über die völlig auf die Leserwirkung hin kalkulierte Entstehung von »The Raven« in »The Philosophy of Composition« (1846) in Gänze akzeptieren darf, ist fraglich, doch werden hier wie in anderen Aufsätzen und Rezensionen wesentliche Aspekte eines konstruktivistischen Literaturverständnisses formuliert. Hierzu gehört auch seine zweiteilige Rezension von Hawthornes *Twice-Told Tales* (1837, 1842) im Jahre 1842, in der nach verbreiteter Meinung das Genre definiert wird, das später als Short Story bezeichnet werden sollte. P. fordert eine Ausrichtung auf eine einheitliche Wirkung, der wiederum die Werkeinheit zu entsprechen hat. Daraus ergeben sich die Forderungen nach relativer Kürze, einheitlicher Grundstimmung, geschlossenem Plot, geeigneter Themenwahl sowie der Verwendung metrischer, klanglicher und bildlicher Elemente zur Stimmungserzeugung. Letztere gelingt nicht nur in der hypnotischen Suggestivität von »Ulalume« und anderen Gedichten, sondern auch in vielen der Erzähltexte.

Weder die wissenschaftliche noch die populäre Rezeption, erst recht nicht die zahlreichen Bearbeitungen P.schen Materials in Film, Musik und bildender Kunst, haben sich von seinen Theoriegebäuden einengen lassen, sondern haben sich auf seine Gestaltung der Nachtseiten menschlicher Existenz, die psychologischen und psychopathologischen Themen und Gestalten in seinem Werk konzentriert.

Werkausgaben: The Collected Writings of Edgar Allan Poe. Hg. B. R. Pollin. Boston 1981 ff. – Collected Works of Edgar Allan Poe. Hg. T. O. Mabbott. Cambridge, MA, 1969–78. – Werke. Hg. K. Schumann/H. D. Müller. Olten und Freiburg i. Br. 1966–73.

Helmbrecht Breinig

Pope, Alexander
Geb. 21. 5. 1688 in London;
gest. 30. 5. 1744 in Twickenham bei London

Als überragende Gestalt der klassizistischen Dichtung Englands ist Alexander Pope gleichsam deren Synonym. Die Biographie des im Revolutionsjahr 1688 Geborenen steht unter einem ironischen Vorzeichen, denn der repräsentativste Dichter des nachrevolutionären England gehörte als katholischer Kaufmannssohn zu einer in ihren bürgerlichen Rechten eingeschränkten Minderheit, welcher der Besuch der höheren Bildungsstätten versagt war. Durch die Zeitumstände gezwungen, als Autodidakt eine umfassende Bildung zu erwerben, wurde P. gleichwohl zum vollendeten Interpreten des kulturellen und gesellschaftlichen Selbstverständnisses Englands im Aufklärungszeitalter.

Der frühreife, aber durch körperliche Missbildung (einen Buckel) belastete P. gab schon in jugendlichem Alter seinen literarischen Ehrgeiz zu erkennen, der sich in Versübersetzungen antiker und Nachahmungen englischer Dichter ankündigte. Das hochgespannte, auf öffentliche Anerkennung drängende Selbstbewusstsein P.s artikulierte sich unmissverständlich in dem 1711 veröffentlichten, aber weiter zurückzudatierenden *Essay on Criticism* (*Versuch über die Kritik*, 1745). Dieses literaturkritische Manifest steht in der Tradition des poetologische Probleme behandelnden Versessays und erhält seine besondere Signatur durch P.s ungewöhnlich brillante Handhabung des zu epigrammatischer Prägnanz genutzten *heroic couplet*; das von P. im Laufe seiner Karriere in erstaunlicher Variationsbreite eingesetzte lange Reimpaar sollte seine Domäne bleiben. Als *An Essay on Criticism* erschien, war P. bereits auf dem Weg zur *rota Vergilii*; mit den 1709 in Jacob Tonsons *Poetical Miscellanies* veröffentlichten *Pastorals* tat er den ersten Schritt, um in Nachfolge des lateinischen Vorbildes die Trias von bukolischer, georgischer und epischer Dichtung planmäßig zu verwirklichen. Obwohl es sich bei den *Pastorals* um sein eigentliches Erstlingswerk handelt, belegen die im Jahreszeitenrhythmus angeordneten Gedichte P.s ungewöhnlich früh ausgebildete technische Virtuosität.

Zwar bedeuteten die *Pastorals* P.s Approbation als Dichter durch die englische Öffentlichkeit, doch konnte er mit diesem eleganten Entree noch nicht in die geistigen Auseinandersetzungen der Zeit eingreifen. In die gesellschaftlichen und weltanschaulichen Diskurse der Epoche schaltete er sich erst im Zuge der weiteren Realisierung der von Vergil vorgegebenen Gattungsmuster ein. Mit *Windsor Forest* (1713; *Der Wald bei Windsor*, 1778), seinem Pendant zu Vergils *Georgica*, erhob P. öffentlich-politische Ansprüche im Medium der Landschaftsdichtung. Dieses strukturell komplexe und in der Stringenz seiner literarischen Ausführung meisterhafte Werk ist von der Literaturgeschichtsschreibung lange unterschätzt worden; das politische Manifest zugunsten des emblematisch und mythologisch verbrämten Hauses Stuart und der von den Tories erreichten Beendigung des Spanischen Erbfolgekrieges ist dank seiner poetischen Sublimierung eine Dichtung auf weltliterarischem Niveau. In *Windsor Forest* wird intellektuell transparente Naturbeschreibung durch Analogiebildung großen Stils zum Resonanzboden für propagandistische Aussageimpulse. Von der antiken Vorstellung der *concordia discors* ausgehend, kennzeichnet P. die Landschaft um Windsor als eine durch harmonische Vielfalt geprägte Kontrastharmonie, in der sich kosmische Gesetze widerspiegeln. Von Windsor Forest als Anschauungsmodell solcher universellen Ordnung geht somit zugleich der Anspruch der Naturgemäßheit seiner politischen Ordnung aus; als Königssitz Mikrokosmos Englands, verkörpert es mit seinem ländlich-aristokratischen Ambiente in idealtypischer Weise das politische Selbstverständnis des erstarkten Toryismus. An einheimische topographische Dichtungen wie insbesondere Sir John Denhams *Cooper's Hill* (1642) anknüpfend, zeichnet sich *Windsor Forest* diesen gegenüber durch die nahtlose Verschränkung von Naturbeschreibung, historischen Reminiszenzen und aktualisierender politischer Reflexion aus.

P.s parteipolitisches Engagement in *Windsor Forest* bedeutete auch insofern einen Wendepunkt, als er sich nun den Tories annäherte. Seine Mitgliedschaft in dem Literaten und Politiker dieser Richtung anziehenden Scriblerus Club, dem neben Jonathan Swift auch John Gay und John Arbuthnot angehörten, bestätigte P.s Neuorientierung auf politisch-gesellschaftlichem Parkett.

P.s letzter Schritt zur Einlösung der *rota Vergilii* erfolgte unter der Antike gegenüber erheblich veränderten kulturellen Rahmenbedingungen für die Produktion von Epen. An die Stelle des traditionellen Epos, dem das Fundament einer mythisch-heroischen Weltsicht entzogen worden war, traten Werke, welche die Verschiebung der gesellschaftlichen und intellektuellen Ausgangslage signalisierten. Mit *The Rape of the Lock* (1712 in vorläufiger, 1714 in endgültiger Fassung mit fünf statt zwei Gesängen erschienen; *Herrn Alexander Popens Lockenraub, ein scherzhaftes Hel-

dengedicht, 1744) demonstrierte P. seine perfekte Beherrschung der epischen Manier in zeitgemäßem Gewand. In diesem komischen Epos, das in Nicolas Boileaus *Le Lutrin* (1674/83) seinen wichtigsten Vorläufer besitzt, rückt der Raub einer Haarlocke eines jungen Mädchens der Oberschicht ins Zentrum eines brillanten Gemäldes der Londoner Gesellschaft. Die Mittelpunktstellung dieser an sich unbedeutenden, aber an den Raub der Helena erinnernden Begebenheit ist Indiz für den – durchaus komplexen – Aussagewillen des Autors, der das gesamte technische und motivliche Repertoire der herkömmlichen Heldendichtung für seine Gestaltungsintentionen konsequent nutzbar macht. P.s literarischer Hebel dafür ist die ingeniös gehandhabte diminutive Methode, die überlegte Reduzierung der epischen Dimensionen, mit deren Hilfe er die um elegante Trivialitäten kreisende Existenz der oberen Klassen witzig-ironisch beleuchtet. So werden aus Waffen Kosmetika, an die Stelle der Ahnentafel eines berühmten Geschlechts tritt die Genealogie einer Haarnadel, und der homerische Schild wird durch Belindas Petticoat ersetzt. Indem durchgehend eitle Nichtigkeiten mit epischen Reminiszenzen versehen werden, wird deutlich, dass die Lebensführung der zeitgenössischen aristokratischen Gesellschaft eben nicht mehr heroischen Maßstäben entsprach. Doch diese sanfte, nie verletzende Kritik stellt nur die eine Seite der Medaille dar. Denn das Diminutive ist nicht nur das Unbedeutende, sondern zumindest ebensosehr das Reizvolle, Exquisite und Kokette – gerade der feminine Einschlag von *The Rape of the Lock* trägt dazu bei, eine Salonatmosphäre von rokokohafter Eleganz zu beschwören. Die epische Verbrämung des Trivialen schmeichelte also zugleich einer Gesellschaft, die selbst in der Kultivierung des Unbedeutenden faszinierte. Durch P.s geistreiche, Zustimmung und Kritik in schillerndem Gleichgewicht haltende Auseinandersetzung mit epischen Wertmaßstäben wurde die Gattung des komischen Epos zum adäquaten Medium für die Beleuchtung der zeitgenössischen Wirklichkeit. *The Rape of the Lock* ist mit Dresdner Porzellan und einem Menuett verglichen worden; in seiner kaum übertreffbaren Einheit der Tonart, seiner grazilen Korrektheit und seiner beschwingten Leichtigkeit stellt es vielleicht das künstlerisch vollendetste Werk des englischen Klassizismus dar.

Dass das heroische Epos nach zeitgerechter Adaptierung verlangte, unterstrichen P.s Übersetzungen der *Ilias* (1715–20) und der *Odyssee* (1725–26). Diese mittels Subskription auch finanziell erfolgreichen Werke waren zwar eher Umdichtungen Homers als philologisch verlässliche Übertragungen, aber indem er die kraftvolle und rauhe Sprache Homers in die elegante und gesellschaftlich akzeptable Diktion zeitgenössischen Stilempfindens verwandelte, baute P. Barrieren für die Rezeption des kulturell Archaischen ab und sicherte dem antiken Epiker das Interesse der gebildeten Öffentlichkeit Englands.

In der Folgezeit profilierte sich P. immer stärker als öffentliche Instanz. Mit seinen geschliffenen Versen trat er auch als Satiriker an die Spitze zeitgenössischer Autoren. In *The Dunciad* (1728–29; *Die Dunciade*, 1778), seiner ersten Satire, deren erzählerische Achse die Erhebung des Publizisten und Dramatikers Lewis Theobald auf den Thron der Dummköpfe bildet, steht persönliche Abrechnung mit der im zeitgenössischen Sprachgebrauch als Grub Street bezeichneten Zunft der sich rasch ausbreitenden Lohnschreiber im Vordergrund, die das literarische Niveau nach Auffassung P.s und seiner elitären Freunde herabdrückten. Literarische Polemik weitete sich in der späteren und endgültigen Fassung der *Dunciad* (1742–43) zu einer allgemeineren Auseinandersetzung mit kultureller und politischer Dekadenz aus; der inzwischen zur Opposition gehörende P. schließt seine von aggressivem Einfallsreichtum sprudelnde Dichtung mit einer beklemmenden apokalyptischen Vision allumfassenden Niedergangs während der Walpole-Ära.

Demgegenüber zeichnen sich die *Imitations of Horace* (1733–38; *Satiren und Episteln nach dem Horaz*, 1778) durch größere Affinität zu klassischer Zucht aus. In diesen Episteln, Epoden und Satiren von Horaz nachschaffenden Gedichten, die mit ihrer Beifügung der lateinischen Originale P.s rollenmäßige Anlehnung an seine Vorlage, aber auch deren selbständige Weiterverarbeitung erkennbar machen, trat P. in horazische Fußstapfen, um sich als Anwalt öffentlicher Belange zu legitimieren. P. lässt sich in den ihn auch von Verleumdungsklagen abschirmenden Horaz-Imitationen zu einer kultivierten, witzig-urbanen Selbstaussprache anregen, die mit dem Ausweis der eigenen Lebensführung zugleich bestrebt ist, die Berechtigung zur satirischen Betrachtung der Umwelt zu erbringen. Die erste Satire des zweiten Buches stellt die exemplarische Apologie des Genres dar, in der sich P. mittels stilisierender Mimikry von Horaz als streitbarer Satiriker inszeniert. Um unüberhörbare Kritik an politisch-gesellschaftlichen Missständen üben zu können, gesellt er der weltmännisch-vornehmen Tonart von Horaz die pathetisch-deklamatorische Strenge Juvenals bei, der die alternative Ausprägungsmöglichkeit der römischen Verssatire verkörperte. Zu dem satirischen Spätwerk P.s gehören ebenfalls *An Epistle to Dr Arbuthnot* (1735) und der Epilog zu den Satiren.

Satirischen Einschlag weisen durchweg auch die im gleichen Zeitraum entstandenen moralphilosophischen Dichtungen auf. P., der sich seit Ende der 1720er Jahre zum Moralisten berufen fühlte, plante ein großes ethisches Werk, das vielbeschworene *opus magnum*, zur umfassenden Darlegung einer pragmatisch-aufklärerisch verstandenen Morallehre. *An Essay on Man* (1733–34; *Versuch über den Menschen*, 1778) ist das wichtigste Zeugnis dieser nur fragmentarisch verwirklichten schriftstellerischen Intentionen. Dieses als Pendant zu Lukrez' *De rerum natura* konzipierte und Anregungen von P.s konservativem aristokratischem Freund Lord Bolingbroke aufnehmende philosophische Lehrgedicht wirft die Frage nach der Stellung des Menschen in der universellen Seinsordnung auf. P.s Antwort darauf ist ein bedingter Optimismus; der *Essay on Man*, der, wie sein lateinisches Bezugswerk, Mikrokosmos und Makrokosmos einer einheitlichen Deutung zugänglich macht, möchte dem Menschen die Überzeugung vermitteln, an einer vernünftig eingerichteten Welt teilzuhaben. Deren hierarchische Struktur zeichnet dem Menschen auch als Gesellschaftswesen die toryistischer Weltanschauung entsprechende Bestimmung vor, sich in die herkömmliche soziale Rangordnung einzufügen. P.s vergleichsweise optimistische Bilanzierung der menschlichen Angelegenheiten wird dadurch erleichtert, dass er dem Theodizee-Problem, der für die Epoche beschäftigenden Frage nach dem Ursprung des Bösen, die Brisanz nimmt, indem er die menschliche Erkenntnisfähigkeit auf die Wahrnehmung der insgesamt sinnvoll geordneten sichtbaren Welt beschränkt. Durch den Verzicht auf Einsicht in die letzten Dinge und die Konzentration auf die natürlichen Gesetze erhält P.s Lehrgedicht zumindest teilweise deistischen Anstrich. Die zuversichtliche, am Ende der ersten Epistel verkündete und den gesamten *Essay* haltungsmäßig begleitende Maxime »Whatever IS, IS RIGHT« geht mit einer ausgesprochen realistischen Einschätzung der Möglichkeiten des Menschen einher, der dazu aufgerufen wird, falschem Stolz zu entsagen. P.s Anthropologie in poetischem Gewand erreicht einen Höhepunkt in der Beschreibung der mittleren Lage des Menschen zu Beginn der zweiten Epistel; das stenogrammartige Stakkato der heroischen Reimpaare, die mit ihrer kontrastiv-bipolaren Tendenz den Dualismus der menschlichen Natur transparent machen, lässt ein in seiner rhetorischen Dichte nicht übertreffbares Glanzstück rationalistischer Dichtung entstehen. Mit dem *Essay on Man* schrieb P. europäische Literaturgeschichte und gab der für die Aufklärung charakteristischen Gattung des philosophischen Lehrgedichts das Gepräge.

Die vier *Epistles to Several Persons* (1731–35), auch unter dem Titel *Moral Essays* bekannt, umrahmen illustrativ das moralistische Zentralwerk, den *Essay on Man*. Sie setzen die psychologisch-didaktische Analyse menschlichen Verhaltens fort und leuchten einzelne Positionen z. T. weiter aus. Die zuerst erschienene und an Lord Burlington, den Wegbereiter des palladianischen Baustils, gerichtete Epistel *Of False Taste* veranschaulicht P.s Rolle als *arbiter elegantiarum*, der damit auch ein öffentliches Anliegen im Sinne der Bekräftigung kultureller Wertmaßstäbe verfocht, die ihm in der Walpole-Ära oft genug bedroht erschienen. Mit seinem kunstvollen Miniaturgarten in Twickenham gehörte P. auch zu den prominenteren Figuren der weit über England hinaus folgenreichen Landschaftsgartenbewegung. Der größte englische Dichter des 18. Jahrhunderts ist rezeptionsmäßig lange ein Opfer des romantischen Literaturparadigmas gewesen, das sich im 19. Jahrhundert durchsetzte und einen kongenialen Zugang zu seinen Werken verwehrte. Erst im Laufe des 20. Jahrhunderts hat P. eine seiner Bedeutung angemessene wissenschaftliche Würdigung erfahren.

Werkausgabe: The Twickenham Edition of the Poems of Alexander Pope. Hg. J. Butt et al. 10 Bde. London 1939–67 [Index 1969].

Heinz-Joachim Müllenbrock

ZEIT-Aspekte

Das Beste aus der ZEIT zu ausgewählten Autoren dieses Bandes

Hiob von Ungarn 575
Imre Kertész bekommt auf der Leipziger Messe den Buchpreis zur Europäischen Verständigung. Portrait eines Lebensdienstverweigerers, der ein großer Dichter wurde
Von Iris Radisch

Heinrich von Kleists »Penthesilea« 580
Aus der Reihe »DIE ZEIT-Schülerbibliothek«
Von Elisabeth von Thadden

Eingefrorenes Wehleid 582
Große Literatur: Thomas Klings Gedichte leuchten aus der Ferne und funkeln in technischer Bläue
Von Hubert Winkels

»Der Mensch nimmt sich immer selber mit« 585
In seinen Romanen beschrieb Stanisław Lem die Wissenschaft des 21. Jahrhunderts. Doch der technischen Zivilisation stand er skeptisch gegenüber. Zum Tode des Science-Fiction-Pioniers.
Von Ulrich Schnabel

»Buddenbrooks« von Thomas Mann 587
Aus der ZEIT-Reihe »Mein Jahrhundertbuch«
Von Siegfried Lenz

Schreiben ist Gottessen 589
Friederike Mayröckers wunderbares neues Prosabuch im Gedenken an Ernst Jandl
Von Christina Weiss

Ist es Schöpfung, oder ist es Vernichtung? 592
Über den amerikanischen Schriftsteller Herman Melville, der vor hundert Jahren starb – ein Lebensbild
Von Willi Winkler

Mundhimmel 597
Herta Müller hat mit ihrem neuen Essayband eine Poetik über Dichtung in Diktaturen verfasst
Von Michael Naumann

ZEIT-Aspekte

Das Kind und der Dichter 600
Pablo Neruda hatte den Jungen ins Herz geschlossen. In Isla Negra heißt Enrique Segura bis heute »kleiner Neruda«. Ein Besuch in der Heimat des chilenischen Lyrikers zu seinem 100. Geburtstag
Von Karin Ceballos Betancur

Ein Ritter in leerer Landschaft 603
Michael Ondaatje hat einen neuen Roman geschrieben: »Divisadero«. Wie, das erklärt er am besten selber. Ein Besuch bei dem Dichter in Toronto
Von Susanne Mayer

Der letzte Mann in Europa 610
George Orwells Romane »Die Farm der Tiere« und »Neunzehnhundertvierundachtzig« sind Klassiker – seine politischen Analysen provozieren bis heute
Von Mathias Greffrath

Prophet im Land der Könige 616
Der israelische Bestsellerautor Amos Oz kämpft für den Frieden und streitet deshalb mit den Pazifisten
Von Fredy Gsteiger

Hiob von Ungarn

Imre Kertész bekommt auf der Leipziger Messe den Buchpreis zur Europäischen Verständigung. Portrait eines Lebensdienstverweigerers, der ein großer Dichter wurde

Von Iris Radisch

Seit vier Wochen wohnt Imre Kertész in einer neuen Wohnung. Imre Kertész ist achtundsechzig Jahre alt. Als er aus dem Konzentrationslager nach Budapest zurückkam, war er sechzehn. In den zweiundfünfzig Jahren, die zwischen diesen Ereignissen liegen, hat er in einer Einzimmerwohnung gelebt und geschrieben. Die neue Wohnung hat vier Zimmer. In diesen Wochen erhält Imre Kertész den Buchpreis zur Europäischen Verständigung in Leipzig, den Preis der Darmstädter Akademie, den Jeanette-Schocken-Preis in Bremerhaven. Ein Dichter hat sein Lebenswerk unter Tage vollbracht. Nun verläßt er seinen Bau, zieht um, es regnet Preise. Die Welt staunt. Wir haben wieder einmal nichts gewußt.

Wer wußte, daß ein junger alter Mann sich in Budapest ein achtundzwanzig Quadratmeter großes Grab geschaufelt hat, jahraus, jahrein dort hockte und Papier beschriftete, Tausende von Zetteln und Entwürfe, Tagebücher, Romane? Wir wußten nichts von diesem osteuropäischen Intellektuellen, der beschlossen hatte, am Leben nicht teilzunehmen. Die Schreibmaschine der Spaten, die Einzimmerwohnung ein Grab in den Wolken, da liegt man nicht eng.

Auch in seinem neuen Vierzimmerleben hat Imre Kertész die Einzimmergräber der Vergangenheit behalten, Schlupflöcher, verstreut in der Stadt, angefüllt mit Manuskripten und Büchern. Die letzte dieser Grabesstätten findet sich in einer Villengegend in Buda, hinter dem Schloß, im Schoß der Berge. Ein kaisergelbes Haus, gemacht für andere Menschen als Papierbeschrifter. Die prachtvollen Wohnungen zerstückelt, abgeteilt, kleingemacht. Ein Zimmer, zwei Liegen, zwei Sessel, ein Schreibtisch, eine Schrankwand, ein Fransendeckchen. An der Wand ein Photo der vor zwei Jahren gestorbenen Ehefrau, mit der der Dichter hier gewohnt hat. Gewohnt hat? Aus diesen Sesseln mit Rosenmuster, aus diesem Teakholzkäfig hätte jeder beliebige Untertan des Realsozialismus Tag für Tag zur Arbeit aufbrechen können, jede geschundene Angestelltenseele könnte in diesem Möbelkatalog-Ambiente nächtigen – das Widerstandsnest des Schriftstellers tarnt sich mit vollkommener Durchschnittlichkeit. Es imitiert eine Ordnung, die nicht die Ordnung des Lebensdienstverweigerers Kertész sein kann. Es ist die vollendete Mimikry an den herrschenden schlechten Geschmack. Für Imre Kertész ist Gleichgültigkeit die extremste Form der Revolte. Wer hier eintritt, muß alle Hoffnung auf persönliche Verwirklichung fahrenlassen. Wer hier lebt, ist entweder eine tote Seele oder ein Anarchist der Konvention.

Die kleine Wohnung, in der Imre Kertész seine Besucher empfängt, ist bereits die Luxusausgabe des ursprünglichen Wohnkerkers, in dem sich das Ehepaar fünfunddreißig Jahre lang selber inhaftiert hatte. Achtundzwanzig Quadratmeter, eine Kochnische, zwei Liegen, zwei Schilfrohrstühle, ein paar Decken. Wer mehr wollte, mußte mehr bezahlen, nicht in Forint, die Währung hieß Anpassung. Eine Existenz im Nullzustand, der Mensch so verkleinert, als lebte er noch im Lager, dem er entkommen ist.

Das ist fast schon die ganze Geschichte. Eine zufällige Jugend im präfaschistischen Ungarn. Ein Tag im Sommer, als ein freundlicher ungarischer Polizist den fünfzehnjährigen Jungen aus einem Budapester Autobus holt und in den Zug nach Auschwitz setzt. Dann Buchenwald, dann Zeitz, dann die Befreiung, dann der Staatssozialismus. Die Jahrzehnte im Wohnungskerker. Das ganze Leben eine einzige Lebenspause, die Befreiung keine Befreiung, der Sozialismus die Fortsetzung des Lagerlebens, das Lagerleben die Quintessenz des Lebens überhaupt. Daß der Mensch trotz allem nach Glück sucht, sagt Kertész, darin liege sein Unglück.

Er hat sich mit dem Glück nicht lange aufgehalten. 1945 kommt er nach Hause, seine Mutter hat überlebt, er geht wieder in dieselbe Klasse für jüdische Kinder, nur wenige fehlen. Nach einer kurzen Karriere als Journalist hat er ein Berufsziel: Er will ein lustiger Schriftsteller werden, einer wie Franz Molnár es gewesen ist. Er schreibt Unterhaltungsstücke für das stalinistische Boulevardtheater. Ein Freund, ein großer, dicker, freundlicher Junge, erfindet die Handlung, Knecht Kertész schreibt die Dialoge. Alle zwei bis drei Jahre ein Stück. Später lebt er von Übersetzungen, Nietzsche, Wittgenstein, Thomas Bernhard. Seine Frau arbeitet als Kellnerin in einer Mokkabar. In den achtziger Jahren liest der Millionär George Soros ein Buch des Dichters. Das Buch gefällt dem Millionär. Der Dichter bekommt ein Stipendium. Seine Frau kündigt in der Mokkabar und bleibt zu Hause. Der Dichter schreibt deshalb tagsüber in einem winzigen Zimmer in der Wohnung einer Tante. So geht das dahin, leere Jahre, gelebt, als ob man »zwischen zwei überaus wichtigen Beschäftigungen verärgert eine belanglose Stunde totschlagen muß«. Die Stunde, die das Leben ist.

Sorstalansag, Schicksallosigkeit, ist das Wort, das Kertész für dieses Leben gefunden hat, in dem beinahe alles aufgeboten wurde, was Europa einem Menschenkind im 20. Jahrhundert zu bieten hatte. Der Wohlanständigkeitsterror im Obrigkeitsstaat der Vorkriegszeit, der Vernichtungsterror von Auschwitz, der Gleichheitsterror, das Lebendig-Begraben-Sein im Sozialismus.

Jahr um Jahr beschreibt das Menschenkind Zettel, erfindet Henker- und Opferfiguren, studiert Material, sucht einen Ton, eine Perspektive, einen Roman, der von der Lebensvernichtung dieses Jahrhunderts, von der Vernichtung seines eigenen Lebens erzählen könnte. Doch dafür ist es nicht gerüstet. Der Großvater, ein jüdischer Bauer, war noch barfuß und zu Fuß nach Budapest gekommen. Dem Menschenkind fehlte die Kultur. Die Literatur verstand es nicht. Der erste Autor, der Imre Kertész gefiel, war Thomas Mann. Schließlich öffnete sich der Himmel im Mai 1957 für zwölf Forint. So viel kostete »Der Fremde«. Kertész hatte den Namen Albert Camus noch nie gehört. Zufällig las er die ersten Sätze, sein »Schicksal war besiegelt«, der Schutzengel gefunden.

Dann, drei Jahre später, an einem Sommerabend, ist auch der Ton da, die Melodie für seinen Roman über den Holocaust. Er hört sie in einem Satz. Der Satz heißt: »Ich habe Futterrüben mehr gemocht als Zuckerrüben.« Ein paar Buchstaben, denen niemand ansieht, daß sie auf ihrem Buckel ein Werk der Weltliteratur tragen. Sie waren der Anfang einer dreizehnjährigen Arbeit am »Roman eines Schicksallosen« – dem überzeugendsten Roman über den Holocaust, der sich denken läßt. Er wird erzählt von einem, der dieser Welt traut. So, wie das Alltagsbewußtsein der Welt traut, ein bißchen infantil, ein bißchen träge, im Kern gutmütig. Wie ein Mondkalb schluckt er, was man ihm serviert. Die deutschen Soldaten in Auschwitz mit ihren richtungweisenden Armbewegungen, ihrer schmucken, gepflegten Erscheinung flößen ihm in dem Durcheinander der Abschiednehmenden und Rufenden auf der Rampe Vertrauen ein. Daß dieses Ding da in ihrer Hand doch kein Spazierstock, sondern bei genauerem Hinsehen eine Peitsche ist, versteht er, schließlich sind ja ringsum so viele Sträflinge. Der Selektionsarbeit des Arztes kann er im Handumdrehen folgen: ein alter Mann, ganz klar – nicht tauglich; ein junger, gutaussehender – tauglich; einer mit Bauch – tauglich, da ist er mit dem Arzt nicht zufrieden, der Erzähler findet den Mann doch etwas betagt.

Die gutwillige Anpassung des jungen Auschwitzhäftlings an den Alltag des Grauens ist für den Leser, der alles besser weiß, eine Qual – widerspricht dieses biedermännische Weltvertrauen doch allen Hoffnungen auf Pathos, Läuterung und Analyse, für die die Holocaustliteratur von Semprun bis Frister üblicherweise zuständig ist. Die Versuche, das Geschehene im nachhinein nach Opfern und Tätern, Anklägern und Beklagten zu sortieren und nicht aus der, kunstvoll wiederhergestellten, Idiotie des Augenblicks zu erzählen, hält Kertész für ein zweites Vergehen an den Toten. Der »Roman eines Schicksallosen« sollte keinen einzigen Satz von außen enthalten. Nur aus der Perspektive der natürlichen Dummheit des Menschen ist davon zu erzählen, wie Auschwitz möglich war. Das Augenblicksgemisch aus Glücksverlangen, Untertanenseligkeit, Gutgläubigkeit, Anstand und schließlich Apathie, das Kertész dem Leser kommentarlos vor die Füße wirft, ist bedrohlicher als der Bericht einer bereits gedeuteten Leidensgeschichte. Jede Interpretation, jeder Abstand, und sei es nur der einer sprachlichen Konvention, erleichtern dem Leser die Last, welche die unauflösbare Sinnlosigkeit unserer Geschichte darstellt. Der Roman eines jungen Mannes, den dieses Jahrhundert um alle Eigenschaften, einschließlich der Eigenschaft der Revolte, gebracht hat, bietet nicht den Komfort einer Moral, kein Nie-Wieder, keinen Schuldspruch. Im Gegenteil: Auschwitz, sagt Kertész, »ist unser Leben – zugespitzt. Und seit Auschwitz ist nichts passiert, was Auschwitz widerlegt.« Auschwitz braucht keine Gründe, Auschwitz ist der Normalfall.

Deshalb ist sein Roman über Auschwitz auch kein Roman über Auschwitz. Er sei, sagt Kertész, eine Weltdeutung, eine Passionsgeschichte. Manchmal mußten zwei Jahre zwischen zwei Kapiteln vergehen, bevor er weiterschreiben konnte. Manchmal sei ihm die Sprache dieser Mondstaubprosa selber ganz fremd vorgekommen. Eine große Anstrengung muß das gewesen sein, den gesamten rhetorischen Budenzauber, das Betroffenheitsdandytum, den Humanismus des gebildeten Menschenverstandes aus der Geschichte herauszuhalten, sie einfach und immer einfacher zu machen, bis sie so unpersönlich und leer geworden ist wie das, was sie beschreibt. 1973 ist der Roman fertig. Zwei Wochen lang lebt der Dichter in dem Gefühl, »etwas ganz Großes gemacht zu haben«. Doch Gott sei Dank, sagt er, wurde der Roman in Ungarn nicht angenommen. Zum Glück hielt sein Unglück an. Der Roman *Fiasko*, der noch nicht übersetzt ist, erzählt die Fortsetzung der Märtyrergeschichte des Imre

Kertész, das »Galeerentagebuch« aus den Jahren 1961 bis 1991 begleitet die Kreuzwegstationen dieses Bußgangs. Im Protokollstil notiert es »die Geschichte eines Persönlichkeitsverlustes, der sich ebenso langsam und unerbittlich entfaltet wie das Werden einer Persönlichkeit«. Privates wird nur am Rande erwähnt, das Siechtum der Mutter, die Ferien in Szigliget am Plattensee, das halbe Zimmer bei der Tante in Angyalföld. Ein mögliches Selbstportrait wird schon im Ansatz verworfen: »dieses eiförmige kleinasiatische Gesicht, der Mund mit den Metallzähnen hinten, die behaarten, narbenbesetzten Schenkel (...) alles ist mir fremd, und am fremdesten bin ich mir selbst«. Die Beschreibung von Seelenzuständen – »diese Ausschmückung des Bewußtseins in Kleinbürgerart« erübrigt sich. Das Leben, als die »einzig redliche Weise des Selbstmords«, hat nur eine Farbe. Am Selbstmord, wie ihn Primo Levi, Jean Améry, Tadeusz Borowski, Brunn Bettelheim noch Jahrzehnte nach der Lagerhaft verübt haben, hindert Kertész die Vorstellung, daß dies »ein offenes Eingeständnis wäre, daß ich ein Leben ohne Glück nicht ertragen kann«. Das Intimste, das dieses Tagebuch enthält, ist der Verzicht auf Intimität, das eigentlich Autobiographische darin die Zerstörung der Autobiographie. Das »Galeerentagebuch« ist kein Tagebuch. Es ist die intellektuelle Quintessenz unserer Epoche.

»Kaddisch für ein nichtgeborenes Kind«, 1990 geschrieben, hat das »Galeerentagebuch« in ein Kindertotenlied verwandelt. Den atemlosen Rechtfertigungsmonolog eines zeugungsunwilligen Mannes schreibt Kertész, weil man sein Tagebuch in Ungarn nicht veröffentlichen wollte. Also hat er das Tagebuch in Abgesang verwandelt. In Abgesang auf den Vater, auf die Vaterkultur, die Auschwitz hervorgebracht hat und immer weiter hervorbringen wird, wenn man ihr nicht durch den Fortpflanzungsboykott den Garaus macht. In Abgesang auf das Lebensprinzip, das naturgemäß immer nur ein Anpassungsprinzip ist, nichts als die totale Assimilation an die bestehenden Umstände. Und in einen Lobgesang auf die Literatur, die den Dichter mit jedem Wort dem ersehnten Ende näher bringt. Das Schreiben, schreibt er in der Manier des großen Bernhard, diene ja nur der Selbstliquidierung des Dichters, und das sei schließlich »seine einzige Aufgabe auf Erden«.

Das aber ist nicht wahr. Das ist eine übersichtliche Elendsgleichung nach Art des großen Vereinfachers Thomas Bernhard. In Wahrheit ist das viel komplizierter. Imre Kertész hat sich nicht vier Jahrzehnte lang durch die Schrecknisse dieses Jahrhunderts geschrieben, um sich zu liquidieren. Er hat sich nicht hinter den Eisernen Vorhang verkrochen, um die eigene Auslöschung ins Werk zu setzen. Er hat seine Mondkälber nicht erfunden, um sie zur Schlachtbank zu führen.

Wenn es ganz ernst wird, benutzt der Dichter ganz einfache Worte. Eigentlich nur ein einfaches Wort, wie ein Adventskerzlein flackert es durch seine Bücher. Es heißt Erlösung. Am Ende des »Galeerentagebuchs« steht: »Ich wußte bereits, daß meine Erniedrigung nicht nur Erniedrigung, sondern auch Erlösung birgt, wenn mein Herz mutig genug sein würde, die Erlösung: diese sicher besonders grausame Form der Gnade anzunehmen.« Ist Imre Kertész ein Apologet des Leids? Ein Mystiker des Negativen? Der ungarische Philosoph László F. Földényi beschreibt seinen Landsmann in der Leipziger Laudatio als einen Autor, bei dem die »völlige Fremdheit und die vollkommene Erfüllung« untrennbar seien. Gerade im Schrecken und selbst in der Steigerung des Schreckens, in der Fremdheit und in der Steigerung der Fremdheit, schreibt

Földényi, könne man ahnen, was jenseits der Fremdheit sei. Wer verliert, gewinnt, singen die Engel. Muß man sich den Dichter als einen erlösten Menschen vorstellen? Sind seine strahlende Freundlichkeit, seine Herzlichkeit die Insignien einer Rettung? »Gerettet zu sein«, sagt Kertész, »ist so absurd, wie getötet zu sein.« Und doch: Die Welt des Lagers, die Welt der totalen Diktatur seien religiöse Welten, die Demütigung und Entfremdung ihrer Insassen sei so vollkommen wie im Leben der Heiligen. Teresia von Avila, Johannes vom Kreuz ... Hiob von Ungarn. Sich aufgeben, sich verlieren, sich ausliefern. Und ein Werk schaffen, das sich treu an diese Erfahrung hält. »Alles übrige ist nur Unterhaltung, Geldverdienen, Dahergerede, Geschwafel.«

»Das Paradies«, heißt es bei Kleist, »ist verriegelt und der Cherub hinter uns; wir müssen die Reise um die Welt machen und sehen, ob es vielleicht hinten irgendwo offen ist.« Sollte es solche Noteingänge je gegeben haben, sind sie inzwischen alle geschlossen. Der moderne Schriftsteller ist mit seinem Cherub mutterseelenallein, sein Paradiesgärtlein ganz auf Erden, hübsch umzäunt, mit einer gottlosen Buchstabensuppe mehr oder weniger tapfer bewässert.

Imre Kertész jedoch ist ein altmodischer Schriftsteller, der an den Himmel noch glaubt. An einen ziemlich dürftigen Himmel, gleichgültig, finster, manchmal nur achtundzwanzig Quadratmeter groß. Es ist der Himmel für obdachlose Buchstaben. Für einen großen Dichter wie Imre Kertész ist er gerade groß genug. Das ist alles: »Das Leben leben, das uns zugefallen ist, und es so leben, daß es uns ganz zufällt.« Und davon schreiben. Mehr nicht. Und mehr als genug.

21.3.1997

Heinrich von Kleists »Penthesilea«

Aus der Reihe »DIE ZEIT-Schülerbibliothek«

Von Elisabeth von Thadden

»Sie ist außer sich.« – »Sie ist wahnsinnig.« Sie kann gar nicht anders als töten. Sie hetzt die wilden Tiere, Doggen, Elefanten, auf den Mann, den sie liebt. Die zerfetzen ihn, der eben noch sagte: »Dies wunderbare Weib, / Halb Furie, halb Grazie, sie liebt mich – / Und ... ich sie auch.« Die Welt, in der solche Schrecknisse möglich sind, ist ihren Bewohnern ein Rätsel wider alle Vernunft: ein »Gräuelrätsel«. Den Liebsten zerfleischen, sich einverleiben? »Ach! – wie wunderbar.« Wer wüsste es genauer zu sagen. »Küsse« und »Bisse« reimen sich, sagt die Liebende, als bildeten sie einen Kindervers. Der sexuelle Genuss, das ist, »in des Verstandes Sonnenfinsternis«, der Mord. »Ach! Wie gebrechlich ist der Mensch, ihr Götter!«

Das ist Kleist, so klingt seine klare, verwunderte Sprache, die sich vermeintlich durch den Mythos, in welchen das Drama *Penthesilea* gekleidet ist, dem Verständnis entzieht. Was aber nicht zutrifft, nicht die Mythen machen Kleist rätselhaft. Sie allein wären schnell erzählt: Penthesilea, Königin der Amazonen und Tochter des Kriegsgottes Ares, wird von Achill, dem Helden der Griechen und Sohn der Meergöttin Thetis, im Kampf getötet. Beim Anblick des toten, weiblichen Körpers verliebt sich Achill verzweifelt in die leblose Feindin. Das lässt sich nachschlagen.

Weniger leicht aber lässt sich sagen, warum Heinrich von Kleist, Sohn einer preußischen Offiziersfamilie, im Jahr 1807 diese Vorlage, die er in Benjamin Hederichs mythologischem Lexikon fand, so grauenvoll umdrehte, zuspitzte und mit einer politischen Ursprungsgeschichte der Amazonen verkettete: Aus Rache, wegen eines mörderischen Frauenraubs, heißt es im Drama, gründet sich in mythischer Vorzeit der Frauenstaat der Amazonen. Sie ziehen auf Raubzüge aus, um sich Männer zu holen, welche sie wieder verstoßen, sobald die ein Kind gezeugt haben. Bei Kleist muss nun Achill der Penthesilea zum Opfer fallen. Weil sie den Geliebten besiegt haben muss, um ihn lieben zu dürfen. Muss, muss, muss. Mit dem Ermordeten darf sie tot in die Ewigkeit ziehen – nachdem sie sich ihr Restchen Leben genommen hat, entsetzt, den Geliebten zerfleischt zu haben.

Penthesileas Freundin Prothoe, die gütige und treue und kluge, versucht in den letzten Worten des Stücks zu erklären, warum es so kam, denn muss es nicht einen Grund geben? Über *Penthesilea* sagt sie: »Sie sank, weil sie zu stolz und kräftig blühte! / Die abgestorbne Eiche steht im Sturm, / Doch die gesunde stürzt er schmetternd nieder, / Weil er in ihre Krone greifen kann.«

Von Sturm verstand der Aufklärungsskeptiker Kleist viel, nicht nur, weil die Französische Revolution die kollektive Gewalt in den Kampf um Freiheit und Gleichheit gebracht hatte, als er jung war. Die *Penthesilea* schrieb er zum Teil in französischer Haft, in der er als angeblicher Spion saß; das geschah, nachdem Napoleons Armee 1806 die Preußen besiegt hatte. Als Kleist im November 1811 seinem Leben ein Ende machte, indem er sich mit einer kaum Vertrauten gemeinsam erschoss, war er wider Willen unverheiratet, kinderlos, ohne Haus oder Gut.

»Auf den Knieen meines Herzens«, wie Kleist schreibt, schickt er am 24. Januar 1808 seine *Penthesilea* an Goethe, den riesenhaften Rivalen, süchtig nach dessen Lob. »Mit der *Penthesilea* kann ich mich noch nicht befreunden«, gibt Goethe am 1. Februar 1808 zurück, die halte sich doch in sehr »fremden Regionen« auf, kein Wunder, seine *Iphigenie* hatte er klassisch gegen die Barbarei imprägniert. Goethes Ablehnung ist für Kleist vernichtend. Aber wie hatte er auch hoffen können, mit wilden Doggen auf der Bühne und Männer fressenden Amazonen Goethes Zustimmung zu finden?

Die sexuelle Lust, um die *Penthesilea* kreist wie um die Angst vor der unheimlichen, verdrängten, erinnert nur von ganz fern an die mythische Liaison von Liebe und Tod. Was Kleist schreibt, ist neu. Die Vorstellung des sexuell ziemlich glücklosen Dichters, dass weibliche Gewalt widernatürlich sei, weibliche politische Freiheit aber unter Umständen legitim und die Lust ohnehin – sie stellt nicht nur die klassische Konvention, sondern alle Machtverhältnisse von Grund auf infrage. Das moderne »Gräuelrätsel« der *Penthesilea* lässt sich nicht abtun, immer noch nicht. Jenes Rätsel, in dem sich das Wünschen und die Gesetze so heillos ineinander verschlingen. Unausgesetzt rätseln die Hauptpersonen: Was geschieht? Warum? Wo? Wer ist's?

»Denk ich bloß *mich,* sinds *meine* Wünsche bloß, / ist es das Volk, ists das Verderben nicht?«, befragt sich Penthesilea, und in ihren Sätzen führen der Wille und die offene Frage Narrentänze miteinander auf. »Was will ich denn, wenn ich das Schwert ihm zücke? / Will ich ihn denn zum Orkus niederschleudern?/ Ich will ihn ja, ihr ewgen Götter, nur/ An diese Brust will ich ihn niederziehn!« Bis sich die Liebende den Geliebten einverleibt, um ihm die Macht über das eigene Leben zu nehmen. Als müsse ein Mensch das tun.

12.6.2003

Eingefrorenes Wehleid

Große Literatur: Thomas Klings Gedichte leuchten aus der Ferne und funkeln in technischer Bläue

Von Hubert Winkels

Du sollst dir kein Bild machen! Hüte dich vor Identifikation! Keine Einfühlung! Benutze deinen Verstand auch dann noch, wenn dich die Lust kitzelt, wenn dich der Schmerz packt! Thomas Kling hat sich immer gewehrt gegen Verstehens- und Verständigungskulte. Fremd und hell und plötzlich brach er über seine Hörer herein; ebenso seine Gedichte über den Leser. So mitreißend-heftig er liest, so wenig lässt er sein Publikum an sich heran. Ein Profi der Inszenierung, nicht der Selbstdarstellung. Ihn einzuladen für einen kultivierten Poesieabend mit unterhaltsamem Auftritts-Event kam manchen Impresario teuer zu stehen. Er wusste nachher nicht mehr, wo ihm der Kopf stand.

Auf dem Cover des jüngsten Buches ist Thomas Kling erstmals leibhaftig zu sehen. Seltsam genug. Ein sympathischer Mittvierziger steht auf einer fast mannshohen Säule vor altem Gemäuer und hält sich am Efeu fest. Vielleicht ist es auch eine Klematisranke. Wieso steht er da oben und sieht ein wenig ängstlich auf uns herunter? Oder ist eine Sprungbereitschaft darin? Eine Frage an uns? Oder verkündet er gleich etwas? Zum Beispiel etwas von den Sockeln, auf denen wir alle stehen? Sockeln aus Sprache, Landschaft, Geschichte und Bildern, die wir in uns tragen und die uns tragen?

Alles ist fern und fremd und kalt und geht unter die Haut

Die *Flugdaten* beginnen niederschmetternd und großartig. Statt auf Säulen zu künden, liegt im ersten großen Zyklus des Bandes, dem *Gesang von der Bronchoskopie,* ein Beobachter flach und voll verkabelt im High-Tech-Center einer Klinik, und statt bunter Weltdaten auf Unterhaltungsbildschirmen fließen Herzrhythmus- und Atemfrequenzdaten über Monitore, fließen Nährlösungen und gut gemischte Gifte durch Schläuche.

Nun konkurrieren in Kling-Gedichten in der Regel die Erfahrungsdaten mit den Aufzeichnungstechniken, die sie vermitteln. Nichts ist unvermittelt da, alles geht durch die historisch geschichtete Zeit und die elaborierte Darstellungs- und Ausdrucksform hindurch. Etymologie, Geologie, Archäologie liefern die Basisverfahren der lyrischen Erkundungen; die neuen Medientechniken werden vorausgesetzt, nicht modernistisch vorgeschoben. Und so ist es auch bei der indirekten Beobachtung eines Eingriffs in die Atemorgane, deren »Gegenstand« der Betrachter selbst ist. Was dabei nicht gesagt wird, sind der Schmerz und die Angst, die überschwemmenden Kräfte, die jede differenzierte Wahrnehmung verhindern. Die strengen Exerzitien des Gedichts dienen im Gegenteil der Abkühlung dieses bohrenden Kerns, der kunstvollen Verspiegelung eines Leidens, das bei direktem Zugriff den Betrachter zerreißen würde. So liegt einer auf der Trage im Krankenhausflur, »unterm heimeligen stammheimdeckenmond«. Alles ist fremd und fern und kalt und geht doch viel weiter als unter die Haut, in den Lungenschacht nämlich.

In Kling-Gedichten ist nicht viel von ICH die Rede, geschweige groß geschrieben wie manchmal die ersten Buchstaben GOttes. Doch dann haben wir eins, in der vierzehnten von sechzehn Strophen des langen ersten Gedichts, der *Arnikabläue*: »Jetzt ist es. jetzt werd ich: / zum schacht, zum lungen- / schacht wird ich.« Man kann den ersten Satz mit einem »so weit« ergänzen. Dann wäre es so weit. Doch vor allem steht hier ein sächliches Personalpronomen im Zentrum. Das ist entscheidend. Denn in der nächsten Zeile wird die Grammatik gekrümmt, um das Schluss-ich sachlich-anonym werden zu lassen. Ich geschieht sozusagen, und zwar so: »Lungenschacht wird ich«.

Die sprachliche Nachbildung einer vom Verstehen ungeglätteten, also immer psychisch und technisch verzerrten Wahrnehmung macht die Kling-Gedichte so intensiv. Dass man nicht »in sie hineinkommt«, wie es manche Leser gerne hätten, ist ihr Gesetz; sie tauschen dauernd das Innere mit dem Außen, um ebendiese Penetration des Verstehens zu verhindern. Hier im Falle einer schmerzhaften Lungenpenetration. Sie vermeiden die direkte Gefühlsbekundung. Doch ist sie spürbar in dem, was nicht konventionell subjektiv hingelitten und -gesagt wird. Manchmal ist es aber auch umgekehrt: Die Empfindung sagt sich in schlagwortartiger Überdirektheit und Lakonie: »frantic« heißt es wiederholt am Strophenende – frantic. Auch dieser coole Anglizismus ist ein wirkungsstarker Kälteschutz.

Der neue Kling-Band beginnt also mit einer fulminanten Reihe von K-Gedichten. K wie Krankenhaus und Krieg, der in ihm herrscht; wie Körper und Konkretion, die ihn zum Datum macht, wie Kälte und Kunst, die jedes Wehleid einfrieren in Wort und Bild. Deshalb tun sie weh, diese Aufzeichnungen eines Apparat und System gewordenen Schmerzes.

Bald darauf, nach einem weiteren Gedichtzyklus *mahlbezirk*, versehen mit Schwarz-Weiß-Nahaufnahmen von Ute Langanky, die eine alte Mühle zeigen, öffnet sich die *Auswertung der Flugdaten* auf eigentümliche Weise, nämlich die literarischen Gattungen betreffend. Es folgt ein langer Essay Projekt »Vorzeitbelebung«, und weitere Prosatexte wechseln mit Gedichten ab. Eine Seltenheit, eine Seltsamkeit. Wir kennen zwar Gedichtbände, die von einem Essay begleitet werden, meist zur Erläuterung des ansonsten lyrisch Verrätselten; oder umgekehrt Essaybände, die auch einmal ein Gedicht enthalten. Doch hier haben wir es mit dem raren Fall zu tun, dass beide Gattungen vom Gewicht her gleichrangig nebeneinander stehen, sich thematisch und motivlich aber heftig durchdringen.

Es ist kein kleines Risiko, das Kling hier eingeht. Als Dichter mit ganz eigenem, oft beschriebenem und nachgerade stil-(nicht schul-)bildend gewordenem Idiom hat er einiges zu verlieren, wenn er auf essayistischem Weg versucht, ganze Traditionslinien und Motivketten der abendländischen Literatur auszuziehen: In den unter Extremdruck zusammengestauchten Wissens- und Bildungsschichten könnte die Kling-typische blitzartige Erhellung eines Zusammenhangs verschwinden, die seine gewagten »Einzelbildschaltungen« in den Gedichten bewirken. Was wird also aus dem wespenhaft aggressiven, Schönheit wie Gift transportierenden Bedeutungsrausche, das sich

plötzlich entlädt in einer schmerzlich-beglückenden Erkenntnis, wenn historisch angeschafft und verglichen, abgeleitet und umgedeutet wird? Was wird aus den spontanen Einfällen, wenn Autoritäten zitiert und mit den großen Meistern des Fachs von Euripides bis Borchardt, von Nietzsche bis Kerenyi, von Gongora bis George von Du zu Du diskutiert wird? Kann so viel Stepptanz auf den Schultern von Riesen gut gehen in einem literarischen Klima dieser Republik, in dem zumal die Lyriker gerne auf die ältesten sumerischen Göttinnensprüche zurückgreifen oder aufs urbane Dichter-Lotterleben im späten Rom und sich wechselseitig wegen ihrer Griechisch- und Lateinkenntnisse beargwöhnen? Besonders die Elite der mittleren Generation von Raoul Schrott bis Durs Grünbein, dem eine treffende Sottise des begnadeten Polemikers Kling gilt: »Wenn den Antikenfreund das Fell juckt, er aber kein Gefühl für Geschichte hat? Dann bekommt man Kostümfilm – Sandalenfilme aus den Grünbein-Studios.«
[...]
Man muss tief Luft holen, um zuzugeben, dass man von Klings Texten ergriffen ist. Weil sie in technischer Bläue kalt funkeln, weil sie aus großer Ferne leuchten und jede Form der Intimität, des Gemeinmachens, des billigen Verstehens streng verhindern. Doch Kling macht es einem nicht mutwillig schwer, er erinnert lediglich daran, dass wir den anderen nicht kennenlernen, indem wir seine Augen sehen, sondern seinen Blick auf die Welt. Und wenn es ein Kamerablick ist, wie im letzten Gedicht des Bandes:

Der Schild des Aeneas // Einäugig geschmiedet, / zyklopen-retina, einäugig geschmiedete Panoramakamera. // parallelgeschehen, zeitenwenden. wie: / romulus tierfilm zeigt – wölfinlefzen / gut im Bild, tonschnitt in ordnung, etwas / übersteuert. / kampfgeschehen.

23.3.2005

»Der Mensch nimmt sich immer selber mit«

In seinen Romanen beschrieb Stanisław Lem die Wissenschaft des 21. Jahrhunderts. Doch der technischen Zivilisation stand er skeptisch gegenüber. Zum Tode des Science-Fiction-Pioniers.

Von Ulrich Schnabel

Von Visionen wollte der große Visionär im Alter nicht mehr viel hören. Die meisten seiner literarischen Zukunftsentwürfe – intelligente Roboter, virtuelle Welten oder bemannte Flüge zu fernen Planeten – seien doch nur »Wahngebilde«, schimpfte Stanisław Lem in einem seiner letzten Interviews. Und was kein leerer Wahn blieb, sei oft zu einem realen Albtraum geworden: Die elektronische Kommunikation beschere uns »Informationsverstopfung«, die »künstliche Intelligenz« gehe mit einem »Verfall der Fantasie und Intelligenz der Menschen« einher, und wenn uns nicht der nächste Nuklearkrieg auslösche, drohe uns die Klimakatastrophe. Nein, als wirklich rosig konnte man die Weltsicht des 84-jährigen Lem nicht bezeichnen. Dabei hatte der »optimistische Pessimist«, als der sich der Schriftsteller und Technikphilosoph gern bezeichnete, in seinen Werken viele jener modernen Entwicklungen vorweggenommen, die ihn in der Gegenwart mit Schrecken oder Verachtung erfüllten. Der Vater des modernen Science-Fiction-Romans malte schon in den fünfziger und sechziger Jahren die Möglichkeiten der Gentechnik und der Nanotechnik aus, sah das Internet und den bargeldlosen Zahlungsverkehr vorher und lieferte in *Der futurologische Kongress* eine beklemmende Studie der Manipulierbarkeit unserer Wahrnehmung, die an Aktualität nichts eingebüßt hat (dasselbe Thema machte fast vierzig Jahre später den Film *Matrix* zum Kinoschlager).

Ein unstillbarer Wissensdurst schien den am 12. September 1921 im heute ukrainischen Lwiw (Lemberg) geborenen Stanisław Lem anzutreiben. Schon als Kind experimentierte er mit elektrischen Geräten und Vakuumröhren. Später studierte der Arztsohn Medizin und trieb nebenbei Privatstudien in Physik, Kybernetik, Biologie, Mathematik und Philosophie; er war zwischenzeitlich als Übersetzer, Autoschlosser und Monteur tätig, gründete die polnische Astronautische Gesellschaft und arbeitete als Assistent für angewandte Psychologie – bevor er schließlich 1946 seinen ersten Science-Fiction-Roman in einem polnischen Romanheft veröffentlichte (der alsbald in Vergessenheit geriet und erst 1989 unter dem Titel *Der Mann vom Mars* wieder aufgelegt wurde).

Mit Werken wie den *Sterntagebüchern* (1957) oder *Solaris* (1961) begründete Lem seinen Ruf als Klassiker des Science-Fiction-Genres. Dabei ging es ihm nie nur um das Ausmalen wissenschaftlicher Entwicklungen (was er meisterhaft beherrschte), sondern stets auch um die Erforschung der menschlichen Psyche. »Egal, in welchen Raum sich der Mensch begibt, er nimmt sich immer selber mit«, erkannte Lem; und in *Solaris* findet sich der prophetische Satz: »Wir brauchen keine anderen Welten, wir brauchen Spiegel.« Dementsprechend hielt der Schöpfer neuer Welten der Gattung Mensch den Spiegel vor. Was etwa entdecken die Astronauten Kelvin, Snaut und Sartorius am Ende ihrer Expedition zu dem rätselhaften Planeten Solaris? Nur ihre eigenen Gedanken, den verdrängten Gehalt ihrer Gehirne, den der intelligente Planet zum Leben erweckt. »Wir haben ihn, diesen Kontakt«, entsetzt sich der Astronaut Snaut und sieht doch nur: »Unsere eigene, monströse Hässlichkeit, ins Riesenhafte vergrößert wie unter einem Mikroskop.«

Dass Lem – bei aller technischen Begeisterung in seinen Romanen – nie den Menschen vergaß, macht sein Werk groß. Und es erklärt, warum er sich später so abfällig über das Genre Science-Fiction äußerte, das häufig allzu eindimensionale und wissenschaftseuphorische Bücher hervorbrachte. »Die Zuneigung, die ich dem gefallenen Mädchen Science-Fiction entgegengebracht habe, ist nur zu vergleichen mit der Dummheit, sich in eine schöne Frau zu vergucken, um dann festzustellen, dass sie unter voranschreitender Zahnfäule leidet.« So hatte er etwa für jene Verfechter der »künstlichen Intelligenz«, die schon einen funkenden Kühlschrank oder Staubsauger für intelligent halten, nur Spott übrig. »In dem Sinne sind auch meine Hosenträger intelligent, weil man sie regulieren kann.«

In 57 Sprachen wurde Lems gewaltiges Werk übersetzt. Seine zahlreichen Bücher sind in einer Auflage von über 45 Millionen weltweit erschienen, die Verfilmung von *Solaris* (die Lem nicht mochte) wurde zum Welterfolg. Eine Art modernen Jules Verne des Bio-, Nano-, Infozeitalters könnte man ihn nennen, und vermutlich wird sein Genie – wie jenes von Verne – erst aus der Rückschau richtig sichtbar. Mit Stanisław Lems Tod verlor die Wissenschaft einen ihrer klügsten und sarkastischsten Beobachter.

30.3.2006

»Buddenbrooks« von Thomas Mann

Aus der ZEIT-Reihe »Mein Jahrhundertbuch«

Von Siegfried Lenz

Abwärts sollte der Roman ursprünglich heißen, und die Erzählabsicht seines Autors bestand denn auch darin, zu zeigen, warum es mit dem Buddenbrookschen Imperium abwärtsging. Erzählt wird also die Geschichte der Getreidefirma Johann Buddenbrook zu Lübeck, und zwar von dem Augenblick ihrer größten Blüte bis zum Erlöschen. Solange – in der Zeit glücklicher Kaufmannschaft – ein umsichtiger und lebensfroher Patriarch wie Johann senior die Geschicke lenkt, ist Krisenstimmung unbekannt, der Traum von Dauer scheint erfüllbar. Doch schon des alten Johann Sohn, der Konsul, zeigt eine aufschlußreiche, eine signalhafte Empfindsamkeit, als er an die Vorbesitzer des Hauses erinnert, die, ehemals nicht weniger reputierlich und selbstgewiß als die Buddenbrooks, eines Tages verarmten, davonzogen, starben. Noch ist das Bibelwort »Alles hat seine Zeit« nicht gefallen, doch das Unabwendbare ist bereits angekündigt; die religiösen Neigungen des Konsuls, seine Ämterlast, seine Art zu denken lassen schon Gefährdung ahnen.

Ein umsichtig kalkulierender Kunstverstand beweist, daß Symptome des Verfalls höchst verschiedenartig sein können; hier erfahren wir sie in Tony Buddenbrooks unglücklicher Heirat, in den Aussteiger-Eskapaden ihres hypochondrischen Bruders Christian, im Erscheinen der erfolgreichen Rivalen Hageström, denen sogar »der Ochse kalbt«. Aber die Geltung der Buddenbrooks wird auch durch etwas bedroht, das man – und zumal für eine Firma, in der derbe Kaufmannstugend existenzsichernd ist – einen prekären Gewinn nennen kann: Ich meine die intellektuelle Verfeinerung. Mit dem Abstieg geht tatsächlich ein eigentümlicher Aufstieg einher, der sich zum Beispiel in einer unerwarteten Offenheit für die Kunst und in einer besonderen Sensibilität für die eigene Existenz andeutet. Der Aufstieg bringt Selbstzweifel hervor, Anfälligkeit für Stimmungen und bewirkt »Störungen der Magennerven«. Verlust und Gewinn können hier unter dem Blickwinkel der Dekadenzlehre gesehen werden. Jedenfalls, der letzte männliche Buddenbrook, der kleine Hanno, trägt seinen Namen kaum noch zu Recht. Er zeigt keine »kräftigen Triebe nach außen, nach Macht und Eroberung«, statt dessen flüchtet er sich, einem frühen Erlösungsbedürfnis folgend, in die Welt der Kunst. Süchtig nach rauschhaften Offenbarungen, zart und ständig von Krankheit bedroht, gibt er zu erkennen, daß er nicht zum Firmenchef in schwieriger Zeit taugt. Gleichzeitig aber schärft das Kunsterlebnis seinen Blick fürs Leben: Mit Trauer entdeckt Hanno, daß die Repräsentationsbemühungen seines Vaters Schauspielerei sind, geliehene Haltungen, kalkulierte Auftritte.

Immer hat mich dies »Stück Seelengeschichte des europäischen Bürgertums« bewegt; immer empfand ich Mitleid mit denen, die sich am Ende die Gesetzmäßigkeit des Verfalls eingestehen mußten, immer hinterließ die Erbarmungslosigkeit in den Konventionen einer bürgerlichen Welt eine schmerzhafte Ratlosigkeit. Auch bei wiederholter Lektüre ist man beteiligt: Man ist ergriffen und amüsiert und wehmütig, ganz so, als gehe man mit Personen von höchster Gegenwärtigkeit um. Obwohl der detailsüchtige Autor immer wieder Jahreszahlen nennt, längst Vergangenes beschwört: Die Geschichte, die so gelassen erzählt wird, kommt mir nicht als historisches Geschehen vor. Im Gegenteil: Ich habe das Gefühl, an einem überzeitlichen Ereignis teilzuhaben. Die Unerschöpflichkeit, aber auch die Übertragbarkeit eines Gleichnisses werden deutlich. Hier hat – und daran besteht für mich kein Zweifel – der Verfall einer Familie einen endgültigen Ausdruck gefunden.

Schon aber merke ich, daß dieses welthaltige Erzählwerk bei weitem noch nicht ausgemessen ist: kein Wort bisher über das Wesen der Parodie und die Funktion des Leitmotivs, nichts über die Mythologie des Hauses und die Bedeutung der Musik, dieser »außerordentlich ernsten, wichtigen und tiefsinnigen Sache«. Den ganzen Reichtum von Thomas Manns »Buddenbrooks« zu benennen, bedarf es wohl epischer Beweisführung. Aber vielleicht ist dieser Roman wirklich unausschöpfbar?

4.2.1999

Schreiben ist Gottessen

Friederike Mayröckers wunderbares neues Prosabuch im Gedenken an Ernst Jandl

Von Christina Weiss

Geschichten zu erzählen liegt Friederike Mayröcker fern. Für sie, im Todesjahr Kafkas 1924 in Wien geboren, ist Schreiben »Schreibendrangsaligkeit«. Das ist auch nach über sechzig Büchern nicht anders. Es geht ihr nicht darum, die Sprache als Instrument geradliniger Mitteilung zu verwenden. Es geht ihr eher um das, was sie in einem programmatischen Buchtitel 1985 *Das Herzzerreißende der Dinge* genannt hat. Die Dinge werden Sprache, und die Sprache wird zum herzzerreißenden Liebesobjekt. Schreiben ist für diese Autorin, die zweifellos zu den interessantesten Sprachkünstlern deutschsprachiger Gegenwartsliteratur zählt, eine Obsession. Wer Mayröcker ergründen will, hält sich am besten an Peter Weiss, der das Motto zu ihrem jüngsten Buch liefert: »alles was gesagt wird existiert nur im Bereich des Möglichen, aber es könnte ebenso gut anders sein, irgendwie hat es etwas mit einem zu tun, aber es zerfällt, löst sich immer wieder auf und nimmt neue Bedeutung an«. So vorangestellt dem neuen Buch *Und ich schüttelte einen Liebling,* das auch für den Deutschen Buchpreis 2005 nominiert ist.

Das Buch ist eine schreibende Annäherung an sich selbst. Wie immer bei Friederike Mayröcker ist die Grenze zwischen poetischem Sprechen und erzählerischen Momenten fließend. Doch anders als in den früheren Büchern reißt sie hier Fragmente biografischen Erlebens auf, die als Zwischenbekenntnisse im Text Geschichten öffnen, die sehr konkrete alltägliche Situationen erfassen, Alltagserlebnisse und Alltagsgespräche aus dem Leben mit Ernst Jandl. Mit der Familie, mit den Freunden, Geschichten, die sich aber sogleich wieder zwischen eingestreuten Fragmenten aus der Lektüre Friederike Mayröckers verlieren, verwischen, dadurch aber durchaus an Intensität gewinnen.

Der Blick auf ihr Leben mit Ernst Jandl und ohne ihn, getränkt vom Schmerz über den Tod des Freundes, wirkt auf den Leser wie eine rasende Reise durch die Erfahrungen, die sich übereinander, nebeneinander in wilder Staffelung offenbaren. Erlebtes, Wahrgenommenes, die gelesenen – immer wieder gelesenen – Bücher, die gehörte – immer wieder gehörte – Musik. Die Stimme von Maria Callas begleitet die Lektüre dieser Lebensgeschichte ebenso wie die Texte von Gertrude Stein. Dazwischen die notierte Trauer, Tränen wie Sturzbäche, die Trübung der Augenlinse, die Verzweiflung über das Verlassensein und zugleich die Unfähigkeit, andere Menschen zu ertragen – anders als durch Briefe.

Es ist ein Liebesstück – geschrieben mit angespannten Nerven und »Gedankenaufregung«. Die Schreibende ist gebannt in ihre »Behausung«, alles voller Zettel mit Notizen, »aufgenadelt« an den Wänden oder »zappelnd im Schoß« liegend, während sie an ihrem Campingtisch schreibt. Das Leitmotiv des Buches ist die poetische Umsetzung des Textereignisses, das den Leser bannt und in dauernder Rührung, Berührung hält. Eine Lektüre en passant, eine Lektüre ohne Emotion wird nicht zugelassen. Das Leitmotiv, der wiederkehrende Satz: »Dann florte es um mich herum und ich schüttelte einen Liebling«, gibt dem Band auch den wunderbaren Titel.

Die inhaltliche Ballung um das Wort Flor ist so dicht, dass sich alle emotionalen Elemente dieses Buches darin treffen: Blütenfülle der Wiesen, die Üppigkeit des Wohlstandes, das festliche, zarte Stoffgewebe, das samtige, weiche, auch natürlich der Zettelflor der Notizblättchen im Schoß und die Trauer nicht zu vergessen. Aus üppiger Fülle heraus schüttelt sie die Erinnerungen, den Liebling, den sie aus diesem Satzgewebe heraus sichtbar und erfahrbar werden lässt. Einen Liebling schütteln heißt aber auch, ihn geschmeidig machen wollen, etwas aus ihm herausschütteln, ihm etwas Unbekanntes entlocken. Und natürlich die Schrift auf dem Kinderfoto »und ich schüttelte einen Liebling« – die Alltagsvariante.

Friederike Mayröcker schüttelt jedes Wort, jeden Satz durch, bis sie sich alles, was von ihm ausgehen kann, einverleibt hat und bis sie die Geheimnisse der möglichen Bedeutungen und ihre eigenen inneren Beziehungen dazu umkreist und ausgekostet hat.

Fünfzehnmal zäsiert dieses Leitmotiv den Text auf seinen 140 Seiten. Andere Motive kehren wieder und bieten feste Assoziationsknotenpunkte im immer wechselnden Kontext, der die Poesie dieser Bilder schüttelt und unterschiedlich zum Klingen bringt. Wie etwa die »Lichtmütze« des Freundes, wenn er wie eine Erscheinung aus dem Jenseits auftaucht. Wie seine »Flechtschuhe«, die sie beide liebten, weil sie das Wort »Flechtschuhe« liebten.

Dann stehen die Flechtschuhe verstaubt im Regal, aus den Jacken fliegen Motten auf. Und die Schreibende beteuert in Abständen und häufig und insistierend, »ich schreibe jetzt figural«. Sie suggeriert damit Erzählphasen im »Alltagsgefüge«, aber jede Geschichte, die sie anklingen lässt, wird durch figurale Wiederholungen und Setzungen in die sich jeweils unterscheidenden Kontexte dennoch im Raum der poetischen Offenheit gelassen. Man erinnert sich an die Textformen von Gertrude Stein, während sich Friederike Mayröcker unablässig mit ihr in Beziehung setzt.

Ernst Jandl, Gertrude Stein, Oskar Pastior, Freundinnen und Freunde, deren Literatur, deren gesprochene Sätze, deren Briefe begleiten die biografischen Erzählungen und ergänzen sie, indem sie die Stimmungen steuern.

Zum Beispiel: »und dann ruft Nina Retti an und sagt, und Pierre Michon schreibt über die Helligkeit des Schreibens und das macht mich ganz wach und dann äugelt mein Ich aus dem Äther und das sind die schönsten Herz Fragmentationen und Herz Seligkeiten«. Über den Äther ist sie auch mit »EJ«, will sagen Ernst Jandl, verbunden. Das ist das Zentrum ihres Schreibens. Schreiben verknüpft sie oft mit Schreien – Schreiarbeit – Schreigebet.

Am intensivsten wird dieses Buch des Schmerzes, der Trauer in folgender Passage: »und es schnürt mir den Hals wenn ich das Foto betrachte und ich wische mir das Blut aus den Haaren und ich sinke nieder und ich vertippe mich pausenlos wie ich mich pausenlos verspreche, weil ich die Gedanken ich meine die Gedanken sind mir durcheinandergeraten, und ich kann sie nicht mehr in Ordnung bringen, weil ich kreise um dich, sage ich zu EJ, ich kreise unaufhörlich um dich und ich weine um dich schon so viele Jahre eine so lange Zeit, also ich entwische immer wieder in einen Stolperweg also ich stolpere pausenlos, auch meine Finger, so dass ich mich zurechtweisen muss, zurückführen muss auf den intensiven Pfad meiner Lektüre, nicht wahr, mich selbst an der Hand nehmen und zurückführen, ohne auch nur das kleinste Stückchen Buchstäblichkeit, so Jacques Derrida«.

Lesen und Schreiben als magische Handlung, um dem geliebten Menschen nach seinem Tod wieder nahezukommen – um sich selbst zu erfahren. Schreiben, das nennt sie an anderer Stelle im Buch auch »Gottessen«, im Schreiben liegt die Chance, die alltäglichen Engen aufzubrechen und, beflügelt von der Sprache, sich in einen Gedankenrausch zu versetzen, sich schreibend, entblößend preiszugeben.

So wie sie aus der Lektüre fremder Texte das Eigene herauszieht und etwas für sich darauf bildet, so empfiehlt sich diese Lesehaltung auch dem Text Friederike Mayröckers gegenüber.

29.9.2005

Ist es Schöpfung, oder ist es Vernichtung?

Über den amerikanischen Schriftsteller Herman Melville, der vor hundert Jahren starb – ein Lebensbild

Von Willi Winkler

Eifriger hat kein Schriftsteller seine Lebenskatastrophe eingeleitet: »So weit es sich nur um mich dreht & ich von meinem Beutel unabhängig bin, geht mein größtes Bestreben dahin, jene Art Bücher zu schreiben, von denen es heißt, sie seien ein ›Mißerfolg‹.« Herman Melville schreibt dieses Bekenntnis 1849. Er ist 28 Jahre alt, in drei Monaten wird er sich an sein Hauptwerk setzen. Der Adressat dieses Katastrophenplans ist ausgerechnet sein Schwiegervater Lemuel Shaw, der Mann, der nicht nur die Tochter, sondern bald die gesamte Familie (es werden vier Kinder) aushält, weil Melville weder sich und schon gar nicht die Seinen mit dem Schreiben ernähren kann. Immerhin ein scheinheiliger Kratzfuß hinterher: »Verzeihung für meinen Dünkel.«

Bescheidener ging es nicht. Dabei hatte sich sein Vater einst, der New Yorker Importeur französischer Galanteriewaren Allan Melvill (das adelnde »-e« kam erst 1838 zum Namen), von dem »Weinen Fremdling«, der am 1. August 1819 anlangte, »gute Lungen hat, brav schläft & tüchtig futtert«, für später eine Hilfe im Geschäft erhofft. Doch schon der Siebenjährige enttäuschte ihn als »recht zurückgeblieben, was das Sprechen angeht, und etwas begriffsstutzig«.

Eine Warnung, der jähe Tod des Vaters. Allan Melvill starb als Schwindelunternehmer, hatte das Erbteil von Frau und acht Kindern veruntreut, seine Existenz und ihren Ruf ruiniert. Und noch schlimmer: Der alte Melvill starb mit einem Tobsuchtsanfall, ein Wahnsinniger explodierte vor den Augen des zwölfjährigen Sohnes.

Nach dem schrecklichen Ende des Vaters mußte die Mutter bei den Verwandten betteln gehen. Herman wurde bald ins Erwerbsleben hinausgeschickt, war Bürogehilfe, Ladenschwengel, Hilfslehrer, fuhr schließlich zur See, in den Pazifik. In Polynesien verließ er sein Schiff, auf einem weiteren war er an einer Meuterei beteiligt, danach lebte er unter Eingeborenen. Er hatte Glück, denn die patriotischen Landsleute zu Hause verübelten ihm seine unamerikanischen Umtriebe nicht. Sie verlangten nach Abenteuergeschichten, und er durfte ihnen die Botschaft von einem Paradies bringen, das nichts mit Geld und schon gar nichts mit ihrem finsteren puritanischen Gott zu tun hatte. Er kam heim, ohne Tagebuch, ohne alle Aufzeichnungen, aber mit einem gewaltigen Ehrgeiz. Fing mit 25 Jahren zu schreiben an und wurde über Nacht fast berühmt, »der Mann, der unter den Menschenfressern gelebt hat«.

Und doch war ihm dieser Jahrmarkt-Erfolg heftig zuwider. Sein Verleger sollte ihn auf dem Titelblatt des neuen Buches nicht als den Autor der Südseegeschichten auspreisen.

»Für Naturen wie ihn«, hatte Matthew Arnold über einen anderen Schriftsteller einst geschrieben (und Melville strich sich trotzig diese Stelle an), »ausgestattet mit der Leidenschaft für Perfektion, ist die Notwendigkeit zu schreiben, unaufhörlich zu schreiben, zu schreiben mit und ohne Ergebnis, etwas Gutes oder, wie es auch kommen mag, etwas Schlechtes oder Mittelmäßiges zu schreiben, aber unter allen Umständen *etwas* – die unerträglichste der Qualen ...« Die Familie versuchte nach Kräften, das Schlimmste zu verhindern. Sie wußte über die *unerträglichste Qual,* seine unheilbare Krankheit, genau Bescheid.

1847 war ihm, dem Piraten, dem Sohn eines Bankrotteurs – aber immerhin auch Enkel des Thomas Melvill, der einst noch die Boston Tea Party mitgefeiert hatte –, vielleicht in einem Akt der Wiedergutmachung die Tochter des Obersten Richters im Bundesstaat Massachusetts zugefallen. Die Familien Gansevoort und Melvill traten auf, als wären sie erst gestern mit der *Mayflower* angekommen. Sie waren selbstgerechte Patrizier, die über Neuengland thronten, in Albany, New York und Boston zu Gericht saßen, die »Männer aus Eisen«, die Hester Prynne in Nathaniel Hawthornes »Scharlachroten Buchstaben« das Leben schwermachen, weil sie ihr mit der Bibel kommen statt mit Verständnis [...].

In diesem seltsamen Gottesstaat, in dem sich die Religion mit der Aufklärung mühelos ins zivile Leben mogelte, hätte es auch Melville zu etwas bringen können, hätte unter dem wohlwollenden Schutz seiner Familie ein Longfellow werden können oder James Fenimore Cooper, ein richtiger *amerikanischer Erzähler.* Dem Erwerbsstreben waren im frühkapitalistischen Amerika keine Grenzen gesetzt – warum sollte der Mann also nicht seine Bücher schreiben, solange sich damit Geld verdienen ließ?

Er aber zog den Mißerfolg vor, der kalvinistische Wettbewerb kümmerte ihn nicht, obwohl er dazu gepreßt werden sollte. »Dollars sind mein Fluch«, schrieb er an Nathaniel Hawthorne, in dem er einen Seelenfreund vermutete. »Was es mich am meisten zu schreiben drängt, das verbietet sich, – es zahlt sich nicht aus.« Während die Zeitgenossen nichts dabei fanden, ihren Gott gegen Geld einzutauschen (es ist ja alles eins, wie ihnen Kirchenlehrer Kalvin gepredigt hatte), beharrte Melville auf seinem Glauben – an was? An Gott? Die Kunst? An einen Mehrwert, den ihm keiner schaffte? Er mußte es schon selber tun: »*Anders* schreiben kann ich nicht.«

»Typee« (1846) und »Omoo« (1847), schnell hingeworfen, in wenigen Monaten hinter sich gelassen, kamen frisch aus der Südsee, machten Melville zum Seebären, der seine Schnurren erzählt. Nach »Mardi« (1849), für das er von der Kritik ordentlich verprügelt worden war, schrieb er noch zwei Abenteuerbücher – »Redburn« (1849) und »Weißjacke« (1850) –, »zwei *Arbeiten,* die ich für Geld ausgeführt habe – nachdem ich dazu gezwungen wurde wie andere Leute zum Holzsägen ...«

Er wollte höher hinaus, Shakespeare schwebte ihm vor, die Bibel und die »Göttliche Komödie« in einem, das wär's gewesen. Ein einziges Mal noch zur See, denen daheim erzählen, daß die Welt größer war als der Rasen ums neuenglische Gemeindehaus, daß es noch andere Abenteuer gab als das Morgengebet. Offenbar gelang ihm der neue Roman, »Moby Dick«, im gewohnten Tempo, 1850 hatte er ihn in einem halben Jahr fertig.

Doch dann begab sich etwas Unerhörtes, 1850, ein Erweckungserlebnis fast. Melville begegnete Nathaniel Hawthorne, dessen Bücher er über alles bewunderte. Und zum ersten Mal fühlte er sich verstanden.

Hawthorne, vierzehn Jahre älter als Melville, stammte wie dieser aus einer der staatstragenden Familien Neuenglands. Er hatte es viel weiter gehabt bis zum Ruhm als Melville, hatte aber die einsamen Jahre dorthin (als er zusammen mit seiner Mutter im Zollhaus der Hexenstadt Salem saß) offenbar weniger beschädigt überstanden, unbelastet vor allem von der rigiden Religion der Vorväter. Eben hatte er seinen Ehebruchsroman »Der scharlachrote Buchstabe« veröffentlicht; er war eine Berühmtheit. Da war die Souveränität, die Melville suchte. Als Liebeserklärung schrieb er anonym eine begeisterte Rezension zu Hawthornes »Moose von einem alten Pfarrhaus«, kaufte sich eine Farm nur sechs Meilen entfernt von dem Freund – und fing »Moby Dick oder Der Wal« noch einmal von vorne an.

Es muß Liebe auf den ersten Blick gewesen sein, einseitig allerdings, denn Hawthorne zögerte vor dem Schwärmer Melville, der den Weg nach unten, in die einsame Anonymität, noch vor sich hatte und, noch ein Pilgervater, ihn offenbar auch bis ganz nach unten gehen wollte.

»Moby Dick« ist die Geschichte eines jungen Mannes, der seit der »Odyssee« klassische Bildungsroman. Melville mochte sich nicht mit dem Walfang begnügen (»Tran ist Tran«), es mußte schon ein Kampf mit dem Leviathan sein. Obwohl zusammengestöppelt aus aller Herren Literaturen, trotz des schweren Symbolismus ist »Moby Dick« ein unvergleichliches Zauberkunstwerk geworden, hochgradig delirant, am Ende die Apokalypse einschließlich der Höllenfahrt des faustischen Helden. Wo sich Amerika zum Geld bekehrte und von Gott abfiel, wollte Melville ihn noch einmal beschwören, als das große weiße Nichts.

Ob es nicht vielleicht doch einen Gott gab, dunkel, finster, strafend, aber nicht wie ihn die zu Hause glaubten oder nicht glaubten, sondern: das reine Böse? »Der Weiße Wal schwamm vor ihm als monomanische Verkörperung all jener heimtückischen Mächte, die manch tiefe Männer in sich nagen spüren, bis sie dem Weiterleben mit nur einem halben Herzen und einer halben Lunge überlassen bleiben. Jenes unfaßbar Bösartige, das von Anbeginn existiert hat; dessen Vorherrschaft selbst die Christen der Neuzeit eine Hälfte der Welt zubilligen […] Auf des Wales weißen Buckel türmte Ahab die Summe all der umfassenden Wut und des Hasses, den seine ganze Rasse seit Adam je gefühlt; und dann, als wäre seine Brust ein Mörser gewesen, barst er daran die Schale seines heißblütigen Herzens.«

Ahab ist offenbar verrückt. Melville muß es erst noch werden. Viel fehlt nicht mehr. Statt des Wals jagt er sich selber hinunter ins Tal des Todes. Er ist Ahab & der Wal, ist Ismael und dann wieder der ehrgeizige Melville, der mit seinen Lesefrüchten prunkt.

Doch die vereinten Kräfte der Familie bewahren ihn vor dem endgültigen Ausbruch des Wahns. Wer aus so gutem Hause kam, gehörte nicht ins Narrenhaus; man benahm sich zivilisiert, schlug allenfalls seine Frau, schwieg tagelang und schrieb wie im Rausch gleich das nächste Buch, »Pierre« – seine Version des »Wilhelm Meister«. »Es darf bezweifelt werden«, sagt John Updike in einem Aufsatz über Melvilles Rückzug ins Schweigen, »daß je sonst in der Literaturgeschichte ein so gutes und ein so schlechtes Buch wie ›Moby Dick‹ und ›Pierre‹ nacheinander geschrieben wurden.« Was »wie eine Schale Milch vom Land« werden sollte, ein idyllischer Bildungsroman, beschreibt unverhüllt (die Eile verriet ihn) Melvilles gewaltiges, gewalttätiges Vorhaben: die Selbstvernichtung im Schreiben.

»Von acht Uhr morgens bis halb fünf am Nachmittag sitzt Pierre in seinem Zimmer; – achteinhalb Stunden! Manchmal vernimmt das aufmerksame Ohr Isabels im angrenzenden Zimmer, wie die Stille vom langen, einsamen Kratzen der Feder abgelöst wird. Es ist, als hörte sie die eifrige Kralle eines mitternächtlichen Maulwurfs im Boden [...] Im Herzen einer solchen Finsternis ist bestimmt etwas am Entstehen. Ist es Schöpfung, oder ist es Vernichtung? Er muß mit Gewalt zum Essen gezwungen werden. Immer dreht sich, wie ein ungeheurer polternder Planet, sein Buch durch den schmerzenden Kopf.«

Beschwörend spricht er davon, doch die Magie hilft auch nicht; Melville konnte sich nicht freischreiben. Die Anerkennung, die er gesucht hatte, sie wurde ihm nicht zuteil. Hawthorne äußerte sich in einem verlorenen Brief begeistert über »Moby Dick«. Emerson, Whitman, ein paar Freunde lobten ihn vergebens. Die Kritik schonte ihn nicht, die Rezensenten verstanden zu lesen und zu kränken, vor allem nach »Pierre«. »Je eher dieser Schriftsteller in Gewahrsam genommen wird, desto besser.« Ein anderer hatte in Erfahrung gebracht, daß Melville im Verdacht stand, geistesgestört zu sein, und daß seine Familie ihn in Behandlung geben wollte: »Wir hoffen, daß eine der ersten Vorsichtsmaßregeln sein wird, ihn strengstens von Feder und Tinte fernzuhalten.«

Melville hatte sich überarbeitet. Er schrieb Erzählungen für literarische Zeitschriften, beruhigte sich in der von »Bartleby, dem Schreiber«, diesem ersten Büroroman der Weltliteratur, wollte aber selber das Schreiben nicht ganz aufgeben, obwohl ihm der Stoff ausgegangen war, der erhabene zumal. Die amerikanische Gegenwart fiel ihm schwer, er hätte wie in »Bartleby« über sich selber sprechen müssen. Aber was heißt das? Was ist Bartlebys kleinlautes und dabei so hochmütiges »Ich möchte lieber nicht« denn anderes als ein Akt der Verzweiflung, der existentiellen Verweigerung – lange vor Kafkas empfindsamem Karl Roßmann, lange vor dem ungläubigen Josef K.

Noch 1877, passenderweise zu Ostern, setzt er unter einen Brief die unglaubwürdige Versicherung: »Ich bin nicht verrückt.« Melville fühlt sich eingesargt zwischen zwei Fällen von schrecklicher Schwermut: der ehrlose Vater, ein Wahnsinniger; der Sohn Malcolm, sein Ältester, der sich mit achtzehn Jahren im Elternhaus erschießt.

Und Melville *war* schwer krank. Die Familie ließ den Doktor kommen, verbot ihm vergeblich das Schreiben. Als Kurpackung fiel der Verwandtschaft eine Reise ans Mittelmeer und ins Heilige Land ein; der Schwiegervater half wieder aus. Melville fuhr nicht ungern, er hoffte auf neuen Stoff.

Ende 1856 Zwischenaufenthalt in Liverpool, wo er ein letztes Mal mit Nathaniel Hawthorne zusammentrifft, der mehr Glück gehabt hatte. Hawthorne amtet in Liverpool als amerikanischer Konsul, ein Wahlkampfgeschenk. Im November spaziert man durch die Dünen, das Wetter eine Einladung zur Metaphysik, von der Hawthorne, befreit aus der Religion seiner Vorfahren, verschont bleiben will. »Seine Schriften lassen schon eine geraume Weile auf einen morbiden Geisteszustand schließen«, notiert Hawthorne im Tagebuch (als hätte sich das nicht auch von seinen eigenen Spintisiereien sagen lassen). Spott, kein Verständnis: »Melville, wie er es immer tut, begann von Vorsehung und künftigen Zuständen zu sprechen und von allem, was jenseits menschlicher Erkenntnis liegt, und teilte mir mit, er sei ›ziemlich fest entschlossen, der Vernichtung anheimzufallen‹.«

Und dann »Clarel«. Jahre, Jahrzehnte arbeitete Melville nach seiner Rückkehr aus Palästina daran, nur um ein weiteres Mal mit Hawthorne Zwiesprache halten zu können, mit Hawthorne, der als einziger sein eigentümliches Genie erkannt hatte, mit dem

Freund, der seiner nicht sein wollte. 1876, zwanzig Jahre nach der Reise, zwölf Jahre nach Hawthornes Tod, erschien dann dieses 571 Seiten lange Poem, eine endlose metaphysische Wanderung, die Dünen diesmal zwischen Bethlehem und dem Toten Meer. Wieder fürchtete die Familie um die Gesundheit des Mannes, der sie ohnehin nicht zu ernähren verstand.

Aus dem Botschafterposten in Florenz wurde nichts. Wieder Holzsägen. Die Farm in Pittsfield wird als zu teuer verkauft, Hawthorne war ohnehin längst fortgezogen, man kehrt zurück nach New York, lebt bescheiden. Melville muß arbeiten gehen. Die Schwiegerfamilie hatte ihn unterzubringen und wird heilfroh um die vier Dollar Gehalt gewesen sein, die er nun täglich verdiente, mehr als je mit seinen Büchern: »Herman sagt, daß er im Augenblick nicht mehr zu schreiben gedenke & eine Stelle beim Zollamt von N.Y. zu erhalten wünscht.« Das war ein Versprechen – ein Kniefall jedenfalls vor den Männern aus Eisen.

1866 im Dezember wurde Herman Melville als stellvertretender Zollinspektor Nr. 75 vereidigt. 19 Jahre versah er diesen Dienst, den er sich mit »Bartleby« schon 1853 vorgeschrieben hatte.

Der Autor verschwand im Dunkel, wollte lieber nicht mehr schreiben, jedenfalls sollte nichts mehr von ihm zu lesen sein. Nach den motorischen frühen Jahren der Stillstand im Amt, bei seinen Rosen. Er verschwand, der Weiße Wal der amerikanischen Literatur, der Größte – und er sollte kein Nachleben haben, keine Erben, wie Hawthorne, der Erfolgreiche, der noch heute die erfolgreichen Schriftsteller Amerikas inspiriert, von John Updike bis hin zu Stephen King.

Heimlich nur schrieb Melville noch weiter: an »Clarel«, er schrieb Gedichte, in denen er – bei aller Sympathie für den Norden – ganz unpatriotisch die Schrecken des amerikanischen Bürgerkriegs ausmalte: »In blindem Rausch geht's in den Tod / Als Molochs ahnungsloses Opfertier ...« Ein fast perfekter Erfolg im Mißerfolg: Der Gedichtband »John Marr and Other Sailors With Some Sea Pieces« erschien 1888 in einer Auflage von 25 Exemplaren.

Im Todesjahr 1891 entdeckte er Schopenhauer, las alles, was von ihm ins Englische übersetzt war, kein Tröster, aber ein Gleichgesinnter: »Das Wahre und Echte würde leichter in der Welt Raum gewinnen, wenn nicht die, welche unfähig sind, es hervorzubringen, zugleich verschworen wären, es nicht aufkommen zu lassen.« Er hatte wieder einen gefunden, der mit ihm sprach.

Aber es war zu spät, er schrieb nichts mehr. Eine Sensation aus dem Nachlaß, die Erzählung »Billy Budd«, erst 1924 veröffentlicht. Noch einmal ein See-Stück, die todtraurige Geschichte des Stotterers Billy, den sein Kapitän hinrichten läßt (»Der Engel muß gehängt werden!«), noch einmal Schöpfung und Vernichtung. Und zugleich, und schließlich – »Tang umschlingt mich« — die grausame Versöhnung mit dem Meer – welch ein Requiem!

Er hatte seinen Frieden gefunden im freundlichen Wahn. Am 28. September 1891 stirbt Herman Melville ungekannt in New York. Für die *New York Times* war er im Nachruf schon zu »Henry« geworden.

26.9.1991

Mundhimmel

Herta Müller hat mit ihrem neuen Essayband eine Poetik über Dichtung in Diktaturen verfasst

Von Michael Naumann

Als Herta Müller vor 20 Jahren ihren ersten Prosaband *Niederungen* im Berliner Rotbuch-Verlag veröffentlichte, begrüßte die Literaturkritik sie als »deutsch schreibende Rumänin«. Noch heute muss sie in der Bäckerei hören, dass es »Brezel« heißt, mit langem »e«, nicht »Bretzel«; auch spreche sie doch recht gut Deutsch. Als wären die Feuilletons Außenstellen von Ausländerämtern, hafteten den Rezensionen ihrer Bücher *(Reisende auf einem Bein,* 1989; *Der Teufel sitzt im Spiegel,* 1991; *Der Fuchs war damals schon der Jäger,* 1992; *Herztier,* 1994; *Heute wäre ich mir lieber nicht begegnet,* 1997) gewisse asylbehördliche Vorbehalte an: Zwar schreibe sie mit kraftvollen Metaphern über die Schrecken einer Diktatur, zwar gelinge ihr dies in einer eigentümlichen, unverwechselbaren Sprache – indes, dies alles spiele sich im Ausland ab, in einem Land, dessen Hauptstadt entweder Bukarest oder Budapest heiße und dessen unaussprechlicher Diktator bekanntlich vor einer Videokamera erschossen wurde. Genug davon. Also fragten ihre wohlwollenden Kritiker: Wann kommt Herta Müllers erster deutscher Gegenwartsroman? Da fiel ihr auf, dass es bei uns eine literarische Gegenwart gibt, die 1939 in Danzig beginnt, und eine ausländische Gegenwart, die schon längst Vergangenheit ist: Wir haben mit unserer Geschichte schon genug zu tun, da möge sich diese Rumänin doch bitte endlich integrieren. Deutschland hat doch auch einen Vorrat dramatischer politischer Sujets.

Sie kann aber nicht vergessen. Daran hindern sie die Wörter. Es sind seltsamere, ältere Wörter, als sie in Reisepässen stehen. Und beim Schreiben sind es die Pausen zwischen den Wörtern, also das Schweigen, in denen sich die Sätze im Kopf bis zur Unaussprechlichkeit verdichten, weil sie um das Unaussprechliche selbst kreisen: um die tonlose Angst in der Diktatur, um Morddrohungen des Apparats, um Verhöre in den Zimmern der Geheimdienste, um die Wahrheit, in einem zu Gehorsam und Verrat dressierten Volk aufgewachsen zu sein. Davon handelt ihr jüngster Essayband *Der König verneigt sich und tötet.* Es ist eine Poetik über Dichtung in Diktaturen.

Die Ermahnungen der literaturkritischen Integrationsämter haben Herta Müller zu denken gegeben. Also denkt sie nach über ihre Sprache in Deutschland und Rumänien, über »das Frösteln des Gemüts bei der Frage: Was ist ein Leben wert«. Oder, in den Worten eines Securitate-Verhörers: »Was glaubst du, wer du bist?« Denn jede Frage will eine Antwort haben, doch die Erfahrung Herta Müllers, dass das Leben in einem mörderischen Regime nichts wert ist, führt zu der paradoxen (weil doch aufgeschriebenen) Wahrheit: »Wenn der Großteil am Leben nicht mehr stimmt, stürzen auch die Wörter ab.« Oder sie fügen sich zu neuen Fragen. An einem 1. Mai wird ihr Freund vom Geheimdienst ermordet. »Wie muss das sein, wenn man spätabends zu Hause sitzt, es klopft, man öffnet und wird erhängt.«

Die Sprache verhört sich selbst

Die hier versammelten Essays kreisen um den Wunsch, zu Papier zu bringen, was noch die empfindlichste Geschichtsschreibung des vorigen Terror-Jahrhunderts nicht vermag: die Überlebenstechniken in einer Schreckensherrschaft vorzustellen, die zwischen stiller Anpassung, Wegducken und Schweigen oder Flucht in gemeinsame seelische Selbstvergewisserung unter Dissidenten liegen. Wie geht man in ein Verhör, wichtiger noch – wie geht man aus ihm heraus? Dabei scheinen die absurden Stunden, die Herta Müller und ihre Freunde vor den Schreibtischen der Securitate verbracht haben, in ihrem ganzen Werk nachzuhallen.

Sie nimmt sich selbst und ihre Wörter in ein kontinuierliches Verhör – sind sie den Dingen angepasst wie ein Handschuh oder nicht doch wie Handschellen? Sind ihre Texte kahl wie eine Pappel im Winter, oder machen ihre Wörter »große Augen«, die alles sehen, alles aufbewahren wollen – auch das, was vielleicht gar nicht existiert? Und: »Ich habe in meinen Büchern noch keinen Satz auf Rumänisch geschrieben. Aber selbstverständlich schreibt das Rumänische immer mit, weil es mir in den Blick hineingewachsen ist.« Im Rumänischen, einer sinnlichen Sprache, heißt der Gaumen »Mundhimmel«. So hätte Herta Müller es erfinden können.

Ihre Essays sind dort auf der Höhe ihrer so eigentümlichen Romane, wo sie das, was andere Autoren als Handwerk beschreiben mögen, als beinahe aussichtslosen Versuch verstehen, genauer »als Gratwanderung zwischen dem Preisgeben und Geheimhalten«. Erschwert wird diese von dem offenkundigen Wissen der Dichterin, dass nicht nur sie Geheimnisse hat, sondern mehr noch die Wörter selbst. Hier gleicht sie Karl Kraus; der hatte das Gefühl, dass die Wörter, je länger man in sie hineinschaute, schließlich zurückschauten. Auf dem Berliner Schreibtisch von Herta Müller liegen Hunderte von Wortschnipseln, aus Zeitungen herausgeschnitten wie Indizienbeweise, die sie bei Gelegenheit zusammenfügt zu Gedichten, die ganz und gar von und in der Eigenevidenz der Schrift gewordenen Laute leben.

Wer wie Herta Müller an die Wunderkraft von Wörtern glaubt, muss davon ausgehen, dass die Dinge, die die Sprache beschreibt, mit ihren Bezeichnungen leben und, wenn es nötig ist, auch emigrieren können. Und so erzählt sie von einem Baum, der ihr aus Rumänien nach Berlin gefolgt ist: »Berlin ist keine Aprikosen-Gegend, dafür ist es zu kalt. Ich hab in Berlin keinen Aprikosenbaum vermisst. Dann aber, ohne zu suchen, einen gefunden ... Der Baum ist für mich ein Stück weggelaufenes Dorf ... Als wäre das Dorf auch mancher Bäume überdrüssig geworden, als hätten sie sich unbemerkt aus den Gärten davongemacht.«

In Wirklichkeit aber war der Schriftstellerin nur das schöne, weiche Wort gefolgt, das sich seine angestammte Bedeutung gesucht hat, um schließlich jene märchenhafte Idee zu bestätigen, dass selbst die Obstbäume aus der ländlichen Enge und Kontrolle eines furchtbaren Landes geflohen sind. Doch der Vergleich des von der Sprache gebannten Karl Kraus mit Herta Müller endet hier: Jener suchte und fand in einer fast kunstgewerblichen Natur- und Gartenlyrik Trost angesichts der ideologischen Moderne; für Herta Müller war noch jeder Fluss, jeder Stein an seinem Ufer befleckt vom Todeshauch der rumänischen Geheimdienste. Im Fluss konnte man ertränkt werden, die Steine in der Manteltasche zogen die Opfer in die Tiefe.

Die Regierung macht es warm

Mehr als zwei Jahrzehnte nach ihrer Emigration aus Rumänien will und kann Herta Müller ihre Erfahrungen von Angst und tyrannischem Sozialismus nicht vergessen. Sie hat sie mitgebracht in eine fremde Welt namens Deutschland, die es inzwischen vorzieht, sich abzuwenden von der Wirklichkeit eines Landes unter totalstaatlicher Kontrolle. Wir haben eine Behörde errichtet, in der das schlechte Gewissen von 100.000 ehemaligen Stasi-Spitzeln in kilometerlangen Aktenständern verwaltet wird, während ihre eigentlichen Besitzer sich bei *Good Bye, Lenin!* amüsieren.

Seltsam und liebenswürdig ist diese Autorin, die im literarischen Leben Berlins bisweilen mit verschmitztem Lächeln anzutreffen ist; doch in ihren Essays verschlägt es dem Leser das Lachen. Hier schreibt jemand, der an die Gerechtigkeit glaubt und der jeden Satz zum Zeugen dafür aufrufen möchte, wie es wirklich war in dem Land, in dem an jeder Straßenecke die täglichen Lügen aus den Staatslautsprechern bellten und in dem die Regierung die Wintertemperaturen im Wetterbericht um zehn Grad erhöhte, auf dass die Genossen Bürger nicht so froren.

Im geistigen Milieu der Bundesrepublik sind die kritischen Theorien des Totalitarismus bis in die achtziger Jahre hinein abgewehrt worden. Die intellektuellen, kulturellen und politischen Entgleisungen des 20. Jahrhunderts, die sich zu Mord und Totschlag addierten, spiegelten sich wider in den Texten eines Albert Camus oder Elias Canetti, in den Romanen eines Manès Sperber oder den Reflexionen eines Leszek Kołakowski – lauter »Ausländer«, die erst an der Peripherie, dann im Zentrum des totalitären Mahlstroms um ihr Leben schrieben. In Deutschlands »linkem« Literaturbetrieb galten sie als reaktionäre Diversanten. Herta Müllers Essays sind poetische Nachzügler jener Epoche; aber sie sind nur eines nicht: Zuspätgekommene. In ihrer bildgenauen Wahrheit holen sie die Gemeinheiten, die Menschen einander zufügen, in die Gegenwart zurück. Das Bestürzende ihrer Essays liegt im Geheimnis ihrer schönen Sprache. Jedes ihrer Wörter ist ernst, das heißt, sie wiegen schwerer als das ganze Buch.

5.2.2004

Das Kind und der Dichter

Pablo Neruda hatte den Jungen ins Herz geschlossen. In Isla Negra heißt Enrique Segura bis heute »kleiner Neruda«. Ein Besuch in der Heimat des chilenischen Lyrikers zu seinem 100. Geburtstag

Von Karin Ceballos Betancur

Für die einen ist Isla Negra ein Nest, ein chilenisches Kaff mit 200 Einwohnern am schmalen Ende der Welt, 130 Kilometer westlich der Hauptstadt, ein Ort, der im Herbst zu sterben beginnt, wenn die Nächte kälter werden und in Santiago die Schule anfängt. Für die anderen, die Leser und Lyriker, ist Isla Negra Pablo-City, das Zentrum von Neruda-Land. Der mannshohe Zaun um Nerudas Anwesen lässt an einigen Stellen gerahmte Sehschlitze, um auch an Ruhetagen einen Blick werfen zu können auf die Lokomotive im Vorgarten, die Blumen, die Fenster, einen Sehschlitz auf Augenhöhe eines Erwachsenen, einen weiter unten, auf Höhe der Augen eines Kindes. Montags bleibt das Museum geschlossen. Und der Supermarkt. Und der Touristenkiosk. An der Tür zum Haus des Dichters bittet ein Schild Besucher, nicht zu insistieren, dass geöffnet wird. [...]

Zwischen bunten Flaschen von Pariser Flohmärkten, gläsernen Klavierstützen, aufgespießten Schmetterlingen und weinenden Galionsfiguren, umgeben von mexikanischen Teufelchen, Flaschenschiffen, Masken, Steigbügeln, Pferdchen und ausgestopften Vögeln, lebte der Dichter in Isla Negra. In sein Haus auf Sand unter den Zypressen kehrte er immer wieder zurück, von Aufenthalten in seinen beiden anderen Häusern in Valparaíso und Santiago, von freiwilligen und unfreiwilligen Auslandsreisen. Im diplomatischen Dienst war er in Birma, Argentinien, Spanien, Mexiko und Frankreich stationiert. Sein Engagement in der Kommunistischen Partei Chiles zwang ihn Ende der vierziger Jahre ins Exil. 1969 kandidierte er für das Amt des Präsidenten, zog die Kandidatur aber zugunsten seines Freundes Salvador Allende zurück. Zwei Jahre später wurde sein lyrisches Werk mit dem Nobelpreis für Literatur ausgezeichnet.

Der Krebs hatte seinen mächtigen Körper schon nahezu besiegt, als Neruda seiner dritten Ehefrau, Matilde Urrutia, in Isla Negra das Nachwort zu seiner Autobiografie *Ich bekenne, ich habe gelebt* diktierte. Der Text ist eine Anklageschrift gegen die Mörder Allendes, formuliert wenige Tage nach dem 11. September 1973, dem Tag, an dem das Militär putschte. Knapp zwei Wochen später starb Pablo Neruda in einem Krankenhaus der Hauptstadt. Er hinterließ keine Waisen, nicht im juristischen Sinne.

In Isla Negra erzählen die Leute von einem kleinen, dürren Jungen mit Kapitänsmütze, die ihm tief ins Gesicht rutschte, vom Kind, das neben dem Dichter spazieren ging, unten am Strand, der weniger schwarz ist, als man vermuten würde. Die Leute sagen »*Neruda chico*«, wenn sie von Enrique Segura Salazar sprechen, kleiner Neruda, auch heute noch. Der 54-Jährige wirkt schmächtig, trotz der Spritzen und Tabletten, die ihm ein befreundeter Arzt von Neruda verabreicht hat, als er 17 Jahre alt war und immer noch 1,56 Meter groß. 15 Zentimeter mag das gebracht haben. Seine dunklen Augen treten kindchengroß aus dem schmalen Gesicht, am Kinn wächst ein grau melierter Bart.

Seine Finger spielen mit dem roten Leseband, das die Seite der *Gesammelten Werke* markiert, die ihm gehört, ihm allein. Er schiebt das Buch über den Schreibtisch. »Fünf Jahre / von E. / dann sechs Jahre / inzwischen neuneinhalb / immer hier zwischen den Algen der Isla Negra / (...) ein Jahr mehr von Enrique / von Segura / von Salazar / der Enkel von Don Cloro (...) / oh kleiner Astronaut / ich frage Dich, und frage: / wirst Du zurückkehren auf Deinem Schiff / eines Tages?« Das Gedicht, veröffentlicht in der Sammlung Plenos Poderes von 1962, trägt die Überschrift *Für E.S.S.*, Enriques Initialen.

Er ist aufgewachsen an diesem Ort, unweit der asphaltierten Hauptstraße, von der bis heute sandige Pisten abzweigen. Hütten und Häuser haben Wände aus Holz und Dächer aus Wellblech. Ringsum riesige Bäume, vor allem viele. Am Strand von Isla Negra wird noch gestorben. Schilder warnen vorm Bad in der wilden pazifischen Strömung. Von einem Felsen aus schaut die steinerne Büste des Dichters aufs Meer. Die Mütze ist vogelbedingt in einem bedauernswerten Zustand.

»Damals, als ich ihm zum ersten Mal begegnet bin, war mir nicht wirklich klar, wer er ist, das kam erst später, als ich fünf, sechs Jahre alt war.« Enrique Segura sitzt in einem Büro des Museums, das Nerudas Haus war, in einem der vielen Anbauten an ein Gebäude, dessen Fenster das Meer mit dunklem Blau füllt. »Bei mir zu Hause war das Leben hart, deshalb kam ich oft hierher nach der Schule, um mit ihnen zu essen, im Hof zu spielen, umgeben von Blumen und Pflanzen.« Das Haus war kleiner damals, ohne das Arbeitszimmer mit dem Tisch und der Schreibplatte aus Treibholz, die der Dichter aus dem Meer gezogen hat, ohne den Raum für ein ausgestopftes Pferd, ohne Muschelsaal und Kaminzimmer. Draußen im Garten hing die Galionsfigur Medusa an einem Mast und schaute aufs Meer, während Neruda unter ihren hölzernen Brüsten saß und schrieb. 1992, nach dem Ende der langen Diktatur, wurden Pablo Neruda und Matilde Urrutia an dieser Stelle beigesetzt, inmitten einer Plattform, die wie der Bug eines Schiffs in den Pazifik zu stechen scheint.

Er sagt, er sei ein schüchternes Kind gewesen, zurückhaltend, aber eines, das aufblühte, sobald man sich ihm näherte. Warum er es war, den der Dichter in sein Herz schloss, kann er sich noch immer nicht erklären. Enrique Segura schiebt fotografische Zeugnisse über den Tisch, als müsse er sich ausweisen: ein großer, korpulenter Mann im gestreiften Matrosenpullover, der den Kopf schräg senkt und mit dem Finger den Arm des Jungen streichelt, der steif neben ihm steht, das ernste Gesicht von der riesigen Kapitänsmütze auf seinem Kopf vollständig beschattet. »Er sieht so sympathisch aus auf dem Foto, fröhlich, an meiner Seite zu sein – seine Zuneigung hätte jeden treffen können, aber es hat eben mich getroffen.«

[...] Enrique Segura erzählt von einem kalten Abend, an dem Neruda den Fischer Manuel ins Haus bat, um sich aufzuwärmen, Manuel Yankas, der bis heute in seiner Hütte am Strand lebt und auf dem kleinen Platz nahe dem Museum Erdnüsse verkauft. » Ich zog an Nerudas Ärmel und sagte: Aber er riecht nach Fisch, nach Schweiß, er ist schmutzig. Er kann sich doch so nicht auf den guten Sessel setzen. Und Neruda sagte zu mir: Enrique, benimm dich. Jeder Mensch hat das Recht, sich hinzusetzen.«

Es sind Geschichten von menschlicher Größe und moralischer Integrität, die die Bewohner von Isla Negra über ihn erzählen. Von Neruda, dem Diplomaten, der 1939 republikanische Flüchtlinge aus Franco-Spanien nach Chile rettete, von Neruda, dem Kommunisten, der mit seinen Gedichten für die Entrechteten einstand, vom Volksdichter, der am Strand von Isla Negra nie jemandem den Gruß verweigerte. Vielleicht müssen sie diese Geschichten erzählen. Pablo Neruda verdanken die Bewohner, dass überhaupt ein Tourist den chilenischen Sommer in ihrem Dorf verbringt. Täglich defilieren Hunderte an seinen zahllosen Sammlungen vorbei, eingelagerte Erinnerungen, die ohne die Lebenszeichen halb ausgetrunkener Kaffeetassen und aufgeschlagener Bücher zu Exponaten erstarren. [...]

Bis heute spricht Enrique Segura von einem »Märchen«, wenn er an Don Pablo, den großen Dichter, und sein Herz für den kleinen Jungen zurückdenkt. Ein Junge, der sehr stolz darauf war, »mit diesem Riesen durch die Gegend zu ziehen, einsfünfundachtzig und nie weniger als hundert Kilo, an seiner Hand, beide mit Kapitänsmützen auf dem Kopf«. Ein Junge, der glücklich war, am Unabhängigkeitstag die Nerudas in der ersten Reihe des Publikums zu entdecken, wenn er auf die Bühne trat, um Gedichte vorzutragen, weil er glaubte, hoffte, wusste, dass sie seinetwegen gekommen waren, »und ich dachte, obwohl ich es nie wirklich geglaubt habe: Das ist mein Papa. Wenn er hier ist, dann hat das seinen Grund.« Trotzdem hat Enrique Segura sich nie vom düsteren Verdacht befreit, er könnte dem Dichter nur »ein Spielzeug aus Fleisch und Blut« gewesen sein, ein Exponat seiner Sammlung.

Es hätte anders kommen können. Als Enrique neun Jahre alt war, wollte Neruda den Jungen adoptieren. Vielleicht aus Mitmenschlichkeit, vielleicht auch, um das Kind, das bei Festen Gedichte von García Lorca und Rubén Darío rezitierte, »mit ausgebreiteten Armen und Pathos, nicht so monoton wie Neruda« (sagt Enrique), um den Jungen, dem er Kleidung und Schulsachen kaufte, dem er zu Essen gab und den er zu Bett brachte, um Enrique Segura Salazar auch offiziell zu dem Sohn zu erklären, als der er aufwuchs. Aber Enriques Großmutter war strikt dagegen. Und das Kind, das nicht verstand, was das bedeutet, Adoption, fragte einen Lehrer in der Schule, der ihm erklärte: Adoption, das ist, wie wenn man verschenkt wird. Der Plan wurde verworfen. »Wenn man mir das besser verständlich gemacht hätte, vielleicht wäre ich mutiger gewesen und hätte dafür gekämpft.«

Enrique lebte schon lange in einem Nachbarort von Isla Negra, hatte eine Freundin und sah den Dichter nur noch selten, als er eines Nachmittags noch einmal die sandige Straße zum Anwesen herunterkam. Er brauchte ein Empfehlungsschreiben. Neruda schrieb es ihm. Über seiner Unterschrift notierte er mit grüner Tinte »*para casi mi hijo*«, für fast meinen Sohn. »Er fragte mich: Wie sehe ich aus? Älter? Und ich sagte: Nein, Don Pablo. Worauf er erwiderte: Nenn mich nicht Don Pablo, nenn mich Alter.« Es war ihre letzte Begegnung. [...]

Enrique Segura sagt, dass er noch immer sein Aroma im Haus riecht, dass er manchmal seine Schritte hört, sehr laut, dass er keinen Zweifel daran hat, dass die Toten zurückkommen. »Neruda war alles für mich. Er war immer da und ist es noch.« Dass er sich abends oft an sein Grab setzt, um ihm von seinen Erlebnissen zu erzählen und die Fragen zu beantworten, die Neruda ihm in seinem Gedicht hinterlassen hat. Enrique schreibt an einem Buch, ein Geschenk zum 100. Geburtstag des Dichters. »Darin erzähle ich ihm: Wir haben die Rollen getauscht. Ich bin jetzt der Kapitän, weil du nicht mehr da bist, und ich bewache das Haus, von den Kommandobrücken aus, weil das Haus wie ein langes Schiff ist, das in Isla Negra vor Anker liegt.« Ein Schiff, auf dem es still geworden ist.

8.7.2004

Ein Ritter in leerer Landschaft

Michael Ondaatje hat einen neuen Roman geschrieben: »Divisadero«. Wie, das erklärt er am besten selber. Ein Besuch bei dem Dichter in Toronto

Von Susanne Mayer

Mitten in dem neuen Roman von Michael Ondaatje gibt es eine Seite ohne Zahl, als sei die Seite von irgendwoher hereingeflattert und hier gelandet. Auf dieser Seite steht ein kurzer Text, in Kursiv. Der Text beschreibt einen Ort, an dem sich ein Weg und ein Fluss kreuzen. Der Weg taucht unter dem Fluss weg, der Fluss überspült den Weg, es ist eine Furt, und wer dann umblättert, findet sich unverhofft in einer neuen Welt wieder, es ist so, als sei man unter einer Welle durchgetaucht und nun auf der anderen Seite einer semitransparenten Wand. Der Roman, der jetzt in den Buchhandlungen liegt, führt den Leser zunächst in den Norden Kaliforniens, wo drei Waisen, zwei Mädchen und ein Junge, mit einem Mann auf einer abgelegenen Farm groß werden, bis eine Eruption von Gewalt sie auseinanderschleudert, der Roman verfolgt die bizarren Flugbahnen der Entwurzelten und katapultiert sich dann, mit einem Seitenschlag, aus den sonnengebleichten Sierras dieser Handlung heraus und zeitlich zurück, tief hinein ins ländliche Frankreich. Region Toulouse, frühes 20. Jahrhundert.

Eben war man beispielsweise noch in einem Haus am Lake Tahoe, in dem ein junger Mann, Cooper, eine der Waisen, später ein ausgebuffter Pokerspieler, blutig geschlagen an einen Stuhl gefesselt liegt, jetzt geht es um anderes. Eine barfüßige Frau verteilt Dünger auf bracher Erde, ein Mann beobachtet sie, dieser Mann wird später ein berühmter Schriftsteller mit dem Namen Lucien Segura, im hohen Alter beschließt er, sein Leben zu verlassen, noch einmal alles zu wagen, aber das ist schon wieder eine neue Geschichte, eine von vielen im Buch. Übrigens eine, die im großen Bogen durch Zeit und Raum und Buch zurückweist in dessen erste Hälfte, zu Anne, einer der Waisen von der Farm, die Literaturwissenschaftlerin wird und sich eben für diesen Segura interessiert.

Die Episoden der Geschichten taumeln durch den Kosmos dieses großartigen Romans, dass einem schwindelig wird, nur lose sind sie verbunden, zum Beispiel so: Figuren und Motive spiegeln sich. Geschwister, die keine sind, unerlaubte Lieben, Sehnsüchte, nie geäußert, Tonarten des Lebens überlagern sich, manchmal nur in einzelnen Takten. Sie vertiefen sich dann gegenseitig, wie Schatten, die sich kurz begegnen. Der Roman heißt *Divisadero*, was auf Spanisch zweierlei bedeutet, »getrennt sein« und »aus der Ferne betrachten«. Womöglich eine Warnung?

Mr. Ondaatje, ganz schön gewagt, was Sie da machen. Sind Sie ein Hasardeur als Schriftsteller?

»Ein alter Jazzmusiker hat mir einmal das Prinzip der Improvisation erklärt: Am Anfang steht die Furcht, danach: pures Abenteuer!«

Der Sound des alten Pioniergeistes. Auf in unbekanntes Terrain! Woher wissen Sie beim Schreiben, wo die Reise losgeht? Und wohin sie führt?

»Ich fange mit gar nichts an. Mit einem Sandkorn. Ich brauche etwas Physisches, einen Ort zum Beispiel, im Kalifornien von Divisadero habe ich eine Zeit lang gelebt. Manchmal ist es ein Traumbild. Mein Buch *Der englische Patient* begann mit der Vorstellung von zwei Menschen, die sich nachts im Dunkeln unterhalten. Ich hatte keine Ahnung, wer die Leute waren, ich kannte keine Namen, ich wusste nicht einmal, dass die eine Person Hana war, aus meinem Roman *In der Haut des Löwen*. Ich fing an, die Szene zu schreiben. Die Personen traten langsam in Erscheinung.«

Ihre Worte erinnern an John Berger, der beschreibt, wie Figuren in einem Kunstwerk sich aus einem Unbekannten lösen und auf uns zutreten.

»Wo hat er das geschrieben? John und ich sind enge Freunde! *Divisadero* ist John und seiner Frau Beverly gewidmet, wussten Sie das?«

Sie zitieren Berger im Roman *In der Haut des Löwen* mit dem Satz: »Nie wieder wird eine einzige Geschichte so erzählt werden, als wäre sie die einzige.«

»Das ist natürlich auch ein politisches Statement. Es gibt nie nur eine Version von Geschichte. Das wurde mir klar, als ich die Geschichte meiner Familie in Sri Lanka aufschrieb, ich verstand, dass man nicht von einem Standpunkt aus schreiben kann.«

Wie viel hat der Stil Ihrer Romane mit dem Erzählen in Sri Lanka zu tun?

»Vermutlich sehr viel. Ich bin in einer Tradition des mündlichen Erzählens aufgewachsen. Der ceylonesische Roman lebt ja in der Unterhaltung am Tisch, alle sitzen und reden, und keine der Geschichten ist wahr.«

Sie nehmen, wie Parze, eine Vielzahl von Erzählsträngen und verweben sie zu weiten Tableaus. In *Divisadero* bringt eine Ihrer Figuren Breughel ins Spiel, und so ist es, einzelne Szenen leuchten nacheinander auf wie auf einer Leinwand, über die ein Scheinwerfer streicht, und werden wieder ausgeblendet.

»Ja, wenn ich zurückblicke, jetzt, wo das Buch fertig ist, kann ich sehen, dass es so ist. Aber während ich schreibe, bin ich zu nahe an der Leinwand, um es zu sehen.«

Haben Sie manchmal Angst, Sie könnten sich in Ihren Landschaften verlieren?

»Wenn ich schreibe, bin ich wie einer der Ritter, der über die Leinwand wandert, die Farbe ist überall angetrocknet, es gibt gar keine Landschaft, aber vielleicht in der Ferne eine Stadt, zu der er hinkommen möchte.«

Michael Ondaatje hat sich schon in vielen Schlachten erfolgreich geschlagen, man merkt es an der Art, wie er einem gastfreundlich begegnet, offen, soweit es sich ergibt, leichtfüßig scherzend, wie es der Tugendkatalog des angelsächsischen Intellektuellen nahelegt. Sein Roman *Der englische Patient* wurde millionenfach verkauft. Von dem Film, der aus diesem Buch entstand, haben Leute gehört, die nicht wissen, dass es ein Buch mit gleichem Titel gibt, und nicht ahnen, dass der Film nur ein Fragment dieses fein gewirkten Textes aufnimmt. Der neue Roman, in seiner Form der radikalen Komplexität, ist vielleicht das gewagteste Werk des Autors, und wieder gibt es Szenen und Satzfolgen, die man auswendig lernen möchte.

Wenn Ondaatje über sein Werk redet, ist es so, als erstaune ihn der Erfolg. Hochgelobte Lyrikbände zunächst. Dann zwei dokumentarische Bücher über Billy the Kid, den Westernhelden, und Buddy Bolden, Jazzmusiker, Collagen aus Bildern, Gedichten, Erzählfragmenten. Die Geschichte seiner Familie in Sri Lanka, mit Ehetragödien, spleenigen Tanten, exzentrischen Dandys, alle am Ende der Welt oder darüber hinaus, wen könnte so was interessieren, außerhalb des Clans? Es kam ein Brief aus Texas, der berichtete, die eigene Familie sei genau getroffen! Gelächter. Michael Ondaatje ist ein kleiner Mann, nun schon über 60, sein Haar eine weiße Wolke. Aber doch ein Mann mit einer kompakten Ausstrahlung, sinnlich, sagen selbst Männer. Einer, der einer Frau die Tür des Wagens aufhält.

Der Besuch hatte sich einen Ausflug in die Welt der Dichtung gewünscht: das monströse Viadukt, das Menschenleben verschlingende Brückenungetüm aus seinem Toronto-Buch, sollte es das wirklich geben? Er steuert durch Downtown Toronto. Der Wagen: Mittelklasse, in Kanada ist Protzen nicht angesagt. In der trendigen Bloor Street zackt zwar ein Libeskind-Museumsbau mit gigantischen Glassplittern über den Bürgersteig, aber auf der anderen Seite der Straße hockt eine multischattierte Großfamilie auf der zusammengehauenen Veranda eines alten Coffeeshops und reduziert Pancake-Stapel. Überhaupt viele Schattierungen hier, Weißhäutige sind eindeutig in der Minderheit, Ondaatje wirkt nicht die Spur so exotisch, wie die obligaten Beschwörungen auf Buchrücken, »in Ceylon geboren, nach Kanada ausgewandert«, vermuten lassen. Der Wagen schwimmt im Verkehr, in Richtung Osten. Wir streifen Cabbage Town, wo einst makedonische Einwanderer mit Kohldampf ihre Häuser mit Essbarem umpflanzten und heute gedrechselte Buchsbaumsäulen die denkmalgeschützten Fassaden bewachen, welche Geschichten sich dahinter wohl verstecken. Wir sind nun in der Geraden auf die Prince Edward Bridge. Und dann setzt die Brücke in atemberaubenden, weit gespannten Eisenbögen über eine tiefe Schlucht, welche die City im Osten begrenzt.

Spielzeuglaster gleiten lautlos über ihren Kamm. Ein grauer Zug fädelt sich, eine Etage tiefer, entschlossen in den Bauch der Konstruktion. Einmal unter dieser Brücke stehen, so hatte es sein sollen, den Kopf in den Nacken legen und hochschauen entlang der Streben, die sich im Bauch der Schlucht festkrallen und oben die Trassen tragen, die von den Arbeitern damals über den Abgrund geschoben wurden. Auf denen sich, in einer Nacht des Romans *In der Haut des Löwen*, ein Geschwader von Nonnen zu weit nach vorne wagte, bis der Wind eine von ihnen, Alice ihr Name, ach, es kommt alles anders, im Buch wie im Leben. Die Weiterfahrt unter die Brücke ist über Nacht abgesperrt worden. Etwas muss vorgefallen sein, sagt Ondaatje, wir starren in die Schlucht, das Gebüsch in der Talsohle starrt zurück. Fahren wir zum Strand, sagt Ondaatje.

Wir rollen über verschlungene Autobahntrassen nach Süden. Eine Landschaft verstaubter Industriebauten. Keine Schilder. Mitten in einer Unkrautbrache hat jemand eine braun gerostete Fußgängerbrücke abgesetzt und vergessen, Kinder stehen auf der Brücke, als warteten sie auf etwas. Vorbei. Hinter der Uferböschung schimmert das Blau des Sees. Der Wagen läuft aus. Auf einer Campingbank aus Beton hockt eine Gruppe Männer. Trainierte nackte Oberarme. Sie sind umringt von Kampfhunden. Es geht erregt zu. Ondaatje lenkt den Wagen wortlos in einem flüssigen Schwenk zurück auf die Straße. Okay!

Wir zielen nun gen Westen und durchqueren also die Stadt in umgekehrter Richtung, zurück. Die Universität soll sehenswert sein. Ein Gebäude, womöglich entführt aus Cambridge, England? Edle graue Fassaden und verlassen. Semesterferien!

Der Wagen hält am Straßenrand, ein wenig erschöpft von den Ondaatjeschen Wanderschleifen. Einen Steinwurf von hier entfernt sind wir gestartet. Nur ein paar Schritte über die Straße, einen Fußweg entlang und dann um mehrere Häuser herum befindet sich der Verlag Coach House Books. Ein Relikt der sechziger Jahre, das sich mit zeittypischer Unverfrorenheit in seiner Remise aus Backstein gegen die herandrängenden Türme der Finanzwelt behauptet. Über ein Vierteljahrhundert lang war Ondaatje ein Mitglied des Herausgeberteams, Coach House Books ist so etwas wie seine Heimat. Ein Geruch von Maschinenöl und trockenem Papier. Gleich unten, The Heidelbergs, gigantische schwarze Druckmaschinentiere, sechs Meilen Papier pro Tag, 5000 Seiten die Stunde, sagt der Verleger Stan Bevington mit Stolz, hier also ist Ondaatjes erster Lyrikband durchgelaufen, *The Dainty Monster*, 1967, und Bücher von William Burroughs, Allen Ginsberg, dem Verlagsheiligen bp Nichol. Stan mit seiner goldenen Rundbrille verbreitet, wie seine Maschinen, die Aura eleganter Antiquität, aber hat natürlich schon die Neuerscheinungen gesichtet.

»Wie fandest du Gills Roman?«, fragt Stan, Ondaatje sagt: »Großartig!« Stan: »Für einen Erstling.« Ondaatje: »Gill Adamson! Hier hat sie ihren ersten Lyrikband veröffentlicht!« Stan sagt: »Ein Wahnsinn, der Bergrutsch mittendrin!«, worauf Ondaatje schnell und leise droht: »Jaja, verrat es nur.«

Eine steile Treppe hoch, im legendären Coffee Room, sind Gruppenfotos des Verlagsteams an einen Deckenbalken gepinnt und wellen sich unter dem Einfluss von Qualm und Ideen, die vom Tisch darunter zu ihnen aufgestiegen sind. Ein Foto pro Jahr. Aus verwegenen Kerlen werden rundere und zugleich lichtere Herren, da, Ondaatje mitten unter ihnen. Und immer wieder zusammengetroffen.

In Ondaatjes Romanen leben die Menschen in Notgemeinschaften. In *Divisadero* bringt ein Mann, dessen Frau im Kindbett gestorben ist, mit dem eigenen, nun mutterlosen Baby gleich ein weiteres Mädchen aus dem Krankenhaus mit, das ebenfalls seine Mutter verloren hat. Anne also und Claire. Wie Zwillinge, aber doch keine. Dazu Cooper, der als Kleinkind von dem jungen Paar angenommen worden war, nachdem ein Gewaltverbrechen seine Familie ausgelöscht hatte. Coop wird später von seinem Adoptivvater mit Anna beim Liebesakt erwischt, zwei Geschwister, die ja auch keine sind, »keiner von beiden tat den ersten Schritt«, heißt es. »Es war, als triebe beide ein Herzschlag an.« Es gibt kaum jemanden, der wie Ondaatje die Liebe beschreibt, unsentimental, kraftvoll, unausweichlich. Dann die Schläge des Alten, »wie eine Axt«, heißt es.

So reißt es alle auseinander, übrigens eine Umkehrung der Geste, mit der Ondaatje im *Englischen Patienten* eine Gruppe von Versehrten versammelt hatte, in der Villa vor Florenz die traumatisierte Krankenschwester, den verbrannten Engländer, Caravaggio, einen gefolterten Spion, und Kip, einen Sikh, der es auf sich genommen hat, die Bomben zu entschärfen, die um sie herum versteckt sind und in jedem Augenblick ihrer prekären Existenz hochgehen könnten. Was man als eine Grundsituation des Ondaatjeschen Kosmos bezeichnen könnte.

Sie weinen, wenn Sie von Ihrer Familie in Sri Lanka träumen, warum?

»Tue ich das?«

Auf der ersten Seite Ihres Familienbuches.

»Ja, da war was. Ein Albtraum, glaube ich.«

Sie beschreiben Ihre Kindheit in Sri Lanka als Paradies. »Das letzte Anwesen, auf dem wir als Kinder lebten, hieß Kuttapitiya und war berühmt für seine Gärten«, heißt es im schönen Rhythmus. Dann zerbrach die Ehe Ihrer Eltern, mit elf sind Sie Ihrer Mutter nach England gefolgt, haben Ihren Vater verloren. Ein Albtraum.

»Ach, in Sri Lanka hat man ja nicht diese Vorstellung von der Kernfamilie. Eine Schwester und ich waren zunächst bei Onkeln und Tanten untergebracht, es schien vollkommen normal.«

Können Sie sich an den ersten Tag in England erinnern?

»O ja. Man hatte mich in Ceylon auf ein Schiff gesteckt, ich reiste 21 Tage über das Meer.«

Alleine? Mit elf?

»Niemand machte sich Sorgen, es war eine unschuldige Zeit! Ich kam in Tilbury an, im Süden Englands, meine Mutter holte mich ab. Am zweiten Abend schleppte sie mich ins Theater, zu einem Stück, es ging um eine Hochzeit. Ich, ein Elfjähriger, zum ersten Mal in meinem Leben in langen Hosen und Strümpfen, mit festen Schuhen, sitze also in diesem Theater und denke: Hochzeit? Wie wollen sie die große Kirche auf die Bühne bringen?!«

Wurde England ein Zuhause?

»England? Nein!«

Man schickt ihn auf eine Privatschule. Kip, der Sikh, spricht im *Englischen Patienten* von der Gewöhnung an den Raum der Unsichtbarkeit. Ondaatje wird auf grimmige Weise sehr heiter, wenn er von seiner Schule erzählt. Interessanter Laden, eigentlich. Hatte sogar berühmte Autoren unter den Ehemaligen, PG Wodehouse und so, über die natürlich nie geredet wurde, er sagt: »Ich habe erst später gemerkt, dass es auch andere mit Anzeichen von Depression gab.« Er lacht.

Was für eine Welt war die englische Schule, worum gings, was konnten Sie da lernen?

»Sport, Teamgeist, diese englischen Schuldinge, Sie wissen schon.«

Sie hassten es.

»Nein. Es war mir nicht wichtig. Ich machte viel Sport. Es ging mir gut. Auch wenn ich Englische Literatur, in der ich am besten abschnitt, nicht bis zum Schluss machen konnte, weil ich schlecht in Mathematik war. Es war ein Lernerlebnis erster Sorte. Wie man sich zu benehmen hatte.«

Ein Schnellkurs in sozialer Semiotik?

»Wenn man sein Jackett zuknöpfte, war man ein Präfekt, aber wenn man kein Präfekt war, und das Jackett zugeknöpft hatte, war man in Schwierigkeiten. Der Farbe des Schlipses, die Abzeichen am Jackett! Kennen Sie *If?*«

If war ein Kultfilm für eine Generation deutscher Studenten, die sich empörten über die Gewalt der Klassengesellschaft und heute ihre Kinder gerne in die von *If* vorgeführten englischen Internate schicken, weil sie das deutsche Schulsystem frustrierend finden. Gab es Diskriminierung?

»Schon irgendwie. Na ja, nicht zu wenig.«

Sie fühlten sich als Außenseiter?

»Ja. Ich fühlte mich als Außenseiter.«

Ondaatje geht mit 19 Jahren zu seinem Bruder nach Kanada, studiert Literatur, unterrichtet Literatur, fängt irgendwann an zu schreiben. In seinen Büchern sind die Figuren für sich. Sie handeln, als säße in ihnen ein Autopilot, den sie nicht selber einstellen können. Schicksal wäre dafür vielleicht ein großes, aber richtiges Wort. Rationalität spielt keine Rolle, was man vielleicht auch nicht erwarten kann bei einem Autor, der seine Texte aus den Eingebungen heraus erfühlt.

Es sind, deshalb kaum erstaunlich und immer wieder anrührend, Menschen in großer Unschuld. Er bietet ihnen keinerlei Schutz in Beziehungen, das Zusammenkommen von Menschen führt früher oder später zur Abstoßung voneinander. Er führt seine Figuren, emotional und auch physisch, an die Grenze des Erträglichen. Man könnte eine nicht enden wollende Liste aufmachen mit den körperlichen Versehrtheiten dieser Figuren, von der verkohlten Oberfläche des englischen Patienten, den fehlenden Daumen Caravaggios, Coopers taub geprügeltem Verstand, dem Hinken seiner Fastschwester Claire, dem Glassplitter im Auge des Schriftstellers Lucien Segura. »Hau ab, Billy, oder ich leg dich um«, heißt es auf der ersten Seite von *Billy the Kid*. Man könnte es als Motto für das Werk nehmen, wenige Zeilen später gibt es die ersten Toten, Schulter weggerissen, Kopf zersplittert. Es ist, als suche Ondaatje etwas im Zentrum der Gewalt, was leichter nicht zu haben ist.

Es gibt kaum böse Menschen in Ihren Büchern, aber so viel Gewalt. Gewalt ist oft der Motor des Geschehens. Stärker als der Wille der Menschen.

»Stimmt.«

Macht Gewalt Ihnen Angst?

»Ja. Ich glaube schon. Ja, ich glaube, ich habe Angst vor Gewalt.«

In Anils Geist dreht sich alles um Gewalt, um die Massaker im Bürgerkrieg von Ceylon, und das Buch wird mit jedem Lesen dunkler.

»In Anils Geist ist die Gewalt endlos.«

Wie empfinden Sie diese Düsternis beim Schreiben?

»Es war sehr schwierig, das zu schreiben. Ich musste dreimal tief durchatmen, um das Thema anzupacken. Ich hatte sehr lange vorgehabt, darüber zu schreiben. Es war der Horror. Die Recherche, meine ich.«

Wie recherchiert man Massenmord?

»Ich bin mit Ärzten durch Sri Lanka gereist. Ich war mit Anthropologen in Guatemala unterwegs, ich habe an einem Seminar teilgenommen, in dem Forensiker ausgebildet wurden. Ich bin, während ich schrieb, viele Male zurückgefahren nach Sri Lanka, habe Unterlagen in einem Dokumentationszentrum studiert. Was das Schreiben erst möglich machte, war, die Perspektive einer Ärztin zu wählen, die den Körper erst sieht, wenn er tot ist. Alles, solange sie nicht die Hinrichtungen bezeugen müsste, das wäre Pornografie geworden.«

Die Ärztin macht es sich zur Aufgabe, die Wahrheit über diesen einen Toten herauszufinden, und es gelingt. Welche Wahrheit aber liegt hinter den vielen miteinander verschlungenen Geschichten, die Sie in *Divisadero* erzählen?

»Es wären für mich die Echos in diesen Geschichten. Jeder muss seinen eigenen Weg gehen, aber vielleicht kommen sie, wie beim Jazz, irgendwann wieder zusammen. So wie Anna über ihren Vater redet und Segura über seine Kinder, so reden sie letztlich über dasselbe. Es wäre so etwas wie Erkenntnis. Ein Zeichen von emotionaler Heilung.«

Alle, so alleine sie sind, sind doch damit beschäftigt, sich um andere zu kümmern, man könnte das für ein christliches Thema halten, wüsste man nicht, dass der Autor, in der anglikanischen Kirche groß geworden, von sich sagt, er habe den Buddhismus, der das Leben auf Sri Lanka durchtränkt, schon immer faszinierender gefunden. Mitgefühl wäre der passende Begriff, Mitgefühl als Tugend. Hana versorgt den englischen Patienten, im Roman *In der Haut des Löwen* rettet ein Bauarbeiter die von der Brücke fallende Nonne mit dem Namen Alice, die später eine Tochter Hana bekommt, die ein Freund ihrer Mutter aufzieht, weil Alice bei einem Sprengstoffattentat umkommt.

Anna, die in der Straße wohnt, die Divisadero heißt und dem Roman ihren Namen leiht, erzählt das Leben von Claire und Coop, als Fantasie, um sie so zu begleiten. »Ich halte in der Ferne nach denen Ausschau, die ich verloren habe, und so kommt es, daß ich sie überall sehe«, sagt Anna.

Erzählen also als Verweilen. Wörter sind Berührungen, aus der Distanz. Man könnte sagen, Erzählen bringt so das Wesen von Sprache zu sich. Die Breite des Erzähltableaus mag verwirren, das Wesentliche findet sich in der Tiefe. Dort berührt es einen. Ondaatjes Bilder erreichen ihre Leser wie sonst vielleicht nur Musik.

»Als er älter wurde, entwickelte er eigene Wörter, als hätte er sie Zweig für Zweig von einem lichten Feld gesammelt. Er sagte ein paar Worte zu sich selbst, Worte über ein rostiges Tor oder ein nervöses Tier, das ein Boot betreten sollte, und diese gesprochene Szene wurde für ihn unauslöschlich«, heißt es über den Schriftsteller Segura als jungen Mann, der später, als er alt ist und die Geschichte vorbei, in ein Boot tritt, dessen Planken verrottet sind.

So weit zu dem Schriftsteller im Buch. Der andere winkt knapp zum Abschied, fädelt dann seinen Wagen in den Verkehr auf der Bloor Street ein, fährt, gelegentlich stockend, weiter.

30.8.2007

Der letzte Mann in Europa

George Orwells Romane »Die Farm der Tiere« und »Neunzehnhundertvierundachtzig« sind Klassiker – seine politischen Analysen provozieren bis heute

Von Mathias Greffrath

Die Schweinebande auf der Farm der Tiere war die Stalinsche KP, der Staat Ozeanien Prototyp eines technologisch hochgerüsteten Elendskommunismus und George Orwell ein Autor für die Lesebücher der Oberstufe, ein halbes Jahrhundert lang. Wegen seines vorbildlich klaren Englisch – und als Waffe im Kalten Krieg. »Aber ich muß Ihnen sagen«, so schrieb er einem Leser, »ich glaube, diese Dinge sind insgesamt im Vormarsch.« Die Herrschaft »anglo-amerikanischer Millionäre« oder des »100%-Amerikanismus« sei »so totalitär«, wie es sich nur denken lässt. Orwell hat über die Jahre unseren Blick für »diese Dinge« geschärft, für Gehirnwäsche, Folter, Loyalitätsaufmärsche. Aber auch für deren freiheitlich-demokratische Äquivalente: fabrizierte Lügen, die zum Krieg führen, die Ausrufung nationaler Gebetstage, die Erscheinungsformen unverordneter Zensur oder Behörden, die unsere E-Mails überwachen. Wir haben von Orwell gelernt, die saisonalen Ergänzungen der *newspeak,* der »Neusprache«, zu dechiffrieren: »Gerechtigkeit ohne Grenzen« etwa oder »Reform«. Wer noch mit Gedächtnis begabt ist, kann das alles durchschauen. Aber es verstärkt nur das Gefühl der Ohnmacht. Wir haben uns an »diese Dinge« gewöhnt. Auch an die neuen Formen des Big Brother, des allgegenwärtigen Großen Bruders, die Orwell kommen sah. Noch während er an *Neunzehnhundertvierundachtzig* schrieb, polemisierte er gegen die »Vergnügungszentren der Zukunft«, diese Fit-for-Fun-Konglomerate aus Schwimmbad, McDonald's, Kegelbahn, Konzerthalle und vor allem Musik, Musik, Musik, in alle Ritzen der Welt geschmiert. Das wirke darauf hin, »unser Bewußtsein zu schwächen, die Neugier zu trüben und uns ganz allgemein den Tieren anzunähern«.

»Das tödliche Ding«: Der Verrat an der Klempnerstochter

So zivilisiert dem mitteleuropäischen Wohlstandsbürger sein komfortabler Erdenwinkel auch erscheinen mag – die Welt, als Ganzes genommen, sieht gar nicht so viel anders aus als Orwells perfide Wohlfahrtsdiktatur in *Neunzehnhundertvierundachtzig*. Ozeanien heute, das ist der Turbofeudalismus, ein grenzenloses Reich aus Multis, Finanzmärkten, Medien und US-Marines. In den Weltmarktburgen leben die Kernarbeiter des Kapitals, mit allen Privilegien versehen, darum herum die Zone der Zulieferer, die mit reduzierten Löhnen und Sicherheiten leben müssen. Und noch weiter draußen die geplünderten Südregionen, die Slums und Sweatshops der Megametropolen, in denen das Heer der *proles* im Dunkeln vegetiert.

Eric Arthur Blair wurde am 25. Juni 1903 als Sohn eines Steuereintreibers in Motihari, in Indien, geboren; ein Jahr später zog die Mutter mit ihm und seiner Schwester nach England, wo sich die Familie in Henley-on-Thames ein Haus kaufte. Er war ein Kind jener schäbig vornehmen Unterschicht der Oberschicht, die von wenig mehr zusammengehalten wurde als von bröckelnden Werten: Ehre, Ehe, anständiges Englisch, Soldatentugenden und dem Dünkel gegenüber der Unterklasse. 1948, zwei Jahre vor seinem Tod, notiert George Orwell im Krankenhaus ein Gedicht über die Klempnerskinder, die Spielkameraden seiner frühen Tage: »Wie lange währte dies Paradies / nicht mal ein Frühling verging / es war, glaub ich, immer noch Mai / da beging ich das tödliche Ding. // Ich traf die Kinder auf der Straße / und ich sagte es, ja, ich sagte es / Ich darf nicht länger mit euch spielen / meine Mutter sagt: Ihr seid gewöhnlich. // Ich selbst bin bis heut ungewöhnlich / wie irgend nur jemand im Land / solid wie der Fels von Gibraltar / und in Oxford-Englisch gewandt. // Doch seit jenem Tag hab ich niemals geliebt / nur solche, die mich nicht liebten.«

»Das tödliche Ding« – der Klempnerstochter auf Geheiß der Mutter zu sagen, sie sei »gewöhnlich« –, dieser dreifache Verrat des Sechsjährigen an den Freunden, an der Lust und am eigenen Willen schmerzte immer noch. Die Erinnerung an die Einübung in die Klassengesellschaft, an die körperliche Trennung der Oberen von den Unteren, an die Furcht und den Ekel der Erwachsenen vor ihren Angestellten (»*They smell*« – »Sie riechen«), an die Unterdrückung der Wildheit und jeder Umarmung – sie ist der Untergrund von Orwells Lebensthema. Der tausendfache Verrat ist das Futter, mit dem die Machtapparate und Hierarchien aller Art sich speisen. Die Macht lebt vom Verrat der Ohnmächtigen untereinander, vom Mord am Gefühl und am Gewissen. Diese Lektion steckt im schwarzen Kern von *Neunzehnhundertvierundachtzig*. Erst als er sein tiefstes Gefühl verrät, seine Liebe zu Julia, wird Winston Smith, der Protagonist des Romans, zum Victory Gin saufenden Ausführungsorgan der Machthaber. Nur weil die Winstons die Julias verraten, und die Julias die Winstons, können die Großen Brüder leben, und weil alle voneinander wissen, dass sie Verräter sind, wachsen das Misstrauen und die Einsamkeit. Die Furcht vor der Folter ist das totalitäre Extrem. Aber der Verrat hat seine demokratische Normalzeit: Die Angst, aus dem Netz der Gesellschaft zu fallen, trennt die Menschen; der Kampf im Rattenrennen macht uns füreinander unempfindlich.

Er habe, schrieb Orwell gegen Ende seines Lebens, »die Sklavenseele Stück für Stück aus sich herausgeprügelt«. Fotos aus der Internatszeit in St. Cyprian's in Sussex (zur Vorbereitung auf Eton – ein Stipendium hatte es möglich gemacht) zeigen einen weichen, pausbäckigen Jungen, der oft weinte, das Bett nässte, heimlich dichtete. »Ich bezweifelte nicht die herrschenden Regeln«, erinnert er sich später. »Wie konnten die Reichen, die Starken, die Eleganten, die Schicken, die Mächtigen Unrecht haben? Ich rebellierte nie intellektuell, nur dem Gefühl nach.« Der Internatszögling Eric Blair taucht ab, um »in der Mitte seines Herzens ein unkorrumpierbares Selbst« zu schützen. Und dieses Selbst weiß: Was immer er äußerlich zu tun gezwungen ist – das »einzige echte Gefühl«, das er gegenüber dieser Gesellschaftsmaschinerie hat, ist »Haß«.

Die Zeit in Eton verliest, verträumt, verliebt er. Die Abschlussnoten reichen nur für eine Karriere als Polizeibeamtenanwärter in Birma. Dort, in Mandalay und später im Irawadi-Delta rund um Rangun, beobachtet der 20-Jährige, wie der Reichtum des Empire erprügelt, erschossen, erpresst wird. Er blickt genau hin, auch wenn er Exekutionen kommandiert. 1927, nach fünf Jahren, beim ersten Heimaturlaub, kommt er um seine Entlassung ein. »Die Gesichter haben mich verfolgt«, schreibt er, die Gesichter derer, die er geschlagen, gedemütigt, missachtet hat, »ich hatte ein furchtbar schlechtes Gewissen«.

Und er beschließt: abzusteigen. Kauft sich gebrauchte Klamotten, lebt in den Arbeitervierteln von London und Paris, vagabundiert durch Südengland, als Hopfenpflücker, Gelegenheitsarbeiter, Kellner, Hilfslehrer, geht den Weg zurück, der ihn von den Klempnerskindern entfernt hat, und schreibt 1928 für Henri Barbusses *Le monde* seinen ersten professionellen Artikel, über die Zensur in England. Eric Arthur Blair verwandelt sich in George Orwell, auch äußerlich: ein hagerer Mann, einen Meter neunzig groß, der mit ein paar Hosen und abgestoßenen Jacketts durchs Leben kommt, selten länger als fünf Stunden schläft, weil er trotz der sieben Romane, der zwei großen Reportagen, der 700 Essays und Artikel, die er in 20 Jahren schreibt, nie das Gefühl verliert, »daß ich zuviel Zeit vertrödele«.

Er bewundert die großen Autoren seiner Zeit, Lawrence, Eliot, Pound, Henry Miller – aber wo ist der Zweck ihres Schreibens? »Unsere Augen werden auf Rom gerichtet, auf Byzanz, auf den Montparnasse, auf Mexiko, auf die Etrusker, auf das Unbewusste und auf den Solarplexus – auf alles außer auf die Orte, wo gerade wirklich etwas geschieht.« Und die Jüngeren, die sich der neuen, der kommunistischen Religion in die Arme werfen: Spender, Auden, Isherwood? »Pfadfinderatmosphäre mit nackten Knien und gemeinschaftlichem Singen.«

1933 erscheint bei Victor Gollancz sein erstes Buch: *Down and out in Paris and London,* eine Reportage-Bilanz seiner Wanderjahre. Orwells Ehrgeiz wird es, aus dem politischen Journalismus eine Kunst zu machen. »Mein Ausgangspunkt ist ein Gefühl von Parteilichkeit, ein Gespür für Ungerechtigkeit. […] Meine erste Sorge ist, gehört zu werden. Aber ich könnte weder ein Buch schreiben noch einen Artikel, wenn es nicht auch ein künstlerisches Erlebnis wäre. […] Es handelt sich darum, meine ureigensten persönlichen Neigungen und Abneigungen mit einer im wesentlichen öffentlichen, auf allgemeine, nicht individuelle Fragen gerichteten Arbeit zu verschmelzen, wie sie unsere Epoche jedem von uns aufzwingt.«

Die Choräle der Putzfrauen auf den Fluren der BBC

Aufzugeben, Pazifist oder Aussteiger zu werden, das sei nur legitim, wenn es nicht darauf ankomme, wer siegt. Aber solange es einen Unterschied mache, gelte die Pflicht zum Kampf. Er jedenfalls spüre diese Pflicht, erklärt er dem kopfschüttelnden Henry Miller, der ihn in einem Pariser Hotel anbrüllt, die Zivilisation gehe sowieso vor die Hunde – und ihm einen Pullover um die Schultern legt, weil es so verdammt kalt sei in Katalonien um diese Zeit. Orwell will über den Spanischen Bürgerkrieg nicht nur schreiben, das kommt ihm »unanständig« vor. Im Dezember 1936 reist er nach Barcelona, um als Soldat mitzukämpfen. Nicht in den kommunistischen Prominentenbrigaden, sondern bei den Elendsten unter den Republikanern: bei den Anarchisten. Und sein Bericht aus Barcelona macht deutlich, was Republik für ihn heißt: »Menschliche

Wesen versuchten, sich wie menschliche Wesen zu benehmen und nicht wie Rädchen in der kapitalistischen Maschine. Kellner und Ladenaufseher schauten jedem aufrecht ins Gesicht und behandelten ihn als ebenbürtig. Unterwürfige, ja auch förmliche Redewendungen waren vorübergehend verschwunden.« Im Mai 1937 trifft ihn eine Kugel in den Hals; er überlebt und rettet sich wenig später mit seiner Frau Eileen über Frankreich zurück nach England.

»Vom Gefühl her definitiv links«, nannte er sich einen »Tory-Anarchisten«. Noch vor seinem Einsatz in Spanien war er im Auftrag von Victor Gollancz ins Revier der arbeitslosen Bergarbeiter nach Nordengland gereist. Daraus entstand sein vielleicht stärkstes Buch, *Auf dem Weg nach Wigan Pier*, eine statistisch unterfütterte Reportage, zugleich ein politischer Essay und eine moralische Kritik am Mittelschichtsdasein. Es sei »für unsereinen« beschämend, so sein Resümee, zuzusehen, »wie arme Teufel unter Tage dafür sorgen, daß Sie und ich und der Herausgeber des *Times Literary Supplement* und die Schöngeister und der Genosse X, Verfasser des Marxismus für Minderjährige, es ein wenig warm haben«. Als er im Zug zurück nach London saß, beobachtete Orwell eine früh gealterte junge Frau, die im Garten eines Slum-Hauses auf kalten Steinen kniete und ein Abflussrohr reinigte. »Sie sah auf, als der Zug vorbeifuhr, und ich merkte mit einem Schlag, wir irren, wenn wir sagen, dass es für sie nicht das Gleiche ist, wie es für uns sein würde. Sie wußte genau, was mit ihr geschah.«

Sozialismus, das ist für Orwell vor allem anderen: Würde. Und politischer Verrat ist der Verrat am instinktiven Gefühl für Gleichheit. In den Familien der Bergleute fand Orwell, was er später, in *Neunzehnhundertvierundachtzig*, Winston Smith sagen lässt: »Wenn es Hoffnung gibt, dann bei den *proles*.« Nicht wegen irgendeiner revolutionären Kraft des Proletariats. Orwell schätzt vielmehr die Unverblümtheit, die Familienloyalität, die instinktive Solidarität, die Körperlichkeit, die Gelassenheit derer, die gar nicht erst Karriere machen (können), die außerhalb von Hierarchie und käuflicher Unverwechselbarkeit leben (müssen). Später, in den Vierzigern, als er, umgeben von Angestellten und bezahlten Intellektuellen, bei der BBC in der Kriegspropaganda-Abteilung arbeitet, notiert er in sein Tagebuch: »Die einzige Zeit, in der man Menschen im Funkhaus singen hört, ist früh am Morgen, zwischen sechs und acht. Dann sind die Putzfrauen da. Sie singen wunderbare Choräle, wenn sie die Gänge fegen.«

Es sind bittere Jahre: Die Tuberkulose beginnt ihn zu quälen, noch im Juni 1944 wird er in London ausgebombt, ein Dreivierteljahr später stirbt seine Frau nach einer Operation. Dann, im August 1945, erscheint die Novelle *Die Farm der Tiere*, seine Abrechnung mit dem Stalinismus. Vier Jahre später *Neunzehnhundertvierundachtzig*, das Lehrbuch über den totalen Verrat.

»*Socialism as I understand it*«, pflegte er zu sagen – »der Sozialismus, wie ich ihn verstehe«. Das hat ihn zeitlebens quer stehen lassen, zu den Politkommissaren der KP, zu den von »Verantwortung« korrumpierten Sozialdemokraten, zu den Pazifisten, die im Kampf für die plutokratischen Demokratien keinen politischen Sinn sahen, zu den »Bubi-Linken« in den Londoner Salons, den Ästheten, die die Arbeiterklasse kulturell »heben« wollten, zu den »miefigen kleinen Orthodoxien« der Quäker, Sandalenträger, Weltverbesserer, Trotzkisten oder Yogi-Jünger. Sein Sozialismus war anarchistisch und frugal: »Unter dem kapitalistischen System [aber] müssen, damit man in England relativ komfortabel leben kann, hundert Millionen Inder auf dem Existenzminimum vegetieren – ein schlimmer Zustand, aber man willigt jedesmal in ihn ein, wenn man in ein Taxi steigt oder einen Teller Erdbeeren mit Sahne ißt. Die Alternative besteht darin, dass wir alle hart arbeiten und hauptsächlich von Kartoffeln und Heringen leben. Das ist das allerletzte, was irgendein Linker will.«

Ein halbes Jahrhundert nach *Neunzehnhundertvierundachtzig* hat der Kapitalismus in den reichen Ländern Gleichheit durch Konsum ersetzt, aber nach wie vor zahlt der arme Teil der Welt den Preis. »Im Zweifel«, sagt ein ehemaliger linker Realist wie Peter Glotz heute, »werden sich die Eliten einigeln, die Zahl der Bodyguards erhöhen und die Polizei militarisieren. Die Gier der Mittelschichten, das, was sie haben, mit Erbitterung und Radikalität zu verteidigen, ist märchenhaft.«

Amerika wird mit Englands Hilfe die Einigung Europas sabotieren

Die Umstände seien gegen den Sozialismus, schreibt Orwell 1947. »Wenn ich ein Buchmacher wäre, würde ich darauf wetten, daß die Zivilisation innerhalb der nächsten paar hundert Jahre zugrunde geht.« Und dennoch setzt er gegen die Herrschaft der »amerikanischen Millionäre« auf ein vereinigtes sozialistisches Europa, das seine politische Kultur, seinen Weg zum egalitären Sozialstaat, zur demokratischen Lenkung der Produktion verteidigen kann. Die Schwierigkeiten seien enorm: Die kapitalistischen USA würden, mithilfe ihres »Schutzgebietes« Großbritannien, die Einigung des Kontinents sabotieren. Vor allem aber müsse Europa aufhören, den Rest der Welt auszubeuten. Es müsse Afrika und den Nahen Osten zu Demokratien »auf völlig gleicher Stufe mit den europäischen Völkern« entwickeln. Eine »ungeheure geistige Neuorientierung« sei dazu erforderlich – weniger der Völker, die zumindest "passiv darauf vorbereitet« seien, als der Eliten, denen die Vorstellungskraft fehle, zu sehen, was getan werden müsse, und die Kraft, die »nötigen Opfer von sich und ihren Anhängern zu verlangen«. Aber: »Wenn überhaupt, dann Europa.« Heute hieße das wohl: Wollen wir Mittelschichtler für ein Wiener Schnitzel 50 Euro bezahlen, damit der Koch sein Kind aufs Gymnasium schicken kann, und für die Putzfrauenstunde 20, damit auch die Bulgaren und Serben Tarifverträge einführen?

Aber es gibt da noch ein Hindernis für den Sozialismus, so wie Orwell ihn verstand. Es ist der Geist der Fortschrittler, die in der Produktivität und nur in ihr den Hebel zum Heil sehen. »Weil ihre Augen an den wirtschaftlichen Fakten klebten, nahmen sie an, dass der Mensch keine Seele hat, und explizit oder implizit haben sie das Ziel einer Utopie errichtet, die rein materialistisch ist.« Sozialismus und Kapitalismus in ihren gängigen Spielarten teilen, was Orwell »die billige Auffassung von ‚Fortschritt'« nennt. Die »Maschinenzivilisation« mit ihren Großbetrieben, Großbürokratien, Großtechniken, in der es »keine Unordnung geben wird, keine unverarbeiteten Fäden, keine Wildnis, keine wilden Tiere, kein Unkraut, keine Krankheit, keinen Schmerz«, sondern nur noch »mehr Hygiene, mehr Effizienz, mehr Maschinen« – bis man im »Paradies kleiner fetter Männer« angelangt ist. Wenn politische Gleichheit nur als materieller Wohlstand verstanden wird, dann ist das Resultat »Degeneration«. Orwell mokiert sich, dass Tische nicht mehr solide gearbeitet sind und glatt polierte Äpfel aus Neuseeland nach Sägespänen schmecken. Er besteht auf einer natürlichen Welt nach menschlichem Maß. »Denn der Mensch bleibt nur menschlich, wenn er das Einfache in seinem Leben bewahrt.«

Der deutsche Schriftsteller Arthur Koestler bemerkte seine »gnadenlose Integrität«, andere Freunde entdeckten an ihm etwas »Johannes-der-Täuferartiges«, »etwas sehr Unschuldiges und furchtbar Einfaches«. Orwell sah keinen Grund, als richtig erkannte Gewohnheiten dem Fortschritt zu opfern: einfache Genüsse, gesunde Härte. Er war ein Asket, der sich seine Möbel selbst tischlerte, den Garten bestellte und in dem Dorf, in dem er 1936 lebte, einen Krämerladen für die Bauern eröffnete. Ein Atheist, der das Ableben einer Religion begrüßte, die das Elend auf Erden mit dem tröstenden Hinweis auf die Gleichheit im Himmel verzuckert hatte. Aber ohne »etwas wie Religion«, hielt er dafür, kämen wir nicht aus. »Wenn der Tod allem ein Ende setzt, fällt es viel schwieriger zu glauben, dass man auch dann im Recht sein kann, wenn man besiegt worden ist. Staatsmänner, Nationen, Theorien, Aktionen werden dann fast zwangsläufig nach ihrem materiellen Erfolg beurteilt.«

Etwas wie Religion: Orwell verstand darunter die Ahnung, »daß der Mensch kein Individuum« ist, sondern etwas fühlt »von einem Organismus, der größer ist als [er] selbst und sich in Vergangenheit und Zukunft erstreckt [...] Noch ein bisschen mehr Bewußtsein davon – und der Sinn für Loyalität könnte auf die Menschheit selber übertragen werden. Was keine bloße Abstraktion ist.« Sondern die Lehre einer irdischen Religion (»Wir müssen lernen, Brüder zu sein, auch ohne einen gemeinsamen Vater«), die ihren Anhängern etwas zumutet. Denn »das Wesen des Menschen besteht darin, daß man letztlich bereit ist, zu verlieren, geschlagen und zerbrochen am Leben. Es ist der unentrinnbare Preis dafür, daß man seine Liebe zu den anderen behält.«

Einer seiner Romanhelden fragt fassungslos: »Warum lassen sie sich so etwas gefallen?«, als er sieht, wie die Verkäuferinnen im Warenhaus von einem Kommis zusammengestaucht werden. Es ist für Orwell eine Art »spirituellen Selbstmordes«. Ihn nicht zu begehen, die einfachen Wahrheiten und sich selbst nicht zu verraten, »den Sklaven aus sich herauszuprügeln«, das bleibt wohl die letzte und stärkste Waffe im permanenten Kampf um die tägliche Republik. »Nicht indem man sich Gehör verschaffte, sondern indem man sich unversehrt bewahrte, gab man das Erbe der Menschheit weiter«, schreibt Winston Smith in sein Tagebuch. Und Orwells letzte Eintragung in das eigene Journal lautet: »Mit fünfzig hat jeder das Gesicht, das er verdient.«

Er war erst 46, als er am 21. Januar 1950 in London an der Tuberkulose starb. Und er hatte lange geschwankt, wie er seinen letzten Roman nennen sollte: »Neunzehnhundertvierundachtzig« oder »Der letzte Mann in Europa«.

18.6.2003

Prophet im Land der Könige

Der israelische Bestsellerautor Amos Oz kämpft für den Frieden und streitet deshalb mit den Pazifisten

Von Fredy Gsteiger

Eigentlich paßt die Biographie nicht auf den Träger des diesjährigen Friedenspreises des deutschen Buchhandels: Im Sechstagekrieg hat er in einer Panzereinheit im Sinai gekämpft, im Jom-Kippur-Krieg focht er auf den Golanhöhen. Und die deutsche Friedensbewegung nennt er »sentimental«. *Make love not war* ist für Amos Oz ein dämliches Schlagwort. Andererseits hat der 53jährige Israeli, dessen Bücher in über zwanzig Sprachen übersetzt sind, mehr für den Frieden getan als manch europäischer Pazifist, der buntbemalte Bettücher mit Antikriegsparolen schwenkt.

Am Ende der Nof Street von Arad, wo Amos Oz seit sechs Jahren lebt, beginnt unmittelbar die Wüste. Nach über dreißig Jahren Kibbuzleben ist er nicht ganz freiwillig hierher, in den Negev, ans Ende der Welt, gezogen. Doch hier kann sein asthmakranker Sohn atmen. Und Oz auch.

Im übrigen weiß Amos Oz durchaus, daß er eine politische Figur ist. In dieser Rolle ist er womöglich wichtiger denn als Literat. Literaten hat Israel viele. Im Zentrum der Macht leben möchte er jedoch nicht. »Ich habe das Temperament eines politischen Guerilla. Wut und Frustration zwingen mich, aus meinem Versteck hervorzubrechen und mit einem Buch oder einem Essay zuzuschlagen. Dann verberge ich mich wieder.«

Schon Staatsgründer Ben Gurion war von dem jungen Oz (der eigentlich Klausner hieß und sich den hebräischen Namen für »Mut« oder »Stärke« selber zulegte) beeindruckt. Ministerpräsident Peres sah in ihm einen »exzellenten« israelischen Regierungschef. Oz winkt ab: »Ich bin kein Václav Havel. Ich bin Geschichtenerzähler. Das reicht!« Doch dann fügt er schmunzelnd an: »Nun gut, wenn man mir die Tschechoslowakei anböte ...«, um den Scherz schnell beiseite zu wischen: »Nein, ich bin für dieses Amt nicht qualifiziert.«

Gleichwohl verkörpert Amos Oz das heutige Israel weit besser als die beiden greisen Kämpen, die tatsächlich Premierminister werden wollen. Nicht daß Oz typisch wäre für Israel. Typisch ist hingegen für Israel, daß es einen wie ihn gibt. »Wir sind das Land des anarchischen Individualismus. Das ist das beste an diesem Staat. Jeder Taxifahrer weiß hier eine Lösung zur sofortigen Rettung der Nation in drei einfachen Schritten.«

Immerhin vermutet Amos Oz, daß »meine Vorstellungen immer weiter verbreitet sind«. Fast jeder zweite Israeli ist heute grundsätzlich bereit, Land gegen Frieden einzutauschen; vor zwanzig Jahren war das kaum einer. In seinen Büchern, deren weltweit bekannteste wohl *Blackbox, Mein Michael* und *Eine Frau erkennen* sind, beschreibt Oz sein Land und die Israelis. Frühmorgens geht er in der Wüste spazieren, dann trinkt er Kaffee und setzt sich hernach in seiner wegen des wuchernden Gartens dämmrigen Studierstube im Keller hin und überlegt, »was wäre, wenn ich er oder sie wäre«.

Das Israelbild, das er auf diese Weise einfängt, entspricht kaum den gängigen Vorstellungen und Vorurteilen. Und es ist – wirklichkeitsgetreu – voller Widersprüche. Er zeichnet ein lebensfrohes, leidenschaftliches, vielfältiges, ein eigentlich ganz normales Volk – wäre da nicht diese leidige Frage, dieser ewige Alptraum um Leben und Tod. »Dieses Problem stellt sich halt auch Leuten, die im Grunde eher an gutem Essen interessiert sind.« Solange es Millionen von Menschen gebe, die denken, Israel sollte nicht existieren, könne Israel kein völlig normales Land sein. Und es darf sich nur wenige Fehler erlauben.

»Noch ist es zu früh für uns, die *Kleine Nachtmusik* zu spielen.« Aber anstatt im Labyrinth der Krisen und Ängste herumzuirren, fordert Amos Oz Lösungen. Schon seinerzeit im Kibbuz fand er das ständige Lamentieren über die »Kibbuzkrise« müßig, nachdem private Kaffeekocher in jedem Haus die Gemeinschaftsidee nach Meinung vieler zu zerstören schienen.

Heute denkt er eine Nummer größer. Diesmal geht es um die Rettung Israels. Die jüdische Tradition verlangt – in einem Maße wie sonst allenfalls noch die russische – von einem Schriftsteller, sich in öffentliche Angelegenheiten, also in die Politik, einzumischen. »Autoren müssen hierzulande Propheten sein« – auch wenn man im Land der Könige, von David bis Jitzhak Schamir, nicht unbedingt auf Propheten zu hören pflegt. Also betreibt Oz zur Zeit Wahlkampf.

Er will die Zweistaatenlösung: Ballast abwerfen, um das Wesentliche zu behalten. »Wir brauchen einen Friedensvertrag. Aber ich bin nicht naiv: Auf Vertrauen oder gar auf Liebe darf er nicht gründen.« Die PLO ist für ihn »eine der übelsten Unabhängigkeitsbewegungen der Welt«. Doch Frieden müsse man mit dem Feind schließen – »nicht weil er *nett* ist, sondern weil er *da* ist«. Beide Parteien brauchen Sicherheitsgarantien. Beide vertrauen einander nicht – und beide haben gute Gründe dafür. »Es geht hier nicht um aufkeimende Liebe, sondern um eine faire Scheidung.« Im Grunde handle es sich um ein Grundstücksgeschäft. »So etwas ist immer heikel, aber gute Geschäftsleute können es regeln.«

Für die Israelis sei das einsichtig. Aber in Amerika und Europa fand Amos Oz für seine Sichtweise bislang wenig Verständnis. Besonders die »liberalen, wohlmeinenden Europäer« glaubten immer noch, es gehe darum, sich bei einer Tasse Kaffee zu befreunden, eigentlich brauchten Araber und Israelis bloß einen guten Eheberater.

Amos Oz räumt ein, daß ihn der Friedenspreis aus deutschen Landen überrascht hat. Er weiß, wie sehr er den deutschen Vorstellungen eines Pazifisten entgegensteht. Es ist ihm egal: »Die brauchen mich nicht aus den falschen Gründen zu umarmen. Pazifist bin ich eh nicht, sondern *peacenik*. Ich bin bereit, zu kämpfen wie der Teufel, wenn mein Leben oder das Überleben meines Volkes in Freiheit bedroht ist. Aber nicht für weniger, nicht für Reichtum, Macht oder Prestige.«

Das absolut Böse ist für Oz nicht der Krieg, sondern die Aggression. Entsprechend machte er sich auch zum Anwalt des Gegenschlags gegen Saddam Hussein. Die israelische Linke, »die Leute, die Saddam nächtelang in ihren Schlafzimmern hatten«, verstanden das gut. Die deutschen Friedensbewegten brachte er indes gegen sich auf. »Gewiß, Kuwait war ein schlechtes Mädchen, aber man durfte es dennoch nicht vergewaltigen.«

Oz lehnt entschieden einen Rabatt für die Dritte Welt in moralischen und Menschenrechtsfragen ab. Geld, technische und politische Hilfe sollen sie bekommen, »aber einen moralischen Discount dafür, daß sie so viel leiden mußten, darf es nie geben«.

Daß viele Anwürfe gegen Israel gerade aus Deutschland kommen, stimmt Oz nachdenklich: »Das schmerzt. Ich gebe zu, daß ich – wie viele Israelis der Nach-Holocaust-Generation – empfindlich reagiere. Ich meine nicht, daß Deutschland jeden Blödsinn der israelischen Führung billigen muß. Umgekehrt sollen sie nicht erwarten, daß alle Juden Engel sind, weil sie Hitlers Opfer waren: Die Juden wurden in den Gaskammern nicht mit einer moralischen Reinigungsmilch geduscht, sondern mit Zyklon B.«

Oz' Räsonnement ist schwer zu erschüttern. Sein Gedankengebäude ist solide. Fast auf jede erdenkliche Frage hat er eine Antwort vorformuliert; präzise und oft humorvoll. Das macht ihn zu einem glänzenden PR-Mann in eigener Sache.

In seiner Dichterklause läßt eine Wand zwischen den Tausenden von Büchern ein wenig Platz: Dort hängt eine kleine »Urkunde«. »Poetische Lizenz« lautet ihr Titel: »Lizenz, die es Amos Oz erlaubt, solange er lebt, das zu sagen, was sein Herz will.« Amos Oz ist sowenig stromlinienförmig wie seine Heimat: »Es ist nicht mein Geschäft, möglichst viele enthusiastische Jünger hinter mir zu scharen.« Damit ist er als Politiker disqualifiziert. Und deswegen ist er als politischer Denker erst richtig ernst zu nehmen.

19.6.1992